Testemunhas do Futuro
Filosofia e Messianismo

COLEÇÃO PERSPECTIVAS
dirigida por J. Guinsburg

Supervisão editorial: J. Guinsburg
Tradução: J. Guinsburg, Fany Kon, Vera Lúcia Felício
Preparação de texto: Luiz Henrique Soares
Revisão: Newton Cunha, Elen Durando
Capa: Sergio Kon
Produção: Ricardo W. Neves, Sergio Kon, Luiz Henrique Soares, Raquel Fernandes Abranches

Pierre Bouretz

TESTEMUNHAS DO FUTURO

Filosofia e Messianismo

PERSPECTIVA

Título do original francês
Témoins du futur: Philosophie et messianisme

© Éditions Gallimard, 2003

Dados Internacionais de Catalogação na Publicação (CIP)
(Câmara Brasileira do Livro, SP, Brasil)

Bouretz, Pierre
  Testemunhas do futuro : filosofia e messianismo / Pierre Bouretz; [tradução J. Guinsburg, Fany Kon, Vera Lúcia Felício]. – São Paulo : Perspectiva, 2011. – (Coleção Perspectivas / dirigida por J. Guinsburg)

  Título original: Témoins du futur : philosophie et messianisme.
  ISBN 978-85-273-0885-4

  1. Filosofia alemã – Messianismo – Século 20 2. Filosofia judaica – História – Século 20 3. Filosofia moderna – Século 20 4. Messianismo I. Guinsburg, J. II. Título. III. Série.

10-00588   CDD-190

Índices para catálogo sistemático:
1. Filosofia moderna 190

Direitos reservados em língua portuguesa à
EDITORA PERSPECTIVA S.A.
Av. Brigadeiro Luís Antônio, 3025
01401-000 São Paulo SP Brasil
Telefax: (11) 3885-8388
www.editoraperspectiva.com.br
2011

Sumário

Introdução   13

I. O JUDAÍSMO DE HERMANN COHEN (1842-1918):
UMA RELIGIÃO DE ADULTOS   29

    Filósofo e Profeta   37

    Uma Morada para o Deus dos Filósofos?   49

    Os Sentidos da Correlação:
    A Santidade e as Leis de Hospitalidade   62

    Nas Fronteiras da Ética: Da Piedade ao Perdão   84

    O Dia da Reconciliação   97

    Além da Retribuição: A Perspectiva Messiânica   107

    A Hora das Nações e o Tempo da Justiça   120

II. DA NOITE DO MUNDO AOS CLARÕES DA REDENÇÃO:
A ESTRELA DE FRANZ ROSENZWEIG (1886-1929)   149

    O Retorno de Um Filho Construtor   152

    Da Assimilação à Dissimilação   162

    Hegel e a História no Sentido do Século XIX   184

    Da Jônia à Jena:
    O Impasse Especulativo da Filosofia Ocidental   195

    Um Relato do Mundo na Experiência dos Tempos   211

    O Exílio e o Reino   231

    Além da História: O Resto de Israel   246

III. WALTER BENJAMIN (1892-1940):
O ANJO DA HISTÓRIA E A EXPERIÊNCIA DO SÉCULO   277

    O Corcundinha   283

    A Revelação no Mundo de Kafka   291

    A Tradição à Sombra do Castelo   303

    Para uma Memória de Deus   313

    O Exílio da Linguagem e sua Reparação   328

    A Queixa da Natureza na Ideia de um Mistério   338

    O Anjo da História: Da Salvação ao Salvamento?   359

IV. GERSHOM SCHOLEM (1897-1982):
A TRADIÇÃO ENTRE CONHECIMENTO E REPARAÇÃO   381

    De Berlim a Jerusalém   390

    Perfurar a Parede de Névoa   424

    As Moradas Ocultas da Alma Judia   432

    A Dialética do Messianismo:
    Uma Escritura da História Judaica   442

    A Cabala Através de Suas Idades   466

    O Exílio da Criação   490

    A Vida em *Sursis*   533

V. MARTIN BUBER (1878-1965):
O HUMANISMO À ÉPOCA DA MORTE DE DEUS — 573

O *Tzadik* de Zehlendorf — 577
O Judaísmo de Martin Buber: Uma Ponte sobre o Exílio — 586
Traduzir a Escritura — 593
Aí Onde a Gente se Encontra: A Via Hassídica — 631
O Tu do Encontro ou a Vida como Diálogo — 650
O Sionismo Nesta Hora Tardia — 660
A Glória de Deus e o Espírito das Religiões — 670

VI. ERNST BLOCH (1885-1977):
UMA HERMENÊUTICA DA ESPERA — 689

Um Irmão Sobrevivente de Walter Benjamin? — 694
Com e Contra Marx: Humanizar a Dialética — 702
A Paz Prematura de Hegel com o Mundo — 708
Com Kant: A Forma da Questão Inconstruível — 715
A Música e os Poderes do Mundo Suprassensível — 722
Schoenberg, Moisés e os Contornos do Inexprimível — 732
Espanto e Disponibilidade:
O Mundo que Nenhum Olho Viu — 741

VII. O TESTAMENTO DE LEO STRAUSS (1899-1973)   767

    À Distância do País dos Filisteus   772

    O Problema Spinoza   782

    Sobre uma Lágrima de Hermann Cohen   808

    Lei e Razão: Em Busca das Luzes Medievais   826

    O Segredo de Maimônides   854

    Jerusalém e Atenas: Uma Vida Entre Dois Códigos   895

    Quando Não Faz Nem Dia Nem Noite: Retrato
de Leo Strauss Como Perplexo   914

VIII. HANS JONAS (1903-1994):
A EXPERIÊNCIA DO PENSAMENTO
E A RESPONSABILIDADE PARA COM O MUNDO   947

    Exílio, Fidelidade e Decepção:
Os Caminhos de uma Existência   950

    Os Espelhos da Gnose   960

    Do Organismo à Liberdade:
O Fardo e a Graça de Ser Mortal   970

    Da Liberdade à Responsabilidade:
Vulnerabilidade da Natureza e a Angústia
Para o Homem   986

    As Sabedorias do Medo e o Novo Imperativo   997

Potência e Limite do Eterno:
O Conceito de Deus Após Auschwitz   1007

Experiência e Responsabilidade:
Duas Figuras da Aliança?   1024

IX. COM EMMANUEL LÉVINAS (1905-1995):
A HISTÓRIA JULGADA   1041

Construir o Universo Pelo Trabalho e Pelo Estudo   1044

Velho Como o Mundo   1057

Uma Ideia do Infinito Para Além da Totalidade   1068

Roma e Jerusalém: Política e Depois   1083

Um Deus Não Contaminado Pelo Ser?   1098

Israel na Hora das Nações   1114

Na Duração Mesma do Tempo   1127

Glossário de Termos Hebraicos   1149

Índice de Noções   1155

Índice de Referências   1167

Índice de Nomes   1173

Lista de Obras Citadas Disponíveis em Português   1187

NOTA DE EDIÇÃO

Os hebraísmos, à exceção dos nomes de autores e títulos de obras publicadas em francês, foram adaptados segundo critérios de transcrição fonética que a editora Perspectiva adota, com o objetivo de tornar acessível ao leitor brasileiro, mais fielmente possível, sua pronúncia. Nesse sentido, por exemplo, em meio de palavra, os sons representados em hebraico pelas letras *het*, *kaf* e *hei* foram aqui transcritos por "kh", cuja pronúncia se aproxima daquela do duplo "r", como em "carro".

Introdução

O século XX foi assombrado pelo espectro de mortes incontáveis, coberto de uma sombra tanto mais espessa quanto se estendia sobre um mundo prometido à luz, repleto de sonhos despedaçados pela história: um cemitério do futuro. Em seus inícios, a guerra, clássica ainda, mas de uma amplitude desconhecida, mobilizando como nunca sociedades inteiras, açambarcando já técnicas inventadas para outros fins. De uma parte a outra, as expressões familiares da opressão, mas impelidas aos extremos; formas de dominação sem exemplo; um terror de múltiplos semblantes. No meio, aquilo que ninguém podia imaginar: homens, mulheres e crianças massacrados pelo único motivo de seu nascimento; montões de mortos sem sepultura; milhões de seres humanos desfeitos em fumaça. Dois séculos haviam bastado para convencer a humanidade ocidental de que ela sabia como se arrancar de um passado obscuro, cumular o presente de imagens de ventura ao alcance da mão, imaginar o porvir sob um dia sem nuvens. Ontem, o temor ao Céu mantivera o homem sob tutela, entravando sua faculdade de conhecer-se, limitando seus desígnios, repelindo sua felicidade para fora do mundo. Hoje, a Razão podia firmar seu império, a História conduzir a termo sua marcha triunfal, a Ciência assegurar uma e outra com a certeza de uma verdade. Amanhã, a esperança representada tomaria forma, o tempo perdido seria resgatado, as promessas acumuladas se cumpririam. É ainda, talvez, um esforço penoso a se fazer para chegar a uma compreensão desse século que mal acabou de passar. O acontecimento que o marcou de maneira mais profunda requer mais do que a duração de uma ou duas gerações para estabelecer um lugar na consciência. Muitas das destruições não podem ser reparadas. Mesmo desembriagada de seus entusiasmos, a imaginação do melhor permanece prisioneira da experiência do pior.

Eis alguns pensadores. Eles nasceram entre 1842 e 1905; eles morreram entre 1918 e 1995; suas existências atravessam o século XX. Todos eram criaturas de seu tempo. Sabiam o que quer dizer a secularização do mundo: Deus excluído do universo na ordem da ciência, fora dos muros da Cidade, simples convidado do foro íntimo. Mesmo os mais críticos em relação à modernidade filosófica o foram enquanto Modernos, pelo uso crítico da razão. Nenhum daqueles que pleitearam um "retorno" chegou a ponto de restaurar a Lei na sua autoridade de outrora. Quanto aos advogados de uma tradição mística vítima do racionalismo, não foi sonhando com êxtase que eles despertaram emoções durante longo tempo censuradas, mas para mostrar que as noções que as cristalizavam continuavam capazes de iluminar a vida judaica. Mas não houve um só, no entanto, que não aceitasse até o extremo o que a realização da secularização reclama: que o homem seja apaixonadamente deste mundo; que seja dada dispensa sem qualquer pesar a toda transcendência; que se apague o horizonte de um além da história. Sua reserva, que oscila entre a desconfiança e a revolta, vem sem dúvida de longe na experiência judaica: de uma consciência histórica moldada pelo exílio, pela dispersão e pelas perseguições; de um tempo ordenado desde sempre pela reatualização do passado e pela antecipação do futuro; pela insatisfação que uma existência forçada entre as nações gera. Mas ela se deve também à situação paradoxal do judaísmo alemão: emancipado mais tardiamente do que outros, ainda submetido a questões que pareciam estar resolvidas em outros lugares e, por isso mesmo, mais apto a suscitar olhares críticos sobre o que parecia adquirido. Ela se deve, enfim, a uma desconfiança em relação ao mais recente programa da filosofia: o de um idealismo alemão no crepúsculo que anuncia o desencantamento do mundo, fixa seu preço e se propõe a pagá-lo.

As condições da secularização do judaísmo alemão são únicas, em um momento em que o do além-Reno já está muito longe na margem da assimilação e o do Leste ainda muito perto do gueto. Entre uma vida que se afigura sempre se desenrolar no quadro inalterado da Tradição e a que parece definitivamente aceitar a dissolução do particular no universal, encontrar-se-ia ele no meio daquilo que pareceria uma corrente da história? A geração dos pais, que Hermann Cohen só por si encarnaria, dá a impressão de adotar o modelo francês da integração política devidamente corrigido pelo cosmopolitismo kantiano, mas logo recuperado pela lealdade nacional na guerra. Não se pode esquecer, todavia, a especificidade de uma lógica de reconhecimento que passava menos pelo canal da igualdade formal do que pelo da cultura: através de um ideal de formação de si que a noção de *Bildung* exprime e que se tornou no século XIX uma espécie de religião de substituição[1]. É precisamente o horizonte de simbiose desenhado por esse modelo que a rebelião dos filhos visa. Os cadernos de juventude de Gershom Scholem e depois a autobiografia redigida no ocaso de sua vida permitem apreender a mescla de hostilidade à sociedade burguesa, de um desejo de recuperar a herança dilapidada de uma história que se tornou desmemoriada e da vontade de autonomia que caracteriza uma geração sionista levada a considerar a Europa como um novo Egito.

Melhor ainda que a carta a seu pai, uma página dos diários de Kafka põe à luz os sentimentos íntimos que plasmam uma consciência histórica. Ele acaba de ouvir a prece que encerra o repasto após uma circuncisão e de constatar que, com exceção de dois avós, ninguém compreendeu o seu sentido: "Vi diante de mim o judaísmo da Europa Ocidental em um período de transição manifesto cujo fim é imprevisível, coisa com que não se inquietam de modo algum os principais interessados"[2]. Essa nota tem a

---

[1] Ver George L. Mosse, *German Jews Beyond Judaism*, Cincinnati: Hebrew Union College Press, 1985, cap. 1.
[2] Franz Kafka, *Journaux*, trad. M. Robert, C. David e J.-P Danès, em *Oeuvres complètes*, Paris: Gallimard, 1984, v. III, p. 193-194. Ver como memória a carta a seu pai na qual Kafka estende a várias gerações de judeus europeus o espelho em que se reflete sua herança: *Lettre à son père*, trad. M. Robert, A. Vialatte e C. David, em *Oeuvres complètes*, Paris: Gallimard, 1989, v. IV, p. 833-881..

data de 24 de dezembro de 1911. Na leitura da autobiografia de Scholem, descobre-se que nesse dia mesmo ele assistia pela última vez a um ritual familial de Natal, que se tornou a seus olhos uma palinódia, e que deixaria para sempre a casa de seus pais a partir daquela noite³. No caso dele, é o fato de ter sido colocado ironicamente ao pé do pinheiro natalino um retrato de Herzl que devia provocar a crise. No caso de Kafka, o espetáculo de "verdadeiros homens da transição" suscitava uma reflexão sobre formas religiosas que chegaram ao seu fim e que apresentavam já "um caráter puramente histórico". Um abria, adolescente, o caminho que o conduziria de Berlim a Jerusalém. Meditando sobre sua própria escolha, o outro consignaria alguns anos mais tarde uma espécie de signo: "Eu não peguei, como os sionistas, a última franja do xale de orações judaico que se evola"⁴. As parábolas de Kafka se tornariam logo objeto de um conflito de interpretação, entre Scholem e Walter Benjamin, sobre o estatuto da Lei na época de seu derradeiro murmúrio. Mas ele via também em Praga o que se percebia mais dificilmente em Berlim: o fato de que um só fio corria o risco de ser demasiado curto para ligar o porvir do judaísmo a seu passado e que a ambiguidade da relação do sionismo com a Tradição poderia converter-se na sua pedra de tropeço.

Muitos judeus alemães tiveram a percepção de sua época no espelho da Espanha medieval. É sonhando com ela que Heine confessa suas errâncias, após haver "guardado os porcos entre os hegelianos": o Deus dos panteístas não o curou de uma "dor do país celeste" (*himmlische Heimweh*); a leitura de Iehudá Halevi desperta nele o "desejo de Jerusalém"⁵. Suas *Melodias Hebraicas* têm algo do encanto que Scholem presta às palavras de Rosenzweig sobre a Cabala: "palavras de uma criança cativa dos *goim*, ignorante de um tesouro que era seu"⁶. Mas Halevi é também o herói do grande relato sionista sobre o exílio, escrito por Yitzhak Baer: por haver

---

3   Ver Gershom Scholem, *De Berlin à Jérusalem: Souvenirs de jeunesse*, trad. S. Bollack, introdução de Arnoldo Momigliano, Paris: Albin Michel, 1984, p. 59 (trad. bras.: *De Berlim a Jerusalém*, trad. Neusa Messias de Soliz, São Paulo: Perspectiva, 1991).
4   F. Kafka, *Journaux*, op. cit., p. 482 (25 de fevereiro de 1918).
5   Heinrich Heine, *Romancero*, trad. I. Kalinowski, Paris: Cerf, 1997, p. 201 (posfácio) e p. 166 ("Yehuda ben Halevy").
6   Gershom Scholem, Franz Rosenzweig et son livre *L'Étoile de la Rédemption* (1930), trad. B. Dupuy, em *Les Cahiers de la nuit surveillée*, n. 1, 1982, p. 26.

compreendido que a história judaica está "acima das leis causais" e lhe ter desenhado um quadro teológico-político[7]. É dizer bastante da complexidade de um modelo espanhol que pode ainda esclarecer a situação daqueles que Iossef Haim Ieruschalmi denomina os "novos alemães"[8]. Na maioria, eles não se imaginavam semelhantes aos judeus espanhóis e portugueses convertidos em massa durante um período em que a Europa católica vira realizar-se entre os "cristãos-novos" o que ela projetava apenas para o fim dos tempos. Mesmo aqueles que protestavam contra esse exemplo não podiam esperar que a Alemanha inventasse um dia leis raciais muito mais temíveis do que a *limpieza de sangre* da Inquisição: "Europa, meu inferno sobre a terra", as palavras de Samuel Usque incitavam a partir, mas continuariam sendo uma metáfora. Da Idade de Ouro medieval, só permanece não maculado de suspeita o encontro entre a tradição judaica e a filosofia: aquele que Hermann Cohen quer pôr em jogo de novo entre Kant e os Profetas, depois que Maimônides o permitiu com Aristóteles; aquele no qual Leo Strauss vê um conflito entre Lei e razão, que está, a seus olhos, no cimo da experiência intelectual do Ocidente.

Enquanto Strauss fez remontar, por fim, o conflito entre Jerusalém e Atenas às raízes de uma via filosófica autêntica, após haver recusado muito cedo a emprestar as Luzes apenas aos Modernos, foi principalmente com os três arautos do desencantamento do mundo que se confrontaram os pensadores nutridos pela filosofia alemã, porém preocupados em impedir a liquidação da herança judaica. Nenhum deles remanesceu indiferente a Hegel, a Nietzsche ou a Heidegger. Mas só um deles não permaneceu hegeliano nem se tornou nietzschiano ou veio a ser heideggeriano. Eis Hegel anunciando triunfalmente que seu sistema expõe o derradeiro momento de uma história durante a qual a Razão se reconciliou com o mundo, após ter declarado na sua juventude que já era tempo de exigir a restituição de riquezas "projetadas para o céu" no fim da Antiguidade e depois afirmado

---

7   Ver Yitzhak F. Baer, *Galout: L'Imaginaire de l'exil dans le judaïsme* (1936), trad. M. de Launay, prefácio de Yosef Hayim Yerushalmi (trad. Éric Vigne), Paris: Calmann-Lévy, 2000, p. 89.
8   Ver Yosef Hayim Yerushalmi, *Sefaradica. Essais sur l'histoire des Juifs, des marranes et des nouveaux-chrétiens d'origine hispano-portugaise*, trad. C. Aslanoff, E. Vigne, P. Teyssier e J. Letrouit, Paris: Chandeigne, 1998, p. 277 e s.

que o absoluto não fora no entretempo senão intuição na arte e na religião. Nietzsche, depois dele, orquestra em grande fragor tudo o que continha, sem, no entanto, dizê-lo, semelhante tese: se efetivamente a coruja de Minerva "não alça voo a não ser no crepúsculo", é porque o mundo é cinzento e que não resta alternativa senão descrevê-lo; que mais vale abandonar a esperança que ainda se alimentava há três gerações de chegar a um acordo sobre uma ideia comum da verdade, do justo e do belo; que em matéria de valores tudo é questão de perspectiva e que cada qual deverá escolher, "*a partir de seu próprio ponto de vista*, o que é deus e o que é diabo"[9]. Resta Heidegger, que por sua vez traduz a sentença de Nietzsche resumindo o espírito do desencantamento: "Deus está morto" significa a perda de eficiência do mundo suprassensível[10].

Hans Jonas, que participou do seminário de Heidegger com Hannah Arendt, Emmanuel Lévinas, que assistiria um pouco mais tarde à controvérsia de Davos, Strauss, que também teve a oportunidade de ouvi-lo: encontrar-se-á em cada um deles o traço de um espanto, de um fascínio ou mesmo de um assombro diante de um abalo da filosofia que parecia definitivamente expulsar Hermann Cohen de cena, tornar Husserl de repente demasiado velho e deixar Cassirer derrotado sem quase maior combate. No entanto, se com outros eles se aproximaram do astro sombrio da filosofia alemã contemporânea, todos acabaram finalmente se afastando dele: não somente por causa de seu descaminho sem remorso, mas também por razões que levavam ao despedaçamento da metafísica pela entrega de seus direitos àqueles cuja evicção ele havia promovido. O confronto com Nietzsche podia ser tanto menos alardeado quanto era a condição de possibilidade de qualquer forma que fosse de reapropriação de uma Tradição vazia de sentido, se esta dispensasse a menor ideia de uma transcendência. Nesse plano, se unicamente Strauss explicita a maneira pela qual o combate das Luzes radicais contra a ortodoxia, inaugurado por Spinoza,

---

9   Max Weber, *Le Métier et la vocation de savant* (1919), *Le Savant et le politique*, trad. J. Freund, prefácio de Raymond Aron, Paris: Plon, 1959, p. 94. Sobre esta problemática do desencantamento do mundo, eu me permito remeter a Pierre Bouretz, *Les Promesses du monde: Philosophie de Max Weber*, prefácio de Paul Ricoeur, Paris: Gallimard, 1996.
10 Martin Heidegger, Le Mot de Nietzsche "Dieu est mort", *Chemin qui ne mènent nulle part*, trad. W. Brokmeier, Paris: Gallimard, 1962, p. 307.

conduz a um "ateísmo de probidade" vivido como moral de substituição por homens confrontados com a derrelição de um mundo sem Deus, todos lutaram contra o niilismo a que Nietzsche convidava nas últimas núpcias da filosofia, procurando voltar contra ele a suspeita em face da razão que o fizera nascer. Resta Hegel, suficientemente hábil no seu modo de narrar uma grandiosa odisseia do Espírito, para fornecer as chaves de uma compreensão da História, assaz ambígua na descrição do termo da aventura do mundo, a ponto de deixar a cada um acomodá-lo a seu gosto, corrigido por Marx como devia ser a fim de parecer proporcionar uma meta à esperança humana. É por ter chegado, em seu primeiro livro, a apreender no princípio da filosofia hegeliana o esquema cristão de uma *parousia* que Franz Rosenzweig pôde aplicar-se, no segundo, a construir contra ele um "sistema do judaísmo": é disso que Lévinas se lembrará na hora de opor à dialética da guerra que fabrica, da Totalidade, uma ideia do Infinito voltado para o horizonte escatológico da paz. Mais desordenado, Walter Benjamin tentou por um momento tratar pelo materialismo um desespero que o amor à literatura não podia aplacar: mas havia Scholem no encalço e os estilhaços de suas últimas teses atingem a dialética em cheio no coração. É nele, todavia, onde se vê menos facilmente como as seduções da filosofia de Hegel são mais eficazmente reduzidas: quando Ernst Bloch o censura por reconciliar-se muito depressa com o mundo; lá onde ele rende graças a Kant por ter protegido a categoria do desejo; ao longo de uma enciclopédia das esperanças à qual repugna fechar-se em sistema.

"O idealismo alemão por seus pensadores judeus": eis como as coisas são encaradas por Jürgen Habermas do outro lado[11]. Ernst Jünger afirmava que "no tocante à vida da Alemanha, o judeu não pode, em nada, desempenhar um papel criador"; Carl Schmitt acrescentava, em eco, querer "desembaraçar o espírito alemão" de todas as suas "falsificações judaicas"; Heidegger saudava como ato de coragem que "se arrisca ao não habitual e incalculável" uma política cujos resultados ele conhecia: falando em nome de uma geração que teve de enfrentar a imagem de seus

---

11 Ver Jürgen Habermas, L'Idéalisme allemand et ses penseurs juifs, *Profils philosophiques et politiques*, trad. F. Dastur, J.-R. Ladmiral e M. de Launay, prefácio de Jean-René Ladmiral, Paris: Gallimard, 1974, p. 53-88.

pais, Habermas, por sua vez, considera que "se não havia uma tradição judaico-alemã, deveríamos hoje, por nós mesmos, inventá-la". Eis alguns elementos de uma herança judaica daquele tempo que sobrevive à sua destruição programada e desenha um futuro lá onde não parecem acumular-se senão ruínas. O olhar doloroso de Benjamin sobre "a fragilidade da base que parecia ter sido definitivamente estabelecida por Kant e Goethe para uma civilização da beleza iluminada pela razão" (Habermas); sua maneira de protestar contra o direito estabelecido na História, por Hegel, ao cortejo dos vencedores; sua busca na alegoria daquilo que permanece abandonado pela harmonia clássica. Depois, o singular encontro, organizado em Rosenzweig antes de ser iluminado por Scholem, entre a Cabala e a filosofia de Schelling: como se o menos venerado dos seminaristas de Tübingen, por não ser sistemático à maneira de Hegel e não ter a aura poética de Hölderlin, portasse uma espécie de tradição oculta do idealismo alemão disponível para uma reconstrução. Sem nada dizer, enfim, de Wittgenstein ou de Adorno, viriam ainda a utopia crítica que nutriu Ernst Bloch e mesmo a *Religião da Razão Extraída das Fontes do Judaísmo* de um Hermann Cohen "levado ao limite de seu próprio sistema pelas obrigações inerentes à palavra de Deus revelada a Moisés"[12].

Que esses pensadores judeus nascidos na época do desencantamento do mundo, da "morte de Deus" e da destruição da razão hajam de algum modo salvo o idealismo alemão, se prende principalmente ao fato de que eles continuaram sendo metafísicos. Cada um deles, por certo, o exprimiu à sua maneira: clássica em Cohen e refletida na história da filosofia em Strauss; reconstruída por Rosenzweig, Lévinas ou Jonas; dilacerada por parte de um Benjamin que encontraria em Bloch uma espécie de irmão sobrevivente a reconquistar a esperança; ligeira ao longo da empatia de Buber com seu objeto místico; austera da parte de Scholem, que finge às vezes ser apenas um historiador descomprometido. Mas todos conservaram ou recobraram a preocupação de não ceder ao mundo como ele é, ao julgamento da história e à obliteração proclamada do suprassensível. Se fosse necessário ainda, isso se confirmaria por um fenômeno tanto mais significativo quanto é raro no seu tempo: mesmo entre os que o tentaram, nenhum deles cedeu definitivamente

---

[12] Idem, p. 63.

INTRODUÇÃO

ao desejo, descrito por Scholem, de substituir Deus em psicologia pelo homem e em sociologia pelo mundo, de tal modo que fosse entregue "o trono da justiça ao materialismo dialético e o trono da misericórdia à psicanálise"[13]. Quanto à força que deixava a maioria indiferente a essa corrente e impedia alguns outros de aí mergulhar completamente, ela procede de uma ideia às vezes percebida como a única que sobrevive ao declínio da Tradição, mas suficientemente maleável para ser interpretada para fins dessemelhantes: a de um messianismo que desenha o horizonte de uma consumação da história ou anuncia sua interrupção apocalíptica, sugere um aperfeiçoamento contínuo do mundo ou, ao menos, sua reparação progressiva, afirma a possibilidade de um além da experiência imediata ou mantém reserva sobre a certeza absoluta de que ele não existe.

Fim de 1927. Benjamin juntou, a uma carta de Scholem, um fragmento que ele intitula "Ideia de um Mistério": "Trata-se de representar a história como um processo no qual o homem, fazendo ao mesmo tempo a função de gestor da natureza muda, apresenta queixa a propósito da Criação e da não vinda do Messias prometido. Entretanto, a corte decide ouvir as testemunhas do futuro; compareçam então o poeta que o sente, o escultor que o vê, o músico que o ouve e o filósofo que o conhece. Todavia, os seus testemunhos não concordam um com o outro, embora todos testemunhem [como certa] a futura vinda do Messias. O tribunal não ousa confessar sua indecisão. É porque novas queixas chegam incessantemente, assim como novos testemunhos. Há a tortura e o martírio. Os bancos dos jurados estão ocupados pelos vivos, que ouvem com a mesma desconfiança o querelante e as testemunhas. Os jurados transmitem seus lugares, por sucessão, a seus filhos. Finalmente desperta neles o medo de serem escorraçados de seus bancos. Ao fim, todos os jurados se põem em fuga, só permanecem no lugar o querelante e as testemunhas"[14].

Se aqueles que estão reunidos neste livro souberam ser ao mesmo tempo pensadores dos "tempos sombrios" e "testemunhas do futuro", eles

---

13 G. Scholem, Franz Rosenzweig et son livre L'Étoile de la Rédemption, op cit., p. 24.
14 Walter Benjamin, Idée d'un mystère, texto reproduzido por Scholem em sua *Histoire d'une amitié*, trad. P. Kessler, Paris: Calmann-Lévy, 1981, p. 168-169 (trad. bras.: *Walter Benjamin: A História de uma Amizade*, trad. Geraldo Gerson de Souza, Natan Norbert Zins e J. Guinsburg, São Paulo: Perspectiva, 1989).

o devem à mordedura mais ou menos profunda da ideia messiânica cujo traço suas obras carregam[15]. Cada qual podia escolher um ou outro dos vértices do triângulo das categorias do monoteísmo autêntico, cuja forma a Estrela de Rosenzweig redesenhou para oferecê-la como sistema ao judaísmo moderno. A Criação constitui o objeto de algumas atenções: Cohen e Strauss interpretam seu relato, um para demonstrar o universalismo das fontes judaicas, o outro a fim de esquadrinhar aquilo que o separa da concepção grega dos inícios; Scholem vê aí, na "quebra dos vasos", um gigantesco drama divino descrito pela Cabala e que termina na "reparação do mundo"; Jonas rearruma este último, na esperança de reencontrar um conceito de Deus pós-Auschwitz. A Revelação não deixa de suscitar algumas desconfianças com respeito à Lei que ela impõe: Cohen a salva aproximando os seus princípios aos da Razão; Strauss, em troca, lembrará a Rosenzweig e a Buber que a *Torá* não é uma pedreira em que cada um virá servir-se de algo para edificar seu próprio templo. Quanto à Redenção, ela parece ser uma noção mais acolhedora. Sejam eles bíblicos, talmúdicos, filosóficos ou místicos, os diferentes estratos da Tradição lhe deram uma linguagem. Seu léxico é o da liberdade e da paz, do conhecimento e da sabedoria, da realização e da perfeição. Ela se conjuga no futuro.

Já no tempo dos Sábios manifestava-se um sentimento o qual seria de esperar que prevalecesse em um mundo radicalmente desencantado e de perseguições incomensuráveis: "todas as datas passaram" (*Sanedrin*, 97b). Mas a literatura deles oferece também inúmeras proposições que abrem um repertório a harmonias suficientemente dissonantes a fim de seduzir todo ouvido sensível para aquilo que se deveria ouvir sob os passos do Messias: "três coisas chegam inesperadamente, o Messias, um objeto achado e a ferroada do escorpião" (*Sanedrin*, 97a); "o filho de David virá

---

15 Marginal como "testemunha do futuro", mas exemplar do ponto de vista de um pensamento dos "tempos sombrios", imagem que ela toma emprestado de Brecht, Hannah Arendt podia ter aqui seu lugar. Tendo procurado alhures apresentar sua obra em torno de dois de seus livros que melhor articulam a análise da época como era do totalitarismo em uma reflexão sobre o lugar dos judeus no mundo moderno, eu me permito enviar o leitor a Pierre Bouretz, Hannah Arendt entre passions et raison; Introduction aux *Origines du totalitarisme*; Introduction à *Eichmann à Jérusalem*, em H. Arendt, *Les Origines du totalitarisme/Eichmann à Jérusalem*, Paris: Gallimard, 2002, p. 11-91, 143-175, 979-1013 (trad. bras.: *Origens do Totalitarismo*, trad. Roberto Raposo, São Paulo: Companhia das Letras, 1989 e *Eichmann em Jerusalém*, trad. José Rubens Siqueira, São Paulo: Companhia das Letras, 1999).

INTRODUÇÃO

numa geração quer inteiramente inocente, quer inteiramente culpada" (*Sanedrin*, 98a); "a cara dessa geração será a de um cão" (*Sanedrin*, 97a); "se os Filhos de Israel respeitassem dois *schabatot*" escrupulosamente (*Schabat*, 118b); "hoje, se vós escutardes Sua voz" (*Sanedrin*, 98a)... No tocante à esperança dos dias do Messias, ela jamais se extinguiu completamente no curso da história judaica, bálsamo contra "a longura dos tempos e a dominação dos povos bárbaros" (Maimônides), consolação para as tribulações de Israel (Samuel Usque), antecipação do reino da "moralidade ideal" (Cohen). Ao risco, enfim, de "despertar o amor muito cedo" (*Ketubot*, 111a) e ao risco de grandes perigos, o anúncio de uma eminência da era messiânica iluminou a vida judaica entre os muros estreitos do gueto, reanimou a esperança nas horas que conheceram a tentação do suicídio, fez entrever uma liberdade que podia cruzar os imaginários modernos da revolução.

Nascida sobre as ruínas do Templo e firmada na lembrança de Bar Kokhba, a ideia messiânica tornou-se muito cedo objeto de uma antinomia doutrinal, cujo eco se ouve até no pensamento contemporâneo. Sente-se vibrar em Benjamin a expectativa de um "Messias do fim dos tempos" que provocaria uma interrupção apocalíptica da história, figura suscetível de dar esperança aos desesperados, rompendo a aporia em que o marxismo se perde entre uma dialética da natureza e a revolução. Mas em face dessa representação, que corre sempre o risco de gerar considerações intempestivas, reencontram-se também traços da maneira pela qual Maimônides codificava em seu tempo a esperança a fim de canalizar seu poder explosivo: é preciso estar seguro de que o Messias virá; mas não se deve calcular suas datas nem apressar seus dias. Eis que isto se retraduz em Cohen numa escatologia da paz universal, alargando o horizonte da de Kant para além do fim do conflito dos impérios. É também o que impele Lévinas a aceitar o desafio de um pensamento messiânico no século da Schoá, mesmo com o risco de ser preciso dar lugar à antiga hipótese do caráter anunciador de uma guerra total entre Gog e Magog, renunciando a toda teodiceia. Percebe-se assim o reflexo de uma oposição entre duas formas da utopia messiânica: política uma, que se mantém o mais próxima possível da experiência histórica do povo judeu; intelectual a outra, procurando racionalizar a ideia de um mundo "que nenhum olho viu" (*Sanedrin*, 99a). Através dela, é larga a gama sobre a qual se pode orquestrar a promessa do futuro entre aqueles que têm em comum o fato de não estarem reconciliados com o mundo e a história.

Resta a dialética pela qual a ideia messiânica entrou na história. Consagrando uma parte essencial de sua obra à captação do trabalho secreto dessa dialética, Scholem descreve sua forma: ela amiúde fez passar uma corrente de ar fresco pela casa esclerosada do judaísmo; mas sua violência destruidora a levou muitas vezes ao limiar da ruína. Na oficina do historiador, é a sequência – que vai de uma expulsão da Espanha que permaneceu durante muito tempo como o mais profundo dos traumatismos ao malogro de um sabataísmo objeto de fascinações ambíguas – que é exemplar: ela mostra uma Cabala mais apta do que qualquer outro discurso a transfigurar a derrelição do presente, elevando-o ao plano simbólico de um drama do exílio de Deus no mundo e de sua reparação; ela vê também a conversão brutal, na coorte dos sectários de um messias apóstata, de noções sofisticadas em palavras de ordem grosseiras de uma transgressão da Lei e de um descenso para o mal visando acelerar o processo de libertação. Mas são conhecidas também as modernas reciclagens do entusiasmo messiânico, como o de um discurso revolucionário que procura tirar a grisalha do materialismo do qual Jonas constitui o arquétipo de um sacrifício de gerações futuras. Em um laboratório que, desta vez, não é outra coisa senão presente, Scholem busca imunizar o sionismo contra a tentação de confundir os planos da história entre a restauração da autonomia política e a Redenção; sabedoria compartilhada por Strauss quando medita sobre a mesma aventura e quando estrutura o julgamento de Lévinas acerca do Estado de Israel.

A saída das "testemunhas do futuro" daquilo que Scholem denomina o "deserto árido do judaísmo alemão" procede de diferentes maneiras de conjugar fidelidade e utopia: é o que as distingue da geração precedente. Se os doutos que encarnam o espírito desta última conceberam a urgência de restituir sua identidade ao judaísmo em um momento em que este corria o risco de desaparecer no seio das nações, foi na língua de seu tempo: escrevendo sua história a fim de reivindicar para ele um lugar na grande História. Essa *démarche* rompia deliberadamente com o modo como os judeus tinham vivido, desde sempre, o tempo de sua experiência entre a rememoração do passado e a antecipação do futuro. Eis sua contribuição no processo de longa duração da consciência de si do povo judeu: "A história deixou de ser uma criada de má reputação que era tolerada de vez em quando, porém com algum embaraço. Ela abre seu caminho com segurança até o centro da cena e aí reclama o que lhe é devido, com ousadia"[16]. Monumentais, as realizações dos pais fundadores da Wissenschaft des Judentums puderam rivalizar com as dos mais gloriosos representantes da historiografia alemã cujo modelo elas tomaram de empréstimo. Mas além de censurar aquilo que julgavam não apresentável na vida judaica e de aceitar como princípio renunciar à dimensão nacional do projeto histórico, baseavam-se em um pressuposto mais ou menos secreto que uma frase devida a Moritz Steinschneider desvela: "A única tarefa que nos resta é a de arranjar para o que existe ainda de judaísmo um enterro decente"[17].

Que tal pressuposto e a ambiência vesperal que ele alimenta sejam próprios a uma ciência histórica exclusivamente consagrada à objetivação do passado, Cohen o diria discretamente a propósito de Heinrich Graetz, ao passo que o resvalamento de seu projeto de uma reescritura crítica do sistema kantiano para a *Religião da Razão Extraída das Fontes do Judaísmo* abre a perspectiva de uma redefinição das condições da fidelidade à Tradição pela filosofia: à qual se ligarão Rosenzweig, Lévinas ou Strauss, julgando, todavia, necessário reconsiderar sua história, contestar seu último programa ou opor a este as Luzes medievais. Dentre aqueles que desafiaram diretamente o historicismo, Scholem é, sem dúvida, o mais lúcido devido à sua sensibilidade em relação a uma dialética da utopia. Sua revolta durante os anos berlinenses contra os pais da historiografia judaica visava a maneira com que embalsamavam um objeto tido como morto, permanecendo cegos para lanços inteiros de sua história e indiferentes à sua aventura política moderna: ela é comum a uma geração de jovens pesquisadores, eruditos e professores sionistas que realizaram em Jerusalém o sonho de reconstruir a casa de estudos judaicos em seu país e em sua língua. Mas antes mesmo que toda base de fundo fosse destruída na Europa,

---

16 Yosef Hayim Yerushalmi, *Zakhor: Histoire juive et mémoire juive*, trad. E. Vigne, Paris: Gallimard, 1991, p. 104.
17 Citado por Gershom Scholem em La Science du judaïsme d'hier à aujourd'hui (1959), *Le Messianisme juif: Essais sur la spiritualité du judaïsme*, trad. B. Dupuy, Paris: Calmann-Lévy, 1974, p. 431.

Scholem percebera algumas falhas na ponte que pretendia ligar as épocas do judaísmo.

Contrariamente à maioria de todas as empreitadas modernas de fundação política, o sionismo queria garantir uma continuidade da história conservando um liame com a Tradição. À medida, entretanto, que o prazo de realização se aproxima, uma ruptura se ampliava entre aqueles que a mantinham na estiagem que era a sua na Europa secularizada, e com o risco de que Israel se confundisse com as nações, e os outros que, por estarem mais preocupados com sua identidade, sentiam-se tentados a ver no fim do exílio a aproximação da Redenção. Quanto ao projeto intelectual, não era certo que estivesse imunizado contra um conflito entre a convicção de que a ilusão dos fundadores da ciência do judaísmo na Alemanha partira ligada com a da assimilação e o sentimento de um perigo que haveria em deixá-lo depender demasiado do grande relato sionista. Em face daquilo que parece uma antinomia da inteligência histórica, duas perspectivas permaneciam, no entanto, abertas: aplicar o adágio segundo o qual "o Bom Deus habita nos detalhes" (Aby Warburg), para libertar-se das coerções da história monumental e dar vida aos aspectos censurados da vida judaica; retomar o que se perde assim em capacidade reflexiva no plano de uma meta-história em que a experiência do povo judeu não se deixa comparar a nenhuma outra.

A seu modo um tanto rascunhado, Benjamin resgatara tal horizonte; mas suas "Teses sobre a História", que permaneceram inacabadas, tinham poucas chances de esclarecer o ofício do historiador, salvo para mobilizar, como fez Scholem, uma rara intuição dialética. A razão disso é que numa época em que a assimilação à cultura circundante acarretava um desmoronamento interior, a ciência histórica havia sido no século XIX o único meio de reconquistar uma consciência de si, a ponto de tornar-se a "fé dos judeus perdidos"[18]. Porém, querendo ser apenas os escribas de seu próprio passado, os pais da Wissenschaft des Judentums permaneceram prisioneiros da convicção comum de uma pura historicidade das coisas. Para romper com este espírito, a geração subsequente viu-se obrigada a reconstruir utopias críticas e ela se voltaria, na maioria das vezes, para a

---

18   Yosef Hayim Yerushalmi, *Zakhor*, p. 103.

filosofia: não à maneira medieval de um sonho de síntese, mas sob a forma de uma polêmica com aqueles que faziam parte de suas correntes contemporâneas que proclamavam o fim de toda transcendência.

Essa escolha de um outro saber se ligava ao sentimento de que o saber do historiador é demasiado curto para destruir a destruição operada pela perda de memória, de que mesmo seus melhores representantes remanescem por disciplina "homens da transição" e de que o tempo perdido do judaísmo moderno só seria recuperado procurando-se dar um verdadeiro sentido à Tradição. Para fazê-lo, três condições deviam ser preenchidas: discutir a ideia do homem convertido em ser puramente histórico; recusar o fato de que o passado esteja para sempre terminado; contestar os profetas de um futuro doravante reduzido à cegueira. Em certo sentido, podia parecer tratar-se tão somente de método: considerar que se o passado só é compreendido relatando-se como ele se passou realmente, isto o transforma em objeto morto e provoca um desencantamento do conhecimento; este deveria ser corrigível seguindo as marcas dos fracassos, as brechas abertas pelos sonhos inacabados, o lento trabalho da esperança nos imaginários. A questão, no entanto, é outra.

Preservar a presença do passado conservando a representação de um futuro irrealizado, isto o judaísmo o fizera em toda a sua história sob a autoridade de um código, pela mediação do ritual e na intimidade de um tempo subjetivo renitente ao curso natural das horas: foi o que o impediu de tornar-se uma religião do mundo. Mas na época da secularização, este último não o havia definitivamente alcançado? O historiador afirma-o, certo de que assim caminham as coisas, sejam elas progresso ou declínio. Será preciso admitir que em matéria de tradição tudo seja passado? Os filósofos aqui reunidos recusam-se a admiti-lo, pois partilham ao menos da convicção de que seria o fim do homem se ocorresse por ventura que ele cessasse de estimar que "o mundo é um enigma" (Scholem). Sabem eles, de per si, dar à Tradição um conteúdo que não se reduza apenas a velhas garatujas, folclore de gestas órfãs de seus alvos, fantasma de uma Lei estrangeira? Nem todos se consignaram essa tarefa, ou ao menos no seu todo. Mas o presente livro gostaria de mostrar que ela nunca está ausente de seus pensamentos lá onde eles se cruzam a despeito daquilo que os separa. É assim que se poderá compreender que eles tenham podido ser "testemunhas do futuro" nos tempos os mais sombrios e que permaneçam nossos contemporâneos: os querelantes com toda a razão não cessaram de protestar contra a história; defendem a ideia de um horizonte mais distante que o deles.

TRAD. J. GUINSBURG

1. O Judaísmo de Hermann Cohen (1842-1918): Uma Religião de Adultos

A personalidade e a obra de Hermann Cohen parecem hoje mascaradas por um espesso nevoeiro. Do fundador da escola de Marburgo, as teorias contemporâneas do conhecimento retiveram o esforço feroz para assegurar às ciências do homem a ancoragem de uma fundamentação na filosofia teórica de Kant, apenas com o inconveniente de que elas esquecem logo esta origem em favor de outros parentescos. Ao lado de Heinrich Rickert para muitos, ou através de Ernst Cassirer amiúde, ele encarna o momento neokantiano de uma *démarche* crítica estendida aos domínios do homem e da sociedade, estabelecendo a possibilidade de uma retomada do legado de Kant a partir da primeira das questões de seu sistema: "o que posso eu saber?" Contudo, é parecendo desertar os territórios de uma reflexão sobre as condições do saber que ele entrega sua grande obra: a *Religião da Razão Extraída das Fontes do Judaísmo*[1]. Após todos aqueles que se empenharam várias vezes em reconstruir o edifício

---

1 Hermann Cohen, *Religion der Vernunft aus den Quellen des Judentums*, 1918, trad. francesa M. B. de Launay e A. Lagny, *Religion de la raison tirée des sources du judaïsme*, Paris: PUF, 1994.

kantiano, este último livro foi escrito claramente na juntura de duas outras questões do sistema: "que devo eu fazer?"; "o que me é permitido esperar?" À parte das preocupações que promoviam o giro transcendental da herança de Kant, Hermann Cohen propõe então uma tese muito mais audaciosa do que a de sua antiga *Religião nos Limites da Filosofia*: porquanto ela assegura a passagem do homem universal abstrato para a pessoa reconhecida através de seu sofrimento, isto é, a religião completa a ética; a série de correlações que liga o homem a seu semelhante realiza uma correlação superior entre o homem e Deus[2].

Mas são também e, sobretudo, as sombras da época que pairam sobre uma obra amiúde percebida como uma metafísica da assimilação, a versão flamejante de uma "simbiose" judaico-alemã em que Gershom Scholem veria uma "inquietante e trágica ilusão"[3]. Herdeiro das Luzes judaicas inauguradas por Mendelssohn, Hermann Cohen lembrava aos estudantes que partiam para o combate, no inverno de 1914, o ideal profético de uma humanidade voltada para a paz eterna. Símbolo do judaísmo liberal, opunha aos ideais nascentes do sionismo a ideia de um Israel presente entre as nações e que testemunha para elas o futuro messiânico do homem. Profundamente piedoso, por fim, não hesitaria advogar, durante a guerra, em favor da "germanidade": em nome de uma proximidade entre o espírito do judaísmo e as formas alemãs da razão a cumprir a herança dos gregos. Percebida muito cedo por Martin Buber, Gershom Scholem, ou até por Franz Rozenzweig, como instalada sobre um excesso de entusiasmo para com o movimento da civilização, esta posição se associa, sem dúvida, hoje, a um universo que perdeu definitivamente a confiança no mundo da cultura. Tendo falecido em 4 de abril de 1918, antes mesmo da suspensão da tragédia que inaugurava o século, Hermann Cohen não havia identificado a natureza da obscuridade que sobre ele se estendia: aquela na qual sua própria esposa desapareceria em Theresienstaadt, em

---

2 Ver Hermann Cohen, *Der Begriff der Religion im System der Philosophie*, 1915, trad. francesa M. de Launay e C. Prompsy, *La Religion dans les limites de la philosophie*, Paris: Cerf, 1990. Sobre a natureza *"charnière"* ["charneira"; no contexto, articuladora] desse texto e seus liames com a última obra de Cohen, a *Religion de la raison*, é preciso reportar-se à introdução dos tradutores, que justificam igualmente sua decisão concernente ao título.

3 Gershom Scholem, *Benjamin et son anje*, trad. P. Ivernel, Paris: Rivages, 1995, p. 60. Cumpre notar desde logo que Scholem jamais imputou diretamente a Cohen esta ilusão.

1942. Quem, no entanto, na época, saberia percebê-la? O destino trágico de Martha Cohen autorizaria um processo retroativo em cegueira histórica? Que consciência teria sido suficientemente pessimista para profetizar a catástrofe vindoura, a sorte que estaria reservada aos judeus da Alemanha e de outras partes? Pensador lúcido da perseguição, crítico sobranceiro das ilusões da modernidade, homem pouco inclinado aos excessos de homenagens aos seus predecessores e contemporâneos, Leo Strauss trazia a tais questões uma resposta que permanece heterodoxa: "O que ele disse sobre o martírio dos judeus antecipava, sem que tivesse consciência disso, a experiência que os judeus deveriam logo sofrer sob Hitler"[4].

Tentar compreender o sentido enigmático desta homenagem de Leo Strauss constitui, sem dúvida, uma excelente maneira de dissipar as brumas que envolvem a *Religião da Razão*. Nessa perspectiva, a imagem do pensador e o impacto de seu ensinamento são essenciais. Enquanto seus contemporâneos viam nele o arquétipo do filósofo moderno, Toni Cassirer reconhecia em Hermann Cohen um "profeta do Antigo Testamento"[5]. Depositário do manuscrito de *Religião da Razão*, cuja edição ele assegurará, com alguns outros, antes de reunir os *Jüdische Schriften*, Franz Rosenzweig é, por sua vez, um intercessor particularmente fiel. Evocando a impressão que lhe causou Hermann Cohen em novembro de 1913, ele escreve: "Experimentei então uma surpresa sem par. Habituado a encontrar, nas cátedras de filosofia, pessoas inteligentes de espírito fino, agudo, elevado, profundo ou dotadas de qualquer qualificativo que se queira achar para caracterizar esse espírito quando se deseja louvar as virtudes do pensador, eu encontrei então um filósofo. Em lugar dos equilibristas que, sobre o fio do pensamento, exibem seus saltos mais ou menos audaciosos,

---

4 Consultar a parte final do longo prefácio redigido em 1972 por Leo Strauss para a edição americana da *Religion der Vernunft*, publicado em francês: Essai d'introduction à *La Religion de la raison tirée des sources du judaïsme* de Hermann Cohen, em Leo Strauss, *Études de philosophie politique platonicienne*, trad. O. Seyden, Paris: Belin, 1992, p. 353.
5 Toni Cassirer, *Mein Leben mit Ernst Cassirer*, "tapuscrit" (N. da E.: *tapuscrit* ou *tapuscript*, neologismo francês, contração de *taper* e *manuscript*, significa manuscrito datilografado ou digitado), [s.d.], p. 74. Este texto da esposa de Ernst Cassirer oferece um retrato notável de Hermann Cohen e uma análise sutil de sua relação com o judaísmo. Ao fim de seu relato sobre as últimas horas da vida de Cohen, Toni Cassirer informa ter dito a seu marido: "Não crês que vimos hoje morrer um profeta?" (idem, p. 77).

hábeis ou graciosos, eu vi um homem"[6]. Nesta ocasião, Hermann Cohen havia deixado Marburgo, onde se desenrolara o essencial de sua vida de professor, para instalar-se em Berlim, que assistiria aos anos de formação de Gershom Scholem, Martin Buber, Walter Benjamin e de muitos outros. Foi na Hochschule für die Wissenschaft des Judentums, que ele ministrou os cursos que moldariam a *Religião da Razão*, perante um público que incluía, entre outros, Ernst Cassirer, Leo Strauss e Franz Rosenzweig.

Com respeito a Hermann Cohen, Franz Rosenzweig perguntava ainda: "De que encantamento era animada a palavra desse homem?"[7] Em um breve retrato daquele que foi também seu mestre, Julius Guttmann oferece uma resposta amplamente compartilhada: "O patos moral dos profetas vivia nele e, com base nessa empatia espiritual, ele estava melhor habilitado do que qualquer outro para interpretar seus móveis morais"[8]. Se cada um deles concorda em reconhecer uma espécie de encantamento profético no

---

[6] Franz Rosenzweig, Un Hommage (1918), trad. D. Bourel e M. B. de Launay, em *Cahiers de la nuit surveillée*, n. 1, Franz Rosenzweig, 1982, p. 181. Sobre as relações entre Franz Rosenzweig e Hermann Cohen, ver nesse mesmo volume Dominique Bourel, Un soupir de Rosenzweig, idem, p. 171-180. Franz Rosenzweig redigiu em 1924 uma longa introdução para a edição em três volumes dos escritos sobre o judaísmo de Hermann Cohen, sob os auspícios da Akademie für die Wissenschaft des Judentums e sob a direção de Bruno Strauss (com a ajuda de Julius Guttmann): *Hermann Cohens Jüdische Schriften*, I, *Ethische und religiose Grundfragen*; II, *Zur jüdischen Zeitgeschichte*; III, *Zur jüdischen Religionsphilosophie und ihrer Geschichte*, Berlin: C. A. Schwetschke & Sohn, 1924. Esse texto essencial encontra-se doravante incluído na edição crítica das obras de Rosenzweig. Ver Franz Rosenzweig, Einleitung in die Akademieausgabe der Jüdischen Schriften Hermann Cohens (1923), em *Der Mensch und sein Werk, Gesammelte Schriften*, III, *Zweistromland, Kleinere Schriften zu Glauben und Denken*, Dordrecht: Martinus Nijhoff, 1984, p. 177-223. Uma pequena parte dos *Jüdische Schriften* está traduzida e é apresentada por Maurice-Ruben Hayoun, em Hermann Cohen, *L'Éthique du judaïsme*, Paris: Cerf, 1994. Essa edição não indica nem a origem nem a data dos textos de Cohen, mas tais dados serão anotados no que segue, se não por outro motivo, ao menos para sublinhar o fato de que o interesse de Cohen por essas questões é, em larga medida, anterior ao seu derradeiro grande livro.

[7] Idem. Em uma carta de 3 de fevereiro de 1919 a Bertha Badt-Strauss, Rosenzweig recusara-se a escrever uma biografia de Hermann Cohen com o seguinte argumento: "Eu sou contra a piedade etc." Mas anunciava ao mesmo tempo estar preparando a sua própria homenagem a Cohen: aquilo que se tornou o prefácio aos *Jüdische Schriften*. Ver Franz Rosenzweig, *Der Mensch und sein Werk, Gesammelte Schriften*, I, *Briefe und Tagebücher*, II, 1918-1929, Haia: Martinus Nijhoff, 1979, p. 623.

[8] Julius Guttmann, *Histoire des philosophies juives: De l'époque biblique à Franz Rosenzweig*, trad. S. Courtine-Denamy, Paris: Gallimard, 1994, p. 447. Publicada em sua primeira versão em Berlim em 1933, a obra de Guttmann é a síntese clássica do universo filosófico do judaísmo tomado na sua pluralidade. Leo Strauss, que fora aluno de Julius Guttmann, faria deste livro o ponto de partida crítico de seus trabalhos sobre Maimônides e a religião da Lei. Compulsar especialmente *La Philosophie et la loi* (1935), em Leo Strauss, *Maïmonide*,

verbo de Cohen, a efervescência metafísica de sua última forma de pensamento permanece largamente estranha ao universo acadêmico berlinense da época. Para Guttmann, a aura de mistério que cerca a *Religião da Razão* não deixa de ter ligação com aquilo que constitui sua dificuldade: "uma tensão irredutível entre o conteúdo religioso e a conceitualidade filosófica"[9]. Querendo assegurar ao judaísmo uma nova legitimidade, Cohen desejava transpor o ideal messiânico para o universo de um pensamento sustentado pela razão, de modo que, aos olhos de Guttmann, "ele se tornou para a sua geração o garante filosófico da lealdade religiosa"[10]. Por seu primeiro livro sobre a religião, Cohen enveredara por terras relativamente bem conhecidas: aquelas em que ela deve ser inscrita nos limites da "simples razão". Construindo com a segunda uma síntese de Platão e dos profetas que pretendia unificar as duas fontes da humanidade ocidental, deveria ele descobrir a persistência de um antagonismo? Tal será mais tarde a conclusão de Leo Strauss, ao termo de uma longa familiaridade crítica com sua obra: o nervo da aventura espiritual do Ocidente reside no "conflito entre as noções bíblicas e filosóficas da vida boa"[11]. Resta apenas que tudo se passa como se ele pensasse em Cohen quando descreve a situação do pensador autêntico por referência a esse conflito: "Ninguém pode ser ao mesmo tempo filósofo e teólogo [...], mas dentre nós cada um pode ser e deveria ser quer uma coisa, quer outra, filósofo aberto ao desafio da teologia ou teólogo aberto ao desafio da filosofia"[12]. Que Hermann Cohen haja ocupado melhor do que ninguém essa posição, eis o que explica uma parte do fascínio que exerceu sobre essa geração, qualquer que seja a decepção que pôde causar em uns e em outros, em certas ocasiões[13].

      trad. R. Brague, Paris: 1988, p. 11-142, e infra, cap. VII, p. 817-826. O capítulo consagrado por Guttmann a Hermann Cohen é uma boa introdução à *Religião da Razão*.
9   Idem, p. 456.
10   Idem, p. 448.
11   Leo Strauss, Progrès ou retour?, *La Renaissance du rationalisme politique classique*, trad. e posfácio P. Guglielmina, apresentação Thomas L. Pangle, Paris: Gallimard, 1993, p. 352.
12   Idem, ibidem.
13   Vale notar que a comunidade dos alunos de Hermann Cohen cobria todo espectro das posições sociais, intelectuais e políticas no seio do judaísmo alemão, indo de Ernst Cassirer aos jovens sionistas como Jakob Klatzkin e Aharon Keller. Amigo de Scholem com quem frequentava o círculo do "Jung Juda", este último participava do seminário particular ministrado por Cohen em seu domicílio durante o inverno de 1917-1918 (sobre o *Guia dos Perplexos*). Futuro tradutor de Spinoza para o hebraico, Jakob Klatzkin publicou o primeiro

Desses fragmentos esparsos de lembranças díspares acerca de Hermann Cohen, na fase final, é possível reter uma indicação preciosa sobre o ambiente intelectual de Berlim no começo do século. Aquilo que em suas maneiras dessemelhantes, porém convergentes, Leo Strauss e Julius Guttmann referem, é o mesmo que devia atrair Rosenzweig: uma espécie de retirada para fora do universo acadêmico, duplicada por uma desconfiança em face daquilo que a Wissenschaft se tornara na Alemanha. Mais ainda do que seu contemporâneo, Hermann Cohen fora um dos instigadores da virada da Teoria do Conhecimento para um rigor metódico, cuja tonalidade para as ciências humanas Max Weber deu, tematizando a neutralidade da ciência em relação aos valores (*Wertfreiheit*). Nascida dessa virada ou após ter acompanhado o seu movimento, uma parte dessa geração devia sentir uma forma de mal-estar ante suas consequências: a expulsão do campo das discussões científicas e acadêmicas dos ideais éticos e das questões morais; a rejeição da metafísica; um tratamento distante dos assuntos teológicos. Alguns veriam mais tarde a conivência entre esse projeto e os ares de bom grado niilistas das ideologias do século, percebendo, como Leo Strauss, no triunfo do positivismo cientificista o crepúsculo da filosofia e do humanismo. Outros, que serão às vezes os mesmos, retomariam a herança do que aparecia então como um mundo passado do saber, para retornar às fontes ocultas de tradições perdidas.

A isso se juntava no seio do judaísmo e no contexto da assimilação uma inquietude particular concernente àquilo que era doravante instituído como Wissenschaft des Judentums. Hermann Cohen foi, sem dúvida, o primeiro a perceber aquilo que Scholem iria experimentar de maneira muito mais violenta: o fato de esta ciência se nutrir do sentimento de apropriar-se de um objeto frio, que merece por certo a homenagem de um saber, mas sob as formas que convêm aos astros mortos[14]. Ninguém

---

livro consagrado a Cohen, obra preciosa pela sutileza de suas análises sobre o homem e a obra, que oferece, além do mais, uma bibliografia exaustiva dos escritos de Cohen (ver Jakob Klatzkin, *Hermann Cohen*, Berlin: Jüdischer Verlag, 1921).

[14] Pode-se pensar quanto à maneira como Gershom Scholem expõe as condições de sua descoberta de uma mística judaica amiúde desprezada e à qual ele consagrará o essencial de seu trabalho. Ver a sua carta de 1937 ao editor Zalman Schocken, em Gershom Scholem, *Le Nom et les symboles de Dieu dans la mystique juive*, trad. Maurice R. Hayoun e G. Vajda, Paris: Cerf, 1988, p. 7-9. A respeito desse texto e do problema que ele apresenta, ver infra,

duvida que para eles, porém igualmente aos olhos de um Benjamin, de um Buber ou de um Rosenzweig, a objetivação do judaísmo, de sua história e de seus conceitos em objetos de ciência corria o risco, sem querer, de contribuir para o seu desaparecimento. Essa reduplicação de uma desconfiança, que se poderia dizer quase ontológica, para com o endurecimento de toda Wissenschaft encontra, em Hermann Cohen, uma feição singular: evitando o patético de uma renegação, ela assume a forma de um exame de consciência; mas, ao fazê-lo, marca um distanciamento ante uma história da qual ele fora, apesar de tudo, o artífice. Mais uma vez, o testemunho mais precioso acerca deste ponto é o de Julius Guttmann, ao recordar as condições da fundação, na Berlim de 1919, da Akademie für die Wissenschaft des Judentums. Lembrando que a ideia desta academia está exposta numa carta aberta de Franz Rosenzweig a Hermann Cohen intitulada "O tempo chegou", Guttmann sublinha o entusiasmo deste último por um empreendimento que ele não verá nascer, antes de indicar claramente sua aposta: a superação de uma espécie de esclerose da Wissenschaft des Judentums. Para seus instigadores, esse projeto partia da constatação de uma diferença entre a riqueza do material histórico acumulado por essa ciência e a sua incapacidade na "apreensão conceitual do conteúdo". Pois ele se alimentava do desejo de superar o "racionalismo vulgar" pelo qual ela havia com muita frequência eludido as questões que "o movimento espiritual e intelectual lhe propunha"[15]. Deste ponto de vista, a Akademie ofereceria uma espécie de refundação à ciência do judaísmo

---

cap. IV, p. 424-426. Deste ponto de vista, a relação contrariada de Hermann Cohen e Heinrich Graetz é edificante (ver infra, nota 23).

15 Ver Julius Guttmann, Science juive, Académie pour la science du judaïsme, Der Jude, 1923, em anexo a Leo Strauss, La Critique de la religion chez Spinoza, ou Les Fondements de la science spinoziste de la Bible, trad. G. Almaleh, A. Baraquin e M. Depadt-Ejchenbaum, Paris: Cerf, 1996, p. 369-375. Vale aqui reportar-se à carta fundadora de Franz Rosenzweig, destinada a Hermann Cohen: "Zeit ist..." (1917), em Zweistromland. Kleinere Schriften zu Glauben und Denken, p. 461-481. Algumas semanas antes de seu falecimento, Cohen havia redigido uma contribuição fortemente argumentada em apoio dessa iniciativa: Zur Begründung einer Akademie für die Wissenschaft des Judentums (1918), em Jüdische Schriften, II, p. 210 e s. Precisemos que é a Academia, logo presidida por Guttmann, que assegurará a publicação dos Jüdische Schriften de Cohen, considerado como seu "fundador", visto que é em seu quadro que Leo Strauss efetuará suas primeiras pesquisas, assim como Gershom Scholem, o historiador Yitzhak Baer e muitos outros. Sobre o papel de Rosenzweig na sua criação, ver infra, cap. II, p. 177-178.

que desabrocharia na Palestina com a criação da Universidade Hebraica de Jerusalém em 1925[16].

Sob esse ângulo, Hermann Cohen é, de algum modo, o inverso de Max Weber, seu contemporâneo. Ainda que as trajetórias desses dois pensadores tenham se cruzado, o autor do *Judaísmo Antigo* sentiu-se também fascinado pelo mundo dos profetas e depois atormentado por uma dúvida concernente à ciência que contribuía para apagar os traços do espírito profético no mundo moderno. No entanto, embora também o obsedasse o aspecto de deserto metafísico de um mundo que "provou da árvore do conhecimento", Max Weber continuava a querer objetivá-lo: mesmo que ao preço de fazer ressurgir em seu regaço a "guerra dos deuses", como um ardil da desrazão no seio da história da razão[17]. Diante dele, o retorno de Hermann Cohen à pátria intelectual de seus pais faz figura de uma verdadeira preocupação de reencantar os domínios do conhecimento e do saber do homem, para jamais ceder às profecias negativas do niilismo. É isto, sem dúvida, que percebeu um Gershom Scholem com menos de vinte anos, ao assistir aos "cursos da segunda-feira" em que se preparava a última obra de Cohen. A seu turno, ele traça os lineamentos de um retrato: um homem excepcionalmente baixo de estatura e feio "segundo os critérios habituais"; mas um rosto que se iluminava de singular beleza cada vez que surgia acima da cátedra, para proferir certos conceitos como o profetismo ou o panteísmo "que ele detestava particularmente"[18]. Que Hermann Cohen haja representado "uma figura verdadeiramente bíblica", Franz Rosenzweig o confirma em definitivo, ele que evocava sua recusa de afastar "com um gesto de altivez falsamente sapiente as questões fundamentais

---

16 Sobre a criação da Universidade Hebraica e o ambiente dos professores e pesquisadores formados em Berlim, após a instalação deles em Jerusalém, ver infra, p. 385-390.
17 Acerca deste ponto, permito-me remeter a Pierre Bouretz, *Les Promesses du monde: Philosophie de Max Weber*, Paris: Gallimard, 1996, epílogo.
18 Ver o relato de Gershom Scholem em sua autobiografia: *De Berlin à Jérusalem*, p. 112-113 (trad. bras.: *De Berlim a Jerusalém*, p. 83-84). Nos diários e na correspondência de Scholem proveniente dessa época, encontram-se numerosas anotações a respeito de Cohen e seus livros. A título de ilustração, em dezembro de 1917, Scholem anuncia a vários de seus correspondentes ter recebido de seu pai como presente de vigésimo aniversário a *Lógica do Conhecimento puro* de Cohen (Cartas a Aharon Heller, Werner Kraft e Harry Heymann, em Gershom Scholem, *Briefe*, I, 1914-1947, München: C. H. Beck, 1994, 124 e s). Alguns meses mais tarde, após a morte de Cohen em 4 de abril de 1918, ele multiplica as marcas de admiração a seu respeito. Ver, infra, cap. IV, p. 414.

que a humanidade sempre se propôs e que giram em torno da vida e da morte"[19]. Rosenzweig concluiu esse retrato do homem que ele conheceu septuagenário falando simplesmente do caráter "profundamente infantil dessa grande alma"[20].

Filósofo e Profeta

"Lá onde há gênio e grandeza, há também humildade": este apólogo talmúdico, por cujo intermédio Gershom Scholem saudava a memória de Franz Rosenzweig, coincide perfeitamente com as lembranças deixadas por Hermann Cohen em seus contemporâneos[21]. É um homem próximo do termo

❧

19   Um Hommage, p. 182. Rosenzweig, precisamente, ouviu Cohen pela primeira vez em novembro de 1913, isto é, pouco tempo após a sua decisão de "permanecer judeu". Alguns meses mais tarde, ele animará o seminário de Cohen na Hochschule, antes de corrigir as provas da Religião da Razão e de prefaciar os Jüdische Schriften. Acrescentemos a título de ilustração de uma proximidade que talvez não tenha sido suficientemente sublinhada e sobre a qual voltaremos a falar, que ele comparará a relação entre a Religião da Razão e A Estrela da Redenção àquela que une o primeiro e o segundo Fausto. Ver sua carta a Hans Ehrenberg, de setembro de 1921, em Franz Rosenzweig, Briefe und Tagebücher, 1918-1929, v. II, p. 720.
20   Idem, ibidem. É significativo que uma imagem similar venha ao espírito de Ernst Cassirer, na homenagem pronunciada em Berlim junto ao túmulo de Hermann Cohen: a de um eterno jovem sob o semblante do velho que acaba de desaparecer. Ver E. Cassirer, Discours prononcé sur la tombe de Hermann Cohen le 7 avril 1918, trad. M. de Launay e C. Prompsy, em Ernst Cassirer, Hermann Cohen, Paul Natorp, L'École de Marbourg, trad. C. Berner et alii, prefácio de Massimo Ferrari, Paris: Cerf, 1998, p. 111-117. O retrato de Cohen poderá ser completado com a leitura de diferentes textos de homenagem de seus próximos reunidos nesta recolha. Uma conferência de Cassirer perante a Academia para a Ciência do Judaísmo, a 17 de maio de 1920 ("Hermann Cohen", trad. M. de Launay e C. Prompsy, idem, p. 173-183) e depois uma outra publicada nos Estados Unidos em maio de 1942 na Social Research ("Hermann Cohen [1842-1918]", trad. F. Capeillères, idem, p. 185-199). O discurso de Paul Natorp, proferida desta vez em Marburgo poucos meses após a morte do filósofo ("Hermann Cohen, l'homme, l'enseignant et le chercheur. Discours à sa mémoire prononcé dans la salle des fêtes de l'Université de Marbourg le 4 juillet 1918", trad. M. de Launay e C. Prompsy, idem, p. 119-141). Cabe notar que neste texto, Natorp é o único a evocar o mal-estar que Cohen sentia no fim de sua vida em face à maré montante do nacionalismo alemão e do antissemitismo (p. 121).
21   Meg[u]ilá, 31a. Ver Gershom Scholem, Franz Rosenzweig et son livre L'Étoile de la Rédemption, trad. B. Dupuy, em Cahiers de la nuit surveillée, p. 21. Da alocução pronunciada na Universidade Hebraica de Jerusalém, na homenagem prestada a Rosenzweig por ocasião do trigésimo dia após sua morte, este texto apareceu em1930. Sublinhando a influência de Cohen sobre Rosenzweig, Scholem diz ainda acerca do primeiro que ele "fazia pensar em uma personagem da Antiguidade que descesse repentinamente entre nós" (idem, p. 19).

de sua existência – e que terminara, já havia algum tempo, sua carreira acadêmica –, que cruzou com a geração de Rosenzweig e Scholem em Berlim. Nele, ela [a geração] podia enxergar muitas imagens: o arquétipo de uma "altivez aristocrática da filosofia", que parecia em vias de perder-se; o modelo de uma assimilação que se afigurava inelutável; mas igualmente e, sobretudo, o representante de um "retorno" que não deixaria ninguém indiferente[22]. Além do fenômeno de uma vida de pensamento que deixa poucos traços de sua passagem, a dificuldade de restaurar a biografia de Hermann Cohen se prende, sem dúvida, ao choque entre dois símbolos contraditórios, surgidos em um tempo muito curto, no qual os derradeiros anos de uma longa existência se confundem com os tumultos do primeiro conflito mundial: a elaboração de uma filosofia da religião sem equivalente desde as de Hegel e Schelling; uma preocupação de levar o ideal de "simbiose" judaico-alemã até a defesa da nação em guerra. Hoje, como na época, não se pode, pois, contornar o obstáculo que representa para a recepção da obra o engajamento aparentemente sem reserva de Cohen na "germanidade". Mas deve-se esperar ao menos que ele consiga não mais contaminar a leitura de um livro que abrirá a renovação da filosofia do judaísmo no século xx.

Hermann Cohen nasceu em 1842 em Coswig, pequena cidade do Anhalt, que abrigava uma comunidade judaica da qual o pai de Cohen era o *hazan*. Dotado do prenome hebraico de Ezequiel, educado no respeito à Tradição e ao ritual, é quase de maneira natural que ele é destinado a se tornar rabino, a fim de prosseguir no projeto de seu pai. Para esse fim, deixa Coswig e vai para Breslau, entrando no prestigioso Jüdisch-Theologische Seminar, onde passa a ser aluno de Zacharias Frankel, Heinrich Graetz, Joel Zuckermann e Jacob Bernays, mestres de um judaísmo alemão que aplica à sua herança os métodos e as categorias da filologia e da história[23]. Mas bem

---

22 Compulsar Franz Rosenzweig, "Hermann Cohens Nachlasswerk", carta à redação da *Jüdischen Rundschau* (1921), em *Zweistromland: Kleinere Schriften zu Glauben und Denken*, p. 229-233 (passagem citada, p. 230). Ver igualmente a carta de Rosenzweig a Rudolf Ehrenberg, de 5 de março de 1918, em Franz Rosenzweig, *Der Mensch und sein Werk, Gesammelte Schriften, 1, Briefe und Tagebücher*, 1, 1900-1918, Haia: Martinus Nijhoff, 1979, p. 514.

23 O Seminário de Breslau é uma instituição central na história do judaísmo alemão do século xix. Criado em 1853 por Zacharias Frankel, com a condição de que Heinrich Graetz pudesse vir aí ensinar e levar a bom termo seu projeto de uma história dos judeus, o seu fundador procurou uma via mediana entre a neo-ortodoxia de Samson Raphael Hirsch e as posições francamente reformistas de Abraão Geiger, que instalaria finalmente em Berlim,

depressa ele se orienta para a filosofia, ainda em Breslau, depois em Berlim e Halle, cidade onde se faz doutor com uma tese em latim, em 1865, sobre "As doutrinas filosóficas concernentes à antinomia da necessidade e da contingência". O acontecimento mais significativo de sua carreira reside, entretanto, em seu começo: o fato de que, depois de ter sido *Privatdozent* em Marburgo graças a Friedrich Albert Lange, converte-se no primeiro judeu a poder ensinar filosofia como professor efetivo a partir de 1876. Definitivamente associado ao ensino de Cohen e de sua escola, em torno de Natorp, seu contemporâneo, depois de Ernst Cassirer, seu aluno, Marburgo constitui-se, assim, em um lugar único de uma vida universitária perfeitamente realizada, e que termina em 1912, após ter sido colocada de duas maneiras complementares sob o signo de Kant. Uma primeira vez, Cohen produziu o tríptico de uma reconstrução sistemática da obra do fundador da filosofia crítica: *Kants Theorie der Erfahrung* (1871); *Kants Begründung der Ethik* (1877); *Kants Begründung der Aesthetik* (1889). Em seguida, numa segunda fase, desenvolveu o seu próprio sistema, retomando a forma do de Kant, porém com o cuidado de radicalizar a lógica do puro conhecimento: *Logik der reinem Erkenntnis* (1902), *Die Ethik des reinem Willens* (1904) e *Die Aesthetik des reinem Gefühls* (1912)[24].

em 1872, sua própria escola: a Hochschule für die Wissenschaft des Judentums. Além de Cohen, numerosas figuras de sua geração e da seguinte receberam aí uma parte de sua formação, como Leo Baeck (que estudará também na Hochschule), Julius Guttmann (que em breve ensinará na Hochschule), ou Benno Jacob. Hermann Cohen evoca o clima intelectual do Seminário em *Ein Gruss der Pietät an das Breslauer Seminar* (1904), *Jüdische Schriften*, v. II, p. 418 e s. Finalmente, Cohen distanciar-se-á de Graetz, recriminando-o especialmente por ter acentuado em demasia a dimensão sociopolítica do judaísmo, em detrimento de sua experiência religiosa. Ver *Graetzens Philosophie der jüdischen Geschichte* (1917), *Jüdische Schriften*, v. III, p. 203 e s., e a homenagem redigida por ocasião do centenário de seu nascimento, *Zur Jahrhundertfeier unseres Graetz* (1917), idem, v. II, p. 446 e s.

24   Sobre este aspecto da obra de Cohen, as análises mais preciosas encontram-se, mais uma vez, entre os seus próximos. Ver notadamente Ernst Cassirer, "Hermann Cohen et la rénovation de la philosophie kantienne" (1912), trad. M. de Launay e C. Prompsy, em E. Cassirer, H. Cohen, P. Natorp, *L'École de Marbourg*, p. 19-38, e Paul Natorp, L'Oeuvre philosophique de Hermann Cohen du point de vue du système (1918), trad. M. de Launay e C. Prompsy, idem, p. 143-172. Duas obras traduzidas para o francês são preciosas, na medida em que elas enquadram especialmente a *Logique de la connaissance pure* de 1902: *Le Principe de la méthode infinitésimale et son histoire* (1883), trad. M. de Launay, Paris: Vrin, 1999; o *Commentaire de la "Critique de la raison pure" de Kant* (1907), trad. É. Dufour, Paris: Cerf, 2000. As introduções redigidas respectivamente por Marc de Launay e Éric Dufour oferecem apresentações ao mesmo tempo arqueológicas e sistemáticas desta vertente da filosofia de Cohen.

Quando Hermann Cohen se instala em Berlim em 1912, ele é, sem dúvida, considerado como o maior filósofo alemão de sua época. A respeito disso, Franz Rosenzweig diria, aliás, alguns anos mais tarde, não sem certo agastamento, que este fato obrigava os judeus a definir seu ser no mundo pela questão de saber se eram kantianos ou não[25]. Não é, portanto, o menor dos paradoxos do itinerário de Cohen o de abrir por seu último livro a perspectiva de um desprendimento dessa atitude, após ter encarnado durante muitos decênios o exemplo a partir do qual ela se instalara. Antes de sua chegada a Berlim, Cohen tivera, todavia, muitas vezes a ocasião, em circunstâncias dolorosas, de afirmar sua identidade judaica. A mais visível dentre elas liga-se a uma controvérsia com o historiador Heinrich von Treitschke, que havia declarado em 1880 que "os judeus são nossa desgraça"[26]. Alguns anos mais tarde, ele fora consultado pelo tribunal de Marburgo, a respeito das posições do *Talmud* acerca de algumas questões disputadas[27]. Na virada do século, por fim, apareceram dois textos sobre o caso Dreyfus[28]. Mas essas intervenções pareciam, sem dúvida, defensivas demais para eclipsar a imagem de um estrito representante do universo filosófico alemão, ou para converter Cohen em porta-voz dos judeus ameaçados pela montante do antissemitismo. A decisão de deixar Marburgo a fim de ir para Berlim e depois o início de seus ensinamentos na Hochschule für die Wissenschaft des Judentums teriam assim um alcance bem maior. Reatando com o estudo do *Talmud*, que confessava haver descurado após

25 Ver Franz Rosenzweig, Die Bauleute: Über das Gesetz (1923), em *Zweistromland*, p. 702.
26 Sobre esta controvérsia, poder-se-á consultar o dossiê estabelecido por Paul Mendes-Flohr e Jehuda Reinharz em *The Jew in the Modern World: A Documentary History*, New York/Oxford: Oxford University Press, 2. ed., 1995, p. 343-350, que contêm as intervenções de Treitschke e Theodor Mommsen. Intitulada *Ein Bekenntnis in der Judenfrage*, a resposta de Cohen a esses ataques foi publicada no mesmo ano sob a forma de brochura, em Berlim, e reeditada nos *Jüdische Schriften*, II, p. 73-94.
27 Ver a resposta a essa consulta: *Die Nächstenliebe im Talmud* (1888), *Jüdische Schriften*, I, p. 145 e s.; trad. francesa, L'Amour du prochain dans le *Talmud* (O Amor ao Próximo no *Talmud*), em *L'Éthique du judaïsme*, p. 287-314.
28 Ver *Unsere Ehrenpflicht gegen Dreyfus* (1899) e *Der geschichtliche Sinn des Abschlusses der Dreyfus-Affäre* (1906), em *Jüdische Schriften*, II, p. 346 e s e 352 e s. Quando da publicação do "J'accuse" de Zola em janeiro de 1898, Cohen lhe havia enviado o seguinte telegrama: "A coragem para a verdade e a justiça é a medicina curativa da história universal". Pode-se, enfim, adicionar a respeito dessas questões um texto contemporâneo: *Der Religionswechsel in der neuen Ära des Antisemitismus* (1890), em *Jüdische Schriften*, II, p. 342 e s.

os anos de formação junto a seu pai, e consagrando seus cursos a Maimônides, ao mesmo tempo que ao conceito de religião no sistema da filosofia, é, pois, em Berlim, que Cohen elabora a *Religião da Razão*, diante de um público fascinado pela potência de seu pensamento, tornando-se assim, segundo a palavra pela qual Rosenzweig conclui o longo estudo introdutório aos *Jüdische Schriften*, o "pai" de sua geração[29].

Franz Rosenzweig arriscou uma imagem de conteúdo fortemente evocador a fim de caracterizar a significação desse momento na existência de Hermann Cohen: a de uma "grande *Teschuvá*"[30]. Indicando, no hebraico da Tradição, ao mesmo tempo o movimento de um "retorno" e a ideia de um "arrependimento", o termo quer exprimir o símbolo que a experiência de Cohen oferecia para uma geração às vezes inquieta ante o comportamento de seus pais em face da sociedade e da cultura alemãs. Mas sugerindo uma espécie de reviravolta tardia do filósofo, tal mudança deve talvez demasiado à biografia do próprio Rosenzweig, que encontrara Cohen logo depois de sua tentação pessoal de renunciar ao judaísmo pela conversão. Hermann Cohen não tinha nenhum motivo para experimentar o sentimento de um arrepender-se quando expunha diante de seus ouvintes berlinenses da Hochschule as apostas na *Religião da Razão*: uma redescoberta das fontes do judaísmo, mais ou menos esquecidas, ao longo de sua história; uma maneira de defender sua herança, melhor do que fizera Mendelssohn na época da *Aufklärung*. Estranhamente, é no texto mais controvertido do ponto de vista

---

29 A bem dizer, Hermann Cohen não escreveu *A Religião da Razão*. Havia muitos anos que ele sofria de uma moléstia ocular e precisava ditar à sua esposa Martha a maioria de seus textos. Entretanto, numerosas passagens do livro tinham já uma forma escrita, produtos que eram de artigos anteriores e, sobretudo, de um curso ministrado na Escola. Em seus prefácios às duas primeiras edições (1918 e 1928), Martha Cohen lembra o papel dos alunos de Hermann Cohen no estabelecimento do texto publicado. Rabino liberal de Berlim, Benzion Kellermann era o responsável pelo conjunto do projeto. Além de Bruno Strauss e do rabino Nobel, que seria um colaborador muito próximo de Franz Rosenzweig em Frankfurt, ele contou com a ajuda de Leo Rosenzweig, que havia acompanhado Cohen na pesquisa das fontes. Franz Rosenzweig ficou especialmente encarregado da revisão das provas. Sob a sua pena surgem numerosos testemunhos relativos ao conteúdo das lições públicas de Cohen: eles confirmam que estes últimos elaboraram efetivamente *A Religião da Razão*. Ver infra, cap. II, p. 160-163.

30 Franz Rosenzweig, carta a Jakob Horovitz, abril de 1924, em *Briefe und Tagebücher*, II, 1918-1929, p. 958. Veremos que Leo Strauss utiliza igualmente este termo para designar a situação de numerosos judeus contemporâneos, pensando sem dúvida em sua geração e na de Hermann Cohen que a precedera. Ver infra, cap. VII, p. 772-774 e 779-782.

de sua relação com a Alemanha que Cohen indica de modo mais claro esta última intenção[31]. Aqui, ele salienta os compromissos aos quais Mendelssohn se vira coagido com a sabedoria de seu tempo, sob o risco de privar o judaísmo do Deus da Revelação para estar conforme com o programa das Luzes, enquanto o próprio Kant não sai absolutamente indene, quando expõe à luz uma fraqueza logo mais descrita por Leo Strauss como a das Luzes "moderadas" em geral[32].

Dever-se-á considerar que a mistura de radicalidade filosófica e de serenidade espiritual que caracteriza o último livro de Hermann Cohen traduz uma forma de pesar ante as excessivas expressões de seu apego à cultura alemã? Nada jamais permitirá, por certo, resolver esta questão no plano das motivações íntimas do pensador chegado ao crepúsculo de sua existência. Resta, pois, a singular cicatriz deixada pelo texto de 1915: *Deutschtum und Judentum*. Fatalmente, este último endereçava-se, antes de tudo, aos judeus americanos. Cohen os convidava a impedir seu governo a entrar no conflito, ao passo que, do lado francês, Henri Bergson exercia a pressão inversa, que prevaleceria após o desencadeamento da "guerra submarina sem trégua". Cohen, porém, vai muito longe na defesa de uma fusão entre as culturas judaica e alemã para que se possa considerar o referido texto como um escrito de circunstância. Martin Buber seria o primeiro a denunciar isto numa carta aberta, como expressão de um desvio nacionalista da doutrina da assimilação que ele combatia em nome do sionismo[33]. No tocante a Gershom

---

[31] Ver Hermann Cohen, *Deutschtum und Judentum* (1915), *Jüdische Schriften*, II, p. 237 e s.; trad. francesa M. de Launay, Germanité et judéité, *Pardès*, n. 5, 1987, p. 13-48, aqui, p. 33-35. Objeto de numerosas polêmicas, este texto conheceu um grande sucesso, visto que teve três reedições em um ano e é preciso lê-lo com a excelente apresentação de Marc de Launay. Em 1916, Cohen redigiu sob o mesmo título um artigo muito mais curto, que retoma as principais temáticas, porém em uma perspectiva mais histórica e cultural, apagando assim algumas dimensões sujeitas a controvérsia (ver *Deutschtum und Judentum*, *Jüdische Schriften*, II, p. 302 e s). Em outros textos, Cohen é mais indulgente em relação a Mendelssohn, que ele defende às vezes de maneira significativa contra o próprio Kant. Ver especialmente *Religion de la raison*, p. 494-495.

[32] O retorno crítico à querela da *Aufklärung* será a aposta de um dos primeiros textos de Strauss, que a reconstruiu como um conflito entre as Luzes "moderadas" e as Luzes "radicais", em que as primeiras são, desde o início, condenadas à derrota. Ver Leo Strauss, *La Philosophie et la loi* (1935), em *Maïmonide*, p. 12 e s., e infra, cap. VII, p. 810-813.

[33] Martin Buber, Völker, Staaten und Zion (1916), em *Der Jude und sein Judentum*, Köln: J. Melzer, 1963, p. 280 e s. Republicada em *Jüdische Schriften* (II, p. 328 e s.), a resposta de Cohen se intitulava Antwort auf das offene Schreiben des Herrn Dr. Martin Buber an Hermann Cohen.

Scholem, este relataria meio século mais tarde a Karl Löwith seu sentimento da época: a posição de Cohen resumia aos seus olhos a de seu próprio pai, ou até, mais geralmente, do meio marcado pela assimilação de onde saíra[34]. Por fim, Franz Rosenzweig não podia dissimular completamente a perturbação que essa intervenção lhe deixara. Ele procura oferecer dela uma leitura ponderada, que pretende mostrar como Cohen tentava de há muito equilibrar, um pelo outro, um trabalho relativo ao "nosso judaísmo" e uma investigação propriamente filosófica sobre o idealismo alemão[35].

A compreensão desse texto controverso obriga a uma ampla volta atrás: para as tomadas de posição de Hermann Cohen em face dos ataques antissemitas dos anos de 1880 e a forma das polêmicas alemãs sobre estas questões. Perfeitamente documentada, mas igualmente situada a uma justa distância entre a apreciação de fatos ainda próximos e seu julgamento, a *História Moderna do Povo Judeu*, de Simon Dubnov, pode ser de uma ajuda tanto mais preciosa a esse respeito quanto ela se caracteriza por uma preo-

---

Buber e Cohen terão no mesmo ano um outro terçar d'armas, não sem ligação com o anterior, mas desta vez centrado no sionismo e na interpretação do messianismo. Encontrar-se-á o dossiê deste segundo embate em Paul Mendes-Flohr e Jehuda Reinharz, *The Jew in the Modern World: A Documentary History*, p. 571-577. Sobre sua análise, ver infra, cap. v, p. 581-582.

34 Gershom Scholem, carta a Karl Löwith, de 31 de agosto de 1968, em *Briefe*, II, *1948-1970*, München: C. H. Beck, 1995, p. 213-214. Esta carta responde ao importante texto que Löwith acabava de consagrar à última filosofia de Hermann Cohen, proveniente de uma alocução pronunciada na universidade de Marburgo por ocasião do cinquentenário de sua morte. Ver Karl Löwith, Philosophie der Vernunft und Religion der Offenbarung in H. Cohens Religionsphilosophie, em *Sämtliche Schriften*, III, *Wissen, Glaube und Skepsis*, Stuttgart: J. B. Metzler, 1985, p. 349-383. Com a introdução de Franz Rosenzweig aos *Jüdische Schriften* e o capítulo da *Histoire des philosophies juives*, de Julius Guttmann, este texto continua sendo a melhor introdução à obra de Hermann Cohen. Seria ainda necessário acrescentar-lhe a introdução redigida por Leo Strauss em 1972 para a tradução inglesa de *A Religião da Razão: Essai d'introduction à La Religion de la raison tirée des sources du judaïsme* de Hermann Cohen, op. cit., em *Études de philosophie politique platonicienne*, p. 333-353. Cabe ainda dizer que esta introdução é, sem dúvida, mui falsamente simples para entregar de pronto toda a sua riqueza e precisar a forma de uma fidelidade polêmica de Leo Strauss para com Hermann Cohen sobre a qual retornaremos (infra, cap. VII, p. 819-822 e 944-945).

35 Ver Franz Rosenzweig, Deutschtum und Judentum, em *Zweistromland*, p. 169-175. Cf. também sua carta a Gertrud Oppenheim, de 1 de outubro de 1917, e sobretudo a seus pais, de 20 de setembro de 1917, em *Briefe und Tagebücher*, I, *1900-1918*, p. 456-459 e 442-446. Nesta última carta, Rosenzweig mostra-se ao mesmo tempo mais vivo em sua crítica a Cohen do que no texto evocado e mais pronto a voltar as coisas contra seu próprio meio. Assim como Scholem verá no opúsculo de Cohen um documento sobre o mundo da assimilação, Rosenzweig escreve a seus pais: "A germanidade espiritual de Cohen é tão precária quanto vossa germanidade social e não se pode manter uma e outra ficção sem verdadeiras acrobacias" (p. 445).

cupação de comparar a situação e as atitudes dos judeus nos três universos principais de sua experiência europeia, na passagem do século XIX: a França, a Alemanha, a Europa Central e Oriental. Expondo com precisão as especificidades do antissemitismo que ressurge na Alemanha em torno do panfleto de Treitschke, Dubnov sublinha a fraqueza da estratégia de defesa das elites liberais do judaísmo alemão. Publicado em Berlim em 1880, *Ein Wort über unser Judentum* (Uma Palavra sobre o Nosso Judaísmo) apoiava-se na visão de uma massa de "mercadores de calças usadas" que vinham da Polônia e que se tornariam um dia os donos da Bolsa e da imprensa alemãs. Visando diretamente Heinrich Graetz, que trouxera à luz as propostas antissemitas de Lutero ou Fichte e passava por inspirador de um nacionalismo judaico, Treitschke concluía seu ataque afirmando que "sobre o solo alemão, não há lugar para uma dupla nacionalidade"[36]. Quanto a Theodor Mommsen, que representava a oposição liberal a esta judeofobia, ele convidava os judeus a fundir-se na nação alemã, sustentando a utilidade comum dos casamentos mistos e depois convidando os "livre-pensadores do judaísmo" a converter-se ao cristianismo.

  Nesse contexto, Dubnov insiste no ar defensivo da intervenção de Hermann Cohen. Este abre *Ein Bekentnniss in der Judenfrage* (Uma Confissão sobre a Questão Judaica) com o pesar de ver aqueles que aderiram à "nação de Kant" coagidos por exprimirem seu "credo judaico"[37]. Estranhamente, ele parece mesmo desviar seu propósito de efetuar uma crítica direta a Treitschke para trazer à barra seu antigo mestre Heinrich Graetz, suspeito a seus olhos de pertencer ao "partido dos palestinianos" e cuja recusa de considerar com "respeito e piedade" a grandeza própria ao espírito alemão ele estigmatiza. Isolado entre a virulência dos ataques de Treitschke e o fato de que parte dos meios favoráveis à assimilação lhe censuram um "nacionalismo judaico", Graetz se contenta, quanto a ele, em dar uma resposta discreta a seu adversário em um jornal de província. Em seguimento a Simon Dubnov,

---

36   Ver Simon Dubnov, *Histoire moderne du peuple juif*, trad. S. Jankélévitch, prefácio de Pierre Vidal-Naquet, Paris: Cerf, 1994, p. 1028. Dubnov assinala, todavia, a diferença entre as teses de Treitschke e o antissemitismo racial de Eugen Dühring, que sublinhava os perigos representados para a Alemanha uma assimilação dos judeus e propunha transformar a "raça inferior" em povo de párias submetido à escravidão.
37   Ver *Ein Bekenntnis in der Judenfrage*, op. cit., p. 73, e Simon Dubnov, op. cit., p. 1036.

fica-se impressionado com a divisão interna do mundo judeu e com a fragilidade de suas defesas em face dos ataques nacionalistas e antissemitas. De maneira geral, os representantes oficiais do judaísmo alemão permanecem extremamente prudentes diante das agressões, utilizando todas as alternativas possíveis à perspectiva de uma "contra-agitação": vãs *démarches* junto às autoridades; um convite à discrição que marginaliza sua comunidade[38]. A única linha política que se esboça com coerência é, assim, aquela que Hermann Cohen defenderá ainda em 1915: renunciar a toda tentativa de afirmação de um nacionalismo judeu, em nome da integração "leal" na nação alemã. Ela faz eco a uma expressão de Moritz Lazarus, que desempenhara um papel decisivo no movimento da reforma: "Nós somos alemães, nada mais do que alemães, na medida em que se trata de nacionalidade; nós fazemos parte apenas de uma nação, da nação alemã"[39].

É, todavia, significativo que os olhares opostos de Hermann Cohen e de Simon Dubnov se cruzem sobre a mesma referência histórica. Para o primeiro, o ideal da assimilação justifica-se da seguinte maneira: "Desde o desabrochamento do espírito judaico, durante o período hispano-árabe, o povo judeu só conheceu uma nova vida de cultura universal após seu contato com o povo alemão"[40]. Aos olhos do segundo, em compensação, esse tema que volta como um *leitmotiv* torna-se um sintoma: o de uma doença própria dos judeus modernos que se comportam como "marranos nacionais". Revirando assim em uma perspectiva temível a referência à Espanha medieval, Dubnov designa aqueles dentre seus contemporâneos que afirmam seus desejos de invisibilidade sem ter a justificativa das perseguições da Inquisição, de modo que acabam por não mais fazer distinção "entre a máscara da nação estrangeira que lhes cobria o rosto e este rosto mesmo"[41]. Aplicada a Moritz Lazarus e Hermann Cohen a despeito de seus desacordos, essa imagem de um marranismo nacional é tanto mais

---

38 Idem, p. 1033.
39 Idem, p. 1035. A fórmula de Lazarus data de 1879. No mesmo sentido, Ludwig Bamberger, membro do Reichstag, havia publicado em 1880 um opúsculo já intitulado *Deutschtum und Judentum*. Com esse texto, ele advogava a causa dos judeus, salientando uma "notável aptidão para a assimilação, que repousa sobre a possibilidade de renunciar ao que vos pertence para incorporar elementos estrangeiros".
40 *Ein Bekenntnis in der Judenfrage*, p. 79, citado em Simon Dubnov, op. cit., p. 1037.
41 Idem, p. 1078.

terrível no espírito de Dubnov quanto ela não visa somente suas tomadas de posição durante as controvérsias sobre o lugar dos judeus na sociedade alemã, mas igualmente seus empreendimentos intelectuais: *Die Ethik des Judentums* de Lazarus, publicada em 1898, e a série de escritos de Cohen sobre Kant, que apareceu no fim do século XIX.

Será preciso endossar a severidade desse julgamento, para aplicá-lo nomeadamente ao pensamento de Hermann Cohen? Simon Dubnov tem, sem dúvida, razão de sublinhar a "esterilidade intelectual" da "vida interior" dos judeus alemães na época da crise antissemita, enunciado que assume todo o seu sentido no seio de sua *História* por comparação com a atitude das comunidades da Europa Central e Oriental em circunstâncias similares[42]. No entanto, se tal apreciação pode, em parte, esclarecer a intervenção de Cohen em 1915, ela não poderia explicar o embasamento e a orientação de sua filosofia. Sabe-se que Hermann Cohen não esperou a *Religião da Razão* para preocupar-se com a história do judaísmo e defender suas ideias. Ver-se-á que este livro dá prova de uma rara fidelidade à sua herança. Pode-se desde já medir o fosso que separa as palavras ditas em público, de Cohen, daquelas nas quais Dubnov vê, com toda justiça, a expressão rematada de uma ideologia da assimilação saída do reformismo: "Nós não queremos mais sacrificar nossa liberdade ao despotismo da letra morta. Nós não podemos mais, sem mentir a nós mesmos, pedir em nossas preces a instauração de um reino messiânico sobre a terra, proclamar nossa esperança de retornar ao país de nossos ancestrais, uma vez que nos sentimos presos por mil liames à nossa pátria atual à qual devotamos o mais profundo amor. Nós não podemos mais observar mandamentos que não encontram qualquer eco em nosso coração nem reconhecer a inviolabilidade de um código que liga a substância e a missão do judaísmo a formas e a prescrições que datam de outra era"[43].

---

42 Encontrar-se-á a confirmação do julgamento feito por Simon Dubnov nos trabalhos recentes sobre a questão. Ver notadamente Jehuda Reinhartz, *Fatherland or Promise Land: The Dilemma of the German Jews, 1893-1914*, Ann Arbor: University of Michigan Press, 1975; os estudos reunidos por David Bronsen em *Jews and Germans from 1866 to 1933: The Problematic Symbiosis*, Heidelberg: Carl Winter, 1979. Apesar de sua brevidade, o estudo mais profundo sobre estas questões, até os presentes dias, é sem dúvida o de George Mosse, *German Jews Beyond Judaism*, Bloomington: Indiana University Press, 1983.

43 Appel des fondateurs de la Société pour la réforme du judaïsme (Berlim, 1845), citado em Simon Dubnov, *Histoire moderne du peuple juif*, p. 517-518. Sublinhamos de passagem a maneira como este texto interioriza as categorias mais duras do discurso cristão: a linguagem

Forçoso, pois, é enfrentar o paradoxo que, na mesma época, quer que Hermann Cohen manifeste aquilo que Rosenzweig chama de "chauvinismo" alemão e elabore o sistema de categorias de uma *Religião da Razão*, que se oponha sistematicamente a estas proposições reformistas: uma injunção de fidelidade ao messianismo; uma defesa da atualidade das prescrições codificadas pelos medievais; uma justificação filosófica da observação dos mandamentos. Sobre a primeira vertente das coisas, é preciso notar o fato de que Cohen daqui por diante liga as reivindicações sociais e políticas à fórmula que resume o equilíbrio para o qual ele quer tender: "Na qualidade de alemães, nós queremos ser judeus e, na qualidade de judeus, alemães"[44]. Se ele nega a existência de traços de "ódio" na "alma alemã", depois se rejubila com uma lealdade das instituições que ele une à religiosidade da sociedade, Cohen denuncia, entretanto, uma tendência deletéria a "recompensar as *conversões* dos judeus" graças aos privilégios concedidos pelo Estado[45]. De maneira similar, louvando ao mesmo tempo o serviço militar, o direito de voto e a escolaridade obrigatória, um tríptico da cidadania herdada de Fichte, ele lamenta assistir à partida para a França de grandes figuras intelectuais privadas de reconhecimento, reclamando para o preenchimento desse déficit que um melhor lugar seja concedido à ciência do judaísmo no seio da universidade[46]. Por fim, quando apoia a ação do Estado alemão no conflito mundial, é para afirmar que a guerra não é

---

paulina de uma superação do Antigo Testamento pelo Novo; sua problemática da letra morta e da Lei opressiva.
44 Germanité et judéité, op. cit., p. 41.
45 Idem, p. 40-41.
46 Idem, p. 35 e 40. Cohen pensa talvez no caso de Salomon Munk, sintomático do exílio no começo do século XIX, para a França, de uma parte das elites intelectuais do judaísmo alemão. Nascido em 1803, na Silésia, Salomon Munk recebera uma formação de rabino, indo depois, no começo dos anos de 1820, para Berlim onde foi notado pelos fundadores da Wissenschaft des Judentums, como Leopold Zunz. Mas, constatando a pouca esperança de obter um posto de professor, parte para a França em 1828. Estudando o hebraico e o sânscrito no Collège de France ao mesmo tempo que era preceptor de Gustave e Alphonse de Rothschild, ficou logo conhecido por seus artigos no *Dictionnaire des sciences philosophiques* e depois pelo início de sua tradução do *Guia dos Perplexos* de Maimônides. Eleito para o Institut de France em 1858, substituiu, como se sabe, Ernest Renan no Collège de France em 1862, onde professou até a sua morte em 1867. Acerca de Salomon Munk e, de um modo mais geral, das relações entre a ciência do judaísmo na Alemanha e na França, é possível reportar-se a Perrine Simon-Nahum, *La Cité investie: La "Science du judaïsme" français et la République*, Paris: Cerf, 1991.

legítima senão enquanto prepara a paz perpétua: como se Kant pudesse uma vez mais vir em socorro, a fim de fornecer às autoridades alemãs uma espécie de alvará condicional de humanismo.

Três argumentos maiores justificam finalmente o engajamento em favor da Alemanha, a denegação de seu "espírito de potência" e até um "apelo" aos judeus da França, da Inglaterra ou da Rússia para reconhecê-la como a *"mãe pátria de sua alma"*[47]. Desde logo aparece o fato de ela ser, a partir do fim do século XVIII, o centro da vida judaica, isto é, o sítio de um encontro com a cultura ocidental que não se compara com aquela que a Espanha medieval havia permitido. Em seguida, vem o caráter excepcional de uma vida intelectual cujas molas Cohen parece discernir em certas condições de acesso à experiência da modernidade, condições alternativas àquelas propostas pela França: a Reforma em vez e no lugar da Revolução, tendo como vantagem uma mescla de autêntica tolerância e de interesse pelas questões religiosas; uma secularização construída sobre a "concepção protestante do Estado", que valoriza uma forma de laicidade moral; a prevalência, enfim, de uma noção de humanidade que repousa sobre um fundamento ético. Quanto ao último desses argumentos, ele diz respeito àquilo a que Cohen se manteve fiel desde seu encontro com Friedrich Albert Lange: o fato de a Alemanha representar a terra de eleição da social-democracia, de um socialismo ético no qual ele vê uma tradução da vocação messiânica da humanidade. Se cada um desses argumentos contém seu elemento de veracidade histórica e sua parte de uma ilusão que se revelará trágica menos de vinte anos mais tarde, é forçoso admitir que exprimem uma opinião compartilhada para além dos círculos da assimilação, o que por si só testemunharia esta sentença de Kurt Blumenfeld, figura do movimento mais radical do sionismo alemão:"Aquele que é leal à nação judaica não pode ser desleal em relação à pátria alemã"[48].

---

47 Germanité et judéité, op. cit., p. 37.
48 Citado em Jehuda Reinhartz, *Fatherland or Promise Land*, p. 223. Cabe adicionar que certo número de sionistas alemães, que haviam emigrado para a Palestina, retornou à Alemanha para se alistar no exército imperial. Amigo e "conselheiro" de Hannah Arendt sobre assuntos judaicos, o próprio Kurt Blumenfeld lhe relatará, nos anos de 1950, como, na geração dele, Cohen e Rosenzweig foram objetos de um verdadeiro "culto", um em nome daquilo que parecia como uma "poderosa aparição filosófica", e o outro como "gênio religioso". Ver H. Arendt; K. Blumenfeld, *... in keinem Besitz verwurzelt: Die Korrespondenz*, Hamburg: Rotbuch, 1995, p. 162 e 145.

Dever-se-ia pensar que, em se tratando de Hermann Cohen, o retorno às fontes do judaísmo é tanto mais flamejante quanto uma crescente tensão se manifestava entre as esperanças depositadas no mundo circundante e a maneira pela qual a assimilação assumia as formas de uma submissão? Tal hipótese, proposta por Jürgen Habermas, apresenta a enorme vantagem de recuperar o impacto social e cultural de uma obra como a *Religião da Razão*: o fato de que ele faz desaparecer o "verniz de 'civilização'" pelo qual os assim chamados "judeus civilizados" pareciam ter alienado sua judaicidade[49]. Dito de outro modo, sublinhando a forma como Cohen "foi arrastado até o limite de seu próprio sistema pelas obrigações próprias à palavra de Deus revelada a Moisés", Habermas não só legitima seu esforço para conjugar a autonomia da razão com a herança dos profetas, mas também oferece uma nova perspectiva àquilo que Rosenzweig chamava sua "grande *Teschuvá*". Para uma parte da geração nascida na virada do século XIX, a experiência de Cohen tornar-se-ia um convite para repensar radicalmente o sentido da experiência judaica na história, ao mesmo tempo que o desígnio da filosofia. Para a outra parte, ao contrário, que recusa notadamente a sua hostilidade ao sionismo, ela continuará sendo o sintoma de uma ilusão em face desta história, mas também das capacidades da filosofia em refletir a experiência do mundo. Seja o que for esta oposição, é doravante através de sua derradeira expressão que a obra de Hermann Cohen inaugura a renovação do pensamento judaico no século XX.

Uma Morada para o Deus dos Filósofos?

No mesmo ano no qual Hermann Cohen publica seu texto mais controvertido no plano da história, ele propõe um de seus estudos filosóficos mais polêmicos: uma crítica a Spinoza que visa explicitamente os fundamentos de seu sistema e os empregos que deles são feitos na cultura alemã[50].

---

49 Jürgen Habermas, L'Idéalisme allemand et ses penseurs juifs, *Profils philosophiques et politiques*, trad. F. Dastour, J.-R. Ladmiral e M. B. de Launay, Paris: Gallimard, 1974, p. 63.
50 Ver Hermann Cohen, *Spinoza über Staat und Religion, Judentum und Christentum* (1915), *Jüdische Schriften*, III, p. 290 e s.; État et religion, judaïsme et christianisme chez Spinoza, em Leo Strauss, *Le Testament de Spinoza*, trad. G. Almaleh, A. Baraquin, M. Depadt-Ejchenbaum,

Denunciando no *Tratado Teológico-Político* a fonte de uma hostilidade ao judaísmo tanto mais perniciosa quanto ela vem de um de seus filhos, terá Cohen a intuição de uma ressurgência do antissemitismo no seio da sociedade alemã? Percebendo nesse livro uma crítica ao judaísmo ataviada com os ouropéis de uma defesa da razão contra a religião, estará elaborando no fundo o projeto de sua própria *Religião da Razão Extraída das Fontes do Judaísmo*? Refutando ao mesmo tempo a ciência bíblica de Spinoza e a forma de seu sistema, estará procurando ele recompor sua própria imagem do judaísmo, a fim de restaurar sua herança e imaginar seu futuro? Sublinhando a maneira pela qual Hermann Cohen põe o acento na "ironia demoníaca de Spinoza", um historiador contemporâneo lhe atribui o mérito de dar a conhecer uma fonte do "antissemitismo racionalista ou laico dos tempos modernos"[51]. Entre os alunos de Cohen, Franz Rosenzweig descobriu imediatamente em sua crítica a Spinoza a "assinatura do tempo": o tempo judaico-alemão de um conflito prestes a abrir-se de novo; mas, de igual modo, o tempo propriamente judeu de leituras antagonistas do *Tratado Teológico-Político*, entre o "judaísmo 'religioso'" e o "judaísmo 'nacional'"[52]. Quanto a Leo Strauss, enfim, se ele se afasta dos argumentos de Cohen, é adotando, não obstante, sua vontade de erigir o "interesse no judaísmo em instância suprema" do julgamento de Spinoza[53].

"Estado e religião, judaísmo e cristianismo", o título do longo estudo de Hermann Cohen indica discretamente seu projeto: não separar as teses de Spinoza sobre a independência da razão em face da religião, de sua crítica da Escritura; associar a análise de seu sistema filosófico a uma investigação concernente às origens do antijudaísmo moderno. Com esse texto, Cohen marca claramente seu desejo de tratar ao revés a "canonização

---

Paris: Cerf, 1991, p. 79-159. A tradução deste longo artigo de Hermann Cohen em uma coletânea de escritos de Leo Strauss consagrada a Spinoza é tanto mais preciosa quanto o referido ensaio pode emparelhar-se com aquele dentre os textos que o discute diretamente: L'Analyse par Cohen de la science de la Bible de Spinoza (1924), idem, p. 51-78. Neste artigo, que é um de seus primeiros, Strauss inaugura um procedimento que ele reproduzirá amiúde: tomar emprestado de Cohen uma hipótese, criticar sua utilização, radicalizar enfim seu alcance, liberando-a de seus pressupostos. A este respeito, ver infra, cap. VII, p. 787-795.

51 Léon Poliakov, *Histoire de l'antisémitisme*, t. I, Paris: Calmann-Lévy, 1981, p. 228.
52 Franz Rosenzweig, Über den Vortrag Hermann Cohens "Das Verhältnis Spinozas zum Judentum", em *Zweistromland*, p. 165-167.
53 Leo Strauss, L'Analyse par Cohen de la science de la Bible de Spinoza, p. 77.

de Spinoza em nossa época"⁵⁴. Se o ponto de partida de tal fenômeno reside em um romantismo que santifica Spinoza para justificar seu próprio panteísmo, é sua consequência que parece essencial: o fato de que o *Tratado Teológico-Político* veio representar a "fonte autêntica do judaísmo bíblico e rabínico" para o mundo moderno. *A priori*, esta constatação deveria colocar Hermann Cohen numa situação difícil. De um ponto de vista histórico, lhe é fácil demonstrar que Spinoza é e continua sendo o "verdadeiro acusador do judaísmo diante do mundo cristão". Mas, no plano filosófico, ele poderia ficar embaraçado com suas próprias fidelidades. São, sem dúvida, Lessing, Herder e Jacobi que arcam com a mais pesada responsabilidade no prosseguimento do processo encetado por Spinoza contra a Escritura. No entanto, Mendelssohn não esteve à altura do desafio, enquanto o próprio Kant não chegou a se desligar da falaciosa definição do judaísmo imposta por Spinoza⁵⁵. Para sair daquilo que poderia ser uma armadilha, Cohen esboça três perspectivas, destinadas a se cruzarem. A primeira se vincula à certeza histórica, segundo a qual a ascendência de Spinoza representa o "entrave mais forte ao desenvolvimento moderno do judaísmo". A segunda procede, quanto a ela, de uma análise filosófica: dissimulando voluntariamente a herança de um messianismo profético que fornece à humanidade uma ideia de seu futuro, Spinoza obscureceu as Luzes sob cuja égide ele se coloca. A última é, enfim, ao mesmo tempo psicológica e política: nos tempos de Spinoza, como na época contemporânea, não bastava excluir a intenção de prejudicar para negar o ódio; mais ainda, "tratando-se da questão do judaísmo e dos judeus, já bastava a falta de prudência para provar o ódio"⁵⁶.

⁂

54   État et religion, judaïsme et christianisme chez Spinoza, p. 148.
55   Se Mendelssohn é diretamente visado neste texto (idem, p. 157), o nome de Kant não aparece aí. Cohen, entretanto, criticou em outro lugar a maneira como Kant forjou sua "opinião pessoal e histórica" sobre o judaísmo em Spinoza, censurando-o, além disso, de estar muito ligado à "filosofia religiosa errônea de Mendelssohn". Estas observações são tanto mais significativas quanto aparecem em um texto que busca, no entanto, mostrar a afinidade entre o sistema kantiano e a doutrina judaica: *Innere Beziehungen der Kantischen Philosophie zum Judentum* (1910), *Jüdische Schriften*, I, p. 284 e s.; trad. francesa Les Correspondances profondes entre la philosophie kantienne et le judaïsme, em *L'Éthique du judaïsme*, p. 333-351. Este jogo pró e contra Kant, em se tratando do judaísmo, é uma das molas de *Religião da Razão*, a qual poderia ter em parte nascido do sentimento de um conflito entre duas fidelidades.
56   État et religion, judaïsme et christianisme chez Spinoza, p. 154. Nos parágrafos subsequentes, as referências a este estudo de Cohen aparecerão no corpo do texto, entre parênteses.

Armado destes considerandos, a demonstração de Hermann Cohen repousa sobre um argumento que visa a pôr imediatamente em dúvida aquilo que faz a reputação moderna do *Tratado Teológico-Político*. Em geral, este último se prende à ideia de uma dupla contribuição à história da civilização: a fundamentação da crítica bíblica no seio das ciências teológicas; a construção de um pedestal do liberalismo político pela reordenação das relações entre a Igreja e o Estado. A isto se adiciona aquilo que a opinião comum veio admitir com Spinoza, que a primeira destas tarefas condiciona a realização da segunda, de modo que a refutação da Escritura é a estrada real de uma defesa da liberdade. Para Hermann Cohen, nada é menos natural do que esta lógica, porém é preciso compreender por que Spinoza se arroga o direito de confundir, em seu proveito, os papéis do filólogo e do publicista. Sua resposta a essa questão reside na formulação de uma suspeita: em Spinoza, a crítica bíblica só intervém de maneira artificial, com um propósito essencialmente político; defendendo o modelo republicano de Johan de Witt, o filósofo acerta na realidade as suas contas com o *herem*, com o qual, a justo título, a comunidade judaica de Amsterdã o afligira na qualidade de seu "denunciante" (p. 81). Em outros termos, Hermann Cohen se propõe a inverter a ordem das motivações e das ideias. É na *Apologia*, por ele reservada aos seus amigos, para protestar contra um ato de proteção legítima de parte de seus contemporâneos, que é preciso buscar as verdadeiras motivações de Spinoza. Pode-se, em seguida, encontrar confirmação desta hipótese na própria estrutura do *Tratado Teológico-Político*: os dois terços da obra tratam de teologia bíblica, tomando por alvo o Estado dos hebreus e visando "estabelecer a ideia de que a *Religião* do judaísmo, a religião fundada por Moisés, não tinha de fato por objetivo senão o estabelecimento e a conservação do *Estado* dos judeus" (p. 82); apenas os dois últimos capítulos formam o pedestal de um verdadeiro liberalismo político-religioso.

Salientando ao mesmo tempo o caráter antinatural das conexões internas do sistema de Spinoza e a impossibilidade de dissociá-las, Hermann Cohen quer mostrar que, no "labirinto das tendências" emprestadas ao *Tratado Teológico-Político*, uma dentre elas se impõe: aquela que pretende fazer do Estado dos hebreus a "fonte de toda calamidade ortodoxa" e depois a origem das ameaças que esta última faz pesar sobre a "liberdade de pensamento" (p. 83). Se, de um lado, cumpre, portanto, suspeitar de que sua filologia bíblica era *a priori* alimentada por uma "amargura vingativa" contra o *herem*, de outro, é doravante possível focalizar a crítica de Spinoza na refutação de sua própria crítica à Escritura. Nessa ordem de coisas, a estratégia spinoziana consiste em construir uma identidade absoluta entre a palavra de Deus, a Revelação, a religião universal, a lei divina e a fé. Graças a esse procedimento, o filósofo reúne o conjunto das determinações possíveis do conceito de religião, a fim de instalar imediatamente uma oposição entre fé e saber que lhe permite adiantar duas conclusões: "o conhecimento de Deus conforme a razão [...] não pertence absolutamente à religião e à fé revelada"; "os homens podem a este respeito errar por *toda amplidão do céu*"[57]. Compreende-se assim que, aos olhos de Cohen, Spinoza tenha arranjado as coisas desde o começo: seu propósito é libertar a filosofia [do jugo] da Igreja e ele faz da Escritura o documento por excelência desta última; por excesso de precaução, ele postula de antemão que a religião "nada tem de comum com a filosofia"[58]. Seu objetivo parece então definitivamente atingido quando afirma a existência de uma oposição radical entre as duas instâncias que acaba de separar: a razão que conduz para a liberdade protegida pelo Estado; e uma doutrina das Escrituras voltada exclusivamente para a obediência, por meio de uma fé que requer menos "dogmas verdadeiros do que dogmas piedosos"[59].

A cena da defrontação entre Hermann Cohen e Spinoza já está instalada. No *Tratado Teológico-Político*, a fé era privada de toda relação teórica com Deus e depois acabava por representar apenas um liame prático de obediência. Para a *Religião da Razão*, não só existirá um conhecimento autêntico de Deus, como este se tornará indissociável da relação ética inter-humana.

---

57 B. Spinoza, *Traité théologico-politique*, cap. XIII, trad. Charles Appuhn, Paris: Garnier-Flammarion, 1965, p. 234. Os tradutores de Cohen reproduzem esta edição familiar ao leitor francês; é ela que será citada. Cumpre, no entanto, reportar-se doravante à edição francesa das *Oeuvres*: texto estabelecido por Fokke Akkerman, tradução e notas de Jacqueline Langrée e Pierre-François Moreau, Paris: PUF, 1999, aqui p. 564-567. Bilíngue, essa tradução se baseia na última versão da edição de referência estabelecida por Carl Gebhardt: Spinoza, *Opera*, Heidelberg: Carl Winter, 5 v, 1925 (1972, 1987). Esta edição reproduz as citações em hebraico e a tradução latina de Spinoza, bem como as variantes do texto. Ela oferece, enfim, um abundante aparelho crítico. Salvo indicações contrárias, as referências ao *Traité théologico-politique* serão, portanto, sistematicamente indicadas nas duas edições.
58 Idem, prefácio, p. 25 (Moreau, p. 71).
59 Idem, cap. XIV, p. 243 (Moreau, p. 473).

No decorrer dessa leitura prévia do *Tratado Teológico-Político*, Cohen não pode, todavia, evitar uma análise do método exegético proposto por Spinoza. Explicar a Escritura exclusivamente a partir da Escritura, eis a regra dessa exegese, com seu princípio: "nem a Escritura deve ajustar-se à razão nem a razão à Escritura" (*Tratado Teológico-Político*, xv). Na história das interpretações, esta *démarche* toma a contrapelo aquela que, desde a origem da tradição judaica, queria que se esclarecesse a Lei escrita pela Lei oral, abordando ao mesmo tempo o discurso bíblico a partir da ideia segundo a qual ele se adaptava às capacidades de compreensão daqueles a quem se endereçava: "A *Torá* fala a língua dos homens" (*Baba Metzia*, 31b). É, pois, radicalizando-a que Spinoza inverte este princípio de acomodação: a *Bíblia* fala tanto melhor a linguagem dos homens quanto o seu autor é humano, de modo que ela não tem mais outro valor senão a de um documento histórico[60]. Na visão de Cohen, este postulado permite a Spinoza encetar uma dupla operação. No plano da fundação de uma "ciência" da *Bíblia*, a primeira consiste em sublinhar o caráter irracional dos milagres ou da inspiração profética, ao mesmo tempo trazendo à tona as contradições que abundam no texto. Mas essa reivindicação de racionalidade dissimula um empreendimento de natureza totalmente diferente. Quando Spinoza insiste no conflito entre a ideia de um Deus desprovido de atributos e o relato da Revelação que o mostra "face a face" com Moisés, é menos para corrigir uma representação antropomórfica do que para afirmar uma superioridade do cristianismo sobre o judaísmo: Moisés falava com Deus face a face, como um homem com seu companheiro; o Cristo se comunica com o homem, de espírito a espírito, como convém a seres de razão. A conclusão desse raciocínio não é mais, portanto, exegética, porém doutrinária: "Nós podemos dizer que a sabedoria de Deus, isto é, uma sabedoria superior à humana, revestiu no Cristo a natureza humana, e que o Cristo foi a via da salvação"[61].

---

60 Sobre a maneira como Spinoza vira em seu proveito o princípio de acomodação, ver Amos Funkenstein, *Théologie et imagination scientifique du Moyen Age au XVIIe siècle*, trad. J.-P. Rothschild, Paris: puf, 1995, p, 248 e s. Essas páginas propõem, aliás, uma hipótese audaciosa no tocante ao papel de tal empreitada no advento da concepção moderna da história.
61 *Traité théologico-politique*, cap. I, p. 37 (Moreau, p. 93). Aos olhos de Spinoza, a superioridade do Novo Testamento se deve nisso ao fato de que ele chegaria melhor do que o Antigo a superar os antropomorfismos, o que demonstraria sua maior racionalidade. Pode-se acrescentar que ele conhece demasiado bem Maimônides para ignorar o fato de que a refutação dos

Mais uma vez, as primeiras páginas da *Religião da Razão* se dedicarão a refutar sistematicamente esse argumento. Voltando para a teoria clássica das fontes, elas mostrarão que a *Torá* oral representa um perpétuo enriquecimento da *Torá* escrita. Insistindo na maneira pela qual a primeira interpreta a segunda em termos de razão, elas se aplicarão a desvencilhar a doutrina do judaísmo da tese espinoziana de sua superação cristã[62]. Preparando esse trabalho, Hermann Cohen examina cada uma das proposições por cujo intermédio Spinoza discute a universalidade da religião dos hebreus. A mais importante dentre elas importa praticamente em negar que se trate mesmo de uma religião: "Sua vocação e eleição consistem na única felicidade temporal de seu Estado e em vantagens materiais [...]; bem mais, a Lei não promete nenhuma outra coisa aos hebreus por sua obediência, senão a feliz continuação de seu Estado e as outras vantagens desta vida"[63]. Para Cohen, Spinoza se recusa conscientemente a compreender a diferença entre a legislação necessariamente particularizada de um Estado e a significação moral do conjunto das leis mosaicas, quer dizer, a maneira pela qual a doutrina política do Antigo Testamento não encontra seu sentido, salvo alargando-se sobre o horizonte de uma religião universal. Persistindo nessa ignorância voluntária, Spinoza vai a ponto de retomar por sua conta os elementos principais da doutrina paulina: o Cristo foi enviado para libertar as nações da servidão da Lei, que encerrava os hebreus no seu particularismo; é, pois, ao cristianismo que cabe ser o suporte de uma história universal, que acolhe, no tocante a ela, o conjunto dos homens. Vem, por fim, uma última proposição, na qual Hermann Cohen percebe ao mesmo tempo uma "ironia diabólica" de Spinoza e a fonte das modernas confusões acerca de seu pensamento: "Se até os príncipes de sua religião não amolecessem seus costumes, eu acreditaria sem reserva, conhecendo

---

antropomorfismos bíblicos é objeto de toda a primeira parte do *Guia dos Perplexos*. O exemplo, aliás, é escolhido com perfeição: a imagem do "face a face" pode sugerir que Deus tenha um rosto e, portanto, um corpo. É precisamente este erro que Maimônides refuta no capítulo I, 37 do *Guia dos Perplexos*: o termo *Panim* tem um sentido metafórico; é preciso compreender que Moisés ouve a voz divina, ver infra, cap. IV, p. 455-456.
62 No início de *Religião da Razão*, Hermann Cohen indica claramente essa ligação, mostrando que a Lei Oral é a "emanação de uma consciência crítica em face da Lei escrita", já que se trata efetivamente de contestar o preconceito da teologia cristã adotado por Spinoza quanto ao "caráter *absoluto* do cristianismo". Ver *Religion de la raison*, p. 48 e 56.
63 *Traité théologico-politique*, cap. III, p. 73 (Moreau, p. 157).

a mutabilidade das coisas humanas, que numa dada ocasião os judeus restabelecerão seu império e que Deus os elegerá de novo"[64].

Para Hermann Cohen só é, pois, multiplicando erros voluntários de interpretação e travestimentos que Spinoza pode estabelecer sua tese: não apenas a doutrina do judaísmo carece de um fundamento na moral natural, mas, com Moisés, ela cessa de ser, falando propriamente, uma religião, para se confundir com mera coletânea de leis próprias ao Estado dos hebreus. Até na *Religião da Razão*, Cohen voltará várias vezes à refutação dessa tese, para mostrar notadamente que seu último elemento baseia-se numa leitura de má fé do texto de Maimônides[65]. Resta, todavia, enfrentar aquilo que Spinoza quer substituir ao particularismo que denuncia na Lei judaica: uma religião que seria universal por ser natural; o pedestal teológico sobre o qual deverá repousar o estatuto do Estado. Eis, segundo Cohen, a fonte última dos equívocos que nutrem o spinozismo. A "religião natural" por ele proposta baseia-se num conceito de Deus que se confunde muito bem com a natureza. Quanto à sua ideia a respeito da própria natureza, ela se coloca exclusivamente sob o signo da "substância", isto é, daquilo que representa "o *originário* e o *permanente* em toda realidade" (p. 92). Em outras palavras, Cohen vê Spinoza beber nos estoicos a ideia de uma eternidade da natureza, mostrando a seguir que esta ideia tem como efeito não só perverter o princípio do conhecimento, como ainda fragilizar perigosamente as noções da moralidade e do direito. Parafraseando Spinoza, ele pode então permitir-se ironizar, por sua vez, ao

---

64 Idem, p. 82 (Moreau, p. 177-179). Comentando, por seu turno, esta proposição, Leo Strauss explicitará seu caráter "diabólico": prometer aos judeus a realização de seu sonho histórico, condicionando-a ao mesmo tempo ao abandono daquilo que lhes assegura sua identidade. Mas ele mostrará igualmente que, se a ironia de Spinoza se volta de algum modo por antecipação contra o sionismo, ela arranha de passagem a posição de Hermann Cohen, visto que a solução liberal do "problema judeu" herda não menos de Spinoza e requer a mesma condição. Sobre esse ponto, ver infra, cap. VII.

65 Ver-se-á que a discussão a este respeito concerne ao sentido da promessa feita a Noé de salvar a humanidade após o Dilúvio. Cohen censurará Spinoza por ter falsificado uma passagem de Maimônides para mostrar que a doutrina judaica recusa a salvação àqueles que observam a Lei fundando-se na luz natural. Aí (p. 131-136), e depois por duas vezes na *Religion de la raison* (p. 166-180, e adiante p. 454-461), Hermann Cohen inverte a interpretação, retornando à fonte maimonidiana: para demonstrar que a concepção bíblica do estrangeiro e depois a concepção talmúdica de "filhos de Noé" são a fonte do universalismo próprio ao direito natural moderno. Acrescentemos que esta argumentação já estava preparada pelo texto de 1888 sobre o *Talmud*: ver H. Cohen, L'Amour du prochain dans le *Talmud*, *L'Étique du judaïsme*, p. 299-305.

perguntar sobre o que se fundamenta afinal o Estado. Na hipótese de se tratar de uma natureza "que nos é comum com os peixes", é evidente por si que, neste caso, "os grandes comem os pequenos", com as consequências que isto acarreta na ordem política. Se, ao contrário, o que estiver sendo visado for a "força moral", a contradição será flagrante, porquanto o princípio desta última é precisamente aquilo que separa o homem de sua natureza[66].

É, portanto, o caráter panteísta da "religião natural" que Hermann Cohen põe essencialmente em destaque. Após ter descoberto o princípio de uma exegese crítica que pretende opor a razão ao dogma, ele o reencontrou na justificação da instituição política. Ele o percebeu, enfim, na motivação para uma condenação do judaísmo que Cohen considera como o objetivo verdadeiro de Spinoza: "No espírito do Cristo, ele dá a preferência ao panteísmo sobre o monoteísmo e é a partir desta ideia que interpreta o Novo Testamento como religião universal, ao passo que a universalidade faria falta ao Antigo" (p. 145). Por sua vez, essa maneira de identificar o ponto de encontro entre Spinoza e o cristianismo em um panteísmo comum abre duas perspectivas. A longo termo, a *Religião da Razão* mostrará que a inspiração panteísta da doutrina da Trindade reserva ao judaísmo o papel de defensor de uma ideia pura do monoteísmo: outras doutrinas poderão participar da "religião da razão", mas nenhuma "terá jamais uma *originaridade (Ursprünglichkeit)* comparável à do judaísmo"[67]. Mais imediatamente, esta descoberta permite a Cohen formular seu veredicto sobre o caso de Spinoza: "uma traição *humanamente incompreensível*"[68]. As questões que precedem esse julgamento parecem não ter

---

66 Hermann Cohen comenta aqui (p. 94 e s.) o começo do capítulo XVI do *Traité théologico-politique* (p. 261 e s.; Moreau, p. 505 e s.), em que Spinoza quer estabelecer o Estado com base na natureza, graças a uma proposição ilustrada por uma imagem: "cada indivíduo tem um direito soberano sobre tudo o que está em seu poder"; "os peixes são determinados pela Natureza a nadar, os grandes peixes a comer os pequenos; por consequência, os peixes usufruem a água e os grandes comem os pequenos, em virtude de um direito natural soberano".
67 *Religion de la raison*, p. 56.
68 Enquanto Hermann Cohen combatia por meio desta fórmula as reabilitações de Spinoza em sua época, Emmanuel Lévinas retoma o argumento no contexto contemporâneo, para recusar no caso uma proposição de David Ben Gurion com o objetivo de levantar o antigo *herem*. Falando que se pode efetivamente falar de uma "traição de Spinoza", insistindo sobre o "papel nefasto" que ele desempenhou até mesmo na *intelligentsia* judaica, Lévinas condena nele a ideia de um "judaísmo que prefigura Jesus", acrescentando que ela permite a pior aventura que tenha sido proposta aos judeus: a de "conversões sem o escândalo da apostasia" (ver Emmanuel Lévinas, Le Cas Spinoza (1955), *Difficile liberté*, 3. ed., Paris: Albin Michel, 1976, p. 152-157).

apelação. Que dizer da maneira como Spinoza rejeitou sua religião e "tornou abominável" seu próprio povo? Pode-se crer nele quando afirma haver-se elevado à liberdade do espírito, libertando-se do "endurecimento judaico"? O que pensar, enfim, dessa pretensa liberdade, senão que ela representa um abandono do esforço pelo qual o judaísmo visa preservar a pureza do monoteísmo, face aos acomodamentos com o panteísmo ao qual o cristianismo é familiar? A resposta sistemática a essas perguntas tornar-se-á um dos principais objetos especulativos da *Religião da Razão*. Nesse texto preparatório, Hermann Cohen se detém numa imagem, tanto mais surpreendente quanto ela toma radicalmente ao revés a ambiência de reabilitação própria à sua época: "Nesses dias nos quais Rembrandt mora na sua rua e eterniza o tipo judeu em sua idealidade, Spinoza, quanto a ele, com a dureza mais desprovida de amor, não só torna o seu povo desprezível, mas também mutila o Deus *único*, cuja confissão foi a razão que os obrigou, a seu pai como a ele, a fugir de Portugal e da Inquisição" (p. 146).

Embora insista no contexto judeu-alemão deste estudo, Franz Rosenzweig propõe o seguinte comentário lacônico: "Hermann Cohen tomou Spinoza a sério, eis por que o seu *Spinoza* não foi tomado a sério"[69]. A fonte principal de tal incompreensão reside, sem dúvida, na dificuldade própria a uma das articulações essenciais da demonstração de Cohen: aceitar o desafio lançado por Spinoza requer superar as seduções do panteísmo que se exercem através de seu pensamento; essa empreitada supõe, a seu turno, uma reconstrução da forma pura do princípio monoteísta; semelhante projeto exige, enfim, que elevemos o Deus único ao estatuto de uma ideia. A esse respeito, Hermann Cohen sublinha com insistência o combate permanente do judaísmo contra os antropomorfismos, depois sua contribuição para uma religião da razão que não pode admitir nenhuma noção relativa à sensação para determinar o divino[70]. Lembrando que

---

Lévinas ainda especifica que caberia remeter-se a Rosenzweig por ter prestado ao cristianismo uma homenagem que evita ver nele uma superação do judaísmo. Ele evoca, enfim, Hermann Cohen, que um dia teria respondido a um cristão que lhe perguntava se não sentia a nostalgia de Jesus, citando o salmista: "Deus é meu pastor, nada me falta".

69 Franz Rosenzweig, Über den Vortrag Hermann Cohens "Das Verhältnis Spinozas zum Judentum", op. cit., p. 166.
70 Ver *Religion de la raison*, p. 228, em que Cohen remete a Maimônides: *Guia dos Perplexos*, I, 27. Cumpre sublinhar mais uma vez a importância da querela dos antropomorfismos. Segundo

Onkelos foi o primeiro a refutar as imagens corporais de Deus, mobilizando o modo como Maimônides se empenhava em explicá-las, sugerindo enfim que a doutrina trinitária pode ser percebida desse ponto de vista como uma espécie de recaída da doença originária das religiões, ele dá a entender que a defesa do monoteísmo autêntico passa pela idealização do conceito de Deus. Essa proposição é introduzida por uma espécie de diálogo: "Como amar uma ideia?"; "Como se pode amar outra coisa a não ser uma ideia?"[71]. Daí nascerá um profundo mal-entendido.

Que o amor a Deus seja o amor a uma ideia, que se revelará logo como ideal moral, eis o que devia atormentar numerosos contemporâneos. A título de exemplo, Martin Buber verá nessa passagem a prova de que Hermann Cohen "construiu uma morada para o Deus dos filósofos": um lugar abstrato, característico de uma fé estranha à autêntica experiência religiosa[72]. Cumpre pensar como ele que Hermann Cohen rechaça a herança bíblica autêntica para salvar seu idealismo filosófico? Deve-se, ao contrário, considerar que, através de uma espécie de radicalismo antirrealista, seu arrazoado em favor da abstração do princípio divino é ainda uma resposta ao panteísmo de Spinoza e de seus sucessores? É, por certo, Karl Löwith quem melhor enxerga o sentido desta proposição de Cohen, salientando o fato de que ela reitera a análise anterior da unicidade divina,

Paulo e interpretando as teofanias bíblicas, Spinoza os toma do Antigo Testamento, a fim de atribuir um caráter mais racional à doutrina do Espírito próprio ao cristianismo. Inversamente, é acompanhando Maimônides que Cohen se empenha em mostrar como o judaísmo sempre os combateu, para defender um monoteísmo puro.

[71] Idem, p. 229. Embora sob uma forma menos radical, esta afirmação estava preparada pela obra de 1915, *Der Begriff der Religion im System der Philosophie*. Já antecipando a objeção que lhe será feita, Cohen colocou então uma questão que liga sua crítica do antropomorfismo ao estatuto que concede ao conceito de Deus: "Deveria eu me ofuscar pelo fato de que Deus não é um homem e que ele tem o valor epistemológico de uma ideia?" (*La Religion dans les limites de la philosophie*, p. 103).

[72] Ver Martin Buber, *Éclipse de Dieu* (1953), trad. E. Thézé, Paris: Nouvelle Cité, 1987, p. 56 e s. Houve o entendimento de que Buber solicita a distinção efetuada por Pascal entre o "Deus da Bíblia" e o "Deus dos filósofos". Mas ele quer provar também que a tese de Cohen estava preparada por uma espécie de inversão interna na obra de Kant. Seu sistema afirmava a impossibilidade de provar especulativamente a existência de Deus. O *Opus postumum* parece aceitar a crença na existência de Deus como conceito ideal da fé racional, ao passo que somente a crença propriamente dita visa a realidade de um "Deus vivo". Dito de outro modo, lá onde Kant parecia hesitar entre um Deus "ideia" e um Deus "vivo", Cohen elegeu o primeiro, remetendo o segundo para o mito. É, portanto, recusando-se a "escolher entre o Deus dos filósofos e o de Abraão" (idem, p. 64), que ele recalcaria sua própria experiência e a herança do judaísmo.

numa perspectiva que reencontra a de Maimônides[73]. Assim, sem que se faça necessário imaginar um recalque da fé sob os conceitos da filosofia, basta simplesmente compreender como, afirmando que Deus é uma ideia, Cohen comenta seu Nome revelado no *Êxodo* 3, 14: esse Nome que ele traduziu por "Eu sou o que Eu sou"[74]. Buber condena a proposição de Cohen na perspectiva de sua própria concepção de um "encontro" entre o homem e Deus, que deve permitir uma interiorização dos conceitos da fé. Cohen recorda, na realidade, a significação primeira da unicidade: uma distinção entre o ser e a existência, que desqualifica o papel da sensibilidade, pois torna supérfluo o argumento ontológico graças ao qual a teologia cristã imagina assegurar as provas da existência de Deus recorrendo às sensações. A única contribuição da razão no caso consiste, pois, no fato de opor definitivamente o princípio divino à aparência sensível: contra a pluralidade dos deuses que arruína a unidade do ser; à parte do ontologismo, que mescla este último à existência; longe, enfim, do panteísmo, que, por sua vez, suprime o princípio unitário expresso pela fórmula "Nada exceto eu" (*Isaías* 44, 6).

Abundantes serão os exemplos em Hermann Cohen daquilo que decorre de uma verdadeira vontade de expulsão do sensível para fora do sistema e até de uma espécie de iconoclasmo intelectual cuja dimensão antispinoziana Buber não percebeu. Tal é, no entanto, o fundamento do método de Cohen: aquilo que ao mesmo tempo situa sua posição na herança de Kant liga a *Religião da Razão* ao conjunto de seu sistema e depois desenha o quadro especulativo dessa última obra. No contexto da posteridade do kantismo, o que cabe como próprio a Cohen é ter tentado exprimir o princípio fundamental do idealismo crítico por meio de uma *lógica do conhecimento puro*[75].

---

[73] Ver Karl Löwith, Philosophie der Vernunft und Religion der Offenbarung in H. Cohens Religionsphilosophie, op. cit., p. 360. Para ilustrar o confronto entre a proposição segundo a qual Deus é uma ideia e a crítica de Spinoza com suas afinidades cristãs, Löwith assinala a anedota igualmente evocada por Lévinas: Cohen respondendo a um teólogo protestante que "Deus é meu pastor, nada me falta".

[74] Ver *Religion de la raison*, p. 66 e s. Sobre o problema da tradução deste Nome, as controvérsias que lhe ligam e seu alcance, ver infra, cap. v, p. 601-607.

[75] Lembremos que tal é o título da obra que inaugura em 1902 o sistema de Hermann Cohen e que será seguida de uma *Ética da Vontade Pura* (1904) e depois de uma *Estética do Sentimento Puro* (1912). Sobre a noção de pureza em Cohen e seu valor metodológico no sistema, ver Marc B. de Launay, Hermann Cohen: de la pureté au pardon, em Gérard Bensussan (dir.), *La Philosophie allemande dans la pensée juive*, Paris: PUF, 1997, p. 149-164.

Precisando que esta última não visa um tratamento formal de questões lógicas fundamentais, mas, a bem dizer, uma "lógica da origem", Ernst Cassirer descreve com exatidão esta *démarche*: "A legalidade que busca e exige todo pensamento não pode lhe ser concedida pelo ser, pela constituição das coisas"[76]. Em outros termos, por meio desta "lógica da origem", o pensamento renuncia a considerar que suas regras lhe são ofertadas do exterior, como uma espécie de presente. Ao contrário, procura produzi-las por si próprio e a partir de seu próprio fundamento: mercê de um movimento de "reviravolta copernicana", que procura o ponto de orientação da filosofia não nas coisas, porém na maneira como nós as conhecemos enquanto objetos da experiência. Kant considerava que a receptividade da intuição precede a espontaneidade do pensamento. Cohen toma a iniciativa de excluir do fundamento do sistema todo conceito do "dado", a fim de situar o começo do pensamento em nenhuma outra parte, salvo no próprio pensamento.

Podemos desde logo indicar as consequências que terá sobre as diferentes partes do sistema de Hermann Cohen a aplicação deste método transcendental, que se regula com base no conhecimento matemático e no da natureza. Na ordem da ética, Cohen recorre a isso a fim de radicalizar a ideia de autodeterminação, ao assegurar um "fundamento" que afaste todo sentido "subjetivista". Desse ponto de vista, ele recusa, portanto, toda dimensão psicológica ou sociológica da constituição do sujeito ético. É a consciência que produz, ela mesma, a sua unidade, pelo jogo da liberdade e depois afastando as pulsões singulares e os impulsos sensíveis: ela pode assim dirigir estes últimos para um objetivo único, a fim de colocá-los sob o imperativo comum do dever. Cumpre, então, perguntar-se se este idealismo transcendental, formalizado na lógica e depois aplicado à ética, é ainda capaz de se estender à religião. A dificuldade neste ponto reside no fato de que o sentimento de "dependência absoluta" que preside a esta última parece resistir às exigências de um princípio radical de autodeterminação. Mostrar

---

[76] Ernst Cassirer, La Philosophie de la religion de Hermann Cohen et sa relation au judaïsme, trad. C. Berner, em Ernst Cassirer, Hermann Cohen, Paul Natorp, *L'École de Marbourg*, p. 68. Este texto inédito de Cassirer foi estabelecido a partir de dois manuscritos respectivamente datados de 1931 e 1941, em alemão para um e inglês para o outro. A este texto essencial pode-se juntar, sobre a mesma questão, as análises não menos luminosas de Paul Natorp: L'Oeuvre philosophique de Hermann Cohen du point de vue du système, op. cit., p. 160 e s.; Hermann Cohen, l'homme, l'enseignant, le chercheur, op. cit., p. 129 e s.

que ele não é nada disso, tal é o projeto propriamente filosófico do último livro de Hermann Cohen. O esquema da demonstração já está relativamente claro: Deus não é o criador da verdade e da moralidade; são, ao contrário, estas que exprimem a ideia pura de Deus. Quanto à autoridade disponível para acompanhá-la, pode-se igualmente imaginá-la. A fim de enfrentar o antagonismo da fé e do saber, Maimônides limitava o conhecimento de Deus aos atributos da ação. Hermann Cohen propõe que o conflito entre razão e Revelação seja resolvido pelo viés de uma "correlação": a que une o sentido religioso contido no conceito de Deus ao sentido da ação humana que indica a moralidade. Percebe-se, enfim, a estrutura sobre a qual é construída a *Religião da Razão*. Durante todo o tempo em que a religião se prende exclusivamente à relação do indivíduo com Deus, ela permanece vinculada ao mito. Ela não se torna autêntica senão no momento em que a correlação entre o homem e Deus é condicionada pela realização daquilo que liga o homem ao homem de um ponto de vista ético. Tal é a herança dos profetas. Ela fornece ao monoteísmo o seu princípio e, depois, à religião, seu lugar na ordem da razão.

Os Sentidos da Correlação: A Santidade e as Leis de Hospitalidade

Não se pode esconder o fato de que a leitura da *Religião da Razão Extraída das Fontes do Judaísmo* não é fácil. Daí advém a dificuldade deste livro que mistura, no entanto, duas línguas familiares: a do Antigo Testamento, comum à humanidade ocidental; a de Kant, materna para o filósofo? Aos olhos de Franz Rosenzweig, ela parece proceder precisamente do fato de que Hermann Cohen teria quase por acaso invertido a hierarquia entre essas duas línguas, no curso de uma aventura que se assemelharia à de Cristóvão Colombo[77]. Embarcado pela terceira vez no navio kantiano, ele pensava sulcar uma terra conhecida: aquela sobre a qual a filosofia moral

---

[77] Ver Franz Rosenzweig, Hermann Cohens Nachlasswerk, *Zweistromland*, p. 230. Encontrar-se-á uma análise do sentido dessa metáfora em Jacques Rivelayague: Rosenzweig et l'idéalisme allemand, *Leçons de métaphysique allemande*, t. I, Paris: Grasset, 1990, p. 455-464, principalmente p. 462.

e religiosa de Kant cruza com uma ideia de justiça proveniente da tradição judaica. Todavia, assim como Colombo encontrou a América sem que o quisesse, Cohen abandonou o solo kantiano quase por descuido, para descobrir uma terra ignota: aquela em que o sujeito se constitui menos por referência à lei moral do que na sua relação com outrem; aquela em que a moralidade cessa prioritariamente de se definir como expressão de uma autonomia abstrata, para realizar-se por meio da intersubjetividade. Explorando esse território apenas percebido por Kant, ele transtorna a familiaridade das línguas, dando à das fontes do judaísmo uma presença de há muito perdida na história da filosofia. Kant considerava que a moralidade se estrutura graças a uma lei que cada um traz dentro de si. Cohen a vê se desdobrar no seio de uma responsabilidade para com outrem, cujos imperativos o Deuteronômio fixa, indicando os símbolos: o pobre e o estrangeiro. Essa espécie de revolução silenciosa tem dois efeitos que brilhariam longo tempo e longe no pensamento contemporâneo. De um ponto de vista estritamente filosófico, ela subtrai a moralidade ao simples respeito da lei, para conceder um direito inédito às diferentes figuras da alteridade. Mas, ao mesmo tempo que oferece uma nova substância à doutrina kantiana da lei, ela arranca igualmente o judaísmo da definição que lhe dava Hegel, como obediência a uma Lei estrangeira. Percebe-se, pois, o que organiza o espaço especulativo assim aberto: a vontade de libertar a Lei do paradigma de uma heteronomia ofensiva; o desejo de mostrar que a relação ética que une o eu e o outro no domínio da intersubjetividade realiza uma ligação entre o homem e Deus suscetível de ser conhecida na ordem da religião.

O instrumento de que depende o êxito de tal projeto se prende à noção de "correlação", que fixa o centro de gravidade dessa rede de relações, antes de poder inscrever-se nos diferentes planos de uma religião da razão[78]. Quando esta noção é sistematicamente construída, no capítulo consagrado

---

78 Esta noção já fora elaborada no decurso de *A Religião nos Limites da Filosofia*, e isto, de maneira significativa, no capítulo III, intitulado "Religião e Ética". Opondo aqui o monoteísmo, que ele denomina simplesmente "religião", ao politeísmo, que valoriza o culto e sua tentação de uma "relação oportunista entre Deus e o homem", Cohen associa o primeiro ao aparecimento de uma "correlação" que coloca o homem e Deus "de algum modo em uma relação de paridade". Ver *La Religion dans les limites de la philosophie*, p. 49.

a "A Criação do Homem no Seio da Razão", ela visa resolver duas dificuldades surgidas por ocasião da análise da Revelação. A primeira delas oferece uma forma bem conhecida, visto que recobria a clássica questão dos antropomorfismos: a Revelação do Sinai apresenta-se aparentemente com ares de uma teofania, correndo o perigo de induzir uma concepção material de Deus. A segunda apresentava, no tocante a ela, um aspecto mais moderno: o de uma antinomia entre a firmação do Deus único contra o politeísmo e sua revelação através da formação de uma consciência nacional. Cohen propusera-se a resolvê-las conjuntamente, ao articular duas ideias: a doutrina da Revelação "exprime uma recusa em considerar o céu como a fonte da Lei"; "a correspondência entre Deus e o homem já se revela aí como sendo uma *correlação*"[79]. São conhecidas as passagens que parecem atestar a existência de uma teofania: "face a face, Ele falou a Moisés" (*Ex* 33, 11); "face a face, o Eterno vos falou" (*Dt* 5, 4). Em um sentido menos ambicioso que Maimônides, que explicava um após outro todos os termos ambíguos da *Torá* a este respeito, Cohen mostra apenas que tais versículos são equilibrados por todos aqueles que afirmam a incorporeidade: "vós não vistes nenhuma figura no dia em que o Eterno vos falou em meio do fogo" (*Dt* 4, 15); "a palavra está muito próxima de ti, na tua boca e no teu coração, para praticá-la" (*Dt* 30, 14). Essa aparente economia de meios no seio da demonstração de Cohen esconde, todavia, uma tese mais audaciosa: estes últimos versículos "inscreveram o Sinai no coração do homem" (p. 123). Em outras palavras, ao insistir na proximidade mais do que na heteronomia da Lei, Cohen se desvia do acontecimento factual da Revelação: ele promove sua "espiritualização" ou sua "idealização"; esses fenômenos devem ser realizados por meio de sua "interiorização no espírito humano" (p. 119), o que não escapará a seus melhores leitores[80].

---

79 *Religion de la raison*, p. 120. Até o fim deste capítulo, as referências a essa obra serão diretamente indicadas no corpo do texto, entre parênteses.
80 Por razões diferentes, Leo Strauss e Gershom Scholem sublinharam a forma dessa interpretação da Revelação. A questão das consequências da "interiorização" da Revelação é o tema central do livro de Strauss de 1935, *Philosophie und Gesetz*. Ver Leo Strauss, *La Philosophie et la loi*, p. 18-19 e 42; infra, cap. VII, p. 810-813. Em sua introdução de 1972 para a tradução inglesa de *Religião da Razão*, Strauss retorna mais discretamente a essa questão, fazendo notar que "o leitor não terá nenhuma dificuldade de captar o liame entre o desaparecimento da obediência propriamente dita e a idealização ou espiritualização da Criação e da Revelação". Ver o Essai d'introduction à *Religion de la raison tirée des sources du judaïsme*

A interpretação da Revelação privilegiou, pois, a ideia de uma ação continuada de relação de Deus com o homem, mais do que a figura de uma Lei que tenha descido do céu. Mas quando volta à análise da Criação, no capítulo v, é que Hermann Cohen afina o sentido da noção de correlação[81]. Aqui, a atenção é atraída para o que distingue os dois relatos do *Gênesis*. No primeiro (*Gn* 1, 26-27), o monoteísmo parece conferir apenas uma "coloração" ao mito, enquanto recorre à ideia, que poderia ser perigosa, do homem criado "à imagem de Deus". É, portanto, a contradição entre esta proposição e a ausência de imagem de Deus, afirmada depois disso, que vem corrigir o segundo relato (*Gn* 2, 7), ao falar, de sua parte, do homem moldado a partir do barro. A importância dessa correção se deve ao fato de que a Criação é, doravante, oriunda do sopro de vida, quer dizer, daquilo que faz do próprio homem uma "alma viva" (p. 126). Resta que o essencial aparece definitivamente no capítulo subsequente do *Gênesis*: o que vai ligar a árvore da vida à árvore do conhecimento. No relato do Paraíso, é de novo a linguagem do mito que parece impor-se, quando a serpente afirma: "E vós sereis como Deus, sabendo o que são o bem e o mal" (*Gn* 3, 5). No entanto, é precisamente esta relação do homem com Deus, designada pela serpente como identidade, que pode ser pensada pela filosofia sob o

---

de Hermann Cohen, op. cit., p. 339. No início do texto (p. 334), ele volta a lembrar por que Cohen não pode defender o "fato histórico" da Revelação e lhe opõe que esta é a "criação da razão por Deus". Quanto a Scholem, ele salienta o paradoxo que faz com que, para estabelecer a ideia segundo a qual a Revelação é o "ato de nascimento do homem racional", Cohen retoma uma das teses da mística de que o filósofo desconfiava profundamente: a Revelação é um evento incansavelmente reproduzido no coração do homem, mais do que o fato mesmo do Sinai. Ver Gershom Scholem, *Considérations sur la théologie juive* (1973), *Fidélité et utopie*, trad. M. Delmotte e B. Dupuy, Paris: Calmann-Lévy, 1978, p. 241.

[81] Cohen já havia dedicado um capítulo (III) à Criação. Mas ele insistia então em seu caráter de consequência lógica da unicidade de Deus, mostrando, sobretudo, que a relação de Deus com o mundo não é precisamente uma correlação. Notemos que, apesar de uma reserva que irá aparecer no tocante à conclusão desta análise, Leo Strauss entregou-se igualmente várias vezes à interpretação dos dois relatos sobre a Criação, numa perspectiva que vai encontrar a de Cohen. Ver especialmente *Sur l'interprétation de la Genèse* (1957), trad. N. Ruwet, *L'Homme*, jan.-mar. 1981, p. 21-36, e *Jérusalem et Athènes: Réflexions préliminaires* (1967), em *Études de philosophie politique platonicienne*, p. 209-246. O fim do primeiro destes textos em particular retoma a ideia segundo a qual um mundo sem correlação parece um cosmos sempre suscetível de ser idolatrado, mesmo se Strauss reconhece nesta tentação a da filosofia, o que Cohen talvez não faria (ver infra, cap. VII, p. 911-913). Sobre este último ponto, consultar também Emmanuel Lévinas, *La Tentation de la tentation*, em *Quatre lectures talmudiques*, Paris: Minuit, 1968, p. 65-109.

conceito de correlação: sublinhando desta vez uma "reciprocidade interativa entre Deus e o homem" (p. 127).

É significativo que Hermann Cohen instale a noção de correlação que irriga toda a *Religião da Razão* na interpretação de uma passagem entregue a uma multidão de comentários e amiúde objeto de investigações místicas. A seus olhos, o sentido da associação entre a árvore da vida e a árvore do conhecimento é perfeitamente claro, radicalmente estranho a toda ideia de uma autonomia do mal e até à de um pecado original. O que revela o episódio cabe em duas proposições: o homem não é somente vida, mas igualmente razão; é precisamente por sua faculdade de conhecer que pode "entrar em correlação com Deus"[82]. Todavia, o raciocínio não é completo, salvo se lhe for juntada a figura inversa: Deus não pode entrar em correlação com o homem a não ser que a razão intervenha em sua definição como ser único e fundamento do devir. A determinação é, pois, perfeitamente recíproca entre Deus e o homem, visto que tanto a Criação quanto a Revelação realizam-se apenas por meio da razão que lhes é comum. Do ponto de vista da construção do conceito de Deus, o politeísmo é definitivamente ultrapassado: a unicidade significa que Ele é espírito, que Ele não vive nem no fogo nem no vento, porém representa "um infinito ao qual o homem não poderia escapar" (p. 130). De maneira simétrica, a lição desta análise, no que concerne ao homem, liga-se ao fato de que ele não aparece jamais numa posição de passividade, o que autoriza a seguinte conclusão: "Conforme a correlação, é a reciprocidade que se instala no conhecimento que o homem tem de Deus, como se o ser de Deus não estivesse atualizado senão no conhecimento do homem"[83].

✺

82 Aí (p. 129), Cohen contorna um problema clássico da interpretação do *Gn* 3, 5: por que o dom do conhecimento se afigura resultar de uma transgressão? Maimônides enfrentava diretamente a questão, refutando com força, desde o início do *Guia*, uma "objeção" que sublinha a estranheza do fato de que o homem parece adquirir a mais nobre das perfeições como por punição de sua desobediência (*Guia*, I, 2).

83 Leo Strauss fala a esse propósito de uma "expressão deliberadamente exagerada de Cohen", indicando assim perfeitamente que ela representa a exposição mais sintética da operação filosófica aqui tentada: mostrar que a relação do homem com Deus não se baseia na obediência a uma lei estranha, mas se realiza através do conhecimento e da ação, no quadro da razão (ver Essai de introduction à *La Religion de la raison tirée des sources du judaïsme* de Hermann Cohen, op. cit., p. 340). A esta objeção, Cohen responderia, sem dúvida, que a ideia segundo a qual o ser de Deus é atualizado pelo conhecimento representa o espírito mesmo do racionalismo talmúdico: o que já havia indicado a análise literária das fontes na

Percebe-se, doravante, a dupla frente sobre a qual a noção de correlação se encontra instalada. A primeira é mais uma vez a do combate constante contra o panteísmo e aquilo que Cohen vê como a sua forma moderna: a doutrina de Spinoza. Para o panteísmo, Deus se revelava em uma natureza na qual o homem está simplesmente integrado. Trata-se, de alguma maneira, da ideia de uma identidade entre o homem e Deus evocada pela serpente do *Gênesis* que Spinoza recobra, quando ele sustenta que o entendimento humano é uma parte do entendimento divino. A essa tese, Cohen opõe que, por meio da correlação que põe em jogo o conhecimento pela razão, o homem cessa de ser somente a "criatura de Deus", para tornar-se outra coisa, "ao menos subjetivamente": "aquele que de algum modo descobre Deus" (p.130). A noção torna-se assim eficiente na outra frente: lá onde Cohen discute, de forma mais discreta, a ortodoxia. Neste plano, o recurso sistemático à noção de correlação persegue dois objetivos: deslocar a investigação concernente ao conceito de Deus do terreno da "causalidade" para o da "finalidade"; substituir a questão "onde e por meio do quê?", que assinala o reino do determinismo, pela pergunta "para qual fim?" (p. 136), segundo uma perspectiva desta vez compatível com a liberdade, em um território que se torna o da razão moral. Fica então compreendido um elemento importante da arquitetônica do livro: os capítulos VI e VII, respectivamente consagrados aos atributos da ação e da santidade, que expõem a noção de correlação, preparam aquilo que demonstra a sua realização pelo exame das condições da descoberta do homem como outrem.

Que a correlação entre o homem e Deus se instala por meio do conhecimento, Hermann Cohen o ilustra graças a uma referência talmúdica clássica, a respeito da qual já havia notado que ela fecha a demonstração do *Guia dos Perplexos* (III, 54). Aqui, afirma-se que, na hora em que o homem comparece em juízo, perguntam-lhe: "Tu te desincumbiste fielmente de tuas tarefas?[84] Reservaste tempo para o estudo da *Torá*? [...] Praticaste

---

Introdução do livro, lembrando a complementaridade entre Lei Escrita e Lei Oral. Deste ponto de vista, Cohen havia evocado a doutrina oral como "fruto dos lábios", ao comentar a proposição de *Dt* 30, 12 segundo a qual "a *Torá* não está no céu": para colocar que se "o livro está acabado", a "boca permanece aberta" (p. 48).

84 *Schabat*, 31a, citado na p. 137. Em volta dessa referência que estrutura o capítulo 54 da terceira parte do *Guia dos Perplexos*, Hermann Cohen já tinha construído um importante artigo, que oferece uma das matrizes de *Religião da Razão*: *Charakteristik der Ethik Maimunis* (1908),

o estudo com método? Deduziste um princípio apoiando-te sobre outro princípio?" Ao que Cohen acrescenta ainda que Raschi interpretava esta última proposição da seguinte maneira: "deduzir um princípio graças a um outro princípio, eis o que é o conhecimento". Tal é, portanto, a prova definitiva de uma preeminência concedida pela Tradição ao conhecimento sobre a obediência: a razão participa da religião; tal participação não opera com base no modo lógico da causalidade, mas se efetiva por meio da moralidade[85]. É o que, de alguma maneira, vem confirmar a análise dos "atributos da ação", através do comentário das "treze qualidades" enumeradas pelo *Êxodo*, 34, 6-7. Evocando mais uma vez Maimônides, Cohen assinala o fato de que nem toda potência, nem a onisciência são citadas entre essas qualidades, mas, sim, aquelas que se enunciam no amor e na justiça: atributos de uma ação que é da ordem da finalidade e que "se substitui doravante ao ser" (p. 137). Em outros termos, longe de a ação em Deus estar limitada

---

Jüdische Schriften, III, p. 221 e s.; La Définition de l'éthique de Maïmonide, em *L'Éthique du judaïsme*, p. 169-228. Nesse contexto, a crítica do panteísmo e de Spinoza é perfeitamente explícita: a despeito de seu arrazoado em favor do exclusivo conhecimento dos "atributos negativos" de Deus, Maimônides "evita cuidadosamente aproximar-se demais da serpente panteísta"; à diferença do Deus do *Guia*, o de Spinoza não é o "Deus da ética", mas o da natureza (p. 194). Cumpre notar que, de maneira geral, Cohen admite sem reserva a leitura filosófica de Maimônides. No caso, o último capítulo do *Guia* está no âmago das controvérsias a respeito do livro: de qual natureza (intelectual ou moral) é esta "sabedoria" que Maimônides afirma ser a mais alta perfeição do homem e que ele identifica com o "conhecimento de Deus"?

[85] O liame entre estes dois pontos é ainda mais claro em La Définition de l'éthique de Maïmonide, p. 193-205. Este artigo apresenta uma espécie de curiosidade. Condensado a partir do pensamento de Cohen em sua última fase, quer estabelecer suas duas teses centrais: a importância do dever de conhecimento na tradição judaica; o fato de que Maimônides suprime toda oposição entre o livre-arbítrio e a religião, graças a um conceito de razão que descarta a contradição com o intelecto divino. Ora, se ele se apoia na passagem citada de *Schabat* 31a, para firmar a primeira dessas teses, Cohen não vê no meio da mesma página do *Talmud* aquela que, de algum modo, permitiria instalar a segunda, e até toda demonstração de uma proximidade entre o racionalismo rabínico e a ética racional moderna em sua forma kantiana. Nessa passagem, Schamai enxota um pagão que lhe pede para convertê-lo, com a condição de que toda a *Torá* lhe possa ser ensinada no lapso de tempo em que ele é capaz de se manter sobre um pé. Ao contrário, Hilel aceita converter esse homem, com esta mesma condição, dizendo-lhe: "Não faça a teu próximo o que tu não gostarias que te fizessem, eis toda a *Torá*. O resto não é senão comentários. Vai e estuda-os". Que Cohen tenha esquecido em tal contexto esta formulação da "regra de ouro", aí está o que poderia ilustrar uma recomendação de Emmanuel Lévinas no tocante à arte da citação talmúdica: jamais destacar a passagem do que a circunda, pois citar o *Talmud* "é como se a gente citasse o Oceano". Ver Emmanuel Lévinas, Avez-vous relu Baruch?, *Difficile liberté*, p. 167.

aos momentos da Criação e da Revelação, ela se desenrola segundo um modelo que virá a ser o da moralidade humana: amor e justiça fixar-se-ão no conceito de santidade[86].

Se era mister ainda uma última manifestação do fato de a relação entre o homem e Deus ser uma correlação, encontrá-la-íamos na perspectiva da santidade. É aqui que o *Levítico* (19, 3) fornece uma articulação particularmente límpida, ao colocar que aquilo que provém do ser de Deus torna-se uma "tarefa" (p. 140) para o homem: "É preciso que vós sejais santos, porque eu sou santo, eu, o Eterno, vosso Deus". Duas coisas são, nesse ponto, decisivas aos olhos de Cohen: ao passo que o Espírito Santo se tornará uma categoria central da teologia cristã, a *Bíblia* judaica fala de um "espírito de santidade" (*Ruakh ha-Kodesch*); rara nesse contexto, essa noção se aplica menos a Deus mesmo do que ao homem, preso de ponta a ponta pela moralidade[87]. Uma vez mais, essa figura delimita a diferença fundamental entre o monoteísmo autêntico e o panteísmo ou a mística. Por serem incapazes de distinguir "entre conhecimento teórico e conhecimento moral" (p. 157), estes últimos permanecem prisioneiros do "encantamento que é secretado pela crença segundo a qual seria possível e realizável a união efetiva de Deus e do homem". *A contrario*, é exatamente essa distinção que o monoteísmo judaico propõe, ao limitar a santidade ao domínio da moralidade humana e depois ao mostrar que, longe de jamais ser acabada, esta tarefa se apresenta sempre como a "atualização de um confronto". Um *midrasch* bastaria então a Cohen para demonstrar

---

86 Cohen evoca a maneira como Maimônides comenta *Ex* 33 e 34 sobre os "atributos divinos", para mostrar que eles são alegorias. Colocando que existe uma equivalência entre as "vias" (*derakhim*) exigidas por Moisés e as "qualidades" (*midot*), Maimônides nota mui precisamente: "Não se pretende dizer aqui [falando das *midot* de Deus] que Ele possui qualidades morais, mas que Ele produz ações semelhantes àquelas que, em nós, emanam de qualidades morais, isto é, de disposições da alma e não que Deus tenha dessas disposições da alma (*Guia dos Perplexos*, 1, 54).
87 Cohen preparou igualmente o terreno desta análise em um artigo anterior: *Der heilige Geist* (1915), *Jüdische Schriften*, III, p. 176 e s., trad. francesa L'Esprit saint, em *L'Éthique du judaïsme*, p. 53-70. Nesses dois textos, Cohen não levanta senão três ocorrências de verdadeira associação entre o espírito e a santidade no tocante a Deus: *Isaías* 63, 10 e 11, e depois o salmo 51. Vê-se neste exemplo e em muitos outros que Hermann Cohen se abebera, para suas análises lexicológicas e filológicas, em uma obra que um bom número de seus contemporâneos e sucessores mantêm sob os olhos: o *Hebraïsch-deutsches Wörterbuch* de Gesenius. No caso em foco, Gesenius nota a raridade do emprego desta noção aplicada a Deus e depois dá as referências citadas por Cohen.

que o monoteísmo autêntico reúne a filosofia racional e o primado concedido por Kant à razão prática: "Tomo, no caso, por testemunho o céu e a terra, pouco importa que eles sejam israelitas ou pagãos, homens ou mulheres, escravos ou servas, pois é unicamente em função de suas ações que o espírito de santidade desce sobre o homem" (*Taná de Eliahu*, 88). Em troca, antes mesmo que surgissem os diferentes conteúdos dessa moralidade da ação constituída em centro de gravidade do sistema da religião, a noção de correlação conhece seus contornos definitivos: "É o homem no infinito de sua tarefa ética, na perspectiva indefinida de seu horizonte, o homem no absoluto de sua moralidade, liberto de todas as relatividades próprias à natureza e à historia, é este homem absoluto que se torna aqui o representante e o garante do espírito de santidade" (p. 156).

Reduzido à sua épura, a tese de *Religião da Razão* repousa sobre duas proposições. Expondo de alguma maneira o seu esquema, a primeira será doravante conhecida: ela afirma que a relação entre Deus e o homem é uma "correlação". Resta, pois, iniciar o exame da segunda, a que fixa o conteúdo desta tese: "A correlação entre Deus e o homem não pode realizar-se a não ser que ela entre desde o início em jogo no momento da correlação entre o homem e o homem que ela inclui"[88]. O raciocínio que visa estabelecer esta proposição definitiva é perfeitamente representativo do método próprio a Hermann Cohen. Ele entrecruza três análises: um esclarecimento

---

[88] Esta proposição (p. 165) é, de algum modo, o núcleo especulativo da *Religião da Razão*. Pode-se nesta ocasião sublinhar uma vez mais o que caracteriza o "método" de Cohen. Segundo a "lógica da origem", um primeiro movimento consiste em libertar-se do "dado", para elevar os objetos do conhecimento ao mais alto grau possível de abstração. Mas esta *démarche* transcendental radicalizada se inverte em seguida, para dar de novo uma substância às ideias abstratas assim obtidas. O esquematismo é, portanto, compensado pelo cuidado de preencher os objetos arrancados ao "dado" com conteúdos da experiência. Esse duplo movimento corresponde, no plano mais amplo, àquele que conduz à idealização do conceito de Deus e depois retorna à substância da relação ética no seio da correlação entre o homem e o homem. Ele é, a seguir, levado a fundo por cada uma das grandes articulações da obra. Enxergando apenas a proposição segundo a qual Deus é uma "ideia", Buber não percebeu este movimento especulativo. Husserl o compreendera, considerando que contestava apenas a sua orientação. Segundo uma anedota contada em primeira mão por Leo Strauss, ele exprimia este desacordo, que não é outro senão o que opõe o idealismo transcendental à fenomenologia, por uma imagem: "A escola de Marburgo começa pelo teto, eu começo pelas fundações". Leo Strauss, A Giving of Accounts, *Jewish Philosophy and the Crisis of Modernity: Essays in Modern Jewish Thought*, Albany: State University of New York Press, 1997, p. 460.

filológico e conceitual das noções que designam o outro nas fontes veterotestamentárias e talmúdicas; a interpretação do conceito de "filhos de Noé", pelo qual o judaísmo proporciona à religião da razão um símbolo universal da humanidade; a resolução por este meio de duas antinomias que pareciam suscetíveis de despedaçar o sistema do monoteísmo. Com tal demonstração, a arquitetônica da obra continua a precisar-se. Para que ela se exiba por ocasião de "A descoberta do homem como outrem", de que trata o capítulo VIII, ela faz deste o primeiro pilar de um grande pórtico que se completará com a teoria do messianismo abordada nos capítulo XIII e XIV. Mas ela confirma igualmente a anterioridade da relação ética diante da perspectiva da obediência exposta na análise da Revelação. Por fim, na medida em que o conjunto desta construção procura basear-se nas duas perspectivas universalistas que representam alternadamente a humanidade noáquida (do tronco de Noé) e a figura do Messias "para todas as nações", ela indica o cuidado de Hermann Cohen em relativizar a problemática particularista da eleição na definição do judaísmo.

De conformidade com a "lógica da origem", Hermann Cohen impõe uma espécie de novo ponto de partida, que consiste em suprimir o homem como "dado", para reencontrá-lo como "problema" (p. 163). Até o presente, este último só apareceu em duas modalidades: como ser moral de razão e depois pelo viés do espírito de santidade. Ele era, pois, percebido fora de todo contexto histórico, domínio onde deveria surgir como unidade, pluralidade e totalidade, segundo a tabela das categorias kantianas. Ao passo que é nessa ordem que cumpre construir a distinção entre eu e outrem essencial à demonstração, Cohen propõe operar uma distinção nítida entre dois conceitos: o *alter ego* (*Nebenmensch*), que designa tão somente o membro de uma série ou ainda "um homem entre os outros homens" (p. 164); o *Mitmensch* (outrem, no sentido próprio), que por si só traz a exigência ética de ser tratado como um outro eu mesmo[89]. Se bem que ela seja necessária ao esclarecimento do problema, esta *démarche* conceitual está, entretanto,

---

89 O termo *Mitmensch* é difícil de traduzir [para o francês e para o português também]. Sylvain Zac propõe fazê-la por uma perífrase: "o homem que é para mim como eu mesmo". Aléxis Philonenko prefere "o ser-homem-com-o homem". Ver Sylvain Zac, *La Philosophie religieuse de Hermann Cohen*, prefácio de Paul Ricoeur, Paris: Vrin, 1984, p. 89, e Aléxis Philonenko, *L'École de Marbourg, Cohen, Nartorp, Cassirer*, Paris: Vrin, 1989, p. 116.

longe de poder resolvê-lo imediatamente. Por si mesma, ela apresenta no momento unicamente uma consideração negativa: se o outro fosse confundido com um simples *alter ego*, não apenas o ético no sentido estrito perderia uma grande parte de sua força, como toda possibilidade de correlação entre o homem e Deus desapareceria. Mais ainda, seria preciso fazer intervir a experiência histórica do povo judeu. Desse ponto de vista, Cohen se recusa de novo a aplainar as coisas, preferindo designar deliberadamente duas antinomias. A primeira dentre elas é a que opõe o autóctone e o estrangeiro, desde o instante em que Israel convoca a noção de cidadão ao se tornar um Estado. Quanto à segunda, ela decorre diretamente desse fenômeno da pluralidade: o outro se manifesta doravante como membro de um povo; o povo de Israel se define em oposição aos outros povos.

Na medida em que a resolução dessas duas antinomias passa pelo mesmo ponto, é significativo que Hermann Cohen comece pela segunda: aquela que opõe Israel aos outros povos. A fim de resolvê-la, ele quer mostrar que o monoteísmo concebe o conceito universal de homem antes mesmo da noção moral de compatriota: procura então uma ideia do homem independente daquela que designa o estrangeiro, figura que supõe de antemão a existência de uma consciência nacional. Eis, pois, proveniente do *Gênesis*, a "estranha noção de 'filhos de Noé'" (p. 169). No início do primeiro relato concernente ao Dilúvio, Deus ameaça a terra de aniquilamento por estar "cheia de vossa violência" (*Gn* 6, 13). No entanto, no mesmo instante Ele corrige esta intenção: salva Noé com sua descendência, antes de selar com ele uma primeira aliança, ao termo da qual "não deverá haver mais dilúvio para destruir a terra" (*Gn* 9, 11). No tocante à justificativa desta correção, sua importância aos olhos de Cohen se deve ao fato de ela mobilizar ainda uma humanidade não diferenciada: "Eu não quero continuar a maldizer a terra por causa do homem, pois as concepções (*ietzer*, impulso) do coração do homem são malévolas desde seus jovens anos, e eu não quero continuar a ferir todo vivente" (*Gn* 8, 21). Em outras palavras, por pertencer à descendência de Adão, Noé representa ainda a humanidade da Criação, oferecendo uma figura do homem anterior à Revelação que Abraão simbolizará pela primeira vez. Entre Adão e Abraão, a meio caminho entre a humanidade perfeitamente indiferenciada da Criação e a da Revelação, que separará Israel pela eleição, Noé é o objeto de uma aliança universal que precede a que designará a diferença do povo judeu. É esta posição intermediária que é essencial, uma vez que a noção de "filhos de Noé" permitirá resolver a antinomia entre Israel e os outros povos, aclarando ao mesmo tempo a noção de alteridade no judaísmo.

Por meio de Noé, portanto, é selado um acordo com os seres viventes em geral, de modo que ele se torna "o símbolo do gênero humano que Deus toma a si o dever de preservar" (p. 168). Mais ainda, por ele simbolizar por si só o fato de toda justiça não ter desaparecido entre os homens, Noé recebe uma promessa que os inclui a todos sem distinção. Graças a ela, Deus entra "em uma correlação permanente e conceitual com a natureza e com o gênero humano que aí vive, com o homem enquanto outro". Doravante, é a comparação das alianças respectivamente seladas com Noé e Abraão que se tornará indispensável. A primeira tinha por efeito direto que "todo homem é irmão dos outros" (p. 169). O que traz a segunda? Abraão é o primeiro homem que interpela Deus diretamente, quando discute as condições da indulgência em relação a Sodoma: "Queres destruir o justo com o ímpio?" (*Gn* 18, 23). Na visão de Hermann Cohen, o que importa na ocorrência não está ligado àquilo que o relato parece adiantar: o abaixamento do limiar da indulgência divina ao número de dez justos. Ele vincula a isto o fato de a bênção dispensada a Abraão continuar a estender-se a "todos os povos da terra". Por meio de Noé, Deus engajou-se na proteção do vivente em geral. Com Abraão, Ele se torna juiz do homem e age com justiça em face de uma humanidade que conserva sua unidade. Em certo sentido, a primeira antinomia está prestes a resolver-se. Evidentemente, Israel já está colocado diante dos outros povos. Porém, cada um de seus membros pertence ainda a uma série que deve ser considerada ao revés: antes de ser filho de Abraão, ele é filho de Noé, de modo que a bênção de que se beneficia é determinada por aquela de todos os povos da terra; mais ainda, antes mesmo de ser filho de Abraão e de Noé, ele era simplesmente homem, isto é, "criatura de Deus feita à sua imagem" (p. 172).

No entanto, a singular controvérsia talmúdica com a qual Hermann Cohen termina essa primeira análise vem lembrar que todas as dificuldades não estão ainda resolvidas. Ela opõe duas proposições que parecem *a priori* muito próximas. Rabi Akiva declara: "Tu deves amar o outro (*réa*), ele é como tu. Eis uma noção de primeira grandeza na *Torá*". Ben Assai responde: "Este livro é o das gerações do homem (Gn 5, 1). Eis uma noção maior que a outra"[90]. Uma parte dos motivos que levam Cohen a dizer que Ben Assai tem manifestamente razão é doravante conhecida: ele solicita de modo claro uma ideia universal da humanidade, um homem feito à imagem de Deus, sem noção de pertinência nacional. Todavia, é necessário compreender por que a controvérsia é tão viva com aquele que parece, ele também, sublinhar uma identidade entre os homens. À primeira vista, a diferença se esclarece por uma exploração ao mesmo tempo conceitual e filológica, que Cohen havia conduzido em pelo menos dois textos muito anteriores à *Religião da Razão*: ela diz respeito à significação do termo *réa*. Em geral, há concordância em traduzi-lo por "próximo". Cohen, porém, constata que a maior parte dos exegetas cristãos quis encerrar o seu sentido veterotestamentário na noção estrita de "compatriota", a fim de "deixar ao Novo Testamento o privilégio de convertê-la na do homem em geral"[91]. Uma análise estritamente filológica deve permitir dissipar esse mal-entendido ou essa malevolência. Ela revela que o Antigo Testamento não só não concede prioritariamente a este termo o sentido de compatriota, mas que tende, ao contrário, a fazê-lo designar o outro, no nexo preciso do *Mitmensch*[92]. Em outras palavras, a preferência dispensada a Ben Assai se deve a que ele evita

---

90 *Talmud de Jerusalém*, Nedarim, § 9. Notemos que a mesma discussão aparece em uma fonte mais utilizada: *Bereschit Rabá*, xxiv, 7.
91 Ver *Der Nächste: Bibelexegese und Literaturgeschichte* (1914), *Jüdische Schriften*, i, p. 182 e s., trad. francesa: Le Prochain: Exégèse biblique et histoire littéraire, em *L'Éthique du judaïsme*, p. 115-127, principalmente p. 119. A origem da controvérsia reside na interpretação deste enunciado do *Levítico* (19, 18): "Tu não experimentarás nem vingança nem rancor em relação aos homens de teu povo". Para ver nele um privilégio concedido pela *Bíblia* judaica ao "compatriota", certo número de exegetas cristãos tem em vista Lucas 10, 25-27, que atribui a Cristo o invento da noção de "próximo". Cohen objeta-lhes que eles esquecem uma citação não polêmica de Mateus 22, 37 e depois lembra que, de qualquer maneira, o versículo do *Levítico* tem um fim: "Tu amarás teu próximo (*réa*) como a ti mesmo".
92 L'Amour du prochain dans le *Talmud*, op. cit., p. 290. Nesse texto, Cohen aduz complementos que ajudam a precisar a análise. Em primeiro lugar, ele estabelece uma relação da passagem controvertida do *Levítico* com a que vem mais adiante (19, 34): "O estrangeiro que permanece entre vós será tratado como um nativo dentre vós; tu o amarás como a ti mesmo, pois vós fostes hóspedes no país do Egito". Sublinhando assim o liame entre as questões do outro e do estrangeiro, Cohen insiste no fato de que a rede semântica do termo *réa* se desdobra segundo todas as nuanças da alteridade: do estrangeiro (Dt 4, 42 ou Nm 35, 15) ao amigo (Dt 13, 7 ou Jó 2, 11). Nessa análise, Cohen segue de novo as indicações e os exemplos de Gesenius sobre o termo *réa*. Este último mostra as derivações que vão do companheiro a qualquer outra pessoa. Depois ele propõe como tradução alemã de *réa* neste último sentido: *Mitmensch*.

adiantar de maneira muito direta o amor ao nosso semelhante, salientando, ao contrário, o fato de que "a noção moral de compatriota pressupõe inevitavelmente o conceito universal de homem": para valorizar assim o conteúdo da primeira aliança, sem, contudo, ocultar o sentido da noção de estrangeiro, que vai doravante aparecer através da segunda antinomia.

A antinomia entre Israel e os outros povos trazia a ideia "desagradável", segundo a qual o amor ao "próximo" poderá limitar-se ao compatriota. Aquilo que opõe o autóctone ao estrangeiro se apresenta mais temível, na medida em que parece consignar a seguinte tarefa ao monoteísmo: "a erradicação do politeísmo, a qual, por sua vez, implica a abolição de populações idólatras" (p. 172). Colocando as coisas de forma tão radical, Hermann Cohen indica discretamente o fato de que essa questão está de novo no centro das polêmicas cristãs contra o judaísmo. Porém, ele lembra também que ela não é estranha à discussão das teses de Spinoza. Para atenuar a força dessa antinomia, Cohen poderia tentar contestar a importância conferida ao combate contra a idolatria. Ele se recusa a fazê-lo, preferindo dedicar-se a descrever com precisão o outro polo da antinomia, aquele que opõe ao dever de lutar contra os idólatras uma prescrição de amor universal ao homem: "Não abominarás o edomita, porque ele é teu irmão" (Dt 23, 8). A resolução da antinomia começa, pois, por uma meticulosa escolha de referências que podem ser vertidas em apoio desta proposição: "tu não abominarás o egípcio, porque peregrino (ger) foste em sua terra" (idem); "E mesmo o estrangeiro (nokri) que vem de país distante [...], se ele vem orar nesta casa, tu te escutarás nos céus" (1Rs 8, 41-43); "pois minha casa será denominada casa de oração por todos os povos" (Is 56, 7).

Hermann Cohen sorveu, portanto, essas referências nas três ordens do tempo que estruturam a consciência judaica: a rememoração do passado de escravidão; a presença do presente na consagração do Templo por Salomão; a antecipação do futuro messiânico. Ele sublinha assim sutilmente a variedade das considerações que formam uma antítese ao dever de lutar contra os idólatras. A mais notável dentre elas haverá de desempenhar um papel decisivo: não somente o estrangeiro deve ser recebido como um hóspede, mas é a lembrança da antiga escravidão que determina este dever, como se o país da servidão tivesse sido, apesar de tudo, o de uma forma de hospitalidade. Para compreender como pode o edomita, símbolo dos inimigos de Israel, ser chamado de "irmão", Hermann Cohen propõe debruçar-se sobre a noção de "residente estrangeiro": noção que é elaborada a partir das nuanças que separam o estrangeiro no sentido amplo (*ger*) e não autóctone (*nokri*). À primeira vista, a questão do estatuto que deve ser concedido ao residente estrangeiro é regulada pelas fontes mais antigas do monoteísmo, visto que a distinção com o autóctone parece estar suprimida de um ponto de vista jurídico desde o *Êxodo* (12, 49): "Que a *Torá* seja uma para vós, os autóctones, e para o estrangeiro (*ger*) que reside em vosso país". Cohen insiste, entretanto, sobre os progressos oferecidos pelos desenvolvimentos tardios da doutrina, notadamente a maneira pela qual o *Talmud* designa o residente estrangeiro como "filho de Noé", antes que Maimônides codifique mais precisamente ainda seus direitos por um terceiro conceito: o dos "homens piedosos entre as nações da terra", que acabará de construir a noção de outrem.

Nas páginas de *Religião da Razão* que se dedicam às modalidades da "descoberta do homem como outrem", Hermann Cohen restaura a épura de um raciocínio que assumira alhures ares muito mais ofensivos. Aqui, a demonstração toma uma via reta, que conduz diretamente da análise das nuanças próprias aos diferentes termos que designam o estrangeiro, para o reconhecimento de uma afinidade profunda entre as fontes do monoteísmo e o direito natural moderno. Apoiando-se alusivamente em Maimônides, Cohen mostra que a estranha noção de "homens piedosos entre as nações da terra" é precisamente o lugar onde a moral se torna independente da religião: porque ela delimita os contornos de uma cidadania autêntica que não requer a crença. Através do conceito de "filho de Noé", o *Talmud* elaborou uma figura do estrangeiro que não está ligado pela lei de Moisés, mas deve somente respeitar os sete mandamentos impostos ao conjunto dos homens em troca da promessa de proteger o vivente[93]. Ora, com exceção dos interditos do culto dos ídolos e da profanação do Nome, essas sete prescrições são unicamente de natureza moral, exprimindo de algum modo

---

[93] Encontram-se as sete leis que formam a "constituição" oferecida aos filhos de Noé em *Sanedrin*, 56a. Essas leis comportam seis interditos: da blasfêmia, da idolatria, das uniões ilícitas, do assassínio, do roubo com violência e do retirar um pedaço de carne (e mesmo alguma porção de sangue) de um animal vivo. Elas estabelecem, sobretudo, uma obrigação: a de instituir leis que devem reger a vida em sociedade.

os fundamentos mesmos de toda moralidade, por meio das proibições do incesto, do homicídio e do roubo ou, sobretudo, e do dever de estabelecer leis. Quanto à própria contribuição de Maimônides, ela reside na afirmação do fato de que aquele que respeita as sete obrigações do noáquida é contado no número dos "homens piedosos entre as nações da terra", quer dizer, daqueles que "participarão da felicidade e da vida eterna – expressão religiosa da moralidade" (p.177). Vê-se, pois, como o regulamento do estatuto oferecido ao noáquida antecipa o direito natural moderno: sua definição não solicita senão a qualidade de ser humano enquanto "filho de Noé", sem exigir uma crença particular; na qualidade de "residente estrangeiro", ele se beneficia de uma autêntica cidadania. Mas é preciso também compreender que essa doutrina aclara o sentido verdadeiro da constituição teocrática: o fato de que ela "repousa menos na unidade do Estado e da religião do que na do Estado e da moralidade".

Esta última especificação atrai a atenção para a maneira como a argumentação de Hermann Cohen, nessa passagem, dissimula sua dimensão polêmica. Esse conceito de noáquida já havia sido construído por duas vezes, de forma muito mais elaborada e indicando melhor uma de suas apostas: refutar a crítica spinoziana do direito mosaico como constituição particular de um Estado submetido à religião, corrigindo uma interpretação falaciosa de Maimônides a esse respeito. A primeira intervenção de Cohen nessa questão tem lugar na consulta que lhe fizera, em 1888, o tribunal de Marburgo sobre "O Amor ao Próximo no *Talmud*". Ela concluía, a esse respeito, que a legislação talmúdica é atravessada por esta equivalência crucial: "estrangeiro *igual* a noáquida, *igual* a piedoso das nações da terra"[94]. Mas a demonstração decisiva intervém perto de trinta anos mais tarde, no longo estudo sobre Spinoza, que confirma assim seu papel de preparação de *Religião da Razão*. Como já se sabe, Cohen discute neste quadro

---

94 Ver L'Amour du prochain dans le *Talmud*, op. cit., p. 301. No contexto do confronto judaico--cristão que caracteriza esse texto, Cohen admite que existia uma espécie de fragilidade da "ética pura" própria à *Bíblia* hebraica, quando ela parecia apegar-se exclusivamente ao respeito à Lei, fragilidade que fez, em troca, a força do Novo Testamento, quando ele designa esta lei como "maldição". Mas é para mostrar de pronto que a Lei Oral oferece um corretivo lógico imposto pela história: a instituição do noáquida está depositada nos estratos mais antigos da *Mischná*, como conceito do direito público desenvolvido a partir das noções bíblicas de estrangeiro e de residente.

uma das teses diretoras do *Tratado Teológico-Político*: por não conter uma moral natural universal, a doutrina judaica a partir de Moisés não seria mais do que uma coletânea de leis exclusivamente destinadas ao Estado dos Hebreus. A proposição em causa pretende opor as atitudes respectivas das grandes religiões diante dos liames entre os relatos da Escritura e a vida segundo a razão: "[Os judeus] colocam que as opiniões verdadeiras ou a verdadeira regra de vida não servem em nada à beatitude, na medida em que os homens as abraçam pela exclusiva luz natural, e não a título de ensinamentos revelados a Moisés pela profecia. Isto, Maimônides ousa afirmá-lo abertamente"[95].

Em face à estratégia de Spinoza, que consiste em citar Maimônides para escorar a tese sobre o dogmatismo judaico, Hermann Cohen desenvolve uma riposta em dois tempos, que recorre a dois procedimentos complementares. A primeira *démarche* visa contestar de um ponto de vista filológico a autenticidade da passagem invocada, na forma imposta por Spinoza: "Quem quer que haja recebido os sete preceitos e os tenha observado com zelo faz parte dos piedosos das nações e será herdeiro do mundo vindouro; com a condição, todavia, de recebê-los e de observá-los porque Deus lhos prescreveu na Lei e no-los revelou por intermédio de Moisés que eles tinham sido prescritos antes aos filhos de Noé; mas se Ele os observa conduzido pela razão, ele não habita entre nós e não faz parte dos piedosos nem dos sábios das nações"[96]. Para começar, Cohen se apoia no grande estudo contemporâneo das fontes do *Tratado Teológico-Político*, para demonstrar que Spinoza utiliza cientemente uma lição errônea do texto de Maimônides, enquanto a edição *princeps* exclui o noáquida que observa os sete mandamentos sob a conduta

---

95 B. Spinoza, *Traité théologico-politique*, cap. v, p. 112 (Moreau, p. 233), citado em Hermann Cohen, État et religion, judaïsme et christianisme chez Spinoza, op. cit., p. 132. Notemos que esta parte da demonstração é amplamente retomada na *Religião da Razão*, mas que Cohen a dissocia daquela que se inscreve no quadro da construção do conceito de outrem, para deslocá-la no capítulo xv, dedicado à imortalidade e à ressurreição (p. 459-461).

96 Maimônides, *Mischné Torá*, Livro xiv, *Sofetim* (*Juízes*), v, *Melakhim* (*Reis*), viii, 11. Um primeiro reparo impõe-se: Spinoza, que cita em hebraico e traduz em latim, verte a expressão g[u]er toschab por *íncola* (o que os tradutores da edição Moreau transpõem pela perífrase "não habita entre nós"); mais próximo do sentido literal, Appuhn escrevia "hóspede estrangeiro entre nós"). A isto se junta o fato de que já se pode notar que as edições modernas da *Mischné Torá* não conhecem a dupla negação sobre a qual se apoia Spinoza, prestando, ao contrário, a Maimônides uma oposição: "ele não faz parte dos piedosos das nações, *mas* de seus sábios".

da razão da exclusiva categoria dos "*piedosos* entre os povos do mundo", e não daquela dos "*sábios* entre os povos do mundo"[97]. Mas o argumento principal reside no fato de que duas outras passagens da *Mischné Torá* não opõem nenhuma restrição relacionada ao uso da razão para a admissão do noáquida no mundo vindouro, quando Maimônides afirma sem reserva que, assim como Israel, "os piedosos entre os povos do mundo têm parte na vida eterna"[98].

No entanto, Hermann Cohen parece considerar que pesa ainda certa incerteza na diferença entre os "piedosos" e os "sábios" na passagem controversa, de modo que ela impede uma refutação perfeita da tese de Spinoza. Ele muda, pois, de estratégia, passando, se quisermos, da filosofia à hermenêutica,

༺ ༻

[97] Do ponto de vista filológico, Cohen tem razão. A questão é, portanto, saber se Spinoza ignorava a boa lição, ou se ele a conhecia e a travestiu voluntariamente. A fim de justificar esta segunda tese, Cohen apoia-se na obra que serve de norma: M. Joël, *Spinozas Theologisch-Politischer Traktat auf seinen Quellen geprüf*, Breslau: 1870, p. 55-56. Nesse estudo sistemático das fontes do *Tratado*, Joël propõe um julgamento equilibrado: Spinoza cita efetivamente uma edição alterada por um erro de impressão (a modificação de uma das três letras da conjunção transforma o "mas" em "não" ou "nem"; mas ele cita na frase seguinte e sobre o mesmo assunto Schem Tov, que utiliza o texto correto e devia permitir-lhe corrigir. Cohen advoga a má fé de Spinoza, insistindo no fato de que a forma correta do texto de Maimônides era conhecida naquele tempo. Poder-se-ia, todavia, acrescentar ainda que o próprio Mendelssohn comete o mesmo erro (ver Alexander Altmann, *Moses Mendelssohn: A Biographical Study*, Londres: The Littman Library of Jewish Civilization, 1998, p. 294). Leo Strauss, enfim, sugere que a versão mantida por Cohen adoça a que mobiliza Spinoza, sem verdadeiramente transformá-la. Ver sucessivamente seu livro de 1930 sobre Spinoza (*La Critique de la religion chez Spinoza*, p. 170, nota 182) e o prefácio de 1965 para esta obra (Avant-propos à la traduction anglaise de *La Critique de la religion de Spinoza*, em *Le Testament de Spinoza*, p. 298-300). No conjunto da questão, a nota da edição Moreau do *Traité théologico-politique* (p. 729-730) é preciosa. É preciso, no entanto, reportar-se ao dossiê filológico completo e às explicações fornecidas por Carl Gebhardt na edição de referência do *Tratado*: Spinoza, *Opera*, v, p. 37-39. Ver, por fim, um ponto definitivo sobre esse problema e suas consequências em Isadore Twersky, *Introduction to the Code of Maimonides (Mishneh Torah)*, New Haven: Yale University Press, 1980, p. 455.
[98] Ver *Mischné Torá*, Livro I, *Mada*, v, *Teschuvá*, III, 5 (Maimônides, *Le Livre de la connaissance*, trad. v. Nikiprowetzky e A. Zaoui, com estudo preliminar de Salomon Pinès, Paris: PUF, 1961, p. 373). A outra referência evocada por Cohen visa o capítulo consagrado ao testemunho: *Edut*, XI, 10. Maimônides, e Cohen depois dele, estriba-se, na passagem citada, em *Sanedrin* 105a. Quando Cohen retornar por duas vezes a esta questão em *Religion de la Raison* (p. 177 e 461), juntará uma remessa a um *Tossefta* sobre este mesmo tratado (*Tossefta Sanedrin*, XIII, 2). A passagem visada em *Sanedrin* 105a deve ser a seguinte: "É Balaão (sozinho) que não tem parte no mundo futuro, mas os outros terão direito a ele". Seu sentido é determinado pela interpretação do que Balaão simboliza. Se todo mundo concorda em reconhecer que ele representa os "ímpios" entre os gentios, uma eventual ambiguidade concerne ao que são, ao contrário, os "piedosos". Cohen toma emprestado de Maimônides a definição aberta daqueles que observam os mandamentos dos filhos de Noé, quaisquer que sejam suas motivações e a maneira como eles as aceitam. Raschi parecia mais restritivo, especificando um elemento religioso da definição: aqueles que não "esqueceram Deus" (ele se apoia numa passagem anterior, *Sanedrin* 91b).

a fim de recuperar em seu proveito o fato de solicitar a autoridade de Maimônides[99]. Nesse plano, no qual se trata de compreender a intenção do Rambam mais do que de discutir acerca da boa lição de seu texto, uma questão se coloca, que parece dar razão por um instante à interpretação spinoziana: "Como ele pôde, *ele*, tomar esta decisão de exclusão que, lhe parece, priva de sua significação jusnaturalista o conceito fundamental de noáquida e, dessa forma, *contradiz neste ponto sua própria doutrina?*"[100]. Porém, este aparente recuo defensivo prepara a contraofensiva e Cohen retoma a questão da diferença entre as passagens solicitadas, para demonstrar que elas concernem a situações distintas. O argumento essencial se prende ao fato de que nas duas ocorrências em que Maimônides não estabelece condição, ele discute acerca do "*conceito religioso de noáquida tomado em sua universalidade*", isto a fim de empenhar toda a sua autoridade decisória para fixar definitivamente o sentido do *Talmud*, de conformidade com sua própria concepção: "A beatitude não depende da fé e da observação da lei de Moisés, mas tem parte nela aquele que só reconhece e segue os *mandamentos racionais da moral natural*"[101]. Quanto à eventual restrição a esta teoria na terceira passagem, aquela da qual Spinoza faz o seu mel, ela se deveria ao fato de que Maimônides trata então menos do conceito teórico de noáquida do que do conceito político de hóspede estrangeiro: com a preocupação desta vez de proteger o Estado judeu em sua existência ética, evitando que se torne simplesmente o "asilo dos livres-pensadores"[102].

---

99 O retorno às fontes mostra mais uma vez que a questão da diferença entre os "piedosos" e os "sábios" é difícil de resolver, se quisermos saber exatamente em que medida um gentio pode ter parte no mundo vindouro. Se, na *Tossefta Sanedrin*, XIII, 2, Rabi Ieoschua afirma que existe "entre as nações justos que têm parte no mundo vindouro", contra Rabi Eliezer que declara que "nenhum gentio tem parte no mundo vindouro", uma dúvida parece subsistir sobre a boa leitura da proposição seguinte: "mesmo um gentio que estuda a *Torá* é semelhante ao sumo sacerdote": trata-se de estudar ou de observar? Ver sobre esta questão Ephraim E. Urbach, *Les Sages d'Israël: Conceptions et croyances des maîtres du Talmud*, rad. M.-J. Jolivet, Paris: Cerf/Verdier, 1996, p. 560 e 918, nota 71.
100 État et religion, judaïsme et christianisme chez Spinoza, op. cit., p. 134.
101 Idem, p. 135.
102 Idem, p. 136. Quando Cohen voltar uma segunda vez, na *Religião da Razão*, sobre uma parte dessa demonstração, ele precisará este argumento mostrando que Maimônides exige somente que o estrangeiro comensal siga os mandamentos noáquicos como se ele admitisse sua origem, mesmo se não for este o caso: para evitar que ele cesse de respeitá-los caso sua razão venha a mudar (p. 460). Mais acima, no primeiro livro da *Mischné Torá* (Livro I, *Mada*, IV, *Akim*, x, 6), Maimônides traça efetivamente uma distinção entre as situações em que Israel está no exílio e as de sua independência, dando azo assim à intervenção do critério político salientado por Cohen.

Ao termo desse desvio pelo embasamento da tese desenvolvida na *Religião da Razão* a propósito do conceito de noáquida, pode-se perguntar por que Hermann Cohen aplicou tanta energia, várias vezes, para refutar o ponto de vista de Spinoza. A primeira razão se vincula ao fio polêmico que liga de maneira constante suas argumentações a uma doutrina que ele julga responsável pelas incertezas que regem o lugar dos judeus no mundo moderno. No caso presente, estas pesam tanto mais quanto tocam uma questão situada na fronteira sensível entre o político, o ético e o religioso. Acrescenta-se a isso, no entanto, uma dimensão mais discreta e, sem dúvida, mais dolorosa para Cohen: aquela que se deve ao fato de que é de Spinoza que Kant tirou seu conhecimento do judaísmo, depois de um Maimônides neste caso falsificado[103]. Que Kant, sem dúvida inspirado pela fórmula de Spinoza sobre o "ódio teológico dos judeus", tenha podido falar da "misantropia" deles, eis o que com toda certeza incomodava Cohen. É também o que explica por que ele retomou tão amiúde a questão das fontes judaicas do direito natural moderno, sem jamais citar textos que acorrem imediatamente ao espírito em tal contexto: os de Kant que colocam a hospitalidade universal como a única condição do direito cosmopolítico; ou ainda aqueles em que Fichte fala do "direito de simples cidadão do mundo"[104]. Sem dúvida, cumpre dizer que aquilo que decorre, para Kant, de uma lacuna de boa fé, permanece em Spinoza um "enigma psicológico": recusar-se a ver que os sete mandamentos dos filhos de Noé são de natureza ética e instalam uma moral universal, algo que ele devia saber já por sua educação rabínica, é algo que seus contemporâneos, fundadores do

---

103 Ver sobre este ponto, Les Correpondances profondes entre la philosophie kantienne et le judaïsme, op. cit., p, 333-351. Nesse texto, Cohen se empenha em mostrar que é de alguma maneira, a despeito dele próprio, apesar de uma interpretação errônea do judaísmo compreendido pelo prisma deformante de Spinoza, que Kant desenvolve um sistema em perfeita relação com a ética dos profetas. Ver também *Religião da Razão*, p. 459, em que as consequências da falsificação spinoziana aparecem no concernente à questão das fontes do direito natural moderno. Em outra parte nessa obra, Cohen revela outros traços da compreensão errada de Kant com respeito ao judaísmo: sua retomada do motivo paulino da revolta contra a Lei (p. 477-478), ou ainda a censura feita a Mendelssohn sobre uma "falta de amizade para com os homens" (p. 495).
104 A gente pensa respectivamente no terceiro artigo definitivo do "Para a Paz Perpétua" de Kant (trad. bras.: *A Paz Perpétua*, J. Guinsburg [org. e trad.]; Roberto Romano [posfácio], São Paulo: Perspectiva, 2004) e no segundo anexo ao Direito Natural, § 22 dos *Fundamentos do Direito Natural*, de Fichte.

direito natural moderno, saudavam[105]. Mas os fatos são estes: é ao mesmo tempo contra Kant e contra Spinoza que era preciso reabilitar Maimônides, a fim de descobrir o vetor da constituição do outro que o conceito de noáquida representa definitivamente.

No momento em que se pode retomar a questão de partida da argumentação desenvolvida na *Religião da Razão*, o essencial parece obtido. Sabe-se doravante que "se o próximo tivesse sido, no sentido original e primordial, o concidadão, jamais o noáquida teria podido surgir do estrangeiro, sem falar do conceito puramente teórico de homem piedoso entre as nações da terra" (p.178). Ora, é precisamente porque tal aparição foi possível que a construção que foi elaborada entre o *Talmud* e Maimônides em torno dessas figuras assume o sentido do reconhecimento de uma "espiritualidade da alma própria a tudo que é humano": a ponto de fazer dos mandamentos noáquidas uma espécie de "*Torá* original". Daí por que esta última, por sua vez, torna-se o fundamento do direito e do Estado, e se compreende então que estes repousam menos sobre a religião, como afirma Spinoza, do que sobre uma moral natural, conforme aos imperativos da razão. Indo um pouco mais adiante na obra, Cohen retomará uma última vez esta questão, a propósito da imortalidade e da ressurreição. Rematando assim a análise, ele poderá definitivamente não dar razão a Spinoza, mostrando que a noção de piedoso entre os povos do mundo reaparece na teoria do messianismo, para determinar completamente o conceito de homem[106].

---

105 Ver *État et religion, judaïsme et christianisme chez Spinoza*, op. cit., p. 132.
106 Ver p. 456 e s. Cohen utiliza de novo o *Sanedrin* 105a e a *Tossefta Sanedrin*, XIII, 2, para confirmar que a noção de piedosos dentre os povos do mundo pode aplicar-se a todo homem, contanto que ele respeite os mandamentos noáquicos. Mas ele mostra, sobretudo, que é finalmente pelo viés do reconhecimento de sua participação na imortalidade que o homem piedoso conquista uma perfeita igualdade. A consequência da ideia de Maimônides, segundo a qual existem homens piedosos entre os povos do mundo, é neste plano a seguinte: "Basta ao homem manter-se sobre as sete colunas da pura moralidade para ser homem completo em um sentido absoluto" (p. 457). Neste ponto, não só a refutação à crítica do particularismo judaico está realizada, mas a suspeita pode ser voltada contra seu autor: "Enquanto no cristianismo pedem não apenas para crer em Deus, mas também no Cristo, no judaísmo não se faz sequer da fé em Deus a condição da felicidade" (p. 458). Ironia suprema, Cohen se dá ao trabalho de indicar que, se é de fato a imortalidade que permitiu levar a *démarche* até esta consequência extrema, ela não o fez senão a título de mediação, visto que a doutrina judaica permanece discreta sobre o dogma da imortalidade, consciente de que lhe conceder extensão demais traz o risco de alterar a diferença entre o homem e Deus e depois de tornar difícil a manutenção da "disjunção entre o monoteísmo e a mística" (p. 464). No capítulo devotado à imortalidade e à ressurreição, Cohen conserva-se,

Se ainda houvesse necessidade de provas de que a antinomia entre autóctone e estrangeiro estava resolvida em um nexo universalista por meio desta "identidade decisiva estabelecida entre o estrangeiro, o noáquida e o homem piedoso das nações do mundo" (p.177), elas seriam fornecidas por um breve exame da legislação concernente ao estrangeiro. Cohen, que já havia lembrado sua formulação originária no Êxodo, retoma suas formalizações nos livros normativos. Em seu princípio, ela se estriba em duas proposições: "Que há somente uma *Torá* e um único direito, para vós e para o estrangeiro (*ger*) que habita entre vós" (*Nm* 15, 15); "Um mesmo direito valerá para vós, que o estrangeiro (*ger*) seja como o autóctone" (*Lv* 24, 22). Depois, ela encontra suas expressões mais salientes em duas disposições à primeira vista singulares: o fato de que o estrangeiro tenha direito a uma parte igual na partilha da terra e que se beneficie da instituição das "cidades-refúgio", destinadas a proteger aquele que cometeu um assassinato sem intenção[107]. Mas seu ponto culminante reside, sem dúvida, nas passagens onde ela toca dois poderosos símbolos da experiência de Israel e de sua ética. A primeira delas concerne uma vez mais ao fato de ligar os deveres para com o estrangeiro à lembrança da escravidão: "Tu não oprimirás o estrangeiro (*g[u]er*) nem o acabrunharás, pois vós fostes estrangeiros (*g[u]erim*) em terra do Egito" (*Ex* 22, 20). Quanto à segunda, ela se prende à associação deste chamado com uma injunção que assimila os três arquétipos da fragilidade humana, quando é dito "Tu não desviarás o direito que se aplica ao estrangeiro (*ger*), ao órfão, e não receberás em penhor as vestimentas da viúva, e tu não deverás esquecer que foste, tu também, escravo no Egito" (*Dt* 24, 17-18).

Que o residente estrangeiro possa ser chamado de irmão, a igualdade de estatuto estendida "até o direito fundamental sobre o solo" (p. 181), de-

---

entretanto, prudente, evitando a discussão sobre a alma e o corpo, para falar apenas da primeira, guardando silêncio sobre a doutrina de Maimônides a este respeito e as controvérsias que a isso se prendem (sobre o assunto, ver infra, cap. VII, p. 882-885).

107 Ver, respectivamente, *Ezequiel* 47, 21-22, que coloca: "Vós partilhareis esta terra entre vós, segundo as tribos de Israel. E vós a distribuireis em herança para vós e para os estrangeiros que habitam entre vós", e depois *Números* 35, 15, que institui seis cidades que "servirão de refúgio aos filhos de Israel, ao hóspede e ao residente entre vós, para que aí se refugie quem quer que tenha matado por descuido". Sobre esta instituição, é preciso reportar-se a Emmanuel Lévinas, Les Villes-refuges, *L'Au-delà du verset: Lectures et discours talmudiques*, Paris: Minuit, 1982, p. 51-70, que comenta a passagem talmúdica regente do *status* de tais cidades: *Makot*, 10a (ver infra, cap. IX, p. 1110-1112).

pois a maldição invocada para "quem desvia o direito do estrangeiro, da viúva e do órfão" (*Dt* 27, 19), eis o que confirma pelo retorno à legislação mosaica, tão depreciada em Spinoza, o que foi descrito na do *Talmud*. A tese maior de Hermann Cohen se vê assim definitivamente assegurada: a correlação entre o homem e Deus se realiza através daquela que liga o homem ao homem. Resta, todavia, que o estrangeiro não representa a única etapa na formação do conceito de outrem, o que já sugeriu sua associação com a viúva e o órfão. Da mesma maneira que a figura do estrangeiro solicitava uma distinção profunda entre o *alter ego* (*Nebenmensch*) e outrem (*Mitmensch*), é doravante a diferença entre ricos e pobres no seio mesmo da sociedade que coloca o "problema mais espinhoso para a concepção do homem" (p. 183). Ora, essa questão toma de novo a forma de uma antinomia, se a gente pensar que o *Deuteronômio* apresenta quase simultaneamente estas duas proposições contraditórias: "que não haja um único indigente entre os teus" (15, 4); "pois haverá sempre um indigente no país" (15, 11). Como encarar tal oposição e, sobretudo, o conflito de ordem moral que ela encerra? A interpretação da figura do estrangeiro conduzia aos limites da religião, para mostrar que ela não desdobra todas as suas consequências a não ser na ética. A análise das dimensões sociais da responsabilidade seguirá o caminho inverso: se ela quer resolver os enigmas ligados ao mal e ao sofrimento que assombram ainda a problemática da alteridade, a ética requer um complemento na religião.

Nas Fronteiras da Ética: Da Piedade ao Perdão

Segundo uma articulação que será relembrada na orla do capítulo IX, consagrado às ligações entre o sofrimento e o amor religioso, se é verdade que o outro se revela em primeiro lugar com os traços do estrangeiro, ele aparece de pronto sob um outro semblante: o da miséria. Deste fato poder-se-á dizer *a priori* que ela suscita, em termos kantianos, um duplo escândalo, que é de alguma maneira o do estoicismo. Em primeiro lugar, existe o perigo de considerar que "o bem-estar e a desgraça são objetivados por meio das diferenças sociais entre o rico e o pobre": cumpre afirmar que o desinteresse diante desta questão toma verdadeiramente a feição de "crueldade"

(p. 189). Mas este risco surgido ante a figura do pobre tornar-se-á patente em se tratando do outro em geral, com a tentação de considerar de novo que sua sorte é a recompensa ou a punição de seu comportamento. Deste ponto de vista, se a indiferença for interdita uma segunda vez, importa no mais alto grau decidir, antes de qualquer outra coisa, que a distinção entre o bem e o mal não poderia coincidir com a do bem-estar e a da desgraça. Aos olhos de Cohen, a força dos profetas é haver estimado a diferença entre o bem e o mal "em função das oposições sociais que atacam o equilíbrio da sociedade" (p. 189), de modo que "o indigente torna-se para eles o símbolo do sofrimento humano" (p. 41). Em troca, sua maneira de considerar que o sofrimento só adquire um valor ético tornando-se sofrimento social acarreta uma consequência considerável para a lógica da exposição de uma religião da razão: "É a miséria e não a morte que constitui o verdadeiro enigma da vida humana" (p. 192).

Embora esta proposição audaciosa sirva mais tarde de sinal de certa prudência de Hermann Cohen em face do dogma da imortalidade, ela encontra por ora seu sentido sobre os três planos em que se desenrola a importância concedida à miséria social. Historicamente, esta última desenha uma nova linha de demarcação entre o monoteísmo e o mito ou a tragédia. Para estes, quaisquer que sejam suas formas, "a razão do sofrimento deve ser procurada na *culpabilidade* do homem, do herói" (p. 195). Ora, para que o conceito de outrem possa verdadeiramente destacar-se do *alter ego*, é preciso que o "grande registro das faltas" seja destruído, isto é, que o sofrimento cesse de aparecer como individual e se torne a expressão da "crise social do gênero humano" (p. 197). Operando esta conversão, os profetas liberam, pois, a via pela qual o sofrimento deve invadir a consciência sob a forma da miséria social: a da piedade. Sabe-se que, sobre este segundo plano, a piedade é de há muito objeto de um mal-entendido metafísico e ético. Suspeita como paixão entre os estoicos, depreciada por Spinoza, que encontra para ela a mesma fonte que a inveja, ela se apresenta amiúde, na tradição filosófica, com a aparência de sentimento que se opõe à sabedoria. No entanto, quando é despojada da passividade que afeta os sentimentos reativos para tornar-se ativa como perante a miséria de outrem, não apenas a piedade se constitui em instrumento da consciência moral, mas assegura, propriamente falando, uma "inauguração por outrem do mundo da reciprocidade" (p. 202). Compreende-se assim que, em sentido último, do mesmo modo que o estrangeiro, a viúva e o órfão estão associados como representantes da miséria no amor a Deus, assim como se entende, por meio desta correlação, a eleição de Israel: "A maneira pela qual o profeta, como o historiógrafo, estabelece a relação entre Israel e Deus constitui sempre certa modalidade do sofrimento e é porque ele ama os indigentes que Deus deve amar Israel" (p. 213).

Se é, doravante, algo firmado que é na piedade que o homem começa a amar o homem e, portanto, a converter o *alter ego* em *Mitmensch*, é importante olhar a legislação relativa aos indigentes com a mesma atenção prestada às disposições sobre o estrangeiro. A consideração que organiza esse exame prende-se ao fato de que o hebraico ignora os termos de mendigo e de esmola, preferindo exprimir a caridade graças a um termo que começa por designar a justiça antes de significar a piedade: *tzedaká*[108]. Quanto à própria legislação, ela desenvolve a maneira pela qual o *Deuteronômio* (23, 25-26) parece equilibrar uma pela outra o reconhecimento do direito de propriedade e a possibilidade, para o faminto, de comer as uvas da vinha de outrem, ou de colher seu trigo para satisfazer a fome, mas não muito mais. Tal é bem o sentido da instituição da dízima: [cada um deve] levantar todos os três anos de suas próprias rendas aquilo que permitirá aos levitas, aos estrangeiros, às viúvas ou aos órfãos saciarem-se (*Dt* 14, 28-29). Depois essa função de "educação social" (p. 217) das limitações da

---

108 Sobre esta noção, consultar Gesenius, o qual mostra o resvalamento que conduz da retidão ou do direito (2*Sm* 19, 29) para a justiça de um rei (*Is* 5, 16; 10, 22) ou de Deus (*Is* 59, 16-17) e depois da piedade ou da retidão individual (*Is* 5, 7; 28, 17; 46, 12) para a generosidade e a beneficência: significação própria ao *Talmud* e à literatura rabínica mais do que à *Bíblia*. Cohen acrescenta em apoio a esta observação que a linguagem distingue, aliás, "a caridade que torna a esmola da caridade própria à beneficência em geral, a qual é designada por um termo próprio" (p. 216). Ele faz aqui alusão à diferença que o *Talmud* introduz entre a *tzedaká* e a *g[u]emilut hassadim*, geralmente traduzida por "ação de bondade". Notemos que o *Talmud* parece situar a *g[u]emilut hassadim* mais alto ainda que a *tzedaká*. Uma primeira vez, formulando que "A *Torá* começa por uma *g[u]emilut hassadim* e finda por uma *g[u]emilut hassadim*" (*Sotá* 14a). Depois uma segunda vez, insistindo nas três maneiras de exercer a *g[u]emilut hassadim* que sobrepassam a caridade: a caridade só pode ser realizada com seu dinheiro, enquanto a *g[u]emilut hassadim* pode também ser consumada pagando com sua pessoa; a caridade se endereça unicamente aos pobres, enquanto a *g[u]emilut hassadim* concerne também aos ricos; a caridade enfim é destinada somente aos vivos, e a *g[u]emilut hassadim* se destina aos mortos e aos vivos (*Suká*, 49b).

propriedade reencontra-se nas leis sobre a respiga ou as bordas, que impõem a obrigação de deixar uma parte não ceifada ou não rebuscar os feixes caídos, a fim de que estejam de novo disponíveis para o estrangeiro, a viúva e o órfão, sempre como lembrança da escravidão (Dt 24, 19-22). Mas ela encontra seu ponto culminante nas prescrições do ano sabático e do jubileu, sobretudo com o fato de que o primeiro é acompanhado do dever de remissão, que impõe a quem empresta esquecer seu crédito. Se a esse conjunto se acrescenta as limitações que são também feitas ao direito de hipoteca, ou ainda o estatuto do trabalhador por jornada, com respeito ao repouso que lhe é devido, descobre-se a tese particularmente cara a Hermann Cohen acerca de uma origem judaica das regras sociais tardiamente reconhecidas pelos povos europeus, segundo um modelo que será logo mais analisado com o Schabat, "quinta-essência moral do monoteísmo"[109].

A insistência de Hermann Cohen sobre o conteúdo das legislações que fixam o estatuto do indigente e do estrangeiro tem, pois, por objetivo reabilitar a noção de piedade. Mas é preciso compreender que ela preenche também duas funções que se estendem para além da ilustração das condições da descoberta do outro. A primeira consiste em responder de algum modo, antecipadamente, à objeção de Martin Buber acerca da abstração do conceito de Deus e do amor por uma ideia: mostrando precisamente que o problema do amor religioso não se separa jamais dos conteúdos da experiência empírica por meio dos quais ele se manifesta; como se, em um movimento característico de todo o seu sistema, Cohen se dedicasse constantemente a reparar a perda do "dado" induzida pela lógica da origem, graças à reintrodução de uma substância da relação ética. Nesse terreno, é uma parte da objeção hegeliana contra a abstração da lei moral em Kant que ele toma ao seu cargo, é o que indicam discretamente as páginas que anunciam essas análises na introdução. Aqui, Cohen assume a questão de saber "se o ideal é também dotado de vida e de realidade" para perguntar-se

---

109 Cohen oferece por meio desta fórmula (p. 223) a síntese especulativa de uma análise socio-histórica grandemente anterior ao Schabat e à sua significação: *Der Sabbat in seiner kulturgeschichtlichen Bedeutung* (1869), *Jüdische Schriften*, II, p. 45 e s. Em um anexo a esse texto, redigido doze anos mais tarde (*Nachwort*, 1881, idem., p. 66 e s), ele propõe tirar as consequências dessa universalidade do Schabat no contexto da emancipação, sugerindo que ele seja celebrado no domingo.

como "o ideal penetra a realidade" (p. 38). Enquanto em Hegel a resposta a esta questão passa pela caracterização do sofrimento como dor do negativo na *via crucis* da história, ela conduz necessariamente, para Cohen, rumo a um acréscimo de investigação concernente à fragilidade moral: a fim de descobrir o lugar preciso onde se demarca a fronteira entre ética e religião, com a necessidade de completá-las uma pela outra.

Nesse segundo plano, é mister começar reunindo as lições da crítica do estoicismo. Antes de tudo, se o sofrimento não é indiferente para o eu, a indiferença torna-se francamente escandalosa em se tratando de outrem. De um modo mais preciso, cumpre sublinhar o fato de que é por seu intermédio que se opera a "transformação do 'ele' em 'tu'" (p. 32), isto é, a passagem de uma entidade revestida de uma neutralidade que mal se distingue do "isto" das coisas, para aquilo que pode ser dotado de uma autêntica personalidade. No entanto, o paradoxo consiste no fato de que a própria ética parece ainda supor tal neutralidade para o eu, quando ela o despoja de suas características empíricas. Sair dessa dificuldade requer dar de novo um estatuto ao sofrimento pessoal, pelo viés da corporeidade: "A humanidade exige também que o próprio corpo seja levado em conta" (p. 36). A conclusão dessa exploração prévia é, todavia, temível: se o sofrimento esclarece de maneira decisiva o horizonte do homem, é possível que sua razão de ser permaneça "para mim oculta para sempre" (p. 35), porque todo questionamento teórico sobre a origem do mal correria de novo o risco de se orientar em função de outrem, tendo por efeito que "o 'tu' apenas obtido será logo perdido" (p. 36). Em outras palavras, é, pois, exatamente o limite do ético que aparece aqui, porque ele doravante não mais será suscetível de orientar a descoberta de outrem. Ao contrário, e sem que seja necessário mudar de método, a religião pode entrar na liça, quando ela está definitivamente separada do mito. Nessa condição, uma vez que Deus deixa de ser o "conceito de um destino" que teria de revelar a origem do sofrimento, o "eu" pode libertar-se da "ideia funesta de que o 'tu' sofreria por seus pecados", antes mesmo de se transformar em "verdadeiro arquétipo das fraquezas humanas" (p. 40). Esse ponto de passagem delimita assim o lugar onde se estabelece verdadeiramente a correlação entre o homem e o homem, sob uma forma em que, doravante, é pelo exame de sua própria fragilidade moral que o indivíduo descobre o outro.

Por uma espécie de perfeição formal peculiar à *Religião da Razão*, é no exato coração da obra que se aloja o capítulo que instala essa perspectiva, por meio da questão do perdão. Que a especificidade da religião aparece no seio da problemática da falta, Hermann Cohen já havia mostrado através do exemplo concreto do criminoso e das condições de seu julgamento. Com efeito, se compete neste caso ao juiz instruir e depois condenar uma culpabilidade em relação à lei, não lhe cabe de maneira alguma apreciar e punir a falta humana que se dissimula sob a infração legal. Desta, cumpre dizer, ao contrário, que ela compete ao criminoso, que deve assumi-la, tendo por consequência que a atenuação da responsabilidade com frequência admitida pelo sistema penal não deixa de oferecer perigo: "O criminoso cessaria de ser um homem se duvidasse de sua responsabilidade com base no diagnóstico de um médico nomeado pelo tribunal" (p. 240). Eis, portanto, a expressão mais saliente de uma fronteira entre o ético ou o direito e uma solicitude que conduz, quanto a ela, aos confins da religião: no momento em que o indivíduo designado como criminoso não pode mais vir ele próprio em ajuda de si mesmo, por meio da correlação restrita de homem a homem, e deve volver-se nessa situação de desespero para aquela que o liga a Deus. Mas é preciso então admitir que esse deslocamento salta fora das experiências extremas, para intervir na própria constituição do sujeito. Nesse plano, ao passo que a "dissolução do indivíduo é o triunfo supremo da ética" (p. 256), visto que ele desaparece enquanto ser particular para ressurgir no Estado, na confederação dos Estados e depois na humanidade mesma, constitui o aspecto próprio da religião respeitar o conjunto das mediações, atravessando a prova do mito e de sua concepção de falta, para assegurar verdadeiramente uma "descoberta do homem pelo *pecado*" (p. 36).

Como Hermann Cohen faz amiúde, é por meio de uma espécie de desgarramento progressivo do mito que se descreve a formação de uma articulação decisiva para a religião da razão: entre a capacidade de autodeterminação do indivíduo e o estatuto da falta. Para o mito, como para a tragédia, não apenas a culpabilidade tem primazia, mas por tomar a forma de um destino, ela liga definitivamente o indivíduo à sua linhagem e o torna incapaz de converter-se em um "eu". Em todos os seus primeiros estratos, a *Bíblia* parece ainda estar em confronto com este mito tradicional, quando coloca que "Deus pune nos filhos a falta cometida pelos pais" (p. 242). No entanto, um duplo corretivo é rapidamente trazido a esta perspectiva, dado que, desde o *Êxodo* (20, 5), a punição dos filhos está restrita a "aqueles que me odeiam", enquanto o castigo "até a terceira ou quarta geração" está equilibrado pela afirmação de uma bem-aventurança que se exerce no tocante a ela "até a milésima geração, para aqueles que me amam e observam meus mandamentos". Ao que se adiciona a maneira como os profetas lutaram contra o sacrifício, primeiro símbolo de uma correlação entre os homens e os deuses, como meio para que uns possam apaziguar a cólera dos outros. Certamente eles tinham que resolver, neste plano, duas dificuldades: o risco de abolir o culto ao mesmo tempo que o sacrifício; a hesitação possível entre a supressão e a transformação deste último. Resta que, aos olhos de Cohen, a contribuição do reiterado apelo dos profetas contra as cerimônias sacrificiais é a de deslocar o interesse pela forma autoritária dos mandamentos para a sua significação moral, o que Maimônides remata ao substituir a legislação sobre os sacrifícios pelos preceitos e sentença[110].

Por terem chegado a arrancar o indivíduo da determinação de sua linhagem ancestral e depois a substituir o problema da falta no contexto da relação com outrem, coube aos profetas sociais o mérito de distanciar a perspectiva do mito. Mas, em tal quadro, eles não poderiam talvez resolver inteiramente o enigma da falta: "como pode o homem pecar por si mesmo?" (p. 259). Mais uma vez ainda, essa questão é aquela que a ética não pode resolver por si só, porque ela se fundamenta necessariamente na ideia de uma vontade pura, isto é, de uma vontade do bem. No entanto, o exame

---

[110] Hermann Cohen alude aqui (p. 249) à maneira como Maimônides responde às objeções sobre a presença de formas antigas de cultos e de sacrifícios que parecem alterar a clareza dos mandamentos ao falar de um "expediente imaginado por Deus para chegar a seu objetivo principal" (*Guia dos Perplexos*, III, 32). Neste sentido, se os cultos persistem, eles são despojados de suas significações idólatras, para tornarem-se os vetores de preceitos e sentenças destinados a educar o homem, se for verdade que "Deus não muda por milagre a natureza humana". Citando os mesmos versículos que Maimônides em apoio à ideia de uma rejeição crescente dos sacrifícios entre os profetas (*Is* 1, 11-14; *Jr* 7, 22-23), Cohen retraduz em termos de progresso das ideias morais na história aquilo que se aparenta no *Guia* a uma acomodação de Deus às capacidades da intelecção humana, conforme à ideia segundo a qual "a *Torá* fala a linguagem dos homens". Neste último ponto, ver de novo Amos Funkenstein, *Théologie et imagination scientifique du Moyen Âge au XVIIe siècle*, p. 262-264. Não é preciso, sem dúvida, ir tão longe como este autor, quando ele vê, a este respeito, em Maimônides, uma prefiguração da tese hegeliana da "astúcia da razão".

da solução fornecida pela religião requer que previamente seja dissipado o mal-entendido ligado à noção de "pecado original". Ainda que se conheça o destino dessa noção, Cohen se dedica a mostrar que ela provém de uma tradução inexata do termo hebraico *ietzer* no versículo 8, 21 do *Gênesis*: o homem e a terra não serão finalmente destruídos por causa do homem, pois "o *ietzer* do homem é mau desde a sua juventude". Em tal contexto, o sentido dessa palavra não é "inclinação do coração", como indica a maioria das traduções, correndo o risco do pleonasmo, porém "o que resulta da disposição do coração", segundo uma explicação de Ibn Ezra[111]. Dito de outro modo, como isso se confirma graças a uma ocorrência anterior (*Gn* 6, 5), o termo designa somente os efeitos ou as criações do coração: "Em nenhum caso, ele estabeleceu uma disposição nativa para o mal, presente no coração do homem" (p. 260). Entretanto, essa clarificação, por sua vez, não é suficiente. Seu principal interesse consiste em dissipar a contradição lógica que haveria entre a santidade de Deus e a ideia de um mal depositado desde a origem no homem. Mas ela vai demasiado longe e nada mais faz paradoxalmente do que atiçar a questão levantada pela existência, no entanto efetiva, desse mal: "a pior experiência que se pôde ter do homem seria apenas ilusão?" (p. 261)[112].

---

[111] Cohen segue aqui explicitamente Gesenius, que dá como primeiro sentido ao termo *ietzer* "formação", em ligação com o verbo de ação *iatzar*, e designa em segundo lugar a significação metafórica de "meditação" ou de "pensamento". Notemos que as traduções francesas, em sua maioria, não restituem este termo e falam somente do "coeur de l'homme" [coração do homem] (Tradução Ecumênica da Bíblia [TEB]), ou se decidem por opções similares àquela que Cohen critica: o "esprit de l'homme et toutes pensées de son coeur" [espírito do homem e todos os pensamentos de seu coração"] (Lemaître de Sacy); os "desseins du coeur" [desígnios do coração] (*Bible de Jérusalem*, ed. fr.) e até o "instinct du coeur" [instinto do coração] em Samuel Cahen. Somente a tradução do rabinato vai, sem dúvida, ao encontro da ideia de Cohen, escrevendo as "concéptions du coeur" [concepções do coração]. Observemos que, em seu comentário sobre o *Gênesis*, Samson Raphael Hirsch havia, como fará Cohen, comparado os versículos 6, 5 e 8, 21, para contestar com força a ideia de um homem "caído em poder do mal": criticando a tradução de *ietzer* por "pendor" [inclinação, propensão] ou termos equivalentes, para preferir a expressão "produto dos pensamentos de seu coração"; depois, sublinhando a incoerência que haveria em visar um mau pendor original, primeiro para justificar o castigo (6, 5) e depois para motivar a clemência (8, 21).

[112] Cumpre sublinhar a dificuldade com que se depara aqui Hermann Cohen. Evidentemente, sua discussão do termo *ietzer* é guiada pela preocupação de contestar a noção cristã do "pecado original". Mas ele precisa encontrar uma explicação alternativa para a experiência do mal. Sem partilhar da intenção de Cohen, a doutrina rabínica é menos categórica do que ele acerca do sentido da palavra. Quando comenta esta passagem, a literatura midráschica

Do ponto de vista da evolução do pensamento bíblico, essa questão se resolve à medida que o pecado consegue encontrar sua fonte no indivíduo, e depois adquire, ao lado de sua significação social, a de uma falta perpetrada contra Deus. Uma ruptura decisiva com o mito é assim obtida quando, em sua predição de uma "nova aliança" entre Deus e Israel, Jeremias rejeita definitivamente a visão da desgraça dos filhos imputada à falta dos pais: "Nesses dias lá não se dirá mais 'os pais comeram uvas verdes e os dentes dos filhos ficaram embotados'. Mas cada um morrerá por seus pecados. Todo homem que comer uvas verdes terá os dentes embotados" (*Jr* 31, 29). Todavia, se a recusa da punição dos filhos dissipa já o véu da tragédia, tornando cada um responsável por seus próprios pecados, é a Ezequiel que se deve o verdadeiro progresso: quando ele afirma, ainda mais claramente, que "a alma peca" (p. 271). Em primeiro lugar, a introdução da noção de alma caracteriza melhor o indivíduo humano do que poderiam fazê-lo as do coração ou da interioridade, ao passo que, com ela, o sujeito pode doravante fazer alguma coisa com seu próprio conhecimento do pecado: instalar a vontade de livrar-se dele. A isto se junta que no mesmo momento é a punição que muda de valor. Ao passo que até agora ela podia parecer como a única instância suscetível de controlar o fato do pecado, uma nova perspectiva se abre como possibilidade de "*se desviar* de uma má atitude" (p. 274): quando ele respondeu à pergunta "Terei eu o prazer de ver morrer o malvado?" pela promessa de que ele viverá "por causa da justiça que escolheu" (*Ez* 18, 22).

Essa perspectiva libera, pois, a nova dimensão de uma redenção pela justiça, que será logo sedimentada graças ao conceito de perdão. O essencial

---

parece admitir que, no momento do Dilúvio, é efetivamente uma "inclinação para o mal" que foi reconhecida entre os homens, sem discutir a causa desse fenômeno (ver em especial *Sifre sobre o Deuteronômio, Piska* 45). Outros textos propõem o entendimento de que se trata de uma dualidade própria ao homem, entre duas inclinações (por exemplo, *Schabat*, 119b; *Berakot*, 61a, em que a referida dualidade é indicada pelo fato de a forma verbal do verbo "criar" aplicada ao homem no início do Gênesis 2, 7 comportar duas vezes a letra *yod*). Deste ponto de vista, a criança seria propensa ao mal, enquanto a tendência para o bem se desenvolveria progressivamente. Maimônides, enfim, radicaliza esta ideia em um sentido filosófico: o bom pendor vem ao homem com o desenvolvimento da inteligência (*Guia*, III, 22). A incerteza que parece persistir no tratamento desta questão e depois o fato de que Maimônides e Cohen tentam resolvê-la associando o mal a uma imperfeição intelectual, figuram, sem dúvida, entre os motivos que levam Scholem a dizer que os filósofos tendem a contornar o enigma do mal (ver infra, nota 115).

se prende ao fato de que doravante não é mais o pecado que pode prescrever à vida o caminho que ela seguirá, pois existe a possibilidade do remorso, ela mesma definitivamente atestada pela seguinte proposição: "Eu vos julgarei, casa de Israel, cada qual segundo a sua atitude [...], retornai, desviai-vos de todos os vossos malfeitos e vós jamais tropeçareis na falta" (*Ez* 18, 30). Naquilo que representa, a seus olhos, um dos capítulos mais profundos dos profetas, Hermann Cohen pôde assim enxergar uma verdadeira renascença da correlação entre Deus e o homem: no lugar em que este último adquire a possibilidade de "tornar-se um novo homem"; no momento em que "é esta possibilidade de se transformar a si mesmo que faz do indivíduo um eu" (p. 275). Se investigarmos mais precisamente ainda a inovação introduzida por Ezequiel, constataremos que seu elemento decisivo se deve ao fato de não mais subordinar a capacidade humana de se desviar do pecado às formas de uma nova aliança, como em Jeremias, mas de ligá-la diretamente às ações dos indivíduos: "Lançai de vós todas as vossas transgressões [...] e criai em vós um coração novo e um espírito novo" (*Ez* 18, 31). É, pois, agora, e somente agora, que o homem se torna senhor de si próprio no coração da correlação religiosa com Deus. Graças ao remorso, que dissolve toda ambiguidade numa eventual dimensão original do mal, o homem cessa definitivamente de ser submetido ao destino posto à frente pelo mito. Quanto ao operador dessa transformação, ele traz um nome preciso e rico de nuanças: *teschuvá* quer dizer ao mesmo tempo "retorno" e "arrependimento"[113].

Ainda assim, do ponto de vista de uma resolução sistemática das questões próprias à religião da razão, subsiste uma contradição que pode ainda tomar a forma de uma antinomia. Se é, doravante, claro que o reconhecimento individual dos pecados constitui uma passagem obrigatória para a formação do "eu", ele não marca o seu término. Este último não pode verdadeiramente se constituir, salvo no ensejo do perdão, determinado, por

---

113 Cohen coloca de modo muito evidente essa passagem sob a autoridade de Maimônides, remetendo por uma nota ao capítulo do Código consagrado ao arrependimento: *Mischné Torá*, Livro I, *Mada*, v, *Teschuvá*, II (*Le Livre de la connaissance*, p. 357-365). Sobre a noção de *teschuvá*, vale reportar-se mais uma vez às preciosas observações de Leo Strauss, que sublinha o duplo sentido de arrependimento e de retorno da palavra em hebraico, expondo depois suas significações literais e alegóricas. Ver Leo Strauss, *Progrès ou retour?*, op. cit., p. 304-352, e infra, cap. VII, p. 772-774 e 779-780.

sua vez, pela liberação da consciência culpada. Ora, a aquisição efetuada neste ponto pelo monoteísmo autêntico se deve precisamente ao fato de que tal liberação só se opera através de sacrifícios expiatórios e pela mão do sacerdote, porém "perante Deus" e, finalmente, graças a Ele. No entanto, no momento mesmo em que essa ideia, segundo a qual "o perdão é obra de Deus apenas" (p. 283), parece necessária à pureza de seu conceito e depois ao aprofundamento de sua correlação com o homem, ela perfila uma alternativa em que Hermann Cohen teme encerrar-se: alterar a autonomia da vontade, considerando o trabalho da Redenção como puramente exterior ao homem; dar de novo ao sujeito a forma de uma abstração, no momento em que acabava de reconquistar uma substância. É para apagar a necessidade de tal escolha no plano teórico, antes de mostrar que ele desaparece praticamente por meio do ritual do perdão, que Cohen acentua a outra face da Redenção, aquela de uma autossantificação invocada por esse versículo do *Levítico* (11, 44): "Vós vos santificareis e vós sereis santos". Nessa perspectiva, a dimensão da experiência será reencontrada em toda a sua amplitude, na medida em que o indivíduo deve realizar um autêntico mergulho na sua própria vida e nas profundezas de seu eu: para assegurar a "criação de um novo caminho de existência" (p. 291). Mas, ao mesmo tempo, essa maneira de julgar sua vida passada e de antecipar aquela que pretende doravante levar se opera dissipando toda heteronomia, na medida em que é este homem sozinho que toma a iniciativa de projetar-se sobre semelhante horizonte.

Ninguém duvida que Hermann Cohen esteja colocado, no tocante a esse tema, diante de uma dificuldade perigosa com respeito à sua preocupação em harmonizar a fidelidade à Tradição com os ideais modernos. Consciente do fato de que a perspectiva que acaba de ser esboçada tenha conseguido talvez apenas deslocar o problema sem efetivamente resolvê-lo, ele propõe dar-lhe uma forma mais aguda: a de uma verdadeira antinomia entre a figura de um Deus redentor dos pecados e a tarefa infinita de uma autossantificação do homem. Eis, portanto, o objeto de sua inquietude: "O drama do monoteísmo é que o conceito de Deus assim como o conceito de homem ameaçaram sua pureza por ocasião da remissão dos pecados, o atributo mais característico de Deus, como por ocasião da noção de filho do homem" (p. 299). Ora, essa última noção é também igualmente essencial à construção que era a de um Deus redentor, pois só ela pode evitar a abstração do conceito de homem, ao conceder-lhe uma dupla dimensão: "ser um indivíduo e, ao mesmo tempo, continuar a ser o descendente de uma linhagem de ancestrais" (p. 298). A contradição está, pois, no seu auge quando o ser humano deve no mesmo momento mobilizar todas as suas forças como indivíduo, para chegar ao termo de sua autossantificação, e saber que enquanto filho do homem sua fragilidade permanece. Esta torna sempre incerta a conclusão de seu esforço. Pois ela invoca ainda a graças de Deus, noção situada precisamente na fronteira entre o amor e a bondade, como indica o *Êxodo* (33, 19): "Terei piedade de quem eu tiver piedade e me compadecerei de quem me compadecer".

Para escorar sua tese, Hermann Cohen procurará mostrar que o problema é sempre resolvido de maneira clara e na mesma perspectiva: "Se essa antinomia se move em um perpétuo balancear entre misericórdia e justiça, não obstante o centro de gravidade permanece inabalavelmente ao lado da remissão dos pecados" (p. 297). Em se tratando de Deus, isso aparece através da imagem recorrente do pegureiro: "Como um pastor, ele faz pastar o seu rebanho" (*Is* 40, 11); "Aquele que dispersa Israel, o reunirá e o guardará como um pastor guarda o seu rebanho" (*Jr* 31, 10). Contradiria esta metáfora um equilíbrio entre a autonomia solicitada no arrependimento e a bondade invocada pela graça? Nesse plano, Ezequiel parece responder a Jeremias: "Eis que irei julgar entre ovelha e ovelha" (*Ez* 34, 22), como se Deus se tornasse ao mesmo tempo o advogado de cada membro do rebanho e o pastor de toda alma. O equilíbrio seria então definitivamente atingido, mercê de um versículo dos *Salmos*, particularmente caro a Cohen: "O Eterno é meu pastor, nada me falta" (*Sl* 23, 1). De um modo mais geral, porque fazem da esperança na remissão dos pecados um de seus temas prediletos, os *Salmos* prolongariam a ideia segundo a qual o monoteísmo caminha *pari passu* com a confissão pelo indivíduo de seus pecados, por aquela via que quer que "a reconciliação se efetue no seio da bondade de Deus" (p. 298). Com tal visão da bondade como único recurso contra a fragilidade moral, é, portanto, a noção de confiança que se torna decisiva quando nos voltamos para o lado do homem.

Hermann Cohen, com esta última noção, parece propor uma resolução aberta da antinomia entre o perdão e a autossantificação. De um lado, mesmo se a ideia de uma disposição originária do homem para o mal tenha sido de há muito dissipada, importa que este conserve até o fim uma consciência de seus pecados e depois o desejo de se libertar deles por seu próprio trabalho de arrependimento. No entanto, ao mesmo tempo é também essencial que a garantia do êxito desta tarefa permaneça alojada na certeza do perdão, pois na sua falta seria de novo a tentação do sacrifício que interviria, como meio de uma espécie de reparação da relação entre o homem e Deus. Notando que a linguagem bíblica toma o cuidado de separar o termo que designa o atributo divino do perdão daquele que significava a reconciliação como "compensação" no quadro do sacrifício, Cohen pôde destarte trazer à luz uma espécie de movimento perpétuo suscetível de caracterizar o homem definitivamente constituído em "eu": "O pecado me afasta de Deus, a remissão me aproxima de novo dele. Cria-se, pois, o incessante comércio recíproco entre Deus e a alma humana, desejo e *felicidade*, sendo que esta consiste na confiança"[114]. É, mais uma vez, ao lirismo dos *Salmos* que se recorre por ter melhor expresso esta relação, ao falar da "proximidade" a propósito do desejo do homem para com Deus: "a proximidade com Deus é meu bem" (*Sl* 73, 28). Graças a ela, o sacrifício é superado mais eficazmente ainda do que na crítica dos profetas, porquanto é a humildade do coração que toma o lugar do orgulho das oferendas e da mediação do sacerdote, naquilo que se assemelha a uma tarefa infinita. A isto se junta, enfim, que a associação da confiança e da proximidade permite evitar a franquia de uma fronteira perigosa aos olhos de Cohen: a da mística, que recusa o caráter inacessível de Deus para falar de "fusão" com ele, sob o risco de dissolver o desejo que lhe concerne no momento mesmo em que atinge sua incandescência[115].

---

114 Aí (p. 301), Hermann Cohen quer distinguir o perdão entendido como um atributo de Deus (*Slihá*) daquele que era obtido por meio do rito sacrificial. O termo que designa este último (*Kofer*) evoca, com efeito, a ideia segundo a qual o pecado representa uma espécie de praga que o sacerdote deve cicatrizar, ou ainda de um rasgão na relação entre o homem e Deus que ele quer cobrir. Os dois termos citados por Cohen são de emprego pouquíssimo frequente na *Bíblia*, pertencendo antes ao vocabulário dos *midraschim* e do *Talmud*.
115 É preciso sublinhar a importância desta última observação de Hermann Cohen, na medida em que ela contribui para reabrir no século XX um conflito que atravessa grande parte da história judaica, a respeito da forma autêntica da atividade religiosa e depois da melhor maneira de mantê-la. Opondo a noção de "fusão" com Deus, que ele empresta ao místico, à de "proximidade", que ele integra em seu sistema da religião para instalar a correlação entre o

O Dia da Reconciliação

Sabemos doravante, de um ponto de vista teórico, por que o perdão constitui uma verdadeira "pedra angular do monoteísmo" (p. 305). Resta compreender como o judaísmo o converteu no centro de todo culto e no ponto culminante de sua construção do ritual. Assim, como observa Leo Strauss, é tirando proveito do fato de que o Dia do Grande Perdão (Iom Kipur) é designado em alemão como o Dia da Reconciliação (*Tag der Versöhnung*) que Hermann Cohen conduz essa análise, com o fito de perfazer a resolução das antinomias sucessivamente encontradas no estabelecimento das correlações entre o homem e o homem, e depois entre o homem e Deus: aquela que opõe o autóctone ao estrangeiro; aquela que se liga a uma tensão entre a pureza de uma autossantificação que ignora as recompensas e a remissão dos pecados como obra de Deus; aquela que decorre, por fim, de uma eventual contradição entre a misericórdia e a justiça[116]. Perfeitamente atados um ao outro, os capítulos XI (O Perdão) e XII (O Dia da Reconciliação) de *Religião da Razão* se esclarecem mutuamente, para constituir um núcleo da obra. O segundo toma amiúde, ao contrário, o curso do primeiro, a fim de ilustrar as respostas dadas aos problemas da constituição do Eu, introduzindo ao mesmo tempo a dimensão da comunidade: em um trajeto que vai, portanto, de uma explicitação das condições do perdão até

---

homem e Deus em um horizonte infinito, Cohen caracteriza perfeitamente o antagonismo entre filosofia e mística. Mas ele libera logo o espaço no qual se engajará notadamente Martin Buber, para reabilitar a mística, em nome de sua capacidade de manter uma relação fusional entre o homem e Deus, contra a abstração de um Deus da razão que seria própria ao filósofo (ver infra, cap. V, p. 670-677). É em Gershom Scholem que se encontraria a apresentação mais precisa desta tese, no que ela se aparenta com uma crítica da filosofia judaica de Maimônides a Cohen conduzida do ponto de vista da mística, em torno marcadamente da relação com a questão do mal. Cf. Gershom Scholem, *Les Grands courants de la mystique juive*, trad. M.-M. Davy, Paris: Payot, 1950, p. 48 e s. (trad. bras.: *As Grandes Correntes da Mística Judaica*, São Paulo: Perspectiva, 1995). Em troca, a melhor resposta a este argumento acha-se em Leo Strauss: *Pour commencer à étudier la philosophie médiévale*, *La Renaissance du rationalisme politique classique*, p. 289. Nesta discussão, ver infra, cap. IV, p. 452-460.

116 Ver Leo Strauss, Essai d'introduction à *La Religion de la raison tirée des sources du judaïsme*, de Hermann Cohen, op. cit., p. 345. Notemos que Strauss, cujas reservas em relação à *démarche* especulativa de Cohen são conhecidas, insiste sobre a importância das páginas consagradas ao perdão e à reconciliação na *Religião da Razão*, convidando-nos a meditar a seu respeito, não importando, por outro lado, o que se possa pensar acerca da obra.

uma reflexão concernente ao sentido do sofrimento. Ao cabo desse percurso, não só a ideia deletéria segundo a qual o outro iria sofrer por causa de suas faltas será definitivamente afastada, mas uma articulação decisiva poderá tomar o seu lugar com a perspectiva messiânica definitivamente constituída em horizonte da Redenção.

Em um texto quase trinta anos anterior à sua última obra, Hermann Cohen havia de algum modo desenhado uma genealogia da ideia de reconciliação, paralela àquela que ele construirá para a noção de perdão[117]. Assim como, pela visão de uma espécie de destino que transmitiria a falta dos pais à sua descendência, o monoteísmo manteve-se por um momento na proximidade do mito, o ritual ignorou por um tempo a reconciliação. O primeiro sentido do sacrifício era exprimir o sentimento de uma comunidade ingênua com Deus, alheia a toda concepção de uma dualidade interna ao homem que levasse ao debate sua relação com Ele pelo viés das faltas em relação a outrem. Foi sob uma forma paradoxal que esta dualidade apareceu: através da noção de pecado cometido por inadvertência (*schegaga*), origem longínqua da instituição das cidades-refúgios[118]. Por certo, parece existir um risco inerente a esse aparecimento: o de uma rejeição da responsabilidade ao plano de fundo, pela ideia segundo a qual todos os pecados de algum modo seriam cometidos por ignorância. No entanto, além do fato de que essa noção é logo equilibrada pela de *teschuvá*, com o seu duplo sentido de arrepender-se, voltar-se para dentro de si para um exame de consciência e depois para o bem, ela parece ter aos olhos de Cohen

---

117 Ver *Die Versöhnungsidee*, em *Jüdische Schriften*, 1, p. 125 e s.; L'Idée de réconciliation, em *L'Éthique du judaïsme*, p. 129-143. Este texto, de datação incerta, é situado pelos editores dos *Jüdische Schriften* no começo dos anos de 1890. Ver também sobre esta questão Marc B. de Launay, Hermann Cohen: De la pureté au pardon, p. 154. Marc de Launay acrescenta uma observação preciosa relativa à anterioridade desta análise sobre as da *Religião da Razão*, do ponto de vista dos liames entre reflexão religiosa e trabalho do sistema na obra de Cohen.

118 A noção de pecado por inadvertência é colocada no *Levítico* (4, 2; 4, 22 e 27), depois em *Números* (15, 22-29) e encontra seu desenvolvimento nos tratados do *Talmud* que fixam a forma dos dois rituais mais importantes aos olhos de Cohen: o *Schabat*, no tratado epônimo (69a-70b) e depois o Iom Kipur, no seio do tratado *Iomá*. As páginas devotadas ao dia da reconciliação baseiam-se em grande parte neste último tratado e sua leitura se torna difícil devido ao fato de que Cohen não indica nunca as referências, ousando ao mesmo tempo empreender exegeses atrevidas. O momento em que é preciso tentar restituir estas fontes e sua utilização é também, sem dúvida, aquele em que se deve lembrar que a obra remanesceu inacabada com a morte de Hermann Cohen.

um duplo mérito. Em primeiro lugar, mesmo em sua forma extrema que incluiria todos os tipos de pecados, ela apresenta a vantagem de introduzir o perdão ao lado da punição, na medida em que "nenhum tribunal de última instância está habilitado a avalizar este recurso de nulidade que constitui a *schegaga*"[119]. Depois, a isto se soma o fato de ela impor a passagem de um procedimento de purificação pelo sacerdote para aquele com vista a uma pureza perante Deus, que deve, quanto a ela, "ser de proveito para os esforços éticos do homem": como se doravante o estudo da *Torá*, as obras de beneficência e o arrependimento na esperança do perdão substituíssem o sacrifício[120].

Longe de desaparecer no capítulo da *Religião da Razão* consagrado ao dia da reconciliação, esta dimensão de substituição do sacrifício continua a irrigar a interpretação do perdão. Quando da análise desta noção (p. 283), Cohen acentuou uma primeira forma de adaptação do sacrifício: aquela que se apoia no fato de que as prescrições rabínicas só a autorizam para os pecados "cometidos por *ignorância*", e não por aqueles concebidos "com conhecimento de causa e ao arrepio da Lei"[121]. Ora, confirma-se que chegado o dia do Grande Perdão, este é proclamado na pressuposição de que resgata apenas os pecados por inadvertência. De um modo ainda mais preciso, o fato de o referido dia ser enquadrado pela *schegaga* e pelo perdão ilustra o modo como as duas noções se condicionam mutuamente: "Não há perdão se a condição prévia da *schegaga* não for cumprida. A infração frívola à lei exclui a possibilidade do perdão. Porém, não haverá tampouco *schegaga* sem o triunfo final do perdão" (p. 308-309). Doravante, no entanto, Cohen enfatiza outros elementos nesta ordem do ritual. Em primeiro lugar, a presença daquilo que se torna a seus olhos a "divisa do dia das expiações", e depois confirma a maneira pela qual fora resolvida a antinomia que amea-

---

119 L'Idée de réconciliation, op. cit., p. 135.
120 Encontrar-se-á a fonte do relato que Hermann Cohen evoca em apoio desta última proposição nos *Avot de Rabi Natan*, versão A, cap. IV. Aí, Rabi Iohanan ben Zakai responde a seu discípulo que se lamenta sobre as ruínas do Templo, dizendo: "Meu filho, não fique aflito, nós temos uma outra expiação além desta [praticada no Templo]. Qual? É a prodigalidade, porque está escrito: 'Pois eu amo a generosidade e não os sacrifícios' (*Os* 6, 6)".
121 Cohen evoca aqui a maneira como o *Talmud* (*Schabat*, 68b-69a) explicita a distinção estabelecida por *Números* 15, 27-30 entre pecados por inadvertência e atos deliberados, mostrando que se os segundos condenam à "morte prematura", os primeiros podem ser resgatados pelos sacrifícios expiatórios.

çava dilacerar a correlação inter-humana: "E ele será perdoado por toda a comunidade dos filhos de Israel e pelo estrangeiro que resida entre eles, pois a *schegaga* foi de todo o povo" (*Nm* 15, 26). Ao que se deve acrescentar a maneira como o *Talmud* "salvou a pureza do monoteísmo e a profundeza de seu culto", ao decidir que a confissão devia ser pública, a fim de afirmar a confiança no perdão divino e afastar, uma vez mais, por esse meio, "toda a mística, toda alquimia sacerdotal e toda a direção de confiança" (p. 310).

Restam duas componentes essenciais do ritual de Iom Kipur, que irão ilustrar melhor ainda seu lugar central na economia da vida judaica, e depois seu papel do ponto de vista da instalação das correlações. A primeira concerne ao fato de que a enumeração dos pecados, quando da confissão, designa nomeadamente as *"faltas puramente morais* na relação de homem para homem". Como foi então que os Sábios, que distinguiam os mandamentos morais dos mandamentos rituais e estabeleciam, inclusive, uma hierarquia entre eles recusaram-se a mencionar explicitamente as infrações aos segundos [os rituais] na grande confissão pública no dia das expiações? A resposta a essa questão indica, para Cohen, um progresso decisivo, tanto do ponto de vista da consciência ética como da pureza do conceito de religião: trata-se aqui de uma psicologia e de uma patologia das paixões humanas que se desenham, numa perspectiva conforme à concepção do pecado como *schegaga* e à confiança num Deus que perdoa na bondade, isto é, levando em conta exclusivamente os mandamentos ligados ao comércio entre os homens. Isso significa mais uma vez que a maturidade do monoteísmo é atingida no momento em que a correlação entre o homem e Deus deixa de ser aferida pelo simples respeito a prescrições rituais ou pela prática de sacrifícios, para ser provada por meio das formas concretas da relação inter-humana, o que vai mostrar mais claramente ainda uma segunda singularidade do dia da reconciliação.

Esta última concerne a um fenômeno admirável e que reforça a observação precedente: regulando a ordem das cerimônias, os rabinos quiseram expressamente "fazer depender a reconciliação do homem com Deus da reconciliação do homem com o homem" (p. 313). Hermann Cohen pensa seguramente na passagem do tratado *Iomá* (85b), segundo a qual "as faltas do homem para com Deus são perdoadas pelo Dia do Perdão, [enquanto] as faltas do homem para com outro homem não são perdoadas pelo Dia do Perdão, a menos que o outro tenha sido anteriormente apaziguado". Do ponto de vista da lógica interna da *Religião da Razão*, esta disposição assinala um ponto culminante do monoteísmo, por duas razões complementares. No tocante à evolução que rege as instituições religiosas, ela representa uma forma de pureza sem equivalente: partindo da lógica do sacrifício, chegamos a uma situação em que somente os problemas mais íntimos do destino humano, aqueles que nutriam a tragédia, são tratados entre Deus e o homem. Acresce a isto que, no mesmo momento, as questões fundamentais da vida e da morte não são dissociadas das do pecado e de seus efeitos. Instalada em princípio, a lei que determina que o homem não seja perdoado das faltas em relação ao outro antes que ele tenha chegado a satisfazê-lo instala, pois, definitivamente, a tese segundo a qual a correlação entre o homem e Deus realiza-se por meio daquela que liga o homem ao homem: sobre um terreno onde a reconciliação jamais se separa de uma consciência da fragilidade moral e do esforço para superá-la.

Nas pegadas de Hermann Cohen, Franz Rosenzweig e Emannuel Lévinas vão se abeberar, cada um a seu turno, neste motivo talmúdico, a fim de confirmar a ideia de uma prioridade concedida à relação intersubjetiva no ritual do perdão[122]. Em Cohen, este último torna-se o pivô ao redor do qual se pode construir uma interpretação do significado das festas na vida e na religião judaicas. Rematando um ciclo que era inaugurado por ocasião do Ano Novo, o dia das expiações o esclarece retrospectivamente, e depois fornece à série completa dos "dias de temor" seu verdadeiro sentido: o de um tempo do julgamento divino. Uma vez mais, a importância desta série de dez dias de penitência se deve ao fato de que ela esvazia toda ideia mítica de destino ou de fatalidade, para associar a questão do julgamento à perspectiva da Redenção que é o seu termo. Inscrita na prece e ordenada

---

[122] Consultar respectivamente Franz Rosenzweig, *L'Étoile de la Rédemption*, trad. A. Derszansky e J.-L. Schlegel, Paris: Seuil, 1982, p. 386, e Emmanuel Lévinas, Envers autrui, *Quatre lectures talmudiques*, Paris: Minuit, 1968, p. 29-64. Como se verá (infra, cap. II, p. 238-244), Rosenzweig inclui esta referência em uma análise da integralidade do ciclo das festas. Comentando, diretamente, a passagem talmúdica em questão, Emmanuel Lévinas sublinha a "enormidade" daquilo que esta propõe: "Deus é, em um sentido, o outro por excelência, o outro enquanto outro, o absolutamente outro – e, no entanto, o meu arranjo com este Deus aí não depende senão de mim [...] Em compensação, o próximo, meu irmão, o homem, infinitamente menos outro do que o absolutamente outro, é, em certo sentido, mais outro que Deus" (op. cit., p. 36). Ver infra, cap. IX, p. 1108-1111.

pelo cerimonial, esta ligação é, portanto, aquela que permite suprimir a tensão entre amor e justiça, porquanto a liturgia não cessa de celebrar, de alguma maneira, a ideia segundo a qual a essência de Deus reside na união destes dois conceitos. É isso que os Sábios quiseram exprimir por meio de um gesto raro que consiste em incluir a recitação dos treze atributos no ritual, modificando ao mesmo tempo por isso a letra da Escritura: nesta última, as palavras "ele carrega o delito, o crime e o pecado" eram acompanhadas de uma fórmula conclusiva segundo a qual "ele não fica impune"; codificando o ritual, o *Talmud* substitui esta expressão negativa pela afirmação que ele "purifica"[123]. Aos olhos de Cohen, a razão de semelhante modificação é, sem dúvida, que não só a crença no julgamento estava suficientemente presente para que pudesse ser equilibrada pela esperança, mas ainda de que se tratava de manifestar a simetria entre Revelação e Redenção: enquanto uma fala do amor para terminar na justiça, a outra se inicia com o julgamento, a fim de associar-se à perspectiva segundo a qual aquele horizonte último da purificação humana é o retorno à inocência.

Percebe-se, doravante, o significado de tal construção do ponto de vista do conceito do homem. Por certo, ela enfrenta o fato de que "a sabe-

---

[123] Essa passagem é particularmente pouco clara e cumpre tentar compreender as alusões de Cohen. O versículo que lhe diz respeito é *Ex* 34, 7, cuja expressão em causa é em geral traduzida de uma maneira que se assemelha a esta: "[ele suporta o crime, a rebelião, a falta], mas ele não os deixa impunes". O texto hebreu repete o verbo, no infinitivo, depois sob uma forma ativa, mas intercalando uma negação: literalmente "e deixar impune, ele não deixa impune". Cohen evoca uma das páginas do *Talmud* que regula a liturgia do Iom Kipur, em que esta questão semântica é longamente discutida (*Iomá*, 86a). Eis o ponto chave. Rabi Eleazar declara: "Não é possível dizer 'deixar impune', pois o texto diz 'ele não deixará impune'; e não é possível dizer 'ele não deixará impune', pois o texto diz 'deixar impune'". Quanto à solução, ela é a seguinte: é preciso compreender "'deixar impune' aqueles que se arrependem, e 'ele não deixará impune' aqueles que não se arrependem". Esta decisão é confirmada por Raschi (*ad loc.*): "Ele absolve, mas não absolve completamente; ele absolve aqueles que se arrependem, mas não absolve aqueles que não se arrependem". Que o perdão depende da *teschuvá*, isso vai no sentido de Cohen. A segunda questão é a da ordem na qual é preciso dispor os treze atributos enumerados em *Ex* 34, 6-7. Cohen faz alusão sobre este ponto a uma outra discussão do *Talmud*, concernente desta vez à liturgia do primeiro dos dias de arrependimento (*Rosch ha-Schaná*, 17b-18a), que examina eventuais contradições ou redundâncias entre os atributos e sua ordem, para seguir a opinião que propõe colocar o perdão subordinado ao arrependimento no fim da lista. A liturgia confirma definitivamente a análise de Cohen. Por ocasião do último ofício (*Neilá*) do Iom Kipur, os treze atributos são recitados várias vezes. Aquele que diz respeito à absolvição vem efetivamente no fim. A fórmula que o expõe conhece somente a forma positiva: ele purifica.

doria humana está desamparada ante a possibilidade do *mal* no homem" (p. 316). No entanto, visto que o dia das expiações mantém a ficção segundo a qual todo pecado é *schegaga*, ele sublinha a maneira como o erro e a errância constituem a parte que cabe ao homem, evitando ao mesmo tempo consagrar a ideia de uma natureza irremediavelmente má[124]. Nesse sentido, no exato momento em que a falta cessa de ser objeto de escândalo, ela se torna de alguma maneira um meio para um fim maior do que ela: na medida em que, através da relação entre o arrependimento e o perdão o homem renasce, ele compreende que a falta é apenas uma etapa no caminho da perfeição, na ascensão à reconquista de sua inocência. A isto se soma, enfim, o fato de que, no caso, a harmonia visada com o espírito original de santidade permanece sempre claramente no estado de tarefa infinita: ao contrário da ilusão panteísta de uma espécie de imitação material da natureza. É este último motivo que Rabi Akiva fixa, associando a figura do Deus único à possibilidade para o homem de purificar-se a si

---

[124] O raciocínio alusivo de Cohen sobre este ponto pode esclarecer-se pela maneira como o tratado *Iomá* tematiza as condições do perdão, relacionando a *schegaga* e o arrependimento e mostrando que este último permite transformar os pecados cometidos voluntariamente em pecados por inadvertência. Mais ainda, uma distinção suplementar é acrescida através de uma aparente contradição: "grande é o arrependimento, visto que as faltas cometidas voluntariamente não são mais consideradas senão como faltas cometidas involuntariamente e por descuido, assim como foi dito: 'volta Israel, ao Eterno teu Deus, pois estás preso na armadilha por teu pecado'" (*Os* 14, 2); "grande é o arrependimento, visto que as faltas cometidas voluntariamente lhe são reconhecidas [após seu arrependimento] como se fossem atos meritórios, assim como foi dito 'e quando o malvado volta de sua maldade e pratica o direito e a justiça, por causa disto ele viverá' (*Ez* 33, 19)" (*Iomá*, 86b). A razão desta nuance, que reforça ainda mais o poder do arrependimento no sentido pretendido por Cohen, é que no primeiro caso o retorno a Deus não é motivado senão pelo temor, enquanto no segundo ele se baseia no amor. Notemos que Cohen persegue aqui a refutação da doutrina do pecado original comprometido com a interpretação do sentido que deve ser concedido ao termo *ietzer* (ver supra, nota 111). A questão é sempre aquela que se liga ao enigma do mal no homem. Poder-se-ia dizer a respeito deste ponto que a doutrina cristã parece apresentar uma dissemetria entre uma explicação de tipo naturalista de sua existência pelo pecado original e a absolvição das faltas individuais graças à mediação do padre na confissão. O judaísmo tende a alojar integralmente a resolução do problema no ritual: de preferência a produzir-se de maneira intermitente, ela intervém no interior do ciclo das festas, por ocasião daquela que é consagrada ao arrependimento; ela se aloja sobre um plano que articula o indivíduo à comunidade, mais do que na relação pessoal com a instituição. Cohen retém uma coisa essencial: o fato de transformar a natureza da falta graças ao processo de arrependimento, em vez de absolvê-lo, induz um esforço permanente do indivíduo sobre si mesmo, segundo uma lógica que não visa a obediência a uma norma abstrata garantida por uma instituição eclesiástica, mas a relação com outrem que condiciona a correlação entre o homem e Deus.

mesmo, convertendo assim o dia das expiações no dia por excelência do monoteísmo[125]. Será preciso ainda ir mais longe: considerar que essa dialética da falta, do arrependimento e do perdão deve ser mantida perpetuamente, tanto para preservar a autonomia moral do homem quanto para conservar na religião a pureza que ela acaba de atingir emancipando-se definitivamente do mito e da tragédia?

"É este passo que Hermann Cohen dá, nas páginas sem dúvida as mais difíceis de serem lidas hoje, da *Religião da Razão*: aquelas em que ele mostra como o sofrimento é necessário à economia da salvação. Sua articulação lógica com o que precede reside no fato de que a autonomia moral estaria precisamente ameaçada se o homem pudesse entregar-se integralmente à graça divina sem que o medo do castigo viesse em apoio da penitência, como é provavelmente o caso na instituição cristã da confissão. Em outros termos, mesmo se Cohen toma a precaução de indicar que não há "nenhuma necessidade de masmorra, pois a própria vida é a prisão do pecado" (p. 319) ou ainda que o sofrimento do homem é o "sofrimento de *ser homem*", nem por isso deixa de ser verdade que ele [sofrimento] entra como uma necessidade nas componentes de uma autêntica confiança em Deus. A fim de escorar a temível proposição segundo a qual "o sofrimento é o castigo que o homem exige para si mesmo como uma dívida insolvável" (p. 320), Cohen se baseia numa exegese audaciosa do livro de Jó em Maimônides. Afirmando que Jó é profeta, o Rambam descobre a verdadeira significação de sua justificação final por Deus: enquanto os seus amigos estão errados ao procurar consolar seu sofrimento arguindo seus pecados, ele adquire um conhecimento profundo deste ao recusar a relação de causa e efeito entre os dois fenômenos[126]. A importância do símbolo que Jó

※

125 Aqui (p. 398-399), Hermann Cohen parece basear-se em uma interpretação por extrapolação da página 85b do tratado *Iomá* (aquela fazia depender a reparação das faltas para com Deus da reconciliação com outrem). Para responder à questão "Quem vos purifica?", Rabi Akiva cita *Ezequiel* 36, 25 ("e Eu derramarei sobre vós águas puras e vós sereis purificados") e depois *Jeremias* 17, 13 ("o Eterno é um banho purificador para Israel"). Cohen quer, de preferência, entender o *Levítico* 16, 30 ("Vós sereis puros diante de Deus"), que acaba de ser citado, ligando-o ao *Levítico* 11, 44 ("vós vos santificastes e vós vos tornastes santos"): o que orienta no sentido da autossantificação.
126 A fonte de Cohen é aqui constituída pelos capítulos III, 22-23, do *Guia dos Perplexos*, nos quais Maimônides se empenha em explicar como o livro de Jó expõe a "ciência da providência". Depois de ter dedicado o capítulo 22 à questão da natureza do mal, tal como a formula o versículo do

oferece se deve ao fato de ele mostrar diretamente como a própria necessidade do profetismo constitui uma lacuna da economia moral, ao passo que, em troca, "ele aprofunda o sentido de seu próprio sofrimento no desespero de sua missão profética" (p. 323).

Em outros termos, se introduzirmos esta refutação poética do prejulgado que faz do pecado a causa do sofrimento no ateliê de uma teodiceia do mundo moral, compreende-se aquilo que põe em cena a piedade judaica pela prece: quinhão comum da humanidade, o sofrimento torna-se o *"emblema do eu"*, não só para mostrar que o eudemonismo não pode ser a chave de sua existência, mas também para constituir este sofrimento em etapa para a Redenção. Trata-se, mais uma vez, daquilo que os Sábios queriam significar ao alojar no âmago da enumeração das piores misérias da vida, das quais a pessoa implora ser libertada no dia da reconciliação, "o ódio sem razão": este ódio gratuito do homem que "vem em primeiro lugar no mal de ser homem de que sofremos [e que] imprime o selo do trágico *em toda história universal* até o presente"[127]. Se a gente abre em seguida a perspectiva mais ampla de uma economia da salvação, cumpre acrescentar que é Israel que detém o privilégio de carregar este sofrimento pelo gênero humano, tornando-se assim o símbolo do indivíduo em sua constituição definitiva, antes de representar logo o da humanidade messiânica. Nessa perspectiva, se o povo judeu representa de fato o "Jó da história universal" (p. 325), não é como imaginam seus inimigos porque seus sofrimentos

※ ❧

Gênesis sobre o *ietzer* do coração do homem, para restabelecer a doutrina dos dois lados do coração do homem ("um bom e outro mau", *Schabat*, 119b), Maimônides volta à discussão entre Jó e seus amigos, a fim de mostrar desta vez que cada um exprime uma opinião sobre a providência. A tese defendida vai no sentido de Cohen: a ciência de Deus não pode ser comparada à nossa, isto é, à maneira como nós estabelecemos relações de causa e efeito entre as coisas físicas. Como indica Leo Strauss, a estratégia de Maimônides nesses capítulos consiste em proceder de modo que o leitor repita o itinerário de Jó e passe pela tese exotérica enunciada pela Lei (segundo a qual as virtudes morais e a felicidade são ordenadas uma à outra), antes de descobrir a doutrina verdadeira – que pretende que a beatitude autêntica seja idêntica ao conhecimento de Deus. Ver Leo Strauss, Le Lieu de la doctrine de la providence d'après les vues de Maïmonide (1937), *Maïmonide*, p. 183-195, p. 190-191 e infra, cap. VII, p. 861-862, 861 n.165.
127 Cohen evoca aí (p. 324) uma noção que só aparece no *Talmud* (*Schabat*, 32b e seguinte), enquanto a *Bíblia* conhece apenas o ódio falso ou mentiroso (salmo 35, 19, por exemplo). Ela aparece efetivamente na litania das faltas cujo perdão é pedido por ocasião do Iom Kipur, como a calúnia ou o perjúrio. Cohen acrescenta que essa noção permite esclarecer a injunção do *Levítico* 19, 17 ("Não odeies de modo algum teu irmão em teu coração"), dando-lhe um sentido extensivo: o homem que pretendes odiar é teu irmão, ao passo que teu coração é feito para amar.

constituiriam o efeito de suas iniquidades, mas na estrita medida em que significam o meio para um fim comum à humanidade inteira: a Redenção, que não pode ser obra de Deus sozinho e solicita a cooperação dos indivíduos, fixando assim o horizonte último das correlações que se estabelecem entre eles para realizar aquela que os liga a seu criador.

Sobre essa questão particularmente sensível acerca da delimitação de uma simbólica universal da experiência de Israel, é significativo que Hermann Cohen se refira à homenagem prestada por um profeta pagão. Que melhor prova encontrar de tal universalismo que a fornecida pelo oráculo de Balaão, que inverte em bênção a ordem dada por Balac para maldizer seu inimigo: "Como são belas tuas tendas, ó Jacó, as tuas moradas, ó Israel!" (Nm 24, 25)? Há mais, porém, e pela interpretação que ele lhe dá, é a caracterização de alguns elementos da própria definição de Israel que Cohen apreende no discurso de Balaão. Em primeiro lugar, mas ao preço de uma correção de tradução, trata-se de sua recusa do culto aos ídolos e das práticas mágicas: "Pois não há nenhum encanto de serpente em Jacó e nenhuma magia em Israel"[128]. No entanto, o elemento decisivo desta predição parece estar no fato de ele trazer à luz o sentido que deve ser concedido a um dos fenômenos mais enigmáticos e controversos da experiência de Israel: o de sua separação dos outros povos. Aos olhos de Cohen, a declaração essencial de Balaão é a seguinte: "Eis um povo que habita só, e entre as nações não será enumerado" (Nm 23, 9). Com ela, não apenas ele não instrui em termos acusatórios o processo da eleição, mas põe o acento sobre o que decorre logicamente da descrição do "povo monoteísta": o fato de que Israel não deva conhecer o reino da iniquidade pela mesma razão que lhe prescreve a recusa dos ídolos, a saber, o cuidado de sempre ligar a origem das faltas morais às ideias que os homens fazem sobre Deus, e isso a fim de guardar diante dos olhos o significado do sofrimento.

Quando Hermann Cohen pôde, finalmente, mostrar como esta análise do estatuto do sofrimento faz com que "a história de Israel perca sua

---

128 Aí (p. 328), Cohen retifica as traduções correntes de Nm 23, 23 — as quais entendem não existir mau presságio acerca de Israel — para dar o sentido de um reconhecimento da ausência de cultos mágicos, de conformidade com uma intepretação rabínica. Parece que ele se baseia em Nedarim 32a. Entre as traduções francesas, somente a do rabinato oferece de novo uma opção de tradução similar à de Cohen: "Não é preciso, de modo algum, magia em Jacó, nem sortilégio em Israel". Raschi (ad loc.) justifica tal tradução pela ideia segundo a qual Israel foi libertado do Egito porque tinha confiança em Deus e se recusava a praticar a magia.

obscuridade e cesse de ser um enigma na galeria dos retratos dos povos" (p. 333), ele coloca três proposições ricas de potencialidades. A primeira forneceria uma coloração metafísica à sua oposição ao sionismo, pois ela propõe a seguinte oposição: "Todos os povos com destino político" veem seu sofrimento coincidir com a ruína de seu Estado; "o verdadeiro percurso de Israel começou com a renúncia a tesouros nacionais deste mundo" (p. 331). Dessa fórmula, que aparecerá amplificada em Franz Rosenzweig até a ideia da positividade de uma vida vivida fora da história, Cohen extrai uma segunda consideração, que precisa, por seu turno, as condições em que o sofrimento entra nas condições prévias da Redenção: "Esta é a libertação de todas as escórias da humanidade empírica e o ascenso até o momento ideal em que o homem se torna o Eu"[129]. De novo, é exatamente o sentido da eleição que fica determinado neste motivo: pela perspectiva de um apelo a fim de ultrapassar a facticidade do mundo; mas de igual modo através do convite para testemunhar em favor de uma capacidade do homem de elevar-se pela santificação rumo a esta correlação perfeita com Deus, ideia que culminará na doutrina do messianismo. Resta, por fim, uma última observação, que permitiria, sem dúvida, tornar mais uma vez audíveis as palavras sobre a teodiceia do sofrimento peculiar à experiência judaica. Ela decorre da maneira de encerrar a análise da significação do Dia da Reconciliação, ao recolocar seu centro de gravidade no próprio coração da experiência inter-humana: "A Redenção não tem nenhuma necessidade de ser rebatida até o fim dos tempos, ela já está presente a cada momento do sofrer e forma, a cada momento do sofrer, um momento de Redenção"(p. 333).

Além da Retribuição: A Perspectiva Messiânica

Ao passo que a ideia segundo a qual o sofrimento característico da experiência do povo judeu diz respeito à economia universal da salvação é dificilmente reconhecível por um leitor contemporâneo da Schoá, esta última reorientação de sua interpretação, por meio do ritual do Iom Kipur,

---

[129] Sobre a ampliação dessa espécie de antissionismo metafísico em Rosenzweig, ver infra, cap. II, p. 248-256.

abre um vasto horizonte filosófico: aquele que visa substituir a significação da problemática do julgamento na ordem imediata da relação intersubjetiva[130]. É, todavia, para uma teoria do messianismo que ela conduz diretamente no seio da *Religião da Razão*, como se Hermann Cohen não quisesse perder o fio das complementaridades construídas entre a ética e a religião. À entrada do capítulo intitulado "A Ideia do Messias e a Humanidade", a articulação sistemática entre elas é de novo analisada. Seu primeiro exame resultara em detrimento da religião, quando se tratava de demonstrar que a legislação concernente ao estrangeiro só podia ser cumprida na ordem ética. Inversamente, é um limite da ética que acaba de ser ilustrado no lugar em que a religião deve lhe oferecer, para completar o significado da relação com o outro, um novo conceito de homem descoberto pelo pecado, e depois um novo Deus que se manifesta através do perdão. No entanto, embora os dois conceitos do homem que exprimem o outro e o eu estejam agora definitivamente instalados, é de novo o valor da religião que será diminuído se ela não puder contribuir com algo à ética em seu ponto culminante: lá onde ela avança suas noções de humanidade e do Deus da humanidade.

Se o exame da doutrina do messianismo se beneficia com um lugar na ordem da construção do sistema, ele se impõe tanto mais discretamente com respeito aos conflitos de fronteira entre as grandes religiões[131]. Aos

---

130 É o que fará Franz Rosenzweig, ao longo de uma página de *L'Étoile de la Rédemption* (p. 383) sobre o dia do juízo, que parece quase redigida em sobreimpressão das palavras de Cohen: "No retorno anual deste julgamento, o 'derradeiro', a eternidade é liberta de sua referência a um além longínquo; ela está doravante realmente aí, o indivíduo pode agarrá-la e apreendê-la, e ela, por sua vez, agarra e apreende o indivíduo com mão firme [...] Não se trata mais de esperar e de se esquivar por trás da história. É o indivíduo que é julgado imediatamente. Ele se mantém aí, na comunidade. Ele diz Nós" (ver infra, cap. II, p. 241-242). Reencontrar-se-ia o mesmo motivo em Emmanuel Lévinas, quando ele é colocado desde o prefácio de *Totalidade e Infinito* na esteira de Rosenzweig e contra a filosofia hegeliana da história, que "não é o julgamento final que importa, mas o julgamento de todos os instantes, no tempo em que os vivos são julgados". Cf. Emmanuel Lévinas, *Totalité et infini*, Haia: Martinus Nijhoff, 1961, p. XI, e infra, cap. IX, p. 1072-1074. Pode-se, todavia, acrescentar que, como contemporâneo de uma experiência inimaginável na época de Cohen e que proíbe toda hipérbole a respeito dos sofrimentos de Israel, Lévinas substitui o motivo de uma atualização permanente da Redenção no quadro do face a face com outrem, mesmo que tenha de reintroduzir uma forma de dramaturgia similar à de Cohen através da perspectiva do tema do "refém".
131 Assinalemos uma espécie de curiosidade: ainda que Cohen consagre dois capítulos ao messianismo, ele começa por aquele que trata de "A ideia de Messias e a humanidade", para chegar somente em seguida à análise das "passagens messiânicas nos Profetas", que pareceria dever prepará-lo. Conforme o método próprio à "lógica da origem", esta escolha se explica, sem

olhos de Hermann Cohen, essa doutrina deve levantar um desafio: "Com sua pretensão de conquistar o mundo, traduzida no conceito de *religião universal*, o cristianismo fez do conceito de humanidade o conteúdo histórico da religião" (p. 339). A isto acresce que, não sem liames com esse primeiro fenômeno, é pelo viés da ética que a República das Letras e depois a filosofia moderna até Kant consignaram à humanidade um horizonte cosmopolítico. Em tal contexto, há o risco, portanto, de parecer que a experiência judaica está definitivamente encerrada em uma antinomia entre cosmopolitismo e consciência nacional. A aposta da interpretação do estatuto e das significações do messianismo será doravante levantar essa hipoteca: rendendo ao "povo monoteísta" o benefício de sua invenção, medindo ao mesmo tempo o "milagre" que representa a extensão da bênção do Deus único a todas as nações da terra. Desse milagre, é preciso começar dizendo que ele resulta de uma maneira de transformar as ideias míticas de fim do mundo e do julgamento divino em uma perspectiva de purificação de Israel, mas igualmente dos outros povos. Nesse sentido, se cabe ao mito o mérito de ter imaginado a utopia de um além que alarga a experiência humana ultrapassando os limites do presente sensível, só o monoteísmo foi capaz de dar sua orientação a este alargamento: enquanto a Antiguidade culmina na nostalgia de uma idade de ouro de paz e de inocência alojada nos tempos primeiros de um "*passado* absoluto" (p. 351), o messianismo remaneja a legenda do Paraíso, para alojar a perda da inocência no começo e depois volver o horizonte do homem para o futuro.

 Consciente de que lhe toca não somente uma questão teológico-histórica delicada, mas ainda um ponto relativo às reinterpretações contemporâneas dessa perspectiva, Hermann Cohen dispensa um grande cuidado para sublinhar o que separa a ideia messiânica de toda visão de uma idade de ouro. Sua teoria do messianismo retoma então de maneira muito exata os contornos da de Maimônides. Este último limitava a diferença entre a experiência comum do mundo e os dias do Messias ao fim das guerras e depois associava o sentido dessa época com a possibilidade de todo homem

---

dúvida, também pela vontade de delimitar estritamente um quadro de interpretação, antes mesmo de examinar os textos: isto a fim de manter à distância algumas utilizações passadas e contemporâneas dos temas messiânicos. Logo que os motivos desta preocupação tiverem sido estabelecidos, estes dois capítulos poderão ser lidos de maneira conjugada.

participar da sabedoria[132]. Esta segunda perspectiva está claramente presente quando Cohen formula uma proposição radical: "O porvir messiânico é a primeira expressão consciente da oposição dos valores morais à sensualidade empírica"[133]. Além do fato de que ela confirma uma crítica recorrente ao eudemonismo, essa afirmação de que a novidade contida na ideia de porvir "só é perfeita se vemos a luz do ideal elevar-se na face de toda realidade" designa duas outras frentes sobre as quais se desdobra a interpretação do messianismo. A primeira delas é aquela na qual se trata de manter à distância as especulações concernentes à identidade do Messias e ao momento de sua vinda. Na medida em que entre os Sábios e Maimônides a tradição racionalista trava aí seu combate, este pode parecer relativamente secundário. Ele é, todavia, evocado por uma proposição que precisa o sentido da anterior, mostrando como nasce para a vida do homem e dos povos a ideia de história: "A idealidade do Messias, a sua significação enquanto ideia, aparecem quando a pessoa do Messias é ultrapassada, e o símbolo dissolvido na pura ideia do tempo, no conceito de *era*"[134].

132 Hermann Cohen evoca a primeira dessas dimensões a partir de uma fórmula: "O assassínio havia irrompido no mundo pacífico das origens; no futuro, em compensação, as guerras desaparecerão" (p. 352). Ela é central na concepção do messianismo em Maimônides, como indica esta passagem clássica da *Mischné Torá*, Livro XIV, *Sofetim* (*Juízes*), V, *Melakhim* (*Reis*), XII, 1-2, que visa extirpar do messianismo sua ponta apocalíptica: "Que ninguém pense que nos dias do Messias o curso natural do mundo cessará ou que as inovações serão introduzidas na criação. Muito ao contrário, o mundo continuará seu curso habitual. As palavras de Isaías (11, 6), segundo as quais 'o lobo habitará com o cordeiro e a pantera se deitará junto ao cabrito' são uma parábola e uma alegoria, que significam que Israel viverá em segurança [...] Os sábios dizem que 'a única diferença entre o mundo presente e o tempo do Messias é a submissão de Israel às nações' (*Sanedrin*, 91b, e *Berakhot*, 34b)". Quanto ao fato de que a era messiânica é a do conhecimento, Maimônides retorna a ele várias vezes, notadamente no mesmo texto (XII, 4-5), a propósito das razões pelas quais os sábios e os profetas aspiram aos tempos messiânicos: "Tudo o que eles desejam é poder se consagrar à *Torá* e à sabedoria sem entraves [...] Nesse tempo lá, não haverá nem fome, nem guerra, nem ciúme, nem discórdia, pois a terra será possuída em abundância. O mundo inteiro não terá mais outra preocupação do que o conhecimento de Deus". Sobre a doutrina messiânica de Maimônides, ver infra, cap. IV, p. 451-453; cap. VII, p. 849-851, 850 n. 145.
133 Notemos que Gershom Scholem via nesta proposição (p. 353) a contribuição mais audaciosa de Cohen à teologia judaica: uma evocação da experiência da temporalidade como maneira de relativizar os valores vividos no mundo imperfeito da história e o contraponto extremo às interpretações seculares do messianismo pelas escatologias revolucionárias contemporâneas. Ver G. Scholem, Considérations sur la théologie juive, op. cit., p. 255.
134 Cohen pensa aqui na maneira como a tradição rabínica desenvolveu a noção de idade messiânica através da ideia de sua oposição ao mundo presente, procurando afastar a tentação dos cálculos concernentes à data da vinda do Messias. A discussão desta questão ocupa

Tudo isso leva a pensar que é em face de uma forma mais contemporânea da reapropriação do messianismo que Hermann Cohen inscreve sua análise: a maneira como o sionismo pode procurar ver nele o anúncio do simples restabelecimento do Estado judeu em sua terra. Quando do exame das passagens messiânicas nos profetas, ele isola de maneira mui cuidadosa as fórmulas que podem ir nesse sentido: "Neste dia, reerguerei a tenda de David que tombou, repararei suas brechas, restaurarei suas ruínas, eu a reconstruirei como nos tempos antigos [...]; e eu reconduzirei os cativos de meu povo, Israel [...]; eu os replantarei em sua terra, e eles não serão mais desenraizados da terra que eu lhes dei" (Am 9, 11-15); "Eu vos reunirei de entre os povos, eu vos recolherei dos países onde estais dispersos e vos darei a terra de Israel em reino" (Ez 11, 17). Mas se ele desenvolve a interpretação feita por eles, é para defender a ideia de uma orientação universalista do messianismo. Nessa perspectiva, não é tanto a promessa de reconstrução de uma identidade nacional no território das origens que é preciso entender em Amós quanto o chamado que a precede no texto: o de um castigo a ameaçar Israel como os outros povos se ele praticar o culto dos sacrifícios. Essa orientação principalmente moral do messianismo é igualmente aquela que deve ser descoberta no citado fragmento de Ezequiel, ao lê-lo desta vez a partir do que o segue: "E eu lhes darei um só coração e inculcarei neles um espírito novo; tirarei o coração de pedra de sua carne para lhes dar um coração de carne".

Preocupado em afastar a reapropriação nacionalista do messianismo, Hermann Cohen tem consciência da existência de uma dificuldade, ligada ao fato de que o messianismo contém, apesar de tudo, uma dimensão de restauração política. O problema é tanto mais pregnante quanto esta ideia é adiantada pelo *Talmud* e por Maimônides, quando associam a abertura dos

---

notadamente uma parte das longas passagens sobre o messianismo no fim do tratado *Sanedrin* (fólio 97a e seguintes). Ela encontra uma forma de síntese no comentário que lhe consagra Maimônides, elevando a dupla exigência de estar certo da vinda do Messias e de não procurar calcular sua data no grau de décimo segundo dos treze Princípios da religião: "Crer e estar seguro de que ele virá e não pensar que ele estará em retardo [...] Não lhe determine uma data e não procure nas Escrituras para deduzir o momento de sua vinda [pois] os nossos mestres dizem 'que seja arrebatado o espírito daqueles que especulam sobre o fim dos tempos' (*Sanedrin*, 97b)". M. Maïmônides, commentaire de la Mischnah, Sanhédrin, (Helèq), *Épîtres*, trad. J. de Hulster, Paris: Verdier, 1983, p. 193.

dias do Messias com o estabelecimento de um rei proveniente da linhagem de David[135]. Para contornar essa dificuldade, Cohen desenvolve uma estratégia que consiste em acentuar sistematicamente o fenômeno do fim das guerras e da violência na era messiânica. Nesse plano, é Miqueias que pode ser mobilizado, quando ele descreve a vinda de "povos numerosos" para a casa do Eterno: "de seus gládios eles forjarão relhas de charruas e de suas lanças, foices; um povo não levantará mais seu gládio contra um outro povo, e eles não mais aprenderão a guerra. E cada um estará sentado sob sua vinha e sob sua figueira" (Mq 4, 3-4). Mas é preciso mais ainda para que tal descrição afaste definitivamente a perspectiva de uma identificação da temática do messianismo com a simples restauração do Estado dos judeus. Numa linha que vai ao encontro de suas análises do sentido dos sofrimentos de Israel, Cohen se empenha, pois, em mostrar que não só se pode considerar a cisão entre dois reinos como o "prelúdio da história universal do judaísmo" (p. 355), mas que também se faz necessário admitir um destino paradoxal de Israel: é a "ruína de seu Estado" que assegura a "conservação de seu povo" (p. 357). A primeira razão de semelhante necessidade está voltada para o passado, visto que ela se prende à diferença entre Israel e os povos da Antiguidade: ao passo que o espírito grego estava inteiramente encerrado em suas obras e não podia continuar a viver a não ser por elas, o monoteísmo tinha necessidade de continuar a "criar-se *para além da Bíblia*" (p. 356). Mais ainda, a preservação da autenticidade do princípio religioso requer "dissolver a Revelação em conhecimento (p. 363) no seio da Tradição para assegurar sua missão em favor do Deus único: como se a dispersão e a riqueza da Lei oral caminhassem juntas. A isto se adiciona uma segunda justificação, que toca desta vez à contradição que teria acarretado a persistência de um Estado judeu face à figura do "Senhor de

---

135 Cf. de novo, especialmente, o último capítulo da *Mischné Torá* sobre os Reis (xi, 1): "O Messias virá e restaurará o reino de David na sua potência primeira. Ele reconstruirá o santuário e juntará os dispersos de Israel. Todas as leis serão restabelecidas nos dias do Messias como nos tempos antigos". No mesmo sentido, a introdução ao último capítulo do tratado *Sanedrin* afirma: "Na verdade, os 'dias do Messias' são a época em que será restabelecida a soberania de Israel e em que ele retornará à terra de Israel. E este será um grande rei, a sede de seu reinado em Sion fará engrandecer seu nome e sua reputação atingirá todas as nações, mais do que a do rei Salomão" (comentário da *mischná Sanedrin*, x, op. cit., p. 177). O *Talmud* designa amiúde o Messias como "filho de David", mas há também especulações sobre o seu nome (*Sanedrin*, 98b).

toda a terra" (*Mq* 4, 13). O preço da resolução de tal antinomia é elevado: a perda de seu Estado era, para Israel, o meio de advogar a causa de uma humanidade una, sob a autoridade do Deus Um; na história, esse fenômeno significa que o povo judeu como nação representa apenas um "puro símbolo do desejo de humanidade".

O núcleo da interpretação do messianismo se constitui, portanto, para Hermann Cohen na medida em que traz à luz sua dimensão prioritariamente moral. De um ponto de vista geral, esta perspectiva decorre da compreensão das duas tarefas do Messias: a afirmação da "moralidade ideal" e depois a realização da "unidade da humanidade" (p. 360). Tal consideração permite esclarecer o sentido que Cohen deseja dar à tese segundo a qual os dias do Messias inauguram uma era de conhecimento. Essa questão surge em uma nova zona de turbulências, que concerne desta vez aos laços entre os dois soclos da humanidade ocidental, que Atenas e Jerusalém representam, e depois à orientação da história. O argumento de Cohen funda-se em uma espécie de paradoxo, visto que a superioridade de Israel, do ponto de vista da invenção de um conhecimento autêntico, deve ser baseada naquilo que parece representar a sua fraqueza entre as nações: o fato de que ele é "um povo que não tem interesse, que não tem parte criadora na *ciência*". Como pode esta "particularidade cultural" ser a fonte de uma aptidão para clarificar as formas de uma humanidade universal? É o que cumpre mostrar através de uma comparação entre o ideal de Platão e o dos profetas. Cohen não poderia, por certo, negar que Platão seja "o maior idealista de todos os tempos" (p. 362), no ponto de partida de uma trajetória filosófica que conduz até Kant. Ele se dedica, pois, a mostrar que para o filósofo grego o conhecimento se reduz estritamente à ciência, com o pressuposto que pretende que esta não é acessível a todos os homens. Nesse sentido, assim como Cohen já havia estabelecido em um texto anterior, é precisamente a tese, segundo a qual o sofrimento humano findará quando os reis forem filósofos e os filósofos reis, que introduz uma parcela de sombra na luz do platonismo: mutilando, por assim dizer, a humanidade de uma participação comum a todos os seus membros no reino do espírito e da razão[136].

---

136 Ver *Das soziale Ideal bei Platon und den Propheten* (1916), em *Jüdische Schriften*, I, p. 306 e s.; L'Idéal social de Platon et des prophètes, em *L'Éthique du judaïsme*, p. 237-259, N.B.,

Soma-se ao desnudamento desta "falha surpreendente no idealismo de Platão" uma dimensão mais discreta da superioridade do profetismo. Ela reside em sua crítica implícita das pretensões da ciência, de seu caráter interessado e do orgulho que se lhe vincula: "Que o sábio não se glorie na sua sabedoria, nem o valente na sua valentia! [...] Que aquele que se glorie se glorie em me conhecer por sua razão" (Jr 9, 22-23)[137]. Que existe uma tentação do saber, a que o monoteísmo opõe a ideia segundo a qual o conhecimento perfeito é o de Deus, eis o que encontrarão por caminhos diferentes Leo Strauss e Emmanuel Lévinas: para sublinhar a tensão entre as duas fontes da vida própria à humanidade ocidental, ou tomar a medida ética do dever de "fazer antes de entender"[138]. Para o próprio Hermann Cohen, essa observação permite, sobretudo, precisar melhor a comparação. Mais uma vez, não se poderia contestar em Platão sua maneira de basear a ética na transcendência do bem, depois de libertar para ela, por esse viés, um novo espaço "que não recobre o do mundo sensível" (p. 407). Mas o limite do idealismo platônico reside ali ainda, na diferença entre esta lógica metódica oferecida à ética e uma política que a ignora mesmo se ela é corrigida por uma dimensão utópica. Em seu Estado ideal, Platão não pensa nem em alargar o espaço além da cidade nem em orientar para o futuro a perspectiva do Bem. Sob a visão do porvir como um presente indefinida-

---

p. 247. Esta tese poderia ser aproximada à comparação efetuada por Leo Strauss entre os ideais gregos e bíblicos. Lá onde Cohen parece essencialmente sublinhar um caráter elitista próprio à doutrina grega do conhecimento, Strauss coloca à frente, de modo radical, a oposição de princípio entre a via segundo a razão e a via segundo a Revelação, perspectiva que rege, aliás, sua interpretação de Maimônides. Ver infra, cap. VII, p. 895-902.

137 A tradução de Cohen moderniza com certeza o sentido do texto, que não qualifica o instrumento do conhecimento (a razão), mas duplica o verbo com um sinônimo. Resta dizer que a Tradição exprime efetivamente a desconfiança diante de um orgulho do saber. Ver *Pirkei Avot*, II, 8: "Se tu estudaste muito a *Torá* não faze disto um mérito pessoal, pois é por isto que tu foste feito".

138 Sobre esse assunto, encontraremos de novo em Leo Strauss dois textos que é preciso ler em conjunto: Sur l'interprétation de la Genèse, op. cit., *in fine*, e Jérusalem et Athènes: Réflexions préliminaires, op. cit., p. 240-246. Esta perspectiva é ainda mais explícita em Emmanuel Lévinas. Cf. La Tentation de la tentation, op. cit., p. 65 e s., que coloca que esta é a do saber, horizonte do homem ocidental, mas que comporta o perigo de apreender o fundo do ser para além do bem e do mal. Ao que pode ser oposto uma promessa formulada no *Êxodo* (24, 7) quanto à ordem das prioridades entre a obediência e o saber dentre os negócios humanos: "nós faremos e nós ouviremos". Podemos ainda adicionar, em apoio a esta ideia, *Pirkei Avot*, VI, 5: "Não procures tua grandeza nem desejes a glória. Faze mais do que tu estudas".

mente repetido, porém carente do conceito de uma humanidade unificada, este idealismo perde, pois, sua força: ele permitira que o além transcendente fosse distinto de um mundo sensível supraterreno, para garantir ao mundo moral uma base distinta da natureza; mas ele tropeça ao lhe dar um conteúdo e depois uma direção na ordem do tempo.

É ainda uma última vez que o gênio próprio do messianismo não separa a invenção do conceito de humanidade da representação do futuro, e depois esta última, de uma crítica das condições da experiência. Eis, pois, sua contribuição decisiva: "Ele opõe uma resistência feroz a toda realidade política presente, a sua própria assim como a dos outros, ele a rebaixa e a menospreza, negando-a implacavelmente para colocar no lugar deste presente sensível uma forma suprassensível que não é supraterrena, mas que é a do futuro" (p. 406-407). Em outras palavras, é precisamente porque ele mostra como o porvir cria "uma terra nova e céus novos" (Is 65, 17) que o messianismo não só oferece à humanidade a perspectiva de um futuro comum de unidade e de concórdia, mas o faz em sentido contrário da ideia mítica de uma regressão para a idade de ouro, e até de toda escatologia. Evidentemente, o messianismo conserva uma visão do "fim dos tempos" e pode às vezes prometer, com Isaías, que a morte será aí engolida. Mas o motivo político que ele adianta e, sobretudo, sua recusa de indicar datas para a vinda do Messias têm por fim preservar a ideia de um porvir terreno, de modo que os homens possam volver seu olhar para esse ideal de paz e de sabedoria como critério de sua moralidade. Indicando assim que no messianismo "o passado e o presente se apagam em face do porvir que [sozinho] repleta a consciência do tempo" (p. 405), Cohen sugere que, definitivamente, ele não deve ser entendido como o anúncio de um fim da história: ele representa o horizonte infinito da ultrapassagem das contradições que afetam "toda realidade sensível no mundo do homem empírico" (p. 359). Como se o principal problema deste fosse que ele permanece incapaz de reduzir a antinomia entre o amor e a justiça.

Esta última dimensão aparecerá, aliás, mais claramente no capítulo "A Imortalidade e a Ressurreição", que atesta de passagem o fato de que a teoria do messianismo transborda o quadro que lhe é explicitamente consignado, para tornar-se um cimo do edifício construído pela *Religião da Razão*. Nesse contexto, Hermann Cohen volta à questão da ausência de escatologia no messianismo, ligando o seu exame a uma comparação já encetada: para o mito, a lógica do castigo e da retribuição converte o mundo subterrâneo em um verdadeiro "lugar originário da justiça" (p. 416), o que persiste em Platão; ao contrário, a doutrina do Messias mantém a permanência da terra e depois a continuidade do povo através de uma história. Não sem notar "a discrição da doutrina judaica da fé no tocante ao dogma da imortalidade" (p. 464), ele sublinha o fato de que a prece dos mortos volve sua esperança para os dias terrenos e o tempo histórico: a fim de mostrar que o objeto do culto não é que o Reino de Deus vem no porvir, mas que ele existe no presente[139]. No entanto, constitui uma distinção doutrinária que instala, do melhor modo possível a seus olhos, as esperanças associadas ao messianismo na realidade do mundo, mais do que em um fim mais ou menos apocalíptico da história. Trata-se daquilo que é colocado no *Talmud* e depois codificado por Maimônides a fim de operar uma separação entre as noções de era messiânica e de "mundo vindouro": "Todos os profetas, sem exceção, só profetizaram para a época messiânica. Para aquilo que é do mundo do porvir, nenhum olho o viu fora de Ti, ó Senhor, que agirás para aquele que te espera"[140].

139 Ver este extrato do *Kadisch*, citado na p. 431, a fim de precisar que a gente implora de fato um mundo moral no presente ao glorificar o Nome: "no mundo que ele criou segundo sua vontade, para que Seu império reine *em vossos dias* e nos dias de todo Israel". Cohen revela aqui o que separa esta concepção da prece daquela que prevalece no cristianismo, no qual a invocação do Reino de Deus como Reino celeste do além retoma cores escatológicas. Poder-se-ia acrescentar que ele mostra assim a diferença entre duas liturgias cujas funções antropológicas são, sem dúvida, similares em face da experiêcia da morte, mas que oferecem conteúdos metafísicos opostos. O latim do *Requiem* exprime uma súplica pelo homem, pede a quietude, evoca a saudação: "Dá-lhes o repouso eterno". O *Kadisch* aramaico invoca o Nome de Deus, exatamente como suas outras formas estruturam em hebraico os principais momentos da liturgia: "Que seu grande Nome seja bendito pela eternidade e pela eternidade da eternidade".

140 *Sanedrin*, 99a, sobre *Isaías* 64, 3. Maimônides tratou muitas vezes desta distinção. No capítulo VIII da seção *Teschuvá* da *Mischné Torá* (*Livre de la connaissance*, p. 408-414), ela visa demonstrar, como Cohen irá fazê-lo igualmente, que o mundo vindouro possui realidade corporal, uma vez que a imortalidade só concerne à alma, no sentido exato do entendimento. Maimônides precisa então – de novo no sentido que Cohen seguirá – que "se os Sábios usam a expressão 'mundo vindouro', não se trata de maneira alguma que este mundo careça de realidade efetiva e que ele deva chegar à existência somente depois que este mundo aqui tiver sido destruído" (p. 414). Quando Maimônides retoma esta questão na introdução de seu comentário do tratado *Sanedrin*, ele insiste desta vez sobre um ponto que Cohen retomará igualmente: a dissociação entre os castigos e as recompensas deste mundo aqui e os que prevalecerão no mundo vindouro (ver comentário da *Mischná Sanedrin*, x, op. cit., p. 174).

Vemos as consequências que Hermann Cohen pode extrair desta maneira de dissociar o mundo vindouro dos problemas da profecia, *démarche* que significa, a seus olhos, que o futuro messiânico é arrancado do domínio de uma esperança sempre onerada com incertezas ou hesitações, para ser incluído diretamente na fé. Em primeiro lugar, por se adicionar à ideia segundo a qual a diferença entre a época messiânica e o mundo presente está restrita à supressão dos entraves materiais opostos ao conhecimento de Deus, ela realiza duas operações conjuntas: "Libertar o messianismo da *utopia*, marcando ao mesmo tempo nele os traços fundamentais do *socialismo* ético"[141]. Através dela, em seguida, toda tentação de eudemonismo é doravante afugentada, visto que não poderia mais tratar-se de "servir-se do mundo do além para compensar e castigar" (p. 432): o inferno e a sua visão de penas eternas desaparecem ao mesmo tempo que a promessa de retribuição. Porém, há mais, e é finalmente a noção mesma de retribuição que parece obliterar-se, no momento em que é subtraída ao julgamento dos mortos para tornar-se uma tarefa da moralidade. Pois é bem isto que Cohen quer dizer, quando mostra que a proximidade de

---

Resta uma última referência em um texto que poderia parecer contrariar a interpretação de Cohen: a Epístola sobre a ressurreição dos mortos, em que Maimônides parece fazer desta questão um elemento do dogma. Cf. *Épître sur la résurrection des morts*, em *Épître*, p. 115-158. (Preferiremos, todavia, a edição de Abraham Halkin, The Essay on Resurrection, em *Epistles of Maimonides: Crisis and Leadership*, trad. e notas de Abraham Halkin, comentários de David Hartman, Philadelphia/Jerusalem: The Jewish Publication Society, 1985, p. 211-233). É verdade, entretanto, que esta última observação deve ser corrigida pela incerteza que preside neste texto a intenção de Maimônides, e até o conjunto de sua doutrina: defender a verdade da ressurreição, ou concebê-la, através do princípio de acomodação, como um meio imaginado por Deus, à maneira de milagres, para dar a conhecer sua Lei e a obrigação de respeitá-la (o final do texto caminha neste sentido).

141 Hermann Cohen já havia sublinhado essa dimensão do messianismo, que assinala ao mesmo tempo sua desconfiança para com as utopias revolucionárias e sua fidelidade ao socialismo ético de Friedrich Albert Lange, em um texto anterior: *Die Messiasidee* (1892), em *Jüdische Schriften*, I, p. 105 e s.; trad. francesa L'Idée de Messie, em *L'Éthique du judaïsme*, p. 71-89. Em se tratando deste ponto preciso, ele poderia, aliás, apoiar-se em uma aparente anomalia de uma passagem talmúdica relativa aos Dias do Messias (*Berakhot*, 34b): "Não há entre a época messiânica e este mundo aqui outra diferença que a do fim da violência e da opressão política, pois está dito na *Bíblia* (Dt 15, 11) que 'o pobre não desaparecerá da terra'". Sobre esta incongruência, que se resolve precisamente pela ideia segundo a qual a era messiânica não é um fim da história, e depois a propósito da interpretação de conjunto destas passagens messiânicas do *Talmud*, ver Emmanuel Lévinas, Textes messianiques, *Difficile liberté*, p. 89-139, e Pierre Bouretz, Pour ce qui est du monde qui vient..., *Rue Descartes*, n. 19, fev. 1998, p. 107-130 (Emmanuel Lévinas).

Deus é pensada pelo Rambam em termos da "ideia de aproximação" (p. 435): a imortalidade concerne à alma mais do que ao corpo, ao passo que o essencial a este respeito se deve menos à perspectiva de uma ressurreição do que à espera dos dias em que o homem poderá entregar-se ao puro conhecimento de Deus; é o amor a Deus que aparece como o modelo da ação humana e não sua justiça; esta última, entretanto, continua sendo o seu segredo último, na medida em que a moralidade não pode ser autêntica a não ser alojando o seu horizonte para além da retribuição. Restaria então um último corretivo à preocupação com a recompensa e depois com a ilusão do heroísmo ou das virtudes como moeda de troca. Ele se prende à noção clássica de "mérito dos pais". Desse fato cumpre dizer que ela não deixa de oferecer perigo, pois pode sugerir uma compatibilidade da salvação na ordem das gerações que visa aliviar a responsabilidade do indivíduo. Mas torna-se um meio explícito de manter à distância o desejo de retribuição, graças à formulação de extremo rigor que lhe proporcionam os *Pirkei Avot*: "A recompensa da obrigação é a própria obrigação"[142].

Essa dimensão do messianismo como ideia reguladora de um desenvolvimento moral da humanidade pode ainda se confirmar pela análise de um último modo de abater as barreiras nacionais na interpretação da experiência judaica: aquele que concerne à problemática do "restante de Israel". Esta última está ancorada na dupla profecia de Isaías: a maioria do povo será castigada por sua injustiça; mas um pequeno resto, que permaneceu fiel, retornará e "será chamado santo" (*Is* 4, 3 e 10, 20-23). Ela permite a Hermann Cohen mostrar como "os profetas fustigam o orgulho nacional que atenta contra o monoteísmo universal" (p. 366). Porque com ela não é o povo no seu conjunto que é naturalmente digno do messianismo

---

142 *Pirkei Avot*, IV, 2, citado p. 446. Notemos que Leo Strauss concede de novo grande atenção a estas páginas, sublinhando sua relação, mais complexa, todavia, do que parece, aos dizeres do próprio Cohen, com Maimônides. Se, com efeito, Cohen, tal como o autor do *Guia*, "detestava especialmente a noção de inferno", sua tese sobre a justiça punitiva de Deus como um mistério com o qual o homem não deve preocupar-se se afasta tacitamente da do *Guia dos Perplexos* (I, 54) e abandona algumas passagens do *Mischné Tora*. Ver Essai d'introduction à la *Religion de la raison tirée des sources du judaïsme*, de Hermann Cohen, op. cit., p. 348-349. Strauss acrescenta, todavia, que ele é "tanto mais digno de louvor quanto Cohen aceita a noção, tão profundamente arraigada na piedade judaica, de 'mérito dos pais'", penhor de que, neste lugar, "o entusiasmo em relação ao futuro cede o passo ao reconhecimento em relação ao passado".

ético, mas apenas a parcela que respeita os imperativos de equidade e de justiça, de modo que a eleição muda definitivamente de orientação, para tornar-se a carga de um acréscimo de responsabilidade: "Sois vós os únicos que eu distingui entre todas as famílias da terra; daí por que eu perseguirei em vós todos os vossos delitos" (Am 3, 2). Em troca, esse motivo permite incluir na orbe da eleição os justos entre as nações da terra: aqueles que haviam aparecido quando da análise do conceito de estrangeiro; depois, todos aqueles que sucessivamente representaram símbolos do sofrimento, como se diz dos pobres que eles "se tornam piedosos" (p. 365). Tal é, aliás, para Cohen o sentido de uma evolução histórica que justificaria uma última vez a interpretação do messianismo na perspectiva de um socialismo ético mais do que do sionismo: na origem, o Messias era por certo designado como o rebento de David, que restabelecerá seu trono; porém, é por sua idealização que ele continua a fecundar a história, pois o reino de David não é em nada um símbolo da pobreza, ao passo que o inverso, a ideia segundo a qual o pobre se torna um justo, oferece uma expressão perfeita da piedade e da justiça.

 Essa perspectiva permite encerrar a teoria do messianismo voltando à questão do sentido do sofrimento. Se uma contradição parecera perfilar-se entre a eleição como dignidade da origem e a problemática do restante de Israel que não participa da felicidade eterna senão na medida de sua fidelidade, ela é imediatamente suprimida por esta consideração: "O restante de Israel é o Israel do futuro, e não o Israel histórico do passado ou do presente" (p. 366). Em outras palavras, não só a eleição perde aqui a sua dimensão de particularidade natural, como ela vem designar um "Israel ideal", cuja vocação messiânica se confunde com "sua elevação (*Aufhebung*) à humanidade". Desse ponto de vista, o resto de Israel não é outra coisa senão o futuro da própria humanidade, ao passo que ele continua a ser na história universal o "representante" do próprio sofrimento vivido como experiência comum pela maioria do gênero humano até o presente. Duas observações podem, por fim, juntar-se a essa consideração, para encerrar a interpretação do messianismo pelo "rigorismo ético". A primeira, que se encontra amplificada em Franz Rosenzweig, refere-se ao fato de que o conceito messiânico da história só podia consumar-se opondo a noção de "representação do sofrimento humano" à de "poder", com seu caráter naturalista e antropológico. Nesse nexo, do mesmo modo que a ética deve-se libertar de todo eudemonismo, o método da história só pode fundamentar-se na ideia segundo a qual a autenticidade da vida dos povos reside nas ideias morais, e não no sucesso de seus empreendimentos nacionais[143]. Ao que se adiciona, enfim, que esta concepção do Messias como portador do mundo moral do porvir oferece a Cohen a possibilidade de mostrar "por que a interpretação *cristológica* do servidor de Deus subtraiu-se radicalmente ao conceito de história" (p. 372). Qual é, de fato, neste ponto, a revolução do cristianismo senão a transformação de Israel como representante do "sofrimento" para a do Cristo como "representante da falta"? Porém, como não notar que a assunção das faltas do homem acaba por desonerá-lo delas, de modo que a autonomia moral se vê profundamente alterada? É disso, portanto, que será preciso recordar-se no momento de enfrentar as polêmicas relativas ao estatuto da Lei.

A Hora das Nações e o Tempo da Justiça

Estendido no espaço dos três capítulos que forma de algum modo o segundo pilar do pórtico esboçado por aquele outro consagrado à descoberta do homem como outrem, a interpretação do messianismo permitiu uma clarificação decisiva da noção de eleição. Através da interpretação do conceito de noáquida, ele demonstrou como todo indivíduo participa da moralidade natural, pelo jogo de uma aliança universal entre o homem e Deus, precedendo aquela que visa apenas ao povo de Israel. É doravante a humanidade inteira que está convidada a entrar na era messiânica. Eis, pois, o sentido que deve ser definitivamente atribuído à ideia de eleição: "Sofrendo pelas nações é que Israel adquire o direito de convertê-las" (p. 397), uma vez que é o único a sofrer as perseguições dos idólatras, ao persistir em

---

[143] Franz Rosenzweig sistematizará tal ligação entre a perspectiva da eleição do "resto de Israel" e uma crítica da noção de poder: mostrando que esta última se tornou o conceito fundamental da história ao longo de um cristianismo que fala de expansão, enquanto "o judaísmo, e nenhum outro no mundo, se conserva por subtração, por meio de um processo de encolhimento, pela formação incessante de novos restos" (*L'Étoile de la rédemption*, p. 477). Sobre esta problemática do "resto de Israel", suas fontes e sua interpretação, ver infra, cap. II, p. 255-261 e 265-267.

testemunhar pelo Deus único a fim de espalhar seu serviço sobre a superfície da terra. De passagem, diga-se que, ao ampliar para toda a humanidade a participação nos dias do Messias, Cohen permitiu desviar o que parecia a seus olhos uma reapropriação nacionalista desta perspectiva para o sionismo: se é possível atribuir ao idealismo messiânico o mérito de ter feito conhecer o Nome de Deus na sua unicidade, seu resultado será que "numerosos povos se reunirão ao Eterno neste dia, e eles se tornarão meu povo" (Zc 2, 15). Mas essa teoria forjou igualmente uma ponta polêmica que ficou à espera do momento de aguçar-se. Seu terreno será o da confrontação com o cristianismo, que fora medido antes pelo viés da discussão com Spinoza, precisamente em torno do grau de universalismo das doutrinas da Redenção.

Sem dúvida, foi com um grande senso tático que Hermann Cohen optou por reintroduzir este problema no capítulo consagrado à Lei, momento do livro que, como Leo Strauss não cessará de lembrar, toca na questão mais difícil para o judaísmo moderno: a da harmonização da religião e da razão. Nessa matéria, o desencadeamento das hostilidades volta a Paulo, de modo que Cohen estima que seria possível fazer de uma crítica de sua crítica o melhor meio de ilustrar a verdadeira significação da Lei. Paulo afirma visar apenas o ritual quando lhe opõe sua doutrina: "a fé na morte e na ressurreição do Cristo vindo para salvar o homem do pecado e da morte é que constitui a retribuição do pecado" (p. 476). Eis, pois, a figura de um "representante da falta", que pretende restaurar a inocência primitiva do homem contra o domínio da Lei. Com ela, o cristianismo constrói uma série de mediações entre o homem e Deus, que tendem a fazer da Igreja uma instância qualificada para definir a santidade das obras. Ora, nada disso existe no judaísmo: "nenhuma igreja, nenhum santuário, nenhuma casa de Deus e nenhuma comunidade cuja santidade recairia sobre a ação legal" (p. 478). Aqui, "a santidade da ação reside na própria ação", tendo por corolário o fato de que a Lei e a lei moral se apoiam mutuamente numa mesma tarefa, que é a de educar o homem. Tal é, pois, a ilusão da doutrina paulina e, depois, por seu intermédio, a do cristianismo inteiro, independentemente de seus conflitos internos: o questionamento da lei religiosa altera a integridade da lei moral; afirmando querer aliviar o homem da "tirania" da Lei para falar de sua felicidade, questiona-se paradoxalmente a autonomia de sua liberdade como livre obediência. Que se mantenha, ao contrário, a ideia segundo a qual o homem carrega sobre ele o "jugo das leis" por um efeito de sua vontade livre e se preserva a identidade entre a Lei e o "jugo do reino de Deus". De um modo ainda mais claro, quando a liturgia judaica exige que "todas as tuas ações sejam feitas em nome de Deus", a doutrina da Lei como santificação do Nome atesta sua fidelidade ao princípio do monoteísmo: "Neste dia, o Eterno será único, e único o seu Nome" (Zc 14, 9).

Insistindo, nesse ponto, acerca da identidade entre a Lei e a Revelação, Hermann Cohen não pode fazer a economia de um trabalho de interpretação das formas da primeira. De maneira geral, ele admite que a Lei deve ser objeto de um arranjo, cujo princípio é doravante conhecido: a correlação entre o homem e Deus se constitui através daquela que liga o homem ao homem. Já sabemos que ele permitiu explicar por que a transgressão das regras religiosas é perdoada incondicionalmente no Iom Kipur, enquanto a reconciliação com o outro supõe que este último tenha sido antes apaziguado. Cohen, porém, deseja escorar ainda mais a ideia segundo a qual a Tradição opera uma distinção entre os mandamentos, em um sentido que valora as suas dimensões sociais e morais. Nesse plano, ele pode mobilizar uma passagem do *Talmud* especificando que há apenas cinco coisas "às quais não está consignada nenhuma medida": "A extremidade do campo, as primícias, a aparição [nas três festas], a prática da bondade e o estudo da *Torá*"[144]. Que as diferentes partes da *Torá* não são todas de "igual valor", Ibn Daud havia tido a audácia de afirmar antes de Maimônides. Mas foi a este último que coube sistematizar uma diferenciação entre prescrições e princípios morais, procedimento que o tornou definitivamente o "racionalista do judaísmo" (p. 488). Quando reconstruiu a doutrina da Lei em Maimônides, Cohen não duvidou um instante da orientação filosófica do *Guia dos Perplexos*. Inscrevendo a questão numa

---

[144] A fonte talmúdica de Cohen é aqui *Pea* 1a, que tem em vista efetivamente quatro prescrições, repartidas em três ordens: o fato de deixar um pouco da colheita inacabada (Lv 19, 9-10) e os primeiros frutos (Ex 23, 19) para o pobre ou os levitas; a participação nas cerimônias, que inclui a obrigação da dízima (Dt 16, 16); os "gestos de bondade (g[u]emilut hasadim)", superiores ainda à caridade (*tzedaká*). Quanto ao estudo da *Torá*, esta encontra aqui seu lugar, segundo Cohen, pela recusa de dissociar as ordens teóricas e práticas do conhecimento, na medida em que "o conhecimento é amor e o amor conhecimento" (p. 594-595).

perspectiva teleológica, o Rambam considera que o questionamento das razões próprias às leis não é outra coisa senão uma investigação sobre os fins que Deus persegue com elas. Para estabelecer essa tese, codifica uma distinção proposta pelo *Deuteronômio* com o fito de estabelecer dois tipos de normas: as ordenações (*mischpatim*), cuja utilidade é evidente para todos; os regulamentos (*hukim*), de finalidades menos claras[145]. Ele extrai, entretanto, desse raciocínio a ideia segundo a qual o conjunto das leis concerne a três ordens de coisas: "o conhecimento, a moralidade e a ação na cidade"[146]. Provando, de passagem, que a legislação dos sacrifícios é somente uma concessão à psicologia humana, chega enfim a uma dupla classificação das leis. Conforme a arquitetura da *Mischné Torá*, a primeira estabelece quatorze classes, para expor os conhecimentos fundamentais, as leis morais e as prescrições sociais. Mais especulativa, a segunda reorganiza a classificação segundo duas dimensões: uma "reúne as leis concernentes às relações entre o homem e Deus"; a outra delimita "as leis que regulam as relações entre o homem e o homem"[147].

Essa grade de interpretação do sentido da Lei devida a Maimônides permite abordar a questão particularmente sensível da situação do judaísmo moderno e contemporâneo. Desse ponto de vista, Hermann Cohen não pode evitar um julgamento referente ao empreendimento de Mendelssohn.

❦

[145] Cohen visa aqui o *Guia*, III, 26. O fundamento escritural desta distinção se encontra no capítulo 4 do Deuteronômio, que utiliza várias vezes a expressão "os regulamentos (estatutos) e as ordenações". A tese de Maimônides é precisamente que todas as leis têm uma razão e visam a um objetivo: para umas (*mischpatim*), a utilidade é evidente e é facilmente compreendida; a dificuldade em apreender a das outras (*hukim*) depende dos limites da inteligência humana. De modo geral e em particular nessas páginas, Cohen considera que o discurso de Maimônides é integralmente exotérico e claramente filosófico. No caso, isto significaria dizer que Maimônides retém, da distinção entre *hukim* e *mischpatim*, o fato de que estes últimos são de menor importância. É este tipo de interpretação unilateral de sua doutrina que Leo Strauss porá em discussão, para questionar as intenções do *Guia*, ao examinar seu estilo de escritura e suas relações com outras obras de Maimônides. Sobre estas questões, cf. infra, cap. VII, p. 871-895.
[146] *Guia*, III, 31, *in fine*.
[147] Cohen segue aqui ao pé da letra o *Guia*, III, 35, no qual ele encontra esta última distinção que lhe é cara, fundada sobre as páginas do tratado *Iomá*, as quais organizam o ritual do Iom Kipur. A presença destas duas classificações nas mesmas páginas, e acima de tudo o fato de que as quatorze classes da primeira não coincidem exatamente com os quatorze livros da *Mischné Torá*, pertencem à categoria das particularidades do *Guia* que atraem a atenção de Leo Strauss, assim como, por exemplo, esta proposição do capítulo III, 28: "A Lei nos convidou a crer em certas coisas em que a crença é necessária para a boa organização do estado social".

Comparado ao de Maimônides, tal qual acaba de ser analisado, parece, à primeira vista, regressivo. Optando por limitar a definição do judaísmo a uma religião da Lei, Mendelssohn atava os judeus "ao jugo da *Bíblia* e dos rabinos" (p. 496). Os princípios de sua doutrina e sua prática religiosa particular concediam uma importância desmesurada a coisas tidas por desusadas há muito tempo. No entanto, ficar nisso significaria suspeitar que aquele que seus contemporâneos chamavam de "novo Moisés", para compará-lo a Maimônides, podia alimentar coisas incongruentes: a hipocrisia no seu respeito pessoal à Lei; uma miopia política diante do relaxamento manifesto desta na sociedade moderna; uma estranha indiferença para com o sentido da experiência judaica. Cohen prefere preservar um paradoxo: no momento em que isolava os judeus modernos na Lei, Mendelssohn encetava uma profunda reforma de seu estatuto; conservador na ordem de suas escolhas privadas, ele desenvolvia uma ação política e cultural autenticamente "messiânica". Que herança deixa então Mendelssohn, assim lavada da acusação de Kant relativa à sua "falta de amizade pelos homens"? Recusando-se a utilizar contra ele o argumento das consequências, Cohen prefere, discretamente, objetar aos objetores de Mendelssohn. À imagem de sua obra, este último nutre tendências contraditórias. A mais frutífera dentre elas se refere à busca de um equilíbrio entre as formas antigas do culto e a cultura dos povos de cuja história os judeus partilham. Poder-se-ia censurá-lo por ter começado uma "evolução" que se assemelha a uma "decomposição", porém uma realidade é mais nuançada: as festas tradicionais continuam a dominar a vida religiosa dos judeus modernos; enfraquecida em seu rigor, a Lei está longe de ser "destruída ou aniquilada".

Da herança do "novo Moisés", Hermann Cohen retém, finalmente, uma convicção e um problema. A primeira é verdadeiramente uma homenagem: Mendelssohn ampliou de modo considerável o horizonte dos judeus modernos, ao dar-lhes simultaneamente acesso à cultura e à religião da razão, projeto cuja importância é inútil sublinhar. Quanto à sua maneira, em si lastimável, de encerrar o judaísmo nos limites da Lei, ela suscita, não obstante, uma questão que permanece essencial: "Não deve o porvir retomar o fardo do isolamento para assegurar a perpetuação e o desenvolvimento ulterior do monoteísmo judeu?" (p. 497). Afirmando que tal interrogação reside no cerne de seu próprio livro, Cohen propõe tirar a reflexão relativa ao balanço da *Aufklärung* do quadro de uma discussão acerca do estatuto da reforma. Ninguém duvida que, por este viés, ele também procura indicar sua própria posição no seio da modernidade judaica. Como procede toda vez que pretende levar a sério uma dificuldade para resolvê-la na ordem do sistema antes de extrair as consequências práticas de sua solução, Cohen lhe imprime a forma de uma antinomia. No caso, esta opõe a exigência de solidão imposta ao judaísmo e sua missão messiânica. Quanto ao primeiro desses pontos de vista, não se pode negar que o isolamento do povo judeu foi a condição de possibilidade da invenção do monoteísmo e até uma necessidade no curso do combate visando preservar sua autenticidade no contexto de uma concorrência entre as religiões. Nem por isso desaparece o fato de que esta problemática tampa o horizonte sobre o qual é atestada a vocação universal de Israel: o do messianismo, que supõe a reunião dos povos. Na medida em que durante muito tempo a Lei foi o instrumento privilegiado da separação do judaísmo, é através das modalidades de seu arranjo que a resolução do conflito deverá, pois, operar-se. Quanto ao julgamento das diferentes soluções propostas, ele se organizará em torno de seu grau de compatibilidade com a perspectiva messiânica.

Como é de se esperar, Hermann Cohen aborda a resolução da antinomia entre o isolamento do povo judeu e sua vocação messiânica pelo exame de um "episódio recente da história do judaísmo": o aparecimento do sionismo. Consciente das seduções que esta solução pode oferecer no plano prático, empreende sua refutação de um ponto de vista teórico. Desposando um movimento característico das sociedades modernas, o sionismo deslocou o centro da identidade judaica da Lei para a existência nacional, e depois a tradução política desta na reivindicação de um Estado. Ora, vê-se logo a contradição entre a perspectiva de um Estado judeu confirmado na sua separação e a do messianismo. A isto acresce um paradoxo histórico: à época da luta pela emancipação, os povos europeus censuravam os judeus por rezarem pela restauração de seu Estado; no momento em que estes se habituaram a considerar a referida prece um vestígio de uma antiga devoção, tal fato torna-se um sobrelance na reivindicação nacional que os sionistas opõem à opressão política, às perseguições e aos maus-tratos. A questão é, portanto, saber se há uma alternativa teórica para a confusão entre nação e Estado, pois ela poderia ser o princípio capaz de definir uma forma de isolamento do povo judeu compatível com o ideal messiânico.

Se é que o erro do sionismo consiste em encerrar-se em um nacionalismo estreito, uma primeira distinção conceitual pode ser proposta: ela opõe o substrato material ou mesmo étnico da "nação" a uma "nacionalidade" cuja definição recorre mais diretamente à religião. Aos olhos de Hermann Cohen, a vantagem desta noção reside no fato de que ela parece coincidir com o processo da Emancipação: "Ela é possível na ausência de um Estado próprio, e ela é possível no interior de cada Estado como entidade cultural" (p. 501). Caberá dizer, todavia, que ela é suficiente e, sobretudo, que deve ser entendida na perspectiva de uma fusão entre o judaísmo e as culturas circundantes? Nesse plano em que está em causa a controvertida perspectiva de uma "simbiose", Cohen toma o cuidado de mostrar que a "nacionalidade" não constitui ainda a idealidade procurada. Desembaraçada do terreno antropológico da nação, ela tem o mérito de orientar a identidade do judaísmo para a religião. Porém, é preciso acentuar de modo mais claro esse traço: colocar que a preservação de uma "nacionalidade" judaica é um meio necessário para a conservação da religião judaica; mostrar que o modo como esta última defende a autenticidade do monoteísmo confirma sua fidelidade ao ideal messiânico. A fim de ancorar essa problemática, Cohen mobiliza um dito de Saadia Gaon que deve definitivamente dissipar toda ambiguidade a respeito da identidade judaica: "Nosso povo só é um povo por suas doutrinas". Em outros termos, se pudermos demonstrar pelas fontes dessas doutrinas que a religião judaica é uma religião da razão, não somente se garante "conceitualmente" a perenidade do judaísmo, como se confirma ao mesmo tempo o sentido de seu "isolamento": preservar no mundo uma instância crítica da cultura e da história tais como são. Esperava-se, sem dúvida, de Cohen que ele fizesse o elogio de uma assimilação do povo judeu ao mundo moderno. Seu último livro propõe ao judaísmo universalizar uma velha insatisfação em relação ao mundo como ele anda, a fim de encarnar entre as nações o ponto de vista que julga as coisas segundo a medida dos princípios ligados à ideia do Deus único: "O mundo espiritual tem seu centro fixo que se irradia em toda a extensão infinita da cultura, porém que os interesses da cultura, quaisquer que sejam eles, jamais chegarão a deslocar"[148].

---

148 Esboçando destarte (p. 504) uma oposição entre o judaísmo e o mundo da cultura, Hermann Cohen abre uma perspectiva que Franz Rosenzweig e Emmanuel Lévinas retomarão mais

Eis, pois, o que deveria permitir a Hermann Cohen pleitear o reconhecimento mútuo das culturas sem exigir a sua fusão e defender o processo de Emancipação sem sonhar com "simbiose". Cultivando sua afinidade com a razão, a religião judaica afirma um princípio crítico da história orientado para o ideal messiânico. O ônus da prova não está mais, assim, nas mãos de um judaísmo intimado a fornecer garantias de sua adesão aos valores do ambiente. Ele parece, ao contrário, caber às nações, das quais se espera que saibam livrar-se das seduções do panteísmo e do ceticismo: menos para entrar sob o "jugo" da Lei do que para atingir a idealidade do monoteísmo. Na hora das nações, teria Hermann Cohen esboçado essa via mediana entre os perigos da assimilação e as ilusões do sionismo que seu último livro propõe? Uma de suas raras intervenções delineando um balanço da Emancipação reside em um texto comemorativo da cidadania dos judeus da Prússia[149]. Nessa ocasião, ele afirma uma lealdade com respeito ao Estado alemão que alimentará por ocasião da guerra o *Deutschtum und Judentum*: "Este Estado é o meu". O argumento é, aqui, essencialmente jurídico-político: se bem que o termo se inspire no direito romano dos escravos e da família, a Emancipação transformou judeus "protegidos" em autênticos cidadãos; somente o Estado garante aos indivíduos a possibilidade de aceder ao mundo da cultura; se estes últimos continuam a sofrer vexames e injustiças, é o direito desse Estado que se encontra nisto alterado. A bordo de uma ilusão que o aproximará da geração seguinte, Cohen tem em vista, entretanto, certa prudência no modo de expor a lição que ele pretende reter do "curso furtivo

---

uma vez, por meio de uma espécie de declinação dos sinônimos deste último termo na filosofia de Hegel. Cabe pensar na maneira pela qual *L'Étoile de la rédemption* (p. 391 e s.) descreve o trabalho do messianismo no seio do judaísmo como uma indiferença aos ritmos guerreiros da vida dos Estados e o sentimento de possuir uma paz eterna que se atualiza no ritual das festas (ver infra, cap II, p. 238-245). No mesmo caminho, e precisamente a propósito de Rosenzweig, Lévinas remete esta temática a uma crítica da história, quando escreve que "é porque soube, de pronto, recusar a jurisdição dos acontecimentos, que o judaísmo se manteve como uma consciência, una através da história". Como em eco a Hermann Cohen, ele pode então acrescentar que o fato de ser "membro do povo eterno" se resume no seguinte: "reivindicar o direito de julgar a história, ou seja, reivindicar a posição de uma consciência que se coloca incodicionalmente". Ver Emmanuel Lévinas, "Franz Rosenzweig: Une Penseé juive moderne" (1965), *Hors sujet*, Paris: Fata Morgana, 1987, p. 93-94, e infra, cap IX, p. 1143-1148.
149 Hermann Cohen, *Emanzipation* (1912), *Jüdische Schriften*, II, p. 220 e s.; trad. francesa *L'Émancipation: À l'occasion du centième anniversaire de la citoyenneté des Juifs de Prusse* (11 de maio de 1912), *L'Éthique du judaïsme*, p. 286.

da história universal". A "gratidão" para com o Estado procede do fato deste permitir doravante aos judeus oferecer suas obras à civilização ocidental, assim como os seus predecessores medievais o haviam feito à cultura árabe. Em um sentido é, portanto, a ele que compete saber o que eles devem conservar para partilhá-lo: uma religião que não se afirma por meio de um culto fortificado nos seus direitos, porém pela ciência suscetível de aclarar sua verdade. Desse ponto de vista, Cohen, neste caso excepcionalmente hegeliano, afirma que seria injusto ligar os "sofrimentos engendrados pelo exílio" ao Estado, que representa daqui para frente uma verdadeira "pátria". Eis, pois, o que se oferece para sacrifício sobre o altar da cultura. Mas Cohen também percebe aí o limite, mesmo se ele permanece aquém daquele que já imaginam alguns de seus contemporâneos. A seus olhos, o verdadeiro perigo de um excesso de confiança seria o de não ficar em alerta diante de uma fórmula em plena moda na sociedade alemã: "Só o judeu renegado administra a prova de sua participação no Estado nacional". Em outras palavras, aos olhos das nações a outorga dos direitos é acompanhada sempre do proselitismo, ao passo que, para os judeus, a apostasia pode tornar-se apetitosa em troca do reconhecimento social. Tal é a "fogueira dos tempos modernos", a parte de sombra que ameaça ocultar a luz da Emancipação, razão pela qual ela pode vir a ser uma "punição".

Em face de tais perigos que o sionismo pretende suprimir, Hermann Cohen completa sua crítica teórica deste movimento pela descrição de alguns paradoxos que lhe são atribuídos no plano prático. O mais temível dentre eles decorre da tática dos sionistas: na medida em que eles colocam em primeiro plano o antissemitismo na argumentação em favor da partida e da construção de um Estado separado, eles alimentam um sentimento de eterno desprezo, que pode por falta incitar os judeus a se converterem para dele escapar[150]. Se aquilo que denomina uma "sutil aptidão à apostasia" corresponde a uma síndrome bem conhecida do século XIX,

---

150 Ver *Zionismus und Religion: Ein Wort an meine Kommilitonen jüdischen Glaubens* (1916), em *Jüdische Schriften*, II, p. 319 e s.; trad. francesa *Religion et sionisme: À mes camarades de confession juive*, *L'Éthique du judaïsme*, p. 229-236. Observemos que, a despeito de suas profundas reservas em relação a Hermann Cohen, a segunda geração de sionistas, a de Scholem e Buber, dará ouvidos a esta lição, de algum modo, na medida em que velará para não mais pôr à frente o antissemitismo nas motivações do sionismo.

Cohen lhe adiciona um fenômeno mais atual, que se relaciona à questão da linguagem. Nesse plano, poderia tratar-se de censurar aos sionistas o seu desejo de reabilitar o uso do hebraico. Cohen se interroga, no entanto, sobre o que estaria reservado a uma língua sagrada, que vive do estudo e da prece, ao se tornar "um idioma profano do qual as pessoas se serviriam todos os dias"[151]. A seus olhos, a ausência de vigilância diante de tal risco de banalização confirma a ambiguidade da relação do sionismo com a herança do judaísmo: a preferência concedida à preocupação política mais do que ao testemunho em favor do Deus único entre as nações; uma forma de indiferença ao projeto de uma inscrição da promessa messiânica na história. Há uma anedota que, sem dúvida, resume melhor essa crítica de Cohen, uma sentença soprada um dia ao ouvido de Franz Rosenzweig e na qual o próprio Gershom Scholem verá a palavra mais profunda jamais pronunciada contra os sionistas: "Eles querem ser felizes, os rapazes!"[152].

Gershom Scholem não está enganado ao sublinhar a profundeza dessa expressão. Ternamente irônica em relação aos jovens sionistas que Hermann Cohen encara como filhos rebeldes, ela põe à mostra uma componente determinante de seu pensamento e de suas escolhas públicas: um antieudemonismo radical. Ainda que essa rejeição das satisfações mundanas se exerça em oposição ao sionismo na ordem da política judaica, ela impede igualmente de confundir o projeto de Cohen com um elogio da assimilação.

---

151 Idem, p. 235. Este reparo sobre o paradoxo de uma reatualização do hebraico como língua quotidiana de um Estado parece premonitório. Alguns anos após a sua instalação na Palestina, Gershom Scholem redigirá, aos cuidados de Franz Rosenzweig, uma carta desencantada, na qual ele descreve de maneira muito precisa aquilo que Cohen imagina. Esta é tanto mais significativa quanto Scholem se desaviera com Rosenzweig a propósito do sionismo e quanto ela marca uma forma de reconhecimento em relação à fecundidade de certo número de intuições que este último partilhava com Cohen. Ver Gershom Scholem, À propos de notre langue. Une Confession. Pour Franz Rosenzweig. À l'occasion du 26 décembre 1926, em Stéphane Mosès, L'Ange de l'histoire, Paris: Seuil, 1992, p. 239-241. Sobre a história precisa desta carta, ver infra, cap. IV, p. 560-563.
152 A anedota é relatada por Gershom Scholem em sua autobiografia: De Berlin à Jérusalem, p. 112 (trad. bras., p. 84). Quanto ao próprio Franz Rosenzweig, ele a apresenta como uma espécie de confissão que Cohen lhe teria confiado. Ver Einleitung in die Akadamieausgabe der Jüdischen Schriften Hermann Cohens, op. cit., p. 219. Antes deste texto destinado à publicação, Rosenzweig havia relatado várias vezes estas palavras, atribuindo a Cohen termos diferentes, mas quase sinônimos, para designar os sionistas: aqui, "die Kerle", "die Halunken" em uma carta de 1º de maio de 1917 a Gertrud Oppenheim, ou ainda "die Schufte" em uma carta a seus pais, de 30 de setembro de 1917. Ver Briefe und Tagebücher, I, 1900-1918, p. 399 e 449.

Sionistas desde uma adolescência que coincidia com os últimos anos da existência de Cohen, Scholem e Leo Strauss contestaram os meios que ele propunha para fortalecer a identidade do judaísmo e impedir seu desaparecimento entre as nações. Mas nenhum deles duvidou da autenticidade dessa preocupação, ou mesmo questionou fundamentalmente a ideia que dela decorre: o povo judeu se define antes de tudo por referência à religião. Que esta deva ser repensada mostrando que os princípios da Lei e da razão coincidem, Strauss o discutirá durante toda a sua vida, opondo a confiança moderna à inquietude medieval. Mas as certezas de Cohen permanecerão sempre no ponto de partida de suas próprias interrogações críticas. Inversamente, Scholem recusará em Cohen um racionalismo no qual ele reconhece as antigas fontes da tradição judaica, atestando com esse fato que o autor de *Religião da Razão* toca em sua época uma partitura que era a de Maimônides: a defesa de uma intelectualização da Lei que satisfaz o espírito, mas oferece o risco de extinguir o fervor. Dito de outro modo, um e outro sabiam que Cohen legava a várias gerações duas questões das quais elas não poderiam se desfazer: a da natureza da Lei e a do sentido da eleição.

A via delineada por Hermann Cohen a este respeito é estreita. No espaço doutrinário do judaísmo alemão, ele percebe claramente a maneira como os sionistas jogam com o conflito entre liberais e ortodoxos: propondo-se a sair de suas querelas sobre o culto e o ritual, eles reanimam a antiga forma nacional da esperança messiânica. Como Rozenzweig irá fazer em seguida, Cohen lhes censura este nacionalismo, um desejo de participar de uma felicidade factícia dos povos da terra e das ilusões de uma história profana à qual ele opõe a visão tradicional do dia das realizações, que ele instala no horizonte cosmopolítico. Sua ideia da Lei não é, todavia, nem a da ortodoxia nem tampouco a do liberalismo. Da primeira, Cohen almeja retirar a dimensão da heteronomia dos mandamentos. Mas seu projeto é não menos o de dar à segunda um senso da Revelação que ela corre o risco de perder. Como mostrar que "isolar-se para adorar seu Deus só leva a fundar e reforçar a autonomia do julgamento moral" (p. 509)? Faz-se necessário afirmar, de início, que o fim último da Lei não é o isolamento, que, no entanto, a preserva, mas sim "a idealização de todo agir terreno pelo divino". Na linguagem da Tradição; esta se exprime pela ideia segundo a qual todos os judeus são garantes uns dos outros: é o que a filosofia moderna pode entender como sendo um liame entre a Lei e a moralidade pública o fato de existir no seio da correlação inter-humana. Deste ponto de vista, a questão da Lei não é, pois, estritamente falando, a da manutenção da religião, como os ortodoxos parecem pensar. Ela consiste, antes, em saber como seu reconhecimento subjetivo é suscetível de desembocar numa prática autenticamente moral. Vemos assim como Cohen quer, uma vez mais, harmonizar Maimônides e Kant: a ideia segundo a qual a Lei funda uma ligação entre o conhecimento e a ação com aquela de uma moral iluminada pela razão.

Nessa perspectiva, Hermann Cohen sugere discretamente duas ideias. A primeira consiste em substituir o princípio da exterioridade dos mandamentos por sua interiorização, segundo um procedimento que respeita a autonomia do sujeito: o que poderia levar a admitir que a Lei é essencialmente um "símbolo" (p. 511). Mas ele percebe logo o perigo de tal redução, no qual insistirá Leo Strauss: negar que a Lei seja, propriamente falando, um "valor", para transformá-la numa espécie de força histórica que garanta uma moralidade fundada de modo mais seguro pelo viés da razão[153]. A fim de dissipar esse mal-entendido, ele vai mobilizar, pois, uma noção cuja importância é confirmada pelo fato de Cohen lhe consagrar um capítulo inteiro do livro: o da prece. De um ponto de vista sistemático, a prece deve fornecer uma forma definitiva à Lei, ao realizar a ligação exigida entre o conhecimento religioso e a ação religiosa, isto é, entre a religião e a moralidade. No plano histórico, ela começa a assumir esta função desde o momento em que toma o lugar do sacrifício como expressão da veneração. É, entretanto, na ordem literária que ela se constitui verdadeiramente, ao se desprender da retórica profética que a preparava, para vir a ser a "língua da religião", propriamente falando (p. 514). Descrevendo suas modalidades de formação, Cohen toma o cuidado de descobrir seu primeiro paradigma em um contexto moral: aquele que corresponde ao ritual do perdão. Evocando mais uma vez a liturgia do Iom Kipur, ele mostra que pelo trabalho de penitência voltado para a reconciliação, o Eu visa purificar-se ao voltar-se

---

153 Sobre a maneira como Leo Strauss percebe, a fim de criticá-la, a tendência moderna para uma "interiorização" da Lei e depois em relação à sua "historicização", que surge notadamente em Franz Rosenzweig, ver infra, cap. VII, p. 785-787 e 810-813.

para Deus, de modo que a "confiança" vinculada, neste dia, à esperança do perdão, requer necessariamente a linguagem como meio[154]. Cohen escolhe, todavia, como paradigma definitivo da prece a forma estilística que se afasta mais do modelo do ditirambo sobre o Deus das vitórias e a linha gloriosa dos ancestrais: a do salmo. Duas características do salmo são essenciais, a seus olhos. Em primeiro lugar, graças ao lirismo de sua expressão, ele expõe a dimensão afetiva da correlação entre o homem e Deus. No entanto, Cohen se recusa a evocar o amor como uma realidade presente, oferecendo, ao contrário, ao afeto a forma de uma nostalgia que o idealiza, evitando o retorno do antropomorfismo no momento mais íntimo da relação com Deus. Eis, pois, no que o lirismo dos salmos confere à prece sua modalidade mais pura, pois a converte num arquétipo da interiorização da Lei: "É preciso conversar com Deus; é o monólogo da prece que constitui esta conversa"[155].

Poder-se-ia dizer que, em certo sentido, a prece de Hermann Cohen quase não está distanciada da de Martin Buber, no excepcional encontro entre o filósofo e o místico. Profundamente inscrita na ordem do discurso, ela expõe a do fervor. Intimamente ligada à vontade humana, ela procede de uma liberdade que se volta para Deus na confiança. No entanto, anos-luz os separam, segundo uma diferença que se prende a duas palavras: monólogo ou diálogo. Leo Strauss não se enganou nisso, resumindo a ideia de Cohen concernente à oração como "conversa" com Deus sob uma fórmula de feição paradoxal: "ela dever ser um diálogo permanecendo ao

---

[154] Cohen constrói a demonstração do fato de que "a prece é concebida como formulação do pensamento" em torno do termo hebraico *kavaná*. A este respeito, Gesenius é de novo de um auxílio precioso. O vocabulário bíblico não conhece senão a raiz verbal, mas ela significa ao mesmo tempo instituir ou estabelecer, confirmar e depois preparar-se. Surgido na literatura midráschica, o substantivo propriamente dito designa ao mesmo tempo a intenção de uma ação e a atenção necessária à recitação da *Torá*, de modo que ele se torna mais tarde ainda sinônimo de preparação para a prece.

[155] Hermann Cohen havia anteriormente consagrado um texto aos *Salmos*: Die Lyrik der Psalmen (1914), em *Jüdische Schriften*, I, p. 237-261. Pode-se conceber que no espírito de Cohen a poesia, cuja forma pura os *Salmos* oferecem, corresponde ao momento estético do sistema da religião. É significativo que ele os prefira, a este título, ao *Cântico dos Cânticos*, cuja erótica lhe parece, sem dúvida, demasiado humana para exprimir uma relação com Deus, a qual deve precaver-se a fim de não concebê-lo como uma forma sensível. Ela poderia ser comparada às páginas infinitamente mais sensuais de Rosenzweig sobre o amor humano e o amor de Deus (ver infra, cap. II, p. 226-228, 227 n. 169).

mesmo tempo um monólogo"[156]. Ao evocar a imagem de uma conversação, Cohen esboça um gesto para com a ideia de uma relação interpessoal entre o homem e Deus. Porém, diferentemente de Buber, ele não ultrapassou o limiar: o encontro entre o Eu e o Tu permanece estritamente ancorado no cerne da correlação ética entre o homem e o homem; Deus não é uma segunda pessoa. A seus olhos, o tempo da prece não é o de uma fusão mística ou de um êxtase, porém o momento de uma atualização antecipada da Redenção. A fonte das ambiguidades sobre este tema reside na noção de "proximidade" com Deus. Nela, podemos ser tentados a ver um convite à realização pessoal ou à autossantificação. Cohen não está apenas imunizado contra esta ideia por uma desconfiança filosófica clássica diante da mística: a crítica do antropomorfismo que estrutura a *Religião da Razão* incita a lembrar que o desejo de Deus não pode visar uma realidade sensível, ou o charme falaz do amor imaginado com base no modelo carnal. A isto se soma, enfim, que a própria liturgia fala a língua de um monólogo, o qual declina em louvores a bênção do Nome sobre o horizonte messiânico: "Que seu reino venha a reinar em vossa vida e em vossos dias e na vida de todo Israel"[157].

❧

[156] Leo Strauss, Essai d'introduction à la *Religion de la raison tirée des sources du judaïsme* de Hermann Cohen, op. cit., p. 350. Strauss insiste talvez por demais sobre a maneira de Cohen falar acerca da prece como "conversação" com Deus, afirmando, ao mesmo tempo, que ela continua sendo um "monólogo" (p. 515), enquanto os seus primeiros trabalhos haviam criticado em bloco Cohen, Rosenzweig e Buber, a partir da ideia segundo a qual seu retorno à Tradição era entravado pelos preconceitos das Luzes, que os incitavam a advogar uma "interiorização" da Lei. Se parece persistir em pensar que a análise da prece em Cohen depende desta figura, Strauss sugere, no entanto, doravante, que há diferença entre a maneira de Buber ou Rosenzweig conceberem a relação entre o homem e Deus como um autêntico diálogo e aquilo que Cohen mantém do sentido tradicional da Revelação, ao falar de monólogo. Dito de outro modo, ele percebe perfeitamente a maneira como a oração remanesce para Cohen um monólogo do homem dirigido a Deus, mas que não espera resposta, ao passo que ela se torna, para Rosenzweig e Buber, o instrumento de uma comunicação que atualiza, ela mesma, uma Revelação já concebida como inscrita na ordem do discurso (ver infra, cap. II, p. 132).
[157] De forma significativa, Cohen cita aí (p. 534), pela segunda vez, esta passagem do *Kadisch*, já mobilizada a propósito da morte (ver supra, nota 139). De conformidade com o fato de que esta prece só entrou tardiamente no ritual específico do luto, ele sublinha esta vez seu lugar na liturgia quotidiana, ao mostrar como ela faz eco ao *Aleinu* que fecha os ofícios, para abrir uma mesma perspectiva: "É preciso tomar sobre os ombros, a cada dia, em cada prece, o jugo do reino de Deus". Cohen assinala de passagem, para lamentar o seu desaparecimento, o fato de que certas comunidades tinham um tempo acrescido à fórmula citada: "e na vida de Moisés ben Maimon". Ele oferece enfim a Rosenzweig a ideia que regerá a análise da prece em *A Estrela da Redenção* quando adiciona: "É assim que o reino messiânico de Deus é convocado pela prece no presente, e já tornado presente pela prece presente".

Hermann Cohen deseja atestar a pertinência da prece ao domínio de uma religião da razão por um derradeiro fenômeno, ao mesmo tempo doutrinário e histórico. Ele se baseia numa observação linguística de aparência menor: o fato de as comunidades alemãs designarem familiarmente a sinagoga com um termo ídiche, oriundo do velho alemão e que significa "escola": *Schul*. Trata-se, pois, de mostrar que esse uso não é uma curiosidade, mas corresponde ao resultado de uma evolução que conduziu a noção de prece rumo ao de estudo: na época em que Salomão abençoou o Templo, este era chamado de "casa de oração para todos os povos" (Is 56, 7); o *Talmud* a transformou numa "casa de assembleia" e "casa de estudo"[158]. Que o lugar do culto esteja associado às ideias de assembleia e de estudo, este fato se reveste, para Cohen, de uma tripla importância. Em primeiro lugar, fica aqui confirmada uma lógica que já aparecia na recusa das imagens, do antropomorfismo e dos sacrifícios: "A ideia de uma casa de Deus é uma ofensa para o pensamento monoteísta" (p. 532). A isto se adiciona que este deslizamento de sentido, que assegura um liame entre a prece e o ensinamento, está solenemente garantido pela *Mischná*, quando ela declara que "o estudo da Torá equivale a todos os mandamentos"[159]. Resta, enfim, o termo assembleia. Analisando as condições do surgimento desta denominação, Cohen as relaciona alusivamente a um acontecimento maior da história do povo

---

[158] Podemos aduzir em apoio à tese de Cohen em relação a este ponto o fato de que esta transformação não é apenas intencional, mas também imperativa, como se pode ver quando os Sábios declaram: "Vós transformareis a casa de oração em casa de estudo (*beit ha-midrasch*)" (*Meg[u]ilá* 27a).

[159] Aí (p. 531), Cohen não indica a referência. Ele resume, na verdade, uma *mischná* que acaba de utilizar (*Pea*, I, 1): "Eis as coisas que o homem recolhe dos interesses neste mundo, mas cujo principal lhe resta para o mundo vindouro: honrar pai e mãe; cumprir os atos de caridade; trabalhar para restabelecer a paz entre os homens; mas o estudo da Torá iguala todos os outros". Outros ditos reforçarão ainda a tese de Cohen: "o estudo da Torá é superior à construção do Templo (*Meg[u]ilá*, 16b); "quem quer que se entregue ao estudo da Torá não tem necessidade de holocaustos, de oblações, de expiações ou de sacrifícios de culpabilidade" (*Menahot*, 110a). Acrescentemos que Maimônides ratifica esta ideia: "Não se poderia encontrar, dentre todos os mandamentos, mandamento que possa se comparar ao dever de estudar a Lei, ao passo que este dever, por si só, iguala em importância o conjunto de todos os outros mandamentos" (*Mischné Torá*, Livro I, Madá, III, Talmud Torá, III, 3; *Livre de la connaissance*, p. 178). Encontraremos, por fim, nos *midraschim* um certo número de proposições que podem ser invocadas em apoio a uma tese comum a Hermann Cohen e Emmanuel Lévinas: o laço íntimo entre o estudo e a ética, o conhecimento da Torá e a responsabilidade (ver infra, cap. IX, p. 1111-1113 e n. 189).

judeu: a perda do Estado e a dispersão. Aos olhos do mundo, a perenidade de Israel, a despeito desta situação, é o cerne de seu enigma. Ela se explica, todavia, para Cohen, de uma maneira que une entre elas várias de suas teses. No exílio, "a comunidade substituiu o Estado", de modo que nem a perda do território, nem mesmo a destruição do Templo se apresentam como catástrofes que põem fundamentalmente em causa a identidade do judaísmo. Diante disso subsiste, entretanto, uma condição: é a prece que a todo instante instaura e renova a existência da comunidade. Em outros termos, a sobrevivência do povo judeu na história depende do fato de este saber sempre substituir a terra pela *Torá* que ele transporta consigo, o estudo que garante a autoridade dela, depois a prece que mantém sua relação com Deus. Evocando a esse respeito o universo que lhe é distante, o velho filósofo berlinense se concede um instante de emoção, para trazer um testemunho desta experiência, graças à descrição da chama do Schabat a irradiar em meio aos sofrimentos da escravidão: "Por mais que a vida quotidiana seja penosa, o judeu do gueto dela se desembaraça quando as velas do Schabat são acesas. Todo opróbio é apagado. O amor a Deus, que o Schabat lhe traz todos os sete dias, lhe restitui igualmente sua honra e sua dignidade de homem no seu pobre casebre" (p. 226).

Ainda assim, não é menos verdade que tal tematização do sentido da prece e de seu papel possa esquivar-se de uma questão efetiva: a da língua na qual ela deve ser dita[160]. Sobre este assunto, que está sempre no âmago dos conflitos concernentes à reforma litúrgica, Hermann Cohen recusa os dois argumentos mais comumente ouvidos: aquele que justifica o uso do alemão, considerando um mau conhecimento da língua sagrada pela maioria da comunidade; e aquele que advoga o retorno ao hebraico em nome de uma dificuldade quase incontornável da tradução. Preferindo atacar o problema de um ponto de vista sistemático, ele lhe dá uma forma que lembra de novo uma antinomia. No tocante à dimensão afetiva da prece e

---

160 Sobre a reforma da oração na Alemanha entre a época de Mendelssohn e a de Cohen, ver a obra clássica (1913) de Ismar Elbogen, *Jewish Liturgy: A Comprehensive History*, trad. R. Scheindlin, Philadelphia/Jerusalem: The Jewish Publication Society, 1993, § 45-46. Pode-se ter uma imagem dos ritos observados nas sinagogas de Berlim, na época correspondente ao fim da vida de Cohen, lendo a autobiografia de Gershom Scholem: *De Berlin à Jérusalem*, p. 74-75 (trad. bras., p. 54-55).

de sua inscrição em uma lógica da conversa, ela parece exigir a "língua do coração", que é necessariamente a "língua materna" (p. 538). Inversamente, à medida que a língua original do monoteísmo nutria a civilização ocidental através do cristianismo, ela se desfigurava pela tradução, a ponto de parecer doravante necessário voltar atrás nisso a fim de restaurá-la como língua autêntica do judaísmo. A verdadeira questão é, pois, a seguinte: "Cumpre atribuir também à língua da prece a função de isolar aqueles que a falam?" A resposta de Cohen só pode surgir de um compromisso. No plano dos princípios, o problema é menos linguístico do que teológico: "O judeu não tem por que se defender da vestimenta alemã, mas sim da cristã que traz a tradução do pensamento judaico original, a partir da tradução grega do Novo Testamento" (p. 539). Nada proíbe, portanto, que as línguas da cultura participem da prece, *a fortiori* quando o alemão é a da "terra mãe do judaísmo moderno". No entanto, ratificando assim a norma que guiou a reorganização do culto, Cohen lhe impôs um contrapeso: uma vez que a tradução traiu e na medida em que "o coração cristão bate diferentemente do coração judeu", o hebraico deve permanecer como língua de estudo, podendo ao mesmo tempo voltar a ser a linguagem da oração[161].

Pode-se pensar que esse arrazoado em favor de um compromisso linguístico a propósito da prece não deixa de ter ligação com a economia sistemática da *Religião da Razão*. Se a questão aqui fosse da relação que deve ser estabelecida entre a língua da cultura e a da Lei, esta se mantém no centro do espaço aberto por esta observação liminar do livro, que diz respeito à integralidade da história ocidental: "Furiosos combates foram travados na fronteira entre religião e filosofia" (p. 50). Enfrentando ainda o conflito entre as duas vinculações, Hermann Cohen no fim de sua obra imputa à filosofia um risco que a religião ignora: à medida que, de Sócrates até

---

[161] Estranhamente, essas proposições sem grande firmeza de Hermann Cohen tiveram um efeito considerável sobre a geração de seus alunos. É a Franz Rosenzweig que coube ouvir nelas um convite ao retorno ao estudo do hebraico como língua autêntica da Escritura, língua do estudo e da oração. Ver de novo a carta programática endereçada a Cohen em 1917: Zeit ists, op. cit., p. 461- 481, e supra, nota 15. Origem da Academia para a ciência do judaísmo de Berlin, cuja criação Cohen apadrinhará antes de sua morte, este texto articula igualmente as ideias que serão mais tarde postas em uso por Rosenzweig na sua Lehrhaus de Frankfurt (ver infra, cap. II, p. 177-180). Ninguém duvida que um outro grande projeto haja igualmente realizado o desejo de Cohen: a tradução da Escritura conduzida em conjunto por Rosenzweig e Martin Buber (ver infra, cap. v, p. 592-634).

os Modernos, ela desloca o centro de gravidade próprio à ética da ideia do Bem para o prazer, a filosofia tende a confundir a moralidade com as virtudes e depois a concluir da multiplicidade de umas a relatividade da outra. Será preciso deduzir daí que a última partida vai acabar com vantagem para a religião, pois "o monoteísmo judaico não estava exposto ao perigo de estabelecer uma identidade entre moralidade e virtude" (p. 557)? Procurando ainda restabelecer a possibilidade da harmonia, Cohen se propõe a mostrar que "a vontade de Deus, a essência de Deus, requer a liberdade da vontade humana" (p. 564). Para que isto se dê, ele parece sugerir o entendimento em perspectiva kantiana de uma lei que seria vã se ela aplicasse a si "mecanicamente" este adágio talmúdico: "Tudo está na mão de Deus, exceto o temor a Deus"[162]. Tudo se passa, no entanto, como se ele, numa volta para trás, remontasse discretamente ao acordo kantiano entre razão teórica e razão prática, para retomar a questão tal como ela se apresentava de preferência no contexto de Maimônides. Cohen lembra que a conexão recíproca entre conhecimento da natureza e conhecimento ético é o problema fundamental da filosofia sistemática. Mas acrescenta que se trata, de fato, de uma "pedra filosofal" (p. 567). Como Leo Strauss sugere, o deslocamento é patente em relação à perspectiva kantiana[163]. Em sua *Ética da Vontade Pura*, Cohen afirmava que a religião deve transformar-se em ética.

༺ ༻

[162] Aqui, a fonte de Cohen é *Berakhot*, 33b, que comenta o *Dt* 10, 12. Tem-se, aliás, o sentimento de que ele pensa nas observações de Kant acerca do efeito de uma natureza que, por hipótese, nos teria posto diante dos olhos de "Deus e da eternidade na sua majestade temível": a transgressão da lei seria evitada, mas nós agiríamos pelo temor e a conduta dos homens seria "transformada em um puro mecanismo em que, como em um jogo de marionetes, tudo *gesticularia* bem, porém onde não se encontraria nenhuma *vida* nas personagens" (*Crítica da Razão Prática*, Dialética, cap. IX). É mais evidente ainda que Cohen tenha presente no espírito a demonstração de Maimônides consagrada à ausência de contradição entre o conhecimento divino e o livre-arbítrio (ver *Mischné Torá*, Livro I, Madá, v, *Teschuvá*, v, 5; *Livre de la connaissance*, p. 389 e s.). Ele cita, com efeito, as referências sobre as quais Maimônides se fundamenta nesta passagem: além de *Berakhot*, 33b, *Dt* 30, 15 ("Vê, eu coloco hoje diante de ti a vida e o bem, a morte e o mal") e *Dt* 11, 26 ("Vê, eu coloco hoje diante de ti benção e maldição"). Pode-se, enfim, reportar-se ao comentário que Emmanuel Lévinas faz a *Berakhot*, 33b, em um sentido que vai ao encontro do de Cohen: A linguagem religiosa e o temor de Deus, em *L'Au-delà du verset*, p. 107-122.
[163] Ver Essai d'introduction à *La Religion de la raison tirée des sources du judaïsme*, de Hermann Cohen, op. cit., p. 352. Antes de ver-se obrigado a renunciar a redigir efetivamente a *Religião da Razão*, Cohen queria fazer dos capítulos dedicados às virtudes uma espécie de comentário crítico de sua própria *Ethik des reinen Willens* de 1904.

Aqui, não é mais questão de transformação, mas de conexão. Quanto a esta última, só um conceito é suscetível de assegurá-la: o da "verdade". Eis, portanto, o que se assemelha ao centro de gravidade da *Religião da Razão*: somente o conceito de verdade é capaz de coordenar a causalidade teórica e a teleologia ética; este acordo corresponde à ideia de Deus.

Que a verdade seja da classe dos conceitos fundamentais do conhecimento teórico, isso não precisa de demonstração. A que é requerida concerne ao fato de que o conceito de verdade intervém na ideia de Deus. A fim de conduzi-la, Hermann Cohen avança com prudência. Ele procura, em primeiro lugar, atestar através das fontes a existência de uma conexão entre Deus e a verdade: "o Eterno é um Deus da verdade" (*Jr* 10, 10); "o selo do Santo, bendito seja, é a verdade" (*Schabat* 55a). Mas o argumento essencial parece querer provir da própria linguagem e, neste caso, da polissemia do termo *Emet*: verdade, mas também fidelidade[164]. Evocando-o duas vezes, Cohen procura, sem dúvida, evitar conceder diretamente à verdade o estatuto de atributo divino, para inscrevê-la, mais uma vez, na ordem das correlações. Do lado de Deus, a verdade deve essencialmente ser entendida como sendo a da doutrina: "E todos teus mandamentos são verdade" (*Sl* 119, 151); "Pois o mandamento é uma tocha e a *Torá*, uma luz" (*Pr* 6, 23)[165]. É preciso então compreender como ela deve associar-se no homem

---

164 Cohen evoca, pelo menos duas vezes, esta polissemia: no capítulo consagrado às virtudes em geral (p. 570-572), e depois desde as primeiras linhas daquele que analisa especificamente a noção de fidelidade (p. 605). Poder-se-ia, todavia, dizer que todo o fim do livro comenta este duplo sentido, através de diferentes virtudes: além da fidelidade, a justiça, a valentia e a paz. Na linguagem bíblica, as significações do termo *emet* declinam-se efetivamente a partir da verdade – como em *2Sm* 7, 28 ("tuas palavras são verdade") ou em *Salmos* 25, 10 ("Todos os sendeiros do Eterno são amor e verdade") – para a fidelidade: "O pai anuncia a seus filhos tua fidelidade" (*Is* 38, 19); "sua fidelidade é um escudo e uma armadura" (*Sl* 91, 4). Ele se estende, enfim, até a lealdade nas expressões como "lento na cólera, pleno de fidelidade e de lealdade" (*Ex* 34, 6 e *Sl* 86, 15), ou "a lealdade do Eterno é para sempre" (*Sl* 117, 2). Notemos, enfim, que Gesenius instala a rede semântica na qual Cohen se abebera, ao traduzir igualmente o termo *emet* por "sinceridade" em certas ocorrências, como em *Josué* 24, 14 ("E agora temei o Eterno e servi-o com sinceridade e verdade"). Ele confirma também aquilo sobre o que Cohen se apoia: os dois termos que significam respectivamente verdade (*emet*) e fé (*emuná*) provêm da mesma raiz, evocando ela mesma a firmeza.
165 Eis um comentário ao versículo a partir do qual Hermann Cohen poderia fazer o seu mel: "Se este texto compara o mandamento a uma lâmpada e a *Torá* à luz, é para ensinar que, assim como a lâmpada só aclara por um momento, cumprir um mandamento também protege apenas por um momento; assim como a luz aclara para sempre, a *Torá* aclara para sempre" (*Sotá*, 21a).

à fidelidade. A virtude que assegura esta ligação é a sinceridade, amiúde entendida como a do coração: "vós o servireis com um coração inteiro, com verdade" (Js 24, 14). Assim formulada, como "coluna vertebral do homem moral" (p. 577), a sinceridade leva, portanto, à fidelidade. Desta última, o filósofo pode doravante dizer que ela está efetivamente no centro das correlações, visto que estrutura tanto a relação entre o homem e o homem, como aquela que une o homem a Deus. Aos olhos de Cohen, essa função é garantida pelo fato de que a lembrança desempenha um papel decisivo na entrada em ação da fidelidade. À primeira vista, a rememoração como lembrança das mercês de Deus é uma virtude passiva, mas sua modalidade de aparição a torna ativa: "Tu te lembrarás que foste escravo no país do Egito" (p. 605). Assegurando uma conexão entre a gratidão para com Deus e o amor ao estrangeiro como fundamento da relação ética, a fidelidade é, enfim, a condição de uma harmonia da consciência cujo prêmio é fixado pelo salmista: "Se eu te esquecer, ó Jerusalém, que a minha destra me esqueça" (Sl 137, 5).

A leitura dos últimos capítulos da *Religião da Razão* proporciona amiúde o sentimento de que eles remanesceram em estado de esboço. Ao passo que Hermann Cohen sempre conduziu seus argumentos com um cuidado extremo de articulação entre as fontes e as proposições sistemáticas, este trabalho parece aqui inacabado, não deixando às vezes aparecer a formulação das linhas diretrizes senão a de uma parte do material destinado a alimentá-las. Pode-se, todavia, imaginar que ele tinha em mente, ao construir essas páginas, a seguinte fórmula dos *Pirkei Avot*: "O mundo repousa em três coisas, justiça, verdade e paz"[166]. Ao que já foi dito a respeito da verdade, de seu lugar na ideia de Deus e de seu papel para o ideal humano do conhecimento, Cohen adiciona que ela impõe um dever de fidelidade específica, o de instalar em todas as circunstâncias as condições do estudo: "desde que ele [o filho] sabe falar, o pai [lhe] ensinará a *Torá* e o *Schemá* [Ouve, ó Israel...]"; "que sejam instituídos em todas as cidades mestres para as crianças"[167]. Pelo que toca à justiça, sabemos que ele estava

---

166 *Pirkei Avot*, I, 18.
167 Respectivamente *Suká*, 42a, e *Baba Batra*, 21a. Citando estes textos, Cohen precisa (p. 609) que esta fidelidade ao estudo é o que explica como a alma do povo judeu chegou a não "perecer sob uma opressão milenar".

preocupado com a maneira pela qual sua definição como atributo divino pode vir a ser contraditória com a exigência de sua realização no seio da sociedade humana. Ele completa, pois, o fato de que o ritual do Iom Kipur condiciona o perdão das faltas para com Deus à reconciliação entre os homens pelos convites talmúdicos para considerar que o procedimento equitativo ultrapassa a aplicação formal da lei jurídica, assim como o exercício do dever moral da caridade supõe mais do que a esmola[168]. Resta, por fim, a noção de paz. Que ela se articula perfeitamente com as de verdade e de justiça, os *Pirkei Avot* atestam-no neste versículo: "Verdade e sentença de paz, tais devem ser os vossos julgamentos entre vossas portas" (Zc 8, 16). Quanto ao comentário de Maimônides sobre essa passagem, ele responde exatamente ao desejo de Cohen: "A verdade é uma virtude intelectual e a paz, uma virtude moral"[169]. Uma última noção confirma esse ponto de vista: a dos "caminhos da paz". Evocando duas vezes sem jamais a desenvolver, Hermann Cohen sabia, sem dúvida, que ela podia oferecer um coroamento à sua demonstração: "É preciso socorrer os pobres dentre os estrangeiros ao mesmo tempo que os pobres dentre Israel, visitar os doentes estrangeiros ao mesmo tempo que os de Israel, enterrar os mortos dos estrangeiros tanto quanto os de Israel, isto tendo em vista os caminhos da paz"[170].

Eis, pois, uma noção que fornece a sua substância à ideia de uma missão universal de Israel, tal qual a defende incansavelmente Hermann Cohen. Os "caminhos da paz" são aqueles através dos quais o horizonte

---

168 Esta última proposição é ilustrada pela que se segue: "Aquele que dá um sustento ao pobre só receberá do profeta seis bênçãos, mas aquele que adiciona à sua doação palavras de simpatia, o profeta lhe dispensará onze bênçãos" (*Baba Batra*, 9b). Mais complexa, a primeira visa, sem citar, *Baba Metzia*, 30b. A ideia adiantada nesta passagem é, à primeira vista, temível: "Se Jerusalém foi destruída, é apenas porque ela foi julgada segundo a *Torá*". Cohen propõe descobrir aí a seguinte coisa: "A virtude absoluta da justiça deve ser completada por uma virtude relativa, animada e estimulada [...] pelo afeto do amor" (p. 595). Maimônides caminha neste sentido, ao incluir a ideia segundo a qual "é preciso ir além dos limites do direito" na doutrina das virtudes de sua introdução ao comentário dos *Pirkei Avot*. Ver Maimônides, *Schmoná Perakim* (Tratado dos Oito Capítulos), § 4.
169 *Pirkei Avot*, 1, 18, e comentário de Maimônides, *ad loc*.
170 *Guitin*, 61a. Na sua codificação das noções relativas à era messiânica, Maimônides cita esta passagem, ligando-a a dois versículos: "O Eterno é bom para todos e a sua misericórdia se estende a todas suas obras" (Sl 145, 9); "Todos os caminhos são doçura e suas sendas, a paz" (Pr 3, 17). Ver *Mischné Torá*, Livro XIV, *Sofetim* (*Juízes*), V, *Melakhim* (*Reis*), X, 12. Podemos ainda ler que "toda a *Torá* é [feita tendo] em vista os caminhos da paz" (*Guitin* 59b).

messiânico se aproxima. Eles se desenham através do cumprimento dos deveres em relação a outrem, vinculados a três de seus símbolos mais poderosos. Eles só encontram, por fim, sua significação messiânica ampliando a alteridade para os estrangeiros, que representam as nações. Quando comenta esta noção, Emmanuel Lévinas a liga às do noáquida e "dos justos entre as nações da terra", para mostrar que, por meio deste conjunto, "o monoteísmo judeu coloca no próprio Deus a aspiração a uma sociedade universal"[171]. Solicitando uma figura particularmente cara a Hermann Cohen, teria ele no espírito a *Religião da Razão*? Não há qualquer atestado filosófico de tal influência, embora caiba pensar, não obstante, que ela transita pela obra de Franz Rosenzweig. No entanto, sorvendo das mesmas fontes, Lévinas parece repisar os passos de Cohen, quando escreve: "A verdadeira correlação entre o homem e Deus depende de uma relação de homem para homem na qual o homem assume a responsabilidade, como se não houvesse um Deus com quem contar"[172]. Até no emprego da noção de "correlação", o início desta proposição poderia oferecer um resumo do empreendimento de Emmanuel Lévinas por meio da tese que organiza o último livro de Hermann Cohen. Tal coincidência incita a propor uma hipótese: com anos de distância, em contextos diferentes e sob a cobertura de premissas dessemelhantes, as *démarches* filosóficas de Cohen e Lévinas se cruzam nas mesmas fontes e em torno de intenções similares, a ponto de a segunda oferecer talvez um dos melhores aclaramentos do que seja a primeira, como se o trabalho do pensamento construísse fidelidades sem empréstimos, acordos que não têm necessidade de provas, ideias que se respondem melhor do que os textos.

"Religião de adultos": esta expressão de Emmanuel Lévinas a respeito de sua própria concepção de uma religião da razão parece talhada sob medida para apreender pela última vez os contornos da obra de Hermann Cohen, e depois delinear seu horizonte[173]. Em primeiro lugar, ela tem em vista uma desconfiança tenaz em relação à presença da magia, do numinoso e até do entusiasmo no seio da definição do religioso. Em Cohen, esta perspectiva se

---

[171] Emmanuel Lévinas, La Laïcité et la pensée d'Israël, *Les Imprévus de l'histoire*, Paris: Fata Morgana, 1994, p. 188. Citando aqui *Guitin*, 61a, Lévinas endurece a tradução do texto para reforçar o efeito: ele escreve "idólatras" lá onde se poderia simplesmente ler "estrangeiros".
[172] Idem, p. 183.
[173] Ver Emmanuel Lévinas, Une Religion d'adultes, *Difficile liberté*, p. 24-42.

prendia ao fato de que a refutação do mito é a condição de possibilidade do monoteísmo, o que garantiu sua pureza através de cada um de seus desenvolvimentos. Para Lévinas, ela se orienta mais especificamente para a crítica das correntes da filosofia contemporânea, tentadas pela visão de um "sagrado a filtrar-se através do mundo"[174]. Semelhante ideia poderia igualmente aproximar duas concepções do encontro entre o judaísmo e o Ocidente filosófico. Aos olhos de Cohen, isto já se esboçava através de uma proximidade entre o ideal social dos profetas e a ética de Platão, para se fortificar em Maimônides e, finalmente, realizar-se numa reinterpretação da herança kantiana. Hostil à noção de totalidade, é antes de uma desformalização do sistema da filosofia que Lévinas espera um esclarecimento dos liames entre a *Bíblia* e os gregos. Porém, quando isto é conseguido, os pontos de vista se reúnem: o monoteísmo bem compreendido deve ser entendido menos a partir da obediência do que da liberdade; ele se realiza pelo viés de uma responsabilidade para com outrem que se declina ela própria em conhecimento e ação. É, pois, em conjunto que Lévinas e Cohen poderiam dissipar o antropomorfismo, ao traduzir os atributos divinos nos termos de uma ética humana: "'Deus é misericordioso' significa 'Sede misericordioso como Ele'"; "a relação com o divino atravessa a relação com os homens e coincide com a justiça social"[175]. Conceber uma religião de adultos vem a ser, enfim, interpretar o sentido da Lei numa perspectiva compatível com a autonomia do homem. Explicitamente posto em ação por Cohen, conduzido de modo mais discreto por Lévinas, esse projeto se articula em torno da ideia segundo a qual a *Torá* pode ser recebida como ensinamento em vez de ser estritamente vivenciada por meio dos mandamentos. No referente à sua significação como doutrina, ela se inscreve, mais uma vez, na ordem das correlações, acompanhando a transformação do respeito de regras fundadas na heteronomia em uma tarefa potencialmente infinita de responsabilidade para com outrem: "Para o judaísmo, o

---

[174] Emmanuel Lévinas, "Heidegger, Gagarine et nous", em *Difficile liberté*, p. 325. Compreendeu-se que esta "eterna sedução do paganismo" se prende essencialmente ao pensamento heideggeriano (ver infra, cap. IX, p. 1078-1080 e 1105-1107).
[175] Emmanuel Lévinas, Une Religion d'adultes, op. cit., p. 33 e 36. A primeira fórmula está explicitamente ligada à doutrina dos atributos negativos, que permite a Maimônides desprender o conhecimento de Deus de toda representação.

objetivo da educação consiste em instituir uma relação entre o homem e a santidade de Deus, e em manter o homem nesta relação"[176].

Assim percebida, a conivência entre Emmanuel Lévinas e Hermann Cohen poderia selar-se na conotação kantiana da ideia de uma "religião de adultos". Pensar um conceito de Deus para uma humanidade que saiu da idade da minoridade, tal é diretamente o projeto de Cohen, que retoma em Maimônides o desejo de harmonizar Razão e Revelação numa época caracterizada pela transformação da primeira em sistema e com o risco de sacrificar a segunda no altar do conhecimento objetivo e do ceticismo. Em Lévinas, é sem dúvida menos o espectro de Spinoza que obseda a sua reflexão do que o de Nietzsche, em função de uma geração contemporânea da destruição e de uma espécie de atualização empírica da "morte de Deus". Cohen, porém, se reencontraria com certeza nestas duas proposições de Lévinas: "O monoteísmo supera e engloba o ateísmo [...], impossível a quem não tenha atingido a idade da dúvida, da solidão e da revolta"; "podemos nos perguntar se o espírito ocidental, se a filosofia, não é, em última análise, a posição de uma humanidade que aceita o risco do ateísmo, que é preciso correr, mas superar, como o preço de sua maioridade".

Há, entretanto, uma tese de Hermann Cohen cuja retomada parece estar proibida na segunda metade do século XX: tese segundo a qual o sofrimento do povo judeu pertence à economia da salvação. Instalando-a, Cohen tomava a precaução de descartar a significação que os inimigos de Israel conferem a esta ideia, mas igualmente alguns de seus representantes: são suas faltas que explicam e justificam suas desgraças. O lugar dessa tese no sistema da *Religião da Razão* era o de uma expressão do antieudemonismo radical de Cohen, quadro no qual a miséria de Israel é aquela do pobre ou do estrangeiro, como símbolos universais do homem e objetos privilegiados do amor de Deus. Mas essa maneira de considerar que o exílio e as perseguições se inscrevem no horizonte messiânico de uma redenção da humanidade é entravada pela experiência de um sofrimento radicalmente "inútil"[177]. A ideia de Israel como "Jó da história universal" estaria, contudo, definitivamente

---

176 Idem, p. 28.
177 Emmanuel Lévinas, La Souffrance inutile, *Entre nous: Essais sur le penser à l'autre*, Paris: Grasset, 1991, p. 107-119.

derrotada? É significativo que seja em Kant que Emmanuel Lévinas descobre uma reinterpretação da figura de Jó, que exclui toda teleologia do sofrimento para explicar, ao mesmo tempo, os motivos de sua revolta, as razões de sua hostilidade à teodiceia de seus amigos e os fundamentos de sua confiança final: "Neste estado de espírito, Jó terá provado que ele não baseava sua moralidade na fé, porém a fé na moralidade; neste caso a fé, por mais fraca que ela possa ser, é, entretanto, a única de uma pura e autêntica espécie, da espécie que funda não uma religião de favores solicitados, mas de uma vida bem conduzida"[178]. Que a religião de uma humanidade que atravessou a idade da revolta em um século de extermínio possa ser a do ideal de uma vida reta mais do que de recompensas esperadas, Hermann Cohen aceitaria sem hesitação. Isso significaria dizer que o abandono da ideia de um sofrimento providencial não obriga a rejeitar aquela que lhe é conexa na *Religião da Razão*: o estatuto do "povo monoteísta" depende menos de sua eleição, propriamente falando, do que de sua fidelidade à Lei e de sua aptidão em testemunhar a favor da Redenção[179]. A definição dessas duas modalidades de experiência judaica traz em Cohen a marca da época. Antes de significar pela observação das regras, a fidelidade à Lei é entendida como responsabilidade para com o homem, sob o olhar de Deus. Quanto ao seu papel de testemunha, Israel o desempenha na cena da história e entre as nações. Resta perguntar como tais ideias podiam sobreviver ao desaparecimento do mundo em que haviam nascido, à dúvida retrospectiva concernente à aspiração dos judeus modernos desejosos de se tornar "bons europeus", ao "recentramento" das esperanças ligadas à aventura de Israel na terra das origens.

    A herança de Hermann Cohen conheceu sortes diversas e, amiúde, paradoxais. Em Franz Rosenzweig, ele foi objeto de uma fidelidade alicerçada na intimidade, a tal ponto que Gershom Scholem falará de amor mais do que de amizade[180]. A despeito das tomadas de posição de Cohen, a guerra

---

[178] I. Kant, *Sur l'insuccès de toutes les tentatives philosophiques en matière de théodicée*, AK, VIII, 267.
[179] Esta caracterização do judaísmo por meio da fidelidade à Lei e do testemunho em favor da Redenção reaparece em Leo Strauss (ver infra, cap. VII, p. 936-939).
[180] Ver a alocução pronunciada por Gershom Scholem em Jerusalém pouco tempo depois da morte de Franz Rosenzweig: Franz Rosenzweig et son livre *L'Étoile de la Rédemption*, op. cit., p. 17-37. Scholem presta a Cohen o fato de ter levado Rosenzweig a descobrir um judaísmo que este ignorava, de modo que ele o fez sair "do deserto árido do judaísmo alemão, dessa terra desolada que a ideia de assimilação evoca apenas de maneira estreita e limitada" (p. 18-19).

não os separou, acarretando apenas uma redistribuição das cartas. A *Religião da Razão* buscava harmonizar o sistema da filosofia e a Tradição. A *Estrela da Redenção* apresentava-se como um sistema do judaísmo. Mas a ambição permanece: transformar em objetos especulativos as noções de Criação, de Revelação e de Redenção, mesmo que se deva adaptar o discurso da Lei às condições de receptividade da época. Quanto ao papel messiânico de Israel entre as nações, Rosenzweig quererá descobrir para ele uma fonte medieval, tomando, aliás, de empréstimo a Cohen uma "marginalidade" para com a sociedade alemã que o protege da ilusão de uma "simbiose"[181]. Em outras palavras, quando Rosenzweig se propõe a falar de uma "dissimilação" do judaísmo no mundo, trata-se tanto do pensamento de Cohen quanto do seu que ele pretende arrancar das suspeitas: aquilo que pode assemelhar-se a uma metafísica da dispersão não deve confundir-se com um elogio da assimilação[182].

Entre Hermann Cohen e Emmanuel Lévinas, apesar de uma história que podia tornar incomensuráveis suas experiências, o que se descobre é uma espécie de proximidade à distância. Para Lévinas, a conexão entre a Lei e a filosofia não podia operar-se ao modo da síntese transcendental de Cohen. No entanto, é bem como neste último que a fidelidade ao monoteísmo se realiza na responsabilidade para com outrem: Cohen definia Deus *a priori* como uma ideia, para dar a ela uma substância oriunda da relação ética; Lévinas, de sua parte, mostra que, em sua trajetória, ele "vem à ideia" mais do que procede dela, mas através desse mesmo fenômeno. A isto se acrescenta que esses dois pensadores se reencontram ao redor do que parece ser uma secularização filosófica do ideal messiânico. Hostis às escatologias revolucionárias, mas não menos desconfiados em face das idolatrias da terra, querem reter o seu horizonte de paz. Partilhando com Kant da certeza de que esta requer como condição a hospitalidade universal, vão além de Kant no que concerne às suas promessas: não somente o fim das guerras e a segurança política, mas igualmente uma felicidade essencialmente feita de

---

181 Em *A Estrela da Redenção*, Rosenzweig apoia-se em Iehudá Halevi para defender a ideia segundo a qual, estando disperso no seio das nações, Israel trabalha para reuni-las, o que se produzirá na era messiânica (ver infra, cap. II, p. 245-246). A observação sobre a "marginalidade" de Hermann Cohen encontra-se em uma página do diário de Rosenzweig (2 de julho de 1922): *Briefe und Tagebücher*, II, p. 801.
182 "Dissimilação": Rosenzweig forja este neologismo, que ele opõe à assimilação, em outra nota de seu diário (3 de abril de 1922, idem, p. 770).

conhecimento. Desse ponto de vista, Lévinas assinaria estas declarações de Cohen: o "jugo da Lei" não é outro senão o do "reino de Deus"; este último é um "reino da paz para todos os povos da humanidade una"[183].

Gershom Scholem nutria para com Hermann Cohen uma espécie de veneração contrariada. Alguns dias após a morte do filósofo, ele escrevia a Werner Kraft haver compreendido apenas tardiamente "*quão* judeu ele era", acrescentando o seguinte compromisso: "Hermann Cohen será meu modelo em um sentido muito elevado"[184]. Será preciso pensar que este juramento rompeu-se sob os golpes da revolta contra a sociedade alemã e a ilusão dos judeus que nela se haviam integrado? No seu desprezo sem concessões à ideia de uma "simbiose judio-alemã", Scholem evitou encontrar na figura de Cohen o seu símbolo. Quando ele o discute, é sempre no cimo, considerando-o como o sucessor moderno de Maimônides. É aos dois representantes do racionalismo que ele faz a censura de alterar o sentido da *Halakhá* para torná-la compatível com a filosofia. É neles que ele descobre um esforço constante, tendo em vista neutralizar o poder histórico do messianismo. É a eles, enfim, que ele opõe esta fórmula de Moisés de Burgos: "Deveis saber que esses filósofos cuja sabedoria vós louvais terminam lá onde nós começamos"[185]. Mas se Scholem quis entregar à luz um território do judaísmo

---

183 *Religion de la raison*, p. 629. Cumpre sublinhar o fato de que Cohen mantém o liame entre o "jugo da Lei" e o "jugo do Reino de Deus". Na polêmica com o cristianismo e muito particularmente com a doutrina paulina, isto importa em assumir a censura feita ao judaísmo de uma vã fidelidade à Lei "morta". Do ponto de vista das discussões internas do judaísmo contemporâneo, tal escolha é reveladora da atitude de Cohen para com a Lei, visto que ele poderia ter-se apoiado nas palavras amiúde citadas do *Talmud* a fim de propor uma superioridade da fé sobre o estrito respeito aos mandamentos (em particular a uma passagem de *Berakhot*, 13a, a qual sugere que se deve tomar primeiro "sobre si o reino dos céus e em seguida somente o jugo dos mandamentos"). É nomeadamente o que Franz Rosenzweig fará (ver infra, cap. II, p. 258-261). Sobre a maneira como as concepções da paz messiânicas próprias a Lévinas e Cohen partem de Kant para ir além de Kant, ver Pierre Bouretz, Par la porte des larmes: Fraternité, hospitalité, humanité. Ce que bâtit le vivre ensemble, em *Comment vivre ensemble?*, XXXVII Colloque des intellectuels juifs de langue française, Paris: Albin Michel, 2001, p. 29-63.
184 Gershom Scholem, Carta a Werner Kraft, de 8 de abril de 1918, *Briefe an Werner Kraft*, Frankfurt-am-Main: Suhrkamp, 1986, p. 80. Sobre a maneira como a publicação recente dos papéis de juventude de Scholem trouxe à luz uma admiração inesperada por Cohen, ver supra, p. 36, n. 18.
185 Encontrar-se-á uma síntese dessas críticas recorrentes e a citação de Moisés de Burgos em Gershom Scholem, *Les Grands courants de la mystique juive*, p. 37 e s. É significativo que Leo Strauss tenha discutido precisamente estas páginas, para defender o ponto de vista da filosofia. Ver supra, nota 115.

que a tradição racionalista mantivera na sombra, é sempre mediante uma espécie de diálogo à distância com estes dois mais brilhantes representantes, como por uma espécie de fidelidade por meio da crítica.

Se a mais autêntica homenagem de Scholem a Hermann Cohen reside em sua comparação com Maimônides, é precisamente a evidência desta que atormenta Leo Strauss. Na origem de sua vocação filosófica, assim como em cada uma das maiores mudanças de rumo de sua obra reencontraremos Cohen. Strauss vai buscar nele uma questão e mostra que o seu tratamento está manchado por uma adesão muito imediata aos pressupostos modernos, e tenta de novo resolvê-la por outros meios. Porém, no mais das vezes, trata-se de fazer depois de Cohen melhor do que Cohen, como se suas certezas acerca da harmonia entre razão e Revelação constituíssem o único objeto de uma investigação filosófica séria, em uma época que acaba por duvidar de uma após ter relegado a outra ao esquecimento e ao desprezo. Em Leo Strauss, se o movimento da reflexão parte de Cohen para remontar a Maimônides, é porque o autor da *Religião da Razão* é o único entre seus contemporâneos a não ter confundido a probidade intelectual com o ateísmo e um ceticismo de bom quilate. É talvez Leo Strauss que cumpriu melhor o juramento de Scholem. Que ele tenha consagrado a Hermann Cohen um de seus últimos textos, isto sugere que este continuou sendo para ele um modelo, quando se tratava ainda e sempre de questionar a relação entre a Lei e a filosofia. No tocante à convicção segundo a qual ele permanecia um guia para os judeus do século XX, ela permanece intacta: "Sua menor contribuição foi de lhes mostrar, da maneira mais eficaz, como os judeus podem viver dignamente na qualidade judeus em um mundo não judaico e até hostil, tomando parte ao mesmo tempo desse mundo"[186]. Eis, pois, o que fundamenta a homenagem inesperada a suas palavras relativas ao martírio dos judeus. Mas também este elogio, formulado em termos cuidadosamente pesados: "É para nós uma bênção que Hermann Cohen tenha vivido e escrito".

TRAD. J. GUINSBURG

---

[186] Essai d'introduction à la *Religion de la raison tirée des sources du judaïsme*, de Hermann Cohen, op. cit., p. 353.

11. Da Noite do Mundo aos Clarões
da Redenção: A Estrela de
Franz Rosenzweig (1886-1929)

A experiência filosófica de Franz Rosenzweig parece de tal maneira imbricada na trama histórica de sua época e na carne de quem a viveu que é, à primeira vista, quase impossível dissociá-las. É o ar de uma lenda encantada que o itinerário de um homem saído das fileiras da assimilação, atraído pela história e pela filosofia, hábil em penetrar alguns segredos do idealismo alemão e depois da intimidade do sistema hegeliano, poderia assumir, ao deixar de se converter ao cristianismo, ao retornar à religião de seus pais no curso de uma noite memorável, ao redigir finalmente, em alguns meses, no *front* dos Bálcãs, na angústia da morte, os esboços de sua grande obra, enviados por cartões postais para a casa de sua mãe... Mas a vida de Rosenzweig foi muito cedo destroçada por uma doença atroz que lhe confere a forma de uma tragédia: quando, com o corpo progressivamente atrofiado e logo privado do uso da palavra, ele não pôde mais comunicar-se, a não ser por meio de uma máquina concebida para tal efeito, mas continuou a pensar até o último alento, tendo ainda, algumas horas antes da morte, transmitido a Martin Buber uma última e enigmática observação sobre a tradução da *Bíblia* em que ambos trabalhavam. Como navegar entre a tentação de reduzir o pensamento de Rosenzweig à formalização de uma série de provações existenciais contraditórias e o perigo de cortar seu elã especulativo das raízes que, inegavelmente, o filósofo faz mergulhar nas condições da experiência?

Gershom Scholem dá prova de sabedoria quando escreve, dez anos após a publicação de *A Estrela da Redenção*, que seria necessário o tempo de várias gerações para que esta obra desvelasse toda a sua profundidade: quando ela poderia dirigir-se a outros homens que não os que acabavam de sair da guerra e quando estaria dissipada a "auréola do martírio" que envolveria o seu autor[1]. Se é mister reservar a uma investigação biográfica a determinação dos laços que podem unir a obra de Franz Rosenzweig às etapas de sua vida, e depois às cesuras da experiência coletiva, a primeira parece oferecer o marco de dois grandes maciços. Elaborado antes da guerra, sob a forma de uma tese orientada por Friedrich Meinecke, *Hegel e o Estado*, que só apareceu em 1920, pode parecer perfeitamente inscrito na perspectiva clássica de uma história da filosofia, que tomaria neste caso, pela palavra, o anúncio de uma finalização do sistema como conceitualização da história do mundo[2]. Se pensarmos que a obra contribui para trazer à luz os liames secretos que se tecem entre o pensamento de Hegel e a concepção cristã da teodiceia, ela pode proporcionar a sensação corroborada por algumas expressões íntimas do autor no sentido de acompanhar a percepção de uma espécie de diluição do judaísmo no seio da história universal. O contraste é, pois, absoluto com *A Estrela da Redenção*: publicado somente um ano após o estudo sobre Hegel, esse livro procede a uma inversão radical, tendo sido construído em torno da ruptura com uma história ligada à experiência recente da guerra e nutrido por um retorno ao judaísmo ancorado em uma nova aventura espiritual[3]. Resta que se tal

---

1 Gershom Scholem, Sur l'édition de 1930 de *L'Étoile de la Rédemption*, de Rosenzweig (1930), *Le Messianisme juif: Essais sur la spiritualité du judaïsme*, trad. B. Dupuy, Paris: Calmann-Lévy, 1974, p. 454.
2 Ver Franz Rosenzweig, *Hegel et l'État*, trad. e apresentação G. Bensoussan, prefácio P.-L. Assoun, Paris, PUF, 1991 (trad. bras.: *Hegel e o Estado*, trad. Ricardo Timm de Souza, organização de J. Guinsburg, R. Romano e R. T. de Souza. São Paulo: Perspectiva, 2008).
3 Ver Franz Rosenzweig, *L'Étoile de la Rédemption*, trad. A. Derczansky e J.-L. Schlegel, Paris: Seuil, 1982. Para o leitor francês, este livro é inseparável do estudo que lhe consagrou Stéphane Mosès: *Système et Révélation: La Philosophie de Franz Rosenzweig*, prefácio de Emmanuel Lévinas, Paris: Seuil, 1982.

oposição entre as duas obras de Franz Rosenzweig oferece uma chave para a sua leitura, esta deverá ser afinada graças às múltiplas indicações do autor sobre as articulações de seu pensamento que dois outros conjuntos testemunham. O primeiro se confunde com os dois volumes da correspondência e dos diários publicados tardiamente na sua integralidade, depois de terem sofrido as eventualidades da dispersão e o risco de uma destruição[4]. Quanto ao segundo, ele recolhe a totalidade dos artigos de Rosenzweig e põe a descoberto as *entourages* dos dois pilares da obra[5].

Dando assim ao *corpus* de Franz Rosenzweig uma forma sistemática, o empreendimento das *Gesammelte Schriften* tende seguramente a realizar o voto de Scholem e convida o leitor a lançar sobre a obra um olhar semelhante àquele que prevalece no tocante à maioria dos filósofos de existência menos atormentada. No momento em que Rosenzweig é informado sobre a natureza do mal que o atinge e fica à espera, no dizer de seu médico, de um fim "rápido e solene", ele parece ter trazido a lume o essencial de sua mensagem, mercê do livro que inaugura uma renovação da filosofia e que se tornará

---

4 Franz Rosenzweig, *Der Mensch und sein Werk. Gesammelte Schriften*, I, *Briefe und Tagebücher*, I, *1900-1918*, e II, *1918-1929*, Haia: Martinus Nijhoff, 1979. Graças a Ernst Simon, Edith Rosenzweig conseguiu dar a público, em 1935, um primeiro conjunto de cartas de seu marido, antes de assegurar com Nahum N. Glatzer o envio de grande parte do *Nachlass* para a Palestina. Este acervo encontra-se atualmente no Instituto Leo Baeck de Nova York. Sobre a aventura desses textos, ver as respectivas introduções de Bernhard Casper e depois de Rachel Rosenzweig e Edith Scheinmann-Rosenzweig, in *Briefe und Tagebücher*, I, p. IX-XXIII e XXIV-XXX. É preciso acrescentar que a aventura não está terminada ainda, na medida em que os dois volumes dos *Gesammelte Schriften* não contêm todas as cartas de Rosenzweig. Falta notadamente uma longa e importante correspondência com Margrit Rosenstock, a esposa de Eugen Rosenstock. Esta correspondência só muito recentemente foi posta à disposição dos pesquisadores e começa apenas a ser explorada. Ver especialmente Stefan Meineke, A Life of Contradiction: The Philosopher Franz Rosenzweig and his Relationship to History and Politics, *Leo Baeck Institute Year Book*, n. XXXVI, 1991, p. 461-489, e, sobretudo, Harold M. Stahmer, "Franz Rosenzweig's Letters to Margrit Rosenstock-Huessy, 1917-1922", *Leo Baeck Institute Year Book*, n. XXXIV, 1989, p. 385-409.

5 Franz Rosenzweig, *Der Mensch und sein Werk. Gesammelte Schriften*, III, *Zweistromland: Kleinere Schriften zu Glauben und Denken*, Dordrecht: Martinus Nijhoff, 1984. Do mesmo modo que no caso dos diários, Edith Rosenzweig dera a público, em 1937, uma coletânea de alguns desses textos, com muita frequência citada, sob o título de *Kleinere Schriften* (Berlin: Schocken Verlag/Jüdischer Buchverlag). Precisemos, enfim, que o segundo volume das Obras Completas se confunde com a edição definitiva de *A Estrela da Redenção*. Cumpre adicionar ainda um volume dedicado às traduções de Iehudá Halevi, *Der Mensch und sein Werk. Gesammelte Schriften*, IV, *Sprachdenken im Übersetzen*, I, *Hymnen und Gedichte des Jehuda Halevi*, Dordrecht, Martinus Nijhoff, 1983, e um outro, o qual reúne os textos relativos ao trabalho de tradução da Escritura, com Martin Buber: idem, II, *Arbeitspapiere zur Verdeutschung der Schrift*.

uma pedra angular para o pensamento judaico. Essa aparência é, no entanto, de novo enganosa. Entre 1922 e sua morte ocorrida em 10 de dezembro de 1929, Rosenzweig redigirá um número impressionante de textos, sobre a maior parte dos temas que o preocupam de há muito. Mais ainda, é em todos estes anos derradeiros de sua vida que se estende a integralidade do trabalho sobre a Escritura e, singularmente, sua tradução em companhia de Martin Buber. A isto se soma, enfim, que o último diário de 1922 e as cerca de quinhentas páginas de correspondência provenientes da época da doença atestam a persistência destas visões fulgurantes que sempre caracterizaram um pensamento em movimento incessante. Mas se nos persuadimos facilmente ao lê-las de que a obra continua aí a trabalhar, não é possível, todavia, impedirmo-nos de deixar ressurgir pelo viés de algumas fotografias o corpo descarnado, e já quase envolto em mortalha, de Franz Rosenzweig, para ficar no mesmo instante siderado pelo milagre que sua sobrevivência e a fecundidade de seus últimos anos representam. Embora o tempo de várias gerações tenha passado e com ele outros traumatismos históricos, além dos que Rosenzweig viveu, é preciso de novo tomar muitas precauções para desenhar os laços que sua obra pode entreter com as linhas quebradas de sua vida e as formas trágicas da época; para compreender como ele podia escrever já em 1910 que "o combate contra a história no sentido do século XIX é, para nós, idêntico ao combate pela religião no sentido do século XX"; para imaginar as condições da dupla crise que o afetara em 1913, sob a forma, em primeiro lugar, de uma tentação de conversão ao cristianismo precisamente datada de julho e, depois, da decisão de permanecer na condição de judeu consignada em outubro[6].

O Retorno de Um Filho Construtor

A existência de Franz Rosenzweig pode ser colocada sob o signo de um movimento que caracteriza muitos itinerários judaicos contemporâneos: o do retorno. Não se enganou nisso Emmanuel Lévinas, que usou o termo

---

6 A fórmula citada encontra-se em uma carta a Hans Ehrenberg, de 26 de setembro de 1910, *Briefe und Tagebücher*, I, p. 113.

para fazer de Rosenzweig a "grande testemunha", numa das conferências que introduziam sua obra ao público francófono em 1964, por ocasião do trigésimo quinto aniversário do desaparecimento do filósofo[7].

Quanto a Gershom Scholem, é diretamente em referência ao papel que Hermann Cohen devia desempenhar na sua redescoberta da Tradição perdida que ele fala de um "filho construtor", que voltou após numerosas vicissitudes "do deserto árido do judaísmo alemão, dessa terra desolada que a ideia de assimilação evoca apenas de maneira estreita e limitada"[8]. Como por um piscar de olho do destino, é em um 25 de dezembro (1886) que Franz Rosenzweig nasceu em Cassel, no seio de uma família perfeitamente representativa do judaísmo proveniente da Emancipação. O pai, Georg, possuía na Königstrasse a firma Rosenzweig & Baumann, uma fábrica de objetos laqueados e pinturas, fundada por seu avô. Desse lado da família, o bisavô Samuel Meir Ehrenberg dirigira a célebre *Jüdische Freischule (Samsonschule)* de Wolfenbüttel: uma instituição fundada em 1796 para o estudo talmúdico e que se transformara em um liceu judaico em que o ensino moderno substituía o estudo tradicional. Mas ele faleceu em 1853 e a maioria dos membros deste ramo da árvore genealógica se convertera ao cristianismo, como os dois primos de Franz, Hans e Rudolf Ehrenberg, com quem ele passou a infância e depois a adolescência. Quanto à sua mãe Adélia, ela contará que tivera, quando jovem, apenas relações muito distantes com a religião judaica, tendo, todavia, a lembrança das leituras da *Hagadá* na noite do Seder.

No curso de seus primeiros anos de vida, Franz Rosenzweig parece, pois, não ter tido, para contato com um judaísmo vivo, senão a presença de um tio-avô que desaparecerá em 1908, mas que reaparece aqui e ali na correspondência como uma figura marcante. Resta o fato de que é, sem

---

7 Ver Emmanuel Lévinas, "Franz Rosenzweig: Une Pensée juive moderne" (1964), em *Hors sujet*, Paris: Fata Morgana, 1987, p. 71-95. Cinco anos antes, Emmanuel Lévinas havia consagrado a Rosenzweig uma primeira conferência, no quadro do segundo Colóquio dos Intelectuais Judeus de Língua Francesa: Entre deux mondes: Biographie spirituelle de Franz Rosenzweig (1959), em *La Conscience juive*, Paris: PUF, 1963, p. 121-149.
8 Gershom Scholem, Franz Rosenzweig et son livre *L'Étoile de la Rédemption* (1930), em *Les Cahiers de la nuit surveillée*, n. 1, Franz Rosenzweig, 1982, p. 17-37. Esse texto retoma a alocução pronunciada por Scholem na Universidade Hebraica de Jerusalém, por ocasião da homenagem prestada a Franz Rosenzweig no trigésimo dia após a sua morte.

dúvida, *a posteriori* que "o tio Adão" intervém na experiência de Rosenzweig: como quando este se recorda, numa carta autobiográfica de 1918, de ter tido junto dele uma primeira percepção do "mundo judaico", e depois evoca com orgulho, na linhagem de seus ancestrais, seu bisavô, que havia sido o mestre de Leopold Zunz e Isaak Markus Jost[9]. A primeira carta preservada de Franz Rosenzweig data do início de janeiro de 1900, quando acaba de completar treze anos e tem sua festa de *bar-mitzva*. No entanto, mesmo se ela é assinada "Franz, filho de Georg, profeta em Cassel" e faz alusão ao referido acontecimento, durante uma dezena de anos, aproximadamente, as trocas de cartas com os pais, os primos ou os amigos atestam, sobretudo, os gostos literários e musicais do jovem. Quanto às primeiras páginas do diário, a partir de dezembro de 1905, elas mostram interesses ecléticos. Muita música de novo, algumas palavras sobre o gênio e depois esboços mais estruturados concernentes à arte, até o aparecimento de dois nomes que testemunham classicamente uma osmose com a cultura alemã desse tempo: Nietzsche e Goethe, entre os quais Rosenzweig se exercita em construir oposições, separando o método da suspeita e do ceticismo daquele da admiração e da contemplação.

Há, todavia, mais do que esta forma de diluição no universo ambiente. Em novembro de 1909, Franz Rosezweig expõe aos seus pais uma constatação da qual ele se propõe a tirar as consequências: "Nós somos cristãos em todas as coisas, nós vivemos em um Estado cristão, frequentamos escolas cristãs, lemos livros cristãos; em uma palavra, toda a nossa 'cultura' repousa sobre um fundamento cristão"[10]. De fato, ele não percebe então nenhuma diferença entre ele e seus amigos cristãos ou seus primos convertidos, como Hans Ehrenberg. Quanto a seus primeiros programas de leituras sistemáticas, elas se focalizam na história e na filosofia alemãs, com uma polarização no "espírito do cristianismo": escritos teológicos do jovem Hegel, filosofia da história de Herder, história da Alemanha no século XIX de Heinrich von Treitschke, as obras de Jellinek e Schleiermacher.

---

9 Carta a Helena Sommer, de 16 de janeiro de 1918, em *Briefe und Tagebücher*, I, p. 506. Lembremos que Zunz e Jost estavam entre os fundadores da Wissenschaft des Judentums. Leopold Zunz relata, aliás, que no início do século XIX, na Freischule de Samuel Meir Ehrenberg, a *Bíblia* já era trabalhada na tradução de Mendelssohn e não em hebraico.
10 Carta aos pais, de 6 de novembro de 1909, idem, p. 94.

Em compensação, desde esse momento está presente uma preocupação espiritual ligada a uma espécie de obsessão acerca de épocas, algo que jamais deixará Rosenzweig. Assim, considera ele, já em 1909, formar com alguns amigos uma sociedade destinada a recolher o melhor do século XIX, a fim de reinvesti-lo no que vem a seguir. Se o projeto malogra, sua temática persistirá sob a forma de uma oposição entre dois momentos históricos simbolizados por duas datas: 1800 e 1900. Nesse aspecto, a carta a Hans Ehrenberg, de setembro de 1910, que separa a história, no sentido do século XIX, da religião, no sentido do século XX, já é uma forma de ruptura com a filosofia hegeliana e seu intelectualismo. Mas se Rosenzweig critica aqui a redução do divino à história em nome do "Deus da religião", é menos evocando um defeito lógico ou intelectual do sistema de Hegel do que sugerindo sua ultrapassagem pela própria época: "Hoje, pomos o acento na prática, na queda no pecado [...], vemos Deus em cada evento ético e não no todo acabado, na história"; "para Hegel, a história era uma teodiceia divina [...], para nós, a religião é a 'única teodiceia autêntica'"[11].

Essas palavras podem esclarecer-se de duas maneiras diferentes. De um ponto de vista intelectual, elas dão corpo à seguinte afirmação ulterior de Franz Rosenzweig: "Já na época em que começava a escrever meu Hegel, eu considerava a filosofia hegeliana nociva"[12]. No outono de 1910, após ter abandonado os estudos de medicina, Rosenzweig segue já há dois anos os seminários de Friedrich Meinecke, em Friburgo, e empreende esse trabalho sobre Hegel, uma parte do qual formará sua tese, sustentada *Summa cum laude* em 1912. O contraste é assim frisante entre as distâncias já afixadas com Hegel e a extrema familiaridade para com desenvolvimentos internos de seu sistema de que dará prova o trabalho, publicado somente dez anos mais tarde. Mas no plano biográfico, o mais significativo reside, sem dúvida, alhures: no fato de que Rosenzweig parece lutar contra este pensamento que ele admira em nome de uma experiência existencial cujo conteúdo preciso ainda ignora. É, portanto, para um duplo acontecimento de 1913 que é preciso voltar-se diretamente a fim de procurar o momento em que este nó começa a desfazer-se, sabendo-se, todavia, que esta clarificação toma

---

11   Carta a Hans Ehrenberg, de 26 de setembro de 1910, idem, p. 112-113.
12   Carta a Rudolf Hallo, de 4 de fevereiro de 1923, em *Briefe und Tagebücher*, II, p. 889.

caminhos particularmente sinuosos. Entra aqui em cena uma personagem decisiva, com quem Rosenzweig reconhecerá ter uma dívida até na gênese de *A Estrela da Redenção*: Eugen Rosenstock, dois anos mais jovem do que ele e já professor de direito medieval; judeu de origem, convertido ao protestantismo e militante fervoroso de sua nova fé. Os dois homens cruzaram um com o outro uma primeira vez em Baden-Baden, em 1912, por ocasião de um congresso de jovens historiadores. Mas é em Leipzig que ocorre um verdadeiro encontro, no momento em que Rosenzweig sente necessidade de aprofundar, por conhecimentos jurídicos, certos pontos de sua tese.

A fim de esclarecer o papel que Eugen Rosenstock desempenha neste período crucial da vida de Franz Rosenzweig, convém tentar distinguir duas coisas: aquilo que se pode reconstituir de uma longa conversação noturna que data precisamente de 7 de julho de 1913; depois o conteúdo de uma correspondência que só intervirá três anos mais tarde, quando os dois estão no *front* e quando Rosenstock parece ignorar a experiência espiritual vivida por Rosenzweig entrementes[13]. No que concerne ao primeiro destes pontos, é difícil mensurar o efeito preciso de um acontecimento que Rosenzweig designará doravante como a "noite de Leipzig" sobre o duplo movimento de uma tentação de conversão ao cristianismo seguido de um retorno ao judaísmo. A razão dessa dificuldade se deve ao fato de que custa fazer coincidir os dois relatos fornecidos por Rosenzweig a respeito da referida discussão. Registrado, ao contato com os fatos, numa série de cartas aos seus próximos, como Rudolf e Hans Ehrenberg, e depois à sua mãe, a primeira é demasiado alusiva para permitir uma restituição precisa da mudança, tanto mais quanto o missivista insiste, sobretudo, na conclusão da aventura: a decisão de "permanecer judeu". Quanto à segunda carta, se ela oferece elementos muito mais substanciais sobre os argumentos em presença, é desta vez tardiamente e no contexto de uma reabertura da discussão: um diálogo tenso durante o qual Rosenzweig reconstruiu ao

---

13 Sobre a correspondência de 1916 entre Franz Rosenzweig e Eugen Rosenstock, cf. André Neher, Une approche théologique et sociologique de la relation judéo-chrétienne: Le dialogue F. R. – Eugen Rosenstock (1959), em *L'Existence juive*, Paris: Seuil, 1962, p. 212-239; Alexander Altmann, Franz Rosenzweig et Eugen Rosenstock-Huessey: Introduction à leurs "Lettres sur le judaïsme et le christianisme", trad. G. Chalfine e J. Rolland, em *Cahiers de la nuit surveillée*, p. 187-204; Stéphane Mosès, *L'Ange de l'histoire: Rosenzweig, Benjamin, Scholem*, Paris: Seuil, 1992, p. 35-55.

mesmo tempo suas próprias disposições do momento e as supostas intenções de Rosenstock. Vale dizer que subsiste uma parte de mistério sobre a prova atravessada por Rosenzweig entre 7 de julho de 1913 e a noite de Iom Kipur daquele mesmo ano, mesmo se, apesar de tudo, fosse possível tentar desemaranhar a meada.

Em um dos relatos mais próximos do evento, Franz Rosenzweig parece considerar que esta primeira discussão com Eugen Rosenstock havia tomado menos a forma de uma controvérsia entre um judeu e um cristão do que a de uma oposição entre sua própria filosofia relativista, proveniente do ensinamento de Meinecke, e a fé na Revelação que seu parceiro testemunhava. Eis o que ele escreveu a Rudolf Ehrenberg em 31 de outubro de 1913, isto é, somente alguns dias após sua decisão no tocante ao judaísmo:

> No curso desta conversação noturna em Leipzig, Rosenstock me expulsou passo a passo das últimas posições relativistas que eu ainda ocupava e me obrigou a assumir um ponto de vista absoluto. Eu lhe fui desde o começo inferior, pois tive de reconhecer, de meu lado, a legitimidade de seus ataques. Eu teria sido inatacável se pudesse apoiar o meu dualismo entre a Revelação e o mundo sobre um dualismo metafísico entre Deus e o Diabo. Mas eu estava impedido de agir assim pelo primeiro versículo da *Bíblia*. Este pequeno pedaço de terreno de entendimento me obrigava a lhe fazer frente[14].

Como pôde Rosenzweig, ainda que fosse por algumas semanas, ancorar neste solo estreito, que expurgava seu pensamento de todo traço de relativismo, uma tentação de conversão ao cristianismo? A resposta a tal pergunta parece repousar sobre esta convicção, adquirida junto a Rosenstock: o cristianismo traz, por sua própria concepção da Revelação, uma solução ao problema das relações entre fé e filosofia, ao passo que a solidão de Israel através das épocas e depois seu isolamento entre as nações o condenam a uma existência estéril e sem esperança.

Importa tanto mais captar este motivo num momento muito breve do pensamento de Rosenzweig quanto logo mais *A Estrela da Redenção* se empenhará em invertê-lo, como se uma parte importante do esforço

---

14 Carta a Rudolf Ehrenberg, de 31 de outubro de 1913, *Briefe und Tagebücher*, I, p. 133.

especulativo consignado nesta obra procedesse de um desejo de manter à distância uma tentação mui precisamente entrevista. Na sequência à carta endereçada a Rudolf Ehrenberg, que relata a experiência do verão de 1913, Rosenzweig utiliza símbolos e referências históricas que parecem provir diretamente de Rosenstock e testemunham uma adesão fugaz à sua visão da missão universal do cristianismo. Evocando imagens medievais que justapõem uma Igreja que ostenta um cetro triunfante e uma Sinagoga que segura um bordão quebrado e traz uma faixa diante dos olhos, ele afirma ter pensado que o ano 313 inaugurava, com Constantino, a estrada real pela qual o cristianismo devia conquistar o mundo, enquanto o ano 70, da destruição do Templo, havia já representado para o judaísmo o fim de todo papel histórico. Por conseguinte, não se tratava mais, para ele, nem mesmo de "cristianizar [seu] judaísmo" e, diante do sentimento de que o combate entre o paganismo e a Revelação estava a cargo do cristianismo, cumpria abandonar a Sinagoga pela Igreja: "Neste mundo – visto que eu não reconhecia nada fora dele e que não lhe estivesse ligado [...] – neste mundo, pois, não parecia haver aí nenhum lugar para o judaísmo"[15]. Essa primeira reconstituição da conversação com Rosenstock parece, portanto, querer explicar as razões de um intento de conversão ao cristianismo. Não podemos, porém, esquecer que ela intervém após sua anulação e é preciso, sem dúvida, determinar de maneira mais precisa o ponto de recontro entre os dois homens. Conforme uma hipótese que poderia confirmar-se pelo que segue, Rosenzweig teria ficado finalmente menos convencido da verdade do cristianismo do que teria sido reconduzido, por Rosenstock, para uma concepção religiosa do mundo e depois persuadido, dentro de uma visão ainda hegeliana das coisas, que a Igreja era a única mediação possível da Revelação na história ocidental.

Se esta última nuance pode ser mantida em reserva, a fim de ser retomada ulteriormente para determinar o lugar que Eugen Rosenstock conserva na formação do novo pensamento de Rosenzweig, apesar da vigorosa discussão que tiveram em 1916, ela permite desde já, talvez, explicar uma parte do mistério que reside no ir e vir em direção à conversão. Franz Rosenzweig viveu com certeza, entre julho e outubro de 1913, um intenso

---

15 Idem, p. 134.

conflito interior. Mas não dispomos de nenhum traço disso senão *a posteriori*, pois sua correspondência apresenta uma lacuna entre a última carta datada de meados de julho a Hans Ehrenberg, que evoca uma relação estreita com Rosenstock, e aquela em que o missivista anuncia à sua mãe um "retorno", em 23 de outubro. Segundo Nahum Glatzer, que se apoia no testemunho de pessoas próximas, como Gertrud Oppenheim, Rosenzweig estava em casa de seus pais em Cassel por ocasião do Rosch ha-Schaná, nos dias 2 e 3 de outubro[16]. Surpresa, ao ouvir seu filho anunciar-lhe a intenção de receber o batismo e temendo um escândalo na comunidade, Adélia Rosenzweig tê-lo-ia proibido de voltar à sinagoga da cidade, provocando sua partida para Berlim. Pelo que se pode imaginar no caso, antes de dar um passo decisivo, Rosenzweig teria desejado tentar uma derradeira experiência acerca da sinagoga: assistindo a um serviço de Iom Kipur numa comunidade ortodoxa de Berlim. Porém, a respeito desse acontecimento, nada conhecemos de novo, salvo o resultado, porquanto ele jamais falará disso diretamente, mesmo que se possa conjeturar, dada a importância que *A Estrela da Redenção* concedera ao ciclo das festas em geral e ao ritual do Iom Kipur em particular.

De qualquer maneira, nos fins do mês de outubro de 1913, Franz Rosenzweig não só reencontrou o caminho do judaísmo, mas estabeleceu com ele uma relação que não se deixa comparar com aquela que podia ter tido antes. De forma significativa, é à sua mãe que ele reserva o anúncio do evento de 23 de outubro, como o fim de um combate contra uma tentação à qual ela se opusera: "Saberás por esta carta que eu encontrei o caminho do retorno (*Rückweg*) pelo qual lutei em vão por três meses"[17]. Simetricamente, é antecipando uma decepção de sua parte que ele comunica a mesma nova a Rudolf Ehrenberg, alguns dias mais tarde:

> Caro Rudi, devo te contar uma coisa que vai te causar pena e que vai ao menos te parecer incompreensível. Após uma longa reflexão e, aos meus olhos,

---

[16] Ver *Franz Rosenzweig: His Life and Thought*, apresentado por Nahum N. Glatzer, Philadelphia: The Jewish Publication Society, 1953, p. 25. Esta indicação de calendário permite datar mais precisamente o "retorno" de Franz Rosenzweig: dez dias após Rosch ha-Schaná, ou seja, 12 ou 13 de outubro de 1913, pois que se ignora se este acontecimento ocorreu por ocasião do ofício do *Kol Nidrei*, na primeira noite do Iom Kipur, ou da *Neilá*, na segunda.

[17] Carta à sua mãe, de 23 de outubro de 1913, idem, p. 131.

aprofundada, acabei reconsiderando a minha decisão. Ela não me parece mais necessária e, portanto, no meu caso, tampouco possível. Permaneço, pois, judeu[18].

Na sua resposta, Rudolf Ehrenberg tenta romper esta certeza inédita de seu primo: ele o convida a dissociar a experiência pessoal do problema teórico e, em seguida, a retomar a questão da oposição entre judaísmo e cristianismo na perspectiva da história universal; depois ele evoca o exemplo de seu pai e lhe assegura que não é, de modo algum, necessário que se torne rabino. Mas a convicção de Franz Rosenzweig parece solidamente ancorada. Ele a exprime através de uma observação filológica ao mesmo tempo profunda e solene: "Que o conceito de penitência (*Busse*) seja dado em hebraico por meio do "voltar" (*Rückkehr*), "conversão" (*Umkehr*), "retorno" (*Wiederkehr*), e que igualmente o termo hebraico "teschuvá" é dito *metanoia* (*Umdenken*) no Novo Testamento, isso representa um dos pontos em que a história do mundo reside no dicionário[19]".

Sob a cobertura dessa observação, podemos ter a sensação de que a experiência existencial decisiva de Franz Rosenzweig está acabada e que ela assumiu a forma daquilo que se deveria nomear como sendo uma reconversão. Mais precisamente, é lícito imaginar que é sempre pensando nela que ele oporá, no seu último diário, a tendência à assimilação que atravessa o judaísmo moderno a um movimento que ele designa com um neologismo como o de uma "dissimilação": para indicar uma identidade judaica que se reencontra arrancando-se da civilização ocidental, onde está ameaçada de ser absorvida[20]. Contudo, o que parece apresentar-se no outono de 1913 é um novo homem, com a convicção de poder dominar sua origem reencontrada e de chegar a resolver com ela as questões em suspenso. Assim, já falando a Rudolf Ehrenberg de sua "nova teoria", afirma que ela não deve mais nada ao cristianismo. Depois anuncia: "Estou a ponto de interpretar por mim mesmo todo o sistema da doutrina judaica em sua própria

---

18 Carta a Rudolf Ehrenberg, de 31 de outubro de 1913, idem, p. 132-133.
19 Carta a Rudolf Ehrenberg, de 4 de novembro de 1913, idem, p. 142. Esta carta responde à de Rudolf Ehrenberg, datada da véspera, inserida no volume (idem, p. 138-140).
20 Ver o diário, na data de 3 de abril de 1922, *Briefe und Tagebücher*, II, p. 770.

base judaica"[21]. A isto acresce que ele pensa, enfim, haver determinado o ponto de equilíbrio entre os papéis da Igreja e da Sinagoga no seio da história universal. Imortal, mas efetivamente portadora de um bordão quebrado e de olhos vendados, a Sinagoga deve renunciar às obras do mundo para abrigar um caminho na Lei e no culto que pode parecer incapaz de transmitir por si próprio o conteúdo da Revelação. No entanto, se ela reconhece assim à Igreja a missão de oferecer a salvação a todos os pagãos em toda a duração do tempo, ela lhe lembra incansavelmente que sua força deve continuar a exercer-se em nome de Deus, evitando afundar-se nas coisas deste mundo. Ao atribuir à Sinagoga o papel de uma espécie de testemunha muda que exorta a Igreja ao respeito à sua missão divina, Franz Rosenzweig parece fixar as condições de um armistício no debate mais ou menos misterioso sobre o judaísmo e o cristianismo que o havia colocado em oposição a Eugen Rosenstock. Entretanto, uma nova discussão com este último revelará, três anos mais tarde, a fragilidade deste compromisso. Entrementes, apenas algumas semanas após a sua decisão de retorno à religião de seus antepassados, Rosenzweig encontra Hermann Cohen e começa a seguir com admiração crescente as lições, na Hochschule für die Wissenschaft des Judentums, do filósofo que chegara ao ocaso de sua vida. Parece-lhe, aliás, que o referido pensador conheceu, ele próprio, de maneira menos dramática, um movimento de volta ao judaísmo e Rosenzweig falará mais tarde da "grande *teschuvá*" de Cohen[22]. A correspondência e, sobretudo, o diário de 1914 registram doravante abundantes traços do ensinamento deste mestre, e pode-se ver aí Rosenzweig escorregando, por assim dizer, dia após dia, do universo hegeliano, que ainda era seu algum tempo antes, para uma cultura judaica que ele descobre com uma espécie de encantamento. Assim, nas notas cada vez mais febris, as letras quadradas do hebraico começam a multiplicar-se e as referências ao *Talmud* se atropelam, enquanto aparecem numerosos temas ao longo dos quais Hermann Cohen elabora em alta voz sua *Religião da Razão Extraída das Fontes do Judaísmo*: oposição da natureza e do espírito (29 de junho); signi-

---

21 Carta, de 31 de outubro de 1913, a Rudolf Ehrenberg, *Briefe und Tagebücher*, I, p. 137.
22 Carta a Jakob Horovitz, abril de 1924, *Briefe und Tagebücher*, II, p. 958. Este julgamento merece ser nuançado, em se tratando de um homem que jamais se distanciara verdadeiramente do judaísmo (ver supra, cap. 1).

ficação do racionalismo de Maimônides ante o conflito entre Aristóteles e Platão (9 e 11 de julho); crítica ao panteísmo de Spinoza (19 de julho)... Mais tarde, aliás, quando Rosenzweig redigirá, em 1923, uma longuíssima introdução à coletânea dos *Jüdische Schriften* de Hermann Cohen, ele fornecerá uma espécie de florilégio das coisas que "[seus] felizes ouvidos tiveram o privilégio de escutar" quando das conferências do inverno de 1913-1914: "a unidade divina, esta ideia a mais abstrata – 'pela qual sempre nos mataram'"; "Deus é aquilo que ele quer, mas ele deve ser um"; "sobre este ponto não podemos nos entender com o cristianismo"; "a palavra de Balaam sobre o 'povo que permanece à parte', o homem da cultura não pode compreendê-la"; "o todo da natureza, o modelo da arte, está desvelado – e escondido – no segundo mandamento, eis de novo o que o mundo jamais nos perdoou"[23]. Ao termo desta estranha aventura e graças a este ensinamento, o "retorno" de Franz Rosenzweig assemelha-se efetivamente a uma *teschuvá*.

Da Assimilação à Dissimilação

É no contexto desta transformação pessoal de Franz Rosenzweig, que Eugen Rosenstock parece ignorar completamente, que intervém a retomada de sua correspondência: em maio de 1916, enquanto ambos se encontram no *front*. Até o início de setembro, as três primeiras trocas são feltradas. Rosenstock leu o artigo de Rosenzweig sobre "O Mais Antigo Programa do Idealismo Alemão", enquanto esboça, de sua parte, uma filosofia "sob forma de calendário". Rosenzweig lhe fala ainda de seus estudos hegelianos[24]. Já em sua segunda carta, no entanto, Rosenstock, que passa alguns dias em Cassel na casa dos pais de Rosenzweig, faz alusão a uma conversa com Rudi Ehrenberg, em cujo transcurso este último ter-se-ia

---

23 Franz Rosenzweig, Einleitung in die Akademieausgabe der Jüdischen Schriften Hermann Cohens (1923), *Zweistromland*, p. 210-211. As duas referências visadas nessas palavras de Cohen são, respectivamente, *Salmos* 44, 23 e *Números*, 23, 9. Sobre esse texto e o papel de Rosenzweig na edição dos escritos judaicos de Cohen e depois no estabelecimento do texto definitivo da *Religião da Razão*, ver supra, cap. 1.

24 O conjunto do dossiê dessa correspondência encontra-se na edição dos *Briefe und Tagebücher*, I, p. 191 e s. A carta de Rosenstock que retoma o contato data precisamente de 29 de maio de 1916 (p. 191-192) e sua resposta é de 8 de junho (p. 192-195).

feito de "advogado do diabo" dos estudos de teologia judaica de seu primo. Rosenzweig, porém, responde apenas por uma evocação furtiva da noite de Leipzig: "Nós fomos, em todos os pontos, a tese e a antítese"[25]. Cumpre esperar por uma quarta troca de cartas para que o diálogo comece verdadeiramente a se reatar. Na sua missiva de 13 de setembro, Rosenstock a enceta de forma desajeitada, afirmando partilhar da admiração de Rosenzweig por Hermann Cohen, refutando ao mesmo tempo como um erro a ideia segundo a qual a religião seria uma "coisa privada"[26]. Mas Rosenzweig compreende, sem dúvida, que lhe incumbe evitar que a discussão se instale de novo no plano da história universal. Decide, pois, romper deliberadamente toda continuidade com a conversação de 1913. Assim, ele apresenta de pronto a sua versão *a posteriori* desses fatos antigos, interpretando ao mesmo tempo aquilo que fazia então a força de seu interlocutor: "Vós tornastes antes, para si, a vida muito fácil (pois há muito tempo que sou para vós um objeto de escândalo), pondo o meu judaísmo entre aspas, para desembaraçar-vos dele tratando-o como uma mania pessoal, ou [como] a manifestação de uma fidelidade romântica por influência póstuma de um tio-avô defunto"[27].

Resta que, incitando assim Eugen Rosenstock a levar a sério a identidade judaica reencontrada, Rosenzweig corre o risco de vê-lo questionar essa experiência de uma maneira mais direta, a partir de suas próprias convicções cristãs. Sabendo disso sem dúvida, ele acrescenta logo à sua reconstrução da conversa noturna de 1913 uma fórmula que antecipa a radicalidade da mudança vindoura: "Agora, vós tornais as coisas difíceis, tanto para um como para outro, exigindo de mim que eu deixe a nu o meu esqueleto [enquanto] somente uma necessidade moral e não uma simples curiosidade amigável pode constranger um ser vivo a tal haraquiri anatômico"[28]. Franz

---

25   Ver, respectivamente, a carta de Rosenstock, de 30 de maio (*idem*, p. 197-198) e a resposta de Rosenzweig datada de 6 de julho (p. 198-200, especificamente p. 198).
26   Eugen Rosenstock a Franz Rosenzweig, 13 de setembro de 1916, idem, p. 229-230. Antes desta carta, Rosenstock endereçou-lhe duas outras (12 e 19 de julho), a segunda das quais propõe o esboço de uma associação entre as formas da experiência e as datas do calendário. Rosenzweig respondeu-lhe neste terreno em 5 de setembro.
27   Carta não datada que responde àquela enviada por Rosenstock em 13 de setembro, idem, p. 231.
28   Idem, ibidem. O fato de Rosenzweig ter consciência do perigo de voltar à discussão de 1913 é confirmado por uma carta a Hans Ehrenberg: "Estou de novo em correspondência com

Rosenzweig, por certo, viu bem quais eram as intenções de Rosenstock, uma vez que este coloca imediatamente a discussão em um terreno polêmico: aquele que o cristianismo denomina classicamente o "endurecimento" judaico. Duas questões irão se embaralhar então, que Rosenzweig se empenhará em separar. A primeira parece querer exprimir apenas uma curiosidade de ordem puramente teológica: "O endurecimento judaico é, por assim dizer, um dogma cristão; mas pode ele ser também um dogma judaico?"[29] Quanto à segunda, ela se torna imediatamente pessoal, Rosenstock fustigando como absurda a adesão de Rosenzweig a esta suposta característica do judaísmo, para obrigá-lo de algum modo a seu "haraquiri anatômico": "Que diabo ia ele fazer nesta galera?"[30] É então no fato de que Rosenzweig se recusa a responder ao mesmo tempo a essas duas questões e depois na sua maneira de deslocar a primeira dentre elas, que aparece do melhor modo o domínio adquirido desde os seus primeiros terçar d'armas com seus amigos cristãos.

Em sua longa resposta, Franz Rosenzweig concentra sua argumentação no aspecto estritamente teológico da questão. A demonstração começa de forma lapidar: "Sim, o endurecimento dos judeus é um dogma cristão", uma doutrina estabelecida desde os primeiros séculos da Igreja por seus Pais e que rege ainda sua teologia[31]. Notando que esta figura está particularmente ancorada na teoria de Paulo, segundo a qual os Evangelhos libertaram o homem do fardo da Lei, Rosenzweig introduz sutilmente na passagem uma observação que dela fizeram uso os gnósticos: "Paulo dizia que os judeus são infames, mas que o Cristo saiu do meio deles; Marcião dizia que os judeus são o diabo e Cristo, Deus"[32]. Por consequência, mesmo se a Igreja chegou a estabilizar esse dogma em outra perspectiva que não a da gnose, a questão continua sendo a de saber se ele é igualmente um dogma para o judaísmo. É sobre esse ponto preciso que

---

Rosenstock; nós não nos repusemos ainda da primeira fase daquilo que se mostra muito mal resolvido desde aquela conversa noturna de 1913 e eu não falei ainda *com* ele, realmente, o que eu não *poderia* fazer enquanto precisava prosseguir a discussão com o fantasma daquela noite" (idem, p. 240).
29 Rosenstock a Rosenzweig, 4 de outubro de 1916, idem, p. 245.
30 Idem, p. 246, em francês no texto.
31 Ver a longa resposta de Rosenzweig, datada sem maior precisão de outubro de 1916 e que constitui um primeiro momento substancial da discussão (idem, p. 247-257).
32 Idem, p. 249.

Rosenzweig se recusa a estabelecer o paralelo que seu interlocutor deseja. Rosenstock aguarda uma teologia judaica do endurecimento, ele lhe oferece um deslocamento da questão: "O dogma da Igreja na sua relação com o judaísmo deve corresponder a um dogma do judaísmo na sua relação com a Igreja". Quanto a esse dogma em si, Rosenzweig o identifica na "teoria da 'religião-filha'", segundo a qual o cristianismo tem por missão, aos olhos do judaísmo, propagar a ideia do monoteísmo no mundo. Ele parece então querer concluir a troca por esta simetria doutrinal: "Assim, o cristianismo como poder mundano [...] é um dogma judaico, tal como é um dogma cristão a visão do judaísmo como fonte endurecida e convertida por último"[33].

Tudo se passa, no entanto, como se Franz Rosenzweig não estivesse perfeitamente satisfeito com sua própria resposta. Em primeiro lugar, ela lhe parece, sem dúvida, por demais ligada ao judaísmo liberal moderno, com sua tendência para a assimilação. Ele coloca, pois, em contraponto, uma legenda talmúdica que evoca as tribulações do Messias desde a destruição do Templo, como em uma alegoria da "dissimilação": "Ele errava desconhecido entre as nações e o tempo de nossa redenção virá quando ele as tiver atravessado todas". Entretanto, sua principal preocupação reside doravante alhures: no cuidado de questionar a significação de tal dogma para os judeus, ao longo de uma confrontação vivida entre os "teologúmenos" respectivos do judeu sobre o cristianismo e do cristão sobre o judaísmo. Ora, quando Rosenzweig se pergunta que significado tem para o cristão seu próprio teologúmeno sobre o judaísmo, ele parece receber duas respostas. Se der crédito às cartas de Eugen Rosenstock, esta se resume em uma palavra: "nenhum". Mas quando considera, em compensação, a maneira como o teologúmeno cristão sobre o endurecimento judaico é levado a sério na prática, descobre o "ódio ao judeu"[34]. Desta última e de seu fundamento metafísico, ele pode então isolar três formulações, tais como elas são percebidas do ponto de vista judaico. A primeira, ela própria metafísica, visa o fato de que "nós não queremos tomar parte porque ela é uma ficção, ficção esta em nome da qual o dogma

---

33 Idem, p. 251.
34 Idem, p. 252.

cristão conquista o mundo" – opondo-lhe que "Tu somente, Deus, és verdade" (*Jr* 10, 10). Cultivada, a segunda passa pelo seguinte motivo: "nós renegamos o fundamento presente da cultura" – porque Israel será "um reino de sacerdotes e um povo santo" (*Ex* 19, 6). Resta, enfim, uma última formulação dos motivos do ódio aos judeus, inculta desta vez: aquela que estabelece que "nós crucificamos o Cristo e que o faríamos de novo, e somente nós no mundo" – pois "A quem me comparais vós, dos quais eu sou igual?" (*Is* 40, 25).

Ao passo que esta descrição de motivos sobre o antijudaísmo cristão representa certamente um dos vértices da controvérsia, Franz Rosenzweig precisa que o endurecimento tem, entretanto, sua tradução vivida no judaísmo: uma forma de exacerbação da consciência de si, que se exprime sob uma forma vulgar pelo orgulho e, de um ponto de vista mais refinado, na ideia de eleição. Nesse sentido, o "orgulho judaico" possui, ele próprio, seu fundamento metafísico, cujas diferentes proposições se resumem na certeza de que "nós detemos a verdade". No entanto, se Rosenzweig concede ainda que essas subjetividades cristã e judaica são "estreitas e tacanhas tanto uma quanto outra", quando as apreendemos a partir do interior, ainda assim ele mantém uma dissimetria fundamental entre as duas experiências: aquela que opõe um cristianismo destinado a voltar-se para o exterior a fim de conquistar o mundo a um judaísmo eternamente voltado ao aprofundamento interior de sua própria identidade. É em nome dessa diferença que ele pode, enfim, responder à questão pessoal que lhe propôs Rosenstock, não sem tê-la reformulado em toda a sua gravidade ao expor suas implicações tácitas: "Devo eu 'me converter', embora eu seja 'eleito' de nascença? Existe tal alternativa para mim? Fui eu embarcado apenas por acaso nesta galera? Não está aí *meu navio*? [...] Crede-me, trata-se realmente de meu navio e meu lugar é a bordo dele (por que assim fazer? Aí viver e aí morrer)"[35]. Na hora em que Rosenzweig redige essa carta, que vai provocar uma resposta virulenta de Rosenstock, ele se preocupa, com efeito, com esse navio e sua reconstrução, pois se trata do momento em que anuncia aos seus pais sua intenção de escrever a Hermann Cohen a carta que se intitulará "*Zeit ists*",

---

35 Idem, p. 254. A última fórmula, entre parênteses, aparece de novo em francês no texto.

carta que analisa a situação do judaísmo alemão, para propor a criação de escolas autenticamente judaicas[36].

Como seria de esperar, estas análises de Franz Rosenzweig suscitam uma réplica nutrida de Eugen Rosenstock, apresentada nas duas missivas redigidas no *front* do Somme, respectivamente datadas de 28 e 30 de outubro de 1916. Se a primeira delas parece querer acalmar as coisas, retornando ao início da conversação para defender a concepção cristã dos liames entre natureza e Revelação, a segunda assume um giro nitidamente mais polêmico. Aqui, Rosenstock enrijece a ideia segundo a qual o judaísmo teria se tornado estéril ao sair voluntariamente da história do mundo: "A Sinagoga fala há dois mil anos daquilo que ela possui, porque ela não possui mais nada; ela não tem mais existência e nunca mais saberá o que é a realidade. Ela ilustra, assim, a maldição da presunção, do orgulho e da indiferença para com o processo de unificação do cosmos"[37]. Para Rosenstock, não somente a ideia de eleição e a maneira como "Judá invoca seu direito inalienável" são ilusões da consciência judaica, mas elas correspondem a um "arcaísmo cego do judaísmo": "*Diogenos, eugenos* (nascidos de Deus, bem nascidos), diziam de si mesmas as tribos pagãs; quem poderia crer nelas?" Sua conclusão é perigosa, invertendo o motivo esboçado por Rosenzweig para afirmar uma pura vacuidade da vida judaica:

> O judeu é um parágrafo da Lei, é tudo. Vós podeis pensar que tendes o vosso navio. Mas vós não conheceis o mar, do contrário não falaríeis assim. Vós jamais fareis um naufrágio, não desaparecereis jamais e vereis sempre Deus com a mesma clareza, sem ter necessidade de mediação [...] Mas vós não sabeis que o mundo é movente e cambiante. O Cristo disse que existe o dia e a noite [...]

---

36 Ver a longa série de cartas aos pais que se desdobra entre 22 de outubro e o começo de novembro (idem, p. 260-275), em que Rosenzweig analisa de maneira muito precisa a carência de um ensino judaico na Alemanha, evoca a obra dos fundadores da Wissenschaft des Judentums e depois esboça um programa que terá duas saídas: a criação, com a ajuda de Cohen que não chegará a ver, no entanto, o seu nascimento, da Akademie für die Wissenschaft des Judentums, em Berlim, em 1919; a abertura, pelo próprio Rosenzweig, em Frankfurt, em 1920, da Freien Jüdischen Lehrhaus, que ele dirigirá até o fim de sua vida. A carta programática endereçada a Hermann Cohen será finalmente redigida na Macedônia, no início de 1917: ver Zeit ists, Zweistromland, p. 461-481.
37 Carta de 30 de outubro de 1910, que figura na mesma remessa que a do dia 28, em *Briefe und Tagebücher*, I, p. 279.

Lasciavate ogni speranza; nondum viventes jam renuntiavistis (Renunciai a toda esperança; antes mesmo de viver, vós já havíeis renunciado a isto)[38].

Em face da violência dessas palavras, que marca o paroxismo da controvérsia, Franz Rosenzweig escolheu o apaziguamento. Se ele nota que as *"rabies theologica"* de Eugen Rosenstock confirmam sua interpretação das fontes do antijudaísmo cristão, ele quer, entretanto, mostrar que o conflito se situa no seio de uma aspiração messiânica comum. Não sem ironia, é o que escreve a Rosenstock no início de uma longa resposta:

> Vós podeis praguejar, esbravejar, vos coçar o quanto quiserdes, vós não vos livrareis de nós, nós somos o piolho no vosso pelo [...], mas nós somos o inimigo *de dentro* e, por favor, não nos confundais com os de fora. O enfrentamento pode muito bem ser mais impiedoso do que com os inimigos de fora, mas ele não impede que vós e nós vivamos no interior das mesmas fronteiras, no mesmo *reino*[39].

Se essa perspectiva já antecipa a maneira como *A Estrela da Redenção* tematizará a complementaridade do judaísmo e do cristianismo no acesso ao Reino, ela não fecha, todavia, a réplica de Rosenzweig, que não esqueceu o ataque contra a ideia de eleição. Sobre este ponto, ele parece esboçar de novo um movimento de recuo, ao conceder que ela apresenta, na partida, um aspecto "ingênuo". Porém, adiciona logo que, segundo uma antiga lenda, "Israel ganhou no *Sinai* o ódio dos povos"[40]. Ao fim de uma análise da secularização nacionalista da ideia de eleição, seguida da maneira pela qual ela preserva, no entanto, seu sentido metafísico na visão messiânica de uma missão universal do "povo único", ele conclui por um motivo que poderia vir direto de Hermann Cohen. Olhando uma última vez para a pretensa "ingenuidade" da ideia de eleição, ele a vincula às perseguições que sempre foram o seu preço:

---

38 Idem, p. 280. Estranhamente, Rosenstock continua a semear locuções francesas nas suas cartas: aqui, "c'est tout". A primeira parte da citação provém de Dante, *Divina Comédia, Inferno*, III, 7.
39 Carta de 7 de novembro de 1910, p. 280-281.
40 Idem, p. 282. Rosenzweig alude a uma discussão talmúdica (*Schabat*, 89b) que joga com a aliteração entre o nome Sinai e o termo hebraico que designa o ódio (*sina*), quando ele responde à pergunta "Por que o nome Sinai?" pela seguinte explicação: "Porque o ódio (*sina*) das nações pagãs desceu sobre este monte [...] e teve nascimento neste lugar".

"A nossa reivindicação 'ingênua' de um direito imprescritível para com Deus corresponde, é o que vós esqueceis, à aceitação – ela também 'ingênua'? – de um sofrimento imprescritível, o qual sabemos que nos foi imposto (conforme um comentário tradicional de Isaías 53) 'para a redenção do mundo'"[41].

Franz Rosenzweig sabe, todavia, que resta ainda um último argumento, pelo qual Eugen Rosenstock exprimia uma outra censura clássica do cristianismo em relação aos judeus: a de seu isolamento voluntário no seio da história ocidental. Mas também percebeu que ele entra em contradição com a afirmativa posta no mesmo plano segundo a qual, de qualquer maneira, a assimilação moderna dos judeus arruína a ideia de eleição. A fim de tirar proveito desse erro lógico para precisar sua análise, ele mostra que, na realidade, as duas proposições visam situações diferentes. Em primeiro lugar, ninguém poderia, sem dúvida, negar o fenômeno da assimilação, mas ele se aplica apenas a uma fração limitada dos judeus contemporâneos: aquela que corresponde àquilo que ele denomina um judaísmo de fora. Por certo, seria vão dizer que a vida desses judeus assimilados à cultura ocidental participa ainda de uma metafísica da eleição. Mas sem haver mesmo necessidade de evocar a participação de um bom número deles nessa cultura, é preciso de pronto sublinhar que o limite que ela conhece é imposto por sociedades que os têm sempre mais ou menos por estrangeiros: "Nossa participação na vida das nações é somente *vim, clam et precaria*; nós não seremos jamais senão tarefeiros e devemos aceitar o julgamento que os outros têm sobre nós [...], pois esta história para a qual nós trabalhamos não é nossa própria história"[42]. Resta, portanto, a realidade mais profunda de um "judaísmo de dentro", que certamente não parece manter-se senão nos limites da Europa Ocidental, mas preserva a autenticidade de uma vida judaica centrada no tempo da liturgia, estranha

---

41 Idem, p. 284. Parece que Rosenzweig evoca um comentário de Raschi sobre a temática do servidor sofredor de Isaías 53. Esta conjectura apoia-se em uma passagem da coletânea de notas que Rosenzweig começou a enviar para a sua casa no começo de 1916, e que ele reunirá sob o título de "Paralipômenos" (ver Paralipômenos, *Zweistromland*, p. 80-81). A perspectiva aqui esboçada volta a encontrar-se em *A Estrela da Redenção*, em que Rosenzweig evoca a seguinte figura: "o servidor desconhecido de Deus, que sofre em nosso lugar pelos povos do mundo a marchar na clara luz da história", antes que se opere "o supremo retorno, o reconhecimento da semente no fruto" (ver *A Estrela da Redenção*, p. 447, e infra, p. 245-246).
42 Carta de 16 de novembro de 1910, ao que parece anexada à do dia 7, idem, p. 285.

ao calendário da história, fixada na espera da Redenção: a que *A Estrela* descreverá em breve.

Colocada essa distinção, Franz Rosenzweig pode abandonar o terreno histórico, para voltar a uma última justificação de sua escolha pessoal. É o que ele faz assumindo a integralidade daquilo que acaba de escrever a propósito da significação concedida ao sofrimento: "Cabe a mim decidir se, como indivíduo, eu quero tomar sobre mim o destino ao qual fui convocado por meu nascimento (o 'jugo do reino dos céus'), se eu quero 'viver principalmente e essencialmente como judeu' [...], para elevar assim esta vocação natural à esfera da eleição metafísica"[43]. Em certo sentido, com esta última resposta a troca entre os dois correspondentes está quase encerrada, na medida em que suas posições estão fixadas quanto ao núcleo central da discussão. Rosenstock procurará ainda virar em favor do cristianismo a posição meta-histórica que Rosenzweig reivindica para o judaísmo, visando habilmente ao que ele percebe como sendo uma ambivalência deste último, em face do sionismo. Desse ponto de vista, acrescenta uma observação perigosa a uma questão pertinente e a uma afirmação polêmica:

> Credes que o sionismo seja um acaso? A época de Israel como povo da *Bíblia* terminou, é a Igreja [...] que desempenha hoje o papel da Sinagoga! O tempo do Judeu Eterno toca ao seu fim [...] Os povos têm suas eras (seus tempos). [...] Vós não conseguireis salvar a língua hebraica em sua significação metafísica e é precisamente porque ela está a ponto de voltar a ser uma língua viva, a herança de um povo enraizado em uma terra[44].

Mas tudo se passa como se as coisas não estivessem destinadas a mover-se. Rosenzweig indica isso resvalando sobre o referido argumento, que, no entanto, retornará ao seu espírito como um tormento. Depois, parecendo incluir o sionismo na sua derradeira palavra acerca da oposição

---

43 Idem, p. 287. Deparamos aqui com um novo eco das coisas ouvidas em Cohen: no caso, a ideia de uma pertença do sofrimento de Israel à economia da salvação, fenômeno livremente aceito graças ao fato de que o "jugo da Lei" é vivido como o "jugo do Reino de Deus" (ver, supra, cap. i, p. 119-122 e 145-146).
44 Carta de Rosenstock a Rosenzweig, de 19 de novembro de 1910, idem, p. 298-300. Ver-se-á que a perspectiva de uma secularização da língua sagrada obsedará Rosenzweig e Scholem em seguimento (cf. infra, p. 255-256 e infra, cap. iv, p. 559-564).

entre a Igreja e a Sinagoga: "O cristianismo se identifica com o Império (o *'mundo'* do agora); o judaísmo se identifica com o seu próprio *Eu (soi)* (exemplo – nada mais, mas como tal muito útil – o sionismo)"[45].

Após uma última e definitiva troca de cartas, Franz Rosenzweig sabe que esta discussão encontrou seu ponto terminal e que ela já desempenhou um papel decisivo no seu próprio itinerário. É isso que ela aponta imediatamente a Rudolf Ehrenberg:

> A aventura e a façanha verdadeiras para mim durante estes últimos meses deram-se na minha correspondência com Rosenstock. Tu a lerás um dia. (Tu sabes ou poderás saber) que eu esperei, temi e diferi o inevitável segundo confronto com ele desde novembro de 1913, como a prova necessária e (teoricamente) conclusiva de minha nova vida [...] Agora, a tarefa está consumada[46].

Na realidade, se Rosenzweig parece ter definitivamente resolvido o problema filosófico e teológico que Rosenstock lhe colocara, as existências dos dois homens continuariam sempre estreitamente misturadas, por intermédio de uma mulher: Margrit Rosenstock-Huessy, esposa do segundo que o primeiro havia encontrado em casa de sua mãe, durante o verão de 1917. Sabemos hoje que, entre essa data e 1922, Rosenzweig endereçou-lhe cerca de 1500 cartas, começando invariavelmente pela fórmula *"Liebes* Gritli" (Querida Gritli), cartas que foram excluídas de duas edições sucessivas da correspondência. Os primeiros exames desse imenso *corpus* põem à vista elementos suscetíveis de subverter o conhecimento

---

45 Carta de 30 de novembro de 1910 a Rosenstock, idem, p. 305. Notemos que a correspondência vai se encerrar com uma derradeira troca. Duas cartas de Rosenstock, fim de novembro e começo de dezembro, voltam a palavras mais diretamente filosóficas e esboçam estes esquemas de um pensamento segundo o calendário do mundo, em relação aos quais Rosenzweig reconhecerá ter uma dívida (p. 310-315). Enfim, uma última missiva de Rosenzweig (p. 315-320) afasta-se da controvérsia, delineando alguns temas que já lembram as análises de A Estrela da Redenção, como uma comparação do judaísmo, do cristianismo e do islã, ou uma reflexão sobre a maneira de filosofar a partir da experiência. Em outubro de 1917, os dois homens retomarão sua correspondência, mas tudo terá mudado: eles se tuteiam doravante e falam um ao outro de seus trabalhos em andamento, sem mais evocar sua polêmica.

46 Carta a Rudolf Ehrenberg, de 24 de dezembro de 1916, idem, p. 322. É preciso lembrar aqui que Rudolf Ehrenberg fora, em 1913, o confidente crítico da controvérsia noturna, em Leipzig, com Rosenstock, e da crise que devia se seguir.

da biografia de Rosenzweig[47]. Em primeiro lugar, devido ao fato de evidenciar uma relação que permaneceu estreita, mas que foi profundamente complexa e quase patológica, entre este último e Eugen Rosenstock, como sob o efeito de uma espécie de perpétuo desejo de reconhecimento incessantemente insatisfeito[48]. Depois, através daquilo que se pode imaginar das ligações entre Rosenzweig e Margrit Rosenstock: em junho de 1918, ele lhe confessou seus sentimentos e a perturbação que eles lhe causam em relação a Eugen; na véspera de seu próprio noivado com Edith Hahn, é a Margrit que ele expõe sua ideia de amor[49]. A isto se adiciona, enfim, que não só Gritli foi a confidente privilegiada da redação de *A Estrela da Redenção*, mas sem dúvida também a inspiradora de algumas de suas páginas mais incandescentes, tais como as que versam sobre a gramática do amor no capítulo acerca da Revelação, ou ainda o comentário do *Cântico dos Cânticos* que o acompanha[50]. Pode-se pensar então que Rosenzweig colocava Margrit Rosenstock no seio de um verdadeiro sistema biográfico de sua existência, como quando ele declara a Rudolf Ehreberg que todas as impressões provenientes de sua "história de amor" com os cristãos tais como elas se formalizarão na *Estrela* se resumem em dois nomes: "Hermann Cohen e Gritli"[51]. Que destarte se instala uma polaridade entre um judaísmo encarnado numa figura paterna sempre venerada, mas amiúde

---

[47] O artigo mais precioso a esta luz é o de Harold M. Stahmer, Franz Rosenzweig's Letters to Margrit Rosenstock-Huessy, 1917-1922, op. cit., p. 385-409. Cumpre, todavia, precisar que o autor consultou apenas cerca de 270 das 1.500 cartas e que cita somente fragmentos, em uma demonstração de que ele parece às vezes hesitar entre o desejo de revelação e a afirmação de uma importância, no fim de contas anedótica, desse *corpus* para a compreensão da obra de Rosenzweig.

[48] Ver a carta não publicada a Margrit Rosenstock a propósito de Eugen, de 24 de junho de 1918, idem, p. 391.

[49] Ver, respectivamente, as cartas não publicadas a Gritli, de 1 de junho de 1918 e de 16 de janeiro de 1920, idem, p. 399 e 395.

[50] Mostrando que Rosenzweig relata a Margrit, dia a dia, a redação desse capítulo (segunda parte, segundo livro, "Revelação ou o Nascimento Incessantemente Renovado da Alma"), Harold Stahmer afirma (idem, p. 405) que a correspondência do fim de 1918, durante o qual se elabora a referida parte, parece um verdadeiro "diário" dedicado ao tema do amor, à sua linguagem e à sua gramática.

[51] Ver a carta de Rudolf Ehrenberg, de 25 de agosto de 1919, *Briefe und Tagebücher*, II, p. 643. Notemos que, de maneira significativa, é amiúde a Margrit Rosenstock que Rosenzweig confia suas dificuldades com a obra de Hermann Cohen, ao mesmo tempo que conta haver consultado este último sobre sua relação com Eugen Rosenstock (cf. Harold M. Stahmer, Franz Rosenzweig's Letters to Margrit Rosenstock-Huessy, 1917-1922, op. cit., respectivamente, p. 400-402 e 391 – carta a Gritli de 24 de junho de 1918).

objeto de revolta, e um cristianismo representado por uma mulher, ela própria símbolo do amor, eis algo que deixa entrever muita coisa sobre a personalidade clivada de Rosenzweig e depois sobre uma tensão especulativa anteriormente aberta pela tentação de uma conversão e que se reencontra até no coração de sua grande obra.

Quaisquer que sejam as relações futuras no seio do triângulo formado por Franz Rosenzweig, Eugen e Margrit Rosenstock, é, portanto, em 24 de dezembro de 1916 que o primeiro estima haver definitivamente terminado com aquilo que ele nomeia ainda como sua "crise de 1913". Ele terá precisamente trinta anos no dia seguinte. Com alguns dias de diferença, restam-lhe treze anos de vida. Desde o mês de março, ele se encontra no *front* dos Bálcãs, onde vai permanecer até o fim da guerra. Qual pode ser o efeito disso sobre a sua visão do mundo e seus pensamentos? Na mesma época, declara a Hans Ehrenberg que ela, na realidade, não o afeta muito:

> A guerra, ela própria, não significa para mim, de maneira alguma, uma ruptura, e eu vivi tantas coisas em 1913 que não teria podido se produzir em 1914 nada que se impusesse a mim, afora a derrocada definitiva do mundo [...] Assim, eu não sofri, pois, a experiência da guerra, eu não aprendo [...], não espero, não quero nada dela e levo minha existência através dela como Cervantes seu poema[52].

Pode-se, por certo, desejar inscrever essas palavras numa perspectiva crítica, ainda que seja apenas para dar às experiências coletivas seu lugar ao lado das aventuras espirituais atravessadas por Franz Rosenzweig. Ele próprio, aliás, convidará a tal correção, quando afirmar, mais tarde, ao publicar seu livro sobre Hegel, que esta obra por assim dizer passou de época, depois do que se assemelha realmente ao desmoronamento de um mundo. De maneira similar, é difícil pensar que o "Eu, poeira e cinza" que faz frente ao absoluto da história, pretendendo absorvê-la, esta figura que vai logo surgir ao longo de uma carta a Rudolf Ehrenberg, da qual Rosenzweig fará o "Núcleo Original" (*Urzelle*) de *A Estrela da Redenção*, não tem nenhuma relação com a experiência da guerra, da morte entre-

---

52   Carta a Hans Ehrenberg, datada de outubro de 1916, em *Briefe und Tagebücher*, 1, p. 242-243.

vista e da sobrevivência⁵³. No entanto, tudo se passa efetivamente como se Rosenzweig interiorizasse estas provações existenciais, para submetê-las a uma elaboração conceitual e metafísica que se manifestará no livro que ele começa a conceber. Ele não se mostra, todavia, totalmente indiferente à guerra, cujas fases ele comenta às vezes em suas cartas, seja a partir dos próprios acontecimentos, seja através das intervenções de algumas personalidades como Max Weber. Em 1917, redige mesmo alguns textos políticos ou geopolíticos, alguns dos quais irão aparecer, sob o pseudônimo de Adam Bund ou de Macedonicus, no *Arkiv für exakte Wirtschaftsforschung*⁵⁴. Mas o essencial de suas preocupações parece estar doravante em outra parte: em uma espécie de paciente empenho de pôr em dia sua situação em face da filosofia e, sobretudo, das formas precisas de sua relação com o judaísmo.

No que concerne à filosofia, ele confia em novembro de 1917, a Rudolf Ehrenberg, o essencial de suas novas perspectivas. No texto, cujo caráter programático há de revelar-se em breve, no qual afirma ter encontrado o seu "ponto de Arquimedes", já efetua alguns reconhecimentos de suas dívidas. Para com Eugen Rosenstock, a despeito da controvérsia havida entre eles, visto que lhe deve a definição do conceito que estará no centro de sua futura construção: "a Revelação é orientação"⁵⁵. Mas, igualmente, em relação a Schelling, que começa a oferecer-lhe uma espécie de contraponto ao sistema de Hegel, ao arrancar Deus da história, como parece também fazê-lo a Cabala de Lúria. De maneira similar, parece ter resolvido também este velho problema, que ele denomina de há muito "1800",

---

53 Ver esta carta, datada precisamente de 18 de novembro de 1917, que Rosenzweig há de querer que ela seja designada como "Urzelle" (núcleo original) de *A Estrela da Redenção*, para incluí-la em seu *corpus* filosófico, *Zweistromland*, p. 125-138, trad. J.-L. Schlegel, Noyau originaire de *L'Étoile de la Rédemption*, em *Cahiers de la nuit surveillée*, p. 99-113, especificamente, p. 101. Notemos que Rosenzweig sabe imediatamente qual a importância que ela terá, visto que ele assinala a sua existência a Eugen Rosenstock já em 26 de novembro (ver *Briefe und Tagebücher*, 1, p. 481).

54 Ver especialmente Realpolitik (Adam Bund), Nordwest und Südost (Macedonicus), ou ainda Die Neue Levante (Macedonicus), redigidos na Macedônia e publicados, respectivamente, em abril e junho de 1917 nesta revista, em *Zweistromland*, p. 261-265, 301-307 e 309-312. Ao que se juntam textos enviados aos pais, mas nunca publicados, como Monarchie, Republik und Entwicklung (idem, p. 249-251) ou Die Reichsverfassung in Krieg und Frieden (idem, p. 253-255).

55 Noyau originaire de *L'Étoile de la Rédemption*, op. cit., p. 100.

mesmo que a expressão de sua solução seja ainda lacônica: "Quando Hegel descobriu em si o último filósofo, Goethe descobriu em si o último cristão; não há nada a acrescentar". Consequentemente, é quase por meio de aforismos que ele pode, aliás, precisar seu projeto como que para prevenir toda surpresa diante daquilo que virá a chamar um dia seu "novo pensamento": "sistema não é *arquitetura*"; "o *filósofo* é a forma da filosofia"[56]. No mesmo momento, no entanto, é o último, sem dúvida, dos filósofos sistemáticos que ocupa um lugar crescente na sua correspondência. Depois que, na primavera de 1917, Hermann Cohen acolheu, com efeito, favoravelmente o seu projeto da Academia e que Rosenzweig entra em contato direto com este mestre a propósito do assunto, ele o põe no centro de seu Panteão pessoal. Assim, escreve a seus pais que [Cohen] é o único a lhe ter dado o sentimento de ser autenticamente "um filósofo" e que, diante desse "gênio", todos aqueles que, de outra parte, ele conhecera, como Emil Laks, Heinrich Rickert, Ernst Cassirer e, sobretudo, Georg Simmel, "são apenas artesãos mui distinguidos"[57]. Compreende-se então seu orgulho ao receber, em março de 1918, algumas semanas antes da morte de Cohen, o texto da *Religião da Razão*, que lhe coube por missão corrigir[58]. Mas podemos também imaginar a impressão que lhe fariam os desaparecimentos quase simultâneos de seu pai em 19 de março e de Hermann Cohen em 4 de abril do mesmo ano de 1918[59].

Como referência ao que toca ao judaísmo, Franz Rosenzweig repartiu doravante o essencial de suas reflexões entre Gertrud Oppenheim, a quem ele destina as considerações gerais, e a seus pais, aos quais relata impressões mais pessoais. Para a primeira, esboça uma tipologia de duas correntes saídas da Emancipação: a assimilação e o sionismo. Assim, observa que os judeus assimilados são sempre suscetíveis de provocar o ódio contra eles mesmos, quando se tornam especuladores da Bolsa, professores, jornalistas ou boêmios, ao passo que os sionistas recusam de algum

---

56 Carta a Rudolf Ehrenberg, de 1º de dezembro de 1917, *Briefe und Tagebücher*, I, p. 484-485.
57 Carta aos pais, de 20 de setembro de 1917, idem, p. 442-443.
58 Ver sua carta a Rudolf Ehrenberg, de 5 de março de 1918, idem, p. 514.
59 Ignorando o falecimento de seu pai, Rosenzweig escreve ainda em 20 de março uma carta "aos pais". Em 5 de abril, redige uma longa missiva dirigida à sua mãe, que evoca uma meditação sobre a vida e a morte para lhe desejar a perspectiva de uma continuidade das gerações: "Pai está morto, mas teus netos não nasceram ainda" (idem, p. 528).

modo esta necessidade de nadar contra a corrente, razão pela qual Hermann Cohen exprime sua profunda desconfiança a respeito deles com uma fórmula arrasadora: "Os patifes querem ser felizes"[60]. A distinção pode ainda fazer-se mais precisa, opondo-se como teses e antíteses: "O 'sangue' e o 'espírito', a 'raça' e a 'religião', o capitalismo e a *Torá*, o jornalista e o talmudista, Buber e Cohen, Klatzkin e Ahad ha-Am"[61]. Gertrud Oppenheim, porém, recebe também algumas elaborações dos esquemas que serão os de *A Estrela*, sob uma forma às vezes enigmática ("não é o 'monoteísmo' que faz os judeus, mas a *Torá*") ou mais explícita, como quando Rosenzweig começa a lhe expor suas concepções sobre o "fato" da Revelação, a "ação efetiva da fé" ou a do "mundo"[62]. Resta que é a seus pais, depois apenas à sua mãe, após a morte do pai, que ele reserva as confidências sobre as suas experiências íntimas da vida judaica, inclusive com o risco de que elas sejam algumas vezes tintas de censuras, a exemplo de uma observação introduzida no comentário a um texto controverso de Hermann Cohen sobre a Alemanha e os judeus: "A germanidade espiritual de Cohen é tão precária quanto vossa germanidade social e não podemos manter uma e outra ficção sem verdadeiras acrobacias"[63].

Na sua longa correspondência dos últimos dois anos de guerra passados essencialmente nos Bálcãs, Franz Rosenzweig relatou a seus pais um grande número de experiências ligadas ao encontro daquilo que ele chamava o "judaísmo de dentro": elas virão em breve nutrir as páginas de *A Estrela da Redenção*. Enquanto se acha em Usküb (futura Skopje) em abril de 1917 e depois de novo em outubro, visita várias vezes o gueto e participa das festas da Páscoa e, a seguir, do Iom Kipur, ao lado de sefarditas com os quais se comunica graças a um pouco de espanhol e de francês, descobrindo formas

---

60   Ver a carta a Gertrud Oppenheim, de 1º de maio de 1917 (idem, p. 399). Rosenzweig citou muitas vezes esta palavra de Hermann Cohen, até na sua grande introdução à coletânea dos *Jüdische Schriften* deste último, mas prestando-lhe termos diferentes e sinônimos para designar os sionistas: aqui "die Halunken", ali "die Kerls"... Sobre o significado desta expressão no espírito de Cohen e a natureza de sua relação com o sionismo, ver supra, cap. I, p. 128-130. Nesta carta, Rosenzweig utiliza pela primeira vez uma noção que se tornará essencial na sua concepção de judaísmo: a do "resto de Israel".
61   Idem, p. 400.
62   Carta de 2 de agosto de 1917, idem, p. 425-426.
63   Carta aos pais, de 20 de setembro de 1917, idem, p. 445. Sobre o texto de Hermann Cohen aqui em causa e sua recepção, ver supra, cap. I.

do ritual e da liturgia que ignorava. Destarte, por ocasião de um ofício na grande sinagoga da cidade, ele nota variantes na recitação do *Kadisch*, que poderá verificar alguns dias mais tarde, ao passar desta vez a noite do Seder na pequena sinagoga, com judeus russos de Minsk e Odessa que lhe contam também sobre os *pogroms* de 1881[64]. Ele também se encontra com muçulmanos e reconstitui uma comovente conversa com um garoto turco, em uma improvável mistura de francês e alemão. Quando este lhe pergunta o que ele faz, Rosenzweig responde que é "pesquisador" e mais precisamente "historiador", o que acarreta o seguinte diálogo: "*Ich schriebe also Bücher* para os israelitas? Também para os outros... Para os alemães etc.? Por que você não faz *tudo* para os israelitas?"[65] Depois o menino o interroga sobre a *Bíblia* e o põe em dificuldades: "Diga-me! O que você sabe sobre Moisés e sobre David? [...] Mas isto é muito geral, pergunte-me uma coisa mais especial. Pois bem, quantos filhos tinha Jacó? Doze. E quem se tornou rei?" Vêm então perguntas sobre os filósofos judeus. Rosenzweig cita os nomes de "Mosché ben Maimon" e "Iehudá Halevi", mas o garoto entende apenas "ha-levi" por causa da pronúncia sefardita da última sílaba "wi" e lhe responde: "Eu conheço apenas Eliahu *ha-nabi*" (Elias, o profeta). Rosenzweig encerra então a conversa falando-lhe de Hermann Cohen, o filósofo que há muito tempo escreve "para os alemães *e* os israelitas", mas agora "para os israelitas especialmente"[66].

Enquanto Franz Rosenzweig vive assim novas experiências do judaísmo, seus diferentes projetos progridem e começam a realizar-se. Em março de 1917, ele havia concluído o texto programático, destinado a Hermann Cohen, para a fundação em Berlim de uma Academia consagrada à ciência do judaísmo[67]. Diante da calorosa acolhida que lhe dispensa

---

[64] Ver a longa carta aos pais, de 13 de abril de 1917 (idem, p. 389-394, especificamente, p. 390). Rosenzweig passará o Iom Kipur nas mesmas condições, observando que a melodia do *Kol Nidrei* lhe parece quase estranha devido ao modo como o oficiante recita o texto, lamentando também por não ter senão um bosquejo das particularidades do serviço divino sefardita (cf. a carta de 29 de setembro de 1917, idem, p. 448-449).

[65] Carta de 13 de abril de 1917, idem, p. 393.

[66] Idem, p. 394. Como parte da conversa, esta última fórmula está em francês no texto.

[67] Cf. o texto intitulado "Zeit ists" em referência aos *Salmos* 119, 126 e redigido como carta a Hermann Cohen em *Zweistromland*, p. 461-481. Neste projeto inicial, Rosenzweig mistura ensinamentos que parecem essencialmente destinados aos adolescentes, segundo os ritmos do ano judaico, aos estudos de tipo universitário no espírito da *Wissenschaft des Judentums*.

o velho filósofo, ele pode esboçar os princípios e os contornos da instituição, que nascerá após a morte deste último: tolerância entre as diferentes frações do judaísmo, natureza da colaboração das mulheres, orientação para o estudo (*Lernen*) mais do que para a ciência no sentido estrito (*Wissenschaft*), perspectivas de edições de textos, de léxicos...[68] Mas se Rosenzweig pode enviar, triunfalmente, à sua mãe, em 30 de maio de 1918, o plano da Academia como sendo "o de Cohen e o meu", ele já tem na cabeça um outro projeto: o de uma casa de estudos (Lehrhaus), que designa pelo nome de Putzianum, por referência ao diminutivo de seu primo Victor Ehrenberg. Surgida já em outubro de 1916, esta ideia toma igualmente corpo durante os últimos anos de guerra e ela virá definitivamente à luz em Frankfurt, em julho de 1920: pela criação das Freien Jüdischen Lehrhauses, às quais Rosenzweig continuará a se dedicar, malgrado sua doença. À imaginação institucional, de que ele dá prova no curso desse longuíssimo período passado no *front*, cumpre acrescentar que ele comunica, em setembro de 1918, sucessivamente a Rudolf Ehrenberg e depois a Gertrud Oppenheim, o plano de um livro doravante intitulado *A Estrela da Redenção*, depois de ter sido por um momento designado como "Cristãos, Judeus e Pagãos"[69].

Hospitalizado em Belgrado por causa da malária, em fins de setembro de 1918, Franz Rosenzweig retorna à Alemanha em outubro, e fica em

---

Única a realizar-se, é esta segunda dimensão que logo fará a reputação da *Akademie für die Wissenschaft des Judentums* (ver supra, cap. 1, p. 34-37). Rosenzweig, entretanto, irá reinvestir a primeira dimensão do projeto na Lehrhaus que ele criou em Frankfurt.

68 Carta a Hermann Cohen, de 23 de fevereiro de 1918, em *Briefe und Tagebücher*, I, p. 512-514. Em outras cartas a outros correspondentes, Rosenzweig procura precisar a via média que ele tem em vista entre o estudo no sentido tradicional e a ciência. Assim, escreve à sua mãe (carta de 21 de abril de 1918, idem, p. 541) que os fundadores da Ciência do Judaísmo, como Zunz, deveriam ser adaptados à época de Max Weber ou Sombart e que o *Talmud* não será mais ensinado, porém trabalhado, graças ao estabelecimento de um léxico ou de uma enciclopédia talmúdica. Sob a direção de Eugen Taeubler e depois de Julius Guttmann, a Akademie assegurará o fim da edição do *Bereschit Rabá*, publicará os *Jüdische Schriften* de Hermann Cohen e, com a colaboração de Leo Strauss, os sete primeiros volumes da edição do bicentenário de Mendelssohn (prevista em 16 volumes e terminada depois de 1945).

69 Ver aquilo que parece ter sido por um instante considerado como título do livro numa carta a Gertrud Oppenheim, do dia 27 de agosto de 1918 (idem, p. 599), bem como as cartas a Rudolf Ehrenberg e, depois, de novo, a Gertrud Oppenheim, de 4 e 25 de setembro de 1918 (idem, p. 603-605 e 607-608). Com exceção de algumas modificações de pormenor, que se referem ao título das três partes, o plano integrado nestas duas missivas é definitivo.

Friburgo nos corpos de reserva até o fim de novembro[70]. À redação definitiva de *A Estrela*, que leva apenas seis meses, soma-se a correção de *Hegel e o Estado*, cuja publicação ocorrerá em 1920. Em 28 de março de 1920, Franz Rosenzweig desposa Edith Hahn e o casal se instala em Frankfurt em julho, no momento em que nasce a escola judaica longamente sonhada. Algumas cartas a Edith, ornadas de versículos bíblicos e de referências talmúdicas ouvidas nas aulas de Hermann Cohen, esboçaram as formas da "vida judaica" que Franz deseja doravante[71]. Em agosto do mesmo ano, anuncia a Friedrich Meinecke o desejo de renunciar à habilitação destinada a lhe abrir a carreira universitária e começar a devotar-se prioritariamente à sua escola. Os cursos, no quadro desta, têm início verdadeiramente em outubro de 1920, mesmo se Rosenzweig faz questão de apresentar este programa como sendo o do segundo ano[72]. Encontram-se aí, sobretudo para aquele momento, cursos sobre o judaísmo clássico, histórico e moderno: o rabino Nobel trata do espírito da *Halakhá* e o rabino Seligmann do da *Hagadá*, enquanto Rosenzweig garante, ele próprio, a apresentação do "homem judeu" e a aprendizagem do hebraico. Na sequência, cada ano ver-se-á dividido em três períodos, ao passo que as abordagens se diversificarão. Assim, continuando a ensinar o hebraico, Rosenzweig apresentará sucessivamente o "pensamento judeu" (janeiro-março de 1921), os fundamentos do conhecimento judaico (maio-junho) e a "ciência de Deus" (outubro-dezembro); depois, ainda, a "ciência do homem" e a "ciência do mundo". Aparecem então os cursos de Siegfried Kracauer e Ernst Simon (outubro de 1921), Martin Buber (janeiro de 1922) ou Schmuel Iossef Agnon (abril de 1922). Mais tarde, Leo Strauss será convidado a falar sobre a "teoria do sionismo político" (janeiro de 1924).

---

70 Rosenzweig confia o essencial de seus sentimentos sobre a situação política alemã durante as últimas semanas da guerra a Margrit Rosenstock, numa série de cartas quase diárias. Pertencentes ao *corpus* da correspondência não publicada, elas são exploradas por Stefan Meïneke, A Life of Contradiction: The Philosopher Franz Rosenzweig and his Relationship to History and Politics, op. cit., p. 477-483. Confessando sua dificuldade em sentir-se democrata, e até suas simpatias pelas ideias contrarrevolucionárias, Rosenzweig descreve, sobretudo, a impressão de ver desabar o mundo ao qual ele se sentia pertencer, com a certeza de ser doravante membro de uma geração de epígonos.

71 Ver notadamente as cartas de 13, 16, 17 e 18 de janeiro de 1920 a Edith Hahn, *Briefe und Tagabücher*, II, p. 659-667.

72 Encontraremos este programa, bem como o seguinte, em idem, p. 689-690.

Mas em janeiro de 1922, Franz Rosenzweig fica doente, afirmando bem depressa que tem "poucas ilusões" quanto à natureza daquilo que ele sabe ser uma destruição progressiva do sistema nervoso: a esclerose lateral amiotrófica[73]. O mal irá progredir rapidamente. Desde junho, ele não poderá mais deixar seu quarto da Schumannstrasse, 10, e, no fim do ano, delega ao seu amigo Rudolf Hallo a direção da Lehrhaus, inquieto com a coincidência entre o início de sua doença e a morte do rabino Nobel[74]. A partir de dezembro, deve ditar seus textos e sua correspondência a Edith, perdendo finalmente o uso da palavra, no fim de maio de 1923. É neste contexto da instalação de uma moléstia que terá aí, no entanto, pouco espaço, que Rosenzweig redige um último diário, de 23 de março a 19 de setembro de 1922: a época em que nasce seu filho Rafael. Nesse texto, anota as ideias que vão nutrir seu curso do terceiro trimestre sobre a "ciência do mundo", uma maneira de aplicar às condições da experiência moderna as categorias de *A Estrela da Redenção*. Ainda que ao risco de uma confrontação desse tipo, ele não crê em fórmulas paradoxais: a Revelação é uma "antirreligião", que não só não sacraliza o mundo como faz o paganismo, mas também rasga o véu que as religiões instituídas interpõem entre a natureza e Deus[75]. Tal como sublinha Stéphane Mosès, enquanto *A Estrela* parecia hesitar em conceber a Revelação seja como uma experiência quase

---

73 Ver especialmente sua carta a Rudolf Ehrenberg, de 3 de março de 1922 (idem, p. 755) e o testemunho de seu médico, o doutor Koch, segundo o qual Rosenzweig esperava por "uma morte rápida e quase solene" (idem., p. 822).

74 Ver a mui longa carta do fim de dezembro de 1922 a Rudolf Hallo (idem, p. 849-872), em que Rosenzweig conta com detalhes os inícios da Lehrhaus, apresenta o conteúdo dos ensinamentos, lembra seu espírito (conservadores e liberais, sionistas e antissionistas devem poder aí coabitar), evoca seus financiamentos e sublinha o papel essencial desempenhado pelo rabino Nobel, que acabava de falecer. A lista dos nomes precedentemente citados reflete efetivamente o ecletismo pretendido por Rosenzweig. Além de filósofos, teóricos da política e um escritor, encontram-se aí dois rabinos de Frankfurt: Nehemia Anton Nobel, sionista religioso que ali se instalara desde 1911, e César Seligmann, *chef de file* do judaísmo liberal, grão-rabino de Frankfurt desde 1902.

75 Ver especialmente as notas de 4 de abril e de 2 de maio de 1922 (idem, p. 770-771 e 778). Na primeira, Rosenzweig refere-se a *Totem e Tabu* e esboça uma crítica a Freud, à qual retornará em um texto de 1924, redigido para a *Lehrhaus* (idem, p. 1001-1005). Uma longa carta a Rudolf Hallo, de 27 de março de 1922, desenvolve igualmente o tema da Revelação como "antirreligião" e fala, a propósito deste assunto, de Scholem como um "niilista" que pratica o "ressentimento do asceta" (idem, p. 761-768). Acerca deste período da vida de Rosenzweig, é preciso ler Stéphane Mosès, Le Dernier journal de Franz Rosenzweig, em *Les Cahiers de la nuit surveillée*, p. 207-221.

mística de encontro com Deus, seja na medida em que o conjunto da realidade formada pelos três elementos que são o mundo, o homem e Deus, Rosenzweig parece aqui escolher o quietismo, não sem ligá-lo, sem dúvida, com a perspectiva de seu próprio desaparecimento: "A Revelação sobrepuja a morte, cria e institui em seu lugar a morte redentora. Aquele que ama não crê mais na morte e não crê mais do que na morte"[76].

Nessas páginas do diário, Franz Rosenzweig parece às vezes querer pôr ordem em uma existência cujo fim ele crê estar próximo. Assim, registra o desejo exposto à sua esposa de ver a *Stern* traduzida para o hebraico, talvez sob o título de *Estrela de Jacob*, que soará melhor nessa língua[77]. De outro modo, reflete sobre a significação dos prenomes que poderia dar à criança esperada. Quando nasce seu filho, anota imediatamente a vontade de que sua biblioteca lhe caiba[78]. Mas preocupa-se igualmente em determinar suas relações com as correntes contemporâneas do judaísmo. Sua correspondência dos anos de guerra exprimia uma forma de desconfiança diante do sionismo, que uma anotação de abril de 1922 parece ainda confirmar com um pouco de despeito: "Se o sionismo leva ao Messias, então a *Stern* não tem mais razão de ser. Mas todos os outros livros tampouco têm"[79]. No entanto, outras observações dão a sensação de querer corrigir essa apreciação pejorativa e desabusada. Destarte, chega a perguntar-se se esse movimento não apresenta, apesar de tudo, uma dimensão messiânica, que ele reatualizará na consciência judaica: ao escrever notadamente que, "se paramos de rezar pelo retorno desde 1800, é simplesmente porque paramos de rezar. Se tivéssemos continuado a rezar, teríamos rezado pelo retorno"[80]. Daí essas palavras que podem parecer estar em contradição com declarações anteriores, mas que marcam, sem dúvida, um desejo de apazi-

---

76 Nota de 2 de maio de 1922, idem, p. 778.
77 Nota de 9 de junho de 1922, idem, p. 793. O voto de Rosenzweig será tardiamente atendido, pois a obra aparecerá em hebraico, em Jerusalém, em 1970, mas com seu título original. Na mesma nota, Rosenzweig exige que seja inscrito sobre o seu túmulo o seguinte fragmento dos *Salmos* 73, 23: "E eu sempre permaneci contigo".
78 Ver de novo a nota de 9 de junho, e depois a de 13 de setembro de 1922 (idem, p. 823).
79 Nota de 12 de abril de 1922, idem, p. 774.
80 Nota de 29 de março de 1922, idem, p. 769. Por instigação dos discípulos de Mendelssohn, o conteúdo messiânico das preces havia sido descartado das sinagogas da Alemanha, em um contexto em que se discutia também a questão de saber se elas deviam ser recitadas em alemão ou em hebraico, questão na qual Hermann Cohen interveio (ver supra, cap. I, p. 135-137).

guamento nos conflitos entre a assimilação, a "dissimilação" e o sionismo: "O liame da profecia com a terra (e não com o tempo, como entre os cristãos) é ainda assim uma coisa muito significativa. É simplesmente verdade que o judeu que se enraíza no exílio perde sua força criativa judaica e religiosa. O próprio Cohen, sem a sua parcela de marginalidade em relação aos alemães, não poderia ter sido um judeu assim"[81].

De maneira significativa, o último diário se interrompe no momento mesmo em que começa uma correspondência com Martin Buber, que durará até os últimos dias de Franz Rosenzweig. Os dois homens se conhecem, visto que Buber ensina na Lehrhaus desde janeiro de 1922 e eles já haviam trocado algumas cartas. Buber se apresta a publicar *Eu e Tu*, que Rosenzweig acolhe com uma crítica elogiosa, aproximando a problemática do "encontro" à da "correlação" de Hermann Cohen, com a seguinte observação sobre uma *démarche* especulativa da qual partilha igualmente *A Estrela*: "Cohen estava amedrontado com sua descoberta, vós estais inebriado com ela"[82]. Durante três anos, Martin Buber tornou-se um dos correspondentes privilegiados de Rosenzweig. Este lhe confia o andamento de seus trabalhos sobre Iehudá Halevi, o associa, juntamente com Edward Strauss, Richard Koch e Ernst Simon, à equipe que estrutura as atividades da Lehrhaus e começa a lhe expor os problemas ligados à tradução da *Bíblia*[83]. É em maio de 1925 que se inicia verdadeiramente este último empreendimento, que requer uma organização metódica em vista da doença de

---

81 Nota de 2 de julho de 1922, idem, p. 801.
82 Carta a Martin Buber, sem data (setembro de 1922), idem, p. 825. Para designar esta "descoberta", Rosenzweig evoca aqui, alusivamente, a partir de uma observação em hebraico, a legenda "daqueles que viram o Paraíso". Trata-se de um relato talmúdico (*Haguigá*, 14b) que conta como quatro homens entraram no Paraíso (*Pardes*), com a proibição de abrir os olhos: Ben Assai olhou e morreu, Ben Zoma olhou e ficou louco, Ascher arrancou as raízes e somente Rabi Akiva saiu em paz tal como entrou. Este elogio do *Ich und Du*, obra da qual Rosenzweig foi um dos primeiros leitores, vem gravado, todavia, de uma reserva de peso, porquanto o autor de *A Estrela* afirma que uma fraqueza decisiva pesa sobre sua palavra-origem (*Urwort*): o "Eu-Isto", que ele considera um aborto (*Krüpel*). A importância desta restrição não escapou à vigilância de Emmanuel Lévinas, que analisa as apostas a que ela leva em Rosenzweig e em seu próprio pensamento. Cf. Emmanuel Lévinas, *De Dieu que vient à l'idée*, 2 ed., Paris: Vrin, 1992, p. 268-269, e infra, cap. v, p. 656-661.
83 Ver especialmente uma carta de março de 1923 a Buber sobre Iehudá Halevi (idem, p. 900-901), uma circular enviada a Strauss, Buber, Koch e Simon, de 17 de julho de 1923 (idem, p. 912-915), e uma primeira troca de ideias entre Buber e Rosenzweig sobre problemas de tradução, em torno da questão da Lei, em junho-julho de 1924 (idem, p. 972-979).

Rosenzweig. Ainda que morando em Berlim, Martin Buber vem a Frankfurt cada quarta-feira, leciona pela manhã na universidade e passa a tarde com Rosenzweig. Uma vez que os dois homens renunciaram à ideia de corrigir simplesmente a versão de Lutero, e trabalham diretamente a partir do hebraico, ele traz cada semana uma passagem cuja tradução é preparada, com referência aos trabalhos exegéticos clássicos ou recentes, e em conjunto eles passam o pente fino e lustram o texto para a versão definitiva. Além disso, escrevem um ao outro, entre cada visita, amiúde, para fixar alguns princípios gerais de semântica e sintaxe, ou já afinar a transposição de um termo preciso.

Assim se passam, pois, os últimos anos de Franz Rosenzweig. Privado de toda possibilidade de desenvolver uma atividade autônoma, continua a trabalhar graças à engenhosidade e ao devotamento de seus próximos, segundo uma forma de existência estruturada em torno do "Buber Tag" (dia de Buber). Pela intermediação da máquina fabricada especialmente para ele, pode ainda se comunicar com um amplo círculo de correspondentes ou com seu filho, para quem elabora mensagens e redige até histórias[84]. Por tanto tempo quanto pode, cuida ainda da vida intelectual da Lehrhaus, persistindo em transmitir seus desejos ou suas indicações. Ao fim de dezembro de 1926, seus amigos lhe oferecerão, por ocasião de seu aniversário, uma coletânea de uma quarentena de contribuições manuscritas elaboradas por sua mãe, sua esposa e Martin Buber[85]. Mas suas últimas forças são dedicadas à tradução da *Bíblia*. Ele chega a redigir sobre o assunto vários textos essenciais, como um estudo intitulado "A Escritura e Lutero" ou uma reflexão sobre o Nome a partir de Mendelssohn[86]. Nesse

---

84 Ver uma série dessas histórias que Rosenzweig transmitia a seu filho Rafael por intermédio de sua mulher (idem, p. 1223-1225) e uma mensagem redigida para o Iom Kipur de 1929 (idem, p. 1230). Encontrar-se-á um relato dos últimos anos da vida de Rosenzweig, construído a partir de extratos da correspondência, das lembranças pessoais de Nahum Glatzer e dos testemunhos de outras pessoas próximas, em *Franz Rosenzweig: His Life and Thought*, p. 144-176. Franz Rosenzweig morreu no dia 9 de dezembro de 1929.
85 Este conjunto concebido para o quadragésimo aniversário de Franz Rosenzweig está atualmente depositado no Instituto Leo Baeck de Nova York. Ele contém em especial uma importante carta de Gershom Scholem sobre a atualização da língua hebraica (ver infra, nota 215).
86 Ver L'Écriture et Luther, redigido em julho de 1926 e publicado no mesmo ano, depois O Eterno (*Der Ewige*), redigido em julho de 1929 para o bicentenário do nascimento de Mendelssohn, em Franz Rosenzweig, *L'Écriture, le verbe et autres essais*, trad. J.-L Evard, Paris: PUF, 1998, p. 53-82 e 113-130. Esta parte do trabalho de Rosenzweig, ligada à tradução da

contexto, enfim, tudo se passa como se ele procurasse até o extremo fixar os contornos de seu próprio judaísmo, explicando ao rabino ortodoxo Jakob Rosenheim que a maneira pela qual considera o caráter sagrado e revelado da *Torá* não o impede de efetuar, a respeito dela, um trabalho literário e filológico, ou ainda a Benno Jacob, algumas ilusões do liberalismo e de nuances entre frações sionistas[87]. É, sem dúvida, o fim de seu artigo sobre Lutero que indica melhor o desígnio que perseguiu até o seu último dia, ao traduzir o Livro: entre duas línguas, entre dois mundos. Aqui, ele nota que é com a *Bíblia* que a humanidade encetou suas "conversas". Mas logo adiciona que elas se estendem às vezes por milênios entre o que ela endereça e a réplica, em que cada episódio é inaugurado por uma nova tradução. A *Bíblia* viveu nas línguas da tragédia; depois do *corpus juris*. Ele, de sua parte, a encontrara na *Fenomenologia do Espírito*[88]. Não há dúvida que, ao empreender uma tradução inédita, procurava ainda uma linguagem para aquilo que ele chamava de a "religião no sentido do século xx", ideia que organiza finalmente todo o seu pensamento.

Hegel e a História no Sentido do Século xix

Quando *Hegel e o Estado* vem à luz em 1920, Franz Rosenzweig parece considerar que o escrito pertence a seu passado, e até a uma época finda da história do mundo. Que este trabalho em certo sentido já lhe haja escapado, é

Escritura, realizada em conjunto com Martin Buber e terminada por ele, será tratada no capítulo consagrado a este último, infra, cap. v, p. 593-630. Cumpre, todavia, especificar que Rosenzweig se ocupava já de há muitos anos da tradução em alemão de um certo número de textos da Tradição. Assim, havia publicado em 1920 uma tradução das ações de graça após o repasto (*Birkat ha-mazon*), *Der Tischdank, Jüdische Bücherei*, v. xxii, Berlin; depois, no ano seguinte, a do serviço de sexta-feira à noite, com textos para o uso doméstico: Häusliche Feier; Lernkaddisch, em *Gabe, Herrn Rabbiner Dr. Nobel zum 50 Geburtstag dargebracht*, Frankfurt-am-Main: 1921. Em 1922, Rosenzweig envia a Martin Buber uma tradução do *Kol Nidrei* (carta não datada, *Briefe und Tagebücher*, 2, p. 832-833). Enfim, 1924 e, depois, 1927 verão aparecer duas edições das traduções de Iehudá Halevi. As escolhas de Rosenzweig no tocante a tais traduções, especialmente sua certeza de que o hebraico deve ser vertido em uma língua alemã concebida como língua cristã, são a fonte do conflito com Gershom Scholem.

87 Ver a carta de 21 de abril de 1927 ao rabino Jakob Rosenheim e as duas cartas a Benno Jacob, dos dias 10 e 17 de maio do mesmo ano (idem, p. 1134-1137, 1138 e 1140-1141).
88 Ver L'Écriture et Luther, op. cit., p. 81-82.

algo que ele escreveu a Gertrud Oppenheim, num momento em que a perspectiva de sua publicação se concretizava, graças a uma ajuda da Academia de Ciências de Heidelberg: "O livro se mantém por inteiro atrás de mim"[89]. Dois anos mais tarde, na ocasião em que *A Estrela da Redenção* o terá suplantado definitivamente no seu espírito, ele afirmará a Margarete Susman que a obra anterior não representa senão "um trabalho de aprendiz"[90]. Rosenzweig, porém, fez mais do que exprimir sua própria distância para com uma *démarche* intelectual que não correspondia mais a suas preocupações: ele colocou deliberadamente o livro sobre Hegel entre parênteses, enquadrando-o com dois textos que trazem a assinatura de sua pertinência a um universo que se lhe tornou estranho. Lembrando assim que a redação das partes mais antigas havia começado em 1909, e depois que o essencial estava acabado quando a guerra estourou, o prefácio de maio de 1920 confessa não mais saber "onde se pode achar em nossos dias a coragem de escrever sobre a história alemã", para finalmente convidar a considerar o conjunto tão somente como "um testemunho do espírito anterior à guerra"[91]. No tocante à conclusão, igualmente composta em 1920, esta ratifica a constatação segundo a qual "um campo de ruínas assinala o lugar onde se erguia outrora o Império" e o fato de que é vão esperar ver um livro sobre a ideia hegeliana do Estado poder "servir à vida da Alemanha". Ela soa qual um dobre ao mesmo tempo histórico e espiritual: "Quando o edifício de um mundo desmorona, os pensamentos que o inventaram, os sonhos que o envolveram, desaparecem sob os escombros. Quem poderá se aventurar a prever o que o futuro longínquo trará, qual a novidade, qual o insuspeito, qual a renovação daquilo que foi perdido?"[92]

---

89   Carta a Gertrud Oppenheim, de 4 de maio de 1919, em *Briefe und Tagebücher*, II, p. 628.
90   Carta a Margarete Susman-von Bendemann, de 1º de março de 1921, idem, p. 696.
91   Franz Rosenzweig, *Hegel et l'État*, p. 9-10 (trad. bras.: *Hegel e o Estado*, trad. Ricardo Timm de Souza, São Paulo: Perspectiva, 2008).
92   Idem, p. 10 e 433. O melhor símbolo desta ruptura de época aos olhos de Rosenzweig reside no seguinte fenômeno: em 1909, ele queria colocar em exergo do livro o início de um poema de Hölderlin, de 1800, intitulado "Aos Alemães" ("Teria o ato partido do pensamento, inspirado e maduro/como o raio brotado das nuvens?/Ou, como o fruto na folhagem sombria/sucederia ele à plácida escrita?"); em 1920, ele se viu obrigado a adicionar a conclusão deste mesmo texto: "Por certo, o tempo de nossa vida é limitado/nós podemos contemplar e contar nossos anos/mas as idades dos povos/que olhos mortais podem abarcá-las?"

De maneira sintomática, uma vez que Franz Rosenzweig não apresenta entre os motivos que tornaram público seu distanciamento em relação ao seu próprio livro senão elementos derivados da crise histórica atravessada pela Alemanha, ele reserva uma confissão mais íntima ao seu antigo professor Friedrich Meinecke. Ao responder às felicitações deste último a propósito da publicação da obra, evoca evidentemente a "catástrofe mundial" ocorrida após a época da primeira redação, efetuada sob a direção do mestre. É, no entanto, no plano pessoal que ele instala a explicação das razões que o incitam doravante a manter este trabalho à distância, para renunciar, a qualquer projeto que seja de uma carreira de historiador da filosofia. A palavra assume assim diretamente a forma de uma confissão: "Em 1913, me aconteceu uma coisa que eu não posso designar de outro modo senão pelo termo desmoronamento. Eu me encontrei de súbito em um campo de ruínas ou, melhor ainda, compreendi que o caminho que eu seguia conduzia ao seio de não realidades"[93]. Anunciando então a Meinecke que ele receberia logo mais *A Estrela da Redenção* e que ela seria "de um outro calibre" que *Hegel e o Estado* e representaria verdadeiramente "um *livro*", ele evoca o corte sentido desde este momento entre as preocupações acadêmicas e as questões colocadas a partir da experiência humana: "De historiador perfeitamente apto ao ensino (*habilitierbar*), tornei-me filósofo perfeitamente inapto ao ensino (*unhabilitierbar*)"[94]. Entre as fontes dessa reviravolta, poderia Meinecke compreender a alusão à experiência em relação ao judaísmo introduzida como que de passagem por Rosenzweig? Rendendo homenagem a seu antigo aluno, seis anos mais tarde, por ocasião do quadragésimo aniversário deste, Meinecke dará seu próprio diagnóstico sobre o episódio que lhe fora confiado: "Vós estimais que no fundo toda a base espiritual e prévia de vosso trabalho sobre Hegel, esta confiança na solidez e na continuidade da civilização humanista e protestante na Alemanha [...] estava abalada ou gravemente ameaçada. Jamais o sentimento de uma ruptura interior de nossa vida se exprimiu para mim com tanta acuidade quanto então através de vós"[95].

---

93 Carta a Friedrich Meinecke, de 30 de agosto de 1920, *Briefe und Tagebücher*, II, p. 679.
94 Idem, p. 680.
95 Friedrich Meinecke, contribuição à recolta elaborada pelos quarenta anos de Franz Rosenzweig, citada em idem, p. 635-636.

Cumpre, sem dúvida, levar a sério Franz Rosenzweig quando afirma, em 1923, que ele já considerava "nocivo" o pensamento de Hegel no momento em que empreendia o seu trabalho a esse respeito, expressão confirmada bem no fim de sua vida por uma observação desabusada sobre "esta geração de *privatdozenten* que não pode mais conceber que alguém considere Hegel um mal"[96]. Na carta de 1910 a Hans Ehrenberg, que opunha a história no sentido do século XIX à religião no sentido do século XX, ele já havia introduzido essa fórmula que soa como um ataque contra a última filosofia de Hegel: "Todo ato torna-se culpável quando penetra na história"[97]. Mais do que o próprio sistema, era talvez a época de Hegel que fascinava então o jovem Rosenzweig, este momento "1800" da cultura ocidental que ele começava a identificar no seu primeiro diário: "Em 1900 vocifera-se sobre a 'raça', em 1800 sobre a 'humanidade'. Progresso??! Em todo caso, o objetivo de 1800 era mais profundo, maior"[98]. Preservada na edição definitiva sob o título de "Observações Preliminares", a introdução original a *Hegel e o Estado* parece corroborar esta hipótese. Aqui, Rosenzweig evoca a segunda das épocas em que "uma ideia pan-europeia, quanto à sua origem e ao seu alvo, submergiu o Estado alemão": aquela que permite a irrupção do direito natural secular, após o sonho medieval de um Império universal baseado na religião. Mas foi por notar de pronto que em nenhuma parte melhor do que na Alemanha se vê como "este despertar no sentido do mundo" é a própria obra do século XIX, sob a forma de um reencontro entre as Luzes e a identidade nacional ou cultural. É lá, com efeito, que se percebe o conflito e a busca de uma síntese entre duas correntes provindas do século precedente: o ideal estatal de Rousseau, um princípio abstrato "ora apaixonadamente sentido, ora friamente avaliado"; o "museu político" concebido por Montesquieu como "o cofre-forte de um inestimável material experimental, constituído com a autêntica alegria sentida pelo colecionador diante do múltiplo, do pitoresco e até do estranho"[99].

---

[96] Carta à sua mãe, de 27 de outubro de 1928, idem, p. 1201. Ver, como memória, a carta a Rudolf Hallo, de 4 de fevereiro de 1923, já citada, acerca do caráter "nocivo" do pensamento de Hegel.
[97] Carta à Hans Ehrenberg, de 26 de setembro de 1910, op. cit., p. 112.
[98] Observação do diário, de 9 de fevereiro de 1906, idem, p. 25.
[99] *Hegel et l'État*, p. 12. Nas páginas que seguem, as referências a esta obra serão indicadas diretamente no corpo do texto, entre parênteses.

Que o "irresistível encanto" da história das ideias na Alemanha de 1800 se deva a uma consciência aguda da disjunção entre o conceito e a experiência, que mais ainda o século XIX se tenha consagrado a reunir duas faces que não olhavam o mesmo objeto, eis evidentemente uma excelente introdução à biografia intelectual de Hegel. Desse ponto de vista, é preciso lembrar-se do fato de que é, em primeiro lugar, como historiador formado na escola de Meinecke que Franz Rosenzweig aborda seu tema. Sobriamente intitulado "Etapas de uma Vida", a primeira parte do livro, que será sustentada como tese, segue Hegel de 1770 a 1806, de Stuttgart a Jena, passando por Tübingen, Berna ou Frankfurt: sem jamais esquecer o contexto político e cultural da evolução do pensador. Assim, não é senão após haver tratado das duas primeiras versões do sistema que Rosenzweig procura reconstruí-lo em torno do conceito de Estado e da concepção de história, porém continuando a salientar sua associação com as "épocas do mundo", suas figuras, acontecimentos ou lugares: Napoleão, a Restauração, a Prússia e a revolução de julho. Nessa perspectiva, Rosenzweig queria seguir o rastro de três grandes livros que tinham balizado a historiografia hegeliana: a *Vida de Hegel*, publicada já em 1844 por Karl Rosenkranz, que havia conhecido pessoalmente o filósofo; *Hegel e seu Tempo*, de Rudolph Haym (1857), que procurava penetrar em "as galerias subterrâneas do enigmático edifício" (p. 5) à luz de 1848, do qual era testemunha; por fim, *A História da Juventude de Hegel*, publicada em 1905 por um Dilthey que declarava haver chegado o tempo de cessar o combate contra o filósofo, para conhecer seu sistema em sua época. Por sua perfeita erudição e pela paixão de arquivista da qual dá prova, *Hegel e o Estado* pertence inegavelmente a esta linhagem. Mas é, sem dúvida, sua maneira de deter-se na intimidade do sistema cuja gênese ele restitui que torna ainda hoje este livro uma referência, enquanto permanece mais difícil determinar seu papel na evolução intelectual de Rosenzweig.

No momento em que este último aborda o pensamento do jovem Hegel, é sem dúvida com o sentimento de reencontrar preocupações que não são estranhas às suas. Se durante o tempo em que permaneceu em Stuttgart, e depois em Tübingen, Hegel já havia começado a aguçar contra Kant suas primeiras ideias religiosas, ruminando, além disso, a oposição entre a situação da Alemanha e o "soberbo nascer do sol" da Revolução

Francesa, é no período de Berna que Rosenzweig vê armar-se pela primeira vez uma articulação entre religião, política e história. Reaparece aqui um velho problema das Luzes, proveniente de Voltaire, Montesquieu ou Gibbon: saber como findou o mundo antigo, isto é, por que o cristianismo conseguiu triunfar sobre as religiões pagãs. Já é a língua de sua maturidade que o filósofo fala, quando formula esta questão: "Como é que uma religião estabelecida há séculos nos Estados, consubstancial à constituição política, mesclada por mil laços à trama da vida dos homens, pôde ser suplantada?"[100] Mais que o aspecto propriamente historiográfico do problema, é a dimensão vivenciada dessa experiência que importava a Hegel, na medida em que esse período parecia inaugurar uma história da qual a sua poderia ser o termo. É, com efeito, sob a forma de uma espécie de silogismo que ele descreve o fim da Antiguidade. A religião dos Antigos era própria de povos livres, que viviam na pátria e pelo Estado a meta final de sua existência, encontrando na imortalidade da República o sentimento de sua eternidade. Ora, abandonando esta religião, estes povos perderam sua liberdade e sua adaptação ao mundo, experimentando o medo da morte desde então, porque se lhes impunha o sentimento segundo o qual nada devia sobrevivê-los. O absoluto, que outrora a cidadania possuía e vivia no Estado, via-se, portanto, expulso pela divindade, em um universo exterior sob o domínio da vontade do indivíduo. Não era aos deuses antigos que o novo Deus substituía, mas ao Estado antigo, de sorte que o homem privado de liberdade foi obrigado a "preservar na divindade o que lhe era eterno, absoluto"[101].

Vemos assim desenhar-se a primeira abertura hegeliana na questão da história. Tal como Franz Rosenzweig a isola, ela designa seu horizonte terminal desde o instante em que o momento de sua inauguração foi determinado. É o que Hegel indica na magnificência de uma imagem, quando descreve o que deve ser, a seus olhos, a tarefa do presente e o objeto mesmo da filosofia: "reclamar a restituição, ao menos na teoria, na medida em que são a propriedade dos homens [...] das riquezas que foram projetadas

---

100 G. Hegel, *Fragments de la période de Berne*, trad. R. Legros e F. Verstraeten, Paris: Vrin, 1987, p. 96, citação p. 50.
101 Idem, p. 101, citação p. 51.

para o céu"[102]. Mas se essa perspectiva podia entender-se como a reconquista da liberdade perdida pelos gregos, ela devia adquirir bem depressa uma ressonância mais diretamente ligada à situação crítica da Alemanha na época moderna. De um dia para o outro, após a Revolução, operara-se uma disjunção na história da Europa, que podia levar a crer que os franceses haviam empreendido a recuperação dessas riquezas, ao proclamar para o universo político uma forma universal da liberdade. Bem depressa, aliás, Hegel exclamaria como lembrança da travessia do Jena por Napoleão em 1806: "Eu vi a alma do mundo [...] montada sobre um cavalo, [que] se estende sobre o mundo e o domina"[103]. O diagnóstico concernente à Alemanha remanescia dos mais sombrios. Hegel compreendera já de há muito que o espírito do povo, a religião e a liberdade política iam de mãos dadas, que seu divórcio estruturara o destino do Ocidente cristão e que era preciso imaginar as formas superiores de suas redescobertas para dar de novo à existência humana sua unidade perdida. Ora, a situação alemã não se deixava agora apresentar senão através de uma dupla negação: "Nós somos desprovidos de uma imaginação religiosa que teria crescido em nosso solo e estaria ligada à nossa história e nós somos absolutamente desprovidos de toda imaginação política"[104]. Dito de outro modo, não resta da liberdade alemã senão uma "legenda": a do tempo em que o indivíduo podia viver para si mesmo e escolher se "usava suas forças contra o mundo ou arrumava este último em seu proveito"[105].

Escolher entre usar suas forças contra o mundo ou aceitar unir-se a ele em sua época: tal é para Franz Rosenzweig a crise cujo desenlace organiza toda a *démarche* hegeliana. No plano estritamente doutrinário, isto lhe permite dizer que "são os velhos enigmas da história religiosa que desviam do kantismo, como outrora levaram a ele" (p. 73). Em Frankfurt, Hegel retoma questões que já havia abordado, ao longo notadamente de *A Positividade da Religião Cristã*, elaborada durante o inverno de 1795-1796.

---

102 Idem, p. 102, citação p. 53.
103 Carta a Niethammer, de 13 de outubro de 1806, em Hegel, *Correspondance*, I (1785-1812), trad. J. Carrère, Paris: Gallimard, 1962, p. 114.
104 G. Hegel, *Fragments de la période de Berne*, p. 91.
105 Idem, *La Constitution de l'Allemagne* (1800-1802), trad. M. Jacob, Paris: Champ libre, 1974, p. 13, citação p. 96.

É preciso entender a figura de Jesus como símbolo da lei moral, ou representação do destino? Deve-se ver nele o ideal de uma separação com o mundo, ou a tentação de uma reunificação da vida? Mas a interpretação de sua atitude em face do mundo acoita questões menos inocentes, tanto do ponto de vista da biografia do filósofo quanto na perspectiva de sua relação com o universo político e o Estado. Durante um tempo, Hegel ficou fascinado pela "renúncia às relações vitais" que parecia caracterizar a posição do Cristo. Vivendo em um universo hostil, este último aparecia como o ser que luta contra o meio-ambiente de sua existência, segundo uma oposição que podia parecer fecunda: a vida está do lado do indivíduo; o mundo está do lado do "eternamente morto"; a única resposta a este conflito é o combate, na "hostilidade a toda quietude" (p. 81). Tal foi, com certeza, o jovem Hegel, justificado em seu "desdém pelas formas da vida" devido ao fato de que as mais belas dentre elas estavam "maculadas", "sujas" e "profanadas": imagens que retornarão na filosofia da história, mas como elementos de sua dialética.

É, sem dúvida, aqui que se aloja o momento "hipocondríaco" da biografia de Hegel: esta experiência descrita na língua rousseauniana de uma carta da juventude como refúgio no braço da natureza para impedir-se de "concluir um pacto" com os homens, mas que se tornará mais tarde um "ponto noturno da contração de seu ser" por onde todo homem deve passar para fortalecer sua constituição intelectual e enfrentar o universo quotidiano[106]. Na cercania de Hölderlin, a época dava ensejo aos temperamentos hiperjonianos àqueles que assumiam "uma dolorosa submissão a um destino sempre de [justo] direito ante o sofrimento humano" (p. 99). Mas entre a dor e a falta, o *amor fati* e a revolta, era preciso decidir. Hölderlin sabia disso, que começava uma reconciliação com o mundo pelo viés do reconhecimento da pátria como "terra sagrada", oferecendo a segurança de um porvir para além das dores do presente, segundo uma perspectiva que o último Heidegger recobraria um dia. Hegel parece hesitar. No inverno de 1798-1799, parece ainda cativo de uma consciência da falta que impede "uma jubilosa submissão ao destino do mundo". No entanto, uma perspectiva que anuncia uma

---

106 Cartas de 2 de julho de 1797 e de 27 de maio de 1810, *Correspondance*, I, respectivamente p. 55 e 281.

reconciliação abre-se. Ela se deposita em algumas palavras de uma "Resolução". Esta soa como uma virada da consciência contra o seu próprio abandono, nessa data simbólica entre todas que o ano de 1800 representa para Rosenzweig: ser "não mais perfeito que teu tempo, mas esse tempo mesmo, perfeitamente"[107].

Assim, era, portanto, a "união com a época" que devia assegurar a Hegel o meio de retomar em mãos o seu destino e a forma de sua vocação filosófica: através de uma aproximação inédita do mistério relativo aos liames entre história, religião e política. Notando que essa atitude era "a solução mais pessoal do desespero mais pessoal" (p. 105), Franz Rosenzweig mostra suas consequências. Elas já constituem o terreno em que sua própria filosofia virá mais tarde romper a serenidade adquirida por Hegel: "extraída da fornalha da vida vivida, a Ideia é agora forjada a grandes golpes de martelo sobre a bigorna do pensamento filosófico" (p. 108). Ao termo desse desvio arqueológico, a posição de Hegel no mundo da vida está no essencial definitivamente assegurada. É a recusa de concluir um pacto com o mundo que é uma "morte perpétua", ao passo que representava ontem o ápice da vida pessoal. A corrente das ideias pode doravante absorver todos os escolhos ligados ao vivido interiormente. Nas categorias da correspondência com Rosenstock, Hegel tornou-se cristão, aceitando, sem reserva, uma participação na experiência mundana. Em outros termos, o destino se faz história. Esta possui a significação ética ou até religiosa que conservará sempre para o pensador: ela é "o grande banho no qual o homem é purificado de toda falta, o rio para onde devem confluir simultaneamente, para o indivíduo, dever e beatitude" (p. 102). Quanto ao Estado, após tê-lo reconhecido como destino, depois como potência, Hegel lhe concede igualmente um conteúdo ético: ele é a "infinitude verdadeira de uma bela comunidade"; o indivíduo deve sacrificar sua liberdade por ela a fim de aceder à comunidade suprema.

É possível esgueirar-se diretamente para o sítio em que a arquitetura secreta do livro de Rosenzweig se desvela. A originalidade e a força da interpretação aqui proposta provêm do cuidado em manter juntas as três dimensões que acabam de se reatar: o conceito de Estado se revela como o

---

107 Épigramme (1800), citação p. 105.

coração do sistema; este se expõe como um reflexo da época; esta harmonia assegura, por fim, a solução ao problema pessoal que Hegel exprimia nas suas discussões de juventude com Hölderlin e Schelling. Do ponto de vista da economia interna do comentário da obra, o momento é decisivo, pois se trata de compreender as últimas páginas do prefácio dos *Princípios da Filosofia do Direito*. Em uma face, elas indicam que se alcançou o instante da consecução: aquele com o qual sonhava Hegel, tendo atrás de si toda a filosofia ocidental na integralidade de sua história. A realidade atingiu a idade de sua realização. Na qualidade de "pensamento do mundo", a filosofia pode condensar-se no edifício de um sistema de direito. Mas logo se descobre que ela chegou tarde demais: "a coruja de Minerva só levanta voo ao cair da noite"[108]. Última consequência da antiga decisão de unir-se com a época, essa perspectiva crepuscular representa também uma última palavra. Hegel tornou-se seu próprio tempo perfeitamente: ele fecha neles próprios os caminhos do mundo que havia outrora abandonado, levado como é, doravante, pelo desejo de comunicar "a reconciliação que ele próprio teria conseguido por este conhecimento" (p. 286). Resta que no instante em que anuncia a realização de seu projeto, Hegel revela ser o liquidatário mais ou menos respeitoso da filosofia. É, com certeza, na contiguidade desta apoteose e deste assassinato, nas formas grandiosas de um pensamento do Estado como verdade da história, que reside para Rosenzweig o enigma mais tenaz da filosofia hegeliana, e depois o desafio mais temível que ela opõe a quem quer que pretenda ter a ousadia de desprender-se dela.

 Em se tratando de compreender como a ideia do Estado cristaliza o pensamento de Hegel, cumpre olhar de perto o lugar que ela ocupa na arquitetônica do sistema. Esta se situa no terceiro e último momento, o da filosofia do espírito, que sucede à lógica e à filosofia da natureza. Mas é o sítio preciso em que se mantém o Estado no seio deste momento consagrado ao Espírito que oferece, segundo Rosenzweig, "uma primeira caracterização tácita de sua essência" (p. 287). No seio da filosofia do Espírito, ele se apresenta no segundo movimento: o do espírito objetivo, que segue a exposição das formas da subjetividade, mas precede a realização do Espírito Absoluto. Hegel trata, portanto, do Estado no quadro da filosofia do elemento ético, no

---

108 G. Hegel, *Principes de la philosophie du droit*, trad. R. Derathé, Paris: Vrin, 1982, p. 59.

coração mesmo do momento do espírito objetivo: um momento que representa para ele esta parte da vida humana que se aloja para além do mundo da vida singular reunida no "espírito subjetivo"; mas um momento que permanece aquém do território das ideias puras. A articulação é aqui essencial. Do ponto de vista da consciência, o espírito subjetivo conhece a liberdade, mas como uma vontade que "não se derramou ainda pelo mundo" (p. 303) e que deve reconhecer-se em certo número de figuras a conduzir ao espírito objetivo. Do ponto de vista da espiritualidade, o mundo do espírito objetivo oferece conteúdos do divino, mesmo quando o espírito subjetivo fornecia apenas sua forma. Nesse mundo, que não é outro senão o do direito, a subjetividade transformou-se em uma multiplicidade vivente de sujeitos, enquanto a vontade se prende, de sua parte, a uma pluralidade de pessoas que se reconhecem mutuamente. Mas nesse mundo exterior ao eu, a liberdade é uma "igualdade vazia", de modo que o universo da moralidade reclama seus direitos, como "tudo o que jaz no mais íntimo do homem exige afirmar-se no exterior".

Sabe-se qual é o conflito que se perfila. Em sua forma, ele opõe as particularidades próprias ao universo da moralidade à universalidade do direito. Quanto à sua resolução, ela só pode intervir no momento em que "o eu moral subordina sua liberdade, sem renunciar a ela, ao mandamento do direito": quando o mundo da vida ética assegura a emergência de uma espiritualidade "igualmente superior à universalidade congelada da lei e à ardente particularidade das convicções" (p. 304). Nesse sentido, o Estado aparece, de fato, como o espaço em que podem conciliar-se a liberdade e a necessidade, a moral objetiva e a moral subjetiva, a sociedade civil e o poder, a religião e a política. Daí o coração da tese de Rosenzweig: a razão pela qual o Estado se apresenta em Hegel como uma "segunda natureza" se deve ao fato de que ele é precisamente a forma da realização do espírito no mundo, o espaço em que o homem pode conciliar-se com o tempo e as coisas. Que existam para além dele formas mais poderosas dessa realização, é uma coisa que o estatuto conferido à história localizará bem depressa e constitui signo para as ordens do saber absoluto: a arte, a religião e a filosofia. Mas no mundo mesmo é realmente o Estado que realiza o espírito, ao preço do sacrifício e da negatividade. Rosenzweig julga assim justificada a orientação de uma leitura construída com base no problema político do

Estado, focalizada nos *Princípios da Filosofia do Direito*, mais ainda do que na própria *Enciclopédia*, conduzida enfim até o momento em que se desvela a fascinante unidade do pensamento de Hegel. Essa interpretação pode então resumir-se nas categorias mesmas do sistema do direito, através da linguagem própria às metáforas hegelianas: "A família é a noite obscura na qual se engendra a eticidade do Estado, a sociedade, o triste dia útil em cujo transcurso o Estado consegue pelo trabalho os meios exteriores de sua existência e o Estado, o luminoso dia de descanso da vida ética" (p. 302). No entanto, esse belo tríptico metafórico está longe de ser o ponto terminal da exploração. Resta compreender em que direção essa consagração da vida, segundo as ordens do mundo, arrasta: após haver lembrado de onde ela vem e, depois, de quais interrogações ela procede; antes de compreender como ela se tornará para Rosenzweig o sintoma de um impasse especulativo desta filosofia ocidental que ela pretende com toda razão rematar.

Da Jônia à Jena:
O Impasse Especulativo da Filosofia Ocidental

Restituída à sua própria época histórica, a forma definitiva da síntese hegeliana intervém no momento em que o filósofo é levado a modificar uma última vez sua visão da história mundial com respeito a um acontecimento imprevisto: a queda de Napoleão. Até essa data, Hegel considerava que a história constituía o alfa e o ômega do sistema. Nas primeiras versões deste último, assim como na *Fenomenologia do Espírito*, não existia nenhum poder que pudesse situar-se além dela: inaugurada com o cristianismo, a época absoluta da história religiosa era um intermédio necessário, mas não um término. No entanto, tudo oscilara em 1813 e Hegel ficara por um instante perturbado. A batalha de Jena surgira como um desses acontecimentos que não ocorrem "senão a cada cem ou mil anos", mas eis que ele era anulado pela aproximação daqueles "cossacos, bachkires e outros excelentes libertadores"[109]. Antes, o patriota calara-se vendo desfilar o herdeiro da

---

[109] Carta a Niethammer, de 21 de maio de 1813, *Correspondance*, II, trad. J. Carrère, Paris: Gallimard, 1963, p. 12, citação p. 238.

Revolução Francesa, porque ele discernia a marcha do Império Universal sob os passos do herói histórico. Agora só podia sentir desdém por aqueles que lhe devolviam uma liberdade factícia. De novo, restava somente "o espetáculo prodigioso […] de ver um imenso gênio destruir-se a si mesmo" e era preciso compreender as razões desse drama[110]. No plano das forças em presença, o conflito podia reencontrar uma forma. O combate opunha a "grande individualidade" à mediocridade que "pesa com toda a sua massa de chumbo". Quanto à razão do triunfo desta massa que "permanece só, acima do resto, como o coro", ela se devia, por certo, ao fato de que a própria individualidade a autorizava aí, "consumando assim a sua própria ruína". Mas, em compensação, na perspectiva da história do mundo, as previsões hegelianas viam-se desconcertadas. Julgava-se assistir ao momento em que se opera a passagem do reino do Estado ao reino do Espírito, nos clarões apocalípticos do nascimento de um "Terceiro Império": a história, como o coro antigo, reclamava seus direitos acima de todo o resto. Assim, o instante perdia o seu caráter divino, enquanto o filósofo devia abandonar sua certeza de um tempo: "A convicção de viver no momento presente um começo infinito, o começo, de algum modo, de uma época supratemporal de um Império milenar […] devia necessariamente desaparecer" (p. 240).

Doravante, a história ia cessar de figurar no fim do sistema, de sorte que a ordem deste último devia ser modificada por isso. Para além do elemento histórico, haveria aí agora lugar para este mundo mais elevado do Espírito Absoluto, no qual a espiritualidade se encontra totalmente apartada. Com a consequência, todavia, que "o Estado ficava assim liberado das exigências da 'moralidade' do indivíduo que reclamava um lugar acima dele" (p. 297). Em 1805, o motivo que invocava a moralidade para fazer-se reconhecer acima do Estado era que ela representava a autonomia da vontade singular. Assim, o Estado configurava, através do governo, o meio de que se servia a vontade singular para alcançar seus fins mais elevados. Agora, o Estado como "realização da liberdade moral" e o Estado como "poder de dominação" não são mais do que uma só coisa. Abandonando sua posição no absoluto, ele dá lugar à "astúcia da razão": não é senão na arte, na religião e na ciência que a vontade singular pode atingir sua autonomia; mas se a mora-

---

110 Carta de 29 de abril de 1814 a Niethammer, idem, p. 31, citação p. 239.

lidade permanece como a condição de existência do Estado, ele é, a seu turno, "a realização que ela não pode por si mesma atingir" (idem). O essencial está, portanto, salvo e a filosofia hegeliana pode ainda realizar sua ambição. O preço disso é, entretanto, que não se trata mais para ela de ensinar como o mundo deve ser, mas a maneira como convém que ele seja conhecido: a fim de "apreender seu tempo pelo pensamento". Renunciando a saltar por cima de sua época, ela deve mostrar que sabe dançar sobre o rochedo de Rodes: para dar nascimento à "rosa da razão" na "cruz do presente"[111].

É por meio dessas imagens do prefácio aos *Princípios da Filosofia do Direito* que a aventura de Hegel parece resolver-se para Rosenzweig sob a forma de uma "bela totalidade" condensada em uma fórmula admirável: "processo de um devir que se fecha no círculo de um ser" (p. 379). Desse círculo, cumpre dizer que ele é o último sistema, pelo qual "a *absolutidade* do indivíduo singular e a *absolutidade* do todo se sustentam mutuamente". Nessa figura, o Estado dispõe doravante de uma autossuficiência espiritual, o indivíduo mantém com ele uma relação ética por si mesma absoluta e a única ordem que o domina é invisível, porquanto não é outra senão o espírito da história mundial. Nesse sentido, é de fato o velho conflito da Igreja e do Estado que se vê resolvido, do mesmo modo que é aclarada "a supra-historicidade do cristianismo histórico" (p. 375). No que concerne ao primeiro elemento, é preciso deixar de conceber a Igreja e o Estado como dois pontos de vista sobre a verdade irreconciliavelmente opostos. Um e outro são "manifestações complementares" de um mesmo conteúdo espiritual. Um começa onde o outro acaba: pela Igreja, o indivíduo "adquire a mais elevada consciência da satisfação e da liberdade"; no Estado, ele vê esta disposição interior desdobrar-se "em figuras e organizações efetivas de um mundo"[112]. Mas é, no entanto, com a descoberta do caráter supra-histórico conferido ao cristianismo por Hegel que se assinalam ao mesmo tempo o aporte interpretativo mais decisivo de Rosenzweig e um dos momentos-chave em que sua relação com a filosofia da totalidade oscila, abrindo perspectivas inéditas para o pensamento contemporâneo.

---

111 Hegel, *Principes de la philosophie du droit*, p. 58.
112 Idem, § 270.

Que a base última da dialética hegeliana esteja alojada na ideia do verbo tornado carne, eis o segredo que a maioria dos intérpretes ignorava, ou se recusava a enxergar. Ora, tal é efetivamente a descoberta de Rosenzweig: o pensamento de Hegel nutre-se de uma célula cristã que ele conduz a seu termo, como se a circularidade do real e do racional universalizassem até o extremo o movimento da Encarnação[113]. A audácia desse gesto interpretativo deve-se ao fato de que ele se apoia não sobre algumas expressões de circunstância de Hegel ou mesmo sobre suas lições acerca da filosofia da história e as da religião, mas sobre a obra por excelência de sua maturidade: os *Princípios da Filosofia do Direito*. É em torno da proposição seminal desse livro, segundo a qual "o que é racional é efetivo", que Rosenzweig dá à luz essa formulação de que ele próprio parece ter partilhado durante alguns meses, entre a discussão noturna com Eugen Rosenstock e o seu retorno ao judaísmo: "Uma mesma linha parte do povo santo da *Torá* e da mística paulina do corpo de Cristo, passa pela cidade de Deus de Agostinho e pela cidadania humana de Dante e desemboca, enfim, na profunda máxima hegeliana" (p. 285). Nessa perspectiva, a revelação cristã aparece definitivamente para Hegel como o eixo da história. Mas ela só exibe sua potência cessando de ser exterior ao mundo, a fim de inscrever-se no coração do pensamento humano e de escavá-lo até sua origem. Passado para este mundo, o Deus infinito perde, sem dúvida, uma parte de sua espessura enigmática, mas sua revelação em Cristo consigna uma profundidade inédita à existência humana: supondo que ela se interioriza em cada um no modo trágico pela experiência do pensamento, antes de oferecer sua perspectiva libertadora sob o movimento conciliador da dialética.

É, uma vez ainda, um deslocamento interno à filosofia da história que desvela esta presença com a qual Rosenzweig não cessará jamais de confrontar-se. Em sua juventude, Hegel imaginara a história em um ritmo ternário: o paganismo manifestava uma pura valorização do aquém; o cristianismo o desvalorizava radicalmente; o porvir viria suprimir esse antagonismo, em uma "disposição de espírito que conhece a dor, a reconhece e toma a si superá-la" (p. 371). Doravante, a razão pela qual a existência

---

[113] Sobre este assunto, ver Guy Petitdemange, "Hegel et Rosenzweig: La différence se faisant", *Cahiers de la nuit surveillée*, p. 157-170.

do Estado é a "marcha de Deus *no* mundo" se prende ao fato de que o universo ético não tem mais necessidade de uma ordem mais elevada do que aquela que sua organização visível e sua realidade histórica manifestam. Rosenzweig pode então notar que é "a partir de um conhecimento absolutamente fundamental do valor da eternidade do cristianismo [que] Hegel chega a uma espécie de comunidade dos povos supraestatal e desprovida de formas de organização do tipo estatal, a uma Igreja de algum tipo, cujo chefe invisível seria a lei da história mundial, o 'Espírito do Mundo'" (p. 375). Nesse sentido, pode Hegel conceber um "quarto reino do mundo". Como na visão apocalíptica de Daniel, ele se distingue dos precedentes pelo fato de ser o que não terá fim e não mais uma organização[114]. É o reino em que a alma recuperará sua solidão inicial, mas depois de haver percorrido o mundo. É o domínio em que ela realizará plenamente sua vida: na arte, na fé e no saber. Nessa medida, a história torna-se efetivamente a ordem que se interpõe entre "o universo da organização e os impérios da solidão" (p. 371).

É, sem dúvida, essa vontade de incluir os "impérios da solidão" na ordem do sistema que impõe um ponto de arrepio na relação de Rosenzweig com Hegel. Aqui, a "história no sentido do século XIX" encontra seu horizonte terminal. Mas a característica deste último é precisamente a de suprimir todo horizonte situado fora da história. Vários elementos permitem então traçar as linhas de resistência que se esboçam, antes de serem tematizadas em *A Estrela da Redenção*. O mais diretamente acessível dentre eles tem relação com o fato de que o indivíduo se vê doravante sacrificado ao Estado. Reunido em uma fórmula da conclusão da obra, este dado do sistema hegeliano se resume como segue: "o direito próprio do homem e a totalidade da nação devem ser imolados no altar do Estado divinizado" (p. 431). Foi isso que não viram os discípulos liberais de Hegel, que reencontravam em sua política um conceito herdado de Rousseau e depois da Revolução Francesa, dando a impressão de que a doutrina do Estado "foi coada no metal da liberdade". Ora, entre o *Contrato Social* e Hegel opera-se uma notável inversão quanto ao Estado: "Era a sua racionalidade que o

---

[114] Sobre este ponto difícil, ler Stéphane Mosès, L'Europe et la fin des temps: Le Thème des quatre empires chez Hegel et dans la tradition juive, em Gérard Bensussan (dir.), *La Philosophie allemande dans la pensée juive*, Paris: PUF, 1997, p. 129-146.

tornava soberano e não, como em Rousseau, sua soberania que o tornava racional", tendo como consequência uma estreita correlação entre a hipertrofia da razão na história e esta concepção sacrifical da liberdade, no seio de uma visão finalmente teológico-política do mundo humano.

Mas o elemento decisivo situa-se em outra parte: para além deste componente estritamente político da crítica do sistema e da ameaça de tirania que se perfila com a ideia segundo a qual o indivíduo não chega à liberdade senão pelo e no Estado. Ele concerne à contradição interna em uma concepção da razão incapaz de enraiar seu desvio em fonte de violência na história e que acaba por pretender incluir a morte na objetividade filosófica, sob a aparência daquilo que o jovem Hegel denominava a "Sexta-feira Santa especulativa". É aqui, por certo, que o acontecimento da guerra surgiu como um trágico revelador que torna manifesto aquilo que o pensamento pressentia e terminará por inscrever-se no coração de *A Estrela*: "O Estado revela seu verdadeiro rosto. O direito era apenas sua primeira palavra. Ele é incapaz de afirmar-se contra a metamorfose do tempo. E eis que o Estado pronuncia a sua segunda palavra, a palavra de violência"[115]. Com respeito a esse arrombamento, e após esta descoberta, torna-se impossível pensar que a aspiração última do homem possa ser satisfeita no seio da história. Na sua carta de novembro de 1917, a Rudolf Ehrenberg – o "núcleo original" (*Urzelle*) de *A Estrela da Redenção* –, Rosenzweig já especifica a natureza desta impossibilidade, segundo uma perspectiva que oferece uma nova caracterização do empreendimento hegeliano e depois permite considerar a ultrapassagem da figura anunciada de um fim da filosofia. Uma perspectiva que lhe proporciona, enfim, o meio de dominar simultaneamente a fascinação que sentia desde há muito pelo momento 1800 e a aversão que lhe inspirava, em troca, a esterilidade intelectual de sua própria época.

No começo desse texto muitas vezes enigmático, Franz Rosenzweig coloca frente a frente o conceito central de seu novo pensamento e aquilo que ele denomina ainda uma "perturbação em minhas meninges". O primeiro não é outra coisa senão a Revelação, tal como Rosenstock a definiu na correspondência entre ambos: um evento graças ao qual existe na natureza uma "orientação", um alto e um baixo, um antes e um depois.

---

115 *L'Étoile de la Rédemption*, p. 393.

Quanto ao segundo, ele tem precisamente por nome "1800": ou ainda, em termos mais misteriosos, "'Hegel' e 'Goethe', quer dizer, as consciências absolutas das duas personagens": Hegel, como "último filósofo, último cérebro pagão"; Goethe, como "último cristão tal como Cristo o quis, portanto primeiro 'homem simplesmente'"[116]. Essa perturbação só pode se dissipar aventando-se de novo duas considerações. Em primeiro lugar, cumpre admitir, como Rosenzweig fará ainda muito tempo após a redação de *A Estrela*, que 1800 representou efetivamente uma espécie de "milagre da história mundial"[117]. A amizade entre Goethe e Schiller, a admiração que lhes votava Fichte, Schelling e Hegel, a ambientação musical que, além disso, Beethoven tecia em torno dessas afinidades, deram origem a um momento de verdadeira realização da cultura: como se se consumasse por um instante o reencontro do pensamento e da vida, ou ainda "o encontro único de uma filosofia vivente e de uma poesia vivente"[118]. Melhor ainda, nesta constelação excepcional da civilização ocidental, "a filosofia universal pôde celebrar sua conciliação com a cultura nacional e a língua dos poetas, fornecer uma cátedra às ideias dos pensadores"[119]. É, pois, por elevar ao sistema tal acontecimento que Hegel podia, a justo título, afirmar-se como o último dos filósofos.

No entanto, a consideração essencial não está, sem dúvida, aí, mas na questão de saber se a Revelação é pensável no interior de um sistema da totalidade, tal como o construído por Hegel. Em uma carta ulterior a Martin Buber, Rosenzweig afirmará que a intuição de uma discordância entre a ideia de sistema e a Revelação veio-lhe quando retornava ao *front* numa noite de outubro de 1917, para formar logo o cerne das interrogações às quais *A Estrela* responde[120]. Com a *Urzelle*, é a resposta a essa questão que começa a perfilar-se: sob a forma de uma disjunção radical entre o

---

[116] Noyau originaire de *L'Étoile de la Rédemption*, op. cit., p. 100.
[117] Einleitung in die Akademieausgabe der Jüdischen Schriften Hermann Cohens, op. cit., p. 179.
[118] Der Konzertsaal auf der Schallplatte (1928/1929), idem, p. 436. Notemos de passagem que este belo texto escrito nos últimos meses de vida de Rosenzweig, publicado em folhetim em um jornal de Cassel, exprime seu profundo conhecimento da música, em uma reflexão sobre as condições respectivas de sua escuta no concerto ou no rádio e no disco, as únicas experiências que ele podia ter durante sua doença.
[119] Einleitung in die Akademieausgabe der Jüdischen Schriften Hermann Cohens, op. cit., p. 179.
[120] Ver a carta a Martin Buber, de 22 de agosto de 1922, em *Briefe und Tagebücher*, II, p. 816.

penhor dado à filosofia por sua aptidão para realizar seu desígnio e o reconhecimento de uma possibilidade adquirida pelo sujeito de sobreviver à sua absorção pelo sistema. Em uma face dessa estrutura, Rosenzweig admite a reivindicação hegeliana de uma consumação: "A razão filosófica se mantém sobre seus próprios pés, ela se basta a si mesma. Todas as coisas estão contidas nela e, no fim de contas, ela se concebe a si própria"[121]. Mas, na outra, imediatamente, ele aloja um fenômeno que parece vir diretamente da experiência da guerra, da perspectiva de uma morte entrevista e superada, como uma prova estranha à filosofia: "Uma vez que ela recolheu tudo nela e que proclamou sua existência universal, o homem descobre, de súbito, que ele, que de há muito fez sua digestão filosófica, descobre que ainda está lá". Resta, portanto, precisar a natureza deste homem que se mantém firme em face do sistema. Na língua alusiva desse texto, ele é designado por uma alegoria da fragilidade humana proveniente do *Gênesis* (18, 27) que designa a identidade pessoal, a mais nua: "como 'Eu', e um 'Eu que sou pó e cinza'. Eu, sujeito privado completamente geral. Eu, nome e prenome". Em breve, desta vez no vocabulário de *A Estrela*, ele aparecerá simplesmente como o indivíduo portador da experiência ou ainda o homem vivo, que permanece em face da realidade cognoscível.

Vê-se, doravante, clarificarem-se os motivos pelos quais Franz Rosenzweig fez desta descoberta o núcleo central de *A Estrela da Redenção*. O Eu surgido como "pó e cinza", ou "nome e prenome", ainda se mantém lá mesmo quando o sistema pretende ter absorvido tudo, isto é, no momento em que o Estado desvela na guerra seu verdadeiro semblante. Mas, sobretudo, ele pensa, faz filosofia, se oferece mesmo "a impudência de passar pelo crivo da filosofia universal dominadora que é a filosofia". Em outros termos, ele compreende que Hegel e Goethe levaram ao seu remate apenas uma parte do pensamento: a da imanência ou, se se preferir, a do paganismo; aquela que pretende dominar todas as significações do mundo. Diante deles, é então Kant que permanece como "o maior de todos os filósofos"; por esta razão, precisa que sua frequentação profissional da verdade não o fez "esquecer de ser criança e louco", de saber que a liberdade não se encerra nas relações de um sistema. Nesse sentido, sua "leal concessão",

---

[121] Núcleo original de *L'Étoile de la Rédemption*, op. cit., p. 101.

segundo a qual a liberdade é um "milagre no mundo dos fenômenos", pode tornar-se "a caravela que nos permite sozinha partir para a descoberta do *mondo nuovo* da Revelação, após nos ter embarcado no porto do velho mundo lógico"[122]. Com ela, nós podemos apreender uma figura autêntica do "homem que não caiu no maqui objetivante das relações, o homem fora do sistema teórico-prático, o homem enquanto Eu"[123]. Graças a ela, o pensamento pode, por consequência, reencontrar um ponto de apoio que não conteste de dentro a unidade do sistema, mas vá subvertê-lo a partir de experiências que ele queria recalcar.

Franz Rosenzweig pode designar por uma fórmula o ponto exato em que se opera, a seus olhos, essa inversão: "O homem tem duas espécies de relações com o absoluto, uma em que o absoluto o possui, mas igualmente uma outra em que é ele que possui o *absoluto*"[124]. Se é fácil reconhecer na primeira o traço da ideia hegeliana de uma marcha de Deus sobre o mundo que se confunde com desdobramento da razão no seio da história, a segunda deve manifestar-se através de uma descrição do que se poderia chamar de o homem da Revelação. Sua primeira forma de aparição é a do relato da *Gênesis*, em que ele responde à seguinte pergunta de Deus: "Adão, onde estás tu?" Pois, ao Eu de Adão, tremente, apenas audível e cheio de vergonha, sucede o de Abraão, "pronto a partir". Vêm, enfim, seus prolongamentos no "Eu do arrependimento", o "Tu da prece" e depois o "Eu da Redenção". Mas é com a experiência quotidiana do encontro de outrem que se prova a capacidade do sujeito para sair da ipseidade pela qual, de início, ele se ama a si mesmo. Em uma página em que se ouve o eco de análises ouvidas em Hermann Cohen antes mesmo que elas se depositassem em sua *Religião da Razão*, Rosenzweig recusa o modo de percepção do outro homem como "próximo". Para ele, esse conceito remete de forma muito direta ao de essência,

---

122 Idem, p. 100. Rosenzweig esboça aqui, aplicando-a a si próprio, uma imagem que ele utilizará para descrever a aventura do último Cohen. Como Cristóvão Colombo que devia descobrir novas terras crendo explorar terras conhecidas, Cohen pensava simplesmente querer mostrar a compatibilidade entre o sistema de Kant e os princípios do judaísmo, ao passo que a *Religião da Razão* ia trazer à luz dimensões da relação entre o homem e o homem, depois entre o homem e Deus, que o kantismo desconhecia. Ver Franz Rosenzweig, "Hermann Cohens Nachlasswerk", carta à redação da *Jüdischen Rundschau*, novembro de 1921, *Zweistromland*, p. 230, e supra, cap. I, p. 61-72.
123 Idem, p. 105.
124 Idem, p. 101.

isto é, a uma maneira de ordenar o mundo dos seres, tal como o dos objetos, sob a categoria de identidade. Em face do amor ao próximo, que coloca o universal antes da singularidade, ele instala, portanto, o encontro do "outro", que surgiu como "acontecimento" no seio da "realidade a mais particular que seja"[125]. Desse ponto de vista sobre uma relação inter-humana que recusa a redução da alteridade à identidade corre a visão que tem do mundo o homem que possui o verdadeiro absoluto: "O conceito de ordem que preside este mundo não é o universal, nem a arqué nem o *télos* nem a unidade natural e não mais a da história, porém o singular, o acontecimento, *não o começo ou o fim, porém o meio do mundo*".

Quando Franz Rosenzweig retraduz esta ideia nas primeiras páginas de *A Estrela da Redenção*, ele assume um ar tanto mais familiar para o leitor contemporâneo quanto ela se expõe em uma linguagem que virá a ser a de Emmanuel Lévinas. Aqui, são provisoriamente os conceitos de vida pessoal, de personalidade ou de individualidade que são utilizados para descrever uma "entrada em cena" estranha aos domínios do saber concernente ao mundo, isto é, que se efetua pelo viés das "questões 'metaéticas'". Para a filosofia, o mundo reivindica o direito de ser o Todo, enquanto o espírito pretende dominar este mundo em sua integralidade pelo conhecimento. Ora, eis que ressurgiu, a partir das experiências da vida, aquilo que havia sido há pouco designado sob a forma do "Eu pó e cinza": "Contra esta totalidade que engloba o Todo em sua unidade, uma unidade que ela encerrava se rebelou e acabou por conseguir sua retirada para afirmar-se como individualidade, como vida individual do homem individual"[126]. Essa irrupção pode doravante ser formulada através de um desafio lançado à filosofia no conjunto de seus desenvolvimentos. Manifestamente, no seio desta última é a unidade do Logos que funda a do mundo como totalidade. Mas nada prova que a tese segundo a qual o mundo é pensável não seja somente um pressuposto, do mesmo modo que a identidade entre o ser e o pensamento que daí decorre desde Parmênides. É assumindo o fato de que elas o são efetivamente que *A Estrela* quer acolher uma experiência do

---

125 Idem, p. 107. Ver supra, cap. 1, p. 71-75, a maneira como Hermann Cohen recusa a noção de "próximo" e a substitui por uma distinção entre a de *alter ego* (*Nebenmensch*) e de outrem (*Mitmensch*).
126 *L'Étoile de la Rédemption*, p. 21.

sujeito vivida como "revolta vitoriosa contra a totalidade do mundo". Essa experiência faz saber que aquele que nega a totalidade do ser deve negar ao mesmo tempo a unidade do pensamento. Quem quer que a experimente "joga a luva à honorável confraria dos filósofos, da Jônia a Jena".

Antes de procurar percorrer os territórios descobertos por *A Estrela da Redenção*, pode-se resumir a aventura intelectual de Franz Rosenzweig. Segundo uma imagem proposta por Gershom Scholem, se ele havia entrado no "círculo mágico do idealismo alemão" graças a seu livro sobre Hegel, ele rapidamente "saiu são e salvo desse paraíso"[127]. A *Urzelle* descreveu, aliás, as vias desta escapada e depois daquilo que ela chamou de "ponto de Arquimedes" de um "novo pensamento". Com este último, o sujeito sabe que existe um eu empírico capaz de resistir à totalização e inclusive de rompê-la, enquanto os idealistas o haviam tratado como simples "dado" ou, melhor ainda, como "a lembrança de uma falta, de uma violência introduzida na relação entre o ser e o pensamento"[128]. Doravante, a filosofia de Franz Rosenzweig oporá a uma existência congelada no sistema a fecundidade inesgotável dos instantes da vida, tal como a proximidade da morte a revela. É o que afirma, sem rodeios, a primeira página de *A Estrela*, lançando seu desafio à filosofia ocidental, no eco imediato da experiência das trincheiras:

> Que o homem se enterre como um verme nas dobras da terra nua, ante os tentáculos sibilantes da morte cega e desapiedada, que ele possa sentir aí em sua violência inexorável aquilo que, de hábito, ele nunca sente – que seu Eu seria apenas um isto se ele viesse a morrer, e que cada um dos gritos ainda contidos em sua garganta possa proclamar seu Eu contra o desapiedado que o ameaça com este aniquilamento inimaginável – em face de toda esta miséria, a filosofia sorri com seu sorriso vazio e, com seu indicador esticado, ela remete a criatura, cujos membros cambaleiam de angústia por seu aqui-embaixo, para um lá-além sobre o qual ela nada quer saber[129].

---

127 Franz Rosenzweig et son livre *L'Étoile de la Rédemption*, op. cit., p. 19.
128 Idem, p. 23.
129 *L'Étoile de la Rédemption*, p. 11.

É, pois, querendo pensar a maneira como o escândalo da morte desintegra a síntese universal que Franz Rosenzweig rompe o encanto do idealismo, conforme um gesto especulativo precisamente reconstituído por Emmanuel Lévinas: questionar radicalmente o movimento mais natural da filosofia, que consistia em englobar o pensável para elevá-lo à unidade através dos momentos de uma dialética ascendente; considerar que a "mortalidade é precisamente o fato de que tudo não se 'arranja', não entra de novo em ordem"[130]. No entanto, uma das dificuldades da obra se deve ao fato de que essa abordagem do problema pela experiência do sujeito afrontando a perspectiva da morte se junta a uma outra, que não se coordena imediatamente com ela: aquela que se prende à Revelação. Segundo uma indicação da *Urzelle*, é por este viés que se pode efetuar um salto para além do fato de que Hegel e Goethe não levavam ao seu termo senão um pensamento da imanência: em um plano teórico para um; na ordem prática em outro. Pelo lado de uma irrupção da experiência no seio da filosofia, Rosenzweig é, em parte, precedido por Schopenhauer e Kierkegaard. Mas sua intuição mais profunda vem de outro lugar: "Pode-se reconhecer o devir eterno em Deus e mostrar na figura a história do pensamento, a partir de dois sóis, o sol da filosofia acabada (Schelling) e o sol da Revelação (a mística)"[131].

Que Rosenzweig possa dizer-se ainda "espantado pelo lugar especial da mística *entre* a verdadeira teologia e a verdadeira filosofia", eis o que antecipa o papel mais ou menos discreto que ela desempenha no seio de *A Estrela*[132]. Sublinhando a originalidade de tal reconhecimento no contexto moderno do judaísmo alemão, Scholem nota, todavia, que as palavras de Rosenzweig sobre a Cabala eram de algum modo as de uma "criança cativa dos *goim*, a ignorar um tesouro que era o seu"[133]. No século XIX, esta corrente da vida judaica tornara-se objeto de vergonha; ortodoxos e liberais, rabinos e filósofos estão de acordo ao menos sobre o fato de que devem expulsá-la de suas teologias. Em face dessa ocultação, a maneira como Rosenzweig reintroduz certo número de seus conceitos contribui inegavelmente a lhe dar de novo um lugar na "árvore da vida" ao lado do conhe-

---

130 Emmanuel Lévinas, prefácio para Stéphane Mosès, *Système et Révélation*, p. 13.
131 Noyau originaire de *L'Étoile de la Rédemption*, op. cit., p. ILI.
132 Idem, p. 112.
133 Franz Rosenzweig et son livre *L'Étoile de la Rédemption*, op. cit., p. 26.

cimento, o único privilegiado pelo pensamento judaico. De forma similar, seu gesto de ruptura com a filosofia ocidental devia reparar a "'quebra dos vasos' do idealismo"[134]. Resta que, aos olhos de um Scholem já persuadido de que as formas dialéticas da Cabala são o lugar teológico onde é preciso procurar as respostas às questões colocadas pela existência judaica, a impressão deixada por suas categorias no seio de *A Estrela* é, sem dúvida, demasiado mediada pelo sistema de Schelling: a tal ponto que é preciso às vezes trazê-la à luz indo além das intenções explícitas do autor. Nesse sentido, se o texto de homenagem redigido por Scholem logo após a morte de Rosenzweig continua sendo a melhor interpretação existente sobre uma presença da mística na própria estrutura de *A Estrela*, assim como em suas análises da linguagem e do tempo, ela deixa um pouco na sombra a segunda fonte deles: o fato de que a obra se desdobra igualmente em uma forma de combate interno à história do idealismo alemão.

Tudo leva a tomar a sério a indicação fornecida por Franz Rosenzweig mesmo quanto ao papel desempenhado pela filosofia de Schelling na inspiração e na escritura de *A Estrela*. De um ponto de vista factual, Rosenzweig havia frequentado como historiador das ideias a obra do grande contemporâneo de Hegel, autor nomeadamente de uma *Filosofia da Revelação*. Na época de seus trabalhos sobre Hegel, ele lhe restituíra a paternidade de um texto escrito à mão por este último: intitulando-o "O mais antigo sistema do idealismo alemão", Rosenzweig mostrava que Schelling era o seu autor e Hegel somente o copista[135]. Mas seu encontro com *As Idades do Mundo* é que devia ser decisivo. Três vezes esboçado entre 1811 e 1815, jamais concluído, sendo publicado apenas após a morte do filósofo, esse texto que acabava de alcançar uma edição de bolso estava envolto em uma espécie de aura mítica[136]. Schelling o havia elaborado sob o impacto de

---

134 Idem, respectivamente p. 27 e 23. Proveniente da Cabala, a noção da "ruptura dos vasos", que Scholem emprega aqui de maneira metafórica, aparecerá logo em *A Estrela*. Acerca de sua significação precisa em seu contexto teológico e histórico, ver infra, cap. IV, p. 499-501.
135 Ver Franz Rosenzweig, Das Älteste Systemprogramm des Deutschen Idealismus (1914), *Zweistromland*, p. 3-44.
136 Rosenzweig parece ter descoberto *As Idades do Mundo*, em fins de 1916, na edição Reclam, publicada em 1913, visto que ele menciona pela primeira vez a obra em uma carta a Eugen Rosenstock, datada de dezembro de 1916: opondo-a precisamente à forma do sistema hegeliano. Cf. *Briefe und Tagebücher*, I, p. 318.

uma descoberta da tradição teosófica alemã, após um encontro com Franz von Baader depois de uma leitura de Jacob Boehme. Ressoavam nele ecos da Escritura, sem dissimular o intuito de ser o livro que conteria todos os livros. De um ponto de vista filosófico e nas categorias de Rosenzweig, pretendia ser uma história universal do Absoluto, como ser vivente primordial, no momento mesmo em que Hegel mostrava, ao contrário, como o Absoluto possuía o homem caminhando sobre o mundo. Quanto à diretriz visada, ela consistia em tentar construir um sistema de tempos: aquilo que Rosenzweig reivindicará para o novo pensamento quando escrever que ele "sabe muito bem que não pode nada conhecer se ele se emancipa da tutela do tempo – o que, não obstante, a filosofia havia considerado até aqui como o seu mais alto título de glória"[137].

É, sem dúvida, em Jürgen Habermas que se encontrará a caracterização mais precisa da maneira como *As Idades do Mundo* trabalham no seio do idealismo alemão, contribuindo de algum modo para subvertê-lo por dentro[138]. Em seu primeiro livro, Franz Rosenzweig havia luminosamente posto a nu as formas de um conflito de juventude entre Hegel e Schelling, cujos objetos eram o tempo e o mundo: em torno de perspectivas opostas de uma união com a época, preocupada com a conciliação com a realidade, ou com a manutenção de uma oposição feroz entre o pensamento e esta última[139]. Entre esses dois protagonistas, a discussão, durante muito tempo, dissera respeito ao lugar que devia ser concedido à "dor do negativo" no conceito do Absoluto. Por um momento, Schelling julgara que uma filosofia da identidade permitiria abrir o horizonte de uma felicidade universal, numa visão do Todo que supera a provação da morte. Mas, em parte para responder às objeções de Hegel e em parte sob o efeito de suas próprias experiências, no início das *Idades do Mundo* ele parecia unir-se à

---

137 Franz Rosenzweig, La Pensée nouvelle: Remarques additionnelles à *L'Étoile de la Rédemption* (1925), t. 1. op. cit., p. (1925), trad. M. B. de Launay, *Cahiers de la nuit surveillée*, p. 50. Voltaremos a falar sobre a importância desse texto que, com a *Urzelle*, enquadra de algum modo *A Estrela*, comentando a sua recepção, justificando a ausência de um prefácio e expondo certo número de clarificações.
138 Ver Jürgen Habermas, *Théorie et pratique*, trad. G. Raulet, Paris: Payot, 1975, t. 1, p. 188-213. Sobre a relação de Schelling com o judaísmo, ver Jean-François Courtine, Schelling et le judaïsme, em Gérard Bensussan (dir.), *La Philosophie allemande dans la pensée juive*, p. 95-114.
139 Ver *Hegel et l'État*, p. 42 e s.

crítica da "bela alma", escarnecendo daqueles que querem dar fim ao conflito por meio de "pacíficas generalidades" e transformar em um simples encadeamento de pensamentos "o resultado de uma vida que deve impor-se, de uma história em que se alternam, como na realidade, cenas de guerra e de paz, de dor e prazer, de perigo e salvação"[140]. A sequência do texto devia, entretanto, corrigir essa aparente adesão à dialética hegeliana, recusando seu princípio de uma vida eternamente semelhante a si mesma: "Ninguém pode imaginar-se a pisar o verdadeiro caminho da ciência que só progride a partir do que é *efetivamente começo*, daquilo antes do que na realidade nada é pensável, em suma, do imemorial e do *prius*, até aquilo que é *efetivamente o fim*"[141].

Assim como Jürgen Habermas sublinha, Schelling queria doravante renunciar à "teodiceia pela qual Hegel havia uma vez justificado o mundo"[142]. Se continua a considerar com ele que é impossível à filosofia minimizar os dilaceramentos da vida, é contra sua dialética que ele recusa dar-lhes o bilhete azul por uma concessão demasiado rápida ao trabalho do negativo. Para *As Idades do Mundo*, não se trata mais, portanto, de admitir a ideia segundo a qual o tempo estaria encerrado em uma só e única época. Dissociando, ao contrário, as estruturas da temporalidade, a obra definiu seu programa da seguinte maneira: "O passado radical deve ser procurado antes do mundo e fora dele; o porvir propriamente dito, o porvir universal, absoluto, deve ser procurado após o mundo e fora dele; assim se desdobraria diante de nossos olhos um grandioso sistema dos tempos, do qual o sistema dos tempos humanos não seria ele mesmo senão uma réplica, senão uma repetição em um círculo mais restrito"[143]. Essa perspectiva de uma duração que não poderia entrar na sucessão homogênea do tempo histórico sacralizado por Hegel era evidentemente uma espécie de legado secreto do idealismo alemão. Sob a pena de Rosenzweig, ela poderia logo

---

140 Schelling, *Les Âges du monde*, versões de 1811 e 1813, ed. Mandfred Schrötter, trad. P. David, Paris: PUF, 1992, p. 247. Trata-se aqui de uma passagem dos fragmentos de introdução sobre os quais Habermas se apoia.
141 Idem, ibidem (tradução modificada, eu sublinho).
142 *Théorie et pratique*, t. 1. p. 196. Cabe perguntar se Rosenzweig conhecia o texto citado por Habermas, no qual Schelling declara que aquilo que se lhe afigura uma tentativa de salvação da Redenção no seio da filosofia tinha, a seus olhos, uma dimensão "inteiramente prática".
143 *Les Âges du monde*, p. 237.

entrar em correspondência com as categorias vividas de uma experiência judaica da temporalidade. O lugar preciso deste encontro seria aquele em que Schelling declara, em uma proposição ela mesma nutrida de reminiscências místicas, que "o tempo é, em cada instante, o tempo todo, a saber, passado, presente e futuro, e não começa a partir do passado, nem de seus confins, mas do centro, e remanesce igual em cada instante da eternidade"[144]. Quanto à sua forma, ela é perfeitamente caracterizada por Habermas, nesse comentário da expressão de Schelling segundo a qual a eternidade é "filha do tempo": "Não é senão no horizonte das idades do mundo, do tempo, que a eternidade aparecia como aquilo que ultrapassa este horizonte, espécie de comparativo ao mesmo tempo do passado e do futuro, mais passado do que o passado propriamente dito, mais futuro que o futuro, mas não podendo sê-lo senão através deles"[145].

Schelling jamais irá além do passado nesta forma de filosofia que ele queria conceber como um relato, fornecendo a propósito do presente e do porvir apenas frágeis esboços. Reorientando seu pensamento final para uma grandiosa *Filosofia da Revelação*, ele oferece, sem dúvida, ao Ocidente o seu último sistema, mas este permanece eclipsado pela vitória de Hegel. A gente poderia arriscar-se a imaginar por um instante o que teria produzido a inversão de tal destino, para sonhar a história de um idealismo alemão estruturado pelo sucesso daquelas lendas especulativas dos séculos que configura a alternativa por excelência à *Fenomenologia do Espírito*. Não sendo de modo algum o encontro inesperado entre uma espécie de tradição oculta do idealismo alemão e uma linguagem ocultada da teologia judaica, *A Estrela da Redenção* marcará sem qualquer dúvida um dos ápices de tal construção, lançando este desafio de uma história do ser que se recusa à lógica da identidade, que *Totalidade e Infinito* retomará meio século mais tarde. Seja como for, no que diz respeito a essa ficção, sabemos doravante que um dos solos nutrientes do livro de Rosenzweig situa-se na maneira como Schelling recusa o processo da totalidade que reúne, em Hegel, as três regiões da ontologia: Deus, mundo e o homem.

⚜

---

144 Idem, p. 98. Na página precedente, Schelling escreveu: "Nenhuma coisa nasce no tempo, é, ao contrário, *em* toda coisa que o tempo nasce de novo, imediatamente, a partir da eternidade".
145 *Théorie et pratique*, t. 1., p. 205.

Do mesmo modo, pode-se reter, como fonte de uma preocupação de desformalizar a consciência do tempo, o fato de que *As Idades do Mundo* demonstram como um passado mítico ressurge de sob a camada superficial do presente pela rememoração, enquanto as iluminações do pressentimento e da profecia deixam aparecer um futuro antecipado. Resta, pois, captar o movimento pelo qual *A Estrela* conduz sua ruptura com o discurso da filosofia ocidental para fazer penetrar aí, na ordem das categorias, os três conceitos que ela abandonara em proveito da teologia: Criação, Revelação e Redenção.

Um Relato do Mundo na Experiência dos Tempos

É tanto mais difícil de encontrar uma via de entrada em *A Estrela da Redenção* quanto Franz Rosenzweig multiplicou as emboscadas contra tudo que pudesse assemelhar-se, a seus olhos, às formas de uma leitura preguiçosa ou rotineira. Tendo publicado a obra sem prefácio, ele justifica esse gesto de desconfiança para com o hábito dos filósofos pelo temor de aí depositar o "cacarejo de satisfação diante do ovo posto", próprio muitas vezes a este tipo de texto[146]. Se, entretanto, em 1925, ele redige "observações adicionais", não é para ceder a este mau pendor, ao qual até o "tranquilo Kant" sucumbiu, nem para oferecer um modo de usar, porém, de preferência, para confundir um pouco mais seu leitor. Crerá alguém que este livro exprime os sentimentos de uma parte da juventude judaica, preocupada em reencontrar um acesso à antiga Lei? Eis que seu autor acumula negações, não sem ironia; ele não é "em absoluto 'destinado ao uso quotidiano de cada membro de cada família'"; não se trata "absolutamente de um 'livro judaico'", ou mesmo de uma "filosofia da religião", mas simplesmente de um "sistema filosófico"[147]. Quereria alguém imaginar, ao inverso,

---

[146] La Pensée nouvelle: Remarques additionelles à *L'Étoile de la Rédemption*, op. cit., p. 39. Rosenzweig havia utilizado a mesma fórmula para prevenir Rudolf Ehrenberg contra o caráter desordenado da *Urzelle* (ver Noyau originaire de *L'Étoile de la Rédemption*, op. cit., p. 112). Notemos que se ele se empenhava na publicação desses dois textos, recusava-se a inseri-los como prefácio ou posfácio de *A Estrela*.
[147] Idem, p. 40.

que se sabe o bastante sobre o desafio lançado à história da filosofia ocidental a ponto de se ter a esperança de não reencontrar nenhum de seus componentes clássicos, e que Rosenzweig prontamente rebate a provocação: "à exceção de uma filosofia da religião", a obra dele contém os três ingredientes que entram na "composição de um verdadeiro murro filosófico", a saber, a lógica, a ética e a estética[148]. Assim, restará apenas uma única concessão à expectativa de esclarecimento do leitor: aquela que concerne ao fato de que a aparência metafórica do título e depois as três partes respectivamente denominadas "Elementos", "Via" e "Figura" são realmente os índices de passagem da filosofia tradicional às novas problemáticas.

Tais observações têm evidentemente a função de manter a perplexidade do leitor sobre o conteúdo e a estrutura de *A Estrela*. Elas são ainda revezadas por expressões destinadas a deixar planar uma dúvida quanto às modalidades de um autêntico "encontro" com o livro. Sugerindo, destarte, que se leia a primeira parte sem se deter, Rosenzweig afirma que ele não poderia prever "em que momento o conjunto da obra poderia ser abrangida com um único olhar"[149]. Cumpre, sem dúvida, levar a sério esse convite à prudência, na medida em que ele incita a dissipar algumas ilusões formais. Prevenido pela leitura da *Urzelle*, não se espera mais achar nas três partes deste "sistema" uma tese, sua negação e a exposição de uma síntese. Mas será possível fiar-se na lógica que seus subtítulos parecem dar à sucessão destas partes: "O Perpétuo Pré-mundo"; "O Mundo Constantemente Renovado"; e "O Supermundo Eterno"? Dentre cada uma delas, as passagens medianas são aqui, respectivamente, intituladas "Transição", "Limiar" e "Pórtico", que subvertem de dentro toda a perspectiva de uma ordem que se exporia segundo os momentos do desdobrar-se do próprio

---

[148] Idem, p. 41. Rosenzweig indica as localizações precisas dessas três regiões da filosofia: a lógica, no segundo livro da primeira parte ("O mundo e seu sentido ou metalógica"), no primeiro livro da segunda ("Criação ou fundamento perpétuo das coisas") e no terceiro livro da última ("A Estrela ou a verdade eterna"); a ética, no terceiro livro da primeira parte ("O homem e seu eu [*soi*] ou metaética"), no segundo e terceiro livro da segunda ("Revelação ou nascimento incessantemente renovado da alma" e "Redenção ou eterno porvir do Reino") e no primeiro da última ("O fogo ou a vida eterna"); a estética, em todos os livros das duas primeiras partes e no segundo da última ("Os raios ou a vida eterna"). Damos aqui o nome de "partes" àquilo que, em todos os seus textos sobre *A Estrela*, Rosenzweig chama de "volumes", em razão de sua publicação original em separado.

[149] Idem, p. 42.

pensamento: gesto confirmado pela maneira como suas últimas páginas escavam, de algum modo, o texto com as pontas de uma estrela[150]. Rosenzweig não deixa então por viático ao filósofo senão a promessa segundo a qual seu problema atravessa "todo o livro e, sobretudo, as três introduções". Porém, é para acrescentar imediatamente que, no entanto, sua última "porta" se abre sobre aquilo que não está mais no livro e, não obstante, representa seu fim verdadeiro: "uma imersão no seio da quotidianidade da vida"[151]. Que é necessário, pois, "continuar a filosofar, para além do livro", porquanto a justificação última disto tem lugar "na vida de todos os dias", eis o que confirma sua maneira de querer oferecer um pensamento da experiência vivida, no próprio momento em que ele desafia as formas lógicas da experiência pensada.

É preciso, no entanto, decidir-se por uma orientação para a leitura de *A Estrela* e cada um dos grandes intérpretes de Franz Rosenzweig o fez. Optando por esclarecer o impacto mais ou menos secreto de categorias provenientes da mística, Gershom Scholem põe o acento na segunda parte, em que elas trabalham uma filosofia do tempo obtida a partir do momento em que a totalidade se despedaçou, e isto antes mesmo que o fim da obra reconhecesse sua dívida. Notando que Rosenzweig denomina "experiência" aquilo que os antigos chamavam Cabala, Scholem sublinha a proximidade entre o movimento da "quebra dos vasos", e depois da reparação do mundo de que fala esta última e o que é descrito pelo capítulo médio desta parte média do livro, que proporciona, a propósito da Revelação, "as *ultima verba* do judaísmo sobre as questões religiosas": a passagem do Deus vivente da mitologia ao da Criação; a transformação do homem trágico, mudo e prostrado em ser dotado de um espírito e capaz de amor; a mutação, enfim, do mundo plástico da arte em obra da Criação, suscetível de ser restaurada no Reino pela Redenção[152]. Levado pela preocupação de descobrir o familiar no insólito, Paul Ricœur prefere começar pelo fim, isto é, pela confrontação

---
150 A este respeito, cumpre necessariamente reportar-se à obra, que reproduz a apresentação original das páginas conclusivas de cada uma das partes de transição, retraindo-se o texto cada vez para formar um triângulo orientado para baixo. Ver *L'Étoile de la Rédemption*, respectivamente p. 111, 309 e 500. Como veremos, a última página deste último "pórtico", que oferece as últimas palavras do livro, abre-se para o que é seu verdadeiro fim: a vida.
151 La Pensée nouvelle, op. cit., p. 61.
152 Gershom Scholem, "Franz Rosenzweig et son livre *L'Étoile de la Rédemption*", op. cit., p. 33.

entre o judaísmo e o cristianismo como duas maneiras de vencer o tempo que passa em proveito de uma estabilidade irrefragável[153]. Nesse sentido, acima de tudo é a sutileza metafórica do título tal como esta se ilustra na última "figura" do livro que ele traz à luz. A Estrela da Redenção compõe-se efetivamente de dois triângulos cruzados: o primeiro é, na realidade, formado apenas de três pontos que são Deus no ápice, o homem e o mundo nos ângulos de baixo, figurando a irredutível pluralidade proveniente da decomposição do sistema; o segundo dispõe por suas ligações a Criação, a Revelação e a Redenção.

Encontrar-se-ia, enfim, em Emmanuel Lévinas um convite implícito para ler juntas as duas primeiras partes e reservar a um exame ulterior a última. Para o autor de *Totalidade e Infinito*, é de fato na passagem de cada uma para a outra que se inscrevem a ruptura com a trajetória da filosofia de Tales a Hegel e depois a ação de salvar o pensamento a partir de uma experiência que ele parecia ignorar. Mas cumpre imediatamente compreender como este movimento é radicalmente estranho à forma de uma inversão dialética. Na primeira parte de *A Estrela*, Rosenzweig desmembra a totalidade na qual a filosofia reunira o mundo, Deus e o homem, para reencontrá-los separados como estavam na Antiguidade pagã: como mundo plástico da arte; Deus vivente nos interstícios do ser; homem trágico encerrado em sua ipseidade. O segundo movimento da obra consiste então em mostrar que esse isolamento não é ainda a realidade de nossa experiência, porquanto esta conhece ligações entre esses elementos que se desdobram como vida e se manifestam no tempo. Assim, é possível nomear essa série de relações realizadas pela vida e que não são nem laços formais nem sínteses abstratas, porém relações específicas e concretas: entre Deus e o mundo, "a conjunção é *precisamente* a Criação"; em se tratando de Deus e do homem, "o liame é *precisamente* a Revelação"; pelo que concerne enfim ao homem e ao mundo, este laço se torna "*precisamente*" a Redenção[154]. Sob

---

153 Ver Paul Ricoeur, La "Figure" dans *L'Étoile de la Rédemption* de Franz Rosenzweig (1988), em *Lectures 3, Aux frontières de la philosophie*, Paris: Seuil, 1994, p. 63-81. Paul Ricoeur lembra, em preliminar a este estudo, o fato de que a "leitura correta" de *L'Étoile* é a do livro de Stéphane Mosès já citado, *Système et révélation*. Esta obra percorre uma primeira vez o "sistema", antes de relê-lo de maneira transversal em torno de alguns desses temas principais.
154 Emmanuel Lévinas, "Franz Rosenzweig: Une Pensée juive moderne", op. cit., p. 82-83.

a pena de Emmanuel Lévinas, as figuras se associam, portanto, claramente em categorias, ao passo que este pensamento do mundo aloja seu segredo em uma filosofia do tempo que desformaliza sua linearidade. Nesse sentido, se a Criação abre e sustenta a dimensão do passado, enquanto o presente é o tempo da Revelação assim como a Redenção desenha o porvir, isso não se dá sob a forma de momentos que se sucedem, mas de uma espécie de folhado das temporalidades inseparáveis dos acontecimentos que os desenham.

Seguindo essa indicação, é possível recuperar sucintamente o gesto e o saber adquirido da primeira parte de A Estrela da Redenção, para ir mais depressa ao lugar onde ela instala sua principal inovação. Na sucessão de seus três livros, a exposição dos "elementos" ou do "perpétuo pré-mundo" dá seu conteúdo ao desafio lançado à filosofia ocidental quanto à integralidade de sua trajetória. Assim, começam eles, cada um a seu turno, por quebrar toda certeza *a priori* do conhecimento, remetendo seu início a uma consciência do nada: "de Deus nós nada sabemos"; "do mundo nós nada sabemos"; "do homem nós tampouco nada sabemos"[155]. Mas importa compreender imediatamente que estes não saberes são, entretanto, presos à certeza primordial segundo a qual os elementos em questão têm uma realidade. "Nós sabemos da maneira mais precisa, graças ao saber intuitivo de nossa experiência, o que 'são' propriamente Deus, o homem e o mundo", escreve Rosenzweig em suas "observações adicionais"[156]. A ausência de contradição entre essas palavras e as dos primeiros livros de A Estrela se deve precisamente ao fato de que é a própria experiência que nos oferece a certeza segundo a qual nós existimos, o mundo tem uma realidade e Deus é. Que esse sentimento seja ainda obscuro, isto irá se traduzir no fato de que o primeiro saber dos elementos será descrito como "metafísico", em se tratando de Deus e de seu ser, "metalógico", a propósito do mundo e de seu sentido, "metaético" enfim, no que concerne ao homem e o seu *soi* (eu). Mas a prova de que ele seja, no entanto, irredutível, é fornecida por um fenômeno incontestável: nós falamos de Deus, do mundo e do homem.

---

155 *L'Étoile de la Rédemption*, respectivamente p. 34, 55 e 79. As referências à *L'Étoile* serão daqui por diante indicadas diretamente no corpo do texto, entre parênteses.
156 La Pensée nouvelle, op. cit., p. 45.

O fundo de experiência sobre a qual se apoia Franz Rosenzweig se prende a uma crença primordial em um dado original, que jaz no seio mesmo do tecido vivo da existência. Elucidando as implicações desta crença, a reflexão pode então reconstruir essas realidades primeiras, graças a uma espécie de anamnese que permite recuperar a gravidade inicial de elementos caracterizados por sua autossuficiência: um Deus oculto em uma transcendência incognoscível; o mundo fechado em si mesmo; um homem encerrado em seu próprio "eu". Praticando esse retorno, a primeira parte de *A Estrela* pretende ser assim uma "filosofia do paganismo", que vai descrever as três figuras do elementar: o Deus mítico; o mundo plástico; o homem trágico. Mas se ela usa para este fim imagens da Antiguidade em sua forma clássica, isto é, grega, não é para fazer do paganismo, à maneira de Hegel e da filosofia em geral, "um vulgar espantalho que [...] reenviaria os adultos a seus medos de criança"[157]. Nesse sentido, o paganismo não é um momento da história, mas exprime "a verdade sob a forma elementar, invisível e não revelada". Embora destinado a ser suplantado pela religião, ele persistirá como a lembrança dos arquétipos da realidade. A significação dessa reconstrução é, portanto, a de captar os três elementos do real a partir do exterior, antes que a segunda parte do livro no-los mostre a partir do interior: descrevendo desta vez a existência tal como ela se desdobra nas ordens concretas da linguagem, do tempo e da pluralidade das pessoas.

Tratando-se de desenhar a figura do elementar que se liga ao Deus mítico, é preciso discernir as implicações iniciais da crença na realidade divina. A primeira entre elas coincide com sua afirmação a partir do nada, e depois se expõe como capacidade infinita de ser. Quanto à segunda, ela procede desta vez da negação de toda determinação, e depois se declina como liberdade infinita. Mas percebe-se de pronto a tensão entre essa liberdade absoluta e a realidade irredutível do ser a que ela se aplica, que soa como um destino. Constitui precisamente a essência do mito não poder sair dessa tensão, como o atesta sua descrição: "Uma vida que não conhece nada acima nem abaixo dela [...], uma vida puramente em si, quer os portadores desta vida sejam deuses, homens ou coisas. A lei desta vida é o acordo entre o arbitrário e o destino, acordo interno, que não ressoa além de si mesmo e que

---

157 Idem, p. 47.

volta incessantemente a si mesmo" (p. 47). O exemplo mais claro da sobrevivência desse mundo mítico, pleno de riquezas e de contradições da vida, mas incapaz de se exteriorizar, é então fornecido pelo fenômeno da arte. Aqui, reencontramos a obra encerrada em si própria, indiferente a toda outra realidade, afirmando uma independência e uma liberdade radicais em relação às tarefas que ela julga inferiores. Mesmo se as figuras da arte devessem "portar a libré de nosso quotidiano", se bem que a existência que ele reflete possa "ser feita de miséria e de lágrimas", uma espécie de sopro proveniente da "vida fácil" dos deuses olímpicos vem recobri-las, de sorte que é preciso dizer que "o espírito do mito funda o reino do Belo" (p. 51).

No que concerne à primeira realidade do mundo, dispomos de novo de uma dupla via de acesso: pela afirmação e pela negação, mesmo se elas diferem daquelas que valiam a propósito de Deus. Enquanto as palavras "por toda a parte" e "sempre" não teriam sido senão uma analogia a oferecer somente "a expressão balbuciante do inexprimível" com respeito à *physis* divina, eis que no caso do mundo "elas se ajustam com perfeição" (p. 56). Dito de outro modo, o mundo se dá espontaneamente como significante e dele nós temos um conhecimento que precede todo saber racional, o que Rosenzweig resume em uma fórmula: "o bilhete de sua 'existência', que Deus encontrou em sua *physis*, o mundo encontrou em seu logos" (p. 59). Mas este universal, que manifesta um "novo aspecto do Sim original" (p. 57), encontra de pronto seu par negativo, como indica a sequência na comparação: "para Deus, a trama do tecido era fornecida pela liberdade divina, para o mundo, é a fonte inexaurível do fenômeno" (p. 59-60). Essa questão dá então a oportunidade de afiar um pouco mais a ponta lançada contra a filosofia, visto que o fenômeno foi sempre a "cruz do idealismo" (p. 61). Este, de Parmênides a Hegel, se recusou a compreendê-lo como "espontâneo", por receio de alterar a onipotência do logos. Ora, procedendo desse modo, ele negou a vitalidade mesma da vida, que se manifesta no particular. Assim, é à visão metalógica das coisas que cabe restituir a vida nos seus direitos, para reencontrar na cosmologia antiga um mundo estruturado e "plenamente cheio" (p. 67), que encontra sua imagem na cidade antiga, e depois libera a passagem para a segunda lei fundamental da arte: a unidade de sua forma interna, feita de "clausura em si mesma" e de "conexão geral de cada parte com o conjunto" (p. 76).

Do homem, enfim, cumpre afirmar uma última vez que ele não pode ser demonstrado mais do que Deus e o mundo. Mas se nós sabemos, no entanto, a seu respeito, que ele é, percebemos imediatamente que seu ser difere do de Deus e do mundo, que eram respectivamente um "ser além do saber" e um "ser universal" (p. 79). É o *Eclesiastes* (1, 4) que melhor desvela, sem dúvida, o que é próprio do homem: "uma geração se vai, uma outra vem, mas a terra permanece eterna". Comentando esta expressão, Rosenzweig descreve, pois, o ser do homem como "ser particular": "O homem é efêmero, ser efêmero é sua essência, como é a essência de Deus ser imortal e incondicionado, e a essência do mundo ser universal e necessária" (p. 80). Se coube ao gênio de Kant ter sublinhado o caráter problemático da autonomia característica do homem, resta especificar a forma de sua afirmação como "eu" (*soi*), distinta de sua individualidade. De seu nascimento até uma data que coincide com seu encontro com o Eros, o homem é pura individualidade, prisioneiro de um ciclo da vida que o converte em simples "pedaço do mundo" (p. 88). No entanto, "o Eu (*Soi*) investiu um dia o homem como um soldado em armas e tomou posse de todos os bens da casa": o Eros o surpreende revelando-lhe o fenômeno da existência, até o momento em que sua verdade se revelará como Tânatos. Assim, a irrupção do Eu deixa o homem pobre e solitário, a conhecer apenas a si mesmo, internado em um puro mutismo, por isso que sua própria morte é doravante o acontecimento que domina a sua vida. Pela terceira vez, é a Antiguidade que proporciona a expressão viva desta figura, sob a forma do herói da tragédia. Constitui a essência mesma do trágico representar o silêncio: quando "o herói rompe os pontos que o ligam a Deus e ao mundo [...], para se içar à solidão glacial do Eu" (p. 95). Daí a possibilidade de um derradeiro olhar sobre o mundo da arte: "um mundo de acorde mudo que não é um mundo, que não é uma conexão real, vivente em todos os sentidos entre o discurso que atira a torto e a direito e, no entanto, um mundo que é capaz em todo ponto de ser animado de vida por instantes" (p. 99).

Que o universo das aparências da arte consegue fazer surgir "um fundo comum", deixando concomitantemente o Eu (*Soi*) solitário e mudo, eis o que fixa ao mesmo tempo o cimo e o limite do mundo das origens, cuja expressão a Antiguidade oferecia no mito, na cosmologia e na tragédia. Com ele, o Eu (*Soi*) atingiu sua plenitude, mas ele permanece encerrado em si mesmo, incapaz de tornar-se alma. Ligado à figura de um homem surdo, mudo e cego, coincide com as de um Deus incognoscível e de um mundo fechado. No momento em que estas descrições se reúnem em uma "transição", a ruptura com o discurso da filosofia já está consumada. Do ponto de vista de uma retrospectiva sobre o "caos dos elementos", quanto mais tenhamos descido para a origem a fim de captar as coisas em sua realidade primeira e no lugar em que elas alçam seu voo para o nada, mais a unidade do Todo se despedaçou: a tal ponto que "o conjunto retalhado do saber, que doravante nos cerca, nos contempla com um olhar curiosamente estranho" (p. 102). Em outros termos, é preciso agora admitir que a existência do mundo, do homem e de Deus é pura facticidade, que ela permanece anterior ao pensamento e não se deduz dele. A força da Antiguidade era a de possuir esta facticidade, enquanto sua fraqueza residia em uma incapacidade de responder às questões que ela suscita: unidade ou pluralidade de Deus, unicidade ou multiplicidade do mundo, identidade da humanidade consigo própria ou fracionamento ao infinito na diversidade? De sua parte, a filosofia julgou possível ultrapassar a consciência da facticidade na sucessão de seus sistemas para reduzir à totalidade de um saber absoluto o conhecimento dos elementos. É com esse gesto que *A Estrela* rompe brutalmente, convidando a conservar algo deste "triplo nascimento fora do fundamento obscuro" (p. 110), antes de ceder seu lugar a uma experiência abandonada pela filosofia: a do milagre.

No lugar exato da transição entre as duas primeiras partes de *A Estrela*, são três monismos que surgem em pura justaposição, três "consciências do Um e do Todo" sem nenhuma relação entre si: Deus, o mundo e o homem têm cada qual um Eu (*Soi*) solitário e apontado para si mesmo; eles vivem na estrita vitalidade interior de sua natureza própria; eles representam estruturas fechadas, habitadas por um espírito específico. Dito de outro modo, nesta configuração da consciência pagã "não há nenhuma ordenação fixa entre as três pontas que são Deus mundo homem"[158]. O segredo da transição "que leva do mistério ao milagre" (p. 111) reside então em uma palavra: "talvez". Com ela, se resumem ao mesmo tempo a infinita riqueza e a incerteza do mundo antigo, que vê cada elemento como um todo,

---

[158] Notemos que, para reforçar esta ausência de ligação e de estabilidade, Rosenzweig coloca aqui (p. 103) os elementos sem pontuação, nem artigo nem conjunção.

mas não pode decidir se traz em si a possibilidade da unidade ou a da multiplicidade. Pressente-se, no entanto, que, se no paganismo "o brilho cintilante de um 'talvez' se estende sobre os deuses, os mundos e os homens", alguma coisa começa a desenhar-se que deve ressoldar os elementos subterraneamente espedaçados, arrancá-los de sua mútua exclusão, e depois conduzi-los da obscuridade para a luz. Mas importa imediatamente compreender que esse movimento constitui um novo nascimento, radicalmente estranho a uma continuidade lógica ou a uma inversão dialética. Criação, Revelação, Redenção: com essas categorias que avançam, nós caímos em outra ordem. O evento pelo qual elas vão se manifestar é o da linguagem. Quanto à experiência que assistirá a seu desdobramento, não é outra senão a do tempo, o que Rosenzweig expõe em uma fórmula ainda enigmática: "Deus era desde sempre, o homem veio a ser, o mundo vem a ser".

Se a introdução à primeira parte de *A Estrela* lançava o desafio desse livro à filosofia, a que abre a segunda parte não resiste à provocação da teologia, intitulando-se "Da possibilidade de fazer a experiência do milagre". Aqui, Franz Rosenzweig recusa, de algum modo, a visão moderna de uma *Aufklärung* que se teria construído em um combate contra a crença, para descrever três formas sucessivas desse fenômeno como outras tantas ocasiões dadas à fé introduzida no mundo de confrontar-se com o saber. Mas ele não toma finalmente a sério senão uma parte desta última dentre elas. Para ele, nem a *Aufklärung* filosófica da Antiguidade, que lutava contra o mito pagão, nem a da Renascença, defendendo a causa das ciências da natureza, alteraram verdadeiramente a experiência da fé. Quanto àquela que se designa habitualmente por este nome, ela se caracteriza ainda em Voltaire, Lessing ou Gibbon pela "quase total inanidade" (p. 121) de seus argumentos, que deixam em suspenso a questão da própria possibilidade do milagre. Somente a segunda expressão da moderna *Aufklärung*, aquela que adquire no século XIX um ar histórico, aparece, portanto, como um sério adversário: precisamente em razão da maneira como ela contamina de algum modo a teologia[159]. É em face do vão combate da teologia histórica

---

[159] Pode-se perguntar até que ponto Leo Strauss tinha conhecimento desta singular reconstrução da história da *Aufklärung*. Ainda assim é verdade que, percebendo o liame entre uma maneira de minimizar o impacto da crítica à religião pelas Luzes e a ideia de uma "interiorização" da Revelação, ele proporá logo tomar de novo a sério o conflito inaugurado pelas

para separar radicalmente a fé do saber que Rosenzweig reivindica uma cooperação entre a filosofia e a teologia. Admitindo que ela resolveu, por volta de 1800, a tarefa que desde sempre se consignou, isto é, de conhecer a totalidade, a primeira deveria assim reconhecer que a única possibilidade de uma filosofia depois de Hegel consiste em substituir o filósofo como "simples lugar-tenente da história da filosofia" (p. 128) por uma figura "extremamente personalizada": que atira uma passarela entre o mais subjetivo e o mais objetivo graças ao conceito de Revelação. Quanto à segunda, cumpre-lhe compreender que o único meio de assegurar sua salvação é o de lançar um apelo à filosofia: "a fim de estender uma ponte entre a Criação e a Revelação, uma ponte que permita, em seguida, efetuar o liame, de uma importância capital para a teologia de hoje, entre Revelação e Redenção" (p. 131).

Em semelhante quadro, a dificuldade própria à segunda parte de *A Estrela da Redenção* prende-se inegavelmente ao fato de que ela entrecruza um desafio perpétuo às lógicas clássicas da filosofia com um real cuidado de delinear estruturas. Em face destas, é preciso, pois, tentar respeitar um gesto especulativo renitente às sínteses, sem, todavia, descurar de trazer à luz uma poderosa arquitetura formal, tanto quanto se pôr em guarda *a priori* contra a tentação de reduzir a tríade à exposição de três momentos de uma unidade. O milagre de que se trata, pois, aqui, é que haja no próprio coração da experiência camadas de linguagem cada vez mais fundamentais e que precedam o sujeito falante: "um *dizer* da Criação, um *dizer* da Revelação, um *dizer* da Redenção"[160]. Mas seria de pronto quebrar o adquirido com a desformalização anterior da totalidade, imaginar estas camadas de linguagem se sucedendo numa mesma linha ou nos tempos em que elas se associam de modo privilegiado, organizando uma cronologia:

⁂

Luzes: para encarar mais uma vez na raiz a tensão entre razão e Revelação. Ver a introdução por Leo Strauss a seu segundo livro, elaborado no começo dos anos de 1930: *La Philosophie et la loi: Contribution à la compréhension de Maïmonide et de ses devanciers*, em Leo Strauss, *Maïmonide*, trad. R. Brague, Paris: PUF, 1988, p. 11-33, e infra, cap. VII, p. 810-813. Uma ausência salta, todavia, aos olhos nesta breve arqueologia da modernidade: a de Spinoza. Ele era objeto dos tormentos de Hermann Cohen e se tornará também dos primeiros trabalhos de Leo Strauss. Que Rosenzweig faça a economia de um confronto com ele, eis, sem dúvida, a razão do pouco interesse aparente de Strauss para com *A Estrela*, e depois do fato de que ele prefira discutir esta questão diretamente com Cohen.

160 Paul Ricoeur, La "Figure" dans *L'Étoile de la Rédemption* de Franz Rosenzweig, op. cit., p. 69.

elas constituem estratos empilhados, enquanto suas temporalidades formam uma espécie folhada. No entanto, o efeito da estrutura proveniente da instalação das componentes desta tríade é surpreendente: Criação, Revelação e Redenção vão, cada uma a seu turno, associar-se a uma figura (o começo, cujo autor é Deus; a alma, cujo suporte é o homem; o reino, cujo envoltório é o mundo); elas se prenderão também a uma modalidade do tempo (passado, presente, futuro); elas conhecerão ainda uma linguagem e uma lógica (do conhecimento, do amor, do ato); elas encontrarão a seguir um lugar no seio da teoria da arte; elas verão, por fim, sua interpretação culminar na análise "gramatical" de uma passagem bíblica (*Gênesis* 1, *Cântico dos Cânticos*, *Salmos* 115). Se a estrutura é tomada como referência, é para reter na memória seu embasamento e seu paradoxo: "a linguagem é o verdadeiro presente de núpcias que o Criador oferece à humanidade" (p. 134); "a Revelação é uma eterna novidade, simplesmente porque ela é uma velhice imemorial" (p. 135).

Que a figura da Criação seja o começo, é, com certeza, o que atestam as primeiras palavras do *Gênesis*. Quanto ao seu objeto, ele não é outra coisa senão a entrada em relação de Deus e do mundo. Franz Rosenzweig, porém, conhece perfeitamente as controvérsias filosóficas e teológicas multisseculares a respeito dessa questão. Fenômeno raro sob sua pena, ele se coloca sob a autoridade de Maimônides para estabelecer uma dupla tese: o mundo tem um começo (contra Aristóteles); a Criação, que representa o atributo divino por excelência, se opera a partir do nada (contra a escolástica árabe)[161]. Pressentindo a perturbação que o fato de já haver descrito uma estrutura do mundo anterior à Criação pode suscitar, mas não indo a

---

[161] Ver, na p. 139, a alusão a Maimônides, que "afirma que a Criação de Deus era seu atributo essencial". Rosenzweig pensa no parágrafo 13 da segunda parte do *Guia dos Perplexos*, em que Maimônides desenvolve as três teorias sobre o começo do mundo e parece defender aquela que decorre da Lei de Moisés: "que o universo em sua totalidade, quero dizer, todo ser afora Deus, é Deus que o produziu a partir do nada puro e absoluto". O conjunto das páginas sobre a Criação marca uma dificuldade de Rosenzweig em face da ideia da Criação *ex nihilo*. Girando incessantemente ao redor dela, parece hesitar entre seguir a proposição de Maimônides, que exclui Deus mesmo da Criação a partir do nada, e a ideia defendida pela Cabala, segundo a qual Deus se retira para o nada, por uma espécie de contração interna de seu ser, a fim de poder criar o mundo. Acerca dessa questão, ver o grande estudo de Gershom Scholem, *La Création à partir du néant et l'autocontraction de Dieu* (1977), em *De la création du monde jusqu'à Varsovie*, trad. M.-R. Hayoun, Paris: Cerf, 1990, p. 31-59, e infra, cap. IV, p. 497-500.

ponto de retomar a tese mística de uma contração de Deus em si próprio, ele afirma ser preciso admitir que o mundo deva "retornar ao nada" (p. 144) para poder ser criado: tendo por consequência que a Criação só poderia ser consumada no fim, com a Redenção[162]. A primeira parte de *A Estrela* havia deixado Deus e o mundo como dois elementos acabados, porém perfeitamente fechados em si próprios. A Criação começa por tirar Deus de sua solidão: "enraizado em sua vitalidade pelo Nome primordial", a potência extraída procedente da liberdade divina se afirma doravante como um Sim e se exterioriza, de modo que a figura de Deus que estava encerrada no além metafísico do mito "sai para o visível e começa a lançar seu clarão" (p. 137). Quanto ao mundo, ele também se extrai de sua clausura e de sua imobilidade elementares, para adquirir não a consciência de ter sido criado de uma vez por todas, mas de sê-lo constantemente. Daí o que caracteriza sua posição: "estar-aí", mais do que ser verdadeiramente, isto é, representar um "universal que está pleno de particular" (p. 146) e espera que seja preenchida a falta que o habita.

Um fenômeno linguístico acompanha então a Criação: o aparecimento de uma gramática do Logos, a partir da "linguagem do pré-mundo mudo" que oferece a arte e os símbolos algébricos. Com ela surgem as primeiras palavras audíveis, que começam a estruturar o corpo de regras que englobará o "reino da língua real" (p. 152). É o caso dos radicais, que se reunirão em proposições; dos adjetivos, que os qualificam; dos pronomes e do artigo, enfim, que definem a coisidade. A isto se acrescenta que se o substantivo fixa a coisa no espaço, ele encontra seu correspondente na forma do passado, que lhe confere uma objetividade no tempo. É, portanto, a lógica da Criação que impõe o fato de que os conceitos destinados a abranger a realidade universal tendem a adotar a forma do passado:

---

162 Sem dúvida, feita para resolver uma espécie de embaraço, esta sugestão remeteria desta vez ao grande ciclo que a Cabala descreve: Deus se retira em si mesmo para criar o mundo; mas, durante a Criação, a luz divina é demasiado potente para ser recolhida nos vasos previstos para este efeito, os quais se quebram; opera-se então um trabalho extremamente longo de reunião das centelhas dispersas e de reparação do mundo, cujo termo é a Redenção. Esta última perspectiva aflorará bem no fim de *A Estrela*, no parágrafo consagrado à "A Errância da Schekhiná" (p. 482-483). A dificuldade que Rosenzweig parece ter para coordenar esse modelo com o da Criação *ex nihilo* confirma a observação de Scholem sobre seu conhecimento maravilhado, porém frágil, das categorias místicas.

fundamento, causa, origem, pressuposto, ou, *a priori*, "cada vez, o mundo é projetado no passado para tornar-se cognoscível" (p. 159). Mas é também o erro do idealismo ter recusado sua confiança a esta fonte da linguagem que Deus havia prometido fazer jorrar da pedra, para julgar que a objetividade do mundo é produzida pelo pensamento e depois garantida por sua lógica abstrata. Para o idealismo, a totalidade do real é englobada em um sistema no qual Deus mesmo se torna um objeto, no momento em que a razão pretende que nada lhe é inacessível. Através dele, no entanto, a filosofia se expulsou do paraíso da confiança na linguagem, a ponto de ter de inventar para si um *ersatz* que é um jardim humano: "aconteceu assim que o idealismo se pôs a divinizar a arte no instante mesmo em que rejeitou a linguagem" (p. 176). Se essa perspectiva não proíbe de considerar que a arte é uma linguagem, ela convida, todavia, a retornar àquela das origens que a filosofia enterrou: é o que tenta Rosenzweig pela análise gramatical do primeiro capítulo do *Gênesis*[163].

O embasamento desta análise reside no fato de que o primeiro desdobramento da linguagem, que se estende da palavra-raiz arrancada ao silêncio até a forma narrativa do passado plenamente objetivante, procede da "palavra que Deus pronunciou e que encontramos escrita no livro do começo" (p. 181). De forma mais precisa, o tesouro dessa palavra apresenta no essencial três componentes. Sabe-se, para começar, que uma proposição volta seis vezes nesse relato, que se reduz a uma palavra: "bom". Em certo sentido, essa aquiescência à obra de cada dia da Criação designa o seu sentido. É um "Ele" que fala em uma forma quase impessoal: Deus é o único sujeito, enquanto a criação das coisas instala sua objetividade, sem

---

[163] Hermann Cohen, Walter Benjamin e Leo Strauss dedicaram-se a uma exegese dos inícios do *Gênesis*. Ver: Hermann Cohen, *Religion de la raison tirée des sources du judaïsme*, trad. M. B. de Launay e A. Lagny, Paris: PUF, 1994, cap. V, e supra, cap. I, p. 63-66; Walter Benjamin, Sur le langage en général et sur le langage humain (1916), em *Oeuvres I*, trad. M. de Gandillac, revisto por Rainer Rochlitz, Paris: Gallimard, 2000, p. 142-165, infra, cap. III, p. 315-320; Leo Strauss, Sur l'interprétation de la Genèse (1957), trad. N. Ruwet, *L'Homme*, janeiro-março de 1981, p. 21-36, e infra, cap. VII, p. 909-914. Enquanto Cohen e Strauss insistem, um e outro, sobre a diferença entre os dois relatos da Criação, a fim de acentuar as colorações ainda míticas do primeiro destes, Rosenzweig é o único a dirigir o seu foco sobre ele, remetendo a descrição da alma à analise da Revelação, que Cohen opera a partir do segundo relato. No tocante a Benjamin, é na perspectiva de uma reflexão sobre a significação da linguagem que ele inscreve a referida exegese.

convertê-las em predicados deste sujeito. Essa concretude é então confirmada pelo fato de que esse relato, em que a linguagem fala de algum modo, ela mesma, através de Deus, se desenrola no passado. Que velhos comentadores judeus traduzam as primeiras palavras por "no começo *quando* Deus criou o céu e a terra", eis o que sublinha a maneira como o passado é, por excelência, o tempo da Criação, enquanto o estatuto das coisas é o de estar já-aí. No entanto, o último ato da Criação rompe este "jugo da objetividade" (p. 185) quando Deus declara: "Façamos o homem". Aqui, pela primeira vez, o passado cede lugar ao presente e depois o "Ele" a um "Eu" (*Je*), dirigindo-se a um "Tu" que não pode ainda ouvi-lo, enquanto o homem que vai aparecer será nomeado ao mesmo tempo que o gênero ao qual ele pertence[164]. No entanto, se a especificidade do homem, que é a de ser criado "à imagem de Deus", se atesta por receber aquilo que era inclusive recusado às luminárias do céu – um nome próprio em lugar de uma designação segundo a espécie –, ela se liga igualmente ao sopro de vida que lhe é insuflado, para lhe ser retirado um dia. Em outros termos, e segundo um *midrasch*, se Deus contempla sua última criatura dizendo que este ser não é simplesmente "bom", mas "muito bom", é para afirmar que "muito bom" não é outra coisa senão a morte: signo ao mesmo tempo da própria natureza da criatura e do fato de que através de sua consciência da finitude o homem é suscetível de alcançar um excedente de experiência pela Revelação[165].

A articulação que se instala entre a realidade de uma finitude que forma de alguma maneira a última palavra da Criação e a experiência não menos real da Revelação se mantém em uma fórmula do *Cântico dos Cânticos* (8, 6) na qual toda análise desta noção é um vasto comentário: "O Amor é forte como a morte". Eis o que sabemos doravante: "como chave de abóbada

---

164 Rosenzweig pensa, por certo, no fato de que o nome do primeiro homem, Adão, é também a palavra que designa em hebraico o gênero humano, *adam*. Ele defendia, aliás, a ideia que, em um sentido certamente diferente daquele que tal proposição teria para a ciência, o hebraico era a língua originária do gênero humano. Ver especialmente um texto muito breve, não datado, intitulado Do Espírito da Língua Hebraica, em *Zweistromland*, p. 719-722, e *L'Écriture, le verbe et autres essais*, p. 19-22.
165 Ver *Bereschit Rabá*, ix, 5, sobre Gênesis, 1, 31. Em se tratando de explicar a partir desta proposição por que a morte golpeia tanto os justos como os celerados, este *midrasch* explica que ela é para eles um repouso, pois "lá embaixo descansam aqueles que estão fatigados" (*Jó* 3, 17).

da Criação, a morte imprime a tudo o que foi criado o selo indelével de sua condição de criatura, o termo 'foi'" (p. 187). Mas é precisamente próprio do amor declarar a guerra a este estado de fato, conhecendo, de sua parte, apenas o presente. Com ele, o Deus mítico encerrado em si próprio se exterioriza de novo: para entrar desta vez em relação com o homem; um homem que passa da passividade, em que a angústia da morte o mantinha, a uma disponibilidade para o movimento pelo qual Deus lhe confia, por assim dizer, seu ser. Rosenzweig sabe, todavia, que ele entra aqui no terreno controverso do estatuto dos antropomorfismos e, assinalando ao mesmo tempo um caráter metafórico à ideia do amor a Deus, multiplica as precauções[166]. Assim, observa ele que em Deus o amor não é "atributo", porém "acontecimento", acrescentando que, simetricamente, o *Midrasch* o leva a afirmar: "Se de mim vós testemunhais, então eu serei Deus, de outro modo não"[167]. Nesse sentido, quando se fala de amor na relação entre o homem e Deus, é, pois, para designar o que é a figura por excelência da Revelação: a alma. No relato bíblico, isto nasce precisamente entre o silêncio de Adão diante da pergunta que Deus lhe faz: "Onde estás tu?" (*Gn* 1, 13). E a resposta de Abraão a um chamado ulterior: "Aqui estou" (*Gn* 22, 1). Para Rosenzweig, ela significa a passagem a uma lógica do diálogo em que o Eu e o Tu substituem o Ele e o Isto da Criação, numa linguagem do amor graças à qual o sujeito humano adquire sua autenticidade, beneficiando-se de um nome próprio.

Só nos cabe ressaltar o importante deslocamento que Franz Rosenzweig impõe à análise da Revelação, ao transportar seu gancho do acontecimento do Sinai ao discurso do *Cântico dos Cânticos*. Hermann Cohen havia insistido, antes dele, sobre certo número de versículos "que inscreviam o Sinai no coração do homem"[168]. Mas a razão dessa escolha era a de equilibrar os eventuais traços de teofania naqueles que narram o próprio

---

[166] Rosenzweig discutiu, além disso, os antropomorfismos, dos quais Hermann Cohen desconfiava de modo muito particular: mostrando que eles eram tão somente asserções sobre o reencontro entre o homem e Deus. Ver um de seus últimos textos "A Propósito da *Encyclopaedia Judaica*" (1928-1929), *L'Écriture, le verbe et autres essais*, p. 38-45.
[167] Duas fontes podem corresponder ao que Rosenzweig evoca aqui (p. 203), dois comentários sobre *Isaías* 43, 12: *Sifré sobre o Deuteronômio, Piska*, 346; *Pesikta de Rab Kahana, Piska*, 12, 6. Estranhamente, ele toma de empréstimo a fórmula de "um mestre da Cabala".
[168] *Religion de la raison tirée des sources du judaïsme*, p. 123.

acontecimento, e ele não ia a ponto de alojar toda a interpretação do fenômeno da Revelação numa metafórica como a do Cântico. Essa *démarche* de Rosenzweig é tanto mais surpreendente quanto ele fornece apenas uma justificação indireta, ao afirmar que não é preciso ver no referido livro "unicamente uma parábola" (p. 235). Evocando a maneira como desde Herder e Goethe [a exegese] não quer encontrar neste texto bíblico senão uma recolha de cantos de amor "profanos", ele propõe voltar a uma intuição anterior, segundo a qual "sabia-se, pura e simplesmente, que o Eu e o Tu da linguagem inter-humana são também, pura e simplesmente, o Eu e o Tu entre Deus e o homem"[169]. Resta que é a questão da relação com a Lei que está em jogo nesta identificação da Revelação com uma pura lógica do amor. É o que indica Rosenzweig no momento em que ele mostra que o presente que se manifesta com este último é próprio a um mandamento que nada prepara, que precede todos os outros e se recusa, ao contrário deles, a ser "transvasado" na "forma da Lei" (p. 210). Em outras palavras, se pode parecer paradoxal querer impor o amor, como quando é dito: "Tu amarás o Eterno teu Deus com todo o teu coração, com toda a tua alma e com todas as tuas forças" (*Dt* 6, 5), esse paradoxo é aquele que liberta do "fardo da Lei": substituindo a heteronomia do mandamento pela interioridade de um sentimento nutrido pelo diálogo.

Confessada pelo próprio Franz Rosenzweig, a focalização da análise da Revelação sobre o Cântico dos Cânticos tinha por finalidade lembrar que "Deus fala a linguagem dos homens" para arrancá-lo de seu "ser oculto neopagão spinoziano" e depois à crítica histórica que concebe a Escritura

---

169 Poder-se-ia identificar aqui o ponto preciso em que Rosenzweig se separa de Hermann Cohen, abrindo uma perspectiva que será a de Martin Buber. Cohen ignora o *Cântico dos Cânticos*: em se tratando de literatura poética, ele prefere os *Salmos*; quando tenta separar a Revelação de um evento puro, ele visa ainda o *Deuteronômio* (cf. supra, cap. 1, 132-133, 132 n. 155. Mas a diferença é mais profunda. Em Cohen, o enredamento das correlações entre o homem e o homem, de um lado, entre o homem e Deus, de outro, não é dado de imediato, nem produzido de modo continuado na linguagem. Ela permanece, ao contrário, sempre condicional: só a realização da correlação inter-humana na ordem da ética assegura aquela que deve ligar o homem a Deus. Para Rosenzweig e, sobretudo, para Buber, a dimensão hipotética é suprimida: a linguagem torna-se a um só tempo o meio da Revelação e o vetor de um diálogo entre o homem e Deus. Observemos que, a despeito de uma desconfiança de princípio em relação a este tipo de recomposições da doutrina da Revelação, Leo Strauss verá perfeitamente a diferença entre a de Cohen, de um lado, e as de Rosenzweig e Buber, de outro. Ela se prende a duas palavras: monólogo, ou diálogo (ver supra, cap. 1, 132-133).

apenas como discurso puramente humano[170]. Ao que se acrescenta que ele procura, sem dúvida, corrigir um pouco o efeito de diluição da Lei induzido por sua tese, insistindo no início da análise da Redenção sobre o limite interno ao puro amor de Deus. Relacionando este último à personagem do místico como homem "separado do mundo inteiro e encerrado em si mesmo" (p. 245), nota o aspecto inquietante e "objetivamente perigoso" desta separação. Em face dela, cabe à Redenção instaurar a relação entre o homem e o mundo, graças a uma lógica do ato que opera uma dupla transformação: a do próprio mundo, que se abre ao crescimento, deixando a vida desenvolver-se; depois a da alma, que se santifica buscando "seu caminho para o próximo" (p. 268). Em certo sentido, uma correção é realmente efetuada, uma vez que o mandamento de amar o próximo pode ser identificado como a quintessência da *Torá*, que incita a alma a abandonar "a casa paterna do amor divino", vir para fora e "percorrer o mundo"[171]. Ela

---

170 Tal é, sem dúvida, a única contribuição de Rosenzweig à crítica do spinozismo. De Cohen, reteve a exposição do poderoso laço que em Spinoza une a crítica filológica da Escritura e a discussão da natureza da Revelação, e depois o fato de que ele se fecha em torno da proposição da hermenêutica bíblica, segundo a qual "a Torá fala a linguagem dos homens" (ver supra, cap. I, p. 53-54). Sabendo que o *Tratado Teológico-Político* vira este princípio, para mostrar que a *Bíblia* é precisamente um discurso humano, Rosenzweig procura refutar o argumento, levando-o a um curto-circuito: a razão pela qual ela fala a linguagem humana é porque instaura um diálogo entre o homem e Deus, em uma perspectiva que tem por vantagem suplementar a substituição da exterioridade transcendente de Deus por uma intimidade com o homem. Uma vez mais, a fragilidade desta defesa em face da violência das teses de Spinoza não escapou a Leo Strauss. Sua autobiografia intelectual atesta que ele, desde muito cedo, tinha em mãos todas as cartas deste jogo: a importância da refutação de Spinoza; o fato de que a maneira de conduzi-la determinava o estatuto contemporâneo da religião; as apostas de uma "interiorização" da Revelação que pretende tanto arrancá-la dos argumentos filológico-históricos como afastá-la da perspectiva da heteronomia (ver infra, cap. VII, p. 787-813. Diga-se ainda, acerca de todos esses pontos, que é com Cohen que ele discute uma vez mais, como se este fosse o único a ter verdadeiramente levantado o desafio de Spinoza em um contexto em que se trata dos compromissos concedidos à modernidade na ordem filosófica, porém talvez também, mais discretamente, do que se assemelha a ardis ante a doutrina cristã do "jugo da Lei".

171 Rosenzweig visa aqui (p. 243) ao *Bereschit Rabá*, XXIV, 7. Observemos que ele passa a borracha na controvérsia que se vincula a esta proposição: a sentença de Rabi Akiva, segundo a qual "Tu amarás a teu próximo como a ti mesmo (*Lv* 19, 18), tal é o princípio essencial da *Torá*", se opõe à tese de Ben Assai, segundo a qual este princípio é o "livro das gerações de Adão" (*Gn* 5, 1). Apoiando-se em uma fonte concordante (*Talmud de Jerusalém, Nedarim*, § 9), Hermann Cohen dera repetidas vezes razão a Ben Assai, sublinhando o fato de que ele adianta um conceito universal do homem "feito à semelhança do homem", lá onde a prioridade dada ao amor ao próximo pode parecer privilegiar a figura do compatriota. Ver *Religion de la raison tirée des sources du judaïsme*, p. 170-171, e supra, cap. I, p. 73-75.

permanece, todavia, limitada pelo fato de que o amor ao homem se torna "o lugar aonde acabam por confluir todos os mandamentos", tal como aquele para com Deus que os precedia, de modo que ele continua também a lhes retirar "a rigidez das leis para convertê-las em mandamentos vivos" (p. 243). Essa maneira de enquadrar a Lei por um mandamento de amor a Deus que a domina e depois por uma injunção ao amor ao próximo que lhe dá seu conteúdo, confirma o fato de que se trata, para Rosenzweig, de coordenar dois gestos: assumir a impossibilidade de dar de novo às *mitzvot* seu sentido tradicional; levar em conta a objeção filosófica contra a abstração formal do imperativo moral vinculado ao conceito moderno de autonomia[172].

Essa configuração na qual "a Lei é a própria importunação do amor" permite compreender como o Reino é, aos olhos de Rosenzweig, a figura por excelência da Redenção, enquanto sua lógica é a do ato[173]. O segundo desses pontos já foi posto em evidência, através da crítica do místico: se o amor a Deus supõe uma forma de abandono, o mandamento que o impõe ordena de pronto que ele seja superado, para exteriorizar-se em amor ao próximo. Nesse sentido, a alma que permanecia em estado nascente com a Revelação é doravante chamada a agir no mundo para realizar-se. Mas, no mesmo momento, o próprio mundo sai de novo de sua clausura, para manifestar-se como um perpétuo crescimento que não é outro senão o do Reino. Com a articulação desses dois movimentos, é, portanto, a temporalidade própria da Redenção que aparece: a do porvir para o qual se volvem ao mesmo tempo o agir e o crer, em uma estrutura na qual "o mundo e o homem agem indissoluvelmente um sobre o outro e um com o outro" (p. 269). No entanto, se compete à Redenção desenhar o porvir, importa

---

172 Em um sentido hegeliano, esta última dimensão aparece claramente quando Rosenzweig escreve (p. 253) que "no domínio moral, tudo é incerto; no fim de contas, tudo pode ser moral, mas nada o é com certeza". Quanto à primeira, ela é relativamente discreta, embora recorrente em A Estrela, para surgir mais claramente em textos ulteriores, como é o caso do artigo de 1923, sobre a Lei, dedicado a Martin Buber: Die Bauleute, *Zweistromland*, p. 699-712.
173 A fórmula é devida a Emmanuel Lévinas, "Franz Rosenzweig: Une Pensée juive moderne", p. 83. Lévinas sublinha claramente a aposta teológica e filosófica dessa passagem: arrancar o judaísmo do paradigma do "legalismo", ao mostrar que ele não significa o "jugo da Lei". A extrema intensidade destas páginas em que o Eros e a Lei se misturam poderá levar a imaginar que elas refletem talvez, como muitas outras a respeito de outros assuntos, uma experiência pessoal de Rosenzweig.

compreender no que esta difere radicalmente daquilo que a ideia de progresso indica. Com esta última, e na base de uma visão da continuidade dos tempos, "o futuro não é um futuro, mas somente um passado estirado sobre uma longuidão infinita, um passado projetado para frente" (p. 268). Ao contrário, porque ela insiste no fato de que "o Reino está no meio de vós" e, sobretudo, que ele vem "hoje", a Redenção como espera do fim faz autenticamente do futuro "o tempo da eternidade"[174]. É, então, jogando com uma tensão permanente entre a forma do porvir que veicula o tempo objetivo e aquela que a subjetividade sente na experiência da antecipação que esta figura oferece ao indivíduo singular a perspectiva de uma vitória sobre a morte: o fato de "que cada instante possa ser o derradeiro o torna eterno" (p. 267).

Se a gente vê assim como o crescimento do Reino não é homogêneo ao da vida sobre a qual, no entanto, ele é edificado, pode-se também discernir a forma dos paradoxos mediante os quais Franz Rosenzweig desformaliza a consciência íntima do tempo: "A eternidade não é um tempo muito longo, mas um amanhã que poderia também ser realmente hoje [...], um porvir que, sem cessar de ser porvir, é não obstante presente, [...] um hoje que estaria consciente de ser mais do que hoje" (p. 265). Cumpre então encontrar a linguagem própria a esta eternização do instante: uma linguagem que exprimiria "o evento que ainda-não-teve-lugar e, no entanto, ainda-está--por-vir-um-dia" (p. 295). É o livro dos *Salmos* que se oferece para essa tarefa; melhor ainda, o canto próprio para aqueles dentre eles que deslocalizam o Eu (*Je*) ainda preso no "círculo mágico da Revelação", para fazê-lo entrar no Reino da Redenção: lá onde se desdobra um "nós todos". Único a começar e a findar por essa figura do *Nós*, o salmo 115 é, assim, o lugar por excelência em que se expõe esta confiança repleta de esperança na realização que se liga à Redenção. Aqui, a bênção cresce de um para outro e depois de geração em geração, lembra a Criação do céu e da terra, mas evoca igualmente os mortos que não louvarão Deus, para culminar em um "mas" triunfante: "mas nós, nós louvamos Deus desde agora e para a eternidade"

---

[174] Rosenzweig visa aqui (p. 267) ao *Sanedrin*, 98a. Nesse célebre relato, muitas vezes comentado, o profeta Elias envia Josué ben Levi ao encontro do Messias, que se acha entre os doentes às portas de Roma. Perguntando ao Messias sobre a data de sua vinda, recebe a resposta: "Hoje". Ao mesmo tempo em que o enviado se espanta diante de Elias por tal resposta, este último lhe cita o salmo 95, 7: "Hoje, se vós escutardes sua voz".

(salmo 115, 18). Com esta bênção, a morte é precipitada no nada. O Eu (Je) supera sua finitude pela certeza de que o Nós lhe sobrevive. Enfim, "a vida torna-se imortal no eterno canto de louvor à Redenção" (p. 298).

No momento de operar uma retrospecção sobre a "ordem do caminho" que a segunda parte de A Estrela acaba de estabelecer, para franquear o "limiar" que ela abre para a última, Franz Rosenzweig pode resumir o duplo movimento percorrido, formulando uma última vez seus efeitos devastadores sobre a herança da filosofia. Em um primeiro tempo, é "a infinitude recurvada sobre si mesma do idealismo" (p. 301) que foi feita em pedaços: quando a descrição do mundo das origens mostrou três elementos que permaneciam em suas singularidades, estranhos uns aos outros. Mas se os fragmentos deslocados da totalidade foram de novo reunidos, a unidade na qual se reencontram não é mais a da filosofia. O mundo que se reúne remontando, após ter descido até suas esferas primordiais, não retorna a si mesmo. Ele não desenha o círculo do ser que Hegel imaginava: "Ele irrompe a partir do infinito e remergulha no infinito". É aqui que se desvela verdadeiramente a figura que dá seu nome à obra. Os três pontos constituídos pelos elementos que eram Deus, o mundo e o homem formaram um triângulo. Depois as três vias representadas pela Criação, Revelação e Redenção esboçaram um outro. No entanto, "é preciso que a junção de um ponto aos dois outros atravesse, de sua parte, a linha do triângulo original, de modo que os dois triângulos se encavalam ao se cruzar" (p. 302). Dito de outro modo, enquanto a filosofia afirmava como uma evidência que unidade é o pressuposto da totalidade, A Estrela quer demonstrar que ela só pode ser concebida como uma unidade de Deus, o que impõe em seu seio uma mudança de plano.

O Exílio e o Reino

Quando o leitor retoma o fôlego no fim da segunda parte de A Estrela da Redenção, ele é tomado de perplexidade, ao lançar um novo golpe de vista sobre a arquitetura de conjunto da obra. Em primeiro lugar, guardando na memória o desejo, emprestado de Schelling, de uma filosofia que procederia como um relato, ele considera a organização temporal que carrega a macroestrutura do "sistema": após haver descoberto o passado eterno dos elementos no "pré-mundo perpétuo" e depois o presente da experiência através do "mundo constantemente renovado", espera entrar no domínio do futuro com o "eterno supermundo". Mas ele se lembra logo que esta temporalização da investigação já se havia desdobrado sob uma forma que parecia completa no seio da microestrutura da parte média do livro: aquela em que a Criação, a Revelação e a Redenção oferecem as modalidades e as respectivas linguagens do passado, do presente e do futuro. É, pois, aí que ele deve apreender definitivamente o fato de que um dos gestos especulativos de Franz Rosenzweig consiste em uma desformalização radical do tempo: operação que pretende, em relação à experiência vivida, que a Criação, como persistência daquilo que sempre já está aí; a Revelação, como fulguração do acontecimento; e a Redenção, como espera daquilo que está sempre para vir sejam apenas três modalidades diferentes do presente. Esta imbricação de camadas do tempo é precisamente o que explica que seja necessário modificar o plano de análise para examinar o futuro associado ao "mundo superior da Redenção" (p. 309). Se parece, assim, que a presentificação do futuro próprio à espera do Reino constitui o coração mesmo da experiência religiosa, ela só pode ser lida nas formas sociais da vida religiosa, por meio da prece, do ritual e da liturgia[175].

Resta que uma segunda perplexidade surge imediatamente, aquela que concerne desta vez ao encadeamento interno da última parte de *A Estrela*. A chave desta reside numa comparação obtida após a confrontação com Eugen Rosenstock entre duas relações com o mundo e o tempo: as do judaísmo e do cristianismo, que se opõem como um modo de estar separado do mundo e a modalidade por excelência de estar investido no mundo. No entanto, enquanto esta última parte instala aquilo que ela denomina a Figura, depois que as precedentes colocaram os Elementos e a Via, ela se desdobra, por sua vez, ao longo de três livros: "O fogo ou a vida eterna", que

---

[175] É isso que impele Franz Rosenzweig a declarar que esta análise, que será focalizada sobre uma comparação do judaísmo com o cristianismo, baseia-se em um "fundamento sociológico" (ver La Pensée nouvelle, p. 57-58). Observemos que essa escolha, a de partir de "figuras exteriores e visíveis" mais do que da Lei, para caracterizar o judaísmo, não escapou, mais uma vez, à vigilância de Leo Strauss, que encontra aí uma confirmação disso sem que Rosenzweig pudesse se resignar a conceder a ele um lugar central (ver Préface à *La Critique spinoziste de la religion*, op. cit., p. 343-344).

corresponde ao judaísmo; "Os raios ou a vida eterna", que coincide com o cristianismo; e, por fim, "A Estrela ou a verdade eterna". Cumprirá então imaginar, contra toda expectativa, que esta última componente do sistema representa uma síntese em que seriam absorvidas uma tese e sua antítese? A fim de enfrentar esse enigma de *A Estrela*, pode-se propor que o exame da última dimensão da Figura seja reservado para esquematizar as duas primeiras, em torno de uma metáfora que as resume por seu duplo sentido. O exílio e o reino: por que o judaísmo como experiência do desarraigamento se opõe ao arrazoado do cristianismo em favor de uma existência encarnada na Igreja e no Estado?, como, aos olhos de Franz Rosenzweig, o judaísmo confirma o seu ser próprio percebendo nas formas de uma vida estranha aos ritmos da história um caminho privilegiado de acesso ao Reino?

A entrada em cena da comparação entre judaísmo e cristianismo no seio de *A Estrela* é precedida por uma reflexão sobre a prece que já atesta a comum participação deles na economia da Redenção. Para Rosenzweig, o estatuto da prece descobre-se através de um duplo paradoxo: o homem conhece a tentação de querer tentar Deus, mas judeus e cristãos não cessam de suplicar para não serem submetidos à tentação. Do lado de Deus, a solução desse paradoxo prende-se ao fato de que a tentação pertence à lógica da providência, que quer que o homem tenha a liberdade de escolher entre o bem e o mal, como afirma o adágio talmúdico na sua colocação de que "tudo está nas mãos de Deus, exceto o temor a Deus"[176]. Do lado do homem, em compensação, a tentação de tentar Deus permite uma discriminação entre as formas da prece. O caráter próprio desta é dar uma

---

[176] Rosenzweig evoca aqui (p. 315) *Berakhot* 33b, sobre *Deuteronômio* 10, 12 (é preciso corrigir a referência errada do texto francês, p. 510). De Maimônides a Emmanuel Lévinas, passando por Hermann Cohen, esta fórmula foi muitas vezes citada para mostrar a compatibilidade entre a providência divina e a liberdade humana. Sobre este ponto, ver supra, cap. 1. Rosenzweig lhe adiciona uma alusão à maneira como os *Pirkei Avot* (VI, 2) jogam com a paronomásia que *harut* (gravado) e *herut* (liberdade) formam em hebraico para dizer, a propósito de *Êxodo* 32, 16 ("as Tábuas eram obra de Deus e a escritura era a escritura de Deus gravada nas Tábuas"): "não leia 'gravado' mas 'liberdade', pois não é homem livre senão aquele que se entrega ao estudo da *Torá*". Notemos, enfim, que Hermann Cohen citava a mesma fórmula em apoio a uma expressão que Rosenzweig retomaria perfeitamente, por sua própria conta: "O espírito da Revelação não consiste em gravar as Tábuas". Ver *Religion de la raison tirée des sources du judaïsme*, p. 114.

linguagem à Redenção, assim como o relato era a linguagem da Criação e o diálogo, o da Revelação. Se com ela a realidade sempre por vir da Redenção se atualiza no presente, importa, todavia, que não seja demasiado distante nem demasiado próxima. No vocabulário da Tradição, a tentação de dar um objeto demasiado longínquo à prece tem um nome: "apressar a vinda do Reino". Rosenzweig o associa então ao que ele denomina os "tiranos do reino dos céus" e lhes opõe que "o tempo e a hora são tanto mais possantes quanto menos o homem os sabe" (p. 321). Mas a tentação inversa existe igualmente: a de encerrar a prece nos desejos do homem egoísta, segundo uma súplica que esquece de incluir o próximo. Entre as derivas simétricas da impaciência messiânica e a satisfação limitada do desejo imediato, a prece deve, pois, permanecer o que propriamente "funda a ordem humana do mundo" (p. 316), permitindo uma via arrancada do governo da temporalidade histórica.

É essa perspectiva de antecipação de uma realidade estranha à história que estrutura a comparação "sociológica" das experiências vividas da religião. É preciso apreendê-la a partir de um fundo comum: "Judaísmo e cristianismo são, em meio aos calendários e às efemérides, os dois mostradores eternos do tempo sempre renovado"[177]. Restam, então, as chaves que permitem construir a diferença entre suas respectivas posturas. Antes de qualquer outra coisa, essa diferença concerne a duas experiências sociais de substratos distintos: a do povo judeu figurado pela "vida", na medida em que ele se percebe como uma comunidade inscrita na continuidade das gerações; a do indivíduo cristão designado pela "via", pelo fato de que ele se concebe sempre mais ou menos como "um pagão a caminho de se tornar cristão"[178]. Desse ponto de vista, o primeiro obtém esta suspensão do tempo, em que se reconhece o sentimento da eternidade ao se entrincheirar diante da história das nações, de sua cultura e de suas guerras para testemunhar a imutabilidade de seu apego à *Torá*. O segundo, ao contrário, visa vencer o tempo histórico trabalhando em seu seio, a fim de elevá-lo acima de si mesmo e de estender ao conjunto do mundo a confissão cristã. Vê-se, assim, que a experiência judaica da antecipação da Redenção é a de uma

---
177 La Pensée nouvelle, op. cit., p. 57.
178 Paul Ricoeur, La "Figure" dans *L'Étoile de la Rédemption* de Franz Rosenzweig, op. cit., p. 64.

eternidade já vivida coletivamente no tempo cíclico de um ano litúrgico que nada deve aos ritmos da história: o Messias não chegou ainda, mas a comunidade do povo já se mantém junto ao Senhor. Ao contrário, o cristianismo toma a sério a cronologia do mundo, de modo que a sua eternidade é coextensiva ao tempo mais do que se apresenta fechada em si mesma: da Encarnação à *parousia*, ele atravessa o mundo fundando culturas e Estados, para transformar as sociedades pagãs em sociedade cristã. Daí esse curioso retorno dos lugares-comuns que se arrastavam até em Hegel: "O judeu errante chegou"; "o cristão está nos caminhos"[179].

Subvertendo a ordem de exposição de *A Estrela*, podemos ir diretamente ao mais visível na oposição construída por Rosenzweig entre judaísmo e cristianismo: a identificação progressiva deste último com a história do mundo. Do ponto de vista de uma análise sistemática e não apologética, há apenas duas maneiras de ultrapassar a esterilidade do tempo histórico: virar-lhe as costas ou tornar-se senhor dele[180]. Neutralizar o tempo do interior, desposar seus ritmos para alcançar a eternidade, tal é o desafio que o cristianismo lança. Quanto à sua realização, ela passa pelo fato de transformar "o presente em época" ou ainda de dar ao tempo a feição de um "único e imenso presente" (p. 400). Chegando a impor ao mundo uma cronologia edificada sobre o acontecimento que fundamenta a sua fé, o cristianismo assegura uma parada do tempo, de modo que, a seus olhos, a significação da história torna-se conhecida de antemão. Ela representa uma passagem ou um intervalo entre uma origem e um fim: o nascimento do Cristo e a *parousia*. Nesse sentido, ele domina, portanto, realmente o tempo, porque "passado, presente e futuro, que não param de se repelir

---

179 Emmanuel Lévinas, "Franz Rosenzweig: Une Pensée juive moderne", op. cit., p. 89. Sobre a análise do cristianismo, ver Stéphane Mosès, La Théorie du christianisme chez Franz Rosenzweig, *Les Soixante-dix nations*, atas do XXVII Colloque des intellectuels juifs de langue française, Paris: Denoël, 1987, p. 101-112.

180 Em 1923, Rosenzweig precisará a diferença entre a análise sistemática que ele pratica nessas páginas comparativas e a apologética, em uma recensão crítica de um livro de Max Brod e de *A Essência do Judaísmo*, de Leo Baeck, publicado em 1921: Apologetisches Denken, *Zweistromland*, p. 677-686. Cabe adicionar que a apresentação do cristianismo que Rosenzweig faz aqui é precedida, na introdução da última parte (p. 325-341), por uma esquematização construída à volta da figura de Goethe das três épocas da Igreja: a de Pedro, a de Paulo e a de João. Sobre este ponto e a análise detalhada do ritual das festas no cristianismo, ver Stéphane Mosès, *Système et révélation*, cap. VIII.

um ao outro, que não cessam de se metamorfosear, tornaram-se doravante estruturas pacíficas, quadros de parede e abóbadas na capela" (p. 401). Porém, na própria medida em que o cristianismo consegue domar o tempo para se instalar "no centro do devir, sempre em dia, sempre naquilo que vai à frente", ele deve se perpetuar propagando-se pela conversão dos povos pagãos. É nessa perspectiva que o mundo se articula para ele "segundo a ordem dupla da Igreja e do Estado" (p. 415). Sem ser ela mesma a forma visível do Reino, mas conforme a sua própria etimologia, a primeira reúne aqueles que testemunham uma fé que só pode ser individual, ligando homens separados no espaço para torná-los contemporâneos, e depois instaurando "a comunidade de todos aqueles que se olham mutuamente" (p. 408). Quanto ao segundo, sua participação no evento das condições históricas da Redenção deve-se àquilo que civiliza o mundo, submetendo os povos ao direito, ao passo que pelo reino universal deste último "a obra de toda potência divina, a Criação, se realiza" (p. 415).

Embora Franz Rosenzweig veja no cristianismo a figura por excelência de um estar-no-mundo tanto mais paradoxal quanto se verifica por sua liturgia ou pelas artes como via de acesso à experiência utópica da Redenção, ele descreve também o perigo que o ameaça do interior. Historicamente, "o Todo do mundo encantado foi desencantado pelas vias do Estado e da Igreja" (p. 473): é, portanto, sua obra comum ter purificado o combate pagão de todos contra todos, ao elevá-lo a uma forma de conflito superior que acabaria por promover um Reino sem guerra nem oposição, "em que Deus será tudo em tudo". Mas é o preço desse sucesso que aponta para o risco no qual o cristianismo incorreu: "divinização do mundo ou mundanização de Deus". Em outros termos, existe a tentação de que o Espírito substitua Deus como guia em todas as coisas, visto que o Filho do Homem o substitui como princípio da verdade, a tal ponto que ele poderia cessar de estar acima do mundo para aparecer definitivamente nele. Não sem algum laço com o fenômeno da divisão das Igrejas que se entranham respectivamente em suas relações privilegiadas com a esperança, a fé ou o amor, esse risco que se pode chamar de espiritualização de Deus, apoteose concedida ao homem ou panteização do mundo parece quase inevitável a Rosenzweig. Contrariamente, no entanto, ao que teria feito, sem dúvida, um Hermann Cohen, atribuindo ao judaísmo o papel de incansável censor de tal deriva, não é a esse motivo que ele vincula as razões profundas do "ódio cristão com respeito aos judeus", mas a uma forma paradoxal de "ódio a si mesmo [...], ódio contra sua própria incompletude, contra seu próprio não-ainda" (p. 486-487). Dito de outro modo, ao passo que só o Antigo Testamento permite ao cristão resistir a esse perigo que lhe é inerente, ele é perpetuamente tentado por uma "idealização" do povo que permaneceu fiel ao Livro e que vive nele seu sentimento de uma imediatidade da eternidade. Eis, portanto, o fundamento do ódio: longe de representar uma ideia como se gostaria de crer, esse povo persiste em existir; mais ainda, sua permanência é necessária ao cristianismo, como uma determinação negativa de sua própria existência até o fim, quer dizer, esse momento que Paulo vê como aquele em que "a multidão dos povos terá entrado" (*Rm* 11, 25), aquele durante o qual "O Filho devolverá a realeza ao Pai" (p. 489).

É, sem dúvida, com a lembrança de sua controvérsia com Eugen Rosenstock que Franz Rosenzweig escruta as formas de uma sobrevivência tanto mais irritante aos olhos das nações da terra quanto ela procede radicalmente de um estar-fora-do-mundo. No cristianismo, o atestado passa pela confissão incessantemente renovada de uma fé que se exterioriza no mundo. Para o judaísmo, ela decorre do fenômeno da "geração"[181]. Nesse sentido, enquanto o cristão é sempre um pagão em vias de renunciar a si próprio para tornar-se cristão, apresentando por este fato as formas de uma perpétua adolescência, o judaísmo nunca é mais visível do que "no rosto e sob os traços de um velho judeu" (p. 481). O substrato de sua maneira de engendrar seu próprio tempo é, assim, a permanência de uma comunidade estruturada pelo "pacto entre o neto e o avô" que, no momento mesmo em que eles se olham, "personificam verdadeiramente o povo eterno" (p. 409). Esta imediatidade do Nós, que se opõe à irredutível individualidade do cristão mediatizada pela Igreja e pelo Estado, representa a possibilidade oferecida ao judeu de viver uma existência estranha aos laços que os povos mantém com o país que é sua pátria. Lá onde as nações ligam seu desejo de eternidade ao solo, ao território ou ao lugar de

---

[181] A propósito desse termo que ele utiliza sistematicamente para falar do judaísmo e que ilustra pela relação privilegiada entre o avô e o neto, Franz Rosenzweig joga aqui (p. 352) com a identidade de raiz em alemão entre *Bezeugen* (atestação) e *Erzeugen* (geração).

sua duração, a unicidade do povo único baseia-se precisamente no seu desprendimento, no seio da única legenda genealógica que não "começa pela autoctonia" (p. 354).

Enquanto a descrição do cristianismo cavava implicitamente sua afinidade com o sistema da filosofia hegeliana da história, é em uma interpretação da aventura de Abraão, que vai em sentido contrário à de Hegel, que Franz Rosenzweig assenta esta última proposição[182]. Longe de representar a negatividade inaugural de uma desgraça do homem na história, o fato de que o pai de Israel tenha sido um "imigrado", a quem Deus ordena abandonar seu país, é fonte de sabedoria. Na esteira dessa experiência inicial, o judaísmo sabe de uma coisa essencial: "A terra trai o povo que lhe confia o cuidado de sua sobrevivência". Reaprendendo incessantemente no exílio que a terra que nutre encadeia também aqueles que se sentem tentados a amar mais o solo de sua pátria do que sua própria vida, lhe é dado jamais "adormecer em seu [estar] 'em casa'". Remanescendo assim eternamente qual um viajante, ele vive sua relação com a terra como uma nostalgia, não sendo mesmo senão um "residente provisório em sua própria terra", não ligando sua vontade de ser povo "a nenhuma mediação morta" (p. 355). De maneira similar, sua língua escapa ao destino das línguas das nações, que vivem segundo o ritmo destas últimas e desaparecem com elas. Falando com Deus uma outra língua que não aquela falada com seu irmão, recusando-se a possuir as das regiões onde reside como hóspede, o judaísmo manifesta uma espécie de desconfiança para com as potências do verbo, mantendo, ao contrário, uma confiança íntima na força do silêncio que "lhe proíbe enraizar-se no solo de sua própria língua"[183].

---

[182] Pensamos na descrição que Hegel fornece sobre a "separação" pela qual Abraão se torna fundador de uma nação, segundo motivos que Rosenzweig converte da negatividade em positividade: recusar a "tomar afeição pelo solo" e fazer dele "uma parte de *seu* mundo"; ser "um estrangeiro sobre a terra, tanto em relação ao solo como aos homens"; resistir "ao seu destino que poderia lhe propor uma vida sedentária em comum com os outros" (ver *L'Esprit du christianisme et son destin*, trad. Franck Fischbach, Paris: Presses Pocket 1992, p. 52. Encontrar-se-á uma crítica a este motivo hegeleniano em Emmanuel Lévinas, na perspectiva de uma crítica à sendentariedade, similar à de Rosenzweig (ver infra, cap. IX, p. 1080-1081). Hermann Cohen tinha, sem dúvida, em mente o uso polêmico, de origem paulina, desta imagem quando analisou o sentido da "separação" de Israel (ver supra, cap. I, p. 124-126).

[183] Poder-se-ia perguntar em que medida tal proposição (p. 357) não está em contradição com a tarefa da tradução da Escritura conduzida com Martin Buber. A não ser que ela determine aí discretamente o curso.

Para além dos paradoxos de uma terra e de uma língua que permanecerão tanto mais santos quanto são apenas o objeto de uma nostalgia ou o suporte de uma relação desencarnada com Deus, é o ensinamento da Lei que termina por libertar o povo judeu "de toda temporalidade e de toda história" (p. 359). Aqui, de novo, são menos diretamente os "quatro cúbitos da Halakhá" que Franz Rosenzweig visa do que uma maneira de excluir-se da cronologia do mundo. Evidentemente, o judaísmo é obrigado a viver na temporalidade da história universal, porquanto "nem a lembrança de sua história, nem as épocas do exercício de seus legisladores podem servir, a seus olhos, de medida do tempo". Mas, de seu ponto de vista, este último não representa nem o campo que ele cultiva, nem sua herança, por mais que "o instante esteja petrificado e permaneça imóvel entre o seu passado impossível de ser aumentado e seu futuro inamovível". Se lhe cumpre, pois, contar seus anos a partir daqueles do mundo, ele o faz, assim como vive a sua relação com a terra e a língua: sabendo que uma plena e criativa participação na vida histórica lhe é interdita, em nome da "vida eterna". Recusando a existência nacional dos outros povos, rejeitando alcançar um lugar visível no mundo graças a uma língua popular que exprimiria sua alma nos limites de um território possuído, não concedendo mesmo sua confiança senão à exclusiva eternidade que ele próprio criou, o judaísmo adquire definitivamente a certeza de sua sobrevivência fora de toda exterioridade e sem o apoio de qualquer mediação, como que enraizado em si próprio.

Mais ainda do que no isolamento no seio da Lei, é através do ritual das festas e da maneira como elas arrumam uma temporalidade indiferente aos ritmos da história que Rosenzweig escolhe descrever esta singularidade. Melhor ainda, as páginas consagradas à análise desse fenômeno operam como se pusessem a perder o sistema inteiro de *A Estrela*. A estruturação ritual do tempo sagrado se desdobra uma primeira vez sobre o plano amplo do ano, desposando a sucessão das três categorias que organizam toda a análise: o Schabat lembra a Criação; a Páscoa, a festa das Semanas; e a festa das Cabanas representa a Revelação; o Ano Novo e depois o Iom Kipur antecipam, por fim, a Redenção. Mas momento mediano desse grande ciclo anual, as três festas da Revelação reproduzem, por sua vez, o tríptico, ao passo que é, sobretudo, o ritual do Schabat que o instala na origem do ciclo mais curto da semana. É nessa duplicação da estrutura do tempo sagrado do ano no seio do da semana que reside, para Rosenzweig, o segredo da temporalidade ritual. Se a experiência judaica do tempo só conhecesse o retorno cíclico das festas anuais, este continuaria a escoar-se de maneira indiferenciada, dando lugar ao domínio da cronologia histórica. Ao inscrever, ao contrário, a estrutura íntima do tempo sagrado na economia dos dias e da semana, o Schabat lhe confere uma cotidianidade, fenômeno que confirma sua prevalência sobre a temporalidade profana do mundo. Se adicionarmos ainda o fato de que na repetição hebdomadária do Schabat, a escuta das palavras do pai, no seio da casa e diante da mesa familial, sucede à atenção silenciosa da comunidade na sinagoga, compreende-se como o ritual renova igualmente o próprio fundamento dessa comunidade.

Nessa perspectiva, o ritual do Schabat tem, portanto, uma dupla significação, pois se desdobra em duas direções. Em primeiro lugar, ele é, para falar com propriedade, a festa da Criação. Ao passo que o homem reproduz o gesto divino no último dia desta, ele celebra a "obra do começo" pela evocação de seu termo: "assim foram terminados". Nesse sentido, a liturgia da sexta-feira à noite está centrada no tema da Criação: pois as bênçãos do pão e do vinho os transformam em símbolos desta, designando-os, ao mesmo tempo, como frutos por excelência da terra e representantes da atividade humana. A oração do sábado pela manhã conduz, entretanto, esta recordação da Criação para a celebração da Revelação, cujos componentes essenciais ela declina: a eleição de Israel; o regozijo de Moisés pela dação da *Torá*; a eternidade do povo de Israel. Quanto à prece da tarde e, sobretudo, o último repasto, é bem a Redenção que eles antecipam, quando parecem "completamente exaltados pela embriaguez do advento do Messias, que se aproxima com certeza" (p. 370). Vemos assim como se encaixam as duas orientações próprias ao ritual do Schabat. Figurando antes de tudo "o menor ciclo estabelecido pelo homem", ele inscreve na existência quotidiana esta alternância de trabalho e de repouso, de atividade e de contemplação, de profano e de sagrado sobre a qual a vida se edifica. Logo, no entanto, porque contém a estrutura íntima que liga a Criação à Revelação e depois à Redenção, torna-se o "pacífico embasamento do ano". Oferecendo, desse ponto de vista, a menor das unidades do tempo sagrado, ele funda a maior: aquela que se desdobra no ciclo anual das festas. Representando o "sonho da realização", ele não é ainda por si só senão um sonho que espera atualizar-se.

É, portanto, como festas da Revelação que Franz Rosenzweig vai descrever as três festas que a Tradição descreve como festas de Peregrinação. Cumpre sublinhar o fato de que ele neutraliza de algum modo sua dimensão de lembrança histórica pela seguinte proposição liminar: "É na aparência somente que elas são festas da recordação; em verdade, sua parte de história é um presente absolutamente próximo" (p. 374). A seus olhos, a série litúrgica que a Páscoa, a festa das Semanas e a festa das Cabanas formam colhe sua significação menos na reatualização dos três momentos do *Êxodo* representados pela saída do Egito, pela dação da *Torá* e depois pela errância no deserto do que na instalação de uma espécie de ciclo intermediário entre aquele que descrevia a organização interna ao ritual do Schabat e a grande estrutura do ano litúrgico, inaugurada pelo Ano Novo. Nessa perspectiva, não é a lembrança da escravidão que ele adianta no ritual do Seder, mas uma forma de renovação da Criação por uma libertação que dá imediatamente sinal para o presente da Revelação. Dito de outro modo, "o que distingue esta noite de todas as outras noites", conforme a pergunta ritual que é proposta por uma criança, se deve menos à rememoração do acontecimento histórico de uma servidão simbolizada pelas ervas amargas do que à maneira como o repasto se torna "o signo da vocação do povo para a liberdade" (p. 376). Deslizando assim "através da longa noite dos tempos até a aurora esperada", o ritual da páscoa desemboca logo no da festa das Semanas, aqui consignada como festa por excelência da Revelação, no ponto médio do ciclo que lhe é consagrado. No entanto, se nos dois breves dias desta última é realmente o lugar do instante presente próprio à Revelação que é designado, "entre o perpétuo 'ter sido' do passado e a eterna vinda do futuro" (p. 377), o povo não está destinado a permanecer à sombra protetora do Sinai e deve ainda ir pelo mundo. Daí vem o sentido da terceira festa da Revelação: a das Cabanas. Evocando ao mesmo tempo a errância e o repouso, a lembrança da marcha pelo deserto e a esperança da realização última que porá fim ao exílio, essa festa recorda o valor criativo do desarraigamento com respeito à vida espiritual, pois inscreve já como esperança a perspectiva da Redenção no cerne da Revelação[184].

---

184 Em Rosenzweig, a relativização da dimensão da lembrança, particularmente flagrante na análise do ritual do Seder, é, sem dúvida, motivada pela preocupação de apagar toda dimensão

A estruturação do tempo sagrado pelo ano litúrgico alcança, enfim, o seu ápice na série dos dez "dias temíveis" que se estendem entre o Ano Novo e o Iom Kipur. Compartilhando o fato de serem ligados à perspectiva do julgamento que se vincula à Redenção, essas duas festas têm igualmente em comum a captação do indivíduo na ordem de sua vida interior, mais do que do povo através dos eventos de sua história coletiva. Nesse sentido, o ritual de Rosch ha-Schaná visa menos a lembrança da Criação em si mesma do que uma maneira de remergulhar cada ser humano em sua posição original de criatura, convidada à renovação de si pelo arrependimento. Quanto ao dia da Expiação, ele acaba por arrancar o horizonte da Redenção à visão de um fim dos tempos, para estabelecê-lo no coração mesmo do presente. É esta experiência de uma atualização da Redenção que representa, aos olhos de Rosenzweig, a apoteose da vida religiosa: "No retorno anual desse julgamento, o 'derradeiro', a eternidade é libertada de sua referência a um além longínquo; ela está doravante realmente aí, o indivíduo pode captá-la e apreendê-la, e ela, por seu turno, capta e apreende o indivíduo com mão firme" (p. 383). Expressão mais perfeita de uma existência que chega a abstrair-se de toda historicidade, dando os ares de uma realidade vivida à ideia, por mais abstrata que ela seja, o ritual do Iom Kipur conhece ainda duas características evocadas por Rosenzweig, a partir de Hermann Cohen, e cujas consequências Emmanuel Lévinas quererá desenvolver. Em primeiro lugar, porque a prece inclui a categoria geral dos "pecadores", podemos dizer que no momento mesmo em que o ano se torna o "substituto imediato da eternidade", Israel, ele próprio, se transforma em um "substituto imediato da humanidade" (p. 384). A isto se soma a singular figura que pretende que as faltas cometidas contra o outro homem não

---

de historicidade na experiência judaica. Correlativa à interpretação da Revelação destacada do evento do Sinai, ela não é estranha àquilo que esta última queria efetuar: deslocar a Revelação da figura da doação da Lei, para tornar a centrá-la na perspectiva da abertura de um diálogo. Esta conexão aparece em um ponto preciso. Estando organizado em torno de enunciados do Êxodo e do Deuteronômio, que convertem a lembrança da escravidão e da saída num imperativo, o ritual pretende instaurar uma ligação entre a memória e a obediência à Lei: "A fim de que tu te lembres todos os dias de tua vida do dia em que saíste do país do Egito", é imediatamente seguido da benção "Aquele que deu a *Torá* a seu povo, Israel"; depois o filho "sábio" lembra as leis e os preceitos. Acabando com o primado da primeira, Rosenzweig confirma seu desejo de aliviar o peso da segunda.

sejam apagadas no Dia do Perdão, a não ser que este último, antes, tenha sido apaziguado[185].

No momento em que Franz Rosenzweig termina a análise do ciclo das festas com a descrição de uma espécie de inscrição da eternidade no coração do presente pelo ritual do Iom Kipur, *A Estrela da Redenção* parece apresentar uma anomalia de construção: a de deslizar imediatamente para uma apresentação da "política messiânica" que se aparenta a uma célula autônoma em seu seio. Todavia, é possível pensar que, longe de serem descontínuas, estas duas análises se esclareçam mutuamente. De um lado, a passagem sem mediação da interpretação da temporalidade sagrada para a da relação que o povo judeu mantém com a experiência política permite sublinhar aquilo que faz dele um "povo que chegou à meta" e que sabe disso: "No ciclo de seu ano, o porvir é a força motriz; o movimento circular não nasce, sob certos aspectos, de um impulso, mas de uma tração; o presente expira, não porque o passado o impulsiona para frente, mas porque o futuro o atrai para si" (p. 387). Em troca, compreende-se melhor o que incitava Rosenzweig a ocultar amiúde no ritual a dimensão da rememoração do passado em proveito de uma atualização da Redenção: essa forma de distanciar acontecimentos fundadores da história judaica vai converter-se em indiferença radical com respeito aos ritmos e às estruturas da história universal. Será preciso que o povo judeu alivie o peso de seu próprio passado para esquecer o crescimento do mundo, e depois salvaguardar uma liberdade conquistada graças a uma surtida para fora da história dos reinos e de suas guerras? Tal é, sem dúvida, a questão que essas análises de Rosenzweig levantam. Mas ao menos elas estão fortemente ligadas pelo fato de que a preservação de um tempo não contaminado pela história e a imunização contra as seduções da terra impostas pelo exílio constituem, a seus olhos, as garantias de uma experiência imediata da eternidade.

⚜

185 Rosenzweig evoca aqui (p. 386) a maneira como o *Talmud* (*Iomá* 85b) coloca que "as faltas do homem para com Deus são perdoadas no Dia do Perdão, [ao passo que] as faltas do homem para com outro não são perdoadas no Dia do Perdão, a menos que o outro tenha sido anteriormente apaziguado". Antes dele, Hermann Cohen havia enxergado nesta disposição um ápice do monoteísmo e a prova, por excelência, de sua tese segundo a qual a correlação entre o homem e Deus se realiza através daquela que liga o homem ao homem. Depois dele, Emmanuel Lévinas insistirá sobre o caráter propriamente extraordinário e o alcance ético de uma forma de responsabilidade maior ainda em relação ao outro do que em relação ao próprio Deus. Ver, respectivamente, sobre esse ponto, supra, cap. I, e infra, cap IX.

Se a articulação entre a estrutura íntima do tempo vivido e uma experiência da Redenção, que Franz Rosenzweig designa como "política messiânica", representa um núcleo de *A Estrela*, ela o faz continuando a desformalizar o sistema hegeliano. Para Hegel, é porque os indivíduos como os povos sofrem na história uma cisão entre a realidade e o ideal que o Estado se impõe na qualidade de mediação: no seio de uma dialética do conflito e da guerra a trabalhar para produzir a unidade pelo movimento de uma *Aufhebung*. Aos olhos de Rosenzweig, o que é próprio da existência judaica é ter já e desde sempre superado a figura de uma consciência oposta a ela mesma, com esta consequência: enquanto detém aqui e agora a "harmonia interna entre a fé e a vida", o povo judeu "chegou, de sua parte, à meta em direção à qual os povos do mundo ainda estão em marcha" (p. 391). Vivendo, graças ao ritual, a paz eterna à qual os outros povos aspiram, ele se mantém fora da temporalidade guerreira que estes aceitam como preço de uma reconciliação futura. Ele repousa por antecipação no ponto de chegada, podendo separar-se da "marcha daqueles que se aproximam dele no trabalho dos séculos". Preso à sua esperança, lhe é, sem dúvida, vedado sacrificar sua certeza de uma solução das contradições no fim sobre o altar daquelas que parecem oferecer-se no dia a dia. Mas esse dever de indiferença para com a "satisfação que não cessa de advir aos povos do mundo graças ao Estado" torna-se, para ele, fonte de lucidez em face da experiência política. Com esse dever, ele sabe que se, de uma parte, o Estado representa pelo viés do direito a tentativa de "conferir aos povos uma eternidade no tempo", ele se revela, no entanto, incapaz de se afirmar "contra a metamorfose do tempo", pronunciando então a sua segunda palavra: a da violência.

Que a violência devolve à vida o seu direito contra o direito, uma vez que, por seu intermédio, o Estado revela seu verdadeiro rosto, eis o que sela definitivamente, para Franz Rosenzweig, a interpretação do sentido da experiência judaica: em uma comparação com a das nações da terra conduzida com Hegel e contra ele. Com Hegel, ele não poderia contestar que só o Estado é capaz de fazer entrar no leito do tempo "as pedras com as quais a história universal se construiu" (p. 395). Mais ainda, na esteira da visão cristã do tempo é, de fato, sob a figura do reino e depois da nação moderna que são secularizadas as formas pelas quais os povos da história viveram sua aspiração ao universal ou à eternidade. Mas é, todavia, contra Hegel que cumpre pensar a significação de uma existência judaica que incansavelmente contesta o caráter incontornável de tal identidade: no próprio seio das épocas da história universal, o Estado talha "os entalhes que são as horas da eternidade na casca da árvore do tempo que cresce"; o povo judeu "acumula de ano para ano os anéis que protegem o tronco de sua vida eterna". Em outras palavras, tal é sua maneira de opor "a reconciliação do neto que chegou por último com o avô mais antigo" àquela que as nações imaginam adquirir pelo viés de um poder político que oscila sem cessar entre o direito e a violência convicta da mentira, "a eternidade aparente, mundana, muito mundana, dos instantes da história universal que elas converteram em Estados".

Indiferente às seduções dos reinos da terra, estranho a suas guerras que fixam a batida das horas da história, o povo judeu se mantém, pois, impávido e intacto em face das estruturas ilusórias da experiência do mundo, vivendo já na eternidade da promessa a proximidade do Reino de Deus. Vemos então como esta oposição entre a verdade do Reino já possuído e a facticidade das satisfações proporcionadas pelo Estado pode se transformar, em Franz Rosenzweig, numa espécie de metafísica do exílio[186]. Explicitamente ou não, repetidas vezes, através de uma metáfora tomada a Iehudá Halevi, é que *A Estrela* expõe o motivo de uma vida tanto mais fecunda quanto ela permanece disseminada entre as nações, em vez de se enraizar em um solo que seria o seu. Na sua *Apologia da Religião Desprezada*, aquele que Rosenzweig designa como "o grande chantre de nosso exílio" afirma que "Deus tem seu próprio plano no que nos concerne, um plano que se assemelha ao do grão de trigo": ele cai sobre a terra, parece tornar-se ele próprio terra, água e estrume, a tal ponto que nenhum olho poderia reconhecê-lo; mas, na realidade, é ele que transforma a terra e a água para integrá-las na sua própria matéria, até produzir a casca e as folhas[187].

---

[186] Esta articulação é particularmente acentuada por Julius Guttmann, na sua história do pensamento judaico. Ver *Histoire des philosophies juives: De l'époque biblique à Franz Rosenzweig*, trad. S. Courtine-Denamy, Paris: Gallimard, 1994, p. 489 e s. Guttmann havia publicado esse livro pela primeira vez em Munique, em 1933, sem o capítulo consagrado a Rosenzweig. Este foi adicionado para a edição hebraica da obra e sua tradução inglesa de 1964, sobre a qual se estabeleceu a edição francesa.

[187] Depois de tê-lo feito ao fim da análise do judaísmo (p. 396), Rosenzweig evoca aqui (p. 446-447), ao terminar a do cristianismo e o conjunto da comparação, uma passagem do *Kuzari*, na qual o rabi explica ao rei dos kazares como os judeus trabalham a fim de preparar a vinda do Messias, a despeito do "aviltamento sem fruto" que eles parecem sofrer aceitando o exílio. Ver Iehudá

Assim, ocorre com Israel entre as nações, que frutifica lá onde ele cai, não por assimilação de sua substância, mas difundindo o conhecimento do eterno à imagem do servidor sofredor, do qual fala Isaías. Retomando, assim, no momento em que fecha a comparação entre o judaísmo e o cristianismo, o tema caro a Hermann Cohen, de um Israel que trabalha no sofrimento pela redenção das nações, Rosenzweig parece matizar discretamente a tese da complementaridade: quando escreve nas pegadas de Iehudá Halevi que "o ensinamento de Moisés atrai para si todos aqueles que vêm depois dele, transformando-os em verdade, mesmo se cada um o rejeita na aparência".

Além da História: O Resto de Israel

Ao mesmo tempo em que esta análise da posição de Israel diante das nações e da experiência do mundo confirma a antiga intuição de Franz Rosenzweig segundo a qual "todo ato torna-se culpável quando penetra na história", ela fixa definitivamente a visão de uma espécie de intemporalidade do judaísmo. Presente no seio de *A Estrela da Redenção*, esta última é ainda mais explícita nos textos contemporâneos de sua redação: "O espírito judeu quebra as cadeias das épocas. Sendo ele próprio eterno e querendo o Eterno, nega a onipotência do tempo"[188]. Nessa perspectiva, Rosenzweig poderá, aliás, ir a ponto de dizer que não há, propriamente falando, uma "história judaica", mas um lar judaico na corrente da história mundial[189]. Essa forma de negação de toda historicidade própria às categorias da experiência judaica devia suscitar desde logo as reservas de certo número de contemporâneos. Para Gershom Scholem, a ideia de um judaísmo que seria em si mesmo uma antecipação da Redenção é "tão problemática quanto sedutora"[190]. Em uma face, porquanto

---

Halevi, *Le Kuzari: Apologie de la religion méprisée*, trad. C. Touati, Paris: Verdier, [s.d.], p. 172-173. Estranhamente, enquanto Iehudá Halevi é aqui convocado em prol de um elogio da dispersão, ele aparece também como o herói de um dos mais ferozes denegridores desta experiência: Yitzhak Baer, que lhe presta a primeira análise teórica do "problema político do exílio". Ver Yitzhak F. Baer, *Galut: L'Imaginaire de l'exil dans le judaïsme*, trad. M. de Launay, prefácio de Yosef Hayim Yerushalmi, Paris: Calmann-Lévy, 2000, p. 84-95.

188 Geist und Epoque der Jüdischen Geschichte (1919), *Zweistromland*, p. 538.
189 Jüdische Geschichte im Rahmen der Weltgeschichte (1920), *Zweistromland*, p. 539.
190 Gershom Scholem, Sur l'édition de 1930 de *L'Étoile de la Rédemption* de Rosenzweig, op. cit., p. 453.

explora a significação universal da eleição, ela mostra que o judeu é como o para-raios que protege o mundo contra os efeitos devastadores da radiação da Redenção. Mas em outra, de pronto, a descrição de uma Redenção, que parece instaurar-se no ritmo tranquilo de uma existência vivida à luz da Revelação mais do que sob a ameaça da destruição, tende a "querer extrair o espinho apocalíptico do corpo do judaísmo". Ora, aos olhos de Scholem, isso sempre foi um messianismo de forma escatológica e com ares anarquistas que "trouxe o ar fresco" à casa de Israel. No seio de um pensamento profundamente apaixonado pela ordem, Rosenzweig teria, pois, ocultado a dialética que une liberação e destruição no horizonte da Redenção, a ponto de dar a seu judaísmo "uma estranha semelhança com a Igreja"[191].

A tais considerações acerca da alteração da visão do futuro que corre o risco de acarretar a concepção de uma pura interiorização da Redenção, poder-se-ia ajuntar o fato de que Franz Rosenzweig parece igualmente atenuar o impacto do outro polo do tempo no seio da consciência judaica: limitando o papel da rememoração do passado. Cedendo talvez a um fascínio pela sistematização de sua própria construção, a análise que *A Estrela* oferece do ritual das festas provoca, às vezes, o sentimento de que prefere a descrição de uma estrutura perfeitamente cíclica à iluminação das diferentes camadas de uma temporalidade ligada aos acontecimentos de uma história. Nesse sentido, é de novo surpreendente que nenhuma alusão seja feita na injunção à lembrança que atravessa a liturgia, pois que a breve interpretação da ordem da celebração do Seder no ritual da Páscoa oculta os símbolos da escravidão e a inscrição no próprio coração da Hagadá dos relatos do *Êxodo* após a partida do Egito[192]. Trabalhando, de sua parte, para sublinhar o peso da memória no judaísmo, Iossef Haim Ieruschalmi observa esse fenômeno ao notar que, para Rosenzweig, "os judeus já haviam atingido desde há muito uma condição de estase, pela observância

---

191 Idem, ibidem. De um ponto de vista diferente, Leo Strauss sublinha a maneira como Rosenzweig "encara o judaísmo do ponto de vista do cristianismo" e depois procura, através do dogma da eleição, "um equivalente judaico da doutrina cristã do Cristo". Ver Leo Strauss, Préface à *La Critique spinoziste de la religion*, op. cit., p. 344.

192 *A contrario*, Emmanuel Lévinas sublinha o fato de que é precisamente a inclusão do relato do passado no texto que transforma a Celebração em "atualização". Ver Les Cordes et les bois: Sur la lecture juive de la Bible, *Hors sujet*, p. 194, e infra, cap. IX, p. 1060-1061.

de uma lei intemporal que os colocou ao abrigo do fluxo da história"[193]. Se essa tese se lhe configura como a expressão mais radical de certa tendência do judaísmo em negar a perspectiva histórica até na consideração de seu próprio passado, não é talvez sem uma discreta ironia que ele lhe opõe uma definição do historiador como "médico da memória", oportunamente tomada de... Eugen Rosenstock[194].

No próprio seio de *A Estrela da Redenção*, Franz Rosenzweig antecipou de algum modo as críticas que poderiam ser opostas à sua visão de uma radical intemporalidade do judaísmo. Sua maneira de responder a isso consiste em descrever uma tendência ao acosmismo efetivamente própria a este último, perspectiva que seria o simétrico do risco da hipertrofia do mundo trazido à luz no cristianismo. Do mesmo modo que o cristão está sempre ameaçado de perder de vista o "núcleo divino da verdade" (p. 479) no cerne de uma fé que é o objeto de uma "dilatação" no mundo, o judeu pode perder todo contato com as realidades exteriores em nome da proximidade de seu Deus. Neste sentido, enquanto os perigos cristãos se denominam "espiritualização de Deus, humanização de Deus, mundanização de Deus", seus equivalentes judaicos têm por nome "denegação do mundo, menosprezo pelo mundo e sufocação do mundo" (p. 480). Resta que, aos olhos de Rosenzweig, se o "esvaecimento do cristianismo" representa o risco inerente a uma "exteriorização de si voltada para o mundo", ela própria condição de seu sucesso na história universal, o judaísmo se beneficia de uma espécie de inocuidade de seus perigos. Com respeito àquilo que parece um "enraizamento em Si próprio" e uma pura interiorização de sua relação com Deus, o judeu é certamente propenso a tornar-se "orgulhoso ou rígido" (p. 481). Mas, ao menos, ele jamais corre o risco de perder de vista a relação que, sob uma forma viva, une a Criação e a Redenção pela mediação da Revelação. A partir desse ponto de vista, o judaísmo parece oferecer definitivamente uma garantia contra o retorno do paganismo ou a deriva para uma panteização do mundo, do

---

[193] Yosef Hayim Yerushalmi, *Zakhor: Histoire juive et mémoire juive*, trad. E. Vigne, Paris: Gallimard, 1991, p. 109.
[194] Yerushalmi cita aí (idem, p. 110) *Out of Revolution*, obra posterior à discussão com Rosenzweig (publicada pela primeira vez em Nova York, em 1937), no entanto influenciada por ela, notadamente a propósito da emancipação dos judeus por ocasião da Revolução Francesa.

qual o cristianismo dificilmente escapa, em razão mesma de sua profunda conivência com a história.

Franz Rosenzweig, todavia, não podia ignorar por completo as relações do judaísmo com a experiência histórica. Quando as aborda, na periferia de A Estrela, ele o faz procurando iluminá-las pela "teoria messiânica do conhecimento" afixada no livro[195]. Segundo essa perspectiva, ele visa com frequência suprimir o conflito entre as duas grandes formas modernas de investimento na história que a assimilação e o sionismo representam, a fim de definir uma posição que o domina. Assim, quando discute o controvertido artigo dedicado por Hermann Cohen, no início da guerra, a uma comparação entre o espírito alemão e o judaísmo, ele escreve: "Se eu quisesse não arriar a carga de um ou de outro lado – o sionismo, de uma parte, a conversão, de outra – eu deveria refletir sobre a maneira como a via mediana (o 'e' entre 'germanidade e judeidade') poderia ser melhorada e reforçada, de sorte que pudéssemos caminhar verdadeiramente 'tutissimus'"[196]. De maneira mais ampla, as duas correntes saídas da Emancipação são reconciliadas, tanto do ponto de vista de suas significações quanto sob o ângulo de seus respectivos perigos. Em certo sentido, Rosenzweig nota em uma carta de 1917 a Gertrud Oppenheim que a assimilação e o sionismo são, "todos os dois, *vias*, em certa medida irrepreensíveis"[197]. Mas ele acrescenta logo a seguir que seus partidários estão uns como os outros expostos ao risco de "atingir um alvo inacessível": os assimilados, caso se tornem pequenos funcionários, artesãos "ou mesmo – não queira Deus – camponeses alemães"; os sionistas, "se chegarem verdadeiramente a criar na Palestina sua Sérvia, sua Bulgária ou seu Montenegro". Resta que, para Rosenzweig, a balança dos perigos não parece completamente equilibrada, pois ele especifica que, a seu ver, "o primeiro perigo não é sério, enquanto o segundo o é"[198].

---

[195] A respeito desta noção, ver La Pensée nouvelle, op. cit., p. 60-61.
[196] Carta a Helena Sommer, de 16 de janeiro de 1918, *Briefe und Tagebücher*, I, p. 506. Ver o texto de Hermann Cohen ao qual Rosenzweig se refere aqui: Germanité et judéité (1915), trad. M. B. de Launay, *Pardés*, n. 5, 1987, p. 13-48, e supra, cap. I, 42-44.
[197] Carta a Gertrud Oppenheim, de 1º maio de 1917, *Briefe und Tagebücher*, I, p. 398.
[198] Idem, p. 399. Rosenzweig considera, em apoio a esta expressão, que tal era o fundamento da "desconfiança instintiva" de Hermann Cohen para com os sionistas, resumida na fórmula segundo a qual "os rapazes querem ser felizes".

Em um quadro assim, mas igualmente no que concerne às condições de sua própria experiência, Franz Rosenzweig focalizava larga parte de sua atenção nos meios de ser judeu na Diáspora, segundo a distinção proposta entre a assimilação e a "dissimilação". Depois de ter encontrado, durante a guerra, comunidades da Europa Oriental que continuavam a viver ao ritmo de uma espécie de judaísmo eterno, ele resume, em uma imagem para a sua mãe, a dificuldade própria aos judeus ocidentais, herdeiros da Emancipação: "O *Ostjude* tem sua cadeira atrás dele e senta-se em cima sem olhar em redor [...], o *Westjude* olha sempre, antes de ousar sentar-se, se uma cadeira está lá"[199]. Sua maneira de querer ser judeu em tal contexto consiste essencialmente em evitar aparecer como aquilo que ele havia designado de uma fórmula polêmica na sua correspondência com Eugen Rosenstock: "o judeu da questão judaica"[200]. Recusando-se a construir um modelo, mas consciente do fato de que ele próprio atravessa neste ponto uma questão "de vida ou morte" cuja análise não pode conduzir até o fim, ele prefere imaginar um meio de dar aos indivíduos a capacidade de decidir com toda liberdade sua atitude: graças a isto é que pode afirmar, em 1918, que doravante para ele "a questão judaica torna-se praticamente uma questão de educação"[201]. Daí esta iluminação particular sobre o projeto que pretenderá realizar na Lerhaus de Frankfurt: "Cada um deve aprender a conhecer o judaísmo enquanto judaísmo, como aprende a conhecer o espírito alemão enquanto espírito alemão. Em seguida, ele pode procurar para si sua maneira de viver o 'é'. Tais como são as coisas, ele não podia fazê-lo; o judaísmo era para ele, no máximo, um conceito; o espírito alemão, de todo modo, uma realidade. Ele não tinha aí escolha; as realidades correm mais depressa que os conceitos. Ou, para dizê-lo mais precisamente, ele não tinha outra escolha senão a do 'ou'. Eu gostaria de criar de novo a liberdade para o 'é', que eu mesmo não devo senão a circunstâncias pessoais.

---

[199] Carta a sua mãe, de 3 de junho de 1918, idem, p. 570. Narrando aqui seu encontro com judeus da Polônia, Rosenzweig acrescenta que, no fundo, "é o judeuzinho do Leste" que é o verdadeiro "aristocrata" do judaísmo.
[200] Carta a Eugen Rosenstock, de 30 de novembro de 1916, idem, p. 304.
[201] Carta a Helena Sommer, de 16 de janeiro de 1918, idem, p. 509. Helena Sommer (1862-1932) era a mãe de Eva Ehrenberg, a esposa de Victor, aquele dentre os primos de Rosenzweig que ele chamava de Putzi.

Em lugar da liberdade oferecida por acaso, deve advir uma liberdade oferecida pela instituição".

De um ponto de vista estritamente pessoal, Franz Rosenzweig parece ter, portanto, sempre manifestado um desejo de poder ser ao mesmo tempo judeu e alemão, não menos profundo que o de Hermann Cohen. É o que ele propõe ainda a Helena Sommer, sem dissimular uma mistura de embaraço e irritação diante do problema: "Sejamos, pois, alemães e judeus. Os dois, sem nos preocupar com o 'e', sim, sem falar muito disto, mas verdadeiramente os *dois*. Como? É, no fundo, uma questão de tato"[202]. Nos últimos anos de sua vida, essa esperança tomará, aliás, um ar mais franco, ao risco de uma ilusão largamente compartilhada na época, mas que homens como Gershom Scholem ou Leo Strauss já percebem para lha censurar. Assim, ele aloja uma espécie de confissão na série das cartas pelas quais confia a Lehrhaus a Rudolf Hallo: "Dou prova, talvez, de inocência em face do problema da germanidade e da judeidade. Creio que a *Verjudung* não fez de mim um pior, mas um melhor alemão. Não reputo verdadeiramente a geração precedente como a de melhores alemães do que nós. O *Stern* será um dia considerado, com toda a razão, um presente que o espírito alemão deve a seu enclave judaico. Pense em Hermann Cohen, não é um acaso que seu livro mais importante seja o livro judeu. Eu não falo de bom grado dessas coisas, ainda menos desde a morte de Rathenau. Nosso trabalho será honrado a título póstumo na Alemanha, mas é realmente por isso que nós o fazemos – durante tanto tempo quanto o fazemos na Alemanha – pela Alemanha"[203]. É contra o fundo de tais confidências que é preciso avaliar as palavras de Rosenzweig a respeito do sionismo, mesmo se o conjunto de suas análises sobre o judaísmo moderno permanece inscrito em uma espécie de perspectiva secreta quanto à solução última dos problemas, perspectiva que deve largamente ao modelo de *A Estrela*: "A história do mundo possui também o seu ritmo de sono e de vigília como

---

202 Idem, p. 508.
203 Carta a Rudof Hallo (fim de janeiro de 1923), *Briefe und Tagebücher*, II, p. 887. Será preciso sublinhar o fato de que a principal diferença histórica entre a geração de Rosenzweig e a precedente é a participação na guerra e, depois, que as palavras controvertidas de Cohen haviam sido formuladas no meio desta, enquanto as de Rosenzweig são posteriores em quatro anos ao fim do conflito?

todas as criaturas particulares e existem talvez oposições cuja resolução deve ser remetida ao 'derradeiro dia', talvez justamente as principais oposições nas quais bate o ritmo mais longo; toda a história, a noite e, enfim, o 'fim da história', o dia"[204].

Em face dessas considerações que certamente aprofundam a diferença imaginada por Franz Rosenzweig entre assimilação e "dissimilação", o sionismo nunca é mais do que uma das duas vias que o judaísmo concede à história. Porém, a sionista permanece como a mais perigosa, a seus olhos, aquela que só parece legítima em se mantendo consciente de sua subordinação a fins mais altos. Quando ele lhe confere um valor histórico, é de algum modo sob a forma de uma ilusão recorrente, mas talvez necessária, de antecipação da Redenção para um povo precisamente privado de história. Destarte, o sionismo é, sob esse ponto de vista, "a forma do messianismo própria ao judaísmo emancipado"[205]. A esse título, ele entra na longa série de movimentos messiânicos que o judaísmo não cessou de produzir. Mas ele compartilha de sua natureza: a dos "engodos mais ou menos grandiosos para forçar a vinda do Reino dos Céus 'Logo, em nossos dias'"[206]. Tentativa necessária, dentre outras, "para manter em vida um povo cortado da vida do mundo", ela se afigura, pois, para Rosenzweig, como perpassada por uma profunda ambiguidade. Por mais que veja a si mesmo como "extravagante, delirante" e que "aspire conscientemente ao impossível", "este povo pertence à ordem da santidade, como *todas* as 'loucuras'"[207]. De outro lado, entretanto, a partir do instante em que busca "uma felicidade 'normal', uma felicidade judaica, uma cultura judaica, uma nação judaica, um Estado judeu", ele não tem mais outra significação exceto a dos símbolos da assimi-

---

[204] Carta a Helena Sommer, de 16 de janeiro de 1918, op. cit., p. 508. Rosenzweig reformula aqui, em suma, sob uma forma enigmática, o problema da conjunção entre germanidade e judaidade: "Nós o vivemos, mas não o dizemos. Deixemos o 'ou' ao bom Deus e nós nos ocupamos nós mesmos do 'e'. Mas é claro que *conservamos* esse 'e' se permanecemos judeus; pois, sem nossa preocupação com o 'e', Deus mesmo [...] não poderia dizer seu 'ou' futuro".
[205] Carta a Eugen Rosenstock, de 30 de novembro de 1916, op. cit., p. 304.
[206] Idem. Rosenzweig conserva no espírito a abundante literatura que critica a impaciência messiânica (ver infra, cap. IV, p. 451-453; cap. VII, p. 849 e 850 n. 145). Ele cita uma fórmula que aparece no *Kadish* e, portanto, na liturgia quotidiana: fórmula na qual Cohen via a importância conferida ao ideal do Messias na prece. Ver supra, cap. I, p. 115-117 e 116 n. 139.
[207] Carta a Gertrud Oppenheim, de 5 de fevereiro de 1917, *Briefe und Tagebücher*, I, p. 345.

lação que são a Liga de Defesa contra o Antissemitismo ou o Consistório dos Cidadãos Alemães de Confissão Israelita: "Manter-nos em vida por um pouco mais de tempo"[208].

Embora Franz Rosenzweig insista amiúde sobre a convergência paradoxal entre o sionismo e o liberalismo próprio às correntes da assimilação, uma das razões de sua distância com respeito ao primeiro pretende estar ligada a uma forma de antecipação dos conflitos que nasceriam necessariamente, segundo ele, entre um Estado judeu e os princípios da religião[209]. Resta que o fundamento de suas reservas se encontra na dimensão metafísica que *A Estrela* concede ao que ela descreve como uma indiferença radical do judaísmo para com os valores ligados à experiência da história. De maneira significativa, é em um curto texto consagrado ao artigo de Hermann Cohen sobre o espírito alemão e o judaísmo que Rosenzweig deposita as fórmulas mais surpreendentes a propósito do povo de Abraão e de sua relação com o país, similar à "de um estrangeiro que possui a terra sem que

---

208 Idem. Rosenzweig cita aqui I I*Samuel* 8, 5 ("Dá-nos um rei para nos governar, como todos os outros povos têm") em apoio ao desejo de um Estado judeu mobilizado pelos sionistas. Poder-se-ia multiplicar os traços do mal-estar de Rosenzweig em face das diferentes correntes do judaísmo alemão – ou de sua recusa de situar-se em relação a elas. Assim, recusa-se a assumir de maneira constante as posições do liberalismo encarnado no *Zentralvereins Judentum*, insistindo, sobretudo, em sua incapacidade de valorizar uma autêntica fidelidade à tradição judaica (ver as cartas a Hugo Sonnenfeld, de 10 de maio de 1922, *Briefe und Tagebücher*, II, p. 780-781, e a sua mãe, de 22 de maio de 1924, idem, p. 964). Mas se reconhece na primeira dessas cartas que somente os sionistas oferecem ao judaísmo alemão uma verdadeira estatura, é para sublinhar alhures os limites de seus esforços em favor do ser judeu (ver especialmente as cartas a Rudolf Hallo, de fim de janeiro de 1923, idem, p. 885 e s., e a Benno Jacob, de 17 de maio de 1927, idem, p. 1143). Nos últimos tempos de sua vida, ele censurará aos que trabalham com a Agência Judaica de "tomar chá com o diabo" (carta a sua mãe, de 5 de junho de 1929, idem, p. 1215), mesmo se lhe acontece também imaginar que o sionismo possa provir mais positivamente do messianismo: ver o último diário, na data de 12 de abril de 1922, idem, p. 774.
209 Ver as cartas de 17 e depois de 23 de maio de 1927 a Benno Jacob, idem, respectivamente p. 1143-1145 e 1148-1150. Nesta última carta, Rosenzweig pede especialmente: "O que poderia fazer o sionismo, como via política, pela religião na Palestina?" Depois evoca o conflito inevitável dos sionistas com aqueles que respeitam os preceitos da religião. Leo Strauss levantará mais tarde o mesmo problema, mas do ponto de vista de uma crítica interna ao sionismo: mostrando que sua variante estritamente política sofre os limites da "solução" liberal ao problema dos judeus no mundo moderno, e depois o fato de que ela é conduzida a uma espécie de superação em um sionismo religioso (ver infra, cap. VII, p. 773-780). Eis, portanto, a diferença, que permanece essencial: se Strauss critica, a seu turno, o primado outorgado à política, é no seio de uma dialética que faz, não obstante, dessa experiência uma necessidade, quer dizer, recusando a acosmia em que Rosenzweig vê a verdade do judaísmo.

esta jamais o possua, em troca"[210]. Notando que "a coação à 'assimilação' é tão antiga quanto o exílio" e, depois, que este último não tem, ele mesmo, uma origem precisa, visto que se confunde com o próprio ser do povo, ele mostra que a descendência de Abraão jamais deverá ver o solo "tornar-se sua gleba". Nessa perspectiva, ao passo que cabe às nações da terra viver plenamente sua relação com o território que as acolhe e aos ritmos do tempo, para o judaísmo e para ele somente "jamais o meio nem o instante poderão confundir-se completamente com o mundo e o porvir". Por conseguinte, se a existência no exílio apresenta uma multidão de perigos quotidianos, pelo menos ela tem a vantagem de lembrar incansavelmente que o sentido último da existência se realiza além do quotidiano. Ao contrário, o inconveniente maior do sionismo em seu protesto contra a esterilidade do exílio é ignorar o que produziria "o perigoso enraizamento em um lar central vindouro": a anulação pura e simples da "renovação" do judaísmo da qual o sionismo é paradoxalmente uma componente.

Entre as análises de *A Estrela* e as palavras depositadas em seus arredores, se Franz Rosenzweig parece às vezes imaginar um esquema de participação do povo judeu na história que deixaria um lugar ao projeto sionista é sob uma dupla condição: a manutenção de uma tensão entre o lar palestinense e os lugares de uma existência entre as nações; o reconhecimento do fato de que a Diáspora deve permanecer o centro de gravidade da vida judaica. A seus olhos, é precisamente porque a criação de um Estado ofereceria a ilusão de uma solução dos problemas, que convém preservar os perigos salutares inerentes à experiência do exílio e é, a esse título, na Diáspora que o judaísmo deverá mostrar por muito tempo ainda "do que o judaísmo é capaz"[211]. Evidentemente, essa forma de elogio da dispersão

---

210 À propos du caractère national juif: Un fragment (1915), trad. D. Bourel e M. B. de Launay, em *Cahiers de la nuit surveillée*, p. 183. É preciso observar que Rosenzweig havia recusado a publicação deste texto, cujo título provém da edição de 1937 dos *Kleinere Schriften* (ele foi impresso sob o título de Deutschtum und Judentum em *Zweistromland*, p. 169-176). A razão desse fato é, sem dúvida, a dificuldade da relação que ele mantinha com este artigo de Cohen, cujos elementos retraduziu aqui nas categorias de sua própria desconfiança metafísica ante o sionismo, tanto que ele a designa em outra parte como um símbolo das ilusões da assimilação. Ver sobre este ponto supra, cap. 1, p. 42-44.
211 Idem, p. 184. Notemos que, sob esta forma, o argumento de Rosenzweig está muito próximo daquele que motiva a desconfiança de Hermann Cohen com respeito aos sionistas: um antieudemonismo radical (ver supra, cap. 1, p. 128-130). Não se pode duvidar que, direta-

deve ser corrigida por aquilo que a profunda diferença entre a "dissimilação" e a assimilação quer acarretar: "A nós nos é imposto remanescer estrangeiros, estrangeiros a todos os bens espirituais dos povos que nos deixam tomar parte deles, estrangeiros no mais fundo de nossa alma também naquilo que nós nos esforçamos por lhes ajuntar, a título de indenização pela autorização que nos foi dada para participar destes". Essa posição, conforme ao que se assemelha em *A Estrela* a uma metafísica do exílio, pode então reger até o fim a concessão de Rosenzweig à perspectiva do retorno à terra ancestral: "É tão somente guardando o contato com a Diáspora que [os sionistas] serão forçados a não perder de vista a *meta*, que é a de se tornarem sem-pátria do *tempo* e de permanecerem nômades, mesmo lá"[212].

Que o povo judeu deva permanecer estrangeiro no universo das nações entre as quais ele vive a fim de não esquecer de ser ainda um nômade em seu próprio solo, esta posição reaparece no trabalho sobre a linguagem, que também conhece o seu próprio paradoxo. De um lado, sabemos que Franz Rosenzweig passará os últimos anos de sua vida empenhado em retraduzir, com Martin Buber, a *Bíblia* para o alemão, com o intento de fazer ressurgir aqui o Verbo tal como este se expunha na forma originária: aquela que o consagrava "a uma vida de apátrida no tempo e no espaço", antes de ser capturado pela cultura universal para tornar-se "Escritura Sagrada"[213]. Mas ao mesmo tempo que neste empreendimento Rosenzweig visa reencontrar o hebraico sob a língua de Lutero e Goethe, ele condena a mescla

---

mente ou não, este tipo de considerações poderia motivar ainda hoje um antissionismo que assume duas formas: um elogio à vida na Diáspora, na sua versão liberal; mas, igualmente, uma espécie de neomessianismo secular numa versão proveniente do progressismo. Cada vez, o preço do sionismo é julgado mais alto do que o do exílio, mobilizando, o primeiro ponto de vista, uma espécie de cosmopolitismo intelectual, enquanto o segundo enxerta o ideal revolucionário na ideologia terceiromundista. Encontra-se uma refutação sistemática destes argumentos em Scholem, que discute em especial a posição adotada por George Steiner. Ver Zionism: Dialectic of Continuity and Rebellion, entrevista com Gershom Scholem (abril-julho de 1970), em Ehud ben Ezer (ed.), *Unease in Zion*, New York: Quadrangle/Jerusalem Academic Press, 1974, p. 263 e s., e infra, cap. IV, p. 553-555.
212 Carta a Gertrud Oppenheim, de 1 de maio de 1917, *Briefe und Tagebücher*, I, p. 398. Sobre a política paradoxal de Rosenzweig, cf. Stéphane Mosès, Politique et religion chez Franz Rosenzweig, em *Politique et Religion*, atas do XXE Colloque des intellectuels juifs de langue française, Paris: Gallimard, 1981, p. 283-311. Esta expressão mais moderada da tese de Rosenzweig se encontra, desta vez, em Emmanuel Lévinas, do ponto de vista de uma crítica ao enraizamento (ver infra, cap. IX, p. 1120-1121)
213 L'Écriture et le verbe (1925), *L'Écriture, le verbe et autres essais*, p. 88.

de despreocupação e ilusão de que os sionistas dão prova a seu respeito. Quando estes exprimem a esperança de que o "neo-hebraico" falado na Palestina permitirá criar uma cultura "ancorada no torrão" e "autenticamente nacional", sacrificam a maneira como esta língua carregou em si mesma seu patrimônio sobre o altar de seu próprio anseio de uma "conjunção da normalidade e da individualidade"[214]. É caráter próprio do hebraico, diferentemente das outras línguas, o de ligar-se ao passado e ter suas obrigações temporais, "mesmo na boca do mais jovem dos pirralhos de colono da última implantação em curso". Daí o convite feito aos sionistas para meditar, em se tratando da língua, sobre uma proposição similar àquela que lhes era endereçada no plano da experiência da terra: "Um centro espiritual, como se pode esperar de um na Palestina, será visível de longe e por aí representativo do conjunto do judaísmo; mas se ele quer ser centro, e não um ponto qualquer, excêntrico em todos os sentidos do termo, cumpre-lhe então tornar-se dependente da periferia e da lei que preside sua existência – por tanto tempo quanto existir uma periferia, durante toda a época, pois, antes da vinda do Messias"[215].

Resta que o interesse fundamental de Franz Rosenzweig situa-se sempre além da dimensão puramente prática do conflito entre assimilação e sionismo. A razão de princípio de tal indiferença às apostas imediatas do debate, em oposição à maior parte de seus contemporâneos, se deve a uma espécie de recusa de objetivar sua visão da experiência judaica contida na seguinte proclamação: "O judaísmo é o meu *método* e não o meu objeto"[216].

---

[214] Néo-hébreu? (1925), idem, p. 28. Redigido a propósito da tradução da *Ética*, de Spinoza por Jakob Klatzkin, este texto possui um adversário singular, uma vez que Klatzkin é tanto um teórico do sionismo como discípulo de Hermann Cohen, que a ele se opõe.

[215] Idem, p. 29. Essas questões de linguagem encontravam-se na fonte de uma discussão tempestuosa e depois de uma desavença entre Rosenzweig e Scholem. Então, quando já projetava estabelecer-se na Palestina, este último já censurava o primeiro por cristianizar o hebraico em suas traduções em alemão, denotando ao mesmo tempo uma desconfiança em relação ao que o sionismo comportava no tocante a uma necessária "atualização" da língua hebraica. É significativo que tenha procurado reconciliar-se com ele escrevendo para a coletânea coletiva realizada por ocasião dos quarenta anos do autor de *A Estrela* um texto intitulado "A propósito de nossa língua. Uma confissão". Nesse trabalho, Scholem confessa uma inquietação que se une, por certos aspectos, aos temores de Rosenzweig quanto aos efeitos de uma secularização da língua sagrada. Encontrar-se-á o referido escrito em Stéphane Mosès, *L'Ange de l'histoire*, p. 239-241. Sobre o seu conteúdo e o seu lugar na tormentosa relação entre Rosenzweig e Scholem, ver infra, cap. IV, p. 560-564.

[216] Carta a Hans Ehrenberg, datada de setembro de 1921, *Briefe und Tagebücher*, II, p. 720.

Mas ela é acompanhada igualmente de um temor de que a teoria do judaísmo exposta em *A Estrela* possa tornar-se o instrumento de uma ação, quando ela pretender ser, acima de tudo, uma meditação crítica sobre as próprias condições da ação. É o que confessa Rosenzweig, ao afirmar que ela traz em si, sem dúvida, o risco de "servir de pretexto à nossa própria necessidade de conforto", adicionando, ao mesmo tempo, que ele sabe doravante o quanto tal teoria poderia ser perigosa se se quisesse extrair dela uma aplicação política imediata, "em vez de ver aí apenas o limite imposto a toda política (que cumpre fazer, no entanto)"[217]. Que a política seja imprescindível, tendo ao mesmo tempo, incansavelmente, necessidade de ser limitada, eis o que haviam compreendido em sua época os ancestrais do povo judeu: os profetas, ao inventar a "distância em face de seu próprio Estado"; os fariseus, ao impor a "distância em face dos Estados da Diáspora"[218]. O problema contemporâneo provém, portanto, do fato de que o século XIX suprimiu estas duas distâncias: a dos fariseus, na prática, e a dos profetas, na teoria. Quanto ao sionismo, se este é, sem dúvida, levado a "reencontrar uma relação autenticamente profética", ninguém ainda pode saber "em qual medida ele restabelecerá a distância farisaica, para esta Diáspora, que continuará a existir inclusive na Palestina".

A despeito dessas referências históricas mobilizadas em apoio a uma reflexão sobre a situação contemporânea depois do cuidado de construir uma relação crítica da experiência política, é, por certo, em *A Estrela da Redenção* que é preciso buscar a última palavra de Franz Rosenzweig quanto ao sentido da vida judaica. Esta palavra permanece profundamente meta-histórica. A seu ver, o único conceito suscetível de amparar a doutrina da eleição é o de "Resto de Israel": aquela parte do povo no interior mesmo do povo que forma pela Tradição "aqueles que remanesceram fiéis"; um núcleo da comunidade que desenha aos olhos de Rosenzweig o arco suscetível de conduzir "de Israel ao Messias, do povo postado ao pé do Sinai até o dia em que a casa de Jerusalém será chamada de casa da prece por todos

---

[217] Carta a Gertrud Oppenheim, de 9 de junho de 1924, idem, p. 968. Esta ideia virá nutrir de novo a análise da experiência política em Emmanuel Lévinas, que sublinha, todavia, mais a feição dialética deste fenômeno necessário, porém sempre exposto ao risco de sua própria tirania (ver infra, cap. IX, p. 1120-1127).

[218] Carta a Hans Ehrenberg, de 5 de maio de 1927, idem, p. 1139.

os povos"[219]. Porque ela repousa sobre a ideia segundo a qual "se o Messias vier 'hoje', o Resto estará pronto a acolhê-lo", a experiência judaica se desdobra definitivamente ao encontro da experiência das nações: toda história no mundo trata da expansão e repousa sobre o poder; o judaísmo, e somente ele, "se conserva por subtração, através de um processo de retraimento, pela formação incessante de novos restos"[220]. Por meio desta metafísica do Resto, que ressoa misteriosamente pelas orelhas entupidas com os ecos da Schoá, é o próprio homem que é "sempre, de qualquer maneira, um resto". Em outras palavras, por ele estar perpetuamente apresado pela corrente do mundo, enquanto alguma coisa dentro dele "permanece na beira", o homem judeu persiste na espera, apresentando os traços de um eterno "sobrevivente".

Se esta última figura fornece o embasamento derradeiro da ideia de "dissimilação", ela esclarece de dentro a significação que Franz Rosenzweig quer conceder à experiência da Lei. A seu ver, uma das funções essenciais desta é proporcionar uma espécie de refúgio a um homem que vive uma perpétua tensão entre este mundo aqui e o mundo vindouro. Desse ponto de vista, a existência judaica trespassada pela inquietude de um "duplo pensamento" encontra nela algo para se acalmar: porque a vida exterior chega a se ordenar com a utopia daquilo que vem. Mais uma vez, é, pois, menos a dimensão do "mandamento" que importa aos olhos de Rosenzweig do que a maneira pela qual a Lei dissipa a distinção entre os mundos, fato que atestará a lenda rabínica segundo a qual "Deus, ele próprio, 'aprende' com a Lei"[221].

❧

219 Rosenzweig mistura aqui (p. 476-477) duas componentes da doutrina messiânica de Isaías: a noção de Resto de Israel associada à perspectiva da destruição em nome da justiça ("um resto voltará, o resto da casa de Jacó [...]; mas é somente um resto que retornará" – 10, 21-22); a promessa da reunião final das nações, aderidas ao Deus de Israel ("Pois a minha casa será denominada a casa da oração para todos os povos" – 56, 7). Notemos que Hermann Cohen insistia, também ele, na doutrina do Resto de Israel, a fim de mostrar que os profetas fustigavam o orgulho nacional, concebendo o messianismo como uma espécie de ideia reguladora do desenvolvimento moral da humanidade. Ver sobre este ponto *Religion de la raison tirée des sources du judaïsme*, p. 366-367, e supra, cap. I, p. 117-120.
220 "Se o Messias viesse 'hoje', o Resto está pronto a acolhê-lo": Rosenzweig enxerta aqui, na perspectiva do Resto tomada de empréstimo a Isaías, uma nova alusão ao relato de *Sanedrin* 98a que ele já evocava (p. 267) a respeito das estruturas da temporalidade e da eternidade (ver supra, nota 174).
221 A fim de escorar sua tese sobre o caráter aberto da Lei, Rosenzweig evoca aqui (p. 478) uma opinião consignada no *Avodá Zara*, 3a, segundo a qual Deus mesmo passa as três primeiras horas do dia a estudar a *Torá*. Esta opinião poderia ser ligada a uma ideia defendida em outra parte: a *Torá* existia antes da Criação (ver especialmente *Bereschit Rabá* 1, 4, que afirma

De tal proposição, Rosenzweig pode tirar duas consequências: o essencial em se tratando da Lei decorre do fato de que sua quotidianidade vivida suspende o tempo messiânico "acima da vida como um presente que é esperado eternamente"; nessa medida, suas transformações pelo judaísmo moderno parecem insignificantes, de modo que "pouco importa que ele entenda a Lei no sentido da Tradição ou que ele tenha preenchido com uma nova vida a antiga noção". No tocante a essa questão decisiva, Franz Rosenzweig visa, portanto, a uma espécie de compromisso entre as posições antitéticas respectivamente defendidas na época pelos ortodoxos e liberais: como se ele quisesse dar razão a longo termo aos primeiros, aceitando ao mesmo tempo a *démarche* dos segundos em nome de uma necessidade prática. Evocando a esse respeito uma distinção talmúdica, ele considera que somente o Resto poderá praticar ao mesmo tempo "o acolhimento do jugo do mandamento e o acolhimento do jugo do Reino dos céus" (p. 477): tendo por corolário que a vida judaica regida pela espera da Redenção pode se autorizar a fazer prevalecer a autenticidade da fé sobre o ideal de um estrito respeito à Lei[222].

É significativo que Franz Rosenzweig tenha depositado o essencial de suas considerações sobre este ponto em uma carta a Martin Buber, publicada sob um titulo evocativo: "Os construtores"[223]. Designando aqui

que "o mundo e aquilo que o preenche foram criados apenas em consideração ao mérito da *Torá* – a partir de uma exegese de *Provérbios* 3, 19, "Deus pela sabedoria fundou a terra"). Rosenzweig faz mais adiante (p. 483), rapidamente, alusão a esta ideia. Notemos que o Maharal de Praga havia também consignado essas opiniões para defender notadamente a primeira contra as "recriminações" que ela suscitara (tanto mais que ela termina pela afirmação segundo a qual Deus passa as três últimas horas do dia a divertir-se com o Leviatã). Ver Rabbi Yehuda Loew (o Maharal de Praga), *Le Puits de l'exil*, trad. E. Gourévitch, Paris: Berg, 1982, p. 191.

222 Ver a discussão de *Berakhot*, 13a, amiúde invocada para assinalar a prevalência da fé sobre as práticas. Esta discussão trata da questão de saber por que no *Schemá* a seção "Ouve (Israel, o Eterno é nosso Deus) precede a citação de Dt 11, 13: "E se acontecer que escutardes [meus mandamentos]". Ela responde afirmando que "é para que se tome primeiro sobre si o jugo do Reino dos céus e em seguida somente o jugo dos mandamentos". Sobre este ponto preciso, Rosenzweig lembra-se ainda, uma vez mais, de coisas ouvidas nas preleções de Hermann Cohen, mas sua maneira de articular parcialmente um contra o outro o "jugo da Lei" e o "jugo do reino dos céus" permanece, todavia, diferente da de Cohen (ver supra, cap. 1, p. 145-146).

223 Die Bauleute: Über das Gesetz, escrito durante o verão de 1923 e publicado em agosto de 1924 em *Der Jude*, e depois em forma de brochura em 1925. Ver *Zweistromland*, p. 699-712. Discípulo fiel de Rosenzweig e Buber desde a época da Lehrhaus, Nahum Glatzer compôs um pequeno volume em torno desse texto e de cartas dos dois parceiros sobre o mesmo tema: Franz Rosenzweig, *On Jewish Learning*, New York: Schocken, 1955.

Buber como o "porta-voz" e o "defensor" de sua geração, Rosenzweig declara reler com uma "emoção autobiográfica" textos reencontrados dez anos antes. Porém, no momento em que ele toma conhecimento daqueles que Buber lhes juntou para uma nova edição, fica com vontade de discutir sua recusa em integrar no judaísmo moderno a prática da Lei, pleiteando, de sua parte, a ideia de uma reintegração seletiva das *mitzvot* no seio da vida judaica[224]. Para Martin Buber, a crise que atravessa a juventude judaica moderna provém do fato de que lhe é imposta uma visão esclerosada do judaísmo: visão herdada da tradição rabínica, centrada no dogma do ponto de vista do ensino e no respeito aos mandamentos com relação à Lei. A seus olhos, uma e outra doutrina têm em comum ignorar a "nostalgia da comunidade" vivida por essa juventude. Ele prefere, pois, propor-lhe duas ideias que terão imenso sucesso de Berlim a Viena e a Praga: "a verdade religiosa não é uma verdade conceitual, mas uma verdade existencial"; há uma "força primordial" suscetível de distinguir "as fagulhas do antigo lar", uma espécie de judaísmo escondido que continua a viver "sob as brasas e as cinzas" de uma Lei muito estreita[225]. É essa forma de rejeição radical da Tradição que Rosenzweig discute, ao procurar demonstrar que ela, na realidade, só deve visar a maneira como a neo-ortodoxia do século XIX quis devolver ao estudo e à Lei suas antigas formas em proveito de uma consciência judaica amesquinhada: "que não coloca questões e que não é questionada"[226].

Empenhando-se em reduzir a desconfiança de Buber para com a Tradição aos elementos de uma crítica da ortodoxia moderna, Franz

---

[224] Rosenzweig considera aqui uma coletânea de oito conferências de Martin Buber publicada em 1923 sob o título de *Reden über das Judentum*. Este volume junta cinco textos a uma primeira obra que tornara Buber célebre: *Drei Reden über das Judentum*, editada em Frankfurt em 1911. Observemos que Rosenzweig tivera uma desventura por causa desse livro, porquanto Buber havia se recusado a publicar em sua revista um artigo que o discutia e que só apareceria a título póstumo: Atheische Theologie (1914), *Zweistromland*, p. 687-698. De maneira mais precisa, é a oitava conferência de Buber que Rosenzweig visa: sobre "a juventude e a religião". Intitulada "Herut", esta se baseia em uma proposição já evocada dos *Pirkei Avot* (VI, 2) a respeito das Tábuas: "não leia 'gravado' (*harut*) mas 'liberdade' (*herut*)". Ver a tradução dos textos de Buber (aumentada em função de uma edição ulterior, de 1963) em *Judaïsme*, trad. M.-J. Jolivet, Paris: Gallimard, 1986, e infra, p. 583 n. 24, sobre a feitura desse volume.
[225] Ver Martin Buber, Herout: Une Conférence sur la jeunesse et la religion, idem, p. 123-144.
[226] Die Bauleute, op. cit., p. 704.

Rosenzweig quer desenvolver sua própria refutação desta última com base em duas questões propostas: a forma do estudo e o estatuto da Lei. Àquilo que denomina inicialmente de "teoria pseudo-histórica" da ortodoxia sobre a origem da Lei, ele opõe explicitamente ou não duas proposições: a dação da *Torá* não se reduz ao acontecimento do Sinai; "Não foi com nossos pais que o Eterno contratou esta aliança, foi com nós mesmos, nós que estamos aqui, hoje, vivos"[227]. Propondo então aceitar com audácia o desafio dessas palavras "caídas no esquecimento" devido ao sistema "rígido e estreito, feio apesar de sua magnificência" de Samson Raphael Hirsch, Rosenzweig deseja mostrar que, no tocante ao estudo e à Lei, o judaísmo é sempre um caminho, de modo que "cabe a nós mesmos dar cada passo avante"[228]. A refutação do que se aparenta, desta vez, a uma "teoria pseudojurídica" do poder coativo da Lei na ortodoxia entrará, portanto, neste quadro, conforme a concepção que Rosenzweig faz de uma identidade sócio-histórica do povo judeu. Diante do aparente radicalismo de Buber, ele lembra que a eternidade de Israel foi sempre garantida pela impossibilidade, onde quer que este se encontre, de negligenciar a Lei, segundo a antiga parábola dos peixes imaginada por Rabi Akiva à época das perseguições romanas[229]. No entanto, nesse mesmo momento é precisamente com Buber que ele se volta contra a ortodoxia. Deslocando ligeiramente o argumento, trata-se, desta vez, para ele, de denunciar a maneira ortodoxa de recusar à Lei "toda atualidade", para convidar a uma seleção entre seus princípios segundo uma intenção que tomaria a medida deste paradoxo: "a Lei (*Gesetz*) deve tornar a ser mandamento (*Gebot*), mandamento que deve se transformar em ação desde o

---

227 Idem, p. 709. Rosenzweig parafraseia aqui *Dt* 5, 3. A proposição anterior baseia-se, sem dúvida alusivamente, na maneira como Hermann Cohen interpretava *Dt* 30, 14 ("a palavra está inteiramente perto de ti, em tua boca e teu coração, para praticá-la") como um dos versículos que "inscreveram o Sinai no coração do homem" (Ver *Religion de la raison tirée des sources du judaïsme*, p. 123, e supra, cap. I, p. 63-65).
228 Die Bauleute, op. cit., p. 704.
229 Rosenzweig evoca aqui (idem, p. 708) *Berakhot* 61b, em que se conta que Rabi Akiva, pressionado por seu círculo, para interromper seu ensinamento da *Torá* em vista da interdição romana, respondeu com a parábola dos peixes convidados por uma raposa a sair da água do rio para se refugiar na margem a fim de escapar aos pescadores: "'Se nós estamos em perigo no elemento que nos faz viver, nós estaríamos bem mais naquele onde encontramos a morte'. O mesmo acontece conosco, se tivermos razões de temer no momento em que estudamos a *Torá*, da qual é dito 'Ela é a vida e o prolongamento de teus dias' (*Dt* 30, 20), o que aconteceria se cessássemos de estudá-la!"

instante em que ele é ouvido"; "assim, como estudo, ela deve conscientemente começar lá onde seu conteúdo interior cessa de ser um [conteúdo] para tornar-se nossa própria força interior"[230].

Discutindo em Buber aquilo que se assemelha a uma forma de anarquismo, Franz Rosenzweig visa, pois, uma via mediana entre a intransigência ortodoxa e a indiferença dos liberais: alguma coisa que seria "a lei viva de hoje, ao mesmo tempo que *a Lei*". Nesse sentido, sem temer uma fórmula que, aos olhos de muitos, seria uma contradição em termos, ele fala do "progresso da Lei" e depois afirma que ninguém pode impor a delimitação de seu domínio: tarefa que compete a cada um em função de sua experiência pessoal[231]. A razão disso é que, não podendo escapar da "vida do espírito", a Lei sofre seu quinhão: "todo nascimento implica uma morte"; o rejuvenescimento requer uma seleção em proveito daquilo que permanece vivo. Ainda que devesse chocar então numerosos contemporâneos, essa maneira de querer "distinguir os dejetos mortos", é exatamente isto que organiza a relação de Rosenzweig com a Lei. Nas palavras dirigidas a Martin Buber, ele procura se fundamentar na imagem talmúdica que seu título evoca e que retoma a conclusão: "pois nós somos, conforme a Escritura, 'filhos' e, conforme a Tradição, 'construtores'"[232]. Aliás, na mesma época, a fórmula assume feições menos alusivas e resume de modo mais claro ainda o cuidado que Rosenzweig tem de descentrar o judaísmo em relação à Lei. Testemunha-o notadamente aquilo que ele escreve a Rudolf Hallo, no momento em que pensa em lhe confiar a Lehrhaus: "O judaísmo *não é* a Lei. Ele gera a

---

230 Dissociando aqui (p. 707-708) no seio da Lei a dimensão estritamente jurídica, julgada fria e objetiva, do *Gesetz* da realidade viva própria à palavra de Deus (*Gebot*), Rosenzweig advoga, portanto, uma perpétua atualização de seu conteúdo. Toda a habilidade do raciocínio repousa no fato de sugerir, contra a ortodoxia, que "mesmo se devêssemos desejar fazer 'tudo' o que é possível, não cumpriríamos ainda a Lei".

231 A esse respeito e tendo em vista o testemunho dos parentes de Rosenzweig, Emmanuel Lévinas arriscou formular o seguinte paradoxo: "ele era ortodoxo por liberalismo", isto é, exigia o respeito à integralidade da Tradição a "todo Israel" mais do que ao "Senhor Israel", julgando-se livre de efetuar escolhas. Acrescentando que, além disso, em matéria de liberalismo "tudo depende daquele que escolhe", Lévinas imagina que Rosenzweig aceitava, sem dúvida, por sua parte, o conjunto da Tradição. Ver Entre deux mondes (biographie spirituelle de Franz Rosenzweig), op. cit., p. 133.

232 Rosenzweig evoca *Berakhot* 64a, que comenta *Isaías* 54, 13 ("Todos os teus filhos serão discípulos do Eterno e grande será a paz de teus filhos"), fazendo um jogo sobre a paronomásia: "não ler 'teus filhos' (*Banaikh*), porém 'teus construtores' (*Bonaikh*)".

Lei, mas ele *não* é a Lei. Ele é *ser* judeu (*Judesein*)"[233]. Quanto às motivações de tal proposição, elas são sempre as mesmas: a Lei só pode repousar sobre "o clarão que conduz do 'eu devo' para o 'eu posso'"; "meu *caminho* deve ser o meu, a Lei na qual eu posso viver"[234].

Essa forma de fidelidade condicional à Lei como a Tradição a transmite é, notadamente, o fundamento das reservas que, em breve, Leo Strauss formulará em face da *démarche* de Rosenzweig. Partindo da constatação segundo a qual este último julgava impossível que seu retorno à fé bíblica pudesse ser identificado com uma retomada dos conteúdos e das práticas herdadas do passado, Strauss mostra que ele se punha de acordo finalmente com o liberalismo religioso quanto "à necessidade de fazer uma escolha entre as crenças e as regras tradicionais"[235]. Mesmo se o seu princípio de seleção difere do dos liberais, na medida em que ele não visa separar o "essencial do inessencial", porém mobilizar uma "força" oriunda da própria vida judaica, nem por isso é menos certo que Rosenzweig defenda a ideia de uma necessária adaptação da Lei, perspectiva que passa por sua transformação. Ora, para Leo Strauss, esta operação, comum à maioria dos pensadores judeus contemporâneos, não pode deixar de ter consequências. Mais ainda, no próprio Rosenzweig ela conduz a uma situação que pode ser descrita de maneira metafórica: "A lei sagrada, que é por assim dizer um templo público, que era uma realidade, torna-se assim alguma coisa de potencial, uma pedreira ou um entreposto onde cada indivíduo pega os materiais para construir seu refúgio privado"[236]. Em tal quadro, a perenidade

---

[233] Carta a Rudolf Hallo, de 27 de março de 1922, em *Briefe und Tagebücher*, II, p. 762. Notemos que a partir deste período, que corresponde ao início do último diário, Rosenzweig afirma uma preocupação permanente com a questão da Lei. Segundo a carta endereçada a Martin Buber, que fixa sua posição definitiva, ele volverá ainda com muita frequência ao tema. Ver, por exemplo, uma outra carta dirigida a Buber, de 29 de junho de 1924 (idem, p. 975), e, sobretudo, uma circular enviada a Nahum Glatzer e outros intervenientes na Lehrhaus, no fim de novembro do mesmo ano (idem, p. 1001-1005).

[234] Die Bauleute, op. cit., p. 708, e carta a Rudolf Hallo, de 27 de março de 1922, op. cit., p. 763.

[235] Préface à *La Critique spinoziste de la religion*, op. cit., p. 344-345.

[236] Idem, p. 345. Notemos que Leo Strauss, que utiliza sistematicamente o termo clássico de *Gesetz*, desenvolve conscientemente a metáfora dos "construtores", mostrando que, na sua proposta de reconstruir efetivamente o edifício da Tradição, deixando ao mesmo tempo cada um haurir aí o que lhe aprouver, Rosenzweig propõe um existencialismo entranhadamente individualista. É em face desta constatação que Strauss diz ter-se perguntado se "um retorno incondicional à ortodoxia judaica não era possível assim como necessário", adicionando

do povo santo é ainda, sem dúvida, garantida pela ascendência comum de seus membros ou pela origem dos materiais que eles transformam, ao escolhê-los. Mas resta, sobretudo, como resultado deste empreendimento, uma "historicização consciente e radical da *Torá*": uma adaptação de seu conteúdo às exigências da história, às supostas capacidades de receptividade da época e ao cuidado de um individualismo existencial; perspectiva tanto mais paradoxal em espécie quanto ela visa preservar a identidade meta-histórica do judaísmo.

É por pressentir talvez esse tipo de objeção que Franz Rosenzweig vai sorver nas categorias da mística as últimas considerações de *A Estrela*: aquelas que pretendem esclarecer a significação doravante secreta da experiência judaica. Embora apareçam tardiamente na obra, elas podem efetivamente assemelhar-se a um meio de superar a contradição entre a ideia de uma adaptação da Lei, justificada pelas exigências da história, e a tese principal sobre a essência meta-histórica do povo judeu. No momento em que ele se arriscava a efetuar as primeiras formalizações das intuições de *A Estrela*, Rosenzweig confessara estar espantado por descobrir que a mística se coloca "*entre* a verdadeira teologia e a verdadeira filosofia"[237]. É, no entanto, a ela que recorre no instante preciso em que deseja mostrar a inocuidade do perigo judaico de sufocação do mundo, para desenhar uma derradeira ligação "entre o Deus judaico e a Lei judaica" (p. 482). A esse respeito, ele evoca uma visão que é ao mesmo tempo objeto de uma extrema prudência no seio da filosofia judaica racionalista e de um extremo interesse para os místicos: a que o relato da "Carruagem" contém, no primeiro capítulo de *Ezequiel*[238].

---

que, no contexto da Alemanha dos anos vinte, "vagas dificuldades persistiam ainda, como longínquas nuvenzinhas em um belo céu de verão" e que elas assumiriam a forma da figura de Spinoza. Sobre a ligação do projeto de Strauss com esta crítica de um Rosenzweig que havia feito a economia de uma confrontação com Spinoza, à qual Hermann Cohen se arriscara, ver infra, cap. VII, p. 783-795.

237 "Noyau originaire [Núcleo original] de *L'Étoile de la Rédemption*", op. cit., p. 112.

238 O "relato da carruagem" (*maassé merkabá*), bem como o "relato da Criação" (*maassé bereschit*) pertencem aos "segredos da *Torá*" que a Tradição proíbe de divulgar sem grandes precauções (ver especialmente *Haguigá*, 11b, ou *Guitin*, 60b). Maimônides lembra este princípio já na introdução ao *Guia dos Perplexos*, ao passo que uma das questões decisivas colocadas pela obra é a de saber por que e sob qual forma ela acaba por dar uma interpretação da visão de Ezequiel (*Guia*, III, 6-7). Consulte a este respeito Leo Strauss, Le Caractère littéraire du *Guide pour les perplexes*, em *Maïmonide*, p. 218 e s. e infra, cap. VII, p. 865-874 e 845 n. 134. Sobre o conteúdo do livro de Ezequiel, ver infra, p. 460 n. 218?.

A seus olhos, é com ela que a Lei cessa de ser estranha às realidades do mundo para tornar-se a chave de seus enigmas, de modo que, no próprio momento em que se manifesta uma significação oculta das coisas, "o livro da Lei pode substituir, para o judeu, em certos aspectos, o livro da natureza ou o céu estrelado, onde os homens sempre julgaram poder ler o sentido da terra em signos inteligíveis". Dito de outro modo, porque a mística se dedica nessa ocasião à decifração do símbolo das ossadas ou da maneira como as palavras sobre o acabamento do mundo contêm o Nome Divino, um olho exercitado chega a apreender como toda a Criação está intercalada "entre o Deus judeu e a Lei judaica"[239].

É em outra noção da mística judaica que Franz Rosenzweig encontra uma concepção da Revelação conforme à sua interpretação do sentido do exílio. Entre o "Deus de nossos pais" e o "Resto de Israel", a mística intercalou a doutrina da Schekhiná: a ideia de Deus que se separa de si mesmo, desce sobre os homens e habita entre eles, partilhando do sofrimento de seu povo porque Ele se exila com ele "na miséria de mundos estrangeiros" (p. 483). Enquanto a antiga literatura judaica designava simplesmente pela noção de Schekhiná uma presença de Deus no mundo, a Cabala faz dela o vetor de um vasto drama cósmico em que a dispersão de Israel e a salvação de seu Resto simbolizam o exílio e a Redenção de Deus mesmo[240]. Assim, no sistema de Isaac Lúria, a queda de Adão acarretou uma dispersão das "centelhas" divinas que erram através do mundo e se escondem no fundo de toda realidade, como fagulhas de santidade dissimuladas sob a casca do mal que as envolve. É, portanto, ao homem que cabe reunir as

---

[239] Aqui (p. 482), Rosenzweig quer mostrar que, exprimindo a relação entre o Deus de Israel e a Lei, a doutrina da Merkabá simboliza a Criação cósmica. Para tanto, ele parece mesclar as mais antigas interpretações (anteriores à Cabala) da Carruagem Celeste como Trono de Deus a temas propriamente cabalísticos, que a associam à ideia da *Torá* como princípio de inteligibilidade imanente à natureza. Acerca do lugar da doutrina esotérica da Carruagem na primeira literatura mística, ver Gershom Scholem, *Les Origines de la Kabbale*, trad. J. Loewenson, Paris: Aubier-Montaigne, 1966, p. 27-33, e infra, cap. IV, p. 460-467. Sobre seus desenvolvimentos ulteriores, em consideração às significações ocultas da *Torá*, cf. Gershom Scholem, La Signification de la Loi dans la mystique juive, *Le Nom et les symboles de Dieu*, trad. M.-R. Hayoun e G. Vajda, Paris: Cerf, 1988, p. 101-149.

[240] Ver o importante estudo de Gershom Scholem sobre esta questão: *Shekhina*, les facteurs passifs et féminins dans la divinité, *La Mystique juive: Les Thèmes fondamentaux*, trad. M.-R. Hayoun, Paris: Cerf, 1985, p. 151-202. Acerca do conjunto dessas noções, sua história e sua significação mais precisa, ver infra, cap. IV, p. 497-506.

centelhas dispersas, para reintegrá-las ao seio da essência divina, da qual elas foram separadas. Nesse gigantesco processo de Reparação (*tikun*), o exílio de Israel aparece como a condição de uma obra que se confunde com a recomposição da unidade primordial. Quanto à Lei, ela perde em tal quadro seu aspecto de injunção a respeito de um estrito mandamento, para tornar-se instrumento graças ao qual o homem participa na restituição de toda coisa à sua essência transcendente, e depois na unificação de Deus com ele próprio[241].

Tais são as últimas perspectivas de *A Estrela da Redenção* quanto ao sentido da experiência judaica. Reunidas sob a noção da errância da Schekhiná, elas desenham, graças às categorias místicas, o processo de uma Revelação e depois de uma Redenção cósmicas que acabam por ligar as imagens primordiais do mundo, do homem e de Deus, de modo que a captação de um sentido último do ser possa coincidir com as camadas mais profundas da consciência religiosa. Aqui, aquilo que parecia uma espécie de orgulho do "Resto de Israel" assume uma forma universal: o sofrimento desse Resto, sua "constante necessidade de fazer cisão", sua dispersão mesmo entre as nações a tornam "uma habitação possível para o Deus exilado" (p. 483). Em outras palavras, ao passo que é Deus mesmo que se torna de alguma maneira dependente de uma Redenção cujas condições de possibilidade estão em mãos do homem, sua relação com o Resto "remete para além dela mesma", porquanto "o 'exclusivamente judaico' é transfigurado para converter-se na verdade que resgata o mundo" (p. 484). Nesse sentido, o que está em jogo definitivamente entre o judaísmo e a Lei não é a aplicação passiva de um mandamento rígido, mas o próprio processo da Redenção: um sem-número de fagulhas divinas estão disseminadas por todo o universo; mas o homem judeu as juntará, arrancando-as de sua dispersão, a fim de reconduzi-las um

---

241 A maneira como Franz Rosenzweig mobiliza as categorias da Cabala poderia ser recolocada no coração de um conflito entre a mística e a filosofia na tradição judaica cuja forma é reconstruída sistematicamente por Leo Strauss e Gershom Scholem (ver infra, cap. IV, p. 455-460). Para este último, a teoria das *mitzvot* da mística é superior à dos filósofos do ponto de vista da capacidade de "aumentar o entusiasmo do fiel por sua prática efetiva", enquanto aos olhos de Strauss a questão é saber em que medida suas especulações contribuem para relativizar o conteúdo da Lei. A perspectiva aqui delineada por Rosenzweig poderia ser entendida como uma busca de compromisso nesse conflito. Restaria indagar se é aceitável, tanto do ponto de vista da mística, tal como Scholem o reconstruirá, quanto do da filosofia clássica do judaísmo redescoberto por Strauss através de Maimônides.

dia para junto "Daquele que se despojou de sua glória". Como que lançando em um abismo o conjunto do livro por meio de uma fórmula que poderia ser a sua última palavra, Franz Rosenzweig pode então escrever: "Na mais profunda estreiteza do coração judeu brilha a Estrela da Redenção".

Esta última justificativa do título não marca, todavia, completamente o fim da obra. Em algumas páginas que ainda se seguem, Franz Rosenzweig retorna, uma última vez, à eterna oposição do judeu e do cristão, para mostrar que, apesar de sua rivalidade mimética, eles são "operários que trabalham para a mesma obra": a de uma Verdade cuja essência é a de permanecer "em partilha" (p. 490). Vem enfim o "pórtico" terminal, que não é como se poderia imaginá-lo, nem uma recapitulação, nem sequer, a bem dizer, uma conclusão, porém uma oferta de abertura que pretende ser infinita. Requerido na arquitetura do livro pela "transição" e depois pelo "limiar", que prolongavam as duas primeiras partes, escavando como eles na materialidade mesma do texto uma fuga para fora de seu quadro, ele prepara uma forma de surpresa, anunciando de algum modo que a especulação deve doravante obliterar-se em proveito da existência: "Mas para qual destinação se abrem, portanto, os batentes do pórtico? Tu não sabes? Para a vida"[242]. Confirmado, por sua vez, pela maneira como o texto programático sobre "O novo pensamento" convida a continuar a filosofar "para além do livro" por "um mergulho no quotidiano da vida", tal disposição parece haver coincidido, para Rosenzweig, com um sentimento de conclusão de uma parte de sua tarefa. É, em todo caso, o que ele confiava a Martin Buber no momento mesmo em que terminava *A Estrela*:

> Tenho o sentimento irrefutável de haver feito o balanço definitivo de minha vida intelectual e que tudo o que escreverei mais tarde só poderá ser da ordem do suplemento, dos textos de circunstância ou de resposta a solicitações externas. Entreguei a parte mais autêntica de mim mesmo, tanto quanto é possível fazê-lo em um livro. É tão somente na vida, e não mais na escritura, que vejo para mim um porvir[243].

---

242 Impressas na última página de modo que elas desenhem o último vértice de um triângulo, essas três frases formam efetivamente as últimas palavras de *A Estrela da Redenção*.
243 Carta a Martin Buber (fim de agosto de 1919), *Briefe und Tagebücher*, II, p. 645. Ver também o fim de *La Pensée nouvelle*, op. cit., p. 61-63.

Se pensarmos que menos de três anos após esta confidência Franz Rosenzweig devia tomar conhecimento da natureza de uma doença que o privaria progressivamente da maioria dos atributos da vida, a reconstrução de seu sistema corre o risco de ser capturada pelas feições trágicas que a existência de seu autor tomou. Para manter à distância a imagem tenaz de uma espécie de fatalidade, cumpre lembrar que ele continuará a desenvolver uma considerável atividade intelectual, efetivamente centrada nos suplementos juntados ao texto de A Estrela e depois articulada em torno da tradução da Bíblia e dos problemas que a isso se ligavam. Mas deve-se sublinhar, sobretudo, o fato de que antes mesmo de haver-se revelado o mal que iria arrebatá-lo, Rosenzweig organizara o conjunto de seus projetos a partir de posições definidas em sua última obra. Fortemente arrimado na experiência da Diáspora, é tendo em vista a significação concedida ao exílio em A Estrela que ele concebe e depois conduz a Lehrhaus: como contribuição à invenção de uma forma moderna do estudo, que deve preservar a vitalidade das periferias do judaísmo no momento em que este sonha reencontrar para si um centro na Palestina. De maneira similar, a tradução da Escritura encetada com Martin Buber visa, para ele, renovar o "milagre das núpcias do espírito" que o encontro de duas línguas representa. Como se, ainda aí, o mais urgente fosse proteger de toda "catástrofe" produzida pela história o liame que mantém o povo com seu Livro na linguagem de sua vida lá onde ela se desenvolve, mais do que de lhe oferecer a ilusão de uma existência nacional[244]. Atada uma à outra pelas análises de A Estrela que descrevem uma interdição feita ao judeu de arraigar-se em um solo, ainda que fosse de sua própria língua, esses dois empreendimentos partilham, pois, da preocupação de manter aquilo que Rosenzweig não hesita em chamar de uma "anormalidade": a necessidade metafísica de fazer do elemento nacional "uma função do elemento religioso", para uma experiência do mundo que deve permanecer a de uma "minoria"[245].

---

244 Ver L'Écriture et Luther, op. cit., p. 63-64. Sobre o conjunto deste empreendimento, suas intenções e as explicações que acompanham sua realização, ver infra, cap. v, p. 592-634. Lembremos, todavia, que as notas de trabalho de Rosenzweig foram recolhidas e reunidas nos *Arbeitspapiere zur Verdeutschung der Schrift* (ver supra, nota 5).
245 Ver o artigo Néo-hébreu?, op. cit., p. 30.

Ao mesmo tempo em que Franz Rosenzweig se empenhava em mostrar que *A Estrela da Redenção* era um "sistema de filosofia" antes de ser um "livro judeu", ele se confessava igualmente persuadido de que sua obra não seria recebida de outro modo senão a título póstumo e depois queria libertar-se das antecipações sobre sua influência no universo alemão ao qual ele a destinava[246]. Poder-se-ia dizer que adveio desse livro algo que se assemelha ao que seu autor havia constatado a propósito de *Hegel e o Estado*: teve de sofrer o desmoronamento do mundo que o vira nascer antes mesmo de ter tido o tempo de produzir aí seus efeitos: em se tratando ao mesmo tempo de um "novo pensamento" que pretendia devolver à existência seus direitos contra as abstrações do idealismo e de uma reflexão sobre a experiência judaica nutrida pela confiança nas virtudes da dispersão entre as nações. Sobre o primeiro desses planos, é preciso, todavia, juntar um fenômeno singular. Assim como mostra Jürgen Habermas, porque ele opunha à lógica do idealismo uma redescoberta da linguagem como órganon do conhecimento, "um judeu antecipou Heidegger, o *philosophus teutonicus*"[247]. Ora, a despeito de semelhanças impressionantes entre certas teses fundamentais do *Sein und Zeit* (*Ser e Tempo*) e as de *A Estrela*, Heidegger jamais mencionou, ainda que fosse apenas o nome, Rosenzweig. Quanto a este último, é duvidoso que ele tenha realmente tomado conhecimento das análises de Heidegger, salvo por um viés de um eco indireto da controvérsia deste com Ernst Cassirer, em Davos[248]. Forçoso é, pois, constatar que, se o

---

246 Ver, respectivamente, as cartas a Rudolf Ehrenberg (não datada, provavelmente do fim de fevereiro de 1916) e a Gertrud Oppenheim, de 1 de maio de 1917, *Briefe und Tagebücher*, I, p. 185 e 400, em que Rosenzweig escreve, antes mesmo de ter redigido *A Estrela* e em uma forma que só pode ser então metafórica: "Meu *verdadeiro* livro aparecerá somente como *opus posthumum*; não quero ter de defendê-lo nem conhecer sua 'influência'", pois 'eu não falarei verdadeiramente senão após a minha morte [...], eu coloco minha vida inteira sob o signo desta 'postumidade'".
247 Jürgen Habermas, L'Idéalisme allemand et ses penseurs juifs, *Profils philosophiques et politiques*, trad. F. Dastur, J.-R. Ladmiral e M. B. de Launay, Paris: Gallimard, 1974, p. 58.
248 Alguns meses antes de sua morte, Rosenzweig redigiu, nas condições que se sabe, um texto intitulado Vertauschte Fronten (*Zweistromland*, p. 235-238), no qual sugere que, paradoxalmente, é Heidegger e não Cassirer que representava em Davos a filiação de Cohen no "novo pensamento". Cumpre, todavia, precisar que ele dispunha, a propósito deste encontro, apenas de informações longínquas: as fornecidas por uma resenha do suplemento universitário da *Frankfurter Zeitung*. Ver Franz Rosenzweig: Fronts inversés, trad. M. B. de Launay, *Philosophie*, n. 18, primavera de 1988, p. 89-92. No estudo supracitado, Habermas defende a visão inversa do "front", que parece razoável. Para uma análise mais técnica das proximidades e

desejo de Rosenzweig era, de fato, fazer de *A Estrela* um "presente" que o espírito alemão ficaria a dever ao seu "enclave judaico", como ele escreveu a Rudolf Hallo, em 1923, seria preciso esperar 1961 para que esse livro fosse reconhecido como tal, após um longo eclipse, graças ao estudo de Jürgen Habermas sobre "O idealismo alemão e seus pensadores judeus".

No universo do judaísmo, o trabalho da obra de Franz Rosenzweig não é menos paradoxal. Como sugeriu Emmanuel Lévinas, é, sem dúvida, porque ela traz mais do que qualquer outra o *"frisson* do Retorno", e depois uma maneira de repensar a Tradição a partir de um "Extremo-Ocidente", que o empreendimento de Rosenzweig pôde precisamente representar para as gerações posteriores à Schoá e à criação do Estado de Israel um modelo da *intelligentsia* judaica ocidental[249]. Aos olhos daqueles entre seus contemporâneos que se lhe opuseram sobre as questões do sionismo, do estatuto da Lei ou, ainda, da relação com a cultura alemã, são, em compensação, as formas de seu "retorno" que continuavam a ser problemáticas. Mas as coisas são tanto mais estranhas quanto aqueles que situavam sua *démarche* numa relação crítica com a dele, persistiam em oferecer diagnósticos opostos sobre esta. Assim, quando Leo Strauss traça de novo sua própria biografia intelectual, ele sublinha o impacto da renovação teológica e filosófica imposta por Rosenzweig ao pensamento judeu-alemão dos anos de 1920. Resta que seu itinerário pessoal parece construir-se ao sabor de uma descoberta progressiva dos limites do retorno de Rosenzweig ao judaísmo: é que as análises de *A Estrela* oferecem formas de um acesso inédito à Tradição, mas, ao mesmo tempo, esse acesso produz uma alteração da Lei no fim similar à dos liberais. Detectando assim no sistema de Rosenzweig uma construção demasiado frágil para resistir aos assaltos do ateísmo moderno, e depois a variante decisionista do "novo pensamento" apresentado em Heidegger, é contra o pensamento judaico medieval, e singularmente contra Maimônides, que se volta Leo Strauss: para reatar o fio de uma aliança problemática entre razão e Revelação.

Se uma falta de compreensão dos contornos da Tradição, característica das ilusões de um liberalismo judaico herdado das Luzes, é que afasta

---

das diferenças de *A Estrela da Redenção* e *Sein und Zeit*, ver o grande estudo de Karl Löwith: Martin Heidegger et Franz Rosenzweig: Un Mot après *Être et temps*, trad. G. Petitdemange, *Le Cahier du Collège international de philosophie*, n. 8, outubro de 1989, p. 161-195.

249 "Franz Rosenzweig: Une Pensée juive moderne", op. cit., p. 76-77.

Leo Strauss de Rosenzweig, a crítica que Gershom Scholem lhe opõe finamente parece visar, ao contrário, um excesso de ortodoxia. Acentuando, de sua parte, a proximidade entre as posições do autor de *A Estrela* e as dos conservadores, sugerindo haver nele uma espécie de fascínio persistente pelo cristianismo, censura-lhe querer de maneira demasiado explícita fixar a Tradição: ao risco de transformar o judaísmo em Igreja. No âmago desse motivo, reside por certo a hostilidade de Rosenzweig ao sionismo, que sempre separara os dois homens. A isto se adiciona, todavia, o fato de que *A Estrela* parecia aos olhos de Scholem asseptizar o messianismo ao lhe tirar, ao modo clássico dos filósofos, sua ponta apocalíptica, o que ele resume numa fórmula deliberadamente enigmática: "Se é verdade que o relâmpago da Redenção ameaça o judeu pelos caminhos do mundo, o judeu é como o para-raios que protege o mundo contra seus efeitos destruidores"[250]. Embora Scholem não pudesse imaginar o próximo apocalipse no momento em que escrevia estas linhas, em 1930, é ainda sob uma forma velada e indireta que exprime, trinta anos mais tarde, o fundo de seu pensamento. Em um texto de 1961, que presta homenagem a Martin Buber pelo término de sua tradução da *Bíblia* começada com Rosenzweig, evoca aquilo que produzia, no entanto, a ambiguidade de tal empreendimento: conduzido por um sionista e por um antissionista, este representaria um dia "o *Gastgeschenk* (presente de hospitalidade) que o judaísmo alemão teria deixado ao povo alemão, como a expressão simbólica de sua gratidão

---

[250] Sur l'édition de 1930 de *L'Étoile de la Rédemption* de Rosenzweig, op. cit., p. 454. Scholem manterá sempre sua crítica ao aspecto "eclesiástico" do judaísmo de *A Estrela*. Ver sua entrevista com Muki Tsur, *Fidélité et utopie: Essais sur le judaïsme contemporain*, trad. M. Delmotte e B. Dupuy, Paris: Calmann-Lévy, 1978, p. 40-41. Rosenzweig alimentava, de sua parte, o sentimento de que o sentido de *A Estrela* não fora perfeitamente compreendido até entre seus próximos. Ver notadamente o eco das reações de Martin Buber e Rudolf Hallo em duas cartas: a Edith Rosenzweig, de 4 de janeiro de 1922, a Rudolf Hallo, ele próprio, de 4 de fevereiro de 1923, *Briefe und Tagebücher*, II, respectivamente p. 736-737 e 888-890. Quanto a Walter Benjamin, que não pertencia ao círculo dos íntimos, ele se utilizou de uma fórmula ambígua para manter seu julgamento sob reserva junto a Scholem: "Este livro, devido, sem dúvida, à sua estrutura, expõe necessariamente o leitor não prevenido ao perigo de superestimá-lo" (ver sua carta a Gershom Scholem, de 8 de novembro de 1921, em *Correspondance 1910-1928*, trad. G. Petitdemange, Paris: Aubier, 1979, p. 258). Um ano mais tarde, fazendo uma visita a Rosenzweig ao ficar sabendo de sua doença, Benjamin lhe fala da "importância" e dos "perigos" de seu livro, e depois confirma a Scholem que o autor de *A Estrela* continua a ver nele, Benjamin, "uma instância hostil" (carta de 30 de dezembro de 1922, idem, p. 271).

depois de haver deixado o país"[251]. Sabemos como o *Gastgeschenk* se transformaria em pedra tumular de uma relação para sempre aniquilada. A esse respeito, Scholem insinua cortesmente aquilo que Jacques Derrida chama explicitamente de a "suspeita do cenotáfio", para significar a última ilusão de um mundo perdido do judaísmo europeu: "Esta voz viva que vós quisestes fazer vibrar no seio da língua alemã, ela se velou. Encontrar-se-á alguém para ouvi-la ainda?"[252].

Sem dúvida, em se tratando de Franz Rosenzweig, assim como de Hermann Cohen, é preciso evitar a armadilha de efetuar um julgamento da obra tendo por medida acontecimentos que ela não podia conceber. Nessa perspectiva, Emmanuel Lévinas concede à ideia defendida em *A Estrela*, de um judaísmo que garante sua eternidade por sua exterioridade à história, a graça de ter pressentido como "Israel conserva o poder de sobreviver a todas as desintegrações e a todas as expulsões"[253]. Outros poderão ir a ponto de descobrir na reinterpretação da doutrina do Resto o fundamento de uma teologia para o judaísmo sobrevivente da Schoá. Como quer que seja no tocante a tal possibilidade, parece que do legado de Franz Rosenzweig subsiste um duplo paradoxo. No plano de uma história da filosofia contemporânea, sabe-se que, alargando um sulco já aberto pelo último livro de Hermann Cohen, *A Estrela da Redenção* conduz para o pensamento de Emmanuel Lévinas: essencialmente por sua maneira de opor às verdades hegelianas da história como assunção do ser a intriga de uma responsabilidade para com outrem surgida com a visão de seu rosto e depois desdobrada como traço de uma escatologia da paz messiânica. No entanto, se o prefácio de *Totalidade e Infinito* indica que Rosenzweig está demasiado presente para ser citado, essa abertura introduz igualmente a discreta nuance de uma reserva que o aproxima por um instante de Hei-

---

[251] Gershom Scholem, L'Achèvement de la traduction de la Bible par Martin Buber, em *Le messianisme juif*, p. 446. Sobre o sentido mais preciso desta crítica e a recepção deste trabalho, ver infra, cap. v, p. 627-628.

[252] Idem, p. 447, e Jacques Derrida, *Le Monolinguisme de l'autre*, Paris: Galilée, 1996, p. 98, numa longa e preciosa nota sobre as relações do judaísmo alemão com a língua (a última fórmula de Scholem está citada na tradução de Jacques Derrida).

[253] "Franz Rosenzweig: Une Pensée juive moderne", op. cit., p. 95. Lévinas nota, todavia, com Scholem, que *A Estrela* tematiza esta sobrevida ao suprimir a dimensão apocalíptica do messianismo: "visto que desde já a Comunidade judaica dos fiéis está junto do Senhor e que as catástrofes do fim lhe são poupadas" (idem, p. 89).

degger, para melhor os separar em seguida: "Este livro se apresenta, portanto, como uma defesa da subjetividade, mas ele não a apreenderá ao nível de seu protesto puramente egoísta contra a totalidade, nem em sua angústia perante a morte, porém como fundado na ideia do infinito"[254]. Dito de outro modo, se A Estrela representa realmente o lugar de uma ruptura definitiva com o domínio da ontologia no discurso da filosofia ocidental, ela esperava ainda uma distinção entre o absoluto e o infinito: operação em que estão em jogo definitivamente, para Lévinas, o estatuto da alteridade, e depois a capacidade de a consciência julgar a história.

No que concerne, enfim, à questão das relações do judaísmo com a experiência do mundo, quem saberia dizer o que prevalecia em capacidade de antecipação: as prevenções de Franz Rosenzweig contra os riscos de banalização da vida judaica em que o sionismo incorria ou a vigilância de Gershom Scholem contra as ilusões da "simbiose judeu-alemã"? Fica-se tentado a dar razão a Scholem quando afirmou, em 1922, que o judaísmo da Diáspora "se encontrava em estado de morte clínica e que somente 'là-bas' ele recobrará vida"[255]. A experiência do encontro com a história que a aventura do Estado de Israel oferece, pode ela, apesar de tudo, dar uma forma de atualidade às palavras de Rosenzweig sobre o perigo das seduções do solo e do enraizamento? O próprio Scholem parece tê-lo pensado muito cedo quando quis reparar o golpe infligido a Rosenzweig por ocasião da discussão noturna que os opusera, ofertando-lhe sua inquieta meditação sobre a atualização da língua hebraica. Além do remorso pessoal, essa confissão oferece, sem dúvida, um símbolo. Por um lado, Scholem continuará sempre a considerar que A Estrela simplificava as realidades de um judaísmo, cuja dialética interna, entre o perigo e o salvamento, ele, de sua parte, auscultava. Ao mesmo tempo, a crítica interna da aventura sionista, que ele perseguia incansavelmente em uma linguagem cada vez mais alegórica, conserva talvez o traço da preocupação de Rosenzweig:

---

254 Emmanuel Lévinas, *Totalité et infini: Essai sur l'extériorité*, Haia: Martinus Nijhoff, 1961, 4. ed., 1984, p. XIV. Sobre esta filiação e esta reserva, ver infra, cap. IX, p. 1067-1072 e 1082-1088.
255 Esta fórmula, Rosenzweig a toma de empréstimo a Scholem numa carta a ele dirigida. Ela provém de uma carta anterior de Scholem à qual ele responde, mas que não aparece na sua correspondência geral. Ver a missiva de Rosenzweig a Scholem, de 6 de janeiro de 1922, em *Briefe und Tagebücher*, II, p. 741.

como se os dois homens se reencontrassem secretamente no tocante à ideia de uma temível coerção para a secularização própria do judaísmo contemporâneo[256].

Quando Julius Guttmann acrescentou à edição definitiva de sua *História das Filosofias Judaicas* um capítulo conclusivo consagrado a Franz Rosenzweig, julgou provável que o pensamento deste último não pudesse sobreviver à destruição do judaísmo alemão pelos nazistas: seus amigos e discípulos dispersos através do mundo poderiam assegurar a irradiação do autor de *A Estrela* pela própria existência deles, mas sem real esperança de transmitir a tocha às novas gerações[257]. Em certo sentido, a profecia pessimista de Julius Guttmann parece hoje estar desmentida. Como nota Emmanuel Lévinas, uma das razões é, sem dúvida, que a obra de Rosenzweig afirma uma noção inédita da religião, que não é feita nem de crenças nem de dogmas, mas de eventos, de paixão e de ardor: outros tantos motivos suscetíveis de encontrar mais do que nunca seu eco no seio de um judaísmo europeu "assimilado e agnóstico"[258]. A isto se soma que sobre as ruínas deixadas pela história do século XX é, talvez, pelo viés de sua abordagem da relação judeu-cristã que *A Estrela* traçou para si um segundo caminho de reconhecimento. Sobre esse terreno, ela parece persistir em ofertar uma liga de clareza e de mistério propícia às reapropriações, ainda que sejam

---

[256] Ver, neste sentido, em Rosenzweig uma observação da carta a Rudolf Hallo, de 4 de fevereiro de 1923, segundo a qual a eternidade do judaísmo requer uma capacidade para "sempre secularizar-se de novo" (idem, p. 890). Como bom dialético, Scholem é mais prudente quando se explica a este respeito meio século mais tarde: "Eu sempre considerei a passagem pela secularização como necessária, inevitável. Mas não creio que a visão secular do sionismo seja a visão última, a última palavra da questão [...] Um retorno direto, não dialético, ao judaísmo tradicional é impossível, historicamente falando" (colóquio citado, em *Fidélité et utopie*, p. 54). Ver infra, cap. IV, p. 563-566

[257] Ver Julius Guttmann, *Histoire des philosophies juives*, p. 492. Falando dos filósofos da velha geração que continuavam a difundir o pensamento de Rosenzweig, Guttmann pensa, por certo, em alguns que lhe são próximos, como Ernst Simon ou Nahum Glatzer, mas também, sem dúvida, em seu colega da Universidade Hebraica de Jerusalém, Nathan Rotenstreich. Deste último, ver *Jewish Philosophy in Modern Times: From Mendelssohn to Rosenzweig*, New York/Chicago/San Francisco: Holt, Rinehart and Winston, 1968. Não é impossível que Guttmann se alinhe na categoria dos fiéis de Rosenzweig, recordando-se do tempo em que dirigira a Akademie für die Wissenschaft des Judentums, herança de Cohen e Rosenzweig.

[258] "Franz Rosenzweig: Une Pensée juive moderne", op. cit., p. 88. É inútil precisar que é esta coincidência que nutre a reserva de Leo Strauss.

contraditórias. De um lado, ela parece em nada ceder às expressões mais vivas da controvérsia com Eugen Rosenstock, como quando ela mantém esta análise do "ódio cristão em relação aos judeus" até nas suas últimas páginas: "Isto não é outra coisa senão o ódio a si próprio, dirigido contra o aguilhão insuportável que o exorta ao silêncio, e que, no entanto, só aguilhoa, por sua existência, o ódio contra sua própria incompletude" (p. 486-487). No entanto, sabemos que ela corrige esta perspectiva de uma eterna "inimizade" pela visão do judeu e do cristão como dois operários de uma mesma obra, por uma verdade que lhes pertenceria em partilha.

Deve-se pensar que Franz Rosenzweig praticava acerca deste tema uma espécie de escritura esotérica, expondo à plena luz o motivo da complementaridade na lembrança das perseguições passadas, ou um pressentimento daquelas que adviriam, mas reservando a um discurso oculto o segredo de sua tese? Caberia imaginar, ao contrário, que uma tensão não resolvida permaneceu nele como uma brecha jamais fechada por completo de sua tentação de converter-se ao cristianismo que traçaria o limite invisível de seu retorno? Pode-se, enfim, conceber que ele assumia até as últimas consequências filosóficas e teológicas a ideia de *A Estrela* segundo a qual "é a essência da verdade estar em partilha" (p. 490)? Para além do drama de sua existência e de sua estranha imbricação na trama dilacerada da época, essas últimas questões designam um enigma tenaz do pensamento de Franz Rosenzweig que retornará talvez a uma nova geração de leitores.

TRAD. J. GUINSBURG

III. Walter Benjamin (1892-1940):
O Anjo da História
e a Experiência do Século

Ninguém pode sugerir melhor a extrema dificuldade da obra de Walter Benjamin do que seu mais seguro intercessor: Gershom Scholem. Em uma passagem de *História de uma Amizade*, ele conta que Benjamin gostava de dizer o quanto a introdução a seu livro sobre a origem do drama barroco alemão era inacessível a quem ignorasse a Cabala[1]. Algumas linhas mais adiante, Scholem acrescenta que ele já considerava, na época, que a compreensão desta última requer para os contemporâneos a passagem pela obra de Kafka. Sabe-se, enfim, do velho interdito que proíbe o estudo da literatura mística antes dos quarenta anos... Da inscrição secreta de Walter Benjamin nesse círculo encantado da mística judaica Gershom Scholem traz múltiplos testemunhos, que contribuem para prevenir contra um número muito grande de interpretações contraditórias, sublinhando, ao mesmo tempo, a feição enigmática de um pensamento em tensão entre o

---

1 Ver Gershom Scholem, *Walter Benjamin: Histoire d'une amitié* (1975), trad. P. Kessler, Paris: Calmann-Lévy, 1981, p. 146 (trad. bras.: G. Scholem, *Walter Benjamin: A História de uma Amizade*, trad. de Geraldo Gerson de Souza, Natan Norbert Zins e J. Guinsburg, São Paulo: Perspectiva, 1989).

sistema e o brilho. Evocando as discussões de juventude que já concerniam às questões do mito e da violência, do direito e da justiça, da história e da linguagem, ele menciona a seguinte frase de Benjamin: "No dia em que eu tiver minha filosofia, esta será, de certa maneira, uma filosofia do judaísmo"[2]. No momento em que restitui a época da redação do grande comentário sobre as *Afinidades Eletivas*, ele se recorda também de lhe ter dito um dia sob a forma de uma tirada: "É você que deveria tornar-se de novo Raschi"[3].

Além de trazer o testemunho de uma fidelidade exemplar, a *História de uma Amizade* descreve o estranho movimento de uma relação em que o mais novo se torna progressivamente o mestre daquele que o havia precedido na reflexão, antes de representar o ponto fixo, mas longínquo, de uma existência entregue ao exílio, depois o sobrevivente e o guardião de uma obra ameaçada de destruição, de dispersão ou simplesmente de esquecimento[4]. Quando rememora os primeiros encontros, Scholem sublinha a poderosa energia de pensamento que emana de Walter Benjamin, sua maneira de andar de um lado para o outro, a passos largos, falando do "retiro de um filósofo", que é o quarto onde habita em Berlim, ou com o olhar fixo em um ponto do teto, nos debates públicos. Cinco anos mais velho, o

---

2   Idem, p. 45.
3   Idem, p. 134.
4   Scholem, em toda a sua vida, consagrou infatigável energia à tarefa de velar pela sorte da obra de Walter Benjamin. Assim, durante os mais de quarenta anos que separam sua própria morte do desaparecimento de seu amigo, não houve quase mês em que o nome dele não aparecesse nas cartas que escreveu. Ao lado de Hannah Arendt e, sobretudo, de Adorno, assim como para a edição da Correspondência, ele multiplicou as intervenções em favor da salvação dos textos, de sua publicação e daquilo que julgava ser sua justa interpretação. A título de ilustração, pode-se mencionar que, desde 1942, ele se inquieta junto a Adorno sobre o destino do *Nachlass* (ver sua carta de 27 de março de 1942, em Gershom Scholem, *Briefe I, 1914-1917*, München: C. H. Beck, 1994, p. 286-288), assim como procederá mais tarde com Hannah Arendt (ver as cartas de 6 de agosto e 16 de dezembro de 1945, idem, p. 302-305 e 305-309). Dezenas de cartas acompanham, em seguida, por mais de vinte anos, o trabalho que devia levar ao início da publicação dos *Gesammelte Schriften*, sob o cajado de Rolf Tiedmann. Mas Scholem alimentava também uma discreta desconfiança em relação a Adorno e ao que ele julgava ser uma apropriação póstuma da obra de Benjamin pela Escola de Frankfurt. Uma carta a Adorno, de 8 de fevereiro de 1968 (Gershom Scholem, *Briefe II*, München: C. H. Beck, 1995, p. 201-206) expõe claramente o conflito de legitimidade a respeito da interpretação filosófica de Benjamin. Após a morte de Adorno, em 1969, Scholem continuará a apresentar suas informações e a justificar suas próprias interpretações junto a uma multidão de correspondentes (ver, entre outras, as séries de missivas ao escritor Soma Morgenstern, do início de 1973, especialmente as de 29 de março e 5 de abril, em Gershom Scholem, *Briefe III*, München: C. H. Beck, 1999, p. 64-65 e 69-72).

jovem boêmio, amante da literatura, frequentava os meios filosóficos, mas dizia-se decepcionado com o ensinamento de Rickert, apaixonava-se pelo problema do juízo sintético *a priori*, porém confessava não ter ultrapassado a "dedução transcendental" da *Crítica da Razão Pura*. Mais preocupado com o futuro de uma juventude para a qual ele se arriscará em breve a escrever uma metafísica do que com o passado da tradição judaica, permanece à parte dos movimentos sionistas, porém se diz fortemente impressionado com o relato das "cinquenta portas da sabedoria", todas abertas diante de Moisés, segundo o *Talmud*, salvo a última. Quatro anos mais tarde e passada a guerra, à qual ambos escaparam, Scholem confirma a diferença entre eles: um se consagrou essencialmente ao *lernen*, esse sentido do estudo mais preciso em ídiche do que em alemão; e o outro desdobrou a multidão de suas leituras e deu expressão em suas cartas a um turbilhão de ideias, a ponto de adquirir uma postura "por assim dizer profética"[5].

Resta que bem depressa a feição dessa amizade começa a transformar-se. Rapidamente decidido a instalar-se na Palestina, Gershom Scholem já sabe que o aprendizado da matemática, que poderia ajudá-lo a viver, dará lugar cada vez mais às horas devotadas ao hebraico, à leitura do *Talmud* e, sobretudo, à descoberta dos universos ocultos da mística judaica. Emancipando-se, quase que por um mesmo movimento de uma imagem do pai que Kafka descreve na mesma época, do mal-estar em relação à falsa consciência do judaísmo assimilado e, depois, do conflito entre as heranças contraditórias da cultura alemã e da tradição judaica, ele se torna aquele a quem Walter Benjamin propõe questões, mas que responde com outras questões. Quanto ao próprio Benjamin, este prossegue no lento movimento do ciclo de seus estudos alemães, antes de inaugurar, na época da partida de Scholem para Jerusalém, uma série de anúncios, sempre diferidos, de aprender o hebraico a fim de ir instalar-se com seu amigo no "velho país novo". Já em 1920, havia proclamado sua intenção de se desviar do universo europeu para se consagrar às coisas judaicas, imaginando o alcance incalculável que teria o fato de querer "entrar no hebraico"[6]. Porém, oito anos mais tarde, reconhece

---

5 Gershom Scholem, *Histoire d'une amitié*, p. 63.
6 Carta a Scholem, de 29 de dezembro de 1920, em Walter Benjamin, *Correspondance I (1910-1928)*, trad. G. Petitdemange, Paris: Aubier, 1979, p. 229. A correspondência de Benjamin foi editada sob a direção de Scholem e Adorno, ao passo que cada uma de suas respectivas correspon-

ainda que o tempo dedicado às coisas alemãs ou francesas, como a tradução de Proust após a de Baudelaire, forma "como que uma muralha erigida em torno" do universo judeu[7].

Em um sentido, essa confissão poderia resumir toda a vida de Walter Benjamin, em redor de uma das tensões que a atravessa: entre o profundo desejo de instalar-se nos estudos hebraicos e a preocupação de sempre proteger os empreendimentos em curso contra a rachadura que tal decisão acarretaria. No entanto, a discreta alusão à metáfora de uma sebe a cercar a *Torá* deve despertar a atenção para a relação enigmática de Benjamin com a tradição judaica. À superfície das coisas, a nova expressão da amizade com Gershom Scholem parece desenhada através da correspondência desde a metade dos anos vinte do século passado. Antes mesmo de sua partida para Jerusalém, em 1923, Scholem é aquele que sabe ler as "letras miúdas" dos comentários da *Torá* e do *Talmud*, enquanto Benjamin ignora a própria língua que permite chegar a eles, o que equivale a uma confissão: "Eu não tomei conhecimento do judaísmo vivo a não ser na exclusiva forma que ele encontrou em você"[8]. Na mesma época, confia a outro correspondente a seguinte confidência: "Eu jamais pude buscar e pensar de outro modo senão em um sentido, se ouso assim falar, teológico, isto é, de conformidade com a doutrina talmúdica dos quarenta e nove degraus de significação de cada passagem da *Torá*"[9]. Scholem sabe então melhor do que ninguém o quanto os textos já publicados por Benjamin podem efetivamente decorrer de tal perspectiva: quer se trate da tese sobre o drama barroco, do impressionante estudo a respeito da linguagem, do ensaio sobre a tarefa do tradutor ou ainda de um artigo consagrado a

---

dências com ele foram publicadas separadamente: Walter Benjamin/Gershom Scholem, *Briefwechsel, 1933-1940*, Frankfurt-am-Main: Suhrkamp, 1980; Theodor W. Adorno/Walter Benjamin, *Briefwechsel, 1928-1940*, Frankfurt-am-Main: Suhrkamp, 1995. Além do fato de oferecerem as cartas de Scholem e Adorno, esse dois últimos volumes contêm, outrossim, um grande número de cartas de Benjamin que pareciam perdidas por ocasião do estabelecimento da correspondência (ver infra, cap. IV, nota 8). Em compensação, o essencial das cartas de Scholem a Benjamin, anteriores a 1933, parece definitivamente perdido: restam apenas extratos citados por Scholem nos diferentes textos sobre seu amigo.

7 Carta a Scholem, de 11 de março de 1928, idem, p. 420. A alusão é aos *Pirkei Avot*, I, 1: "fazei uma sebe para a *Torá*".
8 Carta a Scholem, de 25 de abril de 1930, *Correspondance II (1929-1940)*, p. 34.
9 Carta a Max Rychner, de 7 de março de 1931, idem, p. 44. De maneira significativa, Benjamin envia logo uma cópia desta carta a Scholem.

Karl Kraus. Mas ele percebe também o perigo que ameaça, a seus olhos, a obra de seu amigo, bem mais do que um conhecimento imperfeito do judaísmo: a atração por um marxismo, no caso, mediatizado pela influência crescente de Brecht.

Já em 1931, Gershom Scholem expõe, sob a forma de uma irônica reprimenda, o defeito que ele procurará doravante conter em Benjamin: "Você não será, sem dúvida, a última vítima, mas talvez *a mais incompreensível*, da confusão entre religião e política, quando se podia esperar que você, mais do que qualquer outro, as iluminasse com nitidez em sua justa relação. Mas, como tinham o costume de dizer os velhos judeus espanhóis, o que o tempo pode, a razão pode também"[10]. É pouco dizer que faltou a Walter Benjamin o tempo para corrigir a distorção sublinhada por Scholem entre os dois horizontes de seu pensamento, e a gente corre sempre o risco de esquecer sua dimensão inacabada. Seria por falta de tempo que a razão de Benjamin permaneceu irrealizada: em sua tensão entre o universo de um judaísmo interrogado a partir de algumas questões provenientes da Tradição por intermédio de Scholem e a visão de um marxismo proposto como meio para abrir o acesso a um futuro verdadeiramente resgatado? De outra maneira, será que se poderia considerar que essa dupla polaridade já estava, de certo modo, contida no breve "Fragmento Teológico-Político", que afirma duas coisas essenciais aos olhos de Benjamin no começo dos anos de 1920: a certeza segundo a qual "somente o Messias, ele mesmo, acaba com todo o devir histórico", de sorte que "a ordem do profano não pode ser construída sobre a ideia do reino de Deus"; o fato de que esta mesma ordem pode, não obstante, "favorecer o advento do reino messiânico", na medida em que a trajetória de sua ação chega a impelir aquela pela qual a

---

10   Carta de Scholem a Benjamin, de 30 de março de 1931, em Walter Benjamin, *Correspondance II*, p. 48. Esta carta responde à cópia daquela citada precedentemente, assim como a uma carta de Benjamin a Brecht, ela também transmitida a Scholem. O propósito desta última diz respeito ao ensaio de Benjamin sobre Karl Kraus (ver Karl Kraus, trad. R. Rochlitz, em W. Benjamin, *Oeuvres II*, Paris: Gallimard, 2000, p. 228-273). Ela também figura no pequeno número de cartas que Scholem adicionou às de Benjamin quando do estabelecimento, com Adorno, da correspondência. As outras concernem principalmente à interpretação de Kafka e ao projeto de instalação na Palestina. Scholem, aliás, voltou a esta discussão com Benjamin em *Histoire d'une amitié* (p. 192) e retoma, em anexo dessa obra, a integralidade da correspondência a esse respeito.

ideia do messianismo expõe a aspiração à verdadeira felicidade[11]? Tal é, em substância, a tese que Scholem sustentará na série de textos consagrados à memória de Benjamin e à defesa de sua obra[12]. Para ele, Benjamin era e permanece antes de tudo um metafísico, um dos raros pensadores capazes de enfrentar sem prudência os enigmas do mundo, da linguagem ou do tempo, em uma época em que se impunha na Europa a tentação de um "êxodo para fora da filosofia"[13].

---

11   Walter Benjamin, Fragment théologico-politique, trad. M. de Gandillac, revista por P. Rusch, em *Oeuvres I*, Paris: Gallimard, 2000, t. 1, p. 263-265. Os três volumes das *Oeuvres* de Walter Benjamin, traduzidos do alemão por Maurice de Gandillac, Pierre Rusch e Rainer Rochlitz, apresentados por Rainer Rochlitz, são uma seleta cronológica de textos estabelecida a partir da edição das *Gesammelte Schriften*, sob a direção de Adorno e Scholem de início e, depois, de Rolf Tiedemann e Hermann Schweppenhäuser, Frankfurt-am-Main: Suhrkamp, 1972-1989, 7 tomos (uma edição de bolso retoma a mesma divisão de tomos). A estruturação da edição alemã é a seguinte: cada um dos sete tomos é, em geral, composto de um ou dois volumes de textos segundo uma lógica temática, aos quais se junta na maioria das vezes um volume inteiro que constitui o aparelho crítico. No presente caso, ainda que o "Fragmento Teológico-político" esteja publicado nas *Gesammelte Schriften*, II, 1, p. 203-204, as anotações reconstituem a condição dos diversos manuscritos e esclarecem, sobretudo, o problema de sua datação: em um primeiro momento, Adorno pensava que este escrito fora redigido em 1937, ocasião em que Benjamin o lera como uma coisa nova; mas Scholem corrigiu essa conjectura, considerando que a terminologia e o espírito do texto o faziam remontar a 1920 ou 1921 (II, 3, p. 946-949).

12   Além do que consta na *História de uma Amizade* e em numerosas referências esparsas, Scholem faz em duas outras oportunidades o retrato de Benjamin. Em uma conferência proferida no Instituto Leo Baeck de Nova York, e depois em Paris, em 1964: "Walter Benjamin", trad. M. Delmotte e B. Dupuy, em Gershom Scholem, *Fidélité et utopie*, Paris: Calmann-Lévy, 1978. Depois, em outra conferência pronunciada em Frankfurt, em 1972, mais diretamente voltada para a aura esotérica de Benjamin, em torno de seus "nomes ocultos" e da figura central do anjo: "Walter Benjamin et son ange", trad. P. Ivernel, em Gershom Scholem, *Benjamin et son ange*, Paris: Rivage, 1995. Encontrar-se-á também nesta última recolha uma última *mise au point* de Scholem (1978) sobre os "nomes ocultos" de Benjamin. Existe ainda uma dezena de outros textos de Scholem sobre Benjamin, reunidos no volume *Walter Benjamin und sein Engel. Vierzehn Aufsätze und kleine Beiträge*, Frankfurt-am-Main: Suhrkamp, 1983. Entre eles, é preciso salientar o extraordinário estudo dedicado à genealogia de Benjamin: "Ahnen und Verwandte Walter Benjamin" (p. 128-157). Redigido em 1981, este é um dos últimos trabalhos de Scholem, o qual mobiliza sua paixão genealógica e tesouros de erudição, para reconstituir até o começo do século XVIII os dois ramos da família de Walter Benjamin.

13   Gershom Scholem, "Walter Benjamin", op. cit., p. 121. Scholem cita aqui uma fórmula de Margarete Susman que evoca o sucesso do existencialismo e da teologia na Alemanha do pós-guerra. Em sua autobiografia intelectual, Leo Strauss insiste igualmente nessa característica da época (ver infra, cap. VII, p. 783-784).

O Corcundinha

Um testemunho sobre a irradiação de Walter Benjamin entre seus contemporâneos completa os retratos desenhados por Gershom Scholem: o da amiga dos últimos tempos. Impregnado de rara ternura, o relato de Hannah Arendt ilumina a vida de Benjamin pelo fim: sob o ângulo da experiência de um exílio que havia partilhado com ele, e depois através do suicídio, no instante fatal que, retrospectivamente, dá a toda a sua existência o ar de uma tragédia: "Um dia antes, Benjamin teria passado sem dificuldade; um dia depois, teriam sabido em Marselha que não era possível naquele momento passar para a Espanha. Somente naquele dia lá é que a catástrofe era possível"[14]. A sucessão de acontecimentos encadeados no último ano dera ensejo a esse sentimento de um destino. Internado em 1º de setembro de 1939, no "Centro dos Trabalhadores Voluntários" de Nevers, com outros refugiados, Benjamin parece suportar sua situação, ministrando cursos de filosofia a seus companheiros de detenção e projetando redigir um diário do campo. Sabe ainda ser irônico, como quando transmite a Gretel Adorno o seguinte convite: "Eu lhe peço que me escreva em francês, a fim de facilitar o trabalho da censura"[15]. Mas, um momento depois, o pessimismo já o havia dominado. No início de 1939, relatara a Scholem uma visita feita à mulher de Léon Chestov, que vivia sozinha em meio a livros apenas abertos de seu marido: "O que deixaremos nós aos outros, além de nossos próprios escritos em páginas não cortadas?"[16]. Endereçada a Adorno, sua última carta tomaria feições premonitórias: "Meu temor é que o tempo de que dispomos poderia ser bem mais limitado do que

---

14 Hannah Arendt, "Walter Benjamin", trad. A. Oppenheimer-Faure e P. Lévy, *Vies politiques*, Paris: Gallimard, 1974, p. 267-268. A versão original desse texto apareceu em alemão em três números do *Merkur* (janeiro-fevereiro, março e abril de 1968). Esta tradução baseia-se numa versão americana sensivelmente diferente, publicada no *New Yorker* em outubro de 1968. Encontrar-se-á uma reação de Scholem no começo do texto, em uma carta a Adorno, de 29 de fevereiro de 1968, *Briefe II*, p. 206-207, e depois na missiva que ele dirige a Hans Paeschke, diretor do *Merkur*, em 24 de março, idem, p. 209-210.
15 Carta a Gretel Adorno, datada do outono de 1939, *Gesammelte Schriften*, I.3, p. 1126. Em uma outra carta a Gretel Adorno (escrita em francês!), de 12 de outubro (*Correspondance II*, p. 307-309), Benjamin conta longamente um sonho estranho e que resiste à interpretação.
16 Carta de 4 de fevereiro, idem, p. 285.

supomos"[17]. Libertado em fins de novembro de 1939, graças à intervenção de amigos como Adrienne Monnier e Romain Rolland, Benjamin pôde retornar a Paris e à sua existência precária, até que ocorresse o episódio contado por Arendt: a obtenção em Marselha de um dos vistos concedidos pelos Estados Unidos em favor dos exilados que a França ameaçava recambiar para a Alemanha, e depois daquele que devia permitir a travessia da Espanha; mas a impossibilidade de obter a autorização de saída do território, exigida pelas autoridades de Vichy, a subida a pé até Port-Bou e, enfim, esta espécie de fatalidade que levou seus companheiros a lhe cederem um quarto individual para respeitar sua timidez, de modo que ele pôde tomar sem ser visto a morfina que reservava para os últimos momentos[18]. Lá onde Scholem defende de corpo e alma o "gênio metafísico" dos escritos de Benjamin, Hannah Arendt se empenha, portanto, em restituir uma figura do "autêntico sobrevivente" de que fala Kafka: o semblante frágil de um homem que representa por si só os "tempos sombrios" que Brecht evocava pela maneira de tecer seus textos dedicados ao resgate da experiência com os fios de sua própria incapacidade de viver em sua época. Aquela que seus próximos designavam, com uma fórmula de Schiller, como "a jovem que vem do estrangeiro" mostra um Benjamin "lançado do século XIX para o século XX como à costa de um país estrangeiro", eterno viajante de uma Europa cosmopolita desfeita, refugiado finalmente expulso da cidade que lhe dera seu último asilo: Paris, "segunda pátria para todos os sem-pátria, desde a metade do século precedente"[19].

Se ele pode ter o defeito de reconstruir a biografia de Walter Benjamin pelo espelho de seu fim trágico, o relato de Hannah Arendt apresenta a vantagem de querer penetrar o sentido desta enigmática fórmula autobiográfica: "Eu habitava o século XIX como um molusco habita sua concha, e este século agora se encontra diante de mim, oco como uma concha

---

17 Carta de 2 de agosto de 1940, idem, p. 337.
18 Ver o relato de Hannah Arendt, em "Walter Benjamin", op. cit., p. 266-267, e o de Theodor W. Adorno, em Introduction aux écrits de Benjamin, Notes sur la littérature, trad. S. Muller, Paris: Flammarion, 1984, p. 411.
19 Idem, p. 269. Arendt escreve ainda que, embora Benjamin se resignasse a ir para a América no momento em que o Instituto de Adorno e Horkheimer tentava organizar sua viagem, nada o atraía lá, na medida em que estava persuadido de que esse país o exibiria como o "último europeu".

vazia. Eu a levo à minha orelha"[20]. Sob suas formas múltiplas e díspares, as lembranças de Benjamin sobre sua própria juventude não oferecem jamais o relato de uma época ou sequer a imagem precisa de um meio, porém confirmam sempre esta impressão de estranheza no mundo e no tempo. Nesse sentido, a fonte autobiográfica fornece nele menos os traços precisos da infância do que os elementos de uma meditação pelo brilho de sua ideia. Eis o momento do despertar das coisas, com suas feições familiares e suas indisciplinas, que é também o de uma aprendizagem de sua maneira amistosa de convidar à transgressão. O caminho que é preciso transpor no quarto para alcançar as meias assemelha-se a uma metáfora da aventura, enquanto a forma que elas têm, de estar enroladas uma na outra, brota de um milagre que é o "irmãozinho dos contos"[21]. Mas é, sobretudo, a biblioteca que se oferece para ensinar o interdito e a audácia: quando ela parece deixar seus tesouros acessíveis a todos os membros da família, embora a criança já saiba que lhe cumpre enfrentar o fim da inocência a fim de entrar nela, esperando para fazê-lo as horas mortas da tarde, vigiando no silêncio de sua leitura os sinais anunciadores do retorno dos adultos[22].

Os traços das coisas e de sua função iniciadora podem multiplicar-se ao infinito sob a pena de Benjamin. A caixa de letras parece reter a própria essência da infância, quando a mão frágil reúne as letras que formarão

---

20 Walter Benjamin, *Enfance berlinoise*, em *Sens unique*, trad. J. Lacoste, Paris: Les Lettres nouvelles, 1978, p. 74 [trad. bras.: *Obras Escolhidas II: Rua de Mão Única*, trad. Rubens R. Torres Filho e José Carlos M. Barbosa, São Paulo: Brasiliense, 1995]. Além de numerosos fragmentos esparsos, três textos de formas muito diferentes restituem a infância de Benjamin. Publicado pelo autor em 1928, *Einbahnstrasse* (traduzido na coleção epônima, p. 147-243) reúne cerca de uns sessenta fragmentos consagrados a objetos (relógio, lâmpada de arco, utensílios de escritório...), locais (posto de gasolina, panorama imperial, loja de selos) ou ainda situações e expressões (proibido colocar cartazes, entrada proibida, Madame Ariane segundo pátio à esquerda...). *Infância Berlinense* é, por seu lado, constituído de um conjunto de pequenos relatos redigidos entre 1933 e 1935, depois reunidos e publicados por Adorno em 1950 (ver sua tradução em *Sens unique*, p. 29-145). Enfim, as *Crônicas Berlinenses* são uma coletânea de manuscritos decifrados e publicados por Scholem em 1970 e que representam, aos olhos deste último, um primeiro material da *Infância Berlinense*, anterior à decisão de Benjamin de dar a suas lembranças de infância um caráter menos narrativo. Ver a tradução das *Crônicas Berlinenses* em Walter Benjamin, *Écrits autobiographiques*, trad. Christophe Jouanlanne e Jean-François Poirier, Paris: Christian Bourgois, 1994, p. 241-329. Encontrar-se-á, por fim, a apresentação original das *Crônicas*, por Scholem, em *Walter Benjamin und sein Engel*, 174-179.
21 Armoire, *Enfance berlinoise*, p. 111.
22 Idem, p. 112-113.

palavras. Mais sorrateiro, o bufê ensina a arte de distinguir entre os convidados. A caixa de costura revela os poderes da mãe. Pendurado enfim no fundo do corredor como um ser desnaturado que reforça por seu toque os terrores do apartamento, o telefone simboliza por si só o universo do pai. Resta que, uma vez ainda, é menos a capacidade das lembranças de reunirem-se para formar uma autobiografia que importa aos olhos de Benjamin do que a possibilidade mesma da rememoração: "Pois a autobiografia tem a ver com o tempo, com o desenrolar e com aquilo que faz o contínuo escoamento da vida. Ora, a questão aqui é de espaço, de momentos, de descontinuidade"[23]. Nesta perspectiva, a topografia dos objetos familiares no seio da casa duplica-se com uma geografia de Berlim dos primeiros anos do século XX, já estrangeira, cidade de que Paris será logo mais o inverso como *Capital do Século XIX*. Lá ainda, do Tiergarten ao mercado coberto da Praça de Magdeburgo ou a esquina da Rua Steglitz com a Rua de Genthin, é um novo aprendizado que se desdobra, tanto é verdade que "perder-se em uma cidade, como em uma floresta, exige toda uma educação"[24]. Somente a ciência de uma velha tia pode aclarar, ao longo de passeios pelos arrabaldes do velho e do novo oeste onde vive a família Benjamin, o jogo das alianças e das trajetórias que conduziram, em três gerações, mercadores de animais ou de cereais, das marcas de Brandeburgo ao coração de bairros que levam o nome de velhos generais prussianos[25]. Mas a rua possui também segredos mais dolorosos, para experiências mais íntimas ou mais duradouras. É nela que Benjamin descobre conjuntamente a miséria e a estranha osmose de seu meio com a cultura circundante. Em sua casa festeja-se o Natal, ocasião para descobrir um estranho ritual da caridade: "Os ricos mandavam seus filhos comprar carneirinhos de lã para as crianças dos pobres ou para distribuir esmolas que eles mesmos não ousavam pôr nas mãos deles"[26]. Resta,

---

23 *Chroniques berlinoises*, p. 280.
24 Tiergarten, em *Enfance berlinoise*, p. 31.
25 Ver À l'angle de la rue de Steglitz et de la rue de Genthin, idem, p. 51-54. Enquanto a família de Benjamin habita nos bairros recentes do oeste de Berlim como a maior parte de uma burguesia judaica assimilada, a de Scholem vive a leste da cidade, lá onde estão instalados aqueles que vieram da Europa Oriental durante os últimos decênios. Sobre a topografia desta outra Berlim, ver infra, cap. IV, p. 393-395.
26 Un ange de Noël, idem, p. 108.

enfim, a maneira como ele conta ter tomado consciência do desejo sexual, perdendo-se nas ruas quando devia encontrar seus pais na sinagoga para o Ano Novo: "A profanação do dia de festa associou-se à rua proxeneta, que me fez sentir pela primeira vez os serviços que ela podia prestar aos desejos adultos"[27].

Nutrida com tais relatos, levada pela preocupação de trazer à luz um "pensar poeticamente" que estaria próximo ao de Heidegger, construída enfim em torno da ideia segundo a qual o retrato de Kafka representa uma espécie de autorretrato críptico, a narração de Hannah Arendt não pode desfazer-se do sentimento de que o destino de Walter Benjamin estava contido no último verso da *comptine* – o canto de jogo infantil – que encerra uma de suas recordações de infância, um pouco à maneira como todo *Schemá Israel* estava inscrito em dois grãos de cevada descobertos com pasmo em Paris[28]. "Filho querido, eu te peço/ peça também para o corcundinha", dizia o *Knaben Wunderhorn* que a mãe de Benjamin recitava: tudo se passa como se esta lamentação oferecesse o prisma em que se deixa decompor uma vida feita de desazos mais ou menos voluntários, de malogros amiúde provocados e de chances de sobrevivência sempre proteladas. Em uma passagem consagrada à complexidade das relações entre pais e filhos no seio do mundo judaico de Freud ou Kafka, Arendt descreve uma geração empenhada em elevar-se acima da existência burguesa de seus pais, tendo ao mesmo tempo de confrontar-se com a crise da Tradição. A incerteza pesava na época, quanto ao sentido que ainda podia ter no universo judaico-alemão da assimilação a antiga crença segundo a qual aqueles que se entregam ao estudo da *Torá* ou do *Talmud* são a elite do povo. Amiúde, os pais cediam à pretensão dos filhos de serem gênios, vagamente tranquilizados por suas vocações de artistas ou de benfeitores

---

27 Éveil du sexe, idem, p. 56.
28 Ver Le Petit bossu, último fragmento de *Enfance berlinoise* (idem, p. 141-145). Benjamin utiliza igualmente esta imagem como título de uma das partes de seu ensaio de 1934 sobre Kafka ("Franz Kafka", trad. M. de Gandillac, revista por P. Rusch, *Oeuvres II*, p. 434). É Scholem que relata a maneira como Benjamin o levara, em agosto de 1927, ao museu Cluny, para admirar os dois grãos de cevada gravados "por uma alma irmã" com a totalidade do *Schemá Israel* ("Walter Benjamin", op. cit., p. 118). Um ano antes, Benjamin já havia procurado atrair Scholem para Paris, dizendo-lhe ter descoberto, no mesmo museu, o livro de Ester recopiado por inteiro em meia página (ver sua carta a Scholem, de 29 de maio de 1926, *Correspondance I*, p. 391).

da humanidade, se porventura eles se tornavam comunistas. Aos olhos de Arendt, o drama de Benjamin também foi o de não ter escolhido nem uma nem outra dessas duas saídas por um instante abertas[29].

Sob a imagem do "corcundinha", Hannah Arendt desenha, portanto, o retrato de Walter Benjamin com os traços que este último prestava a Kafka: como figura daquele que fracassou. Fracasso da carreira universitária, tanto mais quanto o trabalho de habilitação sobre a *Origem do Drama Barroco Alemão* era demasiado esotérico para lhe abrir um acesso a esse universo. Mas fracasso igualmente da maioria de seus empreendimentos no mundo literário, a despeito da calorosa acolhida dispensada a seu ensaio sobre Goethe por Hofmannsthal: "Com uma segurança de sonâmbulo, seu desajeitamento o conduzia sempre a um foco de azar, atual ou futuro"[30]. "Com os cumprimentos do senhor Desastrado", costumava lhe dizer sua mãe: como para formar um caráter destinado à melancolia, cultivando o que Scholem chamava de uma "polidez chinesa", mas incapaz de ocultar a irritação que lhe suscitavam muitos daqueles que teriam sido suscetíveis de admiti-lo em seus círculos, como Stefan George, Max Horkheimer ou Rilke. Sob o olhar contristado de uma Hannah Arendt, sensibilizada, sem dúvida, por não ter podido fazer nada por ele, Benjamin se revela igualmente como o irmão de Proust, de quem ele fez um retrato tecido em torno de uma fórmula de Jacques Rivière: "Ele morreu por não saber como se acende um fogão, como se abre uma janela"[31]. Bem no fundo é, sem dúvida, uma espécie de impotência ontológica de viver seu tempo que sela, para Arendt, uma verdade sobre Benjamin a voltar incansavelmente para a de Kafka. Este descrevia a Max Brod as características de sua situação de autor judeu alemão: "A impossibilidade de não escrever, a impossibilidade de escrever em alemão, a impossibilidade de escrever de outro modo, ao que se poderia quase juntar uma quarta impossibilidade, a impossibilidade de

---

29 Ver H. Arendt, "Walter Benjamin", op. cit., p. 276-277. Anedota sintomática, Benjamin relata a Scholem uma conversa com o pai deste último, que fala de seu filho como um gênio... (carta de 17 de abril de 1920, *Correspondance II*, p. 219).
30 Idem, p. 252. A imagem é tomada do ensaio de Benjamin intitulado *Les Affinités électives de Goethe* (1922), trad. M. de Gandillac, revista por R. Rochlitz, *Oeuvres I*, p. 219).
31 Fórmula citada por Walter Benjamin, L'Image proustienne (1929), trad. M. de Gandillac, revista por R. Roschlitz, *Oeuvres II*, p. 153, e por Hannah Arendt, "Walter Benjamin", op. cit., p. 252.

escrever"³². Arendt está, por certo, convencida de que durante seus últimos anos Benjamin assumiu por sua conta esta ideia de um desespero que a escritura não pode aplacar, salvo a encontrar nela um sursis "como para quem escreveu seu testamento justamente antes de se enforcar".

Esquecendo o marxismo ao notar simplesmente a singularidade de Benjamin nesta coorte que comporta, no entanto, "seu quinhão de bizarrias", Hannah Arendt resume o destino do "corcundinha" extraviado no século sob uma trajetória que vai das "más voltas" da sorte para um "monte de escombros" (Kafka), de que o suicídio na fronteira espanhola, na noite de 26 de setembro de 1940, foi tão somente a última manifestação. A isto se pode acrescentar que, se Kafka dizia para justificar seu ofício de securitário que é preciso "merecer seu túmulo", Walter Benjamin não teve nem sequer este último refúgio, visto que se descobriu depois da guerra que a sepultura que se mostrava aos viajantes no cemitério de Port-Bou não era a dele, como conta Scholem nas últimas linhas da *História de uma Amizade*. Enquanto a comovida homenagem de Hannah Arendt apresenta, sem dúvida, por defeito deixar ao plano de fundo as dimensões teológicas e místicas do judaísmo de Walter Benjamin, Scholem traz uma indicação que o evoca, todavia. Benjamin sublinhava, a propósito da tradução, que há formas que não conservam seu melhor sentido a não ser que se admita que elas não se "referem em primeiro lugar exclusivamente ao homem", adicionando que se poderia assim "falar de uma vida ou de um instante inolvidáveis, mesmo se todos os homens os tivessem olvidado"³³. Comentando essa passagem ao fim de seu retrato como se ela concernisse também à marca de Walter Benjamin, Arendt vê aí o signo de uma inspiração teológica desaparecida, mas da qual restaria o método: "sorver a essência na citação – como a gente sorve a água por perfuração na fonte subterrânea, oculta nas profundezas"³⁴.

---

32 Carta de Kafka a Max Brod, junho de 1922, Franz Kafka, *Oeuvres complètes*, trad. M. Robert, C. David e J.-P. Danès, Paris: Gallimard, 1984, v. III, p. 1087 (trad. modificada). Toda a parte central do retrato feito por Hannah Arendt é tecida em um comentário desta carta, que ecoa aquela que Kafka destinava ao seu pai. Ver Lettre à son père, *Oeuvres complètes*, trad. M. Robert, A. Vialatte e C. David, Paris: Gallimard, 1989, v. IV, p. 833-881.
33 Walter Benjamin, La Tâche du traducteur (1923), trad. M. de Gandillac, revista por R. Rochlitz, *Oeuvres I*, p. 262, citado in Hannah Arendt, "Walter Benjamin", op. cit., p. 303.
34 Idem, Arendt faz alusão a uma passagem de Shakespeare (*A Tempestade* I, 2), que ela põe em exergo do parágrafo intitulado "O Pescador de Pérolas": "Por cinco braças sob as águas,

Colecionador infatigável, bibliófilo que desarmava às vezes a paciência de um Scholem a contestar que "se possa formular ideias metafísicas legítimas a partir da maneira como se julga as encadernações e os papéis dos livros"[35], Walter Benjamin acumulava as citações como um tesouro secreto e não resta de seu último livro senão a imensa recolha daquelas que teriam constituído o seu material. Tais como o coral e as pérolas que nascem do corpo de um pai tragado sob as águas em *A Tempestade*, de Shakespeare, as citações de Benjamin praticam, segundo Hannah Arendt, uma perfuração na profundeza do mundo, uma maneira de sorver em direção à essência das coisas na tentativa de "nomeá-las" mais do que de falar delas. "As citações em meu trabalho são como ladrões de grandes estradas que surgem de armas na mão e despojam o passante de suas convicções": isto significava para Walter Benjamin que, no mundo dominado pelo esgotamento da tradição, somente a faculdade das coisas a serem citadas podia sobreviver à crise da transmissão, a ponto, aliás, de que a seus olhos "escrever a história significa, portanto, *citar* a história"[36]. Em Arendt, esta ideia suscita uma aproximação com Heidegger: como se Benjamin antecipasse sua maneira de convidar a uma escuta poética do mundo, em vez e no lugar da metafísica[37]. Scholem vê, de sua parte, em tal interpretação o traço de um mal-estar de Arendt em face das preocupações teológicas de Benjamin, afirmando que, para ele, a religião permanecia, apesar das aparências, a "ordem suprema"[38]. Será preciso, sem dúvida, decidir entre essas duas ideias.

/Teu pai submerso cochila:/ De seus ossos nasce o coral, /De seus olhos nascem as pérolas./ Nada há nele de corruptível/Que o mar não venha a fazer/Algum tesouro insólito".

35 G. Scholem, *Histoire d'une amitié*, p. 88.
36 Respectivamente, *Sens unique*, p. 229, citado por Hannah Arendt, "Walter Benjamin", op. cit., p. 292, e Walter Benjamin, *Paris, capitale du xixe siècle. Le livre des passages*, trad. J. Lacoste, Paris: Cerf, 1993, p. 494. Cf. também Walter Benjamin, Paris, capitale du xixe siècle, trad. M. de Gandillac, revista por P. Rusch, *Oeuvres III*, p. 44-66.
37 Ver notadamente "Walter Benjamin", op. cit., p. 303. Hannah Arendt esboça aqui uma comparação entre as problemáticas de Benjamin e o "Hegel e os Gregos", de Heidegger, trad. J. Beaufret e D. Janicaud, *Questions II*, Paris: Gallimard, 1968, p. 62. Vale notar que uma parte importante desta questão se aloja no sentido que se confere à noção de "tradição". Arendt tende a atrair Benjamin para o lado da interpretação heideggeriana desta noção, enquanto Scholem interroga sua relação atormentada com a ideia judaica da Tradição. Esta incerteza autorizará nesse capítulo um uso flutuante da maiúscula, sistematicamente utilizada, aliás, para designar o segundo desses sentidos.
38 *Histoire d'une amitié*, p. 71.

A Revelação no Mundo de Kafka

Como quer que seja no tocante ao seu eventual ponto cego, o retrato de Walter Benjamin por Hannah Arendt possui um aspecto precioso: o de ser desenhado no espelho de Kafka. É possível isolar dois grandes ciclos kafkianos na obra de Walter Benjamin, que correspondem a dois momentos de intensas discussões com Gershom Scholem: em 1934, e depois em 1938[39]. O primeiro pedido de "sugestões" dirigido por Benjamin ao seu amigo, neste sentido, está contido numa carta que segue de perto uma conferência a respeito de Kafka, para o rádio, mas, sobretudo, a crítica de Scholem a uma confusão entre religião e política, discernida no ensaio consagrado por Benjamin a Karl Kraus[40]. Como resposta a esta primeira solicitação ainda vaga, Scholem começa por lembrar o fato de que Kafka era sionista, e depois coloca deliberadamente a questão no terreno teológico, lançando para Benjamin o desafio de um enigma. Ainda que lhe aconselhe a iniciar todo estudo de Kafka por uma leitura do livro de Jó, afirma considerar

---

39 Antes dessas duas trocas de correspondência, Benjamin já havia se preocupado com Kafka por duas vezes. Em fins de 1927 e sob o efeito de uma leitura de *O Processo*, enviara uma carta a Scholem a este respeito, a qual continha também um breve fragmento de inspiração messiânica, intitulado "Ideia de um Mistério" (ver G. Scholem, *Histoire d'une amitié*, p. 168-169). Afirmando que desejava escrever um texto sobre *O Processo*, que seria dedicado a Scholem, tinha redigido uma nota preparatória, como uma espécie de plano de trabalho a seu propósito, integrado em seus interesses do momento (ver o manuscrito desta nota em *Gesammelte Schriften*, II, 3, p. 1190-1191). Tendo renunciado a esse projeto, ele volta a Kafka em 1931, redigindo de novo longas notas de trabalho com vistas a um ensaio que esboça certas temáticas do texto de 1934 (idem, p. 1192 e s). Mas ele havia, sobretudo, realizado uma emissão radiofônica para a Frankfurter Rundfunk sobre o relato póstumo de Kafka, intitulado "Quando da Construção da Muralha da China" (cf."Franz Kafka, *Lors de la construction de la muraille de Chine*", trad. P. Rusch, *Oeuvres II*, p. 284-294). O texto em questão, sobre Kafka, foi publicado em 1931 por Max Brod e Hans Joachim Schoeps, em uma coletânea homônima que comportava outros fragmentos do *Nachlass*. Ver sua tradução em Franz Kafka, *Oeuvres complètes*, trad. Cl. David, M. Robert e A. Vialatte, Paris: Gallimard, 1980, v. II, p. 473-483 (Bibliothèque de la Pléiade).
40 Ver a carta de 20 de julho de 1931, em *Correspondance II*, p. 53. O texto sobre Karl Kraus havia aparecido em março de 1931 no *Frankfurter Zeitung*: Walter Benjamin, "Karl Kraus", trad. Eliane Kaufholz, *Cahiers de l'Herne*, Karl Kraus, Paris: 1975, p. 85-106 (sobre a reação de Scholem a esse respeito, ver supra, nota 10). Como para compensar um pouco mais o efeito da crítica de Scholem, Benjamin faz uma nova alusão à sua partida para Palestina. Mas acrescenta logo: "Infelizmente minha 'hora' atravessa quase sempre a via de meu destino, como as intersecções do número de ouro, do exterior". Ver também "Karl Kraus", trad. R. Rochlitz, *Oeuvres II*, 228-273.

que o "julgamento divino" é o único objeto da produção literária do autor de *O Processo*: sua descrição do universo de um homem colocado no coração do sistema da Lei é "a forma que *deveria* tomar, se fosse possível (*o que, por certo, constitui uma hipótese presunçosa!!*), a reflexão de um adepto da Halakhá que quisesse tentar parafrasear, *no plano da linguagem*, um julgamento divino"[41]. Abandonando Benjamin a uma meditação sobre esse "segredo teológico da prosa perfeita", ele desliza sem transição para a formulação de um paradoxo do sionismo, o qual teria obtido ganho de causa demasiado cedo, ao oferecer uma segurança no tempo à existência judaica, mas privando-a simultaneamente de suas forças invisíveis.

Durante quase três anos, o nome de Kafka retornará regularmente nas cartas de Benjamin a Scholem, mas sob uma forma discreta e alusiva: a respeito de um livro que falta, da publicação das obras póstumas, da interpretação "teológica linear" de Max Brod... Quando Benjamin reitera, em julho de 1934, seu pedido de conselho, ele já tinha enviado a Scholem a primeira versão de seu ensaio e estava morando em Svendborg, na casa de Brecht[42]. Remetendo-lhe um exemplar de *O Processo*, Scholem junta um poema que pretende, sem dúvida, ilustrar as fórmulas mais esotéricas de sua missiva de agosto de 1931, mas que reforça de bom grado o caráter enigmático delas. Em outro momento, Scholem sugerira que é impossível explicar aos *goim* como Kafka descreve "o universo onde a Redenção não pode ser antecipada", mesmo se "em nenhuma parte ainda a luz da Revelação ardeu de maneira tão impiedosa como aqui". Ele escreve doravante:

---

41 Carta de Scholem a Benjamin, de 1º de agosto de 1931, reproduzida em *Histoire d'une amitié*, p. 193-196, especificamente p. 194. Uma outra parte dessa carta exprime a inquietação de Scholem acerca do destino do sionismo na Palestina (sobre este aspecto, ver infra, cap, IV, p. 554-557).

42 Ver a carta de Benjamin a Scholem, de 9 de julho de 1934, *Correspondance II*, p. 118. Benjamin pensa então que Scholem já tem em mãos o manuscrito de seu ensaio sobre Kafka que ele acaba de lhe enviar, e especifica, como para tranquilizá-lo, que sua presença na Dinamarca junto de Brecht não o impede de continuar a preocupar-se com esta questão: "Indiretamente, é você a causa desse trabalho; eu não vejo nenhum assunto em que a comunicação entre nós seja mais evidente". Significa dizer que um campo de forças contraditórias já está instalado em Benjamin entre Scholem e Brecht, enquanto a primeira troca de correspondência sobre Kafka com seu mentor de Jerusalém tem por plano de fundo aquele que os opusera três anos antes a propósito do materialismo histórico. Quanto ao próprio Scholem, ele julgará a correspondência de 1931 a este respeito, suficientemente importante para reproduzi-la em anexo de sua *Histoire d'une amitié* (p. 251-256).

"A Revelação só assim brilha/Naquilo que te rejeitou, o tempo/A experiência a ele permitida/Não é senão a de teu nada"[43]. Por pressentir, sem dúvida, eventuais críticas já latentes na insistência de Scholem sobre a dimensão teológica da obra de Kafka, Walter Benjamin responde a esta dedicatória com uma indicação relativa à presença dessa dimensão no seu próprio trabalho: "Tentei mostrar como é no reverso deste 'nada', no seu avesso, se ouso dizer, que Kafka procurou roçar com o dedo a Redenção". No entanto, ele sublinha de imediato o fato de que o aspecto teológico do estudo estará "na sombra evidentemente", e toma a precaução suplementar de sortir sua resposta com novas questões: "Como pensar, no sentido de Kafka, a projeção do juízo final no curso do mundo? Esta projeção transforma o juiz em acusado? O processo em castigo? Estará isso destinado a erguer ou a enterrar a Lei?"[44]

Antes de acompanhar passo a passo esta primeira longa troca de cartas, cujo objeto é Kafka, em torno do ensaio de Walter Benjamin, cumpre lembrar-se do fato de que este último deixara escapar a oportunidade de encontrá-lo em Munique, em 10 de novembro de 1916, quando o escritor efetuava uma leitura pública de *A Colônia Penal*. Imaginando o que teria produzido tal encontro frustrado, Scholem fala do pesar amiúde formulado por Benjamin a este respeito, para detectar aí uma fonte oculta de suas preocupações teológicas. Scholem travará sempre uma espécie de combate para proteger esta origem no pensamento de seu amigo, procurando assim evitar sua contaminação por outros interesses. Daí uma estratégia explicitamente esotérica em suas respostas às questões de Benjamin: uma *démarche* que reforça sistematicamente sua perplexidade, para acentuar a profundeza do problema, buscando ao mesmo tempo corrigir

---

43 Respectivamente, carta de 1º de agosto de 1931, reconstituída idem, p. 194, e poema anexo à carta de 10 de julho de 1934, *Correspondance II*, p. 119. Encontrar-se-á outra tradução do poema em Gershom Scholem, *Aux origines religieuses du judaïsme laïc: De la mystique aux Lumières*, textos reunidos e apresentados por Maurice Kriegel, trad. M. de Launay, Paris: Calmann-Lévy, 2000, p. 309-310.

44 Carta a Scholem, de 20 de julho de 1934, *Correspondance II*, p. 121-122. Essa carta só pode ser uma resposta à de Scholem, datada de 10 de julho e, sobretudo, ao poema que lhe foi anexado. A de 17 de julho trará as primeiras reações de Scholem ao manuscrito. Saberá Benjamin que ele pode jogar com a lentidão do correio entre a Dinamarca e Jerusalém para antecipar as reações de Scholem? Resta sempre que tais questões procedem diretamente de seu texto.

os erros de interpretação. Essa pedagogia totalmente rabínica que irá se acentuando já está ali presente, tanto mais quanto Scholem compreendeu que Benjamin aplicaria uma parte de seu talento numa polêmica contra aquilo que mais tarde ele denominará de atitudes "pietistas" e de "familiaridade ostentatória" da maior parte dos exegetas de Kafka, dos quais Max Brod constitui o símbolo: o que o ensaio sugere através da ideia de uma obra que deve ser entendida como o malogro de uma "grandiosa tentativa para fazer passar a literatura ao domínio da *doutrina*"[45].

Ainda que não se possa esperar encontrar diretamente em Walter Benjamin a exposição de uma tese a respeito de Kafka, seu ensaio instala claramente as duas figuras nas quais, a seus olhos, se polariza a escritura deste último: a do pai que pune ao reenviar incansavelmente o filho a "uma espécie de pecado original"; e depois a das estranhas criaturas que formam um "pequeno mundo intermediário, ao mesmo tempo inacabado e quotidiano, ao mesmo tempo consolador e inepto", como o da rata cantante Josefina a reviver algumas lembranças de uma felicidade de infância perdida para jamais ser recuperada[46]. A estas últimas liga-se de novo a velha imagem do corcundinha, mas, sobretudo, as seguintes palavras de Kafka relatadas por Max Brod: "bastante esperança, uma quantidade infinita de esperança – mas não para nós"[47]. Resta que Benjamin vem logo em seguida

---

45 Ver, respectivamente, a carta a Scholem, de 12 de junho de 1938, *Correspondance II*, p. 245, e Walter Benjamin, "Franz Kafka", trad. M. de Gandillac, revista por P. Rusch, *Oeuvres II*, p. 438 (eu sublinho). Encontrar-se-á no aparelho crítico dos *Gesammelte Schriften* (II, 3, p. 1153-1276) um grande número de variantes oriundas de fragmentos preparatórios, esboços de planos ou projetos de correções achados nos papéis de Benjamin (ver especialmente p. 1206-1211, vários manuscritos que atestam projetos de organização de passagens temáticas, das quais algumas desapareceram ou foram profundamente modificadas), uma reconstituição, linha por linha, de diferentes estados do texto a partir de manuscritos sucessivos, e depois a restituição da origem de todas as citações, sejam elas tomadas de Kafka ou de seus comentadores.

46 "Franz Kafka", op. cit., respectivamente p. 414 e p. 420. Benjamin alude ao relato de Kafka intitulado Josefina, a Cantora, ou o Povo dos Ratos (*Oeuvres complètes,,* v. II, p. 773-790), publicado em Praga em abril de 1924, pouco antes da morte do autor. Notemos que Max Brod via neste último relato de Kafka, que devia suscitar uma multidão de comentários, uma alegoria da experiência do povo judeu, de sua situação insustentável e, não obstante, de uma solução: o sionismo.

47 As palavras de Kafka aí citadas (p. 417) foram registradas por Max Brod em 1921, em um artigo da *Neue Rundschau* ("Der Dichter Franz Kafka") e retomadas em seu livro de 1937: *Franz Kafka*, trad. H. Zylberberg, Paris: 1972, p. 107. No relato de Brod, tal como aparece nessa biografia, a conversa, que teria sido realizada em 28 de fevereiro de 1920, assume a seguinte

enxertar nesse motivo o das únicas criaturas que escapam à maldição familial ligada à personagem do pai e o início de uma reflexão sobre as mitologias kafkianas. A esse respeito, evoca a definição pejorativa do destino em Hermann Cohen e toma a precaução de afirmar que "Kafka não cedeu à sedução do mito"; depois acrescenta que os três universos antigos do escritor situam-se entre os judeus, os chineses e os gregos, mas para limitar a referência aos primeiros a fim de cercar a leitura "teológica" de Kafka que ele enfrentará logo mais diretamente[48]. Neste sentido, descreve Kafka como um novo Ulisses: aquele que se mantém "sobre o limiar que separa o mito do conto", que vê no segundo uma vitória sobre o primeiro, e depois que dá aos seus contos uma forma destinada aos "dialéticos". Mas é, sobretudo, no imaginário da China que Benjamin descobre a fonte desse primeiro mundo de Kafka. De maneira significativa, empresta por duas vezes a tematização desta referência a um autor que ele utiliza em uma espécie de contraemprego: Franz Rosenzweig, que evoca efetivamente nos meandros de *A Estrela da Redenção* a plenitude do universo chinês dos espíritos ou ainda a definição do sábio como homem, por assim dizer, sem qualidades, segundo Confúcio[49]. De uma outra forma, ele equilibrará um pouco mais adiante a alusão a

forma: "Ele: 'Nós somos pensamentos niilistas que se elevam no cérebro de Deus'. Esta ideia se aproxima, a meu ver, da doutrina do demiurgo, do princípio criador que engendra o mal, e daquela do mundo concebido como pecado de Deus.' – Não, replicou Kafka, não creio que representemos um decaimento de Deus tão absoluto, nós somos simplesmente um de seus maus humores, um mau dia. – Então, haveria talvez esperança fora de nosso mundo?' – Ele sorriu: 'Muita esperança – por Deus –, infinita esperança – mas não para nós'". Sobre a interpretação que Buber dá a esse texto, ver infra, cap. v, p. 684-686.

48 Ver "Franz Kafka", op. cit., respectivamente p. 415 (sobre a crítica do mito em Hermann Cohen, que ele pôde tomar emprestado do fim da *Ethik des reinen Willens*, ou dos primeiros capítulos da *Religion de la raison tirée des sources du judaïsme*) e p. 419-420, em que Benjamin vê Kafka como um contista que vence o mito pela maneira como o seu relato, O Silêncio das Sereias, as faz precisamente calar (ver este último texto, que apareceu em 1931, no volume que continha o da muralha da China, in *Oeuvres complètes*, v. II, p. 542-544; Franz Kafka, *Lors de la construction de la muraille de Chine*, traduzido por Pierre Rusch, em Walter Benjamin, *Oeuvres II*, p. 284-294).

49 Idem, p. 442 e 424. É, sem dúvida, *A Estrela da Redenção* que é preciso reconhecer sob o *Astre de la délivrance* do texto francês, no caso das duas passagens do fim da primeira parte sobre "Les éléments ou le perpétuel prémonde". Ver as duas citações no seu contexto, em Franz Rosenzweig, *L'Étoile de la Rédemption*, trad. A. Derczansky e J.-L. Schlegel, Paris: Seuil, 1982, p. 74 e 92. Parece que Benjamin trabalhou particularmente este primeiro momento da *Estrela*, porquanto ele retoma sua análise do herói trágico como figura do "homem meta--ético" (idem, p. 94 e s) no seu livro sobre o *Trauerspiel*. Ver Walter Benjamin, *Origine du drame baroque allemand*, trad. S. Muller, prefácio de Irving Wohlfarth, Paris: Flammarion, 1985, p. 114.

uma legenda talmúdica, que deveria encantar Scholem, com a ideia de uma piedade ao modo de Lao-Tsé, referência que desta vez vem de Brecht[50].

Quanto à imagem do pai que, aos olhos de Benjamin, se opõe à das pequenas criaturas no universo de Kafka, ela estrutura a visão de um mundo do alto que se tornou ininteligível ou absurdo: aquele que a desventura de Chuvalkin junto a Potemkin instala; depois aquele que tem sua simbolização nos métodos empregados pela jurisdição que se exerce contra K., em *O Processo*. É, sem dúvida, ao mesmo tempo um fato banal e estranho que Benjamin inicie o seu ensaio sobre Kafka por uma longa evocação da narrativa de Púschkin. Banal, na medida em que se pode efetivamente pressentir algo do "enigma de Kafka" na visão de um Potemkin depressivo, cujo enclausuramento entrava o funcionamento do poder, mas que o ingênuo Chuválkin ousa, entretanto, abordar, para fazê-lo assinar uma montanha de atos à espera, antes de descobrir que seu triunfo era uma derrota, porquanto Potemkin em seu mutismo apusera em todos os papéis a mesma assinatura: Chuválkin... No entanto, se é possível reconhecer os traços de K. na figura desta personagem de mãos vazias e, no fim, presa por um poder privado de sentido, a estranheza desse começo continua a residir em sua falta de laço visível com a figura do pai[51]. É ela, entretanto, que surge sob a pena de Benjamin, imediatamente associada ao mundo dos funcionários, e depois às atmosferas de hebetude, de degradação e de sordidez. Que a obra de Kafka gira em torno da "imemorial relação do pai com o filho", que o primeiro seja por excelência "aquele que pune", que não se contente, além

---

50 Idem, p. 432. É através das páginas do diário redigido em Svendborg que se conhece a insistência de Brecht sobre a figura de Lao-tsé para a interpretação de Kafka. Ver notadamente o relato de uma conversa de 5 de outubro de 1934, em Walter Benjamin, Entretiens avec Brecht, *Essais sur Bertolt Brecht*, trad. P. Laveau, Paris: Maspero, 1969, p. 133e s.

51 O relato da aventura de Potemkin, tal como figura logo no início do ensaio, vem de Ernst Bloch. Na primavera de 1931, Scholem havia sugerido a Benjamin ler os *Traços* de Bloch, que apareceram em 1930 (carta de 6 de maio de 1931, em Walter Benjamin, *Correspondance* II, p. 51) e Benjamin confirma alguns meses mais tarde que Bloch é o único, com o próprio Scholem, a conhecer todos os seus textos (ver carta a Scholem, de 28 de outubro de 1931, idem, p. 58). Ora, encontra-se nos traços uma restituição do relato de Púschkin quase similar à de Benjamin (ver Ernst Bloch, La Signature de Potemkine, *Traces*, trad. P. Quillet e H. Hildenbrand, Paris: Gallimard, 1968, p. 122-123). Benjamin também utiliza esse relato alegórico em um texto contemporâneo, uma das "Vier Geschichten", publicadas em agosto de 1934 no *Prager Tagblatt*: Die Unterschrift, *Gesammelte Schriften*, IV, 2, p. 758-759. O próprio Ernst Bloch consigna suas lembranças de Walter Benjamin em *Über Walter Benjamin*, Frankfurt-am-Main: Suhrkamp, 1968.

disso, em consumir a força do filho, mas o prive de "seu direito de existir", eis o que não oferece nenhuma dúvida a Benjamin[52]. A prova é que esse tema não exige, no fundo, comentário, mas somente duas ilustrações, por meio de palavras, de Kafka: "O pecado original, esta velha injustiça que o homem cometeu, consiste na censura que o homem faz e à qual não renuncia"; "O próprio desta justiça, supõe K., é que se é condenado [sendo] não só inocente, mas ignorante"[53].

Resta que, sob este ar de evidência, a análise de Benjamin perfila, apesar de tudo, um comentário, o que Scholem, de sua parte, perceberá de pronto como uma indeterminação da interpretação. Desta, pode-se ver imediatamente a mola, tão manifestamente ela é exposta no coração do texto: Benjamin sente-se, sem dúvida, atraído pela perspectiva de uma leitura de Kafka através das categorias da tradição judaica, à qual Scholem o convidava; mas ele parece mais mobilizado pelo desejo de refutar o que chama de "modelo teológico"[54]. Ligado ao nome de Max Brod, mas também ao de Bernard Rang ou de Willy Hass, que haviam, como ele, conhecido Kafka, este modelo repousa, a seus olhos, sobre duas proposições: o universo kafkiano se desdobra em torno da oposição entre um domínio do poder superior, entendido como sede da Graça (*O Castelo*), e um universo dos poderes inferiores do julgamento ou da danação (*O Processo*); seu horizonte prende-se à ideia segundo a qual o homem está sempre errado perante Deus, cuja misericórdia ele não pode forçar de qualquer forma[55]. Àquilo

※

52 Idem, p. 413-414. Não sem certa ironia, Scholem dirá a Benjamin que aqueles que conheceram Kafka relatam que o seu pai era um personagem particularmente sinistro, de sorte que, com certeza, veio a ser uma das figuras de *O Processo* (ver a carta de Scholem a Benjamin, de 14 de agosto de 1934, trad. M. Vallois, em *Revue d'esthétique*, nova série, n. 1, 1981, p. 35 e s.). Benjamin diz ainda que dois tipos de interpretação deixam escapar necessariamente o essencial de Kafka: "a psicanalítica e a teológica" (p. 413). Notemos que nem Scholem nem Benjamin podiam conhecer a "Carta ao Pai", da qual Max Brod dará alguns extratos em 1937 na biografia de Kafka, mas que aparecerá pela primeira vez somente em 1953, na primeira edição das obras completas de Kafka.
53 Benjamin cita aqui (p. 414-415) respectivamente os *Diários* (em *Oeuvres complètes III*, p. 496) e *Le Procès* (trad. A. Vialatte, *Oeuvres complètes*, Paris: Gallimard, 1976, v. 1, p. 311; trad. mod. [Bibliothèque de la Pléiade]).
54 Idem, p. 435.
55 Ligando-as a Max Brod, que representa para ele o centro de uma espécie de exegese oficial de Kafka, Benjamin cita aqui e em outros lugares do texto as primeiras análises solicitadas pela publicação dos escritos póstumos de Kafka: Willy Hass, *Gestalten der Zeit*, Berlin: 1930; Bernard Rang, "Franz Kafka", *Die Schildgenossen*, Augsburgo: 1932.

que ele designa como o caráter "insustentável" dessas visões que atraem Kafka na direção de Pascal ou de Kierkegaard para uma interpretação teológica, Benjamin opõe de algum modo a sua própria regra hermenêutica. É possível tirar algumas conclusões especulativas dos fragmentos póstumos deixados por Kafka, mas nenhum tema de suas obras literárias é deles dedutível. Quanto às figuras destas obras, elas se prendem, elas mesmas, a uma dupla certeza: os relatos de Kafka se remetem a potências de um "mundo primitivo" que é também o mundo atual; mas seu autor não "encontrou seu caminho entre elas"[56].

No interior desse quadro, pode-se decriptar a maneira como Benjamin ao mesmo tempo concede à interpretação que lhe sugeria Scholem e finalmente a contorna por meio de reservas, de deslocamentos ou de francas negações. Tratando-se da escritura de Kafka, para começar, ele admite tanto mais de bom grado a ideia segundo a qual "nenhum escritor obedeceu tão fielmente ao preceito 'Tu não farás de modo algum imagens'" (p. 75), que é precisamente o que ele ama nesta literatura: a arte da parábola e o domínio da alegoria. No entanto, se constata que "Kafka possuía uma singular aptidão para forjar parábolas" (p. 430), é para no mesmo instante mostrar que "ele tomou todas as disposições concebíveis a fim de estabelecer obstáculos à interpretação de seus textos". Neste sentido, a preocupação manifestada por Kafka, a de pertencer aos homens comuns, é incessantemente corrigida pela consciência dos limites da compreensão, tal como a expõe o Grande Inquisidor em Dostoiévski: o homem está em presença de um mistério insondável que lhe proíbe pregar a liberdade ou o amor e lhe impõe, ao contrário, simplesmente submeter-se a um segredo ou a um enigma aos quais ele não pode furtar-se. Para Benjamin, nenhuma parábola de Kafka é mais significativa do que a de Odradek: o pequeno carretel de linha sobre velhos tecidos de aparência rasgada, mas que parece manter-se em pé como sobre patas[57]. Resta que mesmo isso não oferece, ao fim, senão a imagem de um fracasso: "A forma que as coisas caídas no

---

56 Idem, p. 73. Nos parágrafos que se seguem, as referências ao ensaio sobre Kafka serão diretamente indicadas no corpo do texto, entre parênteses.
57 A figura de Odradek – com sua aparência de bobina e os raios de uma estrela – aparece no curto relato intitulado "O Cuidado do Pai de Família", que Kafka desejava incluir no volume denominado *Um Médico do Campo*. É uma das que suscitaram o maior número de comentários, tendo em vista especialmente a presença de uma alegoria judaica na imagem da estrela. Ver *Oeuvres complètes* II, p. 523-524.

esquecimento assumem. Elas estão deformadas" (p. 444). De maneira similar, Kafka podia ir a ponto de imaginar "um outro Abraão", que estaria "pronto a responder à exigência do sacrifício imediatamente, com a presteza de um garçom de café". No entanto, essa singular personagem procuraria ainda libertar-se de sua tarefa, pretextando a necessidade de pôr em ordem sua casa, de modo que é sempre o "elemento nebuloso da parábola" que Benjamin retém[58]. Para ele, toda a criação literária de Kafka procede desta dualidade. De um lado, existe um elemento de esperança, tal como a expectativa de um adiamento do processo que representa a única saída possível para o acusado de O Processo. Mas, de pronto, é a prevalência da obscuridade que torna as alegorias incansavelmente obscuras. Finalmente, é esse motivo que Benjamin vê triunfar. A prova última disso está no que continua sendo, a seus olhos, a palavra final de Kafka: a estipulação, por seu testamento, de um pedido de destruição da obra póstuma, que é atestado por excelência do fato de que "ele considerava todos os seus esforços como infrutíferos, que ele incluía a si mesmo entre aqueles que estavam condenados ao malogro" (p. 438).

Esforço de Kafka para reencontrar as chaves de um mundo que ainda teria um sentido, como o concebem as leituras voltadas para sua relação com a Tradição; mas fracasso final dessa tentativa, que a converte no melhor porta-voz da vida deslocada: voltamos a encontrar esta dupla polaridade da interpretação proposta por Walter Benjamin, mesmo em se tratando de outros motivos essenciais da obra. Em primeiro lugar, era evidentemente impossível escapar a uma exegese da parábola mais fascinante: "Perante a Lei". Nessa passagem, tal como ela se apresenta doravante ao fim de O Processo, Kafka põe em cena um diálogo na catedral, em que o capelão da prisão interpreta, para o acusado, o sentido que poderia ter a figura do guarda que se recusa a dizer ao homem que o interroga se ele poderá um dia entrar na Lei. Quando evoca esta parábola pela primeira vez, Benjamin parece querer tratá-la de um ponto de vista estritamente literário: Kafka a apresentou inicialmente como um breve fragmento cercado de "pesadas brumas"; ele lhe assegura em O Processo um desenvolvimento

---

58 Aqui (p. 438), Benjamin cita uma carta na qual Kafka desenvolve esta visão arguindo a própria Bíblia, "pois ela diz: 'Ele preparou sua casa'". Ver a carta a Robert Klopstock, de junho de 1921, em Oeuvres complètes III, p. 1082. Reencontrar-se-ia, aliás, em Kafka a ideia de uma "ilusão de Abraão": (ver uma nota do diário, com a data de 26 de fevereiro de 1918, idem, p. 484).

narrativo, no centro de um novo relato que pareceria quase destinado a enrolar-se em torno dela[59]. Mas essa ideia parece imediatamente equívoca demais a seus olhos, como se ela supusesse uma espécie de banalidade da escritura de Kafka. Na realidade, de um a outro texto, este último se exercitaria em interpretar sua própria parábola por intermédio do padre, o que pode se resumir em uma fórmula de bom grado alusiva: "Os fragmentos kafkianos não se integram completamente nas formas da prosa ocidental, e se relacionam à doutrina como a *Hagadá* à *Halakhá*" (p. 427). Resta que não se pode esperar, da parte de Benjamin, encontrar uma ampliação desta perspectiva, que faria com que se devesse considerar o empreendimento de Kafka como um esforço narrativo visando explicitar o sentido de uma Lei que se tornou silenciosa[60]. Para ele, as parábolas de Kafka permanecem indecifráveis, como elas o são aos olhos de seu próprio autor: no caso, quando ele se depara com aquela que se liga ao guarda postado diante da porta da

---

59 A primeira passagem do texto de Benjamin sobre esse motivo (p. 427) só é compreensível se a sua história precisa é restituída. Kafka havia publicado antes de tudo, em 1917, uma coletânea de textos curtos que continha também "Um Médico do Campo" e trazia este título, um breve fragmento intitulado "Diante da Lei" (é este que é citado com mais frequência na literatura da época e que Benjamin tem em vista). Este último texto estava estritamente limitado à parábola de um guardião que permanece diante da Lei e vê chegar um homem do campo que lhe pede permissão para aí penetrar. Ao cabo de múltiplos pedidos e de vãs tentativas que o conduziram ao limiar da morte em companhia do guardião a envelhecer com ele, o homem vê, enfim, o clarão de uma luz brilhante através das portas da Lei. Antes de morrer e enquanto todas as suas lembranças lhe voltam à memória, ele coloca uma última questão ao guardião: se todo mundo procura a Lei, por que ninguém tentou entrar aí? O relato termina com a seguinte resposta: "Ninguém, senão tu, tinha o direito de aí entrar, pois esta entrada foi feita apenas para ti, agora eu parto e fecho a porta" (ver *Le Procès*, trad. A. Vialatte, *Oeuvres complètes I*, p. 453-455). Nessa época, Kafka se dizia relativamente satisfeito com os textos que compunham a coletânea intitulada *Um Médico do Campo* (ver o plano que ele propõe a seu editor Kurt Wolff em uma carta de 20 de agosto de 1917, em *Oeuvres complètes III*, p. 782), notando, contudo, para si mesmo: "mas a felicidade, eu não poderei tê-la, salvo se conseguir erguer o mundo para fazê-lo entrar no verdadeiro, no puro, no imutável" (Diário, 25 de setembro de 1917, *Oeuvres complètes III*, p. 437). Durante a escritura de *O Processo*, ele considerava o capítulo IX do livro ("Na Catedral") como uma exegese, através da boca do padre, da parábola "Diante da Lei". Observemos a respeito desse ponto Benjamin captou perfeitamente uma intenção de Kafka da qual ele não dispunha de nenhuma prova literária. É preciso, enfim, lembrar que *O Processo* só apareceria após a morte de Kafka, pertencendo destarte à categoria dos textos inacabados que ele pedira por testamento que fossem destruídos.
60 Benjamin havia, no entanto, esboçado o desenvolvimento desta imagem quando ele a utilizara já em seu primeiro texto de 1931, aceitando então de bom grado a interpretação de Max Brod para afirmar aquilo que ele renegará: o fato de que a obra de Kafka possa ser "profética". Ver Franz Kafka, *Lors de la construction de la muraille de Chine*, op. cit., p. 284-294.

Lei, é para afirmar que não se deveria sondá-la com mais cuidado do que o pedido de destruição das obras póstumas. Em face daquilo que considera mais uma vez como a inutilidade das múltiplas exegeses já depositadas sobre essa parábola, Benjamin prefere a sobriedade de uma constatação que se ata a uma hipótese brutal: "Cada dia de sua vida, Kafka via-se confrontado com condutas indecifráveis e interpelações confusas. É possível que na hora da morte ele quisesse dar o troco a seus contemporâneos" (p. 430).

Essa maneira de quase contornar o motivo da porta diante da Lei que focaliza as interpretações teológicas da obra de Kafka é, todavia, compensada por algumas perspectivas que parecem querer devolver-lhe uma inscrição na tradição judaica. É sintomático que Benjamin as vincule em primeiro lugar ao universo das pequenas criaturas e das coisas inúteis. Trata-se de entender a estranha figura de Odradeck, que é a personagem familiar do "corcundinha" que vem ao espírito com esta singular observação: "Esse homenzinho é o habitante da vida deformada, ele desaparecerá com a vinda do Messias, sobre quem um grande rabino disse que não mudaria o mundo pela força, mas recolocaria as coisas um pouquinho em seu lugar" (p. 445). Porém, se a alusão a uma autoridade rabínica em apoio a esta palavra parece estar longe de ser transparente, o uso que finalmente Benjamin faz dela o é menos ainda[61]. Um pouco mais adiante, reencontrar-se-á a evocação de uma lenda talmúdica, que relaciona o relato do rabino a explicar por que os judeus preparam um repasto ritual na sexta-feira à noite: é a história de uma princesa exilada que fica sabendo que seu noivo não a esqueceu e que prepara um festim para manifestar sua alegria, na impossibilidade de poder exprimi-la na língua do país estrangeiro[62]. Por um instante,

---

61 Poder-se-ia pensar que o "grão rabino", em quem Benjamin pensa, seja Scholem. Mas a fórmula segundo a qual basta um pequeno deslocamento das coisas para mudar o mundo acha-se explicitamente em Ernst Bloch, com seu complemento: essa tarefa é, no entanto, tão difícil que somente o Messias é suscetível de realizá-la. Ver Ernst Bloch, *Traces*, p. 216-217.
62 É possível que esta lenda, que pareceria, aliás, mais apropriada ao universo da mística ou do hassidismo do que ao do *Talmud*, provém de conversas entre Benjamin e Soma Morgenstern (ver as notas dos *Gesammelte Schriften*, II, 3, p. 1273). Podemos acrescentar que ela já estava também presente no texto de 1931 (Franz Kafka, Lors de la construction de la muraille de Chine, op. cit.). Por sua brevidade, este último dá a impressão de reunir as temáticas "judaicas" da interpretação, dissociadas e contornadas, finalmente, no ensaio de 1934. Essa constatação confirmaria a hipótese de uma importante dimensão reativa deste último texto: contra as leituras "teológicas".

Benjamin parece reter a explicação do rabino: "A noiva significa o Messias, a princesa configura a alma humana e a aldeia onde ela está exilada simboliza o corpo" (p. 433). Mas ele mostra logo em seguida que Kafka não podia estar pensando em fundar uma religião, mesmo se essa aldeia estivesse no coração de seu imaginário. Em outras palavras, se reunirmos uma última vez as breves notações de Benjamin que aproximam a obra de Kafka do universo do judaísmo, constatar-se-á que ele as desliga tão logo as instala: como se não conseguisse jamais separar-se completamente de sua hesitação entre a preocupação de sublinhá-las sob a injunção de Scholem e o desejo de afastá-las, por desconfiança para com a interpretação teológica[63].

É, por fim, esta última perspectiva que parece proporcionar um centro de gravidade a esse texto amiúde enigmático. No tocante à sua intenção, Kafka permanece em Benjamin como a figura, por excelência, daquele que malogrou: por sua recusa de responder às questões que ele mesmo levanta, por sua maneira de se furtar à exegese de suas próprias parábolas, pelo pedido final de uma destruição de seus manuscritos não publicados. Quanto aos motivos da obra, eles continuam a encontrar seu sentido principalmente no horizonte contemporâneo de um universo indecifrável ou absurdo, como uma volta para trás do mundo da Revelação. O mesmo se dá com os métodos que se exercem contra K. em *O Processo*: "[Eles] remete[m] muito para além do tempo da Lei das Doze Tábuas, a um mundo primitivo, sobre o qual uma das primeiras vitórias foi a instituição do direito

---

[63] Esta observação poderia confirmar-se uma última vez por meio da comparação que Benjamin opera no começo da última parte do texto ("Sancho Pança") entre o brevíssimo fragmento de Kafka intitulado "A Aldeia mais Próxima" (em que o avô diz não compreender, tão curta é a vida, que um jovem possa propor-se somente a ir a cavalo à aldeia mais próxima) e uma história dos judeus do leste que termina por uma frase de espírito que ele não procura interpretar. Enquanto se discute, numa pequena aldeia, os desejos que cada um apresentaria se um anjo lá chegasse, o rabino acaba por perguntar ao mendigo, que está em farrapos no último banco, qual seria o seu. Este explica então que gostaria de ser um grande rei dormindo em seu palácio e que vê chegar uma horda de inimigos, a qual se põe a saquear o seu domínio, de modo que ele não tem tempo senão de saltar pela janela, só de camisa, para refugiar-se em um país estrangeiro onde ninguém o conhece e sentar-se ali, no banco... Quando todo mundo permanece incrédulo diante desse sonho que o vê desejar e depois perder tudo e quando lhe pedem que reformule seu desejo, ele responde simplesmente: "Uma camisa". Ver W. Benjamin, "Franz Kafka", trad. M. de Gandillac, revista por P. Rusch, *Oeuvres II*, p. 446-456. Este relato provém mais uma vez de Ernst Bloch (ver *Traces*, p. 105-106). Como no de Potemkin, Benjamin retoma também esta história em uma das "Vier Geschichten": Der Wunsch (*Gesammelte Schriften*, IV, 2, p. 759-760).

escrito" (p. 415-416). Mas acontece o mesmo com as criaturinhas, às quais se ligam, no entanto, os únicos clarões de uma esperança. Para Benjamin, elas vivem em um nível "hetaírico", que corresponde ao lamaçal em que se desenrolam os romances de Kafka: para este último, sua época não representa "nenhum progresso em relação aos primeiros inícios" (p. 75). Vê-se melhor, doravante, por que Benjamin procurava nos primeiros capítulos de *A Estrela da Redenção* algumas descrições que permitissem caracterizar o imaginário de Kafka. Até o fim, este se moveu a seus olhos no domínio dos elementos, o universo do "pré-mundo" que rege as coisas antes do evento da Revelação. É assim que o fim do texto pode apresentar-se como um enredamento de citações a serviço de um aforismo: "o esquecimento incide sempre sobre o melhor, pois concerne à possibilidade da salvação" (p. 448).

A Tradição à Sombra do Castelo

Negando assim que o mundo de Kafka possa ser ligado aos da Revelação e da Redenção segundo o caminho que Scholem lhe abrira, Walter Benjamin se expunha, sabendo disso, à réplica deste último. Breve, quase fustigante, esta é redigida em dois tempos, logo após o aniversário de Benjamin e quando Scholem está ainda sob o choque da morte de Biálik, que ele compara aos maiores talmudistas, como Rabi Akiva[64]. Ela articula três argumentos. Antes de tudo, Benjamin buscou "nos cantos" o que ele tinha debaixo dos olhos: os motivos judaicos de um "*universo moral da Halakhá, com seus abismos e sua dialética*"[65]. Para Scholem, por querer, sem dúvida,

---

64 Ver as cartas de Scholem a Benjamin, de 17 de julho e de 14 de agosto de 1934, em Walter Benjamin/Gershom Scholem, *Briefwechsel*, p. 157-159 e 168-171, e sua tradução em *Revue d'esthétique*, p. 33-35. A segunda dessas cartas toma nota da de Benjamin, de 4 de agosto, que não traz elementos novos sobre Kafka (ver *Briefwechsel*, p. 164-166, carta não traduzida na correspondência em francês) e dá prosseguimento, de fato, ao raciocínio da precedente. Haim Nakhman Biálik morreu em Tel Aviv no dia do aniversário de Benjamin. Scholem, que era seu melhor amigo na Palestina, nota na margem da primeira dessas cartas que Benjamin se utilizara amiúde de um ensaio de Biálik intitulado "Halacha und Haggada", que ele havia traduzido em *Der Jude*, em 1919 (ver Gershom Scholem, *Tagebücher 1917-1923*, Frankfurt-am-Main: Jüdischer Verlag, 2000, p. 559-580).

65 Carta de 17 de julho de 1934, idem, p. 34. Publicando essa missiva, Scholem especifica em uma nota que a fórmula visa principalmente *O Processo* e a parábola "Diante da Lei", sugerindo que ele havia indicado a Benjamin para onde era preciso orientar a interpretação: "Eu

proteger-se demais contra o esquema "teológico", Benjamin se obstinou em não enxergar senão o aspecto "profano" da terminologia da Lei que inunda os textos de Kafka. Nisto, ele falhou na interpretação da parábola que lhe foi consagrada. Scholem vai, portanto, sugerir-lhe remanejar profundamente seu texto, a fim de suprimir bom número de citações privadas de comentário e, sobretudo, acrescentar o que falta cruelmente: "um capítulo sobre a reflexão halákhica e talmúdica, tão evidentemente presente em o 'guarda da porta diante da Lei'"[66]. A esta questão, decisiva aos olhos de Scholem, acresce o fato de que Benjamin percebeu mal a significação das diferentes figuras do imaginário de Kafka. Ele, por certo, entendeu perfeitamente sua presença no seio de um ambiente "hetaírico": lá onde as coisas se afiguram lugubremente concretas enquanto cada passo parece irrealizável e o universo se apresenta sob um aspecto corrompido. Mas o fato de nada ser idílico no mundo de Kafka não prova que este seja estranho ao da Revelação. É aqui que surge a censura mais severa de Scholem, à luz do que ele havia tentado transmitir para Benjamin em torno de suas primeiras descobertas sobre a Cabala: "O problema da Revelação não é, caro Walter, sua *ausência* de um mundo pré-animista, mas seu *caráter inatualizável*"[67]. Daí esse desacordo essencial entre os dois amigos e que será preciso realmente esclarecer um dia: Benjamin compara os estudantes de que fala Kafka a discípulos que teriam extraviado a Escritura; Scholem estima que eles não têm por característica senão o fato de não mais saber decifrá-la[68].

Entre a crítica feita a Benjamin por ter confundido a questão da possibilidade da Revelação com a de sua atualização e a certeza de Scholem segundo a qual Kafka não descrevia o universo primitivo, mas um

---

era de opinião que o abade da catedral representava a secreta transposição de um *halakhista*, um rabino que sabia transmitir, se não a 'Lei', pelo menos, a partir de uma parábola, as tradições que se lhe relacionavam".

66 Carta de 14 de agosto de 1934, idem, p. 35. Precisemos que Scholem julga aqui o texto de Benjamin às vezes "totalmente incompreensível", tantas são as citações e alusões nos recônditos de seu próprio trabalho.
67 Carta de 17 de julho, idem, p. 34.
68 Idem. Scholem refere-se aqui a uma passagem do fim (inicialmente não publicada) do manuscrito ("Sancho Pança") (ver "Franz Kafka", op. cit., p. 452). Notando que "a porta da justiça é o estudo", Benjamin empresta de Kafka a ideia segundo a qual a obra da *Torá* foi destruída, de modo que seus estudantes são aqueles que transviaram a Escritura. Ele cita em apoio a esta leitura os estudantes de *A América*, tais como surgem particularmente no capítulo VII.

mundo contemporâneo em que a Lei parece ter-se tornado indecifrável, vê-se que o mestre de Jerusalém não mudou desde suas primeiras indicações. É o que ele especifica àquele que está agora na posição de seu aluno, comunicando-lhe um argumento que retoma as fórmulas de suas primeiras cartas: "O mundo de Kafka é o da Revelação, mas apresentado em uma perspectiva que a reconduz ao seu nada"; "O *caráter inatualizável* do revelado é o ponto onde se reúnem mui precisamente uma teologia *bem* compreendida [...] e aquilo que fornece a chave do mundo de Kafka"[69]. Olhando as coisas mais de perto, percebemos claramente as formas da decepção de Scholem. De uma parte, ele conseguiu, sem dúvida, conduzir Benjamin ao terreno de uma interpretação de Kafka que desse lugar aos motivos judaicos da obra, ainda que fosse apenas pelas referências ao livro de Ernst Bloch, que ele o convidava a ler para contrabalançar a influência de Brecht. Mas descobre que Benjamin só reteve dos *Traços* os relatos cujo aspecto anedótico valoriza e, sobretudo, que ele permaneceu impermeável aos seus convites mais ou menos alegóricos para considerar a temática da Revelação. Na época das primeiras discussões sobre Kafka, Scholem pensava haver persuadido Benjamin a ligar sua interpretação à categoria do "sursis", que ele mesmo tinha posto em evidência no coração da experiência judaica[70]. Quando redige a *História de uma Amizade*, faz apenas

---

[69] Idem, p. 33-34. Cumpre confessar que Scholem só podia dar ainda na época uma forma alusiva a esta ideia, à qual toda a sua obra sobre a Cabala virá desenvolver-se: através de suas principais categorias e na expressão de seu sistema, esta afirma que a Revelação virá a atualizar-se somente ao fim de um grande ciclo de reparação do mundo e de reunião das fagulhas da luz divina dispersas quando de sua criação. Sobre esta perspectiva central dos trabalhos de Scholem, ver infra, cap. IV, p. 496-506. Resta que ele pode, desde logo, apoiar sua crítica no fato do que ele tinha transmitido a Benjamin seu artigo Kabbale, redigido em 1932 para a *Encyclopaedia Judaica* alemã (ver Walter Benjamin et son anje, op. cit., p. 159, nota 41).

[70] Ver acerca deste ponto *Histoire d'une amitié*, p. 169. Scholem alude a dois de seus próprios textos, os quais marcavam, a seu ver, um ponto de convergência possível com Benjamin a propósito de Kafka: uma notícia sobre a obra de Schmuel Iossef. Agnon que a apresentava como uma "revisão" de *O Processo*; um manuscrito de 1919, intitulado Sobre o Livro de Jonas e a Noção de Justiça, que explicitava a categoria de "sursis" (Uber Jona und den Begriff der Gerechtigkeit, *Tagebücher 1917-1923*, p. 522-532). Em 1920, Scholem havia traduzido no *Der Jude* a novela de Agnon intitulada "Die Geschichte von Rabbi Gadiel dem Kinde". Além do mais, Benjamin ficara muito impressionado com a tradução para o alemão de um outro texto de Agnon (ver *Histoire d'une amitié*, p. 89). Encontraremos uma tradução da novela de Agnon (*L'Histoire de Rabbi Gadiel le petit*) e um comentário posterior de Scholem sobre suas fontes (1959) em Gershom Scholem, *Aux origines religieuses du judaïsme laïque: De la mystique aux Lumières*, p. 75-80 e p. 81-99 (trad. E. Mosès e C. Aslanoff).

uma alusão ao texto de 1934, notando somente que Benjamin começava a revelar-lhe sua "face de Jano"[71].

A última carta significativa de Walter Benjamin confirma essa atmosfera de incompreensão. Preparada por uma nota que lhe confere singular solenidade, ela se reduz a uma série de pontos numerados, que reformulam as principais proposições do texto posto em causa por Scholem e reiteram uma questão que já lhe fora colocada antes. Assim, enquanto Benjamin afirma que a relação entre sua análise e o antigo poema de Scholem prende-se ao fato de que este último parte do "nada da Revelação", lá onde ele mesmo se apoia na "pequena esperança insensata" que reponta em Kafka, acaba por pedir de novo um esclarecimento sobre a fórmula que considera que a obra "apresentaria o mundo da Revelação na perspectiva segundo a qual ela é reconduzida ao seu nada"[72]. No entanto, entre esta vaga proposição de armistício e a questão, Benjamin preserva o essencial de seus pontos de vista: pouco importa que os discípulos tenham extraviado a Escritura ou que eles não saibam mais decifrá-la, porquanto parece que a sua chave está perdida; pode-se realmente reconhecer em Kafka aspectos messiânicos ligados à dimensão da Revelação, mas eles se apresentam sob uma forma profundamente alterada; quanto à insistência na questão da Lei, ela marca o "ponto morto" da obra e não pode em nenhum caso oferecer o centro de uma interpretação. Se olharmos, enfim, por sobre o ombro de Benjamin, o maço de seus papéis recentemente descobertos e que estavam arrumados tendo em vista uma "revisão" do texto sobre Kafka, constatar-se-á que ele não tencionava quase dar fé às objeções de Scholem. Com eles, é uma nova coletânea de citações que se acumula: fragmentos kafkianos que não tinham sido utilizados ou extratos de comentários inéditos. Ao que se acrescenta que, se influências se esboçam para a versão

---

71 Idem, p. 223 (*Walter Benjamin: História de uma Amizade*, p. 196). É preciso notar que o mal-entendido é tanto maior quanto Brecht, de sua parte, acolhera o ensaio de Benjamin sobre Kafka com violência: estimando que ele "favorecia o fascismo judaico" e, além disso, era incapaz de aclarar a personagem formulando as "proposições praticáveis" que podem ser depreendidas de suas histórias (ver os Entretiens avec Brecht, op. cit., p. 136). Hannah Arendt notou a primeira fórmula de Brecht ("Walter Benjamin", op. cit., p. 286).
72 Carta de Benjamin a Scholem, de 11 de agosto de 1934, *Correspondance II*, p. 125-126. Ver a nota que prepara esta carta e atesta a importância que, aos olhos de Benjamin, tinha esta resposta às críticas de Scholem em *Gesammelte Schriften II*, 3, p. 1245-1246.

refundida que Benjamin tem em vista, elas vêm, sobretudo, de uma longa carta de Adorno em larga parte recopiada e de conversas com Brecht pacientemente consignadas[73].

Quatro anos após essa vigorosa troca de cartas, é desta vez Scholem quem toma a iniciativa de questionar Benjamin a respeito de suas opiniões sobre Kafka, pressentindo talvez que elas poderiam ter-se modificado. O pretexto de tal indagação é o aparecimento da biografia escrita por Max Brod, em 1937. Em um desenvolvimento a propósito desse livro, que lhe valerá em compensação a "palma da polêmica" da parte de Scholem, Benjamin expõe à plena luz todo o mal que julga encontrar em tudo o que representa, a seus olhos, o tipo mesmo de um vão "pietismo"[74]. Pinçando uma fórmula de Brod, segundo a qual a obra de Kafka procede menos da literatura do que da categoria da "santidade", fustiga sua carência de rigor pragmático e sua falta de tato: censurando menos ao executante testamentário por ter transgredido sua promessa ao autor do que ao biógrafo por sua inaptidão para medir as tensões que atravessavam a vida de seu modelo. Pois tal é realmente o aspecto essencial da imagem recomposta por Benjamin: "A obra de Kafka é uma elipse cujos focos, muito afastados um do outro, são definidos um pela experiência mística (que é, antes de tudo, a experiência da Tradição) e o outro pela experiência que o homem da grande cidade moderna tem"[75]. Se a ideia principal de Benjamin provavelmente não mudara desde 1934, sua apresentação sob esta forma é doravante muito mais clara e consegue dar um contorno estável à interpretação de motivos "teológicos" que produziam tantas confusões na época. Evidentemente, Benjamin mantém o fato de que o universo de um romance como *O Processo* é o

---

73   Encontrar-se-á o dossiê dos manuscritos relacionados com o projeto de "revisão" do "Kafka" em *Gesammelte Schriften*, II, 3, p. 1248 e s., e a íntegra da longa carta de Adorno, de 17 de dezembro de 1934, em *Theodor Adorno/Walter Benjamin: Briefwechsel, 1928-1940*, p. 89-98.

74   Ver as cartas de Scholem a Benjamin, de 6 de maio de 1938, e depois de Benjamin a Scholem, de 12 de junho, e enfim a de Scholem a Benjamin, de 6/8 de novembro, em *Walter Benjamin/Gershom Scholem, Briefwechsel*, p. 263-265, p. 266-273 e p. 281-287; além disso, a tradução das duas últimas em Walter Benjamin, *Correspondance II*, p. 245-252, e *Revue d'esthétique*, p. 36-39. O livro de Brod, *Franz Kafka*, acabava de aparecer em 1937. Desde seu primeiro olhar sobre ele, Benjamin havia resumido para Scholem o que ele retinha do "não saber kafkiano às luzes brodianas" com uma fórmula enigmática: "Eu me apropriei da fórmula kafkiana do imperativo categórico 'age de tal maneira que os anjos tenham alguma coisa a fazer'".

75   Carta de Benjamin a Scholem, de 12 de junho, idem, p. 248.

do cidadão moderno entregue a um aparelho burocrático impenetrável e de leis incompreensíveis. Mas ele aduz esta nova precisão: "O que há de louco em Kafka, de propriamente louco no sentido preciso do termo, é que este universo de experiência, de todos o mais recente, lhe tenha sido comboiado precisamente pela tradição mística"[76].

Sobre essa base renovada, a última discussão com Scholem pode restringir-se à questão do estatuto atribuído à Tradição nesta perspectiva. Para o Benjamin, que lastima a conotação "apologética" de seu antigo ensaio, o especificamente próprio de Kafka é viver doravante, como Paul Klee, em "mundos complementares". De um lado, os traços de serenidade que atravessam às vezes sua obra constituem o exato complemento de uma época que "se prepara para suprimir por massas inteiras os habitantes deste planeta", enquanto sua experiência privada poderia não ser adquirida por essas mesmas massas, "salvo na hora de sua própria supressão". No entanto, se é a partir dos recursos da Tradição que Kafka pode conferir a seus próprios gestos de espanto uma "*margem soberba* inacessível à catástrofe", nem por isso deixa esta mesma tradição de se apresentar em sua obra como tendo adoecido, oferecendo apenas uma consistência perdida da verdade. Dito de outro modo, embora Kafka estivesse de fato "à escuta da Tradição", seus textos não deixam de apanhar no voo "coisas que nenhuma orelha está destinada a ouvir": como essa esperança infinita sobre a qual ele disse um dia a Max Brod que não era para nós. Eis, portanto, definitivamente para Benjamin, a posição de Kafka na sua época. Enquanto numerosos contemporâneos seus se apegavam a uma verdade que sabiam estar perdida, ele, abandonando sua transmissibilidade, "renuncia à verdade para não afrouxar a transmissibilidade, o elemento hagádico". Daí esta fórmula que ele reescreve a fim de reorientar o sentido de uma proposição de 1934 sobre as parábolas de Kafka: "Elas não se deitam ingenuamente aos pés da

---

76 Idem, ibidem. Vê-se na justaposição dessas duas últimas proposições que Benjamin busca de algum modo um compromisso entre as ideias de Brecht sobre a descrição por Kafka de um mundo da "organização" e as de Scholem, que convidam a considerar a dimensão da obra suscetível de fazer eco à mística. Em se tratando de Scholem, o êxito parece completo, visto que ele se afirmará durante muito tempo após bastante ligado à carta de 12 de junho de 1938: "notável", segundo o artigo de 1964 ("Walter Benjamin", p. 135); "maravilhosa", para a *Histoire d'une amitié*, p. 238.

doutrina como a *Hagadá* aos pés da *Halakhá*. Uma vez deitadas, como por descuido, levantam contra si uma enorme crítica malévola".

Como iria Scholem acolher esta ideia de Benjamin, segundo a qual não se trata mais de "sabedoria" em Kafka, mas somente de seus elementos desintegrados: uma loucura que faz o encanto das personagens preferidas, como Dom Quixote ou os animais; "o rumor das coisas verdadeiras (espécie de revista teológica, que trata de coisas desacreditadas e avelhantadas)"? De maneira inesperada, a reação a essas novas perspectivas é conciliadora no que concerne às suas grandes linhas e, entretanto, firme, no ponto essencial. Felicitando Benjamin pela riqueza de suas reflexões, Scholem contesta, não obstante, o elemento central: a afirmação de um malogro de Kafka. Aos seus próprios olhos, a "antinomia da *Hagadá*", que Benjamin percebe em uma espécie de desvio entre a intenção de Kafka e sua descoberta de um "definhamento da Tradição", é própria da *Hagadá*. Mais precisamente, ela decorre de uma dialética perfeitamente exposta à luz do dia pela mística: "O fato de que só a transmissibilidade da Tradição seja aquilo que dela se mantém vivo, isto é evidente na decomposição da Tradição na crista da onda"[77]. Nesse sentido, se é verdade que a sabedoria é um produto da Tradição que não se pode reconstruir artificialmente, ainda assim permanece o fato de que é o comentário e não o conhecimento que ela assegura: quando Kafka escreve como comentador, oferecendo então efetivamente "escritos sagrados", ele não mostra uma crise da verdade, mas apenas a de sua transmissibilidade. No momento em que Scholem propõe assim a seu amigo refletir doravante sobre a figura de Kafka como "caso limite" da sabedoria, já é, sem dúvida, demasiado tarde para Benjamin, mas ninguém o sabe ainda. Em compensação, tudo leva a pensar que alguns dos trabalhos essenciais que o próprio Scholem consagrará à mística da linguagem conservarão a marca desta longa discussão: como um paciente esforço a fim de clarear aquilo que havia sugerido a Benjamin aprofundar, muito tempo depois que este último lho tenha talvez fornecido[78]. Como

---

77 Carta de Scholem a Benjamin, de 6/8 de novembro, op. cit., p. 39, com o erro original de Scholem, que queria por certo dizer – como ele precisará em nota na sua edição da correspondência com Benjamin – "no oco da onda".
78 É de se pensar que se trata do estudo sobre a linguagem mística que Scholem dirá ter levado trinta anos para realizar e que guarda o traço dessas últimas trocas de correspondência com

quer que seja, o derradeiro convite feito a Benjamin por Scholem acerca de Kafka obtém, em face da natureza da ligação entre eles na época, um eco surpreendente naquilo que o primeiro escreveu ao segundo pouco após o encontro que os reuniu:

> Eu estou convencido [de que] a Tradição é o elemento no qual, de *maneira contínua*, aquele que estuda se transforma naquele que ensina [...] O saber não se torna um saber transmissível senão naquele que compreendeu que seu saber é um saber transmitido; e ele mesmo adquire, por conseguinte, uma liberdade louca. É assim que eu me represento a origem metafísica da palavra de espírito talmúdica[79].

Poderia Benjamin imaginar, em 1917, a inversão de sua relação com Scholem e o fato de que ela se operava largamente em torno dessa questão da liberdade de uma Tradição que passa de mãos em mãos, de um aluno convertido em mestre a um outro discípulo? Lembrava-se Scholem, em 1938, desta antiga certeza de Benjamin? No espelho de Kafka, procuravam eles também discernir a mola de sua amizade?

Tornam-se compreensíveis doravante as utilizações contraditórias que podiam ser feitas dos escritos de Walter Benjamin sobre Kafka. Sem investir a si mesma nas questões de interpretação da obra, Hannah Arendt persiste em ver no retrato do escritor – enquanto arquétipo daquele que abortou – as formas de um autorretrato de Benjamin: como o "corcundinha" que fica "arrasado diante de um monte de lixo"[80]. No tocante à fidelidade de Gershom Scholem, esta devia tomar feições muito diferentes: ele se recusará sempre a comparar as existências de Benjamin e Kafka; mas associará claramente alguns dos pensamentos diretivos de sua própria

---

Benjamin a respeito de Kafka: Le Nom de Dieu ou la théorie du langage dans la kabbale: Mystique du langage (1970), *Le Nom et les symboles de Dieu dans la mystique juive*, trad. M.-R. Hayoun, Paris: Cerf, 1988 (trad. bras.: *O Nome de Deus, a Teoria da Linguagem e Outros Estudos de Cabala e Mística: Judaica II*, trad. Ruth J. Sólon e J. Guinsburg, seleção de textos Haroldo de Campos e J. Guinsburg, São Paulo: Perspectiva, 1999). Sobre esse texto e sua importância, ver infra, cap. IV, p. 431-443.

79 Carta de Walter Benjamin a Scholem, de 6 de setembro de 1917, *Correspondance I*, p. 135.
80 Ver Walter Benjamin, Enfance berlinoise, op. cit., p. 143, e Hannah Arendt, "Walter Benjamin", op. cit., p. 251.

démarche à lembrança das discussões a propósito da Tradição que sobrevive à sombra de *O Castelo*. Na época de uma primeira troca de cartas que lhe parece girar ao redor da ideia segundo a qual o "Deus que desvia a face", do *Deuteronômio* (31, 18), está ausente do mundo "sem deixar traços", ele havia notado para si mesmo: "Não basta dizer, como Kafka, que o dono da casa se retirou para o pavimento superior. Ele realmente deixou a casa e se tornou inencontrável. Trata-se aí de um estado de insondável desesperança. Mas é aí, como ensina a religião, que se descobre Deus"[81]. Alguns anos mais tarde e enquanto já expõe as fontes de sua paixão pela Cabala, é esse mesmo sentimento, sempre nutrido na frequentação de Kafka, que ele formula: afirmando que a mística se desdobra "no extremo limite entre a religião e o niilismo"[82]. Muito tempo depois, sublinhará enfim a importância do fato de que a misteriosa luz de Kafka vem de Praga, isto é, de um mundo onde persistem ainda as marcas da heresia frankista, um "messianismo niilista que se esforçava em falar a linguagem das Luzes"[83]. Para Scholem, o autor de *O Castelo*, embora ignorasse sem dúvida a Cabala, estava de algum modo impregnado de sua visão de uma "simpatia das almas" e da questão que a sustenta: "Quando o homem foi expulso do Paraíso, a principal vítima dessa expulsão não terá sido não o homem, mas o próprio Paraíso?" Daí viriam os clarões de uma perfeição perdida que esmaltam tantos de seus escritos, como a expressão não ultrapassada do "esplendor austero do canônico, do perfeito, que se rompe". Este universo desconhecido, porém familiar, poderia igualmente prover a questão de *O Processo*: a das condições do acesso à Lei, em um universo concebido à imagem de uma casa cujo dono teria se retirado para o andar de cima.

---

81 Nota manuscrita de Gershom Scholem (1934), consignada por Schmuel Hugo Bergman em seu Diário, com a data de 18 de abril de 1934: ver Schmuel Hugo Bergman, *Tagebücher & Briefe*, I, *1901-1948*, Königstein/Ts: Athenäum Verlag, 1985, p. 357.
82 Carta a Zalman Schocken, de 29 de outubro de 1937, *Briefe*, I, *1914-1947*, p. 471-472; trad. Maurice R. Hayoun, Gershom Scholem, *Le Nom et les symboles de Dieu dans la mystique juive*, p. 7.
83 Gershom Scholem, Dix propositions non historiques sur la Kabbale (1958), trad. M. de Launay, *Aux origines religieuses du judaïsme laïque: De la mystique aux Lumières*, p. 255. Sobre a importância desse texto e da carta anteriormente evocada, ver infra, cap. IV, p. 423-426. Scholem adianta aí a ideia segundo a qual a obra de Kafka se alojaria precisamente no limite entre a religião e o niilismo.

A última palavra acerca do enigma da Tradição, que atravessava o diálogo a respeito de Kafka para culminar na ideia formulada por Scholem, de uma dialética da Lei e do comentário, poderá ser descoberta em um episódio do *Talmud* no qual este virá a ser tardiamente o centro de um estudo sobre as categorias religiosas do judaísmo. Rabi Eliezer e os Sábios discutem a fim de saber se o forno de Akhnai é puro ou impuro segundo a *Torá*. Como os Sábios recusam os argumentos de Rabi Eliezer, este último pede que uma alfarrobeira testemunhe que ele está de acordo com a *Halakhá*, o que advém quando a árvore recua cem cúbitos. Mas os Sábios recusam-se a aceitar esta autoridade: "Não se poderia tirar uma prova de uma alfarrobeira". Rabi Eliezer faz uma nova tentativa: "Se a *Halakhá* está de acordo comigo, que este riacho que corre perto daqui o testemunhe". Os Sábios recusam-se de novo a render-se em favor do riacho que remonta, no entanto, à montante, e Rabi Eliezer apela para as paredes da escola, a fim de que provem que ele tem razão. No instante em que estas começam a inclinar-se, Rabi Ioschua as apostrofa: "No momento em que eruditos discutem sobre uma questão da *Halakhá*, como é que vós vos intrometeis?" Por causa de seu prestígio, as paredes param de tombar; mas em virtude do de Rabi Eliezer, elas não se reerguem tampouco, de modo que continuam ainda hoje inclinadas. Vem então o seguinte relato, que fornece, aos olhos de Scholem, um grande número de chaves: "'Se a *Halakhá* está de acordo comigo, retoma Rabi Eliezer, a sua prova vem do céu!' Então uma voz celeste se faz ouvir: 'O que tendes contra Rabi Eliezer? A *Halakhá* está sempre de acordo com ele'. Mas Rabi Ioschua se ergueu e disse: 'A *Torá* não está no céu' (*Dt* 30, 12). O que queria ele dizer com isso? Rabi Jeremias respondeu: 'A *Torá* foi dada sobre o monte Sinai'. Nós não devemos mais esperar uma voz celeste porque já no monte Sinai foi escrito na *Torá*: 'A opinião da maioria prevalecerá' (*Ex* 23, 2). Finalmente, Rabi Natan encontrou o profeta Elias e lhe perguntou: 'O que fazia a esta hora, o Santíssimo, bendito seja Ele?' Elias respondeu: 'Deus sorriu e disse: Meus filhos me venceram! Meus filhos me venceram!'"[84].

---

84 *Baba Metzia*, 59 b. Gershom Scholem cita e comenta essa passagem na Révélation et tradition comme catégories religieuses dans le judaïsme, *Le Messianisme juif: Essais sur la spiritualité du judaïsme*, trad. B. Dupuy, Paris: Calmann-Lévy, 1974, p. 409-410.

Essa espécie de ternura desarmada atribuída ao próprio Deus viria um dia fornecer a Gershom Scholem o motivo que faltava para formular verdadeiramente a questão da Tradição. "Meus filhos me venceram!": como exprimir melhor a autoridade do comentário sobre o autor, o poder de uma Tradição que expõe o caráter da Lei, ela mesma vivida como "verdadeiro crescimento e desenvolvimento do interior"? Mas, ao mesmo tempo, como expressar mais precisamente o perigo que, entretanto, a ameaça de maneira incessante, porquanto aquilo mesmo que a nutre é aquilo que ameaça conduzi-la a um hermetismo que a tornaria intransmissível? Tal é, portanto, a antinomia que aflorava em Kafka, mas que trabalha toda a Tradição. Longe de significar uma sacralização do passado, esta faz da própria interpretação o vetor paradoxal da transmissão: a Torá não está mais no céu e os comentadores a rodeiam de uma sebe de exegeses que a protege buscando decifrar seus mistérios; mas cada imagem acrescentada à palavra para apreender o sentido a exila um pouco para mais longe de sua origem, ao passo que a recepção da Tradição se torna a cada instante tributária das tribulações da linguagem. Os cabalistas sabiam disso, eles que "quiseram sondar o cerne mais íntimo da Torá e procuraram, por assim dizer, decodificar seu texto"[85]. Tudo leva a crer que Kafka o desejava ainda, com suas parábolas que asseguram a autoridade da Lei, embora a arranhando ao mesmo tempo com os traços acerbos de uma consciência que a vê tornar-se estrangeira. Quanto a Walter Benjamin, não constitui, sem dúvida, a menor estranheza de sua obra o fato de ele praticar melhor do que nenhum outro esta arte, visando penetrar a intimidade da Tradição: cercando-a ainda, mas muitas vezes sem que sempre o saiba.

Para uma Memória de Deus

Essa dimensão da obra de Walter Benjamin nunca aparece melhor expressa do que nos seus textos sobre a linguagem: domínio entre os mais misteriosos de seu pensamento, mas onde transparece em toda a sua amplidão uma

---

[85] Gershom Scholem, Révélation et tradition comme catégories religieuses dans le judaïsme, op. cit., p. 411.

ancoragem teológica de sua inspiração, sem dúvida censurada por gosto da polêmica nos escritos sobre Kafka. Evocando a propósito da tradução das vidas ou dos instantes que seriam inolvidáveis ainda que todos os homens os tivessem olvidado, Benjamin lhes consigna uma destinação em um domínio onde encontrariam seu lugar: "para uma memória de Deus"[86]. Tal é a melhor definição da função da linguagem em seus trabalhos, a começar pelo primeiro e mais substancial dentre eles: o ensaio, de 1916, intitulado "Sobre a Linguagem em Geral e sobre a Linguagem Humana"[87]. Continua sendo relativamente difícil estabelecer o contexto de elaboração desse texto, mas se vê melhor as formas de sua irradiação na obra de Benjamin. Do primeiro desses pontos de vista, ele poderia oferecer uma espécie de explicitação da dimensão esotérica de uma carta a Martin Buber, declinando o convite para escrever no *Der Jude*: carta cujo conteúdo exotérico se prende simplesmente à afirmativa de uma "incapacidade efetiva de enunciar algumas palavras claras sobre a questão do judaísmo"[88]. Com toda evidência, a ideia de uma crítica da linguagem como puro "meio" que aparece aqui é uma preocupação central de Benjamin na época. Ela reaparece, com efeito, em duas cartas contemporâneas, que evocam a redação do texto. Aquela, em primeiro lugar, na qual Benjamin anuncia a Scholem que vai tratar desse estranho tema: "matemática e linguagem, isto é, matemática e pensamento, matemática e Sion"; em "referência imanente" ao judaísmo e em "referência explícita" ao primeiro capítulo do *Gênesis*[89]. Depois aquela em que especifica, para Herbert Belmore desta vez, que se tratará de preparar para a palavra "a morada mais pura, a morada mais santa"[90]. Se tais confidências são, sem dúvida, demasiado alusivas para precisar verdadeiramente as intenções de

---

86 Walter Benjamin, La Tâche du traducteur, op. cit., p. 246. Esse texto de 1923 constitui a introdução à tradução dos *Tableaux parisiens* de Baudelaire, que Benjamin acabava de efetuar.
87 Walter Benjamin, Sur le langage en général et sur le langage humain (1916), trad. M. de Gandillac, revista por R. Rochlitz, em *Oeuvres I*, p. 142-165. Ver o original alemão desse texto, não publicado e estabelecido a partir do manuscrito original, que comporta algumas correções de Benjamin, em *Gesammelte Schriften*, II, 1, p. 140-157, e depois uma nota sobre suas origens, assim como as referências dos textos citados, II, 3, p. 931-936.
88 Carta a Martin Buber, de junho de 1916, em *Correspondance I*, p. 117-119. Scholem fora o intercessor de Benjamin junto a Buber, tentando lhe explicar as hesitações de seu amigo. Ver sua carta a Buber, de 25 de junho de 1916, em *The Letters of Martin Buber: A Life in Dialogue*, Nahum Glatzer; Paul Mendes-Flohr (ed.), New York: Schocken Books, 1991, p. 193-194.
89 Carta a Scholem, de 11 de novembro de 1916, idem, p. 119.
90 Carta a Herbert Belmore, de junho de 1916, idem, p. 121-123.

Benjamin, parece claro, em compensação, que esse texto conservará um valor matricial para o conjunto de suas pesquisas sobre a linguagem. Em primeiro lugar, ele entra no quadro das prefigurações da tese sobre o *Trauerspiel*, com dois fragmentos do mesmo ano que não serão mais publicados durante a vida de seu autor[91]. A isto se junta que ele encontra um prolongamento, de particular amplitude, no ensaio sobre "A Tarefa do Tradutor": texto que considera a possibilidade de uma restauração da linguagem cuja degradação descreve. Resta, enfim, que se sabe que o momento do exílio é um daqueles em que Benjamin quereria encontrar a todo custo o manuscrito[92].

Com respeito à questão linguística propriamente dita, a tese do ensaio de 1916 consiste em afirmar que, se as palavras transportam uma essência espiritual das coisas, esta "se comunica *na* linguagem e não *por* meio dela"; de sorte que "à questão: *o que* comunica a linguagem?, é preciso, portanto, responder: *toda linguagem se comunica ela mesma*"[93]. No entanto, tal não é o problema principal que preocupa Benjamin, mas antes o de saber o que é próprio do homem, pautado por essa questão. Em se tratando deste último, parece firmado que é "*nomeando* todas as outras coisas" que ele comunica a sua própria essência espiritual: tanto isto é verdade que "nós não conhecemos, afora a linguagem humana, nenhuma linguagem que *nomeie*" (p. 145-146). Resta o singular dispositivo pelo qual Benjamin tenta iluminar esse motivo. De um lado, trata-se, a seus olhos, de refutar a concepção "burguesa" da linguagem: esta estabelece que a comunicação tem como meio a palavra, como objeto a coisa e como destinatário o homem; ele mostrará que ela não conhece, na realidade, nem meio, nem objeto, nem destinatário. No mesmo instante, no entanto, esta crítica da visão instrumentalista da linguagem se liga a um aforismo enigmático: "no nome, a essência espiritual do homem se comunica com Deus" (p. 147). Para desdobrá-lo, Benjamin se engaja em uma exegese dos primeiros capítulos do *Gênesis*: livro que conduz da Criação à expulsão do Paraíso e depois ao episódio da Torre de Babel, isto

---

91   Ver Walter Benjamin, Trauerspiel und Tragödie e Die Bedeutung der Sprache in Trauerspiel und Tragödie, em *Gesammelte Schriften*, II, 1, p. 133-137 e p. 137-140.
92   Ver a carta a Scholem, de 23 de maio de 1933, em *Correspondance II*, p. 88-89, e a de julho do mesmo ano a Gretel Adorno, idem, p. 93-96.
93   Sur le langage en général et sur le langage humain, op. cit., p. 145. Para os parágrafos subsequentes, as referências a este estudo serão dadas no texto, entre parênteses.

é, da relação entre o verbo divino e a linguagem do homem até a dispersão das línguas, com a queixa daí resultante[94].

Poder-se-ia perguntar por que Walter Benjamin escolheu começar pelo segundo relato da Criação. A razão disso, sem dúvida, é que nele se instala de um modo mais imediato a posição do homem com referência à faculdade da linguagem, com a indicação de seu corolário: "porque todo ser vivo levou o nome que o homem lhe daria", diz a Escritura (Gn 2, 19); "é porque o homem é o senhor da natureza e pode denominar as coisas", comenta Benjamin (p. 148). Nesta perspectiva, as coisas mudas e privadas do princípio formal da linguagem não podem se "comunicar" entre si, exceto através de uma comunidade mais ou menos material, ao mesmo tempo que a dimensão incomparável da linguagem humana reside no fato de que sua relação com as coisas é imaterial e puramente espiritual: disso a *Bíblia* dá o símbolo, estabelecendo que Deus insufla o sopro no homem (Gn 2, 7), quer dizer, lhe confere "ao mesmo tempo vida, espírito e linguagem". Eis, pois, definido o primeiro elemento de uma "metafísica da linguagem", cujo núcleo Benjamin toma emprestado de Johann Georg Hamann: "*Língua, mãe da razão, e da revelação, seu alfa e seu ômega*"[95]. Nesse momento, ele opta por indicar que seu projeto consiste em explorar a concepção que a *Bíblia* oferece a respeito da linguagem: para sublinhar a maneira pela qual ela a concebe como "realidade última, inexplicável, mística", e não para fins exegéticos ou de demonstração de sua verdade revelada. Mas ele lembra também que o segundo relato da Criação é o único em que é dito que Deus passa pela mediação de uma matéria para exprimir a sua vontade, visto que é a partir da terra que o homem é moldado. Assim, é a um homem que não foi criado pelo verbo, segundo o esquema "Deus disse e assim foi", que é doravante outorgado o essencial: "o *dom* da linguagem o eleva acima da natureza" (p. 153).

---

94 Notemos que a exegese desses capítulos ocupou vários contemporâneos, visto que Hermann Cohen, Franz Rosenzweig e Leo Strauss se entregaram a ela, para fins diferentes. Acerca desse ponto, ver supra, cap. II, nota 163. Benjamin cita aqui a *Bíblia* na tradução de Lutero: ele não apreciava muito a de Buber e Rosenzweig (ver infra, nota 135).
95 Benjamin cita aqui (p. 151) uma carta de Hamann a Jacobi, de 18 de outubro de 1785, carta que Scholem retoma, por sua vez, no estudo sobre o nome de Deus: por ver aí formulado, em "um laconismo soberbo", a tese fundamental da mística da linguagem. Cf. Gershom Scholem, Le Nom de Dieu ou la théorie du langage dans la Kabbale: Mystique du langage, op. cit., p. 57.

É à elucidação desse enigma que é consagrado o retorno ao primeiro relato da Criação, em uma *démarche* que tem em vista mostrar que ele já continha uma estrutura que aparta o homem do resto da criação, sublinhando ao mesmo tempo a forma particular dessa diferenciação. Sabe-se que o primeiro capítulo do *Gênesis* apresenta a Criação sob um ritmo ternário: "Que seja feito – Ele fez – Ele nomeou", sendo cada sequência fechada pela fórmula "E Ele viu que aquilo era bom". Ainda que se perceba assim como "em Deus o nome é criador porque ele é verbo" (p. 153), a diferença do homem também aparece de maneira inteiramente clara. No triplo "Ele criou" do versículo 1, 27, o homem não é nem formado a partir do verbo, nem nomeado. O comentário que Benjamin tece em relação a esta figura é tanto mais singular quanto parece aplicar à linguagem o modelo da contração divina, sob a forma que lhe concedem as concepções místicas da Criação *ex nihilo*: "Deus liberou a linguagem que lhe havia servido, *a ele*, de 'meio' para a Criação" (p. 154). Se se resume esta análise da posição do homem no seio da linguagem tal como ela transparece à luz do *Gênesis*, chega-se, pois, ao seguinte paradoxo: "De todos os seres, o homem é o único que dá, ele mesmo, um nome ao seu semelhante, do mesmo modo que é o único ao qual Deus não deu nome". Por um de seus lados, este fenômeno permite sugerir uma teoria do nome próprio como "verbo de Deus" (p. 155): é disso que o judaísmo se recorda, sem dúvida, quando dá à criança um nome secreto que só será revelado por ocasião de sua maioridade[96]. Mas é sua outra vertente que é essencial aos olhos de Benjamin: o fato de ele revelar doravante o verdadeiro sentido da dualidade dos relatos da Criação e, sobretudo, sua orientação para o episódio que os segue na ordem do *Gênesis*.

Enquanto se perfilam os comentários da expulsão do Paraíso e de Babel, cumpre esclarecer a diferença que Walter Benjamin percebe entre os dois momentos da Criação. No que concerne ao primeiro, é preciso agora

---

[96] Walter Benjamin não alude aqui a esta prática, mas ele construirá mais tarde toda uma teoria alegórica em torno de seu nome "secreto" como figura do anjo protetor. Ver as duas versões da nota intitulada "Agesilaus Santander", que ele redigiu em Ibiza no verão de 1933, em Gershom Scholem, *Benjamin et son ange*, p. 92-99. Nos textos recolhidos nesse volume, Scholem dá a sua própria interpretação desse tema, do ponto de vista da biografia e da obra de Walter Benjamin. Acrescentemos que Walter Benjamin diz ainda no ensaio sobre Goethe que "nada liga melhor um ser humano à linguagem do que seu nome". Ver *Les Affinités électives* de Goethe, op. cit., p. 289.

compreender que se ele designava uma essência pura da linguagem, esta jamais pertenceu ao homem, porém a Deus. Nesse sentido, a linguagem autenticamente criadora da realidade estava estritamente ligada ao verbo divino: de modo que o homem não pôde tê-la perdido e que ele não representa, pois, a origem propriamente dita de sua linguagem. Esta última, em compensação, apareceu no segundo momento, por ocasião do episódio pelo qual Adão dava nomes aos animais. Porém, ao passo que se desenhava aqui uma forma perfeita de acordo entre a linguagem primordial do homem e a realidade das coisas que se abeberam na mesma palavra divina, a sequência do relato vê surgir a expulsão do Paraíso, a qual, por sua vez, perfila a divisão das línguas. Para Benjamin, eis o sentido da transgressão do interdito de provar os frutos da árvore: no conhecimento, o nome "sai dele próprio" e o pecado original é verdadeiramente "a hora natal do *verbo humano*"; tendo por consequência a queda da palavra, que, doravante, deve "comunicar *qualquer coisa*" (p. 159-160). Ligando suas interpretações do relato do pecado original e o da Torre de Babel, Benjamin pode apreender aquilo cuja origem ele procurava: o "avassalamento da linguagem na parolagem"; a confusão das línguas. Decaída de seu estado adâmico, restrita a uma função puramente comunicativa, a linguagem está condenada a uma perpétua aproximação, e depois a uma espécie de nostalgia em relação à sua harmonia primeva com as coisas. No tocante a estas últimas, elas estão privadas, devido à pluralidade das línguas humanas, da possibilidade de ter um nome, como se destinadas a ser "alcunhadas" (p. 163).

Se se compreende, doravante, como Walter Benjamin vê na divisão das línguas o fenômeno de uma linguagem decaída e corrompida na ordem da parolagem, em que as palavras não são mais do que signos privados de brilho, cabe perguntar-se o que querem dizer as fórmulas enigmáticas do fim do texto. A primeira delas retorna à interpretação do segundo relato do *Gênesis*: para mostrar que, se a natureza foi sempre muda, sua mudez tornou-se "tristeza profunda"; e depois que é, portanto, "uma verdade metafísica que toda natureza começaria a lastimar-se se lhe atribuíssem a linguagem" (p. 162). Quanto à segunda, ela concerne, desta vez, à consequência do fato de que o homem dá um nome à natureza e a seus semelhantes: "A onda ininterrupta desta comunicação corre através da natureza inteira, e depois dos seres existentes, desde os mais baixos até o homem, e depois do homem até Deus" (p. 165). Resta, enfim, a mais misteriosa dentre elas. Aquela que acompanha a ideia segundo a qual toda linguagem superior é a tradução de uma linguagem inferior, até a última claridade de uma palavra divina que representa a unidade do movimento linguístico: "A linguagem da natureza deve ser comparada a uma secreta palavra de ordem que cada sentinela transmite na sua própria linguagem, mas o conteúdo da palavra de ordem é a linguagem da própria sentinela" (p. 165). Tudo leva a pensar que esta imagem permanece suficientemente aberta e estranha para carregar em germe o desenvolvimento de um bom número de trabalhos ulteriores de Benjamin: a tese sobre o *Trauerspiel*, que desenvolve uma reflexão sobre a alegoria como expressão da tristeza; o ensaio sobre "A Tarefa do Tradutor", polarizado em termos da perspectiva de uma recomposição da unidade perdida da linguagem.

Aos olhos de Scholem, esses dois textos são os que mais contribuíram para a reputação de hermetismo de Walter Benjamin. Cumpre inicialmente lembrar-se do contexto acadêmico da elaboração do primeiro, com suas duas características: a necessidade, para o autor, de completar sua tese para um trabalho de habilitação que lhe permitiria eventualmente chegar à universidade; a atitude de desconfiança e de provocação na qual ele fora se instalando progressivamente em face de tal condição coercitiva. No verão de 1919, Benjamin havia defendido sua primeira tese sobre *O Conceito de Crítica de Arte no Romantismo Alemão*, após ter, por um momento, hesitado em consagrá-la aos escritos estéticos e à filosofia da história de Kant[97]. Ainda que sua mania de segredo, salientada por Scholem, devesse incitá-lo a permanecer discreto acerca desse tipo de projeto, as raras observações sobre o tema da tese já realizada atestavam uma profunda insatisfação, ligada ao

---

[97] Ver a carta a Scholem, de 22 de outubro de 1917, em *Correspondance I*, op. cit., p. 138-145. Rapidamente, Benjamin parecera considerar que não havia contradição entre a análise de Kant e o interesse pelo romantismo, na medida em que era preciso, a seus olhos, passar no caso pela teoria estética do primeiro para estabelecer esta ideia própria do segundo: "uma *obra* de arte poderia se apreendida em sua verdadeira natureza desde que seja contemplada por si mesma, independentemente de sua relação com a teoria ou a moral" (carta a Scholem, de 30 de março de 1918, idem, p. 166). De maneira significativa, ele já introduzia o tema de seu projeto para a habilitação: "meu ser judeu me abria por privilégio 'a ordem perfeitamente autônoma' da queixa e do luto (*Trauer*)", de sorte que um trabalho sobre o *Trauerspiel* deveria responder à questão de se saber "como a linguagem em geral se realiza no luto e qual pode ser a forma de expressão do luto" (idem, p. 167).98.

fato de a abordagem do "messianismo" que surgia no coração do fenômeno romântico ver-se interditada pela "atitude científica requerida, complexa, convencional, distinta da autêntica"[98]. Benjamin havia, não obstante, ousado completar esse trabalho com um "posfácio esotérico", destinado àqueles que poderiam ser as verdadeiras testemunhas de seu empreendimento. Mas ele procurava sempre o objeto da habilitação, assim como a personalidade e o lugar que desejariam acolhê-lo. Protelado pela escritura do ensaio sobre *As Afinidades Eletivas*, esse projeto devia retomar corpo no fim de 1923, com a esperança de que pudesse ser realizado em Frankfurt. Ele não teria por confidente senão Florens Christian Rang, como se Benjamin não pudesse expor a Scholem sua intenção na época: reencontrar o sentido das "relações secretas entre alemães e judeus", relações que não passam necessariamente por uma expressão "venal" do apego dos segundos à causa dos primeiros, mas amiúde se prende à simples preocupação de "'salvar' uma antiga literatura"[99].

Após ter acumulado o material de seu estudo efetuado na Biblioteca Nacional de Berlim, durante o inverno de 1923, e depois redigido os esboços do texto durante os primeiros meses de 1924, em Capri, Benjamin pôde anunciar a Scholem, em junho, que a introdução seria "uma espécie de ensaio sobre a teoria do conhecimento", que lembraria o estudo sobre a linguagem de 1916, afirmando, enfim, em setembro, que tudo deveria estar concluído para o Natal[100]. Na realidade, o plano do trabalho havia de ser profundamente modificado, o que não deixou talvez de produzir efeitos sobre sua recepção contrariada. Inicialmente, ele tinha uma forma dialética clássica, em três partes: o estudo da figura do soberano no *Trauerspiel*; a análise das relações entre *Trauerspiel* e tragédia; a teoria da alegoria

---

98 Carta a Ernst Schoen, de 7 de abril de 1919, idem, p. 191-192. A tese de Benjamin é doravante incluída nas obras completas: Der Begriff der Kunstkritik in der deutschen Romantik, em *Gesammelte Schriften*, 1, 1, p. 7-122.
99 Ver a carta a Florens Christian Rang, de 18 de novembro de 1923, idem, p. 283-284. Seria preciso comparar a maneira como Benjamin fala aqui a Rang das questões para ele ligadas ao judaísmo (como o aprendizado do hebraico ou a emigração) no contexto de uma reflexão sobre a Alemanha com o seu discurso na mesma época na interlocução com Scholem. Após a morte de Christian Rang, em 1925, Benjamin escreverá a Scholem que este último representava o essencial daquilo que ele tinha "adotado" da cultura alemã (ver a carta datada de 12 de outubro – 5 de novembro, idem, p. 330).
100 Cartas a Scholem, de 13 de junho e de 16 de setembro de 1924, idem, p. 317-321 e p. 323-329.

propriamente dita. Recompondo finalmente o conjunto em duas partes apenas, respectivamente consagradas aos laços entre *Trauerspiel* e tragédia e depois àqueles que uniam o *Trauerspiel* à alegoria, Benjamin deixava a segunda em uma posição de antítese da primeira, no coração de uma estrutura sem resolução e com ares particularmente enigmáticos[101]. Seria por causa de uma impressão de coisa inacabada que tal forma podia causar ou devido aos desenvolvimentos deliberadamente esotéricos do texto que este foi tão mal acolhido? De todo modo, Benjamin havia de retirar seu pedido de habilitação em setembro de 1925: sofrera a recusa do titular da cadeira de história da literatura da universidade de Frankfurt; ele sabia que o mesmo ocorreria em estética geral, da parte de Hans Cornelius e de seu assistente na época, Max Horkheimer[102]. *Der Ursprung des deutschen Trauerspiel* (A Origem do Drama Barroco Alemão) terá, pois, um destino paradoxal: quando apareceu, em 1928, era o primeiro livro publicado por seu autor e quase o único que ele jamais terminaria; mas este já lhe havia fechado as portas da universidade e já lhe tinha granjeado a reputação de pensador sulfuroso, e até incompreensível.

Da introdução desse livro, Walter Benjamin teria dito a Max Rychner e a Theodor Adorno, em 1930, que ela não era compreensível senão "por alguém que conhecesse a Cabala", o que não podia designar então ninguém mais exceto Scholem[103]. Retomando a expressão com o espanto de ter sido o seu destinatário direto, este último afirma não haver jamais chegado a saber se Benjamin "blefava" ou se ele queria de um modo mais ingênuo aparar a censura de ser incompreensível. Seguramente, a introdução

---

101 Os *Gesammelte Schriften* oferecem um material crítico que cobre mais de uma centena de páginas a respeito da tese sobre o *Trauerspiel* (1, 3, p. 868-981). Além do relato largamente baseado na correspondência (parcialmente inédita) sobre as condições angustiosas de sua elaboração e os documentos administrativos referentes à perspectiva de uma habilitação, este dossiê apresenta peças relativas à recepção da obra e, sobretudo, um grande número de projetos ou variantes do texto (p. 914 e s.). Neste domínio, trata-se da primeira versão da introdução (p. 925-948) que oferece um interesse maior, na medida em que ela difere totalmente daquela que será publicada e apresenta aspectos deliberadamente esotéricos, obliterados na versão que veio a público.
102 Ver especialmente um dos relatos que Benjamin apresenta a respeito das atribuições da habilitação em uma carta a Scholem, de 21 de julho de 1925, em *Correspondance I*, p. 358-359.
103 A anedota é recontada por Scholem na *Histoire d'une amitié*, p. 146. É a seu respeito que Scholem diz ter amiúde afirmado a seus alunos da época que era preciso ler Kafka e, particularmente, *O Processo* para compreender a Cabala.

ao *Trauerspiel* comprazia-se em envolver em fórmulas mais ou menos esotéricas o conteúdo de uma teoria das ideias, cuja forma exotérica seria mais bem exposta no exterior, notadamente na correspondência[104]. Assim, Benjamin parece contestar o fato de que a verdade possa encontrar sua determinação através da realidade empírica e depois sua expressão na linguagem degradada do conhecimento: "A filosofia não pode mais propor-se ao discurso da Revelação, salvo pelo retorno da memória à percepção original"[105]. O que pretende ele dizer, no entanto, com a ideia segundo a qual tal capacidade de anamnese é menos própria a Platão do que a Adão, "que é o pai dos homens na medida em que é o da filosofia"? Não é duvidoso que Benjamin faça aqui alusão a suas análises do ensaio de 1916, a respeito de um estado paradisíaco da linguagem que não havia ainda decaído para a função de comunicação. Mas o leitor da introdução não pode sabê-lo. *A fortiori*, este último ignora a maneira como tal fórmula se aclara, talvez por algumas considerações destinadas a correspondentes. Aquela que esboça para Christian Rang as razões da inconsistência de uma história da arte que não chega jamais a apreender nem o conteúdo nem a forma das obras[106]. Ou aquela ainda pela qual ele confia, a um Hugo von Hofmannsthal, que havia acolhido com benevolência o ensaio sobre *As Afinidades Eletivas*, "a convicção de que toda verdade tem sua morada, seu palácio ancestral na língua, que esse palácio é feito dos mais antigos *logoi* e que, em face de uma verdade assim fundada, os alvos das ciências particulares permanecem subalternos"[107].

É certo que Walter Benjamin queria fazer da introdução ao livro sobre o *Trauerspiel* um gesto de desafio ao academismo das disciplinas

---

104 Ver, por exemplo, a maneira como Benjamin conta a Scholem sua dificuldade de expor suas reflexões filosóficas sobre a teoria do conhecimento, em um trabalho "que deve ter uma fachada vagamente polida", e acrescenta com um lapso por certo muito significativo: "Devo assinalar meus pensamentos ocultos mais pessoais sem poder [sic] dissimular-me inteiramente nos limites que o sujeito fixa" (carta a Scholem, de 13 de junho de 1924, em *Correspondance I*, p. 317).
105 Walter Benjamin, *Origine du drame baroque allemand*, p. 34.
106 Ver a carta a Christian Rang, de 9 de dezembro de 1923, em *Correspondance I*, p. 293.
107 Carta a Hugo von Hofmannsthal, de 13 de janeiro de 1924, idem, p. 301. Citando esta carta, Hannah Arendt afirma que ela pareceria vir de um texto de Heidegger dos anos quarenta ou cinquenta e mostra o quanto Benjamin tinha, sem o saber, mais afinidade com o pensamento deste último do que com "as sutilezas dialéticas de seus amigos marxistas" ("Walter Benjamin", op. cit., p. 300-301).

sapientes de seu tempo. Pouco depois, ele o havia inclusive apresentado a Scholem através de uma versão reescrita da história da Bela Adormecida no Bosque: ela nega ao príncipe ataviado com o "ridículo traje cintilante da ciência" o poder de despertar a "pobre verdade", porque ela mesma havia "se picado na roca *demodée*" quando desejara tecer para si "por entre os andrajos uma túnica de professor"[108]. É talvez esse desejo mais ou menos dissimulado de provocação que produz o hermetismo do texto e incita a buscar na parte conclusiva do trabalho a elucidação de suas passagens mais obscuras. Aqui, Benjamin parece por duas vezes remodelar elementos do texto de 1916 sobre a linguagem com base em sua teoria da alegoria. Em primeiro lugar, a temática da degradação da linguagem e da tristeza da natureza muda que se esboçava na interpretação da doutrina da queda vem sublinhar uma dimensão formal da alegoria: "É a culpabilidade que proíbe ao significado alegórico encontrar em si mesmo a realização de sua significação"[109]. Historicamente, isto quer dizer que quanto mais a natureza e a Antiguidade eram percebidas como carregadas de culpabilidade no seio da civilização cristã, tanto mais sua interpretação alegórica era requerida. Porém, enquanto os bronzes e os mármores se impunham como os sustentáculos por excelência desse procedimento, eles conservavam para o barroco e até para a Renascença uma parte do horror que Agostinho experimentara diante deles: reconhecendo aí o "corpo dos deuses"[110]. Sobre essa questão, é Aby Warburg que serve de guia, quando ele precisa como na Itália, por volta de 1520, a Antiguidade é adorada sob duas formas: um semblante sombrio e demoníaco que pede um culto supersticioso; uma face clara e olímpica que solicita uma veneração estética. Nesse sentido, Benjamin pôde tomar emprestado a Warburg a descrição da maneira como a Renascença quis despertar a lembrança dos ídolos: "Os fenômenos celestes foram circunscritos nos limites humanos, a fim de que seu poder demoníaco fosse limitado ao mínimo nas imagens"[111]. Em outras palavras e nos termos de Benjamin, ao passo que a alegorese jamais

---

108 Ver o relato "Eu gostaria de contar de outro modo o conto da Bela no Bosque Adormecido", anexado à carta a Scholem, de 5 de abril de 1926, em *Correspondance I*, p. 381-382.
109 *Origine du drame baroque allemand*, p. 242.
110 Idem, p. 243, em que Benjamin cita *A Cidade de Deus*, VIII, 23.
111 Aby Warburg, *Heidnisch-antike Weissagung in Wort und Bild zu Luthers Zeiten*, Heidelberg: 1920, citado idem, p. 239.

teria vindo à luz se a Igreja tivesse conseguido expulsar os deuses antigos da memória de seus fiéis "sem outra forma de processo", é como uma tentativa para domesticá-los que ela se impôs: tendo por horizonte encerrá-los em sua "coisidade mortal"[112].

Aparece então um segundo elemento da alegoria, que Benjamin procura tirar de uma "teologia do mal", desta vez proveniente da interpretação do relato da expulsão do Paraíso no texto sobre a linguagem. Deste, ele parece reter que ela trouxe à luz uma aparição conjunta do conhecimento e do mal, fenômeno sancionado pela constatação divina segundo a qual "isto era bom" e sua consequência: "O modo de existência do mal, por excelência, é o saber, e não a ação"[113]. Nesse sentido, enquanto o conhecimento do bem e do mal não é mais do que uma "parolagem", a dimensão alegórica que vive em suas abstrações permanece, apesar da queda, estranha à "linguagem dos nomes de que o homem edênico se serviu para nomear as coisas"[114]. É isso que explica como o mundo do *Trauerspiel* se apresenta sob as feições do das três promessas de Satã: "o que seduz é a ilusão da liberdade – na exploração do interdito; a ilusão da independência – na exclusão da comunidade dos fiéis; a ilusão do infinito – no abismo vazio do mal"[115]. Mas esse fenômeno permite também apreender uma outra componente fundamental do *Trauerspiel*, ao que ela dá uma parte de seu nome: o lugar que aí ocupam a tristeza (*Trauer*) e a melancolia. Nesse plano, o que é significativo é o próprio fato de a história ser representada como *Trauerspiel*, em torno da figura do príncipe como "paradigma do melancólico" e em um universo do

---

112 Idem, p. 244.
113 Idem, p. 248. Eis, sem dúvida, um tema que provém do que Benjamin havia aprendido sobre a mística junto de Scholem. Este último insistirá sempre sobre a maneira como a Cabala faz da existência do mal um de seus objetos de predileção. Ver, por exemplo, *Les Grands courants de la mystique juive*, trad. M. Davy, Paris: Payot, 1950, p. 49 e s.; (trad. bras.: *As Grandes Correntes da Mística Judaica*, São Paulo: Perspectiva, 1995 [3. ed. revista]). A questão do fruto da árvore e da transgressão do interdito que se lhe vincula é a fonte de numerosas especulações, cuja origem pode ser encontrada na própria literatura midráschica: ao redor notadamente da proposição segundo a qual quando Deus declara que "isto é muito bom" (*Gn* 1, 31) é da morte que se trata (ver *Bereschit Rabá*, ix, 5). Inútil dizer que *a contrario* é esse tipo de interpretação que Hermann Cohen tenta afastar: para mostrar que o mal, precisamente, não existe senão no domínio da ação, ao passo que a aquisição do conhecimento assegura a realização do homem (ver supra, cap. 1, p. 102-104)
114 Idem, p. 252.
115 Idem, p. 248-249.

qual Pascal fornece uma perfeita descrição por sua crítica ao divertimento: o da fragilidade da criação e da dignidade real que lhe é sujeita[116]. A isto se junta, enfim, que a época recebe como dádiva uma verdadeira teoria da melancolia centrada na figura de Saturno: teoria esta que acabava de levar Erwin Panofsky e Fritz Saxl a reconstituir uma história centrada na obra de Dürer, em que Benjamin se abeberou largamente[117].

Resta que, aos olhos de Benjamin, a consideração do tesouro lúgubre da morte ou do inferno ligada às visões pelas quais as coisas humanas caem em ruína não pode ser suficiente para satisfazer a teoria da alegoria. Ela deve também levar em conta a perspectiva de sua "virada para a salvação"[118]. Eis, sem dúvida, o elemento pelo qual o resultado do trabalho é o mais difícil de apreender: antecipando talvez futuras interrogações da obra, mas ainda incertas aos próprios olhos de seu autor. Assim, quando Benjamin confessa a Scholem que duvida haver captado perfeitamente a essência da alegoria como o fenômeno que se tratava de "salvar", esperando ao mesmo tempo, ao menos, ter chegado a mostrar que sua "violência orgânica" constitui o "fundo primitivo do barroco", ele tem em vista, provavelmente, a virada dialética esboçada no fim do livro[119]. Com isso, ele afirma que

---

[116] Idem, p. 153-154. Benjamin cita aqui várias passagens dos *Pensées* (137 da edição Brunschvicg).
[117] Idem, p. 160 e s. Benjamin cita aqui o primeiro dos estudos de Panofsky e Saxl sobre a "Melancolia I" de Dürer, cujo aparecimento o impressionara fortemente. Ver a carta a Scholem, de 22 de dezembro de 1924 (*Correspondance I*, p. 335), na qual fala de um "livro capital" e de uma "pesquisa incomparável e fascinante", que parece ser um de seus raros viáticos na elaboração desse trabalho. Publicada em Leipzig em 1923, sob os auspícios da biblioteca Warburg, *Dürers "Melancolia I": Eine quellen und typengeschichtliche Untersuchung* havia de aparecer de novo, em uma edição corrigida e aumentada, depois que a primeira tiragem se esgotara. Panofsky e Saxl desejavam estendê-la para uma descrição detalhada da evolução da doutrina dos temperamentos, tendo em vista mesmo uma história de "Saturno, Senhor da Melancolia" até a idade moderna. Mas então, quando tinham conseguido associar a colaboração de Raymond Klibansky, a realização da obra devia sofrer de múltiplos azares: interrupção do trabalho no começo do regime nazista devido à emigração dos autores; destruição dos chumbos na Alemanha durante a guerra; decisão de publicar o livro em tradução inglesa, a partir de um lote de provas conservado; mais a morte de Fritz Saxl em 1948... O texto original que Benjamin cita encontra-se, em substância, na última parte do livro, finalmente publicado em 1964: Raymond Klibansky, Erwin Panofsky e Fritz Saxl, *Saturne et la Mélancolie: Études historiques et philosophiques – Nature, religion, médecine et art*, trad. F. Durand-Bogaert e L. Evrard, Paris: Gallimard, 1989.
[118] Idem, p. 250.
[119] Ver a carta a Scholem, de 22 de dezembro de 1924, em *Correspondance I*, p. 334-335.

tudo aquilo que é apresentado como vinculado ao caráter efêmero das coisas é menos significado alegoricamente do "que oferecido como sendo ele mesmo significante, em termos de alegoria"[120]. Que as coisas retalhadas, dispersas e inclusive mortas possam ser decifradas, isso implica que elas apareçam como uma "alegoria da ressurreição", pela qual, por sua vez, a contemplação pode operar "sua salvação em um imenso salto para trás". Esta última figura não se compreende talvez senão voltando para aquilo que o havia, de algum modo, preparado de um ponto de vista mais formal: a tematização da diferença entre o símbolo e a alegoria, e depois da incompreensão da natureza desta última desde o século XVIII.

É em torno de uma observação de Goethe que parece tecer-se, para Benjamin, a análise das funções respectivas do símbolo e da alegoria que ele julga ocultadas pela estética contemporânea. Para Goethe, o próprio da alegoria é o de "buscar o particular visando o universal", enquanto o símbolo, ao contrário, "considera o universal no particular"[121]. Porém, aos olhos de Benjamin, mais grave do que a maneira como Goethe se desinteressou da alegoria, ao estimar que o poeta se liga unicamente ao símbolo: é o fato de que o romantismo tenha imposto à teoria da arte um verdadeiro "usurpador", através de um conceito edulcorado do símbolo que dissolve em um "nevoeiro sentimental" sua autêntica relação com a teologia. É então, graças às categorias da experiência do tempo, que a relação entre as duas noções deve ser repensada. No símbolo, a unidade temporal posta em causa é a do "instante místico": aquele pelo qual "o semblante transfigurado da natureza se revela fugazmente na luz da salvação", graças à sublimação da queda[122]. De forma inversa, a alegoria oferece ao espectador a *facies hippocratica* da história", melhor ainda, "o que ela sempre teve de intempestivo, de doloroso, de imperfeito" e que vem se representar por uma cabeça de morto. Resta que se a alegoria expõe os sofrimentos do mundo pelo viés das "estações de sua decadência", que se ela parece ser "no domínio do pensamento aquilo que são as ruínas no domínio das coisas", ela continua a preservar sua capacidade de se transformar, enquanto o símbolo permanece, quanto

---

120 *Origine du drame baroque allemand*, p. 251.
121 Idem, p. 173, que cita os *Écrits sur la littérature* de Goethe.
122 Idem, p. 178.

a ele, "obstinadamente idêntico a si próprio"[123]. Eis, pois, o que Benjamin censurava à teoria estética de não ter cumprido, e que faz da alegoria uma escritura: "Na mão do alegorista, a coisa vira outra coisa, ele fala assim de outra coisa, e ela torna-se para ele a chave do domínio de um saber oculto, o emblema deste saber ao qual ele rende homenagem".

Qual poderia ser o horizonte visado por Walter Benjamin nesta evocação alusiva de uma virada dialética da figura alegórica? A essa pergunta, ele apresenta uma forma de resposta em uma carta a Max Rychner, diretor marxista da *Neue Schweizer Rundschau*, que acabava de lhe endereçar um texto intitulado "Kapitalismus und schöne Literatur", parecendo intimá-lo a se explicar sobre suas orientações[124]. Visivelmente, Benjamin tenta aqui justificar um compromisso entre duas tendências de seu trabalho recente: explica o que o conduziu para a "abordagem materialista"; porém, mostra igualmente que a "orientação entranhada" de seu trabalho é "metafísica". Para esse destinatário, junto a quem manifesta a desconfiança do livro sobre o *Trauerspiel* para com a "atividade científica idealista burguesa", o acento parece querer ser levado para o segundo aspecto das coisas: "Nunca pude buscar e pensar de outro modo a não ser em um sentido, se eu ouso assim falar, teológico, isto é, conforme a doutrina talmúdica dos quarenta e nove degraus de significação de cada passagem da *Torá*"[125]. Quanto à dimensão dialética da obra, ela se prende à ideia segundo a qual "a realidade histórica possui um coeficiente próprio, graças ao qual todo conhecimento autêntico desta realidade leva o sujeito a conhecer-se a si próprio, não de um ponto de vista psicológico, mas no sentido de uma filosofia da história"[126]. Se esse equilíbrio precário tiver qualquer chance de responder à "leve intimação de Rychner", ele não está em condições de impedir uma reação colérica de Scholem a quem uma cópia da carta fora enviada. Para este último, tal discurso traduzia apenas a ilusão em que já

---

123 Idem, p. 197. Será preciso perguntar-se em que medida Scholem se inspira nessa distinção na sua própria teoria do símbolo e da alegoria (ver infra, cap. IV, p. 457-459).
124 Carta a Max Rychner, de 7 de março de 1931, com cópia para Gershom Scholem, em *Correspondance II*, op. cit., p. 42-44.
125 Idem, p. 44.
126 Idem, p. 43. É o que leva Benjamin a escrever que ele se sente mais próximo das "análises grosseiras e azedas de um Franz Mehring" do que da delimitação do reino das ideias tal como é praticada na "escola de Heidegger".

vivia Benjamin há muitos anos, de sorte que nele dois universos "são de maneira espantosa estranhos um ao outro e sem qualquer liame a uni-los": aquele que se liga ao seu modo real de pensamento; e aquele ao qual aspira, quando busca, "por sobressaltos", fazer entrar suas ideias na "fraseologia" comunista[127]. Aos olhos de Scholem, isso quer dizer duas coisas. Em primeiro lugar, Benjamin está doravante encerrado numa ambiguidade que ameaça até a própria "moralidade" de suas ideias, tendo por consequência que a única maneira de sair daí consistirá em mergulhar nos conhecimentos que lhe são autenticamente "pessoais e sólidos": aqueles que provêm da "metafísica da linguagem". Mas a isto se adiciona um pressentimento mais doloroso, expresso em um convite para reconhecer seu gênio próprio, mais do que honrar uma impossível dívida para com o materialismo: "O perigo para você vem mais da aspiração a uma comunidade, ainda que seja aquela, apocalíptica, da revolução, do que do horror da solidão, que atravessa tantos de teus escritos e sobre a qual estou pronto a apostar mais alto do que sobre as metáforas pelas quais você se engana a si mesmo sobre sua vocação"[128].

O Exílio da Linguagem e sua Reparação

Insistindo, desde 1931, sobre estas contradições de Walter Benjamin, que ele era o único em condições de perceber, Gershom Scholem antecipava largamente a trajetória de seu amigo durante os nove anos que lhe restariam para viver. Inicialmente, isso se dava em um plano pessoal, na medida em que Benjamin conheceria uma existência afetiva cada vez mais instável, e depois uma solidão tanto mais amargamente sentida quanto anunciava o malogro de suas aspirações ao reconhecimento por uma das comunidades que o atraíam. Scholem relata que, muito antes do gesto fatal de 26 de setembro de 1940, cometido em condições extremas, Benjamin havia tentado várias vezes dar fim a seus dias, indo mesmo em 1932 a ponto de planejar seu ato e redigir um testamento por ocasião de seu quadragésimo

---
127 Carta de Scholem a Benjamin, de 30 de março de 1931, em *Correspondance II*, p. 45.
128 Carta de Scholem a Benjamin, de 6 de maio de 1931, idem, p. 52.

aniversário[129]. Mas sua angústia estendia-se também às condições de sua vida intelectual, assim como demonstra sua carta carregada de alusões, pela qual ele respondia aos votos de Scholem por este aniversário, falando de seus trabalhos como "vitórias de pormenores aos quais correspondem derrotas em grande escala"[130]. Estaria esse sentimento de fracasso que jamais se extinguirá verdadeiramente ligado à irresolução de um empreendimento dividido entre a metafísica e o materialismo histórico? Em grande parte, a interpretação da obra de Benjamin gira em torno desta questão. Em Scholem, ele se beneficiava de um guardião vigilante da primeira dessas orientações. Mas sofria também a poderosa pressão dos representantes da segunda, nas pessoas de Adorno e, mais ainda, de Horkheimer. A esse título, é quase a postura simetricamente oposta às críticas de Scholem contra a tendência de Benjamin ao materialismo que se pode perceber naquela que Horkheimer oporá, com a preocupação de captar o lampejo dialético de um "agora" na ruína das coisas: "A constatação de uma inconsecução é idealista se ela não comportar em si a consecução [...] Se levarmos inteiramente a sério a inconsecução, é preciso crer no Juízo Final"[131].

Muito tempo após a publicação do livro sobre o *Trauerspiel* e enquanto estava trabalhando naquele que deveria intitular-se *Paris, Capital do Século XIX*, Benjamin anota um "corretivo" a tais observações: "A história

---

129 Ver G. Scholem, *Histoire d'une amitié*, p. 201 e s. Scholem data aqui, precisamente da primavera de 1931, a tentação crescente que a ideia de suicídio passou a exercer sobre Benjamin. As notas do diário, do mês de maio, o confirmam: em 4 de maio, à "meia-noite e quinze", Benjamin escreveu estar "fatigado" de sua vida e da perpétua necessidade de "lutar"; no dia 5, ele esboça uma espécie de balanço, em torno da figura de três mulheres que amou e três homens diferentes que elas suscitaram nele, de tal forma que contar sua história significaria "representar a construção e o declínio destes três homens" (Diário maio-junho de 1931, em *Écrits autobiographiques*, p. 173 e p. 181-182). Encontrar-se-á, enfim, o projeto de testamento exumado em 1966 dos arquivos da RDA, em Potsdam, na *Histoire d'une amitié*, p. 210. Scholem tira de tudo isso a conclusão de que "o que aconteceu por fim, após a travessia da fronteira espanhola, não foi fruto de uma decisão brusca, porém de um ato preparado de antemão": é disso que Benjamin havia feito a confidência a Hannah Arendt, ao afirmar estar desencorajado com os acontecimentos e persuadido de que uma guerra "acarretaria a utilização de gases e significaria o fim de toda a civilização" (*Histoire d'une amitié*, p. 248). Arendt continuou, no entanto, a ver no suicídio de Benjamin o resultado de um concurso de circunstâncias, lançadas na conta de sua eterna má sorte.
130 Carta de Benjamin a Scholem, de 26 de julho de 1932, em *Correspondance II*, p. 71.
131 Carta de Max Horkheimer a Benjamin, de 16 de março de 1937, citada em Walter Benjamin, *Paris, capitale du XIXe siècle*, p. 488.

não é apenas uma ciência, ela é uma forma de rememoração. Aquilo que a ciência 'constatou', a rememoração pode modificar. A rememoração pode transformar o que está inacabado (a felicidade) em algo acabado e aquilo que está acabado (o sofrimento) em algo inacabado"[132]. Que, em 1937, Benjamin possa ainda referir-se a uma categoria central da teologia judaica como a da rememoração, eis o que podia dar corpo à esperança de Scholem: reconduzir seu pensamento às margens da metafísica. Em apoio a tal empreitada, ele se beneficiava especialmente daqueles dentre os textos mais antigos de Benjamin que desenvolviam a metafísica da linguagem esboçada no ensaio de 1916: em primeiríssimo lugar de "A Tarefa do Tradutor". Nessa introdução de 1923 para a tradução dos *Tableaux parisiens* (Quadros Parisienses) de Baudelaire, Benjamin estabelece uma possibilidade de reviravolta da degradação da linguagem precedentemente descrita. Doravante, a seus olhos o mundo havia conhecido sucessivamente três eras: a de uma palavra divina criadora, quando a linguagem coincidia perfeitamente com as realidades que ela designa; a da língua humana original pela qual Adão nomeava os animais; a que sucede, enfim, à queda desse estado paradisíaco através da transformação das palavras em signos vulgares de comunicação. Ao filtro dessa descoberta, a verdadeira essência da tradução seria a de exprimir a lembrança da unidade perdida escrutando a presença do Verbo por trás da diversidade linguística da humanidade.

Elaborada já em 1921, como reflexão teórica a acompanhar o trabalho sobre Baudelaire, que só aparecerá em 1923, "A Tarefa do Tradutor" liga-se diretamente ao texto de 1916 sobre a linguagem e se dedica à abertura de tais horizontes[133]. Nesse texto, ela retoma a ideia segundo a qual a obra literária, para falar com propriedade, não "diz" nada: na medida em que aquilo que é essencial nela não depende nem da comunicação nem da

---

132 Nota de Benjamin sobre a carta anteriormente citada, de Horkheimer, idem, p. 489.
133 Encontraremos nas obras completas o original do texto, seguido de traduções em alemão, dos poemas de Baudelaire, feitas por Benjamin (com o texto francês). Ver *Gesammelte Schriften*, IV, 1, p. 9-21 e p. 22-82. Os diversos estados de "A Tarefa do Tradutor" não oferecem praticamente nenhuma variante, ao passo que dispomos, ao contrário, de versões anteriores das traduções de Baudelaire, encontradas nos manuscritos de Benjamin (IV, 2, p. 897 e s.). A comparação evidencia que as traduções definitivas são, de alguma forma, mais livres que as precedentes, cuja linguagem era relativamente formal. Em compensação, as primeiras tentativas respeitavam estritamente a versificação de Baudelaire que a versão publicada às vezes transforma.

enunciação, mas de um conteúdo "universalmente tido como o inapreensível, o misterioso, o 'poético'"[134]. A partir daí e para ir direto à dimensão polêmica do texto, pode-se já reter os critérios da má tradução: o desejo de comunicar o sentido original, que só pode desembocar em "uma transmissão inexata de um conteúdo não essencial"; o cuidado com a restituição fiel de cada palavra, que continua sendo impotente para apresentar sua significação primeira; a perspectiva, por último, de uma literalidade sintáxica, que finalmente "ameaça conduzir tudo diretamente à ininteligibilidade"[135]. Todavia, o essencial não reside talvez aí, mas no fato de que a tradução representa uma "forma" que mantém uma relação complexa com o original. De um lado, parece evidente que mesmo a melhor das traduções jamais significa algo para este último, que conhece sua própria vida. Em compensação, é enquanto tal que é significativa a possibilidade para que uma obra seja traduzida: com ela, a obra entra no domínio de sua "sobrevivência", dimensão na qual ela adquire uma existência "em princípio eterna nas gerações subsequentes"[136]. Mas essa perspectiva, por sua vez, que poderia ainda corresponder a um lugar-comum do ideal visado pelo mau tradutor, deve ser entendida de um ponto de vista que provém do conceito da vida e da natureza da linguagem. Aqui reside a relação que é decisiva entre a vida e sua finalidade: mais precisamente o fato de que todos os "fenômenos vitais finalizados" estão orientados para a manifestação de uma essência ou a expressão de uma significação, sendo a linguagem o lugar por excelência onde cada singularidade visa sua própria superação. Dito de outro modo, ao mesmo tempo que ela torna manifesta a sobrevivência das obras, a tradução tem por objetivo expor "a mais íntima relação entre línguas" (p. 248).

134 La Tâche du traducteur, op. cit., p. 245.
135 Idem, p. 245 e p. 256. Cabe notar que Benjamin criticará Martin Buber por maltratar as estruturas sintáticas do alemão, na sua tradução da *Bíblia*, querendo, sem dúvida, ser mais fiel às do hebraico (ver a carta a Karl Thieme, de 9 de março de 1938, em *Correspondance* II, p. 235). Scholem confirma que Benjamin preferia de longe a antiga tradução de Leopold Zunz, que ele relia amiúde ("Walter Benjamin", op. cit., p. 133). Além do mais, retrabalhando suas traduções de Baudelaire, Benjamin dirá mais tarde lamentar não ter mencionado no texto que as acompanha o problema da qualidade da métrica, ao lado do da literalidade. Ver as cartas a Florens Christian Rang, de 10 de janeiro de 1924, e a Hugo von Hofmannsthal, de 13 de janeiro do mesmo ano, em *Correspondance I*, p. 300 e p. 302.
136 Idem, p. 247. Para os parágrafos seguintes, as referências aparecerão diretamente no corpo do texto.

Atribuindo assim à tradução a tarefa de representar na atualização a relação oculta entre duas línguas, Benjamin faz dela o modelo de uma reparação da linguagem adâmica perdida. Em primeiro lugar, tal fato supõe admitir que a tradução não é, jamais, a equalização estéril de duas línguas consideradas como mortas, mas um processo que se desenrola no meio da vida da linguagem, com a seguinte consequência: "ao passo que a palavra do escritor sobrevive na sua própria língua, o destino da melhor tradução é o de se integrar no desenvolvimento da sua e de perecer quando esta língua for renovada" (p. 250). É aqui que será preciso lembrar-se daquilo que havia apresentado o ensaio de 1916: a radical incompletude das línguas separadas após os episódios bíblicos da Expulsão do Paraíso e da Torre de Babel, e depois o fato de que cada uma dentre elas conheceu a nostalgia da linguagem pura das origens e a esperança de reencontrá-la. Ora, embora nenhuma das línguas tomada isoladamente possa atingir este objetivo, a tradução serve-se de sua complementaridade, isto é, do fato de elas partilharem da mesma intenção ao mesmo tempo que procuram realizá-la por vias diferentes. Formalizada, essa ideia redunda em dizer que a pura linguagem que permanece encoberta na pluralidade das línguas se atualiza progressivamente pelo desvelamento, graças à tradução, daquilo que permite "a harmonia de todos esses modos de visar"[137]. Exposta sob um ângulo mais metafísico, ela evoca a maneira pela qual a tradução se nutre tanto da eterna sobrevivência das obras quanto do renascimento ilimitado das línguas: a fim de permitir o crescimento destas últimas "até o termo messiânico de sua história" (p. 251). Desse ponto de vista, o milagre da tradução se prende ao fato de que o original pode elevar-se, ainda que provisoriamente, para uma atmosfera da linguagem mais pura do que aquela em que ele vive em seu próprio seio: de sorte que se desvela por um instante "o lugar prometido e interdito onde as línguas se conciliarão e se realizarão" (p. 252).

---

[137] Benjamin parece ter tido a intuição prática dessa ideia (p. 250-251), ao censurar Scholem já em 1917 por não conseguir transpor seu "amor pela língua hebraica" para o alemão, por ocasião de uma tradução do Cântico dos Cânticos. Evocando a maneira como as traduções de Píndaro por Hölderlin se nutrem de um amor comum pelo grego e pelo alemão, ele fazia então da possibilidade que "duas línguas passem para uma esfera única" o critério da grande tradução. Ver a carta a Scholem, de 17 de julho de 1917, em *Correspondance I*, p. 131-132.

Essa perspectiva messiânica de uma restauração da unidade primeira da linguagem permite compreender definitivamente no que a tradução não decorre da comunicação: a tarefa autêntica do tradutor deve orientar-se para além de tal esfera, para este horizonte de realização que permanece "intocável". Sob essa bitola, ela pode, aliás, tornar-se um *analogon* da atividade filosófica: na medida em que esta última vive igualmente da certeza de que existe uma "língua da verdade", em que são conservados no silêncio "os segredos últimos que todo pensamento se esforça por revelar" (p. 254). É esta proximidade ainda intuitiva que estruturava já em 1918 o "Programa da Filosofia Vindoura": tentativa de refundação do conceito de experiência a partir de Kant e de uma crítica ao neokantismo; esforço em vista do qual Benjamin afirmava que "todo conhecimento filosófico encontra seu único meio de expressão na linguagem"[138]. Deste ponto de vista, os dois textos parecem concordar: um considera que a filosofia devia ser definida como teologia, ou subordinada a ela; o outro esboça um paralelo entre a maneira como a tradução põe à prova o "santo crescimento das línguas" e um "crescimento das religiões" que faz ela mesma "amadurecer a semente latente de uma linguagem superior" (p. 251-252). A tradução se desdobra, pois, entre dois polos: aquele que pretende que para ela também "no princípio era o verbo", tratando-se, no caso, do modo de visar

---

138 Walter Benjamin, Sur le programme de la philosophie qui vient, trad. M. de Gandillac, revista por P. Rusch, em *Oeuvres I*, p. 111. Esse texto, que permaneceu inédito até a sua publicação em 1963, em uma coletânea em homenagem a Theodor Adorno por seu sexagésimo aniversário, fora dado por Benjamin a Scholem no início de 1918. Este último data sua redação de 1917 (ver a nota crítica a seu respeito, em *Gesammelte Schriften*, II, 3. p. 936). A gente reconhece nele um interesse pelo sistema de Kant que a correspondência da mesma época manifesta (cf. especialmente a carta a Scholem, de 22 de outubro de 1917, em *Correspondance I*, p. 138 e s.), assim como o impacto de uma crítica da *Teoria Kantiana da Experiência*: obra de Hermann Cohen, que Benjamin se propusera a ler com ele (ver o relato de Scholem, em *Histoire d'une amitié*, p. 74 e s.). Esse trabalho representa, sem dúvida, o último traço de uma preocupação de Benjamin em favor da possibilidade de uma filosofia sistemática. De um ponto de vista mais anedótico, é lendo Cohen juntos no pequeno povoado suíço de Muri que Benjamin e Scholem decidirão fundar sua própria "academia". Assim, a "Universidade de Muri", que publicará alguns prospectos graças à tipografia do pai de Scholem, tornar-se-á durante muitos anos o lugar imaginário de sua comunidade: como testemunho, entre outros documentos, uma carta do "Gabinete do Reitor" datada de novembro de 1921 (idem, p. 131, trad. bras., p. 114-115), na qual o responsável pelo curso sobre "A invenção da serra para contornar" é informado que pessoa alguma se inscreveu, e que "o aluno 'Martin' recebeu e foi promovido ao grau de 'Buber'" e que o professor convidado Scheler tratará da "Vida e obra de São João-Maria Farina" (o inventor da água-de-colônia)...

do original; depois o que lhe permite contribuir para a reconstituição da língua primeva, fazendo com que "a obra exprima o grande desejo de uma complementaridade de línguas" (p. 257). Quanto àquilo que se aloja entre estas duas extremidades, é o núcleo de uma pura linguagem "simbolizada" no devir das línguas, mesmo que ele seja apenas "simbolizante" nas "obras finitas das línguas" (p. 258).

Resta que, concedendo ao tradutor uma liberdade que nada mais deve ao elemento da comunicação, esta teoria parece abrir uma perspectiva propriamente abisssal. Se é verdade que a tarefa que lhe compete consiste em "resgatar em sua própria língua a pura linguagem exilada na língua estrangeira", não somente a primeira está de algum modo destinada a sair de seus quadros, mas a relação de sentido entre a tradução e o original torna-se extremamente tênue. Assumindo tal ideia, Benjamin a expõe por meio de uma imagem: assim como a tangente não toca o círculo salvo de maneira fugidia e prossegue sua marcha para o infinito em linha reta, da mesma forma a tradução não roça o original exceto em um ponto infinitamente pequeno do sentido, continuando seu caminho "segundo a lei de fidelidade na liberdade do movimento linguageiro" (p. 259). Surge logo, entretanto, o imenso perigo que espreita a tradução e que consiste no fato de que "o sentido aí tomba de precipício em precipício, até correr o risco de se perder nos abismos sem fundo da língua" (p. 261). Existirá um entalhe de detenção para esta linha de fuga finalmente terrificante que pode conduzir o tradutor ao silêncio, como o atesta o fato de que as traduções de Sófocles foram os últimos trabalhos de Hölderlin? Benjamin parece pensar que sim, mas considerando que, no entanto, isto não é verdade senão por causa do único texto para o qual o sentido cessa de ser "a linha divisória para a onda da linguagem e para a onda da Revelação": o texto sagrado. É isso que dá às duas últimas proposições do ensaio seu caráter enigmático: uma afirma que "todas as grandes escrituras, porém no mais alto ponto a Escritura Sagrada, contêm entre as linhas sua tradução virtual"; a outra pareceria quase anular toda indeterminação da linguagem pacientemente explorada, afirmando que "a versão intralinear do texto sagrado é o modelo ou o ideal de toda tradução".

Sobre esse ponto crucial de sua teoria da linguagem, pode-se perguntar se Walter Benjamin não se choca com uma estrutura quase aporética. De um lado, ancorado no modelo da língua adâmica perdida, sua reflexão sobre a tradução se nutre da experiência dos textos literários, para conceber a perspectiva de um retorno à pura linguagem da origem pelo viés de uma liberdade quase absoluta em relação ao sentido. Mas desde logo tomado pela vertigem do mutismo que ameaça o tradutor assim confrontado com a imensa porta da linguagem que ele acaba de abrir, Benjamin considera que o único paradigma capaz de impor um reassenhoramento é aquele que supõe o mais fraco grau de liberdade: a versão intralinear do texto sagrado. Em outros termos, a questão seria de saber se Benjamin não deixou escapar a dimensão de uma autêntica mística da linguagem, que lhe teria talvez oferecido um meio de preencher esse hiato: ligando precisamente a dimensão ontológica que sua teoria parece requerer às propriedades mesmas do texto sagrado ou da linguagem divina. Sabe-se que o texto de 1916 esboçara a ideia de uma espécie de retração do princípio divino para o interior de si próprio, que libera em favor do homem uma faculdade da linguagem como poder de nomear. Sem que se possa saber se Benjamin percebia então a eventual proximidade desta visão com a noção de *Tzimtzum* pela qual a Cabala tematiza uma contração de Deus a permitir a criação *ex nihilo*, pode-se imaginar uma similitude esquemática entre seu modelo da tradução como contribuição para a restauração da língua adâmica perdida e o ciclo através do qual a mística concebe a reparação do mundo pela reunião das centelhas dispersas quando da Criação[139]. Como quer que seja no tocante a essa conjectura, uma mediação permaneceria em todo caso ausente: aquela que, na mística, liga diretamente o universo da linguagem como forma própria do mundo espiritual à sua raiz no Nome divino.

Se é evidente que Walter Benjamin não podia chegar ao coração das doutrinas místicas da linguagem às quais Gershom Scholem não se consagrará senão muito tempo após o seu estudo sobre o nome de Deus, é

---

[139] Para certas correntes da mística, Adão devia ser o agente da Redenção a reunir desde logo as fagulhas de luz dispersas quando da Criação; mas, ao "separar o fruto da árvore", segundo uma fórmula da Cabala, ele teria reproduzido, no plano da historicidade humana, a ruptura ontológica do episódio dos vasos. Com base no modelo da dispersão e do recolhimento das fagulhas divinas e, notadamente, nesta variante, ver infra, cap. IV, p. 497-506. Em um de seus textos sobre Benjamin, Scholem afirma que este último tinha de há muito o conhecimento do conceito de *tikun*: por conversas que mantivera com ele e pelo livro que ele possuía, de Molitor, *Philosophie der Geschichte*. A isto se soma que ele terá, mais tarde, um acesso melhor informado ao conjunto das doutrinas místicas, através do artigo "Kabbale", redigido por Scholem em alemão, em 1932, para a *Encyclopaedia Judaica* (ver supra, p. 305 n. 70).

provavelmente em relação a elas que sua especulação melhor reflete[140]. Assim, encontrar-se-ia em um sucessor de Isaac, o Cego, a ideia segundo a qual a consoante *iud* oferece o símbolo visível de um ponto original da linguagem, a partir do qual todas suas manifestações se desenvolvem, enquanto sua forma, que se assemelha a dois pequenos colchetes que se encontram em ângulo reto, representaria a maneira como o movimento linguístico se ramifica ao infinito, antes de ganhar de novo, por um movimento cíclico, seu centro e sua origem[141]. Mas é, sem dúvida, a teoria linguística do Nome, tal como a propõe Abraão Abuláfia, que seria aqui a mais sugestiva. Com ela, são igualmente a Criação, a Revelação e a profecia que se apresentam como fenômenos a desenrolar-se no seio mesmo da linguagem: a partir de uma concepção da primeira como arte de escrever divina. Nesse sentido, se a confusão babélica disseminou uma linguagem original formada por uma combinação das 22 letras primordiais em uma pluralidade de línguas decaídas, estas não permanecem menos contidas nela: de sorte que mesmo as línguas profanas continuam a ter seu centro no Nome Divino. Por conseguinte, visto que o universo linguístico constitui a matéria e a forma do mundo espiritual, configurações de sentidos que permanecem incompreensíveis ao intelecto limitado virão a ser perceptíveis:"seja pela inteligência em curso, seja pela iluminação messiânica e pela metamorfose do mundo que ela prevê"[142].

A reflexão de Scholem acerca de um "mistério da linguagem" que pode instruir-se junto às teorias linguísticas da Cabala permanecerá inegavelmente inscrita na esteira das antigas discussões com Benjamin,

---

140 Pode-se perguntar se Benjamin teve algum dia tal intuição. Na *História de uma Amizade*, Scholem afirma que Benjamin estava persuadido, antes mesmo da redação do livro sobre o *Trauerspiel*, que sua filosofia da linguagem não poderia ser desenvolvida a propósito das literaturas que lhe eram acessíveis em alemão ou em francês, mas deveria doravante encontrar seu terreno no universo hebraico (ver *Histoire d'une amitié*, p. 161). O episódio ocorre em Paris, em 1927: Scholem se refere às conversas com Benjamin que ele não via há quatro anos e, sobretudo, ao encontro com Judah Leon Magnes, a quem Benjamin expusera seu desejo de se consagrar à literatura judaica, "não como filólogo, porém como metafísico", anunciando-lhe inclusive a intenção de vir a instalar-se em Jerusalém, no verão de 1928. Sabemos, todavia, que nele este projeto oscilava sempre entre uma espécie de astúcia que visava conciliar as graças de Scholem e um real desejo, mais ou menos ligado ao sentimento de que ele não tinha mais seu lugar na Alemanha, nem mesmo na Europa.
141 Ver Gershom Scholem, Le Nom de Dieu ou la théorie du langage dans la Kabbale: Mystique du langage, op. cit., p. 77-78, e infra, p. 438-442.
142 Idem, p. 97.

notadamente aquelas de que Kafka foi objeto. Quanto ao autor do ensaio sobre a linguagem e de "A Tarefa do Tradutor", ele deslocou, sem dúvida, sua própria pesquisa não terminada neste domínio, para a teoria das ideias, e depois para a perspectiva da história. O núcleo comum desses três conjuntos situa-se em Benjamin na figura da rememoração, já encontrada duas vezes: no seio do pensamento sobre a linguagem, pelo viés da nostalgia da origem adâmica; através de uma observação sobre a história como capacidade de transformar aquilo que parece definitivamente "constatado". Tratando-se de uma doutrina das ideias, é na primeira redação, abandonada, da introdução à *Origem do Drama Barroco Alemão* que encontraremos a mobilização de semelhante categoria. Enquanto a versão definitiva propõe apenas a fórmula elíptica segundo a qual é Adão e não Platão que representa o pai da filosofia, a redação inicial explicitava esta última: afirmando que a própria noção de original (*Ursprüngliche*) deve ser concebida como "restauração inacabada da Revelação" (*unvollendete Restauration der Offenbarung*) ou reatualização da língua adâmica perdida[143]. A essa ideia, Benjamin juntou, entretanto, dois complementos que, por certo, explicam tanto sua eufemização ou mesmo sua censura no texto publicado, como o que parece finalmente sua transferência do domínio da teoria do conhecimento para o da história.

Em primeiro lugar, o desenvolvimento de feições estritamente teológicas do motivo tinha um certo quê, a bem dizer, de inaudível no cerne da introdução metodológica de um trabalho acadêmico: quando Benjamin especificava que o original, assim definido, "só entrega seu segredo se a gente reconhece aí ao mesmo tempo a restauração da Revelação e o caráter necessariamente inacabado de tal restauração"[144]. Desse ponto de vista,

---

143 Ver a primeira versão da introdução à *Origem do Drama Barroco Alemão*, em *Gesammelte Schriften*, I, 3, p. 935, e as análises de Stéphane Mosès a seu respeito, em *L'Ange de l'histoire*, p. 137 e s. Este texto, muito diferente da versão publicada, procede de uma escritura ao mesmo tempo extremamente densa de um ponto de vista conceitual e implacável no plano lógico, uma vez que não contém praticamente nenhum corte de parágrafo e parece provir de uma inspiração quase raivosa e tanto polêmica como poderosamente imaginativa.
144 Idem, ibidem. A observação relativa à discordância entre o estilo de Benjamin e a tonalidade das ciências humanas da época poderia, aliás, ser estendida ao que transparece de tal proposição na versão definitiva, ainda amplamente esotérica, da introdução: quando Benjamin escreve que "a filosofia não pode jamais aspirar ao discurso da Revelação senão pelo retorno da memória à percepção original" (*Origine du drame baroque allemand*, p. 34).

se começava por contestar a concepção comum de uma acumulação de conhecimentos a fim de fazer da filosofia uma anamnese, ele radicalizava no mesmo instante o seu propósito: acrescentando que este último não é jamais definitivamente adquirido, mas se reproduz incansavelmente como experiência do pensamento identificado com a redescoberta da presença imemorial dos "nomes" primordiais. A isto se junta que ele assim podia afirmar que "a categoria da origem não é, pois, puramente lógica como disse Cohen, mas histórica"[145]. Por um lado, tal proposição devia nutrir o trabalho propriamente dito sobre o *Trauerspiel*, ainda que fosse apenas para demonstrar que um fenômeno como o barroco procede de uma ideia primordial suscetível de se encarnar na história sob diferentes modalidades sucessivas, até uma forma de esgotamento de suas virtualidades. Mas tudo leva a pensar que Benjamin iria rapidamente abandonar a perspectiva que podia ligar-se ao desenvolvimento de uma teoria do conhecimento assim esboçada entre os modelos bíblico e platônico. Ele preferirá aplicar-se a uma última reflexão sobre o fenômeno da arte e, sobretudo, a uma investigação deliberadamente voltada para a questão da história: sem dúvida, com o cuidado de encontrar um ponto de intersecção ou mesmo de fusão entre aquilo que ele espera das problemáticas da crítica social e aquilo que ele espera da visão metafísica de uma reparação messiânica do mundo.

A Queixa da Natureza na Ideia de um Mistério

> Trata-se de representar a história como um processo no qual o homem, desempenhando ao mesmo tempo a função de administrador da natureza muda, apresenta queixa a respeito da Criação e da não vinda do Messias prometido. Entretanto, o tribunal decide ouvir testemunhas do futuro; compareçem então o poeta que o sente, o escultor que o vê, o músico que o ouve e o filósofo que o

---

[145] Idem, ibidem. Benjamin formaliza aqui a antiga impressão de insatisfação que a primeira leitura de Cohen lhe havia deixado, tratando-se especialmente da defasagem entre *A Teoria Kantiana da Experiência*, de 1871, e a *Lógica do Conhecimento Puro*, bem mais tardia (1902): obra na qual Cohen elabora seu próprio conceito da origem. Ver o testemunho de Scholem a este respeito, que se refere à época do Programme de la philosophie qui vient, em *Histoire d'une amitié*, p. 75-77. Sobre a tese do próprio Cohen, cf. supra, cap. 1, p. 60-62.

sabe. Todavia, seus testemunhos não concordam, se bem que todos dão testemunho da futura vinda do Messias[146].

Imaginando, no fim dos anos de 1920, esta "ideia de um mistério" que ele transmite a Scholem, Walter Benjamin encontra-se ainda na atmosfera do trabalho sobre a alegoria barroca e já na antecâmara de suas investigações acerca de Kafka. Isso equivale a dizer que esse breve fragmento parece inscrever-se na articulação das especulações sobre a linguagem e de uma reflexão concernente à transmissão da Lei, perspectiva que desejaria logo vincular o tema da Tradição ao da perspectiva da história. Para Scholem, sua feição francamente messiânica oferece, no entanto, um contraste frisante com os textos ulteriores sobre a teoria da história, a ponto de que ele não parece ter sentido, a não ser em relação ao impacto da descoberta de O Processo depois da seguinte confidência de Benjamin que a acompanha: "O anjo que vela à minha cabeceira neste momento é Kafka". Compreende-se aquilo que impede Scholem de imaginar que possa subsistir algo do mistério das "testemunhas do futuro" através da evolução para o materialismo do pensamento da história em Benjamin. Não é, todavia, impossível conceber que certo número de traços disso tenha ressurgido nas últimas teses a esse respeito. Seja como for, essas hipóteses terão de levar em conta toda a amplitude enigmática do fim do relato:

> O tribunal não ousa confessar sua indecisão. Daí por que novas queixas chegam incessantemente, assim como novas testemunhas. Há a tortura e o martírio. Os bancos dos jurados são ocupados pelos viventes, que ouvem com a mesma desconfiança o querelante e as testemunhas. Os jurados transmitem seus lugares, por sucessão, a seus filhos. Finalmente desperta neles o medo de serem expulsos de seu banco. No fim, todos os jurados fogem, só restando no lugar o querelante e as testemunhas[147].

---

146 Walter Benjamin, Ideia de um Mistério, restituída por Gershom Scholem, a quem ela era dirigida, em *Histoire d'une amitié*, p. 168. Scholem relata que o fragmento estava anexado a uma carta de fim de novembro de 1927 cujo conteúdo resume (ela não aparece na correspondência).
147 Idem, p. 168-169.

Alguns motivos já encontrados em Walter Benjamin permitem lançar uma luz sobre o face a face entre a natureza que se queixa e as testemunhas do futuro. Sabe-se, a partir do ensaio sobre a linguagem, que a natureza aceitou desde a Criação ser privada desta, reservada ao homem, que não devia, entretanto, desfrutar dessa vantagem senão pelo tempo de duração de uma vida bem-aventurada no Paraíso. Mas há coisa pior após a queda do homem e sua consequência: "palavra de Deus maldizendo o labor dos campos"[148]. Com esse episódio, é um outro mutismo que principiou: aquele que designa a autêntica tristeza da natureza e se resume nesta "verdade metafísica de que toda natureza começaria a queixar-se se lhe prestassem a linguagem". No que isso é pior? A resposta fica neste paradoxo: queixando-se da ausência de elocução, a natureza permanece muda, tanto é verdade que a queixa não é senão "a expressão impotente, a mais indiferenciada da linguagem", da qual ela contém apenas o "suspiro sensível", tal como se pode ouvir no sussurrar das plantas[149]. Seria preciso considerar que o homem tem, efetivamente, por tarefa na história fazer-se porta-voz da natureza, reivindicando para ela uma expressão sempre escarnecida? Enfim, certo marxismo investiria em semelhante projeto e Walter Benjamin não se priva de lembrá-lo: como no último fragmento de *Rua de Mão Única*, intitulado "Rumo ao Planetário", texto contemporâneo da ideia de um mistério e que pareceria quase evocar Marx anunciando Heidegger. Aqui, Benjamin afirma querer definir o espírito da Antiguidade "tomando apoio em uma só perna", como fazia Hilel para o judaísmo, e ele o prende a esta fórmula: "A terra pertencerá àqueles que vivem das forças do cosmos e a eles somente"[150]. Ora, é precisamente o declínio da embriaguez suscitada por tal experiência do cosmos que caracteriza o advento do homem moderno, antes que ele a

---

148 Walter Benjamin, Sur le langage en général et sur le langage humaine, op. cit., p. 162.
149 Idem, p. 163.
150 Vers le planétarium, em *Sens unique*, p. 241. Benjamin faz alusão ao célebre relato do *Talmud* no qual, enquanto Schamai enxota um pagão porque este ele lhe pede que o converta se conseguir resumir-lhe a *Torá* durante o lapso de tempo em que possa manter-se de pé sobre uma só perna, Hilel aceita, de sua parte, a proposta, depois de lhe ter dito: "Não faças a teu próximo o que não gostarias que ele te fizesse, eis toda a *Torá*. O resto são apenas comentários. Vai e estuda-os" (*Schabat*, 31a). É possível que, uma vez mais, esta fórmula, introduzida como que de passagem em uma expressão materialista, seja uma espécie de piscadela para Scholem com o fito de abrandar sua desconfiança.

reencontre sob a forma terrificante da guerra. Com esta última, ele descobriu a dialética interna dessa nova relação com a natureza: a promessa de "grandes esponsais com o cosmos" que deviam se realizar em escala planetária; mas a cruel decepção de ver como "a técnica traiu a humanidade e transformou o leito nupcial em um banho de sangue", quando em toda parte foram "escavados fossos para sacrifício na Mãe Terra". Por conseguinte, enquanto somente os "imperialistas" pensam que a dominação da natureza é o sentido de toda técnica, "é o poder do proletariado que permite medir os progressos da cura": para uma humanidade enferma desde "as noites de aniquilamento da última guerra" e que só pode sobrepujar a vertigem "na embriaguez da procriação"[151].

Entre a metafísica da queixa da natureza, tal como a esboçava o ensaio sobre a linguagem, e esta visão de uma reconciliação do homem com ela, nutrida por uma espécie de materialismo apocalíptico, se reconhece uma oscilação característica do pensamento de Walter Benjamin. Pode-se perguntar se ela atravessa igualmente os diferentes domínios evocados pela ideia de um mistério. Cumpre então voltar-se para os outros parceiros do face a face: as testemunhas do futuro. Por que são elas tão pouco convincentes em seu arrazoado em favor da vinda do Messias que os jurados acabam pondo-se em fuga depois de pacientar durante gerações? E que sejam em primeiro lugar os artistas: o poeta, o escultor, o músico. Em uma de suas análises mais comentadas, Walter Benjamin descreve uma perda de expressividade da arte, ligada ao fenômeno de sua entrada na era

---

151 Essas proposições de "Vers le planétarium", que contrastam com o estilo infinitamente mais irônico da maioria dos fragmentos componentes do *Sens unique* explicam, sem dúvida, a mescla de discrição e embaraço em relação a este livro que Benjamin manifesta junto de seus interlocutores da época. Assim, ele envia o livro a Hugo von Hofmannsthal pedindo-lhe que não encontre aí "um compromisso com a 'tendência do momento'", mas antes uma tentativa de "apreender a atualidade como o reverso da eternidade na história e levantar a marca desse lado oculto da medalha" (carta de 8 de fevereiro de 1928, em *Correspondance I*, p. 418). Tratando-se de Scholem, o livro não é evocado senão em paralelo com um estudo sobre as passagens parisienses no qual Benjamin começa a trabalhar no mesmo momento e, sobretudo, em referência ao fato de que o término desses empreendimentos coincide com a última oportunidade que lhe é dada de voltar-se para o hebraico (ver a carta a Scholem, de 30 de janeiro de 1928, idem, p. 414). Quanto a Scholem mesmo, se ele não diz palavra sobre "Vers le planétarium", afirma que um outro fragmento de *Sens unique*, intitulado "Le Monument aux morts" (p. 203-205) e dedicado a Karl Kraus, é a seus olhos um dos mais belos textos de Benjamin. Ver *Histoire d'une amitié*, p. 163-164.

da reprodutibilidade[152]. Por si só, esse texto é sintomático do campo de força no qual Benjamin se encerrou no meio dos anos de 1930. Instalado em Paris em condições precárias, ele parece afastado da influência de Scholem e de seus esforços a fim de atraí-lo para Jerusalém, ao passo que gravita, doravante, na órbita do Instituto para a Pesquisa em Ciências Sociais, sob a autoridade de Adorno e Horkheimer. Ao primeiro, ele endereçará o texto sem ilusão, constatando logo, com tristeza, uma "impermeabilidade" de Scholem que ele tenta imputar à língua francesa em que o trabalho está redigido: "Tu nada encontraste aí que se ligasse aos domínios de pensamento onde, outrora, nós estávamos, por assim dizer, ambos em casa"[153]. É, portanto, no seio do Instituto que se desenrola a aventura atormentada

---

152 O texto de Walter Benjamin, intitulado "A Obra de Arte na Época de sua Reprodução Mecanizada", apresenta de pronto uma dificuldade filológica, ligada ao fato de existirem duas versões alemãs e duas traduções [em francês] notavelmente diferentes desse escrito. Como veremos, sua primeira tradução foi feita em francês, segundo uma versão inicial alemã, traduzida por Pierre Klossowski em colaboração com Benjamin, mas sob um controle que frisa a censura da parte de Horkheimer e de seu representante em Paris. Encontrar-se-á o texto desta tradução em Walter Benjamin, *Écrits français*, apresentados por J.-M. Monnoyer, Paris: Gallimard, 1991, p. 140-171. Se esta edição tem o mérito de oferecer um dossiê de acompanhamento do texto que se abebera nas notas dos *Gesammelte Schriften* e algumas das variantes encontradas nos manuscritos de Benjamin, ela reproduz a tradução de Klossowski tal como revista por Horkheimer, mas deixa de indicar a publicação anterior a esses *Écrits français* (em *Poésie et révolution*, Paris: Denoël, 1971, p. 176-210) de uma tradução de Maurice de Gandillac, baseada, de sua parte, na segunda versão alemã do texto, publicada somente em 1955 na primeira edição dos escritos de Benjamin pela Suhrkamp (esta tradução é retomada, revista por Rainer Rochlitz, em *Oeuvres III*, p. 269-316; o leitor encontrará igualmente nesse mesmo volume uma tradução por Rainer Rochlitz da primeira versão de 1935 do texto de Benjamin, p. 67-113). O leitor deve estar prevenido de que esses dois textos são muito diferentes do ponto de vista de sua estrutura e, mesmo, de seu conteúdo, integrando o primeiro notadamente as "correções" impostas por Horkheimer (como o fato de traduzir "der Kommunismus" por "as forças construtivas da humanidade", na última linha do texto...). A edição das *Gesammelte Schriften* (1, 2), quanto a ela, reproduz as duas versões alemãs (p. 435-469 e p. 471-508) e a tradução de Klossowski (p. 709-739) acompanhadas de um volumoso dossiê sobre a história do texto, suas origens e suas variantes (1, 3, p. 982-1063).
153 Carta de Benjamin a Scholem, de 18 de outubro de 1936, em *Briefwechsel*, p. 227). Citando na *Histoire d'une amitié* (p. 224) extratos desta carta não reproduzida na correspondência geral, Scholem acrescenta que alguns anos mais tarde Benjamin recusará a deixá-lo ler o texto de uma conferência que ele havia pronunciado em Paris, em 1934, perante o Instituto para o Estudo do Fascismo, ligado ao Partido Comunista: "O Autor como Produtor" (*Gesammelte Schriften*, II, 2, p. 683-701). Notemos que Scholem preservará sempre um julgamento reservado a propósito do texto sobre a obra de arte: interesse pela primeira parte e sua noção de aura, oriunda de um "conceito de origem mística"; incredulidade diante da segunda, "atraente por sua falsidade" ou mesmo "inteiramente artificial e inaceitável" (respectivamente "Walter Benjamin", op. cit., p. 128-129, e *Histoire d'une amitié*, p. 230).

de "A Obra de Arte na Época de Sua Reprodução Mecanizada". Ainda que Bejamin tivesse terminado uma primeira versão no fim de 1935 e que esperasse uma publicação em Moscou, é na revista francesa do Instituto que esse projeto deve finalmente realizar-se, graças a uma tradução de Pierre Klossowski. Mas o caso se complica devido ao fato de que se a relação é boa entre o autor e seu tradutor, o secretário de Horkheimer em Paris, Hans Klaus Brill, quer impor modificações substanciais ao texto. Diretor do escritório francês do Instituto, Raymond Aron interveio repetidas vezes para insurgir-se contra essas intervenções que "ameaçam desfigurar um trabalho tão notável como o do Sr. Benjamin". Mas, ao termo de uma longa troca de cartas e de telegramas, Horkheimer acaba por impor, de Nova York, suas próprias correções por um memorando inapelável[154].

A singularidade desse trabalho que se deparara com a incompreensão dos dois principais mentores de Benjamin antes de ele obter um reconhecimento duradouro se deve ao fato de que ele quer articular, por um salto dialético audacioso ou precário, duas perspectivas que parecem muito distantes uma da outra. A primeira parece esboçar o motivo de uma crítica de tipo conservador do fenômeno da reprodução, segundo um paradigma tradicional da autoridade própria à obra de arte. Tendo em vista o fato de que a autenticidade da obra sempre se baseou em "sua existência única lá onde ela se encontra", Benjamin mostra que a reprodução altera profundamente esse *hic et nunc* ou ainda o que ele chama sua "aura": "a única aparição de um longe, por próximo que esteja"[155]. Em termos históricos, isto redunda

---

[154] Ver o dossiê completo desta história em *Gesammelte Schriften*, I, 3, p. 987-1000 (especialmente com as duas cartas de Raymond Aron a Horkheimer, p. 987-988, depois p. 995-996, e a carta conclusiva de Horkheimer, datada de 18 de março, p. 997-1000). Encontrar-se-á um resumo disso nos *Écrits français*, p. 127-133. Nas suas memórias, Raymond Aron não faz menção do episódio e atribui a si um papel mais modesto no seio do escritório parisiense do Instituto, aceito por Célestin Bouglé: a responsabilidade de uma crítica dos livros franceses (ver Raymond Aron, *Mémoires: Cinquante ans de réflexion politique*, Paris: Julliard, 1983, p. 85 e s.). Alguns anos mais tarde, em 1938 e na época em que defendeu suas duas teses, Aron aparece como professor de filosofia na Universidade de Bordeaux no cartaz do Instituto, publicado nos Estados Unidos: na lista dos "Research Associates", ao lado de Walter Benjamin, Otto Kirchheimer ou Paul F. Lazarsfeld (ver este cartaz no catálogo da exposição, *Walter Benjamin, 1892-1940*, concebido a partir dos arquivos de Adorno, Marbach-sobre-o-Neckar, Deutsche Schillergesellschaft, 1990, p. 282).
[155] L'Oeuvre d'art à l'époque de sa reproduction mécanisée, § III, em *Écrits français*, p. 144. Na medida em que ela corresponde à versão lida por Scholem, Horkheimer e Adorno, parece

em dizer que os modernos estão em vias de perder aquilo que fazia com que a unicidade de uma obra dependesse de sua integração em uma tradição: a maneira como, por exemplo, uma estátua de Vênus significava com referência ao culto para os gregos, ao passo que se tornou um ídolo malfazejo para os homens da Idade Média. Uma distinção permite tematizar essa transformação que impõe a reprodução à antiga determinação da aura pela função cultual da obra. Durante séculos, esta última possuía, antes de tudo, um "valor ritual", derivado da origem da arte em imagens postas a serviço da magia e que exigia quase que elas fossem ocultas ao olhar profano[156]. Com a reprodução, em troca, a obra abandona esse valor para adquirir "uma explorabilidade" que culmina, ela mesma, na técnica cuja essência é a mais diretamente vinculada ao fenômeno: a fotografia.

Percebe-se assim o que poderia ser o horizonte simplesmente esboçado de tal descrição. De maneira geral, parece que "esse modo de existência da obra de arte, ligada à aura, não se dissocia jamais absolutamente de sua função ritual"[157]. É o que notaram os próprios artistas quando, com a fotografia, apareceu a primeira técnica revolucionária de reprodução: reagindo ao pressentimento da crise que ela anunciava, por uma "teologia negativa", associada à ideia da "arte pela arte"[158]. Resta que essa *démarche* não podia entravar uma outra consequência do fenômeno da reprodução: a renúncia ao "valor de eternidade" das obras, que os gregos assumiam em razão mesma de seu modo de produção, mas que o filme, como a mais perfectível expressão da arte, aboliu totalmente[159]. Diante da perda de aura das obras do passado por sua reprodução fotográfica e do declínio do valor de

---

preferível citar esta edição e a tradução de Klossowski. Não obstante, e levando em conta diferenças importantes com o texto das *Oeuvres III*, indicaríamos eventualmente a referência aos parágrafos e paginação desta última. Benjamin já havia formulado a noção de aura em termos quase idênticos em um texto anterior: Petite histoire de la photographie (1931), trad. M. de Gandillac, revista por P. Rusch, em *Oeuvres II*, p. 310-311.

156 Idem, § v, p. 147. A segunda versão (L'Oeuvre d'art à l'époque de sa reproductibilité technique, trad. M. de Gandillac, revista por R. Rochlitz, em *Oeuvres III*, p. 282-283) adiciona uma longa nota sobre Hegel que introduz esta distinção entre "valor ritual" e "valor de exposição" da obra de arte.
157 Esta ideia não é formulada tão claramente como na segunda versão do texto, em *Oeuvres III*, p. 280.
158 § IV, p. 145.
159 § VIII, p. 150. Benjamin visa aqui o fato de que um filme pode ser incessantemente retrabalhado, especialmente por meio da modificação de sua montagem.

eternidade das formas modernas da arte, como o cinema, a época seria, pois, realmente a de uma radical alteração do "peso tradicional" da obra de arte, doravante privada da autoridade outrora vinculada ao seu valor ritual. É, no entanto, no lugar onde essas tendências cruzam as formas contemporâneas da massificação que Benjamin opera uma inversão dialética similar àquela que "Rumo ao Planetário" instalava a propósito da relação entre a técnica e a natureza. De um ponto de vista fenomenológico, a experiência que corresponde a essa inversão da negatividade induzida pela reprodução mecanizada e pela modificação da "maneira de reagir da massa em face da arte" parece limitada: "De retrógrada que ela se mostra ante um Picasso, por exemplo, ela se granjeia o público mais progressista em face de um Chaplin"[160]. Mas Benjamin procura, entretanto, reforçar o argumento, pela consideração do fato de que a arte de massa, que é, por excelência, o cinema, assegura doravante para si só uma outra função eterna da arte: a que consiste em "engendrar uma demanda cuja inteira satisfação devia produzir-se mais ou menos a longo prazo"[161]. Pouco importa então que esta captação pelo filme somente da capacidade de antecipação das obras pareça acarretar um declínio inelutável da pintura ou da literatura, visto que ela chega a ponto de induzir uma forma de recepção estritamente associada à "distração": ela assegura uma alforria definitiva da arte em relação a um valor ritual, de súbito, julgado de maneira pejorativa simultaneamente com a crítica da ilusão de sua "autonomia"[162].

Reservando a questão de saber se, evocando esta função antecipadora da arte, Benjamin não mudou sub-repticiamente o plano de sua análise para lhe dar uma dimensão progressista, resta a determinar as consequências que ele tira do fenômeno da massificação assim dialetizado. Tratando-se doravante de entrar no terreno político, ele quer estabelecer uma nítida oposição que visa, sem dúvida, recolher o assentimento dos homens do Instituto para a Pesquisa das Ciências Sociais. Desse ponto

---

160 § XV, p. 161; § 12, p. 197.
161 § XVII, p. 165; § 14, p. 201-202.
162 Sobre esses três últimos pontos, ver respectivamente § XVII, p. 165; § 14, p. 203 (sendo o motivo anunciado por uma crítica do modo como a pintura jamais teve o "objeto de uma recepção coletiva", § XV, p. 162; § 12, p. 198), e depois § XVIII, p. 169; § 15, p. 207 e § IX, p. 151-152; § VII, p. 185.

de vista, a estratégia do Estado totalitário consiste em organizar as massas proletarizadas à parte de seu desejo de abolição das condições da propriedade e ela não pode basear-se senão em um meio: a estetização da política, que culmina ela mesma na guerra moderna. É nessa perspectiva que Benjamin analisa o manifesto redigido por Marinetti em nome do Futurismo durante a guerra ítalo-etíope: manifesto que afirma o quanto "a guerra é bela" quando funda "a supremacia do homem sobre a máquina subjugada", inaugura "o sonho de um corpo humano metálico" ou então ainda une em uma sinfonia "as descargas de fuzil, os canhoneios, as suspensões de tiro, os perfumes e os odores da decomposição"[163]. Eis, portanto, o segredo do totalitarismo: mobilizar a integralidade dos meios da técnica moderna em proveito da manutenção da propriedade, em uma espécie de apoteose cataclísmica da arte pela arte. Quanto à antítese oposta a essa estetização da política pelas doutrinas totalitárias, ela soa, por seu turno, como um *slogan*: "as forças construtivas da humanidade respondem aí pela politização da arte"[164].

O paradoxo desse texto construído com base em uma dialética bastante brutal se deve ao fato de que ele não chegará a satisfazer nenhum dos interlocutores de seu autor. Ainda que já se conheça a reação distante e esperada de Scholem, é preciso considerar a de Adorno, sem dúvida mais dolorosa ainda para Benjamin em vista dos esforços envidados para se adaptar às normas do Instituto de Frankfurt, exilado em Nova York. Em uma longa carta datada de 18 de março de 1936 e assinado "seu velho amigo Teddie Wiesengrund", Adorno começa por saudar o "trabalho extraordinário" de Benjamin, depois se empenha em uma discussão sobre seu conteúdo, a cujo respeito desvela desta vez importantes reservas. Antes de tudo, põe-se a reformular a própria perspectiva do texto, como se ela necessitasse de maior precisão: o cuidado de mostrar a "autodissolução do mito", no caso descrita através da "dessacralização da arte"[165]. Mas notando logo a inquietação que suscita nele "um resíduo muito sublimado de certos motivos

---

163 § XIX, p. 170; epílogo da segunda versão, p. 314-315.
164 Foi aqui que Horkheimer corrigiu "o comunismo", assim como impôs sistematicamente a substituição de "fascismo" por "Estado totalitário" e depois a de "guerra imperialista" por "guerra moderna": o conjunto em nome da necessidade de "fazer tudo o que está em nosso poder para preservar a revista enquanto órgão científico, impedindo de nos ver implicados pela imprensa política" (carta a Benjamin, de 18 de março de 1936).
165 Carta de Adorno a Benjamin, de 18 de março de 1936, em *Écrits français*, p. 134.

brechtianos" na teoria da aura, Adorno parece formular uma crítica de sinais invertidos: enquanto Benjamin considera que o conceito da "arte autônoma" é francamente revolucionário, Adorno, de seu lado, julga que, se esse conceito contém em sua forma idealista uma inegável dimensão mítica e "burguesa", sua transformação pela "lei tecnológica" pode cessar de "erigi-la em tabu e fetichizá-la", para aproximá-la ao "estado de liberdade". Com a preocupação talvez de salvar uma parte da autonomia da arte em proveito de Kafka ou de Schoenberg e, apesar de sua posição negativa a esse respeito, Adorno critica, portanto, uma primeira vez o texto de Walter Benjamin por não ser suficientemente dialético, tratando-se do desaparecimento do "elemento aurático da obra de arte"[166].

Se Adorno critica em primeiro lugar o ensaio de Benjamin, do ponto de vista de um excesso de negatividade na apreciação da ideia de autonomia da arte e através da análise das significações do declínio da dimensão aurática das obras, é ao contrário uma acentuação demasiado grande da positividade do fenômeno da arte de massa que ele percebe no outro momento da dialética desse texto. Para começar, afirma não estar absolutamente convencido pela teoria do divertimento vinculada ao cinema, isso por um motivo preciso: "em uma sociedade comunista, o trabalho será organizado de tal maneira que os homens não estarão mais tão fatigados e embrutecidos, a ponto de ter necessidade de distração"[167]. Mas a censura essencial nesse plano se deve de novo ao fato de que Benjamin não dialetizou suficientemente sua

---

166 Idem, p. 135-36. Cumpre notar que Adorno guardará sempre grandes distâncias em relação à teoria da aura em Benjamin, como atestam as observações de sua própria *Théorie esthétique* (trad. M. Jimenez e E. Kaufholz, Paris: Klincksieck, 1989). Nesta obra dos fins dos anos de 1960, se Adorno resume esquematicamente a tese de Benjamin (p. 69 e p. 348) é para lastimar o que ele julga ser sua simplificação entre a "Pequena História da Fotografia" e o ensaio sobre a reprodução, assim como o "lamentável sucesso" desse último texto. Confirma-se, portanto, que ele censurava especialmente Benjamin por ter partilhado do ponto de vista de Brecht, segundo o qual a canção popular é superior a um dodecafonismo acusado de ser romântico ou expressivo, ao passo que era preciso perceber sua capacidade de "contestação da reificação burguesa". Além do mais, Adorno já havia precisado o sentido de sua defesa da noção de autonomia da arte na sociologia da música: ele notava aí que a crítica desta noção em Benjamin tinha o mérito de reduzir a "hipóstase da esfera do espírito" que ela parecia supor, mas também que apresentava uma "suspeita de simplificação discutível", negando toda perspectiva de uma "lógica da progressão" (ver Theodor W. Adorno, *Introduction à la sociologie de la musique*, trad. V. Barras e C. Russi, Paris: Contrechamps, 1994, p. 211).
167 Idem, p. 137.

análise, tratando-se, no caso, da "arte consumível em sua negatividade": ele a caracteriza através de categorias abstratas demais, quando seria preciso mostrar "seu fundo de irracionalidade imanente". Ainda que Adorno pareça desempenhar aqui o papel que dele se espera, corre o risco de esboçar sua própria dialética, procurando ao mesmo tempo evitar que Benjamin possa apanhá-lo em estado de contradição entre os dois elementos de uma crítica que ele resume da seguinte maneira: "Você subestima a tecnicidade da arte autônoma e superestima a da arte dependente"[168]. A seus olhos, é possível ligar dialeticamente esses dois extremos disjuntos por Benjamin, com a condição de renunciar aos motivos brechtianos, como a ideia de uma imediatidade do efeito produzido sobre o espectador. Nesse sentido, a superioridade dos proletários diante da estética vindoura se deve ao exclusivo fato de seu interesse pela revolução e não a uma disponibilidade que se supõe espontânea, ao passo que ela é contradita pelo fato de que eles são portadores de "todos os traços de mutilação do caráter burguês". Pressentindo, todavia, que se poderia aqui censurá-lo por aderir a uma concepção idealista da relação entre os intelectuais e a classe operária, ele especifica ainda que não se trata de defender "uma concepção ativista dos 'homens de espírito'", mas somente uma ideia da revolução em que é preciso recusar-se a ontologizar o medo.

Aderindo assim à dialética do texto de Benjamin com o desígnio de radicalizá-la, a crítica de Adorno toma uma forma paradoxal, sem dúvida simétrica e inversa àquela que é própria de seu objeto. Enquanto o ensaio sobre a reprodução parece estar em tensão entre a perspectiva de uma nostalgia da autoridade perdida das obras no contexto de um declínio da tradição e aquela que confere um poder de inovação à arte de massa, a leitura de Adorno se orienta, por sua vez, em duas direções diferentes: o arrazoado em favor de uma reabilitação do conceito de autonomia da arte, mesmo com a correção do fato de que ele deve aplicar-se apenas a obras que assumem as novas condições tecnológicas; a crítica dos modos de reificação impostos pelas produções inscritas no processo de consumação. Cada um a seu turno, Benjamin e Adorno parecem, portanto, querer articular dialeticamente a preservação de uma forma de idealismo ligada à dimensão aurática das obras ou à autonomia da arte com um objetivismo

---

[168] Idem, p. 138.

progressista, associado em um ao fenômeno da recepção coletiva do cinema como arte do futuro, enquanto que decorre, para o outro, da existência de obras subtraídas à ilusão da expressividade. Constatando que suas dialéticas não chegam talvez nem a se cruzar e nem mesmo a encontrar cada uma seu ponto de resolução, cumpre perguntar-se como sair desse duplo círculo. Dito de outro modo, se Adorno vê realmente um defeito de articulação na tese de Benjamin sobre a reprodução, sua crítica, longe de resolvê-lo, contribui para acentuá-lo: a ponto de que é provavelmente preferível reinscrever esse ensaio no pensamento estético de Benjamin, mesmo com o risco de se descobrir que, em sua globalidade, tal pensamento sofre uma oscilação instável entre dois modelos.

Reformulada fora do quadro demasiado coercitivo que Adorno impõe no contexto de um diálogo difícil com Benjamin, a questão torna-se a de saber se as ideias estéticas deste último não se refletem melhor através de uma tensão entre elementos provenientes da Tradição e os do materialismo do que pela exclusiva dialética interna ao ensaio sobre a reprodução. A esse título, assim como uma espécie de dissonância interna ao tema da capacidade de antecipação das obras era um fato que havia atraído a atenção, pode também causar impressão a maneira como outros textos ligam o fenômeno da aura ao da rememoração e depois insistem sobre seu caráter eminentemente fugaz: como se sua fragilidade estivesse inscrita em sua natureza mais do que na história e designasse uma forma de impotência da arte. É significativo que seja nas experiências de memória involuntária, tais como Proust as descreve, que Benjamin descobre doravante a melhor definição da aura. Ainda que, segundo Proust, a memória voluntária forneça apenas imagens imperfeitas, suas manifestações involuntárias chegam a fazer crer que "os objetos conservam alguma coisa dos olhos que os olham": de sorte que se torna possível dizer que "sentir a aura de uma coisa é conferir-lhe o poder de levantar os olhos"[169]. No entanto, se tal aptidão é seguramente

---

169 Walter Benjamin, Sur quelques thèmes baudelairiens (1939), trad. M. de Gandillac, revista por R. Rochlitz, em *Oeuvres III*, p. 382. Retornaremos logo mais à história desse texto, com respeito ao conjunto dos escritos consagrados a Baudelaire. É preciso, todavia, notar que esta reformulação da noção de aura em referência aos fenômenos de memória involuntária é como uma resposta às críticas de Adorno contra a primeira expressão, do que testemunha discretamente uma longa carta deste último, de 7 de maio de 1940 (*Correspondance II*, p. 325 e s.). Aqui, Benjamin tem, se é possível assim dizer, a memória longa: quando evoca as reservas de

uma das fontes da poesia, e depois é o que permite a Karl Kraus escrever que "quanto mais se olha a palavra de perto, mais ela vê longe", ainda assim permanece o fato de que os achados da memória involuntária não podem transformar-se em lembrança, a não ser alterando de novo a dimensão da aura e de sua relação ao longe. Não é preciso então compreender que, se o poema oferece às coisas o meio de levantar os olhos e às palavras a possibilidade de despertar, ele não pode chegar a satisfazer a expectativa das primeiras e a restaurar o antigo poder das segundas? No mesmo sentido, não se deve constatar que a maneira como o olhar da natureza "sonha" através da arte não basta para obliterar sua queixa e, sobretudo, o paradoxo que pretendia que, exprimindo seu sofrimento, ela se afundasse um pouco mais no mutismo?

À vista dessas questões, importa examinar de perto os lugares respectivos que Walter Benjamin concede aos diferentes domínios da arte em sua reflexão estética. A fim de constatar, para começar, que ele é pouco expansivo no tocante à pintura e quase silencioso a propósito da música: isto é, no que concerne à arte da imagem, por excelência, e àquilo que parece escapar ao problema da representação. Singularmente, uma das raras anotações a respeito da segunda procura equilibrar as últimas palavras do ensaio sobre Goethe, segundo as quais "para os desesperados só nos foi dado a esperança", opondo a essa constatação de uma espécie de vacuidade da arte uma visão que poderia vir de Ernst Bloch: "Se a música oculta verdadeiros mistérios, isso remanesce seguramente um mundo mudo de onde não se elevará jamais sua ressonância. E, no entanto, a qual mundo será ela apropriada senão àquele ao qual promete mais que uma reconciliação: a redenção"[170]? Essa

---

Adorno acerca de seu trabalho (o ensaio sobre a reprodução de 1936, por certo, mas também sobre o primeiro texto a respeito de Baudelaire, recusado em 1939 pelo Instituto), e depois as põe em relação com o *Wagner* deste último. Notando que, nesse livro, Adorno quer mostrar em Wagner uma "perda em 'caráter'", que inaugura o processo de uma "emancipação dos modos de produção" que deve encontrar seu remate em Schoenberg, ele constata que, se a aura corresponde a um "elemento humano esquecido", deve realmente haver aí "nas coisas, uma parte humana que não é fundada no trabalho". Benjamin cita o capítulo 5 ("Timbre") do livro de Adorno: *Essai sur Wagner*, trad. H. Hildenbrand e A. Lindenberg, Paris: Gallimard, 1966, p. 104 e s.

170 Walter Benjamin, *Les Affinités électives* de Goethe, op. cit., p. 259. Sabe-se que Benjamin lera e trabalhara *O Espírito da Utopia* quando de sua publicação (ver notadamente a carta a Scholem, de 15 de setembro de 1919, em *Correspondance I*, p. 200). Sobre as teses desse livro a respeito da música, ver infra, cap. VI, p. 721-728.

inscrição da música em um sistema de categorias teológicas encontrar-se-ia de novo em algumas linhas que lhe são consagradas por ocasião da obra sobre o barroco, através, desta vez, do comentário elogioso a um projeto de Johann Wilhelm Ritter, datado de 1810, que consiste em mostrar que o escrito procede da música e não do som linguístico. Nesse belo sonho, Benjamin reconhece por um instante uma maneira de definir a posição da música como "linguagem última da humanidade após a construção da torre de Babel". Mas é para acrescentar imediatamente que tal perspectiva só pode permanecer virtual, mesmo se ela abre para uma teoria da imagem contida na alegoria que respeite a sua verdade: enquanto "monograma da essência" e não "essência velada"[171].

Cabe perguntar se tal não é igualmente a razão do eclipse da pintura: em uma reflexão estética que se focalizará, quanto ao essencial, no fenômeno literário segundo suas diferentes modalidades, usando ao mesmo tempo, entretanto, a linguagem da imagem a fim de descrever as potencialidades contraditórias. O texto mais significativo de Walter Benjamin a esse respeito é de novo aquele que consagra às *Afinidades Eletivas* de Goethe, em 1922, trabalho que mobiliza o projeto de uma refundação da estética transcendental de Kant, destinada a substituir o conceito de gosto pelo de obra, escavando ao mesmo tempo as metáforas da "criação" comumente empregadas pelos discursos sobre a arte[172]. No contexto de uma polêmica contra a maneira como o círculo de Stefan George consigna ao poeta a estatura de um herói que deve, por assim dizer, instalar-se em face de Deus, Benjamin lança essa temível ferroada crítica: "Deus não impõe aos homens nenhuma tarefa, ele só lhes significa exigências; perante Deus

---

171 Walter Benjamin, *Origine du drame baroque allemand*, p. 231.
172 Cabe lembrar que o projeto de uma refundação da estética remonta ao momento em que Benjamin procurava o tema de sua tese e, sobretudo, ao "Programa da Filosofia Vindoura" de 1918. Quanto ao texto sobre Goethe, redigido em 1921-1922 e publicado por Hofmannsthal em 1924-1925, na *Neue Deutsche Beiträge* em Viena, ele tenta realizar esse programa: querendo "aclarar uma obra inteiramente a partir dela mesma", mais do que em referência a uma doutrina formal da arte. Ver o terceiro dos *Curriculum Vitae* redigidos por Benjamin, sem dúvida em 1928, em *Écrits autobiographiques*, p. 31. Composto laboriosamente em um período em que Benjamin indica episódios depressivos (ver particularmente sua carta a Scholem, de 8 de novembro de 1921), esse documento conhece numerosos esboços, assim como várias versões manuscritas, conservadas por seus destinatários (Jula Cohn, Scholem) e que fazem aparecer importantes variantes (ver o dossiê dos *Gesammelte Schriften*, I, 3, p. 811-867).

não se deve, portanto, conceder à vida do poeta nenhum valor especial"[173]. Compreende-se facilmente como uma proposição dessa ordem é conforme à vontade de afirmar o conceito de obra: substituindo a hipóstase do gênio como "criador" pela ideia de uma arte que se abebera nas "partes abissais da alma". Mas a fórmula que pretende precisar a figura do artista por esta medida permanece enigmática ainda: "Sua obra não é de forma alguma sua criatura, mas antes *a imagem que ele moldou*"[174]. Benjamin parece imediatamente tomado de espanto pela estranheza do que acaba de escrever, como se visse surgir o espectro de uma espécie de paganismo estético. Ele tenta, pois, compensar semelhante visão pela seguinte afirmativa: "Somente a vida da criatura, e nunca a da imagem moldada, tem uma parte, uma parte desenfreada, na intenção da Redenção"[175]. Será a nuance, todavia, suficiente para dissipar o mal-estar que essa forma de irresolução suscita, em face de uma perspectiva que poderia confundir a obra com um ídolo? Se há aqui uma teoria da arte, ela não parece poder apresentar-se senão da seguinte maneira: a obra oferece efetivamente uma profundidade própria, se a gente envida um esforço para separá-la do gênio de seu autor; mas incapaz de abandonar seu estatuto de imagem, ela é impotente para testemunhar em favor da Redenção. Como, entretanto, não confirmar que aquilo que é verdade em se tratando de uma vida artística no meio da linguagem e da

---

173 *Les Affinités électives* de Goethe", op. cit., p. 329.
174 Idem, p. 330 (eu sublinho). O texto utiliza o termo "Gebilde", cujo contexto parece efetivamente lhe dar o sentido de a "imagem modelada" do *Dt* 8, 5.
175 Idem (tradução modificada). Esse desenvolvimento corresponde a uma parte de um esboço muito mais formal de interpretação das relações no seio da arte entre o conceito de beleza e os de criação, conceitos cuja teoria estética confunde os sentidos teológico e metafórico (*Gesammelte Schriften*, I, 3, p. 828-830). Elaborando uma tabela de categorias da estética, este escorço a constrói por meio de uma série de oposições de feição sistemática: forma-conteúdo; imagem-percepção; beleza-inexpressividade; Criação-coisa. No texto publicado, a análise perde seu formalismo, sendo dispersa entre três passagens que reorganizam aí os elementos, frequentemente reformulados: aquele que acaba de ser citado; um parágrafo no qual Benjamin quer mostrar que, se a "invocação mágica" do artista é um negativo da criação divina porque pretende fazer, como ela, "nascer o mundo do nada", nem a beleza nem a obra podem aceder a seu estatuto: na medida em que uma requer, para ser justificada, uma eternidade que ela não conhece senão no "presente interrompido" do instante, enquanto a outra só se remata através daquilo que a quebra e faz dela "o caco de um símbolo" (p. 362-363); por fim, uma observação sobre a maneira como a beleza não é, contudo, uma "aparência" que cobriria uma outra realidade, como crê, amiúde, a filosofia, mas é de fato uma essência, mesmo se esta última, no entanto, "fizer parte [do belo] como seu véu", "e a lei essencial da beleza lhe imponha só aparecer naquilo que está velado" (p. 384).

palavra o é por mais forte razão a respeito daquilo que procede apenas das imagens? Nesse sentido, a crise da aura não estava uma vez mais inscrita em um fenômeno largamente anterior à era da reprodução técnica: nisso que viria aparentar-se a uma forma de ilusão própria ao pintor, ao escultor e inclusive ao artista em geral?

Sem dúvida, é preciso começar por admitir que Walter Benjamin nunca decidiu definitivamente entre os dois motivos que nutrem sua estética: o sentimento de uma perda de autoridade das obras, que faria sentido no contexto de um esgotamento da tradição; a ideia, vinda desta vez da Tradição, de uma radical inautenticidade das imagens. Mas poder-se-ia, ao menos, reconhecer, à maneira de Scholem, o cuidado em conduzir a exploração desta antinomia como verdadeiro metafísico, o que apareceria com um fulgor particular no ensaio sobre o narrador. Pelo empenho em pôr a nu uma alteração profunda de toda tradição, esse texto premonitório de fenômenos futuros, próprios à experiência do século XX, descreve os combatentes que voltavam mudos do *front*: "não mais ricos, porém mais pobres em experiência comunicável"[176]. Antecipando, como o faziam também suas análises de Kafka, a sucessão de tragédias da época, Benjamin evoca uma impossibilidade de comunicar que, em breve, os sobreviventes dos campos

---

176 Walter Benjamin, Le Conteur: Réflexions sur l'oeuvre de Nicolas Leskov (1936), trad. M. de Gandillac, revista por P. Rusch, em *Oeuvres III*, p. 140 (trad. bras.: O Narrador: Considerações sobre a Arte de Nicolai Leskov, em *Magia e Técnica, Arte e Política; Obras Escolhidas*, v. 1, trad. Sergio Paulo Rouanet, São Paulo: Brasiliense, 1994). Esta tradução é conforme o texto publicado nos *Gesammelte Schriften*, II, 2, p. 438-465, a partir de um manuscrito datado de 19 de outubro de 1936. Redigido na primavera de 1936 para a revista suíça *Orient und Okzident*, às vezes apresentado como "uma obrigação imposta pelas circunstâncias lamentáveis" (carta a Kitty Marx-Steinschneider, de 15 de abril), este estudo sobre o contemporâneo de Dostoiévski parece ter representado para Benjamin uma esperança de conciliar ao mesmo tempo as graças de Scholem e de Adorno. A este último, ele escreve que o estudo se inscreve em "um paralelo com o 'declínio da aura'" descrito no ensaio sobre a reprodução (carta de 2 de maio), mas é acima de tudo junto a Scholem que Benjamin pretende, de alguma maneira, resgatar de antemão o efeito deste último texto, como atesta uma carta que prevê sua má recepção e na qual ele acrescenta: "Eu terminei um outro manuscrito [que] te agradará sem dúvida muito mais, e não somente no plano da linguagem" (ver *Histoire d'une amitié*, p. 224). A isto cabe adicionar que é Scholem quem detém certo número de fragmentos preparatórios, redigidos na perspectiva de um texto que deveria intitular-se "Romance e Narração" (ver *Gesammelte Schriften*, II, 3, p. 1281-1284). Os *Écrits français* (p. 205-229) retomam (com algumas correções) a tradução, sem dúvida efetuada pelo próprio Benjamin, que só foi publicada em 1952 no *Mercure de France*. Essa tradução encontra-se igualmente reproduzida nos *Gesammelte Schriften*, II, 3, p. 1290-1309).

de concentração sofrerão nos termos disso que Hannah Arendt poderia chamar de "desolação": solidão; sentimento de estranheza diante de um mundo que se tornou irreconhecível; diferença insuportável entre o que se diz do acontecimento e o que foi vivenciado. Em seguida, essa figura extrema de uma incapacidade para o relato faz-se o espelho em que se reflete um processo mais vasto: a perda de uma faculdade "que podíamos crer inalienável, que considerávamos como a menos ameaçada, a de trocar experiências". Ora, tal era bem a fonte na qual sempre se abeberaram os narradores: "uma experiência transmitida de boca em boca". No entanto, se parece aqui que a crise da narração procede das condições do mundo contemporâneo onde "a cota da experiência baixou", todo o texto é igualmente trabalhado pela ideia segundo a qual ela poderia já estar contida no próprio projeto do relato literário[177]. Nesse sentido, Walter Benjamin sublinha a distância que separa o verdadeiro narrador do romancista: um empresta a matéria daquilo que ele conta à sua própria existência ou daquilo que lhe foi transmitido, de modo que "isso que ele narra torna-se experiência para quem o escuta"; o outro, em compensação, se mantém à parte como indivíduo solitário e põe em realce o que não é medida comum, tendo por consequência que ele "não recebe mais conselhos e não sabe mais dá-los"[178].

No plano de uma análise das formas do discurso, o "declínio da narração" é assim ligado ao aparecimento do "romance no início dos Tempos Modernos" e depois à substituição do relato épico pela informação. Na visão de Benjamin, este esgotamento de uma faculdade imemorial da humanidade para contar histórias se prende igualmente à transformação da experiência da morte. Outrora, esta última ocupava um lugar no espaço e no tempo dos viventes, a ponto de cristalizar de algum modo a "realidade transmissível" de uma existência humana: seu saber, ou simplesmente sua

---

[177] Notemos que esta ideia segundo a qual a guerra mundial fez baixar o curso da experiência já estava presente em um artigo escrito no começo do ano de 1933 e intitulado "Experiência e Pobreza": texto que via, entretanto, nesse fenômeno uma oportunidade de transformar o "homem bárbaro" em indivíduo liberto das mentiras da vida interior (ver esse texto, *Erfahrung und Armut*, em *Gesammelte Schriften*, II, 2, p. 213-219, e as notas a seu respeito, II, 3, p. 960-963).

[178] Idem, p. 144. O manuscrito preparatório de *Roman und Erzählung* especifica que o romance se impôs no momento em que os homens não foram mais capazes de "considerar as questões maiores da existência do ponto de vista das circunstâncias privadas" (*Gesammelte Schriften*, II, 3, p. 1283).

sabedoria, que passavam a outros homens no momento em que se diz que cada qual vê desfilar nele todos os episódios de sua vida. Desde os maiores até o mais pobre diabo, existia, portanto, uma circunstância pela qual todo homem tinha direito de ver surgir um "inesquecível", fenômeno que conservava uma autoridade para os viventes: "a narração repousa sobre esta autoridade"[179]. Hoje, ao contrário, consta que "os burgueses vivem em lugares onde ninguém é morto, frios habitantes da eternidade que, chegada a hora, irão morrer em casa de saúde ou em clínica". A respeito desse tema, é significativo que Benjamin tenha já percebido a última manifestação da aura naquilo que representa a arte da reprodução por excelência, a fotografia: no instante em que ela fixa "a expressão fugaz de um rosto de homem"[180]. De novo, entretanto, o que dá aos antigos clichês sua beleza melancólica se deve ao fato de que "no culto da lembrança dedicada aos entes queridos, que estão afastados ou desaparecidos, o valor cultual da imagem encontra seu derradeiro refúgio". Não é dizer ainda a ambiguidade do ícone: sua hora de glória, nos tempos em que ela pretendia servir um culto; mas também sua fragilidade, quando ela luta em vão contra a perda de autoridade disso que se transmite de boca em boca?

Volvendo à origem da ideia de um mistério, compreende-se doravante um pouco melhor a fraca credibilidade do artista como testemunha da vinda do Messias. Pintor, escultor ou poeta, ele pode muito bem modelar imagens e pretender insuflar-lhes vida: mas o "longe" que elas fazem aparecer conforme a definição da aura não é jamais senão pálido reflexo da Redenção, insuficiente em todo caso para mitigar a queixa da natureza. Se ele se quer narrador, expõe-se ainda mais ao paradoxo da linguagem, que faz, sem dúvida, com que, liberando o poder da palavra, ela o distancie um pouco mais de sua fonte[181]. Desse ponto de vista e como em espelho da

---

[179] Idem, p. 152.
[180] L'Oeuvre d'art à l'ère de sa reproductibilité technique, op. cit., p. 285.
[181] Na visão de alguns, estaria aqui a origem do fascínio de Benjamin pelos escritos fragmentários de Karl Kraus: no tocante à narração, sem dúvida, mas que toma nota de seu esgotamento, procurando salvar o mistério da linguagem. Assim, no breve "Monumento aos Mortos" que ele lhe dedica e que Scholem admirava tanto, Benjamin associa sua maneira de habitar a velha morada da linguagem com o cuidado de lhe construir uma tumba, ao passo que nada pode comparar-se à "escuta desse sacerdote-feiticeiro a quem mesmo uma língua defunta inspira as palavras" (*Sens unique*, p. 204).

interpretação das aventuras de Kafka nas fronteiras da transmissibilidade, as reflexões sobre Nicolau Leskov parecem às vezes defender a autoridade da tradição oral contra o romance[182]. Será por uma nostalgia da Agadá, oposta ao orgulho insensato da criação literária? Não se poderia insistir demais no fato de que Walter Benjamin concedeu lugar tão grande à alegoria: imagem por certo, porém a mais enigmática de todas elas, a mais incerta de seu estatuto, a mais apta, sem dúvida, para tentar o salvamento dos fenômenos, mesmo que isto seja tão somente através de fragmentos ou de ruínas. Resta que não se pode esquecer tampouco que, se a grandeza da tragédia peculiar ao drama barroco é confrontar seus heróis com a ideia do "tempo preenchido", é preciso que a representação que ela lhe dá seja conforme a sua realização histórica, tal como seria requerida pelo messianismo: "O tempo trágico é para o tempo messiânico o que o tempo individualmente preenchido é para o tempo divinamente preenchido"[183].

Em face dessas perspectivas sobre uma inaptidão da arte ao testemunho em favor da Redenção, pode-se perguntar se não é necessário ampliar a dificuldade em que se achava Walter Benjamin quando ele parece tanto advogar a causa das obras em nome de sua aura como descobrir, amiúde ao mesmo tempo, o caráter ilusório de sua autoridade. A questão seria, assim, saber se através desta oscilação não é uma vez mais a natureza de seu judaísmo que ele põe à prova: como uma impossível escolha entre o que se reduziria a uma antiestética e o que se tornaria uma antiteologia[184]. Sem mesmo que seja necessário solicitar nele as cores marxistas que tingem certas análises do fenômeno artístico, encontra-lo-íamos com frequência levado pela preocupação de provar que a obra tem êxito lá onde a teologia fracassa: mostrar o invisível, figurar a esperança da realização, talvez mesmo salvar a natureza de seu antigo silêncio. Julgada demasiado idealista por Adorno, a temática da aura parece em parte nutrida por esse projeto, até na descrição da negatividade induzida pela reprodução e

---

182 Nesse sentido, Le Conteur (op. cit., p. 121) parece fugazmente opor a "tradição oral", da qual procede o relato narrativo, ao romance, que requer necessariamente, de sua parte, o suporte do livro.
183 *Trauerspiel* et tragédie, op. cit., p. 256.
184 Logo mais, em Ernst Bloch, encontrar-se-á uma preocupação de levar em conta esta figura como uma antinomia da arte, a fim de tentar resolvê-la a partir da experiência da música, amplamente descurada por Benjamin. Ver infra, cap. VI, p. 727-732.

interpretada, não sem nostalgia, como crise da autoridade das obras. Nesse plano, à medida que ela toma a sério o poder da arte, a estética de Benjamin defende seu direito de transgredir o interdito das imagens e acompanha sua pretensão de dar conta dos enigmas do mundo, para finalmente lhe conceder o lugar da Tradição ameaçada. Mas o risco é de encontrar com ele a réplica da melancolia outrora descoberta na linguagem através da introdução simultânea do saber e do mal: "a alegoria fica de mãos vazias", como diz a conclusão de a *Origem do Drama Barroco Alemão* a partir de uma paráfrase barroca do salmo 126, 6[185].

Tudo se passa, entretanto, como se Walter Benjamin permanecesse sempre preocupado com este eventual impasse, guardando em reserva o motivo de uma crítica da ilusão própria da obra de arte em uma perspectiva mais fiel à recusa do culto das imagens. De um ponto de vista que seria desta vez o de uma antiestética alimentada pela obsessão do paganismo e da idolatria, sua reflexão se concentra nas manifestações de um malogro das obras para transfigurar o mundo ou na ilustração de uma impossibilidade para a arte de reordenar a experiência estilhaçada do tempo. Daí a atenção prestada a Kafka, por certo, mas também a Baudelaire e Proust, como expressões ou sintomas de uma consciência desembriagada dos encantamentos da arte. Nessa perspectiva, Proust havia, ele mesmo, observado em Baudelaire um "estranho seccionamento do tempo em que só raros dias notáveis aparecem": algo que Benjamin comenta falando dos "dias de rememoração"[186].

---

185 *Origine du drame baroque allemand*, p. 251. Ver os reparos de Scholem a esse propósito em *Walter Benjamin et son ange*, op. cit., p. 129.
186 Walter Benjamin, *Charles Baudelaire*, trad. J. Lacoste, Paris: Payot, 1979, p. 188. A fórmula de Proust é citada por Benjamin a partir de "À Propos de Baudelaire", *Nouvelle Revue française*, junho de 1921. Esse livro reúne três componentes de uma obra que devia intitular-se *Charles Baudelaire, um Poeta Lírico no Apogeu do Capitalismo*: "A Paris do Segundo Império em Baudelaire", concluído em 1938; "Zentralpark, Fragmentos sobre Baudelaire", redigido em 1939; "Sobre Alguns Temas Baudelairianos", do mesmo ano. Primeira das obras inacabadas de Benjamin, como aquela sobre as *Passagens* parisienses cujo "modelo" parece ter elaborado (cartas a Horkheimer, de 16 de abril de 1938, e a Scholem, de 8 de julho), só foi publicada em 1969 e coloca numerosos problemas filológicos, especialmente ligados à dispersão dos manuscritos (ver o monumental aparelho crítico dos *Gesammelte Schriften*, I, 3, p. 1065-1222. É possível, em compensação, seguir uma parte de sua gênese que remonta a 1935 e de suas peregrinações, notadamente ligadas às relações de Benjamin com o Instituto para a Pesquisa em Ciências Sociais, na correspondência. Assim, é anunciado que ele articulará, pela primeira vez, temas que permaneceram isolados, como a alegoria e a aura (carta a Gretel Adorno, de 20 de julho de 1938), e depois que se apresentará sob uma forma dialética, expondo uma primeira parte

Como quer seja com respeito a este motivo de uma eventual alusão ao ciclo das festas no judaísmo, é difícil não pensar que, aos olhos de Benjamin, esses autores exploram o limite do processo criativo: sua retração para aquém do intuito de uma transfiguração do mundo. Nesse sentido, "o que torna insaciável o prazer que se colhe das belas coisas é a imagem de um mundo anterior" que Baudelaire apresentava como velado pelas lágrimas da nostalgia[187]. É possível então que a fotografia notadamente "salve do esquecimento as ruínas pendentes, os livros, as estampas e os manuscritos que o tempo devora, as coisas preciosas cuja forma vai desaparecer e que pedem um lugar nos arquivos de nossa memória"[188]. Mas falta ainda muito para que a arte preserve sua ambição antecipadora, seu sonho redentor e sua capacidade de testemunhar para o futuro. Instalando seu domínio no da queixa, ela deve se lembrar que esta não é senão a forma mais indiferenciada da linguagem autêntica, da qual ela contém apenas o "suspiro sensível".

A obra de Proust exporia por si só essa retração, manifestando como ela se torna amiúde a máxima expressão de um gênero na hora de seu esgotamento, desvelando tardiamente sua verdade no momento em que ele morre. Enquanto busca o passado "oculto fora de seu domínio e de seu alcance, em algum objeto material de que não suspeitamos", Proust quis reconstituir o "rosto do narrador" contra a degradação crescente da experiência[189]. Mas se ele visa efetivamente, sob os acasos da rememoração, "o eterno ainda uma vez, a eterna restauração da felicidade original, da primeira felicidade", poder-se-á

---

ligada à teoria estética, mas igualmente sua inversão do ponto de vista da "teoria social" (carta a Horkheimer, de 28 de setembro). Todavia, esta fonte epistolar é ela própria fragilizada pela existência de numerosas cartas inéditas, que só aparecem no dossiê dos *Gesammelte Schriften*. Observemos, enfim, que o primeiro texto terá uma acolhida extremamente fria de Adorno, que o situa "na encruzilhada da magia e do positivismo", que considera que "a temática teológica da nomeação das coisas por seu nome tende a inverter-se na exposição assombrada da pura facticidade" e acrescenta: "você se violentou para pagar tributo ao marxismo, tributo que não traz nenhum lucro real nem para ele nem para você" (carta a Benjamin, de 10 de novembro de 1938, em *Correspondance II*, p. 271). Benjamin defenderá seu texto, respondendo a Adorno por uma longa carta, de 9 de dezembro (idem, p. 274-282). Este último quererá ainda justificar a recusa de publicação do Instituto (carta de 1º de janeiro de 1939, em *Gesammelte Schriften*, I, 3, p. 1107). Finalmente, Benjamin se queixará junto a Scholem da sorte que lhe é reservada (carta de 4 de fevereiro de 1939).

187 Idem, p. 198-199.
188 Charles Baudelaire, Salon de 1859, citado idem, p. 197.
189 Ver *Charles Baudelaire*, p. 153-154. A citação do início da *Recherche du temps perdu* encontra-se na p. 153.

dizer ainda que ele é verdadeiramente um artista?[190]. Exprimindo no mesmo movimento "uma certa criação" e "um certo sofrimento", tudo leva a crer, ao contrário, que Proust fez de tal figura seu luto, na medida em que recusa o que a tornava possível: "este heroico 'no entanto' com o qual em geral os criadores se erguem contra seu mal"[191]. O que ele nos lega depende para sempre, sem dúvida, do *tour de force*: "em um instante, fazer envelhecer o mundo inteiro da duração de toda uma vida humana"[192]. Mas ao menos cumpre dizer que a vida permanece intacta, privada desta transfiguração pela obra que era talvez o orgulho insensato e vão da arte. Não se deveria correr o risco de ampliar uma última vez a questão: para reconhecer em Walter Benjamin, sob a forma de intuição, sem dúvida, uma reserva para com a obra de arte própria a quem se recorda do interdito das imagens? Tal é a desconfiança que aparece em Franz Rosenzweig, nesta descrição do universo da arte: "um mundo de acordo mudo que não é um mundo, que não é uma conexão real, vivente em todos os sentidos entre o discurso que vai de um lado para o outro e, no entanto, um mundo que é capaz em todos os pontos de ser animado de vida por instantes"[193]. É ainda isso que pretenderia sugerir Emmanuel Lévinas: constatando que a arte procura, sem dúvida, "dar um rosto às coisas", mas acrescentando logo que eis o que faz ao mesmo tempo "sua grandeza e sua mentira"[194]. É provavelmente, enfim, o que explica uma ausência de credibilidade do artista perante o tribunal da criação e depois incita a dar a palavra à última das testemunhas do futuro: "o filósofo que o sabe".

O Anjo da História: Da Salvação ao Salvamento?

Será dado ao filósofo triunfar lá onde outros antes dele malograram: apaziguar a queixa da natureza, restaurar o antigo poder da linguagem, testemunhar,

---

190 Walter Benjamin, Pour le portrait de Proust, trad. M. de Gandillac, revista por R. Rochlitz, em *Oeuvres II*, p. 139.
191 Idem, p. 154-155.
192 Idem, p. 150.
193 Franz Rosenzweig, *L'Étoile de la Rédemption*, p. 99. Cabe lembrar que Benjamin havia trabalhado esta parte de *A Estrela* para o livro sobre o *Trauerspiel*, no qual ele a menciona repetidas vezes.
194 Emmanuel Lévinas, *Difficile liberté*, Paris: Albin Michel, 1976, p. 20-21.

enfim, de maneira convincente em favor da vinda do Messias? Se uma empresa assim apresenta algum sentido para Benjamin, em sua última fase, é convicção firmada que ela se aloja no domínio da história: para uma filosofia "verdadeiramente consciente do tempo e da eternidade", mas confrontada pela tensão entre "a certeza de um conhecimento que permanece" e "a dignidade de uma experiência que foi efêmera"[195]. É difícil imaginar o que teria sido a obra de Walter Benjamin a partir dos derradeiros fragmentos que dela chegaram até nós. A imensa acumulação documentária realizada para o *Livro das Passagens*, em primeiro lugar: suma de citações privadas do escrínio de seu comentário; reunião de trechos arrancados ao esquecimento e, no entanto, desprovidos do fio que devia ligá-los; justaposição, enfim, de esboços teóricos mais ou menos longos, redigidos tendo em vista uma síntese projetada, mas que permaneceu irrealizada entre as diversas tendências em luta no seio de um pensamento em busca ainda de seu ponto de equilíbrio[196]. Depois "Sobre o Conceito de História", último escrito levado, várias vezes, à mesa de trabalho, para persistir, ele também,

---

[195] Walter Benjamin, Sur le programme de la philosophie qui vient, op. cit., p. 180. É de propósito que se pode evocar de novo, aqui, este texto de juventude, que marcará assim uma forma de persistência das intenções de Benjamin entre os primeiros e os últimos escritos.

[196] Cumpre desde logo notar que o estatuto desta obra permanecia relativamente incerto aos olhos do próprio Benjamin. Em primeiro lugar, o projeto de um livro sobre as passagens parisienses que seria uma descrição do século XIX está presente desde ao menos 1927, momento em que Benjamin considera a possibilidade de um estudo que se intitularia "Passagens parisienses. Uma *féerie* dialética (ver *Gesammelte Schriften*, v, 2, p. 1080 e s.). Apresentado a Scholem e a Hofmannsthal como uma sequência de *Rua de Mão Única* (cartas de 30 de janeiro e 8 de fevereiro de 1928), e depois como um meio de "fornecer a prova sobre um exemplo de como se pode ser 'concreto' no interior de estruturas que procedem da filosofia da história" (a Scholem, 23 de abril de 1928), este estudo não parece na época requerer muito tempo e não se afigura em todo caso incompatível com a perspectiva de uma partida para a Palestina (a Scholem, 24 de maio e 1º de agosto de 1928). Interrompido, no entanto, cada vez com mais frequência, por trabalhos que se tornarão na maior parte do tempo necessários para a existência material de Benjamin, o projeto é verdadeiramente posto em execução durante o inverno de 1934-1935, em San Remo, quando Benjamin redige sua primeira "exposição". Doravante, é antes a continuação do livro sobre o *Trauerspiel* que parece estar sendo visada, como ele explicou a Scholem (carta de 20 de maio de 1935) no contexto de uma série de trocas de correspondências com Adorno e Horkheimer, que se preocupam, quanto a eles, mais e mais com as orientações do trabalho (ver *Gesammelte Schriften*, v, 2, p. 1105 e s., especialmente a longuíssima carta a Adorno, de 2 de agosto, p. 1127 e s.). Mas, ao mesmo tempo que esse trabalho é de novo regularmente adiado, quando reaparece acaba quase confundindo-se com o estudo sobre Baudelaire, a ponto de que os dois projetos terminam por superpor-se no espírito de Benjamin.

em uma forma inacabada como uma alegoria da existência de Benjamin[197]. Objetos de todas as cobiças interpretativas, suficientemente esparsos para serem acolhedores a todas as glosas, mas pouco fixados para se prestarem a certezas, esses conjuntos de retalhos radicalmente opostos contribuem, colocados em bom lugar, para as reputações de Benjamin: sulfurosas ou coléricas, heroicas ou frágeis, dogmáticas ou desenvoltas. Mais do que tentar vê-los ceder sob o impacto de análises contraditórias, pode-se desejar abordá-los diretamente a partir de seu aspecto deliberadamente enigmático, através, por exemplo, desta confissão tardia e das mais misteriosas: "Meu pensamento se relaciona à teologia como o mata-borrão à tinta, ele está totalmente embebido dela. Mas se ele se prendesse apenas ao mata-borrão, nada restaria disso que está escrito"[198].

Retrospectivamente, a metáfora aclara a tensão constitutiva da obra desde as primeiras discussões com Scholem. Sabe-se doravante como ela

---

[197] A primeira alusão precisa a esse texto, cujo manuscrito Hannah Arendt levará consigo ao deixar a França, aparece em uma carta a Horkheimer em francês, datada de 22 de fevereiro de 1940 (*Gesammelte Schriften*, I, 3, p. 1225-1226) em que Benjamin anuncia "um certo número de teses sobre o conceito de História [que] constituem uma primeira tentativa de fixar um aspecto da história que deve estabelecer uma cisão irremediável entre nossa maneira de ver e as sobrevivências do positivismo". Parece, todavia, que, apesar de sua preocupação de solicitar o interesse do Instituto, Benjamin tenha concebido essas teses como um trabalho muito pessoal, do que dá testemunho o modo pelo qual fala delas aos seus diferentes interlocutores. Assim, embora pareça quase desculpar-se junto a Horkheimer pelo fato de que elas possam diferir trabalhos de encomenda, denota muito mais entusiasmo ao apresentá-los a Gretel Adorno como o resultado de um pensamento que ele havia preservado em seu íntimo, dissimulando-o a si mesmo "há uma vintena de anos" (carta de abril de 1940, idem, p. 1227). De maneira mais precisa, Benjamin vê as teses inscreverem-se em uma transição entre um estudo sobre o historiador Eduard Fuchs (Eduard Fuchs, der Sammler und der Historiker, *Gesammelte Schriften*, II, 2, p. 465-505. Ver também, "Eduard Fuchs, collectionneur et historien", trad. R. Rochlitz, em *Oeuvres III*, p. 170-225) e o segundo texto sobre Baudelaire, cuja armadura teórica elas deviam fornecer. As teses foram publicadas pela primeira vez em Los Angeles em 1942, pelo Instituto, em uma coletânea em memória de Benjamin, sob o título Über den Begriff der Geschichte, e existem duas versões francesas muito diferentes. Em *Oeuvres III*, p. 427-443, Maurice de Gandillac traduzira (revista por P. Rusch) a versão longa, que corresponde ao dos *Gesammelte Schriften*, I, 2, p. 691-704 (18 teses e dois parágrafos anotados A e B [N. da E.: na verdade, totalizando 19]). Os *Écrits français* (p. 339-347) retomam, sob o título Sur le concept d'histoire, uma tradução de Benjamin que retém apenas treze das teses (as de números VIII, XI, XIII, XIV, XVI e XVIII são suprimidas) e que é publicada em nota dos *Gesammelte Schriften* (I, 3, p. 1260-1266). Enfim, a edição alemã oferece muitas variantes e manuscritos preparatórios (idem, p. 1228-1252). É a tradução de Maurice de Gandillac revista por P. Rusch que será citada.

[198] Walter Benjamin, *Paris, capitale du XIXe siècle*, p. 488.

trabalha a especulação sobre a linguagem ou o questionamento do mundo de Kafka. É, enfim, possível imaginar que ela alimenta ainda as interrogações concernentes à estética. Que a meditação sobre a história seja, a seu turno, banhada por preocupações teológicas, eis o que as perspectivas que a conduzem e as figuras que a atravessam mostrarão facilmente. Restaria, portanto, determinar em que proporção ela as absorve: por intenção ou por descuido; através de um cuidado de destacar a esperança humana das ordens da religião ou sob o impacto de um sentimento de que a Tradição em crise teria esgotado seu sentido. Como quer que seja, com respeito à questão de saber se este último pensamento toma nota do esgotamento definitivo de toda ideia de sistema ou preserva algo de uma antiga preocupação em seu favor, malgrado o caráter despedaçado dos textos que o expõem, parece firmado que ele se situa nas antípodas da maneira como o velho Hegel ligava a estética, a teologia e a metafísica: afirmando que a história mundial torna manifesta a existência empírica do Espírito Universal que havia sido "intuição e imagem" na arte, "sentimento e representação" para a religião, "pensamento puro e livre", enfim, no seio da filosofia[199]. Nesse sentido, a corte que recolhe as queixas contra a não vinda do Messias prometido é o exato contrário do tribunal do mundo onde se impunham, com Hegel, os veredictos da história do mundo. Diante dela, o filósofo recusa-se a tornar-se auxiliar de uma necessidade em ação no movimento oculto da razão: testemunha ele é e quer continuar sendo, mesmo com o risco de, no último momento, solicitar a suspensão da audiência, deixando os queixosos sem recursos.

 A estratégia desenvolvida por Walter Benjamin a fim de sobrepujar o obstáculo da história tematizada por Hegel como astúcia da razão, pode, entretanto, parecer estranha. Ela anuncia visar à sua maneira um "conceito dialético do tempo histórico". Mas ela procura operar sua construção a partir da antinomia entre as teses que a precedem e a sucedem na história da filosofia: "a crença no progresso, em uma perfectibilidade infinita – uma

---

[199] Ver Hegel, *Principes de la philosophie du droit, ou droit naturel et science de l'État en abrégé*, trad. R. Derathé, Paris: Vrin, 1982, § 341, p. 334. Cabe lembrar-se da fórmula de Hegel, tomada de empréstimo de Schiller, cuja assonância em alemão é mais poderosa ainda do que em francês: *der Weltgeschichte als dem Weltgerichte* (história do mundo como tribunal do mundo).

tarefa infinita da moral – e na representação do eterno retorno"[200]. Se aqui se reconhece sem dificuldade as posições de Kant e Nietzsche, respectivamente, é algo mais delicado entender o procedimento pelo qual Benjamin intenta superar a estrutura antinômica da oposição entre elas. O combate contra o progresso parece assumir duas formas, das quais não é certo que elas se recubram perfeitamente: a expressão de uma decepção em face das representações do devir como trajetória ascendente para o melhor; a revolta diante da maneira como os filósofos racionalistas da história parecem conceder uma parte demasiado grande à visão e ao butim dos vencedores.

∗∗∗

200 Walter Benjamin, *Paris, capitale du XIXe siècle*, p. 144. É possível, sem dúvida, admitir que a exploração desta antinomia tenha sido uma das perspectivas conducentes do *Livro das Passagens*, de sorte que seu projeto aparentar-se-ia de alguma forma ao desdobramento sobre o modo maior ou monumental das ideias mais pessoais expostas em um modo menor ou fragmentário nas teses. Esta conjectura deve, entretanto, ser confrontada com a natureza mesma do objeto de que dispomos e aos problemas que ele coloca. Sabe-se, para começar, que em sua última fase, esse trabalho parecia não mais dissociar-se verdadeiramente do estudo sobre Baudelaire. Nesse sentido, enquanto elabora um plano para a obra que gostaria de dedicar a este último durante o inverno de 1937-1938, Benjamin descobre zonas de cotejo que o preocupam cada vez mais durante a primavera e o verão de 1938, na medida em que elas não são apenas documentais, mas também teóricas, mesmo se o escrito sobre Baudelaire quer ainda se apresentar como o "modelo em miniatura" do *Passagenarbeit* (ver a correspondência desta época, em *Gesammelte Schriften*, v, 2, p. 1163 e s., e especialmente uma carta a Horkheimer, de 16 de abril de 1938, p. 1164). Por conseguinte, não se tem um livro propriamente dito sobre Paris como capital do século XIX, mas, sim, duas "exposições": uma redigida em alemão, datada de 1935, a pedido de Friedrich Pollock e Horkheimer para o Instituto (p. 35-46 da edição francesa; p. 45-59 das *Gesammelte Schriften*, v, 1); a outra, de 1939, em francês, de novo a pedido de Horkheimer (p. 47-59; p. 60-77 da edição alemã, mas em francês no texto e traduzido em nota). Resulta daí que os volumes publicados tanto pelas *Gesammelte Schriften* (v, 1 e v, 2, p. 655-1063) como na tradução francesa (*Paris, capitale du XIX siècle*) são compostos de cadernos progressivamente reunidos por Benjamin em torno de temas extremamente diversos ("Construções de Ferro" ou "Escola Politécnica"; "Daumier" ou "Fourier"; "O Tédio, Eterno Retorno" ou "Reflexões sobre a Teoria do Conhecimento", "Le flâneur" ou "Ociosidade"…), temas que não correspondem nem a estratos cronológicos sucessivos do trabalho, nem a uma estruturação lógica capaz de indicar sua orientação. Na realidade, Benjamin classificou nas pastas de cartolina o conjunto de seus materiais (coleções de citações copiadas da Biblioteca Nacional da França, fragmentos de reflexões, extratos de correspondências…), segundo um sistema complexo de letras, maiúsculas e minúsculas, de formas geométricas e de cores. Enquanto a edição francesa é conforme àquela que organiza em alemão o conjunto dessas peças e que esta última reproduz, pela própria natureza das coisas, numerosas em francês, as *Gesammelte Schriften* proporcionam um imenso aparelho crítico (v, 2, p. 1067-1350), que contém notadamente inúmeras variantes oriundas dos manuscritos de Benjamin, esboços de plano que pretendiam organizar a obra (ver, por exemplo, p. 1215-1216, um projeto preciso de reunião dos elementos, com diagramas que indicam uma forma dialética em três momentos), uma história do projeto essencialmente baseada na correspondência ou ainda uma recolha de fontes.

Sob a segunda dessas modalidades, é com certeza Hegel que está diretamente em causa, quando ele deposita, sem pesar algum, no altar da história as "flores pisadas" e as "liberdades sacrificadas": de modo que "todos aqueles que até agora obtiveram a vitória, participam desse cortejo triunfal em que os mestres de hoje marcham sobre os corpos daqueles que hoje jazem por terra"[201]. No entanto, se o materialismo dialético é chamado em socorro para fazer justiça aos vencidos, não se vê como ele escaparia à estrutura de uma complementaridade paradoxal entre as doutrinas do progresso e a perspectiva nietzschiana que oferece o esquema de sua crítica: como quando Benjamin escreve que "o historicismo do século XIX se inverte, ele próprio, na ideia do eterno retorno, ideia que reduz toda tradição, inclusive a mais recente, a alguma coisa que já se desenrolou na noite imemorável dos tempos anteriores"[202]. Em outros termos, mesmo se as "Reflexões Teóricas sobre o Conhecimento" do *Livro das Passagens* podem adiantar que "a barbárie está escondida no conceito mesmo de cultura", assim como as Teses afirmam que "não há nenhum documento de cultura que não seja também documento de barbárie", na medida em que a tristeza necessária àqueles que os produzem requer "a corveia anônima imposta aos contemporâneos desses gênios", não é certo que o materialismo quebra a estrutura desta reificação quando ele quer "pintar a história a contrapelo"[203].

Pode-se pensar, entretanto, que não é isso em absoluto que Walter Benjamin está empreendendo, sob a capa de uma decepção fundamental em relação às promessas do tempo histórico. Nessa perspectiva, se é preciso também "basear o conceito de progresso na noção de catástrofe", como não sublinhar o empréstimo tomado de uma linguagem ao mesmo tempo teológica e alegórica quando se constrói a imagem central do anjo da história[204]? No coração de uma rede de correspondências tecida por Benjamin até os segredos de sua biografia, esta última apresenta um anjo cujo rosto está voltado para o passado que ele olha com os olhos encarquilhados, a boca aberta e as asas desdobradas: para descobrir um amontoado de ruínas lá onde nós cremos perceber uma cadeia de acontecimentos. Imaginado por Paul Klee,

---

201 Sur le concept d'histoire, op. cit., p. 432.
202 *Paris, capitale du XIXᵉ siècle*, p. 141.
203 Ver, respectivamente, idem, p. 485, e Sur le concept d'histoire, op. cit., p. 433.
204 *Paris, capitale du XIXᵉ siècle*, p. 491.

este *Angelus Novus*, do qual Benjamin havia adquirido já em 1921, em Munique, uma das múltiplas variantes sob a forma de uma pequena aquarela que ele conservará, sempre vem solicitar a seguinte alegoria:

> Ele gostaria realmente de se deter, ressuscitar os mortos e reparar aquilo que foi quebrado. Mas do Paraíso sopra uma tempestade recebida por suas asas e tão forte que ele não pode mais dobrá-las. Esta tempestade o arrebata irresistivelmente para o futuro ao qual ele dá as costas, enquanto os escombros se acumulam diante dele e montam até o céu. Esta tempestade é o que chamamos de progresso[205].

Como abordar essa imagem em relação à qual tudo leva a conceber que ela condensa o pensamento derradeiro de Walter Benjamin após ter forjado seus nomes secretos e atravessado toda sua obra? Sob a forma de uma concessão melancólica ao niilismo de Nietzsche, uma resignação à ideia de que não sobrevirá mais nada de novo na história? Pela visão de uma coincidência entre o triunfo da razão e a derrota do homem, quando é dito que "é uma só e mesma noite aquela em que o pássaro de Minerva alça voo em Hegel e aquela em que, em Baudelaire, Eros sonha, diante das tochas extintas e a cama deserta dos abraços passados"[206]? Ou então, ao contrário, a partir da noção de um presente que reapresentaria eternamente a mesma "intriga do ser" de que fala Emmanuel Lévinas, ordenando ao pensador tomar, incansavelmente, a seu cargo as esperanças e as dores, o passado e o porvir?

O argumento decisivo em apoio desta última leitura não é outro senão aquele que resumiria também um dos sentidos do combate contra

---

[205] IX Tese sobre a filosofia da história, citada segundo a tradução de Stéphane Mosès, em *L'Ange de l'histoire*, p. 173. Encontraremos em Scholem, além de profundas análises desta alegoria, o relato das peregrinações do Anjo: exposto em Munique em maio e junho de 1920, visto por Benjamin em abril de 1921 no Kurfürstendamm de Berlim, comprado no fim de maio do mesmo ano para ser pendurado nos sucessivos alojamentos do autor na Alemanha, antes de ser levado para Paris por uma amiga por volta de 1935; oculto por algum tempo em uma valise com papéis que importava salvar no momento da partida, em 1940, graças a George Bataille que camuflará seu conteúdo na Biblioteca Nacional da França; finalmente tirado de sua moldura por Benjamin, que o carregou consigo na sua fuga mortal. Após a guerra, foi transmitido na América a Adorno, e depois entregue a Scholem, a quem Benjamin, o legara em seu testamento. Doado por Gershom e Fania Scholem ao Museu de Israel, encontra-se hoje em Jerusalém. Ver Gershom Scholem, *Benjamin et son ange*, p. 101-103.

[206] *Paris, capitale du XIXe siècle*, p. 362 (tradução modificada).

o historicismo: "o conceito autêntico da história universal é um conceito messiânico"[207]. Dando a impressão de ter recuperado com ele uma confiança que bancara outrora nas discussões com Scholem, Walter Benjamin parece então devolver à Tradição sua credibilidade perdida: mesmo sendo possível que sua continuidade seja uma aparência, "é precisamente a permanência desta aparência que criou nela a continuidade". No entanto, se por essa virada o filósofo está em condições de vir a ser aquele que "teria em um gesto voltado para o exterior o forro do tempo", cumpre-lhe ainda enfrentar um temível problema, se ele quiser assegurar a credibilidade de seu testemunho[208]. Qual é, com efeito, sua posição diante da história, senão a equivalente daquela do tradutor diante da linguagem? Ainda que Benjamin admita que "a multiplicidade das histórias seja comparável à multiplicidade das línguas", pode-se imaginar que ele vê como tarefa de um o trazer à luz os signos de uma reparação do mundo, assim como ele atribuía ao trabalho do outro a participação no "santo crescimento" da linguagem a retornar à sua fonte[209]. Resta que é preciso de novo tirar a medida da imensa dificuldade outrora descrita no projeto de introdução para o livro sobre o drama barroco: o filósofo pode visar o original como restauração da Revelação; mas ele deve captá-lo a partir de seu segredo, aquele do "caráter necessariamente inacabado de uma tal restauração"[210].

Compreende-se, doravante, um pouco melhor o soclo proustiano das categorias do pensamento final sobre a história: o despertar, a rememoração, o tempo do agora. A primeira é explicitamente voltada contra o paradigma da historiografia acadêmica, tematizada pela fórmula de Ranke, segundo a qual é preciso relatar "como as coisas efetivamente se passaram": intenção que se tornou para Benjamin "o mais possante narcótico do século".

⁂

207 Idem, p. 504.
208 Idem, p. 130. A fórmula proveio do maço de papéis "O tédio, eterno retorno", em um fragmento que condensa numerosos temas caros a Benjamin: além do próprio tédio, o despertar, o relato dos sonhos ou ainda a figura do flanador em que insistia Hannah Arendt (ver "Walter Benjamin", op. cit., p. 271 e s.).
209 Paralipômenos de Sobre o Conceito de História, manuscrito intitulado A Imagem Dialética, em *Gesammelte Schriften*, 1, 3, p. 1238. Especificando aqui que o mundo messiânico é "o mundo da atualidade homogênea e integral", Benjamin acrescenta: "Sua língua é a prosa integral, que fez saltar as cadeias da escritura".
210 Primeira versão da introdução à *Origem do Drama Barroco Alemão*, em *Gesammelte Schriften*, 1, 3, p. 935.

De encontro a essa postura, todo o livro que pretendia apresentar Paris como a capital do século XIX poderia se enrolar em torno desta decisão: "do mesmo modo como Proust começa a narrativa de sua vida pelo despertar, cada apresentação da história deve começar pelo despertar, ela não deve mesmo tratar de nenhuma outra coisa"[211]. Com esta figura, abre-se o "agora da cognoscibilidade, na qual as coisas assumem seu verdadeiro semblante", a possibilidade de reunir na estreiteza de um instante o passado dos sonhos e o futuro da espera[212]. Nesse sentido, se o presente é, por excelência,

---

[211] *Paris, capitale du XIXᵉ siècle*, p. 481. Tal interpretação poderia apoiar-se no fato de que esta proposição proveio do maço de papéis "Reflexões Teóricas sobre o Conhecimento" do material para o *Livro das Passagens*. Mas antes de imaginar que esta ofereça realmente um princípio diretor do projeto, cumpre lembrar que ela se choca com o limite propriamente inultrapassável do estado no qual ele nos chega. Dito de outro modo, é preciso admitir que poderia haver o risco de uma espécie de fetichização deste objeto fascinante, mas rodeado pela aura própria ao fim trágico de Benjamin. No tocante às peças multiformes de que dispomos, é extremamente difícil, até impossível, imaginar qual deveria ser a feição do livro e mesmo seu conteúdo intelectual definitivo. O leitor familiarizado com os manuscritos preparatórios para o conjunto dos escritos de Benjamin está suficientemente advertido sobre a diferença entre seus projetos ou seus esboços e as versões mais ou menos definitivas, para saber que uma acumulação documental, mesmo gigantesca, não compõe nele imediatamente um livro. Ao que se adiciona que, embora não seja algo certo que esse trabalho não se tenha convertido em um livro sobre Baudelaire, as circunstâncias históricas tornam ainda mais precárias as conjecturas: se é imaginável um Bejamin sobrevivendo na América, segundo a hipótese mais provável, isto não significa, nem de longe, que se possa considerar como coisa firmada que ele teria recuperado lá o gosto por esse projeto e, sobretudo, a matéria, essencialmente francesa, necessária à sua realização. A ilustração mais sintomática de uma possibilidade de fetichização favorecida pela irrealização última do projeto, encontrar-se-á no próprio Adorno. Em um primeiro tempo, ele havia acolhido com perplexidade o *Passagenwerk*, tal como fora composto por Rolf Tiedemann, como o atesta uma carta a Scholem, de 9 de maio de 1949 (*Gesammelte Schriften*, v. 2, p. 1072-1073), na qual duvida que a publicação do referido material possa ser conforme às intenções de Benjamin, dada a falta de planos de trabalho ou de esquemas de construção indicativos e isto mesmo se fosse possível supor que o autor era organizado à maneira de um compositor que reúne seus motivos para a instrumentação. Seis anos mais tarde, no entanto, Adorno converteu a inquietação em certeza: como se esse livro se tornasse o arquétipo de um pensamento e de uma escritura deliberadamente fragmentários, sem ser necessariamente vítima de um "destino contrário" (ver Introduction aux écrits de Benjamin, op. cit., p. 401). Esta maneira de superar a indeterminação do último livro por uma hermenêutica da obra doravante baseada em uma espécie de teleologia do inacabado é então confirmada pelo modo como Adorno se mostrará finalmente grato a Rolf Tiedemann, em 1965, por ter renunciado a "perseguir o ideal, sempre de mau agouro, de um estudo exaustivo" dos trabalhos de Benjamin, para valorizar, ao contrário, seu "pensamento rapsódico" (ver Theodor W. Adorno, prefácio a Rolf Tiedemann, *Études sur la philosophie de Walter Benjamin*, trad. R. Rochlitz, Arles: Actes Sud, 1987, p. 10).

[212] Idem, p. 480. Nos parágrafos que se seguem, as referências a esta obra figurarão no corpo do texto, entre parênteses.

o tempo do testemunho, ele encontra sua forma autêntica quando promete um "saber-não-ainda-consciente de Outrora" (p. 406), que pode sozinho, por sua vez, acolher a promessa de um futuro. A consequência disso é, de novo, que se deve superar em um mesmo movimento as noções de progresso e decadência, para "descobrir na análise do pequeno momento singular o cristal do acontecimento total" (p. 477): aquele que condensa no presente a integridade do passado, por uma "apocatástase histórica" que torna visível "a indestrutibilidade da vida suprema em todas as coisas"[213]. Será porque ele se recorda da palavra de Aby Warburg segundo a qual "o Bom Deus vive nos detalhes" (*Der liebe Gott lebt im Detail*) que Benjamin pode afixar esse desejo: "mostrar que é precisamente nos detalhes ínfimos do *intermediário*[214] que se manifesta o eternamente idêntico" (p. 561)?

O convite para conhecer o presente como "um mundo de vigília, ao qual se relaciona em verdade esse sonho que chamamos de passado" (p. 406) conduz, de qualquer maneira, para uma categoria essencial: a rememoração (*Eingedenken*). É preciso sublinhar a proximidade entre essa categoria e a noção judaica da relembrança (*zekher*): noção que "não designa a conservação na memória dos acontecimentos do passado, mas sua reatualização na experiência presente"[215]. É a partir desse ponto de vista que numerosos fios que percorriam a obra de Walter Benjamin podem reatar-se, abeberando-se secretamente, sem dúvida, na mesma fonte. A temática do narrador, na medida em que ela afirmava que "a *memória* funda a cadeia da tradição, que transmite de geração em geração os acontecimentos passados"[216]. A ideia proveniente das conclusões do ensaio sobre a linguagem, segundo a qual a da natureza "deve ser comparada a uma secreta palavra de ordem que cada sentinela transmite

---

[213] Benjamin retoma aqui (p. 476) a noção de apocatástase que vai buscar em Orígenes na primeira versão do texto sobre Le Conteur (op. cit., p. 142), para mostrar como, embora rejeitada pela Igreja Católica devido às suas feições gnósticas, ela persistiu na ortodoxia e podia aclarar a obra de Leskov: por sua perspectiva de salvação final das almas, despojadas de sua corporeidade no fim dos tempos e, assim, liberadas de toda expiação.

[214] Stéphane Mosès, *L'Ange de l'histoire*, p. 156. A este título, escreve Walter Benjamin: "De que perigos são salvos os fenômenos? Não somente e, não principalmente, do descrédito e do desprezo nos quais caíram, mas da catástrofe que representa certo modo de transmiti-los, ao 'celebrá-los' como 'patrimônio'. Eles são salvos quando se põem em evidência neles a rachadura. Há uma tradição que é catástrofe" (p. 490-491).

[215] Le Conteur, op. cit., p. 135.

[216] Sur le langage en général et sur le langage humain, op. cit., p. 165.

na sua própria linguagem"[217]. Essa perspectiva, enfim, que se desdobra a partir da segunda tese sobre a história: "O passado é marcado por um índice secreto, que se remete à Redenção [...] Se isto é assim, então existe um encontro tácito entre as gerações passadas e a nossa. Nós fomos esperados sobre a terra. A nós, como a cada geração precedente, foi concedida uma *fraca* força messiânica sobre a qual o passado fez valer uma pretensão"[218]. Com tais motivos, o filósofo como testemunha do futuro poderá ter efetivamente rompido os liames que ligavam o tempo histórico à noção de progresso, fundando por esse fato "um conceito do presente como 'agora', no qual penetraram os clarões do tempo messiânico"[219]. Melhor ainda, ele parece doravante suscetível a ligar-se à reunião dos traços de uma atualização da reparação do mundo, tal como o tradutor se esforça por fazer com que a linguagem remonte à sua fonte adâmica perdida. Voltando uma última vez para o sonho de juventude de Walter Benjamin, poder-se-ia, pois, perguntar em que medida ele dispõe, através dessas perspectivas, de sua própria filosofia; se ela é, efetivamente, "de certo modo, uma filosofia do judaísmo"; qual é, enfim, a sua credibilidade como testemunho a favor do futuro.

Juntando as duas primeiras dessas questões, cumpriria imaginar que Walter Benjamin conduziu tão longe quanto lhe permitia o tempo partido de sua existência o projeto de seu pensamento: como uma forma de fidelidade à Tradição, que ele honrava muitas vezes de maneira paradoxal. Compreendendo as reservas que suscitavam em Scholem suas tentativa de entrecruzar a perspectiva messiânica com a dialética da matéria, poder-se-ia assim pretender que ele privilegiava finalmente o horizonte da Redenção, concebido como descontinuidade radical do tempo histórico e não enquanto fio rubro de uma necessidade de coisas. É notadamente isso que atestariam aquelas poucas palavras, que são quase suas derradeiras: outrora a *Torá* era ensinada na comemoração que, para os judeus, "privava o futuro dos sortilégios aos quais sucumbiam aqueles que procuravam instruir-se junto aos adivinhos"; o futuro, entretanto, não representava um "tempo homogêneo e vazio", porque nele "cada segundo era a porta estreita

---

217 Sur le concept d'histoire, op. cit., p. 428-429.
218 Idem, p. 443.
219 Idem, ibidem.

pela qual o Messias podia entrar"[220]. Sob esse motivo, Benjamin permanece o companheiro de Franz Rosenzweig, porquanto conserva, apesar de tudo, como um precioso legado, as lições de Gershom Scholem: sobre a Tradição e seus mistérios; a respeito da mística e de seus segredos concernentes à reparação do mundo, a reunião das centelhas dispersas ou ainda da luz que retorna à sua origem. Restará efetuar a separação entre duas hipóteses. No rasto de qualquer uma das teses sobre a história, almejava Benjamin preservar para o presente uma disponibilidade similar àquela que ele manifestava com respeito à utopia e à responsabilidade para com o passado? Na hora de sua morte, estaria ele atormentado por um momento de desalento ante a catástrofe da história que o deixava desamparado diante da antecipação de um apocalipse que ele procurava igualmente compreender por outros meios?

Antes de abordar estas últimas questões, é preciso tentar cercar de modo acurado o horizonte hipotético no qual será possível inscrever o pensamento de Walter Benjamin entre os discursos da tradição judaica. Se reunirmos uma última vez os elementos esparsos que parecem ligar-se a este universo, a impressão é que eles procedem efetivamente das concepções místicas da reparação do mundo pelo retorno à origem, pela concentração dos elementos dispersos por ocasião da Criação ou pela irrupção intempestiva do Messias, mais do que da de um advento da era messiânica como consumação do tempo histórico, tal como ela fora marcadamente construída na filosofia medieval[221]. Sob a ideia segundo a qual as últimas considerações sobre a história ofereceriam uma configuração definitiva às especulações de Benjamin, nutridas pela antecipação da Redenção, fica claro que elas correspondem a uma visão radicalmente descontinuísta das

---

[220] Benjamin não possuía nenhum conhecimento de um pensamento como o de Maimônides (salvo talvez, incidentemente, pela leitura de *Philosophie und Gesetz*, de Leo Strauss, que o impressionara – ver a sua carta, a Scholem, de 2 de maio de 1938, em *Correspondance* II, p. 208). Sabe-se que, em compensação, ele tinha acesso a certos elementos das doutrinas místicas, por suas conversações com Scholem e pelos primeiros textos deste (ver supra, nota 140). Quanto ao próprio Maimônides, ele recusa a ideia de uma descontinuidade entre a era messiânica e este mundo: "que ninguém pense que nos dias do Messias o curso natural do mundo cessará ou que serão introduzidas inovações na criação" (*Mischné Torá*, XIV, *Melakhim*, XII, 1-2; ver supra, p. 110, n. 132, e infra, cap. IV, p. 451-453). Sobre esta questão, bem como sobre a da interpretação das perspectivas do *Talmud* concernentes à vinda do Messias que vão ser evocadas, ver Pierre Bouretz, *Pour ce qui est du monde qui vient...*, *Rue Descartes*, n. 19, fev. 1998, p. 107-130.

[221] Paralipômenos de Sobre o Conceito de História, *Gesammelte Schriften*, I, 3, p. 1243.

coisas, como testemunha a seguinte afirmação: "O Messias interrompe a história; o Messias não surge ao cabo de uma evolução"[222]. Sem mesmo que seja então necessário imaginar que o pensamento de Maimônides possa ser uma das fontes da filosofia moderna da história, ao passo que Benjamin sorve na mística os recursos de uma crítica do historicismo que dela teria saído, o essencial se deve ao fato de que ele se aproxima da visão, ela própria a mais deliberadamente escatológica, do advento messiânico[223]. Presente nas fórmulas mais apocalípticas das passagens do *Talmud* consagradas à vinda do Messias, situadas nas expressões extremas de uma mística confrontada com as dores da experiência histórica própria ao exílio, esta última encontrará nele uma forma mais ou menos secularizada, trabalhada em todo caso pela problemática de uma revolução que amiúde se superpõe a ela, inclusive se esta vem a tornar-se às vezes o contramodelo.

A respeito de tais modelizações, pode-se doravante tentar compreender o estranho destino das últimas teses, necessariamente condenadas a uma recepção póstuma. Sob o olhar de Hannah Arendt, não há dúvida que a figura do anjo da história se reflete no seio do materialismo atormentado de Benjamin e de um questionamento angustiado das condições da experiência contemporânea, mais do que sobre o horizonte de sua relação com o judaísmo. Para ela, se é evidente que tal imagem não pode ligar-se a nenhuma proposição apodíctica ou apresentar "um processo unívoco, dialeticamente inteligível e racionalmente explicável", não é menos verdade que ela se oferece aos "enunciados metafóricos", como o

---

[222] Esse ponto é sublinhado por Scholem em um de seus textos sobre Benjamin como prova de uma presença mantida das categorias judaicas nos últimos escritos (ver "Walter Benjamin", op. cit., p. 132-134). Ainda que acabe de notar aqui que as noções de Revelação (com as referências à *Torá*, ao ensino e aos textos sagrados) e depois as de messianismo e Redenção "exercem sobre seu pensamento uma função reguladora" (p. 132), ele sugere que é preciso falar a seu propósito de ocultação sob a forma de um saber esotérico, mais do que de desaparecimento. Isto será, pois, no sentido de que a ideia messiânica metamorfoseada trabalha ainda as últimas expressões do pensamento de Benjamin: revestindo-se de "um caráter profundamente apocalíptico e destruidor", precisamente como "a secularização de uma visão judaica do apocalipse" (p. 134).

[223] "Walter Benjamin", op. cit., em *Vies politiques*, p. 260. Arendt está pensando aqui na introdução de Adorno à primeira edição alemã dos escritos de Benjamin, em 1955: texto em que ele salienta, com efeito, que o conceito de dialética, tardiamente adotado por Benjamin "na sua fase materialista", é uma "dialética de imagens" e não uma "dialética da progressão e da continuidade" (ver Theodor W. Adorno, Introduction aux écrits de Benjamin, op. cit., p. 407).

havia notado Adorno com um intuito crítico[224]. A isto acresce que, a despeito de seu gosto pela alegoria, é no registro de uma metáfora que coloca "poeticamente em ação a unidade do mundo" que se realiza a escritura de Benjamin: como quando ela soube operar uma "transferência" para a língua que torna sensível o invisível. Formado por Goethe mais do que pelos filósofos, ele teria assim melhor se comunicado com os poetas do que com os teóricos, sejam eles "da espécie dialética ou da espécie metafísica": o que explicaria uma ligação com Brecht que lhe tornou difícil a vida com Adorno e que por pouco não lhe custou a amizade de Scholem. Oscilando então até o fim entre o marxismo e o sionismo, persuadido finalmente de que tanto Moscou quanto Jerusalém não eram, para ele, senão "falsas salvações", Benjamin se manteria unicamente na companhia apenas daquele que sabia também como a verdade tem sua morada na linguagem: Martin Heidegger, com seu convite a uma "escuta da tradição que não esteja a reboque do passado, mas que medita o presente"[225].

 Inteiramente outra é, por certo, a posição de Theodor Adorno. Conhecendo a complexidade de suas ligações com Walter Benjamin durante a vida deste último, é difícil desenredar as formas de sua fidelidade a uma obra retrospectivamente julgada como "inumana"[226]. Engajado como Scholem no

---

[224] Idem, respectivamente, p. 288 e 300. Arendt cita aqui Martin Heidegger, La Thèse de Kant sur l'être, trad. L. Braun e M. Haar, em *Questions II*, Paris: Gallimard, 1968, p. 75.

[225] Introduction aux écrits de Benjamin, op. cit., p. 407. A ambivalência desta imagem é, sem dúvida, sintomática. Ao empregá-la no cerne dessa introdução, Adorno parece admitir uma espécie de inversão de papéis em relação à época em que, embora Benjamin estivesse ainda vivo e fosse mais velho, era ele [Adorno] quem recebia seus textos com a fria vigilância do crítico. Daí por diante, ao contrário, são os escritos de Benjamin que provocam um "choque" suscetível de fazer "recuar aqueles que não partilham de seus pensamentos", ainda que o fato de saber encarar esse perigo seja precisamente o que permite lê-los "com proveito e prazer".

[226] Idem, p. 411 e p. 408. Na mesma época, Adorno exprimia em outro texto esse equilíbrio entre distância e admiração: escrevendo que, "metodicamente 'aberrante', este pensamento é, no entanto, ternamente irresisível" (Portrait de Walter Benjamin, em *Prismes: Critique de la culture et société*, trad. G. e R. Roschlitz, Paris: Payot, 1986, p. 202). Acrescentemos por fim que, em se tratando de música, Adorno dedica à memória de Benjamin seu ensaio de 1962 sobre Stravínski (subtitulado "Uma Imagem dialética" – fórmula, por sua vez, tomada de empréstimo a Benjamin): texto no qual, de maneira sem dúvida significativa, ele matiza do mesmo modo as críticas opostas a esse compositor na *Filosofia da Nova Música* de 1947 (Cf. Theodor W. Adorno, "Stravinski", em *Quasi una fantasia*, trad. J.-L. Leleu et al., Paris: Gallimard, 1982, p. 161-191). Em outras palavras, a comparação de Benjamin com os músicos contemporâneos constitui uma homenagem. Mas a oscilação entre Webern e Stravínski para precisar a comparação atesta a ambivalência do autor.

empreendimento que visava preservá-la e depois difundi-la, ele parece, ao mesmo tempo, manter o essencial das reservas e reinvestir na sua própria *démarche* algumas de suas últimas expressões, a ponto de que se pode perceber às vezes a busca de uma espécie de conivência que se traduz por meio de referências que lhe são as mais caras: quando nota, em particular, que a escritura de Benjamin "havia declarado tabu todo calor animal" como o de Webern, ou se parece até com a nova música por seu caráter "atemático"[227]. Por conta da primeira atitude, cumpre versar a crítica persistente da estética desenvolvida no ensaio sobre a reprodução e nos textos acerca de Baudelaire, motivo que oculta, sem dúvida, um desacordo relativo ao marxismo sob a denúncia da influência de Brecht: Adorno suspeitava em Benjamin uma atração pelas formas stalinistas do materialismo histórico, quando ele, de sua parte, já procurava, para elas, uma variante crítica. Quanto à segunda, ela transparecia de maneira significativa nos fragmentos de fatura muito benjaminiana de *Minima Moralia*: reflexões sobre a impossibilidade de reconstruir "normalmente" a civilização depois do que não foi outra coisa senão "a catástrofe em si"; considerações sobre um "salto na barbárie" que trouxe à luz o fato de que "a lógica da história é tão destruidora quanto os homens que ela pare"[228]. Emprestando assim de Benjamin o desejo de uma história que seria escrita do ponto de vista dos vencidos, Adorno especifica que ela deveria tomar a seu cargo "aquilo que ficou na beira do caminho" ou ainda "os restos e os cantos escuros que haviam escapado à dialética": tudo o que não se ajustava verdadeiramente às leis do movimento histórico e que continua a transcender a "sociedade dominante"[229]. É, assim, como um eco das últimas palavras de Benjamin que é preciso ouvir nas que encerram essa obra: "A única filosofia cuja responsabilidade em face da desesperança se poderia assumir seria a tentativa de considerar todas as coisas tais como elas se apresentariam do ponto de vista da Redenção [...] Cumpriria estabelecer perspectivas nas quais o mundo seja deslocado, estranho, revelando suas fissuras e suas gretas, tal como, indigente e deformado, ele aparecerá um dia à luz messiânica"[230].

---

227 Theodor W. Adorno, *Minima Moralia: Réflexions sur la vie mutilée*, trad. E. Kaufholz e J.-R. Ladmiral, posfácio M. Abensour, Paris: Payot, 1991, p. 53.
228 Idem, p. 143.
229 Idem, p. 230.
230 "Walter Benjamin", op. cit., p. 136.

Restaria, enfim, perceber o que pôde fazer do campo de força que atravessa o último escrito de Benjamin o mais fiel dos guardiões de sua memória: Gershom Scholem, confrontado com esse texto para cada um dos três ensaios maiores dedicados a seu amigo. No primeiro deles, em 1964, ele é evocado apenas através de uma citação da última tese: aquela que poderia atestar a persistência das ideias de messianismo e de rememoração, a despeito das tintas marxistas que deviam ser entendidas como os traços de um desejo de vencer a solidão na comunidade de uma revolução apocalíptica; aquela que daria conta do fato de que o judaísmo de Benjamin desenha finalmente a forma de uma "assíntota"[231]. Quanto à *História de uma Amizade*, de 1975, ela parece quase esquecer as teses, lembrando somente que haviam sido redigidas após a saída de Benjamin do campo de Nevers, discutidas com Soma Morgenstern e, sem dúvida, concebidas como uma resposta ao choque provocado pelo pacto germano-soviético[232]. Tudo se passa como se Scholem fosse aqui levado pelo relato dos derradeiros meses da existência de Benjamin, a reunião dos testemunhos sobre as condições de sua morte, e depois a restauração da maneira como a última carta dele recebida evocava "os velhos beduínos que nós somos", exprimindo acima de tudo a esperança de que as antigas disputas pertencessem definitivamente ao passado: "E talvez seja até mais conveniente ter entre nós um pequeno oceano, quando chega o momento de cair espiritualmente nos braços um

---

[231] Ver *Histoire d'une amité*, p. 244. Nos anos de 1970, Scholem e Morgenstern trocaram numerosas cartas sobre Benjamin. As mais importantes dentre elas ilustram um desacordo sobre o comunismo de Benjamin, no qual Morgenstern acredita, enquanto Scholem o refuta (ver especialmente a missiva de Morgenstern a Scholem, de 23 de março de 1973, e a resposta de Scholem, de 5 de abril, em Gershom Scholem, *Briefe*, III, 1971-1982, p. 326-327 e p. 69-72). Mas elas esclarecem também a polêmica de Benjamin com Joseph Roth, de quem Morgenstern era amigo (carta a Scholem, de 6 de novembro de 1973 e 28 de janeiro de 1974, idem, p. 341-344) ou ainda a natureza exata de suas relações com Brecht, Horkheimer e Adorno (idem e carta de 22 de janeiro de 1973, idem, p. 317-319, com a resposta de Scholem, de 29 de março de 1973, idem, p. 64-65).

[232] Idem, p. 245, em que Scholem cita a carta de Benjamin datada de 11 de janeiro de 1940, reproduzida integralmente em *Correspondance II*, p. 323-324. Ao consignar esta última mensagem que lhe veio de Benjamin, Scholem parece sentir um remorso, o de ter consagrado sua própria última carta à discussão de um texto de Horkheimer sobre "Os Judeus e a Europa": texto que ele julgava "totalmente desprovido de valor" e que o agastava tanto mais quanto lhe fora recomendado por Benjamin, prova da adaptação voluntária de seu amigo ao universo do Instituto.

do outro"[233]. Essa discrição de Scholem na obra integralmente consagrada a Benjamin deve-se provavelmente ao fato de que, embora as *Teses* lhe tivessem sido enviadas desde sua redação, como ele estava sabendo graças a Hannah Arendt, elas não haviam de chegar senão após o desaparecimento de Benjamin: representando assim o símbolo da trágica interrupção de seu diálogo. Ela contrasta fortemente, no entanto, com os longos desenvolvimentos que já lhes haviam sido consagrados em 1972, no estudo sobre as figuras do anjo.

De maneira sintomática, enquanto a *História de uma Amizade* contenta-se em notar que as *Teses* querem "colocar o materialismo sob a proteção da teologia", é no texto mais esotérico consagrado por Scholem a seu amigo que elas são efetivamente abordadas de frente. Aqui, Scholem não hesita em clarificar as coisas: se as *Teses* procuram confrontar a social-democracia com o materialismo histórico, elas devem infinitamente mais à teologia do que querem confessar os leitores marxistas de Benjamin: isso que Jürgen Habermas compreendeu perfeitamente ao considerá-las como "um dos testemunhos mais emocionantes do espírito judaico"[234]. Nesse sentido, embora encontremos a última metamorfose do anjo da história sob sua expressão melancólica, visto que contempla um campo de ruínas e vê acumularem-se os signos da catástrofe, é mister igualmente tomar a medida de seu desejo de despertar os mortos a fim de ressoldar o que foi quebrado. É nesse motivo que residiria, aos olhos de Scholem, o último trabalho da noção do *tikun* no seio do pensamento de Benjamin: lá onde esta perspectiva da reparação do mundo proveniente da Cabala alimenta em segredo a estranha dialética das *Teses*; mesmo se é preciso saber que ela representava em sua forma autêntica a tarefa própria do Messias e não a de um anjo. Sem dúvida, resta uma última incerteza quanto ao fato de saber se o anjo que parece malograr na imanência da história pode operar o "salto" necessário

---

233 Walter Benjamin et son ange, op. cit., p. 143. Scholem cita aqui Jürgen Habermas, L'Idéalisme allemand et ses penseurs juifs, em *Profils philosophiques et politiques*, trad. F. Dastur, J.-R. Ladmiral e M. B. de Launay, Paris: Gallimard, 1974, p. 73.

234 Encontraremos em particular esta imagem em *Haguigá* 14a: "A cada dia anjos do Serviço são criados, jorrando do rio de fogo. Eles cantam seus hinos e depois desaparecem, tal como está dito: *Eles são novos a cada manhã [teus bons feitos], grande é tua fidelidade (Lm.* 3, 23)". Ver ainda *Bereschit Rabá*, LXXVIII, 1: "O Santo, bendito seja Ele, criou a cada manhã uma nova companhia de anjos. Eles elevam seu cântico diante Dele, depois desaparecem".

para que seja salvaguardada uma transcendência em favor da Redenção. Desse ponto de vista, Benjamin "dividiu a função do Messias" tal como ela se cristaliza na concepção judaica da história: entre o anjo que malogra e o próprio Messias, que poderá obter êxito. Chegaria esta última figura ainda a conter em si uma visão desesperada da experiência histórica que parece condenar toda fuga para a transcendência? Scholem parece duvidar disso, mas sublinhando, todavia, que este mistério não pode dissipar a anexação definitiva do materialismo de Benjamin pela teologia.

Segundo uma legenda talmúdica que Walter Benjamin amava evocar, cada instante assiste à aparição de anjos em hostes inumeráveis, que cantam diante de Deus e depois desaparecem no nada[235]. Assim, como mostra de novo Gershom Scholem, esta imagem que é a fonte de infinitas variações no universo da Cabala nutria também, no pensamento de seu amigo, especulações e símbolos cujo alcance continua sendo dificilmente decifrável. Bem antes de ser presa da melancolia que sabidamente o dominou, o anjo havia sido o protetor de uma efêmera revista, o guardião de uma universidade fantasmática, depois o mensageiro (conforme o seu homônimo em hebraico *malakh*) de uma discreta homenagem: quando ele foi visto deitado sobre um "leito de ramos de rosa (*Rosenzweigen...*)"[236]. Em seguida, ofereceria seu centro a uma autobiografia esotérica, retomada várias vezes: esta estranha construção intitulada "Agesilaus Santander" e que mistura as especulações dos cabalistas sobre a maneira como o nome secreto da criança judia é "tecido em uma cortina suspensa diante do trono de Deus" (Scholem) com anagramas, alusões amorosas ou ainda a pessoa de "alguém que oferta e parte de mãos vazias"[237]. Por falta de procurar aqui,

---

[235] Ver Gershom Scholem, *Benjamin et son ange*, p. 108. Em um poema adicionado à sua carta de 8 de novembro de 1921 a Scholem, Benjamin vinculou a figura do Angelus a quatro nomes: ao do próprio Scholem e ao de sua esposa, ao de seu próprio filho Stefan e ao de Franz Rosenzweig. É logo depois, numa carta inédita, de 18 de novembro de 1927, que ele escreve ainda a esse propósito: "deitam-no sobre um leito de ramos de rosas (*Rosenzweigen*)".

[236] Walter Benjamin, Agesilaus Santander, 2ª versão (agosto de 1933), em Gershom Scholem, *Benjamin et son ange*, p. 98. Comentando esse texto (idem, p. 156), Scholem mostra que *Bereschit Rabá* (LXXVIII, 1) alinha o anjo do combate com Jacó na categoria daqueles que nascem e desaparecem após ter cantado o seu hino, sublinhando o fato de que Benjamin transforma seu nome secreto por ocasião de seu encontro com o Angelus Novus, do mesmo modo que Jacó mudou o seu para tornar-se Israel.

[237] *Paris, capitale du XIXᵉ siècle*, p. 491.

como Scholem o faz, penetrar a intimidade dessas metáforas incrustadas, pode-se, todavia, perguntar qual o sentido que Walter Benjamin pretendia conferir a este autorretrato. Teria ele dado em demasia sem jamais receber para não conhecer o sentimento de estar finalmente na posição que ele descrevia outrora para a alegoria: a das mãos vazias? Será que ele via acumularem-se dramas em demasia para não mudar o desejo de advogar ainda em favor da reparação do mundo contra esses gestos minúsculos de salvamento de coisas que parecem sua derradeira esperança diante da catástrofe pressentida? Ou mais ainda, e assim como sugere mais discretamente Scholem, teria ele misturado os papéis ante a ideia de *tikun*: confundindo de alguma maneira o anjo que vem falar em seu nome com o Messias, o único que poderia lhe dar uma atualidade?

Não é possível deixar de perguntar qual o estatuto que Walter Benjamin atribuía ao conceito de salvamento (*Rettung*) que atravessa seus últimos escritos, como por meio desta definição de seu modo de realização: "A imagem dialética é uma imagem fulgurante. É, pois, como imagem fulgurante no Agora da cognoscibilidade que cumpre reter o Outrora"[238]. Designaria, ainda, uma modalidade da disponibilidade para com a ideia de uma irrupção do Messias que pode surgir a cada instante? Ou então, seria já uma resignação ao esgotamento da capacidade do tempo para deixar surgir o evento radicalmente novo de sua interrupção, o que poderia sugerir estas palavras: "O salvamento [...] não pode jamais realizar-se senão com aquilo que será perdido, sem esperança de salvação no segundo que se segue"[239]? Com base em tal consideração, a integralidade do *Livro das Passagens* se oferecerá enquanto esforço desesperado para reter aquilo que pode ainda ser salvaguardado de um mundo em vias de desaparecer: fragmentos de existências destruídas; pedaços de sonhos deslocados; traços incertos de uma antecipação da transfiguração das coisas. Pensado inicialmente como momento do despertar fora do século XIX, ele viria assim constatar em conjunto o estouro das formas de seu relembrar-se e a impotência destas para preservar o horizonte de uma espera. Deter o tempo que foge para a

---

238 Idem, ibidem.
239 Paralipômenos de Sobre o Conceito de História, *Gesammelte Schriften*, I, 3, p. 1245. Desta metáfora, um outro manuscrito fornece uma variante ligeiramente diferente: "[A lâmpada eterna] é a imagem da humanidade libertada..." (idem, p. 1239).

catástrofe mais do que velar pelo Agora que poderia conter a centelha prometida, tal seria, por conseguinte, a última missão do anjo. Por trás da crise da narrativa ou do abaixamento do limiar da experiência comunicável, ele teria assim descoberto a morte de toda transmissibilidade, contemplando doravante as ruínas que se acumulam a seus pés. Na época das últimas teses, Walter Benjamin persistia, todavia, em tirar a tinta de sua escritura na Tradição que ela dizia, no entanto, absorver, algo de que testemunharia um de seus rascunhos: "A lâmpada eterna é uma imagem da autêntica existência histórica. Ela cita o passado – a chama que foi acesa outrora – e isso perpetuamente, nutrindo-a de combustível sempre novo"[240].

Preciosa, estéril ou simplesmente trágica com respeito à existência brutalmente interrompida de Walter Benjamin, esta última tensão deve, sem dúvida, entravar toda expressão conclusiva. Poder-se-ia, com toda razão, sugerir as perspectivas mais ou menos visíveis pelas quais a sua obra fecunda ou simplesmente encontra a de seus contemporâneos dos "tempos sombrios". A paciência de Gershom Scholem, é claro, conjugará sempre uma incansável fidelidade à lembrança de Benjamin com a exploração dos motivos secretos da Tradição: qual um anjo a velar ao mesmo tempo sobre a memória de seu amigo e a herança que ele contestava querendo, quiçá, defendê-la; a maneira também como Hannah Arendt hauriu algumas das motivações de sua própria gratidão para com o mundo no forro do desespero que ela emprestava de um Benjamin percebido através de seu retrato de Kafka; a relação dialética, ainda, que Theodor Adorno mantinha com um pensamento cujas categorias teológicas ele ocultava em grande parte, mas sublinhava, entretanto, o fundo de tristeza oriundo do "conhecimento judaico da ameaça e da catástrofe permanente"[241]. Mas por que não conceber igualmente que se possa encontrar um eco das ideias sobre a queixa da natureza e o sofrimento da criação no trajeto pelo qual Hans Jonas conduzirá a reflexão sobre a responsabilidade para uma ontologia do vivente, e depois uma redefinição do conceito de Deus após Auschwitz? Como, enfim, não imaginar que o itinerário de um Ernst Bloch, pensador incandescente da utopia, que navegava, ele também, entre um marxismo hetero-

---

240 Introduction aux écrits de Benjamin, op. cit., p. 411.
241 Sur le concept d'histoire, op. cit., p. 429.

doxo e o apego a algumas figuras centrais da tradição judaica, possa fazer dele uma espécie de irmão sobrevivente de Benjamin, como uma imagem disso que poderia ser o resto de sua existência para um outro destino?

Resta que é preciso, sem dúvida, admitir que, a despeito de todas as hipóteses, Walter Benjamin não podia assumir até seu verdadeiro termo esse motivo de uma terceira tese, cuja última expressão está como que amortalhada debaixo daquelas teses que a cercam: "Nada daquilo que alguma vez teve lugar está perdido para a história. Certo, é somente à humanidade redimida que cabe plenamente seu passado. Quer dizer que unicamente para ela seu passado se torna integralmente citável. Cada um dos instantes que ela viveu torna-se uma 'citação na ordem do dia' – e esse dia é justamente o do Juízo Final"[242]. Ao fato de que tais perspectivas não conseguem jamais se libertar totalmente daquelas que as impedem de desdobrar-se liga-se, por certo, a persistência de uma tensão irresolvida entre o marxismo e a Tradição: o que explica por que um Horkheimer condenava seus ares teológicos, enquanto Scholem permanecia inconsolável com sua perpétua contestação. Pode-se, todavia, pensar que se fazia necessário uma ruptura muito mais radical com os encantos da dialética para conceber um conceito de história vinculado à perspectiva messiânica de uma reparação do mundo e de uma independência em face das coisas como elas caminham. Ninguém pode saber se Walter Benjamin teria descoberto um dia o centro de gravidade próprio à sua filosofia, considerando que ele devia desaparecer em uma idade em que numerosos pensadores sequer esboçaram os prolegômenos de sua obra. Teria sido uma filosofia judaica, como ele anunciara a Scholem nos tempos da juventude deles? Pode-se simplesmente dizer que o movimento ininterrupto de sua reflexão entre dois polos que se atraem ao mesmo tempo que se repelem decorre de um judaísmo dilacerado e que traça sem fim uma espécie de assíntota: como um ideal que se aproxima sem cessar e jamais atinge.

TRAD. J. GUINSBURG

iv. Gershom Scholem (1897-1982):
A Tradição entre Conhecimento
e Reparação

Nos últimos parágrafos de sua autobiografia, Gershom Scholem conta como seu destino foi selado em Jerusalém graças a duas páginas sobre a bissexualidade das palmeiras na literatura cabalística. Naqueles tempos pioneiros, Lord Balfour, que apoiara com seu prestígio o projeto de um lar nacional judeu na Palestina, presidiu a inauguração da Universidade Hebraica. Esta foi fundada sob os auspícios de Judah Leon Magnes graças ao donativo de Felix Warburg, precisamente destinado à construção de um instituto que seria consagrado ao estudo do judaísmo sob todos os aspectos. Magnes ouvira falar do jovem Scholem, vindo de Berlim para viver na "velha nova pátria", e que provinha às suas necessidades como bibliotecário, enquanto prosseguia em seus trabalhos sobre a Cabala. Mas seria ele competente? Na comissão encarregada do recrutamento de cientistas ele tinha seus defensores, como Martin Buber. A opinião deste último era indispensável, mas não suficiente, pois ele já tinha a reputação de negligenciar as notas de rodapé. Seria necessário consultar outros especialistas: Julius Guttmann, que dirigia em Berlim a Hochschule für die Wissenschaft des Judentums e Immanuel Löw, encarnação viva da velha tradição da ciência do judaísmo. Julius Guttmann recomendou calorosamente Scholem por sua cultura filosófica e seus primeiros trabalhos. Immanuel Löw, por sua vez, após ter lido as duas páginas sobre a bissexualidade das palmeiras decidiu que "podíamos confiar na pessoa que escreveu isso"[1].

Naquela época maravilhosa em que o futuro de um dos mais belos espíritos do tempo podia se decidir pelo julgamento de um velho sábio apaixonado em botânica e em literatura rabínica, Gershom Scholem já estava instalado em Jerusalém ao final de um longo périplo que passava por Trieste, Alexandria e Jafa (atual Iafo). Românticas, as peripécias dessa viagem em setembro de 1923 são por si só edificantes[2]. Na época, não existia linha marítima direta entre Trieste e a Palestina, mas apenas um barco para Alexandria. Lá, duas opções se apresentavam: seguir viagem pela estrada de ferro, construída pelos ingleses durante a guerra, que atravessava o Sinai margeando a costa por El-Arich e Gaza; ou tomar um barco que fazia cabotagem entre os portos do Levante, até Jafa. A escolha de Scholem seria ditada pelo fato de sua futura esposa Escha, que chegara desde março, o esperar em Jafa, onde haviam combinado se encontrar na manhã do Iom Kipur. A caminho, em companhia de Schlomo Goitein, viu-se em Port Said impedido de prosseguir, e decidiu assistir ao serviço do *Kol Nidrei* em uma sinagoga dessa cidade. Permanecendo no barco, ele, Goitein, aportaria em Haifa no dia seguinte, podendo assim passar a noite da *Neilá* no país. Enfim, chegando à Palestina, Scholem ficaria alguns

---

1   Gershom Scholem, *De Berlin à Jérusalem: Souvenirs de Jeunesse*, trad. S. Bollack, prefácio de Arnaldo Momigliano, Paris: Albin Michel, 1984, p. 244 (trad. bras.: *De Berlim a Jerusalém: Recordações da Juventude*, trad. Neusa Messias de Soliz, São Paulo: Perspectiva, 1991). Após a tradução dessa primeira edição da autobiografia de Scholem (1977), uma nova versão, aumentada, apareceu em hebraico, depois em alemão: *Mi-Berlin l'Iruschalaim: Sichronot ne'urim*, Tel Aviv: Am Oved, 1982; *Von Berlin nach Jerusalem: Jugenderinnerungen, Erweiterte Fassung*, Frankfurt am Main: Jüdischer Verlag, 1994. Numerosas passagens inéditas aparecem nesse texto, extraídas do manuscrito no qual Scholem completou em hebraico sua primeira narrativa. Amiúde elas indicam com exatidão os desenvolvimentos da versão inicial, mas, por vezes, as corrigem. Existe de Scholem uma bibliografia exaustiva dos textos publicados até 1977: *Bibliography of the Writings of Gershom Scholem*, Jerusalem: Magnes Press, 1977.
2   O relato que segue apoia-se essencialmente no de Scholem em sua segunda versão da autobiografia: *Von Berlin nach Jerusalem*, p. 202-237, páginas que correspondem à viagem, à instalação e aos primeiros tempos transcorridos em Jerusalém. Encontraremos, entretanto, certos elementos na versão francesa.

dias em Tel Aviv, impressionado, a princípio, pelo fato de os "alemães" locais não falarem hebraico, mas o galiciano. Mais tarde retornaria, amiúde, sobre a confusão de idiomas reinante no pequeno *ischuv*. Ele próprio dominava o hebraico, aprendido e longamente trabalhado na Alemanha, mas não se permitia modificar as entonações berlinenses por aquelas que impunham a acentuação russa mais divulgada. Um ano depois, quando Chaim Weizmann virá a Jerusalém para a inauguração da biblioteca, perguntará a Schmuel Hugo Bergman se não valeria mais falar em inglês, ou mesmo em francês, do que em hebraico. De sua parte, reconhecendo que teria ainda necessidade de um pouco de tempo para se adaptar às sutilezas dessa língua e conseguir restituir a riqueza de suas fontes, Scholem a utilizará rapidamente em seus trabalhos.

Scholem chegou enfim em Jerusalém a 20 de setembro, para o *Hoschaná Rabá*. Durante algum tempo, morou na casa de Schmuel Hugo Bergman, surpreso de descobrir sobre o piano a foto de um homem de rosto ainda desconhecido: Franz Kafka. Logo, se instalará em dois cômodos de uma vivenda árabe com Escha, que esposará em novembro, no seminário dos sionistas religiosos do Ha-Poalei ha-Mizrakhi. Lá, não existia nem eletricidade nem telefone, a água provinha de uma cisterna, de forma que se temia pela malária e tifo. Porém, a espessura das paredes da casa protegia dos riscos do clima, do qual numerosos viajantes se queixavam na época. Obliquamente à descrição do quarteirão, se desenhavam a geografia de Jerusalém e a sociologia de seus habitantes. Menos de 100.000 judeus viviam então no país, mas uma comunidade se formava entre os que vieram por ocasião da Segunda *Aliá* (1904-1914) e a jovem geração sionista que surgia. O círculo de Bergman no qual Scholem é acolhido comportava algumas pessoas nascidas no país e se compunha especialmente de médicos, entre os quais Josef Freud, parente de Sigmund e tio de Fania, que será a segunda esposa de Scholem. A rua Abissínia (hoje Etiópia), onde morou Scholem, desenhava uma espécie de fronteira entre o antigo e o novo *ischuv*. Ela costeia Mea Schearim, o quarteirão ortodoxo onde se escutam durante o transcorrer do dia as recitações da *Torá* nas *ieschivot*. Aqui, os sionistas são malditos e suas empreitadas denunciadas como obra de Satã a ponto de, quando da inauguração da Universidade, os muros ficarem recobertos de cartazes de anátema e maldição. Mas a rua desemboca na dos Profetas, à beira do território dos consulados e das instituições cristãs, não longe da rua Jafa, onde se falam quase todas as línguas da terra. Eis, pois, a "rua profana", que delimita o quarteirão dos sionistas, símbolo do novo *ischuv* e comunidade de verdadeiros *halutzim* (pioneiros). Comentando meio século mais tarde essa topografia centrada em Mea Schearim, Scholem escreve: "Morando fora das muralhas desse paraíso ortodoxo, nós vivíamos em plena alegoria". Ao que se adiciona para ele isto que parece uma bênção: o fato de o quarteirão pulular de milhares de livros, velhos grimórios místicos aos quais ninguém ousa mais tocar, opúsculos eruditos ou estranhos vindos de todos os cantos do mundo com aqueles que se instalaram ali para orar, estudar e morrer. Cada dia, Scholem cruza em seu caminho com algumas dessas obras que pode adquirir por uma bagatela. Logo, ele se constitui em um catálogo negativo das maravilhas procuradas, que denomina por uma expressão bíblica, podendo-se ler de duas maneiras: "Ide em paz" ; "Venham a Scholem" (Venham à paz).

Dessa época em diante os amigos de Scholem se distribuíram entre os que permaneceram na cidade e os que partiram para os novos *kibutzim*, com o sonho de ali fundar uma sociedade e um modo de vida novos. Durante o primeiro inverno, Scholem juntou-se ao *kibutz* Bet-Alfa, fundado em 1922 pelos parentes de Schmuel Hugo Bergman vindos de Praga e por jovens sionistas socialistas da Galícia, membros do movimento Ha-Schomer ha-Tzair. O local fica situado no extremo limite oriental do país, onde a vida é difícil e perigosa. Em 1929, descobrir-se-á ali as fundações de uma das mais antigas sinagogas da Palestina. Por ora, Scholem encontra, em Bet-Alfa, Iehudá Yaari, um desses homens que apresentavam, em sua opinião, uma "biografia interessante" e uma rica genealogia que tem prazer em reconstituir, como a de outros membros da comunidade de Jerusalém: o arqueólogo Leo Ari Mayer, galiciano pertencente à família do *tzadik* Rabi Meir von Przemysl; a família Cohn, viveiro sionista saído do meio dos rabinos liberais da Alemanha... No caso presente, Judká é um próximo do *tzadik* Rabi Mosché von Przeworsk, ele mesmo herdeiro de Rabi Nakhman de Bratzlav: neto do Baal Schem, fundador de uma das grandes comunidades de *hassidim* russos, depois de ter viajado em *Eretz* Israel, nos últimos anos do século XVIII e cujo túmulo é venerado em Uman, na Ucrânia. Memória de sua geração, Iehudá Yaari encarna para Scholem um elo vivo entre o mundo longínquo do Baal Schem e esse da Terceira *Aliá*, oferecendo uma espécie de unidade utópica a estes universos repentinamente reunidos ao redor do que parece ser o próprio espírito do *kibutz*. Graças a ele, inicia uma "carreira" de conferencista nos *kibutzim*, que o assistirão regularmente expor a história da Cabala de Safed. Entre Purim e Pessakh, de 1941, ele irá expor por quase mais de doze horas sobre o sabataísmo: "um dos momentos mais felizes de minha vida no país". No entanto, é em Jerusalém que Scholem alicerça sua nova existência, buscando poder realizar sua vocação de pesquisador. À primeira vista, ele permanece relativamente indiferente à vida dos movimentos políticos. No círculo de Bergman, que vive em Jerusalém desde 1920, ele cruza com sindicalistas da recém-criada Histadrut e sobretudo com os "jovens trabalhadores" do Ha-Poel ha-Tzair, para os quais leu e comentou os textos de Berlim, por julgá-los muito coletivistas para seu gosto. Interrogado meio século mais tarde, ele dirá ter, essencialmente, se identificado com os *halutzim*, esses pioneiros que se preocupavam menos com a política do que com a ação concreta, em nome de um sionismo prático inspirado por Ahad ha-Am mais do que por Herzl. Hostil em relação a eles pela vida burguesa, prefere comprar de preferência livros a terras, de maneira que constatará um dia ser um dos únicos de sua geração de veteranos a não possuir o mínimo pedaço de chão.

Apenas instalado, Scholem precisou fazer uma escolha de graves consequências: a de um emprego que poderia lhe permitir prover às suas necessidades. O diretor de ensino para a executiva sionista lhe propõe um cargo de professor de matemática em substituição a um jovem doutor que viajou com a ajuda de Albert Einstein por pressentir nele um futuro mestre da teoria das matrizes. O trabalho deveria começar imediatamente, a remuneração era irrisória, no entanto, graças a Bergman, apresenta-se em primeiro lugar uma outra perspectiva: a de um bibliotecário no departamento de hebraico da Biblioteca Nacional. Bergman se entusiasma: "Você conhece todos os livros hebraicos, é disciplinado e sabe tudo em matéria de judaísmo. Eu posso lhe oferecer dez livros por mês que, naturalmente, não lhe serão cobrados". A escolha feita a favor dos livros, só resta convencer o executivo a pagar: este recusa, mas Scholem receberá da caixa preta dos donativos direcionados à Biblioteca. Alguns meses mais tarde, ele será reincluso por seu amigo David Baneth, com quem se encontrou alguns anos antes no círculo da Akademie für die Wissenschaft des Judentums frequentada também por Yitzhak Baer e Leo Strauss, sob a direção de Julius Guttmann. Eis, de novo, uma genealogia particularmente "interessante". David pertence a uma família de rabinos eruditos da Morávia cujo rasto remonta ao começo do século XVIII. Seu antepassado Mordekhai ben Abraham Banet dirigiu durante quarenta anos uma *ieschivá* célebre e se fez notar por sua hostilidade ao movimento da Reforma, especialmente quando da fundação do Templo de Hamburgo. Nascido em 1893 em Krotoszin, David Baneth é alguns anos mais velho do que Scholem e, a partir de 1920, foi nomeado assistente na Akademie. Excelente arabista, trabalhou na classificação da biblioteca de Philip Bloch, último aluno de Heinrich Graetz. Scholem conhecia-o desde a época de Berlim e narra uma entrevista que fez com Bloch, aos seus auspícios. Bloch, dirigindo-se a seu jovem colega ao acolhê-lo, exclama: "Nós dois somos uns *meschugoim*, uns malucos". Scholem, admirando os manuscritos da Cabala, diz: "Como é maravilhoso, senhor, ter estudado tudo isso!" Bloch: "Como? E é preciso que eu ainda leia todas essas tolices?" Eis aqui já um ponto de ruptura com esta geração de velhos sábios racionalistas que desprezam um universo oculto do judaísmo julgado não apresentável aos olhos das nações.

Em Jerusalém, Schmuel Hugo Bergman tem um papel central. Nascido em 1883, é o primogênito desta geração e vive na Palestina desde 1920. Rapidamente, ao ocupar o cargo de diretor da Biblioteca Universitária e Nacional recém-criada, pôde arranjar funções para os jovens pesquisadores sem dinheiro que chegavam. Mas, acima de tudo, representava uma passarela entre o mundo de Berlim e o viveiro das organizações juvenis de sionistas orientais. Em Praga, foi um dos incentivadores da organização estudantil Bar Kokhba, amigo de Kafka e, a seguir, tornou-se próximo de Martin Buber. Um dia anunciou a Scholem que procuravam um bibliotecário especializado em árabe para gerir a coleção doada por um orientalista célebre de Budapeste: "É um cargo ideal para meu amigo Baneth, que preenche todas as condições. Possui o hebraico e o árabe, é obsessivamente meticuloso em todas as coisas, adquiriu uma técnica de bibliotecário ao classificar a biblioteca de Bloch e morre de desejos de vir para cá". Chegando em Jerusalém, foram oferecidos a Beneth 25 livros por mês, fato que permitiu a Bergman negociar a mesma remuneração para Scholem. Ao redor desses três homens e da biblioteca, começa a se constituir o grupo de onde nascerá a escola histórica de Jerusalém. O trabalho é imenso, Bergman aceita que se trabalhe aos sábados, mas proíbe que se fume no dia de Schabat. Logo, trata-se de publicar um boletim bibliográfico. Nesta ocasião, Scholem encontra Benzion Dinur, considerado junto com Yitzhak Baer como um dos melhores alunos do grande historiador Eugen Taeubler, primeiro diretor da Akademie für die Wissenschaft des Judentums. Eis um novo perfil entre esses fundadores. Treze anos mais velho do que Scholem, Dinur foi educado em uma *ieschivá* da Lituânia, depois estudou em Berna, Petrogrado e, enfim, na Hochschule de Berlim. Instalado a partir de 1921 em Jerusalém, está muito mais engajado do que os seus companheiros: militante da esquerda sionista, será deputado do Mapai no primeiro Knesset, depois Ministro da Educação de 1951 a 1955, enfim presidente do Yad Vashem. Dinur quer escrever a história judaica do ponto de vista sionista, ao redor da tensão fundamental entre *Eretz Israel* e a Diáspora. Por ora, ele se junta a Bergman e a Scholem para criar o boletim trimestral: o número inicial do *Kiriat Sefer* aparece para o Pessakh de 1924, com o primeiro artigo de Scholem em hebraico. Um decênio mais tarde, Dinur, Baer e Scholem fundarão a revista *Zion*, que se tornará o templo dos estudos históricos, enquanto Bergman espera ainda poder criar seu equivalente para a filosofia: *Iyyun*, que aparecerá em 1945. Falta Yitzhak Baer. Ele nasceu na Alemanha em 1888, estudou filologia, filosofia e história, para entrar na Akademie que vem ser criada. Não chegará a Jerusalém senão tardiamente, em fins dos anos vinte. Mas seu trabalho sobre a Espanha medieval é desde então impressionante. Já em 1923 publica uma análise notável do *Schevet Iehudá* de Salomão ibn Verga e de suas fontes, começando assim a renovar a compreensão do mundo judio-espanhol após a Expulsão. Depois, graças a algumas estadas na Espanha, colecionou uma imensa documentação: as mil páginas do primeiro volume dos *Juden im christlichen Spanien* apareceram em Berlim em 1929; o segundo apareceu em Jerusalém em 1941; juntos eles serão a base da monumental *História dos Judeus na Espanha Cristã*, publicado em 1945, em hebraico. Neste meio-tempo, Baer voltará algumas vezes à Alemanha, em especial para publicar em 1936, no final do momento derradeiro, sob uma capa vermelha da Schocken Bücherei, um pequeno livro que Scholem considera como uma "verdadeira joia": *Galut*.

Eis, pois, reunido o núcleo fundador de uma geração de estudiosos pioneiros. Eles aguardam um lugar que simbolizará seu desejo de conjugar a volta a *Eretz* Israel com a reconstrução dos estudos judaicos, uma instituição que lhes permitirá transformar em magistério sua paixão de conhecimento e seu sonho de construtores. Um projeto se arrasta há muito tempo nas estantes do executivo sionista, o que faz com que Scholem diga que "a pré-história da Universidade entre 1882 e 1912 é pura literatura". Desde 1884, Hermann Schapira colocara a questão quando da conferência de Katovice do Hibat Tzion, movimento de origem russa que lutava a favor da Primeira *Aliá*. Depois ele a inscreveu na agenda do Primeiro Congresso Sionista, em 1897, com a de um fundo nacional judaico. Agilmente é Chaim Weizmann quem toma o assunto em mãos e redige com Martin Buber e Berthold Feiwel uma brochura para o Congresso de 1901, de modo que Herzl pode submeter um pedido de autorização ao sultão otomano. Em 1913, o último Congresso de antes da guerra encarrega Weizmann e Judah Leon Magnes de trabalhar pela concretização do projeto, empreitada retardada pelos acontecimentos da Europa. Enquanto a guerra ainda prossegue, doze pedras fundamentais são simbolicamente assentadas em 24 de julho de 1918 sobre o monte Scopus. Mas é preciso aguardar 1923 para que a primeira conferência seja pronunciada por Albert Einstein, que expõe a teoria da relatividade em um discurso cuja primeira frase é em hebraico, língua que deverá ser a dos futuros ensinamentos. Novamente, são Weizmann e Magnes que estão encarregados de dar corpo às duas orientações colocadas à frente, de acordo com o imaginário do momento: primeiramente, para quem é bioquímico, vêm as ciências; em segundo lugar, os estudos judaicos. Scholem consagra a Judah Leon Magnes um dos retratos mais calorosos. Nascido em 1877, em São Francisco, de uma família vinda da Polônia e da Alemanha uma geração antes, Magnes veio se instalar em Jerusalém no outono de 1922 com sua família. Sua biografia possui tudo para fazer dele um homem "extraordinário" aos olhos de Scholem. Em Nova York, ele se esforçara por aproximar as diferentes classes da comunidade judaica antes de representá-la no Congresso Sionista da Basileia em 1905, onde iria tecer laços duráveis com as organizações russas e orientais.

GERSHOM SCHOLEM (1897-1982)

Depois dirigira, muito jovem, uma das comunidades de mais projeção de Nova York, antes de se demitir de suas responsabilidades denunciando o fracasso do reformismo. Voltando ao modo de vida ortodoxo, encarnava uma estranha síntese do radicalismo americano e de um sionismo cultural proveniente da Europa central, onde vivera por um tempo. Pacifista durante a guerra, separou-se da corrente de Weizmann, com o perigo de ser visto como uma espécie de bolchevista. Mas, apesar de haver se distanciado dos grupos da Quinta Avenida, Magnes conservou uma grande autoridade moral no judaísmo americano do pós-guerra.

Em Jerusalém, a causa da universidade está longe de ser resolvida, mesmo se alguns sonham em transformá-la no símbolo do novo *ischuv*. Uma das anedotas em voga consistia em afirmar que "doutor" é um prenome judaico, e numerosos são aqueles que consideram o proletariado intelectual suficientemente desenvolvido para não aumentá-lo ainda mais, enquanto existem inúmeras outras tarefas mais urgentes a realizar no país. Judah Leon Magnes aproveita-se, entretanto, de uma visita do grande banqueiro Felix Moritz Warburg, para seduzi-lo a seu projeto e obter um donativo considerável que atrairá outros. Graças a ele, o Instituto de Estudos Judaicos é aberto no outono de 1924, depois vem, em 1 de abril do ano seguinte, a inauguração solene da Universidade Hebraica. Alguns dias antes do jejum de 9 de *Av*, que comemora a destruição do Templo, assistimos a uma cena grandiosa. Do monte Scopus, a nordeste de Jerusalém, contempla-se de um lado os muros da Cidade Velha, do outro o país da *Bíblia*: o deserto da Judeia, o vale do Jordão, o mar Morto e as colinas de Moab. Na tribuna do anfiteatro recém-encravada na rocha encontram-se as principais personalidades do sionismo: Chaim Weizmann e o Rabino Kook, Biálik e Ahad ha-Am, sob a presidência do Lord Balfour, "ancião magnífico, de pé diante do sol poente, fazendo o elogio do povo judeu, do que realizou no passado e do que prometia no futuro". Magnes havia ganhado sua aposta. Ele seria o primeiro chanceler da Universidade, que um dia daria seu nome a suas publicações e à sua mais prestigiosa cadeira. Mais tarde, Yitzhak Baer seria nomeado professor de história medieval; depois, Hugo Bergman de filosofia; David Baneth, de literatura árabe; Benzion Dinur, de história moderna; Schlomo Goitein, de estudos orientais; Gershom Scholem, enfim, de mística judaica e Cabala. Agora, o Instituto de

Estudos Judaicos começa a existir. É preciso povoá-lo de jovens estudiosos entusiastas, prontos a oferecer todo seu tempo à aventura e sua existência ao estudo de todas as facetas da vida judaica. Judah Leon Magnes conhece um, que se consagra a uma das mais estranhas. Ainda é preciso verificar suas qualidades.

De Berlim a Jerusalém

Quando Gershom Scholem, no ocaso de sua existência, lança um olhar sobre a experiência de sua geração, ele a caracteriza pela impregnação de uma "consciência histórica"[3]. Transformar o curso da história judaica sem renegá-la, reintegrar sua continuidade assumindo uma revolta fundadora contra os modelos que ela tomou na Europa: tal era a forma eminentemente dialética dessa consciência, ainda vivida em sua opinião como uma *religio* no sentido próprio, "um elo que nos ligava ao que acontecera atrás". Em Berlim, Scholem já fixara sua paixão pela erudição e seu desejo de compreender um objeto para o qual começava a perceber a localização: "no extremo limite entre a religião e o niilismo"[4]. Instalado em Jerusalém, vive num lugar que condensa todos os aspectos da vida judaica, em uma concordância única de tempo: o heroísmo por vezes desordenado de uma experiência política moderna à beira de realizar seu sonho; o sentimento de eternidade que secreta o quarteirão onde habitam os últimos cabalistas, ao ritmo das preces elevando-se das sinagogas e sob a claridade difusa das *ieschivot*; a alegria do estudo que pode conjugar suas formas antigas e novas, ao gosto de encontros com os livros esquecidos ou das discussões entre amigos liberados das obrigações da vida acadêmica sendo, antes, eles mesmos os fundadores de uma tradição. Eis, pois, Jerusalém quando, no outono de 1923, começa uma nova existência: "um paraíso de preferência

---

3 *De Berlin à Jérusalem*, p. 235.
4 "Exposição dos verdadeiros motivos que me estimularam a estudar a Cabala", carta a Zalman Schocken por ocasião de seu sexagésimo aniversário, 29 de outubro de 1937, em Gershom Scholem, *Briefe*, I, 1914-1947, München: C. H. Beck, 1994, p. 471-472. Encontraremos uma versão na introdução de Gershom Scholem, *Le Nom et les symboles de Dieu dans la mystique juive*, trad. M.-R. Hayoun, Paris: Du Cerf, 1988, p. 7.

dialético [...], o que é verdadeiramente inerente à natureza mesma do paraíso"⁵. Para compreender esse sentimento, é preciso voltar um momento para trás, para os preâmbulos de uma biografia que é testemunho de muitos outros e deveria esclarecer os segredos de uma escritura da história judaica.

Vivendo uma adolescência berlinense durante alguns anos que precedem à guerra, Gershom Scholem está no coração de um dos centros da Diáspora e da Europa intelectual. Sob a sombra tutelar de Hermann Cohen, que atinge o termo de sua existência, ao lado de Franz Rosenzweig, Martin Buber e Walter Benjamin, mais velhos do que ele, não longe de Praga onde brilha a estrela misteriosa de Kafka, conhece a experiência largamente partilhada de uma identidade a construir pela redescoberta das raízes que estavam ocultas sob uma linguagem, uma cultura e uma civilização que pareciam estranhas. Mas, diferentemente de numerosos de seus contemporâneos, ele manifesta bem cedo a preocupação de esclarecer essa mistura de pertinências, daí são simbólicas suas decisões precoces de aprender o hebraico, e depois se instalar na Palestina. Seguir os traços de seu despertar de uma consciência própria recalcada, até mesmo interdita, por seu meio, depois recompor seu itinerário de Berlim a Jerusalém, é perceber alguma coisa de um mundo que será destruído pela história, enquanto vai revelando as origens de uma vocação. A tarefa deveria tornar-se possível pela abundância dos documentos doravante disponíveis sobre os anos de aprendizagem. Ao lado da autobiografia redigida por Scholem para o seu octogésimo aniversário e retrabalhada em seguida, a obra elaborada na mesma época em memória de Walter Benjamin completa, no reflexo dessa amizade, a descrição das formas da revolta contra o mundo da assimilação⁶. Por outro lado, a correspondência geral recentemente publicada permite esclarecer os círculos de relações, a circulação dos livros e das ideias, seguir a formação de um pensamento que se atrita com a cultura alemã ao mesmo tempo que com as correntes contraditórias

---

5 *De Berlin à Jérusalem*, p. 238.
6 Gershom Scholem, *Walter Benjamin: Histoire d'une amitié* (1975), trad. P. Kessler, Paris: Calmann-Lévy, 1981 (trad. bras.: *Walter Benjamin: A História de Uma Amizade*, trad. de Geraldo Gerson de Souza, Natan Norbert Zins e J. Guinsburg, São Paulo: Perspectiva, 2008 [1. edição, 1. reimpr.]).

do judaísmo[7]. A isso se somam duas correspondências particularmente ricas: a de Walter Benjamin, onde se esboçam e depois se confirmam, em um confronto amigável e singularmente vivo, os temas decisivos da obra; mas, também, a de sua mãe, que permanece como uma espécie de ponto fixo na aventura dos inícios de uma existência tumultuada[8]. Resta, enfim, o tesouro dos diários da juventude de Scholem, onde se pode seguir dia a dia o aprendizado do hebraico e a descoberta da Tradição, as leituras e os encontros determinantes para toda uma vida, enfim seus questionamentos sobre o mundo ao seu redor, o sionismo e as diferentes formas da experiência política[9]. Esforçando-se por reconstituir de memória a genealogia de seus interlocutores, Gershom Scholem recompôs com precisão a sua, sublinhando a que ponto ela é representativa do judaísmo berlinense. Seu nome corresponde à tradução asquenaze de *Schalom* e continua extremamente raro como patronímico, ao passo que é frequente como prenome, como no caso do escritor ídiche Scholem Aleikhem. Quanto à sua origem, parece remontar a uma confusão: quando o édito de 1812 ordenou aos judeus da Prússia adotar um nome de família, o antepassado que não havia entendido bem a questão respondeu "*Schalom*" ao oficial de estado civil que o inscreveu sob esse registro... Mas a versão hebraica da

---

[7] Ver os três volumes magnificamente editados e anotados da correspondência geral de Gershom Scholem: *Briefe*, I, *1914-1947*; *Briefe*, II, *1948-1970*, München: C. H. Beck, 1995; *Briefe*, III, *1971-1982*, München: C. H. Beck, 1999.

[8] Ver respectivamente, Walter Benjamin/Gershom Scholem, *Briefwechsel, Herausgegeben von Gershom Scholem*, Frankfurt am Main: Suhrkamp, 1980, e Betty Scholem/Gershom Scholem, *Mutter und Sohn im Briefwechsel, 1917-1946*, München: C. H. Beck, 1989. O volume de correspondência entre Scholem e Benjamin cobre o período de 1933-1940 e contém o conjunto das cartas trocadas durante esse período. Scholem achava que esse *corpus* havia desaparecido com o conjunto de documentos confiscados pela Gestapo em Paris em 1940, mas reencontrou seus traços nos arquivos da RDA, em Postdam. Prometido em 1966, esse acervo só lhe foi devolvido em 1977, mas ele pôde assegurar a sua publicação em 1980. Encontraremos, pois, cartas de Benjamin não publicadas em sua correspondência e o conjunto das cartas de Scholem, a maioria daquelas anteriores a 1933 que haviam desaparecido depois de caírem nas mãos da Gestapo, em Berlim, com o resto dos papéis de Benjamin que lá permaneceram.

[9] Gershom Scholem, *Tagebücher, 1913-1917*, Frankfurt am Main: Jüdischer Verlag, 1995, e *Tagebücher, 1917-1923*, Frankfurt am Main: Jüdischer Verlag, 2000. O primeiro desses dois volumes se presta admiravelmente às sondagens que permitem recompor o universo juvenil de Scholem. As páginas do diário propriamente ditas são menos numerosas no segundo, que oferece em troca todos os escritos publicados até 1923, compreendendo a tradução de importantes textos de Biálik e Agnon, além de um número bastante numeroso de notas sobre questões políticas, literárias ou eruditas que preocupavam Scholem.

autobiografia precisa que se trata, sem dúvida, de uma lenda[10]! Em compensação, é verdadeiro o fato de a família ser de origem da Baixa-Silésia, instalada em Berlim há mais de um século por um lado, três gerações por outro. Quando Gerhardt veio ao mundo em 5 de dezembro de 1897, seus pais eram parte representativa de uma pequena e média burguesia judaica que começou a se elevar na hierarquia social em meados do século XIX. O ramo paterno é proprietário de uma gráfica em Berlim. Quanto ao pai, dirige uma pequena empresa, consagrando muito de seu tempo às organizações profissionais e esportivas. A biblioteca familiar conserva apenas um só dos livros editados por ele, que é uma compilação de *Conselhos Variados para os Ginastas Alemães*. Mais importante é o fato de seu tio paterno ser, por sua vez, o impressor de dois órgãos do sionismo alemão: o *Jüdische Rundschau* e *Die Welt*, fundado por Theodor Herzl. Intelectual contrariado em uma família na qual não se operara a passagem clássica às profissões intelectuais, ele representa para Gerhardt uma referência ambivalente: de um gosto autêntico para o estudo em um meio que esqueceu há muito tempo suas formas; mas, igualmente, de um sionismo bastante "irreal" para de pronto arrebatar a adesão.

Nesses tempos em que a geografia de uma cidade como Berlim traduz ainda uma sociologia da vida judaica e conserva os traços de sua história, o universo familial de Scholem é o de um judaísmo que acaba de transpor o limiar da assimilação. A infância de Walter Benjamin se desenrolou na zona oeste, onde vivia uma grande burguesia assimilada há mais tempo. O 24 da Nettlebeckstrasse, o apartamento de seus pais, situa-se a algumas centenas de metros da Kurfürstendamm cujo traçado é ainda mais recente, ligeiramente abaixo do Tiergarten e do Jardim Zoológico que farão o encanto da *Infância Berlinense*[11]. Os lugares míticos dela são a pequena Schillstrasse, que sobe em direção aos jardins com seu bonde puxado a cavalos; o mercado da praça Magdebourg, em que Walter nasceu; o ângulo das ruas Steglitz e Genthin, reino da tia Lehman; o austero liceu Kaiser Friedrich, e, enfim, a construção neogótica da praça Savigny, frequentada

---

10 Ver respectivamente *De Berlin à Jérusalem*, p. 24; e *Von Berlin nach Jerusalem*, p. 9.
11 A respeito das duas narrativas que Walter Benjamin dá de sua infância e a imagem de Berlim que dela se desprende, ver supra, cap. III, p. 285-288.

pelos filhos das famílias abonadas. Quando Scholem o conhecerá em julho de 1915, ele ocupava um quarto da nova casa de seus pais, no elegante quarteirão de Grunewald, ao sul do domínio de sua infância, mas sempre nesta nova Berlim que se deslocou para oeste no fim do século XIX. A topografia da infância de Scholem é bem diferente. Eis o velho leste, onde a maioria dos judeus se instalou depois da sua readmissão em Berlim, em 1671. Na idade em que se começam a forjar as lembranças, Gerhardt morava no número 26 da Neue Grünstrasse, endereço que aparece impresso sobre o cabeçalho de suas primeiras cartas e será o seu até o momento em que será banido da casa. A rua sobe em direção ao Spree, cujos cais conduzem ao Märkische Park, terreno ideal de jogos, não longe da gare Janowitzbrücke, de onde partem os barcos a vapor de excursão para Grünau. Uma vista d'olhos sobre a superfície de Pharus, que Walter Benjamin tanto amava, mostra o que desapareceu, a começar pelas inúmeras sinagogas. A da Lindenstrasse propunha um rito liberal simbolizado pela presença do órgão. Mas Scholem prefere a Antiga Sinagoga da Heidereuthergasse, cuja liturgia tradicional é tanto mais impressionante quanto o canto do chantre num hebraico soberbo, para um público que ainda sabe recitar as preces. A alguns passos de lá, Scholem vai por muito tempo frequentar a sinagoga ortodoxa da Dresdnerstrasse, onde estudará com o Rabino Bleichrode todo domingo. Hoje a única que permanece reconstruída, longe dali, bem no alto da Friedrichstrasse, é a luxuosa sinagoga da Oranienburgerstrasse, templo do judaísmo liberal do qual Scholem aprecia, sobretudo, a biblioteca. Tal é, pois, o quarteirão onde ele pode se exercitar em decifrar os matizes do judaísmo berlinense, tanto mais que dois alfarrabistas de livros judaicos são vizinhos da Antiga Sinagoga. Esse aprendizado, Scholem o fará sozinho, na indiferença de sua família e logo contra a vontade dela.

De maneira geral, o pai é pouco presente em sua vida cotidiana. Sofrendo depois de longo tempo de uma doença cardíaca, ele parece estar muito ocupado em suas atividades profissionais e associativas, o que Betty Scholem recordará a seu filho às vésperas da morte do marido[12]. Na

---

12 Ver a carta de Betty a Gershom Scholem de 19 de fevereiro de 1925, em Betty Scholem/ Gershom Scholem, *Mutter und Sohn im Briefwechsel*, p. 118. Scholem não responde nem essa carta nem as seguintes a propósito de seu pai.

memória de Gershom Scholem, três lembranças dolorosas parecem, sobretudo, ligar-se à imagem paterna, ao redor de uma fórmula terrível e muito cedo notada a propósito do que ele encarna: *Golusjudentum*[13]. Primeiro sintoma desse judaísmo de exílio ostensivamente alardeado por Arthur Scholem: um antissionismo radical, simbolizado por sua pertinência ao *Zentralverein deutscher Staatsbürger jüdischen Glaubens* (Associação central dos Cidadãos Alemães de Confissão Judaica), fenômeno que devia rapidamente suscitar violentas discussões à mesa familiar, até que as opções opostas frente à guerra não provoquem uma separação definitiva. A isso se soma o fato de que ele persiga sistematicamente os traços de uma pertinência ao judaísmo, proibindo especialmente o uso de expressões das quais sua mulher se serve voluntariamente e que o tio sionista multiplica diante dele por provocação. Por isso, o adolescente que começa a aprender o hebraico por sua própria iniciativa fica surpreso certo dia ao ouvir sua mãe recitar o *Schemá Israel*. Enfim, nesse meio que se pretende dissolver no seio da vida alemã, do ritual judaico só restam as festas consideradas como puramente familiares. Ainda se canta o *Kidusch* para o *Schabat*, porém sem se compreender o sentido e isso não impede ninguém de acender um cigarro com as velas. Reúnem-se para a noite do Seder ou do Iom Kipur, mas nesse dia o pai se dedica a seus negócios e não se pensa em jejuar. Em troca, o Natal é festejado, porque se é alemão. Gerhardt não aceitará, de sua parte, senão por pouco tempo, esta paródia. Em 1911, seus pais têm a ideia de colocar ao pé da árvore o retrato de Theodor Herzl: "já que você se interessa tanto pelo sionismo". Doravante, ele deixará a casa sistematicamente nesse dia[14].

"Por que não se torna um rabino?", perguntou um dia Arthur Scholem a seu filho, acrescentando com ironia: "Se você deseja tanto o *Idischkeit*, então se faça rabino e você poderá se ocupar de *Idischkeit* toda sua vida"[15].

13 *Tagebücher, 1913-1917*, p. 437 (25 de novembro de 1916).
14 *De Berlin à Jérusalem*, p. 59.
15 Entretien avec Gershom Scholem (1975), em *Fidélité et utopie: Éssais sur le judaïsme contemporain*, trad. M. Delmotte e B. Dupuy, Paris: Calmann-Lévy, 1978, p. 27. Scholem acrescenta de imediato que à época ele confundia *Idischkeit* com o sionismo. Adiantamos que essa entrevista com Muki Tsur se soma à lista de documentos biográficos, com a realizada por Jean Bollack e Pierre Bourdieu em 1978, publicada sob o título L'Identité juive nos *Actes de la recherche en sciences sociales*, n. 35, novembro de 1980, p. 3-19.

Gershom Scholem não se tornou um rabino, mas ocupou-se de *Idischkeit* por toda a vida. Uma estada de alguns meses de existência de um rapaz de apenas dezesseis ou dezessete anos deveria ajudar a determinar as razões desse aparente paradoxo. A autobiografia fornece uma primeira indicação: "O interesse pela história foi a origem de minha tomada de consciência judaica"[16]. Scholem conta ter descoberto em um dia de verão de 1911 os três volumes da edição resumida da *História dos Judeus*, de Heinrich Graetz, em seguida ter se inscrito para lê-la na biblioteca da Oranienburgerstrasse graças a uma carta de referência de sua mãe, antes dela oferecê-la, juntamente com a *História Romana* de Theodor Mommsen, por ocasião de seu *bar-mitzva* (2 de dezembro de 1911). Apesar de mais tarde corrigi-la severamente em muitos aspectos, a somatória de Graetz permanecerá para ele uma referência. É a ela que atribui sua decisão de aprender o hebraico, a seguir seu engajamento no sionismo: como se, desde então, a paixão pela história e a revolta contra o meio de assimilação se enredassem em um idêntico processo de tomada de consciência. É igualmente graças a ela que descobrirá em seguida alguns dos objetos de uma vida de estudos: o universo da Cabala no seu conjunto, na leitura do sexto volume; a estrutura e o significado das *sefirot* no sétimo[17].

Iniciado um pouco mais de um ano depois do *bar-mitzva*, seu diário testemunha leituras abundantes. Heinrich Graetz e Samson Raphael Hirsch para os comentários dos *Salmos*, todos os dois datados de 1882. Uma necrologia de Nakhman Krochmal por Leopold Zunz, que dá a sensação de que o autor do *Guia dos Perplexos de Nosso Tempo* é "autenticamente um gênio"[18]. Martin Buber, certamente, através das *Histórias de Rabi Nakhman*, depois as primeiras conferências sobre o judaísmo publicadas em 1919[19]. O *Doktor Kohn*, de Max Nordau, publicado em 1899, em que Scholem vê

---

16   *De Berlin à Jérusalem*, p. 71.
17   Ver respectivamente: *Tagebücher, 1913-1917*, p. 408 (16 de outubro de 1916); *Tagebücher, 1917-1923*, p. 379-380 (em um maço de notas tomadas entre agosto de 1918 e agosto de 1919).
18   *Tagebücher, 1913-1917*, p. 11 (18 de fevereiro de 1913).
19   Idem, p. 25 (14 de junho de 1914) e p. 64 (26 de novembro de 1914). Pronunciadas entre 1909 e 1911, as *Drei Reden über das Judentum* serão aumentadas em cinco outras para dar, em 1923, *Reden über das Judentum*. Estas rapidamente tornaram Buber célebre de Praga e Viena a Berlim, de maneira que Scholem dirá delas que eram um dos pontos de referência da juventude sionista. Sobre a história desses textos e sua tradução, ver infra, p. 583 n. 24. Quanto às *Geschichten des Rabbi Nachman*, foram publicadas em 1906.

colocado o "problema da assimilação"[20]. Mas logo, também, Kierkegaard e Nietzsche, Scholem assinala um dia que, entre os livros que "muito lhe proporcionaram", o *Zaratustra* figura ao lado da *Bíblia*[21]. A 12 de março de 1913, Scholem escreve ter pedido um empréstimo à sua mãe, permitindo-lhe uma primeira visita ao Antiquário da Oranienburgerstrasse e anota suas aquisições: uma obra sobre o *Talmud* e outras tratando da situação dos judeus na Alemanha, um achado comentado por uma citação do tratado *Guitin* afirmando que "a lei do Estado é a lei"; o *Tratado Teológico-Político*. No mesmo dia, ele registra uma decisão importante: tentar ler Spinoza "como eu puder"[22]. Sobre Hermann Cohen que ainda não publicara sua obra prima sobre a religião da razão, que aparecerá mais tardiamente, porém sob uma forma desde logo significativa, cita: "Nós queremos fornecer um novo céu – e o antigo Deus. O Deus de Moisés e não o do professor Hermann Cohen. Então, dele nós lhe faremos presente"[23].

Quando Scholem escreve essas linhas, terá exatamente dezessete anos, mas estuda o hebraico, a *Bíblia* e o *Talmud* há vários anos. Seu aprendizado da língua começou em 1911 e ele contará ter trabalhado quinze horas por semana entre 1913 e 1915, além, é claro, das obrigações escolares e graças a velhos professores que não teriam jamais aceitado a mínima remuneração de um rapaz para lhe "ensinar a 'aprender'" (*"lernen" zu lehren*)[24]. Desde suas primeiras páginas, o diário vem preenchido de letras quadradas e contém observações sobre seu significado[25]. Na autobiografia, Scholem narra ter vivido uma das experiências mais decisivas de sua vida em um domingo da primavera de 1913, ao conseguir ler a primeira página do *Talmud* no original, depois seu comentário por Raschi, graças ao Rabino Isaak Bleichrode. "A partir de qual momento deve-se ler o *Schemá* da noite?": capturar pela primeira vez na sua língua a primeira página do tratado *Berakhot* redundava em descobrir a "substância

---

20 Idem, p. 15 (24 de fevereiro de 1913).
21 Idem, respectivamente p. 41 (15 de novembro de 1914) e p. 46.
22 Idem, p. 20 (12 de março de 1913). Ver *Guitin* 10b.
23 Idem, p. 65 (27 de novembro de 1914).
24 *De Berlin à Jérusalem*, p. 86; *Von Berlin nach Jerusalem*, p. 54; *De Berlim a Jerusalém*, p. 62-63.
25 Ver, por exemplo, em 23 de fevereiro de 1913, *Tagebücher, 1913-1917*, p. 17. Scholem sublinha a necessidade de "ver" as consoantes que formam uma raiz antes de descobrir o significado da palavra, diferentemente do que se passa com o alemão.

judaica na Tradição"[26]. O choque provocado por essa experiência seria determinante. De encontro ao desejo de seus pais, Scholem mergulhou por sua própria iniciativa no *Lernen*: termo que designa em ídiche o sentido autêntico do estudo e tece de todos seus matizes as páginas desse período; termo fetiche para aquele que se dirá em breve *Wissenschaftfanatiker*[27]. Eis um dia na vida de Gershom Scholem: domingo, 4 de abril de 1913[28]. Das sete às nove, duas horas consagradas à *Guemará* com o Rabino Bleichrode. Leitura de uma crestomatia (antologia de autores clássicos) com Raschi: "muito interessante". Depois, aula de religião sobre uma passagem das Hagiografias por um "homem profundo": Josef Eschelbacher. Ao que se acrescenta ainda uma hora da *Mischná* do tratado *Meg[u]ilá* e uma leitura dos comentários de Obadia de Bertinoti com o Rabino Martin Iossef: "um tipo simpático, bastante moderado, que também estudou a literatura alemã". Enfim, depois de um último retorno aos comentários de Raschi sobre o *Gênesis,* o dia se finda em um curso de história com um estudo do *Schulkhan Arukh*, de Iossef Karo.

Através dessas horas de estudos no correr dos dias, um fenômeno singular se desenha. Nessa aventura, não somente Scholem escolhe seus mestres sem ser orientado por sua família, mas o faz em diferentes ambientes da vida judaica, sublinhando, entretanto, a dificuldade de encontrar um lugar para o ensino do *Talmud* na Berlim da assimilação[29]. Se Martin Iossef era um rabino liberal, Isaak Bleichrode dirigia a sinagoga ortodoxa da Dresdnerstrasse, digno bisneto de um dos maiores talmudistas da Alemanha dos inícios do século XIX: Rabi Akiva Eger. Scholem evoca amiúde esse homem que descreve como "tranquilo, muito piedoso, de um caráter extre-

---

26 *De Berlin à Jérusalem*, p. 85 (trad. bras., pág. 62-63).
27 *Tagebücher, 1913-1917*, p. 249 (25 de janeiro de 1926). Scholem explicará bastante tempo depois o que é necessariamente preciso entender na palavra fetiche, emprestada do vocabulário dos judeus do Leste, nos seus anos de formação: "O vocábulo *lernen* toma nesta terminologia precisa um imenso significado; ele não significa apenas 'estudar' mas implica em uma perfeita mestria de toda a tradição intelectual dos doutores da Lei. Aquele para o qual semelhante coisa pode ser dita não é outro senão o mestre de sua geração". Gershom Scholem, Trois types de piété juive (1969), *De la création du monde jusqu'à Varsovie,* trad. M.-R. Hayoun, Paris: Cerf, 1990, p. 249.
28 *Tagebücher, 1913-1917*, p. 21-22. Scholem escreve doravante os nomes próprios, aqueles dos capítulos da *Bíblia* ou dos tratados do *Talmud* e, em seguida, as fórmulas que desses textos retém, nas letras quadradas do hebraico.
29 *De Berlin à Jérusalem*, p. 85.

mamente pacífico e gentil", de quem sua comunidade nada pode censurar a não ser uma única coisa: ter permanecido celibatário em consequência de um amor de juventude desenganado... Com ele, Scholem diz ter compreendido o que é um letrado (*Schriftgelehrten*), com a nuança que o distingue do estudioso (*Gelehrten*). Durante vários anos, passará numerosas horas cada domingo, a seu lado; em breve, também, será acolhido nos cursos que ele ministrava duas vezes por semana, à noite, em seu apartamento. O "gênio pedagógico" desse mestre hospitaleiro para uma geração em revolta contra seus pais deriva de uma forma singular de deixar agir a "luz da *Torá*", em vez de praticar a apologética. Mas também é preciso dizer que ele pôde tanto mais inflamar o espírito de seus alunos quanto numerosos dentre eles eram no fundo quase "estranhos ao judaísmo"[30]. Muitos anos mais tarde, Isaak Bleichrode morrerá velhinho em Jerusalém e Scholem falará em seu enterro. Nesse meio tempo, eles se encontrarão em circunstâncias comovedoras, narradas por Fania Scholem: "Nós participávamos de um seminário em Jerusalém, e um judeu que viera assisti-lo pôs-se a colocar questões tais que, se dentre nós as houvéssemos proposto, Scholem as teria rapidamente despachado. Porém, ele respondia a este senhor com uma paciência extraordinária. Não tínhamos nenhuma ideia de sua identidade. A sessão terminada, Scholem disse – retomando as palavras de Rabi Akiva [...]: 'Tudo o que sei e tudo o que vós sabeis é a ele que devemos'. Era o Rabino Bleichrode. Ele se instalou em Jerusalém para aí estudar ainda alguns anos – sob a direção de Scholem"[31]. Que o mestre terminasse por estudar junto de seu antigo discípulo: Scholem havia reinventado em Jerusalém o exato espírito do ensinamento talmúdico.

Por muito tempo ainda, os dias se escoariam segundo esse ritmo, entrecruzando os fins de tarde na sinagoga para o início do Schabat e os serões nas reuniões de *Jung Juda*, a leitura de Goethe, Stefan Zweig ou Gustav Wyneken e uma fascinante participação nos rituais repelidos no ambiente familiar. Em 19 de setembro de 1915, Scholem escreve em vigorosas letras quadradas, em seu diário: "hoje é Iom Kipur", detalhando

---

30 Idem, p. 84-85.
31 Entretien avec Gershom Scholem, op. cit., p. 26. Scholem faz ele mesmo alusão ao aparecimento de Isaak Bleichrode em seu seminário sobre o *Zohar* na segunda versão da autobiografia: *Von Berlin nach Jerusalem*, p. 53.

o imaginário que preside ao *Kol Nidrei*, anotando que jejua durante todo o dia. Existe algo de mais belo que a noite de sexta-feira ou a noite do *Seder*? Pergunta, além disso, Scholem. E ao responder evocando a mãe, que estende as mãos à chama para a bênção e à prodigiosa impressão provinda da simplicidade dessas cerimônias: "Esta é *nossa* beleza"[32]. Durante esses anos de aprendizagem, é o hebraico que requer, entretanto, maior atenção e constância. A partir de 1916, estuda sozinho, todos os dias. No dia 28 de junho vê-se diante do salmo 130 e exclama para si mesmo impaciente: "Tenho ainda que estudar, *mais ainda*"[33]. Na manhã seguinte, suspira: "Agora devo saber hebraico o suficiente para trabalhar sem dicionário". Entretanto, passados cinco meses, pode fazer um balanço provisório: "Depois de cinco anos aprendi agora o hebraico. Hoje posso dizer que sei o hebraico do qual me faltam apenas coisas acessórias, por exemplo, o vocabulário de *Sefer Hassidim* que não conheço [...] Pelo tempo que isso possa tomar, poderei conhecer o árabe. No entanto, não aprenderei nunca mais uma língua como o hebraico"[34]. Em junho de 1918, Scholem redigirá algumas páginas que oferecem uma espécie de síntese desses anos de estudos da língua e do texto. Combinando reflexões já antigas do imaginário da *Torá* com as proposições de Hermann Cohen, elas terão o título de "Notas sobre o tempo no judaísmo" e esboçam uma "metafísica do hebraico"[35]. Cohen escreve: "Se concedermos ao futuro a significação do presente, a diferença entre o presente e o futuro se achará precisamente restringida. O Ser não está imobilizado no presente. Presente e futuro estão unidos neste Ser que é Deus"[36]. Reproduzindo a esse respeito *Êxodo* 3, 14, Scholem comenta: "O verdadeiro Nome de Deus é também o Eu do tempo. Isso quer dizer que o funda-

---

32 *Tagebücher, 1913-1917*, p. 48 (16 de novembro de 1914).
33 Idem, p. 328.
34 Idem, p. 429 (21 de novembro de 1916). Scholem aprendeu efetivamente o árabe, sem jamais, porém, dominá-lo verdadeiramente. As cartas desse ano de 1916 confirmam que o ritmo dos estudos judaicos cotidianos de Scholem não variaram em nada desde a primavera de 1913, a despeito do tempo consagrado à matemática. Deposita uma admiração crescente por Samson Raphael Hirsch, mas sublinha, sobretudo, o paralelismo entre o seu entusiasmo na época do estudo do *Talmud* com Isaak Bleichrode e o que suscitam doravante nele as primeiras abordagens da Cabala. Ver em especial as cartas a Edgar Blum de 26 de outubro de 1916 e a Harry Heymann de 12 de novembro, em *Briefe*, I, 1914-1947, p. 52-60.
35 *Tagebücher, 1917-1923*, p. 235-238 (17 de junho de 1918).
36 Hermann Cohen, *La Religion dans les limites de la philosophie* (1915), trad. M. de Launay e C. Prompsy, Paris: Cerf, 1990, p. 37-38.

mento, mas também o complemento, de todo tempo empírico é o divino, o eterno presente; assim, Deus será aquilo que foi em todas as gerações". O que quer dizer a fórmula bíblica "em cada dia"? O fato de o reino de Deus que "será" já estar presente e de o reino messiânico ser o "presente da história". Nessas páginas, Gerhardt nota a presença de Walter. Não se saberá jamais quem, Benjamin ou Scholem, terá tido a primeira das intuições sobre a significação metafísica da linguagem. Benjamin redige nessa época seu ensaio "Sobre a Linguagem em geral e sobre a Linguagem Humana", mas Scholem deplora não conseguir convencê-lo a aprender o hebraico. Serão necessários mais de cinquenta anos a Scholem para escrever seu estudo sobre O Nome de Deus ou a Teoria da Linguagem na Cabala[37].

"Eu também sou sionista"[38]. Essa nota entre parênteses na página dois do diário atesta a segunda paixão de Scholem, no momento em que ainda parece ser um adolescente para se lançar em uma aventura de um diário íntimo. Nessa paisagem, ela não é menos admirável que a precedente, inscrita como está nas ordens conjuntas da revolta contra o meio e da constituição de uma personalidade definitiva. Cedo, as proclamações dessa ordem vão se multiplicar, aprimorando-se até as longas passagens do começo de 1915, em que seu significado se define, em relação às referências intelectuais acumuladas, de um ideal revolucionário adquirido em uma espécie de confusão de sentimentos, do contexto, enfim, da guerra. "As ideias de Kautsky sobre o sionismo são pavorosas", nota Scholem, que sublinha as ambiguidades da social-democracia face ao antissemitismo, depois começa a alimentar uma sólida desconfiança em relação ao materialismo histórico do qual Walter Benjamin um dia suportará as penosas consequências[39]. Nada mais

---

37 A mesma observação poderia ser feita a respeito da tradução. Walter Benjamin redigiu A Tarefa do Tradutor em 1923. Desde o verão de 1919, Scholem havia desenvolvido, em seus cadernos, análises de problemas de tradução em que aparece uma problemática que se encontra em Benjamin: "A ideia de uma verdadeira tradução é: Redenção"; "A possibilidade de restituir metodicamente a esfera silenciosa de uma língua existe por meio de uma tradução da Bíblia. A tradução da Bíblia é a redenção das línguas. *Tagebücher, 1917-1923*, p. 345-346; ao final de um maço datado de ago. 1918 – ag. 1919.
38 *Tagebücher, 1913-1917*, p. 10 (10 de fevereiro de 1913).
39 Idem, p. 76 (9 de dezembro de 1914). Na autobiografia, Scholem conta o modo pelo qual seu irmão Werner, que era membro do Movimento dos Jovens Trabalhadores Social-Democratas, procurava convertê-lo ao socialismo, organizando, em seu quarto, reuniões públicas imaginárias em que discursava para as massas. Ver *De Berlin à Jérusalem*, p. 77. Scholem soube da morte de Werner, em Buchenwald, em junho de 1940, por uma carta de sua mãe datada de

resta a não ser a palavra de ordem "revolução": "revolução em toda parte"; revolução "exterior e interior". Porém, na visão de Scholem, esta quer antes de tudo dizer "revolução contra a família e a casa paterna". A isso se acrescenta que, se essa revolução que pretende agitar "todas as coisas do judaísmo" tem por nome sionismo, ela deve retirar deste último sua "vestimenta formal", o que passa por uma ruptura com seu fundador: "Nós recusamos Herzl". O horizonte último dos pensamentos do pai do sionismo era o *Estado* dos Judeus": "Nós pregamos o anarquismo, dito de outra forma, não queremos um Estado, mas uma comunidade livre"[40]. Scholem, entretanto, deu-se um tempo para se orientar no mundo das organizações judaicas, esforçando-se por vezes em discernir as orientações exatas associadas às escolhas que eram propostas[41]. Seus amigos haviam fracassado em arrastá-lo por caminhos emaranhados com o Blau-Weiss, movimento que via a renovação judaica à luz do romantismo alemão. Mais significativa é sua aventura com o Agudat Israel. Fundada em 1911, essa organização propunha uma palavra de ordem atraente: "a solução dos problemas da coletividade judaica dentro do espírito da *Torá*". Para um Scholem que preferia a aprendizagem intensiva do hebraico às caminhadas pedestres, ela apresentava, além disso, a vantagem de oferecer numerosos cursos sobre as fontes da Tradição. Rapidamente seduzido, ele será até inscrito no comitê diretor do Agudat Israel em tempo de descobrir que a preocupação de agir no "espírito da *Torá*" se limitava ao respeito pelo *Schulkhan Arukh*, afirmando-lhe um dia, o presidente do movimento, que à semelhança da "vaca russa" o sionismo tornava impuros os puros que entravam em seu contato. A experiência parou por aí, a tempo, no entanto, de uma primeira ligação amorosa, que será um dia ocasião de uma destas reaparições fortuitas que tecem os laços misteriosos entre as épocas e os lugares. Filha de um alfaiate de Kalisch, a eleita era russa e oferecia uma estranha mistura de coqueteria e de devoção. Vinte e cinco anos mais tarde,

---

27 de setembro (ver *Mutter und Sohn im Briefwechsel, 1917-1946*, p. 491-492), ao mesmo tempo em que recebia, em novembro do mesmo ano, uma carta de Hannah Arendt datada de 21 de outubro lhe dando conta do suicídio de Walter Benjamin na fronteira espanhola. A autobiografia levará esta dedicatória: "À memória de meu irmão Werner, nascido em dezembro de 1895 em Berlim, assassinado em junho de 1940 em Buchenwald".

40 Idem, p. 81 (20 de janeiro de 1915). As referências invocadas por Scholem nesta última perspectiva são como o imaginam Martin Buber e Gustav Landauer.

41 Ver *De Berlin à Jérusalem*, p. 94-98.

Scholem a reencontrará quando de uma conferência em Tel Aviv, estrela do sionismo feminino.

A posteriori, Scholem confirma que seus amigos e ele estavam menos diretamente mobilizados para uma perspectiva imediata de instauração de um Estado do que preocupados em convidar os judeus a tomar consciência de sua história. Com o tempo e, sobretudo, depois do "aniquilamento dos judeus por Hitler", o próprio sionismo lhe apareceria trespassado por uma "dialética ineluctável": entre a necessidade de um meio de voltar à Tradição e a revolta contra as formas disponíveis do passado[42]. Sem formalizá-la ainda, o diário deixa emergir essa tensão. Um dia, Scholem lhe confia suas incertezas quanto a um Deus que ele se pergunta se não é apenas "um ideal para meus sonhos de uma existência humana plena"[43]. Ao lado dessa busca de raízes pela redescoberta da Tradição, uma tal dúvida sobre o sentimento religioso fica, todavia, equilibrada por uma profunda desconfiança frente às adaptações modernas. Os liberais afirmam que a Torá deve ser considerada como um símbolo: Scholem lhes retruca que "a verdade não é um símbolo"[44]. Um ano depois, exclama "Eis minha religião" ao ler o salmo 116: "Andarei na presença de Adonai na terra dos viventes"[45]. Sua atenção é então longamente retida pelas formas do espírito da poesia lírica, em seguida da lamentação[46]. Por outro lado, vê-se por vezes rejeitando o objeto dos encantamentos de seus primeiros anos de estudo: "O Talmud não é um palácio de inúmeros corredores, mas um campo de entulhos"[47]. Perfila-se em tais propósitos uma oposição pressentida antes de ser pensada entre a secura da Lei oral dos rabinos e as formas vivas da mística. Se o entusiasmo inicial pelas expressões clássicas

---

42 Idem, p. 93.
43 *Tagebücher, 1913-1917*, p. 79 (4 de janeiro de 1915). Provocada pela tese nietzschiana da morte de Deus, a reflexão de Scholem se alimenta aqui de Max Stirner, Henri Bergson e Stefan George.
44 Idem, p. 434 (24 de novembro de 1916).
45 *Tagebücher, 1917-1923*, p. 92 (5 de dezembro de 1917).
46 Em 1917, Scholem traduziu integralmente as *Lamentações*. Depois redigiu um longo comentário sobre a linguagem, a forma e a metafísica da lamentação na literatura judaica (idem, p. 112-127 para a tradução e 128-133 para o comentário). Um pouco mais tarde, ele traduzirá em *Der Jude* uma lamentação medieval, escrita em 1240 por Rabi Meir de Rothenburg a propósito do auto da fé do *Talmud* em Paris (*Der Jude*, n. 4, 1919-1920; *Tagebücher*, 1917-1923, p. 607-611).
47 *Tagebücher, 1913-1917*, p. 223 (1º de janeiro de 1916).

da herança parece moderado, ele jamais desaparecerá, entretanto, dos traços que consignam os diários por uma frequência contínua dos textos. É evidente que, doravante, é suplantado por um novo entusiasmo, em favor do sionismo. Resta que este procure ainda suas marcas e permaneça incerto do que isso deveria implicar: "Será que estou profundamente atraído pela Palestina?"[48] Por ora, desenha-se sobretudo uma postura que será a de Scholem até o fim de seus dias: um ódio feroz pelas formas burguesas da vida judaica. As palavras não serão jamais suficientemente duras para denunciar o conforto preguiçoso e a falsa consciência do judaísmo alemão: "sionismo de salão" (*Salonzionismus*), tratando-se daqueles que se contentam em teorizar; "hebraísmo de salão" (*Salonhebräertum*), para quem aprende distraidamente a língua; visando enfim todos aqueles que se livram do saber, a terrível fórmula do *Talmud* segundo a qual "se não há um homem culto na casa, é a guerra entre Gog e Magog"[49]. Quando, enfim, ele se define, o sonho de Scholem toma formas de um sionismo de construtores: Sion e a *Torá*, por um mundo a construir com a memória da história dos que entraram no *Pardes* e não saíram indenes. Sua fórmula definitiva abeberar-se-á na aproximação de dois termos de raízes semelhantes em hebraico: "O retorno (*teschuvá*) ao judaísmo procede da instalação (*ischuv*) em *Eretz* Israel"[50].

É a guerra e a necessidade de se situar em face dela que vai acelerar os esclarecimentos. Com seus amigos, Scholem se mostra consternado pela atitude de uma grande parte dos judeus alemães, que se acha submetida a um dever de lealdade para com a nação, pronunciando preces na sinagoga por sua vitória, cumprindo seus deveres militares considerando tratar-se de uma última prova que deveriam sofrer para serem reconhecidos e criarem obstáculo ao antissemitismo. O símbolo mais doloroso foi o oferecido por um Martin Buber que se ostenta nas fileiras dos "entusiastas da guerra", chegando até a pronunciar uma conferência

---

48 Idem, p. 195 (11 de dezembro de 1915).
49 Idem, p. 307-315, em um maço de textos redigidos entre junho e agosto de 1916. A fórmula de *Berakhot* 7b foi citada muito antes: idem, p. 99-100 (2 de abril de 1915).
50 *Tagebücher, 1917-1923*, p. 365, em uma caderneta de notas redigidas entre agosto de 1918 e agosto de 1919. Scholem joga aí com as raízes dos termos: *ischuv* e *teschuvá*; instalação e retorno, com a gradação de arrepender. Cita Herzl, que aproxima os termos alemães *Heimkher* e *Rückkehr*, mas sem ver a profundidade das palavras em hebraico.

de Hanuká dos sionistas alemães na qual ele compara essa guerra à dos macabeus[51]. O episódio decisivo situa-se em fevereiro de 1915. No começo desse mês, Heinrich Margulies publica na *Jüdische Rundschau* um artigo intitulado "A Guerra dos da Retaguarda", que culmina neste incitamento: "É assim que nós partimos para a guerra, não apesar de nosso judaísmo, mas por sermos sionistas"[52]. Em nome de uma dezena de seus camaradas, Scholem redige uma carta ao redator chefe, para denunciar esse "produto tão lamentável de um jornalismo sionista". Recusando tais propósitos como uma ofensa, ironizando sobre uma censura interiorizada a ponto de proibir toda opinião dissidente até o âmago dos órgãos sionistas, o texto toma radicalmente o contrapé da tese de Margulies: "Não achamos que essa guerra nos tenha revelado o segredo da comunidade, e não pensamos ademais que uma guerra possa fazê-lo. Além disso, não cremos que a causa da Alemanha, nem tampouco a de nenhum outro país no mundo, seja a nossa"[53]. Esse incidente que revela o pacifismo intransigente de Scholem e sua recusa em deixar a causa sionista ser contaminada pelo nacionalismo alemão deverá ter consequências em cadeia. Tendo imprudentemente levado a carta ao liceu para fazê-la assinar por seus camaradas, foi surpreendido por um aluno que o denunciou, depois disso sofreu durante várias semanas um processo, em que foi acusado de propagar uma ideologia "antinacional". Constrangida, a direção hesita sobre a conduta a seguir com respeito a esse elemento embaraçoso, a seguir toma sua decisão: o aluno Scholem terá um relatório excelente de fim de ano, embora agravado por uma fórmula redibitória sobre sua conduta "insatisfatória"[54]. O caso provoca também uma desavença profunda com o pai, que ameaça Gerhardt de enviá-lo como aprendiz junto a um "domador de arengues"; um especieiro, em dialeto berlinense. Resta, enfim,

---

51 *Von Berlin nach Jerusalem*, p. 65.
52 *De Berlin à Jérusalem*, p. 101-102.
53 Idem, p. 102. Scholem reproduziu o rascunho dessa carta, recopiado em seu diário (ver *Tagebücher, 1913-1917*, p. 89-90). O texto é também assinado por Werner e alguns amigos de Scholem como Harry Heyman e Harry Heller.
54 Encontramos o relato dessa aventura na autobiografia (*De Berlin à Jérusalem*, p. 66-67); mas Scholem também a contou em detalhe para Martin Buber no ano seguinte: carta de 10 de julho de 1916 (não reproduzida na correspondência de Scholem), em *The Letters of Martin Buber: A Life of Dialogue*, Nahum Glatzer, Paul Mendes-Flohr (eds.), New York: Schocken Books, 1991, p. 194-196.

uma cena mais divertida: o professor de alemão que interroga Scholem por ocasião do exame feito com auditor livre depois da expulsão do liceu afirma não compreender como um sujeito tão brilhante pode deixar sua escola; mas ele se tranquiliza, imaginando que devia se tratar de uma "história de garotas"...

Com seu irmão Werner, Scholem frequenta alguns meses as reuniões clandestinas da minoria social-democrata impulsionadas por Karl Liebknecht e Rosa Luxemburgo. Mas consagra o essencial de sua atividade a combater as tendências belicosas no seio do movimento sionista, publicando em especial três cadernos de uma revista litografada, sem o conhecimento de seu pai, na gráfica familiar: *Die Blau-Weisse Brille* (Óculos Azuis e Brancos), derivação do nome do movimento sionista outrora frequentado e escarnecido por sua inclinação pela natureza[55]. É nesse contexto que ele conhece Martin Buber. À primeira vista, a situação não é favorável. Não apenas a carta contra Margulies tinha por alvo um próximo de Buber, mas a revista de Scholem havia, também, publicado no outono de 1915 uma caricatura mordaz de sua pessoa e uma paródia de seu discurso[56]. Para sua grande surpresa, Scholem recebeu, apesar disso, um convite para vir encontrá-lo com seus amigos e a visita, em Zehlendorf, se deu a 16 de dezembro. "Que dia", anota Scholem em seu diário, em que registra cuidadosamente os acontecimentos dessa entrevista: Buber, que os abraça para recepcioná-los, a elegância do salão, a ordem impressionante do escritório e, finalmente, o convite para colaborar no *Der Jude*, que está em vias de ser criado[57]. Dando prosseguimento feliz a essa estada, Scholem publicará na revista de Buber um texto, há muito tempo em espera, em favor de um Movimento Juvenil Judaico, as traduções do

---

55 Ver os textos curtos e irônicos de Scholem em *Die Blau-Weisse Brille in Tagebücher, 1913-1917*, p. 291-301. O título da revista parodia o nome da organização juvenil Blau-Weiss, criada na Alemanha em 1912 e que se consagrava essencialmente às atividades esportivas e na renovação das festas. Depois de 1922, o movimento orientou-se em direção de um sionismo autêntico, pregando a instalação na Palestina. Em agosto de 1917, Scholem havia publicado uma crítica às orientações do movimento na revista deste: *Blau-Weiss Blätter* (*Tagebücher, 1917-1923*, 101-106).
56 Encontraremos o fac-símile da segunda página do primeiro número da *Blau-Weisse Brille*, com a caricatura de Buber, em *Briefe*, I, 1914-1947, p. 18.
57 *Tagebücher, 1913-1917*, p. 201-203.

hebraico e seus primeiros trabalhos sobre a Cabala[58]. Todavia, Scholem permanece sempre estranho ao universo construído ao redor de um Martin Buber que procura atraí-lo. No decorrer de uma de suas visitas, este o estimula a dirigir-se ao Lar Popular Judaico que alguns de seus discípulos acabam de criar perto da Alexanderplatz. Nesse quarteirão onde vivem numerosos emigrados do Leste europeu, os sionistas se preocupam com a política social e Buber confiou a Siegfried Lehmann a atividade de um lar onde se reúnem para ouvir conferências e discutir. Em seu diário, Scholem assinala uma profunda irritação frente ao que ele denomina a atmosfera do "êxtase estético"* que reina nesses lugares, ao redor de moças sentadas no chão enroladas em suas saias. Um relatório de Lehmann sobre "O Problema da Educação Religiosa para os Judeus" suscita particularmente a sua cólera, caricatural, a seu ver, de um meio que parafraseia Buber ignorando toda a história judaica, desenvolvendo uma espécie de neo-hassidismo que lhe parece ao mesmo tempo ridículo e infiel a suas fontes, símbolo de uma "religiosidade" sem religião. Porém, a discussão que devia, alguns dias mais tarde, opô-lo ao orador lhe reservaria muito tempo depois uma estranha surpresa. Sem que soubesse, encontrava-se ali uma jovem que contaria a noitada a seu noivo. Descobrindo a correspondência de cinquenta anos atrás de Felice Bauer e Franz Kafka, Scholem poderá ler: "O debate que você me descreve é característico; meu bom senso inclina-me sempre para proposições parecidas às do Sr. Scholem, que exigem o extremo e de lá, ao mesmo tempo, o nada. É que não se deve medir tais proposições nem seu valor pelo efeito real que se pode

---

58 Até a partida para Jerusalém, Scholem publicará no *Der Jude*: Jüdische Jugenbewegung (n. 1, 1916-1917; *Tagebücher, 1913-1917*, p. 513-517); a tradução de um longo texto de Haim Nakhman Biálik (Halacha und Aggada, n. 4, 1919-1920, com a tradução no mesmo número de uma lamentação medieval; *Tagebücher, 1917-1923*, p. 559-580 e p. 607-611); uma novela de Shmuel Iossef Agnon (Die Geschichte von Rabbi Gadiel dem Kinde, n. 5, 1920-1921; *Tagebücher, 1917-1923*, p. 627-631; texto traduzido por E. Moses em Gershom Scholem, *Aux origines religieuses du judaïsme laïque: De la mystique aux Lumières*, Paris: Calmann-Lévy, 2000, p. 75-80, com um estudo posterior de Scholem sobre as fontes dessa novela); uma nota sobre uma antologia do *Zohar* (Idem; *Tagebücher, 1917-1923*, p. 639-654); Lyric der Kabbala? (seu primeiro artigo erudito, n. 6, 1921-1922; *Tagebücher, 1917-1923*, p. 657-684); a tradução de dois poemas de Iehudá Halevi (n. 7, 1923; *Tagebücher, 1917-1923*, p. 714-716). Em 1924, o n. 8 da revista publicará ainda vários textos de Scholem depois de sua partida, dentre estes a tradução de duas novelas de Agnon.

* Trad. bras.: *De Berlim a Jerusalém*, p. 92-94 (N. da E.).

constatar. Ademais, digo isso em geral. Em si, a proposição de Scholem não é irrealizável"[59].

Nenhuma dessas experiências estavam destinadas a melhorar as relações familiares, estas se deterioraram definitivamente no final de 1917, quando Werner regressou do *front* com um grave ferimento, foi preso e em seguida culpado de alta traição, após ter participado de uma manifestação da extrema-esquerda no dia do aniversário do *Kaiser*. No decorrer de uma terrível cena durante o almoço, Gerhardt tomou a defesa de seu irmão diante do pai indignado e dele recebeu no dia seguinte uma carta registrada informando-o que estava banido do lar familial. Segundo uma fórmula de Zalman Rubashov, tornou-se um "mártir do sionismo" para seus amigos do Jung Juda e mesmo na *Jüdische Rundschau*. Munido desse título, instala-se a convite de Rubashov na pensão Struck. No fim da Uhlandstrasse, esta fica situada na zona oeste de Berlim que é o domínio de Walter Benjamin, não longe do Jardim Zoológico e da Kurfüstendamm, lá onde as ruas trazem com frequência o nome de filósofos. Estritamente *cascher*, a casa acolhe judeus vindos do Leste europeu e Scholem é o único berlinense[60]. Fala-se o alemão, mas sobretudo o russo, o hebraico e o ídiche, ocasião para ele de um aprendizado dessa língua que se lhe revelará logo frutuoso. Saídos em sua maioria de uma inteligência russa que fascina Scholem, os moradores são todos sionistas, a maioria membros do Poalei Tzion. Um deles se tornará médico em Hebron, outro professor de medicina em

---

59 Franz Kafka, carta a Felice Bauer em 22 de setembro de 1916, em *Oeuvres complètes*, trad. M. Robert, A. Vialatte e C. David, Paris: Gallimard, 1989, v. IV, p. 760. A proposição de Scholem era de que se deveria utilizar o hebraico para construir um lar judaico na Palestina. Quanto a Kafka, ele acrescenta uma fórmula cuja discreta ironia deve ter igualmente encantado Scholem: "Alegro-me que se entenda bem com as garotas e que espera conhecê-las melhor". A primeira edição alemã da correspondência de Kafka tinha, por outro lado, uma razão para suscitar a cólera de Scholem: a nota no rodapé dessa carta o confundia com Scholem Aleikhem. Ver o relato dessas noitadas e da controvérsia com Siegfried Lehmann em *Tagebücher, 1913-1917*, p. 396-399 (10 de setembro de 1916). Uma troca de correspondência entre Lehmann e Scholem segue essa discussão, o segundo desenvolvendo sua crítica do "vivido" colocado em evidência pelos alunos de Buber e do "êxtase estético" observado em Foyer: ver G. Scholem, *Briefe, I, 1914-1917*, p. 43-46 (carta de 4 de outubro de 1916) e p. 46-52 (carta de 9 de outubro). Encontraremos nas notas dessa edição as passagens mais significativas das cartas de Lehmann (idem, p. 352-353).

60 O relato da experiência na pensão Struck baseia-se em três fontes: *De Berlin à Jérusalem*, p. 131 e s.; *Von Berlin nach Jerusalem*, p. 92 e s. (na trad. bras.: p. 99 e s.), e Jours de jeunesse avec Zalman Rubashov (1963), em *Fidélité et utopie*, p. 73-77.

Tel Aviv, um terceiro escritor. Nesse meio socialista, discute-se até tarde da noite as opções abertas ao sionismo, ao marxismo, da defesa do ídiche: questões que inflamarão o outono de 1917 quando da Revolução Russa[61]. Eis o domínio de Zalman Rubashov[62]. Chegando à Alemanha em 1912, proveniente de uma família de *hassidim* bielo-russos, já militara pela revolução de 1905, organizando, particularmente, a autodefesa dos judeus em sua região e na Ucrânia. Estudando na Academia de Estudos Judaicos de São Petersburgo, depois de alguns meses de detenção em 1907, é próximo de Simon Dubnov e passa já o verão de 1911 em *Eretz* Israel. Vem para estudar com Friedrich Meinecke, é preso em Berlim no começo da guerra como procedente de um país inimigo, depois liberado em 1915, tendo os sionistas da Alemanha convencido as autoridades que seus camaradas russos são os piores adversários dos tzares. Scholem fica fascinado pelos seus dons de orador, capaz de falar por horas seguidas de assuntos tão diferentes como a literatura ídiche, crítica bíblica, história judaica geral ou do movimento operário, além de cumprir as tarefas do sionismo. Na pensão, Scholem e ele têm quartos vizinhos, e a vida se organiza segundo o ritmo que impõem seus hábitos: ele é dos que velam até tarde da noite e se levantam lá pelas onze horas, depois do que, trabalha o dia todo na *Jüdische Rundschau*, onde se torna um de seus pilares. Um dia, os dois amigos serão novamente vizinhos em Jerusalém. Erudito contrariado, Rubashov realizará sua vocação política tornando-se o terceiro presidente do Estado de Israel sob o nome de Shneur Zalman Shazar, seu companheiro ocupará a mesma posição na ordem das presidências da Academia das Ciências.

---

61 Scholem parece ter ficado bastante estranho a esse acontecimento da mesma forma que ficou com a revolução na Alemanha. Rapidamente, ostentará uma desconfiança definitiva para com o bolchevismo, mantendo-se distanciado de movimentos como o Ha-Poel ha-Tzair. Ver a nota *Der Bolschevismus* (1919), em *Tagebücher, 1917-1923*, p. 556-558: Scholem observa que o bolchevismo afirma que "o reino messiânico só pode acontecer pela ditadura da pobreza"; mas acrescenta que o judaísmo ignora a revolução, considerando que o messianismo não pode se separar da Lei. Em 29 de junho de 1919, ele havia anotado em seu diário que se o socialismo deseja trazer a Redenção, nesse sistema "o intelectual não poderia ter senão o lugar de alienado mental" (idem, p. 464).
62 Scholem ouviu pela primeira vez Zalman Rubashov em 3 de março de 1916 quando da reunião do *Jung Juda* onde ele discorreu sobre o poeta Itzhkak Leib Peretz. Depois o reencontrou nos ambientes da União Sionista de Berlim e da *Jüdische Rundschau*. Ver *Tagebücher, 1913-1917*, p. 283-284 e 443 e s. (3 de dezembro de 1916).

Graças a Zalman Rubashov, apresenta-se para Scholem a ocasião de um primeiro trabalho remunerado. Tratava-se de traduzir do ídiche um livro que acabava de ser reimpresso em Nova York, de autoria de um militante do Poalei Tzion ainda desconhecido, David Ben Gurion: *Jiskor – ein Buch des Gedenkens an gefallene Wächter und Arbeiter im Lande Israel*. Consagrado à "memória das sentinelas e dos trabalhadores tombados em Israel", a obra fora publicada em hebraico, em Jafa (Iafo) no ano de 1914, e condenada pelas autoridades otomanas: era preciso uma edição alemã à qual Buber acrescentaria "uma palavra inaugural". Scholem acha-se incapaz de traduzir do ídiche, mas Rubashov o tranquiliza: "Você conhece o hebraico [...], você não tem necessidade de me provar que sabe alemão e você aprendeu o médio-alemão no liceu [...], quanto aos termos eslavos, pergunte-os a mim. E já tem o seu ídiche"[63]. Scholem gosta de alguns dos ensaios do livro, como o de Iossef Haim Brenner, símbolo da renovação da literatura hebraica, nascido na Ucrânia em 1881, instalado na Palestina desde 1909 e que morreu em Jafa, em 1921, por ocasião de um distúrbio. Mas o tom militarista das outras contribuições o irrita e ele se recusa a assinar a tradução com seu nome. Quanto ao livro em si, provoca um conflito interno no executivo sionista, em que se temem as represálias dos turcos. Somente a autoridade de Buber declarando que ele possui nessa circunstância uma "missão" salvará a liberação. No convívio com Zalman Rubashov, que o ilumina por seu conhecimento de Sabatai Tzvi, Scholem descobre o que se tornará sua paixão: os movimentos messiânicos judaicos. Tal é, pois, um dos homens aos quais ele devota a maior admiração; "um mensageiro que vem de longe, do mundo do judaísmo vivo, para fazer reviver as ossadas ressecadas do judaísmo alemão"[64]. A amizade deles será definitivamente selada em 18 de junho de 1917. Nesse dia, Scholem foi convocado ao quartel onde se preparam para incorporá-lo ao *front*, na infantaria, e Rubashov o acompanha às cinco horas da manhã. Abraçando-o à entrada, ele lhe introduz no bolso um pequeno livro negro que se revelará ser uma coleção miniaturizada dos *Salmos* em hebraico, com um versículo redigido

63 *De Berlin à Jérusalem*, p. 135 (ed. bras, p. 104.).
64 Jours de jeunesse avec Zalamn Rubashov, op. cit., p. 138.

de seu punho (salmo 121, 7): "Que Deus te preserve de todo mal, que ele guarde tua alma"[65].

Centrada na personalidade de Zalman Rubashov, a pensão Struck é, pois, um mundo de intelectuais, o que quer dizer para Scholem "dos emancipadores e dos emancipados". Bem diferente é a figura daquele que se tornará, também, um de seus melhores amigos: Schmuel Iossef Agnon. Se Rubashov faz soprar o vento de um sionismo russo que desarruma a ordem muito organizada do judaísmo berlinense, o dele vem de mais longe ainda: "de um mundo de imagens em que as fontes de inspiração jorram em abundância"[66]. O primeiro suscita o entusiasmo pelo ardor de seus discursos; o segundo vive no imaginário povoado de velhos rabinos e de gente simples, falando um hebraico maravilhoso que contrasta com seu estranho alemão. Samuel Josef Czaczkes nasceu em 1888, em Buczacz, na Galícia. Erudito próximo do *rebe* de Chortkov, seu pai ensinou-lhe a tradição dos *hassidim*, enquanto sua mãe lhe fez descobrir a literatura europeia, e ele, sozinho, estuda a obra dos *maskilim* galicianos. Publicando muito jovem em Cracóvia seus primeiros poemas e novelas, parte para a Palestina, em 1907, mas se sente isolado entre os pioneiros que o consideram um burguês e entre os russos da Segunda *Aliá* que têm poucas afinidades com os galicianos. Em 1913, retorna à Europa para se instalar na Alemanha, onde ganha a admiração de Zalman Schocken que assegura a publicação de suas obras. Scholem o conhece graças a Max Strauss, brilhante jovem advogado que traduziu alguns de seus textos e deseja conselhos para outros trabalhos. Naturalmente crítico face aos judeus alemães, Agnon é estranho à abstração e sua maneira de encarnar uma antiga memória judaica encontra facilmente a paixão de Scholem pelas fontes e pela língua dessa tradição. Solitário, ele transporta uma espécie de melancolia a seus poemas, mas sua voz doce e plangente sabe também encantar quando lê salmodiando alguns de seus contos. Bem cedo sensível aos riscos que incorre um hebraico moderno tornado língua cotidiana, Scholem celebrará a preocupação dele por assegurar o renascimento literário na herança das formas antigas e seu dom para a invenção de um estilo que flui nas harmonias de

---

65 *De Berlin à Jérusalem*, p. 138 (trad. bras., p. 106).
66 Idem, p. 142.

estruturas linguísticas tradicionais. Nutrido de uma infalível erudição que provém de seus anos de estudos no Beit ha-Midrasch e o faz folhear por horas seguidas os catálogos de livros ainda não lidos, ele tece seus relatos com uma mistura de intimidade com os sentimentos dos humildes e dos conhecimentos invisíveis para a maioria de seus leitores, oferecendo isso que se parece a uma "dialética da simplicidade"[67]. Nas comemorações que lhe serão oferecidas por ocasião de seu septuagésimo aniversário, Scholem lhe prestará homenagem publicando as fontes secretas de um de seus contos[68]. Durante os decênios que viverão juntos em Israel a partir de 1924, Agnon, que mora fora de Jerusalém, virá quase cotidianamente visitar Scholem. Por ora, ele representa de alguma forma o oposto de Zalman Rubashov: à parte do sonho literário e do amor ao idioma, que completa as das paixões políticas e eruditas.

Rapidamente reformado como "psicopata", Scholem verá que alguns de seus amigos menos afortunados não retornarão do *front*. Entre eles, um dos mais próximos foi Harry Heymann, companheiro das primeiras horas do Jung Juda, camarada das batalhas internas no movimento sionista, signatário da carta contra Margulies[69]. Mas se Scholem lhe consagra uma página do diário quando de sua morte em 28 de julho de 1918, a seguir uma espécie de *Yahrzeit* um ano depois, esse desaparecimento suscita nele um mal-estar com laivos de amargura. Como se o heroísmo misterioso que envolve esse estranho sacrifício de jovens sionistas à Alemanha devesse permanecer secreto[70]. Porque persistia, sem dúvida, uma espécie de "confusão judio-alemã" nesse homem impreciso quanto a seu

---

67 G. Scholem, Samuel-Iosef Agnon: Le Dernier classique hebraïque? (1967), em *Fidélité et utopie*, p. 211. Esse longo texto de Scholem é ao mesmo tempo tanto uma obra magistral sobre a escritura de Agnon e das fontes de sua inspiração quanto uma reflexão inquieta acerca do destino de um hebraico do qual Agnon poderia ser ao mesmo tempo o profeta moderno e o último representante autêntico. Ver ainda um discurso de 16 de novembro de 1966, por ocasião do Prêmio Nobel atribuído a Agnon: Agnon in Germany: Recollections, em G. Scholem, *On Jews and Judaism in Crisis. Selected Essays*, New York: Schocken Books, 1976, p. 117-125.
68 G. Scholem, Les Sources de *L'Histoire de Rabbi Gadiel le Petit* dans la literature kabbalistique (1959), trad. C. Aslanoff, em *Aux origines religieuses du judaïsme laïque*, p. 81-99. Encontramos a tradução da novela de Agnon nas páginas precedentes (ver *supra*, n. 58).
69 Ver o relato de uma destas contendas de tendência em *Jung Juda*, em *Tagebücher, 1913-1917*, p. 143-144 (4 de agosto de 1915).
70 Ver *Tagebücher, 1917-1923*, p. 350.

amor pelo judaísmo, e que não vivia a política senão de forma imaginária[71]. Liberado da perspectiva de dever juntar-se ao *front*, Scholem pode retomar em Jena os estudos universitários iniciados em Berlim. Antes de 1917 em sua cidade natal, estava inscrito em matemática e seguia também cursos de filosofia ou de história das religiões, como os de Ernst Troeltsch. Em filosofia, ficara irritado com o modo pelo qual Ernst Cassirer pontuava cada passagem interessante dos pré-socráticos: "Isto nos levará para muito longe"[72]. Também lhe convenceram pouco as sessões públicas do último grande hegelianista, Adolf Lasson. Quanto a Georg Simmel, muito apreciado no meio de Buber, deixara Berlim por Estrasburgo. Restava, pois, Hermann Cohen, que proferia às segundas-feiras na Hochschule für die Wissenschaft des Judentums conferências preparatórias para a *Religião da Razão Extraída das Fontes do Judaísmo*. A relação de Scholem com Hermann Cohen pode parecer singularmente enigmática, composta de uma mistura de hostilidade recorrente ao que ele encarna no seio da sociedade judaica e de uma forma de piedade filial que se imaginava mal antes da publicação do *Nachlass*. De Cohen, ele utilizou sobretudo a teoria das ideias, tendo em especial recebido de seu pai a *Lógica do Conhecimento Puro* pelo seu vigésimo aniversário em dezembro de 1917[73]. Essa leitura, ligada à presença nas conferências de Cohen, vai provocar um conflito entre o que ele denomina, parafraseando *Fausto*, suas duas "almas" da época: a do matemático e a do judeu. Mas, é ofuscado pelas ideias políticas do filósofo, das quais confiará mais tarde a Karl Löwith que elas se identificavam muito às de seu pai[74]. Contudo, se a desconfiança de Cohen a respeito dos sionistas o mantém afastado dele, diverte-se com sua frase referida por Rosenzweig: "Eles querem ser felizes, esses rapazes!" Que fazer da imagem de um homem que ele descreve como uma

---

71 Idem, p. 499-500 (28 de julho de 1919). Entre abril de 1916, um mês após a partida de Heymann para a guerra, e março de 1918, a correspondência contém uma quinzena de cartas de Scholem e, nas notas, extratos daquelas de Heymann.
72 *De Berlin à Jérusalem*, p. 109.
73 Ver as cartas de Aharon Heller, Werner Kraft e Harry Heymann, em *Briefe*, I, 1914-1947, p. 124 e s.
74 Carta a Karl Löwith de 31 de agosto de 1968, em *Briefe*, II, 1948-1970, p. 213-214. Scholem relata aqui ter dito a seu pai no dia em que ele o expulsara de casa: "Vós e nossa família vivem em e por uma falsidade".

"figura verdadeiramente bíblica", surgindo radiante de paixão sobre o seu púlpito quando fala do profetismo: "personagem da Antiguidade baixada repentinamente entre nós"[75]?

Scholem jamais foi íntimo de Hermann Cohen, do qual todos aqueles que se lhe aproximaram colecionavam fórmulas mais ou menos excêntricas. Apesar disso, beneficia-se de dois intercessores. Em primeiro lugar, de Franz Rosenzweig, que segue, por sua vez, todos os seus ensinamentos e constrói com ele o projeto que se tornará a Akademia für die Wissenschaft des Judentums, antes de ver confiada a si a edição dos *Jüdische Schriften* e a correção das provas da *Religião da Razão*[76], depois do amigo do Jung Juda, Harry Heler, que participará do seminário particular sobre o *Guia dos Perplexos* ministrado por Cohen em seu domicílio até a sua morte. Com respeito a um certo número de declarações ulteriores, as notas de Scholem quando do falecimento de Cohen podem parecer surpreendentes. Em 5 de abril de 1918, ele escreve: "Não tive relações diretas com esse homem, mas por meio de relatos de Heller ele se me tornou cada vez mais próximo. Para mim, mas também para nós, o povo judeu é algo de imenso que desaparece. Ele era, com certeza, um judeu *por inteiro*, até quando interpretava equivocadamente. Isso deveria ser dito de maneira incansável sobre seu túmulo"[77]. Invejando Harry Heller por ter sido um dos últimos alunos de Cohen, ele se propôs então a clarear suas ideias a respeito dele e começa a redigir um texto "Em Memória de Hermann Cohen". Evocando o lugar que ele deveria ter no panteão do povo judeu, Scholem o coloca entre os raros homens que encarnam o espírito dos antigos profetas, aclamando uma vida que impõe um profundo respeito a despeito de seus erros. Mas o mais surpreendente é que ele termina por reintegrar Hermann Cohen ao imaginário sionista por meio de uma espécie de bênção: "Fôssemos nós como Cohen e o sionismo estaria preenchido e nós nos tornaríamos um povo, em sentido grandioso, de sacerdotes.

---

75 Ver *De Berlin à Jérusalem*, p. 111-112 (trad. bras., p. 85) e Gershom Scholem, *Franz Rosenzweig et son livre L'Étoile de la Rédemption* (1930), Les Cahiers de la nuit surveillée, n. 1, Franz Rosenzweig, 1982, p. 19. Sobre a palavra de Cohen e sua relação com o sionismo, ver supra, cap. I, p. 128-130.
76 Ver supra, cap. II.
77 *Tagebücher*, 1917-1923, p. 166-167.

Possa tua alma estar ligada ao feixe dos viventes"[78]. Mais clara ainda, porque mais pessoal, essa confidência a Werner Kraft: "Cohen será em sentido mais elevado meu modelo"[79]. Isso porque apresentava, sem dúvida, dois traços na opinião de Scholem: a imagem social daquilo que ele detestava em seu pai; a ideia espiritual do pai que ele teria amado ter.

Em Jena, Scholem persiste nos dois caminhos universitários já traçados, seguindo ao mesmo tempo, em especial, os cursos de Gottlob Frege e o de Paul F. Linke, aluno de Husserl; depois os de Bruno Brauch, neokantiano formado por Cohen e que acabara de aderir a Rickert por causa de uma secessão no seio da sociedade kantiana[80]. Mas é sobretudo em Munique, onde passa os semestres do inverno entre 1919 e 1922 depois de uma estada em Berna, que vai completar sua formação. Nessa cidade especialmente escolhida porque abriga a maior coleção de manuscritos hebraicos da Alemanha, ele reencontra uma forma de estudo que era o de sua adolescência berlinense[81]. Uma das razões disso é, sem dúvida, o fato de ter encontrado um professor que se assemelha ao daqueles anos: Heinrich Ehrentreu. Há muito tempo rabino da sinagoga ortodoxa Ohel Iacov, o doutor Ehrentreu era originário da Hungria e foi educado na *ieschivá* de Presburgo*. Com cerca de setenta anos, ele encarna aos

---

[78] Dem Andenken Hermann Cohens, idem, p. 190. Construído sobre 1*Samuel*, 25, 29 a fórmula citada é geralmente escrita no final de uma inscrição funerária.
[79] Carta de 8 de abril de 1918, em Gershom Scholem, *Briefe an Werner Kraft*, Frankfurt am Main: Surhkamp, 1986, p. 80. Scholem lamenta nesta não ter compreendido, durante o último inverno, o *"quanto Cohen era judeu"*. Expresso somente nos papéis íntimos, essa veneração de Scholem para com Hermann Cohen pode ser comparada àquela que tornará tardiamente pública por Leo Strauss. Ver supra, p. 30-31 e 146-147, e infra, cap. VII, p. 944-945.
[80] Ver *De Berlin à Jérusalem*, p. 146-147.
[81] Scholem amiúde insistia, em sua biografia, na importância desse período em Munique. Sublinhando o fato de que se sentira atraído a Munique por causa dos fundos de manuscritos provenientes da Biblioteca Real, ele relata ter pretendido redigir uma tese com o historiador de filosofia Clemens Baumker sobre a doutrina linguística da Cabala, antes de descobrir a imensidão daquilo que lhe restava aprender. Tomando conhecimento de que uma tese de filosofia devia ser complementada por estudos de psicologia, ele renunciou a se empenhar nessa via pela aversão que sentia por essa matéria, embirrando igualmente com a fenomenologia, depois que um aluno de Husserl pretendeu provar a existência de Deus por esses trâmites. Ver *De Berlin à Jérusalem*, p. 175-176 (trad. bras., p. 135-136) e My Way to Kabbalah (1974), em Gershom Scholem, *On the Possibility of Jewish Mysticism in Our Time & Other Essays*, Philadelphia/Jerusalem: The Jewish Publication Society, 1997, p. 21.
* Hoje Bratislava, capital da Eslováquia (N. da E.).

olhos de Scholem o arquétipo do *Lerner**, que lhe oferecia outrora Isaak Bleichrode. Scholem estuda cotidianamente com ele; no verão, pela manhã na sinagoga, depois da prece; no inverno, à tarde em seu apartamento. Durante todos esses anos, estudarão o tratado *Ketubot*, oficialmente consagrado aos contratos de casamento, mais familiarmente denominado "pequeno *Talmud*" por conter inúmeras coisas diferentes. Além das cento e doze páginas de *Ketubot*, Scholem persevera na leitura da *Torá*, com os comentários tradicionais, mas também, doravante, a *Mischné Torá*. Finalmente, a ocasião se lhe é dada de abordar o *Guia dos Perplexos* com o Rabino Ehrentreu[82]. Resta, sobretudo, que se defina uma descoberta decisiva: a da Cabala. Há bastante tempo já Scholem mostrava-se intrigado pela estranha atmosfera que reinava em torno dessa literatura desprezada e cujos fundadores da Wissenschaft des Judentums haviam ostensivamente se desinteressado, com a exceção por certo venerável de Heinrich Graetz, que lhe concedia o lugar de uma espécie de criança turbulenta da família. Alguns anos antes, ele e seus amigos um dia haviam pedido a Isaak Bleichrode que lesse com eles passagens da Cabala. Porém, a aventura foi rapidamente concluída por um fracasso: "Crianças, é preciso renunciar. Eu não compreendo as citações do *Zohar* e não posso vos explicar convenientemente do que se trata". A autobiografia afirma que o "vírus" apareceu claramente na primavera de 1919, com a decisão de deslocar definitivamente o centro de gravidade do trabalho da matemática para o do judaísmo e, provisoriamente, para um estudo científico da Cabala. Sem que fosse, no entanto, imaginável que "alguns anos se tornariam uma vida"[83].

---

*   Lit."professor", mas também usado em ídiche com o sentido de "estudioso", "intérprete" dos textos rabínicos (N. da E.).
82 Ver *De Berlin à Jérusalem*, p. 177 e s., e sobretudo duas cartas que consignam o programa de estudos dessa época: de 1º de julho de 1920 a Meta Jahr e de 14 de dezembro do mesmo ano a Eric Brauer, em *Briefe*, I, 1914-1947, p. 208-214.
83 *De Berlin à Jérusalem*, p. 167-168. O diário permite uma datação mais precisa. Em 15 de maio de 1919, Scholem escreve: "Minha meta não é na realidade a matemática, mas a de tornar-me um erudito judeu [*jüdischer Gelehrter*]" (*Tagebücher, 1917-1923*, p. 444). Anos mais tarde, recebendo o prêmio da Academia de Baviera, Scholem confirmará a importância desses anos em Munique: aqueles da descoberta de um "capítulo oculto da história e do espírito do judaísmo"; aqueles também da instalação de uma tensão definitiva entre o alemão e o hebraico; aqueles enfim do contraste nascente entre os "manuscritos pacíficos" da Biblioteca Real e o poder explosivo das coisas que eles revelam conter. Ver *My Way to Kabbalah*, op. cit., p. 20-24.

Os encontros decisivos dessa época não se reportam apenas aos livros. Scholem parece apreciar particularmente as amizades femininas, em um círculo que se formou em Berlim e depois em Jena, entre os estudantes mais velhos do que ele[84]. Com suas "damas", ele estuda a seção hebdomadária da *Torá*, dando-lhes também lições de hebraico. Eis Toni Halle, filha de um dos únicos magistrados da Prússia que não se fizera converter. Enquanto participa de um seminário de Karl Jaspers, ela confessa redigir um estudo sobre o hassidismo, admitindo, no entanto, conhecer apenas o que Buber escreveu e duvidando ingenuamente que pudesse existir outra coisa sobre o assunto. Chegando à Palestina alguns anos depois de Scholem, fundará ali uma escola experimental[85]. Scholem adora se lembrar da beleza de suas amigas. Originária de uma família que se convertera, estudante em matemática que partirá para ensinar em uma escola judaica da Lituânia, antes de regressar a Israel, Käthe Holländer possuía um "ar de beduína e aparência de europeia". Mas uma das mais sedutoras dentre as mulheres é Käthe Ollendorf, "surpreendente" por sua maneira ingênua de arregalar os olhos, de desarmadora sentimentalidade. Ela deveria mais tarde a Scholem o fato de ter permanecido em Jerusalém onde se encontrava por acaso em fevereiro de 1933, inconsciente do que se passa na Alemanha[86]. Neta de Sigmund, Tom Freud é desenhista e ilustrará um livro para crianças, de Agnon, que vivia também em Munique durante o inverno de 1919. Scholem insiste em sua estranha feiúra, contrastante com a beleza de sua irmã Lilly, que acaba de desposar o ator Arnold Marlé. Mas atribui a essa "boemiana autêntica", que reúne ao seu redor artistas e escritores, uma grande parte do charme desse período. Conhece também Esther Marx, que logo se casará com Agnon. Extraordinariamente bela, é por sua vez originária de uma das famílias "das mais nobres dentre as famílias ortodoxas da Alemanha", cultivando ao mesmo tempo um poderoso ateísmo e um conhecimento admirativo do hebraico[87]. Resta, enfim, Escha Burchhardt. Ela também originária de uma família ortodoxa, neste caso de médicos de Hamburgo. Scholem a encontrou pela primeira vez quando de uma estada em Heidelberg, em fins de janeiro

---

84 *De Berlin à Jérusalem*, p. 148 e s., e *Von Berlin nach Jerusalem*, p. 112 e s. (trad. bras., p. 114 e s.).
85 Idem, p. 117-118 (trad. bras., p. 89).
86 Idem, p. 149-150 (trad. bras., p. 115).
87 Idem, p. 182-183 (trad. bras., p. 142).

de 1918, mas o diário rarefeito dessa época não consigna o acontecimento. A segunda versão da autobiografia é mais loquaz: Escha rejeitou a ortodoxia de seu meio, mas conserva um laço profundo com a Tradição; Gerhardt reparou sobretudo em seu charme e seu humor[88]. Será uma das razões da escolha por Munique, Escha que estuda medicina o ajudará na maioria dos cursos que ele frequenta. A partir de 1922, eles dividirão um apartamento onde se instalam amiúde Walter Benjamin e Dora. Casam-se em Jerusalém, irão separar-se em 1936 e Escha esposará Schmuel Hugo Bergman.

Em Munique, Scholem reencontrou um de seus amigos mais singulares: Gustav Steinschneider, com quem havia partilhado um quarto no alojamento durante uma breve estada no exército[89]. Gustav é neto de um dos mais eruditos entre os fundadores da Wissenschaft des Judentums. Moritz Steinschneider havia, no entanto, deixado também em testamento uma fórmula mais ou menos apócrifa, porém tornada célebre, afirmando que essa ciência tinha por função enterrar o judaísmo. Entre um irmão mais velho comunista e um caçula sionista que será um dos primeiros *halutzim* da Alemanha, Gustav parece partilhar alguns traços com Walter Benjamin: uma ligeira tendência para a hipocondria, dons de filosofia e um gosto pronunciado para as literaturas pouco conhecidas; uma dificuldade persistente em organizar seus estudos e sobretudo uma imperícia infinita para com as coisas mundanas. Chegando à Palestina em 1933 com numerosos artistas e "doutores em todas as matérias imagináveis", conseguiu, graças à intervenção de Scholem e Zalman Rubashov, um posto de... varredor de ruas. Quando Scholem iniciou uma troca epistolar com Werner Kraft em julho de 1917, este se queixava de ter sido relegado nos serviços de saúde do exército em Hannover. Ele é declaradamente depressivo, traindo em suas cartas tendências suicidas[90]. Nesse período, ocupa um lugar

---

88 *Von Berlin nach Jerusalem*, p. 121. À falta de confidência do diário, dispomos de cartas de Scholem a Escha, em uma correspondência que começa desde março de 1918 (ver a carta de 24 de março, em *Briefe*, I, 1914-1947, p. 146-148). Nestas longas cartas, Scholem registra suas leituras e suas descobertas, as impressões de viagens e dos encontros. A partir de 23 de novembro de 1918, tratam-se amigavelmente por tu.
89 *De Berlin à Jérusalem*, p. 180 e s (trad. bras., p. 139.)
90 Idem, p. 153-155. Enquanto encontramos as cartas de Scholem a Werner Kraft na edição separada (ver supra, p. 415 n. 79), é preciso pesquisar na correspondência geral extratos daquelas de Kraft. Ver, por exemplo, uma troca que trai o desespero de Werner Kraft no mo-

importante na correspondência entre Benjamin e Scholem: o primeiro recomenda com insistência ao segundo de o envolver de atenção, depois de explicar-lhe o sentido de seu próprio trabalho sobre a linguagem; Scholem se dedica a tentar dissuadi-lo de sua melancolia. O universo de Kraft é muito diferente do de Scholem e seus companheiros. Quase indiferente ao judaísmo, ele evolui em um meio em que reinam Karl Kraus e Rudolf Borchardt, porta-voz inflamado dos pacifistas para um, conservador nacionalista para o outro. Com ele, Scholem se entretém bastante com literatura: Hölderlin, George, Kraus... Mas registra também sérios confrontos em torno dos temas judaicos, a ponto de perguntar se um dia será verdadeiramente um "homem importante". Durante um momento, Kraft e Benjamin estarão em posições equilibradas no coração de Scholem, mas o segundo triunfará[91]. Os três estarão reunidos por ocasião do casamento de Werner Kraft com a irmã de Toni Halle em 1922, em cerimônia presidida por Leo Baeck, ocasião em que Scholem encontra-se com este pela primeira vez.

O encontro de Gershom Scholem e Walter Benjamin foi narrado em outro local[92]. De imediato, foi rodeado por uma aura de mistério cuja carta de Benjamin para os vinte anos de Scholem em dezembro de 1917 o testemunham: "Depois que recebi vossa carta, amiúde a exaltação me invade. É como se eu tivesse entrado em um período de festas e, diante do que vos inspirou, é preciso que me prosterne como diante da Revelação. Pois tudo se passa como se o que vos fosse dado compreender não devesse senão a vós ter podido perceber como uma mensagem que vos fosse pessoalmente destinada; e isso, por um instante, provoca uma reviravolta em nossas vidas"[93]. Alguns meses mais tarde, é Scholem que redigirá

---

mento de seu encontro: carta de Kraft a Scholem do dia 16 de julho de 1917 e a resposta de Scholem do dia 19, em *Briefe*, I, p. 304 e 99-102.

[91] Ver *Tagebücher, 1917-1923*, p. 53 (15 de outubro de 1917, em torno de um conflito sobre a alma alemã e o espírito judaico), p. 76 (6 de novembro de 1917) e p. 138 (22 de fevereiro de 1918, sobre uma comparação entre os dois amigos que termina em proveito de Benjamin: "*Ich liebe Walter*").

[92] Ver supra, cap. III, p. 406-411.

[93] Carta de Walter Benjamin a Gershom Scholem do dia 3 de dezembro de 1917, em Walter Benjamin, *Correspondance*, I, *1910-1928*, trad. G. Petitdemange, Paris, Aubier, 1979, p. 145. Esta carta agradece também a Scholem pela leitura do manuscrito de Benjamin sobre *O Idiota* de Dostoiévski. Na data de 25 de novembro de 1917, Scholem havia anotado em seu diário que esse texto devia se ler como uma meditação de Benjamin sobre o suicídio de seu amigo Friedrich Heinle nos primeiros dias da guerra (*Tagebücher, 1917-1923*, p. 81-82).

para o vigésimo aniversário de Benjamin "95 Teses sobre o Judaísmo e o Sionismo"[94]. Além de um reflexo das discussões entre os dois amigos do qual o diário contém muitos outros traços, elas oferecem no estilo lapidar de uma série de aforismos um precioso esclarecimento sobre a maneira pela qual Scholem tenta doravante se situar no universo do judaísmo. Ao tratar de evocar as figuras tutelares desse último, as referências pouco a pouco se tornam precisas, no correr dos paradoxos. "S. R. Hirsch é o último cabalista que conhecíamos"; "ele nega a tendência para o mal"[95]. O julgamento sobre Buber é muito mais reservado e quase definitivo: "ele é um herético"[96]. Quanto a seus discípulos, eles são tratados com um humor eivado de gravidade: "A experiência vivida é a ironia do movimento através da imanência. Ou então: 'Será que já passamos pela experiência judaica vivida?', pergunta o buberiano"[97]. Hermann Cohen, em contrapartida, é considerado com um respeito às fórmulas estranhas: "O *Dasein* de Cohen é a *Torá*"; "A Cabala nomeia Deus o Infinito, ou o Nada. É o verdadeiro caminho da mística judaica, que conduz a H. Cohen"[98]. Para o resto, Scholem parece ancorado a ferro entre o mundo da Tradição, ao qual ele pacientemente se aclimatou, e o universo da mística, que será objeto essencial de seus trabalhos. Do lado da primeira, encontramos algumas proposições que serão um dia o objeto de amplos desenvolvimentos, como a que coloca que "a Tradição é o objeto absoluto da mística judaica". Melhor ainda: "A lei da dialética talmúdica é que a verdade representa uma função contínua da linguagem"[99]. Quanto à Cabala, ela começa a oferecer seus primeiros clarões,

---

94   95 Thesen über Judentum und Zionismus, em *Tagebücher, 1917-1923*, p. 300-306. Parodiando as "95 Teses" afixadas por Lutero, em 31 de outubro de 1517, na porta da igreja do castelo de Wittenberg, as de Scholem foram redigidas em julho de 1918. Algumas dentre elas e numerosas fórmulas apareceram anteriormente: em um maço de "Pequenas Notas sobre o Judaísmo" datado do inverno de 1917-1918 (idem, p. 197-215); no diário do verão de 1918, que fervilha de ideias e de observações de "Walter" (idem, p. 235 e s.). Em *Walter Benjamin: Histoire d'une amitié*, p. 88 (trad. bras., p. 78-79), Scholem relata não ter afinal dado essas teses a Benjamin.
95   Teses 23 e 6, idem, p. 300-301.
96   Tese 33, idem, p. 303.
97   Tese 75, idem, p. 304-305. Na tese 50 estava colocado que "A experiência vivida e a *Torá* são *absolutamente* divergentes". O tema do "vivido" em Buber se tornará um objeto de zombaria permanente entre Scholem e Benjamin.
98   Tese 76, idem, p. 305.
99   Tese 22 e 24, idem, p. 302.

em torno de suas perspectivas centrais: "A ordem e a forma coincidem no conceito hebraico de *tikun*. O 'mundo do *tikun*' é o reino messiânico"; "A Cabala afirma que toda linguagem procede do Nome de Deus"[100]. Entre os dois, aparece enfim os delineamentos de um pensamento da história da qual se encontra o eco nos últimos textos de Walter Benjamin: "Até o presente, a história (*Geschichte*) do judaísmo era apenas vista no tempo da Revelação, ou somente na história (*Historie*); a totalidade de sua história (*Geschichte*) não poderá ser reconstituída senão em sua contemplação única"[101].

Sabemos que Walter Benjamin está em vias de tornar-se para Scholem o objeto de uma amizade privilegiada, sempre admirativa e amiúde polêmica à medida que os papéis se invertem. Mas podemos, doravante, arriscar uma imagem sintética dos anos de aprendizagem de Gershom Scholem. O traço mais marcante é o esforço de arrancar por si mesmo, na indiferença e depois na hostilidade do ambiente familiar, aquilo que será em breve descrito como a ilusão da assimilação. Bem cedo, Scholem havia qualificado a ideologia de seu meio de origem pela fórmula a mais temível: *Golusjudentum*. Em sua autobiografia, ele multiplica as ilustrações de um humor que caracteriza isso, ao desejar distinguir os espíritos desembaraçados da Tradição: "Nada vale o prazer de ler numa tarde de *Schabat* uma página da *Guemará* com um bom charuto". Ou ainda, na entrada dos restaurantes ao redor da grande sinagoga de Oranienburgerstrasse no Iom Kipur: "Para os senhores que jejuam, servimos na sala do fundo"[102]. Voltando no tempo, ele descreve uma espécie de elemento "atmosférico"

---

100 Teses 73 e 78, idem, p. 304-305. Essas teses antecipam os trabalhos de maior importância de Scholem sobre os conceitos da Cabala e sua teoria da linguagem.
101 Tese 93, idem, p. 305. Pensamos nas teses Sobre o Conceito de História redigidas por Benjamin pouco antes de sua morte, em especial, a terceira delas: "Somente à uma humanidade redimida caberá plenamente seu passado". Ver Walter Benjamin *Oeuvres III*, trad. M. de Gandillac, revisto por Rainer Rochlitz, p. 429, e supra, cap.III, p. 359-379. Como para o que concerne à doutrina da linguagem e o problema da tradução (ver supra, p. 400-402), não podemos saber de quem surgiu as primeiras intuições sobre a história messiânica, tanto as fórmulas anotadas por Scholem a esse respeito parecem imbricadas nos traços de discussões com Benjamin. Scholem escreve ainda: "Na ideia do reino messiânico, é a maior imagem da história [*Geschichte*] que será reencontrada [...] 'O reino messiânico está sempre lá' [a fórmula parece de Benjamin]. A Revelação e o reino messiânico como polos eternos do tempo são os fundamentos da concepção judaica da história, cuja unidade é a Lei" (*Tagebücher, 1917-1923*, p. 203).
102 *De Berlin à Jérusalem*, p. 220 e 35.

que penetrava do exterior no rapazinho judeu alemão que não vivia na minoria ortodoxa: "alguma coisa de inconsciente, em que o desejo de abdicar de si cruzava de modo dialético o desejo da dignidade humana e da fidelidade a si mesmo"[103]. De um lado, a esperança de uma emancipação social que sucederia a uma emancipação política adquirida por volta de 1870 alimentava o desejo de desaparecer no seio do povo alemão para aí se tornar invisível. De outro, agarrava-se ainda em deixar subsistir alguns fragmentos disparatados de uma tradição tornada obsoleta em um mundo destinado a substituí-la. Resta que, ao todo, esses são o "fenômeno de automistificação" e a "faculdade de enganar-se a si mesmo" que permanecem como símbolos, dando mesmo ao humor judaico dessa época e nesse lugar aparências sinistras[104].

Testemunhando pela maioria dos judeus nascidos na Alemanha na virada do século, a experiência de Gershom Scholem se deixa facilmente aproximar daquela que conta haver vivido, não longe de lá, um dos escritores que ele reconhecerá como fonte de sua inspiração: Franz Kafka. Como Kafka e numerosos de seus contemporâneos, Scholem conheceu, sem dúvida, uma primeira forma de consciência própria judaica colada a esta tarefa tremenda: "tudo adquirir, não somente o presente e o futuro, mas ainda o passado, isso que todo homem recebe gratuitamente como atributo"[105]. Mais precisamente, essa geração partilhou a singular figura de uma identidade que só pode se construir por meio de uma revolta contra a imagem do pai, porém sob a forma de uma espécie de retorno para o mundo oculto por ele: como por um movimento de avanço às avessas do curso natural das gerações. Pensando bem, é possível imaginar que entre sua autobiografia, redigida para os seus oitenta anos, e um estudo, este também tardio, sobre "A Psicologia Social dos Judeus da Alemanha entre 1900 e 1930", Scholem apresentou o equivalente de sua *Carta ao Pai*. Nessa carta jamais enviada, a propósito da qual Scholem observa que se o pai de Kafka

---

103 Idem, p. 56.
104 Scholem cedo se opusera a essas formas inautênticas do humor judaico do *Witz*: "o *Witz* judaico é uma categoria limite do profetismo"; "em sua forma pura, é a *Torá* sem centro messiânico" (*Tagebücher, 1917-1923*, p. 326).
105 Franz Kafka, *Lettres à Milena*, em *Oeuvres complètes* IV, p. 1107. Sobre a longa correspondência entre Gershom Scholem e Walter Benjamin, ver supra, cap. III, p. 277-314.

a tivesse recebido, não a teria compreendido, Kafka escreve: "No fundo, a lei que governa a vida consistia em crer na verdade absoluta das opiniões de uma certa classe judaica [...]; isso comportava ainda uma boa parte do judaísmo, mas para uma criança, era muito pouco a ser transmitido; teu judaísmo se exauria completamente enquanto tu o recolocavas entre minhas mãos"[106]. De maneira mais dispersa, sem dúvida, porém com muito mais violência interiorizada, Scholem não diz outra coisa, ao passo que seu pai não poderá mais ouvi-lo. O fato é que, antes de tudo sob sua tutela, não restava a essa família típica da burguesia liberal assimilada senão "poucos traços perceptíveis de judaísmo"[107]. Depois da velocidade incongruente de um ritual tornado privado de sentido, o discreto sofrimento de ver um pai acender seu charuto após as refeições com uma vela do Schabat, pronunciando em um jargão inimitável uma paródia de bênção invocando o *boré pri tabaco* (criador do fruto do tabaco)[108]. A ilusão, enfim e sobretudo, de uma dissolução no ambiente alemão, que reforçava em suas formas elegantes uma espécie de messianismo secularizado, pretendendo mostrar que a missão histórica do judaísmo era a de "provocar a sua extinção em proveito da humanidade"[109]. Ninguém duvida que, inscritas como feridas íntimas no coração da consciência, essas expressões de um "engodo de si voluntário", que em breve se mostraria trágico e em que se agarravam os meios de assimilação na Alemanha, estruturam em profundidade as orientações intelectuais de Scholem e o próprio estilo de sua escritura da história judaica. Descrevendo a Max Brod a atitude daqueles que escreviam em alemão para abandonar o judaísmo com a aprovação de seus pais, Kafka observa: "Eles o desejavam, mas suas patas traseiras colavam-se ainda ao judaísmo do pai e suas patas dianteiras não encontravam terreno novo"[110]. Gershom Scholem tomou, quanto a si, muito cedo a decisão de aprender o hebraico

---

106 Franz Kafka, *Lettre à son père*, em idem, p. 826.
107 *De Berlin à Jérusalem*, p. 34. O texto alemão utiliza o termo mais forte de vestígios (*Relikte*), depois a versão em hebraico acrescenta um parágrafo que fala do "resto", no sentido tradicional do "resto de Israel", ver *Von Berlin nach Jerusalem*, p. 16.
108 A Propósito da Psicologia Social dos Judeus da Alemanha entre 1900 e 1930 (datado de 1976 no texto), em G. Scholem, *De la création du monde jusqu'à Varsovie*, p. 231.
109 Idem, p. 239.
110 Franz Kafka, carta a Max Brod, junho de 1921, em *Oeuvres complètes*, trad. M. Robert, Cl. David e J.-P. Danès, Paris: Gallimard, 1984, v. III, p. 1087.

e reprovará sempre a Walter Benjamin por não segui-lo neste caminho, e depois no de Jerusalém. Pode-se pensar que esse duplo movimento, junto ao projeto de se consagrar à investigação dos universos secretos da vida judaica, quisesse contribuir a dar um novo terreno àqueles dessa geração que não sabiam onde colocar suas "patas dianteiras".

Perfurar a Parede de Névoa

Ao mesmo tempo em que presta homenagem, em 1977 a Haim Nakhman Biálik quando da recepção do prêmio que leva seu nome, Gershom Scholem relembra uma tensão constitutiva de seu trabalho desde a origem[111]. Denominando "exotérica" a dimensão mais visível deste, coloca à frente as grandes articulações de seu estudo da mística judaica: o estabelecimento filológico das fontes, a interpretação das doutrinas e a análise da dialética histórica que se prendeu a ele. Mas sugere que existe igualmente uma preocupação mais secreta e menos perceptível de sua empreitada, que designa sobriamente como um interesse pelo imaginário dos místicos. Nessa época, Scholem realizou quase integralmente um programa que havia precisamente exposto para Biálik em uma longa carta de julho de 1925[112]. Construindo então uma espécie de catálogo racional das fontes que precisaria exumar, publicar e comentar, organizou seu projeto ao redor de duas questões: datar as origens da Cabala; determinar sua natureza, como componente autêntica da Tradição ou coleção de empréstimos estrangeiros a esta. Que a mística tenha nascido "sobre os joelhos" do judaísmo, como as crianças de Makir "nasceram sobre os joelhos de José" (Gn 50, 23), ou que ela tenha somente aparecido na Idade Média, que ela se abebera no universo da gnose, ou que encontra suas raízes na mais antiga tradição oral: Scholem decidirá entre essas hipóteses, rompendo assim com o racionalismo muito prudente dos rabinos, dos filósofos e dos sábios, todos aqueles que, parecendo assustados por sua linguagem, haviam preferido refluí-la

---

[111] Understanding the International Processes (1977), em *On the Possibility of Jewish Mysticism in our Time*, p. 45-48.
[112] Brief an Ch. N. Bialik (12 de julho de 1925), em Gershom Scholem, *Judaica 6. Die Wissenschaft vom Judentum*, Frankfurt am Main: Suhrkamp, 1997, p. 55-67.

em um panteísmo impuro, censurar seus traços, ou simplesmente ignorá-la. Por esse viés, ele estará não apenas persuadido de ter contribuído para o conhecimento de um fenômeno esquecido da vida judaica, mas igualmente certo de colocar legitimamente a crítica científica a serviço da reconstrução de uma continuidade da Tradição.

Quanto à dimensão que é preciso dizer esotérica de seu trabalho, Scholem a expôs muitas vezes, sempre em termos alegóricos. Sua primeira expressão pertence à época dos olhares retrospectivos que ainda não fazem parte de um balanço. A ocasião é a de uma carta a Zalman Schocken pelo seu sexagésimo aniversário, em outubro de 1937, que fornecerá, vinte anos mais tarde, a estrutura de um texto com o título provocador: "Dez propósitos não históricos sobre a Cabala"[113]. Revelando os "motivos verdadeiros" de seu trabalho, Scholem escreve: "Não foi absolutamente por acaso que eu me tornei um 'cabalista'". Essa expressão não foi, ela também, lançada por acaso. Que ele precisasse entrar sem preparação nem proteção no universo estranho da Cabala, tal fato se devia ao desprezo com que a haviam envolvido os filósofos e os eruditos, como se Saadia Gaon, Maimônides e Hermann Cohen, mas também Leopold Zunz, Moritz Steinschneider ou Heinrich Graetz, não tivessem precisado cessar de evitar o enfrentamento com aqueles que se contentavam em refutá-la como uma manifestação do mito ou do panteísmo. Portanto, o desafio que lançava este continente oculto do judaísmo, tanto quanto o saber que devia ser adquirido para penetrá-lo, dependia da intrepidez necessária diante da perspectiva vertiginosa de um abismo que podia engolir aqueles que aí se arriscavam. Da filologia de um *corpus* como o da Cabala, Scholem dirá que ela contém alguma coisa de irônico: "Ela se interessa por um véu de bruma que, enquanto história da tradição mística, aureola o corpo da própria coisa"[114]. Em 1937, ele podia ainda estimar que faltavam menos as chaves desse *corpus* do que uma disposição de espírito estranha à geração dos fundadores da ciência do judaísmo: "a coragem de erigir o muro da história por meio do plano simbólico"[115]. Ao que ele acrescentava que duas coisas o haviam

---

113 Ver Exposé des motifs véritables que m'incitèrent à étudier la Kabbale, trad. M. De Launay, em *Aux origines religieuses du judaïsme laïque*, p. 249-256.
114 Dix propositions non historiques sur la Kabbale, op. cit., p. 249.
115 Exposé des motifs véritables qui m'incitèrent à étudier la Kabbale, op. cit., p. 8.

ajudado a passar através dessa "muralha de névoa". A convivência já antiga com os dois volumes da *Philosophie der Geschichte*, de Franz Joseph Molitor, obra que, sob as análises históricas incertas, indicava "o endereço em que parecia ter antigamente residido a vida secreta do judaísmo"[116]. Mas também a leitura assídua das obras de Kafka, percebidas desde a época de trocas de correspondências com Benjamin como "a forma secularizada da sensibilidade cabalística em um espírito moderno"[117]. Em companhia delas, Scholem havia começado a espreitar seu sentido agudo do paradoxo: "Seguramente, a história pode ser uma ilusão, porém, sem essa ilusão, é impossível compreender o ser em sua dimensão temporal". Justamente lhe veio então ao espírito uma questão nascida da constatação da dialética que faz a projeção dos fenômenos na história uma contribuição para seu desaparecimento: "Será que vou me perder no nevoeiro e, por assim dizer, sofrer de *morte professoral?*"

Essa maneira de traduzir em alegorias a intenção secreta de uma vida de estudo, a revolta que presidia seus primórdios e a inquietude ainda evanescente que temperava o gesto lírico dos primeiros tempos cedo encontrará uma expressão atormentada agora, desta vez, em um balanço erguido à beira de um abismo. Estamos no verão de 1944 e apressamo-nos em festejar os vinte anos do Instituto de Estudos Judaicos da Universidade Hebraica de Jerusalém. Scholem escreve em hebraico. Em vez de nomear a Wissenschaft des Judentums, que é seu objeto, ele se utiliza de uma expressão que significa "sabedoria de Israel", de preferência a designá-la ciência do judaísmo: *Hokhmat Israel*[118]. Mais tarde, evocará o "furor linguístico" que

---

116 Os dois volumes do livro de Franz Joseph Molitor, intitulados *Philosophie der Geschichte oder über die Tradition*, apareceram respectivamente em 1827 e 1834. Scholem os descobriu, para começar a lê-los, em outubro de 1916, ver *Tagebücher, 1913-1917*, p. 404 e 421.
117 A pedido de Schocken, Scholem havia avaliado as possibilidades de uma tradução de romances de Kafka em hebraico, tarefa da qual ele presta contas em uma carta de 29 de novembro de 1936 (*Briefe*, I, *1914-1947*, p. 260-262). Além da longa troca epistolar com Benjamin (ver supra, cap. III), uma breve nota do *Nachloss* sobre a parábola da Lei em *O Processo* atesta que Scholem via na obra de Kafka uma espécie de cripto-cabalismo. Ver On Kafka's *The Trial* (1926), em *On the Possibility of Jewish Mysticism in our Time*, p. 193.
118 Réflexion sur les études juives: Préface pour un discours anniversaire qui n'a pas été prononcé, parcialmente traduzido do hebraico e apresentado por Bernard Dupuy, *Pardes*, n. 5, 1987, p. 105-116. Encontraremos esse texto na integralidade, traduzido do hebraico em alemão, no último volume das *Judaica*, Überlegungen zur Wissenschaft vom Judentum – Vorwort für eine Jubiläumsrede die nicht gehalten wird, *Judaica* 6, p. 7- 52.

alimenta esse discurso jamais pronunciado, convidando a não confundi-lo com uma versão edulcorada reservada ao público londrino do Instituto Leo Baeck[119]. Aqui, encontramos a expressão de um sonho de construtores, de sua ruptura com a geração dos fundadores, da angústia enfim de um desencantamento. Mas o encadeamento das imagens tornou-se quase indecifrável, tanto elas tecem a intriga de uma tragédia que não se deve apenas à história, mas também ao sentimento de uma ilusão brutalmente revelada. Que a Wissenschaft des Judentums teve uma participação ligada à ideologia da assimilação, que ela acarreta em seu fracasso as aspirações da emancipação e até o projeto das Luzes, Scholem o pronuncia em termos tanto mais poderosos quanto parecem velados: "As tendências ao suicídio histórico, à liquidação e à decomposição foram o efeito da *Haskalá*. Dez vestimentas superpostas haviam dissimulado no Ocidente esse demônio da destruição, que se produziu ao mesmo tempo às escâncaras e secretamente[120]. Eis, pois, o "clima de vigília fúnebre" que envolvia o nascimento de uma ciência do judaísmo da qual Moritz Steinschneider dizia que lhe ocorria simplesmente "procurar o que ainda existe do judaísmo para um enterro decente"[121].

Nascida no ambiente crepuscular do derradeiro romantismo alemão, a Wissenschaft des Judentums nunca ultrapassou, na opinião de Scholem, a contradição constitutiva de seu programa. Ao passo que a grande tradição historiográfica, da qual ela emprestava seu método, havia dado à Alemanha a dimensão de sua história, restabelecendo, atualizadas, suas formas perdidas, ela afirmou-se censurando as manifestações julgadas não apresentáveis do passado judaico: não somente o universo inquietante da Cabala, ou as expressões insustentáveis das tragédias históricas das quais testemunhariam a prece penitencial de Raschi, depois dos

---

[119] L'Identité juive, entrevista com Jean Bollack e Pierre Bourdieu, op. cit., p. 4. A versão destinada aos "philistins de l'Institut Leo Baeck de Londres" não é outra senão La Science du judaïsme, hier et aujourd'hui (1959), em *Le Messianisme juif*, Essai sur la spiritualité du judaïsme contemporain, trad. B. Dupuy, Paris: Calmann-Lévy, 1974, p. 427-440. Notemos que Scholem parece menos lamentar a violência do primeiro texto do que daquilo que resta do segundo, para um público que não pode compreender nem a crítica velada dos eruditos do século XIX, nem o respeito que inspiram, apesar disso, suas obras.
[120] Réflexion sur les études juives, op. cit, p. 110.
[121] Scholem com frequência citava essa palavra de Steinschneider, referida por Gotthold Weil. Ver, por exemplo, La Science du judaïsme, hier et aujourd'hui, op. cit., p. 431.

massacres de 1096, porém, mais comumente, tudo aquilo que poderia se desenrolar no "subsolo", longe da conversação dos salões berlinenses. Na época de sua glória, os românticos alemães se deram como tarefa colocar em evidência o "gênio" de uma comunidade. Os fundadores da ciência do judaísmo, por sua vez, oscilavam entre duas tendências: uma liquidação das formas vivas do judaísmo, que incitaria Zalman Rubashov a falar de uma verdadeira "dejudaização"; uma maior simpatia frente à vitalidade do mundo judaico, mas que se revelaria finalmente "conservadora"[122]. Os mais audaciosos entre esses pioneiros tinham em mente uma apologética prisioneira dos conflitos da época, é o que atesta o fato de que, ao produzir um dos mais importantes livros dessa escola com seu estudo de 1832 sobre o sermão na liturgia judaica (*Die gottesdienstliche Vorträge der Juden*), Leopold Zunz procurava justificar o uso do alemão na sinagoga. Entre conservação e destruição, é a segunda que prevaleceria, para finalmente fazer desses sábios "apóstatas do espírito" (Biálik), a serviço de uma ciência "castradora"[123]. Dessa geração que praticava a "lavagem do morto", seria preciso com certeza reter, para evitar a "falsidade do intelectualismo", refletindo o fato de que "a crítica científica que 'sonda os rins e os corações' dos documentos do passado só foi frutífera no sentido da desconstrução"[124]. A lição era, todavia, mais cruel ainda e nutriria uma revolta tanto mais radical: o fracasso da Wissenschaft des Judentums servia-se das ilusões da *Haskalá*; mas não era certo que seu fundamento sobre as novas bases bastassem para bloquear a dialética que ligava uma à outra a construção e a destruição.

  Convidar a ciência do judaísmo a "voltar a viver seu idioma depois do exílio no jargão do Ocidente": tal foi o sentido do apelo lançado por Biálik em 1924 aos jovens eruditos sionistas dos quais Scholem é a melhor testemunha[125]. Eis uma geração de construtores dos quais ele reconstruiu o sonho em alegorias. Para "reedificar a casa de estudos judaicos", eles procuraram, à semelhança de Salomão, uma "pedra intacta" que

---

122 Réflexion sur les études juives, op. cit., p. 430-431.
123 Überlegungen zur Wissenschaft vom Judentum, op. cit., p. 34 e 38. A tradução francesa ignora as longas passagens consagradas à análise da Wissenschaft des Judentums.
124 Réflexion sur les études juives, op. cit., p. 111-112.
125 Idem, p. 105. A expressão de Scholem emprestada de *Isaías* 49, 21: "eu estava exilado e perdido".

se tornaria a "pedra angular" do novo edifício[126]. De um olhar brotado do "solo permanente" da comunidade, eles restaurariam a sabedoria nas "fontes eternas", realizando assim, a partir do presente reconstruído, "o reerguimento do passado como força viva". Cavando, enfim, nas profundezas de sua existência, oferecendo um saber renovado, eles estenderiam um fio até a "abóbada dos céus", com o orgulho do filho do rei há muito tempo cativo que se desperta de seu exílio e faz saber "em que lugar se revelará e em qual lugar redimirá"[127]. De regresso ao país e à língua, acreditaram por um momento ter reconstruído o Templo: os anciãos divagavam; eles podiam se deixar levar "sobre as asas do sonho", imaginando diante deles a realização de seus devaneios, embriagando-se em delírios até o amanhecer[128]. Ao contrário da temível dialética que prendia em seus predecessores a liquidação à construção, eles praticavam a "destruição da destruição", dilacerando os véus que mascaravam um organismo muito rapidamente embalsamado, reparando as cicatrizes que o desfiguravam, transformando "os pontos de ruptura em pontos de sutura"[129]. Os documentos exumados e decifrados tornaram-se um símbolo do passado reconstruído: Israel liberto de suas máscaras podia sair de seu exílio entre as nações: deviam ser numerosos aqueles que esperavam ver a *Torá* sair de sua boca.

Mas o tempo das vitórias passou, e dele sucede o das desilusões trágicas. Ei-los órfãos e solitários: "A maioria das forças novas sobre as quais fundamos nossas esperanças desapareceu com o extermínio de nosso povo na Europa"[130]. Eles pensavam ter reencontrado a pedra angular do Templo; ela parece doravante "caída da mão dos construtores"[131]. Eram vistos como os inocentes em Jerusalém, porém, haviam, sem dúvida,

---

126 Alusão a 1Reis 6, 7: "foram empregadas para a construção do Templo apenas pedras intactas".
127 Referência a um relato gnóstico célebre: o "Canto da Pérola". Ver a análise clássica em Hans Jonas, *La Religion gnostique*, trad. L. Evrard, Paris: Flammarion, 1978, p. 152-173 (ver infra, cap. VIII, p. 964-967).
128 Alusão a *Joel* 3, 1: "vós e vossos filhos profetizarão, vossos anciãos sonharão sonhos".
129 Referência ao *Tahafut at-Tahafut* de Averróis, refutação da *Incohérence des philosophes* de Al'Gazali. A segunda expressão citada repousa em um jogo de palavras em hebraico: *nequdat ha-mifne/nequdot ha-mivne*.
130 *Réflexion sur les études juives*, op. cit., p. 115.
131 *Even maassu ha-bonim* (A pedra rejeitada pelos construtores): Scholem dará esse título à conferência pronunciada por ocasião da recepção do prêmio Rothschild em 1962.

"soado o *schofar* de forma inoportuna". Os estudos judaicos deviam voltar a se instalar "entre os quatros côvados da *Halakhá*": poderia ser que residissem entre os da tumba[132]. Para falar desse desencantamento, as alegorias fazem-se terríveis: "Se não tínhamos lutado com o Eterno, tínhamos certamente lutado com Satã, o contraditor, ele que é o chefe da orquestra dessa dialética irresponsável que ignora o segredo da construção porque ignora o segredo da destruição". No momento em que as asas do sonho são cortadas, é o "outro lado" (*Sitra Akhara*) que ressurge. Aquele que havia deixado entrever uma Wissenschaft des Judentums alimentada de *Päpslichkeit* que liberava os "espíritos desligados dos corpos"[133]. Mas igualmente aquele que, talvez, engendrou um "enfatismo nacional" colocado a serviço de uma apresentação teatral dos "novos hábitos" da ciência. Parecia necessário substituir a exegese da retórica da religião pelas da nação: "Mas em um caso como em outro, as verdadeiras forças que atuavam no mundo continuaram a agir, a saber: as que procedem de um verdadeiro '*daimon*' estrangeiro." Chega enfim a questão mais aterradora: "Será que as almas por acaso teriam voltado do mundo do *tohu* para semear a confusão no mundo do *tikun*, para o qual tendemos"[134]? Aquilo que fora outrora senão um temor evanescente mostra-se realidade: ao se tornarem "especialistas", Scholem e seus companheiros sofreram a "morte professoral". Um pressentimento confiado desde 1942 a um poema transformou-se em certeza: "Eu mergulhei nos velhos livros / e suas letras me pareceram grandes. Sozinho com eles, passei muito tempo / sem poder mais me desligar / Seu antigo esplendor nimba a verdade / mas como a acolher? / O elo das gerações não é muito poderoso / o saber não é puro [...] / A época transformada me olha cruelmente / ela não

---

132 Alusão a uma expressão talmúdica célebre: "Depois da destruição do Templo, o Santo, abençoado seja Ele, não tem mais nada em Seu mundo a não ser os quatro côvados da *Halakhá*" (*Berakhot*, 8a).
133 Überlegungen zur Wissenschaft vom Judentum, op. cit., p. 114. Nessas passagens, Scholem ironiza o liberalismo burguês "pontificial" (*päpstlich*) dos fundadores da Wissenschaft des Judemtums.
134 Réflexion sur les études juives, op. cit., p. 114. Nessas passagens Scholem utiliza as categorias da Cabala de Lúria para desenvolver a ideia do *sitra akhara*, o "outro lado" (ver infra, p. 500-503). A versão alemã desenvolve essa análise evocando, em especial, a imagem da Medusa. Ver Überlegungen zur Wissenschaft vom Judentum, op. cit., p. 26 e 36.

quer voltar atrás / Aquele cuja visão se dissipa em tormentos / gozará de uma felicidade reprovada"[135].

Nessa hora incerta em que tudo parece desmoronar, Scholem tenta reter a parte do sonho que poderia ainda ser salva com "a energia do pequeno resto que escapou"[136]. Mesmo que seja preciso revisar cruelmente as condições de possibilidade, a "continuidade das gerações" subsiste: "O que foi nossa existência no curso da história aparece, com suas luzes e suas sombras, como uma luta empenhada entre o mundo do alto e o mundo de baixo, entre os anjos e os demônios, com a finalidade de reencontrar a alma da nação"[137]. A experiência contemporânea obriga, sem dúvida, uma vez mais a propor "uma nova leitura da Tradição". Mas sua intenção se expõe em uma metáfora enigmática: "a revelação do mistério da verdadeira 'medida de nosso corpo'"[138]. Quanto ao próprio projeto, se parece mais longínquo que nunca de sua vitória, pode preservar sua forma e seu horizonte: "Os estudos judaicos têm necessidade do seu *tikun* em seu princípio e sob todos os seus aspectos"[139]. Essa experiência da história reforçou em Scholem um senso agudo do paradoxo. Quanto ao horizonte do conhecimento, em primeiro lugar: "Não será precisamente o essencial que se esfuma nessa projeção historiadora?"[140] Depois, no que concerne a uma aventura sionista jamais desligada das esperanças eruditas, fonte de onde elas abeberaram sua força ao mesmo tempo que o movimento que pôde turvar seu horizonte. Resta que é sobretudo o que Hans Jonas denominava "a ciência como experiência vivida" que foi impregnada do sentido das contradições[141]. A razão está na lição que é preciso reter do transporte da casa de estudos judaicos de Berlim a Jerusalém:

※ ※

135 Gershom Scholem, *Vae victus* ou la mort du professorat, trad. M. de Launay, em *Aux origines religieuses du judaïsme laïque*, p. 206.
136 *Réflexion sur les études juives*. op. cit., p. 115. Alusão à ideia do "resto de Israel" da doutrina de Isaías (10, 21-22).
137 Idem, p. 111.
138 Scholem faz aqui referência a uma das noções mais antigas da Cabala: o *Schiur Komá*, medida da altura do corpo de Deus na visão da carruagem divina de Ezequiel, figura considerada como um dos dois principais "segredos da *Torá*" (ver infra, p. 460-467).
139 *Réflexion sur les études juives*., op. cit., p. 115.
140 *Dix propositions non historiques sur la Kabbale*, op. cit., p. 249.
141 Ver Jonas, *La Science comme vécu personnel* (1986), trad. R. Brisard, *Études phénoménologiques*, n. 8, 1988, p. 32, e infra, cap. VIII, p. 961-962.

"Nós começamos por ser os insurgentes, mas nos encontramos como continuadores"[142].

Uma tal constatação convidava, sem dúvida, a matizar o julgamento feito acerca das obras dos fundadores, a considerar as circunstâncias seja da desenvoltura, seja da ausência de coragem que lhes eram censuradas e da herança de uma história monumental suscetível de abrir outros trabalhos, apenas com o inconveniente de dever revisá-la e completá-la. Instalado no país, abandonando o alemão para escrever em hebraico, atendo-se a publicar elementos por muito tempo recalcados da vida judaica, Scholem nunca rompeu completamente com o estilo dessa grande historiografia. Com precisão pode-se dizer que se ela conduz e estrutura a dimensão "exotérica" de seu trabalho, é trabalhada e até mesmo combatida do interior pela expressão de um interesse mais secreto pelas questões que é incapaz de colocar. Tal é a origem de uma arte de escrever a história judaica que se abebera de duas fontes, nutre-se de intenções quase contraditórias e inscreve-se em horizontes os quais não se tem certeza que se confundam. Seu princípio ficará sempre dependente de uma desconfiança adquirida na época de um desencantamento à beira do desespero, para com "um esoterismo erudito que começa como um jogo [...], mas pode acabar em culto do nada"[143]. Quanto a suas questões as mais profundas, são as que se prendem a antigas preocupações de ordem metafísica, ou se impõem com respeito à experiência contemporânea: o poder da linguagem como refúgio e vetor da Tradição; o papel e os efeitos da dialética do messianismo na história judaica.

As Moradas Ocultas da Alma Judia

A questão da linguagem preocupou Gershom Scholem por toda sua vida, através de um estudo, onde afirma especialmente ter demorado meio século para realizar. Imaginado na época dos encantos da aprendizagem do hebraico e das discussões com Walter Benjamin, este texto portará final-

---

142 Réflexion sur les études juives, op. cit., p. 114.
143 Idem, p. 114.

mente a impressão da angústia diante da história que organiza uma arte de escrever em que se cruzam discursos eruditos e reflexão metafísica. Em sua dimensão exotérica, "O Nome de Deus e a Teoria da Linguagem Cabalista" descreve o aparecimento, o desenvolvimento e as modalidades de uma doutrina dedicada em desvendar o segredo da linguagem humana, percebido como meio da Revelação e que permanece um dos principais legados do judaísmo ao pensamento religioso. Mas de um ponto de vista mais esotérico, esse texto colocado sobre os signos discretos de Kafka e Benjamin se inscreve sob um horizonte mais amplo e de uma outra natureza, como sugere seu subtítulo "Mística da linguagem" e uma citação de Hamann: "Linguagem – mãe da razão e da Revelação, seu alfa e seu ômega"[144]. Nessa perspectiva, é de novo a inquietude histórica que transparece. Se o Nome está na origem da toda linguagem, se esse último reflete um verbo divino "quem nos fala depois da Criação e da Revelação", se ele deixa enfim perceber um mistério que nada deve à função de comunicação, não existe certeza que a época conserve o saber, ou mesmo a consciência. À luz da teoria mística da linguagem que Scholem parece abraçar, "o que reveste um sentido, um significado e uma forma não é o verbo em si mesmo, mas a *tradição* desse verbo, sua transmissão e sua reflexão no tempo"[145]. Ora, tudo leva a pensar que a atualidade é a de uma crise da linguagem, dedicada ao esquecimento de seus segredos: "Dotada de uma dialética que lhe é própria, essa tradição se transforma e pode tornar-se um pequeno sussurro apenas audível; há também épocas, a nossa por exemplo, em que essa tradição se cala e não pode mais ser transmitida". Aos olhos dos cabalistas, era a presença do Nome sob as palavras que permitia escrutar o mistério da linguagem. Doravante, uma questão se coloca, que dá a esse estudo sua verdadeira profundidade: "Qual será a eminência da linguagem aonde Deus se terá refugiado?"

---

[144] Gershom Scholem, Le Nom de Dieu ou la théorie du langage dans la Kabbale (1970), *Le Nom et les symboles de Dieu dans la mystique juive*, p. 55-59 (trad. bras.: O Nome de Deus e a Teoria da Linguagem Cabalista, em *O Nome de Deus, A Teoria da Liguagem e Outros Estudos de Cabala e Mística: II*, trad. Ruth J. Sólon e J. Guinsburg, São Paulo: Perspectiva, 1999, p. 11). Scholem havia projetado, desde 1920, debruçar-se sobre essa questão, antes de descobrir que seria incapaz disso (ver *De Berlin à Jérusalem*, p. 168-169). É citada uma carta de Johann Georg Hamann para Jacobi, de 1785.

[145] Idem, p. 99.

Se bem que uma tal questão pareça dirigir-se apenas "àqueles que creem ainda perceber no mundo o eco difuso do verbo criador", ela permite reconstruir aquilo que outrora orientava o projeto dos místicos: descobrir na linguagem humana não apenas uma linguagem da Revelação, mas ainda "a linguagem como revelação". Desse ponto de vista, Scholem insiste sobre o fato de que entre as correntes da mesma ordem em outros universos religiosos, a mística judaica se caracteriza por "uma atitude metafisicamente positiva com respeito à linguagem, considerada como o instrumento próprio de Deus"[146]. O embasamento de uma tal consideração repousa sobre a ideia de que existe uma esfera interna da linguagem, estranha à sua função de comunicação e às convenções que asseguram a expressão fixando o sentido das palavras. Que transpareça um "indecifrável da linguagem" e que este se exponha "através das fendas da palavra", Walter Benjamin o havia colocado em evidência em meio à sua teoria do símbolo, com sua dimensão paradoxal: "a comunicação de um incomunicável desprovido de expressão"[147]. Foi, pois, a partir das intuições de um Benjamin que pensava na época de sua juventude em "pura mística da linguagem" que Scholem pode definir os principais temas da teoria dos cabalistas. Em primeiro lugar, tratava-se para eles de conceber a Criação e a Revelação como representações de Deus por ele mesmo, em uma perspectiva segundo a qual os elementos do divino penetram a linguagem com a ajuda dos símbolos. Transpondo um passo suplementar, eles poderiam então fazer do Nome a origem metafísica de toda a linguagem, de maneira que a do homem apareceria, quase tanto quanto a dos textos revelados, portadora de uma dimensão secreta significada simbolicamente. Sobraria, enfim, uma dimensão mais problemática: a de uma relação dialética entre mística e magia no seio da teoria dos nomes divinos e dos poderes reconhecidos no verbo estritamente humano.

---

146 Gershom Scholem, *Les Grands courants de la mystique juive* (1946), trad. M.-M. Davy, Paris: Payot, 1950, p. 27 (trad. bras.: *As Grandes Correntes da Mística Judaica*, trad. J. Guinsburg, Dora Ruhman, Fany Kon, Jeanete Meiches e Renato Mezan, 3. ed revista, São Paulo: Perspectiva, 1995, p. 19).
147 Le Nom de Dieu ou la théorie du langage dans la Kabbale, op. cit., p. 56. Além dessas discussões de juventude com Benjamin e dos textos deste último sobre a linguagem, Scholem sem dúvida tinha em mente a teoria do símbolo desenvolvida na *Origine du drame baroque allemand* de 1928. Ver supra, cap. III, p. 325-327.

Uma tal teoria da linguagem só pode ser apreciada pela comparação com a concepção do Nome na *Torá* e na literatura rabínica. A primeira não parece lhe proporcionar nenhuma "aura mágica". Tanto do ponto de vista de sua revelação quanto de sua "santificação" na liturgia, tudo é feito para recusar uma aproximação que entraria na ordem da manipulação teúrgica. Quando for o caso para os doutores do *Talmud* de codificar mais tarde o temor reverencial que o Nome deve inspirar, eles procurarão afastar a tentação de fazer um uso mágico insistindo sobre o seu caráter impronunciável, ocultando-o assim da esfera acústica a fim de lhe confirmar uma profundidade insondável. Scholem convoca a esse respeito o testemunho tardio de Hermann Cohen, que pleiteia a ideia segundo a qual na *Torá* o Nome cessa de ser uma palavra mágica, segundo uma perspectiva que reserva para a era messiânica sua capacidade de atestar a unidade de Deus "em todas as linguagens e para todos os povos"[148]. Ao que poderíamos acrescentar que, antes dele, Maimônides havia negado a existência de uma dimensão oculta da linguagem, dissipando a ambiguidade das palavras obscuras da *Torá*, ao demonstrar que elas devem ser compreendidas como alegorias, defendendo uma concepção convencionalista da linguagem e evitando, enfim, a interpretação dos "segredos da *Torá*" pelos do vocabulário[149]. Desse ponto de vista, assim como ele o faz com passagens do *Talmud* que podem alimentar uma concepção apocalíptica do messianismo, Maimônides devia manter à distância um certo número de textos que forneceriam uma fonte às especulações místicas sobre a linguagem: "se esqueces uma única letra, ou se a acrescentas, destruirás o mundo inteiro"; "os capítulos da *Torá* não estão dispostos na ordem, pois se estivessem, cada um poderia, ao lê-los, ressuscitar os mortos e fazer outros

---

148 Scholem cita (idem, p. 61) um texto de Cohen datado de 1924: Die religiösen Bewegungen der Gegenwart, em *Jüdische Schriften*, II, *Ethische und religiöse Grundfragen*, Berlin: C. A Schwestschke & Sohn, 1924, p. 63. Reencontramos essas ideias nas análises do Nome da *Religion de la raison*.
149 A interpretação dos termos ambíguos da *Torá* como alegorias, visando dissipar os antropomorfismos, é objeto de quase toda a primeira parte do *Guia dos Perplexos*. Sobre essa questão e a teoria convencionalista da linguagem de Maimônides, ver infra, cap. VII, p. 845 n. 193. O fato de o racionalismo de Maimônides basear-se na interpretação alegórica da *Torá* enquanto que a mística usa do símbolo em sua teoria da linguagem, pode fortificar a oposição global entre a filosofia e a Cabala que Scholem propõe, por outro lado, apoiando-se no antagonismo dessas duas figuras retóricas. Ver infra, p. 452-460.

milagres"[150]. Inversamente, quando Nakhmânides se empenhar em uma teoria mística da linguagem, deverá tomar liberdades com os comentários de Maimônides, que ele protege, aliás, contra os ataques de seus contemporâneos.

A primeira obra a oferecer uma doutrina mística da linguagem é uma daquelas cuja datação usual Scholem modificou para fazê-la remontar às origens da Cabala: o *Sefer Ietzirá* (Livro da Criação)[151]. Nela, a descrição das "trinta e duas vias maravilhosas da sabedoria" pelas quais Deus criou o universo procede diretamente da combinação das vinte e duas consoantes do alfabeto e dos dez números primordiais (*sefirot*). Nessa perspectiva, as 231 combinações possíveis das vinte e duas letras asseguram os três níveis do cosmos: o mundo, o tempo e o corpo humano[152]. Quanto a essa cosmologia fundada sobre uma mística da linguagem, ela permite afirmar que "toda criação e todo discurso nascem de um nome". Podemos, no entanto, supor que essa primeira doutrina se inspira tanto em considerações taumatúrgicas quanto de intenções teóricas, mobilizando nisso uma linguística mais mágica do que propriamente especulativa. Devemos a Nakhmânides ter conseguido dissipar essa ambiguidade. A seu ver, o texto sagrado escreveu-se na origem sem divisão em palavras, o que explica o perigo de esquecer ou acrescentar uma letra e autoriza, sobretudo, essa declaração: "Nós possuímos uma tradição autêntica segundo a qual toda a *Torá* é composta de nomes divinos e que permite recortar as palavras que lemos de maneira bem diferente". Mas ele podia ir mais longe ainda do que esta ideia de um texto tecido de nomes, para afirmar que "os

---

150 *Eruvim*, 13a e *Midrasch Tehilim*, 3, 2. Sobre essa questão, ver Ephraïm E. Urbach, *Les Sages d'Israël: Conceptions et croyances des maîtres du Talmud*, trad. M.-J. Jolivet, Paris: Cerf/Verdier, 1996, cap.VII.

151 Além de Le Nom de Dieu ou la théorie du langage dans la Kabbale, op. cit., p. 65 e s., ver *Les Origines de la Kabbale* (1962), trad. J. Loewenson, Paris: Aubier-Montaigne, 1966, p. 33 e s. A obra era geralmente datada entre o I e o VI séculos, Scholem propôs datá-la entre o II e o III.

152 Essa especulação repousa numa concepção do hebraico como língua fundada sobre raízes comportando apenas duas consoantes, a descrição da estrutura de três letras interveio apenas bem mais tardiamente na Idade Média, de fato, em especial, de Dunasch ben Labrat no século X. Ver A.S. Halkin, The Medieval Jewish Attitude Toward Hebrew, em *Biblical and Other Studies*, Alexander Altmann (ed.), Cambridge: Harvard University Press, 1963, p. 233-248; e Salo W. Baron, *A Social and Religious History of the Jews*, v. VII, *Hebrew Language and Letters*, New York/London/Philadelphia: Columbia University Press/The Jewish Publication Society of America, 1958, p. 41e s.

cinco livros da *Torá* são o Nome do Santo, abençoado seja Ele". Dito de outra forma, para ele como para os mestres que o haviam formado em Gerona, depois o autor do *Zohar* em seguida, a questão não é mais a da magia ligada aos poderes da linguagem, porém de uma especulação teórica ao redor do fato de que "a *Torá* em seu conjunto é um único nome místico sagrado"[153]. Alguns anos após a morte de Nakhmânides, Moisés de Leon retomaria, desse ponto de vista, a doutrina tradicional de interpretação dos quatro níveis de significação da *Torá*, associando-os às quatro consoantes que compõem o *Pardes* de uma célebre passagem do *Talmud: Peschat* (sentido literal), *Remez* (sentido alegórico), *Derusch* (hermenêutica rabínica) e *Sod* (sentido místico)[154]. José Gikatila afirmará enfim que, a seu ver, a *Torá* é, mais ainda do que o Nome, a explicação deste, de sorte que ela aparece como um vasto comentário do Tetragrama[155].

A partir do que Nakhmânides denominou a leitura da *Torá* "segundo o Nome" podia-se, pois, forjar a ideia de uma essência propriamente linguística do real como revelação do absoluto: "Além da linguagem, é a reflexão não articulada, o pensamento puro, a profundidade muda do espírito no qual se oculta que não tem nenhum nome"[156]. Autor do primeiro

---

153 *Zohar*, III, 36a e texto coincidente em II, 87b e 176a. Poder-se-á reportar à apresentação e à antologia propostas por Gershom Scholem: *Le Zohar: Le Livre de la Splendeur*, trad. E. Ochs, Paris: Seuil, 1980. Encontraremos, no entanto, análises mais detalhadas no artigo *Zohar* de um compêndio de Scholem: *La Kabbale: Une Introduction, origines, thèmes et biographies*, Paris: Cerf, 1998, p. 333-375. Os textos deste último volume retomam as contribuições de Scholem à *Enciclopédia Judaica*, Jerusalem/New York: Keter/Macmillan, 1972, v. 16. Sobre o *Zohar* em geral e esta questão em particular, em uma perspectiva próxima daquela de Scholem, ver Isaiah Tishby, *The Wisdom of the Zohar, An Anthology of Texts*, trad. do hebraico por D. Goldstein, London/Washington: The Littman Library of Jewish Civilization, 1944, 3 v. Aqui o II, p. 561-567 (os textos do *Zohar* concernentes à significação das letras do alfabeto) e p. 549-560 (para a apresentação e a interpretação de Tishby).
154 Ver G. Scholem, *La Signification de la Loi dans la mystique juive* (1956), em *Le Nom et les symboles de Dieu dans la mystique juive*, p. 120; G. Scholem, *La Kabbale et sa symbolique* (1960), trad. J. Boesse, Paris: Payot, 1966, p. 70 (trad. bras.: *A Cabala e seu Simbolismo*, trad. Hans Borger e J. Guinsburg, 2. ed., São Paulo: Perspectiva, 2006, p. 9-61). A passagem do *Talmud* assim comentada (*Haguigá*, 14b) narra que R. Akiva, Ben Zoma, Ben Assai e Ascher entraram no Paraíso para dele sair nas seguintes condições: "Um viu e morreu, o outro viu e ficou louco, o terceiro devastou as tenras plantações, somente Akiva saiu em paz como havia entrado".
155 Ver *La Kabbale*, p. 277.
156 *Les Origines de la Kabbale*, p. 239, e *Le Nom de Dieu ou la théorie de langage dans la Kabbale*, op. cit., p. 75, a propósito da doutrina de Isaac, o Cego, no século XIII.

verdadeiro tratado de mística da linguagem, sob forma de um comentário do *Sefer Ietzirá*, Isaac, o Cego, vê uma palavra de Deus dissimulada sob as letras, que reergue de uma escritura universal e designa o mundo da linguagem como o "mundo espiritual" propriamente dito: começo de toda manifestação da divindade oculta, o *Ein Sof* (infinito) pode se descrever por meio de etapas que o pensamento de Deus percorre "indo 'para a origem do discurso'"[157]. Em uma elaboração mais audaciosa ainda, essa temática dá origem a uma verdadeira teoria dos signos. Assim, para o autor de *Maian ha-Hokhmá* (A Fonte da Sabedoria), o movimento linguístico conheceu dois pontos de articulação, respectivamente constituídos pelas consoante *iod* e *alef*. Sílaba inicial do Tetragrama, o pequeno gancho em forma de ponto do *iod* representa o símbolo visível de um elo primordial da linguagem, ao passo que seu ângulo direito desenha como que asas que se deslocam a partir dessa origem, para figurar a "fonte efervescente" de um movimento linguístico que se ramifica ao infinito, antes de retornar ao seu centro. Quanto ao *alef*, é por sua pronúncia que ele designa um sopro puro evocando a formação da linguagem, como um ponto de indiferença a partir do qual se formariam todas as outras letras[158]. Salientando que o próprio Nome só é composto de consoantes, Abraão Abuláfia no final do século XII poderia enfim afirmar que esse fenômeno deve ser entendido como uma vontade divina de dissimulação, em proveito daqueles que saberão se iniciar nos segredos da *Torá* e de sua linguagem.

Contemporâneo do redator do *Zohar* e nascido como ele na Espanha, Abraão Abuláfia redige seus tratados essenciais no sul da Itália entre 1280 e 1291, pretendendo se contentar em expor o aspecto esotérico do pensamento de Maimônides[159]. Todavia, ele transforma uma componente

---

157 Le Nom de Dieu ou la théorie du langage dans la Kabbale, op. cit., p. 74. Encontraremos uma apresentação desenvolvida do pensamento de Isaac, o Cego, em *Les Origines de la Kabbale*, p. 276-306.
158 Ver Le Nom de Dieu ou la théorie du langage dans la Kabbale, op. cit., p. 77-78. Scholem cita em outra parte o exemplo de um outro símbolo do *iod*: em José Gikatila, a propósito da criação *ex nihilo*. Ver La Création à partir du néant et l'autocontraction de Dieu (1977), *De la création du monde jusqu'à Varsovie*, p. 52-53.
159 Ver Moshe Idel, *L'Expérience mystique d'Abraham*, trad. S. Tovel-Abitbol, prefácio de Schlomo Pinès, Paris: Cerf, 1989 (p. 12-17 sobre a vida e a obra de Abuláfia; cap. 1 no que concerne à teoria dos nomes divinos e da linguagem) e Elliot R. Wolfson, *Abraham Aboulafia, cabbaliste et prophète: Herméneutique, théosophie et théurgie*, trad. J.-F. Sené, Paris: Édtions

essencial da doutrina deste último: a que trata da profecia. Para o autor de *O Guia dos Perplexos*, a profecia representa o nível mais elevado da relação do espírito humano com Deus, mas ela se restabelece de uma disposição outrora dada a alguns e que renasceria apenas na época messiânica[160]. É esta impossibilidade de atualizar a profecia que contesta Abuláfia, praticando uma interpretação racionalista da teoria da linguística do *Sefer Ietzirá*. Em sua opinião, a Criação deve ser concebida como um ato de escrever divino, enquanto a Revelação e a profecia representam figuras onde o verbo de Deus se derrama na linguagem humana, dando assim ao homem as potencialidades de uma inteligência incomensurável das coisas. Com essa teoria radical, um passo decisivo foi transposto, visto que "a Criação, a Revelação e a profecia são fenômenos que têm lugar no universo da linguagem"[161]. Resulta que o verbo divino e os atos que o carregam não foram derramados de uma vez por todas no mundo no instante da Criação, mas procedem de um processo ininterrupto e sem cessar renovado. Quanto a essa ideia da Criação como escritura divina, cada letra torna-se assim um símbolo que reenvia a ela, como sob a mão de um escriba retirando da matéria por sua pena para prefigurar a forma que ele quer lhe dar. Mas se as consoantes permanecem, de fato, a fonte primordial de toda linguagem, são doravante as vogais que as combinam e as colocam em movimento, para assegurar um verdadeiro "falar divino" suscetível de reencontrar a palavra humana. Designada como "ciência da profecia", essa doutrina encontra então a teoria do agente intelecto de Maimônides, para mostrar que as esferas da linguagem e da *Torá* estão abertas no momento em que o homem atingiu o

---

de l'Éclat, 1999. Sobre a questão controversa das relações entre Maimônides e a Cabala, ver Alexander Altmann, Das Verhälnis Maimunis zur jüdischen Mystic, *Monatsschrift für die Geschichte und Wissenschaft des Judentums*, 80 (1936), p. 305-330 (tradução inglesa, Maimonide's Attitude Toward Jewish Mysticism, em *Studies in Jewish Thought: An Anthology of German Jewish Scholarscrip*, Alfred Jospe (ed.), Detroit: Wayne State University Press, 1981, p. 200-219). Para a situação atual do problema: Moshe Idel, *Maimonide et la mystique juive*, trad. Ch. Mopsik, Paris: Cerf, 1991.

160 Ver em especial: *Guia dos Perplexos*, II, 32-39 e *Mischné Torá*, Livro I, Madá, I, Iessod ha-Torá, VII. Reportaremo-nos a esta questão na última parte de *La Philosophie et la Loi* de Leo Strauss: A Lei baseada na filosofia. La Doctrine de la prophétie chez Maïmonide et ses sources, em Leo Strauss, *Maïmonide*, trad. R. Brague, Paris: PUF, 1988, p. 101-142. Ver infra, cap. VII, p. 831-842.

161 Le Nom de Dieu ou la théorie du langage dans la Kabbale, op. cit., p. 91.

cume de suas possibilidades[162]. Quanto a essa forma última da perfeição humana, ela coincide efetivamente com uma experiência profética alimentada de ciência da linguagem: "Se desejais atingir o nível da *Torá* em que vos tornareis profetas, deveis seguir a via dos profetas, pois sua via consistia em combinar [todas as letras] da *Torá* e a apreender do começo ao fim como a via dos santos Nomes, pois a verdadeira tradição chegou até nós assim como a *Torá* inteira e os Nomes do Muito Santo, depois do *bet* de Bereschit (*Gn* 1, 1) até o *lamed* de *le'eine kol Isra'el* (*Dt* 34, 12)"[163].

Afirmando que a experiência profética pode ser reproduzida por um encadeamento adequado ao reconhecimento das "assinaturas" depositadas por Deus nas coisas por meio de uma espécie de escritura perpétua, Abuláfia conseguiu formalizar o que denominou uma "ciência da combinação das letras". No princípio desta, encontramos esse postulado: "o segredo que está na origem do 'exército' (das coisas) é a letra do alfabeto, e cada letra é um signo (símbolo) que remete à Criação"[164]. Nessa perspectiva, diferentemente de seus predecessores que meditavam sobre os nomes sem lhes modificar a forma, Abuláfia se permitiu quebrar o Nome para recriar novas unidades linguísticas graças a combinações inéditas das letras ou das vogais, seguindo um exemplo proposto por um de seus contemporâneos: "É uma coisa bem conhecida que ao receber esse versículo ('eu serei o que serei', *Ex* 3, 14) e combinando as letras, Moisés, nosso mestre – de abençoada memória – alcançou a meta final de todo conhecimento e no degrau supremo foi-lhe permitido fazer prodígios e milagres"[165]. Concebida para fins práticos, essa atividade mística que se manifesta na esfera da linguagem requer uma disciplina de meditação metódica, susce-

---

162 Ver *Guia dos Perplexos*, II, 36, em que Maimônides dá essa definição da profecia: "uma emanação de Deus, que se difunde, por intermédio do intelecto ativo, sobre a faculdade racional primeiro, depois sobre a faculdade imaginativa; é o mais alto degrau do homem e o termo da perfeição ao qual sua espécie pode atingir". Sobre a experiência profética tal como a concebe Abuláfia, ver Moshe Idel, *L'Expérience mystique d'Abraham Aboulafia*, cap. III. No que concerne à relação de Abuláfia com a doutrina maimonidiana do intelecto, ver Elliot R. Wolfson, *Abraham Aboulafia, cabbaliste et prophète*, p. 124 e s.
163 Idem, p. 68 "[diante] dos olhos de toda Israel", é necessário corrigir a referência no texto citado por Wolfson: *Dt* 34, 12, sejam as três últimas palavras do livro, e portanto da *Torá* de Moisés.
164 Citado em *Le Nom de Dieu ou la théorie du langage dans la Kabbale*, op. cit., p. 91.
165 Citado em Moshe Idel, *L'Expérience mystique d'Abraham Aboulafia*, op. cit., p. 33. Idel dá o exemplo de uma tabela de combinação: a que concerne a todas as associações possíveis entre o *alef* e cada uma das letras do Tetragrama (idem, p. 35).

tível de provocar um estado de consciência favorável ao despertar da profecia: "No Nome, meu intelecto encontrou uma escada para se erguer ao degrau da visão"[166]. Para descrever o que parece um movimento harmonioso do pensamento puro, concebido segundo as categorias da doutrina do conhecimento de Maimônides, Abuláfia o compara à música[167]. Exercitando-se para a ciência da combinação, o espírito forma motivos que ele modifica segundo infinitas variações, permitindo esta analogia: "Que se toque a primeira corda, comparável à primeira letra, *alef*, e que se tome depois a seguinte, *bet*, a terceira, *guimel*, a quarta, *dalet*, e a quinta, *hei*. Os diversos sons se combinam e os mistérios que se exprimem nessas combinações regozijam o coração através do ouvido. Assim procede o método que consiste em trocar as letras do exterior com uma pluma"[168]. Quanto a esse exercício mesmo, Abuláfia pleiteia ter por língua natural o hebraico, aquela entre as setenta línguas da terra que oferece por suas vinte e duas letras a "grafia primordial" da escritura divina[169].

Quando se interrogava Scholem sobre a origem de seu interesse pelos cabalistas, respondia que eles foram capazes de "forjar símbolos visando exprimir sua própria situação como uma situação do mundo"[170]. Além da preocupação de uma compreensão erudita dessa transmutação da experiência histórica, o trabalho sobre a teoria mística da linguagem era, sem dúvida, dirigido por uma meditação sobre as possibilidades de atualização de uma tal atitude. A fim de introduzir a uma reflexão dessa ordem, Scholem evoca uma imagem emprestada por Orígenes a um rabino da Academia de Cesareia: A Escritura parece-se a uma grande casa, dotada de numerosas peças possuindo uma chave; porém, essas chaves foram trocadas, de maneira que elas não correspondem às portas; é preciso, pois, tentar devolver a cada peça sua chave, a fim do conseguir abri-la. Percebe-se imediatamente a analogia com o imaginário contemporâneo de um Kafka visto como um dos últimos autores compelidos por impulsões místicas.

---

166 Idem, p. 31.
167 Sobre a "ciência da combinação das letras" e essa analogia, ver *Les Grands courants de la mystique juive*, p. 148-150.
168 Citado em *L'Expérience mystique d'Abraham Aboulafia*, p. 62.
169 Ver Elliot R. Wolfson, *Abraham Aboulafia, cabbaliste et prophète*, p. 59-60.
170 Entretien avec Gershom Scholem, op. cit., p. 71.

O ponto de encontro do cabalista com o texto sagrado estava precisamente situado lá onde ele se dá o direito de o metamorfosear: "A palavra da Revelação, palavra isenta, severa, que não pode, por assim dizer, ser equívoca ou incompreensível está agora infinitamente preenchida de sentido"[171]. Que a *Torá* esteja "grávida" de significações inumeráveis, que aquele que procura seus segredos se autorize a "abrir o versículo", isso tem por consequência que a palavra de Deus "se desloque nessas camadas infinitas do sentido". Mas restava apenas a "liberdade do desespero" sugerida pela parábola da casa de chaves misturadas que permanecia cercada pelo respeito da autoridade da Tradição, mesmo se essa atitude conservadora fosse por vezes combatida por tendências revolucionárias de desprezo da *Torá*. A questão que coloca o universo kafkiano de uma Tradição tornada intransmissível é a da possibilidade de preservar aquilo que compensava o desespero de grande parte dos místicos do Nome: "a crença na linguagem concebida como um absoluto, tão dilacerada quanto fosse pela dialética, a fé em um mistério que se pode perceber na linguagem"[172]. Inscrevendo a obra de Kafka na "genealogia da mística judaica", Scholem se faz a testemunha daquilo que esta ainda permite, no momento em que ela atinge seu ponto nulo: "A chave pode estar perdida, mas resta o desejo de procurá-la"[173].

A Dialética do Messianismo: Uma Escritura da História Judaica

Definindo-se como "historiador dotado de um sentido filosófico ou filósofo que tinha conhecimentos históricos", Gershom Scholem consagrou, sem dúvida, uma das chaves de sua arte a escrever a história judaica[174]. Através de sua orientação e sua maneira de abordar seus objetos, esta se caracteriza por um agudo sentido da dialética. Scholem meditou demoradamente na lição guardada da experiência dos fundadores da Wissenschaft des Judentums: a de uma ciência deliberadamente liquidante ou simples-

---

171 *La Kabbale et sa symbolique*, p. 19.
172 *Le Nom de Dieu ou la théorie du langage dans la Kabbale*, op. cit., p. 99.
173 *La Kabbale et sa symbolique*, p. 20.
174 Ver *L'Identité juive*, op. cit., p. 8.

mente indiferente às suas consequências, que enterrava o passado judaico à medida que o exumava. Dessa dialética negativa de um saber que destrói seus objetos, seria preciso reter a paixão das fontes e a exigência filológica, como é dito num célebre adágio de Aby Warburg: *Der liebe Gott lebt im Detail*. Mas deveríamos nos precaver com a mesma energia da consequência de um descuido erudito que Scholem denomina de "morte professoral". Disso decorre uma escritura constantemente sob tensão. Na ordem da erudição, Scholem tomou muito cedo a si a tarefa de acumular o material que permitiria reconstruir uma região da história judaica deixada na sombra após as Luzes, entrevista por alguns de seus predecessores, desprezada pela maioria. Esse empreendimento não tinha, no entanto, sentido a seu ver senão tornando-se capaz de elevar-se em um plano no qual os textos esclarecessem as situações históricas, os conceitos se entendessem como respostas aos acasos de uma existência no exílio, oferecendo juntos os elementos de uma meditação sobre os mistérios da vida judaica, seus perigos e as condições de sua sobrevida. Desse ponto de vista, a restituição da teoria da linguagem elaborada pelos cabalistas podia se conceber como a atualização de uma ontologia da mística judaica[175]. Restaria revelar a filosofia da história que ela propõe através da perspectiva pela qual penetra no imaginário e na experiência do povo judeu: a do messianismo.

Obra de uma vida, a reabilitação da mística judaica assemelhava-se para Scholem à reparação de uma espécie de injustiça resultante das escolhas efetuadas pela *Haskalá*: "Quando os judeus da Europa Ocidental, na virada do século XVIII, colocaram-se deliberadamente na via da cultura europeia, a Cabala foi uma das primeiras e principais vítimas que caíram no caminho. Ressentido como estrangeiro e incômodo, o mundo da mística judaica, com sua complicada simbologia, foi doravante julgado estranho e perturbador, por isso depressa esquecido"[176]. Daí por que Scholem poderia um dia declarar que seu trabalho crítico contribuiu para "reconstituir a Tradição"[177]. No início de sua caminhada encontra-se a vontade de perdoar à Cabala a reivindicação que seu próprio nome indica: ser uma expressão

---

175 Ver Stéphane Mosès, *L'Ange de l'histoire: Rosenzweig, Benjamin, Scholem*, Paris: Seuil, 1922, p. 243.
176 *La Kabbale et sa symbolique*, p. 7.
177 *L'Identité juive*, op. cit., p. 8.

autêntica da Tradição, ao lado daquelas unanimemente admitidas e desenvolvidas pelos rabinos e seus filósofos[178]. Na visão de Scholem, o judaísmo é, por excelência, uma religião baseada na ideia da tradição. Quanto à Tradição no sentido próprio, ela se manifesta como "a tentativa de tornar a palavra de Deus exprimível e utilizável segundo a forma de vida determinada pela Revelação"[179]. Desse ponto de vista, quando ela se desenvolve através dos comentários da *Torá* ou das especulações situadas entre os três pontos cardeais do monoteísmo, a Cabala aparece menos distanciada do que se diz em geral do eixo central do judaísmo, permitindo essa definição: "o conjunto dos ensaios de interpretação em termos de concepções místicas do sentido do judaísmo rabínico, tal como foi cristalizado na época do Segundo Templo e ulteriormente"[180]. À articulação do pensamento e da história, é preciso, pois, descrevê-la dando-lhe um direito que lhe foi, sob diversas formas, contestado, para sublinhar ao mesmo tempo a dialética que lhe atribui sua força: "uma forma legítima à qual os judeus recorreram para se compreenderem a si mesmos assim como ao mundo exterior, uma forma que exprime sua experiência religiosa e suas metamorfoses históricas, mas também suas crises mortais ou portadoras de vida"[181].

Compreender o lugar e o papel da mística na história do judaísmo supõe distanciar *a priori* dois pressupostos que pesam sobre seu estudo, apenas com o inconveniente de substituir algumas certezas quanto à sua natureza pela descrição como um fenômeno eminentemente dialético. Em primeiro lugar, afirma-se em geral que a experiência mística salienta apenas o domínio da interioridade própria a uma minoria de indivíduos e não mantém nenhuma ligação com o contexto social[182]. Numerosos elementos

---

178 Scholem amiúde faz alusão ao fato de que no hebraico do *Talmud* o termo *Kabalá* designa a Tradição no sentido da Lei oral em geral, visando mesmo, por vezes, o conjunto dos textos pós-mosaicos. Ver *Rosch ha-Schaná*, 7a (relativo ao fato de que os meses devem se contar a partir de Nisan): "Nós não o sabemos pela Lei de Moisés, mas pela *Kabalá*". Ou ainda, *Haguigá*, 10b: "As palavras da *Kabalá* têm uma autoridade igual àquelas da *Torá*". Nesse sentido, não se fará por muito tempo a distinção na "cadeia da tradição" para discriminar os textos com nuança mística.
179 G. Scholem, La Crise de la Tradition dans le messianisme (1968), *Le Messianisme juif*, p. 105.
180 La Signification de la Loi dans la mystique juive, op. cit., p. 101.
181 G. Scholem, L'Étude de la Kabbale depuis Reuchlin jusqu'à nos jours (1969), *Le Nom et les symboles de Dieu*, p. 203.
182 Ver Mysticisme et société: Un Paradoxe créateur (1967), em *Aux origines religieuses du judaïsme laïque*, p. 257-284.

que a caracterizam parecem poder alimentar essa tese. Em todos os universos religiosos, a mística aparece como um estado secundário do desenvolvimento histórico, que só surge no momento em que já existem formas sociais, ritos e instituições estáveis, mas que parecem envelhecidas e gastas, como por uma espécie de esclerose da inspiração inicial. Rebelde contra a captação da herança ou sua alteração, ela pode assim parecer-se a uma "fase romântica" da religião: a de um retorno à origem da parte dos crentes que procuram a imediatidade de uma iluminação e de um conhecimento, permitindo a contemplação, a comunicação direta ou mesmo a união com Deus. Se em uma tal perspectiva a mística parece radicalmente se isolar da comunidade, cultivando uma espécie de foro interior encantado, não resta nem ao menos um "personagem dialético", que mantenha as relações contraditórias com o universo social. Sua maneira de ser repousa no fato de se opor à instituição que pretende mediatizar a experiência religiosa com uma presença imediata de Deus. Mas o que faz ela, de fato, senão reproduzir a afirmação que havia outrora presidido a afirmação da religião tradicional? De um outro ponto de vista, da mesma forma que as fontes da revelação originária e as do místico permanecem finalmente parecidas, esse último se alimenta das imagens religiosas e da linguagem que lhe fornece a tradição contra a qual parece se rebelar. Dali nasce a aparência profundamente ambivalente de sua postura. Ao primeiro olhar, é uma atitude revolucionária que parece se impor: afirmando uma liberdade interior renitente à empresa institucional, o místico reivindica uma vida espiritual liberta dos entraves da vida comunitária, com o perigo de conduzir essa espécie de anarquismo social à beira do niilismo. O inverso é, entretanto, também possível, o que tende desta vez a fazer dele um conservador: "agindo em um contexto social concreto e saturado de tradição, seu sobressalto místico pode confirmar a tradição na qual ele vive e fazer dele o protagonista e o defensor dessa tradição"[183].

Revolucionário ou conservador, oponente declarado da autoridade ou guardião paradoxal da tradição, portador de ações construtivas ou destrutivas, o místico mantém, pois, com a sociedade relações conflitantes, mas

---

183 Idem, p. 273.

eficazes. Uma tal constatação permite refutar uma segunda ideia recebida, que quer vê-lo viver "além e acima do plano histórico, sobre um plano da experiência que não é o da história"[184]. Desta vez, é o dilema ao qual se confronta o próprio místico que permite refutar essa aparência. Denominada *devekut* pelos cabalistas, a comunhão com Deus parece não realçar, à primeira vista, senão uma experiência puramente interior e pessoal, tanto mais intensa quanto isola aquele que dela se beneficia, permanecendo, durante o processo, incomunicável[185]. Com relação às diferentes formas da piedade judaica, ao passo que o *talmid hakham* representa, enquanto erudito da Lei e "discípulo dos Sábios", um ideal de vida ofertado à comunidade que o reconhece como um mestre de sua geração, o *tzadik* e o *hassid* abeberam sua identidade na perfeição solitária que não parece irradiar para o exterior. A ele resta apenas que, atingido o cume da experiência, o místico deverá escolher entre só falar consigo mesmo e "traduzir o indizível em palavras". Permanecer oculto aos olhos do mundo para cultivar sua solidão contemplativa, ou se voltar para o mundo a fim de realizar na sociedade uma vocação espiritual: a tradição mística distingue entre uma *devekut* metafísica e a que se dá uma finalidade social, quando o *tzadik* aceita a "descida de um passo" que lhe permitirá esclarecer seus contemporâneos[186]. Sob o olhar de Scholem, é esta segunda atitude que parece essencial, na medida em que ela esclarece o impacto da Cabala na história judaica e permite de novo compreender suas formas contraditórias. Nesse sentido, não somente os místicos têm amiúde preenchido uma necessidade de comunicar o conhecimento originado de suas experiências, mas têm procurado colocá-la a serviço de uma compreensão das crises vividas na história, oferecendo por vezes respostas mais profundas e poderosas que aquelas propostas pelos rabinos e filósofos. A importância do fenômeno místico, que se manifestará essencialmente por meio de sua doutrina do messianismo, mede-se por este valor: "Estas respostas iluminavam o sentido do exílio e da Redenção,

---

184 *La Kabbale et sa symbolique*, p. 11.
185 Ver Gershom Scholem, Trois types de piété juive, op. cit., e La *Devekut* ou la communion avec Dieu (1950); *Le Messianisme juif*, p. 303-331. Em um outro contexto, Scholem constrói uma outra tipologia: ela opõe o *talmid hakham* ao *halutz* (pioneiro). Podemos lembrar o fato de que nesses textos autobiográficos, ele manifesta uma fascinação pela figura do *talmid hakham* e fala de sua geração como a dos *halutzim*.
186 Mysticisme et société: Un Paradoxe créateur, op. cit., p. 279.

colocando a condição histórica única de Israel em um quadro mais amplo, mesmo cósmico, o da Criação"[187].

Ao refutar a ideia de um caráter radicalmente a-histórico da Cabala para lhe conceder uma força que se confunde com a da ideia messiânica, Scholem aprimora o princípio de sua própria maneira de escrever a história judaica. Sob esse ângulo, sua intenção não é mais apenas a de reparar uma injustiça frente a um saber dispensado pelo racionalismo, mas de restaurar uma compreensão da história que havia por muito tempo permitido ao povo judeu se orientar nas vicissitudes do exílio. Antigamente, os cabalistas haviam procurado descrever os acasos do mundo como o reflexo do mistério da vida divina, de maneira que "as imagens nas quais se condensavam suas experiências se encadeavam profundamente com as experiências históricas do povo judeu"[188]. Sabe-se o que sucedeu de seus conhecimentos e de seu pensamento da história depois que foram "engolidas no turbilhão dos tempos modernos" pelas gerações posteriores à *Haskalá*: "o que restou oferecia o espetáculo de um impraticável campo de escombros, coberto de brenhas onde, somente aqui e ali, o espanto recusador de leitores ocasionais, porém instruídos, provocava insólitas imagens do sagrado, insultantes para um

[187] Gershom Scholem, *Sabbataï Tsevi: Le Messie mystique*, trad. M.-J. Jolivet e A. Nouss, Paris: Verdier, 1983, p. 37 (trad. bras.: *Sabatai Tzvi: O Messias Místico*, trad. Attílio Cancian, Ari Solon, J. Guinsburg e Margarida Goldsztajn, São Paulo: Perspectiva, 1995-1996. 3v.). Publicada em hebraico em Tel Aviv em 1957, essa obra foi publicada em Princeton em 1973, em uma edição revista e aumentada, traduzida para o inglês por R. J. Zvi Werblowsky, professor de Religião Comparada na Universidade Hebraica de Jerusalém e amigo de Scholem, mas que havia acolhido o livro com numerosas reservas quando de sua publicação. Para a preparação dessa versão definitiva da obra, Scholem integrou as informações de um importante fundo de arquivos surgido depois da primeira publicação: o da seita dos Dunmé de Salônica, fiéis a Sabatai Tzvi que haviam se convertido como ele ao islã. A história dessa exumação é por si só significativa dos mistérios que por muito tempo cercaram o sabataísmo. Depois do grande incêndio de 1917, acreditava-se que esses arquivos estivessem definitivamente perdidos, mas abandonando a Grécia pela Turquia àquela época, um grupo de Dunmé transmitira um certo número de documentos a um rabino que decidiu conservá-los, ao mesmo tempo que ocultá-los dos olhos dos eruditos. Escondidos em Atenas durante a ocupação nazista, eles foram recuperados pelo filho do rabino que os salvou e transportou para Israel, para serem aí definitivamente depositados. É essa versão aumentada da grande obra de Scholem que foi traduzida para o francês, com o prefácio redigido pelo autor em 1971 para a edição americana. Scholem, além disso, consagrou um longo estudo à extraordinária história do movimento de onde a documentação inédita surgiu: La Secte cryptojuive des Dunmeh de Turquie (1960), em *Le Messianisme juif*, p. 219-250.

[188] *La Kabbale et sa symbolique*, p. 8.

pensamento racional". *A contrario*, o conhecimento erudito não pode fixar como único objeto o de exumar textos enterrados e de submetê-los à crítica filológica: "os símbolos recentemente aferrolhados adquirem para nós um valor de abertura e iluminação"[189]. Dito de outra maneira, se o perigo existe de apresentar aos espíritos bizarros visões que os cabalistas procuravam proteger dos olhares não educados, merecem tanto mais ser divulgados os mitos do exílio e da salvação desenvolvidos pela Cabala por haverem oferecido uma filosofia da história na qual a comunidade judaica da dispersão e do gueto encontrava um espelho de sua situação, uma maneira de decifrá-la e de inscrevê-la no horizonte situado além dos sofrimentos do presente.

Se o papel da Cabala na história do povo judeu depende de uma atitude inédita para mobilizar a perspectiva messiânica, esta resulta da concepção da Redenção própria ao judaísmo. As orientações constitutivas das grandes religiões são, sobre esse ponto, decisivas. Edificando-se sobre a ideia segundo a qual a vinda do Messias é um acontecimento já advindo, o cristianismo relegou a Redenção na interioridade de um domínio espiritual invisível, na ordem de uma transformação pessoal do indivíduo que não modifica o curso da história. Protestando, por sua vez, contra aquilo que lhe parecia como uma antecipação ilegítima, o judaísmo manteve sua posição inicial: a Redenção permanece "um acontecimento público, devendo se produzir sobre a cena da história e no coração da comunidade judaica"[190]. Para Scholem, é preciso, contudo, insistir sobre o fato de que a tradução da problemática da Redenção em uma doutrina messiânica é posterior à época bíblica propriamente dita, mesmo se ela se alimenta de elementos emprestados a algumas visões proféticas, como a do fim dos dias de Isaías, a de um dia do Senhor em Amós, ou ainda a da carruagem divina de Ezequiel. Essa tese sobre um messianismo que se abebera em fontes diferentes daquelas da Lei é essencial para o raciocínio de Scholem: "ele tem sua origem na experiência histórica ou, antes, nas reações que essa experiência histórica tem suscitado no imaginário dos judeus"[191]. Ao que se acrescenta que se ele não aparece verdadeiramente senão após

---

189 Idem, p. 9.
190 Pour comprendre le messianisme juif, op. cit., p. 23.
191 La Crise de la tradition dans le messianisme juif, op. cit., p. 105.

os acontecimentos como a destruição do Segundo Templo, a derrota de Bar Kokhba ou os inícios do exílio, conhece senão mais tardiamente ainda uma verdadeira eficácia histórica. Durante uma longa época, a esperança messiânica permaneceu abstrata e sem ligação com a experiência vivida, de sorte que estava suscetível de se integrar à Tradição e de parecer compatível com ela, apesar de se enraizar em outras fontes que não as suas. Concebida como um acontecimento devendo sobrevir no fim da história, ou mesmo além dela, a Redenção podia alimentar duas representações contraditórias: a do retorno a um estado primitivo destruído e que seria reconstituído; ou o da irrupção de um mundo totalmente novo. Mas pelo menos o conflito potencial entre a ideia de uma atualidade da Redenção e a tradição do passado podia permanecer mascarado, enquanto as especulações sobre a *Torá* da era messiânica se desenvolviam essencialmente na ordem da imaginação e da esperança.

Era este equilíbrio precário que os primeiros movimentos messiânicos deviam destruir, ao fazer explodir uma contradição presente desde a origem, porém por longo tempo contida. Scholem muito cedo percebeu o conflito que dilacera o ideal messiânico. Desde 1919, anotava em seus cadernos que este se apresenta sob duas formas teórica e historicamente distintas. Denominada "revolucionária", a primeira se declina a partir da ideia do "Messias do fim dos tempos"; em uma visão da guerra entre Gog e Magog; por meio de um julgamento derradeiro entendido como fim do mundo e retorno das almas; sob uma equação entre a era messiânica e uma nova Criação. Em sentido oposto, existe igualmente uma versão "evolucionista" (*verwandelnde*) do messianismo, que neutraliza a perspectiva de um julgamento derradeiro, visa a purificação das almas e uma transformação da natureza, mas sem novidade introduzida no "mundo vindouro"[192]. A seguir, Scholem por várias vezes a aperfeiçoou, remanejando essa tipologia. Para o texto mais completo consagrado à questão do messianismo, esta é inscrita no quadro ampliado de uma distinção entre três correntes do judaísmo[193]. "Conservadora", a primeira dentre elas se identifica com a

---

[192] Nota sobre o messianismo, no final de um maço de papéis situados entre agosto de 1918 e agosto de 1919, em *Tagebücher, 1917-1923*, p. 380.
[193] *Pour comprendre le messianisme juif*, op. cit., p. 25 e s.

posição mais visível no seio da tradição rabínica e considera que a defesa dos judeus no exílio depende da atitude das comunidades em preservar a integridade imutável da Lei, a fim de garantir a unidade do povo constituída quando da Revelação do Sinai. Estimando, quanto a ele, que a situação inicial do povo judeu foi perturbada nas tribulações do exílio, a corrente "restauradora" pretende o retorno para um ideal situado no passado, ligando assim a esperança ao restabelecimento de um estado original. Resta, enfim, uma visão "utópica" das coisas, que põe em relevo a perspectiva de um mundo messiânico inteiramente novo, para um futuro incomparável às experiências conhecidas. Quanto ao messianismo mesmo, ele surgiu no encontro das problemáticas da restauração e da utopia, para se desenvolver por meio das relações dialéticas que elas conservam: sua oposição doutrinal, que não impede que se possa deslizar de uma à outra; uma tensão entre a especulação teórica sobre a era do Messias e os movimentos que tentam lhe dar uma saída prática imediata; as nuanças do ideal utópico mesmo, tencionadas entre a perspectiva de uma realização gradual do tempo da Redenção e a de uma interrupção apocalíptica do curso da história.

Uma vez ainda, é cruzando a análise das doutrinas messiânicas e a descrição de situações em que elas encontram uma tradução histórica que Scholem constrói sua tese. Desse ponto de vista, o papel central é representado pelas visões apocalípticas que vão dilacerar a corrente utópica, provocando um conflito, há muito tempo mantido latente, entre a Lei defendida pela tradição rabínica e uma "Lei messiânica" abeberando-se de outras fontes. Mais concretamente, no momento em que a esperança messiânica cessa de ser formulada em termos abstratos de uma realidade imaginária para aparecer como uma resposta possível ao desamparo presente, uma tensão se coloca entre um pensamento "filosófico-racionalista" que tende a se tornar conservador e os movimentos populares alimentados de mitologias com saídas revolucionárias[194]. Na visão de Scholem, é pouco duvidoso que existam historicamente duas correlações opostas: uma "mentalidade popular" afetada pelas dores do exílio que se sente em afinidade com as lendas provenientes de alguns *midraschim* apocalípticos incitando ao entusiasmo ou à revolta; o mundo naturalmente elitista dos rabinos e dos filó-

---

[194] Ver *Sabbataï Tsevi*, p. 25-26.

sofos que permanece, ao contrário, ligado à literatura que visa neutralizar as visões catastróficas do fim e prega uma vida contemplativa. Do ponto de vista histórico que Scholem abraça, é o primeiro desses universos que produz a dinâmica, tanto é que parece que nenhuma expectativa messiânica se poupa de uma visão apocalíptica. Além dos autores de apocalipses enquanto tais, essa concepção das coisas pode ser tomada de empréstimo dos profetas como Isaías, Oseias ou Amós, que dão voz aos sofrimentos e ao desespero, para conceder às suas escatologias ares nacionais. Mas ela abebera sua força, sobretudo, na mobilização das passagens da *Mischná* que descrevem as "dores do parto" e desenvolvem paradoxos apocalípticos conduzindo à beira do antinomismo: "quando tombares no mais fundo, eu virei vos resgatar"; "sob os calcanhares do Messias, o orgulho aumentará e o respeito desaparecerá; a sinagoga tornar-se-á uma casa de prostituição; não se encontrará mais a verdade em nenhuma parte,'o filho insultará seu pai, a filha se erguerá contra sua mãe e cada um terá por inimigo pessoas de sua própria casa' (*Miqueias* 7, 6); a fisionomia dessa geração será semelhante a uma cabeça de cão"[195].

Anunciando as catástrofes que precederiam a Redenção, convidando a calcular os dias próximos do Messias, sugerindo que poderia ser possível "precipitar o fim", o messianismo apocalíptico colocava uma questão que seria difícil de reprimir ou de conter: "Pode o homem ser considerado como o senhor de seu próprio destino?"[196] Mas ele oferecia também uma tradução radical e sedutora da doutrina clássica do judaísmo, segundo a qual a salvação não é a realização de uma interioridade: "A Redenção é antes o surgimento de uma transcendência acima da história, uma intervenção que

---

[195] *Midrash Tehilim*, Salmo 45, 3; *Sotá*, 49b (passagem concordante em *Sanedrin*, 97a). Sobre a temática apocalíptica na literatura rabínica, ver Ephraïm E. Urbach, *Les Sages d'Israël*, cap. XVII. Scholem sublinha ainda em *Sabbataï Tsevi*, p. 29 (trad. bras., p. 12), o fato das autoridades rabínicas como Saadia Gaon poderem acolher tais proposições. Ver em especial o Livro das Crenças e das Opiniões, tratado VIII, 3, em que Saadia propõe uma interpretação das passagens apocalípticas de Daniel e dos cálculos que elas contêm. Notaremos que Scholem parece por vezes hesitar sobre o estatuto exato das correntes apocalípticas no judaísmo, insistindo comumente sobre sua marginalidade na literatura rabínica (Pour comprendre le messianisme juif, op. cit., p. 29 e s.) e procurando às vezes reintroduzi-los na continuidade da Tradição (*Sabbataï Tsevi*, p. 26 [trad. bras., p. 9-10], em que ele imputa à ocultação dessa perspectiva pela *Wissenschaft des Judentums* uma das "falsificações modernas da história judaica").
[196] Pour comprendre le messianisme juif, op. cit., p. 41.

faz dissipar e desmoronar a história, a projeção de um jato de luz a partir de uma fonte exterior à história"[197]. Tais eram, pois, as ideias e as perspectivas que os autores racionalistas deviam se empenhar em refutar. Para Scholem, é Maimônides que aparece como sua ponta de lança, obrigado a oferecer uma escatologia que contorna as visões apocalípticas. Com ele se construiu na tipologia das doutrinas messiânicas o que se parece a uma utopia antiutópica. Para preservar a dimensão inegavelmente utópica do messianismo, ao mesmo tempo lhe retirando sua ponta apocalíptica, Maimônides devia mobilizar sua autoridade de codificador e suas capacidades especulativas à serviço daquilo que Scholem denomina "uma utopia aristocrática pela qual os mistérios da filosofia tomavam o lugar da dinâmica da história"[198]. Àqueles que pleiteavam a possibilidade de calcular o fim, ele podia opor as deliberações dos Sábios sobre o seu caráter imprevisível: "três coisas acontecem sem que se atente, o Messias, um objeto encontrado e o escorpião"[199]. Ampliando a perspectiva, devia-se ainda formalizar a espera messiânica conjurando os impacientes: "Crer e ter certeza que ele virá e não pensar que ele estará atrasado [...] Não lhe determine uma data e não procure nas Escrituras para deduzir o momento de sua vinda [pois] nossos mestres dizem 'que seja arrebatado o espírito daqueles que especulam sobre o fim dos tempos' (*Sanedrin*, 97b)"[200]. Restava-lhe, enfim, propor uma descrição dos "dias do Messias" alternativa aos das utopias radicais:

> Não vá crer que o Messias deva operar sinais e milagres, renovar as coisas do mundo, ressuscitar os mortos... Que ninguém pense que nos dias do Messias o curso natural do mundo cessará ou que as inovações serão introduzidas na Criação... Os Sábios dizem que "a única diferença entre o mundo agora e os dias do Messias é a libertação da servidão e do poder das nações" [*Sanedrin*, 91b]... O mundo se ocupará apenas do conhecimento de Deus. É por isso que os filhos de Israel serão grandes sábios. Eles conhecerão as coisas ocultas e atingirão ao mais

---

197 Idem, p. 35.
198 *Sabbataï Tsevi*, p. 31 (trad. bras., p. 14).
199 *Sanedrin*, 97a.
200 *Comentário sobre a Mischná, Sanédrin*, cap. x (*Helek*): "décimo segundo princípio". Sobre Maimônides, ver supra, p. 110 n. 132, e infra, p. 850 n. 145.

alto degrau do conhecimento do Criador possível ao homem, "a terra será plena do conhecimento de Deus como as águas preenchem o mar" (Is 11, 9)[201].

Na visão de Scholem, a autoridade da "Grande Águia" não podia, entretanto, "dissimular a fraqueza essencial de sua escatologia"[202]. Seria a força de autores como Abravanel a de saber retrabalhá-la levando em conta as tradições apocalípticas, em tempos de extrema miséria e perseguição. Porém, uma vez mais, foi só sob o impacto de acontecimentos traumatizantes, como a Expulsão da Espanha interpretada pelos cabalistas, que o messianismo faria verdadeiramente sua entrada na história, para aí tornar-se uma força atuante. Resta, no entanto, provar como se compreende uma tal força, voltando-se para uma das questões mais debatidas a respeito da identidade do judaísmo: a de sua relação com o mito. Nessa perspectiva, Scholem busca retornar à crítica clássica do racionalismo relativa a uma mística denunciada como regressão mítica. Não seria o caso de contestar o papel representado na consolidação do monoteísmo pela "liquidação do mito"[203]. Enquanto as religiões anteriores ou vizinhas afirmavam uma unidade panteísta de Deus, do cosmos e do homem, o judaísmo havia cavado um abismo entre essas três esferas. Da época medieval de Saadia Gaon e Maimônides às formas modernas do racionalismo, desenvolveu-se assim um combate em favor de uma ideia de Deus purificado das imagens míticas e antropomórficas. No pensamento contemporâneo, Hermann Cohen é o melhor testemunho dessa preocupação de uma "teologia irrepreensível", ao mesmo tempo historiador de seu desdobramento sob o esquema do idealismo transcendental e ator de sua defesa em um contexto particularmente desfavorável. Por esse motivo, Scholem atribui a ele uma contribuição autêntica para a teologia judaica, mesmo se ela não tira sempre as melhores consequências de suas intuições as mais profundas. Assim Cohen descreveu perfeitamente as contradições de uma teologia liberal da qual ele era paradoxalmente o herdeiro: o perigo de cultivar o messianismo como "um agradável passatempo", excluindo toda iniciativa na história; a

---

201 *Mischné Torá*, Livro XIV, *Sofetim* (Juízes), V, *Melahkim* (Reis), XII.
202 *Sabbataï Tsevi*, p. 31 (trad. bras., p. 15).
203 *La Kabbale et sa symbolique*, p. 106.

maneira como engendra sua antítese, sob a forma de uma "teologia da revolução" que não compreende mais o verdadeiro sentido da ideia messiânica[204]. Afastando um e outro, afirmando que "o futuro messiânico é a primeira expressão consciente da oposição dos valores morais à sensualidade empírica", permitia evitar a confusão entre o retorno de uma verdadeira história dos judeus e a "dinâmica messiânica", resgatando de novo o horizonte da Redenção[205]. Porém, esquecia que se é verdade que o futuro messiânico escapa aos limites da experiência sensível, "é nesse registro que os valores alcançam sua realização perfeita 'absoluta'". Por outro lado, Cohen não podia perceber que à semelhança de outro dos pensadores racionalistas, seu sistema usava metáforas místicas, como a relativização do fato pontual da Revelação em proveito da ideia segundo a qual o Sinai inscreveu-se "no coração do homem"[206].

A grandiosa empreitada de Cohen recrutando retrospectivamente Maimônides, a tradição rabínica e os profetas em uma batalha pela ideia pura de Deus não saberia mascarar o conflito entre essa ideia e a de um "Deus vivente". Recuperando a esse respeito uma crítica de Martin Buber à *Religião da Razão*, Scholem sublinha o fato de que a vontade feroz de preservar a transcendência de toda contaminação pelo mito conduz a "esvaziar o conceito de Deus"[207]. Perder em substância o que ela ganhava em pureza

---

204 G. Scholem, Considerations sur la théologie juive (1973), *Fidélité et utopie*, p. 257 e p. 255-256.
205 Idem, p. 254-255. Scholem cita Hermann Cohen, *Religion de la raison tirée des sources du judaïsme*, trad. M. B. de Launay e A. Lagny, Paris: PUF, 1994, p. 352. Sobre o sentido preciso dessa fórmula e a doutrina do messianismo defendida por Hermann Cohen, ver supra, cap. I, p. 109-110.
206 Idem, p. 240-241 (Scholem cita *Religion de la raison*, p. 123). Notemos que Scholem atribui a Rosenzweig e Buber assim como a Cohen a atitude consistente de polemizar com a mística sempre dela se servindo à medida das necessidades.
207 Sobre a maneira pela qual Martin Buber critica a afirmação de Cohen segundo a qual Deus é uma "ideia", ver infra, cap. V, p. 675-677. Nesse domínio, Buber defendia a ideia segundo a qual o judaísmo amiúde extraiu do mito os recursos lhe permitindo, assim, enfrentar as situações históricas perigosas, frente a uma tradição rabínica que se isolava pleiteando uma causa estritamente racionalista e monoteísta. Ver em especial Martin Buber, Le Mythe dans le judaïsme, *Judaïsme*, trad. M.-J. Jolivet, Paris: Gallimard, 1982, p. 79-89. É dessa ideia que se aproxima Scholem, que negava, aliás, ter se inspirado na teoria dos arquétipos de Jung, a despeito de sua frequência regular às Conferências Eranos organizadas por este último. Ver sua carta a Norman Podhoretz do dia 25 de outubro de 1979, em *Briefe*, III, p. 199. Essa precisão é uma das críticas que ele opõe ao livro de David Biale que lhe diz respeito: *Gershom Scholem: Kabbalah and Counter-History*, Cambridge/London, 1979 (trad. bras.: *Cabala e Contra-História: Gershom Scholem*, trad. J. Guinsburg, São Paulo: Perspectiva, 2004).

conceitual, tal é o dilema que sofreu a teologia racional sem o saber, recusando em admitir que todo crente necessitava imaginar um deus misturando-se de uma maneira ou de outra ao mundo dos homens. Nesse plano, é uma reflexão de ordem antropológica que Scholem cruza com a análise doutrinal. Seguindo seu ponto de vista, a questão concerne ao estatuto das teofanias que aparecem na *Torá*, tratando precisamente dos antropomorfismos que elas contêm[208]. Uma contradição parece manifesta entre alguns enunciados que se repetem a respeito da Revelação: "o Eterno fala a Moisés face (*panim*) a face" (*Ex*33, 11), ou "face a face Eu lhe falei, por uma visão e não por enigma e ele contemplou a figura (*temuná*) de Deus" (*Nm* 12, 8); "vós haveis escutado um som de palavras, mas vós não vistes nenhuma figura (*temuná*), nada havia além de uma voz" (*Dt* 4, 12). De modo similar, a representação de Deus parece autorizada pela proposição matricial do *Genesis* 1, 26: "façamos o homem à nossa imagem [*tzelem*], à nossa semelhança [*demut*]". Como impor o interdito das imagens quando se fala de "face", de "semelhança" ou de uma "figura" a propósito de Deus? A essa questão e outras similares levantadas por numerosos termos ambíguos da *Torá*, Maimônides responde ponto a ponto. Nas primeiras páginas do *Guia*, ele refuta ao mesmo tempo as interpretações antropomórficas de *tzelem* e *demut*. A primeira palavra se aplica à "forma natural", isto é, a que "constitui a substância da coisa", significando em espécie que o *tzelem* do qual o homem vai se beneficiar é a "compreensão intelectual"[209]. No caso da "semelhança", ela visa "uma certa ideia", e não uma realidade empírica, como quando o salmista se afirma parecido ao pelicano do deserto, evocando à evidência não as asas ou a plumagem dele, mas sua tristeza. Essas duas análises permitem, pois, afirmar que quando é dito que Moisés

---

208 Ver Gershom Scholem, *Shi'ur Qoma*: La Forme mystique de la divinité, *La Mystique juive: Les Thèmes fondamentaux* (*Von der mystischen Gestalt der Gottheit. Studien zu Grundbegriffen der Kabbala*, 1962), trad. M.-R. Hayoun, Paris: Cerf, 1985, p. 37-72.
209 *Guia dos Perplexos*, 1, 1. Denominados por Strauss "lexicográficos", os 49 primeiros capítulos do livro examinam sistematicamente os termos que sugerem uma corporeidade divina, para mostrar que eles são homônimos ou anfibológicos, que é preciso entendê-los sob um sentido metafórico ou alegórico, que eles não propõem em todo caso nenhuma representação antropomórfica de Deus (ver em especial 1, 37, sobre a palavra *panim*). Sobre o papel desses capítulos na economia do *Guia*, ver infra, p. 863-864 e 864-865 n. 172-174. Ver também supra, p. 63-65, o sentido antimitológico que dá Hermann Cohen para a refutação dos antropomorfismos.

"contemplou a figura (*temuná*) de Deus", é preciso entender que ele "compreende Deus em sua realidade". Tratando-se, enfim, do exemplo mais difícil do "face a face", Maimônides explica que é preciso compreender que Deus falou a Moisés "sem intermediário", isto é, sem intercessão de um anjo: o que confirma definitivamente *Dt* 4, 12, afirmando que ele percebeu apenas uma voz, e não um rosto.

  Contra a certeza mais ou menos tranquila de Maimônides, Scholem opõe uma antropologia religiosa que propõe seu paradoxo. Atribuindo a Deus imagens emprestadas às criaturas, o antropomorfismo "faz parte da região vital da religião"[210]. Mas pertence do mesmo modo a esse último "a impressão de que a realidade do ser divino transcende um tal discurso". Dito de outra forma, é à dialética de um vão combate contra as imagens que é preciso remeter o racionalismo: "Nada é mais insensato que os ataques contra os antropomorfismos e, por isso, nada se impõe com outro tanto de insistência e de necessidade para a consciência meditativa do teólogo que se vê dominado por uma tal superabundância". Nesse ponto, a história retoma seus direitos e com ela o fio do raciocínio de Scholem: se a teologia conseguiu suprimir as imagens míticas no domínio exotérico, estas ressurgem e prosperam na ordem esotérica. O problema não é mais, pois, o de condenar a mística como uma especulação impura das imagens proibidas, porém saber se o monoteísmo pode poupar-se dela sem aventurar-se a perder sua substância e aparecer como uma concha vazia. De maneira similar, não poderíamos continuar a focalizar um conflito entre um racionalismo rabínico ou filosófico e o irracionalismo do mito, lá onde só está em causa a capacidade de produzir o fervor dos crentes pelo respeito aos mandamentos. Antes de examinar essa questão, Scholem restringe o terreno do confronto e contesta uma ideia clássica sobre as origens da Cabala. Em primeiro lugar, face a um judaísmo rabínico tornado com o tempo incapaz de refletir sobre si mesmo, a filosofia e a mística têm em comum

---

210 *Shi'ur Qoma*: La Forme mystique de la divinité, op. cit., p. 37. Encontraremos uma descrição bastante próxima do papel paradoxal dos antropomorfismos nas três religiões monoteístas em Henri Corbin. Ver *Le Paradoxe du monothéisme*, Paris: L'Herne, 1981. Os dois homens encontraram-se nas Conferências Eranos e Scholem redigiu uma nota a respeito de um tratado da Cabala sobre a contemplação para as Mélanges Corbin, publicadas em Teerã em 1977 (ver sua carta a Henri Corbin de 5 de abril de 1973, em *Briefe*, III, p. 65).

o fato de terem conseguido vir em socorro de uma Tradição ameaçada de esclerose ao reconsiderar de modo radical sua herança. Desse ponto de vista, longe de pertencer a mundos totalmente separados, elas têm com frequência partilhado suas preocupações e misturado suas linguagens, com o risco de que o sentido dos conceitos se transforme no decorrer das transferências. Dessa forma, é recolocada em causa a tese de Heinrich Graetz segundo a qual a Cabala nascera de uma reação às Luzes. A relação dos cabalistas para com a tradição racionalista é ao mesmo tempo mais simples e mais complexa: "A varinha de condão da mística abriu as fontes ocultas e uma nova vida no coração de um grande número de ideias e de abstrações escolásticas"[211]. Quanto à sua verdadeira oposição, Scholem a formula ao opor a descrição polêmica proposta por Moisés de Burgos no século XIII: "Deveis saber que esses filósofos cuja sabedoria vós louvais terminam lá onde nós começamos".

Tendo, assim, reconstruído sob uma forma mais exata a antinomia entre filosofia e Cabala, Scholem pode novamente endurecê-la, reformulando-a nas categorias da teoria da linguagem. Estando claro que procuram todas as duas uma compreensão inédita dos "mistérios da Lei", é sobre a maneira de os esclarecer que elas se opõem. A tendência natural da filosofia, quando os aborda, é de considerar a *Torá* como um veículo das ideias contidas nos livros de metafísica ou de ética de Aristóteles e seus sucessores, de modo que ela converteu as realidades concretas do judaísmo em um "feixe de abstrações"[212]. Inversamente, porque ela se recusa a idealizar os fenômenos, a mística "se abstém de destruir a contextura viva da narração religiosa alegorizando-a". É, pois, na diferença entre a alegoria e o símbolo que deve ser capturado o antagonismo. Inspirado aqui ainda pelas teorias de Walter Benjamin, Scholem propõe essa definição de alegoria: "uma rede infinita de significados e correlações nas quais cada coisa pode tornar-se a representação de qualquer outra coisa, mas sempre ficando nos limites da

---

211 *Les Grands courants de la mystique juive*, p. 37.
212 Idem, p. 39. É preciso notar que em sua apresentação suscinta da filosofia de Maimônides como arquétipo oposto à Cabala, Scholem adota um ponto de vista que reúne as interpretações mais radicalmente filosóficas de sua obra: a de um racionalismo moderno que vai, sem dúvida, mais longe nesse caminho do que Cohen; mas também aquela em nome da qual um livro como o *Guia* foi denunciado à sua época e em seguida como uma heresia hostil à Lei.

linguagem e da expressão". Graças a ela, os filósofos podiam se exercitar em abrir o sentido das narrações bíblicas até querer descobrir nelas as descrições da relação entre matéria e forma ou as propriedades do espírito. É, por sua parte, ao símbolo que recorre a Cabala, isto é, a uma maneira de se exprimir graças a qual "uma realidade que não tem nela mesma, para nós, nem forma nem contorno, torna-se transparente e, por assim dizer, visível, por meio de outra realidade que recobre seu conteúdo de um sentido visível e exprimível". Tal é, pois, o poder característico do símbolo: porque, rigorosamente falando, ele nada "significa", mas "torna transparente alguma coisa que está aquém de toda expressão", o cabalista pode descobrir nisso um reflexo da "verdadeira transcendência" que a alegoria ignora. Scholem chega assim a propor uma formulação sintética da oposição entre categorias de linguagem que regem sua análise do conflito entre filosofia e religião: "Se podemos definir alegoria como a representação de alguma coisa de exprimível por uma outra coisa exprimível, o símbolo místico é a representação exprimível de alguma coisa que se encontra além da esfera de expressão e de comunicação, alguma coisa que vem de uma esfera cuja face é, por assim dizer, voltada para o interior e fora de nós"[213].

Forçando deliberadamente a feição de uma filosofia indiferente aos vetores clássicos da Tradição, Scholem a opõe à Cabala no terreno da interpretação da Lei e de sua consequência prática. Para esse fim, ele procura apanhar Maimônides na armadilha de uma contradição entre sua autoridade de codificador e suas intenções intelectuais, notando que o primeiro capítulo da *Mischné Torá* fala menos da *Halakhá* do que de filosofia. De um ponto de vista convergente, afirma a impossibilidade de sustentar que sua teoria das *mitzvot* "era capaz de aumentar o entusiasmo do fiel por sua prática efetiva e de suscitar imediatamente um sentimento religioso"[214]. Quanto à *Agadá*, Scholem considera que ela sempre desconcertou os filósofos, permanecendo sempre para eles "um obstáculo em vez de uma preciosa herança". Esse obstáculo coloca *a contrario* em relevo a audácia dos cabalistas. Não apenas estes não procuraram nos mandamentos a alegoria de ideias mais profundas, mas desenvolveram uma verdadeira

---

213 Idem, p. 40 (trad. bras.: *As Grandes Correntes da Mística Judaica*, p. 28-29).
214 Idem, p. 42.

"ideologia da *Halakhá*". Transformando-a em um sacramento que permite a realização de um rito secreto, permitiram inegavelmente o renascimento do mito no seio de um judaísmo que procurava eliminá-lo. Porém, é preciso admitir que essa atitude permitiu pelo menos reforçar a autoridade da *Halakhá* no povo, em uma perspectiva que faz de todo judeu religioso um protagonista do drama do mundo: "Cada *mitzvá* torna-se um acontecimento de importância cósmica, um ato que reage na concepção dinâmica do universo". Paralelamente, os cabalistas permaneceram ligados ao que a *Hagadá* reflete de existência cotidiana e de sentimento religioso dos judeus da época talmúdica. Vivendo em um mundo historicamente contínuo com ela, recusaram-se a menosprezar as narrativas maravilhosas e suas afirmações de aparência ingênua, prendendo-se antes em provar que descobrem territórios misteriosos em que o homem intervém no mundo superior. Do mesmo modo que, no que concerne à *Halakhá*, a *Agadá* deles não é mais, certamente, idêntica à dos Sábios, mas sua eficiência prática está à altura de sua capacidade de adaptação às circunstâncias históricas: as de uma vida tornada tão estreita que ela é obrigada a procurar sua inspiração nos mundos desconhecidos, no momento em que "o mundo real se modificou em um mundo do gueto"[215].

Essa condenação da filosofia em defesa da Cabala no processo clássico que lhe foi instaurado não escapou aos olhos de Leo Strauss, que a entende como uma espécie de desafio salutar para quem quer arrancar do pensamento medieval os preconceitos que a envolvem[216]. Strauss sublinha claramente o ponto de cristalização da crítica de Scholem. Para ele, aos filósofos faltou coragem de enfrentar um dos problemas mais terríveis da experiência humana: o da existência do mal no mundo. À semelhança de Hermann Cohen, que afirmará que o poder do mal só se manifesta no mito, os filósofos judeus medievais recusaram lhe conceder uma significação própria, cortando-o assim não só da alma de seu povo, mas da do homem em geral. Sobre esse ponto ainda, porque eles, ao contrário, guardavam o espírito aberto aos mitos que se tecem de temores humanos, os

---
215 Idem, p. 45.
216 Ver Leo Strauss, Pour commencer à étudier la philosophie médiévale, *La Renaissance politique classique*, trad. P. Guglielmina, apresentação de Th. Pangle, Paris: Gallimard, 1993, p. 288-290 e infra, cap. VII, p. 895-896 e 944-946.

cabalistas adquiriram "um senso agudo da realidade do mal e do sombrio horror que paira sobre tudo que é vivo"[217]. Melhor ainda, essa questão é a que os manteve constantemente em atenção, na esperança de apreender sua profundidade para poder resolvê-la, longe da esquiva dos filósofos que a enterram por meio de uma simples fórmula. Essa constatação deve, definitivamente, confirmar a tese de Scholem sobre os dois componentes do bom êxito da Cabala na história judaica: enfrentando as perspectivas mais abissais da experiência humana, os cabalistas mantiveram uma conexão entre suas preocupações especulativas e os "interesses vitais da crença popular"; essa atitude sempre dependeu do fato de eles assumirem o papel de "dignatários do mundo mítico". Chegando a esse ponto de seu discurso de defesa, Scholem apõe, entretanto, um corretivo destinado a evitar uma glorificação intempestiva da Cabala. Este diz respeito aos perigos que incorrem respectivamente filósofos e místicos, que permanecem, apesar de seu antagonismo, os "aristocratas do pensamento": se alguns esquecem a necessidade da ideia de um Deus vivo se distanciando das questões primordiais da vida real, os outros devem evitar se perderem no labirinto dos mitos onde a doutrina deles encontra sua seiva.

A fim de ilustrar sua tese sobre um conflito entre filosofia e mística que se volta com vantagem para a segunda, Scholem não hesita em levantar um tabu: o da existência de uma gnose judaica. Perto de mil anos antes da entrada da Cabala na cena da história judaica, o *Talmud* atesta a presença de especulações sobre o que ele já denomina os "segredos da *Torá*" (*sitrei ha-Torá*), em especial os dois principais dentre eles: o *maassé bereschit*, que concerne ao relato da Criação; o *maassé mercavá*, ligado à visão da carruagem de Ezequiel[218]. Mas são os interditos que pronuncia a *Mischná*

---

217 *Le Grands courants de la mystique juive*, p. 49. Scholem consagra à doutrina do mal na Cabala um longo estudo, centrado sobre o conceito que a rege: "o outro lado (*sitra akhara*)". Ver *Sitra ahara, le bien et le mal dans la Kabbale*, *La Mystique juive*, p. 73-101. Não poderíamos, entretanto, esquecer que Maimônides consagra à questão do mal três capítulos do *Guia*: III, 10-12. Sob reserva de uma interpretação destes capítulos tanto mais difíceis quanto se ligam àqueles consagrados à Providência (III, 17, III, 23: III, 51) poder-se-ia conceder a Scholem o fato de que o filósofo parece querer domar a experiência do mal: ele não é mais frequente no mundo do que o bem; não podemos imputá-lo a Deus; ele procede no homem essencialmente da privação da ciência.

218 O encadeamento dos motivos do livro de *Ezequiel* basta para explicar sua posteridade e as especulações a seu respeito: a visão da própria Carruagem (cap. 1); o anúncio do fim próximo

a respeito deles: "Não se deve interpretar o relato da Criação diante de duas pessoas nem o relato da Carruagem celeste diante de uma pessoa, a menos que se trate de um religioso capaz de compreendê-la por si mesmo. Aquele que especula sobre essas quatro coisas, teria valido mais para ele não ter sido criado: o que está acima, o que está abaixo, o que esta à frente, o que está atrás" (*Haguigá*, 11b). Maimônides confirmará de maneira enfática a existência desses segredos, dos quais ele estende por vezes a lista, para incluir em especial os nomes divinos[219]. Ele retomará igualmente por sua conta a regra dos Sábios amiúde citada, forjando a partir dela os princípios de uma escritura que Leo Strauss procura descriptografar[220]. O interesse de Scholem dirige-se ao conteúdo das primeiras especulações místicas a propósito dos segredos da *Torá*, a fim de fazer remontar sua datação até a época da cristalização da doutrina rabínica e colocar a questão de suas ligações com a gnose. As glosas mais antigas sobre o *maassé bereschit* estão depositadas no *Sefer Ietzirá*, que importa sobretudo por sua teoria do Nome e sua cosmologia. Porém, a literatura mais significativa de uma inspiração gnóstica alimentada de antropomorfismos é a das *hekhalot*: descrição da maneira pela qual o místico iniciado no segredo da Carruagem viaja através dos sete Céus, Palácios ou Templos, para chegar até o Trono

---

(cap. 7); a reiteração do enunciado dos culpas de Israel (cap. 7 e 20), de Jerusalém (cap. 8 e 11), dos príncipes (cap. 19), dos falsos profetas (cap. 13) e do povo judeu entregue à idolatria (cap. 14); o anúncio dos castigos (cap. 9); mas também os anúncios da reunião dos exilados (11, 17s), de uma nova Aliança (11, 19), da libertação de Israel do domínio das nações (cap. 28), da ressurreição das ossadas (37, 10) e da edificação de um novo Templo (cap. 40-48); a descrição, enfim, da terra santa (fim do livro).

219 No *Guia*, I, 35, Maimônides considera igualmente como segredos da *Torá* a doutrina dos atributos, a profecia, a providência, a ciência divina e os nomes de Deus (ver infra, cap. VII, p. 865-866). Em outros locais ele reduz a lista ao *maassé bereschit*, ao *maassé mercavá*, às obscuridades da profecia e ao conhecimento de Deus (II, 2). Em outro local, enfim, somente são referidos o *maassé bereschit*, identificado com a física e o *maassé mercavá* que corresponde à metafísica (Introdução). O caráter secreto do Nome para os Sábios é atestado pelo *Kiduschim*, 71a: "Os sábios devem falar do Tetragrama a seus discípulos uma vez todos os sete anos: duas vezes todos os sete anos, segundo alguns. N. Nahan b. Isaac disse: uma vez todos os sete anos é o que é razoável, porque está escrito: 'Eis meu nome para a eternidade [*le'olam*]' (*Ex* 3, 15) – é *le'élem* [para o segredo] que é preciso ler". Maimônides, porém, não cita jamais esta passagem.

220 A passagem de *Haguigá*, 11b é citada desde a introdução do *Guia*, depois em I, 33. Leo Strauss empenha-se em demonstrar que ele organiza a maneira pela qual Maimônides inventa uma escritura suscetível de revelar os segredos sem violar completamente o interdito que preside na sua comunicação. Ver infra, cap. VII, p. 871-886.

de Deus. No decorrer dessa aventura, as revelações lhe são feitas sobre as coisas celestes e os segredos da Criação, a hierarquia dos anjos e as práticas teúrgicas. Mas o essencial é que, ao termo de sua viagem, ele contempla o que Ezequiel viu sobre o Trono da *Mercavá*: "uma figura tendo a aparência de um homem" (*Ez* 1, 26)[221].

Eis, pois, uma das visões místicas julgadas das mais provocativas por seu antropomorfismo: a "medida do corpo" (*Schiur Komá*). Diferentemente da gnose, a literatura que lhe é consagrada não evoca a figura dualista de um outro deus, mas confirma a imagem humana: "Ele é como nós, por assim dizer, mas bem maior que tudo; é Sua glória que nos é oculta"[222]. Ao que se acrescenta que essa medida do tamanho de Deus pode se estender à de seus membros, para associar a essa representação corporal números monstruosos e nomes místicos de aspectos blasfematórios[223]. Resta finalmente que a possessão desse segredo está colocada entre as coisas que dão acesso à felicidade suprema definida nas categorias do *Talmud*: "quem quer que conheça as medidas de nosso Criador e a glória do Santo, abençoado seja Ele, que estão ocultas às criaturas, esteja certo de ter seu lugar no mundo vindouro"[224]. Scholem sublinha a ambivalência esperada dos filósofos, que oscilam entre a rejeição do antropomorfismo ostentada no *Schiur Komá* e um interesse contrafeito por sua popularidade, atestada por numerosas questões endereçadas às autoridades das academias rabínicas. Da mesma forma como redigira em outro lugar um comentário do *Sefer Ietzirá*, Saadia Gaon preocupou-se muitas vezes com esse assunto, se bem que duvidando de sua autenticidade. Iehudá Halevi, por seu lado, vai mais longe numa defesa prudente: "Não se rejeitará como absurdas as palavras *e ele contemplou a figura do Senhor* (*Nm* 12, 8), *e eles viram o Deus de Israel* (*Ex* 24, 10), nem a visão da Carruagem nem mesmo o *Schiur Komá*, pois ele inspira na alma o temor de Deus, é assim

---

221 Ver em especial *Les Origines de la Kabbale*, p. 29.
222 Citado em *Les Grands courants de la mystique juive*, p. 79. O dito é atribuído a Rabi Akiva, considerado como o principal representante de uma sensibilidade mística na literatura talmúdica.
223 Ver *Schi'ur Qoma: La Forme mystique de la divinité*, op. cit., p. 44-45. Cálculos da mesma ordem existem a partir do salmo 147, 5: "grande é nosso mestre e poderoso pela força" quer dizer que seu tamanho é (por uma combinação mística do valor numérico das letras) de 236 milhões de parasangas.
224 Citado em *Les Grands courants de la mystique juive*, p. 77. Essa declaração é de novo atribuída a Rabi Akiva.

que é dito *a fim de que Seu temor esteja sobre vossa face (Ex 20, 20)*"[225]. Mais tarde, Moisés de Narbona e Simão ben Tzemá Duran tentarão, no século XIV, remi-lo, querendo lhe conceder um sentido filosófico alegórico[226]. Mas a atitude mais característica é ainda a de Maimônides. No *Comentário sobre a Mischná*, ele sugere a possibilidade de introduzir o *Schiur Komá* no estudo das visões proféticas[227]. Interrogado, no entanto, mais tarde sobre esse texto, responderá de maneira abrupta: "Não considero que ele seja proveniente das mãos dos Sábios. Longe deles que uma tal coisa tenha saído de suas mãos [...] Vale antes cumprir um mandamento do que fazer desaparecer esse livro e a lembrança de seu conteúdo, como está escrito *vós não evocareis o nome dos outros deuses*" (Js 23, 7)[228].

Na visão de Scholem, a importância histórica que deve ser dada à representação mística de Deus proposta pelo *Schiur Komá* depende diretamente de sua datação: tardia, assim como quer a historiografia moderna, ela inocentaria de alguma forma os rabinos da época talmúdica de toda preocupação mística; devolvida ao século II, ela aparecerá como "um dos ramos judaicos da gnose"[229]. Que o judaísmo dos primeiros séculos possuía um conhecimento da forma mística de Deus, Scholem procura provar apoiando-se no testemunho de Orígenes. Na introdução de seu comentário do *Cântico dos Cânticos*, ele escreve: "Diz-se que os judeus proíbem a quem quer que seja que não tenha atingido uma idade madura de tomar esse livro em mãos. E não é tudo, pois ainda que seus rabinos e seus mestres estudem com as crianças todos os livros da Escritura e as tradições orais, eles reservam para o final esses quatro textos: o começo do *Gênesis*, em que está descrita a criação do mundo; o começo da profecia de *Ezequiel*, em que está exposta a doutrina dos anjos; o final do mesmo livro,

---

225 *Kuzari*, IV, 3, *in fine*.
226 Renan assinala uma "Lettre mystique sur la mesure de la hauteur" de Moisés de Narbona, significativamente considerada por seu autor como um comentário do *Cântico dos Cânticos*. Ver Ernst Renan, *Les Écrivans juifs français du XIVème siècle*, Paris: Imprimerie nationale, 1843, p. 325.
227 *Comentário sobre a Mischná*, Sanedrin, cap. X, Introdução (*Helek*), 7º princípio.
228 *Responsa* de Maimônides, ed. J. Blau, v. I, 1957, p. 201, § 117, citado em *Schi'ur Qoma*: La Forme mystique de la divinité, op. cit., p. 57. Sobre a atitude de Maimônides em relação ao *Schiur Komá*, ver Moshe Idel, *Maïmonide et la mystique juive*, p. 100-104.
229 *Les Origines de la Kabbale*, p. 30.

que fala do Templo futuro; e o livro do *Cântico dos Cânticos*"[230]. Visto que a informação de Orígenes sobre os três primeiros desses textos é exata, resta demonstrar que o *Cântico dos Cânticos* lhe deu também ensejo a especulações místicas. A afirmação é tanto mais estranha quanto sabemos, por outro lado, que não apenas o estudo do *Cântico dos Cânticos* era considerado como legítimo nos séculos II e III, mas que ele pertence aos temas favoritos do ensinamento público dos rabinos. Como é que um livro que era interpretado na sinagoga como uma alegoria do amor entre Deus e o povo de Israel podia conter informações sobre os "segredos da *Torá*"? A resposta de Scholem é que ele oferece uma descrição da forma divina:

> meu amante é alvo e rosado [...]; sua cabeça é como ouro puro, os cachos de seu cabelo são negros como o corvo; seus olhos são como o das pombas junto às correntezas das águas [...]; seus lábios são rosas, que gotejam mirra preciosa [...]; suas mãos são cilindros de ouro incrustados de ônix, seu corpo uma obra de arte em marfim [...]; suas pernas são colunas de mármore [...]; seu falar é muitíssimo doce (*Ct* 5, 10-16).

Falta provar que os Sábios conheciam a dimensão esotérica dessas imagens, ou seja, sua ligação com a figura do *Schiur Komá*. Uma das maneiras de fazê-lo seria descobrir na produção literária deles uma passagem estipulando a proibição de dar acesso a esse texto a um público não preparado. Mas diferentemente do que é para o início do *Gênesis* e certos elementos da profecia de Ezequiel, claramente identificados como suportes do *maassé bereschit* e do *maassé mercavá*, não encontramos nada parecido nos textos rabínicos. Existe, entretanto, um outro procedimento indicando que um livro suscita a desconfiança dos estudiosos: a discussão de sua inclusão no cânon, isto é, sua capacidade de "tornar as mãos impuras"[231]. Ora, uma tal controvérsia existe no caso do *Cântico dos Cânticos*. No *midrasch* que lhe

---

[230] Citado em *Schi'ur Qoma: La Forme mystique de la divinité*, op. cit., p. 5. Sobre essa questão, ver sobretudo G. Scholem, *Jewish Gnosticism, Merkabah Mysticism and Talmudic Tradition*, New York: The Jewish Theological Seminary of America, 1965, p. 38. Nota-se que Orígenes conhece, pois, as referências de escritura dos textos contendo os dois principais segredos da *Torá*: o *maassé bereschit* e o *maassé mercavá*.

[231] A título de ilustração, encontramos na *Meg[u]ilá*, 7a, uma discussão dessa ordem a respeito do livro de *Ester*: na passagem que coloca igualmente a questão sobre o *Cântico dos Cânticos*.

é consagrado, pode-se ler esta deliberação de Rabi Akiva: "Que ninguém em Israel discuta o fato de que o Cântico dos Cânticos torne as mãos impuras, pois, por assim dizer, o mundo só existe no dia que ele o fez. Por quê? Porque todos os escritos dos hagiógrafos são santos, mas esse é o santo dos santos"[232].

Que fazer de um tal dossiê? Sublinhar antes de tudo que, tanto em defesa do *Cântico dos Cânticos* quanto na literatura do *Schiur Komá*, é Rabi Akiva quem representa o arauto do esoterismo de uma "medida do corpo" de Deus descrita por Ezequiel como "figura tendo a aparência de um homem". Isso seria confirmado pelo fato de que a literatura das *hekhalot* lhe empresta igualmente o conhecimento dos "perigos da ascensão" nos palácios da esfera da *mercavá*[233]. A isso se acrescenta o fato de encontrarmos na gnose dos séculos II e III formas similares de antropomorfismo místico, especialmente ligadas às descrições do "corpo do pai" ou do "corpo da verdade"[234]. A partir desses dados, Scholem forja a hipótese segundo a qual duas correntes vieram a se fundir: a dos místicos heréticos que haviam se desviado do judaísmo rabínico; a dos visionários da *Mercavá*, que representariam assim "uma forma de gnosticismo judaico que tentou

❧

Sobre esse texto, ver Emmanuel Lévinas, Pour une place dans la *Bible*, *À l'heure des nations*, Paris: Minuit, 1988, p. 19-41 e infra, cap. IX, p. 1058-1060.
232 *Midrasch Schir-ha-Schirim* (*Agadat hazita*), I, 1, § 11. Encontraremos uma passagem concordante no *Talmud: Iadaim*, 73a. Nos dois textos, Rabi Akiva acrescenta que a dúvida existe apenas no que concerne o *Eclesiastes*.
233 Ver *Les Grands courants de la mystique juive*, p. 65-66 e *Jewish Mysticism*, cap. III. O argumento repousa sobre a interpretação da passagem célebre do *Talmud* narrando que somente Rabi Akiva saiu indene do *Pardes* onde havia entrado com três outros homens, depois de ter proferido esta cautela: "Quando vós chegardes diante das pedras lisas, não ides gritar 'a água, a água', por causa da passagem que diz 'aquele que profere mentiras não subsistirá em minha presença' (salmo 101, 7)". *Haguigá*, 14b. Ver supra, p. 437 n. 154, a maneira pela qual essa narrativa intervêm também sob a pena de Moisés de Leon a propósito da teoria da linguagem.
234 Idem, p. 78. É preciso notar que se Scholem evoca por vezes as fórmulas gnósticas em favor de sua demonstração, ele procura menos a prova pelas fontes, podendo em especial ser encontradas nos trabalhos de Hans Jonas que ele conhece perfeitamente, do que a presença de uma postura característica face ao mundo e às doutrinas religiosas. Ele explica sobre isso diretamente a Hans Jonas em uma carta de 14 de novembro de 1977: "Para mim a gnose é uma estrutura sempre autorreproduzida no pensamento religioso, para vós ela é um fenômeno filosófico-histórico único e definível" (*Briefe*, III, p. 160). Em compensação ele se apoia diretamente em Jonas quando trata do problema análogo, que lhe é caro, dos laços paradoxais entre religião e niilismo. Ver Le Nihilisme, phénomène religieux (1974), *De la création du monde jusqu'à Varsovie*, p. 61-98, e infra, cap. VIII, p. 959-970.

permanecer fiel à tradição halákhica". Resta, enfim, que por meio da literatura posterior, esses textos tornaram-se o suporte de uma especulação messiânica anunciando a transformação próxima da doutrina misteriosa em conhecimento universal, como quando se afirma a propósito daquele que completa a travessia das sete *hekhalot* que "o Trono e a Glória que repousam sobre eles serão em breve revelados a todos os habitantes do mundo". Scholem pode, pois, tirar as suas conclusões, que cabem perfeitamente no quadro onde ele quer descrever a eficiência histórica da mística e suas modalidades. Porque elas ostentam uma "nostalgia apocalíptica" pronunciada, os místicos da *Mercavá* manifestam uma disposição em face da história mais negativa ainda que a dos teólogos da *Agadá* que são seus contemporâneos. Nesse sentido, eles exprimem melhor que os últimos os sentimentos do povo judeu na época deprimente que corresponde às primeiras perseguições por parte da Igreja. Mas ao propor o modelo de uma ascensão mística para o mundo mais elevado onde reside a Glória de Deus, essa literatura por longo tempo desprezada e ainda mal conhecida abre, sobretudo, uma perspectiva rica de potencialidades: "Do mundo da história, o místico passa ao período pré-histórico da Criação, no qual ele procura um consolo, ou à pós-história da Redenção"[235].

A Cabala Através de Suas Idades

A despeito das conexões incertas entre essa pré-história da Cabala e as épocas que a conduzirão para sua idade de ouro doutrinal e social, é nessa bipolaridade entre uma retrospecção tranquilizadora da Criação e a antecipação atuante da Redenção que Scholem organiza sua escritura de uma história judaica captada no reflexo do messianismo. As escolhas que dão sua estrutura a essa história, dividem seus períodos e constroem as tipologias que a iluminam resultam diretamente das descobertas feitas nas origens. Scholem muito cedo enunciou uma periodização que se refletiu em três momentos, delimitados por sua contribuição a um ingresso da mística na cena da história, ela própria determinada pela aptidão de orientar

---
[235] Idem, p. 86.

a espera messiânica. Conhece-se logo o primeiro deles, que remonta até a época rabínica, alimenta-se de especulações sobre os "segredos da *Torá*" e nos lega algumas produções essenciais: o *Sefer Ietzirá*, consagrado a *maassé bereschit*; a literatura do *Schiur Komá*, ligado a *maassé mercavá*. O segundo momento começa por volta do início do século XIII para findar com a Expulsão da Espanha. Entre Provença e Gerona, é o do desenvolvimento e da afirmação da Cabala propriamente dita, oferecendo-nos alguns de seus grandes nomes e sua obra mais célebre: Isaac, o Cego, Nakhmânides, Abraão Abuláfia e o *Zohar*. A idade de ouro da Cabala só começará, porém, quase meio século depois da Expulsão, em Safed: lá onde Moisés Cordovero, Isaac Lúria e Haim Vital fornecerão, em resposta ao acontecimento, os conceitos de uma interpretação mística do messianismo, que tornará possível um dia sua irrupção grandiosa e trágica na história, através do sabataísmo. Na estrutura assim constituída, Scholem não esquece de inscrever no seio dos grandes afrescos duas épocas de um movimento que encontra legitimamente seu lugar na história da mística: o hassidismo, nascido na Alemanha medieval antes de marcar com sua influência o mundo asquenaze até o século XV, em seguida ao reaparecer sob formas bastante novas entre a Polônia e a Ucrânia por volta do fim do século XVIII. Sob sua visão, porém, este parece manter-se à distância do eixo central da história de um povo judeu do qual poderia dizer, ao lado de seu amigo Yitzhak Baer, que seu lugar no mundo "não é mensurável por medida do mundo"[236]. Quanto a essa história, Scholem a escreve no decorrer das épocas da Cabala, que não são jamais as do mundo.

  Poder-se-ia apresentar, quanto ao interesse aparentemente marginal de Scholem pelo hassidismo, uma explicação trivial: Martin Buber, mais velho que Scholem, dele se apropriou para conseguir um lugar no mundo erudito dos estudos judaicos renascentes. A razão é totalmente outra. Muito cedo e antes mesmo de admitir uma espécie de irritação em relação ao lugar mais ou menos obscuro entre o estudo e o "vivido" que reinava no círculo de Buber, Scholem havia descoberto um outro universo de fontes negligenciadas e de questões que entrariam nessa síntese de erudição e

---

[236] Ytzhak F. Baer, *Galut: L'Imaginaire de l'exil dans le judaïsme*, trad. M. de Launay, prefácio de Yosef Hayim Yerushalmi, Paris: Calmann-Lévy, 2000, p. 211.

de filosofia da história que caracterizará sua caminhada. A isso se acresce que não é impossível que o *corpus* do hassidismo lhe tenha parecido menos rico que o das outras correntes da mística judaica, desprovida dessa efervescência especulativa, desses conceitos metafísicos, de uma mediação da linguagem, seus mistérios e suas formas que deviam fasciná-lo. Mas o essencial é, sem dúvida, que o hassidismo não tinha verdadeiramente lugar em uma história dominada por uma reflexão sobre os mistérios da experiência da sobrevida no exílio e nem, mais discretamente, nas esperanças ligadas ao retorno à terra das origens. Sob esse aspecto, podia-se medir o imenso impacto da Cabala messiânica: sua capacidade de traduzir em símbolos os sentimentos do desamparo e da espera; uma aptidão para abrir horizontes situados além do mundo estreito do gueto; sua maneira de liberar uma dialética que terá despertado a vida judaica como nenhum outro movimento o fizera antes, com o risco de conduzi-la ao enfraquecimento ou à catástrofe. A contribuição do hassidismo para a afirmação do judaísmo sobre a cena da história era menor. Scholem tratará de seu desenvolvimento, de suas formas e de seu papel com probidade, mas sem a paixão que ele coloca em outras coisas, não entrando jamais na empreitada de coleção das fontes e no trabalho filológico, permanecendo sempre exterior a esse mundo, irônico, por vezes, frente àquele que era o mestre erudito, apenas emocionado pelas sobrevivências que, por vezes, encontrava, entre Jerusalém e Nova York.

Ao confirmar que constrói a história judaica do ponto de vista do messianismo, Scholem inscreve sua concepção do hassidismo entre duas teses antagônicas. Autor prolífico, apesar de erudito, por vezes, contestado quanto ao rigor filológico, Martin Buber afirma que o hassidismo liquidou o messianismo como força espiritual ativa, considerando que "é apenas pela redenção do cotidiano que o 'sempre' da Redenção advém"[237]. Historiador poderoso das grandes forças que agem na história judaica, mas por vezes pouco preocupado com o detalhe, Benzion Dinur vê no hassidismo uma forte empreitada messiânica, que prefigura o sionismo. Recusando uma e outra dessas interpretações do fenômeno, Scholem marca,

---

[237] Citado em La Neutralisation du messianisme dans le hassidisme primitif (1969), *Le Messianisme juif*, p. 270.

sem dúvida, o que o diferencia desses dois eruditos: bastante indiferente ao primeiro quanto à inscrição dos movimentos que ele estuda na ordem de uma meta-história em que afere verdadeiramente sua importância; ao outro, faltando o senso dialético necessário, a fim de respeitar as articulações complexas entre a análise do passado e o engajamento na história. Mas ele exprime, talvez, também seu apreço pelo próprio hassidismo, nem verdadeiramente estranho à herança da Cabala nem completamente à altura do que esta permitia. É precisamente ali onde as doutrinas se julgam a partir de sua produtividade histórica que Scholem inscreve sua própria tese, de alguma forma preparatória: o hassidismo neutralizou o messianismo. Precedido ao mesmo tempo pela Cabala de Lúria vinda da Palestina do século XVI e por um sabataísmo que havia perturbado o conjunto do mundo judaico um século mais tarde, o hassidismo do século XIX estava em contato estreito com as correntes messiânicas. Diferentemente dos cabalistas ortodoxos que tapavam os olhos frente a essa radicalização das ideias místicas e de outras que renunciavam a toda vontade de conduzir as massas na lembrança da catástrofe produzida pelo último grande movimento popular que dela se havia inspirado, o hassidismo procurava acordar a herança da Cabala, sempre preservando a preocupação de encontrar um eco no povo. Nesse sentido, não se pode dizer dele que procurasse como os outros "reconduzir a Cabala do lugar da praça do mercado à célula do místico"[238]. Mas sua postura permaneceu, todavia, determinada por uma consciência inquieta dos perigos inerentes às iniciativas messiânicas, à luz das consequências trágicas de suas visões apocalípticas e de suas práticas antinomistas.

No espaço comparativo implícito em que se inscrevem as análises históricas de Scholem, o hassidismo e a Cabala ocupam situações especulares. Antes de ter tardiamente uma saída explosiva no sabataísmo, a segunda tinha morada própria nos círculos aristocráticos, cujas ideias penavam em conquistar a consciência comum. Longe de estar fechado nesse elitismo, o hassidismo conseguiu, por seu lado, penetrar no coração da vida judaica, para organizar as comunidades e tomar em mãos os interesses religiosos do povo. Tal já havia sido o caso para o hassidismo alemão

---

[238] Idem, p. 272.

medieval, em torno de uma figura tutelar e de um livro: Iehudá, o Hassid e o *Sefer Hassidim*[239]. Do primeiro, diziam que se tivesse nascido à época dos profetas, ele seria um dentre eles. Quanto ao segundo, ele oferecia os testamentos literários dos três fundadores do movimento: o próprio Iehudá, seu pai Samuel e Eleazar de Worms. Esse primeiro hassidismo, porém, que teve uma influência considerável no mundo asquenaze entre 1150 e 1250, apresenta uma característica que se opõe à Cabala: o fato de não aparecer como uma resposta às perseguições históricas, no caso das devastações das Cruzadas. Longe de se parecer a esse tipo de sobressalto especulativo diante da Expulsão que será a Cabala da Palestina, o hassidismo medieval parece absorver principalmente elementos da antiga mística da *mercavá*, provavelmente vindos da Itália, para modelá-los no quadro de uma doutrina e de práticas principalmente centradas na vida cotidiana das comunidades. Ao que se acrescenta que aí se procuraria em vão essas pontas apocalípticas que assinalam, aos olhos de Scholem, os movimentos verdadeiramente suscetíveis de dar uma dinâmica à história judaica. Se ele propõe perspectivas escatológicas, essas concernem às almas e não à sociedade, à personalidade do místico mais do que ao povo de Israel. Não apenas ele abandona as especulações messiânicas, mas seus mestres as condenam: "Se vedes alguém que faz profecias a respeito do Messias, sabereis que ele se deixou enredar pela bruxaria e tem relações com os demônios"[240].

Na falta de exercer sobre ele uma influência direta, o hassidismo medieval lega a seu homônimo surgido no final do século XVIII os traços daquele que lhe dá o mesmo nome: o *hassid*. Esse tipo de piedoso não é desconhecido de outras épocas. Comentando uma *mischná* dos *Pirkei Avot*, Maimônides o coloca em cena entre o inculto, o vulgar, o tolo e o sábio, para defini-lo com uma precisão ligeiramente irônica: "O homem sábio cuja sabedoria acresce à integridade, isto é, às disposições morais, a ponto de pender um pouco para um dos extremos. Seus atos excedem sua sabedoria, é por isso que é chamado de *hassid*, por causa desse aditamento. Pois a ultrapassagem da medida de uma coisa é chamada de *hessed*, seja a

---

[239] Reportaremo-nos ao capítulo consagrado ao Hassidisme dans l'Allemagne médiévale, das *Grands courants de la mystique juive*, p. 94-133 (trad. bras.: Hassidismo na Alemanha Medieval, *Grandes Correntes da Mística Judaica*, p. 89-131.)
[240] Idem, p. 102.

ultrapassagem que realce o bem ou o mal"[241]. A definição que nos dá Scholem em sua tipologia das formas de devoção judaica não é, pensando bem, muito diferente da de Maimônides. Voltando à questão, o *hassid* é como o *tzadik*, com a diferença do *talmid hakham*, que encarna as qualidades intelectuais do erudito. Mas se os dois primeiros têm em comum preferir a *Vita activa* à *Vita contemplativa*, própria ao terceiro, eles diferem, todavia, pela compreensão que têm dela. O ideal do *tzadik* é o da norma: uma sobriedade sem efusão sentimental, que encarna sob as aparências um pouco burguesas os valores do "judeu médio"[242]. Como o sublinhava Maimônides, o *hassid* "acresce" ao que lhe é exigido: a ponto do seu não conformismo possuir algo de um "anarquismo sagrado", que pode conter uma crítica velada à *Torá*, quando se empenha em aplicar uma "Lei celeste" superior. Uma visão do mundo pessimista o convida ao ascetismo, à humildade, à abnegação em face do desprezo que ele pode suportar, uma forma mesma de estoicismo que confina à ataraxia. Se o hassidismo toma emprestado da Cabala de Lúria a ideia de uma "elevação das centelhas", que consiste em devolver para seu ponto de origem os fragmentos de luz dispersos quando da Criação, ele não inscreve essa tarefa no ciclo cósmico do *tikun*, mas na realização pessoal da *devekut*: um esforço de comunhão com Deus que "destruiu o exílio do interior" em vez de trabalhar na reunião messiânica da comunidade[243].

Percebe-se bem, por fim, o que afasta o interesse de Scholem do hassidismo. Seu projeto é o da redenção das almas que ignora a do corpo social, de maneira que ele oculta o que põe à frente a Cabala posterior à Expulsão: a perspectiva de um mundo arrancado de sua degradação e de uma nação atirada ao exílio. Quando os cabalistas espiritualizavam noções como Egito, *Sion, Eretz* Israel, *Galut* (exílio), *Gueulá* (Redenção), era dando-lhes um sentido histórico concreto. Os *hassidim*, ao contrário, as interiorizavam, para fazê-las elementos de um combate do indivíduo em favor de sua saúde pessoal: o Egito tende a tornar-se uma casa de servidão pertencente ao "vivido" de todos por cada um, enquanto a imagem de *Eretz* Israel aparece

---

241 *Commentaire* dos *Pirkei Avot*, v, 7.
242 *Trois types de piété juive*, op. cit., p. 253.
243 *La Neutralisation du messianisme dans le hassidisme primitif*, op. cit. p. 280. Ver também *La Devekut ou la communion avec Dieu*, op. cit., p. 304-306.

como o horizonte de uma regeneração íntima. Sob esse ponto de vista, o messianismo fica efetivamente "neutralizado": nem ligado ao fogo apocalíptico de uma catástrofe iminente precedente à Redenção, nem completamente apagado do imaginário espiritual, mas alegorizado como uma componente do esforço em favor da *devekut*. Pode-se assim dizer com uma ponta de ironia que com ele "cada indivíduo tornou-se o redentor, o Messias de seu pequeno mundo próprio"[244]. Essa dimensão de recurvar-se na esfera da interioridade sem dúvida evoluiu entre o hassidismo primitivo e o que, no século XIX, saberá organizar as vastas comunidades. Mas esse último, afinal de contas, permanece mais conservador que revolucionário, de tal modo imunizado contra os excessos observados quando da aventura do sabataísmo que renuncia a pensar a história e a verdadeiramente agir sobre ela. Em outros termos, por permanecer muito focalizado no presente de uma viagem interior em direção à comunhão com Deus, ele fechou as perspectivas que liberavam a Cabala: a de um retorno ao passado da Criação ou de uma aspiração para o futuro da Redenção. Em suma, o jorro de energia mística que ele produziu não permitiu a formação de novas ideias religiosas, ou de teorias do conhecimento místico desconhecidas antes dele. O julgamento de Scholem a esse respeito é um tanto cruel: certamente ele contribuiu para o despertar dos judeus no exílio, porém se conquistou o domínio da interioridade, "perdeu o do messianismo".

Pelo contrário, é a conquista do território do messianismo que faz da Cabala, para Scholem, a força que imporá sua dinâmica à história judaica. A época do nascimento propriamente dito desse ponto de vista é quase a mesma em que a filosofia atinge seu apogeu. A isso se adiciona que elas se desenvolveram em um espaço comum: entre a Espanha e a Provença. Mas o movimento de sua radiação é inverso: a Cabala elabora-se entre Narbona e Lunel, antes de chegar a Gerona; a filosofia ilumina a Andaluzia para alcançar senão um pouco mais tarde o sul da França. Esse quebra-cabeças não impede, entretanto, durante um momento a interpenetração dos meios e parcialmente mesmo das doutrinas[245]. Em Lunel, vivem no mesmo momento Jacob Nazir, que encarna um ascetismo próximo dos *hassidim* alemães e

---

[244] Hillel Zeitlin, citado em idem, p. 301.
[245] Ver *Les Origines de la Kabbale*, p. 236-237.

Judá ibn Tibon, fundador de uma dinastia de tradutores vindos de Granada trazendo a cultura judio-andaluza. Que o "pai dos tradutores" traduza o *Livro dos Deveres do Coração*, de Bahia ibn Pakuda, por incitamento de Rabad de Posquières*, por outro lado, adversário de Maimônides e pai de Isaac, o Cego, e em seguida que seu filho Samuel seja mais tarde o tradutor do *Guia dos Perplexos* e seu defensor nas disputas que este suscita, indica a complexidade das relações. É preciso, sem dúvida, compreender que as reações à filosofia entre os primeiros cabalistas se modulam segundo as variantes do que vem do mundo judio-árabe. Na controvérsia de 1232 em torno de Maimônides, é o aristotelismo que estará em causa. Meio século antes, porém, o neoplatonismo tingido de mística islâmica do célebre tratado de ética de Ibn Pakuda podia seduzir o círculo de Jacob Nazir e do Rabad de Posquières onde se cultivava uma tradição esotérica de cores gnósticas chegada à Provença duas gerações antes. De maneira similar, as especulações sobre o sentido secreto da "Eclesia de Israel" estavam em afinidade com as ideias de Iehudá Halevi, propaladas graças à tradução do *Kuzari* por Judá ibn Tibon: a eleição do povo judeu, a vocação profética de Israel, ou ainda seu papel de testemunho da Redenção entre as nações.

Foi na Provença que verdadeiramente tomou forma para ser publicada a primeira obra da Cabala propriamente dita: o *Sefer ha-Bahir*[246]. Essa permaneceu por longo período um enigma literário. Dessa obra cuja popularidade não existe equivalente antes do *Zohar*, os cabalistas do século XIII diziam que ela lhes aparecera como um conjunto precário: fragmentos de pergaminhos, alguns opúsculos e elementos de tradição oral. Formalmente, aparenta-se a um *midrasch*, que comenta ou explica os versículos por meio de discussões talvez fictícias. A atenção de Scholem é principalmente retida por duas características desse documento sobre a Cabala no período em que esta começa a deixar o mundo estreito dos círculos esotéricos: sua utilização da linguagem simbólica e o aspecto gnóstico de suas

---

* Acrônimo de Rabi Abraão ben David, de Posquières, grande comentarista talmúdico provençal do século XII (N. da E.).
246 Em 1922 em Munique, Scholem havia consagrado sua tese ao *Bahir* (edição, tradução e comentário). Sua tradução apareceu no ano seguinte em Berlim (*Das Buch Bahir*, Arthur Scholem, 1923). Ele lhe consagra uma parte importante das *Origines de la Kabbale*, p. 59-211 (N. da E.: o título hebraico da obra é *Sefer ha-Bahir*, Livro do Esplendor).

teses essenciais. A concepção de Deus que se desprende do *Sefer ha-Bahir* não se parece a nenhuma outra. Perfeitamente estranha à dos filósofos aristotélicos, ela não coincide com a ideia do Um oculto do neoplatonismo. Esse deus não é tampouco o dos *hassidim* alemães, a despeito de hipóteses quanto a uma origem possível desse lado. Ele não corresponde, enfim, nem mesmo àquele que reinava no seio das salas superiores do Templo na mística das *hekhalot*. Se ele se assemelha a algo, se bem que o livro fala a linguagem da *Agadá*, é ao deus das mitologias gnósticas. Eis um deus considerado de um ponto de vista teosófico, representado por poderes cósmicos, e "que fez penetrar suas forças no tecido de uma árvore dos mundos, de onde sai e se desenvolve todo ser"[247]. Ele encontra perfeitamente seu lugar ao lado da ideia gnóstica de um conhecimento da divindade, que se refere a "uma história interna da criação do universo, história do mundo superior do pleroma e do drama íntimo de Deus, de onde finalmente surgiu o mundo inferior". Na discussão erudita sobre as origens desse livro, Scholem defende uma tese que confirma suas análises sobre as fontes da Cabala. Nada indica que ele tenha sido diretamente elaborado na Provença, onde foi pelo menos reunido a partir de materiais mais antigos: ele contém elementos de uma mística judaica já velha, aos quais incorpora ideias vindas do Oriente, reconhecíveis pela presença de uma terminologia gnóstica. Sua contribuição principal no desenvolvimento da Cabala reside, enfim, na utilização de uma linguagem simbólica da qual Scholem fornece algumas chaves: uma concepção dos textos pela qual cada palavra torna-se uma alusão a um segredo, ou a denominação de uma realidade celeste; uma interpretação da Escritura que considere que aí é questão "não somente dos acontecimentos daquilo que se passa no mundo criado, mas também os acontecimentos do Reino Divino, e a ação dos atributos de Deus"[248]. Sob esse ângulo, ele marca definitivamente a entrada de um pensamento mítico no judaísmo, desta vez destinado a alimentar controvérsias e conflitos com as tradições rabínicas e filosóficas[249].

Duas personalidades ocupam um lugar central na Cabala provençal do fim do século XII e começo do século XIII: Rabad de Posquières

---

247 Idem, p. 78.
248 *La Kabbale*, p. 475. Ver também *Les Origines de la Kabbale*, p. 68.
249 Ver *Les Origines de la Kabbale*, p. 211.

(falecido em 1198) e seu filho Isaac, o Cego (falecido em 1235). Rabad não é ainda um puro cabalista[250]. Uma grande parte de sua obra consiste em comentários de vários tratados do *Talmud* e sua fama se deve muito à crítica da *Mischné Torá* de sua autoria, pela qual tornou-se uma figura central da oposição a Maimônides. Nessa discussão, ele não hesita em defender os antropomorfismos, em nome da fé simples de uma religião popular, afirmando acerca disso contra Maimônides que "muitas pessoas e melhores que ele"[251] criam na ideia de um corpo de Deus. Ele instala, sobretudo, uma postura que caracteriza uma parte dos cabalistas: a que consiste em invocar, em apoio de seu conhecimento, uma iluminação vinda do alto. Eis a fonte proclamada de sua inspiração: "o Espírito Santo já se manifestou em nossa casa de estudo"; "ele me revelou os mistérios de Deus, que ele comunica àqueles que o temem"[252]. Em seguida, a Cabala reivindicará uma cadeia da transmissão do saber esotérico, mas ele se afirma sem predecessores: "Eu não possuo nenhuma tradição provinda da boca de um doutor ou mestre"[253]. Cognominado "rico em luz", seu filho é, por sua vez, o primeiro autor estritamente cabalista. Isaac, o Cego, não deve sua notoriedade a escritos exotéricos de tipo halákhico ou homilético, mas unicamente às especulações místicas recebidas por tradição e, sobretudo, apresentadas como fruto de iluminações. Em sua obra, cristalizam-se as ideias ainda vagas do *Sefer ha-Bahir*, e um comentário do *Sefer Ietzirá* lhe dá a ocasião de desenvolver a primeira teoria mística da linguagem, considerando que as letras são apenas ramificações visíveis do Nome. Devemos a ele ter formalizado, senão inventado, um dos principais conceitos da Cabala: o *Ein Sof*[254]. A origem do termo permanece incerta. Diferentemente dos outros eruditos, Scholem afirma que este não é nem a transposição de um termo grego pertencente à linguagem dos filósofos nem a retomada de um decalque árabe. Por outro lado, ele não coincide com nenhum dos

---

250 Ver Isadore Twersky, *Rabad of Posquières: A Twelfth-Century Talmudist*, Philadelphia: The Jewish Publication Society of America, 1980.
251 Citado em *Les Origines de la Kabbale*, p. 226.
252 Idem, p. 220.
253 Podemos notar que ao reivindicar essa forma de autoridade sem precedente, Rabad de Posquières se aproxima de Maimônides (ver o *Guia*, III, Introdução). Este último negava, entretanto, ao mesmo tempo, ter se beneficiado de uma revelação divina.
254 Idem, p. 280 e s. Ver também *La Kabbale*, p. 164-169.

vocábulos que exprimem noções privativas no hebraico medieval. Parece-se, antes, à hipóstase de expressões querendo marcar a infinitude de Deus, como "se estende sem fim". A princípio, parece ter desejado menos exprimir um atributo negativo do ponto de vista de um conhecimento intelectual de Deus do que a impossibilidade de um tal conhecimento, antes de claramente reenviar a "Aquele que não tem fim". Resta que esse conceito que evoca com alguns outros o domínio do Deus oculto parece preservar uma tensão entre o "pensamento puro" atribuído a Deus e "aquilo que é inacessível para o pensamento", desta vez humano: um pensamento que deve se concentrar sobre um processo de emanação descrito pela doutrina das *sefirot*. Dessa ideia de um além do pensamento, combinada com o simbólico da linguagem, Isaac, o Cego, obtém enfim uma tese radical concernente à *Torá*. A seu ver, o estatuto desta se deduz de sua forma material: letras negras sobre pergaminho branco. Afinal de contas, a *Torá* escrita não existe para o simples mortal: o que ele lê corresponde apenas à *Torá* oral, que a mediatiza e só deixa transparecer a "luz branca" da verdade nos signos ainda não visíveis do pergaminho branco. Dito de outra maneira, no "espelho obscuro" da *Torá* oral ninguém pode perceber a verdade secreta da *Torá* escrita, que só se realiza finalmente em uma zona mística: em uma esfera unicamente acessível aos profetas[255].

O radicalismo de uma tal doutrina dá razão a uma das características da Cabala: seu ensinamento esotérico. É significativo que a esse respeito os cabalistas visem as mesmas fontes e utilizem uma linguagem similar àquela dos filósofos, como um dentre eles a propósito da criação do Espírito Santo: "Os Sábios não o trataram minuciosamente e em detalhe, a fim de que as pessoas não imaginassem acerca 'do que está no alto'; é por isso que tinham o costume de transmitir isso murmurando e em segredo, como uma tradição, aos seus discípulos e aos sábios"[256]. A ocasião foi assim dada de assistir ao nascimento do sentido esotérico do termo "cabala": no momento em que a exigência de transmitir "murmurando e em segredo"

---

255 Idem, p. 304-306. Ver também *La Kabbale et sa symbolique*, p. 61-63.
256 Juda ben Barzilai, citado em *Les Origines de la Kabbale*, p. 277. A alusão ao "que está no alto" visa a passagem da *Haguigá*, 11b (citado supra, p. 460-462) definindo os "segredos da *Torá*" e os interditos que presidem à sua difusão, passagem sistematicamente colocada adiante por Maimônides.

atesta que ele não é mais apenas uma designação da Lei oral e da Tradição, mas a indicação de um ensinamento secreto. Rapidamente, Isaac, o Cego, se inquietará a respeito de uma comunicação muito ampla da doutrina nascente. É testemunho disso sua resposta a uma carta vinda da Espanha que relata, a pedido de Nakhmânides, a agitação que parece reinar entre as pessoas em Burgos:

> Fui tomado de uma grande inquietação, quando vi estudiosos, pessoas esclarecidas e *hassidim* se entregarem a longos discursos e tratar presunçosamente, em seus livros e cartas, dos grandes e sublimes temas. Ora, o que foi escrito, não se pode conservar em seu armário; amiúde, essas coisas se perdem, ou seus proprietários morrem, e esses escritos aparecem entre mãos de tolos e zombadores, e o nome do céu é assim profanado[257].

O autor expõe aqui um dilema bem conhecido de todos aqueles que se prendem à explicação dos "segredos da *Torá*": assumir o risco de uma divulgação que pode fazer cair em ouvidos não preparados coisas que eles não devem ouvir; enfrentar a perspectiva do desaparecimento e do esquecimento de um saber particularmente precioso. Confrontado ele também com esse problema, Maimônides invoca, para justificar a redação do *Guia*, "a decorrência do tempo e a dominação dos povos bárbaros", mas ele adapta sua escritura à antiga regra dos Sábios, permitindo conciliar a proibição de comunicar os segredos de maneira exotérica e a necessidade de os transmitir: "Não se deve interpretar a narrativa da Carruagem Celeste diante de uma só pessoa, mas pode-se-lhe participar os primeiros elementos"[258]. Os cabalistas parecem, de preferência, confiar na comunicação oral, o que terá como preço o desaparecimento provável de uma parte de seu ensinamento. Porém, em relação à urgência nascida do traumatismo da expulsão da Espanha, eles decidirão um dia abrir amplamente seus discursos em praça pública: atitude que infringe sempre uma proibição, mas justifica

---

257 Citado em *Les Origines de la Kabbale*, p. 416-417.
258 *Haguigá*, 13a. Sobre o argumento de Maimônides justificando a divulgação por escrito dos "segredos", ver em especial o *Guia*, I, 71, e infra, cap. VII, p. 867-872 Na Introdução do *Guia*, Maimônides fala também do "tempo do cativeiro" para designar sua época.

a popularidade de suas ideias e do papel que elas poderão ter na cena da história judaica.

Acontece que na época de Isaac, o Cego, a posição da Cabala está ainda longe de ser assegurada na sociedade judaica. Procurando se legitimar, os cabalistas queriam se apresentar como herdeiros de uma tradição autenticamente judaica, da qual pretendiam reforçar os fundamentos no quadro rabínico. Mas suas doutrinas e suas práticas foram por longo tempo o assunto de objeções e de críticas por parte das autoridades. Dispomos de uma longa circular de Meir de Narbona às comunidades da Provença, que apresenta os principais argumentos dos adversários da Cabala nascente. Um dos objetos mais importantes de sua indignação refere-se à mística da prece e seus considerandos teológicos. Meir de Narbona se exprime em termos enfáticos:

> Depois de algum tempo, os insensatos e os tolos ousaram se manifestar e adiantaram, a propósito da fé em Deus e com respeito às preces e bênçãos prescritas para nós desde nossos ancestrais, falsas opiniões, coisas que não têm fundamento nem na *Bíblia* nem no *Talmud* nem na *Torá* ou na Tradição, nem mesmo nas *agadot* apócrifas que eles possuem, que são talvez corrompidas e pouco seguras, de onde não se pode, aliás, obter nenhuma prova[259].

Ao mesmo tempo que foram com frequência grandes mestres de preces, os cabalistas muito cedo perceberam nelas o modo de uma elevação da alma para um arrebatamento extático, permitindo uma viagem espiritual entre os reinos celestes[260]. Nessa perspectiva, a hierarquia ontológica dos mundos superiores se revela através da sucessão dos Nomes invocados pela liturgia, de maneira que a mística se concentra, uma após a outra, sobre cada uma das *sefirot* pelas quais Deus se manifesta, em uma ascensão para a "Causa infinita". Ao fim desse caminho para a realização de uma perfeita comunhão com Deus, o homem pode chegar a uma adesão de seu pensamento e de sua vontade com os de Deus, tal como somente o haviam realizado os profetas. Em sua polêmica, Meir traduz essa doutrina

---

259 Citado em *Les Origines de la Kabbale*, p. 421-422.
260 Ver *La Kabbale*, p. 284-269. Ver também *Les Origines de la Kabbale*, p. 442 e s.

de maneira a mostrar que a ideia de uma emanação de Deus através das *sefirot* viola o princípio da Unidade: "esses insensatos dizem que a ação de graças, a prece e a bênção não vêm de Deus, Daquele-que-é-eterno, que é sem começo nem fim"; "eles se dirigem aos deuses dos quais dizem que são criados e emanados, que eles têm um começo e um fim". Ele reprova, pois, os cabalistas por transformar a prece em pensamento, por substituir à sua forma coletiva uma meditação pessoal, por confundir a invocação do Nome e uma especulação sobre os nomes que viriam a se associar aos deuses separados. "Maldição aos olhos que o veem, maldição aos ouvidos que o escutam, maldição para a geração nos dias em que isso aconteceu": o anátema de Meir de Narbona está à altura do escândalo provocado pela irrupção das ideias da Cabala. Será preciso uma geração, pelo menos, para que a autoridade de grandes cabalistas, como Nakhmânides, pudesse conter tais propósitos.

A metade do século XIII marcará o fim do que Scholem denomina a "juventude da Cabala" e coincide com o deslocamento definitivo de seu centro da Provença para a Espanha. Uma personagem teve papel central nessa transferência: Ascher b. David, neto do Rabad de Posquières e sobrinho de Isaac, o Cego. Iniciado no ensinamento esotérico por seu tio e seu pai, Ascher viaja constantemente entre o Languedoc e Gerona, reforçando assim as relações que já uniam as comunidades graças, em especial, à reputação das escolas de Narbona e Lunel, que atraíam numerosos estudantes da Catalunha. Mas ele terá também um papel de intercessor e de pacificador nos conflitos entre cabalistas e representantes da autoridade. Testemunha disso é uma carta em resposta à de Meir de Narbona, na qual ele defende a doutrina contra "muitas calúnias vis", ao mesmo tempo que reconhece uma imprudência de forma por parte dos discípulos que a transmitiam: "Embora sua intenção fosse louvável, sua linguagem não era menos imprópria, e sua ciência, por essa razão, ineficaz, de modo que não souberam tomar nos seus discursos e nos seus escritos o bom caminho entre uma comunicação que basta ao homem esclarecido e a contenção a observar em relação ao tolo"[261]. No momento em que irão surgir em Gerona pensadores que saberão tornar-se incontestáveis como Nakhmânides, o

---

[261] *Les Origines de la Kabbale*, p. 424-425.

antagonismo poderá parecer pacificado. Amplamente composto de discípulos diretos ou indiretos de Isaac, o Cego, o grupo de Gerona, que estará ativo entre 1210 e 1260, está centrado na personalidade de Moisés ben Nakhman (1194-cerca de 1270). Este é rapidamente aceito como a maior autoridade halákhica de sua geração na Espanha, de forma que todos os protagonistas da controvérsia de 1232 em torno de Maimônides se endereçarão a ele. Mas Nakhmânides será também considerado, um pouco mais tarde, como o porta-voz natural dos judeus de Aragão, designado como seu representante pelo rei quando da controvérsia de Barcelona em 1263[262]. Depois de haver por um tempo pensado em explicar abertamente as ideias de cabalistas, Nakhmânides escolheu a atitude mais prudente e clássica, que consistia em escrever "resumidamente e por alusões". Seu comentário sobre a *Torá* tornou-se célebre, ele saberia utilizar sua indiscutível imagem de defensor do judaísmo para exaltar a Cabala: como "um poder conservador no seio do qual se unem tradição e contemplação dos mistérios"[263].

Em Gerona, a Cabala pôde começar a mostrar sua face em praça pública, no momento em que se formatavam as ideias vindas da Provença. Além de Nakhmânides, vários autores contribuíram para essa tarefa. Ascher b. David, que se aventurou em entremear discursos exotéricos e esotéricos, a fim de apresentar as ideias dos cabalistas a um público instruído, mas não iniciado. Ezra de Gerona (falecido por volta de 1240), que escolheu, ao contrário, a via de um *Comentário do Cântico dos Cânticos* para revelar o sistema dos símbolos já elaborado pela Cabala[264]. Abraão Abuláfia (1240-1292), enfim, o autor mais brilhante dessa companhia: admirador proclamado de Maimônides procurando reorientar o *Guia* no sentido da Cabala profética; beneficiário de uma iluminação sobrevinda em Barcelona em 1271; depositário dos segredos da combinação das letras e da mística dos nomes, que ele põe a serviço da teoria da

---

262 O confronto dessa controvérsia ganhou, no final do século XVII, uma edição cristã polêmica, corrigida pela de Steinschneider de 1860. Ver a tradução desta última: Nahmanide, *La Dispute de Barcelone*, seguida do *Commentaire sur Isaïe 52-53*, trad. E. Smilévitch, Paris: Verdier, 1984. Sobre a controvérsia de Barcelona, ver Yitzhak Baer, *A History of the Jews in Christian Spain*, Philadelphia/Jerusalem: The Jewish Publication Society, 1966, v. 1, p. 151 e s.
263 *Les Origines de la Kabbale*, p. 411.
264 Ver Georges Vajda, edição, tradução e apresentação do *Commentaire d'Ezra de Gérone sur le Cantique des cantiques*, Paris: Aubier-Montaigne, 1969.

linguagem[265]. Enquanto o conflito com as autoridades rabínicas se atenuava, foi a relação com a filosofia que se tornou problemática. Durante um momento, a ambiguidade pareceu voltar-se em benefício da conciliação. A título de ilustração, "depois de ter meditado sobre o *Guia*", um autor, cujo testemunho permaneceu anônimo, de uma época situada próxima da morte de Isaac, o Cego, defende a identidade de visão entre as teses dos filósofos e dos cabalistas com um argumento inesperado: se os segundos confessam tomar o *Schiur Komá* ao pé da letra, "todos são unanimemente de opinião de não crer que o próprio Criador tenha um caráter físico"[266]. De maneira mais extraordinária ainda, no momento em que as coisas se agravam, Jacob ben Scheschet lança o ataque contra o racionalismo dos filósofos sem visar Maimônides, mas denunciando as opiniões heréticas em um livro de Samuel ibn Tibon, tradutor do *Guia*, que ele acusa de ter falsificado as ideias de seu mestre[267]. Em Gerona, os cabalistas encontram-se em uma posição tanto mais incerta quanto sua percepção em relação à opinião judaica está prestes a se decidir. Alguns dentre eles consideram-se como continuadores dos filósofos, procurando não apenas evitar as contendas, mas levando em consideração um certo número de elementos do aristotelismo, sempre evitando, aliás, parecerem hostis quando pretendem discorrer sobre assuntos dos quais a filosofia não tem nada a dizer. Inversamente, outros se acham muito mais convencidos de encarnarem a verdadeira Tradição, por se sentirem ameaçados pelo racionalismo ao mesmo tempo influente e contestado pelas autoridades rabínicas.

A controvérsia em torno de Maimônides, que recomeça em 1232, representa um teste no que concerne às relações entre cabalistas e filósofos. Uma primeira polêmica se desenvolveu por volta de 1180 na Espanha, entre Toledo e Barcelona: no princípio de um ciclo que terminará apenas no começo do século xv. Na época dessa nova polêmica, o autor do *Guia*

---

265 Além de sua análise da doutrina da linguagem de Abuláfia (ver supra, p. 438-442), Scholem consagra um longo capítulo (iv) de *Les Grands courants de la mystique juive* a esse autor. Ver supra, p. 438 n. 159, a bibliografia sobre Abuláfia.
266 Citado em *Les Origines de la Kabbale*, p. 240-241.
267 Idem, p. 399-401. Sobre a controvérsia entre Jacob ben Scheschet e Samuel ibn Tibon (a refutação do *Maamar Icavu ha-Maim* do segundo por *Meschiv Devarim Nekhohim* do primeiro). Ver Georges Vajda, *Recherches sur la philosophie et la Kabbale dans la pensée juive médiévale*, Paris: La Haye, Mouton, 1962.

já havia falecido há 25 anos e a Provença tornara-se o refúgio de um grande número de seus defensores, organizados por membros da família Ibn Tibon. A visão vulgarmente mais recebida desse acontecimento consiste em colocar em primeiro plano aqueles que Graetz denominou os "arquitalmudistas", considerados como depositários, por excelência, da ortodoxia[268]. Scholem, no seu modo de analisar, vê os cabalistas tornarem-se os verdadeiros protagonistas do debate entre fé e razão, em função do lugar precário que ocupam ainda na sociedade judaica. Desse ponto de vista, porque permanecem suspeitos de heterodoxia, os defensores da Cabala têm todo interesse em demonstrar que suas descobertas sobre os segredos da *Torá*, as profundezas insuspeitáveis das *agadot* e dos *midraschim*, ou ainda as virtudes desconhecidas da prece, confortam a tradição rabínica ameaçada pela filosofia. Para essa explicação, Scholem mobiliza o esquema de interpretação que orienta sua leitura da história judaica em geral: nesse conflito, os cabalistas lutam paradoxalmente contra uma espiritualização da *Torá* que eles veem colocar em perigo a fé autêntica; na polêmica, seu combate é bem o do símbolo contra a alegoria, da "lembrança dos instantes extáticos de um conteúdo inexprimível" contra uma contemplação à procura de ideias abstratas. Sob esse ângulo, uma grande parte dos adversários de Maimônides cessam de aparecer como "talmudistas ultrarrígidos", para se confundirem com os advogados de uma vida divina "sem palavras e sem noções", mas que encontra uma expressão no novo simbolismo. A descrição dessa fachada praticamente invertida, em que os cabalistas se encontram ao lado dos rabinos contra os filósofos, se veria confirmada pela maneira com que o pai de Abraão Abuláfia joga com a ambiguidade das palavras, opondo aos racionalistas uma "Cabala" que pode tanto designar a Tradição no sentido clássico quanto o conhecimento esotérico: "Vós não tendes de pesar os fundamentos da religião na balança da razão [...] Vos deveríeis, de preferência, seguir nos traços deles as visões dos profetas e seus mistérios e crer nas palavras e nos enigmas dos letrados [...] Pois todas

---

268 Ver idem, p. 429-434. Sobre a literatura erudita concernente às controvérsias a respeito de Maimônides, ver infra, p. 884 n. 215. Encontraremos em especial em Yitzhak Baer (*A History of the Jews in Christian Spain*, v. 1, p. 105 e s.) uma análise detalhada do papel representado por Nakhmânides e do contexto social dessa polêmica violenta.

as plantações dos sábios da Cabala são uma sementeira de verdade e nunca de vãs palavras"[269].

Concedendo assim aos cabalistas uma função que consiste em colocar em relação a visão mística de Deus e uma fé sem falha, Scholem redesenha as fronteiras da controvérsia; os filósofos querem noções, ao passo que os místicos propõem símbolos; os defensores de Maimônides oferecem um quadro contemplativo do mundo de natureza alegórica e racional, enquanto os mais eficazes de seus adversários são aqueles que adiantam um modelo alternativo, simbólico e irracional. O papel representado pelos cabalistas nessa batalha que sacudiu o mundo judaico entre Provença e Espanha confirma que eles representam doravante uma força com a qual é preciso contar. Em Gerona, a Cabala se manifesta sob uma forma desabrochada: a de uma "mística contemplativa que se esforça por conquistar e impregnar com seu espírito todos os domínios da existência judaica"[270]. Para Scholem, não é possível se deixar enganar: foi sabendo se apresentar como um poder conservador que a Cabala conseguiu assegurar sua influência. Quanto ao princípio disso, sempre se manteve em um paradoxo: o meio que ela usa em seu combate em favor da autoridade da Tradição não é outro senão o velho fundo gnóstico de que ela extrai um elogio da "fé do judeu comum". Só resta a ela, nesse momento, estar "no cruzamento dos caminhos". Longe dos aspectos anárquicos que apresentava em sua pré-história, ela sabe doravante "ligar esta espiritualidade errante ao mundo da ação humana, por meio de símbolos místicos que se iluminam em todas as zonas e que transportam todo o terrestre ao mundo da divindade, tal como ele se manifesta nas *sefirot*". Porém, as possibilidades de sua evolução não estão ainda talhadas: entre uma tendência à espiritualização de uma doutrina sofisticada, suscetível de seduzir um certo número de discípulos de Maimônides e o reforço de uma orientação conservadora, visando dessa vez fortalecer a fé tradicional e a autoridade rabínica. Para Scholem, não há dúvida de que é a história que decidirá. Nos decênios que se seguirão na Espanha, ela conseguirá marginalizar os filósofos, cada vez mais vistos como os representantes de uma camada social mais abonada, enquanto ela se afirmará portadora das

---

269 Ver citação de José Abuláfia, idem, p. 429.
270 Idem, p. 435.

aspirações do povo. Passados mais de dois séculos, ao saber fornecer uma resposta ao traumatismo da Expulsão é que ela poderá verdadeiramente orientar a história judaica.

  Alguns anos apenas após a morte de Nakhmânides, e enquanto Abraão Abuláfia ainda vivia, começa a circular uma obra cuja popularidade ofuscará o resto da produção literária da Cabala. Scholem consagrou muita energia ao *Zohar*. Já em 1935, publica uma antologia comentada, depois redige alguns artigos eruditos destinados a resolver as querelas que se prendem ao livro, para lhe consagrar enfim dois longos capítulos nas *Grandes Correntes da Mística Judaica* e a longa exposição na *Enciclopédia Judaica*[271]. Embora engajado na primeira linha da discussão sobre a datação da obra, ele parece inscrevê-la em uma espécie de intemporalidade: *As Origens da Cabala* se concluem no momento em que ele aparece não dizendo palavra e, sobretudo, sem fazer nenhum esforço aparente para inscrevê-la na cronologia argumentada que estrutura sua leitura da história judaica. Como suspenso entre a idade juvenil da Cabala, analisada à luz de suas formas gnósticas, e a de um apogeu que se manifestará em Safed depois da Expulsão, ele parece, sob sua pena, elevar-se acima de sua época. Nisso, Scholem acompanha o destino do *Zohar*: única obra da literatura rabínica pós-talmúdica a que se verá conferir um *status* canônico. Mas ele sente talvez uma afinidade menor em relação a este monumento do que com as obras mais candentes da escola de Isaac Lúria, que lhe parecem deixar uma impressão mais profunda. A razão é, sem dúvida, que falta a esse texto, não obstante misterioso, esses brilhos de messianismo que iluminam, a seus olhos, a aventura do povo judeu e lhe confere o aspecto dialético que nutre sua própria escritura da história. Scholem vê no *Zohar* "a expressão de tudo o que era mais profundo e totalmente oculto nos refúgios mais íntimos da alma judaica"[272]. Entretanto, não é certo que ele reconheça um componente essencial do combustível que

---

271 Ver G. Scholem, *Die Geheimnisse der Schöpfung: Ein Kapitel aus dem Sohar*, Berlin: Schoken Verlags, 1935. Já em 1927, Scholem havia realizado uma grande bibliografia da Cabala, que incluía o exame crítico exaustivo das fontes e dos comentários do *Zohar*. *Les Grands courants de la mystique juive* contém dois capítulos sobre o *Zohar*: o v, Le Livre et son auteur; e o vi, La Doctrine théosophique du *Zohar*. Ver, enfim, *La Kabbale*, p. 333-375, e a abertura "Zohar" da *Encyclopaedia Judaica*.
272 *Les Grands courants de la mystique juive*, p. 172.

liberará as forças explosivas da Cabala por meio de movimentos populares como o sabataísmo.

Uma série de enigmas historiográficos se ligam ao *Zohar*. Eles concernem à sua datação, sua unidade e seu autor. A tese finalmente proposta por Scholem depois de algumas hesitações é de que a obra posta em circulação entre 1280 e 1290 na Espanha por Moisés de Leon é obra dele. Para defendê-la, foi preciso começar por provar que se tratava menos de uma compilação de escritos elaborados em diversos lugares por várias gerações do que de uma obra singular. É o plano da análise léxica e estilística que melhor ajuda confere a Scholem[273]. O *Zohar* está concebido na forma do *Midrasch*, comentando um grande número de passagens da *Torá*, enquanto desenvolve considerações mais amplas de uma maneira mais homilética do que sistemática. Enquanto coloca em cena, como seu modelo de discussões, um grupo de companheiros que supostamente viveu na Palestina, é preciso, em primeiro lugar, desvendar os fios de uma ficção: os erros onomásticos, as imprecisões geográficas e, sobretudo, a linguagem permitem afirmar que as personagens são apenas vagas silhuetas e o país um cenário no qual o autor jamais colocou os pés. A aproximação léxica confirma essa ideia, ao desvendar um "arco-íris de ecletismo linguístico", em que o hebraico se mistura a um aramaico muitas vezes alterado e, sobretudo, a uma língua tardia que revela o artifício. É através do estilo que a unidade da composição aparece melhor. O *Zohar* se compõe de 24 seções de extensões desiguais, indo de um longo *midrasch* cabalístico que segue as divisões hebdomadárias da *Torá* aos comentários do livro de *Rute*, do *Cântico dos Cânticos* e das *Lamentações*, percorrendo opúsculos de títulos mais evocadores: "A Grande Assembleia", "O Mestre da Academia", "Livro de Segredos", "Segredo das Letras", "Segredo dos Segredos"[274]... Mas a despeito dessa aparente explosão, não se percebe uma real diferença entre os fragmentos midráschicos e as exposições

---

[273] Idem, p. 179 e s. e *La Kabbale*, p. 351 e s. Scholem já insistia sobre a importância de uma análise da linguagem do *Zohar* em sua carta a Biálik de julho de 1925, anunciando a este último ter empreendido a redação de um léxico já em estado bastante adiantado (mas que permanecerá em manuscrito inacabado). Ver Brief an N. Biálik (12 de julho de 1925), op. cit., *Judaica* 6, p. 66.
[274] Idem, p. 175-179; e *La Kabbale*, p. 334-342.

redigidas no estilo dos pregadores medievais, não mais do que entre a relação de discussões e os momentos narrativos. A interpretação das ideias, depois que elas puderem ser atribuídas a um autor, confirmará o fato de que o *Zohar* não é uma combinação de textos antigos e contemporâneos, porém, para todos os efeitos, um *corpus* literário coerente.

Pela análise da linguagem oferecendo numerosos argumentos à tese de uma redação na Espanha, na segunda metade do século XIII, pode-se propor uma datação mais precisa. O elemento determinante apresentado por Scholem refere-se à presença, no *Zohar*, de cálculos apocalípticos anunciando que a Redenção terá início no ano de 1300 e que se pode, desde já, descrever as etapas: por volta de 1268 as "dores do parto" começaram; logo Moisés aparecerá para indicar a proximidade do fim dos tempos; o período de transição se concluirá por volta de 1312; então o processo da Redenção propriamente dito se iniciará[275]. Pode-se deduzir dessa aritmética que o autor da obra escreveu alguns anos depois de 1268, enquanto a utilização de uma fonte precisamente datada permite fixar o término da redação o mais tardar em 1274. Visto que, por outro lado, se sabe de maneira segura que o *Zohar* foi colocado em circulação por Moisés de Leon entre os anos de 1280 e 1290, resta saber se ele é o autor. Sobre esse ponto, Scholem mudou de opinião: depois de ter pensado, como numerosos leitores, que se tratava de uma edição tardia de uma série de artigos compostos sobre um longo período, ele retornou à tese de Graetz, que pretende que Moisés de Leon seja efetivamente o autor do *Zohar*. Vários argumentos permitem, entretanto, escorar essa tese melhor do que o fizera Graetz, que considerava, aliás, o *Zohar* como um "livro de falsidades". Enquanto construía sua antologia de 1935, Scholem ainda estava indeciso sobre esse ponto, porém dispunha já de um índice essencial: a descoberta, vinte anos antes, em Moscou, de uma cópia da tradução em hebraico do *Guia dos Perplexos*, realizada em 1264 para Moisés de Leon[276]. Que este último tivesse tido a fortuna e o nível de educação que lhe permitisse adquirir uma tal obra, tende a provar que ele não era um diletante. Além disso, dispomos sobretudo de algumas obras de sua pena que não apenas confirmam

---

275 Idem, p. 203; e *La Kabbale*, p. 359-360.
276 Idem, p. 210; e *Die Geheimnisse der Schöpfung*, p. 17.

ser ele pessoalmente um erudito e não simplesmente um copista ou um compilador, mas desvelam uma profunda identidade de opiniões entre seu pensamento e o do *Zohar*.

  Atribuindo a Moisés de Leon uma obra que ele detestava, Heinrich Graetz projetou de seu autor um retrato medonho: o de um charlatão preguiçoso e pobretão, que teria aproveitado a voga crescente da Cabala para se fazer uma reputação e enriquecer. Além das informações deixadas pelo manuscrito de Moscou, os textos conhecidos de Moisés de Leon permitem a Scholem contestar esse julgamento, ao estudar sua personalidade de tal maneira que confirma sua atribuição do *Zohar* e começa a esclarecer a orientação da obra. A análise da produção pessoal de Moisés de Leon demonstra que, a despeito de sua proximidade com José Gikatila, ele desenvolve um pensamento original em um estilo reconhecível até por seus erros literários. Mas, acima de tudo, todos os escritos redigidos sob sua autoria são concebidos de tal maneira que pressupõem a existência do *Zohar*, do qual preparam a difusão ao mesmo tempo que já o comentam. Apresentando a intenção de um de seus livros, Moisés de Leon oferece, sem dúvida, aquele que presidia na realização do *Zohar*:

> Eu observava as maneiras de viver dos filhos do mundo e eu vi o quanto, no que concerne a todos esses sujeitos, eles estão plenos de ideias estranhas e falsas [...] Uma geração passa e outra chega, mas os erros e as falsidades permanecem para sempre. E ninguém vê, ninguém ouve, ninguém desperta, todos estão entorpecidos [...] Quando vi tudo isso, senti-me a mim mesmo forçado a escrever sobre esses mistérios, de ocultá-los e de pesá-los, a fim de revelá-los aos homens pensantes[277].

Eis o verdadeiro retrato de Moisés de Leon, exemplar quanto ao livro cuja paternidade lhe é concedida. Provavelmente nascido por volta de 1240, foi educado no meio racionalista, estudando Maimônides de perto, como o atesta o fato de que adquiriu ainda jovem um exemplar do *Guia*. Assim passou progressivamente do universo das alegorias filosóficas ao da teosofia mística, descrevendo uma trajetória bem conhecida neste período.

---

[277] Idem, p. 218.

Formado no mundo das luzes filosóficas, converteu-se à Cabala, decidido a "escrever e ocultar" segundo a retórica característica dos que falam dos "segredos da *Torá*", Moisés de Leon voltou, pois, sua ciência e sua educação contra a filosofia. Sob esses traços, Scholem reconhece nele o arquétipo do cabalista tal como ele o concebe: um homem instruído em práticas próprias aos círculos intelectualistas, convencido de que eles abandonam os princípios da Lei e da Tradição, decidido a bloquear o crescimento do racionalismo para conservar intacto o judaísmo da *Torá* e a autenticidade da fé.

Empenhando-se em cercar o perfil intelectual de Moisés de Leon, Scholem já esclarece o conteúdo do *Zohar*. Sabe-se doravante que o autor evoluiu para a Cabala e seu simbolismo depois de haver aderido ao pensamento alegórico dos filósofos. Ele pertence mais precisamente a um meio em que se misturam duas heranças de gerações precedentes: o da escola de Gerona e o de uma Cabala de orientações francamente mais gnósticas, que se desenvolveu em Castela. Nesse universo, ele está próximo de um cabalista cujo itinerário é igualmente significativo: José Gikatila, surgido como discípulo de Abuláfia, mas que se distanciou do estudo do mistério das letras e dos nomes depois de ter se aproximado dos círculos gnósticos mais propensos à teosofia[278]. Na visão de Scholem, é efetivamente a teosofia que caracteriza melhor o cenário doutrinal do *Zohar*, se lhe dermos uma definição não anacrônica: "um método de pensamento que se propõe a conhecer e descrever as operações misteriosas da Divindade e julga o homem capaz de ser arrebatado pela contemplação dessa Divindade"[279]. No seio da mística judaica, essa doutrina exprimiu-se por meio da ideia de um Deus vivo, que se manifesta nos atos sucessivos da Criação, da Revelação e da Redenção. Meditando sobre essa ideia, ele descreveu o que os cabalistas denominam o "mundo das *sefirot*": "a concepção de uma esfera, de todo um reino da Divindade, que fica subjacente no mundo de nossos dados sensíveis e que está presente e ativo em tudo o que existe"[280]. A noção de um Deus vivo embaraçava os filósofos, tanto por sua pressuposta antropomorfia quanto pela maneira com que ela sugere uma limitação do

---

278 Sobre José Gikatila, ver *La Kabbale*, p. 615-618.
279 Idem, p. 222.
280 Idem, p. 23.

Ser infinito. Os cabalistas, ao contrário, veem na existência de uma tensão entre o Deus conhecido e o *Deus absconditus* uma realidade fecunda. Para eles, o Deus oculto, aquele que representa o Ser íntimo e a Divindade e que eles denominam *Ein Sof*, vive em um mundo que permanece imperceptível e ininteligível. Mas ele se manifesta por atributos fundamentais que são também "dez níveis através dos quais vai e vem a vida divina"[281].

Enquanto a teoria das *sefirot* procura descrever a vida oculta em Deus, o *Zohar* lhe atribui um simbolismo sofisticado, na medida deste que a sustenta: "O Deus oculto, *Ein Sof*, se manifesta ao cabalista sob dez aspectos diferentes, que compreendem uma variedade infinita de sombras e de graus"[282]. Nessa perspectiva, a *Torá* está concebida de tal forma que cada palavra é capaz de se tornar um símbolo, tendo por consequência que quem soubesse dar a interpretação mística perfeita descobriria não ser ela nada mais que o Nome. Eis os nomes usuais das *sefirot*: *Keter Elion* ("suprema coroa" de Deus); *Hokhmá* ("sabedoria"); *Biná* ("inteligência"); *Hessed* ("amor" ou misericórdia); *Guevurá, Din* ("poder", no sentido de poder de julgar); *Rahamim* ("misericórdia"); *Netzá* ("paciência"); *Hod* ("majestade"); *Iessod* ("fundamento" de forças ativas em Deus); *Malkhut* ("realeza")[283]. Não é, todavia, certo que a popularidade progressiva do *Zohar* esteja diretamente ligada à sua maneira de descrever em termos simbólicos o universo teosófico da vida oculta de Deus. Scholem a liga a fatores mais familiares. Em primeiro lugar, diferentemente de uma literatura anterior, a cabala do *Zohar* aplicou-se em demonstrar que a *devekut* pela qual a mística se esforça em atingir a comunhão com Deus não está encerrada na esfera de uma meditação interior, mas "pode realizar-se na vida normal do indivíduo no seio da comunidade"[284]. Desse ponto de vista, seu êxito depende de uma capacidade nova para traduzir a experiência extática em valores sociais, que podem, por sua vez, organizar as virtudes éticas. Se somarmos a isso o fato de ela colocar em primeiro plano as virtudes religiosas da pobreza, compreende-se que não só ela tenha saído do círculo estreito dos iniciados, mas que ela tenha podido seduzir um

---

[281] Idem, p. 224.
[282] Idem, p. 225.
[283] Ver a lista das dez *sefirot* e o esquema clássico da árvore que as simboliza, idem, p. 228-229.
[284] Idem, p. 250.

amplo setor da sociedade judaica. Resta, enfim, uma razão da influência do *Zohar* particularmente significativa aos olhos de Scholem: sua maneira de exprimir tudo ao mesmo tempo sobriamente e em profundos símbolos da angústia universal, suscitada pela experiência anuladora do mal. Nesse plano ainda, a fonte do livro é gnóstica: o mal tem uma realidade em si, um modo de existência que o torna independente do homem, para incluí-lo na estrutura do mundo e até da vida divina. O autor do *Zohar* pode bem hesitar entre as metáforas metafísicas, físicas ou biológicas, não lhe resta senão saber oferecer símbolos apropriados a esta consequência audaciosa da ideia do Deus vivo que pretende que o demoníaco tenha também sua raiz em alguma parte no mistério divino. A expressão mais célebre desse simbolismo consistirá em considerar o mal como *klipá*, casca da árvore cósmica ou casca da noz: imagens que sublinham o quanto ele reprime o processo orgânico da vida oculta, mas sugerem também que poderia de uma maneira ou de outra rebentar, para liberá-lo e deixá-lo se realizar. Essa ideia saberá um dia traduzir uma consciência histórica. Por ora, ela fornece uma razão simples para o fato de o *Zohar* ter rapidamente suplantado as formas aristocráticas da Cabala profética: sua linguagem é a de um escritor que comprova e relata melhor do que ninguém "os receios habituais da humanidade"[285].

O Exílio da Criação

Dois séculos após o aparecimento do *Zohar*, um acontecimento virá dar ao mal uma forma histórica de proporções desconhecidas: a expulsão da Espanha. Com ela, as explicações metafísicas do fenômeno oferecidas pela Cabala até então revelar-se-ão inadaptadas, conceitualmente muito floridas para atribuir um sentido ao novo exílio, socialmente muito limitadas em sua influência para abrir perspectivas práticas à altura da situação. Será preciso, além disso, quase um século para que uma Cabala profundamente modificada, desviando seu tropismo dos começos para o final, alargando sua audiência para além dos círculos do esoterismo, consiga retomar

---

[285] Idem, p. 221.

sua atividade: traduzir em símbolos as forças demoníacas que agem na história. Deportada para Safed, a Cabala saberá finalmente transpor suas antigas interpretações ontológicas do mal, para trabalhar o corpo de sua experiência histórica e inscrevê-la num plano em que o desamparo presente seria suscetível de se converter. Longe da Espanha, mas próximos dos sentimentos suportados pelos descendentes dos expulsos, os cabalistas da Palestina conseguirão construir símbolos do exílio que traduzem as peregrinações do povo judeu através das vicissitudes da história em expressão da aventura divina. Para Scholem, esse momento de elaboração de uma resposta ao traumatismo da Expulsão é o da verdadeira entrada da Cabala na cena da história. Nessa idade de ouro, seus conceitos não têm mais a aparência de intemporalidade daqueles do *Zohar*. Eles tecem uma narrativa cosmológica da história de um judaísmo lançado sem preparação em um mundo hostil, mas prometido à reparação, uma dispersão que antecede a reunião, uma provação de violência que anuncia a Redenção. Sua irradiação está diretamente ligada aos clarões messiânicos que eles fazem despontar e propagarão até as extremidades da Diáspora. Os efeitos dessa renovação irão longe: lá onde conduz a dialética do messianismo repentinamente liberado.

O choque da Expulsão foi tanto mais brutal quanto se caracterizou por sua instantaneidade, sua amplitude e rapidez. No dia 31 de março de 1492 em Granada, o rei e a rainha assinaram o édito de expulsão de todos os judeus pertencentes às coroas de Castela e de Aragão. Marcado pela fraseologia da Inquisição, o texto foi promulgado em 29 de abril para execução imediata, e a Expulsão começou no início de maio. Desejando uma evacuação ordenada, as autoridades exigiram que os bens dos judeus lhes fossem pagos e que pudessem resgatar suas dívidas, porém proibiam que levassem ouro, prata e pedras preciosas. As sinagogas, os cemitérios e os edifícios públicos seriam confiscados, numerosos dentre eles logo profanados, enquanto as populações deixavam o país por todos os meios disponíveis, o último judeu deixava a Espanha em 31 de julho. Nesse novo exílio, estima-se que entre 100 000 a 120 000 judeus emigraram para Portugal, 50 000 para Itália, África do Norte e Turquia, o Império Otomano foi o único a querer acolhê-los. Yitzhak Baer sublinha a especificidade de uma decisão política sem equivalente na Idade Média: uma mistura de motivos raciais frente a uma comunidade que o cristianismo espanhol não conseguiu assimilar e de considerações propriamente religiosas[286]. O traumatismo provocado pela eliminação de um dos centros mais importantes e mais ativos da vida judaica era, por sua vez, tanto mais profundo, uma vez que numerosos cabalistas haviam calculado que a Redenção se produziria nesse ano de 1492. Que em lugar da realização anunciada da esperança mais intensa do povo judeu um novo exílio se impusesse, eis o que deixaria por um longo momento sem voz suas autoridades, dispersas pelo mundo, privadas de referenciais e despojadas de meios intelectuais que permitissem refletir sobre a situação. Porque ela fosse talvez melhor preparada que outras a confrontar a experiência do mal, a Cabala seria um dia a única força capaz de erguer a violência da história em um plano especulativo em que ela teria um sentido do ponto de vista da economia divina. Essa preparação não era, entretanto, suficiente para autorizar uma reação imediata. O prazo de latência seria pelo menos o de duas gerações: as da desordem, da dificuldade de testemunhar e de uma errância espiritual somada à angústia de um novo exílio[287].

Scholem sublinha o fato de que em 1492 a Cabala estagnava há um tempo[288]. Mesmo na Espanha, ela atingira seu apogeu no fim do século XIII, ao passo que no seguinte principiara uma forma de declínio. O sintoma do enfraquecimento de sua produtividade intelectual e da relativa perda de influência que disso resultava foi por ela não ter contribuído nem com explicação nem com resposta específicas aos inícios das perseguições na Espanha, ou ao aparecimento do marranismo em 1391. Se Scholem não é brando com a Cabala do século XV, ele também esclarece o que revela retrospectivamente a Expulsão: o fato de os cabalistas estarem mais preocupados com os inícios do que com o fim, com a Criação do que

---

286 Ver Y. Baer, *A History of the Jews in Christian Spain*, v. 2, p. 433-439.
287 Ver em especial *La Science du judaïsme, hier et aujourd'hui*, op. cit., p. 436, e Reflexions on the Possobility of Jewish Mysticism in Our Time (1936), *On the Possibility of Jewish Mysticism in Our Time & Other Essays*, p. 9-11. Scholem insiste amiúde sobre a duração dessa época de latência, persuadido de que não será a mesma depois da *Schoá*.
288 O texto mais completo de Scholem sobre a Expulsão é um de seus primeiros artigos, publicado no volume 1933-1934 do *Almanach des Schoken-Verlags*: Après l'expulsion de l'Espagne, trad. Marc de Launay, *Aux origines religieuses du judaïsme laïque*, p. 65-74. Ver também *Les Grands courants de la mystique juive*, p. 260-264; e *La Kabbale*, p. 136 e s.

com a Redenção, com a esperança de um retorno do que com a conclusão. Repentinamente, a maldição histórica tomava uma forma tal que ficou impossível conter a experiência mística no quadro de um esforço mais ou menos elitista visando a comunhão com Deus. Permanecida estranha às formas de propaganda apocalíptica, mobilizando suas intuições e seus conceitos em favor de uma especulação sobre as origens e os meios de aí retornar regenerando um mundo corrompido, neutralizando de alguma maneira a experiência da história em proveito de uma retirada contemplativa, a Cabala havia em geral subestimado a perspectiva messiânica. Os novos sentimentos frente à violência do mundo pareciam doravante exigir uma reorientação radical: esposar deliberadamente o ponto de vista da Redenção; conceber esta como a irrupção de uma força exterior interrompendo o curso das coisas, um apocalipse suscetível de ser preparado por meio de iniciativas procurando precipitar crises históricas. Para os exilados da Espanha, a catástrofe da Expulsão exprimia claramente o caráter cataclísmico do "fim". Essa consciência obrigava a revisar as antigas profecias e a converter o olhar imediato sobre o acontecimento: por considerar que 1492 entrava efetivamente na economia da Redenção, mas como o início das "dores de parto" que precedem a era messiânica.

    A Cabala começa a renascer em diferentes lugares da nova dispersão. Na Itália, onde as especulações permaneciam amplamente na linha tradicional, mas sobretudo na Turquia e na África do Norte. Depois de ter deixado Mântua para se instalar em Salônica, David ben Iehudá Messer Leon propõe uma explicação filosófica da Cabala que influenciaria por muito tempo os novos cabalistas. No Marrocos, estes publicam numerosas obras: teorias da exegese cabalística, comentários da liturgia e, principalmente, aprofundamentos da doutrina das *sefirot* que encontra seu apogeu nas obras de Iossef ben Abraham ibn Zaiah. Entretanto, é em *Eretz Israel* que nasce, por volta de quarenta anos depois da Expulsão, um novo centro. Depois da conquista dos turcos em 1516 –1517, a Palestina surgia como um destino favorável. Sobre as colinas da Galileia, Safed conhece uma atividade econômica florescente na qual os judeus têm uma parte importante e ela apresenta a vantagem de se situar próxima à Síria, por onde transitam numerosos imigrantes. A região se beneficia, por outro lado, da aura que lhe confere o fato de ter sido a de numerosos sábios da época talmúdica. Vivem ali enfim algumas autoridades de importância, como Iossef Karo (1488-1575), autor do já célebre *Schulkham Arukh*. A situação política relativamente estável da Palestina permite, a partir de 1530, a instalação de numerosos exilados, de maneira que na metade do século a população judaica cresce para cerca de 10 000 pessoas. Eis, pois, as condições de um renascimento da Cabala, nos círculos em que se cruzam sefaraditas, asquenazitas e *mustaravim* provenientes do mundo judio-árabe. A orientação que será tomada é determinada pela renovação da atividade messiânica, através, em especial, de novos cálculos relativos às datas do Messias: Isaac Abravanel (1437-1508) afirmava que a era da Redenção havia começado desde 1503; propagador zeloso de uma cabala apocalíptica, Abraham ben Eliezer ha-Levi proclamava em Jerusalém que o Messias chegaria entre 1530 e 1531[289].

Antes mesmo de propor sua doutrina, a cabala de Safed havia criado as condições de sua influência no mundo judaico dilacerado pelo novo exílio: suspendendo antiga proibição que presidia a difusão das ideias esotéricas. Um cabalista anônimo da época resume o estado de espírito que prevalecia a esse respeito: "Encontrei que está escrito que o decreto divino proibindo o estudo da Cabala em público só é válido até o final do ano 250 (1490). Depois, seria chamada a última geração [...] A partir do ano 300 (1540), o estudo em público será contado como ato de um mérito especial tanto para as pessoas idosas quanto para os jovens. Já que o rei Messias virá graças aos méritos e nada além disso, ele nos incumbe de não sermos negligentes"[290]. No contexto de um renascimento do fervor escatológico, a legitimidade dos novos cabalistas podia ancorar-se na maneira de ostentar-se como pietistas, de praticar e de pleitear um ascetismo adaptado à atmosfera da época[291]. Seus círculos os autorizavam a parecer mais visíveis do que os dos seus predecessores, através das comunidades

---

289 Sobre Isaac Abravanel, sua doutrina do messianismo e seu método de cálculo da data da chegada do Messias, ver Benzion Netanyahu, *Don Isaac Abravanel, Statesman & Philosopher*, Philadelphia: The Jewish Publication Society of America, 1968, parte II, cap. IV.
290 Citado em *Sabbataï Tsevi*, p. 38.
291 Encontraremos uma apresentação do contexto da Cabala de Safed e de seus principais autores na introdução de uma antologia que lhe foi consagrada: *Safed Spirituality: Rules of Mystical Piety-The Beginning of Wisdom*, trad. e introdução Lawrence Fine, prefácio de Louis Jacobs, New York: Paulis Press, 1984.

(*havurot*) centradas na personalidade de mestres que contribuirão para a institucionalização da Cabala. Scholem insiste sobre as categorias que permitem aos pietistas de Safed proporem, em resposta aos acontecimentos, uma verdadeira reconstrução da existência humana na perspectiva de um restabelecimento da vida com Deus: morte, arrependimento, renascimento[292]. Entre morte e renascimento, é a doutrina da migração das almas (*guilgul*) que toma um novo impulso[293]. A ideia é antiga, apresentada no *Sefer ha-Bahir* e desenvolvida pelos cabalistas espanhóis do século XIII na perspectiva da teodiceia. Porém, na versão que a Cabala de Safed propõe, por meio do tratado que lhe é consagrado por Haim Vital expondo o pensamento de Lúria, ela busca exprimir a psicologia do povo judeu após a Expulsão. Encontrando sua origem na queda de Adão e na confusão do mundo que dela resultou, abrindo, não obstante, o horizonte de uma reparação dessa desordem, a ideia de uma transmigração das almas se coordena aos sentimentos de uma geração para a qual o universo inteiro está no exílio e que espera uma reunião que libertará a via da Redenção. Quanto ao vínculo entre essa renascença e a doutrina clássica do arrependimento ou da conversão, podia estabelecer-se entre uma explicação das causas da Expulsão e a exposição das condições de uma restauração: o povo judeu perdeu-se pelo relaxamento da fé e dos costumes religiosos, cuja influência do racionalismo filosófico parecia ser o sintoma; ele reencontrará o caminho de sua saúde pelo retorno a uma prática conforme a Lei e seus segredos, segundo o ensinamento da Cabala.

Por sua personalidade e seu pensamento, as principais figuras de Safed inscrevem-se nesse sistema de coordenadas[294]. Moisés Cordovero (1522-1570) é o primeiro mestre dessa geração. Talvez nascido em Jerusalém, mas para todos os efeitos originário da Espanha, foi discípulo de Iossef Caro, antes de tentar a construção de um sistema especulativo da Cabala. Nessa perspectiva, reconhece ter Maimônides purificado dos antropomorfismos a ideia de Deus, mas procura resolver um problema deixado pendente pelos filósofos: o da conciliação entre o princípio de um

---
292 *Les Grands courants de la mystique juive*, p. 266 e s.
293 Ver G. Scholem, *Gilgul*: Migration et sympathie des âmes, *La Mystique juive*, p. 203-254.
294 Ver as biografias dos principais protagonistas da Cabala de Safed em *La Kabbale*, p. 603-607 (Moisés Cordovero), p. 629-640 (Isaac Lúria e Haim Vital).

Ser transcendente e a ideia de Deus como pessoa. Descrevendo o processo da emanação das *sefirot* como um processo dialético, ele desenha o esquema que seus discípulos preencherão: para se manifestar, Deus deve se ocultar; essa dissimulação explica por que certos aspectos da divindade permanecerão lacrados até à época da Redenção. A personagem de Isaac Lúria (1534-1572) é mais enigmática. Nascido em Jerusalém, onde seu pai, vindo da Alemanha ou da Polônia, se instalara só recentemente, educado no Egito antes de estudar com Cordovero, ele formará um círculo de uma trintena de alunos, mas deixa apenas uma obra, sob forma de comentário de uma secção do *Zohar*. Lúria confessa sua repugnância com relação à escritura, preferindo a prática esotérica antiga da comunicação oral. É, pois, essencialmente a seu discípulo Haim Vital (1542-1620), em concorrência com alguns outros, que se deve a transmissão de seu ensinamento. O seu fundamento repousa sobre a ideia de origem gnóstica segundo a qual quando ocorreu a Criação, as centelhas divinas foram dispersas para se tornarem prisioneiras da matéria das coisas do mundo. Procurando explicar e prolongar as posições de Moisés Cordovero, Lúria afirma que esse último tratava do "mundo da confusão" (*olam ha-tohu*), enquanto ele se ocupa do "mundo da restauração" (*olam ha-tikun*). Com ele, a Cabala de Safed tende a se considerar como um sistema, que explora os diferentes níveis do reino espiritual da emanação. É percorrendo nesse quadro o "labirinto do mundo oculto da mística" que o "Santo Leão" consegue forjar os conceitos graças aos quais as gerações seguintes poderão dialeticamente articular sua experiência em relação à Expulsão, para sentir sua situação como um reflexo da aventura divina.

Por meio da doutrina elaborada em Safed, a Cabala oferece as categorias de um sistema explicando o ciclo completo do mundo, da Criação à Redenção. Scholem admite que, ao concebê-lo, Lúria preocupava-se essencialmente em descrever a realidade mística do fenômeno pertencente às "luzes superiores", sem intenção "ideológica" com respeito ao mundo da experiência. Em sua opinião, fica claro que a nova Cabala se inscreve entre os dois polos, do exílio e da Redenção, dos quais ela transporta os conceitos do plano histórico para o plano divino, ou mesmo cósmico. O modelo que ela propõe é seguramente mitológico, no sentido próprio do termo: "Ele conta uma história, a das ações e das operações divinas, e explica o mistério do mundo por um processo místico interno à Divindade que dá origem à criação 'exterior', material. Segundo os cabalistas, tudo que é exterior não é senão um símbolo ou uma sugestão de uma realidade interior; esta é o verdadeiro agente que determina a realidade exterior que nós percebemos"[295]. Uma vez mais, é o símbolo que oferece o instrumento linguístico dessa descrição, quando ele permite satisfazer a fraca compreensão humana pela apresentação de imagens suscetíveis de exprimir o inexprimível. Nesse sentido, a escola de Lúria libera uma dialética carregada de consequências: obrigada a recorrer a figuras materiais e antropomórficas, ela procura atenuar sua força por meio de revestimentos retóricos; mas o material que ela manipula contém amiúde representações físicas ou sexuais escandalosas, que não apenas nutrem as controvérsias com aqueles que as condenam, mas permitem também em outros contextos utilizações de consequências práticas perigosas. Resta disso que é precisamente por colocar em prática um simbolismo profundo do exílio e da Redenção que ela poderá se impor e finalmente aparecer como a única teologia autenticamente nova do judaísmo por um período bastante longo.

O sistema da Cabala de Lúria se articula em torno de três conceitos principais: contração (*tzimtzum*); ruptura (*schevirá*); reparação (*tikun*). Seu ponto de partida reside em um dos legados mais embaraçosos deixados aos cabalistas pelas grandes teologias do monoteísmo: como justificar a criação a partir do nada? A explicação desse fenômeno foi imposta ao mito, que permanece, segundo Hermann Cohen, no "milagre do começo", igual à filosofia de Aristóteles, que pleiteia, por seu turno, a eternidade do mundo[296]. A isso se soma que não é fácil demonstrar que a *Torá* coloca em cena explicitamente a perspectiva de uma criação a partir do nada. Para Scholem, esse problema era ainda o "quebra-cabeça dos teólogos medievais". Em Maimônides, encontramos uma defesa eloquente da criação *ex nihilo*, mas igualmente a confissão de que essa ideia não facilita o entendimento de um certo número de passagens bíblicas[297]. Por seu turno,

---

295 *Sabbataï Tsevi*, p. 43.
296 Ver La Création à partir du néant, op. cit., p. 32 e s.; e Hermann Cohen, *Religion de la raison tirée des sources de judaïsme*, p. 102.
297 Ver o *Guia*, II, 13-15 e 17-18 (que apresenta as diferentes opiniões sobre a Criação, expõe o erro de Aristóteles e refuta os argumentos em favor da eternidade do mundo); II, 16 e 19 (que

um representante também qualificado da teologia judaica medieval, como Iossef Albo, considera que aqueles que negam esse princípio podem, não obstante, permanecer entre os "sábios e piedosos de Israel"[298]. O dilema das doutrinas clássicas sobre esse assunto é profundo: afirmar a negação de toda existência antes do ato original fortalece o dogma de uma liberdade divina absoluta; mas essa tese encontra seu ponto crítico quando deixa surgir o espectro do panteísmo. Por ter recorrido desde suas origens a uma tal perspectiva, a Cabala é, sem dúvida, particularmente imune contra essa angústia teológica. Na visão de Scholem é, pois, ela que aparece mais bem armada para enfrentar o que parece solicitar uma contradição absoluta: "Deus tem a liberdade de convocar ao ser qualquer coisa que não seja ele mesmo". Quanto à solução proposta, ela só poderia ainda se impor ao preço de um "equívoco produtivo", como se o problema conservasse uma opacidade até em sua supressão: "O que aparece ao místico como uma profunda intuição, um grande símbolo, representa ao olhar frio do historiador ou mesmo do filósofo uma incompreensão conceitual. Ora, é precisamente graças aos equívocos que tais concepções revelam no seio da história sua essência produtiva e asseguradora, certamente ao preço de seu caráter dúbio, da continuidade do universo linguístico religioso"[299].

O princípio fundador das teologias clássicas reside no fato de que a essência de Deus é de ser eternamente imóvel. Desse ponto de vista, a fim de representar o ser absoluto, não poderá por natureza suportar o menor nada, que apareceria como uma imperfeição. Mas então, como conceber a existência necessária de um nada a partir do qual pudesse se operar a Criação a fim de ser perfeita? Para resolver esse problema, a Cabala de Safed começa por reformulá-la em suas próprias categorias: "Se o *Ein Sof* é tudo de tudo, como pode existir alguma coisa que não seja o *Ein Sof*?" Os antigos cabalistas teriam respondido pela doutrina da emanação: "Deus

---

admitem que a criação *ex nihilo* não pode ser estabelecida por uma demonstração rigorosa, mas oferecem um certo número de provas diretas). Em II, 25, Maimônides reconhece que os versículos bíblicos relativos à Criação estão sobrecarregados de ambiguidades que tornam sua interpretação difícil. Em II, 30 analisa os primeiros versículos do *Gênesis* e explica algumas palavras que se referem ao *maassé bereschit*.

298 Ver Joseph Albo, *Sefer Iqqarim* (*Book of Principles*, 1, 2), trad. por I. Usik, Philadelphia: The Jewish Publication Society of America, 1946, v. 1, p. 49 e s.
299 La Création à partir du néant, op. cit., p. 42.

projeta Sua força criadora a partir de Si-mesmo. A partir de Sua essência oculta, mais precisamente a partir do brilho irradiante de Sua essência, Ele faz emanar as *sefirot*, ou luzes divinas. Essas *sefirot* são as fases pelas quais Deus Se manifesta a Ele-mesmo em Seus diferentes atributos: elas contêm os arquétipos de tudo aquilo que existe[300]. Insatisfeito com essa explicação que descreve ainda um fenômeno de sentido único indo de Deus para o mundo e o homem, Lúria não hesita em transgredir o interdito de imaginar uma mutabilidade divina, arranhando de passagem a doutrina da Revelação como pura afirmação de Deus para o exterior. Aos seus olhos, a Criação só pode ser captada de maneira dialética: uma vez que é preciso que um nada exista antes que algo pudesse ser, Deus deve se retirar antes de se manifestar. Eis a ideia paradoxal pela qual Lúria resolve a questão da criação *ex nihilo*: o processo começa por uma autocontração de si mesma da essência divina, como uma "descida em seu próprio âmago"; nesse movimento, em lugar de agir para o exterior, Deus se retira em si mesmo, para fazer existir o nada preliminar para a possibilidade do ser; com respeito ao *Ein Sof* infinito, esse espaço é apenas um ponto infinitesimal, porém em relação à criação, ele representa todo o espaço cósmico. Quanto ao aspecto teologicamente escandaloso dessa ideia de aspecto gnóstico, concluímos disso que "o nada não é *o* nada que é independente de Deus, mas bem *seu* nada"[301].

Para exprimir o que ele denomina um recuo divino "de Si-mesmo em Si-mesmo", Lúria forja o conceito de *tzimtzum*. Significando originalmente "concentração" ou "contração", o termo tal como o entende a Cabala de Safed se traduz melhor por "retração", evocando mesmo uma espécie de "solidão" ligada ao breve desterro de Deus no interior de sua essência[302]. A liberdade absoluta divina que requer a Criação não pode, pois, corresponder à ideia clássica de uma saída de Deus a partir de Si-mesmo para o exterior, mas supõe o movimento inverso de uma retração no interior d'Ele-mesmo, que representa o *a priori* do universo. Nem os filósofos que falavam da eternidade do mundo nem os teólogos focalizados na Reve-

---

300 *Sabbataï Tsevi*, p. 44 (trad. bras., v. 1, p. 29).
301 La Création à partir du néant, op. cit., p. 51.
302 Ver *Les Grands courants de la mystique juive*, p. 277-278.

lação perceberam a dialética da Criação: o ato inicial que a torna possível é aquele pelo qual Deus se oculta ao se contrair "no profundo mistério de sua natureza profunda"; somente então pode se produzir a emanação dos mundos e a manifestação da divindade como "Deus pessoal, Criador e Senhor de Israel"[303]. Resta que se essa inauguração da aventura da Criação se limitava ao breve instante primordial de uma retração de Deus no interior d'Ele-mesmo que permite a emanação e a radiação de Sua luz, não existirá senão Ele. O verdadeiro processo da Criação supõe, pois, que o nada proveniente do *tzimtzum* se reproduz continuamente e intervém por toda parte no seio do Ser. Vemos novamente uma ideia de origem gnóstica: todo ser resulta do duplo movimento pelo qual "Deus se contrai sobre Ele-mesmo, enquanto difunde um brilho a partir de sua essência"; desse ponto de vista, cada coisa contém "uma dose de dualidade e de duplicidade fundamental, uma contração e uma emanação, da qual resultam uma expulsão e uma expansão"[304].

Nesse ponto de seu sistema, Lúria introduziu um elemento dramático suplementar. Em conformidade à ideia tradicional, a manifestação concluída da Criação se liga à do homem, simbolizado por *Adam kadmon* (o Homem primordial). As primeiras luzes que jorraram dos órgãos do Homem primordial pertenciam ainda a uma entidade unificada, sem diferenciação entre as *sefirot*. Porém, aquelas que emanaram de seus olhos eram atomizadas, ou "puntiformes", segundo um princípio de separação que tornava necessário que elas fossem "recolhidas e conservadas em vasos especiais, ou recipientes constituídos de luzes mais fortes e mais resistentes"[305]. Ora, se as luzes emanadas das três *sefirot* mais altas puderam ser recolhidas nesses vasos (*kelim*), as das outras foram tão poderosas que os fez explodir, de modo que Lúria veio a denominá-las o "mundo das luzes puntiformes" (*olam ha-nekudot*), "mundo da desordem" (*olam ha-tohu*)[306]. No momento dessa explosão, uma parte da luz liberada remonta à sua fonte, mas um certo número de centelhas permaneceram coladas aos fragmentos dos vasos rompidos, caindo com eles no espaço primordial. Lá, esses pedaços

---

303 L'Idée de rédemption dans la Kabbale (1955), *Le Messianisme juif*, p. 92.
304 La Création à partir du néant, op. cit., p. 93.
305 *Sabbataï Tsevi*, p. 49 (trad. bras., v. 1, p. 34).
306 *Les Grands courants de la mystique juive*, p. 283.

de matéria que haviam aprisionado as faíscas da luz divina (Schekhiná) tornaram-se cascas (*klipot*), mantendo-as prisioneiras, dando assim nascimento ao "outro lado" (*sitra akhra*): o do mal e das forças demoníacas[307]. Através do drama cósmico da "quebra dos vasos" (*schevirá ha-kelim*), Scholem reconhece o do exílio. No imaginário dos cabalistas de Safed, este mundo imperfeito, deficiente, que vê cada coisa quebrada, tombada, arrancada de seu lugar natural, é precisamente designado pelo termo "exílio"[308]. Alguns dentre eles pensavam que essa ruptura fora um acidente, outros o resultado do pecado do primeiro homem, outros enfim um acontecimento planejado para outorgar à humanidade o direito de escolher entre o bem e o mal. Qualquer que seja dessas interpretações, uma tal ideia transforma efetivamente a noção histórica do exílio em símbolo. Scholem pôde assim resumir a visão radical que tiveram Isaac Lúria e Haim Vital da imperfeição do mundo: "Tudo o que existe, nisso compreendendo Deus, *se podemos dizer* (acrescentamos "se podemos dizer" porque se teme as consequências desse pensamento que parece prejudicar a fé na unicidade do Criador), encontra-se em exílio"[309]. Explicando a totalidade do real e da constituição dos mundos pelo símbolo da "ruptura dos vasos", os cabalistas oferecem a descrição sistemática de um exílio interno da Criação, que determina, por sua vez, a experiência histórica do povo judeu: a *schevirá ha-kelim* sugere o fato de que alguma coisa do ser divino está exilado fora d'Ele-mesmo no mundo; antes dela, o *tzimtzum* impunha a imagem mais profunda ainda de um exílio de Deus n'Ele-mesmo[310].

A força da Cabala de Lúria e sua capacidade de refletir o exílio do povo judeu depois da Expulsão compreende-se apenas, todavia, a partir do conceito que exprime a inversão dialética do processo iniciado pela criação a partir do nada e a "ruptura dos vasos": o da "reparação do mundo" (*tikun olam*). Esse terceiro momento do sistema é o mais complexo, a ponto de fazer com que Scholem quase capitule, confessando que a descrição

---

307 Ver *Sitra ahara*: Le bien et le mal dans la Kabbale, op. cit., p. 96 e s. Lúria parece apoiar sua doutrina da "quebra dos vasos" e da formação do "outro lado" sobre um *midrasch* que afirma que "antes de criar este, Deus criou numerosos mundos e os destruiu": *Bereschit Rabá*, IX, 2 (sobre *Ecl* 3, 11).
308 Ver *Sabbataï Tsevi*, p. 50 (trad. bras., v. 1, p. 35).
309 *L'Idée de rédemption dans la Kabbale*, op. cit., p. 95.
310 Ver *Les Grands courants de la mystique juive*, p. 279.

do processo do *tikun* parece-se a um desafio lançado à contemplação do místico, para nada dizer do sábio que procura compreendê-lo[311]. Antes da "ruptura dos vasos", algumas das *sefirot* permaneciam ligadas ao Homem primordial, de maneira que elas podiam jorrar de sua fronte, para começar o processo de uma reunião da luz dispersa e de uma restauração da harmonia destruída. Essas luzes da fronte vão se denominar *partzufim*: as "faces", e cada qual representa um aspecto de Deus e de Sua força criadora que deverão ser reaproximadas para se tornar uma, no coração de uma construção mística "barroca", em que Scholem reconhece uma espécie de mito de "Deus dando nascença a Si-mesmo[312]. Lúria introduziu de novo um elemento de dramaturgia nesse cenário da "reparação". Quando o primeiro homem foi criado, o processo do *tikun* chegava ao seu final: as luzes e as configurações divinas estavam quase reunidas; como último elo da cadeia espiritual do Ser, Adão não tinha nada mais a fazer senão fornecer o toque final. Tudo o dispunha a essa tarefa, que Deus lhe atribuíra: "Por um esforço místico-espiritual que lhe teria permitido reatar todo seu ser às raízes superiores, ele poderia ter concluído o *tikun* e restabelecido todas as coisas em seu lugar adequado"[313]. Esse ato dependia de sua livre escolha, supondo que atingisse a perfeita comunhão com Deus e que soubesse definitivamente separar o bem do mal. Mas sabe-se o que sucedeu, de uma maneira que Lúria resume por metáforas tiradas da interpretação cabalística do segundo capítulo do Gênesis: ele "separou o fruto da árvore" e, desse feito, "destruiu as plantações"[314]. Nesse tempo, quando estava em comunhão com as esferas superiores, tornou-se prisioneiro das forças maléficas do "outro lado", de maneira que "as devastações provocadas pela ruptura dos vasos no plano ontológico do Adão primordial foram repetidas e reproduzidas para os níveis antropológico e psicológico pelo pecado do Adão histórico". Doravante, as almas humanas partilham o destino da luz divina (Schekhiná): suas centelhas estão ligadas aos fragmentos dos vasos rompidos e as cascas (*klipot*) as retêm prisioneiras.

❧

311 Ver *La Kabbale*, p. 236.
312 *Les Grands courants de la mystique juive*, p. 288.
313 *Sabbataï Tsevi*, p. 53 (trad. bras., v. 1, p. 38).
314 A imagem é emprestada da narrativa talmúdica dos quatro sábios que entraram no *Pardes* (*Haguigá*, 14b), ver supra, p. 437 n. 154.

Para Scholem, a doutrina do *tikun* e o horizonte que ela desenha devem, pois, ser compreendidos a partir de uma espécie de retrospecção: se Adão houvesse cumprido sua tarefa, "o exílio cósmico teria chegado ao fim"; ele teria sido o agente da Redenção, restabelecendo o mundo em sua unidade; "o processo histórico teria acabado antes mesmo de ter começado com a instauração da utopia". Conquanto seja claro que a negação, desde a origem, dessa hipótese faz do mundo do *tikun* o da ação messiânica, resta demonstrar como essa ideia inverte, apesar disso, a doutrina clássica do Messias. Para Lúria, a vinda do Messias não pode see entendida senão como a consumação do processo contínuo da reparação do mundo. A consequência de seu sistema é tal que a Redenção torna-se um fenômeno histórico, que se prende a duas operações: a reunião das centelhas divinas que caíram no domínio das *klipot* ao mesmo tempo que os fragmentos dos vasos rompidos; o das almas santas, elas também presas nas "cascas" depois da queda de Adão[315]. Desse último ponto de vista, o restabelecimento da essência humana em sua autêntica dimensão espiritual não interviria senão na última fase do processo da Redenção, surgindo dessa forma como um fenômeno "concomitante à história e de mesma duração". A psicologia elaborada por Lúria nessa perspectiva poderia se apoiar sobre uma remodelagem da doutrina do *guilgul* proposta pela antiga Cabala: a cada geração, somente algumas almas conseguem escapar do mundo das *klipot*, para entrar por transmigração no ciclo da purificação, o *tikun* intervindo quando cada alma terá encontrado sua raiz[316]. Ela podia igualmente entrar no quadro de uma explicação histórica da situação de Israel: as gerações em exílio conhecem a dispersão das centelhas da alma e devem sofrer as migrações que abrem a via da Redenção. Mas arriscava-se também a provocar desenvolvimentos heréticos do qual o sabataísmo será testemunho, quando o profeta Sabatai Tzvi terá a pretensão de ser a reencarnação de Lúria[317].

Foi, entretanto, sob o ângulo da reunião das centelhas divinas que a doutrina de Lúria desenvolveu uma mitologia tanto mais eficaz quanto

---
315 Idem, p. 55-56 (trad. bras., v. 1, p. 40.)
316 Ver *Guigul*: Migration et sympathie des âmes, op. cit., p. 234-245, em que Scholem admite, todavia, que os detalhes técnicos dessa psicologia são "perfeitamente herméticos".
317 Ver *Sabbataï Tsevi*, p. 282.

conseguiu elevar o sentido da aventura de Israel no plano da humanidade, para inscrevê-la na ordem do mistério divino. Denominando "elevação das centelhas" o processo do *tikun*, a narrativa cósmica proposta desenvolve uma explicação da situação do povo judeu: "O exílio da comunidade terrestre de Israel no mundo da história é apenas um reflexo do exílio do Israel celeste, isto é, da Schekhiná"[318]. Desta ideia segundo a qual a natureza de Israel simboliza a da criação em sua totalidade deriva a missão que lhe é atribuída: cada judeu tem entre as mãos as chaves da reparação do mundo, isto é, a separação definitiva do bem e do mal; essa tarefa tem por condição o cumprimento dos mandamentos da *Torá*; a concentração mística afeta a ordem superior do cosmos, ao ajudar a arrancar as centelhas divinas das *klipot*, até a conclusão do *tikun*, que não é senão o momento da Redenção. A Cabala de Safed oferecia assim uma resposta ao problema mais premente do judaísmo, traumatizado pela experiência da Expulsão: o do exílio. Sua dispersão é o reflexo de um conflito interno à criação, o símbolo de um exílio da própria Schekhiná. A amarga condição de Israel é o preço de seu papel na história: o sofrimento dos judeus simboliza a imperfeição de um mundo não redimido; mas suas obras curarão os males da criação, ao reunir os fragmentos dispersos da luz divina. A reparação cósmica realizada pela elevação das centelhas faria, enfim, vir o Messias, ao passo que a Redenção se confundiria com a restauração nacional de Israel, simbolizada pela "reunião dos exilados"[319].

Percebe-se doravante a profunda originalidade das teses de Lúria. À diferença do que serão as ideias do judaísmo liberal posterior à *Haskalá* sobre a Redenção, Israel é menos uma luz que guia os povos do que a força que arranca às nações as centelhas da Schekhiná exiladas com ele nos quatro cantos da terra, com o risco de que o *tikun* tenha um aspecto destruidor das *klipot* que encarnam os diferentes lugares da dispersão. Mas colocando no centro de suas preocupações e de seu sistema a questão do exílio, a Cabala de Lúria modifica igualmente em profundidade os modos de ver do judaísmo rabínico. Tanto do ponto de vista da explicação das razões da tirania e da opressão quanto da perspectiva da eleição do povo

---

318 Idem, p. 57 (trad. bras., v. 1, p. 42).
319 Idem, p. 61 (trad. bras., v. 1, p. 46).

judeu, uma teodiceia tornada história tende a tomar um lugar desmedido na doutrina:

> Porque o Egito é "como a nudez da terra" e o lugar de eleição ao qual aderem as *klipot*, numerosas centelhas aí se ligaram e Israel foi aí igualmente escravo; mesmo a Schekhiná foi exilada com ele, a fim de elevar as centelhas que aí se encontravam [...] Nossos Sábios ensinaram que se um único judeu fosse feito prisioneiro no seio de uma nação, isso seria suficiente e contado como se todo Israel aí estivesse em cativeiro com a finalidade de elevar toda centelha caída naquela nação. É por isso que era necessário que Israel fosse disperso nos quatro cantos do globo, a fim de elevar todas as coisas[320].

Resta que a doutrina mais profundamente transformada por Lúria e seus discípulos foi a do messianismo. Para eles, a Redenção não está mais dissociada do processo histórico que a precede: "a redenção de Israel sucede por degraus, uma purificação após a outra, um apuramento após o outro"; longe de realizar ele mesmo o *tikun*, o Messias é levado com ele para só aparecer no momento de sua conclusão[321]. Na opinião de Scholem, este abandono da visão de uma catástrofe messiânica é ainda mais revolucionário do que a redefinição da missão de Israel. Por seu intermédio, a antiga tradição apocalíptica cede lugar a uma teoria do *tikun* na qual o Messias tem um papel relativamente apagado, em proveito de um Israel como nação histórica. Nessa perspectiva, a Redenção não vem mais subitamente, mas aparece "como o resultado lógico e necessário da história judaica".

Daí decorre uma ambiguidade que apenas a história de novo resolverá. No século XVI, duas escatologias continuam a coabitar: a que passa por um apocalipse, para a qual o Messias é uma força exterior à história na qual intervém para interrompê-la; a dos cabalistas de Safed, que percebem, sobretudo, um processo de transformação espiritual se desenvolvendo no seio da história, até a reparação do mundo[322]. Lúria e sua escola estavam conscientes dessa tensão, e não abandonaram completamente a

---

320 Haim Vital, citado em idem, p. 60 (trad. bras., v. 1, p. 45).
321 Idem, p. 61 (trad. bras., v. 1, p. 46). Scholem cita dessa vez Samuel Vital, o filho de Haim.
322 Ver idem, p. 73.

antiga ideia de "dores do parto" que precedem a era messiânica. Como testemunha, uma declaração de Moisés Cordovero, que não exclui, entretanto, uma ligeira inflexão da doutrina clássica:

> Os sofrimentos de Israel aumentarão até o ponto extremo em que estarão numa tal aflição que dirão às montanhas "recubra-nos" e às colinas "tombe sobre nós". A razão será que a Schekhiná julgará sua casa [Israel] a fim de purificá-la com vista à Redenção [...] Quem quer que retese sua nuca e não se arrependa estará perdido e quem quer que aceite sobre sua nuca o jugo do arrependimento, acolhendo com alegria todas as provações, será purificado e julgado digno[323].

Haim Vital, porém, dá uma versão dessa distinção de maneira mais explícita e vantajosa para os cabalistas: "Aqueles que estão do lado da Árvore da Vida não sofrerão o processo do exílio no fim dos dias, que os pecadores comuns sofrerão". Para Scholem, não é estranho que uma comunidade de santos e iluminados extáticos tenha desenvolvido um sentimento de superioridade que a isola da massa. Praticando uma ardente piedade, entregando-se cotidianamente às devoções ascéticas, reorientando, enfim, a prática da prece em um sentido ativo, eles afirmavam não só a atitude que lhes parecia adequada à véspera da Redenção, mas também um poder místico suscetível de abreviar as "dores do parto"[324]. Não é por menos que por longo tempo a ambiguidade manifesta na época de Safed persistiria: a imensa maioria das populações judaicas conservaria as antigas lendas apocalípticas, permanecendo ligadas às formas de propaganda messiânica que elas alimentam; uma elite espiritual de cabalistas acentuaria cada vez mais a interpretação da doutrina da Redenção a exemplo da do *tikun*, até quase eliminar todo elemento popular de sua escatologia. Somente os tempos em que a ideia messiânica seria "passada no crivo da experiência histórica" veriam o conflito se resolver[325]. Mas é preciso ter, desde então, no espírito o preço desse esclarecimento dialético. Até o início do século XVII, as duas concepções podiam ainda parecer se igualar,

---

323 Idem, p. 72.
324 Ver idem, p. 65 (trad. bras., v. 1, p. 51).
325 Ver idem, p. 74.

como se o messianismo político das massas e o messianismo místico dos cabalistas formassem um único sistema, apoiado em propagandas complementares. Mas no decorrer dos fracassos do primeiro e das decepções que eles engendram, o segundo se reforçará, até o ponto em que um dia o paradoxo terminará por explodir de maneira trágica: menos no momento preciso da aparição de Sabatai Tzvi de que nos tempos de sua apostasia e de suas consequências explosivas.

Scholem consagrou uma energia considerável a Sabatai Tzvi e ao movimento que portará seu nome. Iniciado por um artigo publicado em 1928 e um longo estudo de 1937 sobre "A Redenção pelo Pecado", alimentado pela edição de numerosas fontes, escandido por várias exposições didáticas, esse trabalho culmina no *Sabatai Tzvi* de 1957[326]. O acaso tem, sem dúvida, pouco lugar no fato de que esse livro precede em apenas cinco anos outro compêndio erudito de Scholem: *As Origens da Cabala*. Uma e outra das obras representam os ápices de uma vida de pesquisa e marcam os dois polos de uma mesma paixão intelectual: o da erudição, incansavelmente exercida em favor do desarraigamento ao esquecimento e ao desprezo de um continente oculto do pensamento judaico; o de uma história construída em cima da dialética de uma ideia messiânica que ao mesmo tempo designa a contribuição maior do povo judeu ao universo das religiões e oferece a energia de sua experiência do mundo. Mas um fio mais secreto reata, sem dúvida, a investigação das origens doutrinais da Cabala até o século XIII e a análise de um movimento nascido no século XVII, para estender suas ramificações extremas no coração da época moderna.

---

326 Ver G. Scholem, Abraão Cardoso et la théologie du sabbatianisme (publicado em 1928 no *Der Jude*), *Aux origines religieuses du judaïsme laïque*, p. 103-124, e La Rédemption par le péché (1937), *Le Messianisme juif*, p. 139-217. Publicado em hebraico no segundo número da revista *Knesset*, esse ensaio abre uma abundante bibliografia de Scholem sobre o sabataísmo: um exame crítico da literatura existente em 1941, a edição de uma dezena de documentos originais, artigos consagrados a diferentes aspectos do problema e sínteses redigidas para *Les Grands courants de la mystique juive* (cap. VIII) e a *Encyclopedia Judaica* – história do movimento, biografias de Natan de Gaza, Abraão Cardoso e Nehémia Hayon (ver *La Kabbale*, p. 377-435; 649-656; 595-601; 619-624). Sobre as diferentes edições de *Sabbataï Tsevi*, ver supra, p. 431 n. 137. Em seu livro sobre Walter Benjamin, Scholem relata ter informado Benjamin, durante o verão de 1927, em Paris, de suas primeiras impressões sobre o sabataísmo, depois da descoberta nos manuscritos do Museu Britânico e da Biblioteca Bodleiana de Oxford de textos de Cardoso defendendo a heresia: ver *Walter Benjamin: Histoire d'une amitié*, p. 159-160 (trad. bras., p. 138-139).

Quase no meio desse longo período, Scholem encontra o acontecimento que determinará a entrada da Cabala na cena da história e descreve o mecanismo que regerá seu papel no seio desta: a Expulsão da Espanha e a maneira pela qual apenas uma interpretação mística do exílio na perspectiva da Redenção seria capaz de superar esse traumatismo. Se essa análise confirma uma antiga intuição concernente à superioridade da Cabala sobre a filosofia entre as forças que animam a vida judaica, ela permite sobretudo demonstrar a força explosiva do messianismo. Ao oferecer uma visão cosmológica deste, a Cabala de Lúria havia projetado a experiência dirimente do exílio sobre um plano em que as tribulações trágicas do povo judeu no mundo se conciliavam com uma história da aventura divina. Mas ela legava igualmente um conflito que permaneceria muito tempo oculto entre as duas concepções da Redenção e as correntes que as conduziam. O sabataísmo é o movimento que faz eclodir esta contradição, libera a energia explosiva do messianismo, permite mostrar sua dialética irremediavelmente destruidora e construtora. Com ele, se fecha um longo ciclo que se enraizava em uma tensão, presente desde a origem entre as representações da era do Messias: a utopia ou o apocalipse; a prudência dos Sábios ou o entusiasmo das massas; uma transição gradual para a contemplação ou a irrupção de uma força exterior à história, suscetível de lhe impor seu fim. O aspecto inelutavelmente trágico da experiência do "falso Messias de Esmirna" reforçará algumas ideias essenciais de Scholem sobre a história judaica e suas formas modernas: as condições paradoxais da saída do gueto; o preço desmesurado pago pelo povo judeu pela ideia messiânica; a dialética que esta conserva até nas experiências contemporâneas do sionismo e da existência de Israel.

  Entre o estudo de 1937 sobre a redenção pelo pecado e o livro publicado vinte anos mais tarde, Scholem abordou o sabataísmo por suas duas extremidades. Na primeira, ele parte do fim e do problema que ele faz surgir: o da não realização da profecia e, sobretudo, da apostasia final de Sabatai Tzvi, que geram uma tensão insuportável junto dos que criam chegada a idade da Redenção. Desse ponto de vista, é principalmente a partir das consequências desse conflito entre o imaginário e a história que a força do fenômeno é observada: o sabataísmo só abandona a fileira de inumeráveis aventuras messiânicas sem futuro para entrar em um dos maiores momentos da vida judaica porque consegue fornecer uma explicação dessa ruptura; mas a solução que ele propõe repousa sobre a ideia de uma transgressão da Lei necessária à sua realização, doutrina que conduz direto ao niilismo. Em 1957, Scholem volta às origens. A fatura biográfica do livro impõe, sem dúvida, esse procedimento, satisfazendo a ordem da narração: apresentação dos protagonistas e exposição dos acontecimentos que acentuam a proclamação de um messias; restituição do movimento messiânico que se apodera da Diáspora nessa ocasião; encenação dramática da apostasia do redentor e descrição do sabataísmo propriamente dito, vasta corrente daqueles que recusam o veredicto da história e procuram por todos os meios conservar a esperança intacta. Mas essa leitura linear de uma obra apresentada, no entanto, por uma escritura elegante que se mantém em constante expectativa não entrega a verdadeira energia. Esta extrai uma parte de sua força de uma intenção polêmica à qual Scholem raramente renuncia: nenhuma explicação sócio-histórica clássica pode, na verdade, esclarecer a profundidade de um movimento que varre o conjunto da Diáspora como nenhum outro o terá feito, toca ao mesmo tempo os ricos mercadores de Amsterdã ou Hamburgo e o povo dos guetos da Polônia ou da Lituânia, e sobrevive enfim ao revés catastrófico daquilo que o gerou. A raiz desse fenômeno reside alhures do que apenas em conflitos sociais ou em dados psicológicos: no universo religioso da Cabala de Lúria e seus discípulos, que domina a sensibilidade judaica do século XVII. O sabataísmo deve, pois, ser encarado do alto. Desde Safed, que se parecia a uma "representação em miniatura de toda a Diáspora judaica"[327]. A partir de um *corpus* de doutrinas que havia conseguido transcender os particularismos sociais e locais, ao oferecer uma espécie de quinta-essência da experiência histórica do exílio. Mas, também, do ponto de vista de uma herança contraditória: a de uma revolução espiritual alimentada da memória viva do exílio mais negro e que anunciava a aproximação de seu fim, sem, entretanto, traduzir verdadeiramente o que se ouvia dos "batimentos de asas da Redenção" na linguagem apocalíptica familiar àqueles que sentem a chegada próxima do Messias[328].

327 *Sabbataï Tsevi*, p. 25.
328 Idem, p. 36.

O aparecimento de um movimento messiânico requer dois parceiros: um messias e um profeta. No caso daquele que nasceu em 1665, a figura do primeiro conserva uma parte de seu mistério, a despeito de uma abundante documentação sobre sua vida e seu atos, tomadas de seus próximos e de seus adversários, mas também de numerosas testemunhas afastadas, nos diversos locais marcados por sua passagem. A data de nascimento de Sabatai Tzvi contém um símbolo muito claro para não ser submetido ao fogo da crítica histórica, antes de ser provavelmente comprovado: o nove de *Av* de 5386 (1626), isto é, o dia atribuído pela Tradição à destruição do Segundo Templo, que ademais é um Schabat, esse sétimo dia carregado de promessas que proporcionou seu prenome ao futuro messias. Se uma das numerosas lendas ligadas a Sabatai Tzvi lhe atribui uma origem asquenazita pouco provável, é certo que sua família vivia na Grécia, antes de se instalar em Esmirna. A despeito de algumas incertezas ligadas ao número limitado de informações confiáveis sobre esse ponto, sabe-se que seus anos de formação apresentam pouca originalidade: estudos rabínicos clássicos, sob a direção de um mestre reputado de Esmirna; o aprendizado da Cabala desde a idade de dezoito ou vinte anos, em um universo em que a regra dos aschquenazes o proibia antes dos quarenta anos não é seguida; uma prática precoce da solidão e da disciplina ascética. Ao termo dessa educação, parece que ele adquiriu o título ansiado de *hakham*, dado pelos sefaraditas a seus sábios, de maneira que mesmo aqueles que o acusarão mais tarde de louco e de imoralismo não o tratarão jamais de ignorante. O traço mais característico de sua personalidade reside na doença cedo surgida e que perdurará até os seus últimos dias: um ciclo de fases de exaltação e de entusiasmo, marcadas por visões extáticas, seguidas de longos períodos de melancolia e de abatimento, fontes de angústias e de sentimentos de perseguição, sinônimo de uma total passividade. No entanto, não são esses sinais clínicos de uma psicose maníaco-depressiva que deviam atrair a atenção dos contemporâneos de Sabatai Tzvi, porém um certo número de comportamentos mais ou menos singulares e provocadores. Entre esses gestos que seus discípulos designarão em termos cabalísticos laudatórios como "atos estranhos", alguns são particularmente chocantes: prática de rituais bizarros, introduzindo inovações inexplicadas; proclamação da abolição dos mandamentos quando em períodos de excitação; propensão a pronunciar o Nome inefável de Deus (Tetragrama).

Se um messias não pode aparecer sem estar acompanhado de seu profeta, parece que aqui a vocação do segundo precedeu a do primeiro. Nascido em Jerusalém em 1643 ou 1644, Natan, ele mesmo, conta os primórdios de sua existência, ainda jovem, até sua revelação messiânica por volta do Purim de 1665:

> Estudei a *Torá* em estado de pureza até a idade de vinte anos e concluí o grande *tikun* que Isaac Lúria recomenda para aqueles que cometeram grandes pecados [...] Com a idade de vinte anos, comecei a estudar o livro do *Zohar* e certos escritos luriânicos [...] Nesse mesmo ano, com minha energia estimulada pelas visões dos anjos e das almas abençoadas, empreendi um prolongado jejum no transcorrer da semana precedente ao jejum de *Purim*. Assim, trancado em um quarto isolado, em estado de santidade e de pureza, recitando as preces penitenciais do serviço matinal em meio a numerosas lágrimas, o espírito me sobrepairou, meus cabelos se arrepiaram em minha cabeça, meus joelhos tremeram e eu vi a *mercavá* e visões divinas no decorrer do dia e da noite e me foi dado o verdadeiro dom de profecia [...] Meu coração sentiu com extrema clareza para quem estava dirigida minha profecia, da mesma maneira que Maimônides declarou que os profetas sentiam em seu coração a interpretação correta de sua profecia, de modo que eles não tinham dúvidas sobre seu significado. Até esse dia, eu não havia tido uma visão tão profunda; esta permaneceu enterrada em meu coração até que o redentor se revelou em Gaza e proclamou-se o Messias[329].

Se é possível que Sabatai Tzvi tenha tido algumas visões messiânicas antes de seu encontro com Natan de Gaza, e é quase certo que se tenham cruzado nas ruelas de Jerusalém quando lá residiam os dois, a aventura começa por uma espécie de quiproquó. Enviado ao Egito como emissário de Jerusalém depois do final de 1663, Sabatai obteve a informação dos poderes de um homem de Deus que aparecera em Gaza e que poderia

---

[329] Carta redigida por Natan de Gaza em 1673, para se defender dos ataques dirigidos contra ele após a apostasia de Sabatai Tzvi, citado em *Sabbataï Tsevi*, p. 213-214. Natan faz alusão a uma passagem da *Mischné Torá* em que Maimônides sublinha a clareza perfeita das antigas profecias: Livro I, *Madá*, I, *Iessod ha-Torá*, VII, 3.

tratar sua alma aflita. Dito de outra forma, Sabatai Tzvi procurou Natan de Gaza como um doente procura o médico da alma e é esse último que o convence de sua missão. Uma das primeiras relações que dizem respeito aos inícios do movimento consigna secamente seu procedimento: "Ele abandonou sua missão e dirigiu-se a Gaza para encontrar um *tikun* e a paz de sua alma". Sua chegada será logo resumida por um jogo de palavras: "Ele partiu como *schaliakh* [emissário] e voltou como *maschiakh* [messias]"[330].

Scholem sente uma evidente simpatia intelectual para com Natan de Gaza, em quem descobre as qualidades que lamentavelmente faltam em Sabatai Tzvi: "atividade infatigável, originalidade de pensamento teológico, grande poder criador e facilidade literária"[331]. Mas vê nele sobretudo o verdadeiro promotor do imenso movimento messiânico que vai surgir. Na primavera de 1665, os dois homens passam várias semanas juntos, durante as quais Natan se empenha em provar a verdade de sua profecia, para convencer Sabatai que ele é o objeto dela. Quanto à data de nascimento do sabataísmo em Gaza, ela pode ser fixada com certeza: o dia 31 de maio de 1665, 17 do mês de Sivan, dia em que Sabatai Tzvi se proclama pela primeira vez messias. Na desordem que se seguiu, Natan se encontra de novo na linha de frente. Dentre os incidentes cujo rumor se espalha, realça-se a proclamação do Nome inefável, a abolição do jejum do 17 de tamuz, ou ainda o estímulo em consumir alimentos proibidos, como o *helev* (gordura dos testículos dos animais). Os rabinos que haviam alguns anos antes condenado Sabatai Tzvi à flagelação e ao banimento por suas excentricidades blasfematórias estão pouco inclinados à indulgência, porém, divididos. É preciso convencê-los de que as atitudes paradoxais que provocam escândalo são esses "atos estranhos" sobre os quais a Cabala fala a respeito dos homens de Deus. Um movimento da turba faz rapidamente engrossar as fileiras dos crentes, mas a autoridade de Maimônides é necessária para conter um entusiasmo que tem o perigo de enfraquecer por falta de "sinais"[332]. Natan

---

330 Idem, p. 223 e 245.
331 *Les Grands courants de la mystique juive*, p. 313-314.
332 Ver *Sabbataï Tsevi*, p. 220-221. A ideia segundo a qual o Messias não tem de cumprir os "sinais" ou os milagres é clássica, codificada por Maimônides. Ver em especial, *Mischné Torá*, Livro I, *Madá*, I, *Iessod ha-Torá*, VIII, 1: "Confiar no testemunho dos sinais, é dar lugar em seu coração à dúvida de que o sinal tenha sido executado talvez por um feiticeiro ou um mágico".

recorre enfim à generalização de uma prática da penitência que se coaduna com a proximidade da Redenção. As explicações imediatas do profeta são, no entanto, insuficientes para impedir a reação das autoridades ao encontro de um messias, a esta altura, turbulento e de aparência muito incerta. A despeito da conversão espontânea de alguns e das hesitações de outros, Sabatai Tzvi é condenado por um tribunal rabínico de Jerusalém e excomungado. Uma carta é enviada a Constantinopla, e chegará finalmente a Esmirna com esse aditamento: "O homem que propaga essas novas ideias é um herético e aquele que o eliminar será considerado como se houvesse salvo numerosas almas; a mão que o golpear sem demora será bendita aos olhos de Deus e dos homens"[333]. Nada, entretanto, impedirá o movimento de se espalhar e Natan de Gaza de pregar a doutrina.

A análise que propõe Scholem da amplitude do movimento até a apostasia se cinge ao redor da interpretação de um documento único sobre o messianismo: uma carta enviada em setembro de 1665 por Natan de Gaza a Rafael Iossef, que vive no Egito e o interroga quase cotidianamente sobre o desenrolar dos acontecimentos. Essa longa missiva mistura habilmente certo número de dados místicos expressos em uma linguagem teólogica sofisticada e informações que salientam um messianismo apocalíptico de forma popular. Em uma primeira perspectiva, Natan começa por algumas especulações audaciosas sobre o Nome, antes de comunicar uma tese provocante:

> Saiba com certeza que agora não restam mais centelhas da Schekhiná na esfera do mal [...] Nós não devemos [pois mais] nos prender em cumprir os atos do *tikun*, mas nada fazer senão "adornar a Noiva" (a Schekhiná) e colocá-la face a face com o Noivo [...] As intenções (*kavanot*) que revelaram o grande mestre R. Isaac Lúria, de abençoada memória, não são mais aplicáveis em nossos dias, pois todos os mundos são agora diferentes [...] Por causa disso tenha o cuidado de não se entregar a nenhuma das *kavanot* do Ari [Isaac Lúria], de abençoada memória, ou de ler suas meditações, suas homilias e seus escritos, pois eles são obscuros e nenhum homem

---
[333] Idem, p. 254 (trad. bras., v. 1, p. 243).

vivente pode compreender suas palavras, exceto R. Haim Vital, de abençoada memória[334].

Nessa passagem, Natan de Gaza insinua discretamente uma adesão à tese clássica dos cabalistas, segundo a qual no momento da Redenção as luzes superiores das *sefirot* se manifestarão sobre a terra, para uma recusa da atualidade das recomendações de Lúria. Ao afirmar que nessa época messiânica a estrutura mística do cosmos encontra-se perturbada, Natan segue ainda o ensinamento da Cabala de Safed: já que as *klipot* que retinham as "centelhas da Schekhiná" são destruídas nos passos do Messias, o processo da reparação se conclui. Mas a conclusão que ele extrai desse estado o distancia já da doutrina que ele invoca. Porque ligava a liturgia cotidiana à ascensão a Deus, Lúria convidava seus discípulos a colocar as forças da prece a serviço da reunião das centelhas dispersas pela "quebra dos vasos". Para Natan, a proclamação de Sabatai Tzvi pôs fim a esta fase do movimento cósmico: a ordem atual do mundo corresponde à "nova Lei" anunciada para os tempos da Redenção; a utilização das meditações lurianas deve ser abolida dos textos de Vital que as descreviam interditas. Essa condenação dos escritos de Haim Vital é tanto mais brutal quanto se dirige a um correspondente que outrora havia acolhido junto a si seu filho Samuel. Ela prefigura uma ruptura ainda mais radical no terreno, desta vez, de um messianismo francamente apocalíptico.

A segunda parte da carta de Natan de Gaza muda de propósito, para descrever a situação presente e anunciar a sequência dos acontecimentos na linguagem do messianismo popular. Quando Natan formula novamente sua interpretação da atualidade e a atitude que lhe convém ter frente a ela, seu discurso pode ainda estar de acordo por um instante com a doutrina de Lúria: "É certo que agora é o [tempo predestinado] do fim último. Não me perguntes como nossa geração mereceu isso [...] É preciso crerdes com uma certeza absoluta que não terá vida para Israel se ele não crer em todas [essas] coisas sem nenhum sinal ou milagre". Mas a profecia messiânica propriamente dita faz estourar este frágil acordo:

---

334 Idem, p. 274. Encontramos o comentário dessa passagem por Scholem nas páginas seguintes (p. 279-282).

Em um ano e alguns meses, ele [Sabatai] entregará o poder ao rei da Turquia sem guerra alguma, pois todas as nações se submeterão a ele pelos cantos e hinos de louvor que ele entoará [...] A reunião dos exilados não terá ainda lugar neste momento, apesar de que os judeus serão generosamente honrados, cada um em seu local. Também o Templo não será ainda reconstruído, mas esse rabino descobrirá o lugar do altar e as cinzas da vaca ruiva, e oferecerá sacrifícios. Isso continuará por quatro ou cinco anos. Depois esse rabino se encaminhará ao rio Sambation, deixando durante esse tempo seu reino aos cuidados do rei da Turquia e confiando-lhe o cuidado de se ocupar dos judeus. Mas depois de três meses ele [o rei da Turquia] será seduzido por seus conselheiros e se rebelará. Seguirão então grandes tormentos e o versículo bíblico se realizará: "eu os provarei como se prova o ouro, eu os purificarei como se purifica a prata" (Zc 13, 9) [...] Ao final desse período, os sinais previstos no *Zohar* se cumprirão e será assim até o ano sabático seguinte (1672). É isto que diz o *Talmud*: "no sétimo ano virá o filho de David" (*Meg[u]ilá*, 17b). O sétimo ano é o *Sabat*, designando o rei Sabatai [...] À sua visão, todas as nações e todos os reis se inclinarão até o solo. Nesse dia terá lugar a reunião dos exilados e ele verá o Templo inteiramente construído descer dos Céus. Haverá então sete mil judeus em Israel e nesse dia acontecerá a ressurreição dos mortos falecidos em Israel [...] A ressurreição fora de Israel acontecerá quarenta anos mais tarde[335].

Sob um radicalismo do qual se conhece, aliás, as formas doutrinais, Natan manifesta dessa vez "a tensão apocalíptica de sua espera"[336]. Que o fim do reino das forças demoníacas coincida com a da dominação dos impérios e do exílio, isso não contradiz verdadeiramente Lúria, em quem o movimento cósmico se traduz na história. Mas a cronologia avançada revela uma outra inspiração. A Cabala de Safed neutralizava em muito a tradição hagádica de uma catástrofe precedente ao acontecimento da Redenção, em proveito de uma visão mais tranquila da conclusão do *tikun*. A lenda apocalíptica retorna aqui com força. Na lógica luriânica do princípio

---

335 Idem, p. 275-276 (trad. bras., v. I, p. 265-266). O rio Sambation é aquele além do qual a lenda afirma que se encontram as Dez Tribos perdidas. Durante o movimento, numerosos rumores lendários, por vezes alimentados pelos milenaristas cristãos, vão referir-se à Pérsia e à redescoberta das Dez Tribos. Ver idem, p. 331-350 (trad. bras., v. II, p. 5-25).
336 Idem, p. 282.

da letra, nenhum lugar deveria ser deixado para a ideia de uma persistência das forças do mal depois do momento em que as centelhas divinas são arrancadas às *klipot*: perspectiva repentinamente aberta no vaticínio de Natan, por meio da revolta do rei da Turquia, apesar de sua submissão. Essa contradição revela um componente característico do sabataísmo: uma escatologia ambígua, que mistura os dados exotéricos de um messianismo popular alimentado de sentimentos apocalípticos ao discurso esotérico da Cabala de Safed, orientada pela visão da reparação progressiva do mundo. Que Natan conceda à mentalidade das massas, sofra ele próprio a fascinação dos antigos relatos, ou simplesmente esteja de acordo com o estado de espírito de Sabatai Tzvi, importa menos que o resultado de sua profecia: uma tensão próxima de explodir entre a ideia luriânica de uma época da conclusão do *tikun* que conduz à idade da contemplação e a do acontecimento de uma "nova Lei", autorizando a abolição da antiga a fim de abreviar as "dores do parto". A doutrina rapidamente elaborada por Natan de Gaza confirmará a prenhez desse conflito, enquanto o segundo motivo estará logo disponível para fornecer uma explicação paradoxal da apostasia.

No momento em que Natan de Gaza redigia a carta destinada a seu correspondente egípcio, o movimento messiânico começava a ter uma realidade. Banido de Jerusalém, Sabatai Tzvi vai para Safed, depois Alepo, onde chega em 20 de julho de 1665. Durante esse breve período, ele parece abster-se de aparecer em público como o Messias, mas a agitação começa: homens, mulheres e iletrados afirmam os dons proféticos; vê-se mesmo alguns rabinos e estudiosos se engajar no turbilhão. As coisas se amplificam quando Sabatai chega em Esmirna pouco antes de Rosch-ha-Schaná e entra em nova fase extática no final de dezembro. Na época de Hanuká, assume atitudes "de rei" e renova seus "atos estranhos": penetra na sinagoga a cavalo, pronuncia de novo o Nome inefável, come gorduras, utiliza publicamente uma cópia impressa em vez dos rolos tradicionais da *Torá*, convida as mulheres a ler diante da assembleia [...] O tribunal rabínico bem que tentou instaurar um processo contra ele, a maioria do povo aderiu ao campo dos "crentes". Os primeiros relatos da aventura alcançaram a Europa no começo de outubro, mistura de realidade e lendas, impressas de emoção e imaginação. Entre a Itália e a Holanda, a Alemanha e a Polônia, logo a África do Norte e o Iêmen, o movimento toca indiferentemente as comunidades que tiveram uma experiência direta das perseguições e as que não tinham memória, as populações mais pobres e as de ricos indivíduos, as dos simples e as dos sábios[337]. Dois mundos são particularmente sensíveis. O dos marranos, dispersos na Diáspora: na Holanda, onde empresta ao círculo de Spinoza uma sensibilidade favorável; em Trípoli, que vê surgir Abraão Cardoso, rapidamente célebre por seus dons proféticos, futuro infatigável defensor do movimento, teólogo que enviará seus próprios tratados a Sabatai[338]. Mas também o das regiões em que aconteceram os massacres de 1648: a Polônia e a Rússia, onde reina um entusiasmo anárquico, perfeitamente renitente às injunções dos rabinos, marcado pelos motins em Pinsk, Vilna e Lublin.

Scholem isola cinco fatores que lhe permitem explicar a amplidão de um movimento que culmina durante o verão de 1666[339]. O fato de ele ter nascido primeiramente na Palestina, e não na Diáspora: pelo fato de originar-se da Terra Santa, pode irradiar muito mais para o conjunto do mundo judaico do que se conhece de Amsterdã ao Iêmen ou na Pérsia, onde vive uma comunidade de pios e de eruditos, que encarnam a forma mais pura

---

[337] O caso do Iemen é singularmente rico de ensinamentos. Mais do que toda outra miserável e perseguida, essa comunidade apresentava duas características: ser nutrida de uma mistura improvável de doutrinas da Cabala e de Maimônides: estar familiarizada com as agitações messiânicas às quais este último prestara atenção. Tão espantoso quanto isto possa parecer, as notícias chegavam rápidas do Egito: por volta de dois meses, "sobre as asas da águia". Descoberta em 1949, um apocalípse anônimo redigido no verão de 1666 atesta a particularidade do meio e de sua resposta aos acontecimentos: por uma interpretação cabalística original dos acontecimentos, cálculos messiânicos específicos e uma maneira de acentuar o aspecto guerreiro do messias que mostra um desejo de vingança e de compensação. Ver *Sabbataï Tsevi*, p. 630-636 (trad. bras., v. II, p. 301-307).

[338] Além de "Abraham Cardoso et la théologie du sabbatianisme", op. cit., ver a notícia consagrada a Abraão Cardoso em *La Kabbale*, p. 595-601. É preciso acrescentar a biografia de seu irmão por Yosef Hayim Yerushalmi, *De la cour d'Espagne au ghetto italien, Isaac Cardoso et le marranisme au XVIIe siècle*, trad. A. Nouss, Paris: Fayard, 1987. O capítulo VII desse livro (Abraham, Isaac et le Messie) relata o impacto do sabataísmo em Veneza, o conflito entre o propagador das ideias de Sabatai Tzvi (Abraham) e o autor de *Las Excelencias de los Hebreos* (Isaac), e as consequências da apostasia. Sobre as circunstâncias pelas quais a aventura de Sabatai Tzvi chegou aos ouvidos de Spinoza pelo intermediário de uma carta de Henry Oldenbourg, ver *Sabbataï Tsevi*, p. 526-527 (trad. bras., v. II, p. 200-201). À falta da resposta perdida de Spinoza à carta de Oldenbourg, Scholem atribui à essa informação o comentário do *Traité théologico-politique* no qual Spinoza afirma crer que os judeus poderão um dia restaurar seu Estado. Sobre esse texto de Spinoza, ver supra, p. 55-56 e infra, p. 783-786

[339] Ver *Sabbataï Tsevi*, p. 453-457.

e mais intensa de espiritualidade. A isso soma-se que as manifestações e o ressurgimento profético seriam recebidos de formas similares em um mundo judaico disperso nos quatro cantos da terra, mas que continua a viver no mesmo ritmo e em moldes idênticos: de modo que se verá em toda parte uma espécie de mistura entre extremistas e moderados do movimento, entusiastas e crentes sinceros, mais ou menos submissos à hostilidade das autoridades rabínicas constrangidas a se adaptar aos contextos. Em terceiro lugar, se ele apresenta uma antinomia doutrinal que cedo explodirá sob formas por vezes catastróficas, a mensagem de Sabatai Tzvi e Natan de Gaza oferece por seus dois componentes aquilo com o que congregar meios opostos: o apocalíptico que ele contém corresponde a um messianismo político que satisfaz a espera de um povo particularmente sensível aos sofrimentos do exílio; oferecendo um aspecto conservador paradoxalmente tranquilizador com respeito à Tradição, esse motivo dissimula a dimensão revolucionária que se desenvolve sob o manto de uma Cabala que fornecerá suas elites ao movimento. O apelo lançado por Natan de Gaza ao arrependimento garante também a autoridade de seu discurso: expresso com convicção e um inegável talento literário em suas brochuras, ele não aparece como um elemento tático de propaganda; associado ao que conhecemos das práticas do primeiro círculo dos discípulos, ele toca as almas mais humildes, sem poder incorrer diretamente em hostilidade com os adversários, cada qual sabendo que ele contribui para diminuir os sofrimentos do parto, para apressar a Redenção. Resta, enfim, que por todo o tempo em que o movimento messiânico conheceu a idade de ouro de uma promessa ainda não desmentida, nenhuma diferenciação dividiria seus públicos. Sem dúvida, ignorantes do antagonismo entre o simbolismo da doutrina proposta e sua própria terminologia, os conservadores puderam receber um anúncio da realização das expectativas escatológicas tradicionais, imaginando a chegada de um mundo da Redenção que prolongaria o deles. Até a apostasia dramática de Sabatai Tzvi, eles coabitarão sem grande dificuldade com um outro tipo de fiéis: "os utopistas, vivendo sua época como um período de crise profunda e esperando avidamente a vinda da nova era, [que] não verteria nenhuma lágrima sobre o desaparecimento do antigo estado de coisas"[340].

340 Idem, p. 457.

As condições do aprisionamento de Sabatai Tzvi permanecem incertas. Em 30 de dezembro de 1665, ele havia deixado Esmirna por Constantinopla, viagem em barco que devia tomar uma dezena de dias e que durou 36 em razão das tempestades, sem mesmo conduzir a bom porto. Interceptado no mar de Marmara em seis de fevereiro de 1666, logo antes do Schabat, Sabatai desembarcou na segunda-feira, acorrentado e conduzido à prisão em meio a uma grande confusão, antes de ser apresentado ao divã*. Dentre alguns relatos confiáveis e a lenda, sabe-se que o Vizir deu provas de uma relativa clemência: seduzido por Sabatai ou temendo motins, ele lhe ofereceu condições de detenção relativamente agradáveis, graças às quais ele podia continuar suas atividades mais ou menos culpáveis segundo os observadores, como o hábito doravante adquirido de pronunciar as bênçãos para "Aquele que permite o que é interdito". De novo, Natan de Gaza tem um papel essencial durante o longo aprisionamento de Sabatai Tzvi até setembro. Enquanto lhe ocorre fornecer uma justificativa desse acontecimento imprevisto, ele elabora em agosto um tratado cabalístico sofisticado que visa, de preferência, dar um sentido simbólico ao cativeiro do messias. Encontramos no *Tratado dos Dragões* a doutrina que formaliza as ideias da carta enviada quase um ano antes para Rafael Iossef, sem dúvida comanditária desse libelo. Como ele já havia feito em sua *Visão de Abraão* redigida alguns meses antes, Natan reinterpreta a Cabala de Lúria para adaptá-la às circunstâncias e enriquecê-la de perspectivas messiânicas inéditas. Na primeira ordem de ideia, ele desenvolve uma tese sobre a alma do messias que mistura habilmente os dados metafísicos aos elementos biográficos, a fim de esclarecer a estranha personalidade de Sabatai Tzvi. Mas ele fornece, sobretudo, uma explicação alegórica de sua situação atual que poderá logo ser reutilizada, em circunstâncias muito mais trágicas: "Os sofrimentos referidos a propósito de Jó se ligam de fato a ele [Sabatai], que suportará os tormentos mais atrozes pelas mãos de diversas *klipot*, vítima de grandes tentações"[341]. Afirmando que os comportamentos paradoxais do messias de Esmirna são "atos partícipes secretamente ao *tikun*", insistindo sobre um conflito ativo entre a santidade e o mal,

---

* No original, *diwan*, a sala do conselho do sultão (N. da E.).
341 Idem, p. 309.

sugerindo que é possível que o Messias tenha necessariamente um destino trágico, Natan acentua um componente gnóstico discretamente presente na Cabala de Safed. Nesse instante preciso, ainda se mantém na fronteira da doutrina cuja herança ele adapta. Mas um novo acontecimento vai rapidamente revelar o que já se pressente: "uma muito leve – quase imperceptível – mudança de acento seria suficiente para transformar esta doutrina cabalística em uma heresia"[342].

Com a apostasia de Sabatai Tzvi, a aventura messiânica vira um drama. Acusado de libertinagem, suspeito de fomentar uma sedição tanto mais crível quanto reina uma grande agitação entre as populações judaicas, perto de ser recebido como um santo ou um mártir ameaçando a ordem pública, Sabatai é conduzido a Galípoli, em Andrinopla, apresentado à corte do sultão em 15 de setembro e nos dias subsequentes. Dois rumores contribuirão para engrossar o aspecto trágico desse acontecimento[343]. O papel atribuído primeiramente pelos numerosos testemunhos a R. Nehemias Cohen: um homem de Lvov que havia profetizado antes que Sabatai o fizesse vir até ele, mas que poderia tê-lo denunciado, seja por se apresentar a si mesmo como o Messias, seja por preparar sua própria apostasia. Mas também o fato mais provável de que a entrevista decisiva tenha sido conduzida pelo médico do sultão: um judeu apóstata. Qualquer que seja a veracidade dessas duas informações que deleitarão a imaginação romanesca, uma alternativa sem ambiguidade é proposta àquele que os judeus de Andrinopla têm certeza que está lá para tomar a coroa do Sultão, segundo a previsão de Natan: abjurar sua religião e se converter ao islã, ou ser executado imediatamente[344]. Os relatos mais ou menos lendários diferem ainda sobre a atitude de Sabatai: alguns afirmam que ele fizera uma simples declaração significando que estava pronto a esposar o islã; outros, que ele dissera esperar há muito tempo poder tornar-se turco; outros, enfim, que ele proferira injúrias contra o judaísmo. Dois fatos parecem, entretanto, notórios: ele demonstrou grande passividade nessa adversidade e negou violentamente toda pretensão messiânica. Para o futuro do movimento, o

---

342 Idem, p. 311.
343 Idem, p. 637 e s.
344 Idem, p. 657 e s.

episódio era dramaticamente claro: em 15 de setembro de 1666, Sabatai Tzvi comprara sua vida ao preço da apostasia. Transformado em Mehmed Efendi, admitido pelo sultão na função de *capiji bachi* (guardião das portas do palácio) com um vencimento de 150 asperes*, ele dará a impressão de continuar a observar uma parte do ritual judaico estranhamente adaptado por seus cuidados enquanto cumpria seus deveres de muçulmano, apresentando sempre a alternância bem conhecida das fases de iluminação e de prostração, representando finalmente o papel missionário esperado dele pelos turcos ao convidar os judeus a segui-lo na conversão. Morreu em 17 de setembro de 1676, dia do *Kipur*, alguns meses apenas antes de Natan de Gaza. Mas nessa data ele terá, há bastante tempo, deixado a cena de uma história que entrou em uma nova época com sua apostasia.

A sobrevida do movimento suscitado pela irrupção de Sabatai Tzvi e brutalmente confrontada por sua abjuração coloca uma temível questão ao historiador. O judaísmo estava familiarizado com experiências messiânicas que desmoronaram sem deixar sérias repercussões. A esperança de uma Redenção próxima cada vez se chocava com a cruel realidade da história; mas o povo havia sempre absorvido a decepção retornando à ordem do dia, mobilizando as fórmulas de consolação tradicionais para abafar sua angústia: "esta geração não foi considerada digna..." O fim trágico de uma aventura que tinha varrido a Diáspora de alto a baixo devia *a priori* destiná-la ao olvido, apagá-la da consciência, para deixar na crônica apenas o pálido traço de um pesadelo. Scholem entra prudentemente na resolução desse problema. Seguramente, a amplitude inédita do fenômeno lhe dava uma impenetrabilidade desconhecida. A isso se soma que seu aparecimento em um mundo que havia sofrido a influência de uma Cabala outrora capaz de metabolizar o traumatismo da Expulsão preparava, sem dúvida, os "crentes" a conceber a possibilidade de um afastamento entre uma realidade "interior" nova e o curso exterior da história. Porque seus novos sentimentos não se ligavam somente à esperança de uma redenção política, eles poderiam, sem dúvida, ter a ocasião de se refugiar em um plano onde o fracasso visível não desencadeava necessariamente a interrupção da realização oculta do *tikun*. Dito de outra forma, os "subprodutos psicológicos"

* Moeda turca (N. da E.).

do fermento messiânico saberiam talvez imunizar contra o choque de uma realidade exterior mais do que nunca contrariante. Resta que uma tal explicação valeria na hipótese conhecida de um episódio terminando sem outro drama que a descoberta do fato de que o messias proclamado não era, mais uma vez, o bom. Ela parece muito frágil frente à tragédia que representa o fim dele. Por sua violência simbólica, a apostasia de Sabatai Tzvi havia aniquilado a simplicidade ingênua da fé messiânica e nenhuma outra forma era normalmente suscetível de lhe sobreviver. Os cabalistas haviam certamente somado à doutrina da Redenção a dimensão cósmica que lhe abria um horizonte mais vasto que a simples liberação do jugo dos gentios. Mas a traição do "falso messias de Esmirna" havia conduzido a contradição latente entre os diferentes níveis da Redenção à uma expressão de tal forma aguda que ela não poderia deixar intacta os quadros familiares da experiência judaica. O sabataísmo propriamente dito só começa no momento em que se imagina uma resolução desse conflito. Mas este não poderá se impor senão transpondo o patamar da heresia.

Porque a apostasia precipitara o anúncio messiânico em uma crise radicalmente imprevista, ela colocou os diferentes setores do mundo judaico diante de um impasse. O judaísmo rabínico sabia explicar o cativeiro de um messias prometido, e poderia tê-lo feito de uma morte violenta, mas a teodiceia de um "sofrimento dos justos" era impotente diante daquele que havia abjurado sua fé. Os cabalistas ortodoxos manipulavam facilmente a ideia segundo a qual a história reflete os processos cósmicos ocultos sem, todavia, poder imaginar a mínima oposição "entre o símbolo e a realidade simbolizada". Quanto ao "crente" que havia seguido Sabatai Tzvi e seu profeta Natan com a certeza de ter entrado na nova era, estava de repente intimado a saber discernir a voz de Deus: "no cruel veredicto da história – que, é o menos que se pode dizer, desmascarava a experiência messiânica e a revelava ilusória – ou na realidade da fé que se achava ancorado no mais profundo de sua alma"[345]. Que não se acredite, enfim, que os adversários do movimento tinham a tarefa fácil: eles podiam enfurecer-se contra as transgressões, multiplicar os testemunhos provando a loucura, denunciar os sectários de deuses estrangeiros; mas nas polêmicas que aumentavam, eram eles que finalmente

---

345 Idem, p. 670 (trad. bras., v. II, 1 p. 4).

eram designados como "infiéis". Para Scholem, somente aqueles que fariam nascer o sabataísmo estavam aptos a defrontar uma situação na qual o enigma não era mais a do "santo sofredor" familiar, mas a do santo que comete o pecado. O preço disso seria, todavia, elevado: "Uma fé fundamentada nesse paradoxo destruidor perdeu sua inocência. Sua premissa dialética engendra necessariamente conclusões que são igualmente marcadas pela dialética do paradoxo"[346]. Ao que o autor da súmula sobre Sabatai Tzvi acrescenta ainda seu próprio toque: o novo movimento não vai se alimentar de ação política e de agitação social, porém de uma teologia; nela, sua sobrevida por várias gerações deverá ser considerada como a expressão de um "processo dialético inerente à história do judaísmo".

Se por ora a apostasia de Sabatai Tzvi revela-se "um dos momentos mais trágicos da história judaica", é preciso ver o problema que ela apresenta do ponto de vista de seus antigos adeptos[347]. Na visão deles, a Redenção não estava mais "na esquina da rua", porém nela: no patamar do "novo éon", na linguagem dos cabalistas; no momento em que se impõe uma "nova percepção da vida", segundo seu profeta; no lugar em que o mundo do gueto começa a se dissolver completamente. A estupefação que engendra a transformação repentina do messias em apóstata cria uma situação a bem dizer insustentável. Eles foram, sem dúvida, numerosos em retornar feridos às formas normalizadas da vida judaica, para curar suas chagas junto das autoridades tradicionais. Mas os irredutíveis encontraram uma elite do movimento dedicada a construí-lo sobre a premissa paradoxal segundo a qual a abjuração do messias é um mistério, que não impede em nada a marcha largamente engajada da Redenção e revela mesmo novas fontes, permitindo acelerá-la. O espaço aberto é estreito. Já que nada foi modificado na esfera política, é sobre aquela das forças ocultas do cosmos que é preciso se focalizar. Mas o frágil equilíbrio legado pelos cabalistas de Safed e um tempo preservado por Natan de Gaza está doravante arruinado: um abismo foi aberto entre a realidade exterior e a experiência interior, o fracasso patente da profecia messiânica e a certeza acesa de um fim próximo, a persistência visível da experiência do exílio e

---

[346] Idem, p. 670-671 (trad. bras., v. II, p. 4-5).
[347] Idem, p. 769 e s.

a iminência entrevista da liberdade. Para sobreviver, o movimento devia, pois, propor uma ideologia que lhe permitisse se reencontrar no meio dessas tensões, uma explicação coerente da contradição flagrante entre a história e a fé. Scholem sugere sobre esse tema uma analogia com os inícios do cristianismo: um salvador condenado à morte como criminoso e um messias conduzido à apostasia são igualmente inaceitáveis para a consciência religiosa ingênua; mas o obstáculo pode ser útil para construir, se conseguirmos chegar a demonstrar que aquele que havia desaparecido em situação de vergonha retornaria de sua degradação em glória[348].

Tratando-se do sabataísmo, foi preciso doravante talhar uma nova fé para a missão paradoxal do messias, no lugar e espaço daquele que acabara de decepcionar no que tange à Redenção iminente. No livro sobre Sabatai Tzvi, é sob uma forma impressionista que Scholem preenche o esquema outrora desenhado com mais firmeza acerca da solução inventada por Natan de Gaza, Abraão Cardoso e alguns outros, a fim de tornar vivível uma tensão insuportável. A Cabala de Lúria, que havia oferecido seu terreno à doutrina das horas gloriosas, continha elementos suficientes emprestados ao dualismo gnóstico para se adaptar às circunstâncias: imputando-os à persistência das forças do mal. Outrora discreta, quando se tratava apenas de justificar os "atos estranhos" do messias, o núcleo antinomista da teologia de Natan surgiria à luz do dia por ocasião de sua explicação de uma necessidade mística da apostasia. A revolta contra a Lei conseguiria, enfim, compensar a amargura da decepção, com o risco de reconverter o intenso despertar religioso provocado pela vaga messiânica em niilismo. Não obstante, porque eles haviam finalmente proposto ao povo judeu do exílio uma imagem da *Torá* na era escatológica, os doutrinários do movimento lhe abririam uma perspectiva dialética: a do fracasso de um judaísmo que eles queriam novo sem saber qual imagem da liberdade lhe associar, mas que decifra todavia a possibilidade de um mundo fora do gueto. Scholem

---

[348] Idem, p. 772-773. A linha de uma comparação entre o sabataísmo e o milenarismo cristão corre ao longo de todo o livro, sem que Scholem procure dar uma tese definitiva sobre esse tema controverso: ver em especial idem, p. 105-113; p. 772-776 (onde o antinomismo de Paulo se aproxima daquele da gnose). A razão está sem dúvida nessa convicção: "a crise do judaísmo vem do interior e ela não teria jamais tomado um outro curso se não houvesse tido a influência cristã" (*Les Grands courants de la mystique juive*, p. 325).

apenas visa acessoriamente no livro o artigo de 1937 sobre "A Redenção pelo Pecado". É, pois, ali que é preciso, sem dúvida, ir procurar a interpretação mais sintética do fim do movimento e da herança contraditória que ele transmite. Explorando aqui as origens, as formas e as consequências do princípio paradoxal segundo o qual "é violando a *Torá* que a realizamos", não somente ele explica a sobrevida do sabataísmo depois da apostasia, mas propõe demonstrar como o niilismo "abriu o caminho para a *Haskalá* e para o movimento reformador do século XIX"[349]. Uma perspectiva que não desaparece totalmente em seguida, mesmo se sua forma possa parecer menos nítida.

Se o primeiro estudo de Scholem sobre o sabataísmo se liga principalmente ao mistério de sua sobrevida, para imputá-lo na perspectiva de uma "Redenção pelo Pecado", ele já abordava o problema a partir do segundo plano do movimento. Afirmando que "a história do judaísmo só pode ser compreendida do interior", esta análise desenha um quadro que permanecerá imutável. No século XVII, os sucessores de Isaac Lúria tornaram-se *de facto* os teólogos do povo judeu. Seu êxito provinha de uma interpretação nova da Redenção: um fenômeno que não se concebia mais apenas como um acontecimento temporal, principalmente ligado à liberação de Israel do "jugo das nações", mas que dependia de uma transformação radical da criação, de um processo ao mesmo tempo espiritual e material da reparação do mundo pela reunião das centelhas divinas dispersas quando da catástrofe inicial da "quebra dos vasos". Porém, sua herança era, sem que se tivesse tido claramente consciência, agravada por uma contradição entre duas concepções do messianismo, respectivamente dependentes das expectativas escatológicas próprias dos meios populares e de uma meditação cosmológica característica da elite dos cabalistas. Durante a breve idade de ouro da profecia messiânica, essas duas correntes e suas doutrinas pareciam poder coabitar, graças aos efeitos de um entusiasmo partilhado que permitia a cada um ter certeza da atualização de sua esperança: a emancipação da servidão nos passos de um messias triunfante; a conclusão do *tikun* pela extração das centelhas na esfera das *klipot*. É essa certeza de ter entrado na era messiânica que se revela como uma ilusão no momento da

---

[349] La Rédemption par le péché, op. cit., p. 146.

apostasia de Sabatai Tzvi. Nesse instante, não apenas a impressão de liberdade provocada pela aproximação de um "mundo tornado novamente puro" se desmorona, mas as circunstâncias particularmente trágicas do fracasso geram uma tensão insuportável entre os sentimentos interiores e a realidade exterior. É precisamente disso que nasce a heresia sabataísta: "da recusa oposta por amplas camadas do povo judeu de se submeter ao julgamento da história e de admitir que sua experiência pessoal fora lograda e perdida"[350].

Somente um desejo radical de revolta, um poderoso espírito de contradição e um senso agudo do paradoxo conseguiriam tornar a tensão mais suportável. Quanto ao esquema que permitisse resolver um problema vital, falando com propriedade, ele não poderia tomar senão uma única forma: a apostasia do messias é um mistério; enquanto tal, ela deve ser concebida como um sinal de que ele devia descer ao mais profundo do mundo obscuro das *klipot* para libertar as centelhas divinas; essa missão tornou sua existência fatalmente trágica. Porque eles são antes de tudo judeus religiosos, os doutrinários do movimento começam por se voltar para seu universo natural, para tentar elaborar uma nova teologia com os meios familiares: "por trechos e passagens da Santa Escritura, a partir dos paradoxos e de ditos esparsos provenientes dos escritos da Cabala, tirados de todos os cantos mais recônditos da literatura religiosa judaica"[351]. "Ele foi ferido por causa de nossas transgressões": esse versículo de *Isaías* (53, 5) é abundantemente solicitado. Podemos, em primeiro lugar, ver aí uma alusão ao Messias filho de José, precursor lendário do Redentor que deve morrer, segundo a tradição, por mãos gentias. Mas se quer da mesma forma entendê-la como uma evocação do Messias filho de David, aquele que segundo certas fontes "deve ser impedido pela força de observar a *Torá*". Permite-se, enfim, traduzir por um jogo de palavras essa exegese original: "o hebraico *ve-hu meholal* (pois ele foi ferido) foi interpretado como significando 'de sagrado ele [o Messias] deverá se fazer profano (*hol*)'"[352]. Outros versículos são utilizados de maneira similar. Numerosas homilias se

---

350 Idem, p. 150.
351 Idem, p. 160.
352 Idem, p. 161.

apoiam em *Isaías* 53, 9: "e ele terá sua sepultura entre os perversos". Textos mais radicais tentam, enfim, provar que o Messias devia ser condenado como um proscrito e um criminoso por seu próprio povo:

> Pode-se aproximar isto [a apostasia de Sabatai Tzvi] da história de Ester, que foi a causa de um grande êxito para Israel. Certamente, a maioria das pessoas, sendo ignorantes, a desprezaram por ela ter-se entregue a um idólatra e a um gentio, violando assim manifestamente os ditames da *Torá*. Mas os Sábios de outrora guardaram segredo; eles não a consideravam como uma pecadora, pois é dito dela no *Talmud* : "Ester é o fundamento do mundo"[353].

Tateando então por uma espécie de bricolagem nos textos da tradição, os ideólogos do sabataísmo acabaram por reencontrar um velho conceito rabínico: *mitzvá ha-ba'á ba-averá*, "um preceito realizado em meio a uma transgressão". Eis, pois, o nó de uma nova teologia: interpretada de modo radical, esta ideia transforma a violação da *Torá* em realização de um mandamento; até o último, os atos de Sabatai Tzvi atestam sua descida ao âmago das esferas do mal para lhe arrancar os fragmentos de centelhas divinas; a apostasia era não apenas justificada, mas necessária. Assim apresentado, esse esquema parecia resolver o problema dos sabataístas, ao justificar habilmente a insuportável contradição entre a realidade externa da história e a realidade interna da vida espiritual. No entanto, essa construção os impelia ao mesmo tempo para outras questões: saber se a ação antinomista do messias valia como exemplo para todos os judeus; precisar a natureza e a extensão do período de transição durante o qual este devia permanecer sob o domínio das *klipot*; determinar o estatuto da *Torá* durante essa época. É aqui que o movimento se divide. Alguns de seus primeiros teóricos, como Natan de Gaza, Abraão Cardoso e Abraão Rovigo, vão formar um campo de "moderados": aqueles que traçam um círculo ao redor da noção de "santidade estranha" e tentam proibir de nele se penetrar mais adiante do que o necessário para explicar os comportamentos paradoxais de Sabatai Tzvi. Nesse sentido, sua doutrina repousa sobre a afirmação de que "a apostasia do messias havia sido *sui generis*", um ato necessário em

---

353 Idem, p. 162.

seu lugar e seu tempo, mas que não deve ser invocado como exemplo. Estranho, escandaloso, ela lhe permitiu resgatar seu povo: "mas o Senhor fez recair sobre ele a iniquidade de nós todos" (Is 53, 6). Entretanto, um judeu deve permanecer um judeu: mesmo se o *tikun* se encaminha para seu fim, nenhum mandamento deve ser considerado abolido antes que a Redenção propriamente dita ocorra. Quanto ao aspecto novo do "mistério da divindade" revelado nessa ocasião, ele mantém ainda sua densidade. Nesse plano, na falta de poder fornecer uma resposta clara às questões concernentes à duração de uma espécie de transição desconhecida com os meios da Cabala de Lúria, os sabataístas moderados procuram transformá-la e constroem na realidade a deles. Esta se realimenta, como muitas vezes, em um esquema gnóstico, mas em condição inversa. A dualidade divina não é em nada a da "Causa primeva" e do Deus pessoal caro aos filósofos. Mas ela não se identifica exatamente àquela de um princípio do bem e de um demiurgo protegido pela gnose, por outro lado fonte de um "antissemitismo metafísico" que vê o segundo no Deus dos judeus. Ela corresponde às duas "faces" (*partzufim*) de Deus, respectivamente feminina e masculina: conhecida sob o nome de Schekhiná, a primeira é a que cria depois revela, para a qual se dirigem as preces; a segunda se manifestará apenas no fim do exílio, quando todas as centelhas de Sua luminosidade terão sido arrancadas da esfera do mal[354]. Por meio dessa mistura do antigo e do novo, ao mesmo tempo que se empenha em reter os transbordamentos revolucionários do movimento, Natan procura acalmar o ardor apocalíptico que o pressionava no momento de sua profecia[355]. Daí nasce o paradoxo de sua própria situação e a razão de seu fracasso pessoal. Ontem considerado como o teórico mais radical do messianismo, ele oferece os escritos mais moderados do período que segue a apostasia. Isso fez, sem dúvida, com que a chama do apocalipse nele queimasse mais tranquilamente. Mas essa espécie de serenidade adquirida contra si mesmo o impediu provavelmente de compreender os incendiários e o desarmou diante deles.

Esse círculo traçado em torno da noção de "santidade estranha" se revela muito frágil: suficiente talvez para uma elite de novos cabalistas, que

---

[354] Idem, p. 171.
[355] Ver *Sabbataï Tsevi*, p. 322.

sabe ainda temperar a decepção frente à história por uma dobra na esfera de uma meditação cósmica; mas impotente em canalizar os sentimentos de impaciência suscitados no povo pela crueza dos fatos. Entre os "crentes" mais fervorosos surgiu uma nova questão: "Podemos abandonar o messias à sua sorte no momento preciso em que ele está empenhado na fase mais cruel de seu combate com o poder do demônio?"[356] Quanto à resposta, ela abre uma perspectiva propriamente abissal: "Desçamos com ele no abismo, antes que as portas sejam novamente fechadas". A vaga de niilismo que arrasta a ala radical do sabataísmo com esta proposição levanta de novo o paradoxo: não se pode negar que essa postura corresponde sempre a uma profunda inspiração religiosa; mas na "festa revolucionária" provocada pela certeza da Redenção e a experiência da liberdade, as formas tradicionais de repressão de uma tal impulsão tornaram-se vãs e ela engendra uma paixão que é toda de outra natureza. É esse movimento que os radicais vão acompanhar, atualizando uma doutrina que permanecia até então puramente abstrata. Antes da vinda do Redentor, o interior e o exterior estavam em harmonia e se poderia praticar os atos do *tikun* preconizados por Lúria por meio da observância visível dos preceitos. Mas depois desse acontecimento, o interior e o exterior ficam em oposição, de maneira que "o preceito interior, que é o único a permitir a realização do *tikun*, tornou-se sinônimo de transgressão exterior"[357]. Uma conclusão se impõe: "A violação da *Torá* representa agora sua verdadeira realização". Vemos precisamente onde nasce a heresia. Na carta a Rafael Iossef, Natan de Gaza se autorizava a proclamar que as recomendações de Lúria em favor do *tikun* estavam abolidas em vista da proximidade da conclusão do ciclo cósmico da reparação do mundo. Por tanto tempo quanto a aventura de Sabatai Tzvi parecia manter uma coincidência entre essa lógica e a do messianismo político, a força explosiva de uma tal ideia podia ser contida. Mas a apostasia modificou definitivamente as coisas: a espera apocalíptica tradicional retornou revigorada; os radicais fizeram valer seus direitos reformulando-os na linguagem secreta da Tradição contra a Lei; as mudanças da antiga doutrina tentadas pelos "moderados" não mais podem reter a explosão do niilismo.

---

356 Idem, La Rédemption par le péché, op. cit., p. 175.
357 Idem, p. 176.

No espaço aberto por essa dialética, são os "radicais" que parecem ter a última palavra do ponto de vista da doutrina e o poder no seio do movimento histórico. Uma ideia apareceu na esteira do *Zohar* e de sua teoria dos "quatro mundos da emanação", formalizada pela Cabala de Safed: a da oposição entre uma *Torá* do mundo superior e uma *Torá* do mundo inferior[358]. Os doutrinários do sabataísmo dão uma interpretação perfeitamente adaptada à sua situação: a verdadeira *Torá* é a *Torá de atzilut* (*Torá* da emanação), oculta por todo o período da dispersão das centelhas da luz divina e do povo judeu, mas que começa a revelar-se no momento em que o processo da Redenção tem início; a *Torá ha-briá* (*Torá* da Criação) e a do mundo não resgatado do exílio serve de vestimenta à Schekhiná em suas peregrinações, por quanto tempo elas durarem[359]. Tornada *leitmotiv* dos "radicais", essa tese coloca o fundamento paradoxal de uma nova moral. Se bem que a essência da *Torá de atzilut* seja idêntica à da *Torá ha-briá*, a segunda deve ser relida à luz da primeira e seus preceitos reinterpretados em sua perspectiva. Transpondo um passo suplementar, poder-se-á dizer que a violação sistemática da *Torá ha-briá* é o sinal maior da messianidade de Sabatai Tzvi e torna-se o símbolo da nova época que ele inaugura: praticada por ele em sua descida para a esfera das *klipot* para liberar as centelhas de luz, ela deve ser aplicada por seus fiéis a fim de ajudar na tarefa de acelerar o processo da Redenção. "A *Torá* exterior deve ser abolida para que a *Torá* interior possa ser liberada". Scholem vê nessa declaração de um "crente" de Praga, no início século XIX, a prova por excelência da influência a longo termo do sabataísmo, de seu impacto sobre a vida do gueto e do fato de ele exprimir um desejo

---

[358] Idem, p. 178-180. Encontraremos um outro enunciado da questão em La Crise de la tradition dans le messianisme juif, op. cit., p. 136-138.

[359] Em *Sabbataï Tsevi*, p. 317-325, Scholem demonstra que Natan de Gaza havia desenvolvido antes da apostasia uma forma dessa ideia situada mais exatamente no lugar em que havia o perigo dela deslizar de uma Cabala de Safed revista para o niilismo. Em sua opinião, como na de Cardoso, a *Torá* é essencialmente imaterial, de maneira que no momento em que as coisas serão restabelecidas em sua espiritualidade inicial pela conclusão do *tikun* a aplicação "material" dos mandamentos cessará. O *Tratado sobre os Dragões* deslocava já o acento para uma escatologia no limite do antinomismo: a atualidade messiânica abre a perspectiva de um estudo "livre" da *Torá*, destinado a descobrir seus segredos os mais recônditos. Mas Natan revestia ainda esse discurso de fórmulas cabalísticas obscuras para a maioria de seus leitores. A ideia esperava, de alguma maneira, fornecer uma explicação ao mistério infinitamente mais temível do messias apóstata, em um momento aliás em que o próprio Natan recusará utilizá-la, contrariamente aos "radicais" do movimento.

de liberdade tomando uma forma religiosa paradoxal na falta de poder se traduzir em um plano político[360]. Ao que ele ainda adiciona que a doutrina dos "radicais", no momento em que o messianismo se volta ao niilismo pleiteando a Redenção pelo pecado, exprime uma psicologia "marrana"[361]. Tornando a prender assim entre elas algumas das expressões mais dolorosas da vida judaica no exílio, ele liga a explicação da sobrevida de uma parte do povo judeu disperso a um motivo que faz do sabataísmo uma espécie de arquétipo: a "verdadeira fé" não pode ser aquela que os homens professam em público; cada um tem o dever de negá-la exteriormente, pois ela é como uma semente plantada no leito da alma e que não pode crescer senão estando recoberta; o "verdadeiro ato" permanece sempre oculto, única maneira de "negar a falsidade daquilo que é explícito".

"Tua falta está expiada, ó filha de Sion", é ao comentar essa inscrição da pedra tumular de Natan de Gaza que Scholem expõe sua posição definitiva sobre a herança de Sabatai Tzvi e seu profeta:

> Eles tiveram a ambição de abrir o portal da Redenção e conseguiram provocar o despertar de toda a Casa de Israel. E, no entanto, eles não conseguiram e, na verdade, não podiam conseguir encontrar um caminho conduzindo da visão à realização. Traçaram no coração do seu povo um sulco profundo, e a semente de sua mensagem germinou no decorrer das novas etapas em que conheceu a história do judaísmo, embora de maneira diferente e em outras circunstâncias do que aquelas que haviam considerado. A crise precipitada pelo movimento que haviam desencadeado pode ser considerada como uma das transformações decisivas dessa história[362].

Aos olhos do historiador, é sobre um amplo plano que lhe era, sem dúvida, invisível que se manifesta este fracasso: o do judaísmo "pós--messiânico"[363]. Nessa ordem das coisas, uma definição positiva da liberdade

---

[360] La Rédemption par le péché, op. cit., p. 187 e 190.
[361] Idem, p. 176. Scholem consagra algumas páginas ao impacto do sabataísmo nos marranos, idem, p. 529-532. Em compensação fala da influência do marranismo sobre o sabataísmo em *Les Grands courants de la mystique juive*, p. 327-328.
[362] *Sabbataï Tsevi*, p. 901.
[363] Idem, p. 771.

era necessária: uma maneira de dar forma ao "novo mundo" aberto sob os passos do messias. Com a diferença do que teria conduzido, sem dúvida, a uma morte violenta que tinha seu lugar no repertório das interpretações de experiências similares, a apostasia tornava a tarefa quase impossível. Mas a captura do movimento por sua ala radical conduzia inelutavelmente para a catástrofe. Uma tensão atravessava há muito tempo a herança do messianismo forjado em Safed como resposta atrasada à expulsão da Espanha: entre a escatologia de uma liberação política própria às massas e a espera de uma conclusão da Redenção formulada em uma linguagem sofisticada pela elite dos cabalistas. Depois da abjuração de Sabatai Tzvi, foi um abismo que se abriu: o povo não recebera nem reino nem império, e a opressão do exílio intensificava tanto mais sua dominação quanto seu fim fora pressentido; a distância entre a vida interior dos "crentes" e a realidade histórica exterior transpunha os limites do suportável. Triunfando nesse campo das ruínas, os sectários radicais pareciam salvar *in extremis* o imaginário teológico dos sabataístas. Porém, ao preço o mais elevado: o de uma mudança dos valores tradicionais conduzindo de um antinomismo há longo tempo surgido da gnose ao niilismo. Em algum lugar entre a "festa revolucionária" que por um breve momento inflamara a Diáspora e esse desembocar trágico, Scholem captou no sabataísmo uma força de "decodificação" da história judaica, medindo em 120 anos o tempo que será necessário para que uma definição melhor seja dada da liberdade percebida. Essa data é aproximadamente a da Emancipação. Há ali, sem dúvida, uma maneira de dizer que essa explosão messiânica sem precedentes levará longe seus efeitos. Poder-se-ia então pensar que ela plantou muito antes do momento geralmente admitido a raiz de uma modernidade judaica que conhecerá outras fraturas. Por ora, ela oferece, entretanto, uma face desesperançada de seu tempo: "uma revolta contra o gueto [que] carrega as marcas do gueto"[364].

---

364 Idem, p. 775.

A Vida em *Sursis*

"Qual foi o preço do messianismo?": essa questão paira sobre a obra de Scholem, determina sua direção e seus contornos, liberta a chave de sua arte de escrever a história judaica[365]. Colocada à entrada do compêndio sobre Sabatai Tzvi, ela dá a esse livro seu porte monumental e orienta suas explorações dos detalhes, articula a análise minuciosa dos componentes doutrinais e o desenho de uma dialética histórica, define os lances da reconstituição passo a passo das peregrinações do messias de Esmirna e de seu profeta, sempre definindo o plano sobre o qual pode ser esboçado o balanço dessa aventura. Contemporâneo, o grande estudo de 1955 é regido pela mesma indagação: "o preço que custa o messianismo, esse preço que o povo judeu teve de pagar em sua própria existência ao lançar essa ideia no mundo"[366]. Ninguém duvida que na visão de Scholem o momento do apogeu tenha sido glorioso e paradoxal: em Safed, os cabalistas forjaram uma obra-prima teológica conseguindo esclarecer, graças a essa ideia, o desamparo do novo exílio; mas sua grande totalidade doutrinal que unia a Criação à Redenção em um drama cósmico permaneceu privada de uma eficiência histórica divergente até a irrupção do sabataísmo. O momento do desmoronamento desse movimento e de seus seguimentos haviam aberto as portas do outro lado: o da heresia, do desvario e de uma espécie de suicídio. Scholem avança no caminho liberado por sua questão até uma tese que envolve uma experiência mais longa ainda que a do gueto: "Quanto mais a parcela de realidade histórica dada aos judeus nas tempestades do exílio se comprova reduzida, miserável e cruel, e quanto mais sua transparência se torna profunda, tanto mais rigoroso é seu caráter simbólico e mais brilhante a esperança messiânica que a faz jorrar e a transforma"[367]. Resta que se essa proposição parece ter a simplicidade de uma relação de causa e efeito, ela só encontra seu sentido se preenchendo das experiências radicalmente contraditórias geradas pela espera messiânica: uma dialética da sombra e da luz que envolve quase toda a duração da história judaica.

---

[365] Idem, p. 14.
[366] Pour comprendre le messianisme juif, op. cit., p. 65.
[367] *La Kabbale et sa symbolique*, p. 8.

É raro e, na verdade, singular o que Gershom Scholem declara a propósito de uma figura do judaísmo que ele repugna à "compreensão histórica" e que frustra toda "vontade de objetividade"[368]. Assim é sua opinião sobre o frankismo: "caso mais pavoroso da história judaica"; "derradeiro preço que o judaísmo pagou pela ideia messiânica"[369]. Estranha coincidência, Jacob Frank nasceu exatamente um século depois de Sabatai Tzvi: em 1726, em Korolowka, pequeno burgo dessa Podólia, terra de eleição dos descendentes dos sabataístas radicais, universo das comunidades menos estruturadas do que as do resto da Polônia, em contato com as seitas russas da Ucrânia[370]. Scholem julgava medíocre a personalidade de Sabatai, mas não escondia uma certa fascinação para com Natan de Gaza. E ele manifesta uma verdadeira aversão por Frank. Eis um personagem aterrador e "satânico": ser "primitivo, alma 'bestial e licenciosa'", "niilista de uma rara autenticidade"[371]. Não só ele era iletrado, mas se vangloriava de sua ignorância, cumulando a trivialidade de seus propósitos e a violência de seus atos para oferecer traços de "atleta-messias"[372]. Acreditava-se que a doutrina da redenção pelo pecado nascida sobre os escombros do sabataísmo havia arrastado os "crentes" mais para baixo: ele estava pronto a ir ainda mais longe: "a dar os últimos passos em direção do abismo e esgotar o cálice da desolação e da destruição, até que o derradeiro instinto de santidade seja transformado em ridículo"[373]. Tal era, com efeito, o projeto de Frank, ao caricaturar os "atos estranhos" de Sabatai Tzvi e ao parodiar o que restava de uma teologia no antinomismo dos sabataístas mais extremistas: "Eu não vim para vos elevar. O que eu gostaria era de vos rebaixar até uma profundidade tal que fosse impossível descer mais baixo"[374]. Quanto ao preceito

---

368 Le Mouvement sabbatéen en Pologne (1953), trad. G. Vajda, *Aux origines religieuses du judaïsme laïque*, p. 197.
369 La Rédemption par le péché, op. cit., p. 197; e La Métamorphose du messianisme hérétique des sabbatéens en nihilisme religieux au XVIIIe siècle (1963), *Aux origines religieuses du judaïsme laïque*, p. 233.
370 Ver Le Mouvement sabbatéen en Pologne, op. cit., p. 179 e s.
371 La Rédemption par le péché, op. cit., p. 198; e Le Mouvement sabbatéen en Pologne, op. cit., p. 212.
372 La Métamorphose du messianisme hérétique des sabbatéens en nihilisme religieux au XVIIIe siècle, op. cit., p. 234.
373 La Rédemption par le péché, op. cit., p. 198.
374 Le Mouvement sabbatéen en Pologne, op. cit., p. 215.

prático que se liga a esse propósito, ele se exprime de maneira mais brutal ainda: "É na água turva que se pesca melhor os peixes; da mesma maneira, é quando o mundo inteiro se inundar de sangue que poderemos pescar a coisa que nos pertence"[375].

Para Scholem, fica claro que o tecido de contradições que caracteriza o sabataísmo tardio teria parido cedo ou tarde um tal monstro. O período de quase um século que separa a apostasia de Sabatai Tzvi da formação do movimento frankista viu desenvolver duas ramificações da herança. Estruturada em torno da personalidade de Heschel Tzoref (Vilna, 1633), a primeira exaltava e praticava um sabataísmo ascético que Scholem vê parcialmente reciclado no hassidismo e que oferece o que se parece com o último produto da Cabala nas extremidades de suas bases: "um judaísmo novo que só o leve véu do ascetismo no comportamento individual impede de explodir como uma força revolucionária batendo de frente com o judaísmo histórico"[376]. Ao redor de Haim Malakh (nascido por volta de 1655), é uma variante francamente revolucionária do sabataísmo polonês que se desenvolveu, manifestando suas atividades ao redor do anúncio para 1706 da parúsia de Sabatai Tzvi[377]. Teologia rudimentar de uma libertação do jugo dos mandamentos, religiosidade emotiva e libertinagem, a ocasião é dada a Scholem para questionar os fundamentos dessa agitação:

> Ódio de si mesmo ressentido pelos indivíduos que tomaram aversão por uma tradição para eles esvaziada de seu sentido? Revolta contra a mecanização de uma cultura intelectual, fruição secreta, quase diabólica, de espezinhar, em um momento de desprendimento ao mesmo tempo delicado e grave, tudo aquilo que dominava sua vida cotidiana, tanto no espiritual como no temporal? Alegria de se exibir como senhores dessa autoridade talmúdica que lhes têm imposto sua dominação...?[378]

---

375 Idem, p. 213.
376 Idem, p. 151. Nesse texto, Scholem ordena essa corrente principalmente na posteridade do sabataísmo, enquanto que ele a inscreve de preferência na genealogia do hassidismo em *Les Grands courants de la mystique juive*, p. 351 e s. Sobre Heschel Tzoref, ver também *La Kabbale*, p. 675-677.
377 *Le Mouvement sabbatéen en Pologne*, op. cit., p. 171 e s.; e *La Kabbale*, p. 641-643.
378 *Le Mouvement sabbatéen en Pologne*, op. cit., p. 181.

O que quer que seja, o aparecimento às claras de elementos radicalmente anarquistas latentes no sabataísmo preparava os ingredientes de uma bomba que apenas esperava por explodir, tão logo irrompesse um líder capaz de canalizar as forças obscuras para dar forma às expectativas das massas desamparadas e intimar os pietistas a escolher entre um ascetismo impotente e a revolta: "ao preço da negação de si mesmo, da dissimulação, da fraude e da maleficência calculada"[379].

A intriga do frankismo se tece ao redor de conflitos violentos com as autoridades rabínicas que culminarão na acusação mais abjecta que puderam proferir os judeus a seu respeito[380]. Sem dúvida em contato desde sua juventude com o meio sabataísta, Jacob Frank voltou à Polônia no fim de 1755, menos de um ano antes que uma assembleia rabínica de Brody promulgasse um *herem* contra ele. Imediatamente, é junto do bispo Dembowski de Kamieniec-Podolski que ele procura proteção. Rapidamente os frankistas solicitam a este último organizar uma disputa entre eles e os rabinos, e ele lhes dará razão ao fim desta, em 17 de outubro de 1757. O principal efeito desse primeiro confronto é a destruição pelo fogo de exemplares do *Talmud*, condenado pelo bispo, em várias cidades da Polônia. Doravante, protegidos pela Igreja, depois pelo rei, os frankistas podem se aproximar da apostasia ao preparar a controvérsia decisiva que finalmente teve lugar em Lvov, entre 17 de julho e 10 de setembro de 1759. Sob a agenda dessa segunda batalha figuram sete proposições, das quais uma afirma que o *Talmud* exige dos judeus o sangue cristão. Argumentando essa acusação de crime ritual, os frankistas vão tão longe que o padre encarregado de organizar o debate se decide a requerer dos rabinos uma conclusão por escrito. Porém, já é muito tarde, na medida em que Frank e os outros representantes de sua seita agem como se tivessem transposto o passo da conversão antes de formalizá-la, o que atesta a violência da resposta de um dentre eles ao Rabi Rapoport* que dirige a parte judaica: "Vós haveis permitido que corra

---

379 Idem, p. 197.
380 Encontraremos principalmente dois relatos da história do frankismo em *La Kabbale*, p. 437-468, e em Le Mouvement sabbatéen en Pologne, op. cit., p. 195-228.
* Referência ao Rabi Haim b. Simkhá ha-Kohen Rapoport (c. 1700-1771), que juntamente com Rabi Baer de Yazlovicz e Rabi Israel Baal Schem Tov, tomou parte na disputa coom os frankistas (N. da E.).

nosso sangue – isto é, vosso 'sangue por sangue'"[381]. Primeiro a ser batizado em 17 de setembro de 1759, Frank arrasta a maioria dos sectários nessa via. Ao final dos escândalos que matizarão sua viagem em grande pompa à Varsóvia, ele será aprisionado por vários anos, antes de ser exilado. Mas reencontrará sua liberdade para finalmente se instalar na Alemanha, vivendo à larga em sua corte, instaurando em seu pseudorreino um regime militar destinado a preparar a guerra do fim dos tempos. Na Polônia do século XIX, em que eles se beneficiam de proteções, os frankistas conhecerão uma considerável ascensão social: numerosos dentre eles ocuparão as profissões de homens da lei ou de negócios, ardentes patriotas poloneses e pilares da franco-maçonaria, frequentemente abertos às ideias da Revolução Francesa; veremos um general da armada de Napoleão sair de suas fileiras; empresta-se por vezes a Adam Mickiewicz uma origem desse lado[382].

Enquanto ela nada mais tem a ver com a Cabala das origens nem mesmo com a de Natan de Gaza, a doutrina de Jacob Frank radicaliza, se assim é possível, as posições mais extremistas entre os sucessores de Sabatai Tzvi. Quaisquer que sejam as alterações heréticas, é ainda a linguagem teosófica das formas tardias da Cabala gnóstica que esses últimos utilizavam, em um discurso apesar de tudo destinado aos iniciados. Frank manipula uma linguagem nova, popular chegando a ser trivial, metafórica ao exagero, reciclando em mitos mais ou menos adaptados aos acontecimentos recentes algumas figuras elementares dos relatos bíblicos. Na tradição dos Patriarcas, Jacó personifica o homem que caminha em direção a Deus, frente a seu irmão Esaú (Edom) encarnando este "a vida daqui de baixo, da violência e do prazer"[383]. Nada nos textos indica o que a vulgata frankista afirma: a realização secreta da promessa feita por Jacó a seu irmão de lhe vir visitar (Gn 33, 14). Segundo a via que teria tomado outrora o "primeiro Jacó" indo ao encontro de Esaú, o "último Jacó" – Frank – caminha adiante do "Grande Irmão" descendo para o abismo: "No local em que vamos, não terá mais leis, pois estas nasceram da Morte, e

---

381 Citado em *La Kabbale*, p. 454.
382 Ver Le Mouvement sabbatéen en Pologne, op. cit., p. 228.
383 La Métamorphose du messianisme hérétique des sabbatéens en nihilisme religieux au XVIIIe siècle, op. cit., p. 236.

nós estamos ligados à Vida"[384]. À primeira vista, a metáfora é transparente: a Escada de Jacó prefigurava o movimento para baixo que precede a ascensão para o alto; o "caminho para Esaú" só pode ser seguido por quem veste o traje do Edom corporal; a conversão ao catolicismo (Edom no vocabulário rabínico medieval) é a condição de acesso à Vida. O que subsiste do que parece a uma "assimilação" ao mundo cristão dissimula uma dualidade do ensinamento de Frank: "De um lado, ele exige adotar realmente e com sinceridade as práticas dos gentios cuja observância é o caminho para a libertação secreta e para a destruição clandestina das instituições e da moral que ela põe em prática"[385]. "Silêncio!": tal é a palavra de ordem dos frankistas, não para proteger suas crenças e seus ritos em um ambiente hostil, mas para se abandonar a um niilismo sem mistura, alimentado de um gosto desenfreado pela transgressão e visando a destruição do mundo, tendo por finalidade sua regeneração. Observando os centros onde Frank recrutou seus adeptos para fazer nascer um movimento que sobreviveu quase um século entre Varsóvia e Praga, constatando que eles aliavam "os mais pobres dos pobres" da gentinha judaica até alguns eruditos versados nos arcanos da dialética, imaginando enfim que se pôde dessa semente, a seus olhos repugnante, produzir distante e tardiamente alguns frutos menos amargos, Scholem dá um lugar a este fenômeno no movimento histórico: aquele que convém a "uma moral niilista que aparece regularmente em tempos de crise, anunciando neste caso a crise social do gueto"[386]. A isso poderíamos aditar uma notação mais precisa, apresentada em outro local a propósito de algumas biografias frankistas:

> As esperanças e as crenças destes últimos sabataístas originaram homens particularmente sensíveis ao vento "milenarista" de sua época. Sendo sempre "crentes" – e mesmo precisamente porque eram "crentes" –, eles foram cada vez mais atraídos pelo espírito da *Haskalá*. Depois, quando a chama de sua fé se extinguiu,

---

[384] Citado em Rédemption par le péché, op. cit., p. 204. É nesse texto que encontraremos a análise mais aprofundada da doutrina frankista, nutrida do comentário de numerosos documentos. Ver também Le Nihilisme, phénomène religieux, op. cit., p. 87 e s.
[385] Le Mouvement sabbatéen en Pologne, op. cit., p. 218.
[386] La Métamorphose du messianisme hérétique des sabbatéens en nihilisme religieux au XVIIIe siècle, op. cit., p. 238.

tornaram-se líderes do judaísmo reformista, intelectuais laicos ou mesmo perfeitos céticos indiferentes[387].

Mas o frankismo permanece antes de tudo para Scholem o que simboliza o apoio dado por seus membros à acusação de assassinato ritual: o local e o momento preciso em que a metamorfose do messianismo em heresia escreveu a página mais negra da história judaica.

"Hegel nota em alguma passagem que todos os grandes acontecimentos e personagens históricos sobrevêm, por assim, dizer duas vezes. Ele esqueceu de acrescentar: uma vez como [grande] tragédia e a vez seguinte como [miserável] farsa"[388]. Entre o sabataísmo e o frankismo, a história se repetiu de maneira sinistra. Poder-se-ia dizer que essa repetição tenha sido geral, o primeiro motor de uma transformação paradoxal do judaísmo, a instalação subterrânea da energia que liberaria o novo acelerando a decomposição do antigo? Essa tese, que desejava que a negatividade do messianismo, tornada absoluta com o frankismo, desse à luz, retornando a partir da modernidade judaica, Gershom Scholem a esboçou várias vezes: ora com força, amiúde descontínua, sempre no cerne ou em conclusões de grandes estudos eruditos. Assim, aquela que demonstra como a ideia segundo a qual "é violando a *Torá* que a cumprimos" foi o resultado dialético da doutrina da messianidade de Sabatai Tzvi: "Esse niilismo abriu o caminho para a *Haskalá* e para o movimento reformador do século XIX"[389]. Aqui, ele descreve o processo que devolve em uma "inspiração eminentemente construtiva" o desejo de autodestruição nascido da aspiração para uma liberação total: numerosos eram os judeus dos tempos de Sabatai que haviam começado a desenvolver uma "interioridade original de um tipo radicalmente novo" enquanto continuavam a aderir ao mundo de seus antepassados; mas o universo estreito do gueto era ainda muito pesado para que essa vibração interior pudesse se alojar em outro lugar que não

---

387 La Rédemption par le péché, op. cit., p. 216.
388 Karl Marx, *Le 18 brumaire de Napoléon Bonaparte*, trad. M. Rubel, *Les Luttes de classes en France*, Paris: Gallimard, Folio história, 2002, p. 175 (entre colchetes, variantes dos manuscritos de Marx) (trad. bras.: *O 18 Brumário e Cartas a Kugelmann*, 7. ed. revista, São Paulo: Paz e Terra, 2002).
389 La Rédemption par la péché, op. cit., p. 146.

no "santuário secreto da alma judia"; somente a Revolução Francesa permitiria que uma tal revolução das mentalidades se traduzisse em lutas sociais. Nessa perspectiva, a própria aventura sionista seria um sintoma: "Ela nos permite discernir nos derradeiros sobressaltos do sabataísmo um apelo a uma existência nacional mais rica, enquanto o pacífico burguês judeu do século XIX via aí apenas um pesadelo não inteiramente dissipado"[390]. É preciso, no entanto, entender nesse propósito uma ironia, um prazer da provocação, o eco de uma polêmica sustentada desde o começo, por Scholem, contra uma ciência do judaísmo construída sob a influência da assimilação, que censura os discursos estranhos de uma tradição julgada marginal, que se amedronta da escória de um universo torturado, que mascara aquilo que se desenrola na sobreloja de uma sociedade procurando apresentar-se sem mácula aos olhos das nações.

Alguns dos documentos históricos de uma tal tese poderiam se inscrever no longo tempo das sobrevivências. Scholem procurou amiúde as provas que contestariam a representação comum do sabataísmo e do frankismo como fogo de palha. Uma e outra dentre elas foi fornecida pela seita dos Dunmé* da Turquia, há muito tempo apagada da história documentária por falta de traços, exumada graças à descoberta de arquivos quase miraculosamente salvos, cruzados na verdade por um "informante" de Scholem no início dos anos de 1960[391]. Eis um caso quase único: o dos sabataístas convertidos ao islã em 1683, cumprindo publicamente os deveres de bons muçulmanos, mas permanecendo judeus de coração, persistindo nessa dupla identidade durante mais de 250 anos. Adaptado ao contexto de sua existência, seu antinomismo era, sem dúvida, influenciado pelo da ala radical dos ismaelitas, enquanto certamente estavam em contato com os frankistas. Scholem, porém, não vê entre eles essa violência autodestrutiva que sublinha junto aos últimos, antes a expressão de um judaísmo bizarro cuja chama se extinguirá pouco a pouco pela assimilação. Na reconstituição de um ramo esquecido da posteridade de Sabatai Tzvi, pode-se juntar a exegese de um testamento: o de um sabataísta de Nova York nascido em

---

390 Idem, p. 147.
* Do turco dönmeh ou dunmeh, "convertidos", em ref. aos cripto-judeus sabataístas (N. da E.).
391 Ver La Secte cryptojuive des Dunmeh de Turquie, op. cit., p. 247, sobre o último ponto. Sobre a história do salvamento dos arquivos da seita, ver supra, p. 447 n. 187.

Praga em 27 de julho de 1802 e falecido em 1881, primo alemão de Zacharias Frankel, que fundou ao mesmo tempo com outros na Alemanha a *Wissenschaft des Judentums*, tio-avô do célebre juiz Brandeis da corte Suprema dos Estados Unidos[392]. Scholem apresenta e anota com júbilo este documento redigido por um judeu transplantado nos Estados Unidos e que, no entanto, permaneceu fiel ao ensinamento de seus pais, que demonstra como o que era uma vergonha em Praga, é um orgulho em Nova York, deixando transparecer no Novo Mundo dos anos de 1860 a atmosfera dos conventículos da Boêmia três gerações antes, e que quer transmitir àqueles que seguem o espírito de uma aristocracia. Deplorando não poder apresentar a seus filhos uma galeria de quadros similar à das nobrezas da Europa, Gottlieb Wehle evoca uma alta linhagem de homens venerados por sua cultura e sua prática da caridade, mas de má reputação: denunciados como "heréticos, sohariras e sabataístas" em sua comunidade, caluniados pelos "hipócritas" e perseguidos pelos "zelotas"[393]. Eis o texto de cujo teor Scholem se deleita:

> Para essas pessoas honestas que tinham o olhar claro e aspirações elevadas, um estudo dissecado do *Talmud* visando apenas a especulação e a acuidade do espírito não podia ser suficiente [...]). Também vossos ancestrais declaravam que as obras, antigas e novas, relativas ao *Talmud* foram abusivamente exploradas por comentaristas polemistas e enganosos; que não estava ali senão a casca exterior e a pele do judaísmo[394].

Que o sabataísmo fora uma "religião de família", Scholem o sabia e ele cruza magistralmente as fontes para reconstruir a genealogia de seu testemunho. O que ele descobre aqui reergue antes o que sobreviveu de um espírito de revolta logo depois que o fogo estranho de uma revolução fora extinto: a recusa de um intelectualismo esclerosado; a aspiração do ar puro da Cabala; a promessa de que "o homem, imagem e obra-prima de Deus, retornará em seu estado perfeito como era quando saiu da mão do

---

392 G. Scholem, Un Testament sabbatéen venu de New York (1948), *Le Messianisme juif*, p. 251-265.
393 Testamento de Gottlieb Wehle, citado em idem, p. 262 (ler *Sohariten*, adeptos do *Zohar*).
394 Idem, p. 261.

Criador"[395]. Vemos que se o autor do testamento teme pressentir em seus filhos "ideias céticas", Scholem se abstém de conduzir muito longe a interpretação desse texto.

Moisés Dobruska, aliás, Franz Thomas von Schönfeld, aliás, Junius Frey; Brno, Viena, Paris; frankismo, racionalismo, jacobinismo: eis uma biografia, um itinerário e identidades sonhadas para alimentar a hipótese de um trabalho oculto do antigo messianismo herético no âmago dos tempos modernos[396]. Trifacetada, a personagem à qual Scholem consagra um pequeno livro alimentado de uma erudição que extravasa seus quadros familiares, tecido por enigmas, anelante como um romance, viveu três vidas urdindo três intrigas inscritas sobre três planos da história da Europa em sua época. A princípio, uma criança nascida Dobruska, em 12 de julho de 1753, em uma família judaica da Morávia perfeitamente integrada ao mundo econômico do reino da imperatriz Maria Tereza. Educado na tradição rabínica e iniciado nos "segredos da fé" dos sabataístas, ele é testemunha de um judaísmo marginal, porém bem conhecido, que profere uma fé sensata em público e se entrega em segredo às práticas da "seita", em contato com rabinos próximos do frankismo. Fim da primeira existência: sua conversão ao cristianismo com três de seus irmãos em 17 de dezembro de 1775, pouco depois da chegada de Frank em Brno; ele leva doravante o nome de Franz Thomas Schönfeld. O caso desde então se singulariza, mas suas atividades se coordenam de uma maneira que não surpreende: os negócios para sobreviver, a literatura a fim de aparecer em sociedade, uma convivência nos círculos da maçonaria esotérica. Sobre esse período, o essencial das informações de Scholem provém do livro de Franz Molitor que ele não mais abandonou depois de sua descoberta em outono de 1916[397]. Elas atestam que no momento em que o herói professava publicamente as ideias das Luzes e agia abertamente a serviço do imperador José II, ele permanecia regularmente, em Brno, no meio social de Frank e propagava em segredo, quando podia, as doutrinas sabataístas: no

---

[395] Texto anônimo citado no testamento, idem, p. 263.
[396] G. Scholem, *Du frankisme au jacobinisme: La Vie de Moses Dobruska alias Franz Thomas von Schönfeld alias Junius Frey*, trad. N. Deutsch, Paris: Seuil, 1981. Esse livro é resultante da primeira das conferênciass Marc Bloch da École des hautes études en sciences sociales, em 23 de maio de 1979.
[397] Sobre o encontro de Scholem com *Philosophie der Geschichte oder über die Tradition*, ver supra, 426 n. 116.

seio da ordem dos "Irmãos Asiáticos", sociedade alimentada de racionalismo e de mística que podia dar curso a especulações alimentadas da Cabala e de ideias forjadas na época de Sabatai Tzvi. A partir de 1792, aquele que agora leva o nome de Junius Frey entra em uma nova história: a da Revolução Francesa. Chegando em Paris em 14 de junho, ele já é conhecido como um jacobino vindo de Estrasburgo, onde pretende se refugiar como perseguido em seu país, encontra o convencional François Chabot que esposa sua irmã, assina doravante seus libelos com aquele que um contemporâneo designa como seu "nome de batismo jacobino": "Junius Frei, dito de outra forma: Brutus, o homem livre"[398]. Dessa vez, é toda outra ambiguidade que se liga a ele e acaba por perdê-lo: será ele, como se alardeia, um revolucionário convicto; ou, como alguns o supõem, um agente do exterior? Seu fim é quase banal: preso em 23 de novembro de 1793, alguns dias depois de Chabot, ele é condenado ao termo de um processo expeditivo peritado por Fouquier-Tinville e executado em 15 germinal (5 de abril) de 1794, ao lado de Danton e de outros membros de sua facção.

 Será que essa aventura demonstra além dela mesma e daquilo que se conhece por outras vias: a dupla fidelidade de certos judeus do Leste à tradição rabínica e às doutrinas do sabataísmo; a porosidade do racionalismo das Luzes às ideias místicas ou teosóficas; os acasos mais triviais da Revolução Francesa? Podemos observar através dela uma corrente secreta da modernidade fecundante, os fermentos da revolta sustentados pelo messianismo herético no seio do gueto, no cadinho das agitações intelectuais do século XVIII, para parir em dor sua tradução política? Que concluir da "dupla carreira pública e secreta, surpreendente e tumultuosa de Moisés Dobruska – aliás, Franz Thomas von Schönfeld – aliás, Junius Frey, cujo coração permaneceu dividido em meio a todas suas 'metamorfoses'"[399]? Scholem de novo se abstém de ir além de questões que dizem respeito ao tema dos segredos dessa personagem talvez muito singular para ser exemplar: judeu ou renegado; cabalista ou racionalista; jacobino ou espião. Pela experiência única dos Dunmé tardiamente entregue à história, às peregrinações do homem de três faces, ao testamento sabataísta de Nova York,

---

398 Idem, p. 59.
399 Idem, p. 93.

poderíamos acrescentar outras coisas de maior ou menor importância: a ascensão social e a conversão às ideias revolucionárias dos sabataístas poloneses; a figura de um general do Império saído de suas fileiras; o fato bem cedo notado por Scholem de que um Fritz Mauthner provindo de uma família frankista da Boêmia tenha se tornado um historiador do ateísmo[400]. Tudo isso será suficiente para moldar uma tese? Pode-se induzir que a modernidade judaica teria germinado por entre as experiências mais estranhas do judaísmo? Será preciso imaginar que o destino dos judeus da Europa teria sido forjado na revolta anárquica que tomou de assalto os muros do gueto sem, por muito tempo, poder destruí-los, pela reciclagem no seio das Luzes das doutrinas mais obscuras, sob o efeito longínquo e paradoxal de uma ideia messiânica tornada explosiva?

Scholem permanece prudente em relação a esses assuntos. Com frequência, nota a propósito de Kafka o eco difuso de uma Cabala que ainda tinha em Praga alguns adeptos, da mesma maneira que enviava de tempos em tempos a Benjamin uma observação enigmática sobre um messianismo oculto, em que confidencia amiúde extrair de *O Processo* ou de *O Castelo* uma parte de sua inspiração. Mas se ele adivinha em Kafka uma modernidade paradoxal, isso permanece na sombra: como o mais incerto dos códigos próprios a esse autor; na totalidade dos mistérios que se ligam à sua obra; entre os indícios de seu caráter inacessível. Por vezes, ele lança uma frase mais precisa no meandro de um estudo. Com respeito ao fascínio dos criptojudeus ou dos frankistas pela Revolução Francesa: "Quando da extinção do fogo messiânico, a ideia prosaica do progresso vai substituir a da libertação, e a nova escala de valores das luzes e de reforma, a da visão de uma desordem geral e de um cataclismo"[401]. A propósito do anti-

---

[400] Ver *La Métamorphose du messianisme hérétique des sabbatéens en nihilisme religieux au XVIIIe siècle*, op. cit., p. 241. Scholem descobriu, no final de 1914, os três volumes da teoria da linguagem de Fritz Mauthner (*Beiträge zu einer Kritik der Sprache*, Stutgart/Berlin: 1906-1913) em fim de 1914. Ver *Tagebücher, 1913-1917*, p. 52. Em 28 de julho de 1915, ele nota que Benjamin é hostil a tal teoria, já que redige no dia seguinte uma nota amplamente consagrada ao ceticismo de Mauthner (idem, p. 136-140). O diário atesta, em seguida, uma contínua frequência deste autor, até as duas páginas de 13 de julho de 1919 que cruzam sua leitura com a de um livro de Gustav Landauer sobre o tema: *Skepsis und Mystic: Versuche im Anschluss na Mauthners Sprachkritik*, Berlin: 1903. Ver *Tagebücher, 1917-1923*, p. 482-484.

[401] *La Métamorphose du messianisme hérétique des sabbatéens en nihilisme religieux au XVIIIe siècle*, op. cit., p. 242.

nomismo dos sabataístas e de seus herdeiros: "Por uma estranha mudança, esse niilismo deu nascimento à vanguarda do *Aufklärung* judaico que não por menos continuou a falar com entoações místicas"[402]. Mais amplamente e em um outro plano: "Como a historiografia judaica foi dominada pelo espírito da assimilação, ninguém supunha que o positivismo e a reforma eram o resultado não apenas do espírito racionalista, mas de uma forma de espírito inteiramente diferente, o da Cabala e da crise sabataísta"[403]. Tratava-se ali, porém, com mais frequência de intuições que não perdiam tempo de verdadeiramente se provar, de ideias que permanecerão incultas ou de fórmulas discretamente irônicas destinadas a recordar que o trabalho erudito não se processa jamais sem um agulhão extraído alhures. Alegórico, um último texto sugere que poderia ser que o esoterismo da Cabala tenha conquistado o povo judeu demolindo suas normas, transformando sem querer seu culto do Nome em apologia de uma natureza sem mistério, metamorfoseando sob seu "olhar mágico" um mundo secreto em dados muito límpidos:

> Na Cabala, a muralha da Lei torna-se pouco a pouco transparente: um vislumbre da realidade que ela cinge e da qual é indício trespassado através dela. Esta alquimia da Lei, sua transmutação que a torna transparente, é um dos paradoxos mais profundos da Cabala, pois o que poderia ter aí no fundo do menos visível senão esse vislumbre, essa aura do simbólico que, doravante, se põe a luzir? À medida, entretanto, que a Lei se torna sempre mais transparente, se bem que essa transparência seja sem cessar mais fluida, as sombras se dissipam tão logo ela se projetava sobre a vida judaica[404].

Aqui, Scholem se adianta até afirmar que um tal processo devia logicamente desaguar na "Reforma judaica": "a humanidade puramente abstrata, sem sombra, sem segundo plano, mas não mais irracional da Lei, lineamento de sua decomposição mística". Mas não se pode esquecer que se trata de uma proposição "não histórica"...

---

402 Le Nihilisme, phénomène religieux, op. cit., p. 98.
403 La Rédemption par le péché, op. cit., p. 153.
404 Dix propositions non historiques sur la Kabbale, op. cit., p. 254.

Seguramente mais em relação às fontes da modernidade, Scholem imputa às transformações da Cabala, por ocasião de seus diferentes encontros com a experiência social do povo judeu, o que permanece uma de suas preocupações maiores: o preço do messianismo. Fato significativo é quando ele formaliza o principal resultado de seu livro sobre o sabataísmo e formula mais claramente o quadro no qual se inscreve essa questão: este movimento que fez tremer a casa de Israel até os seus alicerces, do começo ao fim da Diáspora, dos mais humildes aos mais educados, revelou "não apenas a vitalidade do povo judeu, mas também a natureza profunda, perigosa e destrutiva da dialética própria à ideia messiânica"[405]. Nenhuma dúvida, a seu ver, que somente esta ideia tenha sido suficientemente poderosa para dar a esse povo o modo de entrar na grande história; que sem ela teria arriscado de extinguir-se em consumpção; que com ela ganhou a esperança de se reunir, o que tornava suportável o desamparo do exílio, de adquirir o orgulho que resgata séculos de humilhação, de acumular a força de construir um dia um mundo arrancado aos muros asfixiantes do gueto. Mas ele está também convencido de que ela projetava ao mesmo tempo que sua luminosidade as sombras temíveis. Aquela que nasce de uma transformação das obras-primas teológicas da Cabala em noções obscuras, esvaziadas do brilho de seus símbolos, disponíveis para usos mais ou menos sinistros. Aquela que decorre da liberação não preparada de uma mistura explosiva de sábias especulações e de mitos estranhos, de doutos cálculos e de visões apocalípticas, de regeneração interior e de revoltas sociais. Aquela que se prende, enfim, ao seu rapto por heróis muito frágeis, iluminados extraviados ou aventureiros sem escrúpulos. Tudo o conduz assim a fazer da dialética do messianismo não apenas o horizonte sobre o qual ele inscreve, reconstrói e medita a história do judaísmo, mas também o espelho onde se refletem seus sonhos de juventude, incluindo a língua que sua geração queria reencontrar, a ciência que ela procurava reconstruir, ou o país que ela imaginava prometido para a realização dessas tarefas.

Faz-se a Scholem, a respeito do lugar que ocupa a dialética do messianismo em sua obra, censuras contraditórias. Na visão de Ephraim E. Urbach, as imagens dadas do sabataísmo não coincidiriam entre a insis-

---

[405] *Sabbataï Tsevi*, p. 14.

tência sobre a positividade do fenômeno que ele percebe no estudo sobre "a Redenção pelo Pecado" e o que ele vê como conclusão no livro *Sabatai Tzvi*: "O redentor sabataísta que estava prestes a se render passivamente ao poder da impureza e a naufragar no abismo da *klipá*, continuando ao mesmo tempo a cultivar seu sonho de realização da missão messiânica, abria de fato a porta para a mais niilista das transvalorações dos valores religiosos"[406]. Se aqui se lamenta que Scholem profere finalmente um julgamento pejorativo sobre o "messias-traidor", R. J. Zvi Werblowsky deplora, ao contrário, no mesmo livro aquilo que ele ressente como uma maneira de utilizar a historiografia para fins apologéticos, uma tentativa de desqualificação da tradição rabínica por meio de um elogio dos *élans* messiânicos, uma espécie de anarquismo erudito alimentado de segundas intenções políticas[407]. Pode-se razoavelmente pensar que, a despeito do desacordo deles, tanto um como outro desses críticos se enganam e pela mesma razão: o fato de perceber uma convicção lá onde Scholem formula uma dúvida, de imaginar um quadro uniforme quando ele expõe uma ambiguidade, de querer encontrar uma tese a serviço de uma ideologia quando é preciso se contentar com os elementos conflituais de um processo histórico inacabado e sempre inquietante. Tal é, em todo caso, sua resposta a esse tipo de objeção, política quando acusam-no de haver extinto o "fogo estranho" do messianismo, teológica quando o supõem satisfeito em destruir os valores tradicionais: "penso que é a confusão entre movimentos seculares

---

406 Ver Entretien avec Gershom Scholem, op. cit., p. 53. Ele faz alusão a um artigo de Ephraim E. Urbach sobre Scholem publicado em 1968 na revista *Molad* (68, 1). Encontraremos a passagem discutida na página 776 do livro (citado a partir da tradução francesa).
407 Antes de tornar-se finalmente o tradutor de *Sabbataï Tsevi* para o inglês (ver supra, p. 447 n. 187), Zvi Werblowsky havia publicado uma crítica severa desse livro (*Molad*, 15 de novembro de 1957). A ideia de uma ligação mais ou menos admitida entre o trabalho erudito de Scholem e suas posições políticas, assim como a assimilação destas a um sionismo laico próximo do niilismo, encontra-se em Baruch Kurzweil, autor também de muitos artigos críticos do livro sobre Sabatai Tzvi e que Scholem denomina de "meu prezado adversário" no cabeçalho de uma carta que lhe endereça em 4 de dezembro de 1959. Sobre esta questão ver David Biale, *Gershom Scholem: Cabale et contre-histoire*, trad. J.-M. Mandosio, Nîmes: Éditions de l'Éclat, 2001, p. 129-130 e 156-159 (trad. bras.: *Cabala e Contra-História: Gershom Scholem*, trad. J. Guinsburg, São Paulo: Perspectiva, 2004). Encontraremos em uma carta a Zvi Werblowsky uma longa resposta irritada ("temo perder minha calma") de Scholem a essas críticas, quando são relativas a eventuais contradições em seu trabalho, suas intenções historiográficas ou sua posição "dogmática" frente ao sabataísmo. Ver carta de 13 de janeiro de 1958, em *Briefe*, II, 1948-1970, p. 38-45.

e messianismo que os devotam ao fracasso"; "jamais cessei de crer que o fator de destruição, mesmo levando em conta suas potencialidades niilistas, sempre foi a base de uma esperança utópica positiva"[408]. Sob o olhar do dialético, a realidade jamais é redutível a uma de suas faces. Para quem vê a história judaica desenrolar um conflito da razão que ordena e do mito que desarranja, da Tradição que retém e do messianismo que explora, da mística que prega a revolução interior e da apocalíptica que surge como uma força que se lança, é inútil escolher seu campo. Scholem não é Hegel: sua dialética é incerta, introduz o antigo no novo e mantém a sombra na luz, torna o futuro da mesma maneira indecifrável como era outrora.

Sobre um outro plano, hoje é a história, tal como a concebeu Scholem, a forma que lhe deu e a maneira como a escreveu que é discutida. Dessa vez, não apenas um preconceito ideológico é visado, mas um pressuposto historiográfico: o messianismo é "a via real que permitiu à mística modificar-se e transformar-se em uma força histórica"[409]. Recrimina-se menos a Scholem por ter aberto uma dialética do que por ter-se introduzido em um círculo hermenêutico: "a História do judaísmo depois da Expulsão foi descrita [...] como uma história profundamente afetada pela mística judaica, tanto como esta última foi profundamente afetada pela história"[410]. Mais que um discurso muito pessimista ou muito entusiasta, é uma "leitura inspirada" que é colocada em causa: "As lágrimas suscitadas por uma história lacrimal foram cristalizadas em símbolos cabalísticos que serviram

---

408 Entretien avec Gershom Scholem, op. cit., p. 45 e 54.
409 Moshe Idel, Mystique juive et histoire juive, trad. A. Marienburg, *Annales* HSS, setembro--outubro 1994, n. 5, p. 1224. Esse artigo pré-figura a obra desse autor que oferece um monumento da literatura pós scholemiana: *La Kabbale: nouvelles perspectives*, trad. Ch. Mopsik, Paris: Cerf, 1998 (trad. bras.: *Cabala: Novas Perspectivas*, trad. Margarida Goldsztajn, São Paulo: Perspectiva, 2000 [Coleção Estudos 154]). Notaremos que a obra se apresenta de algum modo como se devesse tomar o lugar das *Grands courants de la mystique juive* da qual ela reproduz por vezes a forma até ao mimetismo: ver em especial suas últimas páginas, construídas sobre o mesmo documento com o qual Scholem concluiu seu livro, mas segundo uma interpretação que contesta a sua. Encontraremos uma análise mais desenvolvida dessa crítica em Pierre Bouretz, Entre réparation et destruction: trois regards sur la tradition juive, *Jüdisches Denken in einer Welt ohne Gott*, Festschrift für Stéphane Mosès, Herausgegeben von Jens Mattern, Gabriel Motzkin und Shimon Sandbank, Berlin: Verlag Vorwerk, 2000, p. 33-34. Nessa ocasião foi apresentada a maneira como Scholem desenvolve a ideia de uma ciência que desencanta seus objetos e pode conduzí-los à "morte professoral" (ver supra, p. 425-426).
410 Idem, p. 1234.

como espelho no qual a história ganhou sentido"[411]. Poder-se-ia observar aqui o efeito de uma sucessão de gerações eruditas que vive a revolta dos filhos contra os pais: o que já faziam, na visão de Scholem, os trabalhos de Heinrich Graetz, Benno Jacob ou Martin Buber justamente na reconstrução de uma "exegese inspirada acompanhada de notas (*pneumatische Exegese mit Anmerkungen*)"[412]. Também é possível imaginar que o tempo faz sua obra: arrefecendo os assuntos por estarem melhor familiarizados, amortecendo as contendas surgidas em outros lugares que não no sistema, permitindo a entrada de novos saberes. É preciso, enfim, acautelar-se daquilo que é natural: o acúmulo de fontes, a revisão de hipóteses, a incerteza da interpretação. Ao abrir uma tradição erudita, Scholem deu-se conta ao mesmo tempo de que quem é imitado corre o risco de ser contestado: sobre sua datação dos documentos, a precisão de suas exegeses, uma maneira heterodoxa de recortar as idades da Cabala. Por outro lado, é evidente que a história judaica pode ser percorrida a partir de outros pontos de vista que não o do messianismo, ser contada por outras biografias que não a dos heróis ou bandidos sabataístas ou frankistas, prender-se em torno de outros sistemas que não os da mística. Forçado é, enfim, constatar que em razão de suas escolhas, esta obra se expõe mais que as outras à dialética da estrutura e do detalhe, do afresco e da miniatura, do gosto pela forma nobre e da meticulosidade filológica. De que modo, então, se reconhece a grande historiografia, senão pela coincidência de uma abertura aos temas novos, de uma interrogação que organiza sua exploração e de uma escritura capaz de deixar passar o sopro de uma inspiração?

 A história judaica tal como a escreve Gershom Scholem é, sem dúvida, tanto mais difícil de apreciar quanto ele jamais se entregou a uma síntese entre duas análises diversamente visíveis. Se bem que ela pudesse parecer ser apenas esboçada, uma entre elas cobre a sequência mais longa, abraça quase toda a vida judaica, opõe dois imaginários, dois universos intelectuais e duas modalidades da autoridade. O primeiro desses conflitos é o da tradição e da inovação, da necessidade de continuidade e

---

411 Idem, p. 1229.
412 L'Identité juive, entrevista com Jean Bollack e Pierre Bourdieu, op. cit., p. 4. A fórmula é aplicada mais diretamente a Buber em "Le Judaïsme dans la pensée de Martin Buber" (1966), em *Fidélité et utopie*, p. 179.

do desejo de independência em relação ao passado, da preocupação com uma estabilidade das normas e do desejo de aliviar seu embaraço. A isso se junta a diferença entre duas maneiras de construir um quadro doutrinal: codificar a Lei como um dado imutável ou decifrar a *Torá* como um texto; privilegiar a firmeza do raciocínio ou a abertura à imaginação; preferir o rigor ou a agilidade especulativa. Resta, enfim, um antagonismo permanente entre os rabinos que se prendem a conservar, a ordenar, a preservar a estabilidade e aqueles que reivindicam uma liberdade de inventar, de olhar além, de sonhar com reformas. Nessa perspectiva, trata-se essencialmente de compreender a noção de tradição, de apreender a especificidade da teologia judaica ou de descrever as formas que toma o messianismo como ideia nos sistemas, princípio que organiza visões de mundo ou o que está em jogo no centro de práticas sociais[413]. Nesse plano, Scholem tende a resumir as coisas em um conflito entre o judaísmo dos rabinos e o dos místicos, segundo um esquema que vem, sem dúvida, dos primeiros textos de Martin Buber[414]. Pouco espaço é assim deixado à terceira grande corrente da vida intelectual judaica: a dos filósofos. Sua coorte medieval é negligenciada, com sua vontade de se inscrever na Tradição ao mesmo tempo que iluminando-a do exterior, de organizar os preceitos ao mesmo tempo que investigando o sentido interno da *Torá*, de garantir a harmonia da sociedade sempre deixando meditar os sábios à sua vontade. Objeto de todas as atenções de Leo Strauss, Maimônides está ausente, com seu mistério: rabino ou filósofo, guardião da Lei ou agente de um pensamento estrangeiro, representante de uma ortodoxia moderada visando conter os desvios populares ou defensor de ideias que dissolvem o dogma. Não há dúvida, enfim, que as preferências de Scholem vão sempre em direção à Cabala, que oferece símbolos radiosos lá onde a alegoria se torna opaca, sabe cristalizar a esperança quando outros só querem apelar para a paciência, consegue mesmo melhor que quaisquer outros manter o fervor em favor dos mandamentos.

---

413 Entre alguns outros, estão aqui essencialmente em causa três estudos de Scholem: Révélation et tradition comme catégories religieuses dans le judaïsme (1962), *Le Messianisme juif*, p. 397-426; Considerations sur la théologie juive (1973), op. cit.; Pour comprendre le messianisme juif, op. cit.

414 Ver supra, p. 396 n. 17, e infra, cap. v, p. 589-592.

A perspectiva mais claramente desenhada por Scholem concerne a uma sequência relativamente breve: ela começa desde os inícios da Cabala, mas só encontra verdadeiramente seu objeto quando da expulsão da Espanha; ela se concentra na doutrina forjada em Safed quase um século mais tarde e seu impacto na vida judaica; ela atualiza uma dialética do messianismo que reata para o melhor ou para o pior o desamparo e a esperança, o desencorajamento e o entusiasmo, a impotência e a capacidade de agir. Nesse plano em que a ideia messiânica encontra a experiência histórica do povo judeu, as fraturas são aquelas que impõem os acasos do exílio, a geografia é a da dispersão e os atores se apresentam segundo configurações consideravelmente imprevisíveis. Enquanto se trata de uma dinâmica que se liga à atualidade da era messiânica, é a Cabala que fornece as representações mais eficazes, frente àquelas muito frias dos rabinos ou às muito etéreas dos filósofos. Principalmente, coloca-se enfim a discussão de um poderoso paradoxo: "Na casa do judaísmo, o messianismo apocalíptico introduziu-se um belo dia; talvez a melhor maneira de descrever essa entrada seria dizer que ela consistiu em uma corrente de anarquismo. Uma janela foi aberta, o vento se pôs a soprar, mas jamais se sabe o que o vento pode arrastar consigo"[415]. Em torno dessa imagem, Scholem construiu uma grande trama da história judaica a serviço da qual mobiliza ao mesmo tempo a coleção de fontes amiúde desprezadas e sua interpretação, os encargos do longo período das transformações da ideia messiânica e de sua cristalização nos sistemas místicos, a parada prolongada nos momentos em que são liberados conflitos mal dissimulados de consequências contraditórias. Não se pode esquecer que o judaísmo tinha em reserva, após a época do *Talmud*, visões apocalípticas do fim dos tempos: período de grandes desordens, de inversão de valores e de guerras messiânicas que apareciam como "o amargo acerto de contas de um povo perseguido e oprimido com seus carrascos"[416]. Scholem recorda como os rabinos as haviam cuidadosamente ocultado, ao passo que os filósofos procuravam transpô-las em moderadas utopias; mas ele se prende sobretudo à maneira pela qual a Cabala chegou a convertê-las em um gigantesco mito cósmico alimentado de símbolos

---

415 Pour comprendre le messianisme juif, op. cit., p. 49.
416 *Sabbataï Tsevi*, p. 27.

para com os quais ele sente uma espécie de prazer estético. Sua atenção é, enfim, particularmente retida pelas explosões que produzem o encontro dessa doutrina mais ou menos bem compreendida com movimentos não preparados, muito poderosos para serem controlados e geradores de efeitos imprevisíveis. Naqueles momentos que finalmente se encadeiam revela-se mais claramente, a seu ver, a dialética do messianismo: corrente de ar que deixa passar uma esperança incandescente por entre os muros do gueto, perturba um universo muito bem ordenado, desperta uma energia adormecida; mas também força que varre tudo à sua passagem, revira as normas e suscita uma violência destrutiva quando o fracasso é patente.

Não paira nenhuma dúvida para Scholem de que "o povo judeu pagou um custo elevado em nome do ideal messiânico"[417]. Eis sob sua pena um verdadeiro *leitmotiv*: "À grandeza da espera messiânica corresponde a fraqueza infinita do povo judeu na história mundial, em meio à qual ele foi lançado sem nenhuma preparação para o exílio"[418]. Por ter estudado a história judaica em toda sua extensão, Scholem sabe o quanto a espera messiânica permitiu decifrá-la, dar-lhe um sentido à litania das perseguições, uma espécie de orientação aos caminhos do exílio, quase uma lógica à dispersão. Sobre esse plano, apenas ela foi capaz de oferecer um entendimento do mundo hostil, uma compreensão de sua opacidade, um conhecimento de seus segredos. Graças a ela, a esperança tomou forma, fornecendo um consolo às horas mais negras e uma visão do futuro quando o horizonte parecia se desprender. Mas ao apoderar-se também dessa história a partir de suas fraturas, Scholem encontrou a repetição dos sonhos sem futuro, dos entusiasmos provisórios, dos anúncios de uma transformação de mundo que jamais se realiza. Aqui, é mais comum o abismo que se abriu sob os passos de falsos messias, como efeito de ideias absurdas e ações sem princípios. Em várias ocasiões, o judaísmo quase esteve prestes a se perder em um desmoronamento interior, em uma liberdade que sobreveio apenas para destruir, em uma violência que se voltou contra aqueles que a desencadearam. A isso é preciso adicionar que o messianismo pode imputar uma parte de seu custo ao imaginário teológico que o fez nascer.

---

417 Idem, p. 14.
418 Pour comprendre le messianisme juif, op. cit., p. 65.

Neste, tudo se focaliza para o fim, de maneira que o momento da Redenção é "como um lar em chamas no qual vem se concentrar toda a história judaica". Que se represente a coisa sob a ideia de um retorno, de uma realização ou de uma reparação importa então menos que a consequência de seu aspecto distante: uma existência sob tensão, sem descanso. É sempre difícil temperar a impaciência, explicar por que o acontecimento é adiado e como ele se produzirá; mas ao apagarmos esse horizonte, o judaísmo se extinguirá por si. Na visão de Scholem, a história acaba assim por deixar uma lição temível: "há na esperança algo de grande e ao mesmo tempo de profundamente irreal"; "a espera messiânica fez da vida judaica uma *vida em sursis*, em que nada é jamais adquirido definitivamente nem concluído irrevogavelmente"[419].

Se Scholem extrai essa lição do passado que estuda, ele a nutre igualmente de uma reflexão sobre o que se desenrola sob os seus olhos. Seu ideal sionista jamais foi renegado. Forjado em Berlim na época da adolescência em meio à cólera contra o mundo burguês da assimilação, ele se realizou bem cedo em Jerusalém que não mais abandonou, em um país que contribuiu em fazer nascer e sempre defendeu, através da conclusão de um projeto intelectual que fez escola. Àqueles que praticam como Georges Steiner uma avaliação do "preço do sionismo" em nome do cosmopolitismo e da distância crítica que ofereceria a vida na Diáspora, ele opõe não um dogma, mas uma constatação: "Ele procura viver fora da história, enquanto nós, em Israel, vivemos de modo responsável, no interior da história"[420]. Nesse caso, Scholem está tão mais à vontade que recusa com a mesma firmeza a tese dos "cananeus", que querem "saltar" por cima da Diáspora como se ela jamais tivesse existido: "Todos sabem que alguns dentre nós pregam que somos unidos por um ponto ao período da *Bíblia*... Não tenho nenhum interesse por esta opinião"[421]. Desde 1946, ele havia

---

419 Idem, p. 65-66.
420 Zionism: Dialectic of Continuity and Rebellion, entrevista com Gershom Scholem (abr. jun. 1970), em Ehud ben Ezer, *Unease in Zion*, New York, Quadrangle Books/Jerusalem Academic Press, 1974, p. 263.
421 Idem, p. 277. Estranhamente, Ieschaiahu Leibovitz identificava apesar disso, naquilo que ele considerava como o judaísmo secular e o sionismo nacionalista de Scholem, uma posição cananaita. (N. da E.: o movimento cananaita refere-se a um grupo literário, anterior à proclamação do Estado, que pretendia vincular suas origens e permanência no Estado de Israel diretamente à Canaã e ao período bíblico, negando valor a toda produção cultural judaica do período do Exílio); idem, p. 290-291. Ver também Israel and the Diaspora (1969), *On*

vivamente censurado à Hannah Arendt um texto que se apresentava como uma crítica interna à política sionista no momento em que se desenhava a criação do Estado de Israel[422]. Arendt denunciava um desvio nacionalista, uma visão do mundo estruturada em torno da certeza de que o antissemitismo é "eterno" e um vinco sectário. Scholem lhe respondeu ponto por ponto sem rodeios: "Sou nacionalista e perfeitamente impassível diante das declarações que se pretendem progressistas contra uma opinião que não cessam de me apresentar como ultrapassada desde minha primeira juventude"; "Creio a partir de um ponto de vista humano na duração 'eterna' do antissemitismo"; "Sou 'sectário' e nunca tive vergonha de minha convicção segundo a qual o sectarismo pode ser uma coisa decisiva e positiva"[423]. Nessa circunstância, essa posição está tanto melhor ancorada quanto se desprende, aliás, de toda ilusão: "O movimento sionista partilha esta experiência da dialética do real e de suas potencialidades catastróficas com todos os outros movimentos que se arriscaram a modificar qualquer coisa da realidade deste mundo"[424]. No final das contas, quando se trata de encontrar um equilíbrio na definição de tarefas do sionismo, Scholem forja um paradoxo: "O projeto de reconstruir o país da *Bíblia* e de estabelecer o Estado de Israel representa um retorno utópico dos judeus na sua própria história"[425].

Em Gershom Scholem, a consciência do aspecto dialético do sionismo é tanto mais profunda quanto é antiga. Em Berlim, isso foi vivido desde a adolescência como uma revolta contra os pais, depois em uma batalha pela autenticidade do engajamento no seio das organizações juvenis, no início da idade adulta, enfim, sob a forma de uma rebelião face a uma ciência corrompida numa língua estrangeira. Jerusalém, no outono de 1923, via a realização de um sonho, a formação de um imaginário de

---

Jews and Judaism in Crisis, p. 244-260, e Exile Today is Devoid of the Seeds of Redemption (1963), *On the Possibility of the Jewish Mysticism in Our Time & Other Essays*, p. 30-34.
422 Ver Hannah Arendt, Réexamen du sionisme, *Menorah Journal*, out. 1945, *Auschwitz et Jérusalem*, trad. S. Courtine-Denamy, Paris: Tierce, 1991, p. 129 (a datação em 1944 nessa edição é errônea). Sobre esse texto, ver infra, cap. v.
423 Carta a Hannah Arendt de 28 de janeiro de 1946, *Briefe*, I, *1914-1947*, p. 310. Encontramos nas notas dessa edição (idem, p. 450-454) algumas das exclamações de Scholem sobre as margens do texto de Arendt.
424 Idem, p. 313.
425 A Lecture about Israel (1967), *On the Possibility of Jewish Mysticism in Our Time & Other Essays*, p. 34.

pioneiros, o que se parecia à descoberta de um paraíso. Uma forma de desencantamento devia, no entanto, se manifestar desde os inícios dos anos de 1930[426]. O contexto é, a princípio, político. Em Jerusalém, Scholem pertence com Schmuel Hugo Bergman, Hans Kohn e Martin Buber ao Brit Schalom, organização que pleiteia um Estado binacional sem critério, de maioria a favor dos judeus[427]. No mesmo local, seu principal adversário é Joseph Klausner, nascido em 1874 perto de Vilna, militante precoce em favor do renascimento do hebraico, sucessor de Ahad ha-Am na direção de sua revista, professor de história judaica em Odessa antes de vir à Palestina no momento da Revolução Russa, ocupando finalmente a cadeira de literatura hebraica na Universidade de Jerusalém desde sua fundação. Frente aos socialistas que encarnam o espírito do *ischuv* e aos liberais majoritários na Universidade, ele representa o movimento revisionista de Vladimir Jabotínski, numa linha nacionalista endurecida pelos motins árabes de agosto de 1929 e que prega a instalação de uma população majoritariamente judaica. É, no entanto, alhures que as coisas parecem se decidir: em 1931, na Basileia, os revisionistas dão a impressão de triunfar quando do XVII Congresso, forçando Chaim Weizmann a se demitir da direção e fazendo adotar uma resolução claramente hostil ao Brit Schalom.

Scholem relata a Walter Benjamin os infortúnios daquilo que ele denomina o "pequeno círculo de Jerusalém", uma vintena de pessoas nas quais seus inimigos viam "intelectuais desenraizados". Como frequentemente quando se dirige a seu companheiro sobre as coisas importantes, exprime-se por termos alegóricos:

> O sionismo morre por ter ganho [...] Ele com efeito preencheu, a custo de enormes esforços, uma função que *jamais havia previsto* preencher. *Nós vencemos*

---

[426] Como prova este poema de 23 de junho de 1930, "Rencontre avec Sion et le monde (le déclin)", *Aux origines religieuses du judaïsme laïque*, p. 303: "Nós emigramos outrora, / vazio estava o antigo lar./ Tínhamos apenas um desejo, / o caminho não era tão difícil./ [...] Pois parecia que Deus se encontrava/ sobre essa longa jornada./ Essa via é abençoada, / vamos rápido ao encontro de nós mesmos/[...] Mas o dia nos profanou, / aquele que crê exige a noite./ Fomos abadonados às forças/ por nós insuspeitadas./ Incandescente a história/ nos jogou em suas chamas; /arruinado, o secreto esplendor, / oferecido no mercado, então muito visível, /[...] Aquilo que era interior/ foi transformado, passando ao exterior, /o sonho foi transformado em violência;/estamos fora de novo/ e Sion permanece informe".

[427] Sobre o *Brit Schalom*, ver infra, cap. v, p. 662-664.

muito cedo. Nossa existência, nossa triste imortalidade, que o sionismo quis estabilizar de maneira imutável, está de novo assegurada no tempo, isto é, para as duas próximas gerações, mas nós pagamos por isso um preço deveras medonho. Pois, antes mesmo de estar realizada e imposta, no país e na língua, a ligação com o passado, nós perdemos nossas forças em um terreno onde jamais havíamos pensado ter de combater[428].

Que quer Scholem dizer falando de um sionismo que triunfa em Berlim mas se revela incapaz de ganhar em Jerusalém? Em primeiro lugar, que seu êxito junto aos intelectuais europeus se traduziu mais pelo renascimento de um orgulho abstrato do que por uma emigração em massa: nesse sentido, "ele se antecipou nas vitórias no domínio espiritual, e assim perdeu o poder de transportá-las no domínio físico". Em seguida, que seus dirigentes cometeram o erro de transferir sua luta para o nível da história mundial, sobre a cena muito iluminada onde atuam as acomodações internacionais que mascaram o essencial: "o caminho que conduz ao povo"; a realização de um projeto social e cultural que deve mais a Ahad ha-Am que ao programa político de Herzl; a renovação da língua sem a qual o país será uma concha vazia. Enfim e sobretudo, que com os maximalistas é uma forma de neomessianismo que se impõe, uma maneira de confundir retorno e redenção, o que se parece a uma tentação criptossabataísta de introduzir o sagrado na história, que Scholem denuncia na mesma época em outros termos: "Da mesma forma que ele não encontrará sua salvação, seu *tikun*, nos excessos apocalípticos dos revisionistas, [o sionismo] não o encontrará também na 'política da mística'"[429].

Nesse combate e com esse motivo, Scholem encontrou bem cedo a chave daquilo que percebe como a dialética interna do sionismo. Desde 1929, e já em uma polêmica em que defendia o Brit Schalom, respondia a acusação que lhe era feita de ocultar a redenção política do povo judeu. Seu

---

428 Carta a Walter Benjamin de 1 de agosto de 1931, reproduzida em *Walter Benjamin: Histoire d'une amitié*, p. 195 (trad. bras.: *Walter Benjamin: A História de uma Amizade*, p. 170-173). Esta carta contém, também, observações importantes de Scholem sobre Kafka (sobre esse aspecto, ver supra, cap. III, p. 291-292).
429 La Politique de la mystique: *Le Nouveau Kuzari* d'Isaac Breuer (1934), *Le Messianisme juif*, p. 469.

adversário de então era o escritor Iehudá Burla, nascido em 1886 em Jerusalém, de uma família aí instalada há três séculos, defensor de uma literatura sefaradita em sua opinião menosprezada em proveito da dos autores da Europa central e oriental: Haim Biálik, Iosef Haim Brenner, Itzak Leib Peretz, Scholem Aleikhem, Schmuel Iossef Agnon... Perante ele, Scholem denunciou o amálgama entre conceitos religiosos e políticos:

> O ideal sionista é uma coisa, o ideal messiânico é uma outra, e os dois domínios não se sobrepõem, só se for na fraseologia vazia dos ajuntamentos populares que insuflam amiúde em nossa juventude um espírito neossabataísta destinado ao fracasso. O movimento sionista nada tem a ver, quanto às suas raízes profundas, com o movimento sabataísta, e as tentativas feitas para aí introduzir o espírito sabataísta já fizeram muito estrago[430].

Quando comenta essas proposições quase meio século mais tarde, ele confirma essa tese, nesse meio tempo fortalecida pelo estudo dos movimentos messiânicos: "A ação no plano político da história profana é uma realidade diferente da ação no plano espiritual e religioso. Seria desastroso confundir as duas coisas"[431]. Desse ponto de vista, o historiador realizado confirma, pois, o julgamento do espectador engajado. Nos anos de 1930, Scholem tinha ainda apenas uma intuição de um dos objetos principais de seu trabalho: a dialética que conduz o sistema sofisticado da Cabala para um desastre quando passa da esfera da especulação para a da ação, transformando conceitos eruditos em mitos populares e símbolos abstratos em armas de combate. Mas ele já sabia como nascem as catástrofes políticas para o povo judeu: pela irrupção intempestiva do sagrado no profano, a confusão da liberdade e da regeneração do mundo, a tentação de negar a história.

Resta que se Scholem sempre recusou ver no sionismo um messianismo, ele conhece o peso do passado, o papel do imaginário e a difi-

---

430 Al sheloshah peshaei berith schalom, *Davar*, 12 de dezembro de 1929, citado em Entretien avec Gershom Scholem, op. cit., p. 67-68.
431 Idem, p. 68. Scholem mobilizou novamente sua crítica da confusão entre o sionismo e messianismo em 1967: assinando com outros intelectuais uma petição exigindo que Israel não ocupasse os territórios conquistados quando da guerra dos Seis Dias, pleiteando contra a colonização da margem ocidental do Jordão, denunciando enfim o movimento dos Gusch Emunim como neossabataísmo.

culdade em privar a esperança de suas formas antigas. Quando se dedica a definir a natureza particular da vida judaica, é esta ideia que lhe vem ao espírito: "Não devemos nos surpreender de que as coerências messiânicas tenham acompanhado a orientação determinada para uma ação que não quer mais se alimentar de consolos, como isso se manifestou na utopia do retorno a Sion"[432]. A razão está em que o messianismo é como "uma sublime melodia" que acompanhou o povo judeu durante dois milênios[433]. Durante séculos, ele quase se drogou. Quando das crises, foi essencialmente o preço de sua fraqueza que pagou por meio dele. Hoje, ele deve estar numa encruzilhada: lá onde o sonho da volta ao país deve se separar da esperança da Redenção. Desde o começo de sua história, o sionismo estava mal preparado para essa escolha, carregando no seu código uma contradição entre continuação e rebelião. Ninguém duvida de que para a maioria de seus intelectuais e de seus militantes primou a revolta: tratava-se de romper com um passado maldito, de abolir uma mentalidade de submissão, de quebrar as pontes com a Diáspora. Existia, no entanto, a tendência inversa: a que pregava a continuidade das gerações, o prosseguimento de uma existência simplesmente alterada no exílio, a preservação da Tradição conservada. Enquanto por longo tempo as coisas se passaram na teoria, essas duas perspectivas puderam coabitar, "como dois livros contendo visões contraditórias arrumados sobre a mesma prateleira"[434]. Doravante, é tempo de decidir, mas a paisagem política de Israel parece oferecer muitas nuanças: socialistas indiferentes ou hostis à religião, cananeus que se veem retornar à época bíblica, ortodoxos adversários do sionismo e sionistas religiosos. Com exceção dos segundos, Scholem vê poucos inimigos entre eles. Mas não se sente em nenhum lugar perfeitamente à vontade. Ele simplesmente forjou uma convicção: "O sionismo atua na história, enquanto o messianismo permanece em um plano utópico"[435].

---

[432] Pour comprendre le messianisme juif, op. cit., p. 66.
[433] Ver Zionism: Dielectic of Continuity and Rabellion, op. cit., p. 269.
[434] Idem, p. 273. Encontraremos uma outra descrição dessa dialética da continuidade e da revolta no seio do sionismo em Israel and the Diaspora, op. cit., p. 247-249.
[435] Idem, p. 269.

Scholem, entretanto, jamais partiu de uma outra ideia, segundo a qual existe "um aspecto oculto [*nistar*] do sionismo"[436]. Quando ele a formula, ele indica que se trata, no caso, de pensar nas categorias do objeto erudito ao qual se consagra seu ensinamento: as realidades ocultas e esotéricas se exprimem através do mundo manifesto; o vínculo estranho do sionismo com o messianismo é seu "aspecto enigmático". No plano das palavras de ordem, poder-se-ia tratar de discutir uma das mais antigas, retomada por numerosos sionistas: "Tornar-se uma nação como as outras". Lançada no tempo de Samuel, esta parece ser tanto mais atual quanto Israel parece realizar uma tal promessa. Mas Scholem a contesta: a "normalização" do povo judeu conduziria a seu declínio e mesmo seu desaparecimento[437]. Que quer ele dizer falando de uma crença moral "transcendente a toda secularização"? Em primeiro lugar, é preciso olhar para além do espetáculo das forças existentes na sociedade: "Estou convencido de que, por trás de sua fachada profana e secular, o sionismo tem potencialmente um conteúdo religioso, e que essa potencialidade é muito mais forte do que o que se tornou o 'sionismo religioso' dos partidos políticos"[438]. O apego a essa forma mal identificada justifica, sem dúvida, a dificuldade de Scholem em encontrar seu lugar entre seus contemporâneos e poderia esclarecer algumas declarações misteriosas: "Durante os cinquenta anos de minha vida em *Eretz* Israel, eu não me identifiquei plenamente nem com o polo profano nem com o polo religioso desse país"; "Eu sou um anarquista religioso"; "Eu não me considero como um judeu irreligioso. Meu secularismo tropeça em sua própria raiz, porque sou um homem religioso, porque tenho certeza de minha fé em Deus"[439]. Porém, Scholem se empenha por vezes mais adiante no caminho de um segredo do sionismo: "Longe de mim não pensar que um resto de esperança teocrática presida o retorno do povo judeu para a história do mundo"[440]. Esta vez, trata-se da identidade própria judaica. Fica sugerido que o messianismo poderia não ter perdido

---

436 Entretien avec Gershom Scholem, op. cit., p. 65.
437 Ver Considérations sur la théologie juive, op. cit., p. 263.
438 Idem, p. 264.
439 Entretien avec Gershom Scholem, op. cit., p. 65; Zionism: Dialectic of Continuity and Rebellion, op. cit., p. 278; Entretien avec Gershom Scholem, op. cit, p. 69.
440 Considérations sur la théologie juive, op. cit., p. 263.

todos os seus direitos. Diz-se que o judaísmo não saberia se desligar, sem perigo, da transcendência.

  Se aconteceu a Scholem estar desencantado com respeito ao significado do retorno ao país, ele manifesta com frequência uma inquietude quanto ao renascimento da língua. Cedo ele adquiriu a convicção de que estas formas de ligação com o passado deviam se coordenar, depois colocou seus atos em conformidade com isso pelo compromisso com o sionismo e a aprendizagem intensiva do hebraico, antes da partida para Jerusalém que sancionaria definitivamente essas escolhas. Em Berlim, essa questão fora um objeto permanente de disputa com Walter Benjamin e assim permanecerá até sua morte. Entre uma querela e uma confissão, foi para Franz Rosenzweig que ele com mais clareza confiou seu entusiasmo e a angústia a respeito da língua. O episódio central nesse assunto é dramático. Em 1922, Rosenzweig já estava condenado pela doença, mas Scholem não o sabia. Eles se reencontraram uma primeira vez no ano precedente em Frankfurt, escutaram em conjunto uma lição da *Guemará* do rabino Nobel e discutiram bastante[441]. Sabemos muito pouco do segundo encontro. Scholem relata que ele estava taciturno, nota simplesmente que se pronuncia sobre o judaísmo alemão e comenta: "Foi assim que me lancei em uma das disputas mais tempestuosas e mais irreparáveis de minha juventude, que cortou todo contato entre nós"[442]. Entre esses dois momentos, os dois homens trocaram algumas cartas que desenham o plano de fundo do drama e liberam sem nenhuma dúvida o conteúdo, na falta de testemunho direto dos protagonistas. A primeira altercação epistolar concernia diretamente à linguagem. Rosenzweig havia traduzido textos litúrgicos e Scholem lhe reprovava a utilização sistemática da "terminologia da Igreja"[443]. Por ter ele mesmo feito a tradução dos hinos alguns anos antes, ele sabia da dificuldade em restituir a "esfera" em que se misturam objetividade e simbolismo. Harmonioso, não metafórico, o trabalho de Rosenzweig provava que uma

---

441 Ver *Von Berlin nach Jerusalem*, p. 171-172 (trad. bras., p. 155).
442 Idem, p. 173-174. A frase está incompleta na edição francesa, *De Berlin à Jérusalem*, p. 200 (trad. bras., p. 156).
443 Carta de Gershom Scholem a Franz Rosenzweig de 7 de março de 1921, *Briefe*, I, 1914-1947, p. 215. Scholem discute aqui a tradução recém publicada por Rosenzweig das ações de graça após a refeição (*Birkat ha-mazon*): *Der Tischdank, Jüdische Bücherei*, v. XXII, Berlin, 1920.

tal possibilidade existe em alemão. Porém, naquele de Lutero, sem a "simplicidade e a humildade" do hebraico, sacrificando a "exatidão utópica e a castidade" que o caracterizam[444]. Rosenzweig havia, aliás, concedido este ponto: com Lutero e Hölderling, o alemão se tornara cristão, de maneira que é vão querer traduzir suprimindo este caráter[445]. Algum tempo antes do encontro fatal, Scholem e Rosenzweig haviam também se confrontado a propósito do sionismo, quando de uma troca de cartas do qual o segundo resume o que está em jogo nas palavras do primeiro a respeito da Diáspora: "O judaísmo está em fase de morte clínica, e ele só poderá renascer lá"[446].

Quando da noite da ruptura a respeito da qual permanece reservado, Scholem com certeza manifestara sem prudência os mais ardentes sentimentos de sua juventude revoltada: um entusiasmo brigador em favor do hebraico; um fervor lírico para com o sionismo. Ignorava então a gravidade da doença de Rosenzweig. Eis o objeto de um terrível remorso. Uma ocasião lhe seria dada, senão para reparar, pelo menos para se aproximar daquele com quem rompera. Em 1926, Martin Buber e Ernst Simon lhe propuseram participar das compilações que seriam oferecidas a Rosenzweig para seu quadragésimo aniversário[447]. Scholem aproveitou essa chance e redigiu um breve texto: "A Propósito de Nossa Língua. Uma Confissão.

[444] Idem, ibidem.
[445] Carta de Franz Rosenzweig a Gershom Scholem de 10 de março de 1921, em Franz Rosenzweig, *Der Mensch und sein Werk*: Gesammelte Schriften, I, Briefe und Tagebücher, II, 1918-1929, Haia: Martinus Nijhoff, 1979, p. 698-700. Quando Rosenzweig publicar sua tradução dos hinos de Iehudá Halévi em 1924, Scholem escreverá a Walter Benjamin ter a intenção de publicar no *Der Jude* "uma nota (polêmica)" a fim de "revelar a perspectiva antissionista de arruinar a poesia hebraica, acobertada por ideologias inspiradas pela filosofia da história" (carta de Scholem a Benjamin de 10 de maio de 1924, em Walter Benjamin, *Correspondance*, t. I, 1910-1928, p. 316. Sobre Rosenzweig tradutor, ver supra, cap. II.
[446] Fórmula emprestada a Scholem por Rosenzweig na carta que lhe endereçou em 6 de janeiro de 1922, *Briefe und Tagebücher*, II, p. 741. Rosenzweig responde nela a uma carta de Scholem que não aparece na correspondência deste último. Sobre o antissionismo de Rosenzweig, ver supra, cap. II.
[447] Jamais publicada, a compilação oferecida a Rosenzweig está depositada nos arquivos do Leo Baeck Institute de Nova York. Ver Franz Rosenzweig, *Briefe und Tagebücher*, II, p. 1118. Recebendo o texto de Scholem e uma dedicatória calorosa, Rosenzweig escreverá a Martin Buber: "ele projeta sobre mim sua má consciência a meu respeito e imagina que eu o aprecio" (carta de maio de 1926, idem, p. 1094). Mas ela fará seu efeito. Scholem e Rosenzweig se reencontrarão, quando ocorrerão "momentos inesquecíveis de partir o coração" (*De Berlin à Jérusalem*, p. 200; trad. bras., p. 156). Depois da morte de Rosenzweig, Scholem escreverá várias longas cartas a Edith (20 de fevereiro de 1930; 29 de outubro de 1931; 29 de maio de 1935).

Para Franz Rosenzweig. Por Ocasião do Dia 26 de Dezembro de 1926"[448]. Nele, as alegorias se encaixam, o desencantamento confina com o desespero, a introspecção se emudece no exame sem concessão do balanço de uma geração presa ao mais íntimo de seus sonhos. Como o fará quase vinte anos mais tarde na conferência de 1944 sobre os estudos judaicos, Scholem mostra o abismo que se estende entre o projeto dos restauradores e a realidade das coisas no país prometido à sua realização: eles tinham "uma fé cega, quase fanática, no poder miraculoso dessa língua"; fala-se nas ruas de Jerusalém um "volapuque fantasmagórico". *A posteriori*, a coragem daqueles que queriam ressuscitar o hebraico parecia "demoníaca". Hoje, seus herdeiros se antecipam "como enfeitiçados em cima de um abismo do qual nenhum som se eleva". Por falta de prudência por parte dos que o oferecem ou talvez por natureza, o presente se revela envenenado. Para expor seu tema, Scholem faz uso de um vocabulário em que se ouve o eco de discussões ainda recentes com Walter Benjamin e que será o do estudo em longa gestação sobre a dimensão mística desse tema: "A linguagem é nome". Mas o que é verdadeiro para toda língua toma, no que concerne à do Livro, um viés singular, que procede do que é o Nome, que a trespassa e lhe dá "uma ponta apocalíptica". O hebraico que se queria redescobrir tinha uma longa memória, carregava uma tradição e deixava ouvir a Voz. Atualizado, está sobrecarregado de neologismos para se adaptar às exigências do momento, "rudimentar" na arena estreita do cotidiano, "quase fantasmático". Três anos apenas depois de sua chegada a Jerusalém, Scholem profetiza: "Um dia virá em que a língua se voltará contra aqueles que a falam".

 A explosão que se perfila procede da dialética de uma língua sagrada tornada profana. Se os sionistas estavam persuadidos de que sem o hebraico sua sociedade seria um corpo sem alma, eles a queriam secularizada, engomada com suas conotações religiosas, quase nova a serviço de um mundo a construir. Aquele que se expressa no país em que se realizou sua aventura perdeu sua estranheza, apagou seus matizes misteriosos, adormeceu seus poderes numinosos. Nessa língua "aviltada e espectral",

---

[448] Tendo encontrado uma duplicata desse texto nos papéis de Scholem, Stéphane Mosés a traduziu e publicou nos *Archives de sciences sociales des religions*, n. 60-61, 1985, p. 83-84. Ele se encontra integralmente reproduzido em *L'Ange de l'histoire*, p. 239-241.

amiúde uma palavra, uma fórmula, um efeito os faz renascer, como uma invocação consoladora, o resto de um antigo hábito ou o simples produto de um jogo. Mas esse poder liberado por inadvertência se perde imediatamente em um "espaço linguístico inexpressivo". A preocupação de Scholem a esse respeito não é nem gramatical nem estética. Ele vê na língua uma esfera mais profunda do que a da comunicação, a imagina aqui no limite de se revoltar contra a desenvoltura, teme que as crianças tenham de pagar o preço das bodas preparadas na negligência. "Geração de transição", a sua está no âmago desse processo dialético. Gostaria ela de exumar a língua dos velhos livros para transmiti-los à seguinte sob o risco de reviver os espectros, sem saber se são anjos ou demônios. Mas, pode ela continuar a vagar como sonâmbula diante do abismo que se abre no momento em que a banalização das palavras se parece a uma profanação da língua? Ontem em Berlim, o combate em favor do hebraico exprimia a rebelião contra as forças destrutivas da assimilação, acompanhava o projeto de construir uma nação, aparentava-se ao meio mais seguro de garantir a concordância do passado e do futuro. Hoje em Jerusalém, o presente desencanta: a língua se esgota nas rotinas do cotidiano, suas formas mais intensas só sobrevivem por acaso, ninguém sabe para onde o tempo a arrasta. Desse ponto de vista também, os sionistas parecem ganhar ao ignorar o custo de sua vitória. A razão está sempre, na visão de Scholem, no fato de que eles jamais verdadeiramente decidiram o que queriam transmitir da Tradição. Poderia ter sido de outra forma? A questão se inscreve em um plano mais amplo: o da secularização de Israel.

 Scholem, o erudito, coloca com clareza uma questão com frequência lancinante nos espíritos mais abertamente metafísicos: "Se o mundo no qual vivemos caracteriza-se pelo fato de que não se aceita mais ver a Revelação como um dado positivo, não nos encaminhamos, a partir daí, para a liquidação do judaísmo?"[449] Ela toca, em primeiro lugar, no erro dos sionistas. Para eles, não havia nenhuma dúvida de que era preciso garantir a continuidade das gerações; mas eles recusavam admitir que isso impusesse obrigações. Daí procediam sua relação incerta com a Tradição, a imprecisão do conteúdo que desejavam transmitir, suas discórdias a esse respeito. No momento em que o

---

449 Considérations sur la théologie juive, op. cit., p. 261.

Estado de Israel tornou-se uma realidade, essa indecisão é particularmente penosa. Scholem recusa a antiga exigência reatualizada; "Tornar uma nação como as outras". No momento em que o povo judeu voltou a habitar em seu país e em sua língua, sua aplicação ocasionaria ainda mais do que a banalização de sua experiência: a liquidação de sua existência. Eis um *leitmotiv* quase tão presente como aquele que formulava o preço do messianismo: "Sempre considerei a passagem para a secularização como necessária, inevitável. Mas não creio que a visão secular do sionismo seja a visão última, a derradeira palavra sobre a questão"[450]. Em comparação com a relação das forças políticas na época em que ela é formulada, essa proposição poderia parecer apenas provocadora para com as tendências da esquerda e da extrema-esquerda que pregam uma ruptura radical com a Tradição, a evicção de toda referência religiosa na definição da nação, uma concepção perfeitamente laica do direito civil. Para uma grande parte da sociedade israelense, é tempo de tudo conceder ao processo da secularização, o símbolo sendo a supressão de toda fidelidade à *Halakhá*. Para Scholem, o problema que isso coloca não concerne nem à sua presença nem à sua prenhez: antes ao fato de que ela parece vaguear como um espectro, estar lá apenas em razão de relações de forças, só gerir os compromissos, enquanto deveria ainda ser considerada "dentro de um espírito de temor e de incerteza"[451]. Cada vez menos, a questão mereceria ser examinada de um ponto de vista que não seja ideológico.

Secularização necessária, mas impossível: essa dialética vai mais além do que as considerações políticas que a ela se ligam. Os povos da terra não têm geralmente necessidade de uma meta-história: seu lugar foi desenhado pelo passado, sua identidade é constituída politicamente, eles podem se dispensar de uma teologia para se definir. Para os judeus, ao contrário, a coisa é perigosa. O mundo, ao caminhar, faz com evidência valer seus direitos: "Não posso me libertar da lição dialética da história, segundo a qual nossa entrada na história passa pela laicização"; "uma volta direta, não dialética, ao judaísmo tradicional é impossível, historicamente falando"[452]. Mas a realidade da experiência judaica, tal como sempre foi,

---

450 Entretien avec Gershom Scholem, op. cit., p. 54.
451 Considérations sur la théologie juive, op. cit., p. 264.
452 Entretien avec Gershom Scholem, op. cit., p. 54.

não permanece menos imperativa: "Considero que uma secularização completa de Israel está fora de questão"; "se os judeus tentam se explicar unicamente na dimensão da história, será preciso que se preparem para a ideia de seu desaparecimento e de sua destruição total"[453]. Ao formular tais paradoxos, Scholem é perfeitamente heterodoxo. Do ponto de vista clássico do sionismo, ele discute abertamente uma questão que havia sido deixada na sombra: poderia o judaísmo sobreviver a toda e qualquer referência, no sentido tradicional, à Lei? Mas igualmente, na visão dos sionistas religiosos: na medida em que ele acha que uma defesa da Tradição no mundo moderno não impõe adotar a doutrina deles e porque ele confunde amiúde as pistas se proclamando "anarquista". A razão é que ele opõe a essas duas posições a mesma convicção: "Eu não sou daqueles que creem que existe uma 'solução' à pretendida 'questão judaica'"[454]. Quanto ao princípio que a motiva, ele o havia estabelecido bem cedo: "A salvação para o povo judeu, que eu desejo como sionista, não é de forma alguma idêntica à redenção religiosa que eu espero para o mundo vindouro"[455]. Na época em que ela fora formulada, essa proposição se opunha à tentação neomessiânica de certos sionistas: aqueles que misturavam conceitos políticos e religiosos e introduziam na esfera da ação os esquemas do apocalipse e da escatologia que deveriam permanecer na ordem da utopia, arriscavam reproduzir a catástrofe outrora conduzida pelo sabataísmo. No momento em que se tratou de imaginar o futuro de Israel, ela pode ainda aclarar a situação: essencialmente ligados ao destino político, a corrente central do sionismo recusa-se a admitir que a Tradição cria obrigações e não quer se situar senão no plano da história; estranha a todo olhar crítico sobre a herança, a ortodoxia tende, quanto a ela, a se inscrever bem alto em uma meta-história. Entre esses dois mundos, deveria existir um espaço aberto onde seja possível uma relação dialética com o passado judaico, um exame sem *a priori* do papel da religião, uma definição não dogmática da identidade. Para Scholem, o futuro do judaísmo depende diretamente dessa possibilidade.

---

453 Considérations sur la théologie juive, op. cit., p. 266, e Entretien avec Gershom Scholem, op. cit., p. 54-55.
454 Zionism: Dialectic of Continuity and Rebellion, op. cit., p. 267.
455 Artigo de 1929 (ver supra, p. 557 n. 430), citado em Entretien avec Gershom Scholem, op. cit., p. 67.

Uma aproximação serena da questão da relação com o passado, de seu conteúdo autêntico e de sua transmissão choca-se, para Scholem, com três paradoxos. O primeiro dentre eles encontraria suas raízes desde o alvor das Luzes: no motivo da emancipação frente à religião, o povo da memória denega sua memória. Estranhamente, enquanto elas foram construídas sobre uma ruptura radical com o passado religioso, a maioria das nações modernas chegou a uma visão apaziguada do lugar da religião em sua herança. Israel, em troca, parece continuar a não poder se construir senão na ambiguidade e no mal-estar a esse respeito. Ao passo que nem esta data nem este público são inocentes, Scholem afirma desde 1946 diante dos responsáveis das organizações juvenis que "a memória judaica da história é uma memória religiosa"[456]. Um paradoxo próprio ao historiador aparece então: a maneira pela qual ele procura garantir a verdade de sua ciência altera a autenticidade do passado que ele procura transmitir. É aqui que seu desprezo para com os antigos cronistas está em causa: estes coletavam indiferentemente os acontecimentos, ele hierarquiza; eles permaneciam prisioneiros da desordem dos fatos, ele organiza; eles tinham apenas vagas intuições, uma consciência histórica se construiu gradualmente. Em face disso, Scholem empresta de Walter Benjamin: a historiografia conhece apenas a majestade, ama as vitórias e não retém aquilo que permaneceu agreste; as velhas narrativas sabiam se ligar às pequenas, consignavam a visão dos vencidos, testemunhos da utopia[457]. Resta, enfim, uma atitude paradoxal face ao passado mais recente e mais trágico: querer venerar a memória de milhões de pessoas massacradas na Europa sem saber como fazê-lo. Scholem relembra com frequência que duas gerações, pelo menos, foram necessárias para que os judeus da Espanha começassem a se fazer uma imagem precisa da Expulsão e que esta só adquiriu definitivamente forma nos símbolos elaborados pela Cabala em Safed[458]. É certo, pois, que

---

456 Memory und Utopia in Jewish History (conferência proferida para uma reunião de dirigentes de organizações juvenis em Jerusalém, em 6 de março de 1946), em On the Possibility of Jewish Mysticism in Our Time & Other Essays, p. 159.
457 Sobre a problemática das teses Sur le concept d'histoire de Walter Benjamin, ver supra, cap. III, p. 359-379.
458 Ver em especial On the Possibility of Jewish Mysticism in Our Time, op. cit., p. 10-11, e La Science du judaïsme hier et aujourd'hui, op. cit., p. 436-437. Scholem, entretanto, esclareceu que não esperava a emergência de símbolos similares aos da Cabala de Lúria, imputando essa

ainda falta tempo para que a Schoá encontre verdadeiramente um lugar na consciência do povo judeu. Ele propõe a seus contemporâneos, entretanto, que não velem a face diante de uma questão que tendem a ocultar: por que numerosas vítimas proclamaram "santificar o Nome"?[459] Nesse ponto, o problema do sentido da transcendência na experiência judaica atinge o seu auge. Mas Scholem está persuadido de que ele atravessa, não obstante, o da secularização.

Messianismo, sionismo, secularização: Scholem descreve as dimensões essenciais da história judaica através de fenômenos contraditórios, provenientes de fontes por vezes ignoradas, geradoras de efeitos amiúde imprevistos. Ele fornece, entretanto, uma importante precisão sobre esse procedimento: sua ideia da dialética não foi aprendida em Hegel e nos marxistas, mas nas experiências da vinda a *Eretz* Israel, da edificação de uma sociedade nova e do "renascimento da língua profana"[460]. Ao que se pode ainda adicionar que, para ele, se a realidade está trespassada de conflitos entre o positivo e o negativo, a construção e a destruição, a continuidade e a ruptura, esse movimento ignora todo relaxamento, permanece sem termo previsível e proíbe imaginar uma resolução. Aplicada ao seu trabalho sobre um objeto longamente desprezado, essa convicção desvenda o aspecto, se o quisermos, esotérico:

> O fato de eu abordar a Cabala não como um simples capítulo de história, mas a partir de uma colocação à distância dialética, isto é, ao mesmo tempo fazendo-a minha e colocando-me à distância, decorre certamente do fato de que tinha o sentimento de que havia na Cabala um centro vivo; ela traduzia o espírito de cada época e poderia ainda, talvez, dizer qualquer coisa diferente, sob uma outra

---

impossibilidade a dois fenômenos ligados: a ausência de uma autoridade religiosa comum aos judeus que seria suscetível de os fazer aceitar; o declínio da crença na origem divina da *Torá*. Ver Secularism and Its Dialectical Transformation (1976), *On the Possibility of Jewish Mysticism in Our Time & Other Essays*, p. 100-101.

459 Memory and Utopia in Jewish History, op. cit., p. 162. Percebemos aqui toda a extensão da contenda que opõe Scholem a Hannah Arendt em sua controvérsia em torno de *Eichmann à Jérusalem*. Ver Pierre Bouretz, introdução a *Eichmann à Jérusalem*, em Hannah Arendt, *Les Origines du totalitarisme e Eichmann à Jérusalem*, Paris: Gallimard, 2002, p. 998-1001 (eds. bras.: *Origens do Totalitarismo*, trad. Roberto Raposo, São Paulo: Cia. das Letras, 1989; *Eichmann em Jerusalém*, trad. José Rubens Siqueira, São Paulo: Cia. das Letras, 1999).

460 Entretien avec Gershom Scholem, op. cit., p. 57.

forma, em uma outra época. Um motivo secreto desse gênero deve ter me animado para além das aparências, as metamorfoses e os jogos de linguagem aos quais dou preferência"[461].

O lugar que ocupa Kafka em seu imaginário provém daquilo que havia descoberto muito cedo nele, de uma espécie de eco difuso de uma Cabala que críamos extinta, relegada ao armazém de numerosas bizarrias do judaísmo, definitivamente silenciosa. Na época das leituras cruzadas com Walter Benjamin, ele recusava a ideia de um fracasso de Kafka, recusava ver nele a prova decisiva de um declínio inelutável da Tradição, queria entender em seus livros muito mais do que lhe era proposto: "O rumor das coisas verdadeiras (espécie de diário teológico, que trata de coisas desacreditadas e antiquadas)"[462]. Desde esse tempo, ao suscitar a intuição segundo a qual a Cabala se situava "no extremo limite entre a religião e o niilismo", o autor de *O Processo* e de *O Castelo* convidava a se preocupar mais de sua "metafísica" do que de sua história propriamente dita[463]. Mais tarde, seus textos, marcados por uma espécie de "canonicidade", seriam sempre apresentados como o pedestal de uma vocação erudita[464].

As "impulsões místicas" descobertas na obra de Kafka tecem um vínculo entre as intenções anunciadas do trabalho de Scholem e suas motivações mais íntimas. O primeiro se prende em descrever a maneira pela qual a Cabala produz uma inteligência da experiência judaica de Deus, do homem e do mundo. Ele visa decifrar sua linguagem, que ao mesmo tempo traduz a da teologia clássica, a amplia e a transforma. Ele procura, enfim, compreender sob quais formas ela se implantou na vida judaica, como gerou processos históricos, e por que estes podiam ao mesmo tempo conduzir a uma liberdade espiritual e a um desastre político. Mas esse saber sobre uma ciência não é indiferente ao seu conteúdo, às questões que ela coloca e aos horizontes que ela abre. Para os cabalistas,

---

461 Idem, p. 69-70.
462 Carta de Walter Benjamin a Gershom Scholem, de 12 de junho de 1938, *Correspondance*, t. II. *1929-1940*, trad. G. Petitdemange, Paris: Aubier, 1979, p. 251.
463 Exposição dos motivos que me instigaram a estudar a Cabala (carta a Zalman Schocken de 1937), op. cit., p. 8.
464 Ver *My Way to Kabbalah*, op. cit., p. 23.

a palavra de Deus é infinita, o que faz seu problema muito cedo ser formulado por um dentre eles: a *Torá* parece-se a uma vasta morada de numerosas peças; "diante de cada peça se acha uma chave, mas não é a que serve. As chaves de todas as peças foram trocadas, e é preciso (tarefa ao mesmo tempo grande e difícil) encontrar as boas chaves que abrirão as peças"[465]. Se ela não fosse consignada por Orígenes, poder-se-ia crer ser esta parábola vinda de Kafka. Scholem retém uma proposição que explica como a dialética permite colocar a Cabala a uma distância crítica para procurar compreendê-la, ao mesmo tempo fazendo-a suficientemente sua para que a atividade erudita não se confunda com o embalsamamento de um cadáver:"A chave pode estar perdida, resta sempre o desejo infinito de procurá-la". Se a encontramos no momento do balanço de uma vida de estudo, a lição dos cabalistas é luminosa: eles tinham o sentimento fundamental de que "o mundo é um enigma"; eram capazes de "forjar símbolos visando exprimir sua situação própria como uma situação do mundo"[466]. Eis o que justifica para o historiador uma de suas principais descobertas: porque sabia dar uma linguagem ao desamparo do exílio; inscreve as peregrinações de Israel em um drama cósmico; descreve o processo da Redenção de uma maneira mais sensível do que a dos rabinos; a Cabala tornou mais brilhante do que jamais o fora a esperança messiânica, permitiu iluminar o mundo do gueto nos períodos mais negros e desenhar horizontes de liberdade insuspeitados. Os símbolos forjados pelos cabalistas não impediram, todavia, que, entrando na história, o messianismo produzisse catástrofes e isso alimentou o desencantamento de uma geração de eruditos que veio reconstruir a casa dos estudos judaicos: ante o espetáculo de um sionismo a vacilar no empenho em transmitir uma tradição; de uma língua subvertida na medida que se tornava profana; do triunfo de uma secularização mais perigosa para o povo judeu do que o fora para qualquer outro. Não resta então a Scholem senão uma frágil convicção: "Se a humanidade devesse perder o sentimento de que o mundo é um enigma, isso seria o fim para nós. Mas não creio que jamais chegaremos lá"[467].

---

[465] Parábola de um místico judeu anônimo relatada por Orígenes em seu comentário dos *Salmos*, citado em *La Kabbale et sa symbolique*, p. 20.
[466] *Entretien avec Gershom Scholem*, op. cit., p. 71.
[467] Idem, p. 72.

A força da obra de Scholem se deve ao fato de que ela sabe ao mesmo tempo desenhar vastas estruturas e as preencher de miniaturas, revelar origens jamais entrevistas e capturar saídas mal percebidas, praticar a dialética sem impor uma lógica à história. Seu encanto procede da maneira pela qual a impulsão erudita e a intuição metafísica se reatam, se escoram, para colocar questões, desligam-se, quando o trabalho visa resolvê-las, coordenam-se de novo, no momento de concluir. Essa arte de escrever história é difícil: ela requer uma inspiração lá onde se pode crer que somente a determinação é necessária; ela se expõe às censuras contraditórias da obsessão e da imprecisão; parece procurar convencer, mas exprime, sobretudo, a paixão de decifrar. O pressentimento mais profundo que atraíra Scholem para o mundo misterioso da Cabala religa o antigo e o contemporâneo: "O fato único do judaísmo manter-se é um enigma"[468]. Seguramente, este tornou-se tanto mais denso na época que o tempo parecia ter sobretudo apagado: uma tradição que não sabe mais se transmitir, uma língua da Revelação no limite de se tornar emudecida, símbolos indecifráveis. Voltar a habitar na língua, reconstruir o país, dar à ciência roupagens novas: tais eram os encantos de sua juventude. Mas a história foi cruel, destruindo o mundo de onde ele veio, desorientando a aventura sionista, deixando mesmo planar uma dúvida sobre o destino do hebraico. Sente-se amiúde despontar nele uma espécie de desespero mal dissimulado pela ironia, uma angústia por vezes disfarçada em humor, uma incerteza que não pode domar a virtuosidade erudita. Mas esses sentimentos sombrios não conduzem jamais completamente para a certeza de que tudo acabaria, que é definitivamente muito tarde e que não contemplaremos logo mais que ruínas. Na visão de Scholem, o mundo judaico se apresenta em meia-tinta, a história misteriosa e a ciência consciente de sua precariedade. Ele expõe esta lição na última página de seu livro mais célebre: por uma parábola, como se deve, emprestada a um cabalista desiludido que seria um Kafka otimista, suscetível de dominar ao mesmo tempo o desencantamento e a esperança, uma visão do declínio da Tradição e do traço de sua sobrevida, as dúvidas do historiador sobre sua ciência e sua confiança no saber, os poderes da narração, as probabilidades da transmissão.

---

468 Idem, p. 65.

Quando o Baal Schem tinha uma tarefa difícil a cumprir, dirigia-se a um lugar preciso no bosque, acendia um fogo segundo um certo ritual, recitava uma prece particular e o que ele queria acontecia. Uma geração mais tarde, quando o *Maguid* de Mezeritsch confrontou-se com o mesmo problema, não sabia mais acender o fogo, mas ele foi para o mesmo lugar, recitou a prece e seu voto foi acolhido. Depois de uma outra geração ainda, Rabi Mosché Leib de Sassov, que havia esquecido a técnica do fogo e as palavras da prece, retornou simplesmente ao bosque e isso foi ainda suficiente. Na geração seguinte, enfim, Rabi Israel de Rischin estava sentado em sua poltrona em seu palacete quando foi convidado a realizar o mesmo prodígio e ele disse simplesmente: "Nós não podemos mais acender o fogo, nós não conhecemos mais as preces, nós até mesmo ignoramos o lugar, mas ainda sabemos contar a história"[469].

TRAD. FANY KON

---

[469] Citado em *Les Grands courants de la mystique juive*, p. 368 (trad. bras.: *As Grandes Correntes da Mística Judaica*, p. 386).

v. Martin Buber (1878-1965):
    O Humanismo à Época
    da Morte de Deus

No mês de novembro de 1915, Franz Kafka escreve de Praga a Martin Buber a fim de recusar um convite que lhe é feito para colaborar com a revista *Der Jude* (O Judeu), e em seguida evoca seu encontro em Berlim, há quase dois anos: "Ele significa, sob todos os aspectos, a lembrança mais pura que conservei de Berlim – e essa lembrança já se constituiu frequentemente para mim em uma sorte de refúgio"[1]. Kafka visitara efetivamente Buber em fevereiro de 1914, sem que, todavia, o evento fosse mencionado em seu *Diário*. Além disso, foi em termos mais moderados que ele contou para Felicia Bauer uma primeira entrevista feita em 18 de Janeiro de 1913: "Ontem, conversei igualmente com Buber, que pessoalmente é esperto, simples e notável, e parece nada ter em comum com as coisas insípidas que tem escrito"[2]. Dois dias antes, e após ter ouvido uma conferência

---

[1] Franz Kafka, carta a Martin Buber de 29 de novembro de 1915, trad. Claude David, em Franz Kafka, *Oeuvres complètes*, Paris: Gallimard, 1984, v. III, p. 744 (Bibliotèque de la Pléiade).

[2] Franz Kafka, carta a Felice Bauer de 19 de janeiro de 1913, em F. Kafka, *Oeuvres complètes*, trad. M. Robert, A. Vialatte e C. David, Paris: Gallimard, 1989, v. IV, p. 241 (Bibliothèque de la Pléiade). Max Brod assinala também esse primeiro encontro a partir de notas de suas

de Buber sobre o mito judaico, ele já havia observado estas considerações para a própria Felicia: "Provoca-me um efeito sinistro, falta alguma coisa em tudo isso que ele diz"[3]. Após alguns dias, enfim, surpreender-se-á ainda que ela tenha adquirido uma obra de Buber, questionando os motivos de sua própria irritação para evocar "estas transposições autoritárias que seus livros me fornecem de lendas insuportáveis"[4].

Por si mesmos, alguns desses vestígios de breves encontros entre Kafka e Buber dizem-nos muito sobre a personalidade deste último e sua fama precoce no universo intelectual das Europas central e oriental. Em 1914, com efeito, Buber não tem mais do que 36 anos e Kafka conhece dele indubitavelmente pelo menos duas obras já consagradas ao mundo do hassidismo: *As Histórias do Rabi Nakhman* e *A Lenda do Baal-Schem*, publicados respectivamente em 1906 e 1908"[5]. Praga, além do mais, tornara-se um dos centros de sua atividade, em torno da associação Bar Kochba, onde se forja sua visão do judaísmo e se tece uma rede de amizades duradouras com Max Brod, Hans Kohn e Schmuel Hugo Beigman, ou ainda Robert e Felix Weltsch[6]. Quanto ao prório Kafka, ele proferiu diante desse mesmo círculo uma conferência sobre a língua ídiche e manifesta um firme interesse pelo universo hassídico,

próprias memórias e observa que ele se referia ao sionismo, a respeito do qual Kakfa era reticente. Ver Max Brod, *Franz Kafka: Souvenirs et documents*, Paris: Gallimard, 1972.
3   Carta a Felice Bauer de 16 janeiro de 1913, idem, p. 234. Trata-se da conferência de Buber intitulada O Mito no Judaísmo, pronunciada em Praga em 1913, publicada pela primeira vez em Leipzig, em 1916, em uma coletânea intitulada *Vom Geist des Judentums*. Encontrâmo-la em Martin Buber, *Judaïsme*, trad. M. J. Jolivet, Paris: Verdier, 1982. Tudo leva a crer que Kafka havia assistido às primeiras conferências de Buber em Praga, desde 1909. Entre 1909 e 1913, com efeito, este último havia pronunciado frente ao círculo Bar Kokhba de estudantes judeus três conferências publicadas em Frankfurt, desde 1911, com o título *Drei Reden über das Judentum*.
4   Carta a Felice, de 20 e 21 jan. 1913, idem, p. 244.
5   Ver Martin Buber, *Les Contes de Rabbi Nahman*, trad. F. Lévy e L. Marcou, Paris: Stock, 1981 (trad. bras.: *As Histórias do Rabi Nakhman*, trad. Fany Kon e J. Guinsburg, São Paulo: Perspectiva, 2000); e *La Légende du Baal-Shem*, trad. H. Hildenbrand, Monaco: Éditions du Rocher, 1984 (trad. bras.: *A Lenda do Baal Schem*, trad. Fany Kon e J. Guinsburg, São Paulo: Perspectiva, 2003).
6   Enquanto Max Brod se tornava biógrafo de Kafka, Hans Kohn redigia a primeira biografia de Buber: *Martin Buber, sein Werk, seine Zeit*, Hellerau: 1930, Köln: 1961. Quanto às memórias de Schmuel Hugo Bergman, permanecem um dos mais preciosos testemunhos da época e do meio: Schmuel Hugo Bergman, *Tagebücher & Briefe*, 1901-1948, Königstein: Jüdischer Verlag bei Athenaeum, 1985. Ver, sobretudo, a carta de Kafka sobre o sionismo de 1902(p. 09), o programa de trabalho da Associação Bar Kokhba para 1908 (p. 18-20), a descrição de sua primeira viagem à Palestina, de 1910 (p. 27-40), ou ainda as múltiplas anotações sobre as diferentes tendências do sionismo e a influência de Buber (p. 46 e s.).

atestado por numerosas leituras e visitas a um rabi miraculoso da Galícia, em seguida ao rabi de Belz[7]. Porém, mais do que Martin Buber, seu intercessor com esse mundo permanecerá sempre Jiri Langer, que vivera no círculo do rabi de Belz, antes de publicar várias compilações de narrativas hassídicas e, em seguida, uma *Erótica da Cabala* e de ensinar hebraico a Kafka.

A diferença entre a simpatia que sente Kafka por Martin Buber e a decepção experimentada pela escuta de suas conferências ou a leitura de seus primeiros textos é sintomática de um fenômeno que se reproduzirá alguns anos mais tarde com Walter Benjamin, Gershom Scholem e alguns outros: o sentimento de assistir com ele à ressurreição de um universo esquecido do judaísmo, mas às custas de uma espécie de aplanamento romântico de seus contornos e de sua potência. Por outro lado, o testemunho do autor da *Carta ao Pai* seria válido indubitavelmente para uma ampla fração desta geração do *Ostjudentum* (judeu do leste) em revolta contra a assimilação. Proveniente de um meio cujos filhos avaliam que há sacrifícios em demasia pelo desejo de fusão com a sociedade ocidental, tal geração passa por esta situação admiravelmente descrita por Kafka: dever "tudo adquirir, não somente o presente e o futuro, mas ainda o passado, aquele que todo homem recebe gratuitamente como partilha"[8]. Desde então, se inúmeros de seus representantes descobrem em Buber uma parte da herança que lhes tinha sido dissimulada, estão alguns a pensar muito rapidamente que essa imagem é excessivamente frágil, oscilando entre as lágrimas e o enternecimento, segundo o que Walter Benjamin denominará ironicamente: "um modo de pensamento feminino"[9].

---

[7] Ver Franz Kafka, *Discours sur la langue yiddish*, trad. M. Robert em *Oeuvres complètes* IV, 1141-1145, e o refazimento da preparação dessa conferência no *Journal* (N. da E.: o diário de Kafka), em 25 fev. 1912, em *Ouvres completes* III, p. 232-233. Kafka anota cuidadosamente, na mesma época, sua participação nas reuniões sionistas (p. 234, quando ouve Kurt Blumenfeld, então secretário da Organização Sionista Mundial) e suas leituras sobre a literatura judaico-alemã e ídiche, nas quais menciona a oposição entre o hassidismo popular e os *maskilim*, favoráveis a um judaísmo mais racional, herdeiro da Haskalá. Como também, em outubro de 1915, a impressão vivamente sentida perante as histórias hassídicas de Jiri Langer (idem, p. 404-406). Ele conta sua visita ao Rabi milagroso no mesmo *Journal* de 14 de set. 1915 (idem, p. 395-396) e aquela feita ao Rabi de Belz, em carta a Max Brod, de jul. 1916 (idem, p. 752-757).

[8] F. Kafka, *Lettres à Milena*, *Oeuvres complètes* IV, p. 1107.

[9] Relatado por Gershom Scholem em *Walter Benjamin: Histoire d'une amitié*, trad. P. Kessler, Paris: Calmann-Levy, 1981, p. 42 (trad. bras.: *Walter Benjamin: História de uma Amizade*, trad. Geraldo Gerson de Souza, Natan Norbert Zins e J. Guinsburg, São Paulo: Perspectiva, 2008,

Essas impressões dispersas podem desembocar numa consideração mais geral concernente à biografia de Martin Buber e o paradoxo de uma vida que atravessa todo o século dando a impressão de haver construído para si uma posição em que não se permitiu, de modo algum, ser afetada por suas violências. Graças à sua longevidade, Buber é o único entre seus contemporâneos que viveu, enquanto adulto e como testemunha privilegiada, os três grandes momentos que escandem a história universal e a vida judaica: a Primeira Guerra Mundial e a dissolução dos impérios, a Segunda com a destruição dos judeus da Europa e a fundação, enfim, do Estado de Israel. Estranhamente, porém, esse ator constantemente engajado nos movimentos políticos e sociais oferece a imagem de uma existência quase que fora da história. Já idoso demais para participar dos combates, ele é certamente atingido pelo primeiro conflito mundial, mas sem sofrer o transtorno conceitualizado de Rosenzweig ou descrito por Scholem e Benjamin. Figura central da vida judaica na Alemanha no momento da irrupção do nazismo, ele permanece o maior tempo possível em Berlim buscando organizar uma resistência espiritual e ser-lhe-á censurado de para aí retornar rápido demais após a Schoá, como se não tivesse verdadeiramente desorientado o curso de sua vida e de seu pensamento[10]. Sionista, enfim, desde sua juventude, ele acompanha o nascimento de Israel com profundas reservas, que exprimem ao mesmo tempo a inquietude perante uma forma de banalização da vida judaica e o temor de uma convivência impossível com as populações árabes.

Ao oposto da violência das revoltas de Walter Benjamin ou ainda da capacidade que tinha Hannah Arendt de estar totalmente envolvida pelo evento, a ponto de reorientar incessantemente o curso de seu pensamento, o ritmo dos trabalhos de Martin Buber parece frequentemente estranho aos

---

p. 38-39). Scholem conta que Benjamin lhe dizia que se um dia reencontrasse Buber, lhe devolveria "uma urna com suas lágrimas".

[10] Esta crítica foi formulada em Israel após Buber ter aceito voltar à Alemanha já em 1952, e depois em 1953, para receber, sucessivamente, o prêmio Goethe e o prêmio da paz. Encontramos este espírito num estudo de Michaël Walzer, La Recherche de Sion chez Martin Buber, *La Critique sociale au XXe siècle: Solitude et solidarité*, trad. S. McEvoy, Paris: Métailié, 1996, p. 78-93. Walzer escreve que "há uma enorme ausência do horror nazista" (p. 85) nas obras de Buber publicadas durante o período crucial do nazismo, e sugere que ele superestimou a distância que convinha estabelecer após a experiência dos campos de concentração (p. 88).

espasmos da época. De uma outra maneira, se Scholem é o homem da dialética no sentido heterodoxo que ele dava a esse termo, Buber representa em relação a ele o sentido de uma via direta, ligada indissoluvelmente a um ideal fixado muito cedo e parecendo recusar as solicitações da história cotidiana. Daí são provenientes, sem dúvida, os julgamentos mais sintéticos formulados sobre sua obra: inspirada segundo Scholem, que lhe censura todavia uma falta de sensibilidade histórica; existencialista para um Leo Strauss revelando uma obsessão pelo "vivido" que se opõe ao rigor do sentido da Lei; etérea, enfim, aos olhos de Emmanuel Lévinas, enquanto estão em causa as modalidades do encontro com o outro. É necessário acrescentar, para ser justo, que essas apreciações intervêm após cuidadosas análises de uma marcha mais ambiciosa e contrariada que não aparece à primeira vista. Mas ao menos elas têm a vantagem de fixar os contornos liminares de um retrato, ao desenhar a forma do mistério relacionado à personalidade de Martin Buber tal qual já se esboçava aos olhos de Kafka: o contraste entre a perseverança de suas investigações nos territórios secretos da vida judaica e a incerteza que preside à sua concepção do próprio judaísmo.

O *Tzadik* de Zehlendorf

Sem jamais ter redigido uma verdadeira autobiografia, Martin Buber deixou alguns fragmentos suscetíveis de esboçar senão sua lenda tal como ele a teria imaginado para os mestres da tradição hassídica, ao menos a narração de sua vida a partir dos eventos que lhe eram caros. Em 1958, quando então acaba de perder sua esposa Paula que conhecia desde 1899, ele os apresenta com reserva e modéstia: "Não se trata aqui de contar eventos de minha vida particular, mas unicamente de lançar um olhar sobre alguns episódios que exerceram uma influência decisiva sobre a forma e a direção de meu pensamento"[11]. Logo surgem, no entanto, as dolorosas

---

11 Martin Buber, *Fragments autobiographiques*, trad. de R. Dumont, introdução de Dominique Bourel, Paris: Stock, 1985. Redigido por solicitação dos editores da *Library of Living Philosophers* de acordo com a tradição dessa série, este relato tinha sido intitulado por Buber, para a edição alemã, *Begegnung* (Encontro). Além da biografia já indicada de Hans Kohn e que vai até os anos de 1930, a obra de referência está agora constituída pelos três volumes de

lembranças de uma mãe ausente em razão da destruição do lar vienense de toda a primeira infância e sua marca nas categorias do futuro filósofo: desde que Buber indica haver forjado o termo de *Vergegnung* (desencontro) que se tornará o antônimo de seu conceito central de *Begegnung* (encontro) como ressonância do efeito que havia produzido sobre ele o anúncio cruel do fato de que jamais tornaria a ver sua mãe. A memória já se estruturando em torno de elementos antagônicos, como logo fará o pensamento de Buber, a impossibilidade de um encontro autêntico com a mãe opõe-se à fecundidade dos anos passados no refúgio dos avós na Galícia. Quanto à imagem do pai, ela aparece apagada, entre a violência da perda materna e a imagem do novo lar, como que para dar corpo a este propósito que é atribuído ao próprio Carl Buber: "tenho sido somente o filho de meu pai e o pai de meu filho".

Nascido em 1878, Martin Buber está com três anos quando deixa Viena para se instalar em Lvov (Lemberg), onde descobre o mundo judaico dos "tempos antigos". Proprietário de imóveis, negociante e possuidor de minas de fósforo, seu avô pertence aos círculos dirigentes da comunidade e da vida econômica, estando amplamente liberado das obrigações das tarefas por sua esposa Adélia, preocupada, como seria de se esperar, de reservar-lhe o tempo necessário ao estudo da *Torá*. Mas Salomão Buber é essencialmente um eminente filólogo, a quem se devem as primeiras edições críticas, e ainda hoje importantes, de alguns *midraschim*[12]. "Amante da palavra", ele inculca em seu neto o respeito pelos textos e a criança recebe de seus dois avós uma paixão jamais desmentida pela linguagem: esta que encontrará um dia sua expressão mais alta na tradução da *Bíblia* empreendida com Franz Rosenzweig e terminada somente após a morte deste último. Formado na ideia segundo a qual "um humanismo fundado sobre o conhecimento das línguas era a via real da educação", ele descobre com deslumbramento sua pluralidade

---

Maurice Friedman, *Martin Buber's Life and Work: The Early Years, 1878-1923; The Middle Years, 1923-1945; The Late Years, 1945-1965*; New York: E. P. Dutton, 1982, 1983, 1984. Dispomos ainda de uma versão expurgada das notas dessa biografia, em M. Friedman, *Encounter on the Narrow Ridge, A Life of Martin Buber*, New York: Paragon House, 1991.

12 Entre os dezesseis *midraschim* editados por Salomon Buber, os mais importantes são, sem dúvida, os seguintes: *Tanhuma* e *Midrasch Agadá*, sobre o *Pentateuco*; o *Midrasch Tehilim* sobre os *Salmos*; os *Sifrei de Agadata* (em aramaico, o mesmo que *agadá*); três *midraschim* sobre o livro de *Ester*, ver a obra clássica de H. L. Strack atualizada por G. Stemberger: *Introduction au Talmud et au Midrash*, trad. M.-R. Hayoun, Paris: Cerf, 1986.

e adquire o domínio de um grande número dentre elas, a ponto de situar seu principal orgulho infantil em sua capacidade de descobrir um dia para seu avô a solução de um problema encontrado em Raschi, resgatando um termo do francês antigo sob sua transcrição hebraica.

Aos catorze anos, todavia, Martin Buber retorna à casa de seu pai, que deixara Viena, e frequenta na Rutênia uma escola cuja atmosfera parece-lhe recuar "à margem da história". Nessa porção da monarquia austro-húngara, onde as comunidades coexistem sem se compreenderem, a língua escolar é o polonês e Buber relata como principal sofrimento a postura cotidiana ereta, os olhos baixos, enquanto o mestre e a maioria dos alunos fazem o sinal da cruz e em seguida pronunciam a fórmula da Trindade. Confessando que a lembrança da "sala ruidosa da profissão de fé estranha" é para ele mais dolorosa ainda do que a das manifestações de intolerância, ele associa a isso o fracasso de Rosenzweig, procurando mais tarde convencê-lo de uma "missão judaica entre os não judeus"[13]. Chega então rapidamente o tempo das universidades, após a época dos primeiros contatos com o pensamento, experiência que Buber relaciona à questão do tempo para contrapor a dádiva da "liberdade filosófica" atribuída a Kant à influência nefasta de Nietzsche, da qual ele levará um longo tempo para afastar-se. Ao curso de um périplo que o conduz, durante os últimos anos do século, de Viena a Leipzig, depois a Zurique e a Berlim, ele estuda a filosofia, a história da arte e da literatura, mas também a psicologia, a física e a economia, até o seminário de Georg Simmel em Berlim. Scholem conta, a esse respeito, como ele despertou um dia a ira de Buber em relação a uma nota impertinente e malévola sobre Simmel[14]. Mas ele relata também a surpresa que tivera

---

13 *Fragments autobiographiques*, p. 50. Sobre essa temática em Franz Rosenzweig, ver supra, cap. II.
14 Ver G. Scholem, *De Berlin à Jérusalem: Souvenirs de jeunesse*, trad. S. Bollack, Paris: Albin Michel, 1984, p. 119 (trad. bras.: *De Berlim a Jerusalém: Recordações da Juventude*, trad. Neusa Messias de Soliz, São Paulo: Perspectiva, 1991, p. 91). Se ignoramos qual era exatamente, na época, a natureza dos propósitos de Scholem para com Simmel, ele evidencia que o terá sempre na conta de um símbolo da ilusão de uma parte dos judeus alemães, pois escreve em 1962 para recusar qualquer perspectiva de um diálogo judaico-alemão: "Ele realizou este prodígio de um homem em quem a substância do judaísmo manifestou-se ainda mais visivelmente quando alcançou o nadir puro da completa alienação" (Contre le mythe du dialogue judéo-allemand [Contra o Mito do Diálogo Judeo-alemão], *Fidélité et utopie: Essais sur le judaïsme contemporain*, trad M. Delmotte e B. Dupuy, Paris: Calmann-Lévy, 1978, p. 104).

o próprio Buber ao ouvir Simmel identificar-se pela primeira vez com o judaísmo pela leitura de suas *Histórias do Rabi Nakhman* e isso por uma forma lapidar: "Nós somos mesmo um povo muito estranho"[15].

Na virada do século, a atividade de Martin Buber já está amplamente consagrada ao movimento sionista e suas batalhas internas. Desde 1899, então com apenas 21 anos, Buber é delegado ao III Congresso Sionista de Basileia, no qual esboça um tema que se tornará um de seus *leitmotive* sobre a questão: mais do que um movimento político, o sionismo representa uma visão de mundo que deve conquistar o conjunto do povo judeu para transformar-lhe o espírito e a cultura. Seduzido por Theodor Herzl, cujo carisma admira, ele vê rapidamente ser-lhe confiada a direção da redação da revista do movimento, *Die Welt* (O Mundo). Mas, dois anos mais tarde, ele é o inspirador da "fração democrática" que conduz a oposição contra Herzl no V Congresso: ao recusar o projeto de estabelecimento de um lar judeu no Quênia, para opor-lhe uma ação imediata a favor da instalação na Palestina. Posteriormente, próximo do sionismo cultural de Ahad ha-Am, ele redige com Berthold Feiwel e Chaim Weizmann um projeto de universidade judaica, que será traduzido em várias línguas, antes de inspirar, trinta anos mais tarde, a criação da Universidade Hebraica de Jerusalém[16]. Em 1903, a ruptura é consumada com Herzl, depois que Max Nordau dirigiu, a pedido deste último, um virulento ataque contra Ahad ha-Am e seu movimento. Buber fará a narração de seu último encontro com o fundador do sionismo, que morrerá no ano seguinte, como uma primeira irrupção "sobre a cena da tragédia". Descrevendo um Herzl desenvolvendo-se lenta e amplamente sob o olhar de sua mãe, ele restitui em termos weberianos a forma de um conflito entre a causa e a pessoa: sem desesperar e abdicar, o homem que age na história não se deixa impressionar pelas questões do fracasso ou do sucesso; "mas os momentos em que elas afloram são verdadeiramente os momentos religiosos de sua vida"[17].

---

15 Idem, p. 111 (*De Berlim a Jerusalém: Recordações da Juventude*, p. 83).
16 Ver, sobre essa história, supra, o capítulo IV, p. 387-390.
17 *Fragments autobiographiques*, p. 74. Buber também relatará a Iehudá L. Magnes como se tinha decidido a renunciar "ao papel de homem político", necessariamente colocado na escolha entre "verdade e realização", após ter vivido as tratativas do XII Congresso Sionista de 1921, em torno de uma moção sobre a questão árabe que havia sido incumbido de redigir. Ver sua carta a Magnes em M. Buber, *Une Terre et deux peuples: La question judéo-arabe*, textos

MARTIN BUBER (1878-1965)   581

Já persuadido de que ele não é, sem dúvida e propriamente falando, destes que fazem diretamente a história, Martin Buber distancia-se das primeiras fileiras do combate sionista. Mas ele procurará até o fim de sua vida influenciar seu destino através de intervenções públicas. Preocupado desde os anos de 1920 com o problema árabo-judaico, ele defenderá constantemente a ideia de uma Palestina "sempre habitada por dois povos", segundo a expressão de seu amigo Robert Weltsch antes do XIV Congresso de 1925[18]. O que permanece é que seu engajamento a favor do sionismo é daí em diante principalmente filosófico, antes de se tornar político no momento da criação do Estado de Israel. A intervenção mais significativa a este propósito baseia-se em um intercâmbio com Hermann Cohen, em 1916: onde ele defende diante do velho mestre a tese segundo a qual a ideia do judaísmo não pode ser realizada sem a atualização histórica da nação judia[19]. Contestando a maneira pela qual Cohen e os liberais desconstroem o messianismo, ao glorificar a dispersão, o desenraizamento e o exílio enquanto condições da Redenção, ele advoga a causa de uma Palestina supranacional, destinada não somente aos judeus, mas a toda a humanidade. Cohen responde-lhe então evocando *Miqueias* 5, 7 ("o povo de Jacó estará entre as nações, no meio dos povos numerosos"): para associar a imagem laudativa da Diáspora à "teodiceia histórica" do povo judeu. Mas Buber sustenta que a lição da história é inversa, mostrando que a dispersão é incompatível com a realização do judaísmo. Assim se desenvolve, segundo

---

reunidos e apresentados por Paul Mendes-Flohr, trad. D. Miermont e B. Vergne, Paris: Lieu Commum, 1985, p. 92.

18 Robert Weltsch, A Propos du XIVe Congrès sioniste, l'enjeu, *Jüdische Rundschau*, 30, 64/65, 14 ago. 1925, citado em Paul Mendes-Flohr, introdução a Martin Buber, *Une Terre et deux peuples*, p. 26.

19 Hermann Cohen havia publicado em junho de 1916, na revista *K.-C. Blätter*, uma crítica do sionismo intitulada Religion und Zionismus (Religião e Sionismo, em H. Cohen, *Jüdische Schriften*, II, Berlin: C. A. Schwetschke & Sohn, 1924, p. 319-327). Buber havia então lhe enviado uma carta aberta, publicada em julho no *Der Jude* (Begriffe and Wirklichkeit, Brief an Herrn Geh. Regierungsrat Prof. Dr. Hermann Cohen), e a controvérsia prosseguiu com a resposta de Cohen, "Antwort auf das offene Schereiben des Herrn Dr. Martin Buber an Hermann Cohen", publicada na mesma revista em jul./ago. de 1916 (*Jüdische Schriften*, II, p. 328-340), seguida de uma última intervenção de Buber, Zion, der Staat und die Menschheit [Sião, o Estado e a Humanidade], *Der Jude*, set. 1916). Teremos os excertos dessa polêmica em Paul Mendes-Flohr e Jehuda Reinharz, *The Jew in the Modern World, A Documentary History*, 2. ed., New York/Oxford, Oxford University Press, 1995, p. 571-577. Ver também J. Guinsburg, *O Judeu e a Modernidade*, São Paulo: Perspectiva, 1970. Acerca desse aspecto da biografia de Cohen, ver supra, cap. 1, p. 43-44

Simon Dubnov, que integra a polêmica em sua *História Moderna do Povo Judeu*, um conflito decisivo no futuro entre "o campeão do antigo messianismo [e] o anunciador de um novo messianismo espiritual"[20].

Desde os primeiros anos do século, o essencial do interesse de Martin Buber já está focalizado sobre isto que será a obra de sua vida: a restituição do universo hassídico e a recomposição de uma imagem espiritual do judaísmo inspirada a partir dessa tradição. Segundo seu próprio testemunho, os primeiros encontros de Buber com o hassidismo datam de suas férias de infância em Bucovina, de onde seu pai o levava frequentemente a Sadagora, sede de uma das últimas dinastias de *tzadikim*. Consciente de só descobrir os últimos fulgores de um mundo em vias de desaparecimento, ele descreve a "trupe sombria" que atravessa a "suja aldeia", mas acrescenta ter compreendido nessa ocasião, como o consegue uma criança, que "a razão de ser do mundo é o homem perfeito e que o homem perfeito nada mais é do que o autêntico salvador"[21]. O que resta é que logo se impõe a lição de uma conversa singular no fim de uma conferência, quando um homem dele se aproxima e o questiona: "Senhor professor, tenho uma filha..., tenho também alguém para minha filha, um homem jovem..., é um jurista, ele terminou seus exames com mérito..., é um homem sério?"[22]. Incapaz, evidentemente, de responder a seu interlocutor e, no entanto, persuadido de que sabia mais do que dissera, Buber aprende então por experiência e às próprias custas o que significa a ideia do homem perfeito:

> Eu que não sou certamente um *tzadik*, não um homem apoiado em Deus, mas, ao contrário, um homem sempre em perigo diante de Deus, [...] eu que havia dado a uma questão trivial uma resposta trivial, compreendi por mim mesmo nesta ocasião e pela primeira vez o que é o Tzadik autêntico, este que se questiona à espera de uma revelação e que responde enquanto revelador.

"Reb. Martin von Heppenheim" para Franz Rosenzweig, "Tzadik de Zehlendorf" para seus amigos berlinenses, Martin Buber já é uma perso-

---

20 Simon Dubnov, *Histoire moderne du peuple juif, 1789-1938*, trad. S. Jankélévitch, prefácio de Pierre Vidal-Nacquet, Paris: Cerf, 1994, 1546.
21 *Fragments autobiographiques*, p. 76.
22 Idem, p. 78.

nalidade central da vida intelectual judaica no momento da guerra. Desde 1916 é diretor do *Der Jude* (O Judeu), que ele tentara fundar uma primeira vez em 1903, com Chaim Weizmann e Berthold Feiwel, Simon Dubnov, Ernst Simon, Gustav Landauer, Franz Rosenzweig e, finalmente, Kafka. Após sua polêmica com Cohen, ele responde também a Stefan Zweig, que lhe diz "amar a ideia dolorosa da Diáspora" e que o eventual fracasso do sionismo é preferível àquilo que "corrompe do interior" a vida do judaísmo[23]. Mas ele é, principalmente, o autor de duas obras que reúnem as conferências pronunciadas em Praga desde 1909, sob os títulos sucessivos de *Drei Reden über das Judentum* (Três Discursos sobre o Judaísmo, 1911) e *Vom Geist des Judentums* (Do Espírito dos Judeus, 1916), livros dos quais Scholem dirá constituírem as balizas da juventude sionista da época[24]. É nesse contexto que intervém seu encontro com um Rosenzweig, oito anos mais jovem, que se confessa fascinado pela autenticidade intelectual de Buber e seu domínio das origens judaicas, apesar de seu desacordo radical com o sionismo. Enquanto Rosenzweig redige em alguns meses *A Estrela da Redenção*, durante o inverno de 1918-1919, Buber escreve o primeiro esboço de *Eu e Tu*, julgado em parte desastroso pelo primeiro; depois ele atravessa o que denomina um período de ascese espiritual sem leitura, antes de apresentar o projeto da obra em fevereiro de 1922 no Frei Jüdische Lehrhaus (Instituto de Cultura Judaica Independente), de Frankfurt, fundado e dirigido por Rosenzweig[25].

23 Ver a troca de correspondência entre Stefan Zweig e Martin Buber de 1918 em *Une Terre et deux peuples*, p. 52-54.
24 Ver G. Scholem, *Walter Benjamin: Histoire d'une amitié*, p. 16. Encontra-se o conjunto dos textos destes dois volumes em *Judaïsme*, p. 9-89. Esse último livro contém as três conferências publicadas em *Drei Reden über das Judentum* ("O Judaísmo e os Judeus", "O Judaísmo e a Humanidade" e "A Renovação do Judaísmo"); depois aquelas que haviam sido acrescentadas em *Vom Geist des Judentums* ("O Espírito do Oriente e o Judaísmo", "A Religiosidade Judaica" e "O Mito no Judaísmo"). Acrescentam-se ali ainda duas conferências ("A Via Santa, Palavra Endereçada aos Judeus e às Nações"; "Herut [heb. liberdade], Uma Conferência sobre a Juventude e a Religião") incluídas em um 3º volume publicado em 1923 em Frankfurt: *Reden über das Judentum*. Restam ainda quatro conferências pronunciadas entre 1939 e 1951, reunidas por Buber para a edição definitiva destes escritos sobre o judaísmo (*Der Jude und sein Judentum*, Cologne, 1963 [O Judeu e sua Judaicidade, Colônia, 1963]): "O Espírito de Israel e o Mundo de Hoje"; "Judaísmo e Civilização"; "A Questão Secreta"; e "O Diálogo entre o Céu e a Terra".
25 Sobre as condições do encontro entre Rosenzweig e Buber, e depois a reação do primeiro ao manuscrito original de *Eu e Tu*, ver supra o capítulo II, p. 181-183.

Aparecem, assim, em cinco anos, três obras de harmonias semelhantes e que se revelarão decisivas para o pensamento judaico contemporâneo: a *Religião da Razão Extraída das Fontes do Judaísmo*, de Hermann Cohen (1918); *A Estrela da Redenção*, de Rosenzweig (1921); depois *Eu e Tu*, de Buber (1923), que diz não ter tomado conhecimento dos dois primeiros livros a não ser após o término do seu. Entre Buber e Rosenzweig, as diferenças são profundas, tanto no plano político quanto do ponto de vista da relação à Lei: como quando o primeiro declara, especialmente, que só retoma das *mitzvot* o que lhe diz respeito diretamente[26]. Quer sigamos ou não a proposta de Nahum Glatzer, segundo a qual Martin Buber tenta fundar uma nova religião, enquanto Franz Rosenzweig encontra a paz no respeito pela *Halakhá*, é inegável que os dois homens concebem e vivem dois judaísmos muito diferentes do ponto de vista de suas fontes e de suas orientações. Portanto, enquanto Lambert Schneider pedirá a Buber, em 1924, que empreenda uma nova tradução do Antigo Testamento do hebraico para o alemão, este último não aceitará, a não ser com a condição de poder fazê-la com Rosenzweig. O trabalho organizar-se-á então em função da doença atroz que corrói Rosenzweig. Martin Buber, que renunciou rapidamente ao projeto de simplesmente corrigir a versão de Lutero, traduz durante a semana e chega em Frankfurt na terça-feira. Lecionando pela manhã na universidade, ele passa a tarde com Franz Rosenzweig, lê para ele as passagens redigidas, informa-o das controvérsias exegéticas e dos escritos recentes, depois corrige o texto em sua companhia.

Do ponto de vista de Gershom Scholem, o final dos anos de 1920 é, todavia, a época de um encontro frustrado entre Buber e a juventude sionista[27]. Chegado já ao auge de sua influência sobre ela na Alemanha, ele

---

26 Durante o verão de 1923, Rosenzweig havia redigido um texto intitulado "Die Bauleute: Über das Gesetz", que será publicado em agosto de 1924 em *Der Jude* e, no ano seguinte, em forma de brochura. Enquanto esse texto discute um certo número de teses desenvolvidas por Buber em seus ensaios sobre o judaísmo, os dois homens terão uma longa troca de cartas, as quais foram publicadas em inglês por Nahum Glatzer: ver Franz Rosenzweig, *On Jewish Learning*, New York: Schocken Books, 1955, p. 109-118 e supra, cap. II, p. 259-263. Na introdução a essa coletânea, que também contém vários textos de Rosenzweig, Nahum Glatzer resume o espírito de seu diálogo com Buber e o fundo de seus desacordos, dizendo que Buber queria, fundamentalmente, renovar as condições da fé, enquanto Rosenzweig procurava preservar o respeito pelas *mitzvot*, visando a transferência do entusiasmo para a vida cotidiana.
27 G. Scholem, Le Judaïsme dans la pensée de Buber (1967), *Fidélité et utopie*, p. 138-139.

parece decepcionar aqueles para os quais pleiteava a instalação na Palestina e que têm a sensação de que ele demora a reuni-los. Sem dúvida, é necessário dizer que, em 1927, o projeto iniciado por Scholem e Magnes de fazer Buber vir à Universidade Hebraica deparou-se com a oposição dos ortodoxos, chocados com a ideia de que fosse confiado a esse "anarquista" religioso o ensino da tradição. Mas com o retrocesso, Scholem vê aqui a fonte de uma dimensão "trágica" da existência de Buber: a diferença crescente entre seu reconhecimento fora do mundo judeu e sua influência no interior deste último. O paradoxo era então que o homem que falasse ardentemente da "realização", no sentido que dá a esse termo a mística, não chegava a quebrar este exílio do qual descrevera com eloquência "as fraquezas, as taras e a escravidão". Essa contradição tornar-se-ia flagrante a partir de 1933, até a partida definitiva de Buber para Jerusalém, em 1939. Enquanto Nahum Glatzer lhe escreve, desde 1933, que ele imagina não apenas um novo aprisionamento dos judeus nos guetos, mas até mesmo uma destruição, Buber permanece em Berlim, demite-se da universidade sem esperar ser excluído, mas se vê logo proibido de falar publicamente e organiza as duas únicas formas de resistência que lhe parecem possíveis: o diálogo judaico-cristão e a educação dos judeus da Alemanha[28]. Tardiamente, entretanto, ele responderá a um Gandhi, que pleiteia a banalidade histórica das violências sofridas pelos judeus e as virtudes do martírio, que no momento em que os rolos da *Torá* são queimados e um "extermínio lento e rápido" infligido nos campos de concentração, não é hora de pacifismo e sacrifício[29].

Instalado posteriormente em Jerusalém, Buber que aprendera o hebraico moderno com Abraham Herschel, ensina sociologia na Universidade Hebraica e dele será dito que a prova de que ele domina sua nova linguagem reside no fato de que nesta última ele se tornou tão obscuro quanto no alemão! Incrédulo diante das primeiras informações que chegam

---

28 Ver a carta enviada por Nahum Glatzer a Buber, 27 de abril de 1933, e a resposta de Buber, datada de 4 de maio, em *The Letters of Martin Buber: A Life of Dialoge*, Nahum N. Glatzer e Paul Mendes-Flohr (ed.), trad. R. e Cl. Winston e H. Zohn, New York: Schocken, 1991, p. 399-401.
29 Ver a troca de correspondência entre Gandhi e Buber em *Une Terre et deux peuples*, respectivamente p. 144-150, para a carta de Gandhi de 1938, e p. 152-170, para a resposta de Buber, datada de mar. 1939.

sobre o massacre dos judeus poloneses, ele concentra sua atenção sobre a escrita de *Gog e Magog*, lutando também contra a radicalização dos ativistas do Irgun e por uma solução binacional e, em seguida, federal ao problema árabo-judaico. Mas sabe-se igualmente que a criação do Estado de Israel surpreende quem havia se engajado no movimento sionista desde sua criação e que procura reproduzir, face a Ben Gurion, algo da oposição "leal" que ele desejara desenvolver contra Herzl quarenta anos antes. Persuadido desde muito tempo de que o judaísmo vive uma tensão perpétua entre os Profetas e os Reis, ele polemiza com o herói da fundação de Israel, enquanto a Europa o cobre de honrarias, Hermann Hesse propondo sua candidatura ao prêmio Nobel da paz desde 1949. Martin Buber, figura universal do Sábio no mundo inteiro, enquanto sua influência parece decrescer em Israel devido às posições heterodoxas a favor da paz que ele manterá até a sua morte na véspera da Guerra dos Seis Dias: uma tal constatação poderia justificar facilmente a nota de Scholem sobre o aspecto finalmente trágico desta longa existência. Mas como que para responder-lhe por antecipação, Buber escrevia desde 1955: "Eu não me sinto de nenhum modo 'isolado' aqui em Jerusalém. Tenho amigos e alunos. Certamente sou impopular, e é bastante difícil que seja de outro modo para alguém marginal, como eu tenho sido desde minha juventude e assim permaneci toda a minha vida"[30].

O Judaísmo de Martin Buber: Uma Ponte sobre o Exílio

Se é verdade que todo judeu tem a tendência a desenvolver sua própria "teologia particular", segundo uma fórmula de Scholem, parece também que cada um dos pensadores contemporâneos do judaísmo dela oferece uma imagem pessoal, extraindo da história da Tradição e da multiplicidade de suas formas os traços que lhe parecem decisivos. O aspecto mais marcante do judaísmo de Martin Buber atém-se ao fato de que ele permanece

---

30 Carta de Martin Buber a Hans Blüher de 19 jan. 1955, citada por Paul Mendes-Flohr em *Une Terre et deux peuples*, p. 9.

ancorado nos dois lugares extremamente distantes no tempo que são o mundo bíblico e a última época do hassidismo: como que para construir uma espécie de ponte que passa por cima do exílio. Essa singularidade, que não escapou a seus dois leitores mais sutilmente críticos, que são Scholem e Lévinas, surge desde as primeiras conferências pronunciadas em Praga no início do século e persiste, transformando-se, até os últimos escritos[31]. Ela tem como consequência deixar na sombra todos os universos da tradição rabínica, da filosofia medieval e até mesmo da Cabala, onde outros veem as expressões mais vivas da vida judaica. Mas ela esclarece também o núcleo de um pensamento que recusava dissociar a exegese da especulação filosófica ao procurar ligar a interpretação histórica com a restituição da experiência interior.

O tom das investigações de Martin Buber nos universos do judaísmo é dado por uma das questões liminares da primeira conferência de Praga: "Que significa nosso desejo de durar [...] apesar do tempo e deste tempo particular que nós vivemos enquanto judeus?"[32] Quanto à intenção que os guia, ela se formula como uma recusa de ser judeu "por desafio", ou como resposta a uma sorte de "decreto das nações" que suscitaria uma identidade reativa ao antissemitismo. Desde então, a ideia que organiza a reflexão já contém isto que se tornará o conceito central de "realização": enquanto para cada judeu "o passado de seu povo é um tesouro de sua memória pessoal, o futuro deste povo deve-se tornar sua tarefa pessoal"[33]. À vista de uma tal concepção, parece repentinamente que a tradição nunca é para Buber esta continuidade de gerações que transmitem a Lei interpretando-a, mas uma liberdade que arrisca a qualquer momento tornar-se um hábito: "a mais miserável escravidão para este que recolhe a herança por simples teimosia e preguiça de espírito"[34]. Pode-se pensar, juntamente com Scholem, que esta visão se transformou um pouco na obra de Buber, ao curso do tempo e segundo os registros de seu trabalho. Resta que ela

---

31 Ver Emmanuel Lévinas, La Pensée de Martin Buber et le judaïsme contemporain, Hors sujet, Paris: Fata Morgana, p. 26-27; e G. Scholem, Le Judaïsme dans la pensée de Martin Buber, op. cit., p. 146-147.
32 Martin Buber, Le Judaïsme et les juifs (1909), em Judaïsme, p. 9.
33 Idem, p. 13
34 Idem, p. 9.

estrutura de parte a parte os três planos de seu judaísmo: um ódio profundo face ao exílio, a recusa de considerar a Lei enquanto instância central da experiência religiosa e a ligação com aquelas correntes ocultas da vida judaica que provêm da experiência do hassidismo.

Mais ainda do que a própria situação, é a transformação do judaísmo no exílio que revolta Martin Buber. Para ele, o período criador do povo judeu confunde-se com um momento originário em que a "unidade matricial da terra" permitia a cada indivíduo ultrapassar a divisão de seu ser, oferecendo à humanidade a ideia do Deus único. Incandescente na era bíblica, restaurado na época dos essênios, esse esforço para redimir toda dualidade foi quebrado pelo próprio desenraizamento, mas também pela maneira pela qual o afrontaram as sucessivas gerações. Buber não possui desde então palavras suficientemente duras para caracterizar o exílio e suas produções teológicas ou filosóficas: "período de intelectualismo estéril, desta intelectualidade distante da vida e da aspiração vivida rumo à unidade, que se nutriu de fórmulas livrescas, de comentários sobre comentários, e subsistiu doentio, miserável, atrofiado, numa atmosfera de abstração de onde a ideia desertara"[35]. Aqui, tudo se passa como se o judaísmo houvesse se perdido ao reciclar sua antiga luta a favor da unidade interior do homem, num combate inútil contra o mundo, no qual o essencial das forças se esgota ao conter toda novidade da vida espiritual. Se Buber abandonou progressivamente as cores românticas que ele dava a esse assunto enquanto louvava a terra e até mesmo o sangue através de imagens vitalistas, ele conservará sempre a forma, até em sua preocupação posterior de aproximar o primeiro cristianismo do judaísmo autêntico para opô-los à tradição improdutiva dos rabinos e dos filósofos.

Assim como bem viu Scholem, esta maneira de preconizar um salto sobre todo o período do exílio não era estranha à influência de Mikha Joseph Berditchevski*, erudito talmudista e discípulo dos *hassidim* que se revoltara contra o intelectualismo da tradição após ter lido Nietzsche[36].

---

35 Le Judaïsme et l'humanité (1910), idem, p. 24.
* Conhecido como Bin Gorion, 1865-1921 (N. da E.).
36 Ver G. Scholem, Le Judaïsme dans la pensée de Martin Buber, op. cit., p. 147. Simon Dubnov desenha igualmente os contornos do pensamento de Berditchevski e mostra sua influência sobre a geração de Buber. Cf. *Histoire moderne du peuple juif*, p. 1438. Encontra-se

Nessa atmosfera de encontro eletrizante entre as correntes antinômicas do pensamento europeu moderno e as formas tradicionais da vida judaica, a preocupação de complementação da experiência do exílio passava também, para Buber, por uma rejeição imediata dos rigores da *Halakhá* que se estenderia até uma contestação do lugar assinalado à Lei. Na série dos primeiros textos, esta perspectiva desenvolve-se de forma ocasional: enquanto Buber desejava desembaraçar o judaísmo dos "resíduos com que o rabinismo e o racionalismo haviam-no recoberto"; ao mostrar que sua essência reside na "decisão" e não na dimensão prescritiva da Lei imposta pelos conservadores ou reinterpretada num sentido ético pelos humanistas como Hermann Cohen[37]. Em seguida, ela encontrará uma expressão mais firme ainda, tanto sobre o plano das análises doutrinárias quanto no conteúdo da filosofia de Buber. A título de ilustração, ele procurará mostrar que o sentido autêntico do termo "*Torá*" não é "Lei", como o faz pensar uma tradução grega falha popularizada por Paulo, mas "comando, indicação da direção, ensinamento, diretivas, instrução"[38]. Resta que a formulação mais potente dessa concepção encontra-se no curso mesmo da virada especulativa operada por *Eu e Tu*, no momento em que Buber deseja fazer aparecer o "Tu eterno" que é Deus:

> Assim como o próprio sentido não se deixa transmitir e nem se formular numa doutrina válida e aceita por todos, a provação não conseguiria ser formulada em legítimas obrigações, ela não está submetida a prescrições e nem inscrita sobre alguma tábua da lei que se pudesse erigir além de todas as cabeças. Cada um só pode manifestar esse sentido que recebeu apenas pela qualidade única de seu ser e no caráter único de sua vida[39].

Ter-se-ia compreendido que entre essa contestação de caráter seminal da Lei e a rejeição de todas as obras e práticas provenientes do

---

uma análise mais vasta da influência de Nietzsche no pensamento de Buber em Dominique Bourel, De Lemberg à Jérusalem: Nietzsche et Buber, em Dominique Bourel; Jacques Le Rider, *De Sils-Maria à Jérusalem*, Paris: Cerf, 1991, p. 121-130.

37 Ver M. Buber, La Religiosité juive (1913), em *Judaïsme*, p. 67-69.
38 Martin Buber, *Deux types de foi: Foi juive, foi chrétienne*, tradução B. Delattre, apresentação de R. J. Tsvi Werblowsky, Paris: Cerf, 1991, p. 71.
39 Martin Buber, *Je et Tu* (1923), *La Vie en dialogue*, trad. J. Loewenson-Lavi, Paris: Aubier, 1959, p. 82-83.

período do exílio, Buber radicaliza o conflito que opõe a seus olhos um "judaísmo *oficial*" perfeitamente estéril e a produtividade de um "judaísmo *subterrâneo*"[40]. O momento de cristalização desse antagonismo parece-lhe situar-se ali onde a maior parte dos intérpretes da Tradição veem um ângulo decisivo da história judaica: na época da fixação da Escritura, definida como "expressão declarada de uma religião de Estado [...] gradualmente canonizada"[41]. Invertendo alusivamente a fórmula dos *Pirkei Avot*, que convida a formar uma cerca protetora em torno da *Torá*, ele avalia que o Livro começou a triunfar sobre a vida no instante mesmo em que "uma muralha foi erguida em torno da Lei, a fim de manter à distância todo elemento estranho ou perigoso"[42]. Percebe-se melhor doravante a maneira pela qual Buber localiza um "judaísmo primordial", associado à estrutura narrativa da linguagem bíblica e profundamente alterada pela codificação dos sacerdotes ou dos compiladores. Ao oposto do racionalismo liberal que encontrará sua expressão mais grandiosa no último Hermann Cohen, ele recusa, assim, com virulência a ideia de um judaísmo que conquista e solidifica sua essência monoteísta contra o mito: "A história do desenvolvimento da religião judaica é, em realidade, a história do combate entre a estrutura natural de uma religião nacional mítico-monoteísta e a estrutura intelectual da religião rabínica, racional e monoteísta"[43]. Novamente, o discurso de Buber abandonará progressivamente esse romantismo às conotações naturalistas e anti-intelectualistas; mas o elogio do elemento mítico no judaísmo continuará a organizar tanto sua leitura das origens dos testamentos quanto sua aproximação da literatura hassídica.

É a partir de uma forma de reabilitação do mito que se instalam efetivamente as estruturas binárias disto que Scholem denomina de as

---

40 *Le Judaïsme et l'humanité*, op. cit., p. 25. Mostrando "como é ingênua essa distinção [...] entre o 'judaísmo oficial', declarado como relevante naquela estrutura que trai a essência, e um 'judaísmo subterrâneo', no qual as fontes verdadeiras podem ser ouvidas em seus murmúrios", Scholem sublinha o lugar central no pensamento do jovem Buber e sua importância do ponto de vista do impacto de seus primeiros livros, ver *Le Judaïsme dans la pensée de Martin Buber*, op. cit., p. 150-151.
41 *La Religiosité juive*, op. cit., p. 74.
42 Idem, p. 75. Lembremos a fórmula dos *Pirkei Avot* (I, 1): "Sede circunspectos, formai muitos discípulos e fazei um valado ao redor da *Torá*".
43 *Le Mythe dans le judaïsme*, op. cit., p. 83. Sobre a perspectiva de um combate entre monoteísmo e mito, ver supra, capítulo 1, p. 89-93.

"antíteses" de Buber. Sobre o plano das manifestações e das figuras do judaísmo, elas opõem os sacerdotes aos profetas, os rabinos aos hereges ou ainda a rigidez paralisante da Lei à fecundidade da *Agadá* popular. Mas elas delineiam também uma geografia e uma história específicas para Buber, bem como procuram mostrar os lugares onde reside a autenticidade da vida judaica, com seus modos de manifestação contra a "esclerose do culto sacrificial, da petrificação da Escritura e da tradição"[44]. Se é verdadeiro que a religiosidade é um "fazer" que "deseja inscrever o Incondicionado no estofo do mundo", não se deve procurá-la nem junto aos filósofos medievais ou modernos: mas nos Profetas que recusam "compactuar com o estado de coisas", no movimento essênio-cristão quando ele repõe em questão o espírito da "decisão", em toda a parte, enfim, onde as correntes místicas caluniadas pelo judaísmo oficial convidam o indivíduo a tornar-se ele mesmo uma *Torá*[45]. Pode-se então dizer destes últimos que eles não se oferecem à atenção de Buber por razões circunstanciais ou acadêmicas, mas porque somente eles parecem capazes de acompanhar uma autêntica "teofania do exílio", através da qual a história de Israel se vincula à da pessoa humana: aí onde se sabe que "viva aqui mesmo, banida conosco, partilhando nossa esperança, a Schekhiná estabeleceu entre nós sua morada"[46].

A relação de Martin Buber com a narrativa bíblica será, portanto, amplamente estruturada pela forma destas oposições que logo se resumirão na grande antinomia entre a religiosidade e a religião. Inicialmente do ponto de vista do método, Buber avança contra a corrente contemporânea que consiste em desmitologizar a Escritura, seja para estimar seu valor de testemunho de acordo com as regras da crítica filológico-histórica, seja para abstrair de seus conteúdos os princípios fundadores de uma ética universal[47]. Para ele, o texto bíblico não é o resultado de uma fusão de fontes,

---

44 La Religiosité juive, op. cit. p.77.
45 Ver, respectivamente, La Voie sainte (1918), em *Judaïsme*, e La Religiosité juive.
46 Martin Buber, prefácio à edição de 1923 de *Reden über das Judentum*, em *Judaïsme*, p. XIII. Notemos que Buber corrige aqui algumas "imprecisões" ou "inexatidões" de seus textos, mas, essencialmente, para sublinhar seu processo de clarificação progressiva de conceitos e ideias.
47 No contexto alemão da época, essas duas orientações poderiam ser representadas, respectivamente, pela exegese crítica herdada de Julius Wellhausen e a *Religião da Razão Extraída das Fontes do Judaísmo*, de Hermann Cohen. Ao contrário, o desejo de libertação face às regras da interpretação e em favor de um retorno ao espírito da Escritura está associado ao

mas uma elaboração progressiva das gerações a partir de um núcleo originário que sofreu múltiplos remanejamentos. Como que para confirmar a ideia de um judaísmo primordial, desde muito cedo ameaçado de soterramento sob acréscimos sucessivos, que transformam seu espírito, trata-se então de remontar "tão longe quanto possível da tradição modificada para a tradição oral"[48]. Esse procedimento de "redução" visa assim "dissipar camada por camada os acréscimos que se podem reconhecer pela língua e pelo estilo, o conteúdo ou a tendência", a fim de se chegar às últimas formações acessíveis que são as únicas que podem oferecer a autêntica contribuição do Livro à "história da fé". Nesse sentido, a tarefa de uma crítica da Tradição não pode se confundir com a preocupação de restituir a maneira como as coisas aconteceram verdadeiramente, como o faz a historiografia desde Ranke. Admitindo como ponto de partida que a categoria literária à qual pertencem os textos bíblicos é a da lenda, ela tem como finalidade simplesmente aproximar as formas do encontro de um povo com "um grande evento histórico que o domina". Por preconizar o retorno ao texto contra a crítica sábia que altera sua significação vivida, ela encontra como vetor privilegiado a prática da tradução. Uma tradução da Escritura a partir de sua língua original realizada em comum com Franz Rosenzweig e terminada somente trinta anos após sua morte. Mas também uma retradução de seu sentido, sob o olhar dessa ressurreição, empreendimento que mostrará desta vez a contribuição específica de Martin Buber à interpretação das origens do judaísmo.

---

impacto causado no mundo judeu por *A Estrela da Redenção*, e pelo choque provocado no universo protestante pelo aparecimento da *L'Épître aux Romains*, trad. de P. Jundt, Genève: Labor et Fides, 1972 (trad. bras.: *Carta aos Romanos*, São Paulo: Novo Século Editora Cristã, 2003), de Karl Barth. Constata-se, todavia, que Rosenzweig e Buber permanecem desconfiados de Barth por razões teológicas. A esse respeito, remetemos ao precioso testemunho de Leo Strauss, A Giving of Accounts, 1970, em *Jewish Philosophy and the Crisis of Modernity, Essays and Lectures in Modern Jewish Thought*, Albany: State University of New York Press, 1997.

48 Martin Buber, *Moïse* (1952), trad. A. Kohn, Paris: PUF, 1957, p. 3. Buber reintegra aqui numerosos elementos de duas obras precedentes: *Königtum Gottes* (Realeza de Deus), 1936, e *Der Glaube der Propheten* (A Fé dos Profetas), 1942. Mas dedicou sobretudo o essencial do trabalho teórico, elaborado durante a segunda metade dos anos de 1920, em companhia de Rosenzweig, à tradução da Escritura.

Traduzir a Escritura

Sob o olhar da história e da tradição do judaísmo, o caráter problemático de toda tradução da Escritura encontra sua origem na primeira dentre elas[49]. Se a redação da Septuaginta correspondia ao desejo dos judeus de possuir o texto de sua Lei na língua da época, a fim de melhor poder praticá-la, ela suscitara imediatamente as questões de sua legitimidade, de sua possibilidade e de suas consequências. Segundo os termos da própria Tradição, a *Torá* traduzida conservaria a faculdade de "tornar as mãos impuras"? Ou seja, a passagem para uma outra língua diferente do hebraico não arriscaria fazer ouvir o eco de mundos estranhos? Mais precisamente, o grego não atrairia o monoteísmo para seus próprios gênios, arruinando assim as virtudes religiosas do original? Tão paradigmática quanto essas questões, aparece então a justificativa do empreendimento: impedir o esquecimento que poderia nascer de uma perda de familiaridade com a língua sagrada. É a mesma justificativa que já motivara, na época de Ezra, a redação da *Torá*, originalmente oral, conforme o lembrarão frequentemente Buber e Rosenzweig para fazer disso um princípio de sua tradução. Além disso, posteriormente, fora ela ainda que permitira a consignação escrita da Lei oral: a reunião dos discursos legislativos e narrativos dos Sábios no *Talmud*. E será através dela, enfim, que Maimônides terá autoridade, após muito tempo e em referência a estes precedentes, para colocar por escrito os "segredos da *Torá*" que deviam ser transmitidos somente de boca em boca com múltiplas precauções, ainda que ele cerque esse gesto, que se assemelha à transgressão de uma proibição, das proteções de uma escrita esotérica[50].

Resta que essa justificativa, que administrará mais ou menos diretamente todos os empreendimentos de tradução da Escritura, nunca chegou a esgotar as interrogações que suscita. Segundo sublinha Emmanuel Lévinas, a razão disso é que a experiência fundadora da *Septuaginta* revela

---

49 Encontra-se uma versão desta análise, que repõe a tradução de Buber e Rosenzweig na perspectiva da relação dos filósofos com a *Bíblia*, em Pierre Bouretz, L'Écriture entre la lettre et la Loi, escrito para a *Revue de métaphysique et de morale*, out.-dez. 2000, n. 4, p. 481-515.
50 A propósito, ver infra, capítulo VII, p. 867-872.

uma perspectiva que poderia estar dissimulada sob a antinomia entre a intradutibilidade e a tradutibilidade da Escritura: uma ligação entre a tradução e isso que já se assemelharia a uma forma de assimilação; ligação atada ao leve deslize que conduz da preocupação de um judaísmo aberto ao encontro com o Ocidente para a possibilidade de seu desaparecimento no seio das nações, forma final, se assim pode ser dito, do exílio e da dispersão[51]. Enquanto ele relata várias discussões dos Sábios sobre esse tema, o *Talmud* apresenta opiniões opostas. Numa das passagens, é dito: "Maldito seja o homem que ensinou a seu filho a sabedoria grega", como se o modelo do Ocidente oferecesse a forma paroxística de uma ameaça de dissolução pela transferência das línguas e da fusão das culturas[52]. Mas outros textos propõem uma visão mais dialética do problema, através da própria lógica de afrontamento dos argumentos. Assim como comenta uma *mischná* segundo a qual somente os *tefillim* e a *mezuzá* devem ser escritos imperativamente na língua original, enquanto os Livros podem ser transpostos em todas as línguas[53].

Esquematicamente, três teses apresentam-se face a esse problema. Para a primeira, a mais universalista de algum modo, esta opinião é a melhor: a tradução não tira em nada o caráter sagrado dos Livros para os judeus, a única restrição refere-se aos objetos de culto que devem conservar o "corpo" da língua. Quanto à segunda, ela corrige parcialmente essa espécie de liberalismo ao reservar a possibilidade da tradução na língua grega, privilégio, no entanto, cerceado devido a uma antecipação da preocupação em fixar limites à assimilação: a tradução grega só se presta ao *Pentateuco*, enquanto o *Talmud* relata as variações entre o texto de origem e este que é obtido. Ao lado dessas duas opiniões provenientes da *Mischná*, surge, no entanto, uma tese mais radical e referente à origem mais antiga de uma *baraíta*: até mesmo entre o aramaico e o hebraico, toda tradução desqualifica a eminência da Escritura. A discussão faz certamente aparecer várias

---

51   Cf. Emmanuel Lévinas, La Traduction de l'Écriture, *À l'heure des nations*, Paris: Minuit, 1988, p. 43-65.
52   *Sotá*, 49b. Ver Emmanuel Lévinas, Modèle de l'Occident, *L'Au-delà du verset*, Paris: Minuit, 1982, p. 43.44.
53   *Meg[u]ilá*, 8b, 9a-9b. Cf. Também um novo comentário dessa passagem em E. Lévinas, La Traduction de l'Écriture, op. cit., p 49 e s.

tentativas de mediação ou de compromisso entre esse argumento e aqueles que o precedem, mas o fato permanece: a contradição pode chegar aos extremos de uma perfeita tradutibilidade e de uma radical intradutibilidade. A partir disso, mais do que o procedimento de resolução desse conflito, há duas lições que precisam ser retidas. Inicialmente, o fato de que um acordo parece possível sobre a impossibilidade de traduzir um rolo: o de *Ester*, o único que expõe um drama totalmente ligado à dispersão entre as nações e a Diáspora; o que Emmanuel Lévinas comenta sugerindo que, enquanto se trata de perseguições ou do antissemitismo, somente a língua original é inteligível. Em seguida, com a ideia que atravessa essas discussões, define-se o modelo metafísico de toda reflexão sobre a tradução, indissociável de escolhas decisivas quanto às condições do reencontro com o Ocidente, suas promessas e seus desafios.

É aparentemente distante dessa matriz que parece se inscrever o projeto de Franz Rosenzweig e Martin Buber[54]. Muito mais restrito do que ele o foi na história, o plano de sua reflexão prévia a uma tradução da *Bíblia*, a partir do original, é o de uma consideração sobre as condições de possibilidade de um tal empreendimento, de uma avaliação de suas realizações anteriores e de uma determinação de seus pré-requisitos de algum modo teóricos. Quanto às suas intenções, elas fixam um horizonte relativamente limitado; trata-se de remontar do ambiente intelectual específico da Alemanha da época para os conflitos internos ao judaísmo da Emancipação; explicitar as modalidades do encontro entre a Escritura e a língua alemã. Em termos mais concretos, esses três elementos relacionam-se sucessivamente a problemas e a nomes. De imediato, trata-se certamente de uma tentativa conjunta de cristianizar e de germanizar a Escritura, fenômeno que remete sob sua forma mais visível ao fim do século xix e ligar-se-á sob diferentes expressões a duas personalidades

---

54 Na primavera de 1925, o jovem editor Lambert Schneider havia solicitado a Buber realizar uma nova tradução da *Bíblia*, em alemão, a partir do original hebraico e este só aceitou fazê-la com a condição de trabalhar com Franz Rosenzweig. Com a morte deste último, em dezembro de 1929, só uma parte do projeto havia sido elaborado, conforme o calendário: setembro de 1925, *Gênesis*; junho de 1926, *Êxodo*; dezembro 1926, *Levítico e Números*; primavera de 1927, *Deuteronômio*; outono de 1927, *Josué e Juízes*; junho de 1928, *Samuel*; fevereiro de 1929, *Reis*; novembro de 1929, *Isaías*. No início de 1932, Schneider tornar-se-ia um dos artífices da fundação da editora Schocken, casa em que aparecerá a tradução integral somente em 1960.

emblemáticas: Paul de Lagarde, que apresenta uma versão nacionalista e antissemita do desejo de confiscar aos judeus o Antigo Testamento; Karl Barth, que encarna de sua parte uma revolução interna ao protestantismo, assinalando à figura de Paulo um lugar central para tematizar o cumprimento do Antigo no Novo. Perante o olhar das divisões internas do judaísmo moderno, é sem dúvida muito menos um conflito essencial entre ortodoxia e liberalismo na ocorrência parcialmente antagônica que está em causa do que a questão do sentido mesmo da tradução, através de exemplos concretos abordados numa espécie de discussão à distância com Moisés Mendelssohn, Samson Raphael Hirsch ou Leopold Zunz. Resta finalmente isto que é talvez a intenção primeira e o horizonte último do empreendimento: contestar a maneira grandiosa pela qual Lutero parece nunca haver casado a linguagem da Escritura com a língua alemã em sua tradução, questão que tomará a forma de uma sorte de combate corpo-a-corpo, ou palavra-a-palavra, com ele.

Por mais relativamente discreta que possa parecer, a presença do contexto alemão contemporâneo no vasto material que acompanha o trabalho de Rosenzweig conserva indubitavelmente uma reserva proveniente das meditações de *A Estrela da Redenção* sobre a relação judaico-cristã[55]. O texto mais explícito de Martin Buber sobre esse assunto é mais tardio: aquele que sintetiza, em 1938, as intenções e o modo de realização

---

[55] O essencial do material saído da colaboração entre Rosenzweig e Buber foi reunido por este último em 1936 numa obra publicada em Berlim: *Die Schrift und ihre Verdeutschung* (A Escritura e sua Germanização). De modo significativo, Buber preferiu utilizar antes o termo *Verdeutschung* (tradução/elucidação para o alemão) do que as noções técnicas de *Übersetzung* (tradução) ou *Übertragung* (transcrição, transposição, versão), as quais indicam a tradução propriamente dita ou o sentido atenuado de uma restituição. Como se verá, o risco a que se expôs nesta perspectiva de "germanização" e o fato de assumi-lo, atravessam a maior parte dos textos, sob a forma de discussões entre ambos os autores e de justificativas para opções adotadas perante a língua alemã. A ferramenta mais acessível e mais preciosa atualmente reside na tradução americana dessa coletânea, *Scripture and Translation*, trad. L. Rosenwald e E. Fox, Bloomington/Indianápolis: Indiana University Press, 1994. Além do conjunto das peças do volume alemão e de uma apresentação substancial do conjunto, esta coletânea oferece, em anexos, alguns textos inéditos, entre os quais a importante reconstituição, por Buber, da história, das intenções e das formas do projeto: The How and Why of Our Bible Translation, p. 205-219. A maior parte dos escritos de Rosenzweig e alguns outros sobre assuntos próximos, estão reunidos, em francês, na obra *L'Ecriture, le verbe et autres essais*, trad. J.-L. Evard, Paris: PUF, 1998, tradução que nem sempre clarificam os textos difíceis do autor. As referências aos textos citados terão em mira essas duas edições, algumas vezes corrigidas.

da tradução comum. Após ter apresentado os motivos respectivos que tinham os dois autores para se lançarem no empreendimento, ele descreve um movimento que conduz de Paul Lagarde a seus seguidores nazistas e que tem como finalidade "germanizar o cristianismo" pela figura de um "Deus alemão" e de um "Cristo alemão", figura que se constrói através de um ataque radical ao Antigo Testamento[56]. Segundo um tema que se reconhece frequentemente nele, Buber identifica a origem dessa perspectiva num ressurgimento do marcionismo, uma atualização da maneira pela qual a gnose de Marcião de Sinope separava os dois atributos do Deus dos judeus para colocá-los em conflito: a justiça que castiga como princípio autônomo do mal e a graça enquanto força do bem, encarnada no Cristo. Por intermédio da autoridade paulina, a Igreja conservava seguramente os dois testamentos, mas anulando amplamente o caráter legislativo do primeiro, de modo que todos os desvios tornavam-se possíveis rumo a um neomarcionismo que desejaria negá-lo[57].

A inscrição do projeto no contexto de uma Alemanha cristã encontra, além do mais, expressões menos polêmicas. De um ponto de vista teológico, Buber precisa que um dos pressupostos da tradução nada mais é do que a articulação entre as três categorias centrais da experiência religiosa: enquanto o Antigo Testamento desenvolve-se através da série que religa a Criação à Revelação, o cristianismo detém-se nas duas últimas[58]. Ainda que seja uma vez mais imputada a Marcião a desvalorização da Criação

---

[56] Martin Buber, The How and Why of Our Bible Translation (1938), *Scripture and Translation*, p. 209-210. Buber relata uma experiência mais pessoal e característica da época: pertencendo, antes da guerra, a um círculo de amizade que reunia judeus e alemães, havia constatado que os próprios judeus só tinham acesso à *Bíblia* por meio da tradução de Lutero, estando, por isso, totalmente impregnados da teologia cristã e alheios ao texto original (*Urtext*).

[57] Ao mesmo tempo em que não se pode confundir o empreendimento ideológico de Paul de Lagarde e o trabalho exegético de Karl Barth, é preciso notar que sua *Carta aos Romanos* foi por vezes recebida como se apresentasse uma forma de marcionismo moderno. Barth evoca este aspecto no prefácio da segunda edição, mas parece finalmente evitá-lo com uma simples denegação. Faltaria saber em que medida as glosas de Marcião podem inspirar-se em passagens decisivas da *Epístola aos Romanos* (1 a 11), de Paulo. Não é menor a curiosidade de *La Théologie politique de Paul*, de Jacob Taupes, ao sublinhar tal conexão, por meio de sua estranha apologia. Cf. *La Théologie politique de Paul: Schmitt, Benjamin, Nietzsche et Freud*, trad. M. Köller e D. Séglard, Paris: Seuil, 1999, p. 87 e s.

[58] Ver Martin Buber, People Today and the Jewish Bible (nov. 1926), *Scripture and Translation*, p. 9 e s. Ele faz notar que o título alemão utiliza uma formula mais forte e mais ampla: "Der Mensch von heute".

durante os primeiros séculos do cristianismo, o essencial vincula-se aqui à preocupação de permitir uma aclimatação nova a todo o sistema, nas condições requeridas pela época. Em outros termos, enquanto Buber retoma, de algum modo, de Rosenzweig a ideia segundo a qual o cristianismo "começa pelo fim", na medida em que ele se detém sobre a Redenção através de Cristo, ele propõe afrontar a maneira pela qual Nietzsche contestou o fato da Revelação: a fim de recuperar uma experiência vivida pela integralidade do monoteísmo, fenômeno ao qual deve contribuir a realização de uma tradução[59]. Restaria, enfim, uma espécie de ponto-limite desta questão que Rosenzweig parece tomar como tarefa: aquele onde ela toca nas relações entre a ciência e a religião. Implicitamente, tudo se passa como se a *Wissenschaft* (ciência) fosse por natureza de origem alemã, compreendida como crítica dos textos em oposição a seu espírito, como história erudita substituindo a narração, ou ainda como filologia arriscando impedir a atenção à sonoridade das palavras e ao ritmo das frases[60]. Sobre o conjunto desses pontos, todavia, Rosenzweig procede com uma relativa prudência. Se ele contesta a radicalização como "última moda" de uma *Wissenschaft*, que deriva "do que há de pior em Kant" e "do pior em Barth", ele admite

---

[59] Sob uma forma mais discreta e precisa, Rosenzweig evoca igualmente essa questão no texto consagrado à tradução do Nome: "O Eterno", em *L'Écriture, le verbe et autres essais*, p. 113-130. Notemos que existe uma tradução anterior deste estudo por J.-Ch. Colinet, *Le Nouveau commerce*, n. 94/95, 1995, p. 105-120. Frequentemente mais clara que a outra, é ela que será citada, embora suprima as notas de Rosenzweig. Ver, entretanto, o original alemão em *Franz Rosenzweig, Der Mensch und sein Werk, Gesammelte Schriften*, III, Zweistromland: Kleinere Schriften zu Glauben und Denken, Dordrecht: Martinus Nijhoff, 1984, p. 801-815. Rosenzweig lembra ali (p. 115) o fato de que "a essência do judaísmo", por isso, em determinado sentido, "a essência do cristianismo" estão fragilizadas pelo "dogma trinitário", quer dizer, "pelo perigo de recair na cisão pré e extrajudaica", acrescentando que tal risco reside no fato de que as evoluções recentes da teologia protestante de Karl Barth ou Gogarten podem tender, vendo no Deus do Antigo Testamento o "Pai de Jesus Cristo", a voltar ao Deus de Aristóteles.

[60] Observar, sobretudo, a maneira pela qual Rosenzweig opõe a forma narrativa dos relatos bíblicos à empresa erudita de Ranke, que faz da história uma atividade profissional (F. Rosenzweig, La Forme des récits bibliques et leur secret, em *L'Écriture, le verbe et autres essais*, p. 135). De outro lado, Rosenzweig reafirma muitas vezes a necessidade, para a tradução, de uma liberdade face às pesquisas da *Wissenschaft* (ciência) no que concerne aos diversos estratos de relatos e à pluralidade dos autores da *Bíblia*, resumindo sua intenção da seguinte maneira: "uma vontade de estabelecer o texto sobre fundamentos filológicos, neutralizado por um princípio idêntico de ansiedade filológica" (F. Rosenzweig, The Unit of the Bible: A Position Paper vis-à-vis Orthodoxy and Liberalism, carta a Rosenheim de 21 de abril de 1927, publicado em *Der Morgen*, outubro de 1928, em *Scripture and Translation*, p. 23).

sua pertinência sob uma forma moderada, posição inúmeras vezes retomada em seus próprios textos[61]. Finalmente, essas derradeiras dimensões do problema afloraram, sem dúvida, numa questão determinante e mais complexa, sujeita, além disso, a um desacordo oscilante e progressivamente reduzido a Buber e Rosenzweig: o desacordo quanto ao que é próprio do gênio da língua alemã.

Conscientes do fato de que seu empreendimento não pode escapar dos conflitos que atravessam o judaísmo da Emancipação, Buber e Rosenzweig irão de algum modo procurar neutralizar essa dimensão problemática. Sob uma forma quase anedótica, referente à necessidade mesma de uma nova tradução, a questão podia ligar-se à existência da tradução de Leopold Zunz, que conhecera desde os anos de 1830 uma dezena de reedições. Buber resolve esse impasse efetivamente *a posteriori*, pela narração de uma experiência pessoal: enquanto ele lia desde sua infância a *Bíblia* em hebraico para seu avô, a descoberta da tradução de Zunz tinha-lhe despertado um estado colérico contra o próprio texto, como se os relatos familiares se tornassem obscuros, à maneira pela qual os contos narram as histórias de feiticeiras que ocultam a realidade com nuvens impenetráveis[62]. É para Rosenzweig que ele retorna então para abordar o problema de frente, através de uma breve carta em que deseja de algum modo negociar um espaço entre o liberalismo e a ortodoxia. Sob uma tal perspectiva, é seguramente esta última que se constitui como figura de referência, na medida em que ela parece escapar a toda contaminação pelo meio circundante, ao preservar a continuidade da Tradição. É, portanto, face à neo-ortodoxia encarnada por

---

61 Idem, p. 25-26. Um dos textos de Rosenzweig, sem dúvida dos mais explícitos sobre a necessidade de um compromisso com a ciência, ou, caso se prefira, uma espécie de relação crítica com a aproximação da Escritura, é aquele que oferece, sob a forma de uma questão aparentemente precisa, a tematização mais ampla do problema da tradução: L'Écriture et Luther (1926), em *L'Écriture, le verbe et autres essais*, p. 55-82. Aqui, com efeito, Rosenzweig atribui às edições filológicas, como as de Kautzsch, o fato de não ter cometido "o erro de raciocínio" que consiste em contestar a santidade da Escritura (p.70-71). Mas também mostra que tudo se passa, no entanto, como se elas não pudessem livrar-se inteiramente do paradoxo de Schleiermacher, segundo o qual, a melhor tradução de Platão seria ou a edição a mais radicalmente crítica (Teubner), ou *Crítica da Razão Pura* (p. 56). É então com o cuidado de se afastar da constrição de tais antíteses que ele quer enfrentar o fato de que "traduzir significa servir a dois mestres ao mesmo tempo" (p. 55), perspectiva que rege, por sua vez, a relação com a crítica bíblica.
62 Ver M. Buber, The How and Why of Our Bible Translation, op. cit. p. 207-208.

Samson Raphael Hirsch que é preciso definir uma relação de fidelidade crítica, uma vez entendido que o projeto se separa da ortodoxia radical sobre o fato de não poder considerar que o caráter revelado da *Torá* fornece indicações para uma aproximação da gênese literária do texto ou de seu valor filológico. Nesse sentido, a proximidade com Hirsch, mais do que com seus predecessores, conhece uma razão "superficial", que recupera, além do mais, estas da relação distanciada com a *Wissenschaft*: a preocupação de unir o estabelecimento do texto sobre fundamentos filológicos com uma "ansiedade filológica" de igual intensidade, atitude que deve de algum modo permitir livrar-se de uma antinomia entre o caráter sagrado do Livro e seu tratamento enquanto puro documento histórico[63].

Mas a razão profunda da referência privilegiada a Samson Raphael Hirsch refere-se ao que se tornará um dos princípios da tradução para Buber e Rosenzweig: a decisão de considerar a *Torá* como um livro único, proveniente de um só espírito e que, por sua parte, Rosenzweig prefere designar em hebraico como "nosso mestre" (*rabenu*), mais do que pelo termo técnico de "redator", geralmente indicado pela letra maiúscula R. A título de ilustração, mesmo quando a crítica histórica teria razão de pleitear uma dualidade de autores para as duas narrativas do Gênesis, não restaria menos aos olhos do tradutor do que as versões cosmológica e antropológica elucidando-se uma através da outra na materialidade do texto. A isso acrescenta-se ainda que a retomada por Hirsch da ideia tradicional, segundo a qual a *Torá* escrita e a *Torá* oral bebem da mesma fonte, geralmente dá apoio à tradução, ao passo que principalmente a discussão de um termo na *Agadá* permite estabelecer uma conjectura que diz respeito ao sentido de uma palavra em seu contexto referente a seu uso em outros lugares. Ainda uma vez mais, este seguir deliberado na trilha de Samson Raphael Hirsch determinará algumas das regras da tradução. A escolha sistemática inicialmente da versão massorética do texto, a única capaz de respeitar sua oralidade primeira, ao liberar para a tradução os recursos da paronomásia, da aliteração ou da assonância. A técnica, em seguida, que consistirá frequentemente em extrair o elemento que determina a restituição de um termo à sua raiz e às indicações fornecidas por suas derivações

---

63 Ver F. Rosenzweig, The Unit of the Bible, op. cit., p. 22-23.

no seio de outras passagens, próximas ou longínquas. Uma liberdade relativa, enfim, frente aos comentários provenientes da Tradição. Buber e Rosenzweig recorrem bastante a estes últimos para escolher formas de acentuação ou de separações no interior do texto; mas eles se autorizam também a se libertar dos comentários, atitude que justificam pela maneira audaciosa com que o próprio Raschi agia, desde sua tradução do primeiro versículo do *Gênesis*[64].

Ainda que tais escolhas permitam uma forma de imunidade frente aos debates internos do judaísmo contemporâneo, elas não podem apagar de imediato a sombra de algum modo mais embaraçosa do que a de Leopold Zunz e que paira no judaísmo sobre toda tradução da *Bíblia* hebraica em alemão depois das Luzes: a de Moisés Mendelssohn. É Franz Rosenzweig que volta a afrontar essa temível questão escolhendo fazê-lo pela via difícil, mas também a mais direta: a da tradução do Nome. Num texto deliberadamente intitulado "O Eterno", segundo a decisão finalmente tomada pelo filósofo, ele começa por restituir isto que se poderia denominar "o problema Mendelssohn" para a consciência judaica moderna: o fato de que ele tenha retomado uma denominação cristã[65]. Na história das traduções do nome de Deus, é efetivamente a Calvino que se deve o fato de haver imposto "O Eterno", a partir de sua edição da *Bíblia* de 1588 e após ter ainda utilizado o antigo vocábulo "o Senhor" em seus comentários do Antigo Testamento dos anos de 1550. Admitido rapidamente no culto reformista, esse nome devia conquistar a literatura europeia, enquanto os judeus continuavam a empregar "Deus", como Samson Raphael Hirsch desejará fazê-lo novamente ao final de uma crítica da escolha de Mendelssohn[66]. Assim, este último teria possuído somente um mérito limitado e, além disso, problemático, um fenômeno tanto mais paradoxal quanto sua tradução

---

64 Sobre este ponto, devemos nos remeter a uma observação de aparência anódina de Rosenzweig, em um texto essencial: "quando Raschi, com sua inigualável equanimidade de criança enraizada na tradição popular, projeta um olhar agudo no texto, interpreta a *Bíblia*, desde a primeira frase, opondo-se claramente às pontuações transmitidas pela tradição, o que indica uma direção e um modelo a todos os intérpretes que venham depois dele" (L'Écriture et le verbe [1925], em *L'Écriture, le verbe et autres essais*, p. 92 [trad. modificada]).
65 Ver O Eterno, op. cit., aqui p.106 e s.
66 Ver o comentário de Samson Raphael Hirsch ao *Gênesis* 2, 4 e a refutação metódica de uma ideia de eternidade "que nos deixa frio".

que, de resto, devia amplamente cair no esquecimento, apesar de opções de outro modo menos discutíveis.

Tudo se passa então como se Rosenzweig quisesse de algum modo reabilitar o trabalho do filósofo, sob uma forma não menos paradoxal, examinando desta vez o problema que reencontrava o próprio Mendelssohn. Em primeiro lugar, este possuía, se quisermos, um motivo negativo e acidental para sua escolha: a impossibilidade de retomar a denominação de "o Senhor", bastante ainda conotada por uma referência ao cristianismo. Aos olhos de Rosenzweig, o essencial está, todavia, além disso, numa decisão corajosa de Mendelssohn, consistindo em não tratar a questão por ocasião da primeira ocorrência do Nome, em *Gênesis* 2, 4, mas a propósito de uma das passagens mais difíceis que se caracterizam do ponto de vista de uma tradução: capítulo 3, versículo 14 do *Êxodo*, que corresponde à revelação propriamente dita do Nome. Rosenzweig começa, portanto, dando uma tradução conforme suas próprias escolhas e que visa respeitar na aparência imediata e sensível um futuro duplo do original hebraico: "Deus diz a Moisés/ Eu serei este que será / e ele diz / É assim que tu deves falar aos filhos de Israel / EU SOU me envia para vós"[67]. Em seguida, evidencia o que ele apresenta como a "vasta paráfrase" de Mendelssohn: "Deus diz a Moisés: eu sou o ser que é eterno. Pois ele diz: É assim que tu deves falar aos filhos de Israel. O ser eterno que se denomina eu sou eterno enviou-me para junto de vós"[68]. É então do *Biur* de Mendelssohn, seu comentário do

---

67 "Gott sprach zu Moshe: / Ich werde dasein, als der ich dasein werde. / Und er sprach: / So sollst du zu den Söhnen Jisraels sprechen: / Ich bin da schickt mich zu euch". Trata-se de traduzir *Ehie ascher Ehie* [אהיה אשר אהיה]. Ao escrever "Ich werde dasein, als Ich dasein werde" (fórmula difícil de traduzir em português: "Eu serei aqui, como o eu que aqui serei"). Rosenzweig reproduz um duplo futuro hebraico, sempre oculto pelas traduções que visam à expressão do Ser, utilizando o presente. Sobre este ponto, consulte-se ainda Sthéphane Mosès: "Je serai qui je serai": La Révélation des noms dans le récit biblique ("Eu serei quem eu serei": A Revelação dos Nomes no Relato Bíblico), *Archivio di filosofia*, LXII, 1994, n. 1-3, p. 565-576, retomado em S. Mosès, *L'Éros et la Loi: Lectures bibliques*, Paris: Seuil, 1999. Precisemos que Rosenzweig não é o primeiro a propor o futuro, pois o *Hebräisch-deutsches Wörterbuch*, de Gesenius, obra que ele – assim como seus contemporâneos – parece ter sempre à vista, propõe uma espécie de tradução mista do *Êxodo* 3, 14 sob a entrada consagrada ao Tetragrama: "Eu serei o que sou".

68 Traduzindo assim *Ehie ascher Ehie* por "Ich bin das Wesen, welches ewig ist" ("Eu sou o ser que é eterno"), Mendelssohn privilegia a dimensão do ser que logo será associado à onitemporalidade, opção retomada ainda por Hermann Cohen quando utiliza "Ich bin der Ich bin" ("Eu sou aquele que eu sou"), temperando, todavia, esta escolha – efetuada também

Deuteronômio apresentado enquanto característico da pesquisa moderna equidistante da restauração e da crítica, que Rosenzweig extrai a justificativa do autor. Para fazer isso, ele reconstrói uma espécie de estrutura formal do problema tal como Mendelssohn o concebia, a fim de esclarecer a lógica de sua resolução.

No interior desse comentário, Mendelssohn refere-se a "um *midrasch*" e a duas interpretações diferentes do Êxodo 3, 14, que inauguram, por sua vez, duas tradições contraditórias[69]. Uma primeira proposição parece privilegiar a dimensão da eternidade: "O Santo, bendito seja Ele, diz a Moisés: diz-lhe "Eu sou este que era, e agora eu sou o mesmo e serei o mesmo no futuro"[70]. É ela que retomará Saadia Gaon, desenvolvendo a seguinte explicação: "Este que não é passado e que não passará, pois ele é o Primeiro e o Último". Mas logo no mesmo texto, é a perspectiva da providência que parece sublinhada, enquanto o rabino Jacob ben Abina afirma que é necessário entender: "Eu estarei com eles em sua angústia, aquele que eu serei estará com eles em sua servidão entre as demais nações"[71]. Uma tal perspectiva parece desta vez conforme a de Onkelos, da qual o *Targum* escreve: "Eu estarei com quem estarei", o que deveria ser compreendido como:

---

a partir do Êxodo 3, 14 – por um desenvolvimento sobre o sentido das raízes hebraicas e a plurivocidade do Nome (ver Religion de la raison d'après les sources du judaïsme, trad. M. B. Launay e A. Lagny, Paris: PUF, 1994, p. 65-67). Podemos nos remeter sobre a questão a Roland Goetschel, Exode 3, 14 dans la pensée juive allemande de la première partie du XXe siècle, em Alain de Libera; Emilie Zum Brunn (eds.), *Celui qui est: Interpretations juives et chrétiennes d'Exode 3, 14*, Paris: Cerf, 1986, p. 265-276.

69 A leitura desta passagem tornou-se difícil pela ausência de fontes em Mendelssohn e por uma certa ambiguidade de suas formulações. A fonte príncipe é, de fato, *Schemot Rabá*, III, 6. Apenas esse *midrasch* sobre o Êxodo apresenta as duas proposições em causa (contrariamente à *Berakhot*, 9b, indicada tanto pela edição americana quanto pela original alemã de Rosenzweig). Na falta dessa precisão, não se compreende por que, em seguida, Mendelssohn fala do "segundo *midrasch*". Ele designa efetivamente desta vez *Berakhot* 9b, que só apresenta a segunda proposição.

70 Trata-se de *Schemot Rabá*, III, 6, em que esta proposição é atribuída a R. Isaac. Este último acrescenta que uma tal interpretação é a única que permite compreender por que o termo *Ehie* está escrito três vezes.

71 Esta é a única proposição que aparece igualmente em *Berakhot*, 9b, mas desta vez parece comum aos Sábios, na ausência de contradição. É também sobre ela que Raschi (*ad loc.*) se apoia para traduzir Ex 3, 14, quando procura essencialmente, por seu lado, elucidar a razão pela qual a segunda parte do versículo retoma, como sujeito da frase, apenas *Ehie* e não a forma completa que acaba de ser pronunciada: *Ehie ascher Ehie*. É pois esta referência à fórmula comum de *Berakhot*, 9b e *Schemot Rabá*, III, 6, que advogaria, definitivamente, em favor da tradução no futuro.

"Eu sou benevolente em relação a quem Eu sou benevolente, e compadeço-me de quem Eu me compadeço". A questão implícita de Mendelssohn é então a de saber se essas duas teses são verdadeiramente opostas ou se não é preciso, ao contrário, procurar uni-las, fundindo-se os três atributos que elas deixam aparecer: a onitemporalidade, a necessidade da existência e a providência. Ora, ninguém entre seus grandes predecessores conseguiu realizá-lo em sua própria língua, quer se tratasse de Onkelos em aramaico ou de Saadia Gaon em árabe. Nesta mesma língua, Maimônides não teria obtido mais sucesso, pois se a explicação do *Guia dos Perplexos* tenta, à primeira vista, englobar as três dimensões, ela tem a finalidade principal de sublinhar a necessidade da existência divina[72]. A isso acrescenta-se, enfim, que não existe em alemão qualquer termo que possa, por sua vez, conseguir a união almejada. Eis, portanto, a justificação definitiva de Mendelssohn: para restituir ao Nome a dimensão autêntica do "ser eterno necessário providencial" é preciso traduzir por "o Eterno", termo que tem como característica essencial que os outros dois dele são derivados[73].

Ao comentar essa decisão carregada de consequências para o judaísmo moderno, Franz Rosenzweig começa por observar que ela está segura apenas por um fio. Ou seja, parece de algum modo prejudicada pelo fato de ter sido obtida como que por falha, sob uma construção linguística da qual Mendelssohn não conseguia se libertar. Restam um paradoxo e uma lição dessa aventura. Ao escolher um Nome "abstrato e filosófico", que

---

72 Ver a explicação de *Êxodo*, 3, 14 em *Guia dos Perplexos*, I, 63, no qual Maimônides parte efetivamente da existência para mostrar que ela deriva para a necessidade do ser e a impossibilidade da não existência (o que se torna a ideia de eternidade).

73 Se se quisesse encerrar essa discussão propondo uma tradução alternativa à de Mendelssohn, e em conformidade com o hebraico, ela poderia ser: "Eu serei quem eu serei [...] 'Eu serei' enviou-me a vós" (Stéphane Mosès). Henri Meschonic (*Poétique du traduire*, Paris: Verdier, 1999; p. 432-434; trad. bras.: *Poética do Traduzir*, trad. Jerusa Pires Ferreira e Suely Fenerich, São Paulo: Perspectiva, 2010, p. 236) propõe, por sua vez, uma variante que quer respeitar a construção "enigmática" da passagem, deixando um branco entre a primeira ocorrência verbal e o pronome: "Eu serei que [Ehie ascher] serei". Samuel Cahen não traduz *Ehie*, do qual inscreve simplesmente a transliteração, considerando que se trata de uma das formas do Nome. Notemos, por fim, que *ascher* poderia ser traduzido indiferentemente por "quem", "aquele que" ou "que", todos possuindo os valores do pronome relativo. Estranhamente, no entanto, enquanto Buber e Rosenzweig haviam finalmente retido a tradução proposta por este último, Buber afirmará que o ponto decisivo reside na restituição de *ascher* por *als der* (carta de Buber a Gershom Scholem de 1º de julho de 1932, em *Letters of Martin Buber: A Life of Dialogue*, p. 387).

entra no projeto de uma teologia racional, Mendelssohn cometera, evidentemente aos olhos de Rosenzweig, um erro que será nefasto ao judaísmo da Emancipação, ainda que reproduza o erro de um Maimônides influenciado por Aristóteles. Essa falha possui, no entanto, o mérito imenso de ter feito uma pergunta legada a toda tradução futura: a da ligação entre a restituição do Nome e sua revelação. Uma tal descoberta provinha do fato de que Mendelssohn tivera a audácia de abordar o problema do Nome a partir do episódio de "Buisson". Para Rosenzweig, ela é capaz posteriormente de fornecer algumas orientações para tradução. A título de ilustração, enquanto se trata de imaginar um meio de transpor a dimensão de invocação própria a *Adonai*, ela gera duas intenções: a de encontrar inicialmente um equivalente da obrigação feita ao copista pela tradição de fazer uma interrupção antes de transcrever o Nome; em seguida, a de indicar, no interior do texto, a maneira pela qual o leitor o pronuncia oralmente na liturgia, como se ele fizesse sempre uma pausa na frase[74]. A isto acrescenta-se, enfim, que, apesar de tudo, a clarificação operada por Mendelssohn através da elucidação das ligações que mantêm o Nome e sua revelação abre uma última perspectiva, particularmente oportuna no contexto contemporâneo: a preocupação de reatar a unidade da *Bíblia* à do Deus Uno. Sobre este último ponto, é, segundo Rosenzweig, a capacidade de resgatar um sentido autêntico do monoteísmo que está em questão: um monoteísmo que lhe aparece mais ameaçado pelo esquecimento da dimensão de proximidade do Deus "pessoal" quanto não o estava para Aristóteles, no paganismo ou ainda pela doutrina da trindade própria do cristianismo[75].

---

74 A solução adotada por Buber e Rosenzweig consistirá em destacar visualmente אדני יהוה, traduzido por "meu Senhor, Tu", como aparece desde a primeira ocorrência em *Gn* 15, 2: "Abram sprach: Mein Herr, DU, was magst du mir geben" ("Abraão falou: meu Senhor, TU, que queres dar-me?").

75 Com tal perspectiva, e para resolver o problema em si da denominação, Rosenzweig e Buber decidirão recorrer à forma pronominal: Ele, Eu, Tu. Esta opção é explicada e justificada várias vezes. Em "O Eterno", Rosenzweig quer mostrar que só a alternância pronominal "permite restituir o Nome dentro do estreito contexto de sua revelação", garantindo a unidade do Livro: "Aquele que está presente entre eles, está a seu lado, Ele. Aquele que está presente para um eu, está ao lado de um eu, Tu. Aquele que está presente para um tu, ao lado de um tu, Eu". Encontra-se uma apresentação similar em um texto que condensa de certa maneira este raciocínio, a breve "Carta a Martin Goldner" de 23 de junho de 1927, em *L'Écriture, le verbe et autres essais*, p. 147-151, in fine. Ver, finalmente, em M. Buber, On Word Choise in Translating the Bible, *In Memoriam* Franz Rosenzweig (été 1930), *Scripture and Translation*, p. 87-88.

Permanece, enfim, uma última dimensão do contexto no qual se inscreve o empreendimento de Martin Buber e Franz Rosenzweig: a que se relaciona às condições do afrontamento com o precedente representado, sobretudo, pela tradução de Lutero. Nesse plano, que pode de algum modo determinar o próprio destino da aventura, os dois autores parecem escolher uma divisão dos papéis, Rosenzweig tomando por tarefa a delimitação do quadro em que o problema se inscreve, enquanto Buber reserva para si a dimensão concreta disto que acabará por se assemelhar a uma verdadeira batalha. De maneira significativa, é essencialmente nos dois textos de aparências diferentes que o primeiro assume sua tarefa, pois um se confronta diretamente com a questão da relação de Lutero com as Escrituras, enquanto o outro busca a mediação de mais um monumento da literatura alemã na pessoa de Goethe. Antes de mais nada, o impacto da tradução de Lutero deve ser restituído em referência aos dois princípios que a dirigem e que podem parecer contraditórios: oferecer um texto redigido numa língua facilmente inteligível, a fim de ser capaz de conquistar o maior número de pessoas; mas também conduzir o leitor alemão em direção ao texto original que lhe é estranho. Daí esta regra hermenêutica suficientemente acolhedora para conhecer um futuro brilhante: "Ora se ater estritamente às palavras, ora não lhe dar nada mais do que o sentido"[76]. Eis, portanto, a razão primordial daquilo que será semelhante a um verdadeiro nascimento do alemão moderno na *Bíblia* luterana, fenômeno que lhe permitirá escapar ao irônico destino sofrido principalmente pelo inglês, a saber, o fato de ser apenas uma "língua mestiça entre as línguas romanas"[77].

Deste último ponto de vista, Rosenzweig não hesita, portanto, em falar de "nosso alemão" como de uma língua materna, uma língua cuja força provém de Lutero e que se expande sobre toda a cultura. Um dos motivos de tal homenagem é certamente que esse grande tradutor faz passar na língua alemã meandros típicos do hebraico que ela ignorava: em conformidade com a perspectiva que desejava "deixar aparecer o modo de ser" da língua hebraica naquela que a recebia. Nesse plano, se

---

76 Ver F. Rosenzweig, L'Écriture et Luther, 1926, *L'Écriture, le verbe et autres essais*, p. 57.
77 F. Rosenzweig, Comment la Bible Hébraïque a directement influencé la langue de Goethe, 1927, idem, p. 83.

há outras mediações além das da *Bíblia* de Lutero, e principalmente a de Goethe, é essencialmente a primeira que realiza uma tal obra linguística[78]. O que se acrescenta, de maneira ainda mais precisa do que aos olhos de Rosenzweig, é verdadeiramente a efetividade do encontro entre o Livro e a própria língua alemã que é determinante: o texto de Lutero soa enquanto uma "hora imortal" própria às grandes traduções, esta para a qual chegam a celebrar as "Santas núpcias" entre duas línguas[79]. Sem nenhuma necessidade então de se lamentar ou de se contestar, a *Bíblia* de Lutero despertou uma língua adormecida ao mesmo tempo que fundava uma nação, fecundando assim sua cultura desde os cânticos protestantes do fim do século XVI até os "pináculos das paixões de Bach", ou ainda o furacão característico do Fausto de Goethe[80]. Quando se expressa o reconhecimento de uma tradução que poderia desencorajar toda veleidade de empreender uma nova, perguntar-se-ia como Rosenzweig justifica um tal retorno. A primeira das razões invocadas parece ter-se tornado quase prosaica: se Lutero conseguiu ao mesmo tempo deixar uma marca da língua hebraica no texto de sua *Bíblia*, e depois ampliar por aí mesmo uma língua alemã dobrada a essa sujeição, é chegada a hora de uma deferência mais profunda face ao texto[81].

Embora a esperança de ultrapassar a tradução de Lutero seja, bem entendido, um bom motivo, Franz Rosenzweig só entrega o esquema e deixa para seu companheiro o cuidado de precisá-lo, para que possam aplicá-lo em comum. A ideia que organizará posteriormente a contestação de Lutero sobre seu próprio terreno torna-se aquela segundo a qual existe "somente uma única língua" pertencente a toda a humanidade: fenômeno que se pode pressentir apenas enquanto se permanece na superfície das palavras, mas que é esclarecido quando se chega a descer em direção às

---

78 A fórmula de Lutero sobre o "modo de ser" que deve ser deixada ao hebraico é citada com frequência por Rosenzweig (ver sobretudo L'Écriture et Luther, op. cit., p. 59). Quanto aos hebraísmos que passam para o alemão sem a mediação direta do *Bíblia* de Lutero, são ilustrados pelo artigo "O Espírito" do dicionário de Grimm, que cita diversas ocorrências de utilização, por Goethe, do termo *brüten* (chocar), em lugar de *schweben* (pairar, flutuar), comprovação do fato de que o escritor, que havia aprendido o hebraico em sua infância, conhecia o termo *ruakh*, mas ao qual restituía seu autêntico sentido, de conotações sensuais.
79 F. Rosenzweig, L'Ecriture et Luther, op. cit., p. 63.
80 Idem, p. 67.
81 Idem, p. 69.

suas raízes[82]. A esta caminhada, que Rosenzweig compara à do geólogo, o hebraico presta-se maravilhosamente, contanto que se saiba inclinar sobre a profundidade dos radicais, que não somente fazem surgir o sentido das palavras, mas ainda delineiam entre elas as ramificações secretas aptas a orientar a tradução. Ora, eis precisamente o que Lutero não podia fazer, na falta de ser verdadeiramente capaz de "pensar em hebraico", apesar de seus esforços. Em suma, sua versão continuará sempre preferível à maior parte das que são provenientes de uma "ciência que não possui ambição científica em matéria de tradução" e que se utiliza, como para Kautzsch, por exemplo, do alemão de um "boletim comunal de aldeia"[83]. Mas, como alguns exemplos seriam suficientes para mostrá-lo, essa versão se deixa frequentemente "desviar pelos procedimentos da Vulgata", incapaz, sob qualquer circunstância, de restituir a intensidade característica das línguas semíticas e a força de suas palavras[84]. É então principalmente Martin Buber que ele volta a ilustrar, a fim de reverter essa impotência, numa espécie de guerra de trincheira concomitantemente linguística e teológica com Lutero, de que se pode determinar ao mesmo tempo os princípios diretores e as principais ilustrações.

Tendo-se por arquétipo, em alemão, a tradução de Lutero, mas numa perspectiva que inclui também todas aquelas traduções que para outras línguas derivam mais ou menos da Septuaginta, da Vulgata, ou ainda de diversos empreendimentos, é uma forma de soterramento do texto que Martin Buber evoca por esta fórmula: "O tempo transformou verdadeiramente a

---

82 Idem, p. 79.
83 Idem, p. 72-73.
84 Um dos elementos mais frequentemente utilizados por Buber e Rosenzweig é o do termo *moed* (מואד), na expressão *ohel moed* (אהל מואד). Enquanto o termo *ohel* significa claramente "tenda", *moed* conhece um grande número de traduções, com sentidos diferentes: *testemunho* para a Septuaginta, *aliança* na Vulgata, *fundação* para Lutero e mesmo *revelação* em traduções modernas, como em Kautzsch. Por eliminação, esta última tradução é tanto mais defeituosa porque a ideia de revelação provém da raiz *galá* (גלה, na forma reflexiva do *nifal*), enquanto que *moed* deriva do verbo *iada* (יעד). A partir da ideia de indicar ou fixar, a tradução mais feliz de *ohel moed* seria "Tenda da Assignação". Buber e Rosenzweig escrevem *Zelt der Begegnung*, conforme a noção de *encontro*, cara ao primeiro. Ver sobre esse ponto: On Word Choice in Translating the Bible, op.cit. p.80-82; e, de um ponto de vista mais técnico, *Leitwort* style in Pentateuch narrative, jan. 1927, em *Scripture and translation*, p. 117-120; em F. Rosenzweig, L'Écriture et Luther, op.cit., p. 79-80.

Bíblia num palimpsesto"[85]. A potencialidade desse fenômeno é então tanto mais significativa quanto ele é não somente visível através do resultado das traduções, mas também na relação contemporânea com uma *Bíblia* hebraica que a gente parece daqui em diante ler, até mesmo em seu hebraico original, como se ela estivesse traduzida. Ou seja, a mistura de respeito e de familiaridade que pode ainda se manifestar em direção ao texto sagrado liga-se somente a uma "pseudo-*Bíblia*", que corresponde, além disso, ao fato de que a época não conhece nada mais do que o conceito de um Deus privado de sua realidade viva. A explicação de uma tal situação está então na perda do sentido da *Bíblia* enquanto unidade, ligada à sua oralidade primeira. Desse fenômeno, Rosenzweig dá por sua parte uma descrição de algum modo ontológica, quando mostra que a passagem à forma de escritura, enquanto meio de conservação e de transmissão, termina por impor suas próprias leis, inclusive no que concerne ao Livro. Nesse sentido, e segundo um paradoxo que poderia ser o da cultura ocidental, o Livro, concebido como depositário de uma Escritura colocada a serviço do Verbo, transforma-se em objeto de "literatura" e condena o texto a "uma vida de apátrida no tempo e no espaço"[86]. A questão é, portanto, a de saber se podemos ultrapassar esse destino, recuperando a fusão original entre o Verbo e o texto. Destruindo de algum modo o paradoxo sublinhado por Rosenzweig sob sua forma mais ampla, Buber propõe um outro: se é impossível teoricamente restaurar-se a fusão entre o sentido e o som, assim como a crítica bíblica o afirma insistentemente, isto é possível na prática, contanto que o tradutor tenha como objetivo a unidade viva da Escritura. Desse ponto de vista, uma das considerações diretivas de seu trabalho consistirá em reconhecer e ilustrar o fato de que a língua dos profetas não é unicamente nutrida por símbolos e por parábolas, mas repousa principalmente sobre uma sensualidade concreta que se utiliza das sutilezas do hebraico antigo: a riqueza de suas raízes, a arquitetura de suas frases ou ainda a força de seus ritmos[87].

---

85 M. Buber, On Word Choise in Translating the Bible, *In Memoriam* Franz Rosenzweig, p. 73.
86 F. Rosenzweig, L'Écriture et le verbe, op. cit., p. 87-88. Rosenzweig joga aqui com três verbos alemães: *Schrift*, para designar a Escritura; *Schriftung*, que indica o sentido mais trivial do que está escrito e, por fim, *Literatur* como conjunto dos livros da cultura, definitivamente destacadas da oralidade ou da função de expressão do verbo.
87 M. Buber, On Word Choise in Translating the Bible, op.cit., p. 74-75.

A fim de exprimir a maneira pela qual a tradução empreendida com Rosenzweig deseja "iluminar o palimpsesto", descendo sob a superfície do texto transmitido para recuperar o original, Buber propõe uma outra metáfora: imaginar o fato de que a *Bíblia* seja ela mesma composta como uma espécie de *midrasch*, uma forma literária no interior da qual o sentido de uma narrativa se esclarece por uma outra narrativa ou a significação de uma imagem por uma outra imagem, enquanto a função de uma palavra pode aparecer em sua repetição ou em sua transformação a partir de sua raiz[88]. Uma ideia análoga é certamente consubstancial ao postulado da unidade própria às Escrituras, que resiste a todas as dissecações da crítica dos sábios. Ela acrescenta então o segundo princípio dos dois tradutores: este que consiste em restituir a oralidade inicial da *Bíblia*. Para recompor a integridade de um texto que se comenta frequentemente ele próprio, é preciso não somente libertá-lo das sucessivas camadas de interpretações implícitas transmitidas por traduções falhas, mas também tornar manifesto aquilo que o desnatura no escrito, até mesmo para este que o lê em sua língua originária. A partir do fato histórico segundo o qual a *Bíblia* era originalmente conservada de memória, Buber mostra que a narrativa representou a intervenção decisiva para a transmissão escrita tal como a conhecemos. Mas o essencial reside no fato de que na época dessa passagem o verdadeiro horizonte da leitura ligava-se ainda ao de uma "convocação": noção que contém conjuntamente as da oralidade e da coletividade, na perspectiva da celebração[89]. Além do fato de que deverá, a partir desse momento, reger a

---

[88] Buber expõe várias vezes essa ideia. Sob a forma mais simples, ela aparece em uma breve recomendação sobre o ensino da *Bíblia*: A Suggestion on Bible Courses (1936), em *Scripture and translation*, p. 174-175. Encontra-se uma expressão mais precisa, sob a forma de uma descoberta no próprio texto, de uma espécie de *midrasch*, ilustrado pelo episódio da revolta de Coré, sobre a qual voltaremos, Nm 16, ver M. Buber, *Leitwort* style in Pentautech Narrative, op.cit. p. 120. Buber relata aqui a surpresa e a dúvida inicialmente associadas a uma tal descoberta e as razões que levam finalmente a formalizá-la. Nota-se que é apenas no plano estritamente linguístico que Buber utiliza a metáfora do *midrasch*, enquanto se sabe que a *Torá* está efetivamente concebida sob tal forma. Sobretudo quando um livro como o *Deuteronômio* o retoma, dando-lhe uma expressão normativa dos enunciados aparecidos no quadro narrativo do *Êxodo*, enunciados que podem ainda ser recombinados no discurso do louvor, próprio dos *Salmos*.

[89] Ver M. Buber, On Word Choice in Translating the Bible, op. cit. p. 76. Buber comenta aqui o termo hebraico que exprime a leitura da *Torá*, antes de designar Escritura: o de *mikrá*. Encontra-se no *Deuteronômio* 31, 10-12 a matriz desta forma de associação em um mesmo termo (e a partir das diferentes nuanças de sua raiz) das noções de leitura e de escuta, depois de convo-

relação do tradutor com os signos progressivamente inventados para organizar a leitura, como as acentuações ou a estruturação em versículos, este chamado convida a permanecer sempre consciente de que a forma escrita já nada mais era do que um meio posto a serviço de uma forma linguística que a precedia e que, em última instância, deve-se restituir.

É necessário, sem dúvida, reconstruir o encaminhamento que conduziu da narrativa à escrita, passando pela leitura, a fim de poder se deduzir as regras de uma tradução que desejará, se assim pode-se dizer, refazer o caminho ao inverso. Na origem, quando a *Torá* era narrada, somente meios mnemotécnicos permitiam sua transmissão. Esses não podiam ser extraídos a não ser dos recursos específicos da língua: sua estruturação a partir de raízes verbais que geram vários termos, as possibilidades de consonância e da aliteração ou ainda o jogo da paronomásia enquanto procedimento, permitindo a formação de palavras, de nomes e até de conjuntos semânticos distintos a partir de unidades vocálicas que se assemelham. Na época da passagem à leitura, não são somente as vogais que são acrescentadas, mas também sinais de musicalidade e as primeiras formas de versificação, como se uns delineassem uma melodia do discurso enquanto as outras lhe imprimem um ritmo. Percebe-se assim que, a partir desse movimento, produziu-se uma transgressão do imperativo que desejava inicialmente que "nada seja nem acrescentado nem suprimido" (*Dt* 13, 1), regra que não será mais respeitada, em seguida, a não ser no texto massorético rigorosamente harmônico, tal como é utilizado para a transcrição escrita dos rolos da *Torá*[90]. Essa atitude, todavia, já fora autorizada desde a época de Esdras e Neemias, totalmente preocupada com a transmissão da *Torá*, ameaçada de esquecimento após o retorno do exílio e com a preservação de seu sentido, com aquilo que ambas requeriam: "E eles liam o

cação e de instrução: "tu lerás (*tikrá*) esta *Torá* em presença de todo Israel. Reúna o povo inteiro, homens, mulheres e crianças, assim como os estrangeiros que vivem dentro de teus muros, a fim de que escutem e se instruam e temam a Deus e se apliquem a praticar as palavras desta *Torá*". Vê-se assim o paradoxo que Buber e Rosenzweig exploram para tirar dele os princípios de sua tradução: a de um texto que é, em realidade, o traço de uma forma oral, de modo que quando o mundo ocidental utiliza o termo Escritura dissimula-se o que o hebraico antigo designava *mikrá*, a saber, a convocação para a leitura pública da *Torá*, fundamentalmente oral.

90 Sabe-se que é a lembrança desse imperativo e a preocupação de limitar sua transgressão que impuseram o fato de que os signos de vocalização acrescentados às consoantes estejam inscritos abaixo e acima, em lugar de aparecerem como letras suplementares.

livro da Lei de Deus de um modo distinto e indicando-lhes o sentido, de forma que se compreendesse o texto"[91]. Mas se essa perspectiva de fixação das formas da oralidade original devia tornar-se o protótipo da leitura na sinagoga, ela não correspondia ainda à etapa da escrita propriamente dita, que só começa com a preocupação de marcar o discurso oral e os princípios de sua musicalidade (sonoridade) segundo uma forma que o proteja. Essencialmente ligada ao trabalho dos massoretas, eles próprios designados como "mestres da transmissão", a realização dessa intenção conheceria como instrumento privilegiado o sistema das acentuações e a divisão em versículos, já acompanhados de comentários.

Sobre o trajeto ao inverso que orienta a formalização dos princípios da tradução para Buber e Rosenzweig, o último destes momentos parece fazer surgir somente um número limitado de problemas, mas que talvez esbocem nuanças entre pontos de vista característicos aos dois parceiros. A questão mais importante que se coloca aqui é a da escolha da versão hebraica de referência. Para Martin Buber, o recurso ao texto massorético não parece apresentar grandes dificuldades, na medida em que ele fornece a lição mais estável e a menos recoberta de acréscimos arbitrários, embora seja necessário ainda e sempre ter-se como objetivo remontar ao seu avesso, em direção à oralidade que se ligava à leitura[92]. Para Franz Rosenzweig, em compensação, é a desconfiança em relação a esse texto que precede a decisão a seu favor, na medida em que por mais essenciais que elas sejam, a acentuação, a pontuação e a apresentação em versículos já fixam de algum modo entraves à respiração natural da *Bíblia*. Nesse sentido, é para ele "a partir do olho que seria necessário desacorrentar a língua", segundo um movimento que ele fornece a Buber e que consiste numa forma de liberação face a sinais transmitidos pela própria Tradição, o que ainda pode

---

91 *Ne* 8, 8. Iehudá Halevi faz retroagir a vocalização e a acentuação à época de Esdras e dos membros da Grande Assembleia, "por medo do esquecimento" (*Kuzari*, III, 30-31). Antes dele, a Tradição não só havia aceito essa atitude, mas visto em Esdras o verdadeiro restaurador da *Torá* ("Enquanto Israel houvera esquecido a *Torá*, Esdras chegou da Babilônia e a restabeleceu", *Suká*, 20a), de modo que sua obra é comparada a uma segunda Revelação: "Se Moisés não o houvesse precedido, Esdras teria sido digno de receber a *Torá* para dá-la a Israel" (*Sanedrin*, 21b); "Para Moisés é dito (Ex 19, 3): 'Então Moisés subiu [heb.:*ala*] a Deus"; para Esdras está dito (*Esd.* 7,6): 'Ele, Esdras, subiu [*ala*] de Babilônia'".
92 Ver M. Buber, On Translating the Praisings (1935), *Scripture and Translation*, p. 90.

ser exposto por uma dupla comparação: com o "ajuste" quase musical da frase no estudo do *Talmud* e com a maneira pela qual Hermann Cohen "adaptava", lendo as difíceis frases de Platão ou de Kant[93]. Resta que além dessa questão do texto original, Buber e Rosenzweig estão fundamentalmente de acordo sobre sua unidade, seu valor de suporte de uma oralidade primeira e, principalmente, a caracterização de sua mensagem. É esta última dimensão que Buber designa pelo conceito de *Botschaft* (mensagem), a fim de exprimir o que ultrapassa a oposição entre forma e conteúdo na perspectiva da ligação entre discurso e instrução[94].

Constata-se assim que as dimensões essenciais do projeto vão-se ligar à articulação entre oralidade e leitura. Mas a dificuldade principal atém-se a que, se a tradução deve antes de mais nada esforçar-se para resgatar a oralidade inicial a partir das indicações transmitidas pelas regras da leitura tradicional, ela deve também, antes de tudo, apresentar-se sob uma forma que materializa na língua de recepção a restituição de uma palavra oral. Caso se aborde desta vez a questão a partir do resultado almejado, ela se desenvolve essencialmente segundo duas perspectivas. A primeira dentre elas refere-se à capacidade de mostrar na própria textura da tradução o ritmo do discurso, suas inflexões significativas e suas intenções. Enquanto atribui a si a paternidade da técnica que visa resolver esse problema, Martin Buber utiliza-se da noção de "colometria"*, que designa a inscrição pela tipografia de unidades linguísticas naturais na língua oral de origem e que devem ser facilmente perceptíveis na da tradução, a fim de organizar a leitura desta última[95]. Mais precisamente ainda, trata-se de imprimir um

---

93 F. Rosenzweig, L'Écriture et le verbe, op. cit, p. 90-91
94 Ver M. Buber, The Langage of the Botschaft (1926), *Scripture and Translation*, p. 27-28.
*   Do francês *colométrie*, s.f. (retórica), a ação de dispor o texto de forma a fazer aparecer a divisão em partes (N. da E.).
95 Ver M. Buber, From the Beginnings of Our Bible Translation (fev. 1930), idem, p. 179. Encontra-se a reação de Rosenzweig a esta proposição de Buber em uma carta de 29 de setembro de 1925, em F. Rosenzweig, *Der Mensch und sein Werk, Gesammelte Schriften*, I, *Briefe und Tagebücher*, II (1918-1919), Haia: Martinus Nijhoff, 1979, p. 1055. De maneira geral, é possível restituir a evolução do trabalho dos dois tradutores por meio dessa correspondência, tendo em vista que ela oferece as respostas de Rosenzweig às sugestões técnicas de Buber, as reações às suas proposições ou ainda as observações que ele transmite sobre os primeiros esboços da tradução de cada passagem. Os exemplos mais clássicos do fenômeno evocado encontram-se nos *Provérbios* e nos *Salmos*, em que os versículos terminam por unidades vocálicas idênticas, mais frequentemente associadas a termos sinônimos.

texto escrito necessariamente sobre linhas que correspondem a unidades de sentido e de ritmo, segundo um princípio que não é o das métricas poéticas, mas provém das leis da respiração humana, tais como as respeitava a declamação antiga[96]. É isso que Rosenzweig torna preciso, por sua vez, ao descrever a relação que une as formas da inspiração às unidades de respiração, de modo que se o declamador deve tomar fôlego a fim de articular seu discurso, a distribuição dos silêncios indicados pelas acentuações sobre o texto obedece menos a princípios lógicos do que à preocupação de transcrever graus de intensidade da palavra e das sequências de tempo que traduzem por si mesmas expressões da alma[97]. A seus olhos, todavia, o recurso à colometria, assim como a pontuação, não parece jamais fornecer conjecturas precisas e permanece, como a maior parte das soluções aos problemas de tradução, na situação de tentativa. É necessário certamente fixar-se a regra de "não colocar, no melhor dos casos, acentuação verossimilhante, a não ser para uma acentuação em todo caso possível", como se devêssemos procurar materializar pela tipografia a respiração do discurso. Mas o desejo de restituição de uma oralidade da *mikrá* como convocação originalmente garantida pela lei do culto assemelha-se de alguma forma a uma tarefa infinita[98].

Surge então a segunda dimensão do problema posto pela transposição na língua de acolhimento das palavras, formas e ritmos da língua de origem. De um ponto de vista global, trata-se aqui de saber até onde e através de quais procedimentos pode-se impor à segunda deslizar nas estruturas da

---

96 Ver M. Buber, A Translation of the Bible (1927), idem, p. 170.
97 Ver F. Rosenzweig, "L'Écriture et le verbe", op. cit. 90-91. Rosenzweig fornece como exemplo de uma formulação mal restituída por uma pontuação lógica, a resposta de Caim: "Eu não sei; sou eu o guardião de meu irmão?" (Gn 4, 9, tradução do rabinato). Aqui, com efeito, enquanto a separação de aparência lógica, transcrita por um ponto e vírgula, atenua a brutalidade do propósito, só a condensação de duas sequências pode reproduzir a oralidade do discurso, devolvendo-lhe sua "atrocidade" original. Nesta perspectiva, Buber e Rosenzweig escreverão: "Ich weiss nicht. Bin ich meines Bruders Hüter?" Em outros casos, ao contrário, as vírgulas devem combinar sua função lógica de divisão do discurso com uma maneira de carregá-lo de um "*vibrato* de inteira quietude".
98 Encontra-se um dos exemplos mais eloquentes dessa maneira de restituir a oralidade no início do *Schema Israël*: "Höre Jisrael: ER unser Gott, ER Einer! / Liebe denn / IHN deinen Gott / mit all deinem Herzen, mit all deiner Seele, mit all deiner Macht" (Ouve, Israel: ELE, nosso Deus, ELE O UM! / Ama-o pois, / teu Deus, / com todo o teu coração, com toda a tua alma, com toda a tua força).

primeira a fim de conciliar a vontade de recuperar a oralidade de uma com a necessidade de uma inteligibilidade na outra. Sobre esse projeto que toca essencialmente na relação com a língua alemã e na questão do grau possível ou requerido de "germanização" do hebraico, parece que as respectivas posições de Rosenzweig e de Buber se tenham transformado, delineando uma espécie de caça aos cruzados medievais que o último evoca de maneira alusiva pela metáfora de um duelo[99]. Buber narra efetivamente várias vezes que, no momento em que ele remetera a Rosenzweig todo o primeiro esboço da tradução do início do *Gênesis*, este último o havia tomado como uma brincadeira plena de sentido: "É um excelente alemão; Lutero em comparação seria quase ídiche. Mas talvez não seja excessivamente alemão?"[100]. Nesse ponto, portanto, Rosenzweig parece ter evoluído rapidamente. Alguns meses apenas antes desse primeiro diálogo em fragmentos, ele julgava ainda, com efeito, que uma "nova tradução oficial da *Bíblia* para os judeus alemães era não somente impossível, mas proibida", logo acrescentando que apenas "uma revisão judaica da *Bíblia* de Lutero era permitida e autorizada"[101]. Essa perspectiva estava, além disso, de acordo com a que ele havia apresentado anteriormente no prefácio de sua tradução dos poemas de Iehudá Halevi, texto que punha face a face o desejo de "restituir a tonalidade estrangeira em sua estranheza" com a coragem que tivera Lutero de afrontar o problema da restituição do hebraico[102].

---

99   Ver M. Buber, From the Beginnings of Our Bible Translation, op. cit., p. 181.
100 Ver os dois textos de Buber que citam a fórmula: *The How and Why of Our Bible Translation* e *From the Beginnings of Our Bible Translation*. Há esta citação, sob forma original, na carta de Rosenzweig a Buber de 19 de junho de 1925. No segundo dos textos, Buber cita uma fórmula anterior de Rosenzweig, mas que não parece menos evidente: "A pátina já se foi, mas brilha como nova, o que também é importante".
101 Ver a carta a Buber de 25 de janeiro de 1925. Buber evocará de novo este velho propósito em *How and Why of Our Bible Translation*, p. 213.
102 F. Rosenzweig, *Der Mensch und sein Werk, Gesammelte Schriften*, 4, *Sprachdenken im Übersetzen*, 1, Hymnen und Gedichte des Juda Halévi, Haia: Martinus Nijhoff, 1983, p. 2 e 4. As traduções de Rosenzweig dos poemas de Iehudá Halevi haviam suscitado uma reação brutal de Scholem e de Benjamin, confirmando, de qualquer modo, que elas poderiam ser recebidas como uma "germanização" do hebreu. Ver a carta de Scholem para Benjamin de 10 de maio de 1924, após este último ter declarado querer propor a *Der Jude* uma nota que revelasse a "perspectiva antissionista de morte à poesia hebraica, sob a coberta de ideologias inspiradas pela filosofia da história" (W. Benjamin, *Correspondance*, 1, 1910-1928, trad. G. Petitdemange, Paris: Aubier, 1979, p. 316). Para Scholem, o episódio estava preparado pela resposta provocadora de Rosenzweig a uma de suas cartas, na qual se afirmava que "quem

Enquanto Franz Rosenzweig começava a revisar sua posição desde os primeiros ensaios da tradução, para logo ocupar-se com o hebraico, é Martin Buber que se tornará posteriormente o verdadeiro guardião dessa preocupação, procurando formalizar os meios de uma desconfiança face à "germanização" das Escrituras. Nesse sentido, enquanto ele reconstitui *a posteriori* o trabalho sobre a escolha das palavras, não mascara uma dificuldade que se atém ao fato de que as estruturas auditivas do alemão não podem reproduzir as do hebraico, de modo que o objetivo só pode ser o de lhe procurar uma correspondência: por isto que seria de alguma forma uma "germanização", no sentido fraco do termo[103]. Mas ele se lembra logo de que, de qualquer maneira, uma tal transferência deve continuar orientada pela perspectiva de uma restituição das formas da narrativa, segundo a dimensão precisa da "convocação". Ainda mais, a fim de ilustrar esta parada no jogo da tradução que se relaciona diretamente à necessidade de se libertar dos constrangimentos da língua de acolhimento para resgatar a sonoridade e o sentido dos termos originais, ele escolhe deliberadamente um dos exemplos mais complexos e mais densos de conotações teológicas: o do culto sacrificial. A questão aqui é saber como traduzir a palavra hebraica *korban* (קרבן) tal como aparece principalmente com uma grande frequência no interior do *Levítico*[104]. Na *Bíblia* de Lutero, bem como na edição erudita de Kautzsch, o termo utilizado é "Opfer", derivado do latin "offere" e que evoca a ideia de um abandono ou de uma renúncia. Ora, o vocábulo hebraico não expressa essa dimensão, mas exprime por sua raiz (קרב) uma relação entre duas pessoas que se tornam próximas uma da outra, o que deveria ser restituído em alemão por "Darnahung" (aproximação). Um raciocínio semelhante poderia então ser proposto para dois termos apresentando os diferentes tipos de oferendas: geralmente traduzido por "oferenda queimada", *olá* (עלה) não é em nada ligada à noção de consumação, mas designa, por sua raiz, uma ascensão; quanto ao termo

---

quer que traduza em língua alemã deve, em certa medida, traduzir em língua cristã" (carta de Rosenzweig a Scholem de 10 de março de 1921).
103 Ver M. Buber, On Word Choice in Translating the Bible, op. cit., p. 75.
104 Idem, p. 77. Buber retoma em outro texto a análise dessa palavra, para precisar alguns desses aspectos, graças à técnica dos *Leitwörter* (*Leitwort* Style in Pentateuch Narrative, op. cit, p. 118-119). Logo se encontra neste último texto uma reutilização amplificada da interpretação desse termo.

minkhá (מנחה), ele evoca, de preferência uma "oferenda de carne", a direção do sacrifício[105].

Esta transformação das perspectivas de Buber e Rosenzweig sobre o grau autorizado de "germanização" do hebraico deve chamar a atenção para um fenômeno conexo: o fato de que sua tradução evoluiu por si mesma entre suas duas versões, como se a primeira não se beneficiasse ainda de todos os frutos de sua reflexão e das técnicas imaginadas para resolver as dificuldades do trabalho. Publicada em 1925, a edição inicial do *Gênesis* leva a marca das principais preocupações dos autores e já manifesta a presença de algumas opções essenciais: a particular atenção dirigida à restituição do Nome, uma apresentação tipográfica em conformidade com o princípio da colometria, ou ainda a aplicação da ideia de Buber segundo a qual a repetição das palavras e das raízes permite tratá-las como *Leitwörter* (palavras condutoras ou regentes) podendo guiar a tradução. Mas tudo se passa como se ela apenas figurasse uma primeira forma de experimentação em relação à edição designada como *Logenausgabe*, realizada para a loja B'nai B'rith de Berlim e publicada em 1930, após a morte de Rosenzweig. É efetivamente entre essas duas datas que Buber e Rosenzweig produzem o essencial de seus textos teóricos, quatro do primeiro e cinco do segundo, a que se acrescentam duas respostas comuns às primeiras objeções. De maneira geral, a comparação dos dois textos deixaria transparecer o fato de que o de 1925 utiliza-se ainda de uma linguagem amplamente idiomática, que nem sempre se separa das traduções anteriores, enquanto a versão definitiva procura verdadeiramente ser fiel ao hebraico e às suas raízes, prestes a sacrificar, se for necessário, uma parte do estilo ou mesmo a inteligibilidade imediata devido à preocupação de conduzir o leitor ao próprio seio do mundo linguístico da *Bíblia*[106].

---

105 Buber precisa, no entanto, que esta última etimologia permanece incerta. Ele segue ainda as indicações de Gesenius. Buber e Rosenzweig traduzirão finalmente *korban* par *Nahung*, *olah* por *Darhöhung* e *minkhá* por *Spende*.

106 Dois exemplos tirados do *Gênesis* seriam suficientes para ilustrar esta evolução. Na versão de 1925, Buber e Rosenzweig traduzem o *tov*, pelo qual Deus qualifica sua obra, em *Gn.* 1,31, por um "fein" (apurado, refinado), que conota a ideia do simplesmente "bom", enquanto que o texto de 1930 inscreve um "gut", ao mesmo tempo gutural e que respeita o sentido daquilo que é ou está "bem". De modo mais sofisticado, quando o *Gn* 3, 4 apresenta a fórmula *lo mut temutun* (לא-מות תמתון) no discurso da serpente para a mulher, os

Se nos lembrarmos dos princípios gerais que deveriam orientar a tradução das Escrituras, respeitando a unidade do texto e sua oralidade, a técnica essencial que visa atingi-los no trabalho concreto é a que Buber imaginou posteriormente, teorizada em torno da noção de *palavra-condutora*. Além disso, o fato de que é graças a ela que se poderá determinar, ao término do processo, a apresentação colométrica, destinada a restituir os ritmos do discurso original antes de materializá-los na tipografia, cabendo-lhe dirigir a conexão entre uma boa análise das estruturas específicas do hebraico e a melhor escolha possível dos termos na língua alemã. Pela figura da palavra-chave, Buber designa um fenômeno específico do hebraico bíblico: o de palavras que se repetem diretamente ou pelo viés de suas raízes ou ainda de unidades temáticas que atravessam o texto a distâncias mais ou menos longas[107]. A origem desse procedimento liga-se uma vez mais ainda às necessidades de um antigo discurso oral, que devia requerer meios mnemotécnicos para se fixar e se transmitir. Quanto a estes últimos, eles se apoiam sobre as propriedades de uma língua dotada de radicais, que posteriormente se organizam em torno da simples repetição do jogo da assonância ou da aliteração e, mais frequentemente, da paronomásia. O exemplo imediato de uma repetição destinada a imprimir a narração na memória seria fornecido por este versículo do *Gênesis* (15, 16): "Na quarta geração eles voltarão aqui (*hená*), pois até aqui (*ad hená*) a iniquidade dos amorreus não terá sido completa"[108]. Esse procedimento encontra então

tradutores propõem, na primeira versão, uma espécie de paráfrase: "nicht werdet ihr Todes sterben" (não morrereis de morte). A segunda versão, ao contrário, procura transpor a paronomásia, devido ao fato de que o substantivo e o verbo têm a mesma raiz que se repete (מות), pela repetição do verbo *sterben*: "sterben, sterben werdet ihr nicht" (morrer, morrer não ireis).

107 O termo *Leitwort* é tanto menos traduzível por ter sido construído por Buber sobre a noção musical de *Leitmotiv*. Encontram-se uma definição mais precisa e os exemplos mais numerosos de *Leitwörter* em Leitwort Style in Pentateuch Narrative, op. cit. p.114 e s. É um dos exemplos de interesse para ilustrar o fenômeno da estruturação do relato da revolta de Coré.

108 Ver o exemplo em The Language of the *Botschaft*. Op. cit., p. 29. Dispõe-se aqui de uma forma corrente de estruturação de uma sequência narrativa pela repetição de um termo, na ocorrência do advérbio (הנה) sob as duas nuanças que ele tem: a espacial e a temporal. Uma estrutura semântica muito frequente corresponde a este fenômeno: a justaposição do infinitivo de um verbo e de uma forma conjugada, procedimento que tem por efeito intensificar o estilo narrativo e, sobretudo, reforçar uma injunção ou uma prescrição. Neste último caso, encontra-se o infinitivo seguido do imperativo ou de um futuro intensivo (por ex., *Dt* 7, 18).

formas mais extensas, no interior de séries mais longas, como no episódio de Babel apresentado no *Gênesis* 11, sendo ele construído segundo uma estrutura complexa, onde duas partes parecem opor-se como a ação humana (1-4) e a reação divina (5-9), mas de fato esclarecem-se uma pela outra graças à recorrência de sete palavras-chave formando finalmente uma ligação entre elas: "a terra inteira", "língua", a exclamação "Vinde agora!", "construir", "uma cidade e uma torre", "Nome", "dispersar"[109].

Enquanto representa o meio privilegiado de elaboração de palavras-chave a paronomásia conhece, por sua vez, várias modalidades, que vão desde sua forma estrita, como repetição de unidades acústicas próximas num único contexto sintático, até sua manifestação à distância, que pode-se estender a passagens muito afastadas no texto, passando pelo uso generalizado da aliteração e da assonância. Encontrar-se-ia uma ilustração particularmente clara da paronomásia, no sentido estrito do clamor de Moisés no Egito, em *Êxodo* 32, 12: "Aplaca tua cólera (*apekha* אפך) e revoga a calamidade que ameaça teu povo (*amekha* אמך)"[110]. Aqui, é principalmente o meio mnemotécnico que é evidente, quando dois termos são escolhidos entre seus sinônimos pela aliteração que eles fornecem à oralidade e pela capacidade que possuem de fixar o discurso na memória, imprimindo-lhe igualmente um ritmo. O exemplo é então tanto mais precioso quanto os dois versículos seguintes mostram uma outra figura, pela assonância que ressoa desta vez entre a fórmula que vem fechar o discurso de Moisés, enquanto lembrança da promessa divina (*ve-nahalu leolam*; "e eles a herdarão para sempre") e a primeira palavra da declamação do narrador imediatamente depois (*va-inahem*; "Ele arrependeu-se").

---

109 Encontra-se uma análise deste exemplo em *Leitwort* Style in Pentateuch Narrative, p. 116, no qual Buber desenvolve a análise de palavras repetidas para mostrar como elas permitem compreender a narração pela oposição ou pela aproximação de um versículo e de outro. Um fenômeno similar e menos complexo poderia ser descoberto pela repetição associativa entre *tamin* e *hit'halekh* nas duas narrativas das alianças prévias à do Sinai e que se comunicam em *Gênesis*: a do versículo 6, 9 ("Noé era um homem justo e *reto* [תמים] em suas gerações e *caminhava* [התהלך] com Deus") e a do versículo 17, 1, com Abraão ("*caminhe* [התהלך] em minha presença e seja *perfeito*[תמים]"). Ver idem, p. 124.
110 Ver *Leitwort* and Discourse Type; An Example (1935), *Scripture and Translation*, p. 144. Notemos que se trata aqui de uma paronomásia puramente vocálica entre duas palavras que não têm a mesma raiz, dado o jogo de sua assonância reforçado pelo mesmo sufixo possessivo.

A insistência de Martin Buber sobre a importância deste procedimento relativamente restrito de paronomásia, mas que é necessário poder-se restituir no alemão, é então tanto mais significativa quanto ele se recusa a utilizá-lo abusivamente nessa língua, quando se tratar, por exemplo, de traduzir por palavras etimologicamente próximas termos hebraicos de raízes diversas. Sem dúvida, o motivo é que, se no primeiro caso trata-se de recuperar a oralidade inicial do discurso, o segundo toca, por sua vez, na questão semântica, básica para toda tradução, do sentido dos vocábulos e da esfera à qual eles se estendem por derivação. A título de ilustração: se bem que se possa ser tentado a traduzir *tzedek* e *mischpat* por dois termos próximos, como "justiça" e "jurisprudência", é preciso abster-se de fazê-lo. Com efeito, se a partir de sua raiz (מפט) *mischpat* (משפט) cobre efetivamente o campo do ato de julgar, da lei e da legalidade, o sentido de *tzedek* (צדק) encontra-se atrofiado por uma tradução inscrita nestas perspectivas, enquanto seu valor de resultado de um julgamento conotado pelas noções de verdade e de justiça se esclarece por meio dos termos derivando da mesma raiz (צדק): *tzedaká* (צדקה), que indica a concordância de uma conduta humana com a realidade; *tzadik* (צדיק), designando um homem capaz de viver uma tal concordância; *hatzdek* (הצדק) enfim, ligado à figura daquele que pode comprovar a autenticidade de sua pessoa e de sua ação[111].

O mais espetacular dos fenômenos que Martin Buber se esforça em elucidar como fundamento das palavras-chave que podem estruturar a tradução das Escrituras é, sem dúvida, o da paronomásia à distância, que organiza sequências narrativas extremamente complexas e instaura até quadros de correspondência entre unidades semânticas muito separadas[112]. Encontrar-se-ia uma ilustração impressionante da primeira destas

---

[111] Buber desenvolve esta análise vária vezes. Ver sua forma mais precisa em On Word Choice in Translating the Bible, op. cit., p. 83-84.
[112] Encontra-se o exemplo paradigmático que será desenvolvido em *Leitwort* Style..., op. cit., p. 116 e s. Para o tratamento deste exemplo, o esforço será o de traduzir os versículos citados segundo as opções escolhidas aqui por Buber, conforme as decisões tomadas com Rosenzweig (a respeito do Nome, por exemplo), como também restituir em francês os procedimentos ligados à forma do *Leitwort*, como a paronomásia. Extremamente preocupada em permanecer o mais próximo possível dos termos hebreus e de sua sintaxe, a tradução de Samuel Cahen fornece com frequência as melhores indicações desta perspectiva. Além disso, será às vezes útil indicar em itálico as palavras ou fórmulas daqueles versículos significativos do ponto de vista de uma ilustração dos procedimentos.

figuras na maneira pela qual se pode analisar o episódio da revolta de Coré em *Números* 16-17. A célula que, de algum modo, gera aqui a formação das palavras-chave baseia-se na produção a partir da única raiz *Iaad* (יעד) de dois substantivos e uma forma verbal: *edá* (עדה), *moed* (מועד) e *noadim* (נעדים). O termo *moed* é, por sua vez, empregado segundo dois sentidos: o primeiro dentre eles indica, em raras ocasiões, a reunião da comunidade, enquanto o segundo designa, pelo composto *ohel moed* (אהל מועד), a Tenda da Reunião. Quanto a *edá*, que é a palavra mais frequente, se ela designa a própria comunidade e vincula-se no início da narrativa aos companheiros de Coré, qualificados de "príncipes da comunidade" (נשיאי עדה) (16, 2), ela logo se torna a operadora de uma separação, ao passo que o *edá* de Coré se opõe ao de Israel (a partir de 16, 16). Mais precisamente ainda, enquanto desde o começo da revolta de Coré contra Moisés e Aarão o primeiro reivindicava a santidade para "toda a comunidade (כל האדה)", (*edá*, reforçado pela associação com o termo *kahal* קהל em 16, 3), ao término do episódio, a comunidade de Coré é separada definitivamente da de Israel pela injunção de Deus, antes de ser destruída (16, 20-35). É preciso então sublinhar-se o fato de que, entre os dois polos dessa narrativa, Moisés de algum modo projetara sua resolução última, utilizando-se de uma forma verbal também construída sobre a raiz organizadora *Iaad*: "Tu e teu bando (עדתך), é contra Ele que vos reunistes (הנעדים)". Essa acusação de Moisés num versículo médio (16, 11), que assinalava a constatação de uma ruptura dos homens de Coré com o povo de Deus, pode então estender suas consequências rumo à longa passagem que se segue em *Números* 17, onde a unidade finalmente resgatada do povo em sua relação com Deus é expressa por uma nova repetição das duas palavras-chave iniciais: *moed*, que tem suas ocorrências mais numerosas através da referência à Tenda da Reunião (*ohel moed*); e *edá*, que designa posteriormente apenas a comunidade de Israel reconciliada[113].

---

113 Pode-se aqui mencionar uma observação que mostraria um desdobramento ainda mais vasto da construção em *Leitwörter*, a partir deste núcleo. Se a associação encontrada entre o termo *edah* e seu quase sinônimo *kahal*, que o reforça, aparece em várias ocasiões nesta narrativa (16, 3, 33 e 47 [sic]), mas permanece raro no seio do *Pentateuco*, quando ela é reencontrada em outros episódios narrativos, estes trazem para cena formas de rebelião: em *Nm* 20, 8-9, quando o povo protesta contra a falta d'água no deserto de Sin, ou ainda durante a guerra contra os benjaminitas (*Jz* 20, 1-2).

Pode-se enfim mostrar com Martin Buber que essa elaboração da narrativa em torno de uma matriz constituída de três termos pode ampliar ainda suas fronteiras, caso se perceba o efeito de uma forma de inclusão de uma outra palavra-chave nesses termos que acabam de ser descritos. No cerne dos vernáculos que foram examinados até o presente, uma frontal oposição delineou-se efetivamente entre a estrutura gerada a partir da raiz *Iaad* e uma construção que se liga aos derivados da raiz *karab* (קרב). A segunda entre as palavras-chave da narração sobre a revolta de Coré é assim a que repousa sobre a forma *hifil* transitiva desta última (הקריב), que significa "aproximar-se de" ou "tornar próximo". Aqui, ainda, ela aparece no início da narração, subjacente à primeira resposta de Moisés às reivindicações dos rebeldes (16, 5), enquanto aquele recusa o fato de que o levita Coré seja o equivalente dos sacerdotes, isto é, aproxima-se como eles de Deus pela prática das ofertas. O elemento decisivo é então que o termo mais amplo para "fazer oferendas", do qual decorre o próprio substantivo (קרבן), significa igualmente "aproximar-se" ou "trazer para perto de", segundo as diferentes nuanças da noção de proximidade. A prova disso é que esse par é mobilizado a propósito da consagração dos sacerdotes e dos levitas para o serviço do Templo: Aarão e seus filhos são "aproximados" deste último para servirem a Deus (*Ex* 29, 4 e 8; 40, 12 e 14, *Lv* 7, 35; 8, 6, 13 e 24); os levitas são "dados" para Deus (*Nm* 8, 16; 18, 6) e conduzidos para a Tenda da Reunião (*Nm* 8, 9 e s.). Desde então, a rebelião de Coré em seu sentido mais profundo representa uma crise formulada na linguagem da catástrofe, no curso da qual os estritos limites assinalados por Deus ao serviço do Templo (*Nm* 18, 3) estão ameaçados pelas reivindicações do homem, antes de uma resolução pelo retorno à língua da Lei (*Nm* 18, 1-7).

Percebe-se assim que toda a aventura de Coré banha-se na atmosfera imposta por esses dois sentidos de "aproximação", de modo que seu núcleo central pode-se expandir rio acima (todo o cap. 15) e rio abaixo (17, 1-18, 7). Encontra-se, nesse sentido, no começo da primeira passagem, quase que exclusivamente consagrada à regulamentação das oferendas, esta paronomásia: "este que oferta oferecerá sua oferenda (קרבנו והקריב המקריב, *Nm* 15, 4)", figura que induz ao fato de que se encontrará sete vezes no 15º capítulo a forma *hifil* da raiz *karab* no sentido de oferecer, em seguida outras nove de suas manifestações sob outras formas verbais entre os capítulos 16 e 18. É então a intervenção nesse contexto verbal de múltiplas ocorrências da raiz designando, quanto a si mesma, o fato de morrer (מות) que comunica ao leitor, familiar com o estilo oral específico da palavra-chave, o sentido particularmente dramático das jogadas deste episódio, o efeito produzido sendo muito mais potente do que este que seria procedente de um discurso didático[114]. Doravante, com efeito, um último olhar para trás permite descobrir-se o lugar exato onde se nutria o drama, a imbricação de seus elementos e a significação de seu desenvolvimento. A primeira resposta de Moisés à revolta de Coré estava estritamente estruturada pela repetição da ideia de aproximação, para ilustrar um exagero do rebelde, em realidade voltado contra Deus, e que é necessário impedir para resolver a crise: "Amanhã, Ele fará conhecer aquele que lhe pertence, o que é santo, e Ele o fará *aproximar-se* (והקריב) dele; aquele que Ele escolherá, Ele o fará *aproximar-se* (יקריב) dele (16, 5)" / "É demasiadamente pouco para vós que o Deus de Israel vos tenha separado da reunião (מעדה) de Israel, fazendo-vos *aproximar-se* (להקריב) dele, a serviço de seu tabernáculo, e para vos apresentar diante da comunidade (העדה), para servi-la? / Que ele tenha vos feito *aproximar-se* (ויקרב), e vossos irmãos, os filhos de Levi, convosco? E vós reivindicais ainda o sacerdócio? (16, 9-10)". Se acrescentarmos enfim que Moisés coloca entre esses motivos a designação de uma experiência (6-7), através da qual deve-se manifestar o signo da catástrofe e já se expor a forma da única saída possível ("tomai incensórios [...] metei-lhes fogo amanhã [...] e o homem que Ele terá escolhido será santo; é demais para vós"), a narração culmina numa arquitetura potente, constituída de oposições sistematicamente ordenadas pela paronomásia: os homens de Coré exclamaram: "É demais para vós!" (3) e Moisés repete a fórmula da provocação lançando seu próprio desafio, segundo o qual "é demais para vós" arriscar o teste do

---

114 Buber pensa aqui (*Leitwort* Style...", op. cit., p. 119) nos versículos que vão concluir o episódio (17, 25-28), após a destruição de Coré. Na ocorrência, o *Leitwort* que estruturava o relato em torno das noções de aproximação e de oferenda, saídas da raiz (קרב), é tecido com uma repetição do verbo matar, sob formas diferentes: "Ela colocará fim a seus murmúrios contra mim e assim eles não morrerão (ולא ימתו). [...] O povo diz a Moisés [...] quem quer que se aproxime (כל הקרב), aquele que se aproxima (הקרב) de Sua morada morrerá (ימות); morremos todos nós?" Notemos, todavia, que o fim do versículo utiliza um sinônimo, raro, de מות para exprimir a ideia de perecer: [גוא].

incenso (7); os revoltados pretendiam agir por "toda a comunidade", para indicar que eles representam apenas um falso *edá* (11); "todos são santos" (כֻּלָּם קְדֹשִׁים) era o lema de Coré (3), mas Moisés lembra (5) que só Deus faz saber "quem é santo para Ele" (אֲשֶׁר לוֹ הַקָּדוֹשׁ).

Armados dessas técnicas e de seus princípios, forjados principalmente no confronto com a tradução de Lutero, Martin Buber e Franz Rosenzweig podem afrontar as objeções às vezes violentas levantadas contra seu trabalho. A melhor ilustração desse percurso encontra-se na longa resposta que eles redigem em comum para recusar as críticas de Siegfried Kracauer e da qual serão escolhidos os exemplos mais significativos[115]. O primeiro dentre eles, e um dos mais simples, refere-se ao fato de que Lutero utiliza a expressão "Wolken führen" (levar até as nuvens) para traduzir *bani anan* (בְּעַנְנִי עָנָן) em *Gênesis* 9, 14, suprimindo assim a paronomásia entre o substantivo e o verbo que Buber e Rosenzweig substituem por "Wolken wölken". Numa perspectiva análoga, enquanto o primeiro traduz (*Gn* 43, 16) *tavoakh tevakh* (טְבֹחַ טֶבַח) por "schlachten" (matar os animais), os segundos propõem "Schlachtvieh schlachten" (abater os animais de abate), a fim de respeitar a nuança induzida pela existência de um verbo e de um substantivo dotados da mesma raiz. Vem então uma sequência mais longa, que permite defender outros princípios essenciais da experiência dos dois tradutores. Em *Gn* 37, 8, enquanto o original diz *ha-maloch ti-mloch alenu / im maschlol ti-mschol banu* (הֲמָלֹךְ תִּמְלֹךְ עָלֵינוּ אִם־מָשׁוֹל תִּמְשֹׁל בָּנוּ), Lutero escreve: "Solltest du unser König werden und über uns herrschen?" ("És destinado a te tornares nosso rei e nos dominar?"), enquanto Buber e Rosenzweig escolhem a seguinte

---

115 La Bible en allemand, *L'Écriture et le verbe*, p. 101-112. A crítica de Kracauer tinha aparecido em 27 e 28 de abril de 1926 no *Frankfurter Zeitung* e denunciava uma "wagnerização" da tradução de Lutero que ela finalmente defende. Retornando a objeção contra os argumentos de seu autor, a resposta de Buber e Rosenzweig foi publicada sob forma abreviada no mesmo jornal alguns dias mais tarde, mas Buber restitui a versão completa no volume alemão. É ela que reencontramos aqui, como também em *Scripture and Translation*, p. 151-160. Lembremos, enfim, que nessa época a discussão diz respeito à primeira versão da tradução. Existem, aliás, outras respostas, mais breves, a outras objeções, menos severas. Aquela a Richard Koch, amigo e médico de Rosenzweig (*Scripture and Translation*), na qual ambos fazem a pergunta principal de toda tradução: "Como você consegue manter a responsabilidade perante o texto"? Ou ainda aquela de Buber a Emmanuel bin Gorion, de 1927 (*Scripture and Translation*, p. 166-171), na qual são expostas, de modo sintético, as técnicas que visam restituir as formas acústicas da assonância e da aliteração, ou ainda o ritmo da recitação.

formulação: "Willst du König werden, König du bei uns, /oder Walter du, Walter über uns?" (Queres tu tornar-te rei, rei por nós, / ou governante, governante sobre nós?). Além da aplicação da forma colométrica, que faz aparecer na tipografia duas linhas diferenciadas, em conformidade com os ritmos da respiração, percebe-se aqui que os tradutores desejam sublinhar o efeito enfático ocultado por Lutero, preferindo ao termo excessivo de "dominar" o de "governar" e insistindo uma vez mais ainda sobre as assonâncias e repetições do hebraico.

Resta então, entre outros exemplos, um dos mais clássicos, mas também um dos mais difíceis: o da tradução da palavra *ruakh* (רוח) em *Gênesis* 1, 2. Sobre esse ponto, Lutero hesitou entre duas opções, consistindo respectivamente em escolher "Geist" (espírito), para a proposição "und der Geist Gottes schwebte auf dem Wasser", ou "Wind" (vento), segundo uma formulação menos metafísica. Para Buber e Rosenzweig, a tradução desse termo deve passar por uma análise prévia de suas diversas significações na *Bíblia*, que são não apenas as de espírito e de vento, mas ainda de sopro ("Hauch" ou "Atem"). Quanto à especificidade de seu uso nesse versículo, ela se atém ao fato de que ele engloba todos esses sentidos, segundo uma forma originária cuja riqueza semântica excede as do grego *pneuma* ou do latim *spiritus*. O desafio de sua tradução é que, caso se pudesse ainda ouvir a dimensão carnal da expressão na época de Lutero, esta se tornou insensível aos ouvidos contemporâneos. Ou seja, quando for necessário, apesar de tudo, "germanizar" a palavra, "Wind" parece frágil demais e "Geist" excessivamente equívoca, de modo que somente um neologismo parece capaz de resolver o problema, visando recolher os três sentidos. É assim que Buber e Rosenzweig propõem salvar a unidade destes últimos, que a língua ignora, por "Gottes brausender Atemzug" (respiração tumultuada de Deus). Percebe-se então que a reflexão e depois a decisão dos dois tradutores apoiam-se aqui menos sobre o retorno à raiz da palavra do que sobre a exploração de seu campo semântico, numa paisagem de alguma forma encoberta por um grande número de escolhas de consequências implícitas, mas carregadas de sentido. Sua demonstração pode enfim ser concluída por uma discussão referente à melhor restituição do verbo (מרחפת), associado a este substantivo (רוח) e uma orientação a favor da opção que reforça um pelo outro suas duas traduções, pois que ela reproduz em alemão a assonância do hebraico, pela associação de "brausender Atemzug" a "brüten" (chocar; fomentar secretamente)[116].

Para além da defesa obstinada de uma tradução frequentemente provocativa face às diversas tradições, qual poderia ser a recepção a longo prazo desse empreendimento monumental? Levado adiante até os últimos dias de Franz Rosenzweig, sendo depois longamente interrompida, ao deixar a nova editora de Lambert Schneider que o solicitara para reunir as prestigiosas edições Schocken, a tradução deveria aguardar seu término até 1960, tendo Martin Buber permanecido só. Um único depoimento bastaria, sem dúvida, para caracterizar seu impacto e sua marca paradoxal: o de Gershom Scholem. No dia seguinte à publicação definitiva, este último pronuncia na casa de Buber em Jerusalém um discurso de recepção e de homenagem onde é dito com uma precisão singular o essencial sobre esse assunto[117]. Desde 1926, Scholem escrevera a Buber para compartilhar suas observações sobre a primeira versão do Gênesis. Embora ele dissesse admirar a clareza dessa tradução e seu sentido da responsabilidade face ao texto, ele confessava estar cético quanto à sua maneira de respeitar o *nigun* do hebraico, avaliando que essa melodia estava restituída de forma demasiadamente patética[118]. Ao comentar a versão definitiva, Scholem diz estar finalmente convencido pelos procedimentos revisados na matéria, afirmando que, desde então, "é possível ler o texto da *Bíblia* com toda a serenidade", no encadeamento de um texto além do mais dotado de "particular urbanidade"[119]. Eis, portanto, uma homenagem que se pode enunciar numa série de considerações de admiração frente à maior parte das opções e inovações propostas por

---

116 Buber e Rosenzweig aplicam-se aqui a uma pura consonância auditiva entre *ruakh* e *rakhe*. No texto sobre as linguagens de Goethe e da *Bíblia*, Rosenzweig já havia defendido a utilização do verbo "brüten", lembrando que Raschi foi o primeiro a utilizá-lo pelo francês "couver". Ver Comment la Bible hébraïque a directement influencé la langue de Goethe, op. cit., p. 85.

117 G. Scholem, L'Achèvement de la traduction de la Bible par Martin Buber (1961), *Le Messianisme juif*, trad. B. Dupuy, Paris: Calman-Lévy, 1974, p. 441-447.

118 Encontra-se esta carta a Martin Buber de 27 de abril de 1926, que não aparece na correspondencia geral de Scholem, *The Letters of Martin Buber: A Life of Dialogue*, p. 338. Scholem acrescenta ainda uma crítica referente à utilização do termo *Künder* (no sentido de "aquele que proclama") para designar o profeta. Em uma carta cordial, Buber lhe endereçará (24 maio, idem 341-342) os extratos da resposta a Kracauer.

119 G. Scholem, L'Achèvement de la traduction de la Bible par Martin Buber, op. cit., p. 444.

tradutores que conseguiram realizar "mais do que a tensão do artista e mais do que a precisão do filólogo".

Evidentemente, Rosenzweig e Buber ganharam o essencial de sua aposta: solicitar ao leitor ajustar sua reflexão às dificuldades do texto, através de uma tradução que o conduz até os limites de uma literalidade, recusando apagar as asperezas do discurso; convidá-lo efetivamente a aprender o hebraico, para afrontar por si mesmo o Livro em sua "abrupta dignidade". Ao que se acrescenta uma vez mais ainda o sucesso dos procedimentos visando resgatar a oralidade da palavra bíblica e seu caráter recitativo, principalmente a maneira de utilizar a colometria a fim de dividir o texto escrito da tradução segundo unidades respiratórias que a incitam a ser lida oralmente como seu original. Quanto ao elogio mais precioso de Scholem, reside nesta observação, ligada ao fato de que a obra é também um comentário, apesar de sua sobriedade: perante uma difícil passagem da *Bíblia* perguntar-se-á posteriormente o que diria Buber, como cada um o faz consultando Raschi.

Resta que se Scholem louva a maior parte das iniciativas de Martin Buber e de Franz Rosenzweig, até a audácia que consiste em que o nome de Deus, substituído por pronomes, jamais apareça, ele insinua em seu elogio uma consideração sobre o contexto histórico desse trabalho que aparece como perigoso. A seus olhos, enquanto uma das singularidades iniciais do projeto apoiava-se naquilo que unia um sionista e um antissionista, ele verifica *a posteriori* que se inscrevia numa perspectiva mais ou menos confirmada: oferecer ao povo alemão da parte dos judeus uma lembrança pela hospitalidade (*Gastgeschenk*) antes de deixar o país[120]. Sem dúvida, havia

---

[120] Sobre este assunto, poder-se-ia confrontar a empresa de Buber e Rosenzweig com uma consideração de *A Estrela da Redenção*, relativa ao "povo eterno". Após ter mostrado que a terra santa se destaca de todo território, e depois que a Lei santa permanece intemporal face aos acasos da história, Rosenzweig escreve: O povo eterno perdeu sua língua própria e fala em todos os lugares a língua de seus destinos exteriores, a língua do povo com quem reside na qualidade de hóspede". Esta maneira de querer revirar o sentido da hospitalidade poderia ser uma das intenções que presidiria o projeto da tradução, hipótese que poderia ser atestada numa confidência de Rosenzweig a respeito de seu próprio livro: "*A Stern* será um dia considerada, com justiça, como um presente que o espírito alemão deve a seu enclave judaico" (carta a Rudolf Hallo, jan 1923, em *Briefe und Tagebücher*, II, p. 887; sobre o sentido dessa confissão ver, supra, cap II, p. 249-252). Não é impossível que este paradoxo tenha determinado desde a origem o destino da empreitada..

nesse gesto a dimensão de uma esperança, para uma época onde existia ainda um judaísmo alemão que podia desejar tomar parte no enriquecimento da língua de Lutero e de Goethe. Mas a questão de Gershom Scholem é, doravante, a de saber o que é necessário pensar do desejo de um tal símbolo e o que dele pode subsistir. De fato, tudo leva a considerar que ele está definitivamente arruinado, de modo que esta tradução tornar-se-á, quer se queira ou não, "a pedra tumular de uma relação que foi aniquilada numa catástrofe aterrorizante". A isto acrescenta-se que, a meias-palavras desta vez, Scholem sugere que as coisas poderiam ser ainda piores, pois a pretensão do empreendimento de Buber, após um tal evento, manifesta o que o afligia desde a origem: o fato de se basear sobre a ilusão de uma osmose que corre o risco de destiná-la ao esquecimento.

Essencialmente sensível aos inúmeros "achados" que embelezam essa tradução na ordem da linguagem, Emmanuel Lévinas propõe-se um julgamento que parece menos severo. É uma comparação estranha à primeira vista que lhe vem ao espírito: por sua preocupação de colocar o ouvido do leitor "à espreita" para lhe fazer compreender em sua língua "a articulação arcaica do texto hebraico", Franz Rosenzweig e Martin Buber imaginaram um gesto que se assemelha ao de Heidegger face aos fragmentos pré-socráticos e que consiste em restituir "o dizer primitivo do texto"[121]. Nesse plano, eles advogaram perfeitamente a causa de uma linguagem que cessa de se apresentar como um estágio primitivo da expressão, a fim de resgatar a força inicial de suas palavras sem articulações determinadas, destacadas do empreendimento de uma sintaxe constrangedora ou ainda entregues à pluralidade de suas significações. Ou seja, numa Europa que se situara perante a *Bíblia* como diante de "uma paisagem sem horizonte", eles conseguiram suscitar um "novo estremecimento" nos leitores habituados às traduções clássicas cuja tendência consiste sempre em deter "a ressaca misteriosa dos vocábulos antigos e fixar demasiado rapidamente o sentido de sua proximidade nas frases".

Resta, portanto, que ao se ligar prioritariamente à dimensão linguística das coisas, o projeto de Rosenzweig e de Buber poderia se revelar dispendioso devido a um de seus pressupostos. Para ser "pós-crítica", como

---

121 E. Lévinas, La Pensée de Martin Buber et le judaïsme contemporain, op. cit., *Hors sujet*, p. 24.

gostava Buber de declarar, sua tradução liberta-se efetivamente dos comentários que tradicionalmente enquadravam as Escrituras, a fim de preservar os fundamentos e de lhe garantir o horizonte. Desse ponto de vista, a tradução se apoia sobre uma exegese implícita que trai, no entanto, sua orientação: apagar a dimensão de alteridade e de transcendência do texto sagrado, a fim de lhe assinalar uma proximidade mais de acordo com as aspirações do homem moderno. Paradoxalmente, ao realizar esse projeto, Buber e Rosenzweig aproximam-se de um Spinoza, que já abandonara a exegese dos rabinos, e eles parecem finalmente impedir a *Torá* de ser uma experiência religiosa particular de cada indivíduo. Que se possa então ter a impressão, como a de Emmanuel Lévinas, de que "Buber lê a *Bíblia* como se somente ele possuísse todo o Espírito Santo" é algo que, além do mais, tem ligação com sua própria filosofia do "encontro" e do "diálogo". Mas pode-se temer que uma tal operação produza nos leitores de sua tradução efeitos menos dominados e, finalmente, uma dessacralização que elimina todos os mistérios de um texto aos quais deve sua perenidade.

Eis talvez a última lógica dissimulada sob uma tradução que sediava o essencial de suas preocupações na ordem da linguagem. Numa época em que uma das maiores correntes da exegese procurava transformar as noções bíblicas em "símbolos", Buber e Rosenzweig desejavam aproximá-las das condições da experiência individual. Enquanto a primeira dessas tarefas se harmonizava com o espírito de um protestantismo preocupado em separar a Escritura do mito, a fim de atraí-la para o mundo vivido, a segunda fortifica uma tendência do judaísmo contemporâneo seduzido pela ideia de uma personalização da relação entre o homem e Deus. Crítico tenaz desse projeto que remonta na origem a Mendelssohn, Leo Strauss dele revela os pressupostos: uma reformulação "existencial" da relação com a transcendência e uma "interiorização" dos conceitos da *Torá*[122]. Percebe-se em seguida como as escolhas de Buber e de Rosenzweig acabavam correspondendo a tais intenções e deveriam suportar os riscos. O uso paradigmático dos pronomes na tradução do Nome esboçava uma gramática do "encontro",

---

122 Que se pense na introdução e no primeiro capítulo (La Querelle des anciens et des modernes dans la philosophie du judaïsme) de *Philosophie und Gesetz* (1935), em que Leo Strauss circunscreve essas figuras para construir-lhes a genealogia. Ver Leo Strauss, *La Philosophie et la Loi*, em *Maïmonide*, Paris: PUF, 1988, p. 11-77, e infra, cap. VII, p. 810-813

mas acompanhava possivelmente um movimento que o transformaria num simples "fantasma gramatical"[123]. O retorno às sonoridades originais da *Bíblia* só podia proceder de uma atualização de sua linguagem na do país de acolhimento e desembocaria num paradoxo de toda tradução das Escrituras, o que a torna tanto melhor quanto ela mostra seu limite e incita seu leitor a voltar-se, ele mesmo, para a linguagem-fonte.

Ou seja, a autenticidade visada pelos dois tradutores conhecia talvez uma dimensão aporética do princípio ao fim. Ligada ao respeito pelas palavras, ritmos e formas, ela economizava de algum modo uma reflexão sobre a parte da relação entre a *Bíblia* e os gregos que ultrapassa o problema da hospitalidade das línguas para tocar no conflito entre a Revelação e a razão. Nesse sentido, a tradução de Buber e de Rosenzweig é indissociável de uma orientação intelectual que consistia em converter a exterioridade dos conceitos bíblicos a fim de que cada um possa recebê-los segundo modalidades de sua experiência cotidiana. Ela supunha assim o que Leo Strauss denomina uma "historicização consciente e radical da *Torá*", com seu corolário: "A Lei santa que era uma realidade e da qual se poderia dizer que era o templo público torna-se potência de realização, um caminho ou um depósito onde cada indivíduo vem procurar os materiais de que necessita para construir seu próprio abrigo"[124].

Desse ponto de vista, Martin Buber e Franz Rosenzweig pertencem, sem dúvida e plenamente, a seu tempo: contemporâneos de uma época que pesquisa a interioridade da Lei e até mesmo precursores de um movimento que tenderá um dia a considerar as Escrituras na perspectiva de uma pura textualidade, narrativa ou poética. Além da questão da confiança destruída numa língua alemã, supostamente capaz de firmar a aliança moderna do judaísmo e da Europa, não é certo que a probidade de uma tradução que esclarece a letra mais do que a Lei esgote os dois sentidos da fidelidade.

---

123 A fórmula foi emprestada de George Steiner, *Réelles présences*, trad. M. R. de Pauw, Paris: Gallimard, 1991, p. 21
124 Leo Strauss, Avant-propos à la traduction anglaise de *La Critique de la religion* de Spinoza, em *Le Testament de Spinoza*, trad. G. Almaleh, A. Baraquin e M. Depadt-Ejchenbaum, Paris: Cerf, 1991. A este propósito, ver novamente infra, capítulo VII, p. 784-787.

Aí Onde a Gente se Encontra: A Via Hassídica

Ao traduzir a Escritura, Martin Buber e Franz Rosenzweig tinham no espírito a *Torá*? Fiéis à letra, eram-no à Lei? Procurando uma autenticidade essencialmente semântica, podiam eles conservar uma intenção normativa?

    As respostas negativas a cada uma dessas questões não decorrem nem do acaso e nem de uma inadvertência, mas de uma escolha. Preocupados em restituir a vitalidade do texto antigo, desejavam conciliar um novo olhar e um ouvido inocente: para lê-lo como se fossem os primeiros a fazê-lo ser compreendido na pureza de suas origens. Pode ser, todavia, que essa humildade seja um imenso orgulho, que ela reforce o que eles desejavam evitar, acelere um movimento do qual tentavam inverter o curso. No imaginário da Tradição e da realidade de sua história, a *Torá* fora transmitida e protegida entre os quatro parâmetros do comentário. Mais do que as transposições da letra ao interior do universo das línguas, é a garantia da Lei na fidelidade ao Nome que perseguiam os Sábios e seus sucessores. Inaugurando o método crítico, Spinoza sabia perfeitamente que lhe seria necessário impor o retorno a uma espécie de materialidade primeira de um texto arrancado às letrinhas dos comentários que o rodeavam: para mostrar suas fragilidades, contradições ou o que se assemelha a uma ingenuidade, fenômenos que colocariam em questão a verdade da Revelação. Afirmando-se enquanto pós-crítico, o percurso de Buber e de Rosenzweig radicalizou, possivelmente sem o desejar, este procedimento, ao se ligar ele também à corrupção das palavras mais do que à incerteza das significações. Sua intenção é seguramente oposta à de Spinoza: fazer da filologia uma arma de defesa; procurar numa forma poética da língua sagrada o meio de salvá-la do esquecimento dos fiéis e do desprezo dos sábios. Mas que tipos de saber e de fidelidade desejam eles opor àqueles dos críticos mais ou menos bem intencionados da Escritura? O saber de um perfeito conhecimento do verbo, nascido de intuições sobre uma linguagem universal. A fidelidade do sentimento de uma intimidade da palavra na existência de cada um. A gramática dos pronomes e a interioridade dos preceitos permitem, sem dúvida, tornar próximo o que é longínquo. Essas modalidades do "encontro" com o Verbo tinham o objetivo de libertar a Lei do que se assemelhava, a seus olhos, a uma inquietante exterioridade. Elas contribuíram possivelmente à sua revelia, para manter sua percepção como um "jugo", acelerando o movimento que a tornava intransmissível.

Se Martin Buber consagrou uma considerável energia e uma longa parte de sua existência a esta obra, é que para ele traduzir a Escritura no sentido linguístico do termo significava também traduzi-la novamente nas categorias herdadas do hassidismo, antes de inscrevê-la no sistema de coordenadas de seu próprio pensamento do "encontro". Cada um à sua maneira, Emmanuel Lévinas e Gershom Scholem perceberam esta orientação: o primeiro, ao sugerir o sacrifício do convite a uma interiorização da letra; o outro, mostrando que um tal filtro acaba por oferecer uma imagem do judaísmo que se assemelharia no fundo à de um cristianismo percebido exclusivamente através da patrística. Essas considerações seriam confirmadas por um exame dos correlatos da aproximação da Escritura para Martin Buber, perspectiva que introduz sua visão de conjunto do hassidismo. Em primeiro lugar, quando Buber reintroduz os componentes de sua exegese nos trabalhos de dimensão mais histórica, é para negar a pertinência de qualquer outra fonte que não seja a da própria *Bíblia* e, principalmente, recusar a interpretação desta última segundo uma orientação filosófica abstrata. Nesse sentido, é contra um percurso encarnado por Hermann Cohen, que consiste em descobrir na Escritura a quintessência do monoteísmo, que ele afirma, não sem um tom provocativo, a necessidade de concebê-la enquanto pura expressão do mito[125]. Opondo assim a ideia de uma "mitização da história" à da "historicização do mito", que ele empresta ao mesmo tempo do racionalismo filosófico e do método crítico, Buber pode reler os cinco livros de Moisés numa perspectiva que é muito menos aquela referente ao dom da *Torá* e da constituição da Lei do que da narração da formação de uma comunidade, com sua legislação, sua relação estrutural no tempo e sua organização política[126]. Essa insistência sobre

---

125 Tal é o procedimento do *Moïse*, capítulo 1. *A contrario*, sobre a maneira pela qual Cohen constrói precisamente sua leitura da *Bíblia* em torno da ideia de um progressivo desaraigamento do mito, sintoma da autenticidade do monoteísmo e de seu sentido ético, ver supra, p. 89-93.

126 Ver a maneira pela qual Buber (idem, cap, xv) interpreta sucessivamente o estatuto das Tábuas e o sentido do Decálogo, insistindo sobre a instituição de uma comunidade (p.163), depois sobre a importância da organização do tempo para a vida do povo (p.165 e s.) e, enfim, sobre o modo pelo qual o "dito da águia" de *Ex* 19 instala a dimensão de um "pacto real" selado na proclamação "vós sereis para mim um reino de sacerdotes e um povo santo" (idem, cap. xiii).

os contornos comunitários de uma experiência, cedo religada à do indivíduo, permite delimitar as três grandes categorias que organizam a visão do judaísmo oferecida por Buber, segundo uma abordagem que se deve principalmente à sua crítica das concepções tradicionais, em nome da vontade de anular todos os momentos intermediários entre a origem bíblica e a experiência do hassidismo; e também, a uma comparação com o cristianismo.

A primeira dessas categorias é a que une em hebraico as noções de confiança e de fidelidade: *emuná*. Com ela, Buber deseja, antes de mais nada, extrair uma essência do judaísmo que residiria em sua relação com a promessa em *Êxodo* 24, 7: "Nós faremos e escutaremos". Lá onde o cristianismo concebe a fé como adesão a dogmas tidos como verdadeiros, esse versículo contém para os judeus a dimensão de uma entrega do povo a este que o guia, sob o olhar de um aspecto "receptivo" e "ativo" da confiança[127]. Se Buber retorna à forma mais original das palavras a fim de definir uma tal noção, considera todavia que ela encontra sua expressão prática autêntica apenas no hassidismo, com o qual ela se liga a uma experiência existencial extensiva à totalidade da existência individual e coletiva[128]. Desse ponto de vista, é ainda uma vez mais a tradição rabínica e filosófica que é visada, quando se faz necessário mostrar a alteração da noção por uma objetivação da Lei que corresponde a uma assinalação das condições do exílio. Tal é o caso, para Buber, de Maimônides, no momento em que este último formaliza os princípios da fé num código e em princípios que fazem incluir a maneira judaica de crer em "uma fórmula não menos estreita do que qualquer igreja cristã"[129]. Mas, em conformidade com uma concepção já encontrada na história judaica, é mais alto ainda na Tradição que é necessário a seus olhos remontar para descobrir a fonte de um tal desvio: desde o instante em que o *Talmud* teimava em enquadrar as condições da

---

127 M. Buber, *Deux types de foi*, p. 44-47. Buber especula aqui sobre dois termos de raiz comum (*aman* = manter-se, ser firme), dos quais um estende seus significados da confiança à fidelidade (*emuná*), enquanto que o outro faz o movimento inverso (*emet*).
128 Ver, entre outras referências, Martin Buber, *Les Récits hassidiques* (*Die Erzählungen der Chassidim*, 1949), trad. A. Guerne, Monaco: Éditions du Rocher, 1978, p. 674 (trad. bras.: *Histórias do Rabi*, São Paulo: Perspectiva, 1967).
129 M. Buber, *Deux types de foi*, p. 52. Buber visa, implicitamente, a codificação realizada por Maimônides por meio do *Mischné Torá* e, mais explicitamente, os "Treze artigos" redigidos para a introdução de seu comentário do último capítulo (Helek) do tratado *Sanedrin* sobre o messianismo (ver Maïmonide, *Épîtres*, trad. J. de Hulster, Paris: Gallimard, 1993, p. 182-195).

crença construindo principalmente as diferentes imagens destes que estão excluídos da época messiânica do "mundo futuro"[130].

É para desformalizar esse sentido a seus olhos pervertido da *emuná*, a fim de retornar às origens bíblicas da confiança, que Buber instaura a noção central de "realização" (*Verwirklichung*). Em suas formulações iniciais, ela é, uma vez mais ainda, claramente voltada contra o idealismo de Hermann Cohen e o racionalismo filosófico em geral: trata-se, no caso, de recuperar a herança dissimulada de uma representação de Deus como "essência elementar e presente", expressão do mistério da imediatez de um encontro vivido com o divino, mais do que de uma especulação referente a seu conceito[131]. Posteriormente, é na oposição à visão grega de mundo que impregna o Ocidente que se esclarece o conteúdo da noção: por isso que, ao contrário deste último, o judaísmo não vê a verdade inscrever-se em teoremas filosóficos ou numa obra de arte, mas na acumulação dos atos que constroem uma "verdadeira comunidade"[132]. Tendo assim recusado sempre o que se tornará a separação cristã entre a santidade pelas obras e a santidade pela graça, ele só conhece uma única maneira de servir a Deus: atraí-lo para a vida mais do que rechaçá-lo no além; "marcar pela impressão divina o duro estofo da vida dos homens, da vida do povo, apesar da oposição e da hostilidade, até com o risco de encontrar sua própria ruína"[133]. Quanto a esse risco, Buber logo acrescenta que o judaísmo o viveu até o paradoxo: a ponto de assumir para toda a humanidade, enquanto povo de "nuca rija", a tensão trágica que opõe a ação a favor da realização do divino à "resistência natural do material destinado a ser seu instrumento"[134].

Resta, enfim, uma última noção, destinada a reunir os diversos componentes de uma interpretação do judaísmo através de seu espírito e de sua posição histórica: a de *teschuvá*. Desse termo, cujas múltiplas conotações

---

130 Idem, p. 59. Buber faz esta alusão pela maneira com a qual o fim do tratado *Sanedrin* exclui do mundo vindouro as seguintes três grandes categorias: dos que negam a ressurreição, dos que negam a origem divina da *Torá* e dos epicuristas. Ver *Mischná*, XI e seu comentário em 99a-100b.
131 M. Buber, La Voie sainte, op. cit., p. 91.
132 Idem, p. 94. Buber havia desenvolvido uma comparação mais precisa dos universos da Grécia e do judaísmo em uma conferência de 1912: L'Esprit de l'Orient et le judaïsme, idem, p. 54.
133 M. Buber, La Voie sainte, op. cit., p. 93.
134 Idem, p. 95.

estruturam a teologia e o pensamento judaicos, Buber retém excepcionalmente o sentido rabínico, associando, todavia, as perspectivas do retorno e do arrependimento que ele designa à ideia da decisão individual enquanto ela atinge "sua intensidade suprema"[135]. Visando assim a aptidão do homem de retornar ao caminho da unidade, a partir do abismo da dualidade em que caíra pelo pecado, Buber pode apoiar-se por um instante sobre a literatura talmúdica: "no lugar onde se agarram os que fizeram o retorno, os justos perfeitos não podem se segurar"; "uma única hora de retorno neste mundo é melhor do que a vida inteira no mundo futuro"[136]. No mesmo instante, entretanto, lá onde Maimônides concebia a *Teschuvá* como expressão de um arrependimento pelo qual o indivíduo chega a voltar-se em direção à Lei, ultrapassando seu esquecimento, Buber acentua uma vez mais a dimensão vulcânica de uma disposição existencial que faz com que "a superfície da vida rotineira se estilhace", como se a própria Criação se renovasse no gesto daquele que desperta e realiza assim seu destino mundano[137]. Pleiteando então uma *teschuvá* de Israel que requer o cumprimento do conjunto dos indivíduos que o compõem, ele reencontra uma última vez a imagem de um judaísmo preferindo a autenticidade vivida da experiência mística às racionalizações filosóficas da perspectiva messiânica. Nesse sentido, como Scholem o indica, sua concepção da "conversão" é sempre a de uma "resposta": o que faz com que "o judeu, ligado definitivamente ao mundo, banido no mundo, ouse conservar-se em face de Deus na imediatez do Eu e do Tu"[138].

Se acrescentarmos ao sistema que essas três noções constituem a maneira pela qual Buber as inscreve na perspectiva de uma interpretação crítica da situação na qual os judeus se deixaram aprisionar desde os primórdios do exílio, pode-se perceber, sem dúvida, os motivos de seu sucesso

---

[135] M. Buber, L'Esprit de l'Orient et le judaïsme, op. cit., p. 55.
[136] La Religiosité juive, p. 68, onde Buber cita sucessivamente *Sanedrin* 99a e *Pirkei Avot*, IV, 17.
[137] Ver L'Esprit de l'Orient et le judaïsme, op. cit., p. 55. Implicitamente, Buber inscreve-se de novo contra o racionalismo filosófico de Maimônides, dado o desenvolvimento da análise da *teschuvá* na primeira parte do Código, consagrada aos princípios do conhecimento. Ver *Mischné Torá*, Livro I, *Mada* (conhecimento), seção v.
[138] Prefácio à edição de 1923 das *Reden über das Judentum*, op. cit., p. xv. Sobre a dimensão de "resposta" própria à noção da *teschuvá* em Buber, sublinhado por Scholem, ver Le Judaïsme dans la pensée de Martin Buber, op. cit, p. 173.

precoce. Em primeiro lugar, este último considera evidente o poder das alegorias que expõem o antagonismo onde ele deseja se inscrever: aquele que opõe a atitude de "renegados", atribuída a seus contemporâneos, à visão de uma nova "geração do deserto", que clama pela reação do judaísmo contra as principais "soluções" propostas ao problema da situação histórica[139]. A da assimilação, certamente, ou até mesmo a da transformação progressiva que pleiteava um Moritz Lazarus, disposições que assinalam um compromisso com a época radicalmente incapaz de exprimir o dito apocalíptico do messianismo de *Isaías* 65, 17: "Eu crio novos céus e uma terra nova" [140]. Mas também aquela do humanismo relacionado ao nome de Hermann Cohen, visão de uma missão do povo judeu excessivamente assentada "sobre os alicerces lançados por outras nações"[141]. Resta que se Buber partilha desde sua ruptura com Herzl o essencial das ideias do sionismo cultural promovido por Ahad ha-Am, e principalmente a ideia de um estabelecimento imediato na Palestina, considera sempre que até mesmo esse projeto requer uma reviravolta e uma transformação do judaísmo "afetando toda a vida"[142]. Em termos metafóricos, sua visão das coisas resume-se ainda na oposição entre nacionalistas, que se comportam como herdeiros e desejam "trocar as antigas moedas de ouro por cédulas novas resplandecentes", e a eterna categoria de mendicantes que observam o horizonte à espera d'Aquilo que lhes virá em socorro[143]. Mais explicitamente, ela delineia um caminho que passa por Sion para conduzir à renovação de toda a humanidade, segundo esta constatação: "Nos sonhos messiânicos e nas chamas

---

[139] As duas expressões são emprestadas, respectivamente, de La Voie sainte, op. cit., p. 90 e de Le Renouvellement du judaïsme, op. cit. p. 36.
[140] Idem, p. 29-31. Buber precisa aqui que a perspectiva de uma "ressurreição do judaísmo profético", reivindicado por Lazarus, chega apenas a uma espécie de programa semelhante ao de Lutero para assegurar o renascimento do cristianismo: "racionalização da fé, simplificação do dogma, suavização dos rigores da lei ritual".
[141] M. Buber, La Voie sainte, op. cit., p. 110.
[142] Idem, Le Renouvellement du judaïsme, op. cit., p. 32.
[143] Idem, La Voie sainte, op. cit., p. 113. Buber explicita aqui sua rejeição ao nacionalismo sob uma perspectiva mantida reservadamente, de alguma forma, para a crítica que oporá mais tarde a certas ideologias que presidirão o nascimento do Estado de Israel: "Não são aqueles que querem nos fazer servir ao verdadeiro Deus em terra estrangeira que são assimilacionistas, mas vós, que aprovais o serviço de qualquer ídolo em nosso país natal, sendo necessário apenas que tenham um nome judaico. Vós haveis assimilado o dogma que reina no século, o dogma sacrílego da soberania das nações".

em erupção da *Galut*, o nacional e o humano, a nostalgia da libertação e a aspiração à Redenção, a luta pela pátria e pelo advento da verdadeira comunidade estavam sempre intimamente entrelaçados"[144].

> Quando criança, ocorrera-me ler um antigo conto judeu, do qual não pude compreender o sentido. Ele não dizia nada mais do que isso: "Às portas de Roma está sentado um mendigo leproso. Ele aguarda. É o Messias". Eu ia então encontrar um velho homem. "Que espera ele?", perguntei-lhe eu. E o velho homem deu-me uma resposta que somente consegui compreender muito mais tarde. Disse-me: "Aquele que ele espera és tu"[145].

Ao terminar a primeira de suas conferências em Praga, através desse fragmento autobiográfico, Martin Buber queria sublinhar o fato de que o judaísmo estava longe de ter terminado sua obra e que lhe restava inscrever na história a parte mais misteriosa de sua mensagem. Real ou imaginária, a narrativa contém todos os elementos de um relato tradicional: pelo viés de questões e de respostas, opera-se a transmissão entre as gerações, todavia com a demora que impõe a verdadeira recepção de um enunciado enigmático. Com ela, portanto, Buber fornece sem dúvida algumas indicações sobre si mesmo e a forma de suas relações com o judaísmo. Uma delas diz respeito certamente a esta liberdade em relação às fontes que lhe será frequentemente reprovada, na medida em que o "antigo conto judeu" ao qual ele faz alusão nada mais é do que uma das passagens mais célebres da literatura messiânica, objeto até nossos dias de múltiplos comentários[146]. Mas a outra relaciona-se principalmente ao que ele retém desta fábula. O *Talmud* dá-lhe por significado a iminência da Redenção, contanto

---

144 Idem, p. 115.
145 M. Buber, Le Judaïsme et les juifs, op. cit., p. 17
146 Trata-se do folio 98a do tratado *Sanedrin*, em que se relatam, no seio de uma longa discussão, os tempos previstos do acontecimento messiânico e a natureza da geração que o conhecerá quando o profeta Elias envia o Rabi Josué ben Levi às portas de Roma para encontrar o Messias que está entre os leprosos e o reconhece pelo fato de que ele retira e repõe infatigavelmente seus curativos, pois assim poderia ter como partir sem atraso. Sobre a importância dessa passagem, ver Ephraim Urbach, *Les Sages d'Israël: Conceptions et croyances des maîtres du Talmud*, trad. M.-J. Jolivet, Paris: Cerf, Verdier, 1996, p. 702-703. Encontra-se um comentário contemporâneo em Emmanuel Lévinas, Textes messianiques, *Difficile liberté*, Paris: Albin Michel, 1976, p. 105 e s.

que os homens permaneçam fiéis: pois ele compreende que o Messias virá "hoje, se vós escutardes Sua voz" (*Salmos* 95, 7). Acentuando, por sua parte, a questão da pessoa mais do que a do momento, Buber sugere o que mostrará sua leitura dos textos hassídicos: a Redenção germina em cada vida humana investida no mundo e somente a Deus pertence a última ceifa das obras de santidade.

É difícil de se avaliar hoje a contribuição de Martin Buber ao conhecimento do hassidismo. Como Simon Dubnov, notadamente, ele pertence a uma geração que redescobria o fenômeno desejando arrancá-lo ao desprezo no qual o conservavam o judaísmo ocidental e as primeiras formas da *Wissenschaft* (ciência), vivendo mais ainda em contato imediato com as suas últimas e vigorosas expressões. Evidentemente, Buber jamais imaginou que a exploração deste mundo deva efetuar-se respeitando estritamente as regras da filologia, da sociologia ou da história, de modo que Scholem podia facilmente inaugurar as críticas que lhe farão oposição pela tradição erudita: ao notar que seus escritos hassídicos "são constituídos por declarações *ex cathedra* que de nenhum modo encorajam o leitor a se socorrer das fontes e ir verificá-las por seus próprios meios"[147]. Portanto, o próprio Scholem reconhecia em Buber uma inestimável faculdade de escuta e de visão, que lhe permitia descobrir joias desconhecidas no museu da história, graças a uma espécie de "bússola oculta"[148]. Cabe dizer que não é necessário procurar na obra de Buber nem a análise das origens de um movimento do qual ele estuda, entretanto, somente as manifestações tardias, nem tampouco a restituição precisa de um universo social esboçado por pequenos toques impressionistas, nem mesmo uma síntese da doutrina característica de uma corrente geralmente tida como herética e à qual é dada, no entanto, um lugar no coração da vida judaica[149].

---

147 G. Scholem, Le Judaïsme dans la pensée de Martin Buber, op. cit., p. 179.
148 Idem, p. 154.
149 Para preencher essas lacunas, complete-se a leitura de Buber com as seguintes: G. Scholem, *Les Grands courants de la mystique juive*, trad. M. Davy, Paris: Payot, 1994, cap. III e IX (trad. bras.: *As Grandes Correntes da Mística Judaica*, São Paulo: Perspectiva, 1995 [3ed.] Col. Estudos 12); La Neutralisation du messianisme dans le hassidisme primitif e La Devekut ou la communion avec Dieu em *Le Messianisme juif*, p. 267-301 e 303-331 (ver supra, p. 467-473); Yoram Jacobson, *La Pensée hassidique*, trad. C. Chalier, Paris: Cerf, 1989, que constitui uma boa introdução ao universo espiritual do hassidismo. De outra maneira, e de um ponto de vista antropológico, consulte-se Jacques Gutwirth, *Vie juive traditionelle*:

Scholem relata a respeito desse assunto que um dia, ao visitar Buber, ele lhe perguntara por que não tomava a resolução de escrever, enfim, uma exposição referente à teologia do hassidismo. Irônico e benevolente em relação a seu cadete, este lhe respondera: "Tenho evidentemente a intenção de fazê-lo, mas somente depois que vós tiverdes escrito, enfim, um livro sobre a Cabala". Retornando dez anos mais tarde com essa obra e constatando que Buber não escrevera ainda a sua, Scholem se autorizaria a desenvolver diante dele suas objeções científicas. Mas o velho mestre logo interromperia suas críticas com uma fórmula que deixaria Scholem sem voz: "Se o que dizeis agora fosse verdadeiro [...], isso significaria que o hassidismo não tem nenhum interesse para mim"[150]. Compreende-se, assim, que se há em Buber teses que se referem à significação do hassidismo na história judaica ou seu lugar na ordem mais ampla dos fenômenos religiosos, elas parecem ser sempre as de um homem implicado, mais do que de um observador desprendido. Além do mais, ele mesmo concordava com isso, na medida em que parecia fixar como principal ambição a de inventar o estilo narrativo capaz de fazer justiça aos mestres da tradição hassídica: tentando recompor "a relação com Deus e o mundo que estes homens visavam, queriam e procuravam viver"[151].

Quando expõe uma primeira vez a vida do Baal Schem, em 1909, Buber parece considerar ainda que basta de algum modo seguir a lenda a fim de fazer renascer "o sonho e a nostalgia de um povo". Surgida em ruelas estreitas e em casas insalubres, "sussurrada por bocas balbuciantes a ouvidos ansiosos", transmitida como um murmúrio de geração em geração, esta lenda vive ainda em folhetos esparsos ou na memória dos que a ouviram e Buber diz querer ser simplesmente aquele que conta "uma vez mais a velha história"[152]. Quatro décadas mais tarde, e no momento em que redige

---

Ethnologie d'une communauté hassidique, prefácio de André Leroi-Gourhan, Paris: Minuit, 1970. A obra mais recente e mais exaustiva sobre o assunto é a de Moshe Idel: *Hassidism: Between Ecstasy and Magic*, Albany: State University of New York Press, 1995.

150 G. Scholem, Le Judaïsme dans la pensée de Martin Buber, p. 180. A obra de Scholem da qual se fala é *As Grandes Correntes da Mística Judaica*, aparecida em 1941, e cujo último capítulo, consagrado à última fase do hassidismo, apoia-se sobre trabalhos de Buber, sem ainda exprimir as críticas que serão desenvolvidas posteriormente.

151 M. Buber, *La Légende du Baal-Shem*, p. 7 (trad. bras.: *A Lenda do Baal Schem*, trad. Fany Kon e J. Guinsburg, São Paulo: Perspectiva, 2003).

152 Idem, p. 8.

suas *Histórias do Rabi* (*Die Erzählungen der Chassidim/Les Récits hassidiques*), ele divulga, no entanto, um projeto de outra natureza. Sublinhando o fato de que a lenda representa uma expressão tardia do mito, numa época em que a relação literária se aperfeiçoou paralelamente, ele constata que a dos *tzadikim* beneficiou-se com a persistência de uma tradição oral na Diáspora. Mas acrescenta também que o fogo interior do hassidismo era violento demais para se conter numa expressão familiar, sua narrativa excessivamente carregada de sentido para "se satisfazer com os procedimentos tranquilos e de preferência moderados do conto popular". Afirmando assim que a lenda nunca encontrou a forma na qual pudesse se inserir, ele próprio atribui-se, doravante, a tarefa de "improvisar a pura linha épica que faltou até aqui"[153].

Se acontece a Martin Buber ter inventado uma forma de narrativa capaz de oferecer uma imagem do mundo hassídico e de transmitir-lhe o espírito, aquela desenvolve-se menos através do retrato dos homens ou da restituição de seu itinerário do que na exposição de suas ações envolvidas por uma aura de mistério. Conservadas no estado de explosões, desprovidas de continuidade, estas narrativas tecem entre si correspondências: as dos ensinamentos que são passados adiante através das gerações; as de situações incongruentes que parecem se responder com suas soluções maravilhosas; mas também as de traços doutrinais que poderiam finalmente encontrar seu foco em comum. Através desse percurso fragmentário, tão precisamente cingido nas *Histórias do Rabi* a respeito da cronologia dos descendentes do fundador, Buber desejava indubitavelmente inscrever até mesmo na estrutura de seu texto alguns elementos essenciais, a seu ver, para a compreensão do hassidismo. Inicialmente, a dimensão de um universo cotidiano, onde os mínimos gestos têm um alcance incalculável no mais comum dos mortais, como se a profundidade da história fosse inversamente proporcional à sua aparência insignificante. Em seguida, a importância destes encontros aparentemente fortuitos entre os poderosos e os humildes, mas em que, no triunfo anônimo do rei, o mendigo vê o rico deitar-se a seus pés, o vagabundo vence o soldado. Um modo, enfim, de explorar o domínio intermediário entre a magia e o misticismo: esse universo desconhecido das teologias

---

[153] *Les Récits hassidiques*, p. 5.

oficiais no qual basta uma fórmula para transformar o estado de coisas sem mesmo ter necessidade de ser santificada pela Lei.

Algumas dessas narrativas permitiriam instalar as grandes formas dessa relação com o mundo, pela qual cada um deve-se tornar capaz de "viver em harmonia com Deus"[154]. Desejar-se-ia persuadir-se de que o futuro da Criação repousa sobre os ombros dos seres mais simples, que seria suficiente meditar a maneira pela qual Baal Schem reconhecia "a verdadeira pedra angular que sustenta e sustentará o Templo até o Advento" na figura de um fabricante humilde que se dirigia toda manhã à Casa de oração e recitava os *Salmos* durante o trabalho[155]. Se procurarmos inversamente uma ilustração da diversidade das vias da fidelidade, impõe-se então a narrativa várias vezes citada da resposta do "Vidente" de Lublin ao Rabi Ber de Radoschitz, que o interrogava a propósito do caminho absoluto: "Pois um caminho para servir a de Deus é pelos ensinamentos, outro pela oração; um terceiro pelo jejum, e outro ainda pelo comer [bem]"[156]. Quanto à confirmação das virtudes da perseverança e da força que chegam ao fraco pelo fervor, ela se encontra na história do Rabi Aisik, filho de Iekel, que recebeu um dia em sonho a ordem de ir a Praga a fim de procurar um tesouro próximo à ponte diante do palácio real. Dando voltas repetidamente em torno do lugar, acabou atraindo a atenção do guarda, que o ironiza quanto à sua crença nos sonhos, contando-lhe que ele sonhara um dia a propósito de um tesouro que estaria escondido em Cracóvia... sob o forno de um certo Aisik, filho de Iekel![157] Restaria, enfim, a metáfora mais simples para expor os encaminhamentos de uma santificação pela ação, a das regras do jogo de damas: "A primeira é: não se pode dar dois lances de uma só vez. A segunda: só se pode andar para frente, sem voltar para trás. E a terceira: quando se está no alto, pode-se ir para onde quiser"[158].

---

154 Título dado por Buber a uma de suas primeiras compilações de sentenças do Baal Schem e de seus discípulos. Ver *Baal Shem Tov: Vivre en bonne avec Dieu*, trad. W. Heumann, Paris: Seuil, 1995.
155 *Les Récits hassidiques*, p. 123.
156 Idem, p. 148 (*Histórias do Rabi*, p. 354). O mesmo propósito ocorre em *Le Chemin de l'homme d'après la doctrine hassidique*, Monaco: Éditions du Rocher, 1989, p. 17.
157 *Les Récits hassidiques*, p. 641 (trad. bras.: *Histórias do Rabi*, p. 571). O mesmo relato se encontra, desta vez alegorizado, em *Le Chemin de l'homme*, p. 49-50.
158 M. Buber, *Les Récits hassidiques*, p. 456 (trad. bras.: *Histórias do Rabi*, p. 387).

Num outro registro, é às vezes a restituição de diferentes interpretações da mesma fonte tradicional que melhor testemunha a favor das modalidades da sabedoria hassídica. Assim as *Histórias do Rabi* evocam por três vezes as páginas 30a-30b do tratado *Nidá*, onde o *Talmud* da Babilônia diz que a criança conhece toda a *Torá* no ventre de sua mãe, mas que um anjo lhe dá um tapa na boca no instante de seu nascimento, a fim de lhe fazer esquecê-la. Na primeira ocorrência, é simplesmente a necessidade do esquecimento que é colocada antes de tudo: pois sem ela o homem só pensaria em sua própria morte e não teria nem a coragem de construir sua casa e nem tampouco a força de empreender o que quer que seja[159]. Na segunda, a argumentação é mais dialética e relaciona-se às duas dimensões desta singular afirmação: é preciso que a criança tenha tido um conhecimento da *Torá* a fim de saber o que é o Bem e possa servir a Deus; mas o esquecimento impõe-se igualmente para que o mal exista, pois ele é necessário a fim de que o Bem consiga triunfar[160]. Na última, finalmente, o espírito do hassidismo, tal como Buber o concebe, parece encontrar um resumo de uma admirável concisão: se a criança esquece o que ela sabe no momento de seu nascimento, é "porque ela cresceu e ganhou sua própria medida"[161]. Um breve retorno à fonte permite então verificar o que Buber indica, além disso, a respeito da diferença entre as narrativas do *Talmud* e as do hassidismo: nestas últimas, "a resposta é dada num plano diferente daquele onde a questão foi formulada"[162].

Assim se destaca um certo número de temas e de conceitos dos quais Buber isolara a forma em sua *A Lenda do Baal Schem* e que atravessam o conjunto das narrativas a fim de desenhar o universo espiritual do hassidismo. Inicialmente, o fervor (*hitlahabut*), que fazia dizer a um *tzadik*: "Se alguém fala em verdade e se alguém recebe em verdade, uma só palavra é suficiente para elevar o mundo inteiro e resgatá-lo"[163]. Existem duas

---

159 Idem, p. 156.
160 Idem, p. 217. Observe-se a frequência das alusões à necessidade do mal em *Les Récits hassidiques*, notadamente com referência à asserção do tratado *Berakhot* (54a-60a) que afirma que se deve agradecer a Deus tanto pelo mal quanto pelo bem. Em uma perspectiva mais próxima da tradição talmúdica, Emmanuel Lévinas analisou igualmente essas páginas e temática. Ver Du langage religieux et de la crainte de Dieu, em *L'Au-delà du verset*, Paris: Minuit, 1982, p. 112 e s.
161 M. Buber, *Les Récits hassidiques*, p. 361-362.
162 M. Buber, *Le Chemin de l'homme*, p. 11.
163 M. Buber, *La Légende du Baal-Shem*, p. 16.

variantes, que esboçam uma tipologia dos homens piedosos. A primeira corresponde ao caminho ascendente dos que se elevam de degrau em degrau para o infinito, vivendo um retraimento do tempo em direção a um momento de eternidade, até o êxtase onde "todo passado e todo futuro abrigam-se no presente". A segunda, inversamente, pertence aos solitários que "partem em 'exílio' a fim de carregar o exílio com a 'Schekhiná'", companheiros de Deus que levam adiante suas centelhas dispersas aguardando a hora da Redenção. Vem em seguida a noção de *avodá*: serviço de Deus no tempo e no espaço com a consciência de que o mistério da graça não pode ser interpretado. Na origem dessa noção, existe a ideia mística segundo a qual "pelo mundo criado e sua ação" Deus cindiu-se numa dualidade: "um ser divino, *Elohut*, que se retirou das criaturas, e uma presença de Deus, Schekhiná, que reside nas coisas e viaja, errante, esparsa"[164]. É ela que permite então esclarecer as duas maneiras diferentes de amar a Deus: o ensino, a oração ou o cumprimento dos preceitos, que se efetuam em silêncio; o amor, que se opera na mistura com os seres, através das palavras e da escuta. Daí provém, enfim, a hostilidade provocadora do Baal Schem às orações inúteis, estas palavras ditas na ponta dos lábios e que não se elevam ao céu porque, faltando-lhes compaixão, não possuem asas[165].

A noção de *kavaná* (intenção) representa, sem dúvida, para Buber o centro da doutrina hassídica. Associada ao "mistério da alma dirigida a um fim", concebida como "um raio de glória de Deus que está em qualquer homem", ela designa a direção para a qual tende, finalmente, este último: a Redenção[166]. Aparece com ela melhor do que em nenhum outro lugar a dimensão ativista do misticismo, tal como o hassidismo a interpreta: na medida em que ela mostra que o homem não deve apenas esperar e procurar com os olhos Aquele que vem, mas trabalhar também na reparação do mundo. Sabe-se que para a Cabala, a alma original decaiu após a Criação para se fragmentar em centelhas dispersas[167]. Desse ponto de vista, todo o universo é, portanto, o lugar de almas errantes para as quais toda forma é um contratempo e que aspiram a sair da confusão a fim de recuperar

---

[164] Idem, p. 23.
[165] Idem., p. 24-25 e *Les Récits hassidiques*, p. 128.
[166] Idem, p. 29.
[167] Sobre este problema, ver supra capítulo IV, p. 497-506.

a perfeição da unidade primeira, associando-se umas às outras. A partir de então, cada homem pertence a uma esfera do Ser, delimitado tanto no tempo quanto no espaço, e a ele vê-se confiada a responsabilidade de agir em função de seu resgate. Mas se o homem deve assim contribuir para a obra da Redenção, ajudando a fazer a Schekhiná sair de seu esconderijo, ele somente pode fazê-lo nos limites de seu pertencimento a um mundo decaído. Consequentemente, é-lhe ainda necessário respeitar uma última virtude, a humildade (*schiflut*). Ligada à lembrança do fato de que o Messias demore a chegar em razão da imperfeição, mas tão logo muralha contra o orgulho de quem acreditasse resgatar sozinho o caminho da unidade, ela dá sua verdadeira orientação aos atos de justiça: "ajudar não por piedade, isto é, impelido por uma dor superficial e passageira que se deseja conjurar, mas por amor, a saber, pela vida com os outros"[168].

Pode-se então retomar uma vez mais os componentes do imaginário hassídico segundo Martin Buber a partir da maneira pela qual ele os resume em O *Caminho do Homem*. "Joia da literatura" e "extraordinária lição de antropologia religiosa", segundo Scholem, este breve opúsculo visa apresentar em algumas máximas o essencial da (inspiração) dos *hassidim*[169]. Ser capaz a qualquer momento de retornar sobre si mesmo, tal seria a primeira dessas máximas. Ela se ancora na narrativa várias vezes exposta pelo Rabi Schneur Zalman de Ladi, aprisionado em São Petesburgo, e confrontado a um oficial sábio, mas cético, que contesta a onisciência divina ao sugerir que Deus ignora onde está Adão quando lhe pergunta: "Onde estás?", num versículo do *Gênesis* (3, 9). Aqui, o Rabi subjuga seu adversário anunciando-lhe sua idade, após ter explicado como em qualquer tempo Deus interpela cada homem através destas fórmulas: "Onde estás em teu mundo? Destes que de ti se afastaram, tantos dias se passaram e tantos anos, até onde chegaste neste meio-tempo em teu mundo?"[170]. Mas o essencial está na interpretação que Buber fornece por sua vez do apólogo. Analogamente

---

168 *Les Récits hassidiques*, p. 43.
169 Ver G. Scholem, Martin Buber et son interprétation du hassidisme, *Le Messianisme juif*, p. 337.
170 *Le Chemin de l'homme*, p. 10. Buber relata a mesma história, mas sem interpretá-la, ele mesmo, como o faz aqui em *Les Récits hassidiques*, p. 365. Sublinhemos de passagem o fato de que Franz Rosenzweig vê nesta interrogação "onde estás?" a "questão do Tu" por excelência. Ver *L'Étoile de la Rédemption*, p. 208.

a Adão, cada homem se esconde a fim de não ter de se justificar e para escapar à responsabilidade de sua vida, de modo que "a existência é transformada em máquina de ocultamento". Todavia, nenhum ser pode se esquivar do olhar de Deus e de sua pergunta que chega um dia através da "voz de um silêncio semelhante a um sopro"[171]. É então que se inaugura verdadeiramente o caminho do homem: no momento em que, como Adão, ele reconhece seu deslize e se engaja no retorno a si mesmo, na *teschuvá*.

Que todos os homens tenham acesso a Deus, mas cada um por uma via diferente, eis o que decorre dessa primeira máxima. Mais precisamente, ela antecipa a ideia segundo a qual o nascimento de cada indivíduo traz algo de original e de único no mundo, tendo-se, por conseguinte, que o caminho pelo qual ele acederá a Deus "não lhe pode ser indicado por nada mais do que pelo conhecimento de seu ser específico, o conhecimento de sua qualidade, de sua tendência essencial"[172]. Daí provém a necessidade de "começar por si mesmo": como se a origem do conflito entre os homens não fosse a existência de suas diferenças, mas a recusa de cada um em descobrir o ponto de Arquimedes, a partir do qual ele pode, de seu próprio lugar, mover o mundo ao se transformar. Portanto, esse princípio logo se equilibra pelo fato de que se todo homem é para si mesmo seu ponto de partida, sua finalidade está além da preocupação consigo. Tal é então o verdadeiro sentido do retorno: não somente arrependimento e penitência, mas lembrança do caos e do egoísmo e decisão de orientar a ação em direção ao reino de Deus, mais do que para a saúde da alma pessoal. Se esse motivo fixa aos olhos de Buber o essencial da diferença entre o judaísmo e o cristianismo, resta uma dimensão que o identifica melhor ainda entre todas as demais religiões e encontra sua expressão mais clara no hassidismo: a ideia segundo a qual "o que um homem faz em santidade, aqui e agora, não é nem menos importante e nem tampouco menos verdadeiro do que a vida no mundo vindouro"[173]. Valorização da existência terrestre até nos menores gestos do cotidiano, o espírito hassídico encontra assim sua forma mais condensada na resposta ao problema da moradia divina: Deus

---

[171] "Die Stimme eines verschwebenden Schweigens", p. 14. Buber traduz aqui quase literalmente uma fórmula de *1Rs*, 19, 12
[172] Idem, p. 21.
[173] Idem, p. 54. Buber ainda tem aqui em mente a fórmula dos *Pirkei Avot*, IV, 17.

reside ali onde o fazemos penetrar; mas não se pode fazê-lo penetrar a não ser "aí onde nos achamos"[174].

Num plano interpretativo mais amplo, encontrar-se-ia enfim em Martin Buber o esboço de algumas teses históricas que fornecem um ponto de convergência a suas narrativas hassídicas e religam sua análise à sua concepção de conjunto do judaísmo. Em primeiro lugar, Buber instala o universo hassídico sobre o terreno do mito e no quadro da luta engajada contra ele pela tradição rabínica. Relembrando a antiguidade da produção mística no seio do judaísmo, ele lhe opõe a maneira pela qual os doutores do *Talmud* desejavam "erigir uma eterna muralha contra a paixão do povo, codificando a lei religiosa num empreendimento ciclópico"[175]. Nesse sentido, ele vê na mística um ressurgimento da energia que animava os Profetas ou que revivia nos essênios e não "uma reação ocasional manifestando-se face ao reino do intelecto"[176]. São assim cerca de dois mil anos de história judaica que podem-se resumir a seus olhos num vasto silogismo: quanto mais o exílio se prolongava, mais parecia necessária a manutenção da Lei para a sobrevivência do povo; por conseguinte, o mito se refugiava na Cabala e

❦

[174] Idem, p. 56.
[175] M. Buber, *La Légende du Baal-Shem*, p. 9. A conferência sobre o mito desenvolve a mesma ideia, radicalizando, entretanto, as oposições: "Não foi Joseph Caro, mas Isaac Lúria, no século XVI, e Baal Schem, e não o Gaon de Vilna, no século XVIII, que verdadeiramente consolidaram o judaísmo" (Le Mythe dans le judaïsme, op. cit., p. 83). Revirando aqui pura e simplesmente a aversão do racionalismo filosófico e da ciência do judaísmo pela mística em geral e pelo hassidismo em particular, Buber afirma a existência de uma concomitância entre o aparecimento do primeiro e as discussões consignadas no *Talmud*, o que permanece uma das questões das mais controvertidas da historiografia contemporânea. Esquematicamente, enquanto Scholem e sua escola consideram que a Cabala propriamente dita não aparece de fato a não ser no século XII, e pelo viés de uma introdução no pensamento judaico de ideias vindas da Gnose, Moshe Idel propõe reavaliar a existência anterior de uma mística própria ao judaísmo. Ver, sobretudo, em Scholem, *Les Origines de la Kabbale*, trad. Loewenson, Paris: Aubier-Montaigne, 1966, e M. Idel, *La Kabbale, nouvelles perspectives*, trad. C. Mopsik, Paris: Cerf, 1998, p. 72 e s (trad. bras.: *Cabala: Novas Perspectivas*, trad. Margarida Goldsztajn, São Paulo: Perspectiva, 2000, p. 38 e s. [Col. Estudos 154]).
[176] Introdução à edição original (1906) de *Die Geschichten des Rabbi Nachmann*, modificada nas impressões ulteriores e citada em G. Scholem, Le Judaïsme dans la pensée de Martin Buber, p. 158. Pode-se notar que Scholem defende igualmente a ideia segundo a qual a mística judaica não é uma reação contra a filosofia das Luzes, assim como a considerava *História dos Judeus*, de Heinrich Graetz (Ver *As Grandes Correntes da Mística Judaica*). Ele acentua, ao contrário, o impacto dos eventos históricos sobre a formação e a doutrina das correntes místicas. Ver as passagens deste livro consagradas às origens da Cabala, de Isaac Lúria, e de seus elos com a expulsão de Espanha, idem, p. 260 e s., e supra, cap. IV, p. 490-493.

na lenda popular; mas se a primeira visava um conhecimento que se afirmava por si mesmo superior à Lei, ela permanecia radicalmente estranha à vida do povo; é, portanto, ao hassidismo que ele devia retornar para arrancar o mito de seu enclausuramento, a fim de fazer ouvir sua melodia e preencher o mundo judeu com suas "ondas luminosas".

Assim como Scholem frequentemente o sublinhou, Martin Buber fornecia uma formulação mais precisa para essa relação entre a mística sábia e o hassidismo. "Cabala tornada ethos", ou ainda doutrina que assegurava uma "desesquematização do mistério", este último representava aos olhos de Buber uma transposição do antigo princípio de um poder cósmico do homem na esfera da responsabilidade cotidiana, segundo o movimento de um encontro com o divino que se desenvolve no mundo da vida e no interior da comunidade[177]. Encontrar-se-ia notadamente uma ilustração desta ideia na maneira pela qual ele descreve o ensinamento do Grande Maguid de Mezeritsch (1704-1772): "Sob o efeito da experiência pedagógica, a ideia fundamental da Cabala, a saber, que a Criação surgiu de uma "contração" de Deus, passa do plano cosmológico ao registro das concepções antropológicas"[178]. É preciso seguir Buber neste caminho e considerar com ele que o hassidismo preserva o espírito da Cabala, embora deslocando o terreno de sua efetuação? Scholem parece assim ter pensado durante muito tempo, pois sua exposição referente às *As Grandes Correntes da Mística Judaica* segue no essencial o ponto de vista de Buber: ao mostrar que a contribuição do hassidismo se atém menos a uma revolução doutrinária do que a uma transformação das proposições esotéricas em "instrumentos de análise psicológica a serviço do conhecimento de si"[179]. Suas exposições mais tardias, todavia, deixarão aparecer uma releitura dessa interpretação extensamente ampliada pela historiografia

---

177 As duas expressões de Buber são frequentemente citadas por Scholem, sobretudo em Le Judaïsme dans la pensée de Martin Buber, op. cit., p. 183. Ver ainda a passagem mais desenvolvida em Martin Buber et son interprétation du hassidisme, op. cit., p. 344.
178 M. Buber, *Les Récits hassidiques*, p. 15. Lembremos que a noção de contração (*tzimtzum*), segundo a qual Deus dobrou-se em si mesmo para assegurar a criação, está efetivamente no centro da Cabala, na medida em que ela não só fornece uma explicação para a ideia de criação *ex nihilo*, mas porque tece, ao seu redor, o essencial da rede conceitual da mística judaica. Encontra-se o desenvolvimento desta questão a respeito de Scholem no capítulo iv.
179 G. Scholem, *Les Grands courants de la mystique juive*, p. 359.

recente, no sentido de uma acentuação da diferença entre o ensinamento dos *hassidim* e o da Cabala[180].

A tese mais geralmente reconhecida como a que oferece a contribuição decisiva de Buber à compreensão do hassidismo tardio é a que procura expô-lo como reação ao desvio do messianismo após a crise imposta pelo sabataísmo. Enquanto Sabatai Tzvi e seus discípulos, e em seguida Jacob Frank, haviam arriscado destruir a comunidade de Israel por seu antinomismo, a grande obra do hassidismo foi a de salvaguardar a realidade de Deus, descartando "tudo o que podia incitar o crente a atribuir a um ser humano atributos divinos"[181]. A consequência disso é que tudo se passa como se a redenção messiânica abandonasse sua dimensão meta-histórica e sua significação nacional, a fim de penetrar na esfera da existência interior: aí onde "é somente pela Redenção do cotidiano (*Erlösung des Alltags*) que pode advir o grande dia da Redenção (*All-Tag des Erlösung*)"[182]. Nesse sentido, enquanto a história rabínica e até mesmo a Cabala separavam radicalmente o mundo vindouro deste mundo aqui, a doutrina hassídica dobra um sobre o outro, como que para fazer deles duas camadas de uma mesma realidade com sua exterioridade visível e sua vida secreta[183]. Dando um passo suplementar, Scholem chegará até mesmo a dizer que o hassidismo acaba por ocasionar uma verdadeira "neutralização" do messianismo[184]. Mas se ele sublinha a maneira pela qual esse fenômeno podia contribuir, como o fazia o próprio Buber, para "extirpar do judaísmo o dardo do apocalipse", ele mostra também o preço para a consciência judaica de uma alegorização da ideia messiânica aplicada à vida pessoal:

---

[180] Além dos artigos já citados de Scholem, recorrer-se-á sobretudo a Yoram Jacobson, *La Pensée hassidique*, cap. v, e a Moshe Idel, *Hasidism: Between Exstasy and magic*, primeira parte.

[181] *Les Récits hassidiques*, p. 40.

[182] M. Buber, citado em G. Scholem, Le Judaïsme dans la pensée de Martin Buber, op. cit., p. 176.

[183] Ver a esse respeito Yoram Jacobson, *La Pensée hassidique*, p. 87.

[184] Scholem desenvolveu muitas vezes essa tese da "neutralização" do messianismo no hassidismo, fenômeno que explica, sem dúvida, seu interesse por ele. Ver *Les Grands courants de la mystique juive*, cap.: La neutralisation du messianisme dans le hassidisme primitif e supra, cap. IV, p. 471-473. Notemos que Moshe Idel é um dos primeiros a atacar esta tese de Buber, retomada por Scholem para outros fins, e que pretende que o hassidismo promova uma redenção interior e individual para retirar da Redenção histórica do messianismo o seu doloroso incômodo. Ver Moshe Idel, *Messianisme et mystique*, trad. C. Chalier, Paris: Cerf, 1994, p. 106 e s.

o hassidismo "conquistou o domínio da interioridade, mas perdeu o do messianismo"[185].

Essa forma de sublinhar uma espécie de relação simbiótica entre o pensamento de Martin Buber e o ensinamento hassídico oferece uma via de acesso às críticas que lhe foram endereçadas a partir de Scholem. Ainda que este último assinale uma evolução na interpretação do fenômeno, ele mostra principalmente um certo número de traços recorrentes. No plano formal, inicialmente, trata-se seguramente do estilo intelectual de Buber: o percurso de um "escritor geralmente envolvente, sempre inspirado e cheio de vigor", mas que jamais fornece suas referências e, principalmente, descarta tudo o que não se coaduna com a sua visão das coisas[186]. De um ponto de vista mais preciso, Scholem esclarece igualmente o fato de que Buber se liga apenas às narrativas do hassidismo que alimentam sua lenda, ocultando assim os escritos teóricos que delineariam uma doutrina e permitiriam analisar melhor seu lugar na história judaica. É então no próprio Scholem que seria necessário pesquisar um estudo da noção de *devekut* (comunhão com Deus), das fontes místicas que ela retoma e transforma, de sua diferença em relação à ideia de unificação (*ihud*), antecipada por Buber, ou ainda da importância que ela adquire para a compreensão da piedade hassídica e sua comparação com a do judaísmo rabínico[187].

Sob o olhar de tais observações, aparece nitidamente que se Buber soube dar vida ao hassidismo para a cultura moderna, dele nos oferece, no entanto, apenas uma interpretação pessoal. Contrariamente a uma rígida afirmação de Simon Dubnov, a visão que Buber desenvolve do hassidismo não é, sem dúvida, somente capaz de "favorecer a contemplação", e Scholem podia acrescentar que "somos todos de algum modo

---

185 Respectivamente: Le Judaïsme dans la pensée de Martin Buber, op. cit., p. 176, e La Neutralisation du messianisme dans le hassidisme primitif, op. cit., p. 301. Acrescentemos que para Scholem a Cabala de Lúria abstinha-se de praticar uma tal alegorização do messianismo.
186 G. Scholem, Martin Buber et son interprétation du hassidisme, op. cit., p. 334-336.
187 Ver G. Scholem, La *Devekut* ou la communication avec Dieu, op. cit., p. 303-331, e Trois types de pitié juive (1969), em *De la création du monde jusqu'à Varsovie*, trad. M-R. Hayoun, Cerf, 1990, p. 245-259 (sobre a análise apresentada por esse texto, ver supra, cap, IV, p. 444-446). Moshe Idel ignora esses dois artigos de Scholem quando lhe atribui a ideia – no início de sua própria contribuição à interpretação dessa questão – segundo a qual a união mística com Deus seria estranha ao judaísmo (*La Kabbale, nouvelles perspectives*, p. 127 e s.). Ver também Y. Jacobson, *La Pensée hassidique*, caps. v e vi.

seus discípulos"[188]. Destinada a uma reavaliação crítica, ela cai certamente sob o golpe da erudição sábia que lhe deve contestar sua imprecisão e suas intuições não confirmadas. Mas ela solicita igualmente uma discussão que diz respeito a suas afirmações e a suas consequências, no contexto de uma apreciação de conjunto do processo de Buber. Assim sendo, pode-se seguir Scholem uma última vez enquanto ele observa o caráter geralmente fictício das associações propostas entre a lenda e a "vida", a forma ambivalente desta própria noção, ou ainda o fato de que "o 'amor pelo mundo' do hassidismo está bem perto de se identificar com o amor pelo mundo de Buber"[189]. Resta então perguntar-se em direção a que tende finalmente esse elogio de um universo da relação, onde os preceitos aparecem substituídos pela decisão e por uma espécie de sublimação do cotidiano, tornado um receptáculo do divino. Retenhamos no momento a resposta de Scholem, sem saber ainda se ela se aplica unicamente a Buber ou engloba juntamente com ele o próprio hassidismo: em direção àquilo que se assemelha a um "anarquismo religioso"[190].

O Tu do Encontro ou a Vida como Diálogo

Assim como o lembrava Emmanuel Lévinas, são indubitavelmente as provas do século XX que suscitaram bem cedo a reorientação das ideias do sensato e do espiritual em direção ao que se concordou denominar a "filosofia do diálogo"[191]. Lévinas, ele mesmo em parte herdeiro dessa virada, associava-a aos nomes de Franz Rosenzweig, Martin Buber e em seguida a Gabriel Marcel e, poder-se-ia acrescentar, até certo ponto ao de Hermann Cohen. Quanto ao seu início, ela se fixa na Primeira Guerra Mundial e,

---

188 G. Scholem, "Martin Buber et son interprétation du hassidisme", op. cit., p. 335. Simon Dubnov é autor de uma monumental história do hassidismo: *Toldot ha-hassidut bi-tkufat tzmihatá ve-guidulá*, Tel Aviv: 1930-1931; *Geschichte des Hassidismus*, Berlin, 1931. Ver a esse respeito sua autobiografia, Simon Dubnov, *Le Livre de ma vie: Souvenirs et réflexions – Matériaux pour l'histoire de mon temps*, trad. e notas de B. Berheimer, prefácio de Henri Minczeles, Paris: Cerf, 2001, cap. 23, 24 e 74.
189 Le Judaïsme dans la pensée de Martin Buber, op. cit., p. 183.
190 G. Scholem, "Martin Buber et son interprétation du hassidisme", op. cit. p. 352.
191 Emmanuel Lévinas, Le Dialogue: Conscience de soi et proximité du prochain, em *De Dieu qui vient à l'idée*, Paris: Vrin, 1992, p. 211.

mais seguramente, em seu término: quando se impõe o sentimento de um abalo que obriga a reconstruir todo o edifício do pensamento. Evocando a maneira pela qual Rosenzweig sugeria a existência de uma espécie de momento "1800", a fim de circunscrever a época de Hegel e de Goethe, em que a consciência ocidental acreditava viver as bodas da razão e da vida na forma do Espírito absoluto, seria necessário designar como momento 1918 aquele no qual a ilusão se quebra e deseja ser ultrapassada: desde a *Religião da Razão* e, principalmente, *A Estrela da Redenção*, *Eu e Tu* ou, ainda, o *Journal métaphysique* (Diário Metafísico) de Gabriel Marcel* (1927). A fim de caracterizar esta ruptura e o que ela realiza, duas fórmulas estariam disponíveis: atirar a luva contra a "honrosa confraria dos filósofos da Jônia em Jena", segundo a provocação de Rosenzweig; visar o que Lévinas denomina "a filosofia que nos é transmitida" e que culmina na obra de Hegel, "onde vêm-se precipitar todas as correntes do espírito ocidental"[192]. Ou seja, ela opõe sua concepção de uma relação inter-humana percebida no diálogo a uma visão das coisas onde, antes mesmo do interesse teórico e da penhora sobre o mundo, o pensamento é tomado pela possessividade, atividade que "*contém a razão* de toda alteridade"[193].

Evidentemente, os pensadores do diálogo não inventaram a ideia de uma linguagem destinada a ultrapassar a violência. Em suma, de Platão a Hegel, a filosofia nada mais fez do que desenvolver a tese segundo a qual a palavra permite elevar a violência de cada um até o universal, num movimento que finaliza na instituição hegeliana do Estado homogêneo. Mas a partir de Platão desenvolveu-se, entretanto, e ao mesmo tempo, a consciência de uma dificuldade característica "dos que aguardam o fim das violências a partir de um diálogo que apenas concluiria o saber"[194]. Como fundamentar o diálogo capaz de fazer entrar em diálogo? Tal é a questão que a filosofia contemporânea deseja resolver, enquanto insiste na sociabilidade originária como outra dimensão do sentido que se abre na linguagem. Quer seja contígua a esta de Rosenzweig e de Cohen, ou já atravessada por

---

* Gabriel-Honoré Marcel, 1889–1973, filósofo existencialista, músico, crítico teatral e dramaturgo francês (N. da E.).
192 F. Rosenzweig, *L'Étoile de la Rédemption*, respectivamente, p. 21 e 214.
193 E. Lévinas, Le Dialogue: Conscience de soi et proximité du prochain, op. cit., p. 214.
194 Idem, p. 217.

reminiscências que constituiriam uma influência, a descoberta de Martin Buber reside precisamente neste gesto por eles partilhado: o "retorno da intencionalidade na linguagem"[195]. Mais característico do próprio Buber, aparece então o cuidado deliberado em renunciar a refletir a respeito do *Cogito* a fim de começar pela primeira palavra, a palavra fundamental que condiciona a abertura de toda linguagem, o *Grundwort* (fundamento) inicial de um puro conhecimento: Eu-Tu.

Antes de entrar nessa problemática pela via direta que se traça desde as primeiras páginas do livro propriamente filosófico de Martin Buber, pode-se indicar a articulação com a história da filosofia sublinhando o que ela deve a uma contestação do primado do universal no reconhecimento do absoluto. Como observa Emmanuel Lévinas, Buber, ao evocar a querela medieval dos universais, já escolhe o nominalismo contra o amálgama, proveniente de Aristóteles, entre o social e o político[196]. Mas a controvérsia é mais decisiva quando ela toma como alvo o Estado moderno imaginado por Hobbes, a fim de sugerir que nada se assemelha melhor à sua forma acabada do que aquilo que o mundo ocidental conhece como totalitarismo[197]. Advogando juntamente com seu amigo Gustav Landauer contra "todo traçado esquemático do caminho" para a comunidade humana, identificando "coisas grandes e santas nesta ordem mosaica da sociedade" que as utopias revolucionárias imaginam, recusando até a necessidade de uma estabilidade da forma social, é precisamente a ilusão do Estado universal abstrato que Martin Buber contesta[198]. Mas é preciso acrescentar que ele combate com muita energia as doutrinas que praticam uma essencialização do conflito, quer elas sejam teológico-políticas, como para Carl Schmitt, ou existencialistas, como para Gogarten. Recusando ao mesmo tempo a assimilação do político ao antagonismo amigo-inimigo e a redução da ética ao problema político, ele apaga a falsa evidência de uma maldade inata do homem: para desembaraçar a ambivalência de seu ser, entre o mal,

---

195 E. Lévinas, À propos de Buber: Quelques notes, *Hors sujet*, p. 61.
196 Voir E. Lévinas, "Martin Buber, Gabriel Marcel et la philosophie", *Hors sujet*, p. 39. Lévinas pensa, sem dúvida, em Martin Buber, *Utopie et socialisme*, trad. P. Corset e F. Girard, prefácio E. Lévinas, Paris: Aubier-Montaigne, 1977, 246-247 (trad. bras.: *O Socialismo Utópico*, 2. ed., São Paulo: Perspectiva, 2007).
197 Idem, p. 249.
198 Idem, respectivamente p. 89 e 99.

que representa uma força turbilhonante sem finalidade, e o movimento do bem, "encaminhado na direção do retorno a si"[199].

Todavia, é na conceitualização específica de *Eu e Tu* que se constrói verdadeiramente a tese de Martin Buber referente à anterioridade do diálogo a respeito da universalidade política e a ideia segundo a qual existe uma "fraternidade prévia da humanidade"[200]. Deve-se, a fim de percebê-las, retornar ao ponto de partida de um sistema de categorias que repousa sobre a oposição binária de duas "palavras-princípios": Eu-Tu e Eu-Isto[201] (*Cela*). Ligado aos verbos transitivos, o Eu-Isto designa as atividades que visam coisas, num mundo em que tudo é experiência ou utilidade e para objetos que são "feitos de passado". Universo ou reino da causalidade, o mundo do Isto é "coerente no espaço e no tempo" (p.29); mas "a palavra-princípio *Eu-Isto* não pode jamais ser pronunciada pelo ser total" (p.7). Todavia, logo se percebe que este "mundo 'ordenado' não é a ordem do mundo" (p.27) e que o "império do Tu" possui um outro fundamento diferente do confinamento no sistema objetivo das coisas. Se "dizer *Tu* significa não ter nenhuma coisa por objeto" (p.8), é, portanto, nesse momento que se opõe o mundo enquanto experiência ao "mundo da relação" que se estabelece nas três esferas, da natureza, do homem e das "essências espirituais" (p.9). Conjugado no presente e no círculo dos verbos intransitivos, este mundo da relação é propriamente o do homem, aquele em que, quando me dirijo ao outro, dizendo-lhe "Tu", eu não o designo como "coisa entre as coisas" (p.11) da qual eu teria um conhecimento empírico, mas enquanto uma instância de um apelo ao qual respondo. É, enfim, um mundo que não possui coerência nem no tempo e nem no espaço, mas onde "a palavra-princípio *Eu-Tu* só pode ser pronunciada pelo ser total" (p.7).

Segundo uma análise mais minuciosa, o mundo da relação é o do encontro: operação irredutível a toda determinação ou objetividade e que acena em direção à autenticidade da vida humana. O mundo concreto de

---

199 M. Buber, La Question qui se pose à l'individu (1936), *La Vie en dialogue*, p. 193. A crítica de Schmitt e Gogarten desenvolve-se nas páginas 187-194.
200 E. Lévinas, La Pensée de Martin Buber et le judaïsme contemporain, op. cit., p. 30.
201 Ver *Je et Tu*, op. cit., p. 7. Lembremos que existe uma outra edição francesa de *Je et Tu*, tradução de G. Bianquis e prefácio de Georges Bachelard, Paris: Aubier, 1969. Salvo indicação contrária, cito a tradução contida em *La Vie en dialogue*, que acrescenta quatro opúsculos.

realização desse encontro é então a linguagem, meio de uma ligação entre Eu e Tu onde "não se interpõe nenhum jogo de conceitos" (p.13). Uma primeira abordagem consiste em descrever o que se passa quando se dirige a palavra ao outro: volta-se para ele através de um "movimento do corpo" que indica a natureza, mas que é também um "movimento da alma" na medida em que se "dirige sua atenção sobre ele"[202]. Mais precisamente, em seguida, compreende-se que o "evento fonético" que surge na conversação está carregado de significação, que ele não se reabsorve no face a face dos parceiros e nem na alternância entre escutar e depois se preparar para falar, mas encontra sua plenitude num espaço específico: o de seu "entremeio"[203]. Banal entre todos, este fenômeno dialógico revela finalmente a maneira pela qual a esfera do inter-humano é bem a do "face a face": modalidade desenvolvida do encontro que se inaugurava na conexão imediata entre "o ser eleito e o eleger" (p.13). Nesse sentido, pode-se sublinhar juntamente com Emmanuel Lévinas o fato de que a palavra representa para Martin Buber "*o entremeio por excelência*", numa concepção da sociabilidade para a qual o diálogo não é uma metáfora[204]. Acrescentar-se-á que este apego à potência da palavra não é indubitavelmente sem ligação com as características da tradução da *Bíblia* empreendida por Rosenzweig.

Parece, no entanto, que se o encontro é um ato puro, tematizado por um *endereço* sob a forma "Tu", e que se apresenta, por sua vez, como uma relação não possuindo atrás de si nenhum princípio fundador, ela se desenvolve como "mutualidade" (p.16). "Nossos alunos formam-nos, nossas obras edificam-nos", escreve Buber, como que para iniciar o caminho mais longo e, portanto, decisivo: o que conduzirá ao "Tu eterno", passando pela descoberta do fato de que "quem quer que seja este do qual te aproximas, chegas sempre no Ser". Nessa perspectiva, é certamente a esfera da responsabilidade que se descreve inicialmente. Aqui, não se trata do domínio de uma "ética autônoma" que somente conhece um "'dever' flutuando livremente no ar", mas daquilo que se relaciona com uma 'verdadeira possibilidade de resposta": que chega e experimenta os eventos

---

202 M. Buber, *Dialogue* (1930), *La Vie en dialogue*, p. 128.
203 M. Buber, *Éléments de l'interhumain* (1953), p. 204.
204 Ver E. Lévinas, "Martin Buber, Gabriel Marcel et la philosophie", op. cit., p. 39.

do mundo que mantêm a atenção desperta e solicitam um deciframento não precedido de regras[205]. No entanto, assim como uma responsabilidade que não responde a uma palavra é "uma metáfora moral", a forma autêntica dessa relação só pode declinar-se em direção ao que Buber denomina de "apóstrofe": a questão de Deus que interpela cada homem em sua "hora biográfica e histórica"[206]. É então marcante que através dessa espécie de reminiscência de leituras hassídicas, Buber parece passar sem mediações do que descrevia como a ordem desordenada da relação à dimensão de um encontro com Deus permanecido na imanência, e isso apesar da afirmação reiterada da renúncia a uma "coisa religiosa" que nada mais era do que "exceção, isolamento, desistência, êxtase"[207].

Elevação rumo ao religioso de uma "plenitude de exigência e de responsabilidade" oferecida através de cada hora da vida mortal, assim como Buber o afirma, ou "interpretação ética da transcendência", conforme Lévinas o escreve, a semelhança é efetivamente quase perfeita entre as formulações da Revelação e as do encontro autêntico no universo do cotidiano[208]. Ela sozinha confirmaria esta definição da Revelação como fenômeno da presença no tempo e no espaço: "O instante do encontro não é uma 'experiência interior' que é despertada na alma em estado de receptividade e que se completa complacentemente; o homem submete-se a uma ação. Ora é como um sopro que aflora, ora uma luta em que ele está engajado, pouco importa; é um fato" (p.81). Mas pode-se dizer em seguida a Scholem que se Buber deseja assim renunciar ao culto da experiência e do vivido, que orientava seus textos de juventude, ele o fazia, sem dúvida, transpondo o conteúdo dessas noções ao de encontro, sem que a mudança de terminologia transforme em profundidade o que toma frequentemente a aparência de uma cosmologia[209].

Isso apareceria com evidência em sua maneira de não dissociar verdadeiramente a palavra da Revelação retraduzida em "Eu serei aí tal como

---

205 M. Buber, *Dialogue*, op. cit., p. 121.
206 M. Buber, *La Question qui se pose à l'individu*, op. cit., p. 178.
207 M. Buber, *Dialogue*, op. cit., p. 119. Reencontra-se esta confissão em termos idênticos nos *Fragments autobiographiques*, p. 89.
208 Respectivamente, M. Buber, *Dialogue*, op. cit, p. 119 e E. Lévinas, "Martin Buber, Gabriel Marcel et la philosophie", op. cit., p. 52.
209 Ver a respeito *Le Judaïsme dans la pensée de Martin Buber*, op. cit., p. 164.

aí serei" (p.83) de um processo da Criação, ele próprio descrito enquanto entrelaçamento dos dois "movimentos metacósmicos fundamentais do mundo" que são "a expansão rumo ao ser específico e a reviravolta em direção ao estado de ligação" (p.86). Aqui, efetivamente, a manifestação do Nome parece corrigir seu eterno futuro pelo enunciado de uma presença: *"o ser está aí, nada mais"* (p.83). Quanto à relação do homem com o mistério, ela parece esgotar-se na própria matéria da vida, na medida em que ela se cumpre perfeitamente quando o indivíduo "realiza Deus no mundo" (p. 85). Isso se traduz, finalmente, numa concepção da orientação do tempo que confirmaria as observações de Scholem a respeito de um nivelamento da perspectiva do messianismo apocalíptico por sua absorção no cotidiano: "A história é uma misteriosa aproximação. Cada uma das espiras da rota conduz-nos ao mesmo tempo a uma ruína mais profunda e para uma reviravolta mais fundamental. Mas isto que, visto do lado do mundo, é uma reviravolta, percebido do lado de Deus, denomina-se Redenção" (p.89).

Compreender-se-ia então o que, num universo intelectual, no entanto comum, separa profundamente Martin Buber de Hermann Cohen e de Franz Rosenzweig. Quando Cohen tematizava religando os universos do encontro entre homem e homem e depois entre o homem e Deus, era para mostrar que a correlação entre o homem e Deus verifica-se naquela outra que une o homem ao homem. Mas se ele afirmava por uma fórmula que contestará Buber que "o amor por Deus é o amor pelo ideal moral", ele sublinhava principalmente o fato de que a relação ética entre Eu e Tu continua marcada pela incompletude enquanto não desembocar em um Bem situado "além do ser"[210]. Sob o olhar de uma tal perspectiva, os propósitos de Buber referentes à ligação entre o homem e Deus poderiam então dar impressão de nada mais ser do que uma transposição da relação com o próximo. De modo análogo, se para Rosenzweig as conjunções entre Deus e o mundo, Deus e o homem e, em seguida, entre o homem e o mundo designam precisamente a Criação, a Revelação e a Redenção, elas não se aproximam numa espécie de êxtase do presente, mas continuam,

---

210 H. Cohen, *Religion de la raison...*, sucessivamente p. 231 e 407. Como se verá, Martin Buber critica a tese de Cohen segundo a qual o amor de Deus é o amor de uma ideia (ver Martin Buber, *Éclipse de Dieu* [1953], trad. E. Thézé, Paris: Nouvelle Cité, 1987, p. 55-65). Sobre a tese de Hermann Cohen, ver supra, cap. 1, p. 58-62.

ao contrário, abertas à pluralidade dos tempos. Nesse sentido, quando *A Estrela da Redenção* propõe que o amor do homem por seu semelhante é "a resposta ao amor que Deus dedica ao homem", tal como ele se manifesta na Revelação, é mostrando que "para que a Redenção se realize – para que o tempo se ligue à Eternidade – o Amor não pode permanecer à mercê do indivíduo"[211]. Isso significa que, face a essa desformalização do tempo e da ordem própria à vida, o percurso de Buber pareceria facilmente mal delineado num elogio do mundo.

A fim de evitar qualquer ambiguidade no momento de entrar na crítica do pensamento de Martin Buber que se desenvolve com Emmanuel Lévinas, é necessário especificar com este último que a tendência de *Eu e Tu* de derivar a relação com Deus do encontro com o próximo jamais se estende a uma determinação do divino pelo sagrado como acontece em Heidegger. Mesmo se Buber parece às vezes descobrir na linguagem bíblica uma forma dessa palavra originária, incapaz de ser assimilada por nossas línguas gastas que Heidegger escutava nos fragmentos pré-socráticos, é sempre a partir do diálogo que ele se orienta em direção ao sagrado, e não inversamente. Nesse sentido, e como o indica Lévinas, "Buber é decididamente monoteísta e sua palavra não depende de nenhum mundo, de nenhuma paisagem, de nenhuma língua falante antes que alguém a fale"[212]. A questão é antes saber o que precisamente deseja indicar o caráter inaugural da relação, a ideia de uma espécie de essência imediata do encontro que realizaria em "o entremeio da palavra" e que nada poderia discernir que já não estivesse recuado em relação à linguagem. Dizendo-o mais precisamente, pode-se perguntar se ao culminar na visão de uma relação dialógica, pensada como "uma transcendência irredutível à imanência", o percurso de Buber não termina num paradoxo: aquele que faria com que após ter-se

---

211 Essas fórmulas que sintetizam a perspectiva de Rosenzweig são emprestadas de E. Lévinas "Franz Rosenzweig: Une Pensée juive moderne", *Hors sujet*, respectivamente p. 84 e 86.
212 E. Lévinas, *La Pensée de Martin Buber et le judaïsme contemporain*, op. cit., p. 32. Esta observação só encontra seu sentido completo quando relacionada à definição que Lévinas dá, em outro lugar, da tentação de Heidegger e dos heideggerianos como "eterna sedução do paganismo", para além da idolatria: "reencontrar o mundo é reencontrar uma infância enovelada misteriosamente no Lugar [...] *o sagrado filtrando-se através do mundo*". E. Lévinas, "Heidegger, Gagarine et nous", *Difficile liberté*, p. 324-325. Ver ainda infra, cap. IX, p. 1105-1107.

iniciado numa contestação radical de toda abordagem intelectualista e objetivista do ser, ele resgata as formas de uma ontologia.

Em sua interpretação das narrativas hassídicas, Martin Buber dava frequentemente a impressão de sublinhar uma espécie de nostalgia ontológica: ao descrever a lamentação da unidade primeira e o trabalho efetuado para sua recomposição na imediatez do cotidiano. Tudo leva a imaginar que se acha algo desta imagem em seu próprio pensamento. Parece assim sintomática a maneira pela qual ele parafraseia em *Eu e Tu* a passagem do tratado *Nidá*, várias vezes encontrado em *Histórias do Rabi*, onde está dito que a criança conhece toda a *Torá* no ventre de sua mãe antes de esquecê-la em seu nascimento: "o horizonte vital do ser em vir-a-ser parece estar totalmente inscrito no interior do ser que o carrega, mas parece também aí não estar inscrito" (p.23). Logo, e mesmo se Buber pode ainda escrever que o Tu "não é um modo do ser" (p.11), sua descrição recorre o mais frequentemente possível ao vocabulário ontológico. A título de ilustração, o que é preciso compreender-se na proposição seminal segundo a qual "toda vida real é um encontro" (p.13)?. Indubitavelmente, numa primeira leitura, a responsabilidade ética é primeira em relação à liberdade que desejava assegurar o conhecimento da totalidade do ser, na medida em que não posso me desviar da presença do outro homem que se manifesta para mim enquanto Tu como se eu fosse eleito. Logo, no entanto, a interpretação dessa interpelação como modo privilegiado da presença acaba produzindo o que se assemelha decididamente a uma modalidade do ser. Conforme as categorias de Emmanuel Lévinas, na falta de se conseguir permanecer "desinteressadamente", de modo real na "retidão de impulso sem retorno sobre si", o "des-enraizamento fora do ser", descrito por Buber na sociabilidade primeira, não está imunizado contra uma recaída na ontologia[213].

Se, conforme pensa Emmanuel Lévinas, a filosofia de Martin Buber conhece finalmente uma dificuldade de se situar fora do ser ou além dele, ela o deve, sem dúvida, à sua maneira de jamais conseguir se evadir total-

---

213 Ver E. Lévinas, "Martin Buber, Gabriel Marcel et la philosophie", op. cit., p. 53. Sobre o elo entre a interpretação do hassidismo e a filosofia de Buber, Scholem não diz outra coisa quando sublinha que a armadilha na qual se deixou prender é a da "ambiguidade do conceito de vida em seu pensamento". Ver *Martin Buber et son interprétation du hassidisme*, op. cit., p. 340.

mente do "formalismo um pouco romântico de um espiritualismo excessivamente vago"[214]. Num certo sentido, Buber pode certamente opor seu conceito de relação à *Fürsorge* que representa o acesso ao outro para Heidegger, mostrando que, através desta simples "solicitude", o homem "permanece essencialmente para si"[215]. Denunciando assim o fato de que o Si de Heidegger habita um "sistema fechado", ele esboça a diferença que separa a compaixão da autêntica abertura para o outro, a assistência da mutualidade. Todavia, pode-se logo perguntar juntamente com Lévinas "se vestir os que estão nus e nutrir estes que têm fome não nos aproxima do próximo mais frequentemente do que o etéreo onde se apoia às vezes o *Encontro* de Buber"[216]. Para este último, a relação Eu-Tu é descrita enfim mais frequentemente como um simples face a face, uma forma de copresença harmoniosa num mundo partilhado sob a cobertura da reciprocidade. Desse ponto de vista, Lévinas concede a Buber o direito a uma concepção da intersubjetividade enquanto responsabilidade que resgataria a fórmula talmúdica segundo a qual "todos em Israel são responsáveis uns diante dos outros"[217]. Mas isso só é legítimo com a condição de se ter sublinhado que a palavra responsabilidade não se efetiva jamais verdadeiramente na escrita, sem que se destaque da recorrência aos temas da "vida livre, aberta e indeterminada"[218].

Reencontrando algo da desconfiança que Scholem exprimia em relação aos dualismos de Buber e de sua sistematização, Lévinas mostra então que é necessário, sem dúvida, perturbar a quietude do face a face, introduzindo estruturas triangulares. Em primeiro lugar, é a relação ao próximo que solicita a chegada do terceiro, caso se deseje que a responsabilidade por outrem não se confunda com "a sociabilidade etérea dos anjos"[219]. No nível mais estrito, são inicialmente as coisas que se oferecem a essa função, na medida em que a própria "doação" supõe que não se chegue de "mãos vazias".

---

214 E. Lévinas, La Pensée de Martin Buber et le judaïsme contemporain, op. cit., p. 32.
215 M. Buber, *Le Problème de l'homme*, trad. J. Loewenson-Lavi, Paris: Aubier, 1980, p. 74.
216 E. Lévinas, La Pensée de Martin Buber et le judaïsme contemporain, op. cit., p. 33.
217 "Martin Buber, Gabriel Marcel et la philosophie", p. 51. Lévinas cita o tratado *Schavuot*, 39a.
218 E. Lévinas, La Pensée de Martin Buber et le judaïsme contemporain, op. cit., p. 31.
219 À propos de Buber: Quelques notes, op. cit., p. 68. Sobre a importância no pensamento de Lévinas desta perspectiva da irrupção do terceiro como interrupção do face a face entre si e o outro, e que inaugura a necessidade do político, ver cap. ix.

Mas essa preocupação em realizar a ideia de justiça requer ainda ir mais longe, tomando ao inverso a reticência radical de Buber em relação ao político. Segundo Lévinas, o espaço intersubjetivo desenvolve-se muito menos através da imediata corresponsabilidade dos indivíduos que Buber imagina do que a partir de uma dissimetria entre si e o outro, a igualdade entre pessoas só podendo-se instaurar no momento em que elas se tornam cidadãs num Estado. De um outro ponto de vista, enfim, é também a figura do terceiro que orienta a crítica que faz Emmanuel Lévinas da ideia segundo a qual Deus é uma pessoa a quem se diz "Tu". Derivada das modalidades da relação com o outro, a concepção do "Tu eterno" parece-lhe efetivamente deficiente quando se procura falar "do Infinito e da transcendência divina"[220]. Preferindo aproximá-los sob o conceito de *illéité**, ele mostra que se a alteridade de Deus reenvia à responsabilidade pelo outro homem, é menos no irenismo do encontro do que sob os efeitos conjugados da ordem e do temor. Ancorado numa homenagem a Buber, e no reconhecimento de uma dívida em relação à sua filosofia, esta crítica não está longe finalmente de resgatar o que Scholem denominava um "anarquismo religioso" ao comentar sua leitura das narrativas hassídicas.

O Sionismo Nesta Hora Tardia

Se a qualificação do pensamento de Martin Buber como "anarquismo religioso" pode não ser unânime, parece inegável que sua longa presença no movimento sionista foi vivida como a de um anarquista político. Ainda que ele tenha aderido à organização quase no momento de seu nascimento, antes de ser rapidamente reconhecido por seu fundador, Buber sempre se distanciará de seus dirigentes, a fim de representar sozinho, ou com

---

220 Idem, ibidem. Notemos que esta crítica é reencontrada em Le Dialogue: Conscience de soi et proximité du prochain, op. cit., p. 229-230. Pode-se ainda ajuntar que se *Totalidade e Infinito* não pretende corrigir Buber, o breve resumo oferecido de seu pensamento não parece estranho àquela intenção (ver E. Lévinas, *Totalité et infini*, Haia: Martinus Nijhoff, 1984, p. 40-41).

* *Illéité*: neologismo criado por Lévinas, a partir do pronome ele (*il*), referindo-se a uma alteridade radical e passiva que existe independentemente da consciência ou da compreensão do Mesmo: de modo simplificado, o Mesmo correspondente ao mundo das relações de poder, de posse, de uso das coisas, presente na figura do Outro (N. da E.).

o pequeno grupo de amigos, constituído entre Praga e Berlim, uma corrente minoritária, fiel a seus princípios e intransigente em suas tomadas de posição. Saliente desde a época da ruptura com Herzl, o conflito não será jamais tão claro quanto após a realização do sonho sionista, em 1948, quando uma testemunha poderá dizer: "temos dois 'B' em Israel, Buber e Ben Gurion, mas desejaríamos que o primeiro retorne à filosofia e o segundo à política"[221]. Entre este que se designa familiarmente como o "velho leão" e o pensador já venerável, que reivindicava as palavras da antiga sabedoria, o antagonismo não era efetivamente conjuntural, mas ligado à tensão entre a ideia de um Estado tornado instrumento da Redenção na história e a de uma política incessantemente suspeita de ultrapassar seus limites. Aos olhos de Buber, tratava-se ainda do eterno conflito que opõe no judaísmo os Profetas aos Reis, como se o retorno à terra só fizesse reatualizar a situação que precedera a avulsão desta última. Mas alguma coisa nele parecia também considerar que este evento interviera tarde demais para estar à altura de suas promessas, tendo como consequência que o sionismo na época de seu triunfo perdera ineluctavelmente o esplendor de sua juventude.

Estreitamente atado à sua visão da política e da religião, o núcleo das ideias de Buber referente ao sionismo formou-se muito cedo, após o breve período de inspiração nietzschiana, quando ele associava ao sangue a identidade judia. Desde 1909, ele cessa de colocar em primeiro plano este "estrato sombrio e denso que determina o tipo e a estrutura da personalidade", para falar de nação, entidade ela mesma definida pelas referências à memória e à história[222]. Mais precisamente, enquanto ele redige rapidamente durante o XII Congresso Sionista de Karlsbad, em 1921, um discurso a respeito desta questão em nome do Hitahdut dos sionistas socialistas não marxistas, ele dá o tom de uma crítica definitiva do desvio nacionalista do movimento[223]. Mas o essencial já se atém à forma desta dissociação

---

[221] Historieta citada por Maurice Friedmann, *Encounter on the Narrow Ridge: A Life of Martin Buber*, p. 420.
[222] M. Buber, Le Judaïsme et les juifs, op. cit., p. 14.
[223] Ver este discurso de Martin Buber em *Une Terre et deux peuples*, p. 70-83. O Hitahdut nasceu no primeiro congresso sionista do pós-guerra de uma fusão entre o Partido dos Jovens Operários (Ha-Poel ha-Tzair) fundado na Palestina e o Tzeire Tzion (Jovens de Sion), saído da diáspora.

entre a ideia nacional e o nacionalismo, na medida em que Buber relaciona a especificidade política do povo judeu à sua "estrutura religiosa", à sua formação na época da saída do Egito e à sua transformação que operava então a concepção de uma "realeza sagrada" na qual "o rei é o coadjutor de Deus"[224]. Censurando aos judeus nacionalistas o esquecimento dessa particularidade, e a tentação trivial de desejar fazer de Israel um povo como os demais, ele lhes contrapõe a interpretação da eleição enquanto missão tal como ela decorre de *Amós* 9, 7: Deus fez sair ao mesmo tempo do Egito "os filhos de Israel [...] e os filisteus de Cáftor e os arameus de Quir"[225].

Parece assim que o sionismo de Buber é, de ponta a ponta, atravessado pela antinomia que atormenta a consciência judaica entre o desejo de uma existência política semelhante à dos demais povos, e o sentimento de uma particularidade cujo abandono seria mortal, o conflito que opõe desde sempre o primeiro *Samuel* (8, 20) aos *Números* (23, 9): "desejamos ser como os outros povos"; "ele não será confundido de modo algum com as nações". É necessário dizer que se Hermann Cohen e Franz Rosenzweig permaneceram radicalmente ligados à segunda dessas proposições, Martin Buber deseja de sua parte afrontar o conflito, através de uma oposição de nação e Estado que não se afasta daquela que ele conservará sempre entre a religiosidade e a religião. Segundo ele, a única perspectiva oferecida à nação judia é a da via estreita que se delineia entre a impossibilidade de conceber de direito uma "política messiânica" e o fato de que, todavia, o domínio político não conseguiria ser "excluído da santificação geral"[226]. A tradução mais evidente dessa visão encontra-se na recorrência para Buber do tema da "regeneração" oposta à "normalização", ou ainda de um "renascimento" afirmado enquanto alternativa ao risco de uma banalização da existência judaica[227]. Alimentada por uma espécie de vitalismo que persiste na filosofia de Buber, essa problemática parecerá frequentemente ingênua em suas formulações, e até mesmo

ಎ ಎ

[224] Idem, p. 79.
[225] Idem, p. 81. Sublinhado por Martin Buber.
[226] M. Buber, "Gandhi, la politique et nous" (1930), citado por Paul Mendes-Flohr, introdução a M. Buber, *Une Terre et deux peoples*, p. 29.
[227] Ver sobretudo *Hérouth*: Une Conférence sur la jeunesse et la religion (1919), *Judaïsme*, p. 122-144; Deux sortes de sionisme, Béayot Hazman, 27 maio 1948, *Une Terre et deux peuples*, p. 287-291 e Après la defaite politique, texto inédito de um discurso de Buber pronunciado em uma reunião da Ihud por volta de 1950, idem, p. 317-326.

chocante, na medida em que desembocará numa espécie de lamento ao ver Israel constrangido em acolher os sobreviventes da *Schoá*. Ela representa, todavia, pelo melhor e pelo pior, o eixo de um sionismo que desejava permanecer fiel à sua própria concepção do espírito do judaísmo.

A primeira cristalização desse combate realiza-se numa época que pertence ainda à juventude do sionismo, mas que Buber já percebe como uma "hora tardia", quando compreende que o fracasso do acordo com Faisal--Weizmann (janeiro de 1919) e o *pogrom* de Jerusalém, em 4 e 5 de abril de 1920, arriscam provocar uma crispação simétrica dos nacionalismos judeus e árabes[228]. Encarregado de redigir uma resolução referente à questão árabe no XII Congresso Sionista de 1921, ele se indispõe com a maneira pela qual esta última conduzirá finalmente ao que se assemelha a um compromisso medíocre, e logo se engaja na criação da associação Brit Schalom (Aliança pela Paz), destinada a combater os nacionalistas sobre o terreno do que ele gosta de chamar um "sionismo do real". A seu lado, acham-se então seus amigos Schmuel Hugo Bergman, Hans Kohn, Ernst Simon e Robert Weltsch; Arthur Ruppin, que era um dos mais antigos partidários de uma implantação, ou ainda Gershom Scholem; mas também representantes do Ha-Poel ha-Tzair (Jovens Trabalhadores) do sionismo liberal e até mesmo do movimento religioso Mizrakhi. Todos compartilhavam efetivamente desta convicção resumida posteriormente por Scholem: "O país de Israel pertence a dois povos que devem encontrar um caminho para viverem juntos [...] e trabalhar para um futuro comum"[229]. Mas a maioria deles identifica-se indubitavelmente também com esta visão ainda mais precisa e exposta pelo próprio Scholem desde 1929: "A saúde do povo judeu, que eu desejo enquanto sionista, não é de modo algum idêntica à Redenção religiosa que espero para o mundo vindouro. Não estou pronto, como sionista, para satisfazer às exigências e às aspirações políticas que se erguem do domínio não político, puramente religioso, do apocalíptico e da escatologia"[230].

---

[228] Ver En cette heure tardive (1920), idem, p. 63-68.
[229] Manuscrito de uma entrevista sobre a Brit Schalom, gravada em 1972, e citada por Flohr em *Une Terre et deux peuples*, p. 101. Encontrar-se-ão os estatutos da Brit Schalom nessa mesma obra, p. 103-104.
[230] G. Scholem, Al Schloschá Pischei Brit Schalom, Davar, 12 de dezembro de 1929, citado em *Fidélité et utopie*, p. 66.

Autor do combate contra o movimento revisionista de Vladimir Zeev Jabotínski, Buber dedica-se então a dar corpo aos princípios do que ele desejaria ver assemelhar-se a uma política profética. De um lado, ele clama incessantemente a favor da criação de um centro nacional na Palestina, dada a injunção dos Profetas a agir "aqui e agora", ou ainda a célebre fórmula dos *Pirkei Avot* (I, 14) já colocada como inscrição em *Autoemancipação* por Leon Pinsker: "Se não agora, quando?"[231]. Por outro lado, ele recusa com idêntica energia a ideia de um direito histórico sobre o território, preferindo falar da "grande união do homem (*Adam*) com a terra (*adamá*)" e das ligações que nutrem com ele os que tornam fértil o deserto[232]. No plano das condições concretas de uma futura instalação na Palestina, era a seus olhos a única maneira de evitar a ingenuidade de Max Nordau descobrindo um dia a existência dos árabes e temendo que o sionismo não lhes causasse danos: a existência produz dissabores, incluídas as suas formas orgânicas mais elementares; mas é possível imaginar uma solidariedade de interesses entre comunidades compartilhando o mesmo país. Evidentemente, quanto mais os conflitos entre nacionalistas de ambos os lados se intensificavam, menos esses argumentos eram suficientes para conter a ação dos que combatiam a violência pela violência, evocando figuras bíblicas. Nesse terreno, Buber não falhara, lembrando incessantemente o duplo dever de fidelidade à verdade e à justiça, ou denunciando ainda o "pseudossansonismo" do Irgun[233].

Surge então um fenômeno significativo que poderia se apresentar como um deslize do combate contra o nacionalismo judeu rumo a uma

---

231 Ver, sobretudo, seu discurso perante o círculo berlinense de *Brit Schalom*, de 31 de outubro de 1929, em *Une Terre et deux peuples*, p. 111-124, e aquele endereçado aos representantes da juventude judaica reunidos em Antuérpia, em julho de 1932. A formulação completa dos *Pirkei Avot* é a seguinte: "Se não cuido de mim, quem de mim se ocupará? Mas quando não me cuido, quem sou? E se não for agora, quando será?" De modo significativo, Leo Strauss utilizará a mesma referência em sua autobiografia intelectual, para caracterizar o "sionismo político" ao qual vai aderir na mesma época, mas precisando que este aqui deixava na sombra a segunda das questões. Ver Leo Strauss, Avant-propos à la traduction anglaise de *La Critique de la religion de Spinoza*, em *Le Testament de Spinoza*, trad. G. Almaleh, A. Baraquin, M. Depadt-Ejchenbaum, Paris: Cerf, 1991, p. 266-267 e infra, cap. VII, p. 774-777.
232 Ver novamente o discurso de 31 de outubro de 1929, op. cit., p. 114-115 e a carta a Gandhi de 1938, idem, p. 165.
233 Ver Contre l'infidelité, *Palestine Post*, 18 jul. 1938, p. 171-175, e Pseudo-samsonisme, *Davar*, 5 jun. 1939, p. 177-182. Notemos que neste momento Buber está instalado na Palestina... tardiamente, como o repreenderá Scholem.

crítica da perspectiva de um Estado. Presente no pensamento do filósofo, e já em germe na orientação de seu sionismo a partir da ideia de uma cooperação árabo-judaica, essa crítica define-se desde o instante em que a possibilidade de criação de uma entidade política soberana se afirma, no momento da conferência do Biltmore, em maio de 1942. Em primeiro lugar, Buber percebe desenhar-se desde essa época o que lhe parece uma manobra iniciada por Ben Gurion e que consiste em transformar a palavra de ordem para o acolhimento do "maior número possível" de judeus na Palestina face à catástrofe europeia em reivindicação de uma "maioria" judia sobre o território. Elevando a questão no plano de um conflito entre política e moral, ele afronta um ataque virulento do Irgun contra os professores da Universidade Hebraica, designados pejorativamente como "espectadores do monte Scopus" em razão de sua imobilidade[234]. Estado binacional, federação ou mesmo confederação, Buber e alguns outros pesquisarão então todas as soluções visando evitar a divisão e aquilo que se assemelharia a seus olhos ao triunfo de uma "relação patológica" entre a vida e a política[235]. Mas ele será o único a conduzir essa lógica até uma desconfiança radical face ao nascimento do Estado de Israel, tingida por uma espécie de irritação diante do fato de que ela parece imposta pelas consequências da tragédia que acaba de se produzir na Europa.

Enquanto Martin Buber está encarregado, em 1946, de apresentar com Judah Leon Magnes e Moschê Smilansky as posições do Ihud a favor de um Estado binacional diante da comissão anglo-americana, é novamente de "regeneração" que ele fala, a fim de combater as opiniões da maioria das organizações sionistas. Diante dos doze delegados encarregados de ouvir

---

234 Ver o artigo anônimo do número de julho de 1945 de *Herut* (Liberdade), jornal clandestino do Irgun. O autor joga com os termos hebraicos *har hatzofim* (monte dos vigilantes ou observadores), lugar onde se encontra a Universidade Hebraica, e *tzofim* (espectadores). O artigo responde ao de Buber, intitulado Du problème politique et morale, surgido no Be--Aiot, de abril de 1945, idem p. 225-230.
235 Ver "Un conflit tragique", discurso no congresso da Ihud (União) de maio de 1946. A Ihud havia sido criada em agosto de 1942, em Jerusalém, por iniciativa de Judah Leon Magnes, para promover o acordo árabo-judaico. Tinha uma revista mensal mensal, *Beaiot ha-Zman* (Problemas do Tempo), editada por Buber e Ernst Simon. Seu programa, redigido por Buber, Magnes e Robert Weltsch, encontra-se em *Une Terre et deux peuples*, p. 198-199. Assinalemos também que Hannah Arendt, que opôs-se muitas vezes a Magnes, defendeu desde então posições próximas àquelas da Ihud, recusando notadamente as condições do programa do Biltmore.

as teses a respeito do problema do acolhimento das "pessoas deslocadas" e da alternativa ao mandato britânico, ele deseja mostrar ainda que o sionismo não nasceu de uma reação ao antissemitismo, mas de uma fidelidade à herança dos Profetas e à ideia fecunda entre todas de seu messianismo[236]. Mas é já a consequência deste princípio que o preocupa: "Nossa autonomia não deve ser conquistada às custas dos demais". Dois anos mais tarde e duas semanas apenas depois que Ben Gurion proclamou a independência, o conflito pode explodir claramente: os que acabam de triunfar representam no sionismo uma corrente que deseja simplesmente a "normalização", assegurando à passagem, de modo "aterrorizante", a realização do antigo desejo de tornar-se "como todos os povos"[237]. Falando posteriormente até mesmo de "baalização", Buber confessa ver desmoronar o sonho de sua juventude ao assistir o endurecimento interior de um povo judeu que sacrifica a mensagem de seus ancestrais à trivialidade do espírito de conquista.

É mais do que uma dúvida que assedia doravante Martin Buber quanto à história que se desenvolve sob seus olhos. Enquanto em 1947 ele apenas indicava a maneira pela qual nem os árabes e nem os judeus tinham necessidade de uma entidade política soberana, a fim de viverem sua autonomia, ele cedo perceberá na reconquista da independência pela criação de um "Estado moderno" o fato de que o judaísmo está em vias de viver "a maior crise de sua história"[238]. Nesse ínterim, é verdade, ele denunciara o que representava a seu ver a mitologia usurpada da nova política, contestando o uso da ideia da "reunião dos exilados" e interpelando até mesmo Israel após o assassinato de Bernadotte através destas fórmulas de Isaías (1, 21): "Como ela se tornou uma prostituta, a cidade fiel, plena de justiça, refúgio do direito... e agora dos assassinos!"[239]. Alguns anos mais tarde, e diante de um público de simpatizantes do Ihud reunidos em Nova York, Buber lançará um olhar profundamente desencantado sobre essa série de eventos que, paradoxalmente, destroem seus projetos mais antigos. Para ele, com efeito, o ideal do

---

236 Ver "Que représente pour nous le sionisme?", declaração perante a comissão anglo-americana de 15 de março de 1946, em *Une Terre et deux peuples*, p. 240-245.
237 Deux sortes de sionisme, Béayot Hazman, 27 de maio de 1948.
238 Les Fils d'Amos, *Ner*, abril 1949, idem, p. 327.
239 Respectivamente, Après la défaite politique, op. cit., p. 323, e Après l'assassinat de Bernadotte (1948), idem, p. 309.

sionismo não era o de transpor na Palestina um "encravamento do mundo ocidental", mas suscitar para os pioneiros uma autêntica harmonia entre os povos, que se apoiaria sobre postulados de comunidade e de solidariedade. As coisas estavam nesse âmbito quando o "extermínio de milhões de judeus por Adolf Hitler" veio abalar este "princípio de evolução seletiva e orgânica", com esta consequência: "As massas perseguidas, acuadas, afluíram para a Palestina, não enquanto pioneiras em direção ao país do renascimento judeu, para a construção do qual nenhum sacrifício era grande demais, mas – se bem que a tradição da promessa messiânica sobrevivesse neles – para o país da salvação e da segurança"[240].

Seria possível dizer-se que a brutalidade desse resumo evoca uma outra pela qual Gershom Scholem censurará a Hannah Arendt, no momento do processo Eichmann, uma falta em relação ao "amor do povo judeu" (*ahavat Israel*)[241]. De modo significativo, além disso, sucedia a Buber propor em suas polêmicas contra os novos ídolos o argumento que Arendt utilizará em sua resposta a Scholem: "O amor não pode e jamais pôde se realizar a não ser no plano da existência dos indivíduos, a justiça apenas no plano da vida interior de um povo e dos povos entre si"[242]. Indo mais longe, constatar-se-ia até mesmo uma singular aproximação entre Buber e Arendt nesses anos que cercam o nascimento de Israel. Aparentemente distanciado do que se passava na Europa, pouco preocupado, contrariamente a ela, em organizar a salvação das vítimas e a solidarizar-se com os refugiados, Buber pertencera durante muito tempo, segundo Hannah Arendt, a esta categoria dos "sionistas socialistas" que ela percebia instalados na Palestina, como pessoas que poderiam ter o desejo de fugir para a lua, "a fim de escapar à maldade do mundo"[243]. Portanto, a partir de 1946, e

240 Israel et l'impératif de l'esprit, idem, p. 369.
241 Ver a carta de Scholem para Arendt de 23 de junho de 1963 em *Les Origines du totalitarisme* e *Eichmann à Jérusalem*, Paris: Gallimard, 2002, p. 1344.
242 Les Fils d'Amos, op. cit., p. 330. Lembremos também a maneira pela qual Arendt responde a Scholem, dizendo: "Jamais em minha vida 'amei' qualquer povo... Amo 'unicamente' meus amigos e a única espécie de amor que conheço e na qual acredito é o amor por pessoas" (carta de 24 jul. de 1963, *Les Origines du totalitarisme*, op. cit.).
243 Hannah Arendt, Réexamen du sionisme (1944), em *Auschwitz et Jérusalem*, Paris: Deuxtemps Tierce, 1991, p. 104. Esta fórmula que não visa Buber, nomeadamente, poderia ilustrar, sem dúvida, sua atitude durante o período da guerra. De modo significativo, ele continua a se consagrar a uma atividade intelectual que desembocará em um livro, publicado em 1944,

principalmente após 1948, suas posições confundem-se desde uma crítica em comum ao projeto extraído da conferência do Biltmore, até um questionamento intransigente da situação de Israel em seu ambiente. É indubitavelmente porque nenhum dos dois desejava tomar a resolução de considerar que a história, de repente, se assemelhava a um destino opondo suas leis aos princípios sob os quais eles haviam pensado o futuro do povo judeu. Mas não se pode renunciar ao sentimento de que seu olhar a respeito da nova sociedade de Israel não chegasse a se libertar, como o dirá Scholem a Arendt, de uma espécie de incompreensão tingida de desprezo, característico de um certo número de intelectuais provenientes do judaísmo alemão.

Resta que para Martin Buber essa revolta contra a aparente inelutabilidade das coisas toma às vezes feições mais estranhas ainda. Compreende-se que ele possa até o fim lamentar a época dos pioneiros e o que considerava como uma das raras experimentações sociais de sucesso da era moderna, símbolo, a seus olhos, da obra autêntica do sionismo: o modelo da *Kivutza* (Kibutz), exploração coletiva da terra, que deveria unir um modo de vida comunitária à fraternidade com os vizinhos árabes[244]. Mas como entender a desenvoltura com a qual ele sugere que a explosão suscitada por Hitler tem como consequência principal a obrigação "de acolher no país massas de pessoas que não têm nada a ver nem com ele e nem tampouco com a obra em questão"?[245] De modo análogo, caso se possa aclamar a constância de Buber em seu combate pela paz e o reconhecimento mútuo em nome de uma vocação de Israel pela justiça, não se está no direito de julgar excessiva a ideia segundo a qual, com uma falsa sabedoria da razão de Estado, "o grande exílio começou"?[246] Evidentemente, Martin Buber era excelente na rememoração incansável dos valores bíblicos, sempre opostos às

---

e que se prende à análise de alguns motivos bíblicos ou a um certo número de obras clássicas do período do exílio, e depois oferece o retrato de grandes figuras do sionismo e do pensamento judaico contemporâneo, como os de Moses Hess, Theodor Herzl, Ahad ha-Am, Rav Kook ou A. D. Gordon. Ver *On Zion, the history of an idea*, trad. S. Godman, prefácio de Nahum N. Glatzer, Syracuse: Syracuse University Press, 1997.

244 Ver *Utopie et socialisme*, p. 209-224. Sobre a experiência das *Kvutzot* no começo do século e daquilo que Buber chama de "um infatigável tateamento sob a forma de vida comunitária", ver Walter Laqueur, *Histoire du sionisme*, trad. M. Carrière, Paris: Calman-Levy, 1973, p. 317-325.

245 M. Buber, Après la défaite politique, op. cit., p. 322.

246 Les Fils d'Amos, op. cit., p. 329.

exigências momentâneas de uma política moderna, e ele se instalara, no fim de sua vida, na posição do Profeta que sempre questiona o rei a respeito da justificação de seus atos. Michael Walzer, sem dúvida, tem razão de sublinhar que ele foi um dos primeiros a tomar consciência dos "aspectos patológicos de uma política talhada inteiramente pela experiência do Holocausto"[247]. Mas pode-se também pensar que chegara um momento no qual sua reflexão perdera a percepção das convulsões de um século caótico, que ele continuava a abordar por meio de ideias forjadas antes de sua inauguração.

Brutalmente colocada, a questão significativa seria a de saber se Martin Buber realmente viu a *Schoá*, talvez ocupado demais com suas desilusões diante de um projeto para o judaísmo que se chocava violentamente com as realidades da história. À margem de sua discussão filosófica com ele, Emmanuel Lévinas sugere que ele poderia ter falhado nessa tarefa, ao meditar a respeito de uma passagem de sua autobiografia em que Buber narra uma conversação com um judeu ortodoxo ao qual diz não crer que Deus tenha pedido verdadeiramente a Samuel de matar o rei Agag a fim de "apagar a memória de Amalec sob o céu". Aqui, Buber afirma a seu interlocutor que, passado o tempo, ele avalia sempre que "Samuel compreendeu mal a Deus"[248]. Concisa, a observação de Emmanuel Lévinas consiste então na advertência feita a Buber de imaginar que sua consciência o ensina melhor do que o Livro dos livros a respeito da vontade de Deus, e conclui com uma frase: "Buber, aí, não pensou em Auschwitz"[249]. Acrescentamos que, quando lhe sucede fazê-lo, é dando às vezes a impressão de apreender no evento somente um entrave intempestivo ao sonho de uma regeneração interior do povo judeu. Mais do que procurar interrogar as condições de uma vida judaica após Auschwitz, é simplesmente uma reformulação do problema que ele se contenta em propor: "Como, num tempo que produziu Auschwitz, uma vida com Deus é ainda possível?"[250]. Mas confessando

---

247 Michaël Walzer, La Recherche de Sion chez Martin Buber, op. cit., p. 88.
248 *Fragments autobiographiques*, p. 100. A discussão diz respeito a *Samuel*, 15.
249 E. Lévinas, Entretiens, em François Poiré, *Emmanuel Lévinas: Essai et entretiens*, Paris: Babel, 1996, p. 152. (trad. bras.: *Emmanuel Lévinas: Ensaios e Entrevistas*, trad. J. Guinsburg, Marcio Honorio de Godoy e Thiago Blumenthal, São Paulo: Perspectiva, 2007 [Coleção Debates 309]).
250 Le Dialogue entre le ciel et la terre (1951), em *Judaïsme*, p. 185.

que não se pode pedir ao "Jó das câmaras de gás" o "dar graças ao Senhor", ele não explora mais adiante nem as formas da revolta, como o fará Ernst Bloch, e nem as perspectivas de uma resposta, tais como procurarão imaginá-las Emmanuel Lévinas ou Hans Jonas. Sem dúvida, é necessário pleitear que ele não se beneficiou deste tempo de latência necessária a fim de encontrar a perspectiva precisa referente a um tal evento. Mas pelo menos poder-se-ia dizer que ele também não investigou o ponto médio solicitado por este adágio talmúdico na ocorrência decisiva: "Não carregar o luto de modo algum, nós não o podemos [...] mas carregar o luto excessivamente também não o podemos"[251].

A Glória de Deus e o Espírito das Religiões

Ninguém saberia racionalmente arriscar-se mais adiante a respeito do processo de uma estimativa da marca deixada pela lembrança da *Schoá* no espírito de Martin Buber após 1945. No que se refere às expressões públicas de seu pensamento, elas se orientam, desde então, rumo à questão do estatuto que permanece para o divino no universo contemporâneo e exprimem-se através da tese de um "eclipse de Deus", oposta constantemente à de sua "morte". É, todavia, significativo que essa tese se desenvolva mais através de um afrontamento com as teorias da desconfiança e de uma nova elaboração dos antigos dualismos que opõem, segundo Buber, o Deus de Abraão ao Deus dos filósofos ou a religiosidade às religiões a partir de uma reflexão diretamente centrada sobre a época e sua tragédia. Evidentemente, durante os últimos anos de sua vida, Buber é marcado pelo problema da secularização do mundo, obcecado mesmo por uma interrogação concernente à disponibilidade do homem para um encontro com Deus a quem se diz "Tu". Mas os argumentos pelos quais ele expõe sua confiança preservada referente a esse ponto permanecem amplamente os mesmos que aqueles dos quais se utilizava trinta anos antes, como se as coisas se decidissem, antes de

---

[251] *Baba Batra*, 60b. Mencione-se o comentário desta passagem sob a perspectiva de Yosef Hayim Yerushalmi, "Un Champ à Anathoth, vers une histoire de l'espoir juif", *Mémoire et histoire*, atas do XXVe Colloque des intellectuels juifs de langue française, J. Halpérin e G. Lévitte (dir.), Paris: Denoël, p. 91-107.

tudo, no plano de uma definição da autenticidade da fé, da qual testemunham dois diálogos aos quais ele atribui um lugar privilegiado.

Martin Buber narrou por duas vezes duas conversações que ele apresenta como "um combate por Deus, pelo conceito, pelo Nome" e que não podem situar-se após o início dos anos de 1920[252]. Embora não seja, sem dúvida, completamente da ordem de um "encontro casual", a primeira expõe um mal-entendido que traça perfeitamente a via que ele procurava incansavelmente explorar. Essa conversação o põe em cena ao tratar da "religião como realidade" [ante o público] da universidade popular de uma cidade industrial alemã, e ao cruzar com o olhar absorto na reflexão de um operário que por si incorpora duas épocas, pois oferece o rosto de um dos pastores da *Adoração* de um primitivo flamengo. Durante uma conversa sucedendo às conferências, o homem toma finalmente a palavra e opõe com seriedade ao discurso de Buber a fórmula tomada de empréstimo a Laplace de uma entrevista com Napoleão: "Tive a experiência de que não tenho necessidade da hipótese 'Deus' para me reconhecer no mundo". Solicitado pelo desafio que lhe lança essa visão cientificista das coisas, Buber adota então, segundo seus objetivos, uma aparência severa e ríspida a fim de ensaiar uma "verdadeira resposta", questionando a aparente certeza e o caráter supostamente tranquilizante do "mundo dos sentidos", onde se crê encontrar "o vermelho zinabre e o verde dos prados, o *dó* maior e o *si* menor, o gosto da maçã e do vermute". Portanto, se no final dessa exposição Buber parece triunfar do ceticismo de seu interlocutor, que lhe dá finalmente razão, é para logo descobrir que ele o conduziu bem longe do lugar para o qual desejava atraí-lo: no limiar da moradia onde se encontra o trono daquele que Pascal designava o "Deus dos filósofos"; não próximo do "Outro, o que Pascal denomina o Deus de Abraão, de Isaac e de Jacó, este a quem se pode dizer 'Tu'".

A segunda conversação tem lugar algum tempo depois e concerne esta vez a um velho homem que parece ser ninguém mais do que Paul Natorp, fundador, juntamente com Hermann Cohen, da escola neokantiana

---

252 Ver, respectivamente, *Fragments autobiographiques*, p. 91-98, e *Éclipse de Dieu*, p. 7-14. Notemos que os dois relatos formam o prefácio desta última obra, anterior à primeira em alguns anos. As passagens citadas aqui são emprestadas de *Éclipse de Dieu*.

de Marburgo. Buber, que encontrara Natorp durante as discussões a respeito de educação, é convidado a hospedar-se em sua casa por ocasião de um convite dos teólogos locais para vir falar da profecia. Descendo certa manhã ao escritório colocado à sua disposição para corrigir as provas do prefácio de um de seus livros, ele aceita lê-lo para ele. Mas logo que a leitura termina, enfrenta o protesto do filósofo:

> Como podeis incessantemente empregar a palavra 'Deus'? Que esperança tendes vós de que o leitor compreenda este vocábulo no sentido que desejais que ele seja compreendido? O que entendeis por isso ultrapassa toda compreensão e todo entendimento humanos [...] há uma palavra da linguagem dos homens que tem sido utilizada mais abusivamente do que a de 'Deus'? uma palavra que tenha sido tão maculada? tão violentada quanto esta? Todo este sangue inocente vertido em seu nome denegriu seu esplendor. Todas as injustiças que ela teve de encobrir roubaram-lhe seu peso. Quando ouço denominar o Altíssimo 'Deus', isto soa a meus ouvidos como uma blasfêmia.

Restituída com as incertezas da lembrança e o embelezamento característico da narração, a resposta de Martin Buber resume, sem dúvida, a forma mais íntima de sua convicção e esboça as linhas de uma argumentação permanente. Admitindo inicialmente que poucas palavras foram tão laceradas quanto "Deus", e que ela conserva efetivamente a impressão sanguinária dos dedos humanos e jaz na poeira para onde a arrastou o peso de existências angustiadas, ele confessa não poder a ela renunciar pelo motivo preciso de que todo conceito mais puro ou mais luminoso "extraído da câmara secreta dos tesouros da filosofia" só poderia apreender a "imagem de um pensamento inconsistente e sem fundamento". Posteriormente, ele opõe às figuras grotescas com que os homens assinalam do nome de Deus, a fim de justificar suas loucuras, a postura solitária dos que não dizem mais "Ele", mas murmuram somente "Ti" nos limiares de suas vidas e de suas mortes inacreditáveis. Ele lança, enfim, a questão que orienta todas as suas investigações: "A palavra 'Deus', a palavra do apelo, o grito feito Nome, não se tornou assim sagrado em todas as línguas humanas e por todos os tempos?" O episódio termina então com dois comentários elípticos. Este de Natorp: "Vamos nos dizer Tu". Depois o do próprio Buber, que torna alegórico este encontro: "Aí onde duas pessoas estão verdadeiramente juntas, elas o estão em nome de Deus"²⁵³.

Colocando essas duas narrativas nas primeiras páginas do ensaio de seus últimos anos, consagrados à prova da fé no mundo contemporâneo, Martin Buber sublinha perfeitamente a orientação que lhe deseja dar: uma refutação da maneira pela qual os filósofos esvaziaram a noção de Deus de toda realidade, mais do que uma meditação sobre seu silêncio durante os anos terríveis. No coração desse empreendimento, é a previsão nietzschiana da "morte de Deus" que principalmente está em questão. Mas é sintomático que Buber a aborde imediatamente através da interpretação que lhe dá Heidegger: "O homem ter-se-ia tornado incapaz de apreender uma realidade radicalmente independente dele e de entreter uma relação com ela"²⁵⁴. Se o horizonte do processo de Buber é, portanto, o de refutar uma tal proposição, sua estratégia é oblíqua e parece consistir em revelar para Heidegger a verdade da palavra de Nietzsche, a fim de contestá-la logo através do impasse a que conduzem as tentativas heideggerianas. Em primeiro lugar, é admitido graças a Heidegger que a intenção de Nietzsche não se limitava somente ao desejo de acabar com Deus, mas visava o Absoluto sob todas as suas formas, no quadro de uma ruptura com a totalidade da metafísica e além da própria religião. A isto acrescente-se que, diferentemente de Sartre, que compreendia a morte de Deus apenas como um convite ao ateísmo e a favor de uma pura liberdade existencial, a postura de Heidegger face a esse fenômeno tem a vantagem de um esforço filosófico voltado para um pensamento autenticamente ontológico. São então as argumentações nessa direção que Buber discute, não sem antes ter admitido que elas forçam, sob qualquer circunstância, a "prestar muita atenção" (p.94).

---

253 Idem, p. 14. Notemos que na versão dos *Fragments autobiographiques* Buber toma emprestadas as duas fórmulas de Natorp.
254 Idem, p. 16. Buber pensa, certamente, nas passagens de *Gaia Ciência*, parágrafo 125, e em *Assim Falava Zaratustra* (IV, Do Homem Superior), nas quais Nietzsche proclama que Deus está morto e que nós o matamos. Mas o aborda diretamente a partir do comentário de Heidegger ("Le Mot de Nietzsche 'Dieu est mort'", em *Chemins qui ne mènent nulle part*, trad. W. Brokmeier, Paris: Gallimard, 1962, p. 253-322), em que Heidegger resume sua interpretação ao dizer que a morte de Deus significa "que o mundo suprassensível não tem poder eficiente" (p. 261). Buber, de outro lado, remete logo diretamente a esse comentário (p. 73). Nos parágrafos que se seguem, as referências ao *Éclipse de Dieu* serão dadas diretamente no corpo do texto.

Numa passagem central do *Eclipse de Deus*, Martin Buber sublinha a maneira pela qual Heidegger afirma o possível renascimento de Deus a partir de uma reflexão sobre a verdade e de uma crítica dos modos antigos de sua proclamação encarnados pelo profetismo. Opondo ao declínio das religiões a aparição ainda incerta do astro do sagrado, Heidegger delineia, a partir de sua concepção do Ser, a tela de fundo que poderia acolher "a nova aparição de Deus e dos deuses". Mais ainda, parece-lhe às vezes que nossa época abandonada pelos deuses prepara-se para o advento do Deus único na dupla frustração de uma perda dos primeiros e da iminência do segundo. Mas se ele volta à época da falta de Deus de poder viver uma proximidade com o ser que surge por intermitência na história, é esquecendo as formas da tradição judaico-cristã: "Os profetas dessas religiões não se contentam em ser os porta-vozes do sagrado. Eles falam inicialmente do Deus, garantia da redenção no seio da felicidade celeste"[255]. Ironizando a propósito desse desconhecimento do sentido da profecia, Buber opõe-lhe a maneira que ela possui de escarnecer toda segurança em nome de um "Deus que ninguém deseja porque Ele exige de suas criaturas humanas o cumprimento do humano" (p.75). Em seguida, deplorando que Heidegger não tenha impelido mais longe sua primeira escuta de Hölderlin, a fim de ser tocado pelo encontro entre "uma espontaneidade divina e uma espontaneidade humana" (p.79), ele lhe censura ter-se deixado desviar pela visão de uma renovação do sagrado proclamado na história. Prisioneira de sua época, mais ainda do que o fora a de Hegel, a filosofia de Heidegger "tornar-se-ia assim o espólio de um tempo cujos fios nos parecem indestrutíveis" e arruinar-se-ia na homenagem professoral à majestade do "sobressalto".

Basta reinverter a crítica heideggeriana do profetismo pelo chamado à insegurança na qual o Deus de Israel mantém seus fiéis e, depois, opor à fascinação do sagrado que faz soar a hora da decisão na história o fato de que "sempre e em todos os tempos alguém avança livremente em direção ao homem, transtorna-o e o arrebata" (p.78) para resistir à perspectiva

---

[255] Martin Heidegger, *Approche de Hölderlin*, trad. H. Corbin, M. Deguy, F. Fédier e J. Launay, Paris: Gallimard, 1973, p. 145-146. A citação, tal qual Buber a reproduz, é aproximativa. A passagem exata é a seguinte: "Os 'profetas' destas religiões não se limitam a esta única predicação da palavra primordial do Sagrado. Eles logo anunciam o deus com o qual se contará em seguida, como também a garantia segura da salvação na beatitude supraterrestre".

de um "sobre-humano" que não toma o lugar de Deus, mas delineia "uma outra região de um outro fundamento do ente em seu outro ser"?[256]. Leo Strauss duvidava disso, pois que ironizava, por sua vez, a respeito de uma controvérsia podendo "facilmente degenerar numa corrida em que o vencedor é aquele que oferece o mínimo de segurança e o máximo de terror"[257]. Evidentemente, Buber percebeu bem um ponto nuclear da tese de Heidegger, que segue Nietzsche quanto à questão. Mas ele se esquece de que, segundo Strauss, os profetas anunciam também o advento messiânico de uma última vitória da verdade e da justiça: perspectiva que contesta precisamente Heidegger ao pleitear que o desejo de eternidade é somente um produto do espírito de vingança, pois não existe "nada de seguro, nenhum final feliz, nenhum pastor divino". A questão "séria" que se coloca então para Leo Strauss é a da certeza que o homem pode ter quanto às promessas divinas. Mas não é certo que diante do desejo lançado por Nietzsche e ampliado por Heidegger possamos contentar-nos de perceber na *Bíblia* uma imagem da resposta que o homem dá ao apelo mudo de Deus ou, principalmente, de entender a experiência do Absoluto enquanto a de um encontro com o Tu eterno.

Com a severidade que lhe é habitual, Leo Strauss indubitavelmente elucidou uma fragilidade característica da tese de Martin Buber referente ao eclipse de Deus, quando ela se confronta com a dureza das afirmações contemporâneas de uma perda de eficácia de toda perspectiva do mundo suprassensível. No interior da obra diretamente consagrada a essa questão, essa fragilidade reside no fato de que Buber constrói uma espécie de genealogia dos discursos a respeito da morte de Deus, que parece não fazer nenhuma distinção significativa entre a afirmação desse ponto de vista em Nietzsche ou Heidegger e o que ele descreve enquanto um processo de "desrealização de Deus" (p.21) na tradição kantiana até Hermann Cohen. Nesta perspectiva paradoxal que lhe permite apresentar as grandes filosofias antikantianas de Hegel, Nietzsche ou Heidegger como tentativas visando "se reapropriar do conceito de absoluto" contra a "redução do divino ao

---

256 M. Heidegger, Le Mot de Nietzsche 'Dieu est mort', op. cit., p. 308, citado em *Éclipse de Dieu*, p. 94.
257 Leo Strauss, Avant-propos à la traduction anglaise de *La Critique de la religion de Spinoza*, op. cit., p. 276. Lembremos que este prefácio tardio à tradução de sua primeira obra permite a Strauss uma espécie de autobiografia filosófica. Ver infra, cap. VII, p. 772-789.

princípio moral", Hermann Cohen constitui, portanto, o objeto de uma crítica privilegiada. Arquétipo dos discípulos de Kant que recusam a representação de Deus enquanto ser vivo, a fim de incluí-lo como ideia no sistema do saber, este último oferece a Cohen o símbolo de um combate patético da razão contra a crença proveniente de uma antiga herança arriscando-se a dominá-lo, e é contra essa experiência que ele "constrói uma habitação para o Deus dos filósofos" (p.56). Visando aqui a proposição de *A Religião da Razão*, segundo a qual o amor de Deus nada mais é do que aquilo que o homem entrega ao ideal moral, ele concede a Cohen a perfeita coerência de seu sistema; mas enuncia que sua filosofia está "condenada ao fracasso" (p.64) enquanto pensa poder identificar um com o outro, este Deus-aí e o de Abraão, Isaac e Jacó.

De modo significativo, enquanto Hermann Cohen afrontava a crítica do judaísmo desenvolvida por Spinoza, a partir do espírito da filosofia kantiana, e enquanto Leo Strauss lhe opusera o retorno às luzes pré-modernas de Maimônides, é no próprio Spinoza que Martin Buber procura, por sua vez, o antídoto contra a desrealização idealista do divino[258]. É assim no *Tratado Teológico-Político* que ele descobre, para além da existência de Deus, expressa através do conceito de substância, a marca de sua "relação concreta conosco", em conformidade com esta necessidade: "Quanto mais a abstração do conceito de Deus é elevada, tanto mais ela deve ser compensada pelo testemunho da experiência viva à qual está associada, não somente no sistema do pensamento, mas no fundo de si mesma" (p.17). Escolhendo assim deliberadamente o ponto de vista da "substância exterior" contra o da "relação moral em nós", segundo uma oposição do *Opus postumum* de Kant, ele ignora, sem dúvida, tudo o que a última filosofia de Hermann Cohen poderia dever precisamente a um esforço para equilibrar sua inegável formalização do princípio divino com conteúdos da experiência moral inter-humana: até o ponto onde está posto que "a correlação entre Deus e o homem não se pode realizar sem que antes ela intervenha por ocasião da relação entre homem e homem"[259]. Mas o essencial é que Buber se engana indubitavelmente de alvo

---

[258] Ver novamente infra, cap. VII, p. 789-795. sobre o desafio da releitura de Spinoza na Alemanha no início do século e a crítica de Strauss por parte de Hermann Cohen.

[259] Hermann Cohen, *Religion de la raison tirée des sources du judaïsme*, p. 165. Ver supra, cap. I, p. 69-72.

em sua genealogia da desrealização de Deus e enfraquece como que por efeito colateral sua própria estratégia de resistência a esse movimento.

Esse desvio do processo genealógico de Martin Buber é particularmente marcante no último capítulo do *Eclipse de Deus*, onde a interpretação das origens da crise contemporânea está a tal ponto condensada que não está longe de imputar a perspectiva de um Deus "abandonado pelo pensamento" (p.115) ao movimento da filosofia desde seus primórdios, segundo um esquema que se assemelharia finalmente às construções mais radicais de Heidegger. Retomando as análises de *Moisés* a respeito de um Deus ao qual se apelava originariamente "num grito de desespero ou de êxtase", para não lhe dar outro nome a não ser esse grito, Buber distingue aqui o início do ato filosófico na preocupação de transformar isto que é ainda apenas "alguma coisa" num objeto de pensamento perceptível pelo entendimento[260]. Que esse objeto seja então designado enquanto discurso (logos) ou pela figura do Ilimitado e eis que ele já começa a não mais tolerar a representação espontânea de Deus, a não ser enquanto "forma ingênua e confusa da verdade". Um processo intelectual assim inicia quem leva a identificar o absoluto com o próprio espírito humano, até o momento em que "tudo isto que nos faz face, tudo isto que nos advém e tudo isto que se aproxima de nós, a própria existência de um parceiro, tudo isto se dissolve numa subjetividade que rompeu seus vínculos e flutua à deriva" (p.115). No final desse caminho, o espírito humano atribui-se o domínio de sua obra, imagina-se poder carregar o mundo debaixo do braço e gravar sozinho "os valores sobre as Tábuas da vida". Mas nesse ínterim, ele não compreendeu que, ao arruinar a totalidade do Absoluto, destruía sua própria independência e que aquilo que ele acreditava perder no momento de sua agonia já lhe fora há muito tempo tirado.

Essa perspectiva, que se poderia dizer a de um "esquecimento" de Deus durante a trajetória da filosofia, duplica-se da que produz paradoxalmente o mesmo efeito no interior da história das religiões. Mobilizando em filigrana a oposição da religiosidade à religião, que orienta numerosas de suas análises, Buber percebe novamente, desse ponto de vista, a crença ameaçada por dois fenômenos. Inicialmente pelo rito, que herda da magia a fim de transformar o sentimento da presença efetiva de um "Tu", que se

---

260 Buber apoia-se aqui (p. 114) sobre as análises de seu *Moisés*, cap. IV.

dirige diretamente ao homem, numa capacidade de dominar a potência do além. Mas principalmente a da própria Revelação, pela qual o homem procura "levantar o véu que separa o manifesto do oculto" (p.116). Evocando as teologias que pretendem "revelar o que foi sempre velado" pelo comentário, Buber revela aqui o específico de uma "'subjetivação' do ato de fé que se apropria pouco a pouco da vida religiosa" e a conduz à sua crise. Se nos lembrarmos de sua antiga hostilidade ao judaísmo dos rabinos, dos codificadores e dos filósofos, recupera-se uma temática permanente e simplesmente retraduzida nas categorias da filosofia do diálogo: "A relação 'Eu-Tu' é substituída por um 'Eu-Isso'". Com esta última, a ideia segundo a qual um homem é um "ser enviado diante do ente que lhe faz face", é substituída por outra que o percebe "no mundo sobre o mesmo plano de cada um dos entes ao lado dos quais ele vive" (p.118). A época caracteriza-se assim pelo triunfo da relação Eu-Isso, que se impõe até no seio das teologias e das filosofias religiosas, visando salvar a religião.

No que diz respeito a uma crise assim descrita, o empreendimento de salvamento característico de Martin Buber consiste em recusar o motivo que se poderia novamente chamar de "fatal" dos pensamentos crepusculares da modernidade, a fim de aprofundar a diferença inscrita entre o eclipse e a morte. Evidentemente, a hora atual é, a seus olhos, a da dominação de uma subjetividade totalmente absorvida em sua relação com o Isso e tornada incapaz de reconhecer Deus. Mas ele deseja opor-lhe esta simples dobradiça, que esboça a possibilidade de uma inversão de horizonte: "É uma forma da superstição moderna crer que a característica de uma época serve como destino para a seguinte" (p.120). Resgatando talvez algo da inspiração nietzschiana de sua juventude, que o incitava a auscultar as criações anunciadoras de um renascimento, ele sugere então as possibilidades que se encarnam secretamente na história, antes de abrir perspectivas que ninguém saberia ainda revelar. Delineia-se assim a estreita crista sobre a qual desejava caminhar Martin Buber segundo seu biógrafo: "entre a consciência do eclipse e a afirmação da confiança"[261]. No plano histó-

---

[261] Maurice Friedman, Confiance existentiale et éclipse de Dieu, *Archives de philosophie*, tomo 51, caderno 4, out./dez. 1988, p. 556. Este mesmo número contém uma conferência pronunciada por Buber em Pontigny, em 1936, intitulada "Le Mal est-il une force indépendante?" ("É o mal uma força independente?"), seguida de sua discussão.

rico-político, é sem dúvida esta posição que organiza sua aceitação de vir em 1953 à Alemanha, a fim de receber o prêmio da paz: na confiança em relação às novas gerações; mas afirmando partilhar apenas formalmente uma humanidade comum com os alemães que participaram do extermínio dos judeus. Restaria saber se isso era suficiente para justificar este ato que lhe foi intensamente censurado em Israel – o de evocar o adágio de sua avó segundo o qual "ninguém sabe por antecipação a que se assemelhará um anjo" e, principalmente, esta declaração embaraçosa tratando-se dos alemães em questão: "Eles se transportaram radicalmente a uma esfera de monstruosa inumanidade, inacessível à concepção que nem mesmo o ódio, e ainda menos sua superação, poderia produzir em mim. Quem sou eu para poder presumir aqui 'perdoar'!"[262].

Se o *Eclipse de Deus* e *Dois Tipos de Fé* constituem material para construir a dialética através da qual Martin Buber deseja descobrir uma renovação da confiança na acentuação da crise religiosa, esses dois livros devem-no às suas maneiras cruzadas de decifrar a época através da longa duração das concepções do divino. A originalidade do segundo reside em sua estratégia, que consiste em aproximar as verdades de um cristianismo original, transformado por Paulo, e a de um judaísmo autêntico, oculto sob a tradição rabínica, a fim de meditar o eclipse contemporâneo de Deus no contexto de um momento paulino da história e perceber seu ultrapassamento sob as formas de uma aproximação judaico-cristã, pelo retorno às respectivas fontes das duas religiões. Aos olhos de Buber, as épocas em que as contradições da experiência humana tornam-se a tal ponto agudas que tomam na consciência o caráter de um destino são tipicamente épocas paulinas, nas quais a luz divina aparece definitivamente sombreada. Em sua interioridade, o homem vive sua existência como Paulo o fazia: com o sentimento de pertencer a um mundo "entregue às mãos de forças incontornáveis" e privado de toda vontade, procurando resgatá-lo. Ora, tal é bem a nossa época: a de um universo no qual é eliminado o lugar estável da graça; a de um "paulinismo do homem

---

[262] A primeira fórmula foi utilizada por Buber numa discussão em 1958 a respeito da atitude face à Alemanha. Ver Maurice Friedman, *Encounter on the Narrow Ridge: A Life of Martin Buber*, p. 328. Quanto à segunda, ela provém do discurso de recepção do prêmio da paz, citado por Friedman em Confiance existentiale et éclipse de Dieu, op. cit., p. 557.

não resgatado"²⁶³. Antes mesmo de descobrir o espaço paradoxal de uma superação deste tempo obscuro na obra de Kafka, Buber deve, portanto, começar por instalar uma tipologia das modalidades da crença, uma descrição de suas principais inscrições históricas e uma qualificação de suas ocorrências precisas no contexto contemporâneo.

  Assim como o assinala Gershom Scholem, enquanto Buber constrói a oposição entre as duas modalidades da fé que são esquematicamente a *emuná* judia e a *pistis** cristã, ele mobiliza novamente a distinção canônica a seus olhos entre o mandamento como evento dirigido diretamente ao homem e "a Lei na qual o apelo é objetivado e já se deteriora e se extingue no mundo do Isso"²⁶⁴. Sobre o fundo de uma definição do fenômeno da fé enquanto uma relação que "por natureza não repousa sobre 'razões'", a tipologia de Buber separa as duas atitudes seguintes: "tenho confiança em alguém"; "reconheço fatos como verdadeiros" (p.29). Na primeira atitude, o indivíduo vive uma situação de "contato" da totalidade de seu ser com aquele em quem ele confia e "encontra-se" imerso imediatamente na relação da fé. Na segunda, ele penetra, ao contrário, numa ligação de "reconhecimento", passando através de um ato de aceitação que o converte ao objeto de sua fé. A ilustração clássica da primeira dessas maneiras de crer é então oferecida pelo "período primitivo" de Israel: enquanto ele vivia ainda no contato e na confiança perseverante com "o Deus que guia e estabelece aliança" (p.31). Quanto à forma, por excelência, da segunda, ela se situa no "período antigo da cristandade": no momento em que a morte de um grande filho de Israel e a fé em sua ressurreição fazia surgir a ambição de "substituir os povos decadentes pela comunidade de Deus". Mas o essencial para Buber está, sem dúvida, menos na preocupação de descrever a pureza desses dois modelos do que no fato de sublinhar as trajetórias de suas inscrições históricas, que delineiam uma vez mais uma espécie de genealogia da situação contemporânea através de um esquecimento das

---

263 *Deux types de foi*, p. 157. Para os parágrafos que se seguem, as referências ao livro aparecem no corpo do texto.
* Palavra latina derivada do grego, *pistikos*, em contexto religioso, pureza, sinceridade.
264 G. Scholem, Le Judaïsme dans la pensée de martin Buber, op. cit., p. 178. Notemos que Scholem apresenta aqui um julgamento muito severo sobre *Deux types de foi*, que considera como o livro mais fraco ("le plus faible") de Buber, sublinhando a hostilidade de Buber face à Lei.

origens respectivamente identificado com o nascimento da Igreja e com o do judaísmo rabínico.

Quando Buber insiste sobre o fato de que a significação da palavra *Torá* que resume o espírito do judaísmo é "mandamento" e não "Lei", é para mostrar que na época do nascimento do cristianismo o processo que fazia desse conceito um dado estático e objetivo já terminara. Ou seja, não somente o judaísmo conhecera esta "petrificação" da fé, a qual quebra as energias da "Escuta" em que se reconhece a passagem da religiosidade à religião, mas a mensagem do Cristo deixa-se compreender enquanto uma das formas de resistência contra essa tendência de "objetivar a *Torá*" (p.72). Mais precisamente, Buber vê na acusação dos Profetas contra o rito sacrificial, no zelo dos fariseus contra a falsa interioridade e, posteriormente, na defesa do hassidismo a favor do fervor três etapas que escandem um combate interno na história de Israel contra a autonomia da Lei e ele liga o ensinamento de Jesus à fase farisaica desse combate. Arriscando então uma interpretação audaciosa tanto de um ponto de vista teológico quanto em relação aos traços historiográficos e da cronologia, Buber deseja mostrar que, apesar de sua crítica aos fariseus, o Jesus do Sermão da Montanha delineia uma "conexão de elementos" com um farisaísmo bem explícito. Declarando que ele não veio para anular a *Torá*, mas para cumpri-la, desenvolve a mesma doutrina que a dos fariseus a favor da "orientação do coração": o coração humano não pode receber sua orientação do espírito, mas somente de uma vida vivida na vontade de Deus e não existe autêntica perseverança a não ser na confiança, a *emuná* que fazia o *Talmud* dizer que "o pecado cometido por amor à causa de Deus é maior do que o mandamento cumprido sem que o seja por amor à causa de Deus"[265].

Esta aproximação encontra então todo o seu sentido na oposição que se perfila entre Jesus e Paulo. Enquanto o primeiro afirmava desejar cumprir a *Torá*, o segundo pensa, ao contrário, que ele em realidade resgatou o homem da "maldição da Lei", segundo a fórmula da *Epístola aos Romanos* (7, 6). Buber deseja, portanto, seguir o nascimento da cristologia paulina na maneira pela qual as mesmas passagens do *Gênesis* ou do *Êxodo* transformam-se

---

[265] *Nasir*, 23b, citado em *Deux types de foi*, p. 77. De modo singular, Buber, que raramente se apoia sobre a literatura talmúdica, multiplica neste capítulo referências que a reaproximam do cristianismo pré-paulino, com o risco de confundir toda a cronologia.

entre seu original hebraico, o grego no qual o próprio Paulo as lê, e suas próprias interpretações, sublinhando o fato de que é uma "mística" que é então substituída "pela situação de diálogo" (p.64). Mas o ponto crucial encontra-se no fato de que é porque se abandona ao mistério do Cristo que Paulo se desvia da esfera da fé na qual Jesus ainda se apoiava. Em outros termos, o universo deste último era sempre o do Antigo Testamento, aquele em que "o mandamento do amor se endereça precisamente à espontaneidade não iniciada do homem" (p. 135); aquele em que se admite, a fim de indicar o mistério da Criação, que "tudo está entre as mãos do céu, com exceção do temor do céu" (*Berakhot, 33b*). Segundo Paulo, ao contrário, e na falta de marcas de um amor humano de Deus, essa relação é substituída pelo que se assemelha a uma "alienação do homem por Deus". Tudo se acha então radicalmente transformado, até a própria forma da cólera divina. Atestação suplementar do fato de que não resta mais lugar para a relação direta entre Deus e sua criatura, a cólera cessa de ser a de um pai ao encontro de seu filho rebelde: "é o curso do mundo que, formando em si mesmo uma engrenagem, uma 'cólera' objetiva, tritura o homem até que Deus faça sair dessa maquinaria seus eleitos, através de seu Filho" (p.139).

    Compreende-se melhor, a partir de então, como Buber acaba caracterizando como paulinas as épocas do eclipse de Deus e a maneira pela qual suas genealogias se recortam. Segundo o próprio Paulo, é a doutrina do endurecimento que está em causa, quando ele compreende a sentença do *Êxodo* (33, 19) segundo a qual "Eu concederei graça a quem Eu conceder graça e misericórdia a quem Eu fizer misericórdia" e que o endurecimento é "insondável ao pensamento humano" (p.94). Analogamente, ele fez de Ezequiel o profeta de uma liberdade do homem perante Deus e o anunciador de um plano divino, consistindo em encerrá-lo numa desobediência enquanto instrumento de misericórdia. Aqui, Paulo transforma a hipótese segundo a qual Deus poderia estabelecer decretos que não seriam "bons" para habituar seu povo a uma necessidade, integrando assim numa concepção do mundo, após um processo histórico, um mandamento isolado e que era válido somente para uma geração. Buber diz então não reconhecer o Deus de Jesus neste Deus-aí, tanto quanto na tese de Bultmann, que religa a predição do Novo Testamento à esperança apocalíptica. Para Jesus, o interesse de Deus dirigia-se a cada alma humana em particular e todas tinham direito ao retorno, caso estivessem perdidas. Na imagem que Paulo faz de Deus, ao contrário, este traço é recalcado por um outro, ao qual Buber afirma não querer nomear. Mas ele o faz logo, no entanto, reatando assim os fios de suas análises: "É em nossa época que um filósofo, Hegel, arrancou a concepção paulina à realidade da fé que era seu solo fértil, a fim de transplantá-la ao sistema onde posteriormente, em virtude de sua 'astúcia', o deus dos filósofos, a 'Razão', constrange as potências históricas a favorecer, inconscientemente, seu cumprimento" (p.97).

Eis, portanto, o cerne das épocas paulinas, segundo Martin Buber: são estas onde "a alma cristã resgatada percebe que, concretamente, o mundo dos homens não está ainda resgatado" (p.160) e recorre à visão ameaçadora das nuvens da cólera divina a fim de assegurar sua inteligência do núcleo impenetrável da contradição. Mas se elas assinalam sua conivência com o historicismo das filosofias modernas, vê-se também que atualizam uma perspectiva mais temível ainda e que se assemelha, desta vez, à da gnose de Marcião*: com sua dissociação do Antigo e do Novo Testamento, da Criação e da Redenção, do Criador e do Redentor. Na época em que Adriano esmagava Bar Kokhba e transformava Jerusalém em colônia romana, erigindo um altar a Júpiter sobre o local do Segundo Templo, Marcião carregava consigo seu próprio Evangelho, seu Deus "estrangeiro" e sua concepção da transvaloração de um mundo empírico decaído. Como diz, além disso, Buber, sabe-se do preço inestimável pelo fato de que a Igreja não tenha seguido Marcião, nem tampouco a Reforma em seu tempo. Mas pode-se também imaginar que entre o primeiro século e nós "a oferenda de Marcião a Adriano passara a outras mãos"[266]. Seriam as de Hitler, conforme sugere então Buber? Mais ainda do que a resposta a essa questão, o essencial é, a seus olhos, que "não é com Paulo que se pode chegar ao fundo de Marcião" (p.161). Resta que permanece amplamente inesperada e profundamente estontenate a irrupção daquele que Buber deseja opor a essa gnose, a saber, Franz Kafka, como símbolo de uma metafísica do "portal" que se abriria para novos horizontes[267].

---

* Marcião de Sinope, c. 110-160 (N. da E.).
266 Esprit d'Israël et monde d'aujourd'hui, op. cit., p. 155.
267 Observemos que Buber desenvolveu mais longamente sua leitura "paulina" de Kafka, tal como se apresenta em *Deux types de foi*, em Schuld und Schuldgefühle, *Merkur*, 1957, p. 705-729.

É sintomático que Martin Buber retorne, no momento de suas últimas meditações a respeito do eclipse de Deus, para aquele com quem cruzara outrora à margem do que sobrevivia ainda do universo do hassidismo. É mais estranho, portanto, que ele deseje descobrir nele a fonte oculta de uma confiança recuperada após a destruição desse mundo: como se o negror das narrações de Kafka dissimulasse nela a própria natureza da condição do judeu "ao abrigo nas trevas" (p.161). É bem esta, com efeito, a visão que Martin Buber constrói de Kafka: na melhor figura do judeu, ao abrigo, porque "o mais exposto" e de tal modo que "tudo lhe advém, mas nada lhe pode acontecer". Sugerindo a presença em Kafka de uma dialética radicalmente contestada por seus outros grandes leitores que foram Benjamin e Scholem, Buber resume o que lhe parece trabalhar secretamente em sua prosa falando do "antipaulinismo proveniente do coração deste pintor paulino do inferno-à-frente-da-cena" (p.162). Posteriormente, ele oferece o paradoxal objeto, relativamente a inúmeras outras interpretações: "O paraíso está ainda aí, ele opera a nosso serviço". Nessa perspectiva, a imagem do portal torna-se uma parábola que orienta por duas vezes a obra de Kafka: na dimensão do tempo no âmago de *O Processo*, depois na do espaço em relação a *O Castelo*. Numa primeira vez, ela exprime "o julgamento ao qual a alma é submetida e ao qual ela se submete de bom grado" (p.159), ainda que a falta não seja jamais formulada no labirinto de um procedimento que coloca em dúvida o exercício dessa justiça. Na segunda vez, essa mesma parábola expõe a convocação do homem num mundo entregue a uma burocracia soberana, povoada de criaturas intermediárias cruéis e onde ele se choca incessantemente com o absurdo de uma dominação indecifrável. Mas se Kafka nos descreve o mundo corrente como um curso do mundo repleto de "potências demoníacas pervertidas que ocupam o espaço anterior da cena", é, aos olhos de Buber, para mostrar que esse primeiro plano não nos captura: "pois ele vem do além, da obscuridade celeste, e sem ter de modo algum a aparência do imediato, ele te atinge o coração e produz seus efeitos, o raio sombrio" (p.162).

Por mais singular que possa parecer, esta interpretação de Kafka não é inédita, mas provém, sem dúvida, diretamente daquele que salva sua obra transgredindo sua vontade e que era também amigo de Buber: de Max Brod ou, melhor ainda, do que Benjamin e Scholem denominavam entre si sua "leitura teológica" de Kafka. Mesmo se ela permanece simplesmente esboçada, a concepção que Buber faz de Kafka parece equivocar-se em relação à de Max Brod, enquanto ele escreve, por exemplo: "Kafka disputa com Deus como Jó o fizera outrora. Ele contesta o pecado original, a evicção do paraíso"[268]. Mais precisamente, Brod revela em Kafka uma "teologia da crise" que se assemelha à de Kierkegaard e que Buber também cita: com sua visão de um "abismo intransponível entre Deus e o homem"; mas também o fato de que as "premissas da fé" são conquistadas sobre um "ceticismo radical" que lhes dá tanto mais autenticidade e força quanto foram "purificadas pelas últimas provas"[269]. Segundo o próprio Max Brod, essa interpretação desenvolve-se em torno de uma conversação com Kafka que ele data de 28 de fevereiro de 1920. "Somos pensamentos niilistas que se elevam no cérebro de Deus", diz aqui Kafka. A que Brod responde que uma tal ideia aproxima-se da doutrina do demiurgo, de um princípio criador que gera o mal e de um mundo concebido enquanto pecado de Deus. Logo afastando aquilo que reconhecemos como as categorias da gnose, Kafka objeta-lhe que sua visão da queda de Deus não é também absoluta e que somos apenas "um de seus maus humores, um péssimo dia". Daí este último diálogo, origem de múltiplos comentários: "'Então, haveria talvez uma esperança fora de nosso mundo?' Ele sorri: 'Muita esperança – para Deus – uma infinidade de esperança – mas não para nós'"[270].

Além do fato de que Martin Buber parece ir mais longe ainda do que o próprio Max Brod sobre o caminho de uma tal esperança, sabe-se que Walter Benjamin e Gershom Scholem recusavam este tipo de leitura que o primeiro designava como: "a interpretação teológica [...] sem pudor e superficial que vem de Praga"[271]. Auscultando, no entanto, eles próprios a dimensão teológica da obra de Kafka, os dois campos se opuseram longamente a respeito desta questão, mas estando de acordo pelo menos em admitir que o imaginário de Kafka não saberia se focalizar, nem imediatamente nem mesmo através

---

268 Max Brod, *Franz Kafka*, p. 232.
269 Idem, p. 231-232
270 Idem, p. 107.
271 Walter Benjamin, carta a Gershom Scholem de 11 de agosto de 1934, *Correspondance II, 1929-1940*, trad. G. Petitdemange, Paris: Aubier, 1979, p. 125. Sobre a discussão entre Benjamin e Scholem a esse respeito, ver supra, cap. III, p 291-299.

de uma dialética, sobre uma figura da confiança. Se Scholem é menos severo do que Benjamin em relação a Max Brod, ele considera, no entanto, que "o mundo de Kafka é o da Revelação, mas apresentada sob uma perspectiva que o conduz a seu nada"[272]. Quanto a Walter Benjamin, a quem não escapou o fragmento de conversa a respeito da natureza da esperança, ele conclui que num mundo descrito como uma aldeia infectada "pelos miasmas misturados com aquilo que ainda não está amadurecido e com o que já passou de maduro", Kafka não podia ser nem adivinho e nem "fundador de religião"[273]. Tal é, portanto, o paradoxo que Buber defende: apesar da atmosfera irrespirável de suas narrativas, o universo de Kafka testemunharia, a despeito de tudo isso, que, no momento do eclipse de Deus, "a *emuná* transforma-se a fim de perseverar em Deus, sem renegar a realidade"[274]. Mais ainda, é pelo fato de Deus se esconder que reforça sua presença enquanto Salvador, através de um estar-aí nas contradições que "se tornam para nós uma teofania". Se o judeu com Kafka não pode mais refugiar-se "no abrigo de tuas asas" (*Salmos* 61, 5), parece que para ele se abre, aos olhos de Buber, uma perspectiva de outro modo fecunda: a de uma aproximação entre as fés divergentes do judaísmo e do cristianismo, sobre o caminho de uma reunião da humanidade fora "dos exílios das religiões" e "no Reino de Deus"[275].

Tal seria, portanto, a mensagem de Martin Buber na via de uma reconciliação pela qual Israel e o cristianismo têm "uma segurança mútua a se dar" e no coração de um sobressalto diante do eclipse de Deus que se tematiza ainda enquanto um retorno em direção às fontes de uma religiosidade autêntica, ao encontro de seu exílio no seio das religiões. Nessa perspectiva, é a lição de antropologia religiosa que constituía *O Caminho do Homem* que persiste em indicar o sentido da confiança tal como Buber o concebia, com sua proposição central extraída do hassidismo, segundo a qual "Deus habita aí onde o fazemos penetrar" e sua tradução: "Se entretivermos relações santas com o pequeno mundo que nos é confiado, se no

---

[272] Gershom Scholem, carta a Benjamin de 17 de julho de 1934, trad. M. Vallois, *Revue d'esthétique*, n. 1, 1981, p. 33.
[273] Walter Benjamin, "Franz Kafka", *Oeuvres II*, p. 433. A conversa entre Kafka e Brod foi citada anteriormente, idem, p. 68-69.
[274] M. Buber, *Deux types de foi*, p. 162.
[275] Idem, p. 165.

domínio da criação com a qual vivemos ajudarmos a santa substância espiritual a chegar à sua perfeição, então reservamos para Deus uma moradia em nosso lar, e, consequentemente, fazemos Deus entrar"[276]. Em troca, a permanência desse tema deixa supor que é igualmente através das parábolas hassídicas que Buber interpretava, sem mais esperar, as parábolas de Kafka, como se a verdade de *O Castelo* estivesse numa narrativa tomada de empréstimo ao Rabi Mendel de Kotzk e intitulada: "O Dono do Castelo". Comentário à palavra midráschica de um homem que percebe um castelo em chamas sem ninguém para extinguir o incêndio, este curto fragmento observa geralmente o mestre dos lugares surgir à janela para dizer: "Eu sou o senhor do castelo". No momento em que o Rabi Mendel pronuncia essa fórmula, narrando a história, todos os seus discípulos tremem porque compreendem o sentido que Martin Buber parece, por sua vez, elevar ao plano de uma visão do mundo: "A moradia queima e, com efeito, o castelo está em chamas, mas há um senhor"[277].

De um outro castelo, parece que Martin Buber toma por expressão de sua própria postura aquela que empresta a Kafka: "Implícito, sempre presente, seu tema é que ele, o juiz, está distante; ele está longe, o senhor do castelo, as coisas estão ocultas, tenebrosas, é a treva", e é precisamente por isso que observa: "Quem crê não pode ver milagre. De dia, não se veem estrelas"[278]. Simplificando a feição deliberadamente enigmática das palavras kafkianas, tal leitura constitui indubitavelmente o impasse referente aos dois problemas maiores que elas levantam e que conservam sua relação com a figura da Lei e a influência que exerce sobre elas a perspectiva apocalíptica. Se acreditarmos em Scholem, aquilo que era incerto em Kafka marca claramente os pontos cegos do pensamento de Buber: o fato de que "a Lei permanece para ele desprovida de significação"; seu pertencimento às correntes que desejaram "extirpar do judaísmo o dardo do apocalíptico"[279]. A consciência religiosa moderna pode dispensar uma refe-

---

[276] M. Buber, *Le Chemin de l'homme*, p. 56
[277] M. Buber, *Les Récits hassidiques*, p. 678 (*Histórias do Rabi*, p. 601). Rabi Mendel comenta aqui *Bereschit Rabá*, xxxix, 1.
[278] M. Buber, *Deux types de foi*, p. 161.
[279] G. Scholem, Le Judaïsme dans la pensée de Martin Buber, op. cit., p. 178 e 176, respectivamente.

rência à Lei para retornar apenas à fonte de uma espera de reencontro com a palavra bíblica? O judaísmo após Auschwitz pode tirar de seu messianismo o estímulo apocalíptico que o imuniza contra toda confiança na história do mundo como ela segue? É a partir de tais questões que Gershom Scholem, Leo Strauss ou Emmanuel Lévinas interpelam Martin Buber. O essencial de sua crítica concerne então menos ao estilo historiográfico vago de seus trabalhos do que ao conteúdo mesmo de uma inspiração que procura o enlevo sem propiciar a adesão. Apesar da sinceridade e da perseverança de seu esforço para tornar próximo o Deus de Abraão, Isaac e Jacó, Martin Buber provavelmente não extinguiu as objeções do Deus dos filósofos. A menos que a questão não esteja perfeitamente posta nesses termos e que falte ainda aprofundar as condições do humanismo à época da morte de Deus.

TRAD. VERA LUCIA FELÍCIO

VI. Ernst Bloch (1885-1977):
Uma Hermenêutica da Espera

Quase sempre exilado, durante longo tempo solitário, muitas vezes mal compreendido, Ernst Bloch atravessou o século como uma pessoa deslocada que poderia oferecer a figura do autêntico sobrevivente, cara a Kafka e a Walter Benjamin. Nascido em 1885, na Renânia-Palatinado, vem a Berlim somente em 1908, para assistir ao seminário de Georg Simmel, após haver sustentado brilhantemente, aos 23 anos, uma tese sobre Rickert e o estatuto do conhecimento. Mas deixa a cidade já em 1912, amedrontado pelo nacionalismo prussiano mais do que seduzido pelo ambiente em que se pretende viver uma simbiose judeu-alemã. Instalado por algum tempo em Heidelberg, frequenta o círculo de Max Weber com Georg Lukács e cruza aí com Karl Jaspers. Depois, exila-se uma primeira vez na Suíça, no início de 1917, a fim de escapar desta feita da conscrição no exército alemão. Simpatizante de Rosa Luxemburgo, retorna brevemente a Berlim, que abandona logo depois de esmagado o movimento espartaquista, para instalar-se em Munique. Dilacerado pela morte de Elsa, a quem esposara em 1913, volta uma última vez a Berlim em 1921 e tece aí a frágil rede de suas primeiras amizades: Walter Benjamin, Bertolt Brecht e Theodor

Wiesengrund que não se chama ainda Adorno, Siegfried Kracauer e Kurt Weill, Hans Eisler e o regente de orquestra Otto Klemperer. Logo chegam, no entanto, os tempos das perseguições e a hora de partida. Ernst Bloch sai da Alemanha em 14 de março de 1933, como Walter Benjamin, e torna a encontrar-se, pela segunda vez, na Suíça, nesse "país onde os poetas alemães vêm refugiar-se e morrer", segundo uma bela fórmula de Thomas Mann. Ele é, todavia, bem depressa expulso de lá, parte para a Áustria, reside em Paris em junho de 1935 e participa do Congresso para a Defesa da Cultura. Vai, enfim, para Praga, onde também se acham Heinrich Mann e Brecht; mas vê-se obrigado a abandonar a cidade, na véspera da invasão da Tchecoslováquia, para asilar-se nos Estados Unidos.

Começam então os dez anos de uma existência essencialmente dedicada a redigir os três volumes de *O Princípio Esperança*, em uma América na qual ele não tem o sentimento de encontrar o refúgio que, nesses mesmos anos, Hannah Arendt ou Leo Strauss descobrem. Privado do reconhecimento universitário que permite aos outros exilados instalarem-se em Princeton, Nova York, Chicago ou Los Angeles, vive graças ao trabalho de sua esposa, Karola, alternadamente garçonete de restaurante e arquiteta... Pouco sensível à cultura americana, atende, entretanto, a seus *dreams of better life* e oferece um desmentido magistral àquilo que Paul Tillich denominará o "efeito antiutópico" da imigração. De volta à Europa em 1948, aceita dirigir o instituto filosófico da universidade de Leipzig, imaginando talvez, por um tempo, poder contribuir para a reconstrução da Alemanha, conjugando socialismo e democracia. Mas Ernst Bloch rompe com o regime no momento da insurreição de Budapeste. Vendo os seus amigos serem detidos e depois condenados à prisão, é acusado de "revisionismo" e proibido de ministrar cursos a partir de 1957. Numa estada em Bayreuth no verão de 1961, a convite de Wieland Wagner, declara não querer regressar à República Democrática Alemã e instala-se em Tübingen. Último exílio, ou retorno, é doravante na proximidade do colégio que vira os anos de formação de Hölderlin, Schelling e Hegel que ele passa os últimos decênios de sua vida, recebendo o reconhecimento tardio do público às vésperas de sua morte. Pensar-se-á, talvez, que esse eterno exilado, que havia de sofrer uma após outra as perseguições do século, quisera conservar na pior das épocas o melhor dos sonhos do homem, dando às suas obras esses harmônicos alternadamente nostálgicos e entusiastas que as tornaram estranhas aos cientistas, tanto quanto invisíveis aos estetas? É o que sugere Jürgen Habermas, descobrindo nela uma "odisseia do espírito escrita pelo espírito do êxodo"[1]. Quanto a Emmanuel Lévinas, ele percebe aí um monumento em que "a cultura universal se põe a vibrar por simpatia", antes que o pensador recupere "os modos válidos da civilização humana – filosofia, arte e religião"[2].

Um pouco à maneira daqueles elementos que dispomos a propósito de Walter Benjamin, os testemunhos sobre a juventude intelectual de Ernst Bloch concordam em atestar uma personalidade impressionante, precocemente dotada e, sobretudo, marcada por uma singular potência metafísica. Max Weber, que lhe concedera um lugar no círculo que animava em sua casa, em Heidelberg, domingo à tarde, pareceu por algum tempo seduzido pelo tom escatológico que aquele jovem partilhava com Lukács e que lhe parecia o antípoda do estilo de Stefan George. Pleitear o horizonte último de uma redenção que permite libertar-se do mundo mais do que procurar o livramento através dele: tal era o soclo de um discurso messiânico que batalhava também contra a filosofia impressionista de Simmel, sua aparente desenvoltura e sua indiferença ao judaísmo. Ernst Bloch havia de descrever mais tarde esses anos em Heidelberg, falando de uma "vida de solteiro com Lukács, levada como bons meninos da erudição" e, dos dois, ele parecia ser o que fixava a feição de uma *démarche* de bom grado apocalíptica ou profética. Sabe-se que tivera muito cedo contato com as perspectivas e os conceitos da mística judaica, de cujo universo a assimilação o mantinha afastado, e que iria, entretanto, nutrir sua obra muito além dos primeiros escritos. No entanto, Max Weber desejaria escolher rapidamente entre esses dois homens exatamente contemporâneos. Enquanto Lukács lhe parece realmente apto para a teoria, sente-se agastado pelo que denomina a "má educação" de Bloch e não vê nele senão um metafísico intuitivo: "Este

---

[1] Jürgen Habermas, Un Schelling marxiste, *Profils philosophiques et politiques*, trad. F. Dastur, J. R. Ladmiral e M. B. de Launay, Paris: Gallimard, 1974, p. 193. Encontrar-se-á o essencial das informações biobliográficas relativas a Ernst Bloch em Arno Münster, *Figures de l'utopie dans la pensée d'Ernst Bloch*, Paris: Aubier, 1985, p. 175-180.

[2] Emmanuel Lévinas, Sur la mort dans la pensée d'Ernst Bloch, *De Dieu qui vient à l'idée*, Paris: Vrin, 1992, p. 63.

homem está possuído por seu Deus e eu sou um cientista"[3]. Tal impressão seria, aliás, confirmada quando da publicação de *O Espírito da Utopia*, em 1918: Weber havia contribuído para que a obra fosse editada; mas ele a julgará imprecisa e muito pouco estruturada.

Enquanto Max Weber procurava separar da influência de Ernst Bloch um Lukács que ele cita com elogio em seus últimos textos, figuras similares começavam a ser construídas no seio de outros círculos. Assim, dizem que Max Scheler teria descrito a filosofia do jovem Bloch como uma "corrida louca, 'amok', rumo a Deus", ao passo que Leo Löwenthal sofreria pouco depois a censura de Kracauer por reminiscências demasiado grandes de *O Espírito da Utopia*[4]. Quanto a Adorno, dezoito anos mais moço do que Bloch, ele declararia muito tempo depois que esse livro produzira nele o efeito de um velho engrimanço da Idade Média, escrito "pela própria mão de Nostradamus" e situado precisamente "na estreita fronteira que separa a fórmula mágica do teorema"[5]. Nesse novo contexto, que é também o da gênese da Escola de Frankfurt, os caminhos de Lukács e de Bloch estavam em vias de separar-se e eles não haveriam mais de cruzar-se, mesmo em tempos ulteriores, quando ambos estariam em Budapeste e Leipzig empenhados na aventura comunista. Ernst Bloch tinha descrito *História e Consciência de Classe*, publicado em 1923, como um adeus à metafísica da interioridade, esperando, todavia, poder encontrar aí "um agnosticismo provisório e

---

[3] Estas palavras de Max Weber e a maioria das informações deste parágrafo provêm de Eva Karadi, "Bloch et Lukács dans le cercle de Weber", trad. D. Jallamion, *Réification et utopie*: Ernst Bloch et György Lukács, un siècle après, Paris: Actes Sud, 1996, p. 69-87. Max Weber havia, no entanto, confiado a Ernst Bloch uma enquete sobre os programas políticos e os Outopies na Suíça, que será publicada em 1918, na revista que ele dirigia.

[4] Cumpre referir-se, acerca desta história, ao livro de Rolf Wiggershaus, *L'École de Francfort*: *Histoire, développement, signification*, trad. L. Deroche-Gurcel, Paris: PUF, 1993, e, notadamente, aos retratos do primeiro capítulo, ver supra, p. 83-84.

[5] Theodor Adorno, L'Anse, le pichet et la première rencontre, *Notes sur la littérature*, trad. S. Muller, Paris: Flammarion, 1984, p. 386. Nesse texto de 1965, Adorno matiza suas palavras, por outro lado amiúde severas para com Bloch, graças a uma evocação calorosa de sua primeira leitura de *O Espírito da Utopia* e de seu encontro com o homem cuja estatura, presença e voz confirmavam a "promessa herética". Reconhecendo nele uma poderosa "revolta contra o derrotismo que se estende no pensamento", ele chega a ponto de dizer: "Eu me apropriei de tal modo deste motivo, anteriormente a todo conteúdo teórico, que penso não ter jamais escrito nada que não lembre isso, de maneira latente ou manifesta" (idem, p. 387).

dialético"⁶. Lukács já era alvo dos raios da Internacional Comunista, sendo o seu livro acusado de ser ao mesmo tempo idealista e místico. Instalado em Moscou desde os fins dos anos de 1920 como um "quase bem pensante", segundo uma fórmula feliz de Victor Serge, ele deve produzir os signos de fidelidade necessários para sobreviver entre os livros, na literatura e no pensamento da história.

Durante esse tempo, Ernst Bloch, que permanece por um tempo na Alemanha e depois exilado na Suíça, persiste em defender o expressionismo contra Lukács, mas se recusa a entrar nos cânones da teoria crítica, que começa a ser elaborada em Frankfurt, no quadro do Instituto de Pesquisas Sociais, do qual Horkheimer se torna diretor no começo dos anos de 1930. Procurando mais uma vez conter a influência de Bloch sobre Benjamin, Marcuse ou Leo Löwenthal, Horkheimer e Adorno tentarão uma espécie de negócio com ele após a partida deles para a América: a publicação parcial de um manuscrito sobre o marxismo na revista que editam, em troca da referência aos trabalhos por eles escritos. Mas, ao receber o texto de Bloch, Adorno encontra confirmação para a desconfiança que lhe suscitara a leitura de *A Herança desse Tempo*, publicado em Zurique, em 1935, e que permanecia em uma perspectiva próxima de Benjamin. No ensejo de uma carta a Horkheimer, aponta em Bloch uma "certa irresponsabilidade na improvisação filosófica"⁷. As relações entre eles ficam doravante praticamente rompidas. O Instituto não publicaria jamais nem texto de Bloch nem resenha crítica de suas obras. Proporcionar-lhe-ia alguns subsídios no início dos anos de 1940, como havia feito com Benjamin. Mas nenhum dos dois pensadores solitários e demasiado independentes será convidado a reunir-se à equipe dos exilados de Frankfurt. Quando pensa em regressar à Alemanha em 1949, Adorno dirá estar "separado de [seu] antigo amigo Ernst Bloch há muito anos por razões de fundo"⁸. Mais tarde, uma testemunha resumiria a imagem dos contextos ambientais reconstituídos entre Frankfurt e Tübingen

---

6   Citado em Rolf Wiggershaus, *L'École de Francfort*, p. 74. Ler-se-á nele um belo retrato de Lukács por François Fouret em *Le Passé d'une illusion: Essai sur l'idée communiste au xxᵉ siècle*, Paris: Robert Laffont/Calmann-Lévy, 1995, p. 145-153.
7   Carta de Adorno a Horkheimer, de 22 de setembro de 1937, citada em Rolf Wiggershaus, op. cit., p. 181.
8   Carta de Adorno a Hans Paeschke (12 de dezembro de 1949), idem, p. 395.

dizendo: "Horkheimer era o empreendedor, Bloch o profeta e o contador político; Adorno era um sólido relojoeiro"[9]. Entre eles, a geração de Jürgen Habermas encontrará seus pontos de referência. Mas nada será jamais refeito dos laços apenas esboçados antes do exílio e da guerra.

Um Irmão Sobrevivente de Walter Benjamin?

Ernst Bloch refugiado nos Estados Unidos, Walter Benjamin suicidando-se no instante fatal em que podia crer que a Gestapo ia detê-lo: o primeiro ofereceria facilmente um semblante do segundo se tivesse sobrevivido à catástrofe descrita por Hannah Arendt como impossível à véspera de sua morte e improvável no dia seguinte. A América, a Alemanha do Leste e depois o retorno ao Oeste não formam por certo senão um itinerário hipotético para um Walter Benjamin que houvesse escapado. Ninguém pode dizer se ele teria se apegado ao novo continente, se seus passos haveriam de reconduzi-lo à Europa, e a qual parte, ou mesmo se teria tomado o caminho de Jerusalém, como Gershom Scholem podia ainda nutrir a esperança. Não é tampouco possível saber que linha divisória teria atravessado seu pensamento e seu engajamento no mundo durante a tragédia e o que se seguiu. Mas é possível imaginá-lo, por um instante, a encontrar refúgio e a refinar suas *Passagens*, um pouco à maneira como Ernst Bloch empregará seus anos de exílio em proveito da redação de uma enciclopédia das esperanças. Do mesmo modo, não é absurdo conceber Benjamin a perseguir, como Bloch, um sonho já antigo de conciliação entre uma especulação de bom grado nutrida de mística e um marxismo pouco ortodoxo, arriscando-se a pensar por um momento que essa conciliação poderia ser abrigada por um socialismo democrático para finalmente descobrir uma serenidade tardia junto a lugares que haviam outrora oferecido uma pátria ao idealismo alemão. Significa dizer, em todo caso, que os perfis e os pensamentos de Bloch e Benjamin estavam, no fim dos anos de 1930, suficientemente próximos e cruzados para que a existência de um possa oferecer uma imagem possível da sobrevivência do outro, como seu antidestino.

---

9   Testemunho de Oskar Negt, idem, p. 499.

Cumpre, todavia, confessar que a relação entre os dois homens não foi nunca fácil, embora sempre marcada pela amizade e pelo respeito. O relato de seu encontro pode mobilizar mais uma vez a grande testemunha dessas aventuras, Gershom Scholem, que a restitui em a *História de uma Amizade* e coleta seus traços na correspondência de Walter Benjamin. No que concerne à data da primeira entrevista, as lembranças de Bloch e de Scholem não coincidem: um a situa no inverno de 1918; o outro a retarda para a primavera de 1919. Se é provável que se deva acreditar em Scholem, duas coisas são em todo caso certas: ela ocorreu realmente em Berna, onde Benjamin viera sustentar sua tese sobre "o conceito de crítica de arte no romantismo alemão"; ela interveio em um momento no qual Ernst Bloch, sete anos mais velho do que ele, publica *O Espírito da Utopia*. Fortemente impressionado por Bloch, Walter Benjamin não havia lido ainda a obra; mas ele podia contar a Scholem que, não fosse a pressão do editor amedrontado com tal título, esta última ter-se-ia denominado "Música e Apocalipse", enquanto seu autor preparava um "sistema do messianismo teórico". Depois, Benjamin torna-se suficientemente íntimo de Bloch para organizar uma visita com Scholem a Interlaken. Deixando falar sua memória e seus cadernos de apontamentos, Scholem relata uma conversação a propósito do judaísmo que dura das seis horas da tarde até as três e meia da madrugada, seu espanto com a presença na escrivaninha de Bloch de um enorme volume antissemita alemão do começo do século XVIII, com a descoberta, enfim, de que este continha, com efeito, coisas preciosas supondo que o texto fosse lido pelo avesso de suas intenções. Ernst Bloch parecia apreciar as palavras de Benjamin a despeito de profundos desacordos, mas se mostrava menos seduzido pelo amigo deste último, a quem trataria em breve de asno[10]...

---

10 Ver Gershom Scholem, *Walter Benjamin: Histoire d'une amitié*, trad. P. Kessler, Paris, Calmann--Lévy, 1981, p. 97-98. Encontraremos o breve relato da visita a Bloch, em 19 de maio de 1919, nos diários de Scholem: *Tagebücher 1917-1923*, Frankfurt-am-Main: Jüdischer Verlag, 2000, p. 444. Scholem evoca de novo esta entrevista, no fim de sua vida, em um texto que homenageia Ernst Bloch por seu octagésimo aniversário. Ver Gershom Scholem, Does God Dwell in the Heart of an Atheist? (1975), em *On the Possibility of Jewish Mysticism in Our Time & Other Essays*, trad. J. Chipman, Philadelphia/Jerusalem: The Jewish Publication Society, 1997, p. 216-223. Nesta ocasião, ele exprime uma admiração indubitável por Bloch, a despeito de tudo que sempre os separou, a começar pelo marxismo. A respeito de Bloch, que era mais velho do que Scholem, este escreveu que, em sua época, ele já havia se tornado "uma espécie de visionário cego, um mestre que sobreviveu ao combate com o dragão, um combate continuado por quarenta anos" (idem, p. 217).

A reação de Walter Benjamin à leitura de O *Espírito da Utopia* ocupa a maior parte de sua correspondência no outono de 1919, e depois durante o inverno em que prepara um artigo definitivamente perdido sobre a obra. Em uma carta a Scholem, exprime uma primeira vez uma mistura de admiração e de impaciência, dizendo-se impressionado com uma citação atribuída ao *Zohar*: "Sabei que para cada mundo há dois olhares. Um vê seu exterior, a saber, as leis universais dos mundos segundo sua forma externa. O outro vê a essência interna dos mundos, a saber, o conteúdo das almas humanas"[11]. Quatro dias mais tarde, e endereçada a Ernst Schoen desta vez, guarda o mesmo equilíbrio entre louvor e desaprovação: o livro contém "imensos defeitos", mas seu autor é um dos raros contemporâneos a instalar-se "no lugar de uma responsabilidade pessoal" em face das questões filosóficas[12]. Após alguns meses de reflexão, Benjamin evoca de novo, para Scholem, o conteúdo de sua crítica. Reafirmando que estima Bloch mais do que sua obra, anuncia querer contestar sua "indiscutível cristologia" e nota finalmente que sua própria "maneira de *pensar* filosoficamente" nada tem a ver com a dele[13]. Malgrado a intrepidez persistente do jovem Benjamin, pode-se constatar sua preocupação em nuançar o julgamento, antes que o desaparecimento da esposa daquele que ele designa doravante como "o homem que nós amamos mais" ponha um fim às referências a O *Espírito da Utopia*. A título de comparação, eis a maneira como Benjamin presta conta na mesma época de sua leitura do livro de Heidegger sobre Duns Scot:

> É incrível que se possa obter a Habilitação com semelhante trabalho, cuja redação não exige nada mais do que uma grande aplicação e o domínio do latim escolástico e que, apesar de toda maquilagem filosófica, não é senão um honesto trabalho de tradutor. O baixo servilismo do autor perante Rickert e Husserl não torna a leitura mais agradável[14].

---

11 Carta a Gershom Scholem (15 de setembro de 1919), em Walter Benjamin, *Correspondance I, 1910-1928*, trad. G. Petitdemange, Paris: Aubier, 1979, p. 200. A citação encontra-se efetivamente no fim de *L'Esprit de l'utopie*, trad. A.-M. Lang e C. Piron-Audard, Paris: Gallimard, 1977, p. 333. Mas ela deve ser atribuída aos cabalistas de Safed e não ao *Zohar*, segundo um erro que vem de Molitor. Scholem corrige esse ponto em sua anotação da correspondência de Benjamin.
12 Carta a Ernst Schoen (19 set. 1919), idem, p. 202.
13 Carta a Scholem (13 fev. 1920), idem, p. 216.
14 Carta a Scholem (1 dez. 1920), idem, p. 227.

O contraste entre a costumeira impertinência de Walter Benjamin em relação a seus maiores e o respeito que ele manifesta finalmente para com Ernst Bloch é sintomático de uma afinidade que irá se confirmando, permanecendo ao mesmo tempo equívoca. Após um longo respeito ao luto de Bloch, Benjamin retoma contato com ele e, durante cerca de uma dezena de anos, sua correspondência com Scholem evoca regularmente suas relações: estadas comuns em Capri, Paris ou Berlim, os textos trocados, as novas de um divórcio e depois de um terceiro casamento, com Karola desta vez. Na primavera de 1926, Benjamin, instalado em Paris, evoca a companhia de Ernst Bloch nos seguintes termos: "Ele é extraordinário e cheio de respeito em relação a mim"[15]. De maneira estranha, faz apenas uma alusão ao aparecimento de *Traços* em 1930, ainda que se trate, sem dúvida, da obra de Bloch que mais se aparenta a seu próprio estilo literário e à sua nova atração pelo marxismo, o que não escapará a Gershom Scholem[16]. Cumpre então esperar a publicação de *Herança desse Tempo* para que Benjamin encete um verdadeiro rali com Ernst Bloch e seu livro. Nos últimos dias de 1934, dirigindo-se a Alfred Cohn, comenta que a obra em vias de aparecer é precedida de rumores e conteria a respeito dele "querelas penosas e malévolas". Depois, alguns dias mais tarde, Benjamin relata a Scholem a agitação de seus amigos visando defendê-lo dos "ultrajes" de Bloch. No começo de janeiro de 1935, um primeiro exemplar se perdeu e Walter Benjamin espera ainda receber o objeto de suas prevenções, interrogando seus correspondentes a propósito de eventuais leituras. Quando o livro chega, enfim, é Alfred Cohn que se torna depositário do julgamento de Benjamin. Todo empecilho pessoal parece doravante afastado e é um desacordo intelectual que esse leitor impaciente revela:

> A obra [...] não corresponde de maneira alguma à situação de seu lançamento, mas surge tão deslocada como um grão-senhor que, tendo acabado de inspe-

---

15 Carta a Jula Radt (30 abr. 1926), idem, p. 386.
16 Scholem escreve a Benjamin, em 6 de maio de 1931, para censurar seus "empréstimos de um materialismo" que ele é incapaz de honrar. Depois de ter evocado Ernst Bloch, dá-lhe o seguinte conselho: "Reconhece teu gênio próprio [...] O perigo para ti vem mais da aspiração a uma comunidade, ainda que fosse apocalíptica, da revolução, do que do horror à solidão, que atravessa tantos de teus escritos" (carta reproduzida em *Correspondance II, 1929-1940*, trad. G. Petitdemange, Paris: Aubier, 1979, p. 51-52).

cionar uma região devastada por um tremor de terra, não tivesse, para começar, nada de mais urgente a fazer do que pedir a seus homens para desenrolar os tapetes persas que trouxera – aqui e ali já um pouco gastos – para expor seus vasos de ouro e de prata – aqui e ali já um pouco embaçados – para estender, aqui e ali já desbotados, os brocados e tecidos adamascados[17].

Indicando o que lhe parece ser uma das intenções diretoras de toda obra de Ernst Bloch, Jürgen Habermas resumiu perfeitamente o propósito de *Herança desse Tempo*: "conservar no socialismo, que vive da crítica da tradição, a tradição daqueles que ele critica"[18]. Eclético, esse livro consegue fundir considerações sobre a música e a literatura na descrição crepuscular de um mundo em decomposição, graças a um estilo que fará Scholem dizer que Bloch era um notável "narrador", oferecendo no caso o exemplo único de uma "intoxicação linguística em filosofia"[19]. Nesse quadro, ele constrói, no entanto, os lineamentos de uma dialética que pode ainda expor-se como a preocupação de "salvar no seio da falsa consciência a verdadeira consciência"[20]. O tempo que o título da obra evoca é o da desintegração do mundo burguês, do qual o nazismo não é ele mesmo senão um sintoma. Bloch, portanto, percebeu, desde 1930, esse trágico paradoxo da época que deseja ver a esquerda perder o seu monopólio de expressão da decepção diante da sociedade moderna em proveito de uma direita revolucionária. Mas ele quer também mostrar que existe, no entanto, uma herança desse universo em declínio que merece ser salva, na medida em que revela um material disponível com vista a reconstruções futuras. Se a "distração" e depois a "embriaguez" descrevem a atitude de uma burguesia que assiste ao desmoronamento de seu próprio mundo, as manifestações dessa posição não podem reduzir-se a elementos de uma gênese do fascismo. O exemplo mais significativo a esse respeito é o do expressionismo. Embora venha de Moscou a ideia segundo a qual o fim de Gottfried Benn ao lado dos nazistas é "exemplar", Bloch persiste em defender esse movimento contra Lukács: mostrando que a antinomia entre o espírito de

17 Walter Benjamin, carta a Alfred Cohn (6 fev. 1935), idem, p. 152.
18 Jürgen Habermas, Un Schelling marxiste, op. cit., p. 195.
19 Does God Dwell in the Heart of an Atheist?, op. cit., p. 220.
20 Idem, p. 196.

decadência e a herança clássica não basta para esgotar o sentido e o alcance de obras como as de Klee, Kokoschka, Kandínski e Chagall: Trakl, Heym e Werfel; ou ainda o Schoenberg desta época[21].

Tal é, portanto, de maneira mais geral, o projeto de *Héritage de ce temps* (Herança desse Tempo), apresentado em seu prefácio: "Não se trata somente de arrancar a máscara da aparência ideológica, mas também de examinar o saldo possível"[22]. Essa figura que faz sinal ao novo sob o esboroamento do antigo pertence em primeiro lugar às vítimas, àqueles que a conduzem mesmo quando estão no momento enganados. Resta, entretanto, que é também a burguesia em declínio que subministra à construção de um mundo novo seus próprios elementos, que convém arrancar às ebriedades do irracional. Bloch tem perfeita consciência dos equívocos que pode suscitar um empreendimento dessa ordem e quer antecipar as objeções em que esse marxismo pouco comum incorre. O perigo é, com certeza, o de "tocar em feiticeiras" ao se procurar "trazer de volta um botim" no curso de uma campanha em que o adversário não deve ser subestimado. Mas quando se examina "uma miscelânea de coisas malignas ou de lantejoulas", a fim de efetuar sua triagem, é possível defender-se de estender "o dedinho ao diabo". Insistindo na acusação de enfraquecimento social-democrata ou trotskista em face do adversário, Ernst Bloch persiste, portanto, em uma linha que quer protegê-lo, mas que o separa nessa hora de Lukács ou de Brecht: "Aquilo que o partido fez antes da vitória de Hitler era perfeitamente justo, somente o que ele não fez é que era errôneo"[23]. Em outros termos, esse tempo de decomposição e de violência contém uma herança disponível para outros combates e é preciso empreender seu "salvamento". É aqui que intervém um empréstimo declarado à *démarche* de Walter Benjamin, o qual parece, no entanto, embaraçado com tal reconhecimento.

Lida com atenção, não só a obra de Bloch não contém essas malevolências cujo rumor inquietava Benjamin, como ele faz das "montagens" deste último o instrumento intelectual que estrutura sua própria *démarche*.

---

21 Ver a Discussão sobre o Impressionismo datada de 1938 (que não estava, pois, presente na primeira edição do trabalho, mas confirma o propósito diretor), em Ernst Bloch, *Héritage de ce temps*, trad. J. Lacoste, Paris: Payot, 1978, p. 244-254.
22 Idem, p. 10.
23 Idem, p. 11.

Evocando as "sondagens transversais" que a filosofia de Benjamin utiliza para escavar suas "passagens" no seio das coisas de aparência passada, mas que abrem perspectivas inéditas, ele mostra que elas convêm ao mesmo tempo à antecipação do novo no caos dos fenômenos, à exposição dos conteúdos de cultura que sobrevivem ao declínio do mundo burguês e à sua retomada no que não pode mais ser uma "totalidade fechada"[24]. Alargando esse motivo, Ernst Bloch constrói seu próprio método com base em uma dupla afinidade: a que aproxima a escritura de Benjamin ao surrealismo; e depois aquela que liga tal estilo ao das "revistas", espetáculos que desorganizam a antiga disposição cênica para mostrar fragmentos de experiência que escapam ao sistema e tocam o sonho. O Benjamin aqui solicitado é o de *Rua de Mão Única**: que sublinha com "uma graça tardia" a maneira como "a grande forma renunciou" e conduziu assim ao momento em que os objetos escavados nas ruínas podem ser salvos "sem ajustamento substancial"[25]. Nesses tempos de crepúsculo em que mesmo a época da geração precedente desce como um fantasma, "uma mão filosófica como a de Benjamin" não hesita em buscar no acessório ou no vulgar, para tirar daí coisas com as quais um homem racional não poderia pensar dez anos antes[26]. Descrevendo as catedrais como "gares de religião" em que são reunidos na hora da missa "vagões-leitos para a eternidade", recolhendo os devaneios depositados na paisagem das ruas ou das lojas, Benjamin acompanha a dissolução de uma figura do eu (*moi*) descurada como um praça abandonada. Se esse caleidoscópio desloca a verdade dispersa em imagens que marcam o "vazio de nosso tempo", ele não priva o pensamento das significações salvas das ruínas: "As ruas de sentido único também têm um objetivo"[27].

De onde poderia provir o agastamento de Walter Benjamin para com um livro que lhe presta homenagem e retoma, por sua conta, o método esboçado para enredar no século XIX o germe das tragédias da época

---

24   Idem, p. 210-211.
*   Trad. port.: *Rua de Sentido Único e Infância em Berlim por Volta de 1900*, trad. Cláudia Fischer e Isabel de Almeida e Souza, introdução de Susan Sontag, Lisboa: Relógio d'Água Editores, 1992; trad. bras.: *Obras Escolhidas: Rua de Mão Única*, trad. Rubens R. Torres Fillho e Josá Carlos M. Barbosa, São Paulo: Brasiliense, 1995 (N. da E.).
25   Idem, p. 343.
26   Idem, p. 339.
27   Idem, p. 343.

contemporânea? A primeira reação do autor de *Rua de Mão Única* parece sublinhar uma espécie de súbita inatualidade de sua própria *démarche*: como se as joias e os brocados do passado, que ele mesmo colecionava com paixão, fossem doravante por demais ostensivamente desusados para ajudar a compreender a catástrofe em preparação. Dever-se-á convir que no momento em que redige seu "Kafka" e "O Narrador", Benjamin quer indicar que aquilo que podia assemelhar-se ontem a uma presença surrealista no mundo aparece hoje como um diletantismo estético derrisório em face da situação e de suas premências? Tudo leva a pensar que entram no juízo negativo de Benjamin outras considerações, que procederiam antes do sentimento de uma pilhagem. Este aparece em uma outra carta a Alfred Cohn, em que ele nota o estado crítico de suas relações com Bloch há anos e evoca um encontro de grande lealdade com este último, mas confessa que o segredo com que cerca seus projetos parisienses se deve às injúrias que lhes podem ser feitas e das quais "o roubo não é a menor"[28]. Visando explicitamente o capítulo da *Herança desse Tempo*, intitulado "Hieróglifos do Século XIX", ele designa a título de evidência um dos pontos em que a perspectiva de Bloch se superpõe mais claramente à sua, como na seguinte proposição: "Agora o século precedente é percebido de maneira mais sonora do que antes como um *enigma*, mesmo se ele for ainda mais fantasmático. O sujeito que o ouve é, em primeiro lugar, [...] a criança de outrora no adulto, cuja reação é o pavor, e mesmo uma confusão cheia de recantos, rica de ecos"[29].

Não obstante o evidente mal-entendido que separa Ernst Bloch de Walter Benjamin no meio dos anos de 1930, pode-se persistir em pensar que o primeiro se empenhava em dar uma saída filosófica e política à *démarche* ao mesmo tempo fragmentária e dialética que o segundo elaborava para o seu *Livro das Passagens*. Escavando ambos as categorias do sonho e do mito, da aurora e do crepúsculo, da decadência e do sobressalto, os dois deslocavam as fronteiras do combate ideológico tal como o concebiam então Brecht, Adorno ou Horkheimer, suscitando um e outro nestes últimos igual desconfiança. No máximo, dever-se-ia acrescentar que Benjamin começava a

---

28 Walter Benjamin, carta a Alfred Cohn (18 jul. 1935), *Correspondance* II, p. 169.
29 Ernst Bloch, *Héritage de ce temps*, p. 357.

encarar com desespero a saída de suas próprias propostas de salvamento, lá onde Bloch percebia ainda um elemento utópico do homem e da vida "que não foi satisfeito em nenhuma época", mesmo que tivesse de trazer à luz, sob as vertiginosas análises de desvio pelo Terceiro Reich, as antigas figuras teológicas do Terceiro Reino, vindas de Joaquim de Flore *via* Schelling[30]. Como quer que seja, já era muito tarde para que Walter Benjamin pudesse corrigir suas apreciações, pois que ele não haveria de ter a ocasião de ler outras obras de Ernst Bloch. Retornando quase trinta anos mais tarde às páginas emocionantes de um *post-scriptum* redigido em Tübingen sobre a ideia que orientava seu livro dedicado à resistência face ao mundo da barbárie, Bloch persiste, por sua parte, em defender a visão de uma herança oculta, para mostrar sua dupla traição: "A Oeste por uma prosperidade surpreendente e um tédio variado, a Este por uma não prosperidade também surpreendente e um tédio monolítico"[31]. Fiel a si mesmo ao termo de seus caminhos de exílio, ele permanece estranho à falta de imaginação do mundo ocidental, mas recusa do mesmo modo um socialismo que trocou seu "semblante humano" por uma face totalitária, com sua "estreiteza sectária" e seu realismo "de imitação". Pode-se então imaginar um Walter Benjamin sobrevivente que proclamaria com ele, por volta de 1962: "O que falta é o acento de liberdade do elã de outrora, da meta procurada, a herança de 1789, com a *Nona Sinfonia* que não pode mais ser anulada".

Com e Contra Marx: Humanizar a Dialética

Na companhia das "testemunhas do futuro", Ernst Bloch é o único que mantém um diálogo constante com a obra de Marx: dando-lhe assim seu lugar entre os pensadores da esperança humana, esboçando talvez o que poderia ser dela salvo após a morte do marxismo. De novo próximo ao último Benjamin sobre esse ponto, ele conduz, sem dúvida, com uma segurança

---

30 Idem, p. 111 e p. 116-138, no que concerne ao motivo milenarista do Terceiro Evangelho. Notemos que nessa passagem, datada de 1937, Ernst Bloch inventa um tema que se tornará clássico para a análise do nazismo e do qual encontramos uma expressão contemporânea no ensaio de Eric Voegelin, *Les religions politiques* (1938), trad. J. Schmutz, Paris: Cerf, 1994.
31 Ernst Bloch, post-scriptum (1962) para *Héritage de ce temps*, p. 12.

que aquele jamais teria tido ocasião de adquirir o projeto que consiste em apreender nesta obra um problema mais do que um programa, para restituir-lhe motivos filosóficos inscritos nas filiações cruzadas de Kant e Hegel ou conceder-lhe ainda algumas afinidades profundas com figurações de realizações humanas herdadas da tradição. Nesse sentido, Gershom Scholem saudou em Bloch e Benjamin um projeto idêntico, que lhe parecia, no entanto, votado ao fracasso: uma tentativa para "inscrever a experiência mística em sobreimpressão das coordenadas do sistema marxista"[32]. Quanto a Emmanuel Lévinas, ele indicou precisamente várias vezes esta singular disposição em relação ao marxismo, na qual reconhece "um gesto intelectual assaz notável" de Bloch e uma postura que permite restituir a verdadeira intenção de sua *démarche*[33]. Ancorado em um desejo de dissociar a temporalidade da angústia do nada, abandonando a interpretação da morte como momento da ontologia, esta visaria "um pensamento em que o sentido estaria por certo ainda vinculado ao mundo, mas em que o sentido do mundo está profundamente ligado aos outros homens"[34]. Em outros termos, sem negar na morte o aniquilamento do indivíduo, Ernst Bloch recusaria a ver nela a fonte de todo senso ou de todo não senso: diferentemente de uma filosofia ocidental que opunha uma decepção essencial do tempo como experiência do não ser à ideia da eternidade; lá onde em Heidegger "o temor de ser assassino não chega a ultrapassar o temor de morrer"[35].

Sem dúvida, dir-se-á que esta não é a dimensão mais claramente visível da maneira de pensar de Bloch e que é ainda menos fácil associá-la aos elementos mais disponíveis como mais uma outra reprise filosófica do pensamento de Marx. Cumpre, todavia, acompanhar Emmanuel Lévinas quando identifica nas últimas páginas de *O Princípio da Esperança* um motivo recorrente e que ilumina, do interior, uma obra inteiramente colocada sob o signo da utopia, com sua relação problemática com a grande tematização secular da emancipação humana: "O marxismo bem conduzido, liberado e descarregado tanto quanto possível de seus maus vizinhos, é, desde o início,

---
32 Does God Dwell in the Heart of an Atheist?, op. cit., p. 218.
33 Ver Emmanuel Lévinas, La Mort et le temps (curso 1975-1976), no *Cahier de l'Herne* que lhe é consagrado, Paris, 1991, e Sur la mort dans la pensée de Ernst Bloch, op. cit., ver supra, p. 75.
34 Emmanuel Lévinas, La Mort et le temps, p. 63.
35 Idem, p. 62.

humanity in action, é o rosto humano em curso de realização"[36]. Descrevendo a marcha do homem "para a sua *Heimat** onde o ser se reencontra em seu em-casa humano", o Marx de Bloch procuraria assim reatar em conjunto uma essência do ser que se manifesta melhor no espetáculo da miséria do que na queixa da finitude e uma formulação autêntica da finalidade humana[37]. Nesse sentido, Ernst Bloch devolveria ao humanismo tão amiúde maltratado por Marx sua dignidade, isolando ao mesmo tempo a contribuição especificamente marxista à filosofia: a elevação do trabalho ao grau de categoria, como o domínio em que o possível se determina pela ação e não sob o efeito de uma operação do espírito. Material durante todo o tempo em que permaneceu encerrada na obsessão objetivista de uma ciência da ação, a dialética se humanizaria então da seguinte maneira: mostrando que se o homem se encontra na obscuridade e arrosta sua parte de facticidade enquanto existe uma matéria não humana, ele vive também na perspectiva de uma realização que faz com que "o tempo seja pura esperança"[38].

Ter-se-á compreendido que sublinhando a maneira como a obra de Bloch formula uma dívida da filosofia para com o pensamento de Marx, Emmanuel Lévinas mostra também como ela se emancipa dele. O prefácio redigido para O *Princípio Esperança* é, a esse título, particularmente significativo: na medida em que desvela ao mesmo tempo um uso estratégico de Marx na ordem filosófica e uma crítica apenas velada das estratégias marxistas no plano prático. Do primeiro desses pontos de vista, ela constrói um dispositivo pelo qual Marx é oposto como pensador do futuro à grande retrospecção especulativa de Hegel, e depois a um pensamento da "ausência de futuro" onde se crê reconhecer Heidegger. Lá onde "a dialética hegeliana, que se confunde finalmente com um 'círculo feito de círculos', é entravada pelo espectro da anamnese e exilada no mundo antigo", cabe a Marx arrancar o pensamento da contemplação, a fim de tornar visível, [algo] do futuro não advindo, no passado, e de recolher no seio deste último

---

36 Ernst Bloch, *Le Principe espérance*, III, *Les Images-souhaits de l'Instant exaucé*, trad. F. Wuilmart, Paris: Gallimard, 1991, p. 540 (tradução modificada).
*   Em alemão: terra natal, pátria ou lar (N. da E.).
37 Emmanuel Lévinas, *La Mort et le temps*, op. cit., p. 63.
38 Idem, p. 64.

uma herança disponível para o porvir[39]. Essa capacidade o torna então uma segunda vez mobilizável, desta vez claramente contra as abordagens existenciais da angústia humana: "Que os mortos enterrem seus mortos; pois o dia nascente permanece atento, mesmo na hesitação que lhe impõe uma noite prolongada, a muitas outras coisas além das ladainhas fúnebres de um mundo niilista votado ao nada e oprimido até a sufocação"[40]. Tão logo instalada, essa linha de frente permite enunciar um programa que é ainda uma homenagem a Marx, mas também já é o signo do horizonte rumo ao qual Bloch o ultrapassa: "A filosofia terá a consciência do amanhã, a tomada de partido do futuro, o saber da esperança, ou ela não terá mais nenhum saber em absoluto"[41]. Como não ver que uma tal reorientação da dialética para idealidades, que serão o objeto mesmo do livro, rompe as amarras não só com um marxismo dogmático, mas também com esta parte essencial de Marx que queria que a humanidade se ligasse apenas às questões que ela pode resolver? É o que Bloch expõe através de um diálogo imaginário entre "camaradas" na praça do sonho: exercício cuja discreta ironia lembra a escritura entre as linhas do filósofo nos contextos da perseguição, tal como Leo Strauss a descreve.

É igualmente essa maneira de desformalizar a dialética para humanizá-la que Adorno reconhece em *Traces*, mesmo se ele parece finalmente reprová-la em Ernst Bloch. A seus olhos, a questão deste último é a seguinte: "É preciso agir ou pensar?" Quanto à sua resposta, ela soa como uma provocação: "Não é com a filosofia que se faz os lobos saírem do bosque. Mas como observa Hegel, isso não é tampouco sua obrigação. E a filosofia poderia, portanto, subsistir sem essa tarefa, mas não essa tarefa sem a filosofia. É o pensamento que cria, em primeiro lugar, o mundo no qual se pode *transformar* e não simplesmente atabalhoar"[42]. Adorno afirma que o marxismo vulgar não poderia ser chamado à ordem melhor do que por este humanismo concreto: "que faz justiça ao pensamento, quando em toda parte o rebaixam à condição de criado da ação"[43]. Mas, se a exemplo do que

---

39 Ernst Bloch, *Le Principe espérance*, v. 1, trad. F. Wuilmart, Paris: Gallimard, 1976, p. 16.
40 Idem, p. 11.
41 Idem, p. 14.
42 Ernst Bloch, *Traces*, trad. P. Quillet e H. Hildenbrand, Paris: Gallimard, 1968, p. 217.
43 Theodor Adorno, *Traces* de Bloch (1960), *Notes sur la littérature*, p. 169.

Benjamin poderia fazer, ele descobre em tal humanismo pensamentos que mantêm seu calor ao se instalar lá onde "a esperança do advento se alia a um ceticismo vertiginoso", sua análise denota, não obstante, um mal-estar em relação a estas figuras metafísicas de Bloch que encantavam Emmanuel Lévinas. Adorno vê realmente que na dialética de Bloch subsiste um elemento material: aquele que conserva a humanidade em uma pré-história em que ela é objeto de troca e das leis do valor, em vez de ser autenticamente um sujeito. Mas ele sabe também que esse componente é posto em tensão com uma dimensão mística que escapa radicalmente de toda reabsorção. Visada sob a ideia de um *soi* (si mesmo) distinto do *moi* (eu mesmo) empírico, essa figura designa "o nome secreto só tocado pela ideia da salvação" e ela encontra seu *analogon* em Bloch na "casa onde a gente se reencontraria em si mesma, no interior, e não mais alienada"[44].

Compreende-se assim que é realmente o mesmo motivo que vale a Ernst Bloch a homenagem de Emmanuel Lévinas e a desconfiança de Adorno: o fato indicado por este último de que "a utopia sacode as cadeias da identidade"[45]. Com efeito, Bloch é um leitor muito bom de Hegel para não saber que a dialética repousa sobre a tese da identidade: forma que ele, de sua parte, se encarniça em despedaçar por um trabalho sobre a aparência que vem "hereticamente" negar a fronteira entre imanência e transcendência, finito e infinito, fenomenal e numenal. A esse título, sua maneira de apreender os traços do "lá embaixo" como fagulhas do fim messiânico em um "aqui" determinado historicamente decorre de um dualismo típico da mística quando ela vai a ponto de contestar o núcleo da Revelação. Separando as duas faces do que ele chama uma "não identidade", Bloch está à beira de "se entregar a um golpe de força teológico, para talhar a dialética em seu ponto central". Sob o olhar perturbado de Adorno, essa postura tornaria, sem dúvida, o empreendimento de Bloch mais audacioso ainda do que o de um Benjamin, simpatizante como ele do pequeno e aparentemente insignificante. Mas é também o que o conduz para uma antinomia partilhada por Schelling: "Ela pensa o fim como o fundamento do mundo, animando o ente do qual ela já faz parte como *télos*; ela faz do

---

44 Idem, p. 159.
45 Idem, ibidem.

fim um começo"⁴⁶. Inversamente, o reconhecimento de Emmanuel Lévinas encontra sua confirmação no fato que se desdobra através de *Totalidade e Infinito**, um percurso a opor a escatologia da paz à ontologia guerreira: caminho que se abre por uma ruptura com o princípio de totalidade, depois passa pela elaboração do trabalho e da habitação como categorias da existência humana e conduz enfim, como em Rosenzweig, a uma apreensão do infinito no tempo⁴⁷.

Apesar da interpretação pejorativa que lhe dá, Adorno capta perfeitamente uma intenção comum a Schelling e Bloch quando divisa neste último a preocupação de construir "a metafísica como fenomenologia do imaginário"⁴⁸. Nesse sentido, de *O Espírito da Utopia* a *O Princípio Esperança*, Ernst Bloch conduz, sem dúvida, um enfrentamento com o que Nietzsche designava como "este convidado, de todos o mais inquietante" e que se mantém à porta: o niilismo moderno, que vê na morte de Deus o fim da eficiência do mundo suprassensível⁴⁹. Percebendo talvez esta conivência entre o existencialismo contemporâneo e os movimentos gnósticos da Antiguidade, cuja forma Hans Jonas descreve, ele faz remontar a interpretação das origens do fenômeno niilista à oscilação que se opera na relação do pensamento com o mundo entre Kant e Hegel. Na medida em que constrói com paciência os motivos que se possa ter para renunciar ao grandioso empreendimento hegeliano após haver saudado seu esforço de reunião das figuras do espírito, sublinha o que em Kant resiste à crítica da moralidade abstrata, esboçando uma posição em face da história da filosofia que Paul Ricoeur denominará "kantismo pós-hegeliano"⁵⁰. Uma forma de gratidão para com Hegel por suas descrições dos universos contraditórios da ação e da reflexão. Mas uma recusa de ver de repente os confli-

---

46 Idem, p. 168.
*   Trad. port.: *Totalidade e Infinito*, trad. José P. Ribeiro. Lisboa: Edições 70, 1988 (N. da E.).
47 Sobre esse percurso de *Totalité et infini*, ver supra, cap. IX, p. 1068-1079.
48 Idem, p. 165.
49 Tal é ao menos a interpretação que lhe dá Heidegger no texto que melhor expõe e exprime a consciência interior do desencantamento: Sur le mot de Nietzsche "Dieu est mort", em *Chemins qui ne mènent nulle part*, trad. W. Brokmeir, Paris: Gallimard, 1962, p. 261. Esse texto já apareceu em Martin Buber (ver supra, p. 673-676) e voltar-se-á a encontrá-lo, comentado, em Hans Jonas (ver infra, p. 967-969).
50 Ver Paul Ricoeur, La Liberté selon l'espérance, *Le Conflit des interprétations: Essais d'herméneutique*, Paris: Seuil, 1969, p. 402-415.

tos resolvidos em uma *Aufhebung* final. Dito de outro modo, um desejo de preservar esta "liberdade segundo a esperança" que marca em Kant os territórios do Soberano Bem: com o projeto de apreender aí seus modos de aparição no tempo vivido da experiência humana.

A Paz Prematura de Hegel com o Mundo

No trajeto "da Jônia a Jena" em que Franz Rosenzweig reconhecia uma filosofia ocidental a sobrecarregar o ser e o mundo com o fardo da totalidade, Ernst Bloch descobre, quanto a ele, a capa de uma anamnese. Confinado na retrospecção, isolado de novo pela eterna contemplação do antigo, ocultando aquilo pelo qual o homem permanece disponível para as figuras do "não ainda advindo", o pensamento avança às recuadas. Mas antes que Nietzsche o anuncie de maneira tonitruante, é realmente o sistema hegeliano que se despede do mundo suprassensível: quando o pássaro de Minerva confessa sua vocação noturna e não resta ao pensamento senão a perspectiva de pintar cinza sobre cinza, enquanto o universo definitivamente envelheceu. Ao termo das páginas pacientes e probas em que restituiu meticulosamente o imenso empreendimento de Hegel em sua gênese, em seu desenvolvimento e em sua consumação, Bloch prende pela cintura a imagem que anuncia o niilismo contemporâneo, cingindo com um mesmo gesto sua desmedida especulativa e o que ela contém de uma resignação funesta à realidade das coisas. Mesmo que tenha de constatar a diferença entre o "prudente gênio de Hegel" e o ar de "bufonaria" próprio aos seus propósitos últimos, ele sublinha o que se parece nele ao "delírio de um solipsista" crente de que o mundo morre no momento em que ele adormece: "Hegel não só acabou com aquilo que ele queria dizer, mas em seus livros considerou a coisa toda como terminada"[51]. Compreender os motivos de tal atitude é então uma tarefa que se confunde com o cuidado de preservar o pensamento dos danos que ela provoca. Mas este empreendimento

---

51 Ernst Bloch, *Sujet-Objet: Éclaircissements sur Hegel*, trad. M. de Gandillac, Paris: Gallimard, 1977, p. 414.

impõe remontar ao lugar preciso onde o esforço reflexivo cede diante de uma vontade de apaziguamento em face do mundo.

 Na origem, há, sem dúvida, aquilo que é preciso assinalar como um paradoxo de Hegel: como é que o pensador da indiferença da coisa em seu limite e da superação pelo homem da barreira do mundo torna-se de repente o de um dever-ser objeto de ódio e de um universo onde nenhum além merece mais ser nomeado? Poder-se-ia com certeza aduzir como resposta que é dado a Hegel, como a toda e qualquer pessoa, encarar com desfavor a perspectiva de um "depois de nós". Ao que se acrescenta que é seu apanágio na história da filosofia o fato de ter fechado um período inaugurado por Descartes: a época durante a qual a consciência "altiva e resignada" procurava reagrupar-se colhendo as formas da experiência. Se porventura tomarmos nota, enfim, dos efeitos de um método que associa o conteúdo do saber às figuras do "haver sido", ter-se-á talvez as fontes da pretensão hegeliana enquanto radicalização daquela da metafísica antes dele: julgar haver "desatado inteiramente o nó do mundo"[52]. Mas se tais considerações cercam o ponto em que um pensamento pode chegar a perceber a realização das coisas à sua própria satisfação depois de haver acuado as figuras do desdobramento do mundo em formas do espírito, é preciso ainda que elas esgotem as razões de sua súbita hostilidade para com um universo humano doravante privado de toda criatividade. Em outros termos, é em grande parte por detrás das últimas expressões da filosofia de Hegel que se deve detectar o caráter perigoso de seu empreendimento: na sua maneira de reabsorver, sob a racionalidade do real, a dimensão de um infinito anteriormente legado por Kant à consciência moderna.

 Procurando efetuar uma divisão entre os argumentos de Hegel contra o idealismo, Ernst Bloch cerca com precisão o cerne de uma discussão que corre de Hermann Cohen a Emmanuel Lévinas e cujo objeto não é outro senão o estatuto da esperança no seio da consciência e da experiência humanas. Para Kant, a perfeita adequação da vontade à lei moral é uma perfeição da qual nenhum ser racional do mundo sensível é capaz. Exigida pela razão prática, mas permanecendo fora do alcance das ordens da ação, a

---

52 Idem, p. 423.

coincidência do ser e do dever é objeto de um progresso ao infinito: segundo um movimento que ignora o fechamento de um círculo em que a identidade poderia se encerrar graças a uma conciliação efetiva do mundo. Daí vem, em Kant, aquilo que Bloch chama a "honra melancólica" do dever-ser, eterno ausente a confundir-se com um puro formalismo da intenção e que "se vê maculado pela presença do menor conteúdo"[53]. É precisamente o dualismo inerente a esse progresso indefinido que Hegel combate a golpes de mediações, assim como acua incansavelmente as diferentes maneiras de "sofrer a fome do infinito": a forma sentimental que se refugia nas nuvens ou aquela mais escrupulosa que se confunde com o rigorismo moral. Filósofo do concreto, ele opõe à esperança infinita o fato de que a fome reclama um alimento suscetível de aplacá-la e procura "arredondar uma abóbada de determinidades" no azul de um céu moral que pode parecer vazio. Pensador da mediação, ele repugna aquilo que o ideal pode apresentar de demasiado longínquo, preferindo descrever as formas presentes de uma satisfação que se recusa a ser incessantemente diferida.

A questão é, pois, saber se Hegel não acaba por despedaçar o horizonte que procura aproximar: cedendo depressa demais à racionalidade do mundo. A forma filosófica de sua crítica do dever-ser kantiano é a de um "mal infinito" que se reproduz sem cessar e não chega jamais a ser suspenso. Mas ela dissimula talvez uma impaciência mais ampla ainda do que indica a preocupação com as mediações em face de um ideal que nega seu poder de ser atingido. Diante da terra sem margem que o objeto completo da vontade representa para Kant, Hegel "reage à antiga, isto é, pelo desdém ao ilimitado"[54]. Então, ele se faz "patriota de aldeia", defensor da cultura e das formas refinadas da vida em comum: "Se a intenção fica sem finalidade, se a esperança fica desprovida de âncora, é puro absurdo ter uma intenção moral, é pura inconsistência nutrir uma esperança humana". Resta que é aqui que Hegel deixa emperrar o que parece aos olhos de Bloch a mecânica salutar de sua crítica ao mal infinito kantiano: no momento em que, por querer captar demais expressões finitas do dever-ser, ele acaba por confundi-las sem reserva com as formas éticas e jurídicas efetivamente existentes. Nesse instante, quer

---

53 Idem, p. 419.
54 Idem, p. 420.

dizer, muito antes de proclamar a glória irreal de haver terminado a filosofia, ele pagou um tributo demasiado alto à vontade de apreender um dever-ser que cessa de ser infinito. Quando descobre assim seu "sétimo dia", o homem do processo e da dialética barrou a rota para o porvir e "coloca em face do *falso infinito* um *falso absoluto*", mais duro ainda do que o dos céus de outrora. O horizonte do ideal desceu por certo sobre a terra; mas a gente não reconhece nele outra coisa senão o mundo ético encarnado pelo Estado: "a rosa da razão encravada na cruz do presente"[55].

Pegando assim Hegel no laço de seu jogo de metáforas cristãs, designando a face limitada de seu último sistema pela reformulação de uma imagem que guiava seus primeiros passos, Ernst Bloch chega discretamente ao nó de sua crítica. Lembrando-se aqui da expressão de Hegel segundo a qual "quando se começa a filosofar só se pode ser spinozista", ele o vê tornar-se o que era o próprio Spinoza: "o amante mais resoluto de um destino que já escapa a toda contingência"[56]. Tal é, portanto, o preço demasiado alto concedido para vencer o mal infinito: a exclusão de todo dever-ser que introduziria uma ruptura na explicitação da substância; uma perfeita superposição do conhecimento de si e da apreensão do mundo, sobre um horizonte que nega toda eficiência aos universos suprassensíveis. É significativo que a picada mais acerada desfechada contra Hegel possa parecer talhada na língua de Walter Benjamin: "O perigoso processo comporta não somente o informe sussurro de uma eterna tendência, uma tendência, por conseguinte, sem esperança; comporta também alguma coisa do estado terminal. Como termo final, esse elemento pode ser o declínio, pois a categoria do perigo pertence de maneira essencial a tudo o que é processo"[57]. Redescobrindo assim o fundamento da esperança no brilho sempre em perigo da consumação no seio de um universo de coisas que não poderiam estar tão em seu lugar quanto pensava Hegel, Ernst Bloch reencontra um antigo motivo da mística. Ele reata assim com as páginas mais intensas de *O Espírito da Utopia*: quando elas já se voltavam contra a filosofia da retrospecção.

55 Idem, p. 422. Ernst Bloch parafraseia aqui uma fórmula do Prefácio aos *Princípios da Filosofia do Direito* que precede de pouco a metáfora da coruja de Minerva, ver Georg Wilhelm Friedrich Hegel, *Principes de la philosophie du droit*, trad. R. Derathé, Paris: Vrin, 1982, p. 58.
56 Idem, p. 424.
57 Idem, ibidem.

No capítulo dessa obra consagrada ao que ele denomina "A Questão Inconstrutível", Ernst Bloch apresentou com admirável concisão as razões do desejo de renunciar a Hegel. Exteriorizando o que é interior, objetivando na história a subjetividade inquieta do homem, este último fechou tudo o que Kant havia aberto, em benefício de um sistema perfeitamente acabado, mas ao preço de uma temível renúncia pessoal e filosófica: "Em vez de ser bom, ele acha que tudo é bom, para se poupar de ser bom ele mesmo"[58]. Sem dúvida, são conhecidas algumas dificuldades para determinar a verdadeira posição interior de um Hegel dissimulado sob múltiplas faces: o ser insensível e o conselheiro privado, o amigo nostálgico de Hölderlin ou o fenomenólogo do Espírito "excessivo e gótico" para quem "o Agora perfeito não faz mais do que pensar em nenhum presente terrestre"[59]. Se ele persiste em nos tocar pelo lado desta impaciência ante as indeterminações da realização humana, o essencial é, entretanto, que possamos recusar a forma de compreensão que ele mobiliza e conduz finalmente a seu termo: aquela "que impõe ao homem como questão o mundo como única resposta"[60]. Com ele, de fato, tudo o que no sujeito humano é preocupação ou desespero, sonho ou inquietude, torna-se fragmento de uma realidade já racional e desaparece em proveito de um processo intelectual por demais mediado, em que cada espera de liberdade é "ocasião de chegar à consciência permanecendo frio, de outro lado". Daí decorre um paradoxo raramente percebido em Hegel. Em um sentido, o mundo real tem muito pouco lugar em seu sistema, se se quer captar nele o movimento de uma subjetividade estirada para o infinito. De um outro ponto de vista, esse mesmo mundo tem, no entanto, lugar em demasia: "Há demasiadas coisas amontoadas, apresentadas como a realidade, a satisfação, a realização mais falsa do dever-ser, demasiada verdade de fatos já organizados, um estado do mundo já demasiado perfeito logicamente"[61].

Vemos então claramente os dois planos sobre os quais se organiza a resistência às seduções hegelianas: o da descrição das formas da consciência,

---

58 Ernst Bloch, *L'Esprit de l'utopie*, trad. A.-M. Lang e C. Piron-Audard, Paris: Gallimard, 1977, p. 219.
59 Idem, p. 220.
60 Idem, p. 221.
61 Idem, p. 223.

e depois o da história. Em se tratando do primeiro, fica evidente, em função de sua própria atenção aos afetos de espera, que Bloch censura em Hegel uma maneira de nivelar a perseverança crítica que ligava em Kant a meditação sobre a finitude ao horizonte infinito do dever. Com ele, os espinhos do mundo são aplainados em conceitos frios e que descobrem o lado objetivo do sendo: "A gente [on] cessa de sofrer e de querer, cessa de ser humano"[62]. Sob esse ângulo, a censura feita a Hegel é menos a de desviar os fatos do que a de corrigi-los de modo que o racional possa parecer efetivamente real: como se fosse a própria vida que calçasse botas de sete léguas a fim de que o homem saiba pensar-se. A consequência disso é que não resta mais o menor espaço disponível para a reflexão ou, inclusive, qualquer forma que seja de uma "exigência insatisfeita diante quer da paz, quer da demissão luterana da consciência em proveito do Estado e daquilo que é"[63]. Quando ela se reproduz no plano da história, esta estrutura pela qual o real e o racional são forçadamente levados à conformidade instala a postura definitiva de Hegel: seu olhar sobre uma totalidade apreendida pelo fim, "outorgada ao objeto a partir do objeto de pensamento"; como se o derradeiro homem restante sobre a terra se recordasse das formas realizadas na evolução por um intercruzamento do empírico e do espiritual. De uma altura que se gaba de conhecer o fim, o espírito vê a história profana já transformada em história santa. Melhor ainda, tudo se passa em Hegel segundo um princípio inconfessado: "Cartas celestes são misturadas ao jogo terreno, como se fizessem parte dele e aí se encontrassem desde sempre"[64].

Surgiu assim o motivo central da crítica de uma filosofia do espírito absorvida na história: "A doutrina de Hegel segundo a qual tudo o que é racional já é real conclui uma paz total e prematura com o mundo"[65]. Nessa fórmula poderiam figurar muitas críticas contemporâneas a Hegel: a de Franz Rosenzweig, do ponto de vista de uma Redenção a escapar ao domínio da totalidade; a de Walter Benjamin, em nome da história dos vencidos e das "fracas forças messiânicas"; a de Emmanuel Lévinas ainda, a respeito de uma escatologia da paz oposta à ontologia guerreira. Com

---

62 Idem, p. 219.
63 Idem, p. 222.
64 Idem, p. 221.
65 Idem, p. 218.

ela, Ernst Bloch traz à luz o segredo melhor guardado do projeto de Hegel: sua vontade de impor uma forma de consolo em face de ocorrências do mal na experiência humana, para aliviar a consciência de seus tormentos especulativos. Se se pode pensar com ele que tal intuito organiza pelo interior toda a *démarche* hegeliana, ela nunca aparece mais claramente do que nesta expressão introdutória às *Lições sobre a Filosofia da História**:"O mal no universo deveria ser compreendido e o espírito que pensa reconciliado com esse mal. De fato, nada impele mais a tal conhecimento conciliador do que a história universal"[66]. Especificando ainda que uma meditação assim é realmente uma teodiceia, Hegel confirma sua orientação: trata-se de admitir que a violência e a injustiça participam de um desígnio que permanece em desaprumo com as ações humanas. Quando acrescenta, enfim, que tal figura do saber apresenta o mérito suplementar de conceder um estatuto de certeza à justificativa de Deus antes tentada por Leibniz de maneira metafísica e indeterminada, ele expõe a integralidade do motivo contra o qual Bloch mobiliza, por sua vez, toda a sua energia: a ausência de qualquer lugar em que viriam se recolher o sofrimento do homem, seu protesto contra a imperfeição do mundo, sua aspiração a uma ultrapassagem das formas imediatas da experiência.

Impor ao homem como questão a realidade do mundo como única resposta, opor à sede de infinito da consciência a racionalidade das coisas, aplacar enfim a insatisfação do sujeito moral em face da experiência do mal pela contemplação consoladora da história: tais são, portanto, os componentes da atitude hegeliana que incitam a arrepiar caminho, a fim de reencontrar junto a Kant formas mais autênticas do espírito humano. Mas antes de fazê-lo, pode-se ainda expor uma última vez as razões da renúncia ao que pretendia ser a consumação da filosofia: "Em Hegel, o pensamento se faz mestre-escola ou advogado indiferente do ser que lhe deu o mandato, e a noite do mundo se retira para o sujeito inculto. Assim se

---

* Trad. bras.: Georg Wilhelm Friedrich Hegel, *Filosofia da História*, trad. Maria Rodrigues e Hans Harden, Brasília: Editora da UnB, 1995 (N. da E.).
66 Hegel, *Leçons sur la philosophie de l'histoire*, trad. J. Gibelin, Paris: Vrin, 1987, p. 26. Bloch, que não cita esse texto, encontra um equivalente na *Encyclopédie* (§ 213, *addendum*): "O bem, o bem absoluto se realiza eternamente no mundo e o resultado é que ele já está realizado junto de e por si mesmo, e que para isso se produzir ele não precisa nos esperar (Ver *Sujet-Objet*, p. 468).

espalha o bom calor da sala de aula, a fim de que tudo quanto há de doloroso, de insuportável e de injusto na vida, a necessidade duradoura de se lhe opor, a autodestruição da natureza e toda a Paixão hercúlea da ideia possam ser desenvolvidos como alguma coisa anódina, que ocorre sempre, que não ocorre nunca, cuja análise propriamente dita ou não se encontra senão sobre a mesa negra, ou não é senão uma simples cerimônia"[67]. Sem dúvida, essa maneira de dispensar Hegel pode ter como efeito deixar na sombra aquilo pelo qual ele continua a ver longe: sua capacidade de abarcar uma multidão de objetos cuja análise acompanha a redação do sistema, sua consumada arte da mediação ou ainda uma aptidão sem igual para praticar "a descoberta do porvir no passado"[68]. Mas ao menos ela tem a vantagem de indexar sua leitura sobre uma nova recarga daquilo que ele enterrou sob o lado sério da história, seu recalque se assim se quer: a ideia segundo a qual "o si [o sujeito, *soi*] age muito para além daquilo que lhe adveio"[69].

Com Kant: A Forma da Questão Inconstruível

Tudo leva a pensar que hoje, como na época em que apareceu O *Espírito da Utopia*, a figura do Kant que Ernst Bloch defende parecerá tão heterodoxa quanto a do Hegel que ele recusa. Confessando que se trata, para ele, de "inflamar completamente Kant graças a Hegel", indica a razão pela qual o primeiro ultrapassa o segundo "tão seguramente quanto a psique ultrapassa o pneuma": "O si [*soi*] prevalece sobre o Pan, o ético sobre a enciclopédia universal, o nominalismo moral do fim sobre o realismo ainda meio cosmológico da ideia hegeliana de mundo"[70]. Em outros termos, quando Hegel se apaga e Kant reaparece, nós abandonamos um pensador "em vias de se afastar da condição humana" para reencontrar aquele que fazia justiça a uma figura do "homem que é o primeiro, o último, o mais livre", melhor ainda, um "*Nous* que se faz Messias e prossegue na sua espera"[71]. Lá onde

---

67 *L'Esprit de l'utopie*, p. 225-226.
68 *Sujet-Objet*, p. 490.
69 Idem, p. 461.
70 *L'Esprit de l'utopie*, p. 228.
71 Idem, p. 220.

Hegel concede um estatuto lógico ao menor elemento do universo empírico, indo a ponto de pressentir reconciliação na rebentação guerreira dos "hussardos azuis", Kant parece não recusar-se a nomear "o sujeito de algum modo messiânico que só ele pode fundar esta paz utópica"[72]. Pensador da finitude quando suas interrogações visam o conhecimento, ele se abre à esperança tão logo se aplica igualmente a escrutar os motivos do dever ou os horizontes da espera. Perguntando então o que é o homem, ultrapassa o ponto de vista da estrita compreensão do ser: evocando no pensamento significações que não se reduzem à sua epopeia[73].

Tal como fará Emmanuel Lévinas, é, pois, a partir da escatologia messiânica que Bloch empreende a desformalização da lógica hegeliana e reencontra Kant em um caminho em que a esperança humana não se reabsorve na objetividade do mundo. Reconhecendo nele "a grande e proba metafísica do sujeito ético, contemporânea do distanciamento de Deus", empresta dele duas categorias que poderão estruturar sua própria resistência a um niilismo definido como obliteração das potências do mundo suprassensível. Em primeiro lugar, trata-se de tomar em consideração a maneira como Kant caracteriza o respeito à lei através do fato do sujeito ser afetado pelo objeto moral em si. Sob esta figura, que tem por característica essencial escapar ao universo da causalidade, reside o que melhor se aparenta ao que é próprio do homem: "Fica-se profundamente perturbado, de um ponto de vista puramente teórico, pelas ideias de um absoluto"[74]. Graças ao paradoxo mais produtivo do pensamento kantiano, é, portanto, a função que nos "limitava de início mecanicamente" na ordem do saber que se volta sobre si mesma e sobre o eu ético: para nos garantir a pertença a um reino mais elevado do que o dos fenômenos. "Ser afetado" significa então tornar-se disponível para um alargamento do mundo pela esperança do futuro. Mas a propriedade decisiva desta antecipação consiste no fato de que ela não se deixa jamais desprender da visada de uma realização do

---

72 Idem, p. 223.
73 Este ponto vem à luz no comentário que Emmanuel Lévinas faz da leitura de Kant por Ernst Bloch (ver La Mort et le temps, op. cit., p. 46-47). Lembremos que Kant acrescentava à tríade das perguntas que organizam as três críticas (O que posso eu saber? O que devo fazer? O que me é permitido esperar?) uma quarta interrogação: O que é o homem?
74 L'Esprit de l'utopie, p. 216.

objeto moral, sob a ideia de um soberano bem. O gênio de Kant nesse ponto é o de haver ligado a exploração da finitude à abertura para as ideias do infinito em um mesmo trabalho da razão sobre ela mesma, liberando assim um espaço onde "o labirinto do mundo e o paraíso do coração se tornam visíveis separadamente".

Enquanto o ar grandioso do empreendimento hegeliano provinha de um esforço prometeico com o propósito de dobrar umas sobre as outras as figuras do mundo e as do espírito, Ernst Bloch optou por voltar a Kant pela precisa razão de que ele as mantêm separadas a fim de preservar a dimensão mais autêntica da subjetividade humana. A esse título, é essencial que nele o pensamento não queira limitar-se ao terreno, mas "se prenda igualmente com energia aos objetos de sua esperança"[75]. Isolando o risco especulativo no qual Kant incorre quando o centro de seu nominalismo moral tende a distanciar-se de toda ancoragem mundana, Ernst Bloch o vê, no entanto, superado, pois que continua sendo um ponto de unidade, no caso definido "misticamente". Dir-se-á sem dúvida que assim é esboçado um estranho semblante de Kant, em uma perspectiva em que o rigorismo moral parece ceder lugar a uma abordagem de tipo messiânico da destinação do homem. Além do fato de que Bloch não é o único a operar esse deslocamento sobre um terreno onde se trata sempre de resistir à hipóstase hegeliana do mundo empírico, é forçoso reconhecer uma figura de grande fecundidade: quando ele declara notadamente que "o 'como se' moral aparece aqui, apesar de tudo, essencialmente como um 'não ainda' teológico"[76]. No plano de uma interpretação do sistema kantiano, tal proposição descreve perfeitamente a coerência das ligações entre a filosofia prática, o pensamento da história e uma religião articulada, a isto que Paul Ricoeur chama "a liberdade segundo a esperança"[77]. Depois, em um horizonte mais amplo, ela permite tomar a medida desta "questão inconstruível" elaborada por Bloch a partir da postura do "como se" moral.

Por esta segunda dimensão de uma metafísica do sujeito ético que prevalece sobre a enciclopédia universal, Ernst Bloch procura desdobrar

---

75   Idem, p. 217.
76   Idem, ibidem.
77   Ver Paul Ricoeur, La Liberté selon l'espérance, op. cit., em *Le Conflit des interprétations*, p. 393-415.

modalidades do ser afetado pelo mundo suprassensível que sobrevém ao anúncio da morte de Deus. Para falar em termos estritos, a categoria provém da maneira como Kant formalizava os imperativos da razão prática nos dois polos de seu trajeto: "age como se a máxima de tua ação devesse ser erigida por tua vontade em lei universal da natureza"; "agir como se a coisa que talvez não seja *devesse ser*"[78]. Com ela, o sujeito humano pode agir conservando a representação de uma realização da vontade: como aquilo que é aguardado e não dado, esperado e não postulado. Mas ela lhe permite também fazê-la evitando os escolhos simétricos de uma paz prematura com o mundo e de um desespero ante a sua imperfeição. No entanto, Bloch percebe aí uma relação mais íntima ainda com aquilo que ele descreve como o domínio da interioridade: uma ordem do pensamento que se vincula ao incondicionado, através de conceitos limite que não podem ser conhecidos, na medida em que seu objeto não é um ser empírico, mas que exprimem as formas mais profundas da vontade e da reflexão. Poderia assim ocorrer que a última lição de Kant esteja no que Hegel havia percebido por pretender ultrapassá-lo: o fato de recusar a instalação da unidade no começo como postulado de uma solução lógica ao "maior enigma"; o desejo de preservar a ideia segundo a qual "Deus se encontra no fim"[79]. Em termos que retomam uma língua mística retrabalhada por Schelling, Bloch tira dessa descoberta uma consequência essencial:

> Somos, pois, nós sozinhos que carregamos a centelha do fim ao longo de todo o percurso [...] O tempo da história no qual nós operamos traspassa o espaço terreno em que nossa vida ela mesma apareceu e onde edificamos nossas obras [...]; temos aí o direito e a possibilidade de pressentir, de encontrar, de realizar valores, de fazer surgir figurações *a priori* possíveis, e finalmente a figura última, ainda que, de fato, ela esteja colocada fora do tempo e do mundo, de fazê-la, não obstante, surgir através do tempo e do mundo, contra eles.

---

78 Respectivamente, I. Kant, *Fondements de la métaphysique des moeurs*, segunda seção, trad. V. Delbos revista por F. Alquié, *Oeuvres philosophiques*, II, Paris: Gallimard, 1985, p. 285, e *Métaphysique des moeurs*, Doctrine du droit, § 62. Mas Bloch sabe que em Kant esta categoria orienta, de fato, o conjunto do sistema (ver sobre esse ponto o artigo "Comme si" do *Kant Lexicon* de Rudolf Eisler, trad. A.-D. Balmès e P. Osmo, Paris: Gallimard, 1994, p. 157-159).
79 *L'Esprit de l'utopie*, p. 274.

Uma última vez, e no tocante à maneira como a filosofia de Kant "penetra profundamente no obscuro", afirmando exigências que não diminuem "em face da eternidade", o desejo hegeliano de simplesmente compreender e a sua "dialética totalizante apresentada como real" acabam por assemelhar-se a "uma cabotagem da pura sistematização ao redor de continentes da certeza"[80]. Resta expor o resgate de um saber que se repugna a simplesmente reproduzir o que é ou foi, para persistir na ação em favor de um mundo que não existe, mas deve existir. De encontro ao doce torpor da sala de aula, onde o desfile dos conceitos no quadro negro apazigua a consciência, reconciliando-a com a experiência do mal, em Kant o pensamento é "uma luz solitária, destinada a consumir a noite desse mundo"[81]. Mas como não ver que tal recusa de transformar o sofrimento em pura cerimônia constitui também o meio de manter abertas a esperança humana, a aspiração ao infinito, ao absoluto, a ultrapassagem das condições da experiência imediata? Daí esta pintura flamejante de um universo kantiano no seio do qual a consciência da finitude se converteu em iniciativa voltada para a realização:

> Nós estamos na solidão, na obscuridade de uma aproximação infinita do alvo, puramente assimptótica; a estrela longínqua, ela mesma, não brilha senão com uma luz muito incerta, apenas perceptível, que não ilumina nada no céu; e, no entanto, tudo o que não desaparece totalmente nas formas universais de uma crítica da razão pura teórica, o singular, a especificação da natureza como a decisão dos indivíduos de entrar na cultura, tudo isso deve subordinar-se e coordenar-se ao primado da lei moral[82].

Voltando muitos anos mais tarde a esta oposição das duas figuras centrais da filosofia moderna, Ernst Bloch confirmará ao termo de suas lições sobre Hegel os elementos de seu arrazoado em favor de um Kant apreendido através da perspectiva messiânica. Doravante, é a análise do conceito de profundidade que orienta a interpretação de um "resíduo"

---

80 Idem, p. 226.
81 Idem, p. 225.
82 Idem, p. 216-217.

definido como sendo esta parte da interioridade do si (*soi*) humano que não se dissolve no saber absoluto nem na lembrança do que foi. Quando afirma aqui que soou a hora da desforra para um "fator subjetivo" cuja exigência Hegel maltratou quer por seu gosto pelo antigo, quer por uma dialética da rememoração, Bloch deseja mostrar que a região do dever-ser exige ainda ser medida, apesar do silêncio anunciado por uma fórmula grandiosa: "Para dizer ainda uma palavra sobre a pretensão de ensinar como o mundo deve ser, a filosofia chega, em todo caso, sempre tarde demais"[83]. Prestando a Kant o desejo de pensar até o extremo esta exigência, ele exuma o que caracteriza aos seus olhos a autêntica filosofia das Luzes: "Sua preocupação particular com o homem, sua interrogação acerca dos fundamentos da liberdade humana, da possibilidade para o homem de ser-em-liberdade"[84]. O Kant assim entregue à reflexão pós-hegeliana não é certamente o dos neokantianos, o do formalismo e de um "eterno agnosticismo" em face da coisa em si. Quanto à figura da interioridade agora retomada, ela não é mais aquela de que Hegel zombava: a expressão propriamente inumana de uma profundidade comparável ao túmulo para um homem recolhido em si mesmo e que permanece estranho a toda comunicação com outrem. Se existe um resíduo de interioridade subjetiva, ele reside naquilo que o devir empírico do saber hegeliano não pode absorver: a visão própria a Kant de um "melhor" que não se encontra no mundo tal como ele é, mas "lá onde a vontade humana não é mais movida por nada que lhe seja estranho"[85].

É este domínio, designado por Kant como o da profundeza, que irá se beneficiar em Bloch de uma análise conceitual meticulosa, devido a uma posição decisiva do ponto de vista de sua própria meditação sobre as formas do aguardo e da esperança. Em se tratando de explorar o lugar de

---

83 Hegel, *Principes de la philosophie du droit*, p. 58.
84 E. Bloch, *Sujet-Objet*, p. 463.
85 Idem, p. 464. Convém sublinhar o fato de que esta posição, construída neste caso por um trabalho sobre a história da filosofia, reaparece na grande arquitetura de *O Princípio Esperança*. No primeiro volume, quando Bloch adianta que a função utópica se vincula a um alvo e que "se este alvo parece constituir um objeto que seja não somente digno de desejos e de esforços, mas que represente uma perfeição em si, é denominado ideal". Depois, no terceiro, em que ele faz do "melhor" uma categoria ligada à noção de "soberano bem", situado por Kant no "lugar que a estrela polar ocupa para o navegador", ver *Le Principe espérance*, respectivamente, I, p. 201, e III, p. 493.

alguma coisa que não é nem aparente nem delimitada por seu conteúdo, a intuição se representa como um plano de fundo longínquo: o equivalente a um "abismo do visível horizontalmente transferido, transferido ao horizonte"[86]. No entanto, na medida em que a profundeza não pode ainda ser mediatizada pela extensão do mundo, Kant a instala em uma dimensão vertical, em que ela se move tanto como mergulhada no abismo do si (*soi*) ou então como elevada ao "abismo de um fluido azul". Se o primeiro movimento é colocado no centro a fim de designar "a lei moral em mim", o segundo é, de sua parte, situado no zênite e figurado pelo "céu estrelado acima de mim". Mas o essencial vem do fato de que os dois trajetos podem se encontrar, para desenhar a figura característica do homem: "O céu estrelado nos arranca de nosso nada, a lei moral nos penetra com nossa própria importância". Ao que se adiciona, enfim, que a perspectiva horizontal, primeiro invertida sob a metáfora do espaço, retorna na ordem do tempo. Depois de ter colocado a profundeza da autonomia concedida ao si (*soi*), Kant acrescenta, com efeito, linhas de progressão em direção dos universos de sua realização. No mundo histórico, tudo parece assim levado ao abismo do que não é esgotado pelo conjunto dos fenômenos já visíveis e "o tempo parece exatamente escoar-se rumo a este mesmo fim em que se perde a extensão do horizonte".

Chegando a este ponto de uma gratidão para com a maneira como Kant jamais mudou de direção em sua marcha para o absoluto, Ernst Bloch retorna para examinar dois inconvenientes de seu método: o acosmismo moral e um "exagero infinito do tempo"[87]. Sob o primeiro é mais uma vez sublinhado a ausência de mediações em favor de uma identidade pensada como a consumação da vontade. Mas Bloch admite finalmente que este é talvez o preço da manutenção de uma abertura no sentido utópico. A esse título, ele concede a Kant que as ideias da razão prática, e em primeiro lugar a liberdade, "recebem a compensação de flutuar sem mediações, como fantasmas, acima da empiria": o fato de não se realizar segundo um desenho estranho ao homem, mas de haurir na profundeza da interioridade humana. Pode-se então interrogar a persistência do segundo motivo, na medida em que a

---

86 Idem, p. 465.
87 Idem, p. 466.

trajetória assimptótica da progressão para o soberano bem pode parecer necessária à recusa de encerrar a "profundeza" no processo do mundo e no caráter unilateral de sua extensão histórica. Bloch proporciona aqui o sentimento de hesitar entre duas críticas contraditórias de Kant. Por uma, que redundaria na tese hegeliana do mau infinito, estaria em causa um movimento para o absoluto, o qual permanece para sempre uma aproximação: lá onde o homem poderia ter necessidade de espaços concretos para a satisfação de suas expectativas. Mas Bloch assinalou por demais os perigos de um salto rumo à totalidade que desejaria consolar a alma humana das imperfeições do mundo para que não deixe de conceber uma outra perspectiva: a de uma censura feita a Kant por não haver considerado a irrupção messiânica que permitiria ao tempo cósmico tornar-se verdadeiramente "um tempo preenchido".

A Música e os Poderes do Mundo Suprassensível

Hesitações dessa natureza, aqui trazidas à luz, permitem sem dúvida perceber a importância concedida por Ernst Bloch às obras da cultura e, entre elas, à música: enquanto linguagem por excelência da espera. Preocupado em evitar a fuga dos horizontes do desejo para um mal infinito, ele vê no universo das obras um receptáculo de expressões do sonho humano suficientemente diversificadas e abertas para não serem um saber absoluto, mas bastante mediadas para figurar um mundo habitável: algo como esta "pátria não mortal de seres mortais", de que fala também Hannah Arendt[88]. No entanto, lá onde em Arendt as obras adquirem essa capacidade por seu caráter de eminente permanência e de uma durabilidade que as converte em "os objetos mais intensamente tangíveis do mundo", é, ao contrário, pela aptidão para figurar uma subversão da estabilidade desse mundo que elas desenham para Bloch um território arrancado à finitude. Com elas, o tempo humano orientado para a morte é curto-circuitado pela prefiguração de um sujeito salvo da facticidade e da obscuridade em que se mantém ainda. Assim, como mostra Emmanuel Lévinas, o domínio das obras aparece então como contíguo ao

---

88 Hannah Arendt, *Condition de l'homme moderne*, trad. G. Fradier, prefácio de Paul Ricoeur, Paris: Calmann-Lévy, 1961, p. 188.

domínio de uma esperança necessária à história, com uma dimensão de antecipação pela qual "se está no mundo como se o mundo estivesse acabado". Dando forma a essa esperança a fim de inscrevê-la em nossas existências, a cultura, quanto a ela, não é nada menos, para Ernst Bloch, do que um "momento do ser a escapar da danação do inacabado"[89].

Quando Ernst Bloch afirma que "toda grande cultura aparecida até aqui é a pré-manifestação de um Sucesso [*Réussi*]", ele instala essa posição audaciosa antes de defendê-la contra duas objeções maiores em que ela incorre[90]. Pela mais dura delas, o marxismo oporia a esta especulação que a arte, assim como a ciência ou a filosofia, não é senão a testemunha da falsa consciência que as sociedades têm de si mesmas. Ao que Bloch replica firmemente que, na medida em que as obras da cultura têm a ver com o "sonho de uma vida melhor", elas contêm um excedente que apaga os traços de ideologia ligados à sua situação em sua época. Ao contrário da teoria do "reflexo", ele persiste em apreendê-las no plano de uma função utópica que gira em torno do "acima-de-tudo" e do "essencial" para o qual tende a nossa vontade. Conformemente à categoria elaborada com Kant, trata-se, portanto, de preservar na arte uma forma específica da profundeza, "dirigida para o alto e para frente". Mas essa concepção da obra a operar um alargamento da experiência do mundo pode também sofrer uma crítica mais sutil, cujo motivo se deveria ao caráter ilusório das representações artísticas da vida melhor. Diretamente oriunda da *Aufklärung*, essa crítica consistiria em pôr em dúvida a capacidade da obra para sobreviver ao prazer que ela faz experimentar e sua possibilidade de oferecer riquezas às quais o homem possa subscrever. Para enfrentar essa dificuldade, Bloch sugere que a estética racionalista dos modernos manifesta uma espécie de menosprezo em relação ao seu objeto e depois ele desloca o problema formulando uma questão que poderia, mais uma vez, comparar-se às preocupações e aos conceitos de Walter Benjamin: "Qual é o teor em *honestidade* desta aura final de beleza, deste desabrochar em que floresce apenas o imaginário?"[91].

---

89 Emmanuel Lévinas, La Mort et le temps, op. cit., p. 65.
90 *Le Principe espérance*, I, p. 190.
91 Idem, p. 254.

A resposta a essa questão é decisiva para o empreendimento de Bloch e ocupa a parte exatamente mediana dos três volumes do *Princípio Esperança*, a que trata das "paisagens do desejo"[92]. De maneira significativa, ela passa por considerações sobre a sobrevivência do domingo entre os pintores ou o país lendário da literatura, antes de chegar a uma música em que se apresenta uma forma de resolução. Através das primeiras, manifesta-se o que pode dar corpo à tese de uma ilusão própria à obra encerrada em sua forma. Articulada sobre a pintura, a literatura ou ainda a escultura, a teoria do belo pode aqui preferir a contemplação à esperança: a ponto de fazer da arte toda inteira "um tranquilizante e não um chamado"[93]. No entanto, se existe em Kant mesmo uma estética da contemplação que começa pelo "agrado desinteressado suscitado pela exclusiva forma de representação de um objeto", é essencial que as coisas não fiquem nisso. Construindo o conceito de sublime como aquilo que prova uma faculdade da alma a superar toda norma dos sentidos, Kant sugere, com efeito, que a experiência estética transcende o formalismo para evocar um infinito que não é outro senão "a intuição de nossa vida futura"[94]. Quando descobre no sublime kantiano um "'como se' da contemplação", Ernst Bloch reencontra,

---

[92] Aqui, é preciso lançar um olhar de conjunto sobre o poder arquitetônico da grande obra dos anos de exílio e sua construção complexa em cinco movimentos, que se assemelharia a alguma coisa como as últimas sinfonias de Gustav Mahler. Eis, com o título de cada uma de suas partes, a indicação posta entre parênteses sobre sua intenção e a notação musical que ela evoca. I. (Resumo): "os pequenos sonhos despertos". *Allegro ma non troppo* se assim se quer, à guisa de introdução e para simplesmente afirmar que nascemos sem nada, mas desejamos sempre. II. (Fundamentos): "A consciência antecipante". *Allegro* desta vez, para a exposição do tema e a instalação das categorias: pulsão à frente, afetos de espera, possibilidade, realização... III. (Transição): "As imagens-desejos refletidas no espelho". *Andante* percorrendo alguns espaços de expressão do desejo, como a vitrina, o conto, a viagem, o filme, a dança, o teatro... Essas três partes formam o primeiro volume. O segundo volume se confunde com a quarta parte, IV. (Construção): "As épuras de um mundo melhor". Nesse vasto *adagio*, cujas nuances, à maneira de Mahler ou mesmo do último Beethoven, seria necessário precisar, surgem as formas concretas da utopia e, em primeiro lugar, a medicina, à qual sucedem os sistemas sociais, a técnica, a arquitetura, a geografia, a perspectiva na arte e na sabedoria. Resta, enfim, o último volume, que contém, para si só de novo, a quinta parte, V. (Identidade): "As imagens-desejos do Instante bem acolhido". Este *allegro* final pululante é por si só uma recapitulação do que pretende ser uma enciclopédia das esperanças: moral, música, imagens da morte, religião ou Soberano Bem aí se atropelam sem, todavia, se ordenar em síntese: a fim de tender para a exposição do último desejo, o da dignidade humana.
[93] *Le Principe espérance*, II, p. 434-435.
[94] Idem, p. 437.

portanto, essa categoria própria do desejo que já orientava a razão prática voltada para o objeto inteiro de seu querer. Retrabalhada por uma estética que vê na música seu objeto privilegiado, é ela que permite doravante conservar o que a arte vem oferecer em última instância: "do humano escrito em letras maiúsculas, do fundo puro, guardado entreaberto, mas que permaneceu misterioso"[95].

Percebe-se melhor, então, as razões do poder singular concedido por Ernst Bloch à música. Unindo-se à desconfiança religiosa para com a representação, a temática estética da ilusão censurava à arte, por uma maneira de remanescer sempre no terreno da aparência, o que Hegel resumia dizendo a respeito da beleza que ela não é senão a manifestação sensível da ideia. Em relação a esse obstáculo mais uma vez ligado às possibilidades de uma ultrapassagem das formas imediatas da experiência e da consciência, uma questão organiza a interrogação de Bloch, desde esboços incandescentes de *O Espírito da Utopia* até elaborações enciclopédicas do *Princípio Esperança*: a da capacidade da obra de arte de "levar as coisas ao seu remate sem que elas cessem em um apocalipse"[96]. Tratando-se de pintura, de escultura ou de literatura, se é possível dizer que a ilusão artística chega a dissipar-se em parte graças à manifestação de um "pré-aparecer", resta que pesa sobre este último a suspeita de ser apenas uma "significação drapejada pela imagem" e prisioneira de sua forma[97]. Nessa medida, a dialética pela qual a arte produz uma abertura para o suprassensível parece parcialmente entravada, e nós temos o sentimento de que esta "gosta de cabotar em torno do Dado". Somente a música é, pois, suscetível de mover-se diretamente no espaço aberto: lá onde o sublime se desembaraça da ilusão das imagens e "nos permite entrever a liberdade futura". A esse título, descobrindo um domínio em que a mais longínqua essência pode efetuar irrupção no mundo da vida, ela equivale à forma pura de um "iconoclasmo bem compreendido"[98].

---

95 *L'Esprit de l'utopie*, p. 145.
96 Idem, ibidem. A fórmula reaparece muitas vezes no *O Princípio Esperança*, especialmente nos momentos em que Bloch esvazia a oposição entre a música e as outras formas estéticas (ver, por exemplo, 1, p. 260).
97 *Le Principe espérance*, 1, p. 259.
98 Idem, p. 261.

Por meio desta fórmula provocadora que, como se verá, une-se, sem dúvida, à intuição genial de Schoenberg, Ernst Bloch instala a música nesta crista de onde o homem emperrado no mundo pode apreender os objetos de seu espírito e construir uma morada conforme o seu eu (*moi*). Tudo se passa como se dois pensadores que o haviam admitido no âmbito de suas preocupações filosóficas trouxessem contribuições opostas, porém complementares, para a sua compreensão: Nietzsche, que sublinha sua inatualidade histórica; Schopenhauer, que mostra uma capacidade insuperada na escuta do ser. Para Nietzsche, a música era de todas as formas de cultura aquela que vem por último, subministrando a uma época a linguagem daquela que a precedera antes de desaparecer. Handel, que deixa o melhor de Lutero ressoar, Mozart que faz escorrer os ouros do tempo de Luís XIV ou ainda Beethoven, exteriorizando um século XVIII "de exaltação vaga, de ideais despedaçados e de felicidade fugidia": tantos indícios a seus olhos de que a música "chega tarde demais" quando libera o que continha em surdina um mundo terminado[99]. De um ponto de vista de algum modo inverso, Schopenhauer a separava de toda ancoragem histórica, a fim de ver nela a quinta-essência dos sentimentos e das paixões, uma forma de arte a encarnar a vontade, lá onde os outros só a restituem de maneira mediata, obscurecida e como que vista de fora. Extirpando sua capacidade de revelar a essência mais íntima das coisas, ele vê nela "a melodia da qual o mundo finalmente *em seu conjunto* é o texto", a ponto de que poderia subsistir ainda que esse mundo viesse a desaparecer[100].

Todavia, é a partir dos limites simétricos dessas duas teses que Bloch recorta o território preciso que ele vai conceder à música. Censurando Schopenhauer por tê-la encerrado nos quadros de uma escuta limitada do ser, ele a caracteriza como a arte do pressentimento daquilo que está oculto, destinada à "descoberta de um tesouro, de nossa herança situada atrás do mundo, no próximo desvio do caminho do mundo"[101]. A esse título, se é ela que pode efetivamente elevar-se quando tudo na terra

---

99 Ver *L'Esprit de l'utopie*, p. 58-59, e Friedrich Nietzsche, *Humain, trop humain*, II, § 171.
100 *L'Esprit de l'utopie*, p. 185-186. Ver Schopenhauer, *Le Monde comme volonté et comme représentation*, trad. A. Burdeau, Paris: PUF, 1966, p. 329: a música "poderia de algum modo continuar a existir, ainda que o universo não existisse".
101 *L'Esprit de l'utopie*, p. 191.

se cala, sua destinação torna-se esta coisa em si que o pensamento penava para construir. Quando ressoa com ela o instante vivido parado sobre si mesmo, os tempos começam a ser terminados e ela oferece "a primeira composição da imagem divina, a enunciação totalmente diferente de um nome divino, tão perdido quanto inencontrável"[102]. Ter-se-ia confirmação desse poder autenticamente metafísico na ulrapassagem da tese nietzschiana. Deixando uma parte demasiado grande à história, esta última voltava a música exclusivamente para o passado, a ponto de ocultar sua maneira de "projetar uma luz a emanar do futuro"[103]. No entanto, vendo-a florir como a derradeira das formas da cultura, Nietzsche esboçou um tema que, transformado, volta em Ernst Bloch: sua pertinência a um momento em que ela poderia opor à fadiga do olhar a disponibilidade de uma escuta mais disposta a apreendê-la pela essência. Nesse sentido, sua configuração própria seria menos a de oferecer a sobrevivência de uma época naquela que lhe sucede do que a de promover uma oportunidade inédita para a ultrapassagem do mundo, no lugar e posição do velho reino de imagens que as artes do visível elaboraram.

Eis, pois, o coração da tese de Ernst Bloch concernente a uma música pensada enquanto "metafísica do pressentimento e da utopia"[104]. Aqui, é decisiva sua maneira de aparecer como herdeira da visibilidade e refúgio de uma interioridade expulsa do universo terreno: "Pois ela, a música, floresceu quando desmoronou a visão, a vidência, o mundo visível e também os traços de Deus no mundo visível". Apoiada na "questão muito próxima e última em tudo", ela é assim a derradeira detentora do esforço que visa articular o segredo fundamental: posição que ela compartilha com a filosofia, tal como a concebe Ernst Bloch, a fim de que resista ao anúncio hegeliano de seu crepúsculo. Daí esse resumo surpreendente: "A clara-vidência extinguiu-se de há muito, mas uma clara-audiência, uma nova visão do interior não estaria a caminho senão agora que o mundo visível se tornou por demais impotente para manter o espírito e convoca o mundo audível, o recurso à luz, o primado da flama interior, para substituir o antigo

---

102 Idem, p. 192.
103 Idem, p. 59.
104 Idem, p. 189.

primado do olho, se jamais vier em música a hora de falar?"[105] Tendo em vista tal perspectiva, pode-se perguntar se Ernst Bloch não vem alojar na música uma componente essencial de sua filosofia e uma parte essencial de sua relação com o judaísmo, discretamente evocada por uma alusão à superioridade da orelha que escuta sobre o olho que olha. Em outros termos, é possível que ele consiga resolver o dilema teológico-estético em que se encerrava Walter Benjamin: descobrindo com ela uma autêntica experiência do mundo suprassensível, liberada da ilusão das imagens e apta a preservar as formas da espera messiânica[106].

Do lado propriamente filosófico de tal hipótese, pode-se ficar impressionado pela simetria entre o apego da fenomenologia contemporânea às figuras da presença do mundo elaboradas em pintura e a precisão com a qual Ernst Bloch esboça as categorias de uma hermenêutica dos afetos da espera a partir da música. Assim, encontrar-se-á em Maurice Merleau-Ponty uma bela análise da intenção de Cézanne em um contexto em que a pintura celebra incansavelmente o enigma da visibilidade. O que pretende, com efeito, Cézanne, senão sair do dilema que era ainda o do impressionismo: dever escolher entre a sensação e o pensamento como se se tratasse de decidir entre o caos e a ordem? Rompendo com essa alternativa, é um mundo primordial que ele procura restituir, com a esperança de apreender a natureza em sua origem. Daí a recusa de separar as coisas que aparecem em seu modo fugidio de aparição: para "pintar a matéria em via de formar-se, a ordem nascente por uma organização espontânea"[107]. Deslizando para essas fronteiras do visível e do invisível que a fenomenologia escruta igualmente, ele quebra a evidência da vida entre os objetos quotidianos: a fim de mostrar um mundo situado aquém da humanidade constituída, "um mundo sem familiaridade, onde não se está bem, que proíbe toda efusão humana"[108]. Mas o essencial se deve ao fato de que tal radicalidade produz simultaneamente o lugar singular ocupado por Cézanne na companhia dos pintores e a dúvida que o obsedava quanto à credibilidade de seu empreendimento.

---

105 Idem, p. 198.
106 Sobre esta dificuldade encontrada em Walter Benjamin, ver supra, cap. III, p. 348-361.
107 Maurice Merleau-Ponty, Le Doute de Cézanne, *Sens et non-sens*, Paris: Gallimard, 1996, p. 18.
108 Idem, p. 22.

É por si evidente para Merleau-Ponty que o triunfo de Cézanne provém desta maneira de atropelar o estatuto da representação: quando suas telas, que são, no entanto, apenas imagens, parecem dar ao mundo uma durabilidade maior do que aquela que ele conhece naturalmente. É o que ele resume de uma proposição que exporia talvez a grandeza última das artes do visível: "'O instante do mundo' que Cézanne queria pintar e que passou de há muito, suas telas continuam a no-lo jogar, e sua montanha de Sainte-Victoire se faz e se refaz de uma ponta a outra do mundo, de outro modo, mas não menos energicamente, que na rocha dura acima de Aix"[109]. Permanece, entretanto, não menos singular a explicação dada à dúvida de Cézanne: a uma inquietude e a uma solidão que provêm menos de sua estrutura psicológica do que da intenção mesma de sua obra. Assumindo a cultura desde o seu início, ele encarnava à maneira de Balzac o artista por excelência, que fala como o primeiro homem ou pinta como se ninguém o houvesse feito antes dele, liberando um sentido que não estava presente nem nas coisas nem na vida que permanece não formulada. Daí vem sua dificuldade, ligada à busca da ideia, ou ainda ao projeto de um "Logos infinito". Todavia, se a gente segue facilmente Maurice Merleau--Ponty quando reconhece aqui o risco da "primeira palavra", pode-se ficar tentado a deslocar o curso de sua interrogação quando acrescenta a propósito de Cézanne: "Ele se julgou impotente, porque não era onipotente, porque não era Deus e porque queria, no entanto, pintar o mundo, convertê-lo inteiramente em espetáculo, nos fazer *ver* como ele nos *toca*"[110].

Não ser Deus, mas pretender poder representar integralmente o mundo: tal é, talvez, a forma dessa ilusão da arte que já colocava Walter Benjamin na fronteira instável entre uma antiteologia e uma antiestética. Que o artista contesta a religião no terreno da manifestação do Verbo, eis o que mostra admiravelmente Merleau-Ponty e ninguém melhor do que Cézanne chegou a destacar essa "aura" que Benjamin designava como "a única aparição de um longe, por mais próximo que esteja". No mesmo instante, entretanto, ninguém sentiu, sem dúvida, com tanta intensidade quanto o próprio Cézanne a vanidade de tal empreendimento, e depois o

---

[109] Maurice Merleau-Ponty, *L'Œil et l'Esprit*, Paris: Gallimard, 1964, p. 35.
[110] Le Doute de Cézanne, op. cit., p. 25.

vazio em que se abisma a preocupação de nos fazer ver como o mundo nos toca. Voltando a Ernst Bloch, restaria questionar a forma desse malogro: ilusão constitutiva do projeto da arte em geral ou impasse proveniente dos laços que a pintura mantém com o mundo e o desejo de torná-lo visível? À luz de suas análises, cabe pensar que aqui é atingido substancialmente o único limite das estéticas do olhar, sem dúvida com as da fenomenologia, às quais ela se associa. Vinculadas à presença das coisas e voltadas para uma descrição do mundo, estas últimas têm por horizonte a garantia de sua durabilidade e o projeto de uma permanência mais autêntica do que a conferida pela natureza. Mas, como diz o próprio Merleau-Ponty para concluir suas meditações a propósito da dúvida de Cézanne, "nós nunca vemos a ideia nem a liberdade face a face"[111]. Ao que Ernst Bloch teria provavelmente vontade de responder que se nos é impossível vê-las, não é certo que não possamos ouvi-las.

Tal seria, sem dúvida, a significação última de uma definição da música como "iconoclasmo bem compreendido". Experimentado por Cézanne, sentido por Benjamin, descrito por Merleau-Ponty, o impasse próprio da pintura viria de sua incapacidade de se desprender da ilusão das imagens, desta propensão a dar um rosto às coisas na qual Emannuel Lévinas enxergava também a grandeza e a mentira da arte[112]. Poder-se-ia assim dizer que a forma de realização esperada pelas artes do visível procede de uma garantia de estabilidade concedida ao mundo, que permitiria ao homem construir para si uma morada, protegendo sua vulnerabilidade de ser mortal. Mas vê-se também como esse refúgio contra a corrosão do tempo pode transformar-se em prisão das coisas quando a preocupação formulada por Hannah Arendt de viver o mais intensamente possível entre os objetos do mundo confirma o enraizamento no seio deste último e a dependência em relação a suas figuras. É a dimensão do projeto inteiramente diferente da música que Ernst Bloch abraça estreitamente. Com ela, é menos a descrição do ser no mundo que é visada do que a expressão de uma capacidade de ultrapassá-lo: para explorar territórios libertados de sua materialidade e de seus limites. Eis

---

[111] Idem, p. 33.
[112] Cf. Emmanuel Lévinas, Éthique et esprit, *Difficile liberté*, Paris: Albin Michel, 1988, p. 20-21.

por que ela poderia ainda oferecer aquela entre as dimensões do universo suprassensível que sobrevive à reconciliação do conceito e do objeto, tal como ela se manifestava sob o olhar apaziguante da fenomenologia hegeliana. É precisamente porque ela atropela a perenidade do mundo, em vez de querer assegurar-lhe que a beleza de suas obras parece apresentar o máximo teor de honestidade do ponto de vista da prefiguração do melhor ou da formulação do desejo.

Encontrar-se-ia assim em Ernst Bloch a antiga confiança do judaísmo para com a audição, corolário de uma intransigência mantida em face do interdito da representação."Vós não vistes nenhuma imagem no dia em que o Eterno vos falou do meio do fogo" (*Deuteronômio* 4, 14): tal é realmente a estrutura primeira em torno da qual se organizam o ensinamento da sinagoga e a transmissão da Tradição, a partir de uma Revelação tida como um processo acústico[113]. Sabe-se do poder de ruptura dessa afirmação frente às religiões naturais circundantes e pode-se pensar que o banimento dos ídolos e das estátuas era a condição de uma curvatura da própria imaginação humana necessária ao reconhecimento da Lei no seio de uma revolução na história universal. Mas é conhecida também a dureza desta injunção à veneração de um Deus sem imagens, o preço pago por uma razão amiúde julgada como despida de fantasia, ostensivamente devotada à abstração e à distância de um mandamento transcendente. Procurando arrumar esse rigor, a mística tentou às vezes salvar as cores ou as formas, sublinhando Scholem que, para ela, a *Torá*

---

[113] Poder-se-ia acrescentar que esta oposição do ver e do ouvir está no coração do processo exegético quando ele concerne à questão da manifestação divina. Ao lado de numerosas explicações tradicionais, encontra-se em Maimônides a exposição mais completa desse problema, que não é outra senão a de uma refutação do antropomorfismo. Dando-se como tarefa, nos primeiros capítulos do *Guia dos Perplexos*, elucidar os termos ambíguos da *Torá*, Maimônides se depara com aquele que poderia parecer estar atribuindo a Deus um rosto: *panim*. A dificuldade é tanto maior quanto o termo surge em algumas passagens essenciais, como a de *Êxodo* 33, 11: "E o Eterno falou a Moisés face a face". De maneira paradigmática, Maimônides baseia-se no *Deuteronômio* 4, 12 ("E o Eterno vos falou do meio do fogo, vós ouvistes o som de suas palavras, mas vós não percebestes nenhuma imagem [forma], nada senão uma voz") para confirmar a oposição da visão e da audição: "assim fica claro para ti que por *face a face* pretende-se indicar que ele [Moisés] ouvia a voz [divina] sem o intermédio de um anjo" (ver *Guia dos Perplexos*, I, 37). Que a Revelação seja efetivamente concebida como um fenômeno acústico, eis o que estrutura a afinidade íntima entre o judaísmo e a música tal como a entende Ernst Bloch.

pretende menos excluir totalmente o mundo das imagens do que deslocar seu centro e seu refúgio[114]. Pela mesma razão, a maneira como Walter Benjamin organizou um pensamento da linguagem, estimando o peso de suas expressões figurativas encarnadas pela alegoria, parecia ainda aparentar-se a um esforço de conciliação entre a fidelidade às exigências do verbo e a impaciência de descobrir ocorrências materiais de sua manifestação ou traços de sua sobrevivência. Resta que é bem possível que a grande intuição de Ernst Bloch resida no sentimento segundo o qual tais empreendimentos permanecem afastados do soclo mais secreto da experiência judaica: uma contestação radical da visibilidade do mundo.

Schoenberg, Moisés e os Contornos do Inexprimível

Tardiamente elevada sobre o fundo de um declínio do mundo visível e dos traços de Deus em seu seio, a música é, não sem razão, o último domínio onde se pode refugiar a celebração do Nome ou aquele no qual o homem consegue ainda elaborar a formulação última de sua esperança. Nessa perspectiva, cumpriria construir um laço que reunisse a maneira como Ernst Bloch a descreve como "arte do franqueamento utópico por excelência" com uma interpretação do projeto de Schoenberg, tal como ele se desdobra através de *Moisés e Aarão*[115]. No que concerne a Bloch, o lugar da música é diretamente indicado em um contexto de resistência ao esgotamento do mundo suprassensível: é porque resta muito a esperar que ela exprime, com a ética e a metafísica, "a irrupção e o pressentimento da latência iminente e derradeira"[116]. Daí vem, aliás, o risco em que ela faz incorrer aqueles que a levam aos extremos de suas possibilidades e é o que torna um Tristão, incapaz de retornar indene de sua viagem ao outro

---

114 Ver Gershom Scholem, La Symbolique des couleurs dans la tradition et la mystique juives, *Le Nom et les symboles de Dieu dans la mystique juive*, trad. M. R. Hayoun e G. Vajda, Paris: Cerf, 1988, p. 152 e s. Cabe mencionar também, em Scholem, as Considérations sur la théologie juive, *Fidélité et utopie*, trad. M. Delmotte e B. Dupuy, Paris: Calmann-Lévy, 1978, p. 249 e s.
115 *Le Principe espérance*, III, p. 172.
116 *L'Esprit de l'utopie*, p. 119.

lado, uma espécie de irmão dos três rabinos que se aventuraram no invisível e no verdadeiro: um não viu nada, o outro ficou louco e Rabi Akiva não encontra ninguém mais senão ele próprio[117]. Daí procede também sua maneira de jamais nos conservar intactos, como se o som possuísse um valor demasiado ontológico para se deixar encerrar inteiramente na forma ou no programa. É enfim aí, sem dúvida, que se ataria a estranha afinidade entre as modalidades de seu surgimento em nossas existências e as que Emmanuel Lévinas associa à obscura luz a filtrar-se de um rosto humano, a qual emana "daquilo que *não é ainda*, de um futuro jamais bastante futuro, mais distante que o possível"[118].

É aqui decisiva a dimensão do tempo, em que a música desdobra sua autêntica capacidade de ampliação da experiência até as cercanias das regiões da transcendência. Baralhando incessantemente as fronteiras que Husserl estabelecia em suas *Lições sobre a Consciência Interna do Tempo** entre o tempo objetivo do mundo e o tempo vivido pela subjetividade humana, a música voga para além do batimento das horas, para finalmente assegurar o que parece impossível: uma "persistência do anterior no atual"[119]. Porque solicita simultaneamente a memória e a antecipação, ela conjuga o que comumente se mantém separado: a herança e a edificação, o escoamento e a retenção, a preparação e a acumulação, até uma plenitude libertada dos embaraços da figuração. Assim pode advir que, pelo contraponto, a orelha ouça mais do que o conceito sabe explicar, mesmo quando sob o discurso musical se expõe "um novo Eu (*Moi*), para que a audição seja esperança"[120]. Que tudo na sonata beethoveniana tenha sua necessidade demonstrável de ser assim, seu lugar neste instante, seu

---

117 Ver *Haguigá*, 14b, passagem livremente interpretada por Bloch, em que os três rabinos são quatro, um deles arrancando ainda as plantas do jardim (*pardes*).
118 Emmanuel Lévinas, *Totalité et infini*, Paris: Le Livre de poche, 1990, p. 285.
* *Vorlesungen zur Phänomenologie des inneren Zeitbewusstseins*. Trad. port.: *Lições para uma Fenomenologia da Consciência Interna do Tempo*, trad. Pedro M. S. Alves, Lisboa: Casa da Moeda: Imprensa Nacional, 1994 (N. da E.).
119 *L'Esprit de l'utopie*, p. 160. Vem ao pensamento a oposição proposta por Husserl entre "tempo vivido" e "tempo objetivo", em *Leçons pour une phénoménologie de la conscience intime du temps*, trad. H. Dussort, Paris: PUF, 1964, p. 6 e s. É precisamente a propósito da melodia que Husserl fala ao mesmo tempo de "retenção" e de uma "espera pré-vidente" (p. 37). Cf. Pierre Bouretz, *Prima la musica*: Les Puissances de l'expérience musicale, *Esprit*, julho de 1993, p. 114 e s.
120 *L'Esprit de l'utopie*, p. 170.

peso e sua dignidade, seu modo exato de aparecer no seu prazo metafísico adequado, e eis que descobrimos por que no tempo da música "sente-se nitidamente uma vida mais profunda em ação"[121]. Mas que percebamos melhor ainda como o som não irá a parte alguma se não o acompanharmos e se a música não nos libertar seu último segredo: o fato de que ela representa o mais seguro acesso existente para uma hermenêutica dos afetos de espera, porquanto "seu propósito é o de cantar e de invocar este Essencial em que o Humano encontra sua verdadeira face"[122].

E é sintomático que Ernst Bloch reencontre Schoenberg em um terreno onde a liberação ante as restrições da harmonia seja interpretada menos diretamente em termos da revolução radical do espaço musical do que pelo cuidado de uma nova ordenação do tempo[123]. Relativizando aqui a parcela de revolta contra a autoridade da regra herdada da tradição, Bloch vê, antes de tudo, a retomada de um projeto já assumido pelos grandes compositores do passado e que consiste em evitar que a forma venha cobrir a voz de seu objeto. Nesse sentido, se é verdade que Schoenberg teoriza a intermitência das relações com a tônica como solução do problema da exposição, não é menos certo que suas próprias harmonias oscilam de bom grado no contraponto quando elas se atrevem a tanto. O essencial é,

---

121 Idem, p. 156.
122 *Le Principe espérance*, III, p. 189. Ver Pierre Bouretz, La Musique: Une Herméneutique des affects d'attente?, *Rue Descartes*, n. 21, setembro de 1998, p. 45-60.
123 Ver *L'Esprit de l'utopie*, p. 150-156. Nessas páginas sobre Schoenberg, Ernst Bloch evoca um livro que só pode ser a primeira edição do *Tratado de Harmonia*, publicado por Schoenberg em Viena, em 1911; depois ele faz referência ao Quarteto em *fá* diese menor (n. 2, Op. 10, composto entre 1907 e 1908, tocado pela primeira vez em 21 de dezembro de 1908 e editado em 1912). Além de seu dispositivo instrumental original (intervenção da voz), esse quarteto oferece por seu último movimento a primeira grande contestação da tonalidade: iniciando o que será vivido como a "revolução" da segunda escola de Viena. Notar-se-á que Bloch vê aqui menos uma revolução como tal do que uma sapiente dialética de ruptura e fidelidade à tradição. Embora não dispondo de todos os desenvolvimentos da obra, essa leitura, que difere profundamente da que será a de Adorno, percebe um elemento essencial da intenção de Schoenberg: uma poderosa relação com a tradição que se exprime igualmente por formas de retorno à sua primeira escritura; ver um texto tardio, que passaria, sem dúvida, por uma confissão do ponto de vista de Adorno: On revient toujours, 1948, em Arnold Schoenberg, *Le Style et l'idée*, trad. C. de Lisle, nova edição estabelecida e apresentada por Danielle Cohen-Lévinas, Paris: Buchet/Chastel, 2002, p. 90-91. Ao que se acrescenta, pois o que se quer salientar é o propósito metafísico próprio ao autor de *Moisés e Aarão*, que é essa dimensão que ele põe muitas vezes à frente, com respeito a uma descoberta geralmente interpretada como revolta contra a tradição.

sem dúvida, que a tonalidade flutuante ou suspensa possa liberar novos horizontes, sempre mais devotados ao poder de ampliação da experiência do mundo própria à música, pelo menos desde J. S. Bach[124]. Lá onde o tom fundamental, a voz colocada ou o ponto de suspensão considerado figuravam outrora um centro, o sentido se encontra doravante em andamento, indo sem cessar, para não chegar, de sorte que o canto termina no "novo, infinito e irrealizado"[125]. É uma maneira de dizer, em suma, que, quando Schoenberg advoga em favor do acorde inusitado ou do som inédito que transgridem a adequação simbólica visada no sistema "natural" da física harmônica, não é tanto o desejo feroz de contestar a convenção que o guia do que o anelo de evocar por uma associação sonora original um novo universo afetivo.

O contraste é impressionante entre esta inscrição do desígnio de Schoenberg em uma meditação sobre a defrontação da música com o inexprimível e a abordagem que Adorno oferece no contexto de uma teoria das vanguardas. Existe seguramente uma origem comum às filosofias da música próprias a Bloch e a Adorno: uma relação distante e fascinada com a estética de Hegel, quando ela tematiza na arte um "desdobramento da verdade". No entanto, tendo permanecido infinitamente mais próximo de Hegel em sua maneira de ultrapassá-lo do que Ernst Bloch, Adorno situa a "nova música" no processo de uma dialética das Luzes, da qual participa a arte, o mais das vezes às suas próprias custas. No seio dessa dialética, a arte perdeu a certeza imediata de si que ela possuía outrora e a confiança em formas e materiais aceitos sem discussão. Tal é a parte daquilo que Hegel já denominava uma "consciência do desespero" e que o universo contemporâneo amplifica: a humanidade vê abater-se sobre si um sofrimento ilimitado que deixa traços no próprio sujeito e o priva do apazi-

---

124 É coisa conhecida a veneração de Bach entre os compositores da segunda escola de Viena. Amiúde inscrita no cerne de obras tecidas em torno das quatro letras de seu nome, é também exposta diretamente por Schoenberg em um texto de 1931, em que ele evoca seus "mestres": "De Bach aprendi o espírito do contraponto [...], a arte de construir uma obra inteira a partir de um elemento único [...], a arte de me libertar dos 'tempos fortes' da medida" (Du nationalisme en musique, em *Le Style et l'idée*, p. 139). Berg, quanto a ele, sublinha a importância desse texto, a ponto de querer definitivamente aproximar Schoenberg de Bach. Ver Alban Berg, Credo (1930), *Écrits*, trad. H. Pousseur, G. Tillier e D. Collins, Paris: Christian Bourgois, 1999, p. 64-65.
125 *L'Esprit de l'utopie*, p. 152.

guamento previsto pelas Luzes. Esse esgotamento não fica, todavia, sem deixar resto: "Esta arte recebeu o aporte de um obscuro [momento] que não interrompe como um episódio a *Aufklärung* acabada, mas cobre com sua sombra a sua última fase e naturalmente quase exclui, em virtude de seu poder real, a representação pela imagem"[126]. Daí uma tese que poderia, em suma, cruzar com a de Bloch no tocante aos universos da estética e seus modos respectivos de sobrevivência: se a arte pode e deve ainda elevar-se contra a falsa clareza do mundo, é vindo praticamente a excluir a "representação pela imagem".

Mas é, de algum modo, esse hegelianismo negativo que vem logo organizar uma partilha severa entre as ocorrências da música nova e uma visão de Schoenberg muito distante da defendida por Bloch. Em se tratando de apreciar a música de seu tempo, Adorno abandona amiúde as nuanças, opondo um Stravínski afogado na obscuridade de uma abordagem reacionária a Schoenberg, que levanta a bandeira da revolução. Mais importante, todavia, é a caracterização do objeto desta última: no duplo quadro de uma revolta contra a ausência de pensamento ou de sentimento atribuída aos compositores do século anterior e do anúncio de uma "espécie de vazio de uma ordem superior". Para Adorno, se Schoenberg sublinhou em toda a história da música a existência de uma transformação dos elementos expressivos em material de composição, foi para marcar no seio de sua própria *démarche* um questionamento radical da possibilidade mesma da expressão. Contemporâneo, se assim se quer, da morte de Deus, ele renuncia, para Adorno, ao universo beethoveniano: um universo em que vivia ainda "a ideia de 'mundos melhores' e também a de humanidade"[127]. Com esta consequência apenas contrariada pelas últimas obras de Schoenberg, quando elas procuram recuperar o problema do "conteúdo": a partir dele "não resta nada mais à música avançada senão insistir em seu próprio endurecimento, sem concessões a este 'humano' que, lá onde ele continua a exercer seu charme, ela o reconhece como a máscara da inumanidade"[128].

---

[126] Theodor W. Adorno, *Philosophie de la nouvelle musique*, trad. H. Hildenbrand e A. Lindenberg, Paris: Gallimard, 1962, p. 25 (trad. bras.: *Filosofia da Nova Música*, trad. Magda França, 3. ed., São Paulo: Perspectiva, 2009).
[127] Idem, p. 29.
[128] Idem, p. 30.

Percebe-se assim a feição finalmente antinômica das interpretações que Adorno e Ernst Bloch deram à intenção que seria própria a Schoenberg. Encarnar um progresso vivido numa luta feroz contra as ilusões do humanismo e as seduções de um retorno à ordem de que Stravínski foi portador ou renovar a linguagem e as formas por cujo intermédio a música sempre tentou abordar o Essencial: tal seria a estrutura do conflito, sobre o fundo de uma oposição filosófica concernente à relação do homem com o mundo e a significação do momento histórico contemporâneo. É possível então que seja preciso emprestar de Bloch o essencial de seu propósito, a fim de corrigir o dogmatismo de Adorno, repondo em pauta ao mesmo tempo a consideração, a partir deste último, acerca da dimensão de autêntica revolta que Bloch minimiza às vezes em Schoenberg. Embora desconhecido pelo Bloch de *O Espírito da Utopia*, é o projeto de *Moisés e Aarão* que se prestaria melhor a tal perspectiva. Dedicadas a Gershom Scholem, as páginas consagradas por Adorno a essa obra aparecem amiúde com uma feição oposta às linhas pesadas e rígidas encontradiças em sua *Filosofia da Nova Música*. Descobrindo aqui um "fragmento sagrado", Adorno reconhece na ópera bíblica de Schoenberg uma obra que expõe a fidelidade e a impaciência, a condição de seres finitos que veem o absoluto subtrair-se diante deles, os quais sabem que, procurando nomeá-lo por terem o dever de fazê-lo, eles o trairão, mas que compreendem também que, ao guardar o silêncio, faltarão ao imperativo não menos imperioso de dizê-lo. Mais ainda, estabelecendo um liame entre *Moisés* e as obras anteriores de Schoenberg, como *A Escada de Jacó* ou os *Salmos*, ele identifica sua preocupação com uma "arte religiosa extraída em favor e contra todos em sua época"[129].

Se ele desloca sensivelmente os contornos de sua análise do projeto de Schoenberg, Adorno confirma, no entanto, as linhas diretrizes de sua interpretação. Sem que se apreenda o que procede da intenção do compositor e o que viria de uma coincidência entre o destino da obra e uma situação de época, *Moisés* mostrará antes de tudo a "impossibilidade da obra"[130]. Desdobrando um conflito irredutível do finito e do infinito, Schoenberg

---

129 Theodor W. Adorno, Un Fragment sacré: Au sujet de *Moïse et Aaron* de Schoenberg, *Quasi una fantasia*, trad. J. L. Leleu, Paris: Gallimard, 1982. p. 247.
130 Idem, p. 246.

devia necessariamente deparar com uma aporia: "O caráter transubjetivo da obra e sua necessidade transcendente vinculada à *Torá* são desmentidos pelo fato de ela ser uma livre criação estética"[131]. A consequência é que aquilo que permite "salvar" a ópera religiosa desse compositor revolucionário só pode proceder de um paradoxo. Em uma face, a ópera *Moisés e Aarão*, que oferece um aspecto "estranhamente tradicional", sofre do defeito que se liga à ideia de uma "obra mestra", ligada à representação tipicamente burguesa de uma transfiguração metafísica do indivíduo. É então seu não acabamento, e somente ele, que se torna um índice de sua maestria, na medida em que prova a ilusão da realização no contexto de uma fusão, no entanto perfeita, entre a intenção e a composição. De maneira mais geral, o singular triunfo de Schoenberg desvela aquilo que sempre atormentou a obra sagrada, privando, por exemplo, Bruckner ou o Beethoven da *Missa Solemnis* do acesso à terra com a qual sonhavam: o fato de que ela não pode ser "objeto do querer", porquanto procurá-la já é por si mesmo "atentar contra seu conceito"[132]. Sem que se possa, mais uma e última vez, determinar em que medida ele queria isso, o Schoenberg de Adorno teria, portanto, pago o seu tributo a uma música que viera contra a imitação. Lembrando o interdito das imagens, sua ópera se elevava contra a expressividade e contestava o caráter figurativo da arte europeia. Mas se Moisés falava, Aarão devia então cantar e no momento do impossível fim a própria Palavra vem faltar[133].

Tem-se, todavia, o direito de não estar completamente satisfeito com essa interpretação um tanto contornada e finalmente irônica da grande obra em que Schoenberg depositara o fundo de sua mensagem e para a qual utilizara suas últimas forças. Adorno percebeu muito bem como a necessidade de expressão que nele persiste, apesar da recusa da mediação, "encontra seu modelo secreto na Revelação, enquanto revelação do Nome"[134].

---

131 Idem, ibidem.
132 Idem, p. 248.
133 O *Moisés* de Schoenberg apresenta um enigma que não cessa de fascinar. Trabalhada durante quase trinta anos, a obra permanece inacabada, sendo ademais suspensa com esta fórmula: *O Wort, du Wort, das mir fehlt!* Para Adorno, esta espécie de elisão parece ao mesmo tempo sofrida, como sanção de uma transgressão, e pretendida, enquanto recuperação em face da intenção inicial.
134 Idem, p. 252.

Mas tudo se passa como se ele quisesse apagar o traço: voltando incessantemente à ideia segundo a qual Schoenberg permanece apegado ao "realismo" e a um "funcionalismo" dos mais rigorosos, mesmo quando compõe música religiosa. Ora, pode-se pensar que seu projeto na matéria procede menos de uma técnica da "negação determinada", visando eliminar o elemento subjetivo da música, do que de uma autêntica preocupação de cercar "o original, eterno, onipresente, invisível e inconcebível", segundo as primeiras palavras de Moisés. Testemunhá-lo-ia notadamente o agastamento que ele manifesta acerca de um artigo que vê na obra a encenação dos conflitos próprios ao artista e ao qual ele respondeu tratar-se aí de um propósito do século XIX, acrescentando imediatamente: "O tema e seu tratamento são puramente religiosos e filosóficos"[135]. É possível dizer, sem dúvida, como Adorno, que a ópera *Moisés e Aarão* coloca uma questão de tipo kantiano, concernente à possibilidade de uma música cultual fora de todo culto. Mas é mais difícil privar essa questão de seu "radicalismo ontológico". Mais vale, por certo, aceitar pelo que ela é a intenção imediatamente metafísica de Schoenberg, mesmo que se tenha de escrutar em seguida os motivos de um tremor diante de sua realização.

Obliterando uma legenda tenaz alimentada por alguns de seus discípulos ou comentadores que gostariam de convertê-lo em um eterno oponente da tradição, Schoenberg contava no fim de sua vida que sempre havia venerado o respeito dos mestres do passado para com seus predecessores, por experimentar com eles o sentimento de que a beleza e as possibilidades da arte são mais importantes do que o estilo por meio do qual elas se exprimem. Confessando ter vivido como um destino o movimento que o carregava para a música atonal, adicionou: "pois o Todo-Poderoso me impusera uma outra via, mais rude"[136]. Como não encontrar simultaneamente aqui a significação que o próprio Schoenberg concedia à revolução em que ele queria engajar a música e a chave de *Moisés e Aarão*, obra que expõe o rigor de tal tarefa com o temor inteiramente humano de não poder assumi-la? Do primeiro desses pontos de vista, cumpriria admitir que o projeto de

---

135 Arnold Schoenberg, carta a Josef Rufer (13 de junho de 1951), *Correspondance 1910-1951*, trad. D. Collins, Paris: Lattès, 1983, p. 297.
136 Arnold Schoenberg, On revient toujours, op. cit., 91.

Schoenberg está imperfeitamente refletido pelo modelo das vanguardas, na medida em que a invenção de uma nova linguagem pretende menos subverter os critérios estéticos do belo do que convidar ao retorno para um projeto abandonado. Nesse sentido, se Schoenberg se revolta contra a deriva figurativa de um discurso musical de bom grado demasiado expressivo, é para recuperar a destinação primeira da música: ela deve cessar de contemplar ídolos ou pintar o mundo, para devotar-se à manifestação da Ideia. Tal seria, portanto, o horizonte daquilo que parece um puro formalismo, mas poderia provir mais de um convite ao esquecimento dos poderes consoladores da música em favor de uma busca da verdade oculta. Com esse chamamento ainda uma vez formulado pelo próprio Moisés: não se pode "encerrar o Ilimitado em uma imagem" (I, 2).

Uma vez resgatadas a profundeza metafísica do projeto de Schoenberg e a maneira como a ópera *Moisés e Aarão* a desdobra melhor do que todo manifesto, resta apreender a natureza do conflito em que se opõem os dois irmãos e o que ele revela das disposições interiores do compositor. Ninguém duvida que no instante da sarça ardente Schoenberg seja Moisés querendo acolher a Revelação, quando ressoa a injunção: "proclama" (I, I). Depois ele se exprime ainda por sua voz, ao longo de todo o caminho da resistência contra a desconfiança do povo e da impaciência de Aarão, a sedução do Bezerro de Ouro e as palavras maléficas dos Anciões: "Povo eleito para conhecer o Invisível, para pensar o Inconcebível" (I, 2); "Pressentes agora a onipotência da Ideia sobre as palavras e as imagens?" (I, 5). Nesses instantes Schoenberg é com certeza o profeta de uma música nova cuja regra secreta consiste em enunciar a Lei. Mas como não imaginar que ele se encontra igualmente no rosto de Aarão: mediador e depois testemunha; confiante e depois assustado? Aarão que procurava tornar-se a boca de seu irmão perante o coro de um povo que permaneceu fiel aos deuses visíveis e deseja estabelecer proporções imediatas entre o medo e o castigo, o amor e a recompensa (I, 4). Mas Aarão que duvida também quando todos se sentem abandonados quarenta dias após o desaparecimento de Moisés, quarenta dias "sem código nem lei" (II, I). Aarão que então renuncia e sugere a Israel o retorno às antigas divindades, de preferência a sofrer uma escravidão desprovida de promessa, privada de uma crença "próxima, presente, quotidiana". Aarão, que propõe enfim um último compromisso:

que os mandamentos sejam estritos, mas "portadores de esperança"; que se aguarde conjuntamente quer a forma quer a Ideia (II, 1). Aarão mais humano, em suma: oscilando entre um fervor que vacila e essa confusão que se apodera por um instante do próprio Moisés quando a Palavra se furta.

"Ó Palavra, tu Palavra que me faltas": fica-se espantado diante da coincidência entre o não remate de *Moisés* e o fato de que tal seja a última palavra da parte composta por Schoenberg. Sugerindo que compete às grandes obras fixar para si um alvo extremo para se rebentar ao querer atingi-lo, Adorno preserva o motivo de sua interpretação e vê no silêncio final a ilustração de uma impossibilidade posta já no ponto de partida. No entanto, salvaguardando assim uma espécie de domínio teórico de Schoenberg em relação ao seu tema, deixa escapar talvez as diferentes formas desta inquietude metafísica que dá toda a sua profundidade a seu empreendimento. Por certo, aquela que se prende à palavra ausente no instante em que a escritura musical se interrompe para não mais conhecer senão a ideia que devia assegurar seu prosseguimento, como se Schoenberg fosse por uma última vez um Moisés a descobrir que havia ainda usado imagens para anunciar a Lei, quebrando as tábuas e voltando à angústia outrora vencida no momento da sarça:"eu posso pensar, mas não falar" (1, 1). Mas aquela que vem igualmente da época que se estende entre a formulação do projeto da ópera bíblica (1928) e a morte de Schoenberg (1951), o qual, não se pode esquecer, havia retornado solenemente à comunidade de Israel em 1933, antes de consagrar uma parte de seu tempo à ajuda aos exilados e às *démarches* para a fundação de um Estado. Ao que se juntaria, enfim, aquela que se manifesta diretamente pelo rosto de Aarão: irmão dos homens desse tempo e consciente da ilusão dos ídolos; mas também impaciente de viver o momento da Redenção e preocupado em ver o inacessível tornar-se presença.

Espanto e Disponibilidade: O Mundo que Nenhum Olho Viu

É talvez entre a Palavra que falta a Moisés e o dito de Schoenberg, segundo o qual "a gente volta sempre", que descobriríamos ao mesmo tempo a verdade de uma obra que pretendia invocar o Nome mais do que contemplar ídolos, o fato de que ela esclarece do interior os singulares poderes da música na perspectiva da espera e o núcleo de uma afinidade com o pensamento de Ernst Bloch, incessantemente orientado para os horizontes do futuro. Reencontrando a fé de seus pais no momento em que as trevas desciam sobre a Europa, Schoenberg via também esta fidelidade proclamada na tormenta como o solo sobre o qual se edificava desde há muito seu empreendimento musical. No entanto, sua maneira finalmente serena de confessar haver tentado sempre retornar à tonalidade incita a pensar que ele continuava a explorar duas vias para uma música cuja situação Bloch caracteriza dizendo que ela "partilha em uma medida bastante grande do declínio da certeza ontológica do Céu"[137]. Aquela, por certo, que consiste em conceber a linguagem formal que conseguiria recuperar esta certeza: expondo a Ideia sem transgredir um interdito das imagens em que se reconhece o autêntico respeito à transcendência. Mas aquela também que admite uma expressividade descrita por Bloch como optativa, guiada pelo anseio e voltada para uma abordagem de um "mundo distante humanizado ao extremo". Nesse sentido, e sem dúvida pelo lado de Aarão, Schoenberg permanece até o fim o irmão de Gustav Mahler, de quem Ernst Bloch dizia que ele representava verdadeiramente o judaísmo em música, com sua dor e seu fervor. Um Mahler que mostra como "eternamente o coração se despedaça diante do Eterno, diante da profunda luz original interior". Mas um Mahler próximo, no entanto, de "prodigalizar sobre o mundo e as tumbas o derradeiro segredo da música", em uma época vazia, morna e cética[138]. Que esse derradeiro segredo esteja intimamente ligado ao último tesouro da experiência humana, e passamos a compreender a forma da aliança selada com paciência por Ernst Bloch entre a música, a filosofia e um pensamento da história desembriagado das fascinações da totalidade: trata-se da mesma consciência de um "tempo atuante" e de seu movimento rumo ao desconhecido que anima o desenvolvimento contrapontístico de uma fuga, assegura a percepção de um impulso da história para além do fechamento de cada época em si mesma, orienta enfim o encaminhamento de uma "ética da interioridade"[139]. Da música, é

---

137 *Le Principe espérance*, II, p. 465.
138 *L'Esprit de l'utopie*, p. 89.
139 Idem, p. 160.

preciso assim dizer, como da filosofia, que ela busca uma formulação para a questão fundamental e que vem no fim. No entanto, e diferentemente das outras artes, sua maneira de evocar o Soberano Bem evita encerrá-lo no mundo e respeita esse tateio alternadamente confiante e depois inquieto em que se manifesta o próprio do homem. Lançada como um chamado ao que falta, ela se desvia do projeto de representá-lo para simplesmente mostrar uma disponibilidade para a sua escuta: o que a torna, no sentido exato, uma "felicidade de cegos"[140]. O fato de Schoenberg ter pessoalmente experimentado a profundeza e as vicissitudes de tal fenômeno dá toda grandeza de seu empreendimento: a música persiste a despeito do declínio da certeza ontológica do Céu, pois ela arruma no lugar que ficou vacante um território sonoro que poderia acolhê-lo de novo; ela não só sobrevive ao esgotamento das artes do visível, mas é contestando a própria visibilidade que ela testemunha em favor da esperança humana, recuperando ao mesmo tempo sua autêntica preocupação com uma abordagem do indizível. Quanto ao próprio Ernst Bloch, ele pode assim encontrar nela o material de uma estética que não se volta contra a teologia, mas vem antes medir essas regiões onde o "como se" moral já era precisamente um "não ainda" teológico.

  É doravante impossível evitar uma exploração mais aprofundada desse domínio muitas vezes abordado, a fim de estimar sua importância no coração de um pensamento deliberadamente inscrito na perspectiva da utopia. Ele é lembrado como tendo aparecido uma primeira vez sob a forma do "resíduo" que permanece renitente à absorção na totalidade, e sabe-se agora que pode, através da música, curto-circuitar o mal infinito em que vinham se perder, para Hegel, os horizontes do mundo suprassensível. Ernst Bloch o havia evocado outrora em seus *Traces*: sugerindo que a "descrença maciça de hoje em relação ao invisível ou, antes, ao que não é ainda visível, é, sem dúvida, tão louca quanto a crença maciça em um céu de carne e osso"[141]. Depois ele devia medi-lo até a sua derradeira obra, prosseguindo com ele a elaboração das categorias do surgimento no ser, obscura de uma luz vinda do futuro, para aquilo que se aparenta a

---

140 *Le Principe espérance*, III, p. 173-174.
141 E. Bloch, *Traces*, p. 234.

uma ontologia do "não-ainda-ser"[142]. "Morte, onde está tua vitória?", pergunta Emmanuel Lévinas a propósito de Ernst Bloch, reconhecendo a audácia particular de sua obra na presença jamais desmentida dessa pergunta. Tal será, pois, a coerência última de um pensamento que concebe o despertar da reflexão sobre o ser a partir da insatisfação que a imperfeição do mundo e o escândalo ligado à miséria do outro causam: antes de conduzi-la para os momentos em que a esperança se insere na indeterminação de um sujeito prisioneiro da facticidade. Tal será também seu verdadeiro alcance, singular para a época e raro no seio da própria filosofia: "Jamais, talvez, um corpo de ideias tenha apresentado uma superfície em que a ética e a ontologia, na oposição em que elas são compreendidas em um mundo inacabado, apareçam em superposição impressa sem que se possa dizer qual a escritura que produz a outra"[143].

O entrecruzamento das escrituras da ética e da ontologia no movimento próprio à obra de Ernst Bloch permite, pois, nomeando-se ao mesmo tempo, cercar o horizonte que a norteia e que repõe em pauta a dimensão tradicionalmente ligada ao messianismo. Surpreendente por sua permanência, essa impressão messiânica assumiu, todavia, feições diferentes no pensamento de Bloch. A mais estranha é a que se apresenta nas últimas páginas de O *Espírito da Utopia* sob a coberta de uma meditação concernente às "formas do encontro universal de si", ainda denominada "escatologia". Francamente apocalípticas, atravessadas por imagens cristológicas que atormentavam Walter Benjamin na leitura da obra, elas parecem conjugar a espera do Reino com a visão de um triunfo do mal, para uma época que se assemelha ao reino de Satã. Ao termo de um livro que "não conclui nenhuma paz com o mundo", Ernst Bloch evoca a natureza física como uma prisão do si (*soi*), um "montão de escombros em que se empilha a vida frustrada, morta, decomposta, perdida e finda"[144]. Depois ele vê aquele momento em que "o céu desaparece como um pergaminho que é

---

142 Ver a introdução a *Experimentum mundi: Questions, catégories de l'élaboration, práxis*, trad. G. Raulet, Paris: Payot, 1981, p. 29. Nesta última apresentação de um trabalho dado como o derradeiro de uma obra inaugurada com *Traços* e reorganizada para sua publicação definitiva, Ernst Bloch volta a examinar o conjunto de sua *démarche*, a significação de seu movimento e a forma de suas diferentes inscrições.
143 Emmanuel Lévinas, Sur la mort dans la pensée d'Ernst Bloch, op. cit., p. 65.
144 *L'Esprit de l'utopie*, op. cit., p. 325.

enrolado", descrito nos apocalipses como uma meia-noite da história pela qual o remate é precedido de um desvanecimento de todos os tempos e dos semblantes do mundo. Pode-se reconhecer aqui e ali algumas figuras passíveis de lembrar esta percepção escatológica das catástrofes que antecedem o fim, onde Scholem percebe ao mesmo tempo uma das fontes do messianismo e o suporte de sua secularização nas utopias políticas modernas: o Messias virá "em uma época com cabeça de cão"; "quando tereis tombado no ponto mais baixo, nesse momento, eu virei vos resgatar"[145]. Mas é forçoso constatar, com o próprio autor meio século mais tarde, que o conjunto se dilui às vezes em uma espécie de gnose que pena para captar seu objeto, ao mesmo tempo revolucionário e teológico.

Totalmente diferentes hão de ser no período seguinte as alusões às perspectivas do messianismo. Enquanto Benjamin se afastava das interpretações propostas por Scholem para vir em seus últimos textos para uma escatologia da história, Ernst Bloch parece reencontrar progressivamente a esteira das concepções mais próximas da Tradição. Mesmo se for verdade, como nota Emmanuel Lévinas, que algumas dessas novas ocorrências estão marcadas pela atmosfera de um judaísmo leste-europeu relativamente distanciado do pensamento rabínico, não é, todavia, certo que elas sejam somente folclóricas. A título de ilustração, quando Bloch conta em *Traces* a história da "boa mão", é para restituir uma forma especificamente judaica da *Aufklärung* "que está longe de duvidar que haja fantasmas, mas que não lhes reconhece o direito de existir em face dos homens e de seu Deus sem diabruras"[146]. No século XVIII, mestre Schotten de Mainz tinha o costume, por ocasião de suas viagens, de consultar o rabi de Michelstadt que gozava da fama de miraculoso. Um dia em que ele havia confessado que tivera um mau sonho atormentado pelo pressentimento de um grande perigo, o Baal Schem lhe dera o resto de uma vela extinta que estava jogada sobre a mesa desfeita. Chegando a Saint-Gall, mestre Schotten, que não pôde se hospedar em seu albergue habitual, dirigiu-se àquele para onde haviam

---

145 *Sanedrin*, 97a, e *Midrasch Tehilim*, sobre o salmo 45, § 3. A respeito do laço entre a figura do "Messias oculto" e os tempos de catástrofe, ver Gershom Scholem, Pour comprendre le messianisme juif, *Le Messianisme juif*, trad. B. Dupuy, Paris: Calmann-Lévy, 1974, p. 36-37.
146 *Traces*, p. 215. "A boa mão" (*heureuse*, no sentido de 'a mão feliz, da sorte'), tal é também o título de um oratório inacabado de Schoenberg... Mas isto é pura coincidência.

enviado o seu amigo Bacharach. Mas tão logo se instalou em seu quarto, descobriu estar ali prisioneiro, com a porta trancada pelo criado e a janela bloqueada pela umidade. Assaltado pelo odor de morte que se assemelhava ao de seu sonho, procurou um cadáver à luz de uma vela bruxuleante em vias de se extinguir. Foi então que se lembrou do círio do rabi, acendeu-o e descobriu meia dúzia de corpos entre os quais o de seu amigo. Ele o levantou, estendeu-o na cama e prendeu as bordas da coberta como se ele estivesse dormindo, tomando o seu lugar na ucha em que jaziam os assassinados. Logo a porta se abriu e homens vieram golpear uma segunda vez o crânio do mestre Bacharach. De manhã, mestre Schotten se introduziu na multidão, chegando a dirigir-se na língua sagrada a um outro de seus amigos para desviá-lo da pousada e os criminosos foram logo confundidos. Reencontrando mais tarde o rabi de Michelstadt, contou-lhe a história. Este último repôs sem mais aquela o círio em seu castiçal e disse de maneira lacônica: "A vela vos ajudou como a língua sagrada, mas ela continua sendo uma simples vela". Comentando esse relato, Ernst Bloch acrescentou simplesmente que "é por isso que dizemos: um dia talvez tudo irá melhor, fora também, lá fora completamente".

Ainda que *Trace* seja um livro tecido de relatos dessa natureza, Bloch escreve a propósito de um dentre eles que "tudo é signo, e o signo seguramente não se realiza senão no ínfimo"[147]. Essa fórmula faz, com certeza, eco ao adágio de Aby Warburg, que já formava um traço de união entre Gershom Scholem e Walter Benjamin: "O Bom Deus vive nos detalhes". Ela dá também o tom dessa segunda forma de impregnação messiânica da obra de Bloch. Através de uma sucessão de pequenos fragmentos narrativos entrelaçando a banalidade da vida com lembranças edificantes e impressões fugazes, Bloch aborda o mundo do invisível por seus contornos evocados nos contos ou nas experiências místicas. A obra repousa assim sobre um jogo de contrastes entre as expressões de uma desolação da existência ligada ao fato de que "esse mundo presente em que nos encontramos é ainda obscuro" e frágeis aberturas para uma luz a traspassar a cotidianidade. No tocante às primeiras, é frisante que Bloch narre a mesma história do príncipe Potemkin e do funcionário crente de ter obtido sua assinatura,

---

147 Idem, p. 59.

que Benjamin relata no início de seu ensaio sobre Kafka[148]. Pelo que se aparenta para ele a um dos mais misteriosos documentos existentes sobre a melancolia, é a prefiguração do universo kafkiano que se manifesta sobre o fundo de uma "tristeza da realização". Resta que a acumulação de pedaços de existências desfeitas e de resíduos deixa, no entanto, um espaço para o apólogo da vela e sua interpretação, em uma perspectiva que se une de novo à do Benjamin dos diálogos com Scholem sobre Kafka:

> Para estabelecer o reino da paz, não se terá de destruir todas as coisas a fim de dar lugar a um mundo totalmente novo; trata-se apenas de deslocar um pouco esta xícara ou este arbusto ou esta pedra e assim todas as coisas. Mas esse pouquinho é tão difícil de realizar, sua medida tão difícil de determinar, que os homens nada podem fazer senão o que exige o mundo; é preciso que advenha o Messias[149].

Com a história da boa mão, do mestre da oração reconhecido sob os traços de um pobre velho desprezado, da aventura do rabino que tratava de seus assuntos sexta-feira à noite ou ainda a do anjo da morte e da gansa, nós estamos bem longe do universo cataclísmico das primeiras elaborações messiânicas de Bloch. Instalado por algum tempo no imaginário de uma confiança herdada da tradição hassídica, em que se trata menos de apressar o fim do que de aguardá-lo, ele vê nisso certamente os limites em uma fidelidade ingênua que roça a ilusão: "uma pequena escapatória que sabe ao gueto, que é demasiado burlesca para tornar-se a estrada real de um pensamento criador"[150]. Mas ele assume aí também a forma, através daquilo que virá a ser uma categoria central de sua filosofia: a capacidade de

---

[148] Idem, p. 122-123. Ver Walter Benjamin, "Franz Kafka", *Oeuvres II*, op. cit., p. 410-411, e supra, cap. III, p. 295-297. Vítima de cruéis acessos depressivos, o príncipe Potemkin fechava-se em um quarto de acesso proibido. Os funcionários desesperavam de fazê-lo assinar decretos urgentes cujo envio a czarina exigia, até que um deles ousa penetrar no aposento em que o príncipe alucinado acabou assinando. Quando o homem voltou triunfante, descobriu-se que Potemkin havia escrito sobre todos os decretos o nome daquele que viera visitá-lo...

[149] *Traces*, p. 216-217. Cabe lembrar, a este propósito, de Benjamin e de seu mistério: "Este pequeno bom sujeito é o habitante da vida deformada; ele desaparecerá com a vinda do Messias, do qual um grande rabino disse que ele não mudaria o mundo pela força, mas recolocaria as coisas um pouco, muito pouco, no lugar" ("Franz Kafka", op. cit., p. 445, e supra, cap. III, p. 301-302).

[150] *Traces*, p. 208.

assombro ante os signos de uma possível transformação do mundo, associada aqui a diferentes manifestações de justos ocultos, "talvez mesmo aos seus próprios olhos"[151]. Tudo se passa, no entanto, como se esse momento de encantamento em face da figura dos justos que povoam também a literatura ídiche ou os contos de Schmuel Iossef Agnon na mesma época não pudesse sobreviver ao fim dos anos de 1920. Se há então uma terceira e última retomada da perspectiva do messianismo na obra de Bloch, ela é contemporânea da catástrofe e dos dias que se seguiram, alojada no coração da imensa construção de *O Princípio Esperança* e de textos ulteriores. E é, desta vez, significativo que desaparecessem ao mesmo tempo as ideias de uma atividade secreta dos justos no mundo e, sobretudo, a de um universo satânico onde a densidade das trevas seria proporcional à de uma luz a anunciar a proximidade da Redenção[152].

Abandonando esse tema que orientava a perspectiva última de *O Espírito da Utopia*, Ernst Bloch retorna à questão do messianismo a partir do enigma radical de um mal absoluto atualizado pela época, e a reconstrói por meio de uma meditação sobre aquilo que ele descreve como o "Prometeu hebraico": Jó[153]. Desta vez, o propósito é deliberadamente exegético. Bloch mobiliza uma arte do comentário que remanescera insuspeita nele a fim de mostrar que a tradição dos sacerdotes mascarou a violência do livro dos "limites da paciência". Sejam elas judaicas ou cristãs, as instituições religiosas, a seus olhos, reproduziram incansavelmente, em relação àquele que acusou Deus, a atitude de seus amigos, encarniçando-se em sufocar seu grito a fim de enterrar seu protesto. Bloch quer, quanto a ele, despertar o livro de *Jó*, arrancá-lo de suas leituras exotéricas e reencontrar o clarão

---

151 Idem, p. 134.
152 A recusa de retornar a esta tese na época da Schoá é atestada pela discussão de Ernst Bloch com sua amiga Margarete Susman e seu livro *Das Buch Hiob und das Schiksal des jüdischen Volkes* (O Livro de Jó e o Destino do Povo Judeu), publicado em 1946. Em *O Princípio Esperança, O Ateísmo no Cristianismo* e, enfim, sua contribuição para a coletânea dedicada a Margarete Susman (em *Auf Gespaltenem Pfad, Für Margarete Susman*, Darmstadt: Erato-Presse, 1964, p. 84-101), Bloch resiste à maneira como esta última vê no destino de Jó uma tipologia do próprio destino do povo judeu. Na análise desta temática, pode-se seguir o estudo de André Neher, Job dans l'oeuvre d'Ernst Bloch, *Utopie-marxisme selon Ernst Bloch: Un Système de l'inconstructible*. Homenagens reunidas por Gerard Raulet, Paris: Payot, 1976, p. 233-238.
153 Ernst Bloch, *L'Athéisme dans le christianisme: La Religion de l'exil et du royaume*, trad. E. Kaufholz e G. Raulet, Paris: Gallimard, 1978, p. 148. Reencontramos a mesma expressão em *Le Principe espérance*, III, p. 388.

sombrio de um texto sobrecarregado de glosas à espera de que se atualize sua potência utópica. A audácia de sua interpretação jamais aparece mais claramente do que no centro de O Ateísmo no Cristianismo, quando ela se enrola em volta da passagem que deve tornar-se o centro secreto do livro: os versículos 25-27 do capítulo 19. Ernst Bloch, antes de tudo, restituiu a organização desse discurso que denuncia a justiça divina. Depois, apresentou sua aposta contemporânea, lembrando que a pergunta de Jó é uma que nunca cessará de ser ouvida: "O que faz Deus?"[154] Sabe-se como o revoltado permanece refratário às respostas de seus companheiros, quando elas tomam a forma da "doce gravidade" de Elifaz, das "palavras simples" de Bildad* ou das "brusquidões" de Sofar. Persistindo em recusar todo consolo e essas palavras edulcoradas que sugerem, nesse caso, as virtudes dormitivas do ópio, Jó não se cansa de sublinhar o desaparecimento de toda correlação entre falta e expiação, justiça e salvação, em Canaã que parece de súbito assemelhar-se ao Egito. Aqui, as expressões de seu desespero testemunham angústia humana, alcançando as páginas mais sombrias dos Salmos: "No Túmulo dir-se-á Tua fidelidade, e no Abismo Tua lealdade? Teu Milagre será conhecido nas Trevas, e Tua justiça no país do Esquecimento?" (Salmos 88, 12-13). Mas cabe lembrar também a maneira como Jó se encoraja, erigindo-se em nome de uma consciência moral herdada dos Profetas em juiz do próprio Criador e de seus pusilânimes representantes, deslocando o diálogo travado entre amigos para o que não é outra coisa senão uma interpelação a Deus mesmo: "E quem me dera alguém que me ouvisse? Eis minha última palavra e o Todo-Poderoso que me responda" (Jo 31, 35). Mais ainda, no ápice da revolta ele mantém sua insatisfação e confirma sua impaciência, quando obtém como resposta à sua pergunta esta outra pergunta: "Onde estavas tu quando eu colocava os fundamentos da terra?" (Jó 38, 4).

Vemos claramente desenhar-se o primeiro motivo da interpretação de Bloch. É porque ele solicita toda a profundeza de uma religião da moralidade surgida dos profetas contra as teologias da providência elaboradas pelos sacerdotes que Jó pode resistir à falsa consolação proposta por seus amigos e voltar-se contra Deus mesmo. É ainda graças a ela que ele

---

154 Idem, p. 138.
*   Outra grafia possível pela Bíblia de Jerusalém: Baldad (N. da E.)

vai a ponto de instalar esta configuração radical: "um homem ultrapassa aqui seu Deus", de modo que assegura "a descoberta do *poder* utópico no interior da esfera religiosa"[155]. Daí o mal-entendido que se liga a esse livro e encerra seu enigma mais tenaz: Deus evoca a natureza, sua absurdidade e seus monstros, Beemot e Leviatã; Jó, quanto a ele, faz uso da linguagem da moral. Eis, portanto, o núcleo da tese de Bloch. Fundamentalmente, Jó e Deus não falam a mesma língua. Tendo chegado aos limites da paciência, Jó questiona em nome da antiga promessa e quer apanhar o Deus da Aliança em falta, por desrespeito a seu compromisso. Mas é o Deus da Criação que lhe responde, opondo imagens da natureza a suas questões morais, "desfechando no entendimento limitado de seu vassalo a imensidade cósmica de sua impenetrável sabedoria"[156]. Quanto a essa natureza mesma, ela não é mais a do *Gênesis*, que oferecia ao menos o teatro de um devir humano. Ela parece doravante privada de toda dimensão teleológica, desprovida de qualquer perspectiva de salvação que seja, convertida em "a imagem cifrada do sublime próprio à divindade". Qual é então esse Deus que anuncia "que chove sobre uma terra sem homens, sobre um deserto onde não há ninguém" (Jó 38, 26)? Seguramente, ele não é mais aquele que dirige o mundo em função das intenções e das finalidades humanas. Através dessa teofania particularmente incomum na *Bíblia*, nessa espécie de "panteísmo demoníaco", é como um outro Deus que surgiu. Ele poderia quase assemelhar-se a Ísis ou a "um Baal tornado deus da natureza"[157]. Em suma mesmo e por seu caráter singularmente antiteleológico, ele evoca o Deus de Spinoza.

 A questão é, pois, de saber qual é a última palavra de Jó perante esse Deus. Será preciso descobri-la no aparente consentimento final, insistir nessas palavras, nas quais toda uma tradição quis ver a prova de uma sábia resignação: "Eu ponho a mão sobre a minha boca" (40, 4)? O desígnio de Bloch é, ao contrário, provar que ela está alhures, muito longe dessa expressão leniente que ele imagina ter sido acrescida pelo redator com o fito de encobrir a radicalidade da atitude de Jó e o alcance de seu irredentismo. A fim de demonstrar que o "resmungo dos filhos de Israel" atravessa até

---

155 Idem, p. 141 e p. 139.
156 Idem, p. 142.
157 Idem, p. 143.

nós no "texto dos sacerdotes", ele trata, deliberadamente, esse livro como um documento esotérico. De séculos em séculos, quiseram dissimular a feição quase herética do livro de Jó, para alojar sua verdade nesse versículo. Ao lê-lo como um palimpsesto, Bloch escolheu uma outra passagem, cuja tradução ele irá decapar: "Eu sei muito bem, eu, que meu defensor [goel] está vivo, que o último, este surgirá sobre a poeira. E que depois de se ter destruído esta pele que é a minha, é realmente de minha carne que eu contemplarei Deus. Sou eu que O contemplarei, eu! Meus olhos O verão, a Ele, e ele não será um estrangeiro" (Jó 19, 25-27). O que é, pois, esse goel, cuja tradução por "redentor" sofre assaz da "doçura cristã"? Recusando-se a atenuar a dureza desse termo na sua língua original, Bloch quer pegá-lo pela raiz, para mostrar que a figura solicitada por Jó é a do parente próximo ou do herdeiro que vinga um assassinado: o "vingador de sangue" de que falam os *Números* e *Samuel*[158]. À primeira vista, aquele pelo qual Jó assim anseia não pode ser o próprio Deus, porquanto é contra ele que é feita a demanda. Mas Jó sabe muito bem que Deus é senhor de toda a vida, e que, em toda parte onde a violência ameaça, é de Seu interesse não solicitar, apesar de tudo, uma imagem divina. Eis, portanto, o seu segredo: "Ele apela solenemente a Deus... contra Deus"[159].

O que Ernst Bloch quer dizer, ao adicionar que por essa dissidência "o messianismo se impõe *com toda a sua força*, ao contrário do mundo que nos é dado"[160]? Em primeiro lugar, que a filologia recusa a tradição teocrática: quando o "vingador de sangue" descobre uma "outra *Bíblia*", renitente às harmonizações consoladoras e às falsificações, mais do que nunca incongruentes "após a monstruosidade de Auschwitz"[161]. Mas, para resolver

---

158 O verbo *gahal* significa ao mesmo tempo redimir (no sentido primeiro de resgatar) e vingar (reclamar o sangue). Embora ofereça a raiz do substantivo g[u]eulá (Redenção), *goel* permanece uma forma verbal, um particípio que preserva a dimensão da ação. Ver, respectivamente, *Nm* 35, 19 ("o goel pode matar o assassino") e 2*Sm*14, 11 ("impede que o goel cause mais devastação"); mas também *Provérbios* 23, 10-11, em que *goel* é o vingador dos órfãos. Comentando *Makot*, 10a, a propósito das cidades-refúgios, Emmanuel Lévinas adota, de sua parte, uma espécie de compromisso, porquanto traduz *goel hadam* por "redentor do sangue derramado". Ver Emmanuel Lévinas, Les Villes-refuges, *Au-delà du verset*, Paris: Minuit, 1982, p. 51 e s., e infra, cap. IX, p. 1110-1112.
159 *L'Athéisme dans le christianisme*, p. 146.
160 Idem, p. 147.
161 Idem, p. 146.

definitivamente o temível enigma lançado por Jó à consciência humana, Bloch convida a voltar àquilo que lhe parece ser a problemática fundamental da *Bíblia*: a do *Êxodo*, em que ele propõe distinguir três figuras. Conhecemos o êxodo de Israel para fora do Egito, depois o de Deus saindo de Israel; cumpre imaginar ainda um terceiro: "o êxodo de Jó para fora de Iahvé"[162]. Nesse sentido, se o rebelde desvela a autêntica potência do messianismo, é porque recusa tudo o que poderia assemelhar-se às "teodiceias da não responsabilidade"[163]. Por essa fórmula, Bloch designa a multiplicidade das figuras que foram elaboradas para explicar a experiência do mal: a de um pecado erigido em doutrina para "desculpar a má criação por meio do pecado de Adão"; a de um Satã instalado como bode expiatório da depravação da existência; aquela mesma pela qual os profetas haviam imaginado antes dessas construções tardias um Deus que abandona o mundo, em nome de uma cólera contra o homem de novo abandonado a um destino que se tornou indiferente. Aplicando suas perguntas implacáveis ao conjunto das imagens de uma deficiência do Deus da "bondade inteira" ou de um afastamento daquele da "onipotência", Jó afirma que "toda teodiceia revela-se prevaricadora".

É, no entanto, a extrema radicalidade dessa forma da consciência do mal que, para Ernst Bloch, serve de sinal para a possibilidade de uma reviravolta. De um lado, Jó chega com toda certeza às fronteiras do ateísmo, quando motiva a sua saída para fora do Deus da justiça pela visão de uma natureza perfeitamente insensível aos sofrimentos do homem e por uma prodigiosa descrição dos recônditos da angústia humana:

> O que tenho a esperar? Os infernos são minha morada. De trevas acolchoei minha cama. Ao ossuário eu clamei: 'Tu és meu pai!' À vermina: 'Ó mãe, minha irmã!' Aonde, pois, foi parar minha esperança, quem a entreviu? No fim mais fundo dos infernos ela soçobrará, quando juntos nos espojarmos no pó" (17, 13-16).

Mas, ainda uma vez, suas perguntas permanecem incansavelmente traduzíveis para as linguagens do homem moderno: "De onde vem esse

---

162 Idem, p. 141.
163 Idem, p. 150.

reino da necessidade que pesa sobre nós há tanto tempo?"; "Como justificar que a hora tarde tanto?"[164]

Eis, portanto, que elas se atualizam e, de mais a mais, sob uma forma que não se absorve completamente no ateísmo, nem seguramente pelo niilismo. Diante da "tempestade que petrifica" ou ainda do "grande silêncio do mundo", a interrogação de Jó não encontra sua resposta definitiva no êxodo para fora de Deus: resta ainda e sempre a possibilidade de um novo êxodo; aquele pelo qual o revoltado pode assentar a perspectiva sobre a confiança que ele conserva, apesar de tudo, no Deus da saída do Egito, paradigma de todo livramento.

Isso pode-se esclarecer pela outra exegese desenvolvida em *O Ateísmo no Cristianismo* e a apresentação mais concisa do tema oferecida por *O Princípio Esperança*. Nesse último texto, Ernst Bloch expõe mais francamente o modelo dos três êxodos. O de Moisés é o soclo sobre o qual se edifica a transformação do sofrimento e da indignação em um caminho que conduz à liberdade. Sem ele, os profetas jamais chegariam a enraizar sua moral universalista ou ainda a substituir ao alvo consumado das religiões pagãs um objetivo prometido que é preciso primeiro conquistar: quando "o deus visível da natureza é trocado por um deus invisível da justiça e do reino da justiça"[165]. Quanto ao segundo êxodo, ele parece ainda depositado na figura do Deus de Moisés, mas desta vez o do *Ehie ascher Ehie* de *Êxodo* 3, 14, cuja forma Bloch propõe apreender segundo a Cabala. É, de fato, com Isaac Lúria e na ideia da Schekhiná que Bloch descobre o sentido de um exílio no interior da criação: no Deus que diz: "Eu serei aquele que serei" e manifesta sua aliança com o homem por uma contração que libera o mundo onde ele partilhará das vicissitudes de seu povo até o fim. Sem dúvida, há aí uma modificação profunda do *Bereschit*: o começo de que se trata é o de um cativeiro, enquanto ele era o de uma criação no início da *Bíblia*. Mas, ao menos, pode-se dizer então que o espírito do *Êxodo* sopra sobre a revelação do Nome. Mais ainda, Bloch vê na ideia de um mundo nascido de uma retração divina (*tzimtzum*) o indício de que o messianismo é mais antigo do que a fé no Messias:

---

164 Idem, p. 153.
165 *Le Principe espérance*, III, p. 387.

"Em lugar da magnificência do alfa ou da manhã da criação aparece assim o espaço optativo do fim ou do dia da liberação"[166].

É então por amor a essa utopia e sob o efeito de uma impaciência em vê-la realizar-se que Jó se desvia do Deus que dizia: "Eu anuncio por antecipação o que ainda não se realizou" (Is 46, 10). Inédita em sua forma quando resiste às harmonias tradicionais de seus amigos, às injunções do Todo-Poderoso e mesmo ao trovão da tempestade, sua revolta o é também em sua orientação: ela não visa mais Faraó, Baal ou Belial, mas o Deus de uma justiça que se tornou ilusória. Em um sentido, ela é realmente uma negação da fé de Moisés, um exílio de Jó fora desse Deus que parece, de repente, desinteressar-se pela sorte dos justos. Aos olhos de Bloch, ela pertence, no entanto, à mais profunda e mais viva autenticidade do Antigo Testamento: "É ainda Moisés em pleno anti-Moisés". Ela oferece, além disso, a prova de um fenômeno decisivo: "Nenhuma religião atravessou tantos estratos da sublimação e até da utopização de seu Deus"[167]. Não se pode compreender essa leitura provocadora a não ser voltando ao que é o seu coração: a tradução do *Ehie ascher Ehie*, o dos Nomes de Deus cuja restituição constitui imediatamente uma interpretação[168]. Ao escolher a fórmula "Eu serei aquele que serei", Ernst Bloch instala o solo de seu comentário do livro de Jó e sela sua visão do messianismo na perspectiva da utopia. Voltando ao duplo futuro, ele rompe com uma tradição inaugurada em Calvino e prolongada por Mendelssohn que traduz "Eu sou o Ser que é eterno", em conformidade com sua transposição do Tetragrama por "o Eterno". Ligando essas duas formas do Nome, tal tradução queria manifestar uma espécie de ontoteologia* racional: a eternidade qualifica Deus como o atributo de uma substância sempre idêntica a si mesma. Mas ao desconhecer a modalidade da reiteração do futuro para supor a ideia de uma estase absoluta do ser divino, ela deixava escapar o que Ernst

---

166 Idem, p. 391. Acerca do modelo da contração divina, da dispersão das centelhas e da reparação do mundo na Cabala, que Bloch utiliza aqui livremente, ver supra, cap. IV, p. 497-506
167 Idem, p. 387-388.
168 Lembremos que se trata do Nome que é revelado no momento da Sarça, quando Deus responde a Moisés que o interroga sobre o nome que ele deverá transmitir, dizendo "eu serei o que serei", ao que acrescenta "tu dirás aos filhos de Israel 'Eu serei' me enviou a vós (*Ex* 3, 14). Sobre o problema da tradução de *Ehie ascher Ehie* e do Nome em geral, ver supra, cap. V, p. 601-607.
* Ramo da ontologia que busca compreender as noções de ser e existência aplicadas a uma entidade, neste caso Deus (N. da E.).

Bloch quer sublinhar: a solidariedade de Deus com a experiência humana do tempo, sobre o fundo de uma imprevisibilidade do porvir[169].

Alojando no coração de sua meditação sobre Jó esta "definição que corta o sopro", restituída pela modalidade do devir que lhe convém, depois a associando à evocação da ideia mística de uma contração do tempo, Ernst Bloch pretende mostrar como "*Ehie ascher Ehie* coloca, desde o limiar da aparição de Iahvé, um deus do fim dos tempos, tendo o futuro como natureza profunda de seu ser"[170]. É, pois, nesse Deus que Jó encontra ao mesmo tempo "uma língua para acusar" e "uma luz para alimentar sua esperança rebelde". Mas importa não menos provar que sua revolta pertence como tal à mais antiga e à mais autêntica gesta do imaginário bíblico. Nesse sentido, é o próprio Moisés que prefigura, aos olhos de Bloch, todos os "descontentes" que irão mensurar Deus pelo padrão do ideal prometido: o Moisés das águas de Meriba, punido com os filhos de Israel por haver contestado Deus (*Nm* 20, 13); aquele que já protestava contra a morosidade da libertação do jugo do Faraó (*Êxodo* 5, 23); aquele que reclamava também a presença divina para a saída do Egito (*Êxodo* 33, 15). Quaisquer que sejam as formas que o messianismo venha assumir, elas se abeberão nessa fonte que nutriu também sua história, entre o esforço dos sacerdotes para enterrá-lo sob a couraça de uma lei do culto e sua incansável atualização como "utopia do livramento"[171]. Que o nome de Canaã se torne o símbolo desta, em face dos de Faraó, do Egito ou do reino de Edom, e eis que o messianismo pode, para sempre, se confundir com a promessa de novos céus e de uma nova terra vinda de Isaías (65, 17). Atestação última da maneira como ele planta seu espinho no coração do povo do aguardo e da esperança, é o maior dos racionalistas e dos teóricos da própria Lei que o afirma: "Aquele que nega o messianismo nega a *Torá* inteira"[172].

---

169 Adicionemos que esta tradução, conforme à de Martin Buber e Franz Rosenzweig, poderia autorizar-se com a autoridade de Raschi, que se abebera no *Talmud* (*Berakhot*, 9b) e em um *midrasch* sobre o *Êxodo* (*Schemot Rabá* III, 6) para explicá-lo da seguinte maneira: "Eu estarei com eles nesta provação como estarei com eles no avassalamento a outros impérios".
170 *Le Principe espérance*, III, p. 390.
171 Idem, p. 396.
172 É Maimônides que Ernst Bloch cita aqui, formalizando, no caso, uma proposição do décimo segundo dos treze princípios incluídos na introdução ao comentário do capítulo X do tratado *Sanedrin*. Ver Moïse Maïmonide, Introduction ao chapitre Helèq, *Épîtres*, trad. J. de Hulster, Paris: Verdier, 1983, p. 194.

Enquanto procura atar seu radicalismo filosófico-histórico à autoridade da Tradição para meditar sobre o enigma contemporâneo do mal, essa concepção do messianismo pode vir a cruzar-se com a maneira pela qual Hans Jonas e Emmanuel Lévinas interrogam, por seu turno, *O Conceito de Deus após Auschwitz*. No breve ensaio que traz esse título, é significativo que Jonas tente substituir a ideia de um Deus em exílio numa criação abandonada à responsabilidade do homem por aquela de um messianismo que, a seus olhos, nutre a desmedida dos empreendimentos humanos[173]. Esse reencontro é tanto mais paradoxal quanto Jonas sorve discretamente da mesma fonte que Bloch, mas para virar a temática da responsabilidade contra a da esperança. É, com efeito, igualmente o modelo da contração divina que ele mobiliza: a fim de mostrar que é preciso renunciar à ideia do Senhor da história em proveito de um Deus impotente em um mundo entregue ao homem. Nele, no entanto, o horizonte último de uma reparação (*tikun*) do mundo próprio a esse modelo deve desaparecer para dar lugar à perspectiva de uma Criação incansavelmente reinvestida no fenômeno do vivente que reclama proteção. Antes mesmo do antagonismo das problemáticas da responsabilidade e da esperança, a oposição de Jonas e de Bloch poderá, pois, ser entendida nos termos de um conflito entre natureza e moral, que se refletiu no horizonte do messianismo. Em Bloch, a ideia moral é constantemente avançada contra a da natureza: em uma construção em que a inspiração kantiana pode vir apoiar-se na tensão entre o Deus mosaico da promessa de uma libertação e o da Criação. Jonas, ao inverso, apela à natureza contra uma moral que invoca a ideia abstrata do Bem, a fim de permitir ao homem modelar o mundo para os seus fins.

Essa maneira de formalizar o conflito entre Hans Jonas e Ernst Bloch permite, em troca, escavar mais fundo a ideia do messianismo que este último propõe, ao procurar oferecer-lhe uma forma de ancoragem na Tradição. É preciso lembrar-se que, para ele, é possível que a orelha saiba ouvir aquilo que o olho é incapaz de ver, o que daria notadamente à música seu poder de antecipação. Jonas, ao contrário, advoga a ideia de uma superioridade da visão sobre a audição, em um esquema que opõe em larga medida, aliás, a

---

[173] Sobre esta problemática e a maneira como ela se inscreve na *démarche* filosófica de Hans Jonas, ver infra, cap. VIII, p. 1018-1025.

fenomenologia à metafísica. É então em Emmanuel Lévinas que se encontrará uma associação das perspectivas do messianismo e de um limite da visibilidade suscetível de prolongar a reflexão de Bloch. Esta se baseia em um versículo da Escritura e sua interpretação audaciosa pelo *Talmud*: "Jamais o olho humano tinha visto um outro deus senão Tu agir assim em favor de seus fiéis" (Is 64, 3); "Todos os profetas, sem exceção, só profetizaram para a época messiânica. Para o que é do mundo futuro, nenhum olho viu fora de Ti, que agirás para aquele que te espera" (*Sanedrin*, 99a). Comentando essa última passagem, Emmanuel Lévinas mostra como a discussão dos Sábios instala e depois explora uma antinomia constitutiva da perspectiva messiânica que poderia aclarar um eterno conflito do pensamento ocidental[174]. Mas, ao sublinhar a distinção entre a era propriamente messiânica e o "mundo vindouro", sua leitura das páginas do *Talmud* a esse respeito, tão amiúde estranhas, lembra incansavelmente que a experiência humana não poderia se afastar do horizonte das promessas a elas vinculadas, nem ser reabsorvida na ideia de uma responsabilidade para com o mundo vivente ou de uma contemplação da natureza.

Essas páginas do *Talmud*, com efeito, expuseram todas as alternativas que serão ligadas à perspectiva messiânica: o entusiasmo que suscita e a paciência que requer; o fato de que possa depender do arrependimento e das boas ações ou de uma irrupção do poder divino; sua identificação a uma interrupção do curso natural do mundo ou mais simplesmente com o fim da opressão política que impede o respeito à Lei e a busca da sabedoria. Poder-se-ia, portanto, reconhecer aqui a matriz inesperada do conflito que dilacera a filosofia entre essas duas lógicas: a que descreve uma marcha da razão no mundo suscetível de se consumar em uma bela totalidade, mas ao preço da indiferença às liberdades sacrificadas; a que traça, ao contrário, a assímptota de uma procura do Soberano Bem estranho a toda representação. Evidentemente, o pensamento de Bloch traz no coração essas duas tensões: tentado pela escatologia e consolado pelo objeto último da vontade kantiana; atraído para as feições grandiosas de uma odisseia do espírito, mas seduzido

---

[174] Ver Emmanuel Lévinas, Textes messianiques, *Difficile liberté*, Paris: Albin Michel, 1976, p. 89-139, e Pierre Bouretz, Pour ce qui est du monde qui vient..., *Rue Descartes*, n. 19, fev. 1998, p. 107-130.

pelas pequenas formas de uma reparação das coisas; nutrido ao mesmo tempo por visões apocalípticas de uma parada da história e pela ideia de um esforço infinito da moralidade. Bloch não queria, sem dúvida, definir um ponto de resolução para essas contradições, mas o horizonte messiânico, tal como ele o desenha a partir do protesto de Jó, poderia substituí-lo:

> O último deus, autêntico, desconhecido, para além de todos os outros, o de nosso desvelamento total, 'vive' já desde agora, embora ele não seja nem 'coroado' nem objetivo; ele 'chora', como diziam do Messias alguns rabinos, aos quais se perguntou o que este fazia, ele chora por não poder nem 'aparecer' nem salvar; ele é aquele que, no imo de nós mesmos, diz: 'eu sou aquele que será'[175].

Quanto à distinção suplementar entre os tempos do Messias e o mundo vindouro que nenhum olho viu, ela aclara talvez uma categoria central de seu pensamento: a do espanto.

Após ter libertado filosoficamente esta categoria da visão de um fim da história graças a Kant, Ernst Bloch a construiu por meio das modalidades de uma disponibilidade para o acontecimento que é descrito também sob os diferentes polos da "consciência antecipante". Próximas das formas do despertar, tal como se elaboravam no último Benjamin, as modalidades do espanto se organizam em torno do sonho ou do trabalho criador quando elas atravessam "esta impressionante fronteira rumo àquilo que não é ainda consciente"[176]. Depois elas tocam no pressentimento de um melhor, que nenhum temor, nenhuma imagem, nenhum sentimento pode envolver, nem cercar por completo: alguma coisa como "um Messias que não apareceria em meio a relâmpagos, mas caloroso e próximo como nosso hospedeiro"[177]. Mas elas só encontram sua verdadeira disposição no momento em que essa esperança se choca com a opacidade do presente, para liberar a autêntica esperança: o pavor que nos assalta quando "o obscuro do instante vivido desperta pela ressonância do assombro que nos inunda"[178]. É este último motivo que retrabalha O *Princípio Esperança*,

---

175 *L'Esprit de l'utopie*, p. 244.
176 Idem, p. 234.
177 Idem, p. 235.
178 Idem, p. 245.

ERNST BLOCH (1885-1977)

aprofundando desta vez a fórmula de Fausto dedicada a este instante: "Para, tu és tão belo". Se é verdade que "a viagem universal e dialética" de Fausto só se deixa comparar com aquela que a *Fenomenologia do Espírito* restitui, ela lhe é, talvez, superior por sua maneira de saber que o desejo de realização permanece insaciado, de modo que "o instante que confere o repouso não se encontra ainda em parte alguma"[179]. Escolhendo ao termo de tudo realizar um fim puramente humano, Fausto vai ter então com Kant: precisamente no momento em que este último dizia que, se Deus e o outro mundo são o objetivo único da filosofia, eles só têm sentido na medida em que permanecem ligados à moralidade[180].

Oferecendo sua forma definitiva àquilo que Bloch denomina de "questão inconstruível", a injunção de Fausto permite doravante instalar os dois polos da consciência antecipante: a obscuridade do agora em que toda realização é ainda imatura; "a abertura no plano de fundo do objeto para a qual se orienta a esperança"[181]. Com uma, volta-se à fonte de todo imaginário utópico, que visa uma existência a desembocar lá onde ela jamais foi: nela mesma. Mas é com a outra que se manifesta o horizonte decisivo, porquanto, com ele, volta-se para o Soberano Bem que figura a "estrela polar de toda utopia" e da qual Kant diz ainda que ele só pode ser esperado. Restam então essas manifestações de espanto em que é captada "uma franja do Soberano Bem" no incógnito do instante vivido. Aquela que Tolstói evoca a propósito de Karênin, à cabeceira de Ana agonizante, quando "a proximidade da morte pode, em sua força concentrada, encerrar o *Carpe aeternitatem in memento*, com esta instantaneidade que traspassa toda a sua luz"[182]. Aquelas mais quotidianas que querem que o espanto possa nascer à simples vista de uma folha carregada pelo vento ou venha se encher de

---

179 *Le Principe espérance*, III, p. 119.
180 Bloch retorna duas vezes a esta temática kantiana, sempre a propósito do espanto. Ver *L'Esprit de l'utopie*, p. 241, e *Le Principe espérance*, III, p. 121.
181 *Le Principe espérance*, I, p. 347.
182 *Le Principe espérance*, III, p. 494. Bloch evoca igualmente a passagem de *Guerra e Paz* (III, segunda parte, cap. XXXVI) em que Tolstói escreve a propósito do príncipe André ferido em Austerlitz: "Olhando Napoleão nos olhos, o príncipe André pensava na vanidade da grandeza, na vanidade da vida cujo sentido ninguém podia compreender e na vanidade maior ainda da morte cuja significação nenhum ser vivo podia penetrar e explicar". Emmanuel Lévinas comentou muitas vezes esse motivo de Bloch (ver especialmente *La Morte et le temps*, op. cit., p. 66-67).

conteúdos familiares: "o sorriso de uma criança, o olhar de uma jovem, a beleza de uma melodia que parece se elevar do nada, o fulgor impertinente de uma palavra estranha e rara que é difícil de situar com precisão"[183]. Todas aquelas, enfim, pelas quais a antecipação vivida em um foco no qual a obscuridade do sujeito cederia diante da plenitude da esperança dá seu verdadeiro sentido ao *Tua res agitur*: como se a percepção de um mundo autenticamente humano arrebatasse à morte seu dardo.

Surgindo através da súbita irrelevância do mundo no instante da morte ou por esta fulguração do Essencial em uma simplicidade do cotidiano que parece seu contrário, o assombro é, portanto, a pergunta absoluta pela qual o homem desvela seu verdadeiro semblante. Edificando ao redor dela sua enciclopédia das esperanças, Ernst Bloch elabora também uma antropologia, cujos instantes insuportáveis da angústia e depois as ocorrências serenas da ventura constituem as categorias essenciais. Se ele retém pelas primeiras algo da lição de Heidegger, é graças às segundas que ele priva a morte do privilégio que lhe confere este último, o de ser a fonte de todo sentido. A esse título, é Kant que está de novo próximo, quando este conduz as questões do saber, do dever e da esperança para uma última interrogação: "O que é o homem?" Como mostra Emmanuel Lévinas, a excepcional audácia de Bloch reside no esforço para colocar o pressentimento de uma vitória sobre a morte no lugar exato em que começa a filosofia: no espanto. Nesse sentido, através de seus desvios e de fidelidades às vezes contraditórias, seu pensamento apresenta uma profunda unidade. Esta procede do cuidado de não destacar os conceitos dos afetos: de sorte que por meio das categorias do "não ainda" ou do "como se" as Abstrações do Nada (*Rien*) ou do Tudo (*Tout*) possam tornar-se sinônimas alternadamente de "fome ou de desespero (aniquilamento)" e de "confiança no porvir (Redenção)"[184]. Mas para além dessa coerência puramente filosófica, um outro motivo se imprime, sem dúvida, também na exploração das modalidades do "ser-afetado" sob a consciência da morte: o desejo de percorrer todo o espaço estendido entre o "eu mesmo sou cinza e pó", do *Gênesis* (18, 27), e o "amor é forte como a morte", do *Cântico dos Cânticos* (8, 6).

---

183 Idem, p. 321.
184 *Le Principe espérance*, I, p. 368.

ERNST BLOCH (1885-1977)

O fato de que tal investigação esteja ainda na ordem da sobreimpressão das escrituras da ética e da ontologia não deveria mais doravante surpreender. É, em compensação, sempre característico das singularidades da obra de Bloch o fato de que se possa mostrar como essa meditação conduzida pela consciência do não acabamento do mundo encontra-se também depositada em livros "compostos em face de Auschwitz"[185]. Se se admite que a linha diretriz de Bloch é a resistência a um niilismo captado diretamente na "morte de Deus", ou reinterpretado por Heidegger como perda da eficiência do universo suprassensível, é forçoso constatar que ela já estava esboçada em *O Espírito da Utopia*, isto é, em uma época paradoxal em que os dias sequentes à primeira tragédia do século (XX) deixavam entrever outras catástrofes, sem que fosse, no entanto, possível imaginar aquela que viria. Ao que se acrescenta que esta última não será evocada depois com parcimônia, sem que seja jamais colocado um liame imediatamente visível entre ela e a interrogação das condições da esperança no contexto da derrelição contemporânea. Pode-se então imaginar ser possível que Bloch tenha pretendido realizar um desejo preciso neste impulso especulativo que retém a exposição de uma parte de seu objeto: o de conjugar o silêncio devido às vítimas com o esforço que visa preservar em nome delas a figura de uma promessa. Desse ponto de vista, Bloch resiste, de algum modo, à tentação de uma interpretação intempestiva do evento, coisa que Gershom Scholem censurava em Hannah Arendt, respeitando aquilo que deveria assemelhar-se ao tempo de um luto da consciência. Mas ele recusa igualmente a condição imposta por Hans Jonas no tocante a tal laconismo: o abandono de todo horizonte utópico.

Para além do barulho que provocaria a ideia de uma "banalidade do mal", a preocupação permanente de Hannah Arendt era a de pensar os meios de uma reconciliação com o mundo, sobre o fundo de uma absoluta necessidade de torná-lo de novo habitável. Filosoficamente imunizado desde há muito contra o risco de uma paz prematura com o mundo em geral, Ernst Bloch preferia opor ao da catástrofe contemporânea a maneira como Jó, não querendo considerar, na Revelação, senão os conteúdos de promessas não

---

[185] A expressão é emprestada de André Neher, *L'Exil de la parole: Du silence biblique au silence d'Auschwitz*, Paris: Seuil, 1970, p. 156.

mantidas, erguia com ele uma das vozes mais poderosas do protesto em memória das vítimas de uma desumanidade inaudita. Nesse sentido, há uma profunda antinomia entre duas perspectivas: a "preocupação com o mundo" que Hannah Arendt e Hans Jonas compartilham, no quadro de um elogio da vida da cidade ou de uma responsabilidade para com um vivente que tende a tornar-se indiferenciado; a persistente desconfiança de Ernst Bloch em relação ao mundo dado, tanto sob a forma de sua realidade histórica quanto na potência ontológica que lhe é conferida. É com respeito a este último ponto de vista que Bloch construiu sua exegese do livro de *Jó*: em torno da ideia segundo a qual a queixa e a revolta devem ser ouvidas como um testemunho em prol de um aumento da utopização do Deus de Moisés, é ele que preside, outrossim, a uma leitura de *Isaías*, que toma duas orientações: uma quer ver nele o livro que designa ainda uma vez "os malogros passados e as catástrofes que haviam afetado a Promessa"; a outra o percebe, mais do que qualquer outro, "intensamente voltado para um futuro que não se desacreditou ainda e até em relação à Promessa que não se realizou... no passado"[186]. Ele alimenta finalmente a ideia segundo a qual poderia acontecer ainda que um novo êxodo encete uma última aliança, mesmo que apenas para tornar vivível a terra dos sobreviventes, mercê de uma esperança, ela própria resolutamente voltada "contra a Gênese dos inícios".

A forma desta antinomia é, sem dúvida, tenaz. Vê-se como Ernst Bloch quer superar o desfalecimento divino para preservar a perspectiva de uma promessa, mesmo com o risco de opor a aliança que a suporta ao primeiro modelo da Criação, de sorte que a oposição da moral e da natureza conserve seus direitos. Mas compreende-se de pronto por que Hans Jonas poderia julgar que tal interpretação não consegue escrutar a espessura enigmática da morte sem causa no silêncio de Deus, preferindo, quanto a ele, sacrificar a dimensão da esperança ao cuidado de preservar o universo de uma Gênese repensada sob a ideia de um exílio do divino no interior dele mesmo. A um cabe, sem dúvida, o desejo de reter, a despeito de tudo, a "*débil força messiânica*" de que falava Walter Benjamin, como se importasse menos doravante o conteúdo daquilo que nos é permitido esperar do que a maneira como devemos fazê-lo por respeito às vítimas: em termos kantianos, algo

---

[186] *L'Athéisme dans le christianisme*, p. 134.

que se assemelhasse ao dever de serem dignos de uma liberdade de sobreviventes. Resta que é em nome dessas mesmas vítimas e para idênticos sobreviventes que Jonas convida ao comedimento teológico e ao deslastre de uma função utópica por certo nutrida pelo imaginário dos profetas, mas em demasia ligada às guinadas contemporâneas da razão. Abertamente proposto no pensador da responsabilidade e mais discretamente abordado pelo da esperança, o desejo de salvaguardar um objeto para a Revelação nos "tempos sombrios" orienta em direções opostas os dois outros polos do tríptico legado pelo monoteísmo: Hans Jonas não vê senão o processo de uma Criação infinita, para um mundo que parece ignorar as condições de sua reparação; Ernst Bloch crê ainda ouvir os signos de uma Redenção, porque eles são os únicos a poder dar sentido à queixa humana, por desesperada que fosse.

Como sobreviventes de uma época trágica que recusam o consolo factício de uma racionalidade da história, Ernst Bloch e Hans Jonas exploram as diferentes dimensões de uma consciência contemporânea que enfrenta ela mesma a brutalidade amiúde insondável dos acontecimentos. Com toda evidência, eles têm em comum o resistir à perspectiva de um niilismo de triunfo de há muito anunciado. Quanto à contribuição específica de Bloch a tal empresa, ela reside em uma maneira de escavar a diferença entre esse niilismo e um ateísmo a cujo respeito Emmanuel Lévinas escreve que ele é o risco que uma humanidade maior deve enfrentar para superá-lo. Ninguém melhor do que ele, sem dúvida, poderia ilustrar esta ideia: "O monoteísmo ultrapassa e engloba o ateísmo, mas ele é impossível para quem não atingiu a idade da dúvida, da solidão e da revolta"[187]. Elevando Jó à posição de figura epônima de uma humanidade que já entrou nessa idade, ele dá razão de direito ao protesto contra um sofrimento radicalmente inútil: que interdita toda reparação por um desígnio divino ou uma necessidade histórica e solicita mesmo o caminho de um êxodo fora do Deus da justiça. Mas por seu apego aos últimos profetas e à sua visão de uma Gênese do fim, oposta às promessas não cumpridas da primeira, ele mantém o horizonte de uma

---

187 Emmanuel Lévinas, Une Religion d'adultes, *Difficile liberté*, p. 31. Scholem poderia estar encaminhando-se no sentido dessa aproximação quando declarou, fingindo deparar-se com uma incongruência: "Que Bloch me perdoe, mas não creio no seu ateísmo", acrescentando que no máximo a feição anárquica de sua religiosidade o faria assemelhar-se àquele que Lutero chamava de "entusiasta". Ver Does God Dwell in the Heart of an Atheist?, op. cit., p. 219.

espera que é concebida como disponibilidade para a irrupção da claridade no obscuro, do dia na noite, do futuro no presente.

Incansável defensor da perspectiva de um tempo promissor, teria Ernst Bloch assentado os fundamentos de uma "história da esperança judaica"? Enquanto ele constrói esse problema e esboça um programa a esse respeito, Iossef Haim Ieruschalmi duvida que Bloch esteja na melhor condição de resolvê-lo, suspeitando que sua enciclopédia das esperanças foge em demasia para o transcendental, para que possa fornecer os princípios de um método ou as orientações de uma pesquisa[188]. Mas tal não era o seu projeto, que consistia antes em reunir tudo o que a cultura universal podia abarcar de testemunhos em favor do futuro e de um mundo suprassensível, para fazê-los vibrar numa língua iluminada por clarões messiânicos e nutrida pelo pensamento do Soberano Bem. Resolutamente voltada para a antecipação, a obra de Bloch parece, às vezes, ter preferido a rememoração, como quando sublinha aquilo que poderia parecer em *Isaías* uma dialética da esperança e do esquecimento: "Pois eis que eu criei de novo os céus e uma nova terra, não nos lembraremos mais das coisas precedentes e elas não mais virão à memória" (*Is* 65, 17)[189]. Quando eles comentam a promessa de Isaías após a destruição do Templo, os Sábios do *Talmud* delineiam a forma de um sutil equilíbrio: "Não portar o luto, nós não podemos [mas] portar em demasia o luto, nós não o podemos mais"[190]. Queria Ernst Bloch, quanto a ele, ir mais adiante: sugerir que o profeta da esperança anule o imperativo da lembrança e conteste as virtudes da anamnese alojada no coração da consciência judaica do tempo para liberar um fervor em prol dos amanhãs? A essa interrogação, ele responderá, sem dúvida,

---

188 Ver Yosef Hayim Yerushalmi, Un Champ à Anathoth: Vers une histoire de l'espoir juif, en *Mémoire et histoire*, atas do XXV⁵ Colloque des intellectuels juifs de langue française, Paris: Denoël, 1986, p. 91-107.

189 Bloch vê claramente nessa passagem uma "ruptura escatológica" pela qual os últimos profetas apelam [ao povo] para desviar-se dos fatos passados e da antiga promessa a fim de imaginar "um futuro cujas raízes não haviam dado ainda seus frutos" (ver *L'Athéisme dans le christianisme*, p. 134-135). A literatura midráschica comentou muitas vezes esse versículo. Mas ela nunca sugeriu que se deva entendê-lo com um levantamento do imperativo da lembrança. Duas fontes, em compensação, dão prosseguimento a uma oposição sistemática entre a "profecia do sofrimento" de Jeremias e a "promessa de cura" de Isaías: *Pesikta Rabati*, 29/30B, 4; *Midrasch Treni* (sobre as Lamentações), 1, 2, § 23.

190 *Baba Batra*, 60b.

que a esperança é o único sudário que pode ser tecido para as vítimas do passado. Tal motivo atestaria ainda uma secreta afinidade entre as meditações de Bloch e as reflexões do último Benjamin. Confirmaria também a última impressão de Gershom Scholem acerca daquele que ele via tornar-se um "sábio" no sentido judaico do termo: a de sempre descobrir, ao lê-lo, os frutos "indubitavelmente nascidos da árvore do conhecimento, mesmo que tivessem sido catados nos jardins do marxismo"[191]. Eis, da parte de um companheiro cético, uma homenagem que deixa entrever muito sobre a probidade de um pensamento, que não terá poupado nenhuma das tragédias do século.

TRAD. J. GUINSBURG

---

[191] Does God Dwell in the Heart of an Atheist?, op. cit., p. 223.

VII. O Testamento de Leo Strauss (1899-1973)

Poucos pensadores deixam um traço acadêmico tão profundo como o de Leo Strauss, tanto pelas polêmicas que seu pensamento estruturou, quanto através das fidelidades disciplinares que ele nutriu. Mas raras são também as obras contemporâneas que parecem tanto quanto a sua "selada por sete selos", como ele dizia da obra de Maimônides. No entanto, Strauss erigira por demais a modéstia em virtude filosófica e a humildade em princípio hermenêutico para aceitar, em se tratando de sua própria *démarche*, os considerandos de tal comparação. Tendo vivido o essencial de sua existência a ensinar e a escrever, mas também a falar perante públicos mais amplos do que o círculo estreito de especialistas dedicados às questões de que tratava, não podia querer inteiramente encerrar o destino de suas pesquisas no universo desta comunicação esotérica, cuja importância e cujas molas ele havia descoberto nos autores do passado. Convencido, sem nenhuma dúvida, de que não se descobre imediatamente a beleza dos grandes textos e que sua transmissão requer uma forma de prudência, sabia vestir seus comentários de uma sombra preservada, incitando quem os lê a prosseguir por si mesmo na direção de sua luz. Nada indica, entretanto, que procurasse produzir a opacidade controlada que alguns de seus epígonos lhe atribuem, para apropriar-se talvez dos segredos de seu projeto. Convém entrar em seus livros seguindo um testemunho que esse infatigável leitor gostava de citar, o de Sócrates interrogado sobre a sua opinião a respeito de Heráclito e que respondeu: "O que eu compreendi é grande e nobre; penso que se dá o mesmo com aquilo que não compreendi"[1].

A raridade dos elementos biográficos concernentes a Leo Strauss contribui, sem dúvida, para a aura de mistério que envolve sua personalidade e a orientação de sua obra. Pode-se remediar isso à maneira de Allan Bloom que, ao principar uma homenagem, nota simplesmente que "a história de uma vida na qual os únicos acontecimentos verdadeiros foram os pensamentos é contada depressa"[2]. Nascimento em Kirchhain, em Hesse, a 20 de setembro de 1899; educação no seio de uma família judaica ortodoxa, depois faz o Gymnasium, prosseguindo seus estudos nas universidades de Marburgo e Hamburgo, onde sustenta em 1921, sob a orientação de Ernst Cassirer, a tese de habilitação consagrada a Jacobi, e por fim vai para a de Friburgo. Aí, a sua atenção se detém por um instante em Husserl e em seu jovem assistente, Martin Heidegger, em um meio igualmente frequentado por Hans Jonas, na mesma época. Em seguida, vai para Berlim, onde trava sólida inimizade com Hannah Arendt. Mas é aí que ocupa seu primeiro posto: na Akademie für die Wissenschaft des Judentums, sobre a qual ainda pairava a grande sombra de Hermann Cohen[3]. Quando deixa a

---

[1] A história é relatada por Xenofonte em suas *Memorabilia* (trad. bras.: *Ditos e Feitos Memoráveis de Sócrates*, trad. Edson Bini, São Paulo: Edipro, 2006), I, IV, 13, e é citada por Leo Strauss em Qu'est-ce que l'éducation libérale? (1959), *Le Libéralisme antique e moderne*, trad. O. Berrichon Sedeyn, Paris: PUF, 1990, p. 18.

[2] Allan Bloom, Un Vrai philosophe, Leo Strauss, *Political Theory*, nov. 1974, trad. P. Manent, *Commentaire*, n. 1, 1978, p. 91. Redigido em homenagem a Leo Strauss após sua morte, este artigo oferece a mais justa introdução à sua obra.

[3] Encontrar-se-á uma apresentação do projeto da Akademie e de seu programa de trabalho em um texto de Julius Guttmann, Science juive: Académie pour la science du judaïsme (publicado em *Der Jude* em 1923), em anexo da tradução do primeiro livro de Leo Strauss: *La Critique de la religion chez Spinoza, ou les fondaments de la science spinoziste de la Bible*, trad. G. Alamaleh, A. Baraquin e M. Depadt-Ejchenbaum, Paris: Cerf, 1996, p. 369-375. Esse texto de Guttmann oferece, além do mais, um complemento à sua grande *História das Filosofias Judaicas* (trad. bras.: *A Filosofia do Judaísmo — A História da Filosofia Judaica Desde os Tempos Bíblicos até Franz Rosenzweig*, trad. J. Guinsburg, São Paulo: Perspectiva, 2003).

Alemanha em 1932, graças a uma bolsa Rockefeller, Strauss já havia cruzado igualmente com Franz Rosenzweig, Walter Benjamin e Gershom Scholem; Alexandre Kojève e Karl Löwith; Hans-Georg Gadamer e Alexandre Koyré; Jacob Klein, Gerhard Krüger e Paul Kraus[4]. Após alguns anos de exílio em Paris e em Cambridge, instala-se nos Estados Unidos desde 1938; escreve em inglês, aparentemente sem nenhuma sombra daquela nostalgia pela língua materna que Hannah Arendt evocava, pois parece ver sua existência confundida com a litania dos locais de uma carreira de professor: em Nova York, na New School for Social Research, até 1949; na Universidade de Chicago, onde se aposenta em 1968; depois, ainda, no Claremond College, na Califórnia e no Saint John's College, em Annapolis, Maryland, onde morre em 18 de outubro de 1973.

Já para seus contemporâneos, Leo Strauss configurava uma espécie de enigma, o rumor tomando o lugar por vezes da informação. Testemunha-o aquela troca de correspondência entre Hannah Arendt e Karl Jaspers, na hora em que se procurava ainda, após a tempestade, o rasto dos amigos ou parentes dispersados. Jaspers escreve a Arendt, em *post-scriptum* a uma carta de 14 de maio de 1954: "Tem notícias de Leo Strauss, que escreveu sobre Spinoza, um judeu ortodoxo, racionalista muito vigoroso? Vive ainda?" Arendt a Jaspers, dois meses mais tarde:

> Ele é professor de filosofia política em Chicago, muito estimado. Escreveu um bom livro sobre Hobbes, além daquele sobre Spinoza. Agora, um livro sobre o direito natural. É um ateu ortodoxo convicto. Muito engraçado. Um homem dotado de uma verdadeira inteligência. Não gosto dele. Deve estar nos cinquenta anos".

Jaspers, enfim, que se diz interessado pela resposta telegráfica de Hannah Arendt: "Ateu convicto agora? Em seus primeiros livros ele aparecia

---

Baseada no original alemão e cotejada com as duas edições em língua inglesa e a edição em hebraico). Sobre a história da Akademie, fundada por iniciativa de Franz Rosenzweig sob a égide de Hermann Cohen, ver supra, cap. I, p. 34-37, e cap. II, p. 177-178.

[4] Sobre a figura de Paul Kraus, que virá a ser cunhado de Leo Strauss, e sobre sua obra e as condições de seu suicídio no Cairo, em 1944, ver Joel L. Kraemer, The Death of an Orientalist: Paul Kraus from Prague to Cairo, em Martin Kremer (ed.), *The Jewish Discovery of Islam: Studies in Honor of Bernard Lewis*, Tel Aviv: The Moshe Dayan Center for Middle Eastern and African Studies, 1999, p. 181-223.

como um judeu ortodoxo justificando a autoridade. O estilo e o tom de seus livros não me agradavam. Mas o que ele escreve testemunha grandes conhecimentos"[5]. Vinte anos antes, Walter Benjamin havia perguntado a Scholem se Strauss estava na Palestina, afirmando na época ter "uma imagem agradável dele", apesar de uma história já antiga de "rapto" de uma bibliografia sobre a natureza do conto que lhe dera gana de persegui-lo com um mandado de prisão[6]. Poder-se-ia assim multiplicar as anedotas a propósito de um personagem inapreensível e sempre reapresentado sob reputações mais ou menos sulfurosas, que deviam fascinar uns, apavorando ao mesmo tempo outros. Mas nenhum desses relatos fragmentários ajuda, todavia, a fechar a imagem do homem ou dos contornos de seu pensamento.

Leo Strauss deixou, no entanto, os lineamentos de um relato de seus anos de formação: alguns sinais de pista para uma dupla autobiografia, política e intelectual. Sempre alusivas, dispersas o mais das vezes nos primeiros parágrafos de estudos que remontam dos universos contraditórios de

---

5   São citadas respectivamente as cartas de Karl Jaspers a Hannah Arendt, de 14 de maio de 1954, de Arendt a Jaspers, de 24 de julho de 1954 e, enfim, de Jaspers a Arendt, de 29 de agosto de 1954, em Hannah Arendt/Karl Jaspers, *Correspondance, 1926-1969*, trad. E. Kaufholz-Messmer, Paris: Payot, 1995, p. 340, p. 344 e p. 347-348.

6   Ver as cartas de Walter Benjamin a Gershom Scholem, de 2 de maio de 1936 (em que manifesta a intenção de escrever uma resenha sobre *Philosophie und Gesetz*), de 20 de maio de 1935 e de 15 de março de 1929, em W. Benjamin, *Correspondance*, II, *1929-1940*, trad. G. Petitdemange, Paris: Aubier, 1979, p. 208, p. 157 e p. 16. Sem serem verdadeiramente íntimos, Strauss e Scholem permanecerão sempre em contato, considerando-se, sem dúvida, um ao outro como seus melhores contemporâneos, assim como afirma o segundo à viúva do primeiro logo após a sua morte (ver a carta de Scholem a Miriam Strauss, de 13 de dezembro de 1973, em Gershom Scholem, *Briefe*, III, *1971-1982*, München: C. H. Beck, 1999, p. 90). A título de ilustração, Scholem saúda em 1952 as publicações de *On Tyranny* e *Persecution and the Art of Writing* (carta de Scholem a Strauss, de 2 de junho, em *Briefe*, II, *1948-1970*, München: C. H. Beck, 1995, p. 30-31), depois discute em 1962 a introdução para a tradução inglesa do antigo livro sobre Spinoza, na qual Strauss desenvolve sua autobiografia intelectual (ver a carta de Scholem a Strauss, de 13 de dezembro de 1962, idem, p. 86-87; a carta de Strauss, de 6 de dezembro, à qual Scholem aqui responde é reproduzida nas notas desta edição, idem, p. 267, ao contrário da íntegra da primeira carta de Scholem a esse respeito, de 28 de novembro). Por sua vez, Strauss exprime amiúde sua admiração pelos textos de Scholem, como em 1973, quando do aparecimento do terceiro volume da *Judaica*, em torno dos estudos acerca da mística judaica; ou ainda, no mesmo ano e alguns dias antes de sua morte, após a leitura do livro de Scholem sobre *Sabatai Tzvi* (ver as cartas de Strauss, de 26 de fevereiro e 30 de setembro de 1973, na fortuna crítica de Gershom Scholem, *Briefe*, III, p. 314-315 e p. 340). Acrescentemos, enfim, que Scholem é um dos raros interlocutores para quem Strauss utiliza numerosas fórmulas hebraicas, escritas em caracteres quadrados.

seus mestres em filosofia aos pensadores do passado, essas indicações se combinam verdadeiramente num todo apenas duas vezes: no prefácio escrito em 1965, nos Estados Unidos, para a edição inglesa de seu primeiro livro, consagrado a Spinoza e redigido na Alemanha no fim dos anos de 1920; depois, por ocasião da homenagem prestada cinco anos mais tarde, durante uma conferência pública, a Jacob Klein, seu amigo de meio século[7]. Mas cumpre dizer ao menos que esses dois preciosos documentos não formam senão uma espécie de caleidoscópio, que projeta alguns de seus clarões para outros textos: um outro prefácio à tradução de um antigo trabalho sobre Hobbes ou algumas conferências, nas quais a exposição de um intuito filosófico se entrecruza com fragmentos de uma meditação sobre a época. Nada disso nos incita a transgredir a regra de interpretação pacientemente elaborada pelo próprio Leo Strauss: que visa compreender um pensamento como seu autor podia fazê-lo, mais do que pretender entendê-lo melhor do que ele em consideração a seu contexto. Não é, todavia, vedado interrogar sua obra, assim como a de seus companheiros a partir das questões que eles compartilham ou que os opõem; dos laços que eles tecem com os universos da assimilação, do sionismo e do exílio; das relações que eles mantêm, enfim, com uma percepção da história judaica, de seus desvios e de sua significação.

Na linguagem alusiva que Leo Strauss tanto gostava de empregar quando evocava particularmente a sabedoria bíblica ou rabínica, poder-se-ia arriscar um esboço preliminar de seu percurso, fixando por duas referências de tal ordem sua orientação mais visível e o enigma mais flagrante que ele oferece a quem o observa. Tratando-se de uma primeira aventura que se enceta com uma franca adesão ao sionismo em reação ao ambiente da assimilação, passa pela descoberta de um limite intrínseco das soluções pura-

---

7 Ver Leo Strauss, Avant-propos à la traduction anglaise de *La Critique de la religion de Spinoza*, *Le Testament de Spinoza*, trad. G. Almaleh, A. Baraquin e M. Depadt-Ejchenbaum, Paris: Cerf, 1991, p. 259-311, e A Giving of Accounts: Jacob Kein and Leo Strauss (St. John's College, Annapolis, Maryland, 30 de janeiro de 1970), em Leo Strauss, *Jewish Philosophy and the Crisis of Modernity: Essays and Lectures in Modern Jewish Thought*, K. H. Green (ed.), Albany: State University of New York Press, 1997, p. 457-466. Outra tradução do primeiro desses textos poderá ser encontrada em *Le Libéralisme antique et moderne*, aqui, p. 329. Daqui por diante ele será citado na primeira tradução. Nunca é demais insistir na sua importância, seja para a compreensão de uma educação filosófica que orientará a obra de Leo Strauss, seja enquanto testemunho sobre o mundo intelectual da Alemanha dos anos de 1920.

mente humanas ao problema dos judeus no mundo ocidental e conduz, enfim, para aquilo que se poderia conceber como um retorno à Tradição, é esse preceito talmúdico que faria sentido: "o estudo da *Torá* é 'maior' do que o dever de reconstruir o Templo" (*Meg[u]ilá*, 16b). Com ele, resumir-se-ia perfeitamente o segmento da trajetória de Strauss que remonta de Spinoza a Maimônides, das controvérsias modernas em torno da questão teológico-política à retomada das discussões concernentes aos segredos da Lei no universo das Luzes medievais. É, em compensação, muito mais difícil cercar o segundo momento de uma *démarche* que desenvolve seu curso parecendo abandonar Jerusalém por Atenas, a exploração das molas ocultas da experiência especulativa do judaísmo pelo elogio de uma vida espiritual aparentemente tomada de empréstimo ao modelo da antiguidade clássica. Vem aqui à mente um diálogo que exporia, no entanto, a questão levantada por tal deslocamento. A um rabino que perguntava: "Visto que ensinei a *Torá* inteira, posso agora estudar a filosofia grega?", responderam-lhe: "O livro da *Torá* não deve se afastar de tua boca, tu o meditarás dia e noite" (*Josué* 1, 8). Acrescentou-se, todavia, a seguinte especificação: "Procura em que hora não se faz dia nem noite, e consagra esta hora ao estudo da filosofia grega" (*Menahot*, 99b). Pode-se assim indagar quais foram as horas em que Leo Strauss estudava: para tentar desvendar o desígnio de um pensamento que parece oscilar entre duas fontes, deixando ao mesmo tempo em uma forma de penumbra o fio que as liga e o conflito que as opõe.

À Distância do País dos Filisteus

Teschuvá: é sob o signo do nexo original em hebraico do termo "retorno" que Leo Strauss colocava nos anos de 1950 um questionamento acerca da identidade judaica contemporânea, e depois uma análise reflexiva de sua situação por oposição ao modelo do progresso dominante na cultura ocidental desde as Luzes. Mas sublinhava concomitantemente o outro sentido desse termo: o de um "arrependimento" que dava ensejo a uma vigorosa crítica das ilusões da assimilação. Tratando-se da primeira dessas dimensões, é o conflito entre duas relações, com o mundo e com a experiência do tempo, que podia ser construído: comparando "a vida marcada pela ideia do retorno àquela marcada pela ideia do progresso"[8]. Filho do universo moderno, o homem do progresso se apresenta como conduzido para o futuro, em um imaginário em que o passado é sempre bárbaro e o presente insatisfatório. Ao contrário, o homem do retorno é aquele que pensa que a perfeição pertence ao início do tempo, que vive na lembrança dos começos e depois aloja a esperança da Redenção mesma na restauração da origem ou na restituição da unidade das coisas afetadas pela aventura do mundo[9]. Sabe-se, contudo, que esse modelo se complicou na história, devido ao fato de que grande parte do judaísmo moderno concebeu precisamente como progresso o abandono de sua tradição. Isso podia ser feito – como em Spinoza – por uma franca ruptura, que se assemelha à negação das verdades do judaísmo. Mas esse afastamento poderia também operar-se de maneira menos brutal: mediante a ideia de uma relegação da sabedoria passada à ordem das antiguidades; em proveito de uma perfeição que não seria atingida senão no fim de um processo de realização do pensamento judaico no sistema da filosofia.

Daí provém, para Leo Strauss, o caráter amiúde enfático da *teschuvá* para os contemporâneos: um arrependimento que conserva o seu sentido tradicional de retorno; mas para judeus que romperam com o judaísmo ou cujos pais o haviam feito antes deles. É aqui que surge a ilusão trágica da assimilação, a principal das modalidades dessa fuga para fora de si vivida em nome do progresso. Com ela, é a significação mesma do antigo sofrimento ligada ao exílio que desaparece: quando o liberalismo político não impede o antissemitismo, privando, além disso, o indivíduo desarraigado do sentimento de eleição de Israel que seus antepassados ao menos podiam opor ao ódio ou ao menosprezo. Mais ainda e no quadro da igualdade jurídica, é uma verdadeira "escravidão interior" que é exigida em

---

8   Leo Strauss, Progrès ou retour?, *La Renaissance du rationalisme politique classique*, textos reunidos e introduzidos por Thomas Pangle, trad. e posfácio de Pierre Guglielmina, Paris: Gallimard, 1993, p. 306. Sem indicar uma data precisa, Thomas Pangle situa a origem desse texto em uma conferência dos anos cinquenta, proferida na Hillel House da Universidade de Chicago (ver sua introdução, p. 39).
9   Idem, p. 305. Aqui, Leo Strauss se apoia em Gershom Scholem para integrar o aparente privilégio dado ao horizonte messiânico na Cabala, mostrando que, mesmo em Isaac Lúria, a época final não adquire mais a mesma importância do que a época inicial; porquanto "o caminho que leva ao fim das coisas é também o caminho que leva ao começo" (Gershom Scholem, *Les Grands courants de la mystique juive*, trad. M.-M. Davy, Paris: Payot, 1994, p. 292).

pagamento da liberdade exterior: uma renúncia ao esplendor do passado que o simples respeito a si mesmo deveria, no entanto, tornar impraticável. Assim, por conduzir a uma satisfação superficial para com um presente imperfeito, a assimilação levou os judeus ao que Strauss chama de "pântano do filistinismo": "um fim inglório para um povo que se desvencilhou da escravidão indo para o deserto, evitando cuidadosamente o país dos filisteus: 'Ora, quando Faraó deixou o povo partir, Deus não o conduziu em absoluto pelo caminho do país dos filisteus, embora fosse o mais próximo' (Ex 13, 17)". Concluindo essa breve análise cuja acidez não tem nada a invejar às páginas mais sombrias de Gershom Scholem ou mesmo Hannah Arendt sobre a questão, Leo Strauss pode notar de maneira lapidar que "esse país está sempre próximo"; antes de se voltar para a outra solução disponível para aqueles que procuravam uma saída puramente política ao problema judaico[10].

Se aparece nesse texto dos anos de 1950 que o sionismo era portado por aqueles que se recusavam a aceitar o desaparecimento dos judeus por meio da assimilação, é possível que ele se encontre, do ponto de vista do retorno, em uma contradição comparável: quando descobre, em seu detrimento, que "o nó que não foi atado pelo homem não pode ser desatado pelo homem"[11]. Na origem, o sionismo político pensava poder realizar-se não importa onde no mundo pela criação de um Estado, segundo a troca outrora imaginada por Spinoza: o esquecimento do espírito do judaísmo e dos fundamentos de sua religião, contra a audácia guerreira e a energia necessária para se governar. No entanto, concedendo à Tradição que a escolha da terra não podia ser indiferente e depois recobrando a língua sagrada, ele colocou-se sob a égide de um sionismo cultural em melhores condições de defender essa herança, mas hesitante sobre sua qualificação. É, todavia, alguns anos mais tarde, no prefácio discretamente autobiográfico para a edição americana de seu primeiro livro, que Leo Strauss devia

---

10 Idem, p. 310. Comparar-se-á utilmente essa passagem de Leo Strauss com Gershom Scholem, À propos de la psychologie sociale des Juifs entre 1900 et 1930 (1976), *De la création du monde jusqu'à Varsovie*, trad. M.-R. Ayoun, Paris: Cerf, 1990, p. 223-243, e Hannah Arendt, Aux origines de l'assimilation (1933), *La Tradition cachée: Le Juif comme paria*, trad. S. Courtine-Denamy, Paris: Christian Bourgois, 1987, p. 38-49.
11 Progrès ou retour?, op. cit., p. 310.

desenvolver uma interpretação mais precisa da dialética do sionismo, em eco a uma juventude transcorrida em sua proximidade. Evocando os projetos fundadores de Leon Pinsker e Theodor Herzl, Strauss sublinha aqui a dupla potência do sionismo político: sua capacidade para não renunciar às esperanças judaicas tradicionais, liberando-as ao mesmo tempo da feição providencial de um martírio; e depois sua preocupação de "lavar os judeus de sua humilhação milenar, fazendo-os recuperar a dignidade, a honra ou o orgulho de ser judeu"[12]. Mas ele se dedica igualmente à análise meticulosa das contradições inerentes a esse projeto, no contexto de um encontro conflituoso entre a Tradição e o mundo moderno.

Na origem da aventura sionista, Herzl podia, sem dúvida, evocar a esperança do primeiro Samuel, a de ser "semelhante a todas as nações" (8, 20): para afirmar que "nós somos uma nação, o inimigo fez de nós uma nação, isso agrade ou não". Como não ver, entretanto, a profunda modificação imediatamente imposta à esperança judaica por uma proclamação assim? A fim de ilustrá-la, Strauss lembra como Leon Pinsker punha em exergo de sua *Autoemancipação* (1882) duas perguntas célebres de Hilel: "Se eu não cuido de mim, quem o fará?"; "E se não é agora, quando?" Mas é para salientar logo o fato de que ele esquecia a terceira das perguntas de Hilel: "Quando eu cuido apenas de mim, quem sou eu?"[13] Atualizando assim uma espera que podia tirar partido da autoridade dos Sábios, o sionismo político devolvia efetivamente ao povo disperso que parecia um rebanho sem pastor sua dignidade e sua coragem: o que leva Leo Strauss

---

12 Avant-propos à la traduction anglaise de *La Critique de la religion de Spinoza*, op. cit., p. 265. É preciso mais uma vez sublinhar a importância desse texto no qual Strauss desenha sua autobiografia intelectual, como Scholem o percebe, embora pareça, entretanto, censurá-lo por dissimular uma parte desta (ver a alusão de Strauss à carta não publicada de Scholem, de 28 de novembro de 1962, à qual ele responde em 6 de dezembro, em Gershom Scholem, *Briefe*, II, 1948-1970, p. 267). Admitindo perfeitamente o caráter autobiográfico do texto que Scholem leu quase três anos antes de sua publicação, Strauss precisa seu limite cronológico: 1928 e o início de seu trabalho sobre Hobbes. A respeito desse esclarecimento, Scholem sublinha para Strauss a "missão" comum de ambos para com o passado do judaísmo alemão (carta de Strauss, de 13 de dezembro de 1962, idem, p. 87). O fato de que Strauss concebia esse texto como sua autobiografia é confirmado por uma carta a Alexandre Kojève, de 30 de janeiro de 1962, antes mesmo que ele fosse redigido: ver Leo Strauss et alli, *De la tyrannie*, trad. H. Kern, seguido de *Correspondance avec Alexandre Kojève (1932-1965)*, trad. A. Enegrèn e M. de Launay, Paris: Gallimard, 1997, p. 363.
13 Idem, p. 266. As três questões de Hilel são tomadas dos *Pirkei Avot*, I, 14.

a dizer, referindo-se a Scholem, que este constituía "uma bênção para todos os judeus, onde quer que estivessem, que o admitissem ou não"[14]. No entanto, ocultando a questão intermediária de Hilel, mostrava que sua preocupação de transformar o rebanho em nação sobrepujava a questão do pastor e da natureza autêntica do livramento: com a consequência de trazer ao problema judeu apenas uma solução parcial, por causa da estreiteza de sua concepção original.

É esse limite que o sionismo cultural devia sublinhar: insistindo no fato de que um Estado judeu privado de suas raízes pareceria uma "concha vazia". A dificuldade para ele era, todavia, a de estabelecer a natureza da herança que cumpria preservar. Em uma perspectiva romântica que as posições do jovem Buber exporiam muito bem, sua forma disponível era a de um produto do espírito humano a definir uma cultura autêntica que poderia reciclar-se em espírito nacional[15]. Contudo, esse lugar intermediário entre a política e uma Tradição instalada com base na revelação divina não era, a seu turno, bastante estável para garantir a continuidade da história judaica. Daí esse último elo de uma dialética que conduz aos dilemas contemporâneos: "Quando o sionismo cultural compreende a si mesmo, ele vira e se transforma em sionismo religioso. Mas quando o sionismo religioso se compreende, ele é fé judaica antes de ser sionismo"[16]. Entrecruzando nessas páginas as

14 Idem, p. 267. Strauss remete a um artigo de 1934, em que Scholem discute o laço do sionismo com as questões religiosas: ao longo de uma leitura do *Novo Kuzari* que Issac Breuer, neto de Samson Raphael Hirsch e representante do judaísmo ortodoxo, acabava de publicar. Ver Gershom Scholem, La Politique de la mystique: *Le Nouveau Kuzari* d'Issac Breuer, *Le Messianisme juif*, trad. B. Dupuy, Paris: Calmann-Lévy, 1974. É importante notar que o "antigo" *Kuzari* de Iehudá Halevi é um dos livros aos quais Strauss retorna com frequência quando opõe o pensamento judaico e a filosofia grega. Ver especialmente La Loi de la raison dans le *Kuzari* (1943), em *La Persécution et l'art d'écrire* (1952), trad. O. Berrichon-Seyden, Paris: Presses Pocket, 1989, p. 145-203.

15 Sobre o "sionismo cultural" e seu fundador Ahad ha-Am (Ascher Ginzberg), pode-se consultar Walter Laqueur, *Histoire du sionisme*, trad. M. Carrière, Paris: Calmann-Lévy, 1973, p. 186-196.

16 Avant-propos à la traduction anglaise de *La Critique de la religion de Spinoza*, op. cit., p. 267-268. Encontrar-se-ia uma perfeita ilustração do que podia representar o sionismo religioso nos anos de formação de Leo Strauss na figura de um de seus contemporâneo mais próximos: Alexander Altmann. Nascido em 1906, na Hungria, algumas semanas antes de sua família instalar-se na Boêmia austríaca, Alexander Altmann (Schimon Tzvi) era filho de um rabino ortodoxo, que fora, ele mesmo, delegado, em 1904, ao Primeiro Congresso Mundial do movimento Mizrakhi dos religiosos sionistas e que permaneceu sempre ligado a seus primeiros engajamentos, a despeito de sua adesão nos anos de 1920 à corrente antissionista Agudat

considerações sobre a época com fragmentos de experiência pessoal, é alusivamente seu próprio itinerário que Leo Strauss evoca, tomando, evidentemente a sério, apenas os dois polos extremos da dialética assim descrita: o conflito entre um sionismo político ao qual havia aderido e a enigmática verdade de um sionismo religioso que é o objeto de sua meditação. Aliás, na única intervenção pública em que ele se autoriza a transgredir a elegância que impede de falar de si em público, e depois ao longo de uma conferência mais geral que aborda o judaísmo contemporâneo, ele desvela alguns elementos de seu percurso a partir de seu ponto de partida: o nascimento em "uma casa judaica conservadora e até ortodoxa, em alguma parte de um distrito rural da Alemanha"[17]. Todavia, e pelo fato de sua família respeitar estritamente a lei cerimonial sem dispor de verdadeiros conhecimentos judaicos, ele fica "exposto" ao humanismo alemão do Gymnasium, antes deste acontecimento decisivo: "Aos dezessete anos, fui convertido ao sionismo, ao simples e franco sionismo político". Mas Strauss apresenta a seguir o relato de uma descoberta do limite próprio a essa experiência vivenciada em uma organização estudantil e a ilustra pela lembrança de um encontro com o fundador do movimento revisionista no sionismo, Vladimir Zeev Jabotínski. Ele narra assim esse diálogo, ocorrido em uma época em que Jabotínski não tinha

---

Israel. Educado desde muito cedo na Talmud Torá por seu pai, Alexander Altmann fez seus estudos no Gymnasium de Colônia, recebendo em conjunto uma educação judaica na *ieschivá*, antes de cursar a universidade em Berlim e, ao mesmo tempo, o Hildesheimer Rabbinerseminar da cidade. Doutor *summa cum laude* por sua tese sobre Max Scheler, passa a ocupar pouco depois várias funções rabínicas importantes no seio de comunidades judaicas ortodoxas de Berlim, teorizando também sobre os fundamentos intelectuais e teológicos do sionismo religioso. Fundador em 1935 da *Rambam-Lehrhaus* berlinense que pretendia realizar esse projeto sob os auspícios de Maimônides, deixou a Alemanha no verão de 1938, indo para Manchester, onde volta a dirigir uma comunidade e, em 1953, cria um instituto de estudos judaicos que o levará finalmente, alguns anos mais tarde, aos Estados Unidos, para a Brandeis University. Aí se desenrolará o essencial de sua carreira científica, centrada em numerosas contribuições à história da filosofia judaica medieval e moderna, coroada por sua monumental biografia de Moisés Mendelssohn. Ver a coletânea dos textos de seu período alemão em Alexander Altmann, *The Meaning of Jewish Existence*: *Theological Essays 1930-1939*, trad. E. Ehrlich e L. H. Ehrlich, Alfred L. Ivry (ed.), introdução de Paul Mendes-Flohr, Waltham/Hannover: Brandeis University Press/ University Press of New England, 1991, e Alexander Altmann, *Moses Mendelssohn: A Biographical Study* (1973), Oxford: The Littman Library of Jewish Civilization, 1998.

17 A Giving of Accounts, op. cit., p. 459. Com uma forma característica de autoironia, Strauss especifica aqui que não é bom falar de si em público, com duas exceções, entretanto: o fato de ser um homem idoso; a preocupação de não falar senão de um assunto de interesse público, como a virtude pode ser.

ainda formado oficialmente sua tendência, mas encarnava já a vontade de promover um retorno estrito às teses de Herzl, radicalizadas na perspectiva do uso da violência: "Ele me perguntou 'O que você faz?' e eu lhe respondi: 'Bem, nós lemos a *Bíblia*, nós estudamos a história judaica, a teoria sionista e, seguramente, seguimos os progressos de seu desenvolvimento etc.' Ele retrucou: 'E a prática das armas?' Eu respondi: 'Não'"[18].

Por ocasião desse olhar retrospectivo lançado sobre seus anos de formação, Leo Strauss parece esboçar os contornos de uma dupla posição: a permanência de sua vinculação ao sionismo político; a consciência da impossibilidade de uma solução puramente humana ao "problema judaico". É nesse sentido que ele pontua a homenagem prestada ao combate político dos judeus contemporâneos e ao seu resultado por meio de uma proposição situada no registro do sionismo religioso: a criação do Estado de Israel é o evento mais importante após o término do *Talmud*; mas ela não coincide com a idade messiânica e a época da Redenção. Dito em outros termos, ele adere à ideia segundo a qual a realização do projeto sionista representa "a mudança mais profunda que afetou a *Galut*, mas não é o fim da *Galut*" e é possível que essa descoberta da juventude seja decisiva em relação à sua obra inteira[19]. Com ela, Strauss percebe o fato de que o limite do sionismo político prende-se àquilo que ele critica na assimilação, a "solução liberal" para o problema dos judeus no mundo moderno, aderindo ao mesmo tempo tacitamente ao seu pressuposto: a certeza da possibilidade de uma resolução humana desse problema. Ao contrário, a lição do sionismo religioso reside em uma maneira de lembrar que o povo judeu não encerrou, com a questão teológico-política, o conflito entre as leis da Revelação e da razão, ou, ainda, a tensão entre as dimensões da experiência humana que decorrem respectivamente do absoluto e do temporal. Já se começa a perceber como Strauss encontrará rapidamente em seu caminho os dois pensadores que constituirão suas preocupações principais durante mais de

---

18 Leo Strauss, Why We Remain Jews (conferência na Hillel House de Chicago, em 4 de fevereiro de 1962), em *Jewish Philosophy and the Crisis of Modernity*, p. 319. Cabe notar que Leo Strauss continuará a aparecer como um representante intelectual do sionismo, porquanto Franz Rosenzweig lhe confia o curso sobre a "Teoria do Sionismo Político" na *Lehrhaus* de Frankfurt, em janeiro de 1924. A este respeito, ver supra, cap. II, p. 178-180.
19 Avant-propos à la traduction anglaise de *La Critique de la religion de Spinoza*, op. cit., p. 268.

vinte anos: Spinoza, que inaugura a abordagem moderna desse problema; Maimônides, que oferece a exposição clássica de uma questão cuja forma, e depois o sentido, será necessário reconstruir.

Assim, sob a perspectiva do "arrependimento" exposta por Maimônides, mais ainda do que a do "retorno" propriamente dito, é que Strauss quer fechar sua interpretação do sionismo. Seja como for, no que diz respeito às virtudes do Estado e à superioridade de sua forma liberal, o julgamento não tem apelação: "Há um problema judeu que pode ser resolvido pelos homens, o problema do judeu ocidental, do indivíduo que rompeu, ou cujos pais romperam, o laço com a comunidade judaica na esperança de tornar-se, destarte, membro ordinário de uma sociedade puramente liberal ou de uma sociedade humana universal e que, naturalmente, fica perplexo quando não encontra nenhuma sociedade desse gênero. A solução para o seu problema está no retorno à comunidade judaica, a comunidade baseada na fé judaica e no modo de vida judaico – a *teschuvá* (que se traduz em geral por arrependimento) no sentido mais amplo do termo"[20]. No entanto, e apesar dessa reserva de algum modo especulativa no tocante ao horizonte prático do sionismo, Strauss manterá uma fidelidade sem falha ao Estado de Israel e até ao sionismo político sob sua forma inicial. Em um contexto polêmico, é por uma fórmula deliberadamente enigmática e provocante que ele exprime esta dupla posição: "O sionismo político é problemático por razões evidentes"[21]. Pensando bem, ela é próxima daquela que Scholem sustentará, citando tardiamente um dito de juventude dirigida contra os revisionistas: "A salvação do povo judeu, que eu desejo como sionista, não é de nenhuma maneira idêntica à redenção religiosa, que eu espero para o mundo vindouro"[22].

---

20 Idem, p. 269.
21 Leo Strauss, Letter to the Editor: The State of Israel (jan. 1957), *Jewish Philosophy and the Crisis of Modernity*, p. 414. Strauss escreve aqui, ao editor da *National Review*, que falara de Israel como um "Estado racista". Lembrando a situação do país como ponto isolado do Ocidente, rodeado de inimigos, ainda pobre e fiel à austeridade heroica oriunda da antiguidade bíblica, ele cita a fórmula de Ahad ha-Am sobre "a liberdade exterior e a servidão interior", antes de adicionar que o sionismo político de Herzl era felizmente, no fundo, conservador, devido ao seu objetivo maior: "restaurar a liberdade interior, esta simples dignidade, esta da qual só são capazes os povos que se lembram de sua herança e são fiéis a seu destino".
22 Entretien avec Gershom Scholem, em Gershom Scholem, *Fidélité et utopie: Essais sur le judaïsme contemporain*, trad. M. Delmotte e B. Dupuy, Paris: Calmann-Lévy, 1978, p. 67. Scholem

Antes de considerar os estratos sucessivos do combate de Leo Strauss contra a evidência proclamada pelas críticas modernas da religião, cumpre ainda sublinhar a maneira como ele coloca no plano de fundo de seus combates o malogro trágico da pretensa "simbiose" judio-alemã, tal como ela começava a aparecer no momento de seus primeiros trabalhos. Pelo símbolo de seu nome, a República de Weimar condensava as expressões mais elevadas da cultura alemã, parecendo prolongar uma época em que o judaísmo descortinava em seu seio o equivalente moderno de seu período espanhol: um encontro feliz com a civilização ocidental. Mas essa bela aparência escondia as fontes do drama que era aqui incubado, como ocorrera lá, na Península Ibérica. Em primeiro lugar, desde o assassinato de Walther Rathenau, em 1922, a República havia mostrado a fraqueza que ia vencê-la, oferecendo ao homem que tivesse "a ideia fixa" mais forte e a vontade mais implacável o espetáculo de uma justiça sem força. Essa impotência da democracia liberal tornaria em breve manifesto um fenômeno mais antigo: o fato de que a Alemanha não deixara a Idade Média senão para entrar na nostalgia da Idade Média, sonhando desde o albor da modernidade com um Terceiro Reich. Ao que se juntava, enfim, as provas acumuladas da lucidez de um Nietzsche ao declarar não ter jamais encontrado "um alemão que quisesse bem aos judeus". Essas evidências vão do mais cosmopolita dos heróis da cultura alemã ao mais controvertido de seus pensadores contemporâneos: a apresentação, por uma personagem de Goethe, de uma sociedade científica que não admitiria nenhum judeu em seu quadro; o dito tardio de Heidegger sobre "a verdade interior e a grandeza do nacional-socialismo". No entanto, ninguém imaginava ainda que o "problema judeu" seria resolvido na Alemanha apenas mediante a "supressão dos judeus alemães": pelo único regime "cujo único princípio claro foi um ódio assassino em relação aos judeus"[23].

cita aqui um artigo que havia publicado em 1929 em nome da associação Brit Schalom (ver supra, cap. IV). Em um sentido, olhando a mesma tensão por seus dois lados, Scholem e Strauss concordam: um recusa a tentação neossabataísta daqueles que querem confundir os planos da ação política profana na história com a ação religiosa e espiritual; o outro percebe os limites do sionismo político a partir do ponto de vista religioso, mas se empenha igualmente em manter a separação entre as duas ordens.

[23] Avant-propos à la traduction anglaise de *La Critique de la religion de Spinoza*, op. cit., p. 262-263. Strauss citou sucessivamente: Nietzsche, *Além do Bem e do Mal*, § 251; Goethe,

Quem era esse Leo Strauss dos anos de 1960: que julgava com extrema severidade a Alemanha de sua juventude, mas evocava apenas por alusões o extermínio; que se recusava a fazer silêncio sobre a adesão daquele que ele considerava como o maior filósofo do século ao nacional-socialismo; que persistia em pensar que a criação do Estado de Israel era um dos acontecimentos mais gloriosos da história do povo judeu, estimando, ao mesmo tempo, que ele não proporcionava uma resposta definitiva à questão do exílio? Seguramente, ele não correspondia ao ateu convicto que Hannah Arendt supunha. Mas representava ele, nem por isso, completamente o modelo do "judeu ortodoxo" cuja lembrança Karl Jaspers guardara? Tudo leva a pensar que nenhuma dessas imagens é exata e que é preciso começar por reconstituir uma caminhada intelectual que remonta da filosofia moderna a seus predecessores, antes de compreender a maneira como Strauss queria manter-se à parte do "país dos filisteus". Que no curso dessa viagem os contornos de um judaísmo da *teschuvá* devam desenhar-se, isso parece evidenciar-se por si no concernente às raras confissões do autor. Mas as formas desse retorno são, para o momento, ainda obscuras, mesmo se elas parecem *a priori* inscrever-se em um triângulo construído em torno de três grandes nomes: Spinoza, Hermann Cohen e Maimônides. Com o primeiro, são tanto a promessa como a armadilha do liberalismo moderno que se colocavam em posição: já que Spinoza oferecia ao mesmo tempo as perspectivas da assimilação e daquilo que seria o sionismo; mas com seu condicionamento comum pela rejeição da Tradição. No entanto, Leo Strauss não retoma jamais por sua conta a crítica mais radical ao spinozismo proposta por Hermann Cohen. A razão disso era, sem dúvida, para começar, que Spinoza merecia ser defendido por um momento na perspectiva do sionismo e contra os ataques daquele que parecia um defensor da simbiose "judio-alemã". Em seguida, o pensamento de Cohen proporcionaria, entretanto, um sentido autêntico ao retorno, mesmo que este estivesse ainda mesclado demais de confiança para com a possibilidade de harmonizá-lo

---

Os Anos de Viagem de Wilhelm Meister, livro 3, cap. XI; Martin Heidegger, *Introduction à la métaphysique*, trad. G. Kahn, Paris: PUF, 1958, p. 213. A propósito desta última obra, Strauss se dá o trabalho de lembrar que, se essa expressão de Heidegger provém de uma conferência de 1935, ela continua a figurar na edição definitiva (1953) da *Introdução à Metafísica*, cujo prefácio declara, no entanto, que os "erros foram suprimidos".

com o progresso. Daí viria, portanto, a preocupação de encontrar em Maimônides a épura de uma aliança problemática entre a razão e a Revelação: para resgate de todo compromisso do risco do filistinismo.

O Problema Spinoza

No esboço autobiográfico publicado, em 1965, como prefácio americano ao livro redigido na Alemanha, entre 1925 e 1928, Leo Strauss sublinha a forma paradoxal de seu encontro com Spinoza. A confrontação tornara-se inevitável pelo contexto de uma reatualização alemã particularmente dramática do problema teológico-político, em seu sentido mais simples e já evocado a propósito do sionismo. Essa situação determinava uma urgência que Strauss confirmará mais tarde, ao voltar a debruçar-se sobre o seu primeiro livro do exílio, consagrado a Hobbes: "A perspectiva teológico-política permaneceu desde então o tema de minhas pesquisas"[24]. Em se tratando de empreender um trabalho sobre o *Tratado Teológico-Político*, a questão era saber se o modelo liberal da separação entre religião e política chega a responder às interrogações do homem acerca de seu lugar no mundo ou se, ao contrário, ele deixa na sombra uma parte essencial destas. Sobre a vertente estritamente política do caso, Strauss já tinha consciência dos limites próprios às duas soluções estritamente liberais ao "problema do judeu perdido em um mundo moderno não judeu"[25]. A da assimilação: que obrigava a renegar toda identidade para mergulhar de mãos e pés atados em uma sociedade que guardava a autoridade sobre a definição das condições da cidadania. Mas também a de um sionismo puramente político: que reproduzia a figura de um Estado nacional sem se preocupar em lhe manter raízes na Tradição. O fato de que, além da veneração de que Spinoza era objeto na Alemanha desde o romantismo, seu pensamento pudesse inspirar essas duas perspectivas contraditórias era já o indício de uma dificuldade. Descobrindo que o sionismo religioso tinha ao menos o mérito

---

24 Leo Strauss, prefácio de 1964 para a tradução alemã do livro sobre Hobbes, publicado em inglês, em 1936, *La Philosophie politique de Hobbes*, trad. A. Enegrén e M. B. de Launay, Paris: Belin, 1991, p. 10.
25 Avant-propos à la traduction anglaise de *La critique de la religion de Spinoza*, op. cit., p. 284.

de descrever corretamente esse dilema, Strauss reencontrava a dimensão teológica da questão e Spinoza como um novo obstáculo. Por isso mesmo cumpria-lhe necessariamente abordar o *Tratado Teológico-Político* sob seus dois aspectos, compreendendo ao mesmo tempo o caráter necessário da ligação entre eles: o de sua crítica da Escritura e de sua concepção de Deus, na ordem de uma autonomização da razão em face da religião; de uma radicalização dos pressupostos da política moderna nas pegadas de Maquiavel.

Ao longo de um outro de seus breves relatos autobiográficos, Leo Strauss reconstruiu a caminhada mais diretamente intelectual que o conduzira ao estudo de Spinoza: insistindo desta vez na maneira como ela se impôs no espaço formado pelas figuras tutelares da filosofia contemporânea. Desse ponto de vista, trata-se de uma verdadeira cartografia do mundo do pensamento na Alemanha dos anos de 1920 que se desenha, no curso do relato de um percurso que se tornou possível graças a um sistema de liberdade acadêmica que autorizava frequentes mudanças de universidade. É, em primeiro lugar, para Marburgo que Strauss foi atraído: por razões de proximidade, mas também devido à sedução que, mesmo após a morte, ainda exerce Hermann Cohen, descrito como "um filósofo apaixonado e um judeu apaixonadamente devotado ao judaísmo"[26]. No entanto, uma vez falecido Cohen, sua escola começou a desintegrar-se e é para Husserl que Leo Strauss se volta, persuadido de que, no mundo do pós-guerra, o mestre de Marburgo pertence doravante ao passado. Depois de sua estada em Hamburgo, onde redige e sustenta sua tese sobre Jacobi, sob a orientação de Ernst Cassirer, é, portanto, a Friburgo que ele vai, em 1922, para ouvir Husserl, confessando, todavia, não ter sabido tirar proveito de seu ensinamento por falta de suficiente maturidade. Porém, para o jovem filósofo preocupado com a teologia, a época é também marcada por uma poderosa renovação desta última que os nomes de Karl Barth, no meio protestante, e Franz Rosenzweig, para o judaísmo, encarnam. Em Friburgo, Strauss ouviu "sem compreender uma palavra" um moço desconhecido pertencente ao círculo de Husserl e que se chamava Heidegger. Ao voltar para casa, fez uma visita a Rosenzweig; mas foi uma experiência de aspecto anedótico que lhe parece retrospectivamente essencial: ter ouvido,

---

26   A Giving of Accounts, op. cit., p. 460.

em resposta a uma questão teológica que lhe propusera, o fundador da fenomenologia dizer que "Se existe um dado 'Deus', nós o descreveremos"[27]. Quanto à senda precisa que havia de conduzi-lo a Spinoza, ela passava por uma análise da renovação da teologia. Longe de ser idêntica à invenção de uma nova ortodoxia, esse caminho oferecia uma profunda inovação: na medida em que enfrentava o desafio lançado pelos ataques das Luzes contra a antiga ortodoxia. Ora, o lugar clássico da refutação da ortodoxia para o judaísmo situava-se em Spinoza e, mais precisamente, no *Tratado Teológico-Político*. Algum tempo antes, Hermann Cohen havia desenvolvido uma crítica a este último, tanto mais impressionante quanto, diferentemente de seus contemporâneos, estava livre da "idolatria para com Spinoza como pensador intoxicado de Deus"[28]. Contudo, sua refutação não parecia suficientemente poderosa, de modo que era preciso encarar uma nova leitura do *Tratado*. Nisso, Strauss será ajudado por Lessing: mais exatamente por uma primeira descoberta da distinção entre exoterismo e esoterismo. Mas ele só a compreendeu mais tarde.

Se fundirmos essas duas abordagens do problema colocado por Spinoza, para a consciência e a filosofia judaicas modernas, as coisas se apresentam da seguinte maneira: na conjuntura teológico-política da Holanda no século XVII, ele havia imaginado a possibilidade de uma nova autonomia política para o povo judeu; porém, ele a subordinava à dissolução da fé que distinguia a grei. Tal era, evidentemente, o sentido que cumpria conceder a essa passagem, amiúde mobilizada, do *Tratado Teológico-Político*: "Se mesmo os princípios de sua religião não amolecessem os seus costumes, eu acreditaria sem reserva, conhecendo a mutabilidade dos negócios humanos, que em uma ocasião dada os judeus restabelecerão seu império e que Deus os elegerá de novo"[29]. É a partir do desafio representado por essa proposição

---

27 Idem, p. 461.
28 Idem, p. 462. Leo Strauss pensa aqui em um texto específico de Hermann Cohen, publicado em 1915: Spinoza über Staat und Religion: Judentum und Christentum, em *Jüdische Schriften*, III, Berlin: C. A. Schwetschke und Sohn, 1924, p. 290-372. Encontrar-se-á uma tradução deste ensaio em Leo Strauss, *Le Testament de Spinoza*, p. 79-159. Sobre a importância histórica e filosófica desse texto e depois sobre o sentido da crítica de Spinoza em Hermann Cohen, ver supra, cap. I, p. 49-60
29 B. Spinoza, *Traité théologico-politique*, cap. III, trad. C. Appuhn, Paris: Garnier-Flammarion, 1965, p. 82 (trad. bras.: *Tratado Teológico-Político*, trad. Diogo Pires Aurélio, São Paulo: Martins Fontes, 2008 [2. ed.]). Os tradutores de Strauss reproduzem esta edição, familiar

que Strauss concebia a urgência de uma nova interpretação de Spinoza. Para começar, era inegável que esta lição de realismo político do discípulo de Maquiavel inspirara Herzl e Pinsker na definição dos fundamentos do sionismo político. Mas Strauss já sabia por que tal perspectiva não regulava senão um dos aspectos do problema humano de que a situação do judaísmo no mundo moderno era um dos símbolos. A consciência desse limite podia vir da filosofia: especialmente da maneira como Franz Rosenzweig mostrava ao mesmo tempo como o sistema de Hegel havia rematado o combate da razão contra a fé e o quanto esta última sobrevivera, no entanto, a esse empreendimento, sob a forma de uma experiência a desbordar a expressão de uma totalidade em marcha desde as origens gregas do pensamento ocidental. Surgindo de um modo imprevisto como uma força de convocação vinda de fora e do além, a Revelação recobrava com ele seus direitos, afirmando uma presença que se pretendia mais poderosa ainda do que aquela ensinada pelas tradições remontantes a um passado longínquo.

Em Franz Rosenzweig e seus discípulos, este elogio de um absoluto que reencontra a Escritura e renova a meditação sobre o destino misterioso do povo judeu passava, entretanto, por uma outra concessão a Spinoza sobre a vertente desta vez da interpretação da *Bíblia*, da questão dos milagres e da relação com a Lei. Resumindo em algumas páginas os fundamentos, o horizonte e os conteúdos implícitos da filosofia de Rosenzweig, Strauss descreve perfeitamente sua visão do judaísmo, explicitando ao mesmo tempo os motivos da atração que ela podia suscitar e as reservas que, no entanto, acarretava o "novo pensamento". As premissas deste último estavam alojadas em uma dissociação entre duas relações com a Escritura: a que remetia a um simples interesse histórico a interpretação dos relatos bíblicos ou o trabalho dos compiladores; a que valorizava, ao contrário, a experiência vivida do crente a sofrer hoje a prova da fé. Nesse sentido, Rosenzweig não podia imaginar que o retorno ao espírito da *Torá* se exprime nas formas do passado, e ele partilhava com o liberalismo religioso

---

aos leitores franceses, e é ela que será citada. É preciso, no entanto, reportar-se doravante à edição francesa das *Oeuvres*, texto estabelecido por Fokke Akkerman, tradução e notas de Jacqueline Lagrée e Pierre-François Moreau: Paris: PUF, 1999, ver supra, p. 220-222. No tocante às razões dessa escolha e à apresentação adotada para as referências ao *Traité théologico-politique*, ver supra, cap. I, nota 57.

da ideia de uma necessária "seleção no interior das crenças e das regras tradicionais"[30]. Devia-se, sem dúvida, acrescentar que seu princípio de seleção diferia do dos liberais, na medida em que ela não incluía a pretensão à objetividade, quando se referia à experiência individual das realidades da vida judaica. Mas ao menos era preciso admitir que sua posição impunha, ela também, uma "historicização consciente e radical da *Torá*", com sua consequência: "A Lei santa, que era uma realidade e da qual se podia dizer que ela oferecia um templo público, tornava-se assim um poder de realização, uma pedreira ou entreposto em que cada indivíduo vinha procurar os materiais para construir seu próprio abrigo"[31].

É, pois, a relação de Rosenzweig com a ortodoxia que se tornava decisiva e devia conduzir, uma vez mais, a Spinoza. Seduzido pela piedade de seus contemporâneos ortodoxos na Alemanha e nos países limítrofes, Rosenzweig não conseguia, entretanto, resolver-se a esposar o ponto de vista deles: recusando toda maneira de "compreender a Lei em termos de interditos, de recusas, de negação e de rejeição, mais do que em termos de mandamento, de liberação, de dom e de transformação"[32]. A isso se adicionava ainda sua relação seletiva com os milagres: admitidos como tais quando correspondiam a uma experiência pessoal da fé; mas considerados como contos de fadas nos outros casos. Sob esses dois aspectos, o universo espiritual de

---

30 Avant-propos à la traduction anglaise de *La Critique de la religion de Spinoza*, op. cit., p. 282.
31 Idem, ibidem. Strauss tem aqui em mente notadamente um texto de Rosenzweig escrito durante o verão de 1923, publicado em agosto de 1924 na revista de Buber *Der Jude* e depois, em forma de brochura, em 1925: Die Bauleute. Über das Gesetz. Esse texto consta de um dos volumes das obras completas de Rosenzweig, *Der Mensch und sein Werk, Gesammelte Schriften*, III. *Zweistromland. Kleinere Schriften zu Glauben und Denken*, Dordrecht: Martinus Nijhoff, 1984, p. 699-712, e em uma tradução inglesa de Naum Glatzer, em Franz Rosenzweig, *On Jewish Learning*, New York: Schocken Books, 1955. Sobre esse contexto e a discussão com Buber a seu respeito, ver supra, cap. II, p. 259-265
32 Avant-propos à la traduction anglaise de *La Critique de la religion de Spinoza*, op. cit., p. 283. Se bem que Strauss relata aqui sua descoberta do fato de que Rosenzweig recusava a interpretação ortodoxa da Lei, ele fará desse fenômeno um dos pontos de partida de seu segundo livro, notando então (1935) que o autor de *A Estrela da Redenção* fora bem mais longe ainda do que Hermann Cohen. Ver *La Philosophie et la Loi: Contribution à la compréhension de Maïmonide et de ses devanciers*, trad. Rémi Brague, em Leo Strauss, *Maïmonide*, Paris: PUF, 1988, p. 19. Devido à feitura desse volume essencial em francês, esse livro não aparece como tal. Ele será citado, entretanto, sempre como um livro na paginação desse volume. Ver sua edição definitiva em sua língua original, em Leo Strauss, *Gesammelte Schriften*, II, *Philosophie und Gesetz – Frühe Schriften*, Stuttgart: Weimar, J. B. Metzler Verlag, 1997, p. 3-123.

Rosenzweig podia parecer mais sedutor do que aquele que se vinculava à austeridade e rigor preconizados pelos ortodoxos, mas esses últimos conseguiam provavelmente oferecer "uma compreensão mais profunda do mal no homem". Dito de outro modo, essa espécie de fascinação crítica em relação àquele que renovava em profundidade a interpretação do sentido da vida judaica conduzia a uma interrogação que orientaria o trabalho de Leo Strauss por muito tempo e talvez mesmo para sempre: "se perguntar se um retorno puro e simples à ortodoxia judaica não era ao mesmo tempo possível e necessário – se não era ao mesmo tempo a solução ao problema do judeu perdido no mundo moderno não judaico e a única via compatível com uma verdadeira coerência ou probidade intelectual"[33]. Não sem humor no tocante a uma questão que devia retê-lo por um longo momento em uma das discussões mais complexas da história intelectual ocidental, Strauss formula seu problema da época: "vagas dificuldades subsistiam, como ligeiras nuvens no horizonte de um belo céu de verão"; elas assumiriam o semblante de Spinoza. Em termos mais precisos, a hipótese da ortodoxia supunha, para ser verificada, que esse último estivesse enganado em todos os pontos. Mais ainda, que sob os traços daquele que havia abertamente negado a verdade do judaísmo para abandonar seu povo, é como o aluno de "cabeça dura" de Maquiavel que era preciso enfrentar: apreendendo nele o inventor da crítica filológica e histórica da *Bíblia*, mais do que se deixar seduzir pela imagem do filósofo "ébrio de Deus" proposta por Novalis[34].

Como entrar no imponente dossiê Spinoza, que ocupa quase dez anos da vida de Leo Strauss, através de muitos artigos e de seu primeiro livro, objeto, ele próprio, trinta anos mais tarde de uma releitura crítica e

---

33 Avant-propos à la traduction anglaise de *La Critique de la religion de Spinoza*, p. 283-284.
34 Idem, p. 284. A referência à expressão de Novalis aparece em Harry A. Wolfson, em uma passagem que retoma as diferentes qualificações de Spinoza a partir de sua doutrina de Deus (ver Harry Austryn Wolfson, *La Philosophie de Spinoza*, trad. A.-D. Balmès, Paris: Gallimard, 1999, p. 268). Publicada em 1934 nos Estados Unidos, a obra de Wolfson constitui, de algum modo, a contraparte da de Strauss, inaugurando com o ele a renovação dos estudos spinozistas no século XX. Enquanto Strauss concentra seu foco no *Tratado Teológico-Político*, Wolfson se dedica principalmente às fontes da *Ética*, no quadro de uma tese que abrange vários de seus livros maiores: Spinoza remata uma tradição comum aos pensamentos judaico, árabe e cristão que fora inaugurada por Filo de Alexandria, através de uma reinterpretação da filosofia grega à luz da Escritura – ver Harry A. Wolfson, *Philo: Foundations of Religious Philosophy in Judaism, Christianity and Islam*, Cambridge: Harvard Univesity Press, 1947, 2 v.

autobiográfica? A indicação que acaba de ser fornecida é duplamente preciosa, na medida em que ela sublinha ao mesmo tempo uma articulação na evolução de Strauss e a aposta que Spinoza representa no universo judaico-alemão da época[35]. Do primeiro desses pontos de vista, sabe-se doravante como se fazia mister passá-lo pela demonstração de um erro de Spinoza sobre a interpretação da *Bíblia* para avaliar a hipótese da ortodoxia. Quanto ao segundo, ele voltava a Hermann Cohen por ter compreendido e desvelado as razões da canonização de Spinoza pelos judeus alemães. Estes procediam de uma parte do reconhecimento no concernente à sua ação em favor da humanidade no seu conjunto: ele havia aberto o caminho do idealismo alemão, a visão de uma política universal para uma sociedade do Bem, do Justo e do Belo, em que cada indivíduo encontraria as formas de uma redenção secular. Mas, ao primeiro motivo, juntavam-se considerações mais especificamente judaicas: que diziam respeito ao imemorial conflito entre os sacerdotes e os profetas, uma teologia oficial da legalidade e uma religião inspirada que trabalhava em profundidade. Colocando-se no terreno do Deus absolutamente livre da *Bíblia*, Spinoza parecia haver restituído ao povo judeu sua vitalidade e sua alma, distanciando-o do rito para lhe propor uma autonomia conforme aos requisitos da sociedade moderna.

Hermann Cohen estabelecia o preço, a seus olhos extravagante, pago pelo judaísmo alemão no momento em que este levantava o antigo

---

[35] Esse último traço é particularmente acentuado por Franz Rosenzweig, em uma nota tardia (1929) a propósito do Spinoza de Hermann Cohen. Realçando o paradoxo segundo o qual por ter Cohen "tomado Spinoza a sério" é que não se tomou a sério o Spinoza de Cohen, Rosenzweig assinala os primeiros estudos de Leo Strauss e sublinha a dimensão especificamente judio-alemã da discussão: entre os dois extremos que o "judaísmo 'religioso'" e o "judaísmo 'nacional'" representam (ver Franz Rosenzweig, Über den Vortrag Hermann Cohens "Das Verhältnis Spinozas zum Judentum", em *Zweistromland. Kleinere Schriften zu Glauben und Denken*, p. 166. Rosenzweig evoca aqui uma conferência proferida por Cohen em 1910 perante a Halberstädter Bne-Brith Loge de Berlim, mas da qual não resta traço: Das Verhältnis Spinozas zum Judentum. Ele pontua, entretanto, que sua temática é similar àquela de um longo ensaio de 1915, intitulado *Spinoza über Staat und Religio, Judentums und Christentum*: texto que ele havia incluído nos *Jüdische Schriften* de Cohen cuja edição ele realizara (ver sua tradução do ensaio, État et religion, judaïsme et christianisme, em Leo Strauss, *Le Testament de Spinoza*, p. 79-159). O estudo de Leo Strauss ao qual Rosenzweig faz alusão é o que comenta e critica esse último texto: L'Analyse par Cohen de la science de la Bible de Spinoza (*Der Jude*, maio-jun. 1924), idem, p. 51-78.

LEO STRAUSS (1899-1973)

herem da comunidade de Amsterdã. Segundo uma fórmula de Strauss, ele se instalava em face de Spinoza na posição de um juiz de apelação: que condena em nome de outros motivos além dos invocados pelo primeiro tribunal, mas com não menos severidade; não mais por transgressão da lei cerimonial ou pela negação da paternidade mosaica do Pentateuco, mas em razão da infidelidade e da traição praticadas por Spinoza[36]. Radicalizando a crítica cristã à Lei, negando que o Deus de Moisés pleiteia uma moralidade universal, não querendo ver na religião judaica senão a doutrina de um Estado, o Spinoza de Cohen blasfemou contra Israel, ocultando de passagem o porvir messiânico da humanidade por ignorância voluntária da profecia bíblica. Daí vem que Leo Strauss não seguira essa leitura de Spinoza, a cujo respeito diz, no entanto, que ela representa "a sobriedade mesma"[37]? Por sóbria que ela própria seja, a resposta a essa questão não parece completamente límpida: "Nossa acusação contra Spinoza é, em certos aspectos, mais severa que a de Cohen"[38]. Uma parte da ambiguidade dessa fórmula se deve seguramente ao fato de que ela foi escrita em 1965 e pode evocar uma concepção de Spinoza posterior àquela que corresponderia ao curso do relato autobiográfico. Strauss, porém, quer sem dúvida indicar a persistência de uma dupla posição diante de Spinoza, ao mesmo tempo distante dos motivos demasiado psicológicos ou morais de sua condenação por Cohen e portadora de uma crítica efetivamente mais radical do que a dele. É o que atestarão de modo especial essas palavras, que, à descrição

---

36 Ver Avant-propos à la traduction anglaise de *La Critique de la religion de Spinoza*, op. cit., p. 291. Se bem que ele considere aqui com o recuo do tempo a crítica que Cohen operava no tocante a Spinoza e sua própria interpretação do cometimento, Strauss resume um de seus argumentos da época: mesmo se tudo levava a crer que uma parte da vindita de Spinoza para com o judaísmo vinha de seu ressentimento pela condenação que sofrera, nada autorizava a pensar que o conteúdo de suas ideias não era anterior a essa experiência. Em outros termos, mesmo se a crítica spinozista da *Bíblia* começa na época do *herem*, da excomunhão, é preciso conceder ao filósofo o direito de não ter subordinado sua doutrina a motivos psicológicos (ver L'Analyse par Cohen de la science de la Bible de Spinoza, op. cit., p. 54 e s.). *A contrario*, mesmo se ela se baseava em numerosos outros argumentos, a crítica de Cohen mobilizava a visão de uma "traição humanamente incompreensível" de Spinoza (ver Hermann Cohen, État et religion, judaïsme et christianisme chez Spinoza, op. cit., p. 146, citado idem, p. 76, e supra, cap. I, p. 49-53, sobre os fundamentos e a orientação da crítica de Spinoza em Cohen).
37 Idem, p. 289. Strauss acrescenta que é esta sobriedade que torna a crítica de Cohen particularmente "impressionante".
38 Idem, p. 291.

dos tropismos do homem à deriva de um ressentimento, prefere trazer à luz a orientação do filósofo e o seu preço:

> Spinoza pôde realmente ter odiado o judaísmo, mas não odiado o povo judeu. Por pior judeu que pudesse ter sido, sob todos os outros pontos de vista, pensava na libertação dos judeus, da única maneira que podia pensar isso, dada a sua filosofia. Mais precisamente, se isso é assim, devemos tanto mais insistir no fato de que a apresentação de sua proposição, para nada falar da própria proposição, é maquiavélica: o fim humanitário parece justificar todos os meios; ele joga um jogo muito perigoso; sua *démarche* está tanto além do bem e do mal quanto o seu Deus[39].

As primeiras contribuições de Strauss às discussões spinozianas dão a impressão de que ele se sentiu, ao menos por um momento, tentado a defender o *Tratado Teológico-Político*: ainda que fosse, sem dúvida, apenas em virtude do conflito oculto que o opunha, na qualidade de jovem sionista, àquilo que podia assemelhar-se a um engajamento de Hermann Cohen em favor da assimilação. O que se sabe, ademais, da recepção de seus trabalhos até e inclusive a obra de 1930, confirmaria, aliás, essa impressão sobre um Strauss percebido como defensor de Spinoza por uma parte importante da comunidade intelectual judaica[40]. Lendo o artigo de

---

39 Idem, p. 294. Vê-se aqui em filigrana aquilo que dará coerência à posição de Leo Strauss em sua forma definitiva. Uma vez que se deve discutir o *Tratado Teológico-Político* nas duas ordens que seu título indica, não é questão de julgar os dados afetivos de sua relação com o judaísmo, mas antes o enredamento das duas dimensões, a teológica e a política, de seu modo de conceber a emancipação dos judeus. É, em última análise, o liame entre esses dois pontos de vista que se tornará decisivo para Strauss: a fim de fundamentar a política liberal, a única que a seus olhos pode realizar a tarefa emancipadora, Spinoza necessita de uma crítica da religião que separe definitivamente a cidade do homem da de Deus, ao passo que sua crítica da Torá visa a libertar os judeus do fardo de uma dupla obediência. Mas em troca e desde o instante em que tal separação se opera, o seu preço aparece: a liberdade de filosofar, adquirida de um ponto de vista global pela rejeição das verdades da Escritura, priva em particular os judeus de sua identidade, baseada na Tradição; ela os expõe ao mesmo tempo aos limites do liberalismo político, resolução insatisfatória, porque incompleta, do problema do homem.

40 A título de ilustração, vale reportar-se à observação acrescentada pela redação da *Bayerische Israelitische Gemeindezeitung* de Munique ao fim do artigo de Strauss intitulado O Testamento de Spinoza (1932). Sublinhando o caráter contraditório dos juízos sobre Spinoza emitidos no universo intelectual judaico, ela opõe as teses de Strauss no referido artigo e

1924 consagrado à interpretação crítica das análises de Hermann Cohen, fica-se impressionado com a segurança de um Leo Strauss de 25 anos diante de um pensador octogenário então recém-desaparecido, do qual ele fará, todavia, mais tarde, o seguinte retrato elogioso: "um judeu de um raro devotamento, o guia fiel, o defensor e o guardião dos judeus alemães, ao mesmo tempo o professor de filosofia cujo poder espiritual ultrapassava o dos outros professores de filosofia alemães, de sua geração, para não dizer mais"[41]. Longe de tal veneração futura, o jovem filósofo recusa aqui, uma após outra, todas as críticas formuladas por Cohen, segundo uma argumentação lapidar e que retorna sempre, pouco ou muito, à ideia segundo a qual Spinoza devia levar em conta realidades históricas de seu tempo a fim de estabelecer seu propósito principal: a preocupação de libertar a ciência e o Estado da tutela da Igreja. Assim, Strauss dá sucessivamente razão a Spinoza contra Cohen por ligar a teoria política e a crítica da *Bíblia*, por politizar a interpretação desta última, por negar, enfim, de um modo mais geral o valor do conhecimento da religião. Desse ponto de vista, não há para Strauss de modo algum necessidade de recorrer às hipóteses do ressentimento ou da vingança contra o *herem* para compreender o desapego de Spinoza em relação ao judaísmo ou mesmo seus ataques *ad hominem* contra Moisés: basta apreender a conexão das razões e o movimento circular que ligam o exame da Escritura à luz da ciência com o projeto de uma autonomia

no seu livro às de Hermann Cohen ou de Samuel David Luzzato acerca do "encanto da cegueira panteísta", para concluir a partir do aporte straussiano que "este 'epicureu sefardita' é de nossa carne, arquétipo do trágico destino judeu que condena os melhores dentre nós a uma solidão sem fronteira" (ver essa nota no fim do artigo em questão, de Leo Strauss, na coletânea epônima, *Le Testament de Spinoza*, p. 49).

41 Avant-propos à la traduction anglaise de *La Critique de la religion de Spinoza*, op. cit., p. 284. Ver L'Analyse par Cohen de la science de la Bible de Spinoza, op. cit., p. 51-78. Lembremos que este trabalho oferece o dossiê completo da discussão, visto que contém em seguimento ao texto de Strauss o de Cohen que está em questão: État et religion, judaïsme et christianisme chez Spinoza, op. cit., p. 79-158. A última apreciação citada provém de Avant-propos à la traduction anglaise de *La Critique de la religion de Spinoza*, op. cit., p. 284. Por efeito, talvez, de um remorso em face da desenvoltura algo arrogante do primeiro texto, mas também em nome de uma admiração profunda sobre a qual voltaremos a falar, Strauss irá multiplicar fórmulas dessa ordem a propósito de Hermann Cohen: até o prefácio que, em 1972, no ocaso de sua própria existência, ele dedicará ao seu grande livro (ver Essai d'introduction à *La Religion de la raison tirée des sources du judaïsme*, (1972) em Leo Strauss, *La Renaissance du rationalisme politique classique*, trad. O. Sedeyn, introdução de Thomas Pangle, Paris: Belin, 1992, p. 333-353).

intelectual que funda, por sua vez, a possibilidade desta mesma *démarche*. Segundo um argumento destinado a se especificar em outra perspectiva, Hermann Cohen não compreendeu a necessidade do combate empreendido por Spinoza contra o conceito ortodoxo da fé: pois ele o avalia em virtude de sua própria concepção da religião racional, sem ver o que ela mesma deve à herança de Spinoza[42].

Vê-se, doravante, a forma precisa do conflito de interpretação que separa Leo Strauss de Hermann Cohen, em um contexto em que, além de um desacordo político mascarado, opõe-se uma forma de confiança na objetividade douta e o humanismo idealista do velho filósofo. Do lado de Cohen, é o sentimento de uma "traição humanamente incompreensível" que desapruma a análise: "Nestes dias em que Rembrandt habita sua rua e eterniza o tipo judeu em sua idealidade, Spinoza, com uma dureza mais despida de amor, não apenas torna seu povo desprezível, mas ainda mutila o Deus único cuja confissão foi a razão que os obrigou, a seu pai como a ele, a fugir de Portugal e da Inquisição"[43]. Aos olhos de Strauss, a falha dessa crítica se deve ao fato de ela ocultar todo reconhecimento de dívida para com o fundador do liberalismo intelectual, do qual Cohen é, apesar de tudo, o herdeiro. Sob esse padrão de medida, sua réplica assume uma forma algo arrogante: "Se é possível que haja uma falta de humanidade, a objetividade da pesquisa científica bíblica não pode ser mais ameaçada pela frieza céptica do renegado do que pelo amor apologético do fiel"[44]. Permanece flagrante que o excelente leitor que já é Leo Strauss

---

42 Ver L'Analyse par Cohen de la science de la Bible de Spinoza, op. cit., p. 62. Strauss precisará ulteriormente a forma desta crítica dizendo que Cohen comete a falta típica do conservador, que "consiste em ocultar o fato de que a tradição cambiante e ininterrupta que ele adora tanto não teria jamais visto a luz se houvesse existido apenas o conservantismo, ou se não houvessem existido essas rupturas, revoluções e sacrilégios perpetrados na origem da tradição adorada e ao menos repetidos silenciosamente ao longo de toda a sua história" (Avant-propos à la traduction anglaise de *La Critique de la religion de Spinoza*, op. cit., p. 305, onde Strauss retoma o argumento de Rosenzweig). Cumpre notar que Strauss apresenta aqui um tipo de argumento que ele utilizará amiúde, contrariamente a outros autores e sobre outras questões: aquele que consiste em mostrar que uma crítica é limitada em seu alcance pelo fato de não apreender no que ela depende de maneira final da posição que ela visa.
43 Hermann Cohen, État et religion, judaïsme et christianisme chez Spinoza, op. cit., p. 146. Acerca deste argumento, em seu contexto, em Hermann Cohen, ver supra, cap. 1, p. 56-58
44 L'Analyse par Cohen de la science de la Bible de Spinoza, op. cit., p. 76. Nesta perspectiva, é em alguma medida *more geometrico* que Strauss defende Spinoza em face dos principais

abandona algumas das principais críticas de Cohen e notadamente duas dentre elas. Para começar, aquela que opõe à tese de Spinoza sobre a lei de Moisés como jurisdição de um Estado particular a construção talmúdica do conceito universal de noáquida: dispositivo que visa a estabelecer uma aliança de Deus com todos os homens, na qual a escola do direito natural se empenhou em reconhecer uma fonte do direito universal[45]. Depois aquela outra que discute no plano filológico o uso que Spinoza faz conscientemente de uma lição errônea de Maimônides, a fim de contestar a intenção que ele lhe atribui de reservar o benefício do mundo futuro àqueles que respeitam os mandamentos em nome da Revelação mais do que sob a conduta da razão[46].

Parece, portanto, que Leo Strauss disse nesse primeiro texto tudo quanto tinha a dizer. Sua discussão com Hermann Cohen reproduz, de algum modo, mantida a distância, aquela que opunha Spinoza a Maimônides, ou a leitura tradicional, de tipo apologético, da Escritura à concepção "científico-crítica" desta última, com sua hipótese: "O progresso interior de uma religião viva, no caso em que esta última repousa sobre textos sagrados, só poderia ter lugar graças a uma interpretação que remaneja seu sentido"[47]. Diante de uma proposição a tal ponto dissonante em relação a posições ulteriores de Strauss, cabe perguntar se este é ainda o estado de espírito que o anima no momento em que empreende a redação

argumentos de Cohen, escandindo cada uma de suas análises por conclusões sintéticas: o contexto histórico fornecia uma justificativa suficiente para a ligação entre teoria política e crítica da *Bíblia*; que ele haja ou não sentido ódio contra o judaísmo, Spinoza podia legitimamente questionar o estatuto das Escrituras do ponto de vista da razão; a lógica do *Tratado* é coerente com a da *Ética* na ordem do sistema. É inútil dizer que Strauss abandonará rapidamente a ideia de uma "objetividade" própria às ciências sociais que seria superior aos argumentos provenientes da crítica filosófica.

45 Ver Hermann Cohen, État et religion, judaïsme et christianisme chez Spinoza, op. cit., p. 117 e p. 131-132. Baseado no relato de *Gênesis* 9, 1-6, e depois na prescrição de *Êxodo* (12, 49) segundo a qual "uma só e mesma *Torá* regerá o nativo e o estrangeiro que permanecer entre vós", o conceito de noáquida é desenvolvido no tratado *Sanedrin* (56a-56b): que delimita os sete mandamentos impostos a toda humanidade através dos filhos de Noé. Ele está no cerne da interpretação universalista da Escritura que a *Religião da Razão* de Hermann Cohen promove, precisamente contra Spinoza e sua crítica de Maimônides.
46 Idem, p. 132-136. Cohen cita e critica a esse respeito um ponto do capítulo v do *Traité théologico--politique* (p. 112; Moreau, p. 233-235). Ver supra, cap. I, p. 62-83, o conjunto do dossiê de uma discussão conduzida por Cohen em uma dupla frente: filológica e hermenêutica.
47 L'Analyse par Cohen de la science de la Bible de Spinoza, op. cit., p. 74.

de sua obra sobre Spinoza. Enquanto realiza esse trabalho no quadro da Akademie für die Wissenschaft des Judentums, ele apresenta um estudo preparatório que parece já defletir sua orientação. De maneira liminar, é a Hermann Cohen que Strauss imputa doravante a incitação que o guia. Evocando a "radicalidade" do questionamento de Cohen e a insistência que ele imprimia em "pedir razão", sublinha o trabalho exemplar de um homem impregnado, como poucos de seus contemporâneos, do espírito do século das Luzes. Ele expõe, todavia, sob uma nova forma o paradoxo de sua crítica: desconcertado pela inteligência que tem de uma oposição raramente percebida entre Spinoza e as Luzes, Cohen não percebe a verdadeira intenção do *Tratado Teológico-Político*; um ataque que visa menos o monoteísmo judaico ou a ética dos Profetas em particular do que "a religião da Revelação sob todas as suas formas"[48].

No tocante à evolução do pensamento de Leo Strauss, a questão que se coloca consiste em querer saber qual é exatamente, na época, a significação desse motivo. Strauss, *a posteriori*, devia tomar emprestado de seu amigo Gerhard Krüger uma compreensão dos intuitos e dos resultados de seu livro sobre Spinoza, mais clara do que aquela à qual ele próprio chegara, a ponto de desejar vê-lo precedido no futuro por essa resenha crítica[49]. Numa obra, a seu ver, transbordante de riquezas, mas que dispersa as interpretações de seu problema filosófico "em uma multiplicidade de lugares em que elas o mantêm oculto", Krüger percebe o deslocamento da confiança inicial de Strauss na ciência inaugurada por Spinoza e sua orientação para dois temas que, sabemos, serão decisivos para a sua *démarche* futura. Antes de tudo mais, sob um estudo erudito consagrado às fontes e ao contexto da ciência da *Bíblia*, o que se desdobra é uma discussão filosófica da perspectiva das Luzes em geral. Ela conduz para a seguinte

---

48 Leo Strauss, Introduction à la science de la Bible de Spinoza et de ses précurseurs (1926), em *Le Testament de Spinoza*, p. 162.
49 Ver Leo Strauss, prefácio a *La Philosophie politique de Hobbes*, op. cit., p. 10. Publicada em *Deutsche Literaturzeitung* em dezembro de 1931, a resenha crítica de Gerhard Krüger está efetivamente traduzida como prefácio de *La Critique de la religion chez Spinoza*, p. III-IX. Encontrar-se-á um retrato de Gerhard Krüger nas memórias de Hans-Georg Gadamer: *Années d'apprentissage philosophique*, trad. E. Poulain, Paris: Criterion, 1992, p. 265-274. *Privatdozent* em Marburgo a partir de 1929, ele formava com Gadamer e Karl Löwith um "trio" de alunos de Rudolf Bultmann e de Martin Heidegger (idem, p. 54 e s.).

tese: o caráter eminentemente instável da "refutação" da Revelação por uma ciência que não pode se apoiar em nada mais do que sua própria "fé" em si mesma. A isso se adiciona que a audácia amiúde associada às Luzes, quando elas afirmam a nova autonomia do homem, aparece através das análises de Strauss como a expressão de uma humanidade na defensiva: atormentado pela visão dos castigos com que a religião ainda a ameaça; incerta diante do conflito das seitas e suas doutrinas contraditórias; que exige, enfim, uma verdade essencialmente suscetível de proporcionar "apaziguamento, suavização e consolação"[50]. Daí as duas grandes perspectivas abertas por Leo Strauss nesse primeiro livro. A de uma história da necessidade de suavização da vida: desde suas origens em Epicuro e Lucrécio, até as Luzes e, sobretudo, o ateísmo contemporâneo; passando pelos predecessores imediatos de Spinoza, como Uriel da Costa e Isaac de la Peyrère[51]. Depois, a de uma recomposição do campo de batalha contra a religião, num terreno em que o combate acaba por se concentrar com Spinoza em torno da crítica dos milagres e do texto bíblico.

Antes mesmo que Hobbes e Spinoza lhe dessem sua forma definitiva, a crítica moderna da religião já apresentava três acentos característicos, aos olhos de Leo Strauss: o antigo interesse epicureu pela paz da alma cedera o primeiro lugar a uma preocupação em favor da paz civil; a religião era doravante menos rejeitada em razão das inquietudes que ela provoca do que em função das esperanças ilusórias que suscita; a oposição tornava-se radical entre a Revelação associada à ideia de uma perfeição

---

50 Gerhard Krüger, Compte-rendu, op. cit., p. IV. Ver especialmente sobre esse ponto *La Critique de la religion chez Spinoza*, p. 249, onde Strauss escreve: "É permitido caracterizar o interesse que se toma na segurança e na suavização da vida como o interesse distintivo que caracteriza as Luzes".
51 É preciso sublinhar acerca deste ponto a dupla característica da interpretação de Strauss: o fato de agenciá-la a partir das fontes de Spinoza, sejam elas explícitas ou implícitas; a insistência na ideia segundo a qual desse ponto de vista as Luzes que ele inaugura devem ser menos associadas à afirmação de uma autonomia do homem do que à sua busca de uma "tranquilidade" que se descartaria do "temor a Deus" tomado à doutrina do judaísmo. Tratando-se desse primeiro ponto, Strauss reuniu no fim da obra uma preciosa coleção de fontes (p. 329-366). Cabe notar que em sua *Filosofia de Spinoza*, Harry Wolfson segue uma *démarche* similar a propósito da *Ética*: ele opõe o Spinoza "explícito", que raciocina a *more geométrico*, por definições, axiomas ou proposições, a um Spinoza "implícito" a reinterpretar o pensamento de seus predecessores segundo uma forma que o converte ao mesmo tempo no último dos pensadores medievais e no primeiro dos filósofos modernos.

original do homem e a confiança no progresso da cultura pelas obras do gênio humano[52]. É a Hobbes que cabe a paternidade de uma primeira conclusão dessa crítica, quando ele propõe uma explicação do fenômeno religioso pela natureza humana: "O temor das coisas invisíveis é o germe natural daquilo que cada um denomina religião em sua casa e superstição na daqueles que mostram, a respeito desse poder, um gênero de culto ou de medo diferentes dos seus"[53]. Porém, se essa crítica das Escrituras coincide amplamente com as de Isaac de la Peyrère e depois com as de Spinoza, ela se orienta e se organiza em torno de uma política, mais do que a partir de uma ciência da *Bíblia* que não será inaugurada senão por este último. Assim, a coragem específica de Spinoza é a de atrever-se a começar por esse começo: sob o risco de incorrer na exclusão de sua própria comunidade, quando visava, talvez, em primeiro lugar, a ortodoxia cristã de seu tempo. Eis, pois, um paradoxo característico da história das Luzes. Hobbes saudava em Spinoza uma audácia maior do que a sua. Mas a modernidade apressava-se a aclimatar o panteísmo liberal do segundo, persistindo ao mesmo tempo em julgar escandalosas as ideias do primeiro: seu "ateísmo seco" e uma teoria do governo "sem alma"[54].

Pode-se entrar diretamente na descrição que Leo Strauss faz da estratégia de Spinoza contra a ortodoxia, cercando em seguida aquilo que ele já percebe como seu limite. O primeiro eixo do ataque spinozista consiste em refutar, pela própria Escritura, a posição dos ortodoxos, segundo a qual "a razão deve ser a serva da teologia"[55]. Da análise das contradições, abundantes no texto sagrado, Spinoza retém o fato de que não pretende ensinar a verdade, mas somente a piedade. Delimitando-se assim dois domínios perfeitamente separados para a teologia e a filosofia: intenção confirmada pelo Novo Testamento quando convida a uma leitura "espiritualista" da *Bíblia*. Todavia, se Spinoza afirma seguir Paulo nesse ponto, é

---

52   *La Critique de la religion chez Spinoza*, p. 87.
53   Thomas Hobbes, *Léviathan*, cap. xi, trad. F. Tricaud, Paris: Sirey, 1971, p. 103 (trad. bras.: *Leviatã*, trad. João Paulo Monteiro e Maria Beatriz Nizza da Silva, São Paulo: Martins Fontes, 2008).
54   Leo Strauss, Les Fondements de la pensée politique de Hobbes (1954), *La Philosophie politique de Hobbes*, p. 265. Strauss evocou com frequência a figura de Hobbes lendo o *Tratado Teológico-Político* e confessando não ter ousado escrever de maneira mais audaciosa. Ver também Comment lire le *Traité théologico-politique?* (1948), *Le Testament de Spinoza*, p. 237.
55   Spinoza, *Traité théologico-politique*, prefácio, p. 28 (Moreau, p. 75).

com a mesma convicção que afirma: "Devo confessar sem rodeios, eu não compreendo a Escritura"[56]. É dada assim a prova de que a crítica da ortodoxia a partir da própria letra do texto bíblico não basta, para Spinoza, a fim de realizar o seu verdadeiro objetivo e que lhe cumpre, portanto, levar mais longe o movimento de liberação que emancipa a filosofia. Segue daí uma batalha imediatamente conduzida a partir da razão ou, mais precisamente, em nome daquilo que desperta a confiança nela: uma refutação dos milagres[57]. Levando assim o ferro ao coração mesmo do modo de conhecimento próprio à religião da Revelação, Spinoza se coloca sobre o terreno comum à ciência e à teologia, para privar definitivamente esta última de sua arma favorita e entregá-la à filosofia: já que é do papel da experiência que se trata aqui.

    À primeira vista, a armadilha de Spinoza é diabólica. O que pretende ser a religião da Revelação, senão uma religião positiva baseada na experiência? No entanto, na época de Spinoza a experiência já se tornara o solo comum da fé e da descrença, de modo que continuando a instalar-se sobre esse solo a religião fica exposta à consciência, por sua vez positiva, de uma ciência que pode doravante desenvolver sua crítica em dois momentos: uma recusa da Revelação bíblica devolvida à sua particularidade e à sua própria experiência; depois uma negação do próprio princípio de toda justificação da Revelação pela experiência. O dispositivo vem, portanto, opor "a experiência única" da Escritura, que só pode estabelecer seus ensinamentos pelas histórias que ela conta e pelos milagres que aduz, a um conhecimento fundado sobre a observação da ordem fixa e imutável da natureza. Duas perspectivas podem daí decorrer: uma contestação dos

---

[56] Spinoza, carta 21, citada por Leo Strauss, *La Critique de la religion chez Spinoza*, p. 132. Strauss desmonta o processo de Spinoza a partir desse paradoxo: ele sabe que sua crítica da Escritura depende do fato de que Paulo contradiz os outros apóstolos (*Traité*, cap. XI, *in fine*; cartas 75 e 78); mas é precisamente sobre a interpretação que ele dá dessa contradição que se baseia sua crítica da ortodoxia; esta se apoia assim na própria Escritura e se coloca no terreno da ortodoxia para refutá-la.

[57] Strauss recorda (*La Critique de la religion chez Spinoza*, p. 146) o princípio diretor deste empreendimento: a ideia segundo a qual existiria uma revelação superior à razão é um preconceito; ora, a liberação do espírito em relação às crenças supõe um "exame sem prejulgamento". Isto o leva a dizer que se faz necessário conceber uma liberdade como requisito da possibilidade do livre exame, ao mesmo tempo em que a liberdade que representa o resultado desse último. A importância dessa descoberta é sublinhada por Gerhard Krüger, op. cit., p. VI.

ensinamentos da doutrina que se apoia no aprofundamento das contradições entre os milagres e as lições da ciência da natureza; uma crítica filológico-histórica da Escritura, a partir desta vez de suas corrupções textuais e em torno de questões já clássicas, como a da atribuição do Pentateuco a Moisés. No que concerne à maior parte dessas questões, Spinoza pode apoiar-se parcialmente em alguns de seus predecessores. Mas ele sabe perfeitamente que a realização de seu projeto requer um enfrentamento não preparado com um adversário mais tenaz do que os representantes oficiais da ortodoxia: Maimônides. Como Leo Strauss sublinha, é surpreendente como o *Tratado Teológico-Político* dispersa os ataques contra esse último: presente como objeto de quase todas as suas críticas, mas jamais abordado de frente. De maneira significativa, enquanto a lógica da obra repousa sobre a distinção entre concepções "céptica" e "dogmática" da relação entre razão e Escritura, Spinoza não a construiu ao redor dela, o que impõe a seu intérprete realizar uma tarefa que ele abandonou: dividir claramente a crítica da religião entre a da ortodoxia e a de Maimônides[58].

Compreende-se facilmente o obstáculo que representava para Spinoza a *démarche* de Maimônides, tal como ele a compreendia sem poder verdadeiramente dizê-lo: em face da teologia "vulgar" de seu tempo, o filósofo medieval havia estabelecido um acordo entre a razão e a Revelação, levando a defesa da primeira até a afirmação segundo a qual a teologia não é possível a não ser fundando-se na física de Aristóteles. Sem dúvida, podia-se contrapor que Maimônides limitava seu elogio da filosofia pela afirmativa de um necessário reconhecimento da Revelação para a salvação: Spinoza não se priva dela, ao asseverar que restringe o acesso ao "mundo futuro" àqueles que cumprem a lei racional "na consciência de obedecer à

---

58 Idem, p. 169. Strauss constrói efetivamente a segunda parte do livro, consagrada à crítica propriamente dita da religião em Spinoza, sobre esta divisão entre a crítica da ortodoxia (cap. I) e a crítica de Maimônides (cap. II). Ele evoca aqui o começo do capítulo XV do *Traité théologico-politique* (p. 249; Moreau, p. 483), em que Spinoza concilia as duas maneiras opostas de recusar a separação entre a filosofia e a teologia: "Há discussão sobre esse ponto para saber se a Escritura deve ser a criada da Razão, ou a Razão da Escritura; isto é, se o sentido da Escritura deve dobrar-se à Razão, ou a Razão à Escritura. Esta última tese é a dos Cépticos, os quais negam a certeza da Razão; a primeira é a dos Dogmáticos. É constante [...] que uns e outros errem em toda extensão do céu. Quer sigamos, com efeito, uma maneira de ver ou a outra, a Razão ou a Escritura são necessariamente corrompidas".

vontade revelada de Deus"[59]. Mas é verdade também que o julgamento de Maimônides sobre os teólogos vulgares, quer eles fossem judeus ou árabes, não era menos severo do que o do próprio Spinoza: visto que os censurava especialmente pelo fato de entenderem literalmente os enunciados dos profetas, mais do que por interpretá-los alegoricamente; depois por terem apenas uma concepção ingênua dos "segredos da *Torá*", quando era preciso tentar apreender o seu sentido oculto. A isso se acrescenta ainda que a posição de conjunto de Maimônides é tanto mais difícil de apreender quanto ele constrói um equilíbrio particularmente estável entre duas orientações: defender os direitos da razão em face da ortodoxia, até e inclusive para dar à teologia um fundamento sólido; atrair a atenção sobre os limites da razão, quando parece que ela é insuficiente para conduzir à beatitude.

Forçoso é constatar que o capítulo de *A Crítica da Religião de Spinoza* consagrado a Maimônides desconcerta à primeira vista o seu leitor, na medida em que Leo Strauss pode parecer hesitar ou mesmo contradizer-se: querer mostrar ao mesmo tempo uma proximidade paradoxal dos dois autores e a natureza irreconciliável de seu antagonismo; seguir o ponto de vista de Spinoza contra Maimônides para finalmente defender este último. Encontrar-se-ia uma primeira ilustração dessa aparente curiosidade na articulação entre dois dos três planos sobre os quais Strauss trata, para começar, a oposição entre Maimônides e Spinoza: sua concepção do homem; sua atitude a respeito da vida judaica. No que se refere à primeira dessas questões, a economia interna da ciência de Maimônides parece confirmar o julgamento de Spinoza, uma vez que ela requer a ideia segundo a qual a Revelação em sua autenticidade oferece mais garantia que o entendimento entregue às suas próprias forças, de sorte que o conflito se resume em uma fórmula: "insuficiência do homem; suficiência do homem"[60]. Quanto ao segundo ponto, ele reforça aparentemente essa constatação, na medida em que as críticas de Maimônides contra os filósofos de seu tempo parecem não mais dever ser aplicadas a Spinoza: opondo a liberdade do espírito ao preconceito do milagre, o filósofo não tem mais necessidade de justificar seu abandono diante

---

59 Idem, p. 170 e p. 184, em que Strauss reproduz a passagem de Spinoza em causa – cap. v, *in fine* (ver supra, p. 793 n. 46) – parecendo dar razão a Spinoza contra Cohen sobre o aspecto filosófico do caso.
60 Idem, p. 184.

do tribunal do judaísmo; ele pode inverter o ônus da prova, isto é, impor a este último a necessidade de justificar-se perante o tribunal da razão. No entanto, tão logo estabelecidos esses dois elementos, Leo Strauss introduz um reparo que deve atrair a atenção: "A crítica da religião que Spinoza tem em vista, a crítica radical da religião, a refutação da religião, só é possível se fé e descrença têm um terreno comum, senão a crítica passa ao largo da posição que ela critica"[61].

À primeira vista, tudo incita a considerar que a crítica de Spinoza realiza essa condição, tanto que sua concepção do fim próprio à lei divina parece idêntica à de Maimônides. Neste último, ao termo de um trabalho de reconciliação entre razão e Revelação, a *Torá* e a filosofia compartilham três objetivos comuns: impedir os atos de violência; formar bons costumes; assegurar a perfeição do conhecimento. Por conseguinte e mesmo se o ensinamento de Maimônides versa essencialmente sobre a *Torá*, enquanto o de Spinoza visa às metas do desejo humano, aparecem igualmente neste último três objetivos comuns à razão e à religião que podem ser comparados aos precedentes: compreender as coisas por suas causas primeiras; dominar as paixões para adquirir o hábito da virtude; viver em segurança. No entanto, Spinoza conclui brutalmente que a lei mosaica não é a lei divina. O que dizer, então, senão que sua crítica repõe verdadeiramente em causa apenas a feição particularista da lei de Moisés, isto é, sua dimensão cerimonial; mas que ela se exaure rapidamente se for considerada "a função universal da Lei particular dos judeus, tendo Israel por missão educar a humanidade para a autêntica veneração de Deus"?[62] Em uma perspectiva similar, cumpre, sem dúvida, admitir que a oposição entre Maimônides e Spinoza sobre a lei de Moisés tem, em parte, ligação com a diferença das estruturas sociopolíticas próprias aos séculos XII e XVII: em um contexto no qual o filósofo de Amsterdã quer definir as condições de acesso a um Estado secular. Resta que sua posição é determinada, não obstante, *a priori* por um afastamento radical em relação ao judaísmo e não através de um exame "sem preconceito" da maneira como Maimônides defendia o acordo entre a *Torá* e a filosofia. Dito de outro modo, Spinoza parece incapaz

---

61 Idem, p. 191.
62 Idem, p. 194.

de fundar sua crítica a Maimônides com base na doutrina deste último, de modo que sua própria tentativa não corresponde de um ponto de vista histórico senão a um estádio intermediário: ele se havia "já desligado do contexto da comunidade judaica, mas não tinha ainda encontrado o relé com o Estado secular, liberal"[63].

Um raciocínio da mesma ordem podia ser conduzido a propósito da crítica à hermenêutica de Maimônides. Nesse plano, Spinoza deve de novo sair do terreno de seu adversário: para argumentar a partir dos resultados de sua própria ciência da *Bíblia*; com o risco de minar a radicalidade de sua crítica, tal como ele mesmo havia definido em suas condições. A título de ilustração, quando ele se proíbe a exegese alegórica da Escritura, sua posição científica "livre de preconceitos" pressupõe já a rejeição da religião da Revelação. A comparação com Maimônides acaba, portanto, em vantagem para este último: toda a sua audácia consistia em atrever-se a renunciar ao sentido original da Escritura por filosofemas que lhe são estranhos, mas conservando intacto o interesse em seu favor; a de Spinoza é, ao contrário, dependente de uma ciência determinada *a priori* pela "distância em relação ao judaísmo"[64]. A partir desses dois exemplos provenientes de cada uma das ordens delimitadas pelo título do *Tratado Teológico-Político*, Strauss pode esquematizar os quatro níveis de argumentação sobre os quais se desdobra a crítica a Maimônides em Spinoza: o de uma tentativa de refutação da ciência maimonidiana do ponto de vista de sua consistência interna; o de um reexame que repõe em causa o conceito maimonidiano de Revelação, no terreno do sentido literal da Escritura; o de uma rejeição do caráter revelado da *Torá*, a partir da história; enfim, o da negação, pela filosofia desta vez, da possibilidade mesma da Revelação. Ele está doravante prestes a mostrar que esta crítica que irá se alargando, só assume sua forma construindo uma cena de enfrentamento artificial: com

---

63 Idem, p. 198.
64 Idem, p. 203. Vê-se notadamente nesse ponto como a crítica de Spinoza conduzida por Leo Strauss é ao mesmo tempo distante da de Hermann Cohen e mais radical que a dele. Cohen considerava que o "ódio ao judaísmo" manifestado por Spinoza era determinado pelo ressentimento. Aos olhos de Strauss, este argumento puramente psicológico fragiliza a refutação da ciência bíblica de Spinoza. A sua é, então, tanto mais sólida quanto ela só toma em consideração o fato de uma distância para com o judaísmo claramente exposta por Spinoza: fenômeno que contravém a objetividade reivindicada por sua crítica da Escritura.

Spinoza, as Luzes têm necessidade de impor a imagem de uma época em que reina o preconceito, a fim de poder enfrentá-la e superá-la; nessa luta, elas abandonam necessariamente o antigo combate contra a aparência e a opinião "pela qual a filosofia fez sua entrada na história universal", inaugurando assim uma nova metafísica que não tem finalmente outra justificação que sua fé em si mesma[65].

Vê-se, pois, retrospectivamente, qual era desde o início a estratégia interpretativa de Leo Strauss: apanhar de algum modo Spinoza na armadilha de seus próprios princípios. Uma vez que ele quer ser um pensador radical, este deve dar-se por objetivo atacar seus adversários no terreno deles: lá onde os fundamentos de suas posições podem ser atingidos, ao passo que permaneceriam intactos se fossem considerados apenas do exterior. É preciso doravante compreender que, quando Strauss parecia dar razão a Spinoza sobre as três questões decisivas das bases da teologia, da concepção do homem e da relação com o judaísmo, essa aparente homenagem à coerência de seu pensamento preparava o intento de trazer à luz o fato de que sua crítica vira-se obrigada a sair do terreno de Maimônides. Nesse sentido, Spinoza teria razão do ponto de vista da articulação filosófica de seus diferentes argumentos porque estes deixariam ainda a filosofia de Maimônides inalterada: na medida em que sua crítica não pressupõe nada menos do que a própria filosofia de Spinoza... Quanto a Strauss, ele efetivamente seguiu contra Spinoza o conselho de Spinoza: colocar-se em seu terreno para refutar seus argumentos do ponto de vista de suas posições. Tudo se passa como se assistíssemos aqui ao nascimento da hermenêutica de Leo Strauss, através de uma *démarche* que ignora ainda, talvez, seu alcance ou que se descobre a si mesma sob o olhar de um leitor privilegiado e particularmente atento. Não é sem razão que Strauss desejaria ver figurar em prefácio das edições futuras de seu livro o texto de Gerhard Krüger: sabia desde logo que este último havia percebido no que a obra esboçava uma nova perspectiva, tanto do ponto de vista das condições da interpretação filosófica quando do de um julgamento sobre a questão das Luzes, a partir do conflito entre razão e Revelação.

---

65 Idem, p. 212.

Para Leo Strauss, é agora certo que esse limite do pensamento das Luzes parecerá tanto melhor quando se chegar a restituir o seu lugar na formação da cultura moderna. Em derredor da crítica filológico-histórica da Bíblia e, sobretudo, da refutação dos milagres, é um fenômeno característico do universo moderno que já está rondando: "o desencantamento do mundo e a consciência de si do espírito do desencantamento"[66]. No caso, a negação da possibilidade dos milagres bíblicos é nutrida pela suspeita levantada contra uma adesão pagã à magia ou à feitiçaria. Nessa perspectiva, Spinoza crê habilmente poder censurar uma proposição geral concernente às modalidades da "compreensão do vulgo" que "ignora os princípios das coisas naturais", com uma observação que se julga assassina: "*no tempo de Josué, os hebreus* [...] *acreditavam que o sol se move com duplo movimento denominado diurno, enquanto a Terra permanece imóvel*"[67]. Mas o que se desvela assim não é outra coisa senão o procedimento de uma crítica que só consegue atacar aspectos marginais do relato bíblico, a fim de provocar somente um efeito cômico suscetível de sugerir aquilo que ela não sabe provar por meios autenticamente filológicos ou filosóficos: a vacuidade da Revelação. Nesse sentido, Spinoza tenta sucessivamente opor a onipotência de Deus e o uso que ele faz disso para inspirar a Moisés o nome de uma cidade que existirá apenas após a sua morte, a sabedoria insondável do Criador e a obscuridade de um texto corrompido ou, ainda, a similitude entre o relato da ascensão maravilhosa de Elias e os feitos heroicos de Rolando Furioso. No entanto, se em cada uma dessas ocasiões a zombaria produz seu efeito e chega, sem dúvida, a abalar a parte ingênua da fé, ela não recusa nem a onipotência de Deus nem o caráter insondável da sabedoria divina, nem sequer a possibilidade dos milagres. É a Lessing que Leo Strauss pode tomar de empréstimo a formulação definitiva de sua descoberta: "As Luzes tiveram de 'desentocar pelo riso' a ortodoxia de uma posição, da qual elas não poderiam expulsá-la por nenhum outro meio"[68].

---

66 Idem, p. 155.
67 Spinoza, *Traité théologico-politique*, cap. VI, p. 120 e p. 129 (Moreau, p. 247 e p. 265-267), sublinhado por Strauss.
68 *La Critique de la religion chez Spinoza*, p. 165. Cabe lembrar que Leo Strauss dirá mais tarde não ter descoberto senão tardiamente o quanto Lessing o ajudara em sua leitura do *Traité théologico-politique* (ver A Giving of Accounts, op. cit., p. 462).

À forma dessa crítica da ortodoxia, Leo Strauss pode opor doravante duas objeções. A primeira visa à preocupação da ciência positiva de firmar-se na experiência. Consiste em mostrar que essa ciência não pode subtrair-se a tais questões: a autolimitação do espírito objetivo ao que é acessível pela observação não é simplesmente "obra do desafio humano, de um fechamento convulsivo de si sobre si [soi]"; pode ela representar outra coisa salvo uma "pura vontade de indiferença ao chamado, à graça de Deus, à Lei, à bênção de Deus?"[69] Desse ponto de vista e em face de uma crença na Revelação sempre suscetível de se pôr em questão, a bravata do espírito positivo não conduziria a nada mais do que à confissão de uma cegueira ou a uma simples privação da experiência da Revelação. De um modo mais geral, é o sentido mesmo do combate das Luzes contra o preconceito que está em causa, no coração do projeto da metafísica moderna. De um lado, a maneira como as Luzes exprimiram com "uma energia inesquecível" a exortação à luta contra a preguiça e a facilidade, em nome de um dever de submissão do julgamento às exigências da razão, não precisa ser justificada: ainda que seja apenas na medida em que ela corresponde ao projeto constitutivo da filosofia desde suas origens. Esse imperativo deixa, entretanto, intacta a capacidade que a religião da Revelação tem para mobilizar um fato anterior a todo julgamento humano. Ele não chega a arranhar um fenômeno que permanece estranho àquilo que o indivíduo pode confirmar com seus próprios olhos: uma experiência que não entra no cuidado de imediatidade próprio ao espírito positivo. Nesse sentido, é a relação entre a obediência e a busca da verdade que a metafísica moderna não percebe, quando considera, com Descartes, que, tendo-se "uma vez na vida" duvidado de tudo, está-se definitivamente libertado de preconceitos[70].

---

69 Idem, p. 167. Vemos de novo como Leo Strauss se abebera discretamente em argumentos que ele desvia e radicaliza. No caso, e como atesta o relato autobiográfico do prefácio tardio para a tradução desse livro, ele tinha, sem dúvida, em mente a descrição que Rosenzweig oferecia de uma experiência incessantemente renovada da Revelação, perspectiva que contradiz a ideia segundo a qual esta teria sido definitivamente refutada pelas Luzes. Mas enquanto Rosenzweig parece nisso permanecer na interiorização puramente existencial da Revelação, Strauss tem consciência da fragilidade de um argumento desta espécie e prefere reconduzir a discussão ao plano dos postulados da crítica bíblica, por meio do exame de sua pertinência filológica e filosófica.
70 Idem, p. 212.

Essa crítica à crítica spinoziana da Revelação no terreno da metafísica moderna permite a Leo Strauss revisar a consciência que esta última possui do sentido do corte operado no seio da história da filosofia, assim como em seguida ela o incitará a esboçar uma nova interpretação da relação entre verdade e Revelação. A respeito do primeiro desses pontos de vista, o caso de Spinoza parece testemunhar uma situação global: a categoria polêmica de "preconceito" que ele elabora a serviço das Luzes parece puramente histórica: ela está ligada à necessidade de uma oposição radical entre a absoluta liberdade e a Revelação, segundo um procedimento que visa, de fato, ao abandono desta última. Sob esse aspecto, a posição das Luzes fica desta vez retraída em uma perspectiva que a precede de muito longe: a intenção da própria filosofia, ligada ao combate contra o reino da aparência e das opiniões. À luz e à medida de tal retificação, que poderá ampliar-se consideravelmente, é a modalidade autêntica da relação com a verdade no contexto da Revelação que pode ser restituída. A ordem de suas razões consiste no fato de que somente a fidelidade parece originária e natural, ao passo que é ao fenômeno do afastamento em relação a ela que cumpre interrogar. Desse ponto de vista, se a Revelação está bem no começo, com seus mandamentos de feição incompreensível para a razão humana, é ela que requer uma exploração que vise a sua apropriação. O espírito de obediência não é então uma instância que consigna limites à busca, mas o princípio que a permite e "a penetra por inteiro". Por incitação de Spinoza, as Luzes modernas queriam dar à oposição entre a Revelação e a atitude positiva que se rebela contra a religião a forma de um conflito a separar o preconceito da verdade. Aos olhos de Strauss, elas desvelam apenas uma tensão entre duas orientações temporais do conhecimento: uma vivia uma relação poderosa entre o "sofrimento ligado à presença do passado" e uma "esperança aberta para o futuro"; depositada no pensamento moderno, a outra não é órfã de uma perfeição primeira que ela ignora, porém mergulha em um porvir que ela constrói com suas próprias mãos contra a barbárie e a "rudeza das origens"[71].

Se convém lembrar do fato de que essa primeira obra de Leo Strauss era introduzida pelo sentimento de um obstáculo a ser superado para

---

71 Idem, p. 211.

enfrentar o contexto teológico-político da Alemanha dos anos de 1920, é preciso doravante inquirir a natureza do julgamento proferido *a posteriori* pelo autor: ao mesmo tempo severa para o seu próprio cometimento e mais indulgente para com o de Hermann Cohen. Em primeiro lugar, surpreende o fato de Strauss resumir a algumas páginas de distância sua própria *démarche* e a de Cohen em termos perfeitamente idênticos: Spinoza era compreendido "demasiado literalmente" porque não era lido "bastante literalmente"[72]. Tratando-se da interpretação de Cohen, esse motivo parece visar à oposição entre uma leitura "idealista", a qual esquece que as questões que ela propõe à obra de Spinoza vêm de uma época que é sua herdeira e aquela que quer apreciar o *Tratado Teológico-Político* do ponto de vista de seus contemporâneos, mas também em função de suas intenções, explícitas ou implícitas. Sob esse olhar, que era o de Strauss em seu livro, a "traição" de Spinoza cessava de ser "humanamente incompreensível": para se aclarar pela preocupação de uma defesa da filosofia contra a intolerância e o dogmatismo; em um universo onde a ortodoxia cristã era mais perigosa que seu equivalente judaico. Nesse sentido, Cohen havia compreendido "demasiado literalmente" o ataque de Spinoza contra o judaísmo: por não ter percebido a forma literária de seu discurso e a natureza de seu estilo. Mas como entender o fato de que Strauss aplica a si mesmo, trinta anos depois, a mesma censura? No plano de uma maneira de ler os textos antigos, a resposta se deve a que ele julga ter sido ainda por demais prisioneiro do método histórico, não tendo ainda compreendido aquilo que se lhe apresentaria bem depressa: Spinoza escrevia para a posteridade e em um contexto de perseguição, o que o levava a dissimular o sentido esotérico de seu propósito entre as linhas de um texto destinado a um pequeno número de leitores atentos[73].

Pode-se pensar, todavia, que esta questão decisiva do ponto de vista da leitura dos grandes textos do passado não esgota a significação do estranho julgamento de Leo Strauss sobre sua obra de juventude e a análise

---

[72] Avant-propos à la traduction anglaise de *La Critique de la religion de Spinoza*, op. cit., respectivamente p. 302 (sobre Cohen) e p. 311 (Strauss, a respeito de sua própria leitura).
[73] Esta descoberta o levará a escrever em 1965: "Eu leio agora o *Tratado Teológico-Político* de outra maneira da que eu o li quando eu era jovem" (idem, p. 311). O traço dessa leitura posterior à descoberta da escritura esotérica encontra-se em Comment lire le *Traité théologico-politique de Spinoza?* (op. cit.), texto que Strauss incluirá de modo significativo, em 1952, em *Persecution and the Art of Writing* (ver infra, p. 856 n. 153).

que ele sugere de sua evolução a partir dela. É, pois, sobre um segundo plano que é preciso entender o desacordo com Hermann Cohen, para finalmente compreender o erro compartilhado com ele: aquele que diz respeito à interpretação do impasse próprio à crítica spinozista da religião. Strauss considera uma vez mais ter sido bem sucedido na crítica desta crítica: reconstituindo o terreno de enfrentamento entre Spinoza e a ortodoxia judaica; lá onde Cohen não conseguia separar-se do modo de ver de um judaísmo liberal, estranho à época do *Tratado* e, apesar de tudo, herdeiro dele. Nessa perspectiva, um ponto essencial parecia doravante firmado graças aos limites, trazidos à luz por Strauss, do sistema spinozista: uma verdadeira refutação da ortodoxia exigiria que se provasse uma perfeita inteligibilidade do mundo e da vida humana "sem a suposição de um Deus misterioso"; o sistema filosófico de Spinoza malograra em sua demonstração da possibilidade de um "mundo criado teórica e praticamente pelo homem"[74]. Resta que sob seu próprio olhar retrospectivo, Leo Strauss permaneceria ainda prisioneiro de um "poderoso preconceito" herdado das Luzes e cujos limites elas, aliás, mostravam: aquele que pretendia que "um retorno à filosofia pré-moderna é impossível"[75]. No caso, esta cegueira compartilhada com Hermann Cohen e Franz Rosenzweig começava a ter consequências trágicas, no momento do triunfo do ateísmo. De um lado, parecia mais do que nunca desarrazoado, na Alemanha dos anos de 1920, "dizer adeus à razão" para dar lugar à "vontade de potência". No entanto, é o curso mesmo da história da razão moderna que havia minado por dentro a possibilidade de uma confiança nela. Em outros termos, se a época podia oferecer a forma paradoxal da vitória de uma nova ortodoxia, esta não se devia a uma "autodestruição da filosofia racional ocidental"? Mais ainda, esta vitória não estava destinada a operar-se em proveito de não importa qual ortodoxia, em vez de convidar ao retorno àquela que se justificava por sua "maior racionalidade"[76]? Daí a expressão de dúvida

---

74 Avant-propos à la traduction anglaise de *La Critique de la religion de Spinoza*, op. cit., p. 307.
75 Idem, p. 310.
76 Idem, ibidem. Strauss assinala entre parênteses uma referência ao *Deuteronômio* 4, 6 ("Observai-os e praticai-os, aí estará vossa sabedoria e vossa inteligência aos olhos dos povos"). Seu argumento a esse respeito é precisamente o seguinte: a crítica da religião em Spinoza encontra sua longínqua terminação e sua justificativa última em um "ateísmo da probidade", que "triunfa radicalmente da ortodoxia ao compreendê-la radicalmente"; mas a eloquência

pela qual Leo Strauss fecha sua biografia intelectual, indicando de maneira alusiva a orientação que seus futuros trabalhos tomariam: "Eu começava, portanto, a me perguntar se a autodestruição da razão não era o fruto inevitável do racionalismo moderno, na medida em que ele difere do racionalismo pré-moderno e, sobretudo, do racionalismo judaico medieval com suas fontes clássicas (aristotélicas e platônicas)"[77].

Sobre uma Lágrima de Hermann Cohen

Eis como Leo Strauss descreve o contexto no qual havia sido elaborado o seu primeiro livro: "Este estudo sobre o *Tratado Teológico-Político* de Spinoza foi escrito na Alemanha, nos anos de 1925-1928. Seu autor era um jovem judeu, nascido e criado na Alemanha e que ficou ele mesmo preso nas tenazes da conjuntura teológico-política"[78]. Primeira etapa disso que Allan Bloom chamou "a viagem da qual ele não regressou jamais", esse trabalho se inscrevia em dois planos: a fidelidade a um judaísmo esquartejado entre as aporias da assimilação e os limites do sionismo político; uma tentativa de salvamento do racionalismo liberal no momento em que ele atravessava uma crise que devia prevalecer. Tudo leva a pensar que desde a alva dos anos de 1930, Strauss percebia a insuficiência do esforço empreendido nessas duas perspectivas: para empenhar-se em uma reinterrogação radical das componentes do racionalismo judeu moderno, ao mesmo tempo em que das formas do liberalismo político[79]. Quando redige a introdução

---

deste ateísmo não pode mascarar o fato de que ele repousa, em última análise, sobre um ato de vontade ou mesmo uma crença; ruinoso para qualquer filósofo que seja, tal fenômeno permite no caso um retorno paradoxal da ortodoxia, sob uma forma que beneficia a autodestruição do racionalismo tal como ele se concebia desde suas origens antigas.

77 Idem, ibidem. Lembremos que Strauss precisará a Scholem que o ensaio autobiográfico concerne a um período que se detém em 1928 (ver supra, p. 768 n. 2).

78 Idem, p. 259. Pode-se notar que esta primeira frase da autobiografia intelectual de Strauss designa perfeitamente os três elementos contextuais que ele põe à frente: a experiência de uma juventude judaica vivida no meio sionista; as condições de uma educação filosófica alemã no grande quadrilátero formado pelos nomes de Cohen e Husserl, Rosenzweig e Heidegger; a caracterização da situação dos judeus na Alemanha dos anos de 1920.

79 Strauss se voltara quase filologicamente para duas vertentes, na medida em que seu estudo sistemático das fontes de Spinoza o incitava a bifurcar ao mesmo tempo na direção de seu predecessor moderno e de seu adversário medieval: Hobbes, que seria objeto de um livro

de *Philosophie und Gesetz*, que aparecerá em 1935, opta por instalar-se em uma postura similar àquela pela qual abrira o livro sobre Spinoza: seguir Hermann Cohen em um ponto decisivo da história da filosofia, apartando-se dele, ao mesmo tempo, a fim de mostrar como ele não podia ir até o fim de sua própria posição. Na medida em que Hermann Cohen já havia delimitado o terreno sobre o qual se impõe um retorno do mundo de Spinoza para o de Maimônides, cumpre retomar sua proposição principal: Maimônides representa para o judaísmo o "clássico do racionalismo"[80]. Mas é preciso desde logo compreender que, pela mesma razão que já o impedia de tirar todas as consequências da crítica do radicalismo de Spinoza, Cohen não podia dar completamente a esta afirmação sua verdadeira forma: "O racionalismo de Maimônides é o modelo verdadeiramente natural, o cânone que se faz mister preservar com todo cuidado de toda falsificação, e por aí a pedra no caminho cujo encontro redunda na confusão do racionalismo moderno"[81]. Dito de outro modo, assim como Hermann Cohen não chegara a perceber no que ele continuava em parte herdeiro de Spinoza, seu apego à ideia de uma superioridade do racionalismo moderno limitava o elogio à filosofia medieval, a despeito de uma redescoberta capital de Maimônides.

A introdução de *Philosophie und Gesetz* não expõe nada menos do que a necessidade de reconstruir toda a história do conflito entre as Luzes e a ortodoxia para compreender o presente à medida da crise que o afeta. A estratégia que Leo Strauss desenvolve consiste em "despertar uma suspeita" contra o poderoso preconceito que se opõe à ideia segundo a qual

---

escrito durante os anos londrinos; Maimônides, reencontrado através de um estudo sobre Gersônides encomendado em Berlim por Julius Guttmann.

[80] Hermann Cohen utilizou amiúde esta fórmula ou outras semelhantes. Encontrá-la-emos em sua forma mais exata em *Religion de la raison tirée des sources du judaïsme*, trad. M. B. de Launay e A. Lagny, Paris: PUF, 1994, p. 94. Mas Strauss tem, sem dúvida, precisamente em vista um artigo de 1908, intitulado Charakteristik der Ethik Maimunis (em Hermann Cohen, *Jüdische Schriften*, III, p. 221-289), texto que devia ter grande importância na redescoberta de Maimônides no âmbito do judaísmo alemão. Ver sua tradução: La Définition de l'éthique de Maïmonide, em Hermann Cohen, *L'Éthique du judaïsme: La Vocation universelle d'Israel*, trad. M.-R. Hayoun, Paris: Cerf, 1994, p. 169-228.

[81] *La Philosophie et la Loi*, p. 11. A dificuldade oferecida pela introdução a este livro e seu valor matricial, no tocante ao desenvolvimento do pensamento de Leo Strauss, justificam uma reconstituição passo a passo de seu encaminhamento com o fito de decifrar seu complexo processo de argumentação.

o recontro entre as duas racionalidades desenrola-se com vantagem para os medievais. Mas ela requer previamente a descrição dos diferentes momentos de uma controvérsia que se julgava estar extinta e a refutação dos lugares-comuns que a ela se ligavam. Desse ponto de vista, assim como Strauss dava o direito a Hermann Cohen de discutir Spinoza sob o ângulo dos interesses do judaísmo, ele se autoriza a conter, para o essencial, o seu próprio exame no quadro, a partir de uma constatação: "A situação do judaísmo é [...] determinada pelas Luzes"[82]. Esse fenômeno tão logo colocado, já é sob a forma de um primeiro lugar-comum que Strauss o decompõe. A seus olhos, é de algum modo negativamente que a consciência contemporânea se refere às Luzes, aplicando-lhes, caso se prefira, o paradigma do progresso que havia sido a ponta de lança delas: já faz muito tempo que as Luzes estão "ultrapassadas"; suas legítimas aspirações tornaram-se "triviais"; sua "chatice" pereceu sob os golpes de um "menosprezo bem merecido". Pode-se colocar imediatamente o preconceito que se vincula à ideia de um esgotamento do conflito entre as Luzes e a ortodoxia. Este se desenrola em torno da certeza segundo a qual existe uma distância doravante irredutível entre a época atual e aquela em que se expunham as diferentes manifestações desse conflito através de seus objetos: natureza inspirada ou simplesmente humana da Escritura; realidade ou impossibilidade dos milagres; intemporalidade ou historicidade da Lei; caráter eterno ou criado do mundo.

É, portanto, a formulação de uma primeira suspeita que permite encetar a reconstrução da fase inicial do conflito entre as Luzes e a ortodoxia: "Os pressupostos das Luzes são efetivamente triviais?"; "As Luzes são realmente um adversário desprezível?" A resposta a essas questões requer necessariamente duas definições: a da relação do judaísmo com as Luzes; depois a da Tradição no seio desse mesmo judaísmo. Para a maioria dos movimentos do judaísmo contemporâneo, é coisa firmada que as grandes controvérsias do passado estão definitivamente ultrapassadas, enquanto sua resolução não repôs em causa o essencial de uma herança que conseguiu reformular-se fora das categorias da ortodoxia. No entanto, se se admite que o fundamento da tradição judaica permanece invariavelmente na fé na criação do mundo, na realidade dos milagres da *Bíblia* e no caráter

---

82 Idem, p. 12.

imutável da Lei revelada no Sinai, é forçoso operar uma dupla constatação: as Luzes radicais solaparam deliberadamente, com Spinoza, esses fundamentos da Tradição; as Luzes moderadas malograram na sua tentativa de encontrar um compromisso entre a ortodoxia e as Luzes radicais, quer dizer, entre a aceitação da Revelação e a crença na autossuficiência da razão. Em termos mais lapidares, o resultado da primeira partida do conflito pode exprimir-se da seguinte maneira: "Não se podia aparar o ataque dos Hobbes, Spinoza, Bayle, Voltaire, Romarius [sic]* com as armas de um Moisés Mendelssohn"[83].

É de forma mais alusiva que Leo Strauss designa os atores da segunda partida como "pensadores posteriores", a fim de descrever de novo as razões de seu fracasso. Constatando a impossibilidade do compromisso entre as Luzes radicais e a ortodoxia, estes tentaram, por sua vez, restabelecer os fundamentos da Tradição, desta vez por via de uma síntese: visto que o conflito em seu primeiro terreno desenrolava-se com vantagem para as Luzes radicais, era preciso elevá-lo a um nível superior; seria aquele em que os conceitos de Criação, de milagre ou de Revelação devem cessar de ser vinculados a realidades exteriores, para serem concebidos sob uma forma "interiorizada". Vê-se qual era a vantagem que esta estratégia filosófica parecia proporcionar. Transformando as noções tradicionais da fé em ideias interiorizadas pelo indivíduo, ela protegia este

---

* Trata-se aqui, na verdade, de Hermann Samuel Reimarus (1694-1768), filósofo e literato alemão da *Aufklärung*. Reimarus foi professor de hebraico e línguas orientais em Hamburgo e era adepto do deísmo, que propugna que unicamente a razão, sem o concurso dos dogmas da Revelação, é capaz de alcançar o conhecimento de Deus e a ética necessária para a subsistência da sociedade humana, tendo sido também o primeiro erudito a abordar Jesus como figura histórica, destacando sua inserção no quadro mais amplo do messianismo judaico. Ver acerca desse assunto, David Flusser, *Jesus*, trad. Margarida Goldsztajn, São Paulo: Perspectiva, 2002, p. 82-83 (N. da E.).

[83] Idem, p. 13. Leo Strauss conhecia tanto melhor Mendelssohn quanto, em 1932-1933, ele fora um dos responsáveis pela edição, no jubileu, das suas obras completas: redigindo uma série de introduções para o segundo volume consagrado aos escritos filosóficos e estéticos. Ver Pope ein Metaphysiker (1931), Sendschreiben an den Herrn Magister Lessing in Leipzig (1931), Kommentar zu den "Termini der Logik" des Moses ben Maimon (1931), Abhandlung über die Evidenz (1931), Phädon (1932), Abhandlung von der Unkörperlichkeit der menschlichen Seele (1932), Über einen schriftlichen Aufsatz des Herrn de Luc (1932), Die Seele (1932), em Leo Strauss, *Gesammelte Schriften*, II, *Philosophie und Gesetz – Frühe Schriften*, p. 467-513. Interrompido pelo nazismo, o trabalho de edição será retomado mais tarde e, de novo, com a colaboração de Leo Strauss.

contra as doutrinas da inspiração da Escritura, da Criação *ex nihilo* ou da imortalidade individual: a fim de que ele possa doravante aceitar as regras do método histórico-crítico ou o espírito do liberalismo, conciliando ao mesmo tempo a religião dos profetas com a autonomia da razão. Resta, todavia, saber se a modificação imposta por essa operação intelectual não era também tão considerável e temível em suas consequências quanto aquela que fora induzida pela busca de um compromisso, de parte das Luzes moderadas. Na realidade, para tentar salvar a Tradição por via de uma síntese entre a ortodoxia e as Luzes radicais, os partidários da interiorização dos conceitos da fé tinham começado a aceitar todas as pressuposições dessas últimas. Por consequência, o liberalismo religioso tombava de novo na armadilha estendida pelas Luzes radicais: admitindo notadamente que Deus não havia efetivamente criado o mundo, a probidade intelectual obrigava-o a negar a Criação mesma; de sorte que a interiorização dos conceitos da Tradição não se distinguia mais de sua negação a não ser pela boa vontade de seus promotores.

  Tendo chegado à constatação de um novo triunfo das Luzes radicais e do fracasso de uma segunda tentativa com fito de salvar a tradição judaica, Leo Strauss adianta uma proposição por sua vez radical: visto que nem o compromisso nem a síntese entre as Luzes e a ortodoxia são possíveis, cumpre considerar uma reabertura de seu conflito retornando à sua origem. Para fazê-lo, não é necessário, a seus olhos, sequer afastar-se do "círculo encantado do presente": ninguém pode negar que as Luzes sejam hoje em dia mais radicais do que eram nos séculos XVII e XVIII; de outra parte, cada um de nós vê como a ortodoxia continua viva; pode-se, portanto, repetir seu conflito sem outro preparo. Imediatamente, contudo, aparece o segundo lugar-comum próprio à época. Para a maioria dos contemporâneos, parece que essa repetição do conflito na perspectiva de uma nova compreensão seja coisa firmada de maneira implícita. Daí as questões que formulam o preconceito que será preciso logo mais superar. Por que despertar de novo, desta vez explicitamente, uma polêmica que parecia apaziguada? A crítica das "interiorizações" do século XIX não se tornou, por seu turno, trivial? A última geração não metamorfoseou o judaísmo negociando as formas de seu retorno para a tradição? Mas percebe-se a nova suspeita, que pode opor Leo Strauss ao que são apenas afirmações disfarçadas: a metamorfose associada a essa forma de retorno não pode ser fundamental enquanto economiza uma reflexão de princípio sobre o conflito entre as Luzes e a ortodoxia, seguido de um exame radical de seu resultado.

Nesse plano tanto mais decisivo quanto ele toca diretamente ao presente, é mais uma vez a posição de Hermann Cohen que oferece a chave da situação. Em grande parte, a evolução desse último exprime de maneira exemplar e "de duradoura memória" o movimento de um retorno à Tradição. Mas sabe-se também que Hermann Cohen manteve até o fim reservas explícitas a respeito dessa mesma Tradição: em nome da autonomia da razão e da independência do homem. Quanto à Rosenzweig, que em certo sentido foi "no caminho de Cohen mais longe do que o próprio Cohen", ele não esconde nem a impossibilidade de sua adesão à fé na imortalidade, nem sua recusa da concepção tradicional da Lei. Evidentemente, essas reservas próprias a Cohen, Rosenzweig ou, ainda, Martin Buber têm sempre sua fonte nas Luzes e numa maneira característica de abordá-las. A propriedade específica do retorno desses autores à Tradição se deve ao fato de que eles julgavam possível evitar a confrontação direta e sem intermediário com as Luzes: discutindo Hegel, quer dizer, uma síntese que pretendia ultrapassá-las. Especialmente típico do pensamento de Rosenzweig, seu raciocínio procedia do seguinte esquema: se Hegel tinha efetivamente "suspenso"* nele as Luzes, em uma última síntese da filosofia do espírito, ultrapassando seu sistema se ultrapassaria *a fortiori* as Luzes e sua crítica da Tradição. Do ponto de vista de um balanço concernente às atitudes do judaísmo moderno, essa operação levantava uma última questão: no que a simples crítica das interiorizações que o século XIX operara na sequência de Lessing era outra coisa senão uma reabilitação das Luzes?

Por essa questão, Leo Strauss abandona a descrição propriamente dita das três etapas de um esforço que visava reencontrar a Tradição, mas que sempre se quebrantou na inesgotável capacidade das Luzes de tornar a fechar sua armadilha: malogro pungente da tentativa de um compromisso entre as Luzes radicais e a ortodoxia de parte das Luzes moderadas; perigos da síntese visada através da interiorização dos conceitos da fé; limite, enfim, da crítica desta última, sob a ilusão segundo a qual a ultrapassagem

---

* *Relevé*, no sentido de *aufgehoben* (N. da E.).

do sistema que pretendia absorver as Luzes e sua própria afirmação de uma ultrapassagem da Tradição equivaleria a um retorno a esta. Strauss pode, portanto, delimitar o terreno de seu próprio cometimento. Uma vez que se sabe doravante que, de Mendelssohn a Cohen ou Rosenzweig, nenhum pensamento judaico moderno conseguiu verdadeiramente levantar o desafio das Luzes radicais, é preciso voltar-se a "livros poeirentos" e velhas querelas; para abrir com novos custos um conflito que se julgava extinto; exercitando-se em uma nova maneira de ouvir os argumentos das duas partes. Nesse terreno, ele já se beneficia de uma das conquistas de sua leitura de Spinoza: a arma favorita das Luzes radicais contra a ortodoxia foi a da derrisão, isto é, uma maneira de "despachar pelo riso" aquilo que elas não podiam refutar por outros meios, como havia percebido Lessing, "que devia entender disso!" Restava, todavia, compreender a consequência dessa situação de fato. De um lado, a ortodoxia fora, por certo, excluída do mundo das Luzes e de seus herdeiros, atravessando o século XIX como a sobrevivência menosprezada de um passado olvidado. No entanto, e apesar dessa aparente derrota de seu adversário, foram talvez as Luzes que sofreram o paradoxo mais temível.

 Elucidando essa história paradoxal, Leo Strauss instala o soclo de sua refutação do preconceito segundo o qual o racionalismo moderno teria conquistado uma superioridade definitiva sobre o racionalismo medieval. Mas ele descobre igualmente o princípio de orientação de suas futuras análises da modernidade. Ao passo que para o momento só importa a primeira dessas dimensões, vê-se o que pode trazer a ampliação do argumento oposto a Spinoza. Para além do riso, uma verdadeira refutação da ortodoxia teria exigido que se pudesse demonstrar "que o mundo e a vida são totalmente compreensíveis sem a hipótese de um Deus insondável". Não podendo fazê-lo, mas preocupadas em prosseguir seu caminho, as Luzes viram-se obrigadas a construir artificialmente um mundo e um sistema: um para substituir o que era pensado como a obra da Criação; o outro destinado a superar a ideia de Revelação. Dito de outro modo, porque não podiam refutar diretamente a ortodoxia, as Luzes procuraram enterrá-la. Era preciso que o mundo "dado" fosse substituído por um mundo construído. Isto supunha que se pudesse imaginar o homem como senhor da natureza e de sua própria vida. Resta que esta obrigação de mudar de terreno ante a impossibilidade de uma refutação frontal da ortodoxia teve imediatamente duas consequências: o aparente orgulho das Luzes manifestava, na realidade, uma posição defensiva; o empreendimento dependia integralmente da construção de uma civilização e de seu sucesso. Ora, não somente a dúvida sobre o êxito dessa civilização foi praticamente contemporânea de sua entrada em execução, mas uma breve reflexão sobre a situação atual basta para confirmar a impressão de um impasse: o entusiasmo inicial em relação a uma ciência nova que devia ultrapassar os lindes da natureza, submetendo-a a suas leis, parece doravante ceder diante de seu resultado; este induz a perspectiva de uma historicidade radical do homem, a visão de um idealismo reduzido a uma "interpretação do mundo" dentre outras.

Essa alusão discreta à ideia de um desaguar da nova ciência da natureza e do homem no perspectivismo permite a Leo Strauss descrever a forma de uma ilusão das Luzes que descobre, por sua vez, a possibilidade de uma reabilitação *a contrario* do racionalismo medieval. De fato, é sem dúvida Nietzsche quem melhor percebeu no que a ciência moderna da natureza devia concebê-la como "desprovida de fins e de valores", por qual encaminhamento sua definição do ser acaba não podendo mais remeter a um qualquer "dever-ser", as razões pelas quais, enfim, esta visão do mundo é incapaz de fundar um ideal humano da vida feliz[84]. É preciso então compreender que a liberdade como autonomia do homem e de sua cultura não é "nem a justificativa originária nem a justificativa definitiva" das Luzes: mas um ideal que só foi possível durante um breve período de calma; entre o momento em que o combate contra a ortodoxia parecia concluído e aquele em que devia estourar "a revolta das forças desencadeadas pelas Luzes contra suas libertadoras". Desse ponto de vista, é com um conceito tomado de empréstimo à tradição rabínica que se pode esclarecer esse paradoxo das Luzes, associado ao desejo do homem de uma alforria em relação à natureza. Na tradição judaica, a apostasia contra a Lei foi sempre designada como "epicurismo", segundo uma definição desse último confirmada pela pesquisa histórica: Epicuro é o

---

84 Idem, p. 27. Strauss remete aqui ao aforismo 9 de *Além do Bem e do Mal*, que começa pela questão cujos considerandos implícitos ele explora efetivamente: "Vós quereis viver de acordo com a natureza?" O procedimento argumentativo de Leo Strauss nesse ponto não deve enganar, isto é, induzir à visão de um nietzschiano mascarado: é para discutir a visão nietzschiana de um mundo sem transcendência que ele se apoia na lucidez de Nietzsche para com as ilusões da modernidade.

clássico da crítica da religião; ele representa o desdenhador, por excelência, de um medo diante das potências supramundanas e da morte, elas mesmas vividas como obstáculos à quietude e à ventura do homem[85]. No entanto, se as Luzes retomam ao epicurismo uma crítica à religião que aparece definitivamente como sua motivação mais autêntica, sabe-se também que elas transformam sua orientação: quando as representações religiosas não são mais rejeitadas porque são assustadoras, mas devido às suas virtudes consoladoras. Em outros termos, com esta modificação do sentido da crítica da religião, mas porque subsiste, não obstante, o sentimento de uma estranheza inquietante do mundo, a civilização proveniente das Luzes quer inventar para si uma forma de coragem mais poderosa ainda do que aquela que era preciso outrora mobilizar contra a tradição: "Esta nova coragem, como capacidade de olhar de frente a derrelição do homem, como audácia diante da assustadora verdade, como dureza perante a tendência do homem a trapacear consigo mesmo sobre a sua situação, é a probidade"[86].

É, pois, de Karl Löwith que Leo Strauss empresta a definição desta probidade intelectual: "desengajamento que consiste em não estar engajado em ideais transcendentais". Com ela, ele pode resumir em uma síntese magistral sua descrição de uma guinada inelutável para o ateísmo da crítica da religião, tal como as primeiras Luzes a tinham imaginado. Ao mesmo tempo herdeiro e juiz da fé na Revelação, mas igualmente de um conflito multissecular entre a fé e a descrença, o ateísmo de probidade nutre-se ainda do pesar romântico de uma fé perdida: opondo-se à ortodoxia "por

---

85 A literatura rabínica vê efetivamente o epicureu como arquétipo do herético ou mesmo do negador: a ponto de que ele é incluído no número daqueles que não têm parte "no mundo vindouro" (ver *Sanedrin*, 99a). Outras passagens ensinam a vigilância e a prudência a seu respeito: "seja diligente no estudo da *Torá* e saiba qual resposta dar ao epicureu (o emancipado)"(*Pirkei Avot*, II, 14). Maimônides, quanto a ele, se empenha em construir uma classificação de cinco tipos de *Epicorossim*, segundo suas próprias teses (ver *Mischné Torá*, Livro I *Madá*, v, *Teschuvá*, III, 7).

86 Idem, p. 30. Sem que Nietzsche seja aqui citado, o texto evoca desta vez o aforismo 227 de *Além do Bem e do Mal*, do qual retoma a noção de probidade. Pode-se tanto mais imaginar que Strauss tinha a obra ao alcance da mão ao redigir essa passagem quanto ele escreverá ao fim de sua vida uma longa Nota Sobre o Plano de *Além do Bem e do Mal* de Nietzsche (1973), em que adianta de novo o tema da "probidade intelectual" (ver *Études de philosophie politique platonicienne*, p. 247-272, especialmente p. 267-269). Todavia, é de Karl Löwith que ele toma como empréstimo a definição do fenômeno citando "Max Weber und Karl Marx", *Archiv für Sozialwissenschaft und Sozialpolitik*, v. 27, p. 72.

sua complicação matreira, composta de gratidão e de revolta, de nostalgia e de indiferença, tanto quanto por sua proba simplicidade". É aqui que aparece finalmente a verdade da situação atual: a antiga alternativa entre a ortodoxia e as Luzes se revela como um antagonismo radical entre ortodoxia e ateísmo. Se for lançado de novo sobre essa situação o olhar do judaísmo, ela se assemelha imediatamente a um impasse: não existe mais espaço intermediário entre a ortodoxia e a única solução conforme ao ateísmo, um sionismo estritamente político cujo limite já se conhece. Resta, entretanto, uma possibilidade para quem queira conservar a aspiração a um judaísmo esclarecido, enfrentando ao mesmo tempo a antinomia da ortodoxia e do ateísmo: ela consiste em inverter em seu ponto de partida a questão; em perguntar "se as Luzes são necessariamente as Luzes *modernas*"[87]. Uma última vez, poderosos preconceitos se opõem a quem convida ao retorno às Luzes medievais de Maimônides: desde há muito ultrapassadas como as Luzes moderadas das quais elas ofereciam uma prefiguração, estas seriam paradoxalmente mais "radicais" e perigosas para o judaísmo do que as Luzes modernas em geral; baseadas em uma cosmologia de Aristóteles que é impossível restaurar, sua sorte estaria, ademais, ligada a uma exegese alegórica em si mesma fortemente suspeita[88]. Mesclando habilmente os argumentos contraditórios que querem deter o desvio medieval no seio do judaísmo contemporâneo, Leo Strauss sabe perfeitamente que ele já expõe as dificuldades e as apostas da leitura de Maimônides. Mas o propósito da introdução à *Philosophie und Gesetz* foi tão amiúde elíptico que ele pode encerrar-se por uma proposição sibilina: "Diante dessas objeções, ou diante de outras análogas, não se poderia passar reto neste caminho sem pagar".

A perspectiva aberta por essa fórmula é a de um exame da ideia da Lei tal como as Luzes medievais a concebiam. Leo Strauss dá-se, todavia, o tempo para uma segunda reconstrução da querela dos Antigos e dos Modernos: através de uma discussão sobre a *A Filosofia do Judaísmo*, de

---

87 Idem, p. 32.
88 Vale notar que Strauss justapõe aqui conscientemente argumentos contraditórios oriundos das duas grandes correntes de interpretação de Maimônides: os que se ligam à ideia liberal, emanada das Luzes, de uma superação da filosofia medieval; depois, aqueles que provêm da ultra-ortodoxia, para a qual Maimônides é sempre suspeito de infidelidade à Tradição, por sua adesão à filosofia grega.

Julius Guttmann, que acabava de aparecer[89]. É preciso tanto mais questionar os motivos desse desvio que retarda a análise quanto Strauss parece à primeira vista repetir a *démarche* da introdução. Mais precisamente, é de algum modo o exercício doravante familiar da suspeita contra os preconceitos modernos que ele pratica em larga escala, ao ler Guttmann de maneira paradoxal: ele simula uma primeira leitura errônea de seu livro, que deve permitir, surpreendendo-se parcialmente, estimar o verdadeiro valor de um trabalho assim. O prévio em tal empreitada está contido em uma proposição que concerne ao mesmo tempo a Guttmann, a quem ela constitui uma forma de homenagem, e ao próprio Strauss, para quem ela desenha um programa: "Não há nenhuma pesquisa de história da filosofia que não seja ao mesmo tempo uma pesquisa de *filosofia*"[90]. Sobre o fundo das coisas, Julius Guttmann parece *a priori* partilhar da visão comum de uma superioridade dos modernos sobre os medievais. No caso, mesmo se a orientação de suas análises é menos regida pela perspectiva da autonomia da razão do que por aquela do "valor metódico próprio à religião", ele considera que o compromisso entre judaísmo e filosofia levado a cabo por Mendelssohn é "essencialmente mais próximo da tradição judaica" do que o realizado pelos neoplatônicos e pelos aristotélicos da Idade Média[91].

❦

89 Julius Guttmann, *Histoire des philosophies juives: De l'époque biblique à Franz Rosenzweig*, trad. S. Courtine-Denamy, Paris: Gallimard, 1994. Cabe notar que esta tradução amiúde imprecisa convida a considerar de perto o texto inglês (trad. bras.: *A Filosofia do Judaísmo*, trad. J. Guinsburg, São Paulo: Perspectiva, 2003; baseada no original alemão e cotejada com as duas edições em língua inglesa e com a edição hebraica). A obra fora publicada pela primeira vez em Berlim em 1935 [N. da E.: na verdade, a primeira edição alemã data de 1933] e se detinha com o capítulo dedicado a Hermann Cohen. O capítulo sobre Franz Rosenzweig será adicionado por Julius Guttmann somente para a edição inglesa de 1964, o que não deixa de ter relação com um mal-entendido que opõe Strauss a Guttmann. Após uma introdução já por si longa, a leitura crítica meticulosa dessa obra poderia parecer incongruente, visto que ela difere, em um capítulo liminar, o exame de duas questões simétricas que pareciam instaladas: "A filosofia fundada na Lei" (cap. 2); "A Lei fundada na filosofia" (cap. 3). É, pois, sua necessidade para a economia do livro que é preciso compreender.

90 *La Philosophie et la Loi*, p. 34. É inútil insistir no fato de que esta proposição é definitiva para o que diz respeito ao trabalho de Leo Strauss. Nele, a filosofia se apresentará sempre sob a máscara do historiador da filosofia; mas nenhum de seus estudos eruditos ou sintéticos estará desprovido de apostas especulativas mais ou menos explícitas.

91 Levando em conta as modificações de formulação entre a edição alemã de 1935 do livro de Guttmann – aquela que Strauss comenta – e sua edição definitiva em inglês, é preciso amiúde citar a primeira dentre elas, tal como ela aparece no texto de Strauss. Sobre o ponto

É fácil mostrar como a pesquisa de Julius Guttmann parece aderir aos pressupostos modernos. Conforme, por seu método, ao ideal de uma "compreensão científica adequada da *Bíblia*", cujas condições haviam sido definidas por Schleiermacher, ela admite aquilo que Mendelssohn já tinha admitido quanto ao fundo: o fato de que, para salvaguardar o "conteúdo" do ensinamento da Escritura, cumpre sacrificar a "forma" desta, a saber, a Revelação. Leo Strauss reconhece o caráter sedutor da tese. A vantagem concedida por Guttmann à filosofia moderna não decorre de uma concepção dogmática ou ingênua desta, mas de uma confrontação entre o empreendimento metafísico dos medievais e a *démarche* metódica dos modernos. Resta que Guttmann desperta por si mesmo a reserva que sua interpretação suscita: quando admite que se os pensadores modernos mantêm melhor o "sentido original" das ideias religiosas do judaísmo do que seus predecessores, estes últimos se encontravam mais fortemente enraizados em "a tradição e a substância vital, judaicas", visto que conservavam a ideia de uma Revelação por si só[92]. Toda a sutileza da análise de Guttmann está em que ele não esposa completamente o fatalismo da metáfora hegeliana segundo a qual a coruja de Minerva não se levanta senão no crepúsculo, mas vincula a compreensão científica do judaísmo a uma perspectiva de autoafirmação e de salvamento: ele sabe que o judaísmo está mais ameaçado no mundo moderno do que jamais estivera anteriormente; ele crê que o conhecimento de si pela ciência é o remédio para a sua doença mais do que seu sintoma[93].

O exame mais preciso da tese de Julius Guttmann passa uma vez mais pelo problema da interpretação da obra de Hermann Cohen. Se bem

---

aqui em causa (p. 38), ver o capítulo consagrado a Mendelssohn da *Histoire des philosophies juives*, particularmente p. 371-372.
92 Aqui (p. 39), Strauss comenta uma proposição idêntica à que se encontra na *Histoire* de Guttmann, p. 435.
93 Strauss descreve perfeitamente aqui (p. 39) a postura científica de Julius Guttmann, que resulta de uma crítica interna da Wissenschaft des Judentums e desenha de algum modo os contornos de sua segunda ou terceira geração: marcada por um retorno à filosofia ao qual Hermann Cohen e Franz Rosenzweig convidavam. Encontrar-se-á uma explicitação desse novo espírito num texto de Guttmann apresentando a Akademie, da qual os dois últimos haviam sido os instigadores e que ele presidirá, enquanto Strauss, Scholem ou ainda o historiador Yitzhak Baer aí efetuavam seus primeiros trabalhos. Ver Julius Guttmann, Science juive: Académie pour la science du judaïsme, op. cit., em Leo Strauss, *La Critique de la religion chez Spinoza*, p. 369-375.

que Guttmann a julgue "grandiosa", ele lhe faz, no entanto, uma censura que se tornará clássica: o fato de renunciar à existência de Deus em "sua realidade absoluta", para lhe consignar simplesmente um lugar lógico "entre as realidades colocadas pela consciência". Para Strauss, essa crítica parece perfeitamente coerente com as análises de uma obra anterior na qual Guttmann mostrava como, renunciando a pensar o homem a partir do cosmo, a filosofia moderna só podia apreender o Criador a partir da consciência. Ele fica, entretanto, mais perplexo diante de uma observação que evoca a filosofia da existência no seio das "tendências metafísicas e irracionalistas que dominam o pensamento de nossa época"[94]. É, portanto, a partir da crítica de Cohen que Guttmann esboça, mas aprofundando seu julgamento, o fato de que se deve empreender uma comparação entre as duas grandes correntes contemporâneas do judaísmo filosófico que o idealismo e o existencialismo representam. À primeira vista, uma e outra parecem idênticas em suas maneiras de separar o homem da natureza. No entanto, é tão somente através de sua conexão com Kant, que mantinha a ideia segundo a qual a noção de Criação concerne à relação entre Deus e o mundo, que o idealismo se revela superior à filosofia da existência nesse ponto decisivo: "a lembrança que ela guarda do sentido original da Criação". Pode-se, sem dúvida, objetar que não se trata efetivamente, em Cohen, senão de uma lembrança e não mais de um objeto de fé, e acrescentar mesmo que o existencialismo permite uma apreensão mais segura da realidade vivida da *Bíblia* do que o idealismo. Nem por isso deixa de subsistir o fato de que a suposta superioridade do existencialismo sobre o idealismo nada mais é do que a reprodução daquilo que a filosofia moderna em geral afirmava sobre o pensamento medieval, e que ela não resgata verdadeiramente a perda de "substância vital" do judaísmo que sua "interpretação teórica" impõe.

---

94 Strauss discute aqui (p. 40 e s.) o início do capítulo de Guttmann sobre Cohen (op. cit., p. 440) e introduz elementos tomados de um trabalho anterior: Julius Guttmann, *Religion und Wissenschaft im mittelalterlichen und im modernen Denken*, Berlin: Philo Verlag, 1922. Quanto à última fórmula citada por Strauss (p. 42), ela não mais aparece na edição definitiva de *A Filosofia do Judaísmo*. A razão disso é sem dúvida que, acrescentando o capítulo sobre Rosenzweig, Guttmann reviu, senão emendou, seu julgamento sobre o "existencialismo" judaico. Acerca da esquematização que parece levar Cohen a transformar Deus em uma "ideia", sua crítica aos contemporâneos e o limite desta, ver supra, cap. I e cap. V.

Duas conclusões podem ser tiradas dessa primeira leitura de Julius Guttmann. Em primeiro lugar, este último percebeu muito bem o alcance da impossibilidade de Hermann Cohen de conceber Deus como uma realidade. Esta seria perfeitamente resumida por uma anedota contada por Leo Strauss a Franz Rosenzweig e que este último tornara pública: "À questão de um judeu ortodoxo que lhe perguntava: 'E o que é feito do *bore 'olam*' (o criador do mundo)?, Cohen não soube responder nada, a não ser... chorar e reconhecer assim que o abismo que separa sua fé e a fé da Tradição é intransponível"[95]. Poder-se-ia dizer metaforicamente que grande parte da obra de Leo Strauss decorrerá dessa lágrima de Hermann Cohen. Mas no contexto em que ela intervém aqui, essa anedota deixa transparecer que a primeira leitura do livro de Julius Guttmann já se fazia sob um viés, por confissão de Strauss mesmo. Através da mistura de homenagem e reserva que ele dedica a Hermann Cohen, depois por sua desconfiança para com a filosofia da existência, Guttmann não sustenta "*a* superioridade, mas *certa* superioridade da filosofia moderna sobre a da Idade Média"[96]. Reformulada em sua forma exata, a discriminação proposta por *A Filosofia do Judaísmo* é a seguinte: o pensamento moderno está em melhores condições de compreender e manter o "mundo interior" da fé que o dos medievais; mas estes últimos são os únicos capazes de reconhecer, para preservá-la, a relação entre o Deus que domina esse "mundo interior" e a natureza "exterior". A tarefa que Leo Strauss pode se consignar é, pois, a de cavar a nuance entre suas duas leituras de Guttmann: em torno da intuição segundo a qual o lugar excepcionalmente vasto que concede à filosofia medieval judaica atesta o fato de que ele espera ao menos que ela se afine com a filosofia moderna.

A fim de apressar a análise da nova crítica de Leo Strauss para com a obra de Guttmann, pode-se ir diretamente à sua conclusão, antes de reconstruir brevemente sua argumentação. Reproduzindo de algum modo no plano da interpretação histórica aquela que fora desenhada na ordem

---

[95] Encontrar-se-á a anedota tal como Rosenzweig a restitui no comentário de sua tradução de um dos poemas de Iehudá Halevi: Franz Rosenzweig, *Der Mensch und sein Werk, Gesammelte Schriften*, IV, *Sprachdenken im Ubersetzen*, 1, *Hymnen und Gedichte des Jehuda Halevi*, Haia: Martinus Nijhoff, 1983, p. 73.

[96] *La Philosophie et la Loi*, p. 45.

mais diretamente filosófica a propósito de Hermann Cohen, essa conclusão dá acesso, de novo, ao empreendimento que Strauss pretende conduzir. Ela apresenta, além disso, uma feição doravante familiar. Mostrando que os pensadores judeus medievais elaboraram uma "filosofia da religião", convidando em seguida a procurar os pressupostos metafísicos desta, Guttmann compreendeu as razões imperativas de uma decisão essencial: "Nos colocar na escola dos filósofos da Idade Média". No entanto, por falta de uma "decomposição crítica do conceito *moderno* de 'consciência religiosa', ele ficou no meio do caminho". É preciso, portanto, fazer triunfar sua intuição, compreendendo melhor do que ele mesmo o fez o conceito antigo de Lei divina que aparece como a chave da questão[97]. O argumento de Strauss assume assim uma forma relativamente simples, pois busca trazer à luz uma contradição no discurso de Guttmann: entre a afirmação de princípio segundo a qual o judaísmo é essencialmente uma "religião revelada monoteísta" e a ideia segundo a qual a fé na Revelação não seria uma componente necessária dele, tese que persiste na afirmação restrita de uma superioridade dos modernos[98]. Toda arte de Leo Strauss consiste em captar em Guttmann mesmo a expressão dessa contradição, mas para dobrar suas consequências em uma perspectiva conforme à sua própria opinião. No caso, a proposição essencial é a seguinte: "O reconhecimento formal da autoridade da Revelação é, mesmo para os pensadores mais radicais do judaísmo medieval, na medida em que eles querem permanecer judeus, *um pressuposto que vai por si*"[99].

Após ter, de algum modo, constituído o corpo do delito, Leo Strauss dá a sensação de conceder um ponto a Julius Guttmann: pode-se admitir à primeira vista que a filosofia medieval não traiu menos a herança bíblica do que a filosofia moderna; entregando-se como ela a uma "'piedade' estranha", disposição instalada desde Filo de Alexandria. Entretanto, parece

---

97 Idem, p. 77.
98 Strauss põe aqui (p. 47) em comparação à tese precedentemente descrita, que se tornou depois objeto de uma crítica pouco a pouco nuançada, e uma definição do judaísmo desenvolvida pela introdução no livro de Guttmann, em uma perspectiva próxima, desta vez, dos primeiros capítulos da *Religião da Razão* de Cohen: a alforria em relação ao mito e o combate ao misticismo.
99 *Histoire des philosophies juives*, p. 308 (trad. modificada, sublinho o último enunciado, sobre o qual se baseará toda a demonstração de Strauss).

necessário estender a suspeita, considerando que essa atitude tem consequências mais graves no segundo caso e isso por ao menos três razões: diferentemente de seus predecessores, os modernos estão informados de seus perigos; abandonaram a fé na Revelação, que antes deles era tida como um pressuposto que é evidente por si; sendo mais dissimulada, sua traição é mais destrutiva de "substância". Dito de outro modo, nenhuma análise da querela dos Antigos e dos Modernos, do ponto de vista do judaísmo, poderá doravante fazer economia daquilo que o próprio Guttmann estabeleceu perfeitamente: a adesão imediata dos medievais à ideia de Revelação. Sob reserva da nuance consignada quanto à apreciação das traições respectivas próprias às filosofias moderna e medieval, um acordo parece possível sobre uma tese de Guttmann e sua consequência do ponto de vista da análise da segunda. Graças a ele, está firmado que é mister fixar o lugar pertinente para uma comparação das duas filosofias na situação que o fato da Revelação cria. Nesse sentido, parece que se pode doravante considerar com ele que a principal realização dos medievais é realmente uma filosofia da religião: em um contexto em que a defesa da razão deve adaptar-se às condições da Revelação, isto é, fundar-se a partir da Lei. Mais precisamente, dever-se-ia agora perceber melhor o problema inédito que ela enfrenta: para estar em conformidade com a ideia segundo a qual a autoridade da Revelação "é dada por si", a filosofia deve pensar seu fundamento por referência à Lei; mas se ela quer considerar ao mesmo tempo que a Lei encoraja por sua autoridade a atividade filosófica, é preciso que esta seja tão livre como se ela não estivesse submetida a nenhuma Lei.

 Se a gente acompanha Leo Strauss no seu raciocínio, é, no entanto, na interpretação desta dificuldade e de seu modo de resolução que a análise de Julius Guttmann tropeça. Ele parece apreender perfeitamente as razões que impelem os medievais, até os mais radicais, a reconhecer a autoridade natural da Revelação: o filósofo tem necessidade dela, porque "sabe que sua faculdade de conhecer é, por princípio, *insuficiente* para conhecer *a* verdade"; ele admite, além disso, que a doutrina decisiva da criação do mundo, da qual depende sua possibilidade de ser judeu, não pode ser demonstrada. A questão implícita que, todavia, Strauss coloca é a de saber qual é finalmente a censura feita aos filósofos medievais por Guttmann: quer dizer, aquela da qual deriva, em última análise, a ideia, mesmo revista, de uma superioridade dos modernos. A resposta é, na realidade, simples: Guttmann julga que os pensadores judeus medievais não conseguiram operar uma "harmonização ao nível dos princípios" entre a autoridade da Revelação e o conhecimento metafísico; eles não tornam, portanto, possível algo mais do que concessões recíprocas e acomodações, que correspondem ao "motivo interior da ideia de dupla verdade"[100]. Ora, é precisamente essa tese que Leo Strauss contesta: afirmando provisoriamente antes de argui-la de que encontramos tal harmonização em Maimônides; ao menos no plano dos princípios, quando ele definiu "a *instância* à qual compete o ajuste do conflito entre a razão e a Revelação"[101]. Racionalista, é pela razão que Maimônides demonstra o limite da razão e desdobra todas as suas consequências: a filosofia não conhece senão o "mundo inferior", mas ela pode elevar-se a partir desse conhecimento até a demonstração da existência, da unidade e da incorporeidade de Deus; no entanto, o conhecimento intuitivo do "mundo superior" está reservado aos profetas e não aos filósofos; resta, entretanto, que a profecia permanece acessível a todo homem e lhe permite aceder à verdade sobre a criação do mundo, verdade que transcende mais uma vez o domínio da filosofia.

Uma última precisão deveria permitir afinar o sentido da crítica a Julius Guttmann, a fim de determinar definitivamente a orientação do curso investigativo de Leo Strauss a partir dela. A proposição segundo a qual Maimônides não teria chegado a conceber uma "harmonização ao nível dos princípios" entre a razão e a Revelação foi corrigida uma primeira

---

[100] Strauss cita e comenta aqui (p. 62) uma passagem do livro de Guttmann profundamente refeita para a edição definitiva. Nesta (op. cit., p. 226), Guttmann "eufemiza", ao mesmo tempo que a desenvolve, sua crítica de Maimônides: este tinha consciência da diferença entre o Deus criador, da *Bíblia*, e o Deus do aristotelismo; mas não podia dominar perfeitamente a significação dessa diferença; nesse sentido, ele se deparava com um problema que a filosofia árabe de seu tempo também conhecia, problema que Averróis resolveu de maneira radical por uma doutrina da dupla verdade que separa os sentidos exotérico e o esotérico da religião para destiná-los a dois públicos diferentes. Por ser menos brutal na forma, a reserva de Guttmann para com Maimônides nem por isso é menor quanto ao fundo: a fim de evitar uma adesão real à dupla verdade, "ele introduz uma ruptura na coerência de seu próprio sistema", e adere finalmente à posição dos filósofos. Compreende-se, assim, que de uma ponta a outra de seu livro e quaisquer que sejam suas adaptações, Guttmann permaneceu desconfiado em face de seu objeto: de Filo a Cohen e Rosenzweig, passando por Maimônides, os filósofos traíram a herança bíblica autêntica, de modo que a eles ele prefere os Sábios e os rabinos.
[101] *La Philosophie et la Loi*, p. 62-63.

vez: pela afirmação de que essa harmonização é, ao menos parcialmente, realizada, por meio da delimitação da instância em que o conflito deve decidir-se. É, entretanto, o pressuposto da censura de Guttmann em relação aos medievais que precisa ainda ser posto em causa: "A autoridade da Revelação e do conhecimento metafísico são mantidas uma ao lado da outra, como duas instâncias da verdade que têm o mesmo valor absoluto". Para Strauss, essa identidade entre as duas verdades é, de fato, estranha à filosofia judaica medieval: que afirma, ao contrário, pelas vozes excepcionalmente conjuntas de Maimônides e de Iehudá Halevi, o fato de que a verdade da Revelação desborda a da razão, mesmo se cabe a esta última reconhecer tal fenômeno. Por consequência, lá onde Guttmann continua a ver implicitamente o problema como moderno, isto é, a partir da razão autônoma, Strauss propõe encetar um processo muito mais radical: "uma *regressão* violenta que levaria o mais novo pensamento ao pensamento *antigo*". Em outros termos, o historiador contemporâneo da filosofia medieval deve desfazer-se dos preconceitos próprios ao filósofo moderno: admitir que a questão dos medievais residia exatamente no fato inédito de uma Revelação que devia tornar-se "*constitutiva* para a filosofia"; depois voltar-se diretamente para eles a fim de perguntar-lhes "quais são ao certo, na opinião deles, o sentido e a função da Revelação"[102]. Ora, é por meio da doutrina da profecia que a Revelação se tornou, na Idade Média, o tema por excelência de uma filosofia coagida a rever seus objetos familiares: na medida precisa em que é por intermédio de um profeta que a Lei de Deus é dada. Essa descoberta organizará logo a investigação da terceira e última parte de *Philosophie und Gesetz* (Filosofia e Lei), consagrada à questão da Lei fundada na filosofia: A Doutrina da Profecia em Maimônides e suas Fontes. Nesse momento, ela permite fechar o segundo desvio prévio pela questão dos Antigos e dos Modernos através de três proposições. Porque o profeta é ao mesmo tempo filósofo e legislador a proclamar uma lei que visa à perfeição do homem, o problema central da filosofia medieval judaica e árabe é o da política. Desse ponto de vista, sua realização mais original não é esta "filosofia da religião", na qual Guttmann pensava, porém um misto de modificação e consecução de uma filosofia política recebida

---

102 Idem, respectivamente, p. 46, p. 52 e p. 66.

da antiguidade grega[103]. Quanto a essa filosofia política por si, ela corresponde à ideia de uma lei racional que só pode ser de origem divina: o que convida a compreender "a profunda intuição de Hermann Cohen segundo a qual Maimônides estava 'em acordo mais profundo com Platão do que com Aristóteles'"[104].

Lei e Razão:
Em Busca das Luzes Medievais

Se foi possível dizer que, com seu livro sobre Spinoza, Leo Strauss encetara uma viagem da qual jamais retornou, é preciso doravante acrescentar que desde o início dos anos de 1930 as duas grandes orientações de sua obra estão definitivamente fixadas, delimitando assim o espaço de quarenta anos de trabalho. Presidindo desde 1922 a Akademie für die Wissenschaft des Judentums, Julius Guttmann convidaria Strauss a debruçar-se sobre Gersônides[105].

---

103 Filosofia da religião ou filosofia da Lei: Julius Guttmann redigirá, provavelmente entre 1940 e 1945, uma longa resposta a Leo Strauss, que será encontrada entre seus papéis somente após a sua morte, sendo depois confiada, por sua esposa, a Gershom Scholem, que assegurara a sua publicação pela Academia de Ciências de Israel com a ajuda de Shlomo Pines (ver Julius Guttmann, *Philosophie der Religion oder Philosophie des Gesetz?*, The Israel Academy of Sciences and Humanities, Proceedings, v. v, n. 6, Jerusalém, 1974). Guttmann compusera uma breve síntese desse texto em uma nota adicionada à edição definitiva de seu livro: nela, tenta mostrar uma modificação da interpretação de Strauss sobre o caráter central da política nos medievais e diz esperar que ele precise sua visão do esoterismo de Maimônides (ver *Histoire des philosophies juives*, p. 527-528).
104 Strauss cita aqui (p. 77) *La Définition de l'éthique de Maïmonide*, op. cit., p. 204. Strauss voltará a tratar desse ponto na sequência do livro (p. 139), reproduzindo, para desenvolvê-la, a observação de Cohen, mas sem empreender a exploração sistemática da oposição entre Platão e Aristóteles nos medievais. Poder-se-ia colocar a questão de saber se não há aí um indício de um futuro deslocamento de sua interpretação: Strauss parecerá abandonar progressivamente a pista platônica na sua compreensão de Maimônides; quando, no fim de sua vida, ele vier a redigir um comentário das *Leis* será sem uma referência explícita à filosofia judaica medieval (ver Leo Strauss, *Argument et action des Lois de Platon* (1975), trad. O. Berrichon-Seyden, Paris: Vrin, 1990).
105 Esta informação é apresentada em uma carta de Leo Strauss a Cyrus Adler, de 30 de novembro de 1933, consultada por Rémi Brague (ver Leo Strauss e Maimônides, em Shlomo Pinès; Yirmiyahu Yovel (ed.), *Maimonides and Philosophy*, Dordrecht: Martinus Nijhoff, 1986, p. 248). Depois de tê-lo encontrado por ocasião do livro sobre Spinoza, Strauss irá reencontrar, pois, Maimônides ao lado dos filósofos muçulmanos no estudo sobre as fontes da profetologia de Gersônides, trabalho de encomenda, do qual ele conservará apenas alguns elementos no segundo capítulo de *Philosophie und Gesetz*.

Na leitura do capítulo devotado a este último na *Filosofia do Judaísmo*, que Guttmann redige nessa época, pode-se perceber as razões desta incitação, e elas aclaram talvez o que se aparentará logo mais, da parte de Strauss, a uma espécie de assassinato do pai. Orientando um de seus mais brilhantes alunos para o pensamento do século XIV, Guttmann queria, sem dúvida, atraí-lo para o autor que melhor correspondia àquilo que já se conhece acerca de suas predileções: porquanto, a seus olhos, Gersônides estabelece "o quadro de uma filosofia religiosa completa e harmoniosa"[106]. Todavia, enquanto as sombras começam a espessar-se e logo virá a hora da dispersão dos intelectuais judeus da Alemanha, Leo Strauss reivindica discretamente sua independência. Após ter publicado ainda um texto crepuscular sobre Spinoza e ter dedicado algum tempo a Mendelssohn, é Hobbes que retém em primeiro lugar sua atenção: para uma última contribuição à análise das fontes do *Tratado Teológico-Político*; mas igualmente como signo de um acréscimo de interesse excitado pela leitura de Carl Schmitt para a história do pensamento político moderno, à qual ele consagrará mais tarde grande parte de seu tempo[107]. Enfim, quando Strauss publica, em 1934, um artigo sobre a doutrina da profecia em Maimônides que se tornará o capítulo final de *Philosophie und Gesetz*, o *Guia dos Perplexos* ganhou definitivamente precedência sobre as *Guerras do Senhor*, de Gersônides.

Em uma época já sombria, esse segmento da biografia intelectual de Leo Strauss corresponde a um dos períodos mais atormentados de sua existência, devido a uma aventura institucional infeliz. Em 1932, ele havia obtido uma bolsa Rockefeller, que lhe permitiria permanecer em Paris

---

[106] *Histoire des philosophies juives*, p. 265. À vista da crítica desse livro levada a cabo por Strauss, compreende-se como tal proposição corresponde perfeitamente a duas das teses de Guttmann: a realização maior dos pensadores judeus medievais é uma "filosofia da religião"; esta permanece imperfeita em Maimônides, precisamente devido à sua falta de harmonia. Na perspectiva de Strauss, poder-se-ia acrescentar que ela decorre igualmente do pressuposto moderno de um progresso intelectual, que faria no caso de um pensador do século XIV um autor superior ao do século XII.

[107] Ver, respectivamente, Le Testament de Spinoza (1932), em *Le Testament de Spinoza*, p. 41-49; os textos sobre Mendelssohn já mencionados (ver supra, p. 787 n. 33); Quelques remarques sur la science politique de Hobbes (1933), em *La Philosophie politique de Hobbes*, p. 245-263; Observation sur Le Concept du politique de Carl Schmitt (1932), em *Le Testament de Spinoza*, p. 309-337. Strauss confirma a bifurcação de seu trabalho a partir de Spinoza para Hobbes, de um lado, e Maimônides, de outro, em sua pequena autobiografia: A Giving of Accounts, op. cit., p. 462-463.

entre o mês de outubro daquele ano e dezembro de 1933; depois em Londres até o esgotamento desse recurso em setembro de 1934. À primeira vista, unicamente Hobbes era, na época, objeto de seu trabalho, visto que devia publicar um primeiro trabalho a respeito dele nas *Recherches philosophiques*, em 1933, e depois acabar seu livro durante a estada em Londres, após haver descoberto um manuscrito inédito que lhe valeria a admiração dos especialistas. Preocupando-se desde setembro de 1933 com seu futuro profissional e imaginando, sem dúvida, que este não mais se processaria doravante na Alemanha, Strauss apresentara sua candidatura a um posto de professor de filosofia judaica medieval na Universidade Hebraica de Jerusalém. Ajudado por seu amigo Gerhard Krüger e por Hans Gadamer, ele fala desse intento como do "caso palestinense", praticamente convencido desde o início de 1934 de que a tentativa está destinada a fracassar[108]. Pois, como acaba de se inteirar, Julius Guttmann também é candidato ao posto, apresentando evidentemente títulos mais imponentes que os seus. Dever-se-á pensar que Strauss redigiu rapidamente *Philosophie und Gesetz* em função dessa candidatura e suspeitar mesmo que tenha desenvolvido suas críticas a Cohen e Guttmann para, de um lado, marcar distância do filósofo da assimilação, seduzindo os sionistas, e, de outro, para eliminar um rival? Quando a obra aparece em Berlim, no começo de 1935, Gershom Scholem abraça a primeira hipótese e a expõe a Walter Benjamin, sublinhando ao mesmo tempo a ingenuidade de Strauss: o livro dá prova de uma "coragem notável", caso se tenha em mente que foi escrito em vista de uma candidatura "para Jerusalém"; mas "ele começa por uma confissão muito argumentada e sem máscara (de maneira inclusiva completamente louca) em favor do ateísmo como a solução mais séria para o problema judeu!"[109]

---

[108] Ver notadamente uma carta a Alexandre Kojève (sem data, mas provavelmente de março de 1934), em Leo Strauss, *De la tyrannie*, seguida de *Correspondance avec Alexandre Kojève (1932-1965)*, p. 263.

[109] Gershom Scholem, carta a Walter Benjamin, de 29 de março de 1935, em Walter Benjamin/Gershom Scholem, *Briefwechsel, 1933-1940*, Frankfurt-am-Main: Suhrkamp, 1980, p. 192. *A contrario* desse juízo de Scholem sobre o suposto ateísmo de Strauss em vista da introdução à *Philosophie und Gesetz*, ver a maneira como Karl Löwith percebe seu antigo discípulo como ortodoxo após ter lido o mesmo texto: carta a Strauss, de 15 de abril de 1935, em Karl Löwith e Leo Strauss, *Dialogo sulla modernità*, Roma: Donzelli, 1994, p. 7. Sabe-se que essa incerteza acerca das convicções de Strauss persistirá por longo tempo sob a forma de rumores.

Enquanto Scholem evidentemente leu mal, por abrir para o momento seu procedimento argumentativo, um livro em que Karl Löwith vê, de sua parte, uma prova da ortodoxia de Strauss, cumpre sublinhar o fato de que o interesse deste último pela filosofia medieval já não é mais uma questão de pura oportunidade: em 1934, ele publicou o artigo sobre a doutrina da profecia em Maimônides destinado a tornar-se a última parte de seu livro; sem que ninguém o saiba ainda, esse texto na realidade já estava redigido desde 1931. Em outros termos, parece tão pouco razoável imaginar um procedimento puramente estratégico, da parte de Strauss, quanto conceber a preferência finalmente concedida a Guttmann pelos membros da jovem Universidade Hebraica, como uma resultante da oposição entre um jovem filósofo suposto ateu e o candidato vinte anos mais velho, rabino ordenado bem antes, ao fim de seus estudos no âmbito do eminente seminário de Breslau[110]. Quanto a Leo Strauss, se ele parece encarar sem demasiado pesar o fato de não ter "subido"* à Palestina a fim de juntar-se a Gershom Scholem, Nathan Rotenstreich, Yitzhak Baer ou ao próprio Julius Guttmann, ele conservará, sem dúvida, uma espécie de nostalgia dessa partida obstada para Jerusalém, como atestam algumas palavras mais ou menos enigmáticas do início de uma conferência pronunciada no monte Scopus vinte anos mais tarde[111].

Para além dos dados mais ou menos factuais do encontro com Maimônides, resta perceber as condições de sua verdadeira apreensão como

---

[110] Bem mais tarde e desta vez a propósito de Hans Jonas, Gershom Scholem refutará a ideia segundo a qual em Jerusalém não havia "lugar para ateus na universidade", ver sua carta a Georg Lichtheim, de 21 de outubro de 1968, em *Briefe*, II, *1948-1970*, p. 216-217.

* Do hebraico *aliá*, literalmente "subida" (para Jerusalém nas festas de peregrinação), modernamente usado em referência à emigração para Israel (N. da E.).

[111] Ver *Qu'est-ce que la philosophie politique?*, adaptação de duas conferências proferidas como Judah L. Magnes Lectures na Universidade Hebraica de Jerusalém em dez. 1954/jan. 1955, em *Qu'est-ce que la philosophie politique?*, trad. O. Seyden, Paris: PUF, 1992, p. 15: "Nesta cidade, sobre esse solo, tomou-se mais seriamente do que em toda outra parte do mundo o tema da filosofia política 'a cidade da retidão, a cidade fiel'. Em nenhuma parte a aspiração à justiça e à cidade justa preencheu com tanta força os corações mais puros e as almas mais nobres do que neste solo sagrado [...] Quer sendo obrigado, ou obrigando-me eu mesmo, a errar muito longe de nossa herança sagrada, ou a guardar silêncio a seu propósito, não esquecerei por um só instante o que Jerusalém representa". No seu diário, Schmuel Hugo Bergman conta ter assistido a 7 de janeiro à conferência que versava sobre Maquiavel e confessa que a julgou "complicada demais" para ele! (ver Schmuel Hugo Bergman, *Tagebücher & Briefe*, II, *1948-1975*, Königstein: Athenäum Verlag, 1985, p. 188).

objeto intelectual privilegiado. Nos primeiros textos que lhe concernem diretamente ou não, Leo Strauss havia esposado um ponto de vista clássico, segundo o qual o empreendimento de Maimônides visaria a conciliar a Revelação e a filosofia aristotélica[112]. É no coração mesmo de *Philosophie und Gesetz* que ele fornece a indicação mais precisa relativa à data de sua primeira descoberta e sua forma. Em uma nota liminar para o último capítulo (A Lei Fundada sobre a Filosofia), ele escreve haver redigido esse "ensaio" durante o verão de 1931, em vista de uma publicação no boletim da Akademie für die Wissenschaft des Judentums. Contemporâneo do artigo sobre Maimônides e Cohen, esse texto desenvolve efetivamente a intuição desse último segundo a qual o *Guia dos Perplexos* se inspira mais em Platão do que em Aristóteles e suas duas consequências: o núcleo da obra repousa na doutrina da profecia; seu horizonte é o da boa cidade política. Uma conjectura sobre a periodização da escritura de *Philosophie und Gesetz* fica assim permitida. Parece doravante certo que Strauss escreveu em primeiro lugar esse terceiro e último capítulo, antes de sua partida para Paris, depois para Londres e dos trabalhos sobre Hobbes. Embora nessa data o livro sobre Spinoza acabe justamente de aparecer, a erudição de que dá prova esse estudo a respeito de Maimônides e de suas fontes em Alfarabi ou Avicena atesta o conhecimento profundo de um pensamento medieval mobilizado em proveito de um projeto já perfeitamente clarificado. Pode-se então conceber que o segundo capítulo do livro (A Filosofia Fundada sobre a Lei) foi elaborado pouco tempo depois e talvez escrito mais rapidamente, na medida em que o essencial da demonstração estava firmado e uma vez que Strauss dispunha, além do mais, de elementos do estudo encomendado sobre Gersônides. Resta, enfim, a possibilidade de imaginar que Strauss redigiu em último lugar a introdução e o primeiro

---

112 Vale reportar-se ao capítulo do livro sobre Spinoza que analisa a crítica ao Rambam no *Traité théologico-politique* (*La Critique de la religion chez Spinoza*, p. 169-228) e, sobretudo, a um longo estudo de 1931: "Cohen und Maimuni", em *Gesammelte Schriften*, II, *Philosophie und Gesetz – Frühe Schriften*, p. 393-429. Aqui, Strauss comenta o texto de Cohen sobre a ética de Maimônides e já percebe a importância de sua observação sobre o caráter central da questão do profetismo, depois a proximidade entre Maimônides e Platão mais do que com Aristóteles. Deve-se ainda notar que é nesse texto (p. 420) que Strauss utiliza pela primeira vez a noção de esoterismo a propósito do Rambam: para precisar a maneira como este último segue Aristóteles, afirmando que as virtudes morais estão subordinadas às virtudes intelectuais (o reparo baseia-se, no caso, em um confronto entre *Guia*, I, 54, e a *Ética a Nicômaco*, x, 7).

capítulo, que examina o conflito entre Antigos e Modernos no judaísmo a partir de Guttmann: para construir uma articulação sistemática entre esse novo trabalho e o livro sobre Spinoza; depois instalar suas hipóteses com referência a um livro imediatamente percebido como devendo tornar-se um clássico.

Tal hipótese convida a ler os dois capítulos de *Philosophie und Gesetz* que tratam diretamente da filosofia medieval às avessas: na ordem de sua provável redação, mais do que na de sua publicação. É assim que se poderá, sem dúvida, cercar a primeira descoberta de Leo Strauss, solicitada por uma intuição de Hermann Cohen destinada a ser aprofundada: o *Guia dos Perplexos* é mais próximo de Platão do que de Aristóteles; sua questão principal concerne à política; a doutrina decisiva para o seu exame é a da profetologia. Antes de qualquer outra consideração, é indispensável saber que a dificuldade própria a essa doutrina reside na necessidade de compreender o que faz a unidade e a inteligibilidade das seis qualidades de que um profeta deve dispor: um entendimento perfeito; costumes perfeitos; uma imaginação perfeita; a faculdade da audácia; a da adivinhação; a capacidade, enfim, de dirigir. Quanto à compreensão desta "rapsódia", ela supõe, por seu turno, duas coisas. A escolha, para começar, de interpretar a posição de Maimônides em termos da profetologia a partir de suas fontes e não *sub specie aeternitate* como Cohen o faria e, no caso, isso obriga a olhar as doutrinas de Alfarabi e Avicena sobre a questão[113]. Mas a condição

---

[113] Encontrar-se-á a mesma *démarche*, sistematizada e expandida, em Shlomo Pines: na longa introdução para a sua tradução do *Guia*, obra que contará também com uma contribuição essencial de Strauss (ver infra, p. 834 n. 118). Cf. Shlomo Pines, Translator's Introduction, em Moses Maimonides, *The Guide of the Perplexed*, trad., introdução e notas de Shlomo Pines, com uma introdução de Leo Strauss, Chicago/London: University of Chicago Press, 1963, p. LVII-CXXXIV, e sua tradução: Les Sources philosophiques du *Guide des perplexes*, em Shlomo Pines, *La Liberté de philosopher: De Maïmonide à Spinoza*, trad., introdução e notas de R. Brague, Paris: Desclée de Brouwer, 1997, p. 89-226. A fim de detectar as fontes do *Guia*, Pines apoia-se em um documento essencial: a carta de Maimônides a Samuel ibn Tibon, tradutor do livro em hebraico (ver esta missiva, publicada em hebraico na época da redação de *Philosophie und Gesetz*, em Alexander Marx, Texts by and about Maimonides, *The Jewish Quarterly Review*, v. XXV, 1934-1935, p. 374-381). Encontrar-se-á no texto de Pines (p. 93-94) uma tradução da passagem essencial pela qual Maimônides opera uma espécie de classificação dos filósofos, de Aristóteles a seus contemporâneos. Para dispor, enfim, das fontes árabes da filosofia judaica medieval, é preciso voltar-se para a preciosa antologia composta por Ralph Lerner e Muhsin Mahdi: *Medieval Political Philosophy: A Sourcebook* (1963), Ithaca: Cornell University Press, 1995. Pode-se juntar doravante a esta bibliografia os livros respectivos

essencial que torna possível uma tal interpretação reside na necessidade de libertar-se de uma ilusão óptica: a que induz o fato de se transportar a significação moderna das "Luzes" para o universo dos medievais. Se é dado admitir que o problema destes últimos é bem o da "liberdade de filosofar" e que Maimônides oferece desse ponto de vista "um pensamento medieval das Luzes em matéria de religião", deve-se sublinhar com igual força esta especificidade irredutível:

> Os filósofos medievais *não* eram justamente homens das Luzes no sentido original desse termo; *não* se tratava, para eles, de *espalhar* a luz, de educar a *massa* para o conhecimento racional, de *esclarecer*; eles não cessam de ordenar aos filósofos que eles têm o dever de *manter secreta* a verdade reconhecida pela razão e a calar para a massa, cuja vocação não é essa[114].

Mesmo se Leo Strauss não é o primeiro a notar essa característica da filosofia medieval, sua ampliação é indispensável a fim de se perceber o sentido que ele lhe dá com respeito ao seu próprio empreendimento: procurar saber se as Luzes são necessariamente modernas. Em um sentido, a resposta a essa questão já está firmada antes de ser demonstrada por meio de uma distinção essencial: as Luzes medievais foram essencialmente esotéricas, ao passo que as Luzes modernas são deliberadamente exotéricas; as primeiras dissimulam em parte suas doutrinas, enquanto as segundas querem propagá-las; o esoterismo de umas se baseia na dominação de um ideal de vida teorético, lá onde o exoterismo das outras repousa sobre o primado da razão prática. Sob esse ângulo, uma definição provisória da posição de Maimônides se prenderia ao fato de que ele sustenta o ideal aristotélico da vida na contemplação, supondo ao mesmo tempo a Revelação. Dito de outro modo, da mesma maneira como é evidente a seus olhos que a Revelação é absolutamente obrigatória, é também claro que é neces-

---

desses dois alunos e amigos de Leo Strauss: Ralph Lerner, *Maimonides' Empire of Light: Popular Enlightenment in an Age of Belief*, Chicago/London: University of Chicago Press, 2000; Muhsin Mahdi, *La Cité virtuose de Alfarabi: La Fondation de la philosophie politique en Islam*, trad. François Zabbal, Paris: Albin Michel, 2000.

114 *La Philosophie et la Loi*, p. 103. Cumpre notar que esta definição geral do caráter esotérico das Luzes medievais não pressagia ainda a verdadeira descoberta de Strauss a esse respeito: que se prenderá à arte de escrever dos medievais em geral e de Maimônides em particular.

sário ao homem viver uma vida teorética, segundo o modelo definido por Aristóteles no fim da *Ética a Nicômaco*[115]. Desenhar-se-ia assim uma relação circular entre a Lei e a filosofia. De um lado, é a Revelação que manda filosofar; de modo que a filosofia recebe da Lei divina uma liberdade que a autoriza a fazer de tudo quanto existe seu objeto. Mas desde logo e porque a Revelação mesma pertence ao que é dado, ela mesma se torna o objeto da filosofia na profetologia: "como Lei dada por Deus por intermédio de um *profeta*"[116].

Vemos assim em que espaço Maimônides se move e o problema que ele deve resolver. Sua principal afirmação é, de fato, que a Revelação não pode ser compreendida somente como uma ação miraculosa de Deus, na medida em que ela estaria então subtraída a toda compreensão humana. Mas visto que ela só pode cumprir-se através de causas segundas pelo profeta, é preciso que este seja ao mesmo tempo um homem excepcional superando todos os outros e, no entanto, um homem como os outros: o que redunda dizer que se deve explicar a profecia a partir da natureza humana. Em face dessa dificuldade, Maimônides podia apoiar-se no ensinamento dos *falásifa**: conceber com Alfarabi, Avicena e Averróis que as condições da profecia são "a perfeição do entendimento, dos costumes e da imaginação"[117]. Em se tratando da primeira dessas perfeições, porquanto a Revelação deve comunicar as verdades fundamentais da atividade teorética, é necessário que o profeta que a traz seja pelo menos, e ao mesmo tempo, um filósofo. No entanto, e porque a compreensão do caráter obrigatório da Revelação se endereça a todos os homens, incumbe ao pequeno número daqueles que são capazes de levar uma vida teorética comunicá-la ao grande número dos outros, à medida de suas capacidades, quer dizer, graças ao único meio disponível: o das imagens. Daí vem que o profeta deve dispor da perfeição da imaginação ao lado da do entendimento: a fim

---

[115] Ver Aristóteles, *Ética a Nicômaco*, livro x, § 7 e seguintes.
[116] *La Philosophie et la Loi*, p. 104.
* Em árabe, "filósofos", como em *Tahafut al-Falásifa*, de Al'Gazali, , p. ex., em geral traduzida como Incoerência dos Filósofos (N. da E.).
[117] Idem, p. 105. Ver *Guia dos Perplexos*, II, 32 e 36. Strauss nota, todavia, uma diferença entre Maimônides e os aristotélicos muçulmanos cuja tese ele restringe: os *falásifa* consideram que o homem, dispondo desses dons, torna-se necessariamente profeta, graças a um treinamento adequado; Maimônides afirma que Deus pode lhe recusar a profecia.

de que a primeira possa difundir por imagem o que a segunda concebe por intelecção; o que resolve de passagem o enigma segundo o qual Maimônides atribui um papel essencial a uma imaginação que, na qualidade de filósofo, ele considera como um obstáculo à razão. Até esse ponto, é à maneira dos *falásifa* que Maimônides concebe o processo do conhecimento como se compreendia na época sua descrição em Aristóteles: por meio da atualização da capacidade intelectiva do homem pelo "intelecto agente". Ele pode assim produzir sua própria definição do fenômeno que é o centro de seu propósito: "A profecia é, em essência, uma emanação de Deus que se espalha, por intermédio do intelecto ativo, sobre a faculdade racional primeiro, e em seguida sobre a faculdade imaginativa"[118].

No entanto, quando Maimônides acrescenta a essa definição o fato de que a profecia é "o mais alto grau do homem e o termo da perfeição à qual sua espécie pode atingir", compreende-se que o profeta já seja superior ao filósofo, o que induz dois corolários. Em primeiro lugar, o que é verdade acerca dos filósofos em geral, o é também a respeito do filósofo por excelência que é Aristóteles: suas palavras sobre o mundo inferior decorrem de uma verdade indubitável; mas suas afirmações sobre o mundo superior, sobre "Deus e os anjos", são quando muito verossímeis e, sem dúvida, falsas; por consequência, Maimônides recomenda ao filósofo seguir os profetas quando ele não pode responder pela ciência às questões essenciais, como à questão relativa ao caráter do mundo, se ele é eterno ou foi criado. Essa consideração conduz, por sua vez, para a possibilidade de uma classificação dentre os profetas: no tocante às suas respectivas relações com os conhecimentos mais altos. De conformidade com o requisito

---

118 Maimônides, *Guia dos Perplexos*, II, 36. Única em francês, tanto mais preciosa quanto baseada no original árabe e na tradução em hebraico realizada por Samuel ibn Tibon em vida de Maimônides, a tradução publicada por Salomon Munk, em 1856, está disponível em duas edições: a reprodução de sua versão *princeps*, sem o texto árabe, porém com o essencial aparelho de notas do tradutor, Paris: Maisonneuve et Larose, 1981, 3 vols.; a íntegra do texto, mas sem as notas, Paris: Verdier, 1979, com um prefácio de Claude Birman e uma tradução do Tratado dos Oito Capítulos (introdução de Maimônides aos *Pirkei Avot*, em seu comentário à *Mischná*). Até o aparecimento da tradução inglesa de Shlomo Pinès (ver supra, nota 113) para a qual ele redige o importante ensaio intitulado Comment commencer à étudier le *Guide des perplexes*" (em *Maïmonide*, p. 297-363), Strauss refere-se sempre à edição de Munk. Citaremos a paginação original desta última (cujos três volumes correspondem às três partes do *Guia*), com a referência entre parênteses à edição abreviada, neste caso II, 36, p. 281 (363-364).

de uma explicação da profecia a partir da natureza do homem, essa classificação se baseia numa metáfora da luz: os conhecimentos mais elevados são para nós mistérios; de tempos em tempos a verdade nos aparece como um relâmpago e nos faz crer na sua claridade; mas ela nos é logo subtraída pelas condições de nossa vida ligada à matéria, de modo que continuamos a viver "em uma obscuridade profunda"[119]. É por referência a essa imagem que pode então se desdobrar a hierarquia dos homens.

No cimo dessa hierarquia vem o único homem para quem luz um relâmpago após outro de maneira quase contínua, o que faz com que a seus olhos a noite se torne dia e que ele viva a maior parte do tempo na luz: Moisés, que não tem necessidade de se preparar para a profecia e pode se entregar a ela quando quer. Para os outros profetas, em compensação, os relâmpagos só se sucedem mais ou menos a grandes intervalos: contrariamente a Moisés, que profetiza na tranquilidade e na confiança, eles não podem fazê-lo senão em meio ao temor, à discórdia e à excitação. Resta, enfim, uma classe inferior de profetas: aqueles dos quais é dito que profetizaram, mas "não continuaram" (Nm 11, 25). A quarta categoria de homem é formada por aqueles para quem as trevas jamais se iluminaram por um relâmpago, mas somente por uma pequena luz mediata como aquela que se reflete sobre um corpo polido: são os filósofos que parecem ter essa vantagem sobre os profetas de não viver no medo; mas que devem essa característica apenas ao fato de não serem verdadeiramente cegados pela luz demasiado crua da verdade. Na classe mais baixa da escala fica, finalmente, a massa dos ignorantes, que não enxergam, quanto a eles, nenhuma luz. Duas lições e uma precisão devem ser tiradas dessa classificação. Em primeiro lugar, ela confirma o fato de que o filósofo situa-se em um grau inferior a todos os profetas: na medida em que somente estes últimos podem conjugar o conhecimento e a imaginação; para apreender e comunicar a verdade. Ao que se acrescenta que lá onde a imaginação atrapalha o conhecimento filosófico para os outros homens, ela atesta nos profetas diferentes maneiras de ser verdadeiramente preenchido pela luz. Quanto à precisão, ela é a seguinte: o uso da imaginação pelos profetas para representar de maneira imagística "Deus e os anjos" não se deve ao fato de que eles os

---

119 Cf. *Guide*, Introduction, 1, p. 10-12 (12-13).

pensam em termos corporais, como fazem os ignorantes: ela corresponde à preocupação de expor sob uma forma compreensível um conhecimento transcendente adquirido sem as mediações necessárias aos filósofos.

Essa doutrina da profecia não resolve, no entanto, senão parte da dificuldade encontrada por Maimônides. Se ela explica de maneira coerente uma das funções da imaginação, que decorre de uma necessidade de apresentar de forma imagística o que o intelecto conhece de forma intuitiva, ela não dá conta de seu outro papel: fundamentar o conhecimento do porvir. Em sua forma mais clara, o problema é saber como se articulam duas atividades tão fundamentalmente diferentes quanto a apresentação imagística de conhecimentos teóricos segundo uma função comunicativa na qual a imaginação é subordinada e um conhecimento do porvir pelo qual este se torna independente. Quanto à solução desse problema, ela reside em uma teoria do intelecto agente ou, mais precisamente, em uma classificação das diferentes articulações possíveis entre este intelecto e a imaginação[120]. Desse ponto de vista, aparecem três categorias de homens que não correspondem exatamente àquelas que eram construídas a partir da teoria do conhecimento. Na hipótese em que o intelecto agente influencia apenas a imaginação de um homem, este se torna "homem político e legislador, ou oniromante ou adivinho, ou mágico": atividades que nada têm em comum senão o fato de serem práticas. Ao inverso, se o intelecto agente influencia somente o intelecto em um homem, este se torna filósofo, isto é, homem teórico. Resta, enfim, uma última categoria: a do profeta, cujo intelecto agente influencia tanto a imaginação como o intelecto. Nessa perspectiva e de maneira doravante clara, o profeta é aquele que reúne a

---

120 Ver *La Philosophie et la Loi*, p. 114-126. De conformidade com o princípio de sua análise, Strauss elucida esse problema a partir das fontes de Maimônides entre os filósofos muçulmanos. Duas considerações organizam esta minuciosa investigação. Em primeiro lugar, a comparação com a doutrina dos *falásifa* mostra que, se Maimônides concorda com eles sobre as três qualidades necessárias ao profeta (perfeições do entendimento, dos costumes e da imaginação), recusa uma opinião defendida por Alfarabi: a existência de uma profecia inferior baseada exclusivamente na imaginação. De maneira similar, o Rambam rejeita a ideia segundo a qual os profetas teriam a capacidade de efetuar milagres, ideia que se apresenta com argumentos contraditórios nas duas grandes correntes da filosofia islâmica. Com os *falásifa*, Maimônides pode conceber que os milagres encontram-se de alguma maneira na natureza. Mas, ao lado dos representantes do *kalâm*, ele limita o papel dos profetas ao fato de anunciarem os milagres, sem realizá-los eles próprios.

perfeição teorética e a perfeição prática; que pode comunicar o sentido da primeira na medida em que é aquele que ensina; depois assegurar a tarefa ligada à segunda, na medida em que é aquele que dirige.

É possível assim compreender como as duas classificações encontradas se completam finalmente, para cobrir as seis condições da profecia enumeradas no início. Do ponto de vista das perfeições requeridas, além da dos costumes, o profeta deve dispor de um entendimento perfeito, como o filósofo; mas igualmente de uma imaginação perfeita, que o torna superior a este último. Por meio das imagens, ele pode assim comunicar à massa dos homens que não veem a luz uma verdade que o filósofo mesmo não percebe senão de maneira descontínua e mediata. Ademais, e desta vez na ordem da atividade, porque nele o intelecto agente influencia tanto o intelecto, como no filósofo, quanto a imaginação, como no político ou no adivinho, ele é o único capaz de ser ao mesmo tempo educador e dirigente, com a audácia necessária a esses dois cometimentos. É, pois, possível uma síntese dessas disposições, que reúna os elementos das duas definições da hierarquia dos homens: "*O profeta é filósofo – homem de Estado – vidente (taumaturgo) em uma só pessoa*"[121]. Resta então uma última questão, que concerne unicamente, desta vez, à articulação das duas faculdades práticas: da mântica e da política, da atividade de taumaturgo e a de homem de Estado, qual é mais importante? Formulada de maneira mais concisa ou mais aguçada, essa questão significa perguntar-se qual é o fim último da profecia: quer dizer, por que os homens têm necessidade de profetas.

Como se pode agora esperar, é da resposta a essa questão que depende a verificação da intuição encontrada em Hermann Cohen no tocante à proximidade entre Maimônides e Platão. Sem dizê-lo explicitamente como faz *A Cidade Ideal*, de Alfarabi, a argumentação do *Guia dos Perplexos* supõe que o homem é por natureza um ser político: que não só está destinado a formar sociedades, como requer um guia para esse fim em vista da grande diversidade da espécie[122]. Em outras palavras, cumpre compreender que a razão última pela qual o profeta precisa ser ao mesmo

---

[121] Idem, p. 126. Sobre esta questão e especialmente sobre o papel da imaginação, Pines sublinha o empréstimo que Maimônides contrai com Alfarabi (Les Sources philosophiques du Guide des perplexes, op. cit., p. 166).
[122] Ver *Guide*, II, 40, p. 307-308 (376-377).

tempo filósofo, homem de Estado e taumaturgo decorre do fato de que ele deve poder tornar-se o fundador de uma sociedade orientada para a perfeição do homem: uma sociedade perfeita. É, pois, com base no modelo platônico que Maimônides considera, com Alfarabi e Avicena, a união da filosofia e da política no profeta como a condição necessária à fundação do Estado perfeito[123]. Nesse sentido, o mito da caverna coincide largamente com a metáfora maimonidiana da noite escura e dos relâmpagos que a iluminam: assim como para Platão, a cidade perfeita não pode ser realizada senão por um filósofo-rei que contemplou a ideia do Bem, do mesmo modo em Maimônides ela não pode ser fundada senão por um profeta que tenha adquirido um conhecimento imediato do mundo superior. Resta que os filósofos medievais pensam nesse quadro platônico a partir de uma premissa não platônica: o fato da Revelação; isto é, a ideia de uma Lei divina absolutamente obrigatória proclamada por um profeta; Lei que autoriza a filosofar e, portanto, a questionar a possibilidade da lei real à sua medida.

Qual é a forma exata da relação de Maimônides e dos filósofos – *falásifa* – com a doutrina de Platão? Em primeiro lugar, sua preocupação de compreender a Revelação segundo o modelo da política platônica obriga a uma modificação do quadro desta última. A razão de tal fenômeno se prende à importância que eles concedem ao conhecimento do porvir inerente ao profeta: ele conduz à ampliação do horizonte platônico; mas não o leva ainda a estourar, na medida em que continua sendo o liame espiritual entre

---

[123] Leo Strauss conta haver descoberto esse ponto decisivo quase por acaso lendo Avicena. "Para começar, Maimônides me era totalmente incompreensível. Recebi as primeiras luzes concentrando-me na sua profetologia e, portanto, na profetologia dos filósofos muçulmanos que o tinham precedido. Um dia, lendo em uma tradução latina o tratado de Avicena, *Sobre a Divisão da Ciência*, encontrei esta frase (que cito de memória):'As *Leis* de Platão são o modelo atinente à profecia e à Revelação'. Comecei então a compreender a profetologia de Maimônides e talvez, parece-me, todo o *Guia dos Perplexos*" (A Giving of Accounts, op. cit., p. 462-463). Strauss concederá a seguir tanto mais atenção a esta observação de Avicena quanto ele a introduz em exergo de seu último livro: *Argumento e Ação das Leis de Platão*. Encontrar-se-á uma analise pormenorizada do modelo platônico de Alfarabi em Shlomo Pines, Islamic Philosophy, em *The Collected Works of Shlomo Pines*, v. III, *Studies in the History of Arabic Philosophy*, Jerusalem: Magnes Press, 1966, p. 17-21. Em seu estudo das fontes do *Guia*, Pines sublinha e analisa a maneira como Maimônides recebe de formas diferentes Avicena e Alfarabi, marcando uma reserva e até uma espécie de desconfiança em relação ao primeiro (ver Les Sources philosophiques du *Guide des perplexes*, op. cit., p. 152 e s).

filosofia e política. Uma segunda consideração impõe, em troca, uma verdadeira crítica a Platão, crítica que haure sua autoridade no fato da Revelação. O princípio dessa modificação já é conhecido: a afirmativa segundo a qual o fundador da cidade perfeita só pode ser um profeta implica que não se pode tratar unicamente de um filósofo; o que significa dizer que "o soberano-filósofo deve ser *mais* do que filósofo"[124]. Resta, entretanto, que entre a retomada do quadro próprio à filosofia de Platão, sua modificação e até sua crítica, a profetologia medieval preparada na época helenística continua realmente condicionada, em última análise, pela política platônica; o que poderia explicar um fenômeno amiúde considerado como uma esquisitice ou a resultante de um acaso: o fato de que a outra grande *Política* antiga, a de Aristóteles, tenha permanecido desconhecida pelos pensadores medievais judeus e árabes[125]. A única dificuldade que persiste é a de resolver este duplo paradoxo: Maimônides pensa como platônico, apesar de uma crítica a Platão que se tornava inelutável devido ao reconhecimento imperativo da

❧☙

124 Idem, p. 137. Strauss especifica aqui que se Platão havia de algum modo predito a Revelação, é a Filo de Alexandria que cabe o mérito de ter preparado a modificação de seu modelo para integrar a força constrangedora desta última: por uma noção de *pneuma* que antecipa a de intelecto agente tal como ela se encontra nos *falásifa* e em Maimônides. Esta intuição de Strauss corresponde à hipótese de partida da tese desdobrada algum tempo depois sobre todo o horizonte da filosofia medieval por Harry Wolfson em *Philo: Foundations of Religious Philosophy in Judaism, Christianity and Islam* (v. 2, cap. XIV): Filo é a fonte comum das três grandes tradições da filosofia, judaica, muçulmana e cristã; graças a um pensamento que reinterpreta as ideias gregas a partir do paradigma bíblico da Revelação.
125 Do ponto de vista factual, Strauss evoca a ausência de tradução em árabe ou em hebraico da *Política* de Aristóteles, que influencia na mesma época o pensamento cristão graças a sua tradução latina. Ele propõe, todavia, considerar que não são razões culturais, ligadas às condições de difusão dos textos, porém motivos intelectuais, decorrentes de uma escolha, que explicam esse fenômeno. Strauss precisa, aliás, esta observação, completando o quadro das traduções e das influências: a Idade Média latina e a escolástica cristã conheciam o *Timeu* na obra de Platão e a *Ética* e a *Política* na de Aristóteles; Maimônides e os filósofos islâmicos se apoiam, quanto a eles, na *Metafísica* ou na *Física* de Aristóteles, depois na *República* e nas *Leis* de Platão, desconhecidas dos pensadores cristãos. Ver a esse respeito: Sur l'orientation philosophique et l'enseignement politique d'Abravanel (1937), trad. A. Barrot, *Revue de métaphysique et de moral*, out.-dez. 1998, p. 560-561; Qualques remarques sur la science politique de Maïmonide et de Fârâbî (1937), em *Maïmonide*, p. 146-147. Shlomo Pines confirma, ao menos a propósito de Alfarabi, a ideia de uma espécie de censura deliberada da *Política* de Aristóteles, que podia, sem dúvida, ser conhecida por extratos ou paráfrase, mesmo se ele matiza a ausência de influência dessa vertente da obra. Ver respectivamente: Les Sources philosophiques du *Guide des perplexes*, op. cit., p. 141-142; Aristotle's *Politics* in Arabic Philosophy, *Israel Oriental Studies*, 1975, 5, p. 150-160, reimpresso em *The Collected Works of Shlomo Pines*, v. III, p. 251-261.

Revelação; Hermann Cohen compreendeu essa dimensão essencial de sua obra, mas a partir de premissas falsas.

No espírito de Hermann Cohen, a intuição a cujo respeito Strauss afirmou muitas vezes que ela aguilhoa o conjunto do raciocínio de *Philosophie und Gesetz* repousa sobre a ideia de uma oposição irredutível entre as maneiras de filosofar que são próprias a Platão e a Aristóteles: uma interrogação que versa antes de tudo sobre o Bem, as condições da vida reta e os princípios do verdadeiro Estado; um interesse fundamentalmente voltado para a contemplação e o conhecimento do ser. O paradoxo inerente à tese de Cohen aloja-se no fato de que tal análise corresponde precisamente ao ponto de vista a partir do qual Maimônides é geralmente percebido como aristotélico. Sua posição se restabelece, todavia, quando se considera que ele contesta essa visão a partir de uma outra ideia: "Todos os meus cumprimentos ao Deus de Aristóteles; mas ele não é verdadeiramente o Deus de Israel"[126]. Quaisquer que sejam, para Strauss, os erros próprios aos detalhes do argumento, a intuição permanece justa: um judeu não pode, enquanto tal, ser aristotélico, visto que lhe é interdito admitir o primado da contemplação sem condições nem reservas. Como compreender que ao mesmo tempo a hipótese de Cohen pudesse ser correta, a despeito da fraqueza de sua demonstração e que Maimônides fosse efetivamente platônico, apesar da importância flagrante que ele concede à concepção aristotélica da contemplação? A resposta a essa questão decorre diretamente daquilo que foi trazido à luz a propósito do lugar central dado à doutrina da profetologia. Com esta última, é preciso considerar que se o filósofo é, de fato, o homem da contemplação daquilo que é e do conhecimento do ser, ele não corresponde ao grau mais elevado do gênero humano. Dito de outro modo, ainda que Maimônides seja aristotélico durante todo o tempo em que considera o ponto de vista do filósofo, ele se torna platônico no instante mesmo em que volta a tratar da superioridade do profeta: como "mestre e guia em uma só pessoa".

Poder-se-ia provisoriamente sintetizar de outra maneira a tese de Leo Strauss. A classificação das ciências proposta por Maimônides era um misto de aristotelismo, construído como estava a partir da teoria do intelecto

---

[126] Hermann Cohen, La Définition de l'éthique de Maïmonide, op. cit., p. 185 (trad. modificada).

agente, e de platonismo, na medida em que incluía uma faculdade da imaginação que Aristóteles tendia a conceber como um obstáculo ao conhecimento. Mas sua aplicação à doutrina da profecia é pensada exclusivamente segundo o modelo de Platão: o profeta é ao mesmo tempo filósofo e homem de Estado, mesmo se o esquema teórico platônico é retificado em consideração ao fato inédito da Revelação. No que tange, desta vez, à maneira como Strauss toma de empréstimo, aprofunda e transforma um pouco a intuição de Cohen a respeito da relação que Maimônides mantém com os dois filósofos gregos, as coisas podem apresentar-se do seguinte modo. Em primeiro lugar, Strauss aceita com Cohen a controvertida interpretação racionalista que eles corrigem em conjunto: Maimônides é efetivamente um filósofo, mas não aquele que se esperava ao termo de vários séculos de polêmica em torno de sua obra; ele está mais perto de Platão do que de Aristóteles. Strauss tempera, todavia, a hipótese de Cohen, sem dúvida demasiado marcada pelo desejo deste: o de mostrar que Maimônides é, de algum modo, o aluno do mestre Kant, no seio de uma genealogia de seu próprio idealismo filosófico. Aos olhos de Strauss, Maimônides parece, portanto, seguir o modelo de Platão no domínio prático, mas o de Aristóteles do ponto de vista dos conhecimentos primeiros e da metafísica: quando se trata de compreender a ordem natural do mundo e os fins últimos do homem. Restaria, pois, retomar o dossiê clássico das controvérsias relativo ao retrato de Maimônides como filósofo. Ele diria respeito ainda e sempre essencialmente a duas questões. Admite Maimônides a doutrina da eternidade do mundo advogada por Aristóteles e não a da Criação, consoante à Lei? Julga ele, em última instância, com o filósofo grego que o horizonte último da perfeição humana é a pura contemplação? Veremos que Leo Strauss jamais respondeu explicitamente a essas interrogações que nutriram durante séculos duas atitudes antagônicas: uma hostilidade ao *Guia* que poderia ir até a sua destruição; elogios que fariam dele o modelo insuperável da filosofia judaica.

A maneira como Leo Strauss acaba de explorar as considerações e as formas da profetologia permitem finalmente descrever com precisão a posição mais geral dos filósofos medievais. Ao contrário de Platão, eles não são mais obrigados a procurar a lei que oferecerá o modelo da boa via: porquanto ela se tornou, para eles, um dado pela mediação de um profeta.

Nesse sentido, de algum modo eles são platônicos de fato ou devido à situação em que se acham: a filosofia submetida à instância superior da cidade e da lei que Platão havia exigido é realizada em uma época que acredita na Revelação. Eles podem, portanto, tanto mais filosofar com uma espécie de serenidade quanto justificam quase naturalmente esse exercício perante o tribunal da Lei. Melhor ainda e porque esta última não só os autoriza a essa atividade, mas a converte praticamente em obrigação, é a partir do modelo político platônico que eles estão autorizados a filosofar: com uma liberdade cabalmente aristotélica. Compreende-se a arquitetônica de suas obras a partir dessa construção. Na medida em que a Lei lhes é dada, nada impõe que ela seja o tema central de suas reflexões: as questões metafísicas ocupam um lugar maior em seus livros do que a moral ou a política. Mas ao contrário e visto que lhes cumpre ainda compreender esta Lei tal como ela é dada, é de novo Platão quem fornece a chave e somente ele. Em outros termos, se as alegorias cristãs deste período representam Platão segurando o *Timeu* e Aristóteles, a *Ética*, seus hipotéticos equivalentes oriundos de discípulos de Maimônides ou dos *falásifa* colocavam efetivamente a *República* ou as *Leis* nas mãos do primeiro, depois a *Física* ou a *Metafísica*, nas do segundo: para fundamentar desta vez a filosofia a partir da Lei.

À vista do que se sabe doravante acerca da primeira descoberta de Leo Strauss no tocante ao embasamento platônico do modelo da Lei fundado sobre a filosofia na profetologia, pode-se voltar sem demasiada dificuldade para o capítulo consagrado à perspectiva inversa: a filosofia fundada na Lei. Em certo sentido, a resposta às questões que orientam essa investigação já é largamente conhecida: como pode a atividade filosófica manter-se como algo sério diante do fato da Revelação; em que Platão e Aristóteles são úteis ao judeu que dispõe da Lei dada por Deus para dirigir sua vida? Conformando-se com a ordem provável da escritura do livro, a leitura ao contrário de *Philosophie und Gesetz* apresenta a vantagem de que ela permite ir direto aos argumentos pelos quais os medievais concebem que a filosofia é não apenas permitida, mas recomendada ou mesmo ordenada. De conformidade com o método escolhido, é sempre no contexto intelectual da época que Strauss trata dessa questão, menos, desta vez, mediante a exploração das fontes de Maimônides do que através de uma comparação de sua doutrina com as de um contemporâneo e de um sucessor para o qual

Julius Guttmann o havia orientado: Averróis e Gersônides. Mais precisamente, por ser mais radical do que a de Maimônides, a posição de Gersônides deveria oferecer a caracterização mais precisa do racionalismo medieval; mesmo se é o *Tratado Decisivo** de Averróis que proporciona, sem dúvida, a matriz das teorias da articulação entre razão e Revelação.

No quadro desta nova pesquisa, a doutrina de Averróis apresenta um duplo interesse: o objetivo do *Tratado Decisivo* é explicitamente o de estabelecer a relação existente entre a Lei e a filosofia; seu modo de explicação lembra que os pensadores medievais são sempre ao mesmo tempo juristas e grandes codificadores. Quanto à própria tese, ela se desdobra através de um silogismo: o alvo da Lei é o de incitar os homens à felicidade, que consiste no conhecimento de Deus; ora, esse conhecimento não pode operar-se senão a partir do conhecimento das coisas existentes, segundo um modelo que as remete a Deus como seu artesão pela Criação; a meta da filosofia é, portanto, idêntica à da Lei[127]. Conquanto se confirme assim que a filosofia se baseia na Lei da qual recebe seus poderes e sua liberdade, parece, todavia, surgir um problema que diz respeito ao eventual conflito entre as duas instâncias. Sobre essa questão, é a *démarche* jurídica que pode fornecer uma solução, na medida em que o único meio de decidi-la é o de uma interpretação casuística cujas regras podem ser fixadas: ela deve ser tecnicamente correta, respeitando os usos da língua; cumpre-lhe ater-se ao sentido literal da Lei, durante tanto tempo quanto possível; é-lhe interdito negar a existência de coisas que fazem parte dos princípios da Lei, mas lhe é permitido discutir suas qualidades, como as da vida futura durante tanto tempo quanto é admitida sua realidade. Compreende-se, assim, aquilo que poderia assemelhar-se a um paradoxo: a filosofia é livre porque está ligada. Sua determinação vem do fato de que ela não se outorga seu próprio começo, mas o recebe da Lei, que, por outro lado, delimita seu horizonte. Mas entre esses dois polos, ela está autorizada a fazer uso da autonomia de sua especulação para definir seus próprios problemas e tentar resolvê-los.

---

* *Tratado Decisivo Determinando a Conexão Entre a Lei e a Sabedoria* (N. da E.).
127 A conclusão da passagem aqui evocada por Strauss (p. 81) é formulada por meio da seguinte metáfora: "A filosofia é a companheira da Revelação e sua irmã de leite" (Averróis, *Tratado Decisivo*, § 71, citada segundo a tradução de M. Geoffroy, *Discours décisif*, Paris: Garnier-Flammarion, 1996, p. 171, edição que oferece uma preciosa apresentação do texto por Alain de Libera).

Diferentemente do *Tratado Decisivo*, a fundação da filosofia a partir da Lei não é o tema central do *Guia dos Perplexos*, e é antes na parte da obra de Maimônides dedicada à codificação desta última que se deve procurar um princípio. Este poderia, entretanto, exprimir-se de novo sob a forma de um silogismo: a Lei insta a crer nas verdades mais importantes, como a existência de Deus, sua unidade e muitas outras ainda; mas crer não significa somente confessar sem convicção, impondo, ao contrário de compreender, aquilo que se crê; a Lei incita, portanto, a demonstrar as verdades que ela comunica[128]. Essa proposição principal permite apreender a articulação dos saberes, tal como a expõe por seu turno o *Guia*. Porque a Lei prescreve o amor e o temor a Deus, ela ordena conhecer o mundo criado: de modo que a apropriação das verdades impostas por ela requer um estudo prévio das ciências que dão acesso a este conhecimento, a matemática, a lógica e a física[129]. Em uma perspectiva mais ampla, pois que a obra de Deus e sua Lei são perfeitas, cada elemento de uma e todos os mandamentos da outra têm uma razão necessária e uma finalidade racional que é preciso descobrir[130]. Em outras palavras, a perfeição última do homem é o conhecimento de Deus pela mediação do de suas razões: tendo por consequência que o objetivo da Lei é realmente idêntico ao da filosofia. Nesse sentido, Maimônides está, pois, de acordo com Averróis, ainda que pareça mais preocupado do que ele em estabelecer *a priori* as dificuldades da filosofia. Alexandre de Afrodisias vincula estas a três causas: a rivalidade entre os homens na busca da verdade; a sutileza ou a profundidade da

---

[128] Strauss evoca aqui (p. 87), a argumentação dos primeiros capítulos do início da *Mischné Torá* (livro I, *Madá*, I, *Iessod ha-Torá*). Encontrar-se-á seu resumo no fim da primeira parte da obra: *Mischné Torá*, livro I, *Madá*, v, *Teschuvá*, x, 6 (*Livre de la connaissance*, trad. V. Nikiprowetzky e A. Zaoui, estudo preliminar de S. Pines, Paris: PUF, 1961, p. 423): "Eis por que se tem a obrigação de compreender e de penetrar as ciências e os conhecimentos que terminam no conhecimento do Criador, na medida em que [...] está no poder do homem compreendê-los e ter domínio sobre eles". O fundamento do raciocínio de Maimônides sobre esse ponto reside na diferença entre os dois princípios fundamentais que são o temor e o amor a Deus: a superioridade do segundo reside precisamente no fato de ele pressupor o conhecimento.
[129] Ver *Guia*, I, 34 (o estudo das ciências deve preceder a metafísica) e 50 (a crença não consiste somente em pronunciar, mas em "admitir como verdade aquilo que foi concebido").
[130] Ver *Guia*, III, 28 (todos os mandamentos têm uma razão de ser) e 51 (o verdadeiro conhecimento de Deus). Sobre a diferença entre dois tipos de normas: ordenações (*mischpatim*) e regulamentos (*hukim*) em Maimônides, ver supra, cap. I, p. 123-124.

própria coisa perceptível; a ignorância, enfim. Para Maimônides, todavia, é necessário juntar uma quarta, desconhecida dos gregos porque ligada à Revelação: "o hábito ou a educação"; quer dizer, o fato de que verdades simplesmente firmadas no respeito ou na fé poderiam, por uma espécie de preguiça, não ser o objeto de um verdadeiro conhecimento[131].

Assim como as concepções de Maimônides e de Averróis convergem para o fato de que a Lei manda filosofar, elas voltam a encontrar-se em se tratando do domínio e das formas de interpretação. Para Maimônides, na hipótese em que a filosofia contradiz o sentido literal da Lei, cumpre interpretar este último e, portanto, tomá-lo no sentido figurado[132]. Existem, todavia, duas ocorrências desse fenômeno. No caso mais corrente, quando as passagens da Escritura sugerem uma corporeidade ou uma mutabilidade de Deus, contrárias ao ensinamento da razão, é um dever da filosofia ensinar à multidão a impossibilidade de compreendê-las literalmente[133]. Mas quando se trata, em compensação, dos objetos superiores da metafísica que são os "segredos da *Torá*", é vedado com igual força divulgá-los em público e até completamente aos homens instruídos[134]. Resta,

❧

131 Ver *Guide*, I, 31, p. 107-109. O Rambam evoca aqui a questão que ocupa principalmente a primeira parte da obra e orienta sua hermenêutica: o fato de que um grande número de enunciados da Escritura parece induzir a ideia de uma corporeidade de Deus, ao passo que é preciso compreender que sua formulação sob a forma de alegorias ou enigmas corresponde à necessidade de acordar a exposição às capacidades limitadas de intelecção da massa de homens; antes que o filósofo exponha seu verdadeiro sentido, inverso ao da opinião.
132 Ver *Guide*, I, 28, p. 96 (66). Maimônides explica aqui *Ex* 24, 10: "Sob seus pés algo semelhante ao brilho da safira". A dificuldade se prende ao fato de que o termo *reg[u]el* [pé], como uma multidão de outras palavras da Escritura, parece induzir uma corporeidade de Deus. Onkelos foi o primeiro a frustrar esta visão: traduzindo a passagem por "sob o trono de sua glória". Mas ele não explicou o sentido da alegoria. Tendo em conta seu objetivo, o *Guia* se dá por dever proporcionar uma interpretação que sublinha radicalmente o sentido figurado: pela expressão "sob seus pés", é preciso entender "por sua causa e por ele". Mais acima no mesmo capítulo, Maimônides traduziu diretamente várias passagens utilizando o termo abstrato "causa", lá onde o substantivo aparece com uma preposição: notadamente em *Gn* 33, 14, "por causa (*lereg[u]el*) das crianças".
133 Ver *Guia*, I, 35. Trata-se mais uma vez dessa tarefa, primeiro degrau do trabalho próprio ao filósofo, que os primeiros capítulos do *Guia* realizam.
134 Esta proposição decisiva é enunciada múltiplas vezes no *Guia* e desde sua introdução: o *maassé bereschit* (relato da Criação) corresponde à ciência física e o *maassé merkavá* (relato da Carruagem) à metafísica; "nem se interpretará a *Merkavá*, mesmo para um aluno só, a menos que ele seja um homem sábio que compreende por sua própria inteligência, (e nesse caso) transmitir-se-á a ele somente os primeiros elementos" (*Haguigá*, 11b). Ver na Introdução, I, 9 (12) e depois os capítulos I, 33-35; III, Introdução, III, 7... Strauss se limita aqui a

entretanto, o que poderia assemelhar-se a uma nuance a separar Maimônides de Averróis: a determinação das fronteiras exatas da filosofia: questão sobre a qual o primeiro parece mais intransigente ou mais preciso do que o segundo. Para Maimônides, é evidente que o direito à interpretação não vige sem reserva: de sorte que subsiste um limite da filosofia, que decorre diretamente daquele que caracteriza o entendimento humano. Em outros termos, se a filosofia é perfeitamente livre em seu domínio, que é o da natureza, chega um momento em que ela deve suspender por si mesma sua investigação: quando a impossibilidade de penetrar as razões e fornecer a demonstração de certos elementos inerentes à doutrina da Revelação traria o risco de levar a rejeitá-los[135]. O exemplo determinante na matéria é o da incapacidade de resolver a questão do mundo criado ou eterno: por não poder responder através da ciência, o filósofo deverá adotar a solução fornecida pela Revelação[136].

Parece, enfim, que se possa encontrar em Gersônides uma espécie de síntese das posições de Averróis e de Maimônides: um ponto mediano entre a doutrina de uma suficiência da razão e a de sua insuficiência fundamental. *A priori*, as *Guerras do Senhor* têm o mesmo objeto que o *Guia dos Perplexos*: dirigir-se para esclarecê-los àqueles dentre os judeus que foram levados à perplexidade pelo conflito entre a fé e a razão[137]. Mas se Gersônides pode tomar emprestado de Maimônides o princípio segundo o qual a Lei concede a liberdade de filosofar, o autor de as *Guerras do Senhor* vai mais longe do que ele: quando propõe começar por ir até o fim da busca guiada pela ciência, antes de demonstrar que seu resultado concorda com

---

apresentar a posição de Maimônides, tal como ela é conforme à dos Sábios, enquanto a sua segunda descoberta dirá respeito ao processo de escritura pelo qual o Rambam expõe, sem os revelar, esses "segredos da *Torá*".

135 Ver *Guia*, I, 31-32.

136 Esta doutrina é de novo exposta repetidas vezes no *Guia*: I, 71; II, 16-17; 22-25. Strauss a apresentou de maneira mais detalhada acima, desde a exposição da querela entre Antigos e Modernos (p. 60). Será esta, todavia, a última palavra de Maimônides sobre a questão, que rejeitaria assim a tese filosófica de Aristóteles? Tal é a aposta das controvérsias entre seus contemporâneos e sucessores; depois de um conflito de interpretação entre os comentadores modernos que o próprio Strauss não solucionou.

137 O conjunto da apresentação feita por Strauss baseia-se aqui quase exclusivamente (p. 92-96) na Introdução das *Guerras do Senhor*. Ver Levi ben Gershom (Gersônides), *The Wars of the Lord*, trad., introdução e notas de Seymour Feldman, Philadelphia: The Jewish Publication Society of America, v. 1, p. 91-104.

a opinião da *Torá*. Essa diferença o conduz a revogar a decisão de Maimônides que impunha um limite infranqueável para a filosofia. Com base no exemplo decisivo, ao passo que este último queria apenas sugerir a eventualidade de uma resolução do problema da Criação pela ciência, ele tira argumento da ideia de um progresso do conhecimento para afirmar esta possibilidade: estabelecendo por aí uma emancipação da busca em face da autoridade dos pensadores do passado e sua pura determinação pelo critério da verdade fatual[138]. Na suposição de que, por sua posição tardia, as *Guerras do Senhor* libertam a épura do racionalismo medieval, pode-se ter o sentimento de uma atenuação de sua diferença em relação ao racionalismo moderno, visto que a obra defende três teses: não só o direito de filosofar, mas igualmente o de conduzir a investigação científica até seu termo, sem aparente preocupação com a Lei; a possibilidade de interpretar a Escritura por meio das exclusivas verdades da razão: a autorização mesmo de comunicar publicamente as descobertas efetuadas pela pesquisa intelectual. Contra essa aparência, Gersônides substitui, no entanto, alguns limites, que o aproximam de novo de Maimônides: se por princípio a filosofia deve ser capaz de dar conta do problema da Criação, é duvidoso que ela possa consegui-lo sem a ajuda da doutrina da *Torá*; a Escritura permanece necessária à explicação dos milagres; o entendimento humano não é suscetível de unir-se por si próprio ao intelecto agente, como pensava Averróis. Em certo sentido, portanto, mas por uma espécie de paradoxo, o limite que Gersônides reconhece à liberdade especulativa é quase mais radical do que o imposto por Maimônides: na medida em que ele não intervinha no fim da filosofia, mas constituía seu fundamento. Se fosse preciso desenhar definitivamente os contornos do racionalismo medieval, eles se expressariam na seguinte proposição: "A *Torá* é em si mesma um *mundo*, no qual o homem vive e que ele deve se esforçar por compreender na medida de suas forças, mas que contém sempre *mais* sabedoria e bondade do que o homem é capaz de ver nela"[139].

---

138 Idem, p. 94, onde Gersônides afirma que "o tempo torna possível a descoberta da verdade". O que não quer dizer, contudo, que existe um progresso infinito (ver cap. VI, idem, p. 146).
139 *La Philosophie et la Loi*, p. 100. Através de um estudo sistemático da obra de Gersônides, Charles Touati chega a conclusões similares (ver Charles Touati, *La Pensée philosophique et théologique de Gersonide*, Paris: Gallimard, 1992, NB, p. 92-97).

Dois últimos olhares podem, enfim, ser lançados sobre o primeiro conjunto maimonidiano de Leo Strauss que contém a descoberta inicial do sentido da política dos filósofos medievais: antes, aquele que dirá respeito mais tarde à forma de sua escritura. Pouco após a publicação de *Philosophie und Gesetz*, Strauss consagra um estudo específico à ciência política de Maimônides e de Alfarabi que sublinha um aparente paradoxo: embora se conheça o papel crucial da política na própria doutrina essencial da profecia, o *Guia* contém apenas um pequeno número de capítulos dedicados a essa questão[140]. Mais ainda, em sua obra exclusivamente filosófica, Maimônides declara a propósito dos livros sobre a política e a economia: "Nós não temos necessidade, nesses tempos aí, de tudo isso"[141]. Na realidade, a razão de semelhante proposição já está firmada: a dimensão do problema platônico atinente à busca da lei ideal foi resolvida pelo dom da *Torá*; o que quer dizer que o ensinamento dos filósofos permanece necessário a propósito das ciências especulativas, mas se tornou supérfluo em vista do conteúdo da Revelação no que concerne aos assuntos práticos. A única precisão suplementar que pode ser aduzida consiste em insistir no corolário de tal perspectiva: "A *Torá* é primeiro e acima de tudo um fato político, uma ordem política, uma lei; ela é a lei ideal, o *nomos* perfeito, em relação à qual todas as outras leis são, no máximo, imitações"[142]. Resta, contudo, uma última perplexidade, que se deve desta vez ao fato de Maimônides atribuir à política o tratamento das "coisas divinas".

---

140 Ver Leo Strauss, Quelques remarques sur la science politique de Maïmonide et de Fârâbî, op. cit., p. 144. Strauss especifica que se deve, todavia, levar em conta que Munk reforça esse efeito por traduções que nivelam o sentido político de certos termos.

141 Maïmonide, *Traité de logique*, cap. XIV, trad., apresentação e notas R. Brague, Paris: Desclée de Brouwer, 1996, p. 102 (a tradução desta frase é conservada na forma que ela aparece sob a pena do mesmo tradutor em Quelques remarques sur la science politique de Maïmonide et de Fârâbî, op. cit., p. 150). Cumpre notar que Strauss desenvolve aí longamente a análise dessa questão e que ele retomará amiúde elementos desse estudo. Depois disso, ele se apoiará a esse propósito em três textos essenciais de Harry Austryn Wolfson: The Classification of Sciences in Medieval Jewish Philosophy (1925); Additional Notes to the Article on The Classification of Sciences in Medieval Jewish Philosophy (1926); Note on Maimonides' Classification of Sciences (1936), em I. Twersky; G. H. Williams (eds.), *Studies in the History of Philosophy and Religion*, v. 1, Cambridge: Harvard University Press, p. 493-560. Acerca do fato de que o *Tratado de Lógica* é o único livro propriamente filosófico de Maimônides, ver infra, p. 866-867.

142 Quelques remarques sur la science politique de Maïmonide et de Fârâbî, op. cit., p. 157.

A resolução do problema ligado a este enunciado obriga a voltar, aprofundando seu conteúdo, para o que foi tornado supérfluo na doutrina platônica. Uma parte da questão é doravante perfeitamente clara: Platão procurava a forma de uma lei ideal que seria o princípio da fundação por um filósofo-rei da cidade perfeita; o rabino-filósofo preenche as condições que eram impostas a esse último; através da lei divina, ele dispõe, ademais, daquilo que era desconhecido e desejado pelo pensador grego. Nesse sentido, é sobre o modelo da cidade perfeita imaginada por Platão e retomada por Alfarabi que Maimônides pode expor sua classificação dos homens em uma grande parábola: sob a imagem de uma cidade, do palácio onde vive seu soberano e da situação daqueles que o procuram. Sem mesmo falar daqueles que não têm religião e se mantêm fora da cidade, daqueles que possuem uma, mas professam ideias contrárias à verdade ou ainda se devotam apenas à prática religiosa e à casuística, a principal distinção é a seguinte: aqueles que não se ocupam senão da matemática e da lógica giram em torno da morada e procuram sua entrada; aqueles que compreenderam a física penetraram no vestíbulo do soberano; mas os verdadeiros sábios são aqueles que assimilaram a metafísica, vivendo doravante no mesmo aposento que esse soberano[143].

Duas correções deviam ser, todavia, apostas à ideia segundo a qual o problema da busca de uma cidade perfeita tornara-se obsoleta. Em primeiro lugar, a nação judaica não havia obedecido à lei perfeita que a convertia na nação perfeita, enquanto os próprios profetas "tinham corrido os mesmos perigos em Jerusalém que Sócrates em Atenas"[144]. Mas a principal razão pela qual os judeus não podiam esquecer o problema platônico, no entanto resolvido pela Revelação, derivava do fato de que a perda da liberdade política privara igualmente a nação judaica do meio de praticar

---

143 *Guide*, III, 51, p. 433-436 (615-616). Restam ainda duas categorias que correspondem, em uma subclassificação dos "verdadeiros sapientes", nos graus últimos da perfeição humana: aqueles que, dominando a metafísica, "ocupam seus pensamentos com Deus somente – os profetas; o único dentre eles de quem é dito (*Ex* 34, 28) que "permaneceu lá, junto de Deus" – Moisés. Comentando, por sua vez, esse texto, Shlomo Pines especifica que a categoria daqueles que giram em torno da cidade e procuram a entrada (isto é, conhecem a lógica, a matemática e a Lei, mas ignoram a física e a metafísica) correspondem a Iossef, o destinatário do *Guia*. Ver *Les Sources philosophiques du Guide des perplexes*, op. cit., p. 195, e a descrição de Iossef na epístola dedicatória que precede a Introdução do *Guia*.
144 *Quelques remarques sur la science politique de Maïmonide et de Fârâbî*, op. cit., p. 173.

sua lei em toda sua extensão. Para os membros de uma cidade perfeita dispersos entre as nações pagãs, idólatras ou ignorantes, a questão de Platão ressurgia, portanto, com força. Sua resposta seria fornecida pela esperança do Messias. Daí vem que, para Maimônides, na esteira dos Sábios, o Messias devia ser rei, com seu próprio lugar na hierarquia dos homens[145]. Destinado a obrigar somente esses últimos a respeitar a Lei, o rei-Messias seria inferior ao legislador-profeta que a instituíra: ele não mudaria nada na Lei de Moisés; mas se aplicaria a restabelecer a observação de suas prescrições, que se tornara impossível durante o cativeiro. Nesse sentido, os "dias do Messias" se situariam ainda neste mundo aqui, sem mudar seu curso natural; ainda que sua principal tarefa fosse a de devotar-se ao estudo da *Torá*: a fim de obrigar Israel a viver segundo os imperativos da Lei, escrita e oral. No entanto, e em um outro sentido, o Messias seria mais do que um rei: superior em sabedoria a Salomão, quase igual a Moisés. Oferecendo a figura, por excelência, de rei-filósofo, ele estabeleceria a paz e a realidade definitiva da cidade perfeita. Por seu intermédio, cumprir-se-ia

---

145 Encontrar-se-á o essencial da doutrina messiânica de Maimônides em quatro passagens. Ao fim da última parte da *Mischné Torá*, Livro xiv, *Sofetim* (Juízes), v, *Melakhim* (Reis), xii: que desenvolve a distinção entre os "dias do Messias", que corresponderão ao término de toda violência e ao "mundo vindouro", lugar por excelência, mas ainda invisível, da felicidade perfeita (ver *Sanedrin*, 99a). Ao fim do primeiro livro dessa mesma obra, Livro I, *Madá* (conhecimento), v, *Teschuvá* (conversão): que afirma igualmente que todos os profetas não profetizaram senão relativamente aos tempos do Messias; mas insiste, sobretudo, nas formas da ventura prometida no mundo por vir (ver *Livre de la connaissance*, p. 408 e s.). No décimo segundo dos treze Princípios da religião definidos por Maimônides em seu *Comentário à Mischná*: "crer e estar certo de que ele virá e não pensar que ele está em atraso [...] Não lhe consignar uma data e não procurar nas Escrituras a fim de deduzir o momento de sua vinda [pois] nossos mestres dizem 'que seja arrebatado o espírito daqueles que especulam sobre o fim dos tempos' (*Sanedrin*, 97b)"; ver Maïmonide, *Commentaire de la Michnah, Sanédrin*, chap. x (Helèq), *Épîtres*, trad. J. de Hulster, Paris: Verdier, 1983, p. 193). Em um capítulo alusivo do *Guia*, enfim, iii, 11, que sugere que o fim das tiranias e das discórdias procederá diretamente do fato de que os homens viverão no conhecimento de Deus. Inútil dizer que essa última passagem é a mais difícil de interpretar, porquanto ela pode dar a entender, à maneira dos filósofos, que a contemplação é o fim último da perfeição humana, enquanto as precedentes formalizam a doutrina dos Sábios com o propósito essencialmente de conter as impaciências messiânicas em torno de duas proposições canônicas: não calcular o fim; aguardar e esperar (*Melakhim*, xii, 2; comentário da *Mischná Sanedrin*, x). Sobre esta questão, ver também supra, cap. i, p. 109-110 cap. iv, p. 451-453, e infra, cap. ix, p. 1144-1146. Encontrar-se-á, enfim, algumas outras passagens messiânicas de Maimônides em Jacob I. Dienstag (ed.), *Eschatology in Maimonidean Thought: Messianisme, Resurrection and The World To Come*, Jerusalem: Ktav Publishing House, 1983.

a promessa de *Isaías* 11, 9, que enuncia o fim último do homem e do mundo: "A terra estará repleta do conhecimento de Deus".

Encontrar-se-á, por fim, uma última apresentação da primeira abordagem de Maimônides no texto consagrado por Leo Strauss a Abravanel, em 1937. Nesse quadro, é de algum modo a verificação da pertinência de sua interpretação que Strauss opera: pela contraprova do exame de uma doutrina ao mesmo tempo próxima e dessemelhante da de Maimônides. Lembrando as principais aquisições da análise do modelo político dos medievais, é a partir de sua apropriação das *Leis* de Platão que lhe é dado oferecer a síntese daquilo que ele compreende doravante como a concepção adotada por eles sobre as relações entre a filosofia e a Revelação ou, melhor ainda, entre a filosofia e a Lei. Suas opiniões sobre esse problema, que é por excelência seu objeto, se resumem por meio de três proposições fortemente articuladas. Em primeiro lugar, a Lei é baseada em crenças fundamentais: elas são puramente filosóficas e formam de alguma maneira seu preâmbulo; Alfarabi as denomina, em termos platônicos, as "opiniões das gentes da cidade virtuosa". Resta que ela contém também crenças que não são, quanto a elas, racionais: que não são verdadeiras, a bem dizer, mas parecem úteis e mesmo necessárias ao interesse da comunidade; pois apresentam a verdade de maneira disfarçada e Spinoza as chamará de *pia dogmata*, ao contrário da *vera dogmata* do primeiro gênero. O elemento decisivo concerne então à relação entre essas duas categorias. Esta reside no fato de que as "crenças necessárias" do segundo gênero, aquelas que não são comuns à filosofia e à Lei, mas apenas inerentes a esta última, devem ser defendidas graças a meios específicos: por argumentos prováveis, persuasivos, retóricos; em uma forma não reconhecível pelo vulgar e que decorra, todavia, de uma ciência especial, concebida como "defesa da Lei" ou "assistência da Lei"[146].

---

[146] Sur l'orientation philosophique et l'enseignement publique d'Abravanel, op. cit., p. 562. Um erro de tradução prejudicial traria o risco aqui de levar a supor que nesse terceiro ponto Strauss define um terceiro tipo de crença. O original inglês do texto confirma que se trata, de fato, do estatuto das "crenças necessárias" que acabam de ser caracterizadas. Ver On Abravanel's Philosophical Tendency and Political Teaching, em Leo Strauss, *Gesammelte Schriften*, II, *Philosophie und Gesetz – Frühe Schriften*, p. 199. A distinção entre *pia dogmata* e *vera dogmata* vem de Spinoza, que a formula assim: "A fé não requer tanto dogmas verdadeiros quanto dogmas piedosos, isto é, suscetíveis de inclinar a alma à obediência". (*Traité théologico-politique*,

Assim se esclarece definitivamente a maneira como os medievais tentam harmonizar a tradição judaica e a tradição filosófica. Nesse empreendimento, Maimônides parte da concepção de uma lei perfeita no sentido de Platão, isto é, uma lei fundada na filosofia e levando a seu estudo: para mostrar que a do judaísmo conhece essa propriedade. Mas, embora prove que as crenças fundamentais do judaísmo são, destarte, idênticas às da filosofia sobre as quais deve ser construída a lei ideal, ele demonstra igualmente que as crenças não filosóficas são concebidas pelo legislador judeu enquanto legislador-filósofo como crenças necessárias por razões políticas. A prova do caráter ideal da lei judaica repousa, portanto, sobre o pressuposto segundo o qual a Lei tem dois sentidos: "um sentido exterior, literal, destinado ao vulgo, que exprime ao mesmo tempo as crenças necessárias e as crenças filosóficas, e um sentido secreto, de natureza puramente filosófica". Compreende-se assim que Maimônides devesse de algum modo imitar essa estrutura da Lei, pelas mesmas razões políticas que lhe dão sua dualidade: se houvesse distinguido explicitamente as crenças verdadeiras das crenças necessárias, ele teria posto em perigo a aceitação destas últimas, sobre as quais repousa, em última instância, a autoridade da Lei junto ao vulgo, quer dizer, a maioria dos homens. A fim de evitar esse risco, ele só efetua, pois, essa distinção essencial de maneira disfarçada, ou seja, por meio de alguns procedimentos de escritura ou de composição de seu livro: por alusões, ao longo do plano e da organização das matérias; mas, sobretudo, mercê aos argumentos estritamente retóricos e reconhecíveis unicamente pelos filósofos a partir dos quais ele apresenta as crenças necessárias.

Uma conclusão geral e também uma precisão particular decorrem desta última análise. Antes de qualquer outra coisa, esta indica precisamente a tese que Leo Strauss propõe na época sobre a dupla posição do filósofo medieval como tal: ele deve aderir às crenças verdadeiras e desenvolvê-las sob uma forma demonstrativa; cabe-lhe de maneira não menos

---

Moreau, p. 473 – só esta tradução restitui a distinção na sua forma original latina). Maimônides propõe uma única vez essa diferenciação: "ora o mandamento encerra uma crença verdadeira que é em si mesma seu único objeto, como por exemplo a crença na unidade, na eternidade e na incorporeidade de Deus; ora é uma crença necessária para fazer cessar a violência recíproca, ou para levar a adquirir bons costumes, como, por exemplo, a crença de que Deus está muito irritado contra aquele que cometeu a violência" (*Guide*, III, 28, p. 216).

imperativa e por motivos políticos defender as crenças necessárias por meio de argumentos persuasivos ou retóricos; esses últimos destinam-se a preservar a necessidade das ditas crenças junto à grande massa, evitando ao mesmo tempo abusar da razão dos homens que vivem na verdade. A isto se junta que se pode doravante compreender a feição enigmática do *Guia*: ele combina de forma engenhosa "as opiniões das gentes da cidade virtuosa" e a "defesa da Lei"; isto é, uma discussão puramente demonstrativa das crenças comuns à filosofia e à Lei com aquela que examina, sob uma forma disfarçada pela retórica, as crenças não filosóficas, porém necessárias, próprias à Lei sozinha. Em resumo, uma concepção pode ser exposta por uma espécie de disposição em profundidade de diferentes níveis de compreensão. A Lei conhece dois sentidos, respectivamente exotérico e esotérico. Mas sua interpretação filosófica por Maimônides apresenta uma dualidade similar: entre um discurso literal, destinado ao leitor desavisado, e uma doutrina secreta, reservada ao verdadeiro filósofo. Essa interpretação se presta ainda a duas abordagens fundamentalmente diferentes: "radical" para uma, que honra a coerência do pensamento de Maimônides; "moderada" em outra, visando a louvar o fervor de sua crença. É esse meticuloso equilíbrio que Abravanel recolocava em questão de maneira paradoxal, parecendo ao mesmo tempo mais tradicional do que Maimônides quanto ao sentido da Lei e já voltado para uma concepção quase moderna da cidade política[147]. Mas é ainda ele que Leo Strauss questionaria logo

---

[147] Esquematicamente, Strauss mostra na parte mais longa do artigo sobre Abravanel que este desloca o equilíbrio construído por Maimônides de uma maneira inesperada. De um lado, Abravanel contesta a possibilidade de distinguir entre crenças necessárias e não necessárias: falando aqui mais a linguagem da tradição judaica do que da filosofia, defendendo mesmo acerca do problema da interpretação do sentido da Lei um tradicionalismo quase antifilosófico. Mais ainda, analisando a questão da melhor cidade a partir da exclusiva teoria do governo divino, depois de uma crítica severa da civilização humana em geral, ele desenvolveu uma política radicalmente antipolítica: mais precisamente, hostil à monarquia defendida por Aristóteles e seus discípulos medievais. No entanto, Abravanel parecia ao mesmo tempo fascinado pelas cidades-Estados clássicas e modernas, a ponto de mostrar-se aparentemente favorável ao modelo da República. A solução deste enigma residiria, para Strauss, no fato de que ele combina uma tendência antimonárquica, de origem cristã e fundada em pressupostos teocráticos, com um republicanismo oriundo do humanismo, entendido como retorno às fontes da tradição. Sobre a doutrina política de Abravanel, ver igualmente a obra clássica de Benzion Netanyahu, *Don Isaac Abravanel: Stateman & Philosopher*, Philadelphia: The Jewish Publication Society of America, 1968, especialmente a segunda parte, cap. III.

mais com novas custas: sob efeito de uma descoberta que diria respeito à arte de escrever dos filósofos medievais.

O Segredo de Maimônides

Ainda que Leo Strauss já tenha levantando um bom número de enigmas de Maimônides e deslocado largamente as fronteiras de sua interpretação, o leitor dos trabalhos ulteriores que ele lhe consagra pode ver-se desamparado: constatando que estes parecem espessar de novo o mistério da obra. O primeiro motivo de espanto reside no fato de que Strauss havia anunciado que pretendia resolver o problema suscitado pela estranha fórmula segundo a qual a política trata de "coisas divinas" e de que ele não o fez. Parecia lógico que, depois de ter mostrado como o exame da doutrina política era a melhor via de entrada no *Guia*, Strauss prosseguisse em seu caminho para as questões mais difíceis da obra: criação ou eternidade do mundo; conhecimento divino; imortalidade da alma... Tal é, aliás, o programa que era prometido em termos elípticos, mas precisos, ao fim do estudo sobre a ciência política de Maimônides: procurar compreender "a relação entre a teologia do *Moré* e a doutrina platônica do Um, e a relação entre a cosmologia do *Moré* (isto é, a discussão da criação do mundo) e a doutrina do *Timeu*"[148]. Ora, Strauss não voltará diretamente nem a essas duas comparações nem a uma investigação mais completa da relação com Platão, nem mesmo à interpretação das teses últimas do *Guia*[149]. Apenas duas ínfimas indicações poderiam começar a esclarecer essa anomalia. No

---

148 Quelques remarques sur la science politique de Maïmonide et de Fârâbî, op. cit., p. 180.
149 Duas exceções, todavia: um longo estudo sobre a doutrina da providência, que pertence ainda à primeira onda dos trabalhos consagrados a Maimônides (ver infra, p. 861 n. 165); um breve exame da doutrina do Rambam sobre a questão da eternidade do mundo, no fim de Comment commencer à étudier le *Guide des perplexes* (op. cit., p. 360-361). Desenvolvida a propósito do caráter demonstrável dos conceitos do monoteísmo, esta análise sugere que, refutando a ideia da eternidade defendida por Aristóteles, Maimônides poderia apoiar-se na doutrina do *Timeu*, que não exclui a possibilidade dos milagres. Resta que Maimônides recusa-se a levá-la em conta depois de tê-la resumido, na medida em que ela não fora demonstrada (*Guia*, II, 13 e outras passagens). Strauss não interpreta muito mais o problema nessas últimas páginas, que concluem: "Nós fomos obrigados a pôr o acento mais sobre as perplexidades de Maimônides do que sobre suas certezas".

ensaio de 1963, que acompanha a tradução do *Guia* realizada por Schlomo Pines, Strauss especifica que vinte cinco anos de estudo foram necessários para que o plano da obra se lhe tornasse claro[150]. Algum tempo mais tarde e desta vez no seio de breves confidências autobiográficas, ele adianta esta singular proposição: "Maimônides nunca chamou a si mesmo de filósofo; ele próprio se apresenta como um oponente dos filósofos"[151].

É, sem dúvida, esta última observação que é a mais preciosa, na medida em que Leo Strauss a explicita pelo seguinte silogismo: a filosofia é uma tentativa de substituir a opinião pelo conhecimento; mas a opinião é o elemento da cidade; a filosofia é, portanto, fundamentalmente subversiva e o filósofo deve escrever de tal maneira que reforce a cidade mais do que a subverta. Em outros termos, a virtude do pensamento do filósofo é uma espécie de *mania*, enquanto a virtude do discurso público do filósofo é a *sophrosyne* (sofrosina). A filosofia é, enquanto tal, "transpolítica, transreligiosa e transmoral, mas a cidade é e deve ser moral e religiosa"[152]. Strauss resume aqui *a posteriori* a segunda de suas descobertas a respeito dos medievais: que concerne à verdadeira concepção deles sobre o laço entre filosofia e política; depois sobre a técnica de escritura daí decorrente. Se seus primeiros trabalhos tratavam da doutrina política desses pensadores, insistindo na maneira como eram tributários do modelo platônico da cidade perfeita, é doravante a própria situação política deles que está em causa; dito de outro modo, o fato de que se encontram necessariamente situados em uma conjuntura política, já que sua atividade mesma ameaça o equilíbrio da cidade. Nessa nova

---

150 Comment commencer à étudier le *Guide des perplexes*, op. cit., p. 297. O desconto dos anos incitaria, portanto, a detectar uma inflexão na pesquisa de novas questões empreendida por Strauss por volta do fim dos anos de 1930, isto é, no momento da redação do grande ensaio intitulado Le Caractère littéraire du *Guide pour les perplexes*, publicado em 1941, em um volume dirigido por Salo W. Baron e retomado em 1952 no quadro do livro cujo título indica a descoberta: *Persecution and the Art of Writing*. Existem duas traduções [francesas] desse texto: em Leo Strauss, *La Persécution et l'art d'écrire*, trad. O. Berrichon-Sedeyn, Paris: Presses Pocket, 1989, p. 75-144; em Leo Strauss, *Maïmonide*, p. 209-276. Aqui, o texto será citado nesta última tradução.
151 A Giving of Accounts, op. cit., p. 463.
152 Idem, ibidem. Strauss acrescenta ainda que a filosofia moderna suprimiu a distância entre a filosofia e a cidade por duas inovações: mostrar que os fins do filósofo e do não filósofo são idênticos (de modo que a "loucura" do primeiro se atenua ou desaparece); a função da filosofia não é salutar salvo se ela pode esclarecer a população (de modo que a "prudência" não é mais necessária e torna-se até desaconselhada).

perspectiva, Maimônides representa ainda uma vez um arquétipo e oferece uma dificuldade: ele havia compreendido esse perigo fundamental da filosofia, mas não o dizia; as formas de seu discurso pareciam empenhar-se em baralhar as pistas, de modo que se fazia mister doravante aplicar-se a analisá-las para começar a compreender uma obra como o *Guia*.

Antes mesmo de ingressar naquilo que se tornará uma hermenêutica, cumpre ainda precisar o deslocamento essencial imposto ao termo "político". Pouco após o início da segunda onda de seus estudos maimonidianos é que Leo Strauss expõe, sob uma forma global, seu novo ponto de vista. Quando a crítica se empenhava em captar a doutrina política dos medievais à luz de Platão e na esteira de Hermann Cohen, esta última era concebida como um dos conteúdos ou dos domínios da filosofia. Nesse sentido, sob a demonstração do fato de que organizava o propósito do *Guia* e determinava, portanto, sua compreensão, ela parecia como um objeto especulativo, ligado à questão clássica da boa cidade. Doravante, a perspectiva é inteiramente outra. Na leitura dos comentários de Platão por Alfarabi, Strauss descobriu muitas coisas essenciais[153]. Em primeiro lugar, Alfarabi se exprimiu em formas extremamente diferentes, conforme escrevia em seu nome pessoal ou apresentava as posições de outros. Cumpria então compreender que sua própria doutrina se apresenta amiúde mais bem exposta no segundo caso: quando ele aproveita a "imunidade específica do comentador" para tratar de questões difíceis e controversas; quando redige livros "históricos" mais do que tratados, simulando então estar falando apenas

---

153 Este ponto está sintetizado na introdução a *La Persécution et l'art d'écrire*, p. 40 e s. Lembremos que em 1952 Leo Strauss reúne sob esse título cinco textos anteriores: o artigo epônimo, publicado em 1941; O Caráter Literário do *Guia para os Perplexos*, publicado no mesmo ano e que pretende, portanto, dispor-se sob a problemática indicada pelo título da coletânea; A Lei da Razão no *Kuzari* (1943), devotado à obra de Iehudá Halevi, considerado adversário dos filósofos; Como Estudar o *Tratado Teológico-Político* de Spinoza (1948), que volta ao objeto de seus primeiros estudos, mas sob o ângulo da nova descoberta; Sobre uma Nova interpretação da Filosofia Política de Platão (1946), recensão severa do *Plato's Theory of Man*, de John Wild. A introdução do volume é alimentada por desenvolvimentos particularmente virtuosos de um estudo de 1945: *Farabi's Plato* (que contém ainda observações sobre a importância de Alfarabi e Platão através dele para a compreensão de Maimônides). Ver a tradução deste artigo, acompanhado do texto de Alfarabi, em *Philosophie*, 67, set. 2000, p. 63-92. Este último constitui, em geral, um guia mais seguro para o novo propósito de Strauss, do que sua versão mais "exotérica", caso se queira, redigida para a introdução de *Persecution and the Art of Writing*.

da vida dos outros[154]. Nisso, extrapolava a lição, retida por Platão mesmo, da desventura de Sócrates. Este último não conseguiu enxergar além da alternativa entre a conformidade com as opiniões recebidas e a morte violenta, escolhendo a opção que bem conhecemos. Testemunha da perseguição do filósofo vitimado pelo furor da multidão, Platão se propunha, pois, a substituir sua busca "revolucionária" de uma outra cidade por uma atitude, no fim de contas, "conservadora": "a substituição gradual das opiniões aceitas pela verdade, ou uma aproximação da verdade"[155]. Mais sutil ainda, Alfarabi inventa, de sua parte, uma técnica de ensino exotérica que reforça a eficácia do projeto de seu mestre e do mestre de seu mestre: O Platão de Alfarabi substitui o rei-filósofo de Sócrates, que reina abertamente na cidade perfeita, pela realeza secreta do filósofo, que leva uma vida privada enquanto membro de uma comunidade imperfeita". Dessas novas luzes, Strauss pôde tirar uma conclusão que o guiará por longo tempo. Esta concerne efetivamente à maneira como Alfarabi conjugava uma arte de ensinar com uma arte de escrever. Esclarecendo já Maimônides sob uma luz ao mesmo tempo política e hermenêutica, ela era suscetível de generalização: "As observações de Alfarabi sobre a atitude própria de Platão definem o caráter geral de todas as produções literárias 'dos filósofos'"[156].

Uma descoberta desse tipo podia doravante desdobrar todas as suas ramificações. Aparecia, em primeiro lugar, o paradoxo da situação mesma do filósofo: quer trate explicitamente ou não de questões políticas, ele está

---

154 Ver Le Platon de Fârâbî, op. cit., p. 77-79. Strauss fornece uma comparação que ilustra esta estratégia do comentário. Os averroístas latinos sentiram-se obrigados a dar "uma interpretação muito literal de ensinamentos extremamente heréticos". Alfarabi fez exatamente o inverso: "uma interpretação extremamente não literal de um ensinamento muito tolerável".
155 Idem, p. 84.
156 Idem, p. 85. Strauss fornece um exemplo desta técnica literária oriunda de Sócrates tal como Alfarabi a compreende: o da "repetição" (p. 83). Ilustrado por Maimônides, esse "estratagema pedagógico", que visa desvelar para pessoas instruídas o que deve permanecer oculto ao vulgo, consiste no fato de que o segundo não verá senão o caráter comum da primeira proposição, aparentemente repetida, enquanto os primeiros se apegarão às diferenças, por mínimas que elas sejam. Strauss remete ao Guia, III, 3, onde Maimônides sublinha o fato de que Ezequiel explica duas vezes suas visão profética, no começo do primeiro capítulo e depois no capítulo 10. Mas ele tem em vista, sobretudo, III, 23, quer dizer, o lugar em que o próprio Maimônides repete a explicação do problema da providência já exposto em III, 17. Strauss analisa em outra parte esse exemplo: para mostrar que, sob duas enumerações à primeira vista similares, o Rambam dissimula duas opiniões divergentes (ver infra, nota 165).

sempre numa posição política, porque produz um discurso da verdade que solapa os fundamentos da opinião sobre a qual repousa a ordem da cidade. Vivendo "em grande perigo", como diz Alfarabi na linha de Platão, se lhe impõem as duas razões para velar as formas de sua escritura e depois a sua maneira de comunicar[157]. Para começar, o fato de que lhe incumbe de algum modo preservar a cidade dos efeitos de sua própria atividade. Em seguida, a necessidade de se proteger a si próprio do contragolpe de um conflito entre esta última e a opinião comum. Em outros termos, é no seio de uma dialética perigosa que se impõe uma comunicação suscetível de visar dois públicos distintos, mascarando suas verdadeiras intenções: a filosofia não é, por natureza, subversiva; aquele que a pratica está potencialmente sempre exposto à perseguição; há, pois, obrigatoriamente, necessidade de dissimular a verdade sob um discurso edificante que a torne muito visível. Deve-se assim compreender que precisamente pelo fato de que o ensino exotérico provinha de uma necessidade política de proteção de si mesmo e da verdade para o filósofo, é que ele próprio era uma "filosofia 'política'": menos uma matéria do que uma maneira de tratar as questões; um meio de apoiar-se sobre a visão da política própria à comunidade política para conduzir os cidadãos competentes, da vida política, da vida pré-filosófica, para a própria vida filosófica[158].

A dificuldade com a qual se chocara Leo Strauss estava, portanto, ligada ao fato de que os Modernos haviam esquecido as formas de uma antiga arte de escrever, tornando-se assim incapazes de ler as obras clássicas da filosofia. Desse ponto de vista, ele ressalta com frequência o papel de Lessing na redescoberta da comunicação exotérica. Já assinalado a propósito de Spinoza, esse papel é precisado em um texto especificamente dedicado à questão e que mostra uma dupla contribuição de Lessing. Antes de qualquer outra coisa, este compreendera como Leibniz parecia defender posições ortodoxas em matéria de religião, mas, na realidade, tratava as

---

157 Idem, p. 83, que visa em Platão, a respeito do "perigo": *Fédon*, 64b ("se realmente aqueles que fazem filosofia estão ávidos por morrer [...] esta sorte é o que eles merecem!"); *República*, 494a ("necessidade que aqueles que praticam a filosofia sejam condenados pela multidão") e 520b.

158 Introdução de *Persécution et art d'écrire*, p. 47. A explicitação desse ponto encontra-se em um texto do mesmo período: De la philosophie politique classique (1945), do qual existem duas traduções francesas: em *Qu'est-ce que la philosophie politique?*, p. 79-94, NB, p. 93-94; em *La Renaissance du rationalisme politique classique*, p. 103-119, NB, p. 117-118.

opiniões recebidas à maneira dos filósofos de outrora nos seus discursos exotéricos. Essa constatação podia, contudo, tornar-se uma chave para a leitura do próprio Lessing, o que permite compreender certo número de suas expressões elípticas acerca da filosofia de seu tempo. Decifrando a técnica de comunicação de Leibniz, Lessing convidava a reencontrar um tipo de filosofia mais antiga do que aquela dos Modernos: não por esposar a crítica romântica das Luzes; mas condenando os filósofos contemporâneos "que eludiam a contradição entre prudência e sabedoria, tornando-se sábios demais para se submeterem à regra de prudência que Leibniz e todos os filósofos do passado haviam observado"[159]. Tudo leva a considerar que Leo Strauss faria por muito tempo o seu mel de um elogio da filosofia clássica formulada nos seguintes termos: "Nós vemos mais do que os Antigos; e, todavia, é possível que nossos olhos sejam piores do que os dos Antigos; os Antigos viam menos do que nós; mas seus olhos, em particular para ler, poderiam muito bem ser mais perceptivos do que os nossos – tenho medo de que toda comparação entre os Antigos e os Modernos deva decorrer disso"[160].

Em vista de tais considerações, a segunda forma de redescoberta dos filósofos medievais requer algumas observações prévias. Para começar, é a postura do historiador das ideias que está em causa. Nesse plano, duas atitudes são as mais frequentes: a do positivismo, que postula que o presente é necessariamente superior ao passado e regula sua compreensão dos autores antigos a partir desse preconceito; a do historicismo, herdado de Ranke, que admite que todas as épocas estão igualmente "próximas de Deus" e advoga que se deva relatar como as coisas se passaram efetivamente, mas persiste em considerar a verdade como relativa às épocas. Em face dessas duas posições, Strauss afirma que o historiador da filosofia deve "se converter à filosofia", com aquilo que isso exige: estar diretamente tocado pela verdade; questionar os textos desse ponto de vista; saber que se engaja

---

[159] Leo Strauss, L'Enseignement exotérique, *La Renaissance du rationalisme politique classique*, p. 128. É significativo que Strauss sublinhe aqui o fato de que seja a propósito da política que Lessing tenha redescoberto a tradição do exoterismo, para se desviar do pensamento das Luzes e reencontrar a filosofia clássica mais do que para pôr-se de acordo com a de seu tempo. Não é, sem dúvida, por acaso que Strauss forja a expressão "cadeia da tradição exotérica", empregando assim uma fórmula rabínica.
[160] Lessing, 45ᵉ *Brief antiquarischen Inhalts*, citado, idem, p. 361, nota 24.

em uma viagem cujo fim lhe está oculto, com "pouca chance de retornar às margens de sua época tal qual eram quando as deixou"[161]. A isto se acrescenta uma dificuldade suplementar, ligada à diferença entre os universos do Islã e do judaísmo, de uma parte, e do cristianismo, de outra. No âmbito dos primeiros, a religião não é uma fé formulada em dogmas, porém uma lei de origem divina: de modo que a ciência religiosa é uma ciência da Lei (*Fiqh* ou *Halakhá*), mais do que uma teologia. Desse fenômeno decorre o fato de que a filosofia goza de um *status* muito mais precário nos mundos islâmico e judaico do que no seu equivalente cristão: Tomás de Aquino deve defender a teologia diante do tribunal da filosofia; Maimônides não pode defender a filosofia diante do tribunal da ciência judaica tradicional senão com infinitas precauções[162].

Essa última constatação reconduz uma vez mais às condições da escritura exotérica cujas formas será preciso perceber em Maimônides. Enfeixando tudo, trata-se de um verdadeiro antagonismo entre a filosofia e o judaísmo tradicional com que nos deparamos no mundo medieval: sob uma forma que recorta mais uma vez aquilo que opõe Atenas a Jerusalém. Paradoxalmente, poderia acontecer, todavia, que a ideia segundo a qual ser judeu e ser filósofo são duas coisas perfeitamente incompatíveis tenha tido consequências favoráveis à filosofia: na medida em que esta podia desenvolver-se sob a proteção de seu caráter privado, enquanto seu reconhecimento oficial no mundo cristão a colocava sob o controle da Igreja. Resta que se sabe doravante que tal favor não era garantido senão por uma extrema prudência e sob a cobertura de uma forma particular de comunicação: uma maneira de escrever "entre as linhas", que aposta no fato de que "os homens irrefletidos são leitores desatentos e somente os homens refletidos são leitores atentos"[163]. Graças a tais precauções, o autor pode beneficiar-se das proteções oferecidas por um discurso privado capaz de escapar do domínio da perseguição, ampliando ao mesmo tempo o seu público, sob a cober-

---

[161] Leo Strauss, Pour commencer à étudier la philosophie médiévale, *La Renaissance du rationalisme politique classique*, p. 293. Strauss reverte aqui em dever para o historiador aquilo que ele formulava outrora como uma homenagem a Hermann Cohen: "Não há nenhuma pesquisa da história da filosofia que não seja ao mesmo tempo uma busca de *filosofia*" (ver supra, p. 818-819).

[162] Idem, p. 298-299. Esta observação já estava desenvolvida na introdução à *La Persécution et l'art d'écrire*, p. 48-50.

[163] La Persécution et l'art d'écrire, em *La Persécution et l'art d'écrire*, p. 59.

tura do jogo sobre um duplo ensinamento: "um ensinamento popular de caráter edificante, no primeiro plano; um ensinamento filosófico sobre os temas mais importantes, indicado somente nas entrelinhas"[164]. Caberia, portanto, ao leitor hábil saber discernir as "breves indicações" que lhe permitam apreender a segunda dessas mensagens: as "mentiras piedosas" em cujo favor já pleiteava Platão; erros voluntários que um aluno principiante convenientemente educado observa, mas que escapam ao olho dos homens irrefletidos. Quanto ao historiador moderno, ser-lhe-ia necessário de novo impor-se algumas regras: tomar consciência do fato de que sua época esqueceu de há muito esta arte de escrever; empenhar-se em reencontrar aí as chaves através da reconstrução de suas técnicas; saber, enfim, invocá-la com conhecimento de causa, isto é, ao termo de um exame cuidadoso dos enunciados explícitos do autor que ele estuda.

Leo Strauss já havia percebido a importância desses fenômenos quando empreende a redação do ensaio sobre o caráter literário do *Guia*, que marca a inflexão de seu trabalho para a elucidação dos procedimentos de argumentação e das formas de escritura de Maimônides. Faz-se conhecido doravante o modo de exposição que o platonismo de Maimônides induz e pode-se guardar na cabeça uma classificação singular dos conteúdos da filosofia teorética. É a respeito da doutrina da providência que Strauss analisa pela primeira vez a estranha disposição do *Guia*: sua maneira de dispersar as explicações de um mesmo tema, de parecer contradizer-se e de jamais entregar, todavia, o fundo do pensamento de seu autor. No caso, é preciso compreender que as coisas são arranjadas de tal maneira que a oposição entre dois discursos esteja dissimulada: exotérico, o primeiro afirma que o bem ou o mal que sobrevêm ao homem constituem a recompensa ou a punição de suas ações, de sorte que a virtude moral e a felicidade exterior estejam ordenadas uma em relação à outra; esotérico, o outro mostra, quanto a ele, que "a providência depende da inteligência", tendo por corolário, desta vez, que a verdadeira beatitude e o conhecimento de Deus são idênticos[165]. É, aliás, significativo que Strauss queira igualmente dar

---

164 Idem, p. 69.
165 Leo Strauss, Le Lieu de la doctrine de la providence d'après les vues de Maïmonide (1937), *Maïmonide*, p. 191. Strauss chega a esta distinção mostrando que há uma ligeira diferença entre as duas classificações das opiniões relativas à providência no *Guia*: a do capítulo III, 17,

indicações sobre o método de exposição de um ensinamento secreto de Maimônides a propósito daquela de suas obras que não são precedidas de uma reputação de esoterismo: a *Mischné Torá*[166]. Diferentemente do *Guia*, sabemos que o referido livro está endereçado "a todos os homens" e não ao filósofo em particular, de modo que ele é *a priori* menos científico ou mais exotérico do que este último. Contudo, Strauss se empenha em mostrar que poderia acontecer que uma obra exotérica desse tipo seja, na realidade, mais esotérica do que aquelas que são explicitamente designadas como tais. Em outros termos, observando que o *Livro do Conhecimento* é também "um livro pleno de mistérios", Strauss põe o acento sobre duas técnicas que aí se encontram e que serão sistematizadas no *Guia*: aquela que consiste em multiplicar as declarações contraditórias sobre os temas sublimes para os quais a verdade secreta só pode ser desvelada por instantes; e depois, aquela que passa de bom grado pelo emprego de termos ambíguos, suscetíveis de mascarar seus verdadeiros sentidos.

A despeito de algumas indicações já fornecidas, a nova forma de estudar o *Guia dos Perplexos* que começa com o exame de seu caráter literário exige certo número de preparativos. A questão inicial que deve ser colocada parece ser a mais simples, porquanto ela concerne ao seu tema. De uma parte, as coisas são claras: o *Guia* é consagrado à ciência verdadeira da Lei, que se distingue do sentido usual desta última pelo fato de ela

---

que trata explicitamente da questão; a do III, 23, que desenvolve a interpretação do livro de Jó. Ele inaugura assim um método que consistirá em escrutar sistematicamente esse tipo de indicações, perceptíveis somente ao leitor atento: "Enquanto na primeira enumeração, inicial e provisória, a opinião judaica tradicional e a opinião justa (a do próprio Maimônides) aparecem como subespécies da opinião de 'nossa Lei', na segunda, terminal e decisiva, a opinião de 'nossa Lei' é expressamente distinguida da opinião justa". É preciso, pois, compreender que Maimônides defende a opinião de Aristóteles, segundo a qual os graus da providência estão ordenados pelo desenvolvimento do intelecto. Encontrar-se-á em Shlomo Pines uma reconstituição das fontes da primeira exposição das opiniões sobre a providência (ver Les Sources philosophiques du *Guide des perplexes*, op. cit., p. 102-107).

[166] Ver Leo Strauss, Compte-rendu de l'édition du *Livre de la connaissance* par Moses Hyamson (1939), *Maïmonide*, p. 197-207. Strauss realiza aqui a recensão da edição filológica e da nova tradução do primeiro livro da *Mischné Torá*, publicadas em 1937. Sob uma lista de observações puramente filológicas, destinadas a indicar os principais termos ou expressões cujas lições corrompidas nas edições anteriores Moses Hyamson corrige, Strauss introduz algumas anotações que já indicam a orientação de sua *démarche*: pela escolha dos exemplos e pela discussão de certas traduções; mostrando notadamente que Maimônides "revela o que ele considera ser a verdade utilizando palavras ambíguas" (p. 205).

tratar daquilo que o homem deve pensar e crer, mais do que deve fazer[167]. A razão pela qual Maimônides pode se conceder esse objetivo se deve ao fato de ele já ter desenvolvido a dimensão prática da ciência da Lei na *Mischné Torá*, que denomina "nossa grande obra sobre o *Fiqh*" e que codificava as ações humanas com base nesse modelo legalista dos autores muçulmanos, isto é, por via de uma dedução a partir dos princípios que constituem autoridade[168]. Por conseguinte, o *Guia* tem por objetivo principal a *Agadá* e não a *Halakhá*, formando, de fato, o sucedâneo de duas obras projetadas por Maimônides sobre as seções não legislativas da *Bíblia* e do *Talmud*[169]. Desse ponto de vista, ele seria equivalente ao *kalam* dos muçulmanos, se não pelo conteúdo deste, que o Rambam ataca com frequência, ao menos naquilo que diz respeito ao seu objetivo: defender a Lei contra os filósofos[170]. De modo mais preciso, seu projeto é, pois, o de expor as "raízes da religião", tema autêntico da ciência verdadeira da Lei[171]. Uma perplexidade surge, no

⚜

[167] Ver Le Caractère littéraire du *Guide pour les perplexes*, op. cit., p. 210 e s., e a tipologia das duas dimensões da ciência da Lei que Maimônides constrói em III, 54, p. 458: "Como as verdades intelectuais da Lei são admitidas tradicionalmente, sem serem demonstradas por métodos especulativos, ocorre que, nos livros dos profetas e nas palavras dos doutores, faz-se da ciência da Lei uma coisa à parte e da ciência absoluta uma coisa à parte. Esta ciência absoluta é aquela que fornece demonstrações para todas as verdades intelectuais que nós tradicionalmente aprendemos pela Lei". Ele acrescenta de pronto a consequência desta distinção do ponto de vista da ordem dos estudos: "Exige-se do homem em primeiro lugar a ciência da Lei, em seguida a ciência (filosófica) e, enfim, o conhecimento da tradição que se liga à Lei, isto é, de saber tirar dela as regras para sua conduta".
[168] *Guide*, II, 10, p. 91; a *Mischné Torá* é ainda chamado "grande obra talmúdica" (Introdução, p. 16). Encontrar-se-á uma apresentação das duas ciências da Lei segundo os autores muçulmanos na *Enumeração das Ciências* de Alfarabi (ver os extratos desse livro a tal respeito na antologia de Ralph Lerner e Muhsin Mahdi, *Medieval Political Philosophy*, p. 27-30).
[169] Ver *Guide*, Introduction, p. 14-15. Pode-se adicionar a esta informação um reparo que poderia esclarecer algumas dificuldades futuras: esta oposição coincide globalmente com a da Lei Oral e a da Lei Escrita, estando o *Guia* consagrado principalmente à primeira, que contém o essencial dos ensinamentos secretos da *Torá*.
[170] A oposição entre a verdadeira ciência da Lei e a doutrina dos filósofos sobre a questão decisiva da criação ou da eternidade do mundo é exposta duas vezes: I, 71, e II, 17. Sobre a doutrina do *kalâm* e sua interpretação por Maimônides, ver Harry Austryn Wolfson, *The Philosophy of the Kalam*, Cambridge: Harvard University Press, 1976, cap. III. Encontrar-se-á uma análise mais completa das relações entre o *kalâm* e a filosofia judaica no mesmo autor, *Repercussions of the Kalam in Jewish Philosophy*, Cambridge: Harvard University Press, 1979.
[171] A posição daqueles que estudam as raízes da religião é indicada na metáfora da cidade e do palácio do soberano em III, 51, p. 435 (615) já encontrada (supra, p. 849 n. 143): eles correspondem a "aqueles que haviam entrado no vestíbulo", categoria que ainda contém, entretanto, subespécies. O Rambam havia afirmado a identidade entre os "homens das raízes" e os representantes do *kalâm* em I, 71, p. 349 (179), antes de desenvolver as posições desses últimos nos capítulos seguintes.

entanto, quando se constata que a obra, longe de entrar diretamente nessa questão, começa com longos desenvolvimentos que parecem emanar de uma outra intenção: explicar a significação de certo número de termos da *Bíblia*, bem como das principais parábolas de que esta faz uso[172].

Tal constatação obriga a um novo ponto de partida no exame do tema do *Guia*: a partir daquilo que Leo Strauss denomina "declarações autorizadas" de sua Introdução. Através dessas, isto é, justo após a carta dedicatória do autor a seu discípulo R. Iossef ben Iehudá, descobre-se que a intenção de Maimônides é efetivamente explicar as palavras e as parábolas: considerando que elas contêm segredos; seja em si mesmas, seja pelo viés daquilo que dissimulam[173]. Tratando-se de elucidar os termos obscuros dos livros proféticos que se apresentam sob a forma de falsos homônimos, de fábulas e de fórmulas anfibológicas, a meta não é se dirigir aos homens comuns, nem mesmo àquele que estudou apenas a ciência da Lei no sentido corrente ou tradicional: mas ao homem que quer se devotar à "ciência da Lei em sua realidade", sendo o objetivo deste empreendimento apaziguá-lo. "Perfeito em sua religião e em seus costumes", estritamente firmado na verdade da Lei, mas atraído para a razão pela filosofia da qual é familiar, ele é oprimido pela inquietude que faz nascer esta alternativa:

---

[172] Se nos lembrarmos do fato de que Strauss indica ter descoberto a estrutura do plano do *Guia* na época em que redigia esse texto sobre seu caráter literário, é preciso doravante reportar-se sistematicamente à reconstituição desse plano tal como é oferecido no início do ensaio que consigna a confidência: Comment commencer à étudier le *Guide des perplexes*, op. cit., p. 297-299. Aqui, Strauss isola os capítulos I, 1-70, que tratam dos termos bíblicos aplicados a Deus através das questões suscetíveis de se prestar a ambiguidades, como a corporeidade e a multiplicidade: isso no seio da série muito mais longa (I, 1-III, 7) consagrada ao estudo das opiniões concernentes a Deus e aos anjos; depois da sequência que cobre mais de dois terços da obra sobre as opiniões no sentido amplo, opostas às ações. Pode-se notar, enfim, que Le Caractère littéraire du *Guide pour les perplexes* e Comment commencer à étudier le *Guide des perplexes* são dois textos cujos desenvolvimentos se assemelham antes de se completar: o segundo junta essencialmente tudo o que decorre da descoberta do sentido do plano da obra.

[173] Ver Le Caractère littéraire du *Guide pour les perplexes*, op. cit., p. 213, e *Guide*, Introduction, p. 6-9 (10-12). Além disso, Strauss designa os capítulos do início do livro consagrados à explicitação de palavras (a maior parte dos capítulos entre I, 1 e I, 70) como "capítulos lexicográficos" (cf. Comment commencer à étudier le *Guide des perplexes*, op. cit., p. 316). Ele indica então o tipo de questão que se deve propor a respeito desses capítulos. Afora o fato de saber quais são propriamente lexicográficos: por que a maioria dentre eles começa pelo termo a ser explicado, mas outros não? Como analisar o fato de que certas palavras de abertura sejam substantivos, verbos ou substantivos verbais? O que pensar do fato de que certo número de termos hebraicos em questão precede a primeira frase, enquanto outros são nela incluídos?

perder alguma coisa de sua fé pela razão; dever abandonar esta última por fidelidade aos fundamentos da Lei. Quanto à questão da explicação das alegorias, elas concernem ao desejo de mostrar ao homem instruído sua dimensão "esotérica", dissipando ao mesmo tempo de novo a perturbação que se cria nele por esse desvelamento: daí por que o livro é intitulado "*Dalalāt al-'Hāyirīn*, guia daqueles que estão indecisos ou extraviados"[174].

Resta, enfim, que se o *Guia* procura, nessa perspectiva, aclarar os "segredos" da *Torá*, sua dificuldade se prende ao fato de que ele apresenta duas classificações desses últimos. De acordo com uma primeira enumeração (I, 35), eles se ligariam sucessivamente aos atributos divinos, à Criação, à providência, à vontade e ao conhecimento divinos, à profecia e aos nomes divinos. De aparência mais clara, a segunda (II, 2) se limita aos seguintes temas: o *maassé bereschit* (relato da Criação), e *maassé merkavá* (relato da carruagem, de *Ezequiel* 1 e 10), a profecia e o conhecimento de Deus. Na falta de uma análise mais precisa da superposição entre essas duas listas, segredos essenciais da *Torá* são aqueles que concernem ao relato da Criação e ao relato da carruagem; o que parece confirmar Maimônides, indicando duas vezes que a meta da verdadeira ciência da Lei é explicar a *maassé bereschit* e a *maassé merkavá*[175].

Mostrando que o tema do *Guia* é o de revelar os segredos da *Torá*, esta segunda abordagem de sua intenção tem uma consequência essencial:

❦

174 *Guide*, Introduction, I, p. 8 (11). Pode-se notar que Strauss parece infletir sua interpretação dos capítulos lexicográficos, invertendo o acento colocado sobre seus destinatários. Nos seus primeiros trabalhos, ele sublinha o fato de que sua função de elucidação dos termos ambíguos e de refutação dos antropomorfismos podia destiná-los ao público maior, de conformidade com certo número de declarações de Maimônides (cf. *La Philosophie et la Loi*, p. 88). Ele tinha então em vista, especialmente I, 35, p. 132 (85), o tema da refutação da corporeidade e da afirmação do dogma da unidade divina: "explicar a cada qual segundo o que lhe convenha e ensinar, como tradição, às crianças, às mulheres, aos homens simples e àqueles a quem faltam disposições naturais". Doravante, acentua, sobretudo, sua feição propedêutica para o destinatário típico do *Guia*: o "perplexo" cujo modelo Iossef lhe fornece. A razão disso é, sem dúvida, que a primeira problemática conduzia a encarar a coisa sob o ângulo político: mostrando que, à maneira dos pensadores muçulmanos, Maimônides impõe ao filósofo um papel a serviço da Lei religiosa e da defesa de sua expressão autêntica; fato que lhe permite preocupar-se a seguir com o ensino de uma doutrina mais sofisticada a um auditório mais restrito.
175 Ver *Guide*, II, 29, p. 227, e III, Introduction, p. 3. Maimônides, além disso, havia indicado a diferença entre o *fiqh* como "direito religioso" e os segredos da *Torá* (I, 71), bem como a distinção entre o *fiqh* e a ciência verdadeira da Lei: ver Introduction, p. 7 (11). Acerca da interpretação mística dos "segredos da *Torá*", ver supra, cap. IV, p. 460-467.

ele não pode ser um livro de filosofia, hipótese que é preciso doravante tentar confirmar. A fim de começar a compreender essa questão, deve-se lembrar que Maimônides não entende a filosofia no sentido amplo dos Modernos: ele ignora, é claro, os sistemas que irão aparecer ulteriormente e a confunde essencialmente com o ensinamento de Aristóteles, "príncipe dos filósofos". É, pois, contra essa acepção do termo que ele se declara adversário da filosofia e afirma defender o credo judaico contra as opiniões "*dos* filósofos"[176]. Ao que se adiciona que ele não opõe às falsas opiniões desses últimos a verdade de uma filosofia da religião, como pensava Julius Guttmann; mas, sim, a opinião daqueles que aderem à Lei[177]. Se é preciso convencer-se um pouco mais da pertinência desta tese pela qual Leo Strauss rompe com uma concepção amplamente compartilhada a respeito do *Guia*, basta reportar-se à maneira como ele a precisa em outro grande texto que lhe é dedicado. Aqui, a natureza da obra é mais claramente delimitada, através de uma tipologia das obras produzidas pelos medievais. Para eles, um livro de filosofia constitui estritamente "um livro escrito por um filósofo para filósofos", definição em relação à qual Maimônides teria redigido apenas uma única obra dessa ordem: seu *Tratado de Lógica*[178]. A contrario, o *Guia* será, portanto, um "livro judaico", isto é, propriamente falando, "um livro escrito por um judeu para judeus". Em tal sistema de categorias, vemos mais

---

176 Ver especialmente III, 16, e Le Caractère littéraire du *Guide pour les perplexes*, op. cit., p. 214.
177 Maimônides utiliza varias expressões equivalentes para designar o seguinte: "Nossa opinião, isto é, a opinião de nossa Lei" (III, 17, sobre a providência); "nós, a comunidade daqueles que aderem à Lei" (III, 21, sobre o conhecimento e a essência de Deus); ou, ainda, "aqueles que seguem a lei de Moisés, nosso mestre" (II, 26, a propósito de uma citação de rabi Eliezer). Quanto ao próprio Strauss, ele convida com uma discreta ironia, sem dúvida dirigida contra Guttmann, o historiador moderno a tornar-se "micrologista": para esclarecer o filósofo a operar a "reconstrução de uma terminologia adequada" (p. 215).
178 Ver Comment commencer à étudier le *Guide des perplexes*, op. cit., p. 300, e La Déclaration de Maïmonide sur la science politique (1953), em *Maïmonide*, p. 280-281. Neste último texto, Strauss propõe o raciocínio inverso daquele com que construiu o primeiro: discutindo o estatuto do "nós" empregado de maneira recorrente por Maimônides no *Tratado de Lógica*, podemos ter à primeira vista o sentimento de que ele quer dizer "nós, os judeus", de modo que este livro seria um "livro judeu"; ao passo que ele o entende, neste caso único, no sentido de "nós, os filósofos" ou "nós, os homens da teoria": o que confirma o fato de a *Lógica* ser a única obra propriamente filosófica que ele jamais escreveu (a única em que trata de uma questão estritamente filosófica sem precisar considerar o que diz a Lei, pois se trata essencialmente das formas demonstrativas e da natureza dos argumentos especulativos, na perspectiva das obras lógicas de Aristóteles).

claramente seu estatuto aos olhos de Strauss: enquanto os filósofos tentam dar conta do Todo a partir daquilo que é acessível ao homem como homem, Maimônides parte da aceitação da *Torá*; seu ponto de partida reside na "antiga premissa judaica pela qual ser judeu e ser filósofo são duas coisas incompatíveis"[179]. Isso não quer dizer, enfim, que um judeu não possa utilizar a filosofia, mas é preciso que ele entenda que esta disciplina adotada por Maimônides terá sempre um limite: "Como judeu, ele dá seu assentimento lá onde, como filósofo, ele suspenderia seu assentimento".

No entanto, e com respeito à classificação dos domínios da filosofia que Maimônides propõe na sua *Lógica*, surge uma nova perplexidade, à vista de uma aparente contradição. De uma parte, é claro que o *Guia* não depende nem da matemática, na ordem da filosofia teórica, e nem da economia, nem da ciência política ou da ética, como partes da filosofia prática. Em compensação, se for acrescentado à declaração segundo a qual o intuito da obra é elucidar os segredos da *maassé bereschit* e da *maassé merkavá*, a indicação das identidades respectivas do primeiro com o objeto da física e do segundo com o da metafísica, o livro parece vincular-se às duas ciência teóricas que ocupam o nível mais elevado da hierarquia dos saberes[180]. Ora, Maimônides adiciona ainda que o *Guia* exclui do campo de sua busca todos os assuntos tratados de maneira satisfatória pelos filósofos: temas que incluem a existência de Deus, sua unidade e sua incorporeidade[181]. A única maneira de resolver essa contradição é, portanto, admitir que o Rambam não tenciona tratar filosoficamente da física e da metafísica, mas pressupõe como firmado o aporte da filosofia: sendo o seu objetivo mostrar como é idêntico ao ensinamento secreto da *Bíblia*. Por conseguinte, e na falta de uma terminologia bastante sutil para adaptar-se ao pensamento de Maimônides, é preciso contentar-se em dizer que o *Guia* é definitivamente "um livro consagrado à explicação do

---

179 Comment commencer à étudier le *Guide des perplexes*, op. cit., p. 300.
180 A identidade entre o *maassé bereschit* e a física, de um lado, e o *maassé merkavá* e a metafísica, de outro, foi colocada desde a Introduction, p. 9.
181 Ver o início do capítulo II, 2. Antes de abordar o problema da existência de inteligências separadas, Maimônides mostra aqui que os filósofos demonstraram perfeitamente essas três coisas e ele insiste no fato de que a demonstração deles permanece independente dos argumentos relativos à questão que é o objeto da controvérsia entre eles: a da eternidade do mundo. Ao que cumpre juntar que Maimônides já havia, no entanto, precisado (I, 35) que estas três doutrinas não fazem parte dos segredos da *Torá* – e, portanto, dos objetos principais do *Guia*, prova suplementar do fato de que este último não se atém a nenhuma questão filosófica.

ensinamento secreto da *Bíblia*". Maimônides não seria, assim, um filósofo propriamente dito, porém um judeu que coloca seus conhecimentos de filosofia a serviço de um projeto destinado, em última instância, aos homens cultos: desvelar-lhes segredos cuja compreensão é essencial, mas cuja difusão deve ser estritamente limitada; o que requer uma extrema prudência.

Esses últimos enunciados conduzem, todavia, a um problema que determinará de novo a compreensão do *Guia*: por que se engajou Maimônides nesse empreendimento de explicação dos segredos da *Torá*, quando sabe e repete que a divulgação deles é "interdita pela Lei"[182]? Para essa questão existe, sem dúvida, uma resposta formal, que envolve dois elementos. Em primeiro lugar, Maimônides não fala jamais do *Guia* como de um livro, mas o designa sempre pelo termo *maqâla* (*maamar*): "tratado" ou, melhor ainda, "discurso"; a fim de sugerir o aspecto fundamentalmente oral do ensinamento que ele contém. A isso se acrescenta que ele pontua repetidas vezes que não pretende fornecer uma interpretação definitiva dos segredos da *Torá*, como se desejasse simplesmente dar de novo vida à tradição oral interrompida[183]. Nesse sentido, assim como a *Mischné Torá* é a maior contribuição à discussão da *Halakhá* desde a conclusão do *Talmud*, o *Guia* pretenderia ser uma continuação ou uma retomada das discussões hagádicas da mesma época. Resta, no entanto, que tais considerações não podem apagar o fato de que o *Guia* é materialmente um livro: que ele pode, por isso mesmo, encontrar um número potencialmente infinito de leitores; implicando, pois, de fato, a transgressão consciente de um interdito, sem equívoco. Um último reparo poderia ainda tentar aliviar o problema: dando à obra a

---

182 *Guide*, III, Introduction, p. 3. Em I, 71, Maimônides lembra a fórmula *princeps* que organiza esta prescrição, ao sublinhar a similitude entre a antiga interdição de fixar por escrito a Lei Oral e a de fixar por escrito o ensinamento secreto da Lei: "As palavras que eu te disse à viva voz, não te é permitido transmiti-las por escrito" (*Guitin*, 60b). Esta página do *Talmud* desenvolve uma controvérsia sobre a questão de saber qual das partes escritas ou orais da *Torá* é a mais longa, porém acentua a concordância dos Sábios a respeito da prescrição quanto à Lei Oral. Ver também I, 33-34, onde estão citadas as formulações princeps deste imperativo, como a de *Haguigá*, 11b-12b, já presente na introdução: "Não se interpretará a *merkavá* mesmo a um único [aluno], a menos que este seja um homem sábio que compreenda por sua própria inteligência [e neste caso], transmitir-lhe-emos apenas os primeiros elementos".

183 Ver III, Introduction, p. 6 (410), em que Maimônides afirma não ter recebido suas opiniões nem de uma "revelação", nem de um mestre, de modo que é possível enganar-se ou ainda I, 21, p. 79 (57), que autoriza Iossef a escolher entre muitas interpretações de um único termo, desde que recuse a única que seja falsa.

forma de uma troca de cartas com um discípulo, Maimônides procuraria de algum modo uma via intermediária entre o ensinamento oral, que é permitido em virtude de seu caráter confidencial, e a transmissão escrita, radicalmente interdita. Mas, de novo, essa hipótese permanece por ora demasiado tênue em face da importância da transgressão em causa, de maneira que é mister buscar uma razão mais imperativa desse gesto[184].

Maimônides apresenta, ele mesmo, a motivação mais séria para seu ato, citando desde a introdução ao *Guia* uma fórmula alegórica a esse respeito: "Quando é o momento de agir para Deus etc." (*Salmos* 119 e 126)[185].

---

[184] Aos elementos desta dialética imaginada por Leo Strauss para reforçar a perplexidade de seu leitor diante das intenções do *Guia*, poder-se-ia adicionar um reparo: ele concerne à questão da língua deste livro. Tendo justificado suas escolhas em matéria de linguagem a propósito de outras de suas obras, indo mesmo, a propósito de uma dentre elas, até a lamentar a escolha inicial (a de ter redigido o *Sefer ha-Mitzvot* em árabe), o Rambam parece considerar, de acordo com seus contemporâneos, que o árabe é a língua que assegura a mais ampla comunicação, enquanto, por oposição, o hebraico bíblico seria inadequado para este fim, porquanto o maior número não o domina mais ou o domina mal. Com referência ao seu livro importante, ele havia, contudo, optado por escrevê-lo no hebraico da *Mischná*, reputado menos difícil do que o da *Torá* ou do que o aramaico do *Talmud* (ver Isadore Twersky, *Introduction to the Code of Maimonides (Mischné Torá)*, New Haven/London: Yale University Press, 1980, p. 324-339). Este cuidado meticuloso de Maimônides em relação ao uso de línguas e ao grau de legibilidade desejado em função dos públicos destinatários não permite uma conclusão evidente em se tratando do *Guia*. Em primeiro lugar, poder-se-ia esperar que Maimônides redigisse a *Mischné Torá* em árabe, mais do que no hebraico da *Mischná*, considerando que este livro, perfeitamente exotérico *a priori*, pedia uma língua própria à comunicação mais ampla. Ao inverso, a língua vernacular não parecia ser a mais adaptada ao tipo de comunicação que preside a intenção do *Guia*: considerando que ele deseja expor de maneira velada os segredos da *Torá* sobre os quais pesa o interdito mencionado, imaginar-se-ia de bom grado que fosse redigido em uma dentre as línguas praticadas por seus contemporâneos, acessíveis somente às pessoas instruídas. As coisas, porém, são tanto mais complexas quanto Maimônides se inquieta também com a possibilidade de seu livro ser lido em dois universos diferentes: árabe-andaluz, um domina apenas imperfeitamente o hebraico em se tratando do maior número (esse para o qual ele redige o *Sefer ha-Mitzvot* em árabe, recusando, todavia, que se traduza a *Mischné Torá* para esta língua); provençal, a outra ignora o árabe (razão pela qual ele lamenta ter de escrever o *Sefer ha-Mitzvot* em árabe e deposita suas esperanças na tradução do *Guia* para o hebraico, que Samuel ibn Tibon realizará). Sobre as declarações de Maimônides a propósito do uso das línguas e o debate a seu respeito, na época, cf. A. S. Halkin, The Medieval Jewish Attitude Toward Hebrew, em Alexander Altmann (ed.), *Biblical and Other Studies*, Cambridge: Harvard University Press, 1963, p. 233-248, e Salo Wittmayer Baron, *A Social and Religious History of the Jews, High Middle Ages, 500-1200*, v. VII: *Hebrew Language and Letters*, New York: Columbia University Press, 1958.

[185] Ver Introduction, 1, p. 25 (22). O uso desta referência baseia-se no seu comentário aos *Berakhot*, 54a e 63a: "o momento de agir por Deus" é o de um grande perigo ou de uma urgência e é então permitido transgredir a Lei. As mesmas passagens admitem também a interpretação inversa do versículo: é necessário agir por Deus porque a Lei é transgredida.

Por um breve comentário dessa referência, Leo Strauss pode adiantar a verdadeira solução do problema levantado pela transgressão de Maimônides: "Somente a necessidade de salvar a Lei pôde ter sido causa de ele haver infringido a Lei"[186]. Nesse sentido, a justificação decisiva de sua atitude se sustenta em três argumentos, que já presidiam a redação do *Talmud*, a despeito da interdição originária de registrar por escrito a Lei Oral: "a extensão do tempo", a "dominação dos povos bárbaros" e o "risco do esquecimento"[187]. Em torno desse motivo, o Rambam constrói, de maneira dispersa, aliás, uma espécie de história do liame entre a perseguição e o perigo de uma perda de sentido dos segredos da *Torá*: estes não foram verdadeiramente cumpridos senão no tempo em que Israel vivia livremente em seu país e não sob o jugo das nações pagãs (I, 71; II, 11); o período mais feliz havia sido o do rei Salomão, que possuía uma inteligência quase completa das razões secretas dos mandamentos (III, 26); seu conhecimento começou a degradar-se com a perda da autonomia política e, depois, *a fortiori*, no exílio; no tempo de Isaías, eles eram ainda apreendidos por breves indicações, ao passo que desde a época de Ezequiel faziam-se necessários muito mais detalhes (III, 6); o declínio do conhecimento torna-se ainda mais rápido com a interrupção da profecia (II, 11; II, 36; III, 6); enfim, a vitória dos romanos foi a mais desastrosa, visto que abria uma vida em diáspora que seria mais longa do que a primeira (I, 71; II, 11), de sorte que a transmissão é doravante mais precária do que nunca.

Se a reconstituição desta história atormentada da "corrente da Tradição" conduz até o próprio Maimônides e fornece a justificativa última da redação do *Guia*, cabe ainda perguntar-se como ele ficou de posse dos

---

[186] *Le Caractère littéraire du Guide pour les perplexes*, op. cit., p. 223. Strauss acrescenta um argumento de natureza factual a esta explicação: a redação do *Guia* tem a ver com a partida de Iossef, evento por sua vez determinado pelo fato de que ele era um judeu a viver em exílio na Diáspora e posto em destaque de modo enfático na epístola dedicatória.

[187] *Guide*, I, 71, p. 332 (173). Na introdução (p. 25), Maimônides fala ainda "deste tempo de cativeiro". Pode-se adicionar que ele já havia utilizado tal argumento na Introdução à *Mischné Torá* – aí ainda para explicar discretamente as razões de sua redação, mas reconstruindo desta vez a "cadeia da Tradição" desde Moisés. Nesse contexto, é a propósito da redação do próprio *Talmud* por rabi Iehudá ha-Nassi que ele escreve: "Porque ter visto o número de discípulos diminuir, novas calamidades surgirem, o mau império (Roma) estender-se sobre o mundo e triunfar, Israel disperso até os confins (da terra), ele realizou, pois, uma compilação única, a fim de que todos pudessem dela dispor, aprendê-la rapidamente e não esquecê-la". Maimônides, introdução à *Mischné Torá*, trad. R. Lerner, *Maimônides' Empire of Light*, p. 135-136.

segredos quase desaparecidos da *Torá*. Esse novo problema é tanto mais perturbador quanto Maimônides insiste no fato de que os Sábios tinham recomendado que o ensinamento secreto fosse sempre transmitido da boca ao ouvido, e que ele sublinha a maneira como este aparece efetivamente no *Talmud* ou no *Midrasch*, que é somente sob a forma de alusões ou de rápidas indicações, quanto afirma, enfim, não tê-lo recebido nem de uma revelação, nem de um mestre. Em face dessa questão particularmente controvertida, Leo Strauss descarta rapidamente a hipótese sedutora de um Maimônides cabalista, herdeiro de uma tradição esotérica transmitida da boca para o ouvido e que remontaria à época do Segundo Templo[188]. *A contrario*, prefere seguir uma declaração do próprio autor do *Guia* segundo a qual seu conhecimento procede de três fontes: as indicações que a gente encontra na *Bíblia*; as que o *Talmud* contém; e as "proposições especulativas"[189]. Nesse sentido, ele não seria, portanto, o último herdeiro de uma tradição secular, porém o primeiro a redescobri-la depois de ela ter sido perdida. Quanto ao seu modo de empregar premissas tomadas à filosofia, cessaria de parecer como uma introdução de elementos estranhos no judaísmo, aparentando-se antes à retomada de resíduos de uma herança própria de Israel e de há muito esquecida, mas recentemente redescoberta pelos judeus "andaluzes"[190].

❦

[188] Strauss assinala (Le Caractère littéraire du *Guide pour les perplexes*, op. cit., p. 224-225) um dos fundamentos da "lenda" de uma conversão de Maimônides à Cabala na velhice: o fato de que ele declara na *Epístola ao Iêmen* poder sugerir uma data para a vinda do Messias graças a uma tradição oral recebida de seu pai e que remontaria ao começo da Diáspora. Ele se apoia, todavia, em Scholem para atestar que a Cabala propriamente dita não apareceria senão após a redação do *Guia*. O primeiro grande texto que aborda esta questão é o de Alexander Altmann: Das Verhältnis Maimunis zur jüdischen Mystic, *Monatsschrift für die Geschichte und Wissenschaft des Judentums*, 80 (1936), p. 305-330. Encontrar-se-á uma tradução inglesa: Maimonide's Attitude Toward Jewish Mysticism, em Alfred Jospe (ed.), *Studies in Jewish Thought: An Antology of German-Jewish Scholarship*, Detroit: Wayne State University Press, 1981, p. 200-219. Sobre o estado atual da questão, ver Moshe Idel, *Maïmonide et la mystique juive*, trad. Charles Mopsik, Paris: Cerf, 1991.
[189] *Guide*, III, Introduction, p. 6 (410). Observemos que, embora essa passagem seja aquela na qual Maimônides adianta que suas interpretações podem ser errôneas, ele acaba, no entanto, de fornecer uma nova justificativa por escrito de seu modo de colocá-las: "Eu julgaria ter cometido uma grande vilania para contigo e para com todo homem perplexo abstendo-me de nada escrever a respeito daquilo que é claro para mim, de forma que minha morte inevitável haveria de acarretar a perda disso; teria sido, de algum modo, roubar a verdade àquele que é digno dela, ou invejar o herdeiro por causa de sua herança, duas coisas que denotam um caráter repreensível".
[190] Ver I, 71, p. 338 (175), visado por Strauss, que se apoia a este propósito no artigo de Alexander Altmann, Maimonide's Attitude Toward Jewish Mysticism, op. cit., p. 204 e s.

Reunindo os diferentes elementos detectados na discussão sobre a situação de Maimônides, a lembrança dos imperativos da Lei, quanto à transmissão dos segredos da *Torá* e às interpretações das justificativas apresentadas para o registro por escrito do ensinamento do *Guia*, chega-se aos fundamentos de seu modo de escritura: ao momento de captar as chaves de uma compreensão de sua técnica de argumentação. Para Leo Strauss, não é necessário ir procurar alhures, mas em uma declaração do próprio Maimônides, o princípio de seu procedimento: tendo em conta suas obrigações, "ele faz questão de permanecer a meio caminho entre a impossível obediência e a transgressão flagrante"; do ponto de vista da forma de sua obra, ele se torna "mestre na arte de revelar não revelando e de não revelar revelando"[191]. A declaração que permite atestar essa posição não é outra senão aquela na qual Maimônides dá explicitamente, e desde o início do *Guia*, a indicação que deve orientar seu leitor atento na decifração de suas declarações implícitas: "Tu não pedirás, portanto, aqui, outra coisa senão os cabeços de capítulo. Estes cabeços mesmos não se encontram, no presente tratado, dispostos segundo sua ordem intrínseca ou sucedendo-se de uma maneira qualquer, porém, ao contrário, disseminados e misturados entre outros assuntos que se pretendia explicar"[192]. Compreende-se doravante que o intuito de Maimônides era efetivamente o de inventar um procedimento literário suscetível de imitar o discurso oral de um mestre que põe à prova as capacidades intelectuais de seu discípulo a cada passo de sua demonstração. Nesta última situação, quando o mestre e o aluno estão face a face, o procedimento mais comum consiste em dar ao segundo o tempo de perceber cada indicação decisiva: prolongando por um procedimento mais ou menos convencionado, que preserva de algum modo um momento de repouso. No escrito, um bom autor não pode nem marcar um longo espaço de silêncio, nem se deixar levar a tagarelices insignificantes destinadas a ritmar o tempo do ensinamento em função do da compreensão. Todavia, lhe é permitido pospor a cada indicação frases que parecem ao mesmo tempo convencionais à primeira vista e contêm, de fato, informações importantes, remetendo a outros capítulos do ensinamento secreto. Dito de

---

[191] Le Caractère littéraire du *Guide pour les perplexes*, op. cit., p. 226.
[192] *Guide*, Introduction, p. 9-10 (12).

outro modo, seria menos diretamente entre as linhas de cada página, do que por uma circulação entre os capítulos do livro inteiro que Maimônides teria escrito, com o mesmo objetivo, no entanto: para dissociar os registros de comunicação, dirigindo-se a públicos diferenciados[193].

Uma vez que se sabe doravante como Leo Strauss pode falar do *Guia* em termos de um "livro selado por sete selos", resta compreender o último problema que ele levanta, antes de examinar em pormenor sua forma literária. Desta vez está em causa o historiador moderno confrontado pelo verdadeiro objeto do livro: "a explicação esotérica de uma doutrina esotérica"[194].

A questão é tanto mais importante quanto ela determinará, a seu turno, a do estatuto da interpretação própria a Strauss mesmo, da natureza de sua escritura pessoal e da representação que ele faz do leitor ideal.

---

[193] Poder-se-á tentar sintetizar os princípios da escritura de Maimônides como a seguir. Determinada tanto pelo interdito que pesa sobre a divulgação dos segredos da *Torá* e pela necessidade de assegurar sua transmissão em circunstâncias históricas perigosas, ela se organiza em torno do princípio de acomodação: aplicação da afirmativa segundo a qual a *Torá* "fala a linguagem dos homens" (*Berakhot* 31b). De um lado, esta noção clássica rege a hermenêutica bíblica do próprio Rambam e a determinação de seus públicos. Em primeiro lugar, trata-se de explicar à maioria a razão e o sentido das imagens aplicadas a Deus: a fim de mostrar sua justificação, mas também o fato de que elas não devem ser entendidas como antropomorfismos (tal é o sentido dos trinta primeiros capítulos do *Guia*, que Strauss denomina de "lexicográficos"; Maimônides lembrou o princípio ao ilustrar no início da *Mischné Torá*, Livro I, *Madá*, I, *Iessod ha-Torá*, I, 13). Em seguida, será possível conduzir um pequeno número ao domínio da escritura alegórica que permitirá aprofundar o estudo dos significados da *Torá*. Depois de ter sido aplicado à leitura e à compreensão da *Torá*, o princípio de acomodação pode tornar-se o de uma escritura que busca, ao contrário, dissimular todos os segredos, desvelando-os ao mesmo tempo parcialmente. Maimônides utiliza, desta vez, os graus de receptividade próprios aos diferentes públicos para adaptar seu discurso e dominar sua comunicação, graças a procedimentos que revelam menos a existência de níveis de textualidade do que modos de apresentação de enunciados, por sua dispersão, pelo uso de repetições ou ainda de contradições. Esta última distinção poderia estar associada à concepção da linguagem própria a Maimônides: um convencionalismo, que considera que o sentido das palavras é determinado pelo uso comum, de modo que ele aparece essencialmente como um *medium* de comunicação sem profundidade metafísica particular. Ao inverso, encontra-se entre os cabalistas a ideia de uma essência espiritual do hebraico: ligada às condições de seu nascimento como língua sagrada, à forma das letras ou à natureza dos sons. Ver sobre esta questão: Isadore Twersky, *Introduction to the Code of Maimonides (MischnehTorah)*, p. 324; Harry A. Wolfson, *Religious Philosophy: A Group of Essays*, New York: Atheneum, 1965, p. 234 e s.; Gershom Scholem, Le Nom de Dieu ou la théorie du langage dans la Kabbale: Mystique du langage, *Le Nom et les symboles de Dieu dans la mystique juive*, trad. M. R. Hayoun, Paris: Cerf, 1988, p. 55-99 (ver supra, cap. IV, p. 433-442 acerca das análises de Scholem sobre o tema).

[194] Le Caractère littéraire du *Guide pour les perplexes*, op. cit., p. 229.

Alguém poderia espantar-se com o fato de que Leo Strauss se ponha em cena em face do ensinamento de Maimônides na posição que era do próprio Maimônides diante da doutrina secreta da *Torá*. Tal é, no entanto, o caso: quando ele declara que ninguém pode negligenciar "com um coração leve" a maneira como Maimônides se compromete com ênfase a não revelar o sentido secreto de seu livro: de sorte que "a questão da interpretação adequada do *Guia* é de maneira primordial uma questão moral". Mais ainda, parece que Strauss quer impelir até seu termo a analogia entre as situações, pois que reproduz, adaptando-os, o dilema e sua solução. Em um mundo que acreditava no caráter revelado da *Torá* e na existência de uma Lei eterna, Maimônides tinha consciência de transgredir um interdito; mas ele o fazia por necessidade de salvar este último. Em uma época que atribui uma importância primordial à pesquisa histórica, o intérprete moderno não pode negligenciar as prevenções de Maimônides quanto à divulgação do sentido de seu ensinamento; mas ele não poderia tampouco admitir uma limitação na busca da verdade de uma obra do passado; assim, lhe é dada a oportunidade de avaliar o preço de uma liberdade de pensar "ameaçada em nossa época mais do que durante muitos séculos"[195]. Nesse sentido, quem quer que escreva hoje em dia a propósito da doutrina secreta do *Guia* deve receber a recomendação de imitar Maimônides: permanecendo como ele a meio caminho entre uma impossível obediência e uma flagrante transgressão. Eis a consequência dessa injunção: "Visto que o *Guia* contém uma interpretação esotérica de um ensinamento esotérico, uma interpretação adequada do *Guia* deveria assumir a forma de uma interpretação esotérica de uma interpretação esotérica de uma doutrina esotérica"[196].

Por fascinante que seja, um mergulho assim no abismo não deve, entretanto, enganar, na medida em que não é, em absoluto, a última palavra de Leo Strauss sobre a questão. Evidentemente, ele a toma tanto mais a sério quanto lembra a existência de antigos comentários esotéricos sobre o *Guia*[197]. A isso se acrescenta que ele persegue ainda a analogia

---

[195] Idem, p. 230. Lembremos que Strauss escreveu em 1941.
[196] Idem, p. 231.
[197] Leo Strauss assinala aqui (p. 231) o que Iossef ibn Kaspi havia redigido no início do século XIV. Sobre a figura de Iossef ibn Kaspi (1280-1340), ver Isadore Twersky (ed.), Joseph ibn Kaspi: Portrait of a Medieval Jewish Intellectual, *Studies in Medieval Jewish History and*

precedentemente construída ao especificar que a similitude das situações deveria conduzir até uma imitação na arte de escrever e de ler: Maimônides afirmava que os segredos da *Torá* não podiam expor-se, salvo sob a forma de parábolas e de enigmas, o que imporia a seu intérprete moderno a obrigação de usar os mesmos meios; aquele que estudava o *Guia* devia ser de idade madura, ter um espírito sagaz, possuir um domínio perfeito da arte do governo político e das ciências especulativas, tal deveria ainda ser o caso daquele que pretende desvelar o sentido. É preciso, no entanto, perceber que nesse ponto de seu raciocínio Leo Strauss desloca o lugar do problema para adaptá-lo à mudança de época: quando constata que, sob tais exigências, toda compreensão de um livro dessa ordem seria inacessível ao historiador moderno antes mesmo que qualquer tentativa séria tivesse sido empreendida. Em outras palavras, não será mais tanto um imperativo de forma que pesará sobre uma interpretação contemporânea do *Guia*, quanto a incerteza no tocante à possibilidade mesma desta última. Com essa preocupação, Leo Strauss reorienta a perspectiva de um dever moral em face de um interdito para a de uma exigência intelectual diante de um grande texto. Deste último ponto de vista, sem ter verdadeiramente necessidade de adaptar o princípio da escritura exotérica, ele pode contentar-se em redesenhar o horizonte por meio de um silogismo: seu pressuposto fundamental se estriba no fato de que o gênero humano se divide em uma minoria inspirada ou inteligente e uma maioria estúpida e não inspirada; mas todo homem recebeu como dom a vontade livre que lhe permite, por seu próprio esforço esclarecido, tornar-se sábio ou permanecer limitado; qualquer que seja a faculdade natural de compreender própria a cada um, o método "lança uma ponte por cima do abismo que separa os dois grupos

---

Literature, Cambridge: Harvard University Press, 1979, p. 231-257. Sabe-se doravante que em vida mesmo de Maimônides, foi Samuel ibn Tibon, seu tradutor para o hebraico, que percebeu o caráter esotérico do *Guia*, interrogando o seu autor a esse respeito em uma carta. Ver essa missiva, editada (em hebraico) por Zvi Diesendruck, em Samuel and Moses ibn Tibbon on Maimonide's Theory of Providence, *Hebrew Union College Annual*, 1 (1936), p. 341-366, e dois artigos de Aviezer Ravitzky, que renovaram a partir dela a compreensão da história das interpretações esotéricas de Maimônides: Samuel ibn Tibbon and the Esoteric Character of the *Guide of the Perplexed*; The Secrets of Maimonides: Between the Thirteenth and the Twentieth Centuries, em *History and Faith: Studies in Jewish Philosophy*, Amsterdam: J. C. Gieben Publisher, 1996, p. 205-245 e p. 246-303.

desiguais"[198]. De preferência a concluir demasiado rapidamente em favor de um elitismo de domínio que caracteriza uma espécie de ultraesoterismo de Leo Strauss, poder-se-ia prolongar uma última vez a analogia que ele propõe: considerando-a como tornar-se mestre na arte de ser Moderno permanecendo Antigo; percebendo nele uma maneira de se manter a meio caminho entre a vulgaridade de uma pretensão de querer explicar todos os segredos de um livro como o *Guia* e a covardia de uma recusa de partilhar a descoberta de algumas de suas maravilhas escondidas.

Tal hipótese sugere que Leo Strauss formalizou, a propósito de Maimônides, sua relação com a beleza das grandes obras do espírito e que esta procederá sempre de uma recusa de torná-la trivial, mais do que de um cuidado cioso de dissimulá-la para conservá-la consigo no seu íntimo. Mas ela conduz também a levar a sério sua declaração quanto ao intuito de seus próprios textos: "detectar o método específico que nos permita decifrar o *Guia* [...], as regras gerais e as regras especiais mais importantes segundo as quais este livro deva ser lido"[199]. Mais de vinte anos após a redação do texto sobre o caráter literário do *Guia*, Strauss ainda insistirá doravante sobre esta espécie de exigência de fidelidade hermenêutica, no ensaio que acompanha a tradução de Shlomo Pines. Por esta circunstância, é a descrição metafórica que o próprio Maimônides dá à sua obra que ele coloca em exergo: "É uma chave que permite entrar nos lugares cujas portas estão fechadas à chave. Quando essas portas tiverem sido abertas e a gente tiver entrado nesses lugares, as almas encontrarão aí o repouso, os olhos se deleitarão e os corpos se aliviarão de sua dor e de sua fadiga"[200]. Aqui, Strauss retoma diretamente a imagem por sua conta: o *Guia* não é apenas a chave de uma floresta, mas é a própria floresta, uma floresta encantada e, portanto, encantadora; ele permanece para sempre uma delícia para os olhos, "porque a árvore da vida é uma delícia para os olhos"[201]. Em outros termos, Strauss tinha efetivamente a intenção de ler a obra de Maimônides como este último desejava que fosse lida, isto é, dirigindo-lhe o olhar daqueles para quem ele fora prioritariamente escrito. É o que forja o princípio básico de sua

---

198 Idem, p. 234-235.
199 Idem, p. 235.
200 *Guide*, Introduction, *in fine*, I, p. 32 (26).
201 Comment commencer à étudier le *Guide des perplexes*, op. cit., p. 300.

hermenêutica: não supor que o intérprete moderno seja superior ao velho autor, mas tentar compreendê-lo no horizonte que era o seu[202].

Se tal é efetivamente o projeto de Leo Strauss em uma perspectiva desenhada a partir da preocupação de reproduzir em relação ao ensinamento de Maimônides a postura moral desse último em face dos segredos da Torá, uma questão se impõe: quem é o leitor típico ao qual o Guia está endereçado? A delimitação desse problema se opera na estrutura paradoxal de uma dupla negação, ela mesma exposta por meio de um silogismo: a obra contém ao mesmo tempo um ensinamento público, destinado a todo e qualquer judeu, e um ensinamento secreto, reservado à elite; do mesmo modo que a doutrina secreta não é de nenhuma utilidade para o vulgo, a elite não necessita de um livro assim para ser informada acerca do ensinamento público; "na medida em que o Guia forma um todo, ou uma só obra, ele não se dirige nem ao vulgo nem à elite"[203]. Maimônides fornece duas soluções explícitas a esse enigma: pela construção de uma categoria, e depois sob o retrato de Iossef. Na primeira dessas dimensões, a Introdução ao Guia justifica seu título, distinguindo ao mesmo tempo seu leitor: um homem "perfeito em sua religião e em seus costumes"; mas um homem que estudou a filosofia, de modo que é atraído pela razão; um homem assim ficou perplexo quanto ao sentido literal da Lei, tal como ele a havia aprendido. Quanto à epístola dedicatória a Iossef, ela põe precisamente em cena um ser apaixonado por coisas especulativas, que estudou a astronomia, a matemática e a lógica em companhia do próprio Rambam: que está assim quase apto a ver-se lhe abrirem, de maneira alusiva, os segredos próprios

---

202 Ver de novo a respeito desse assunto Pour commencer à étudier la philosophie médiévale, op. cit., p. 283. Em um contexto mais polêmico, Leo Strauss precisa suas concepções em resposta às objeções contra Persecution and the Art of Writing formuladas por Georges H. Sabine (Ethics, abr. 1953) e Yvon Belaval (Critique, out. 1953). Ver Sur un art d'écrire oublié (1954), em Qu'est-ce que la philosophie politique?, p. 213-223. Ali (p. 223), Strauss escreve: "Pelo menos as observações que eu fiz forçarão, cedo ou tarde, os historiadores a abandonar a suficiência com a qual pretendem saber o que pensavam os grandes pensadores, admitir que o pensamento do passado é muito mais enigmático do que se sustenta em geral, e a começar a se perguntar se a verdade histórica não é também de acesso tão difícil como a verdade filosófica".

203 Comment commencer à étudier le Guide des perplexes, op. cit., p. 304-305. Strauss alude à Introduction do Guide (p. 6-7). Depois sublinha a importância e o caráter particularmente enigmático da questão, lembrando que Maimônides evocará mais tarde "aqueles para quem [o livro] foi composto" em uma das passagens em que formula mais claramente sua intenção: a de explicar, na medida do possível, o maassé bereschit e o maassé merkavá. Ver III, Introduction, p. 3 (409).

aos livros dos profetas, por meio de um saber que procederia da física e da metafísica. Mas a característica essencial de Iossef, aquela que o converte no arquétipo do destinatário do *Guia*, liga-se ao fato de ter ele manifestado, no momento em que deixava Maimônides, uma forma de impaciência em seu desejo de conhecimento[204].

Aparece então a resposta implícita de Maimônides ao problema do destinatário autêntico do *Guia*. Ao pôr em evidência o defeito característico de Iossef, dá a compreender que este se voltara para a "ciência divina" antes de ter estudado a "ciência da natureza", contrariamente ao que devia ser a ordem dos estudos. Sabe-se, no entanto, que se Maimônides era, ele próprio, versado na "ciência da natureza", o *Guia* não se propõe a transmiti-la (II, 2). Como compreender este novo paradoxo: o *Guia* parece endereçar-se a um leitor que deve conhecer a ciência da natureza para penetrar na ciência divina; mas, e este que não a possui e não a receberá muito mais na obra? A resposta a tal questão reside no fato de que Maimônides deixa a cargo daquele a quem ele se dirige a decisão de voltar-se para a verdadeira especulação ou de continuar a aceitar uma autoridade. Nesse sentido, ele suscita deliberadamente uma insatisfação que conduz seu leitor à seguinte alternativa: ou dedicar-se à própria ciência da natureza, a fim de encontrar a demonstração daquilo que só é afirmado por Maimônides; ou contentar-se com a simples afirmativa, para tirar daí conclusões estritamente teológicas. A razão dessa escolha está, com certeza,

---

204 Examinar logo no início da Introduction ao *Guide*, que forma uma epístola dedicatória a Iossef, onde descreve o estado de seus conhecimentos no momento em que Maimônides o encontrou e os progressos efetuados sob sua direção, e depois afirma: "mas tu estavas agitado e preso de perturbações" (I, p. 5). Saber se Iossef é verdadeiramente aquele para quem o livro foi redigido e ou se ele entra em uma ficção literária construída em torno da personagem para dar os traços ao destinatário típico, permaneceu por muito tempo uma questão controversa. Não é, com efeito, certo que o *Guia* não estivesse já terminado no momento do encontro com Iossef, incerteza que determina aquela que pesa sobre a datação precisa do livro. Strauss evocou esse ponto a fim de relativizar aí a importância com respeito ao fato de que o essencial, isto é, aquilo que faz passar um assunto de ordem privada à esfera dos "assuntos públicos e sérios", considerando nisso que a partida de Iossef foi motivada por uma causa precisa: "ele era um judeu que vivia na diáspora"; fato que justifica a transgressão de Maimônides, ao lhe conceder um alcance que envolve a nação inteira (ver Le Caractère littéraire du *Guide pour les perplexes*, op. cit., p. 222). Sobre o problema da adaptação do *Guia*, em função especialmente destes acontecimentos, cf. Zvi Diesendruck, On the Date of Completion of the Moreh Nebukim, *Hebrew Union College Annual*, v. XII-XIII, 1937-1938, p. 461-497.

ligada ao problema que a ciência da natureza coloca: o fato de que ela derruba as convenções e pode assim afetar a compreensão da Lei, assim como os motivos para lhe obedecer. Em face dessa dificuldade, o Rambam age, portanto, como "homem moderado e conservador", que evita maltratar os hábitos e vela a fim de poder comunicar-se com duas espécies de leitores atípicos, além do destinatário autêntico de seu livro: os principiantes, que poderão extrair proveito somente de certos capítulos, como aqueles que, no começo da obra, esclarecem os termos bíblicos obscuros; depois, homens de grande inteligência e que dominam as ciências filosóficas, os quais examinarão, quanto a eles, todas as asserções do livro com severidade, comprazendo-se com o conjunto dos capítulos. Resta que entre essas duas categorias, aquela à qual o *Guia* é principalmente destinado corresponde sempre ao retrato de Iossef: alguém em relação a quem não está ainda decidido se ele se tornará um autêntico homem da busca especulativa ou se continuará a seguir uma autoridade, seja ela a de Maimônides mesmo; aquele que se acha "no ponto da estrada em que a especulação se separa da aceitação da autoridade"[205].

Do mesmo modo que essa análise do destinatário por excelência do *Guia* permite dar a razão da feição deliberadamente desordenada de seu plano, ela abre o caminho de uma compreensão de sua forma literária: mais precisamente, do emprego voluntário das contradições em seu modo de exposição. Do segundo desses pontos de vista, a chave do *Guia* reside naquilo que se pode considerar definitivamente como seu objeto: "Ele está consagrado à explicação esotérica de um texto esotérico"[206]. Essa definição, que parece convertê-lo numa obra esotérica do segundo grau, tem algo de desconcertante, pois que parece sugerir que redobrará a obscuridade de sua fonte. É, no entanto, uma outra lógica que Leo Strauss propõe adotar *a priori*: ela consiste em admitir que, se Maimônides nos ajuda a compreender o ensinamento secreto da *Torá* que ele tem por verdadeiro, nós compreenderemos ao mesmo tempo a doutrina esotérica do *Guia*; nessa perspectiva, os próprios segredos da *Torá* aparecerão sob a dupla versão do texto de origem e da iluminação derivada própria à obra. Importa, portanto,

---

205 Comment commencer à étudier le *Guide des perplexes*, op. cit., p. 307.
206 Le Caractère littéraire du *Guide pour les perplexes*, op. cit., p. 235.

saber como Maimônides lia a *Torá*. A seus olhos, esta era obra de um único autor, que não é senão Deus mesmo e não Moisés: de sorte que ela representa o livro mais perfeito que existe, quer em sua forma quer por seu conteúdo. Por consequência, os defeitos aparentes que constituem o mel da crítica moderna, como as mudanças de assunto ou as repetições, são para ele irregularidades perfeitamente intencionais, cujo desígnio é simultaneamente o de ocultar e o de deixar adivinhar "uma ordem mais profunda, um sentido profundo e mesmo divino". Dessa posição de Maimônides decorre a primeira regra de interpretação do *Guia*: na medida em que este toma por modelo a desordem intencional da *Torá*, é preciso tentar descobrir a razão secreta de cada uma de suas deficiências aparentes; de conformidade com a declaração segundo a qual os "cabeços de capítulo" do ensinamento secreto estão "disseminados e misturados entre outros assuntos"[207].

Duas coisas devem ser doravante consideradas como firmadas: a característica primeira do *Guia* é a de ser uma imitação ou uma repetição da *Torá*; a intenção daquele consiste em proceder de modo que as verdades apareçam como um relâmpago para desaparecer no mesmo instante, assim como a segunda revela ocultando seus segredos. É preciso, entretanto, determinar a diferença entre os métodos próprios a esses dois livros esotéricos. Sabe-se que a forma do discurso bíblico visando revelar a verdade não a revelando completamente baseia-se no uso de parábolas e de enigmas. Colocava-se, pois, para o Rambam, a questão de saber se um livro esotérico devia necessariamente proceder da literatura parabólica ou se cumpria inventar outra modalidade de exposição. O autor do *Guia* apresenta esse problema através de uma história, relatando como havia se deparado com um dilema no momento em que projetava redigir duas obras, respectivamente consagradas à elucidação das parábolas da *Torá* e as dos *midraschim*: exprimir-se na linguagem parabólica que convém ao maior número por sua faculdade de ocultar, mas com risco de não conseguir senão substituir um indivíduo por outro da mesma espécie ao não lhe dizer o suficiente; explicar

---

[207] *Guide*, Introduction, 1, p. 10 (12). Strauss fornece aí (p. 237) um único exemplo das numerosas composições de aparência defeituosa do *Guia*: Maimônides interrompe a longa explicação das expressões bíblicas, atribuindo a Deus um lugar ou o movimento (que corre de 1, 8 até 1, 26) por uma exposição do sentido da palavra "homem" (1, 14), depois por uma discussão da necessidade de ensinar o *maassé bereschit* de forma esotérica (1, 17).

aquilo que é preciso ser explicado para os sapientes, mas com o perigo de desvelar coisas em demasia para o grande número[208]. Na medida em que está firmado que, ao renunciar à redação de duas obras "populares" para conceber o *Guia*, Maimônides não deseja dirigir-se ao vulgo, é mister, portanto, conceber que ele inventa uma nova espécie de discurso, ao mesmo tempo estranha à linguagem parabólica e diferente da explicação exotérica. A natureza deste está por ser descoberta no fim da Introdução, através de uma espécie de arruinamento do estilo literário do *Guia*. Por meio dessas últimas páginas, Maimônides muda bruscamente de tema, descrevendo longamente os diferentes gêneros de contradições que sobrevêm nas diferentes espécies de livros. É preciso assim compreender que ele expõe nesse lugar e de uma maneira velada o método de seu livro: assim como uma mudança de expressão na *Torá* assinala discretamente a formulação de um segredo, essa irrupção de uma questão de aparência intempestiva no *Guia* deve chamar atenção; propondo sem motivo aparente uma classificação de diferentes tipos de contradições discursivas, Maimônides indica que "o gênero procurado é o discurso contraditório"[209].

Eis, portanto, uma nova descoberta: Maimônides ensina a verdade por meio de contradições intencionais, porém ocultas ao vulgo; entre enunciados que não são nem parabólicos nem enigmáticos. Daí decorre uma segunda regra hermenêutica: "Nenhum intérprete do *Guia* está habilitado a tentar uma explicação 'pessoal' dessas contradições". Em outros termos, ele não deverá supor que a tradição bíblica e a filosófica que Maimônides buscava conciliar são inconciliáveis, preconceito que pesava outrora sobre o livro de Julius Guttmann. Ele não poderá mais imaginar que o autor do *Guia* estava na pista de problemas filosóficos que transcendem o horizonte da tradição própria à filosofia, sendo ao mesmo tempo incapaz de emancipar-se desta. Ele deve somente empenhar-se em descobrir em cada ocasião em que se apresenta uma contradição "qual dos dois enunciados era considerado como verdadeiro por Maimônides e qual lhe servia apenas de meio para esconder a verdade"[210]. Nessa perspectiva, torna-se essencial clarificar as

---

208 Sem citá-lo, Strauss comenta ainda uma passagem da Introduction, 1, p. 15 (15-16).
209 Le Caractère littéraire du *Guide pour les perplexes*, op. cit., p. 245.
210 Cabe notar que Samuel ibn Tibon havia descoberto esta técnica de escritura e esboçado a regra hermenêutica que ela impõe na sua missiva a Maimônides sobre a providência: formalizando a

formas mais correntes de ocultar as contradições: falar do mesmo assunto de maneira contraditória, a algumas páginas de distância; contradizer uma proposição contestando suas implicações mais do que diretamente; fingir repetir uma afirmação juntando-lhe ao mesmo tempo ou retirando-lhe elementos; introduzir entre duas sentenças contrárias uma asserção intermediária que torna a diferença aparentemente desprezível; utilizar, enfim, palavras ambíguas[211]. A respeito dessas diferentes modalidades de utilização das contradições, cumpre ainda perguntar-se se é possível que elas se reduzam a uma única contradição fundamental: entre o ensinamento verdadeiro fundado sobre a razão e aquele que procede apenas da imaginação.

É forçoso constatar que sobre esta questão que alimentou as controvérsias acerca de Maimônides desde a época do *Guia* até nossos dias, Leo Strauss gera uma decepção em seu leitor, a cujo propósito é mister perguntar-se se ela não pode ser intencional. Espera-se aqui uma tomada de posição relativa à orientação última de Maimônides para com a filosofia ou a religião: no tocante a problemas decisivos, como o da eternidade ou da criação do mundo. Ora, Strauss reitera diante daquilo que denomina uma "questão geral" uma "resposta geral" de aparências singularmente restritivas: "Qual dos dois enunciados contraditórios Maimônides considera, em cada caso, como verdadeiro?"[212] Quanto a essa resposta mesma, a respeito da qual é especificado que ela seria "o guia para a compreensão da obra de Maimônides", ela se limita a uma breve cadeia dedutiva: uma vez que o *Guia* identifica o verdadeiro ensinamento com certo ensinamento secreto, o que é mais verdadeiro deve ser o mais secreto ou ainda o mais raro; por consequência, entre dois enunciados contraditórios do livro, aquele que se encontra menos frequentemente pode ser considerado como o verdadeiro. A fim de precisar essa proposição, é necessário ainda cruzá-la com duas componentes da precedente: a melhor maneira de ocultar a verdade é contradizê-la; Maimônides a ensina secretamente às pessoas instruídas

---

diferença entre proposições "verdadeiras" e proposições "feitas para ocultar" (ver Aviezer Ravitzky, Samuel ibn Tibbon and the Esoteric Character of the *Guide of the Perplexed*, op. cit., p. 215.
211 Idem, p. 247-248, em que Strauss formaliza, por meio de proposições lógicas, sua classificação dos diferentes procedimentos pelos quais Maimônides dissimula as contradições que estruturam o seu discurso.
212 Idem, p. 250.

capazes de compreender por si mesmas, dissimulando-a ao mesmo tempo ao vulgo. Daí resulta que seu método consiste em repetir tão amiúde quanto possível as opiniões convencionais adaptadas ao grande número, para não enunciar senão raramente opiniões não convencionais que as contradigam, destinadas desta vez a um público mais restrito.

Desse processo, Leo Strauss fornece apenas um exemplo, que poderia sugerir uma resposta, de sua parte, a uma das questões controvertidas, que ilustra ao mesmo tempo a maneira como Maimônides imita as modalidades de exposição da *Torá*. Ainda assim ele não o escolhe no próprio *Guia*, mas no *Tratado sobre a Ressurreição*, obra percebida como seu "mais autêntico comentário". Aqui, o Rambam sublinha o fato de que a ressurreição é afirmada somente em dois versículos do livro de *Daniel* (12, 2 e 12, 13), ao passo que ela é contradita por numerosas passagens da Escritura. Strauss propõe confrontar essa passagem com uma outra: em que Maimônides afirma desta vez que "a menção do princípio de base da unidade, 'O Senhor é um' (*Dt* 6, 4), não é repetida na *Torá*"[213]. Poderia alguém autorizar-se a deduzir dessa observação que Strauss atribuiria a Maimônides uma defesa da doutrina da ressurreição, contrariamente ao que lhe foi muitas vezes censurado? Parece que não é nada disso, visto que ele se contenta em repetir o princípio geral de interpretação segundo o qual as contradições constituem o eixo do *Guia*: o instrumento que sela a obra, revelando ao mesmo tempo a maneira de desfazer seus próprios selos. Nessa perspectiva, Strauss prossegue, aliás, sua análise mostrando os procedimentos pelos quais Maimônides oferece alguns indícios que permitem referenciar as contradições pertinentes, devendo o estudo de seus procedimentos conduzir a uma hermenêutica completa: os sofismas intencionais e as observações irônicas; uma terminologia secreta que deveria ser reunida por meio de um índice; apóstrofes ao leitor ou epígrafes a encabeçar a obra e suas diferentes partes; silêncios e omissões intencionais; os *raschei peraqim*, enfim,

---

213 Idem, p. 251. Strauss menciona aqui o *Épître sur la résurrection* (ver Maimônides, *Épîtres*, trad. J. de Hulster, Paris: Verdier, 1983, p. 145 e p. 136). Preferiremos, todavia, a edição de Abraham Halkin, The Essay on Resurrection, *Epistles of Maimonides: Crises and Leadership*, trad. e notas Abraham Halkin, comentários de David Hartman, Philadelphia/Jerusalem, The Jewish Publication Society, 1985, p. 226 e p. 221. No caso, Maimônides cita por duas vezes e à distância os dois versículos de Daniel (ver p. 132 da primeira tradução e p. 219 da segunda).

esses "cabeços de capítulo" sobre os quais Maimônides mesmo chama atenção e que propõem palavras-chave mais ou menos explícitas[214].

Se a gente pensa na violência das controvérsias suscitadas pelo *Guia* e na importante discussão que prossegue hoje ainda em torno da leitura straussiana, aparece um duplo paradoxo. Em primeiro lugar, Leo Strauss sabia melhor do que ninguém que, em três vagas desdobradas entre o momento de aparição da obra e o começo do século XIV, o *Guia* sofreu o fogo de intensas críticas, acarretando até a sua destruição em certas partes da Diáspora[215]. Mas ele parece recusar-se a tomar posição acerca do fundo das proposições de Maimônides e de seu pensamento último. A isto se soma que, se algumas das discussões de sua interpretação se limitam prudentemente à avaliação das regras hermenêuticas propostas e do estatuto concedido à escritura esotérica, outras lhe atribuem de maneira mais imprudente uma tese concernente à doutrina de Maimônides a respeito da

---

214 Idem, p. 252-255. Há um precioso léxico do vocabulário filosófico do *Guia* que, sem dúvida, não corresponde inteiramente ao desejo aqui expresso por Strauss, mas que ele, no entanto, cita: Israel Efros, *Philosophical Terms in the Moreh Nebukim*, New York: Columbia University Press, 1924.
215 Em vida de Maimônides, por volta de 1180, uma primeira controvérsia havia em especial oposto, na Espanha, Meir Halevi Abulafia, que dirigia a comunidade de Toledo, a R. Scheschet de Barcelona. No seu estudo sobre os conflitos a propósito do racionalismo de Maimônides, Joseph Sarachek não levanta menos de 25 queixas formuladas pelos contemporâneos contra o *Guia*, mas igualmente contra o *Livro do Conhecimento* e a *Epístola sobre a Ressurreição*: elas concernem essencialmente ao fato de que o Rambam havia estudado a filosofia, de modo que ele era suspeito de tê-la introduzido nas suas obras para revelar os segredos da *Torá*; depois por sua maneira de discutir a origem do mundo, as doutrinas da providência e a imortalidade. Meio século mais tarde, cerca de 25 anos após a morte de Maimônides (1204), a controvérsia dos anos de 1230-1235 foi muito mais violenta. Deslocada principalmente para o mundo provençal, ela encontraria seu apogeu em 1232: ao passo que o *Guia* já havia sofrido prescrições em Aragão, mas tinha sido também defendido por contraprescrições, e seria de novo condenado, antes de ser queimado por heresia após a decisão de um tribunal católico, por certo solicitado pelos dirigentes tradicionalistas. Enfim, os anos de 1300 a 1306 assistiram a uma última controvérsia, mais cortês, sem dúvida, na medida em que seus adversários se davam ao trabalho de marcar sua deferência para com Maimônides, mas que não terminaria menos no banimento renovado da filosofia através dele. Sobre o contexto cultural dessas crises, ver Yitzhak Baer, *A History of the Jews in Christian Spain*, Philadelphia /Jerusalem: The Jewish Publication Society, 1992, v. 1, p. 100-110 e p. 301-305. No referente às doutrinas: Joseph Sarachek, *Faith and Reason: The Conflict over the Rationalism of Maimonides*, New York: Hermon Press, 1970; Daniel Jeremy Silver, *Maimonidean Criticism and the Maimonidean Controversy, 1180-1240*, Leyden: E. J. Brill, 1965; Bernard Septimus, *Hispano-Jewish Culture in Transition: The Career and Controversies of Ramah*, Cambridge: Harvard University Press, 1982, cap. IV. Sobre o papel desempenhado pelos cabalistas na segunda controvérsia, ver supra, p. 481-484.

contradição decisiva entre filosofia e religião. Em face do primeiro desses paradoxos, é preciso perguntar-se qual podia ser o intuito de Strauss ao alimentar uma espécie de frustração de seu leitor, tanto mais pesada quanto seu último grande texto sobre Maimônides não desvelaria mais do que a precedente hipótese sobre a verdade do *Guia*[216]. Quando nos lembramos do fato de que Leo Strauss declarava explicitamente que nenhum intérprete moderno desse livro pode autorizar-se a dar a seu respeito uma explicação "pessoal", torna-se possível supor que ele prolonga o escrúpulo moral enunciado a propósito do interdito de revelar as verdades ocultas da *Torá* até a preocupação de reproduzir em relação ao seu próprio leitor a atitude que atribui a Maimônides a respeito do destinatário típico do *Guia*: concebê-lo como um homem que se mantém na posição em que a especulação se separa da aceitação da autoridade, a fim de deixá-lo livre para escolher sua via.

Em tal perspectiva, a intenção de Leo Strauss seria a de oferecer ao leitor moderno do *Guia* autenticamente interessado em sua verdade certo número de regras hermenêuticas que deveria permitir-lhe construir sua resposta às questões decisivas. Nesse sentido, ele pensa, sem dúvida, em seus próprios textos ao mesmo tempo em que nos de Maimônides, quando evoca os "milagres" que podem ser realizados por pequenas palavras, como "quase", "talvez", "parece"; ou ainda quando propõe esta metáfora: "Existem livros cujas frases parecem sendas bastante tortuosas que levam ao longo de precipícios

---

[216] Ao fim de Comment commencer à étudier le *Guide des perplexes*, op. cit., p. 363, Strauss afirma ter sido obrigado a "acentuar mais as perplexidades de Maimônides do que suas certezas". Nesta perspectiva, a análise meticulosa dos "capítulos lexicográficos" que explicam os termos ambíguos no início do *Guia* pelos quais a *Torá* poderia sugerir uma corporeidade de Deus, tende principalmente a demonstrar que Maimônides procura combater os idólatras sobreviventes ou os "sabeítas" que figuram na *Bíblia*. Se Maimônides sugere neste caminho a existência de um progresso intrabíblico para além do ensinamento da *Torá* (ao demonstrar, em especial, que Isaías atinge um nível mais elevado no conhecimento de Deus do que Moisés) e até a possibilidade de um progresso pós-bíblico na descrição dos segredos da *Torá* (cf. p. 330 e p. 339), isso não parece ser, aos olhos de Strauss, um motivo para defender a superioridade intrínseca da filosofia sobre a Tradição: porém, mais modestamente, para justificar seu projeto de escrever "nestes tempos de exílio" um livro sobre os segredos da Lei que ninguém antes dele ousara escrever e que remataria a crítica ao sabeísmo (p. 343). Deste ponto de vista, a chave, por excelência, para uma leitura do *Guia* continuaria a residir na compreensão da situação de Maimônides e daquele a quem ele se dirige: o primeiro sabe que Deus é incorpóreo por uma demonstração baseada em parte na ciência da natureza; o segundo não sabe, nem o aprenderá de Maimônides, mas o aceitará diante de sua autoridade; de modo que será bem conduzida ao lugar onde deverá escolher entre a especulação e a aceitação da autoridade.

dissimulados por moitas espessas, e às vezes mesmo ao longo de cavernas espaçosas e bem escondidas. Essas profundezas e essas cavernas não são notadas por aqueles que o trabalho ocupa e que se apressam a ir a seus campos; mas elas se tornam gradualmente conhecidas ao viajante ocioso e atento"[217]. Mas se tal é o caso, deve-se dar um passo suplementar na formulação de hipóteses a respeito do projeto straussiano. Cumpre perguntar se é possível que Strauss espose, adaptando-o, o ponto de vista que parece descobrir em Maimônides, de modo que ele o desenharia como um autorretrato: o de um judeu que não pode ser nem verdadeiramente ortodoxo nem completamente filósofo; o de um homem que permanece estranho às Luzes modernas na sua crítica da religião e que busca nas Luzes medievais uma doutrina suscetível de conciliar as duas fontes da verdade. Uma única análise poderia confirmar essa conjectura, verificando que tais são, de fato, tanto o rosto de Maimônides que Leo Strauss desenha, como os traços que ele dá a si mesmo: ela concerne à comparação entre o *Guia* e a *Mischné Torá*.

Sobre esse tema decide-se em geral a questão da pertença de Maimônides a uma ou a outra das duas categorias antagonistas: a dos homens da Tradição ou a dos homens da especulação; a dos rabinos ou a dos filósofos. Leo Strauss se aplica, em primeiro lugar, a reconstruir sistematicamente a lista de argumentos vertidos em apoio à ideia segundo a qual seu autor teria concedido preferência à *Mischné Torá*: obra que, além do mais, haveria de exercer uma influência duradoura, enquanto o *Guia* seria sempre superado em popularidade pelo *Zohar* entre as obras adornadas de uma reputação de esoterismo. Um dos argumentos mais sólidos repousa sobre uma diferença de denominação: Maimônides designa a *Mischné Torá* como "nossa grande obra" e o *Guia* somente como "meu tratado"[218]. Outro se baseia no fato de

---

217 Le Caractère littéraire du *Guide pour les perplexes*, op. cit., p. 256-257.
218 Idem, p. 257 e s. Maimônides utiliza esta denominação da *Mischné Torá* em quase todos os seus livros posteriores. A título de ilustração: no próprio *Guide*, Introduction, I, p. 16; mas também no *Épître sur la résurrection* (o adjetivo desapareceu na tradução francesa, cf. a edição Halkin, op. cit., p. 213). A fim de esclarecer a questão das denominações, é preciso confrontar as duas explicações disseminadas no texto de Strauss. O termo provisoriamente traduzido por "obra" que designa a *Mischné Torá* é *ta'lif* em árabe, *híbur* em hebraico. Mais acima (p. 220), Strauss indicou os termos que designam o *Guia* como "tratado": *maqâla* em árabe, *maamar* em hebraico. A *Mischné Torá* é ainda chamada por Maimônides *kitâb* (*sefer* em hebraico, isto é, claramente, "livro"). A sinonímia entre *hibur* e *sefer* foi confirmada por Louis Ginsberg, no suplemento ao léxico de Israel Efros, *Philosophical Terms in the Moreh Nebukim*, p. 133.

que se o assunto do Código é claro enquanto "repetição da *Torá*", assim como o seu título o anuncia explicitamente, o do *Guia* é incerto: nem verdadeiramente filosófico, nem, propriamente falando, teológico ou religioso. Resta, por fim, um argumento mais complexo, mas que poderia ser decisivo: mesmo que o caminho percorrido pelo *Guia* pareça conduzir nobremente do inferior ao superior, isto é, das imagens próprias à esfera da imaginação para a sabedoria ligada ao reino do intelecto e que só se desvela por meio da interpretação dos "segredos da *Torá*", a obra acaba na análise dos preceitos da Lei, que eram o objeto da *Mischné Torá*, mais do que pela explicação do *maassé bereschit* ou do *maassé merkavá*, que pareciam, entretanto, ser seu tema predileto. Em outros termos, tal argumento deveria provar que Maimônides concede tanto mais importância à *Mischné Torá* quanto defende de algum modo o *Talmud* contra certas propostas dos próprios Sábios: ainda que estes últimos sugiram que o *maassé merkavá* seja uma "grande coisa", ao passo que as discussões dialéticas dos rabinos acerca dos preceitos permanecem como "coisa pequena", ele afirma que o estudo destes últimos deve, não obstante, ter precedência[219]. Esta última prova em apoio a uma preferência de Maimônides pela *Mischné Torá* deveria, enfim, ver-se confirmada por uma declaração do *Guia* segundo a qual a ordem de dignidade crescente dos estudos vai do conhecimento da verdade fundada na exclusiva Tradição para aquele que se ampara na demonstração, depois no *fiqh*[220].

219 Strauss tem em vista aqui (p. 258) uma primeira vez a *Mischné Torá*, Livro I, Madá, 1, Iessod ha-Torá, cap. IV, 13 (*Livre de la connaissance*, p. 66). A fórmula, segundo a qual o Relato da Carruagem é uma "grande coisa", enquanto as discussões dialéticas de Abaye e Rava são uma "pequena coisa", provém de *Baba Batra*, 134a: que comenta *Provérbios* 8, 21 "(eu sou com perseverança a voz da justiça, as sendas da equidade) ao dar àqueles que me amam os bens em partilha, ao preencher seus tesouros". Nessa passagem, Maimônides contesta essa declaração dos Sábios por meio de um argumento que justifica a *démarche* da própria *Mischné Torá*: ele propõe começar pelo estudo das discussões sobre os preceitos e não entrar no *Pardes* (o jardim que designa, a seus olhos, a física e a metafísica) "após ter-se saciado de pão e de carne, isto é, após ter aprendido a conhecer aquilo que, diretamente ou não, todos os outros mandamentos autorizam ou proíbem". Para defender esta ideia, Maimônides faz ainda alusão a um célebre texto do *Talmud* relativo aos perigos da especulação (*Haguigá*, 14b). Quatro homens penetraram no jardim [*pardes*], um olhou e morreu, o outro enlouqueceu, o terceiro arrancou as plantas com a raiz [abjurou] e somente rabi Akiva "saiu em paz como havia entrado".
220 Strauss tem em vista aqui (p. 259) o *Guide* III, 54, p. 459 (631). Seria necessário compreender que Maimônides associa a perfeição do mais alto grau à ação e não à especulação. Implicitamente, o argumento deveria ter tanto mais autoridade quanto esta declaração intervém no último capítulo do livro.

No entanto, seja como for, no que diz respeito ao caráter impressionante desses argumentos vertidos em apoio à opinião segundo a qual Maimônides concedia mais importância à *Mischné Torá* do que ao *Guia*, Leo Strauss se empenha no mesmo instante em mostrar que eles não possuem "nenhuma espécie de validade". Se se excetuar tudo o que se baseava apenas nas declarações duvidosas de Maimônides ou nas convicções sobre seu tema que não são as suas, porém dos outros, a primeira questão significativa é aquela que concerne às qualificações respectivas das duas obras. Sobre esse ponto, mesmo se as denominações pessoais de Maimônides permanecessem mal atestadas, uma análise lexicográfica de suas expressões habituais incitaria a traduzir o termo *ta'lif* (*hibur*), que ele utiliza a propósito da *Mischné Torá*, por "compilação" mais do que por "obra": de modo que a diferença entre o *Guia* e este não seria aquela que separa um simples tratado de uma obra sublime; mas aquela que distingue uma comunicação confidencial de uma compilação extensa e pública[221]. No mesmo sentido, cumpriria ainda saber mais precisamente o que Maimônides entende quando denomina a *Mischné Torá* de "nossa grande composição" e o *Guia* de "meu discurso". A tese corrente pretende que a primeira expressão emprega um plural de majestade que consignaria à obra por ela designada um estatuto mais elevado do que o da outra. Ora, um exame mais atento do uso do plural e do singular em uma discussão tão importante como a das opiniões sobre a Providência mostra que as duas formas do pronome possessivo designam respectivamente duas dentre elas: a de "nossa comunidade" ou ainda "nossa crença", entendida como própria a "aqueles que aderem à Lei"; depois "isto que eu penso" ou "meu discurso", que poderia, quanto a ele, corresponder à opinião dos filósofos[222]. Essa

---

221 Idem, p. 268-262. A acepção de *hibur* como "composição" ou "compilação" é atestada por Louis Ginsberg (op. cit., p. 133). Ginsberg refere-se aqui à literatura dos *gaonim*, anteriores a Maimônides. Em se tratando do outro termo, Strauss já havia especificado (p. 220) que *maqâla* (*maamar*), que designa o *Guia*, pode ter, por sua vez, dois nexos: "tratado", como quando o Rambam fala do *Tratado do Governo* de Alexandre de Afrodisias; mas igualmente "discurso", isto é, ensinamento oral. Este último sentido conforta a ideia de Strauss pela qual Maimônides procura no *Guia* um procedimento suscetível de imitar na escrita a comunicação oral, a fim de aliviar o peso de uma transgressão do interdito ligado ao desvelamento dos "segredos" da *Torá*. Poder-se-ia acrescentar que esta opinião, no tocante à tradução de *maamar* como "discurso" justifica-se facilmente a partir da raiz do termo hebraico, que indica efetivamente a fala oral.
222 Ver Guide, III, 17 e III, 18, *in fine*.

distinção deveria então ser concebida como aquela que separa o sentido literal da *Bíblia* de sua intenção, isto é, de seu sentido secreto ou oculto. Mas é necessário ainda notar que se Strauss defende assim a ideia segundo a qual Maimônides teria alojado suas opiniões pessoais no *Guia*, evita induzir daí o fato de que o argumento provaria diretamente que ele identifica aquelas opiniões com a verdade dos filósofos.

Se se admite, assim, como única conclusão aquela pela qual Maimônides se coloca como porta-voz da comunidade judaica e da Tradição na *Mischné Torá*, ao passo que consigna suas próprias opiniões no *Guia*, a aparente incerteza relativa ao objeto deste último pode se dissipar. É evidente que a diferença dos títulos é significativa: enquanto "repetição da *Torá*", a *Mischné Torá* é efetivamente uma codificação da Lei Oral, que é aos olhos de Maimônides a única interpretação autêntica da *Torá* escrita; sob esse ponto de vista, ele reproduz de algum modo a maneira pela qual o *Deuteronômio* já era a repetição dos três livros precedentes de Moisés. Mas se a palavra "repetição" consigna a esse livro uma grande solenidade, ele contém uma ambiguidade que impede de ver nele imediatamente um tema mais nobre do que o do *Guia*. Repetir a *Torá* pode, com efeito, ser entendido em duas perspectivas: segundo as proporções "exteriores" deste, que se ligam às "ações" determinadas em todos os seus pormenores; ou conforme suas proporções "interiores", que concernem, quanto a elas, às "opiniões" verdadeiras, expostas de modo oculto ou secreto. Ora, sabemos que o *Guia* é principalmente dedicado às opiniões, que são superiores às ações na exata medida em que a perfeição da alma é superior à do corpo[223]. Cabe, pois, admitir que as proporções mais autênticas dos temas da *Torá*

---

[223] A esse respeito, é preciso comparar o *Guide*, III, 27 (a Lei tem duas finalidades: o bem-estar do corpo e o da alma) com a Introduction, p. 9 (o *maassé bereschit* corresponde à física e o *maassé merkavá*, à metafísica) e p. 16 (com respeito às "bases da fé" e às "verdades gerais", nada será dito além do que já consta da *Mischné Torá*); depois de I, 71 (o exame da oposição entre as doutrinas da criação do mundo e de sua eternidade). Será, além disso, de utilidade reportar-se à reconstrução do plano do *Guia* proposto por Strauss no início do Comment commencer à étudier le *Guide des perplexes* (op. cit., p. 297-299). Isto repousa sobre uma distinção maior: o exame das "opiniões" que se finalizam com as das doutrinas da providência (III, 8-24) e da onisciência (III, 24); a análise das "ações", que ocupa todo o fim do livro. Assim descrita, a estrutura do *Guia* leva a considerar que tão somente a ordem da exposição dos temas corresponde a uma apresentação de sua importância crescente, dissimulando Maimônides as questões essenciais no corpo do livro mais do que nos seus extremos onde eles seriam mais visíveis (a título de ilustração, o tema maior, a explicação do *maassé merkavá*, é instalada no III, 1-7).

são imitadas no *Guia*, o qual trata da ciência verdadeira da Lei, e não na *Mischné Torá*, que se limita à ciência da Lei no sentido usual. Desse ponto de vista e desta vez consoante ao título do *Guia*, este constitui uma repetição da *Torá* por excelência, que é endereçada às criaturas "perplexas"; enquanto a *Mischné Torá* não a repete senão para *simpliciter**, para os que não estão "perplexos", isto é, para o grande número.

Podemos assim chegar ao último argumento, àquele que induzia uma preferência de Maimônides pela *Mischné Torá* a partir da ideia segundo a qual o *fiqh* deve passar à frente de qualquer outra coisa. A questão que aqui se propõe é a de saber se a prioridade concedida ao conhecimento dos preceitos deve ser entendida em termos de dignidade ou simplesmente de cronologia. Tudo leva a pensar que para Maimônides, se o conhecimento dos preceitos é a condição de possibilidade de sua execução, ele é também um meio para um fim ainda mais alto: o objetivo último que representa a compreensão do *maassé bereschit* e do *maassé merkavá*. Dito de outro modo, é preciso levar a sério a afirmação do último capítulo do *Guia* segundo a qual numerosos preceitos da Lei constituem um meio de aquisição da virtude moral, a qual está ainda subordinada ao seu fim verdadeiro: a virtude especulativa e o conhecimento das coisas divinas[224]. Essa afirmação se choca, entretanto, com uma última ambiguidade do *Guia*: seu primeiro cabeço de capítulo designa o termo "imagem", ao passo que o último visa a "sabedoria", porém não se pode facilmente determinar se uma oposição de tal ordem indica de fato um movimento pelo qual o leitor irá das opiniões imaginárias ao

---

* Na verdade, *simpliciter* é um advérbio, significando "isoladamente", "simplesmente", "ingenuamente", como no dito "sic et simpliciter" ("pura e simplesmente"), apesar de aqui ter sido empregado no lugar da forma nominal do verbo "simplificar", que seria "simplificare" em latim medieval, cf. Ernesto Faria, *Dicionário Escolar Latino-Português*, 2. ed., Rio de Janeiro: Cia. Editora Nacional, 1956, p. 896 (N. da E.).

224 Ver *Guide*, III, 54, p. 461-464 (632-634): terceira das perfeições humanas, aquela que se prende às qualidades morais "ela própria apenas um preparo para uma outra perfeição"; o fim último do homem consiste em "conceber coisas *inteligíveis* que possam nos dar ideias sãs sobre assuntos metafísicos". É possível notar que esta declaração foi sempre um dos principais elementos de prova apresentados em apoio à tese segundo a qual Maimônides se perfilaria ao lado dos filósofos, privilegiando assim as virtudes do intelecto e a contemplação. Tal é notadamente, entre os contemporâneos, o ponto de vista de Julius Guttmann (ver *Histoire des philosophies juives*, p. 223-226). Compreende-se por que, para Strauss, visto ser ela tão perfeitamente visível ao término do *Guia* que salta imediatamente aos olhos, essa declaração é talvez demasiado visível para ser tomada ao pé da letra.

conhecimento verdadeiro. A resolução dessa dificuldade – que não é senão a de um modo de arranjo dos tópicos do *Guia* – impõe levar em conta duas considerações: o fato de que o objeto é realmente uma repetição da *Torá* nas suas proporções mais amplas; depois a maneira como a própria *Torá* foi dada ao homem por intermédio de um profeta.

Recordando-se aqui de suas primeiras análises, Leo Strauss propõe apoiar-se em uma última analogia. Para Maimônides e segundo um esquema platônico já conhecido, a ascensão do profeta ao conhecimento mais elevado, que ultrapassa a do próprio filósofo, é seguida de um descenso para junto das "pessoas comuns" com vista à sua instrução e a seu governo[225]. Duas consequências podem ser extraídas dessa reprise das análises de *Philosophie und Gesetz*. Em primeiro lugar, enquanto a percepção dessa combinação de excelências teórica e política era requerida para a compreensão da doutrina da profecia nos medievais, ela deve ser doravante mobilizada a respeito dos ensinamentos secretos dos profetas. Porém, é mais importante ainda admitir que, propondo-se no *Guia* a explicar este último, Maimônides imita, de uma ou de outra maneira, o comportamento dos profetas. Pode-se dizer, sem dúvida, que o método do profeta difere do de Maimônides: o primeiro torna-se capaz de desincumbir-se de sua função política graças à sua capacidade de imaginação, quer dizer, quando ele chega a representar a verdade para o vulgo por meio de imagens e de parábolas; o segundo se propõe a substituir as parábolas, procurando outros meios de exposição da verdade. Nem por isso deixa de ser verdade que a sucessão dos assuntos no *Guia* imita efetivamente o itinerário dos profetas: o livro parte das imagens, para conduzir seu leitor gradualmente até o *maassé merkavá*, que representa o objeto mais sublime do conhecimento; depois interrompe essa explicação, explicitamente incompleta, e volta a descer lentamente das

---

[225] Strauss compara aqui (p. 271) o *Guide* I, 15, p. 65-66 (48) com Platão, *República*, VII, 519c-520a. Sobre esse esquema de interpretação da doutrina da profecia segundo o paradigma platônico, ver supra, p. 837-842. Na parte final de *Philosophie und Gesetz*, Strauss tinha em vista essa passagem da *República* numa dupla perspectiva: distinguir as respectivas atitudes de Aristóteles e de Platão no tocante à contemplação como finalidade da vida filosófica; mostrar, sobretudo, que Platão afirma que se deve obrigar o filósofo a descer de novo à Cidade a fim de se preocupar com o bem comum. O confronto dessas duas análises permitiria supor que Strauss pensa sempre que Maimônides não é puramente aristotélico, recusando-se a considerar a contemplação como um fim último, depois que ele assume o encargo da responsabilidade do filósofo perante a sociedade.

"opiniões" para as ações[226]. É, portanto, esse movimento de ascensão seguido de um descenso que se deve doravante perceber na ordem dos estudos que Maimônides propõe aos homens que não são de natureza profética: a abordagem da verdade baseada na exclusiva Tradição; aquela que se apoia na demonstração como modo mais elevado do conhecimento permitido ao homem; o retorno, enfim, para o exame dos preceitos[227].

Duas conclusões podem ser tiradas dessa análise. A do próprio Leo Strauss decorre do fato de que, aos olhos de Maimônides, o tema do *Guia* é definitivamente superior em dignidade ao da *Mischné Torá*: um trata principalmente das "opiniões" que aborda de maneira demonstrativa, isto é, do ponto de vista da verdadeira ciência da Lei; o outro se ocupa apenas das "ações", de conformidade desta vez com a ciência da Lei em seu nexo usual. Nesse sentido, no primeiro desses livros, Maimônides radicaliza mais do que contesta a declaração dos Sábios segundo a qual o *maassé merkavá* é uma "grande coisa", enquanto o estudo dos preceitos é apenas uma "coisa pequena"[228]. Essa tese seria ainda escorada pela ideia exposta na metáfora

---

[226] A articulação decisiva no seio do *Guia* residiria assim em III, 1-7: consagrado ao *maasé merkavá*, esta exposição marca o ponto culminante da obra na sua ascensão para o tema mais sublime; Maimônides, porém, interrompe brutalmente a explicação ("não espere de modo algum, após este capítulo, ouvir de mim uma única palavra sobre o assunto, nem claramente nem por alusão, pois tudo o que era possível dizer aí foi dito, e eu me envolvi nisso de maneira demasiado temerária"), para baixar de novo às "ações", isto é, à explicação dos preceitos (a partir de III, 25). Se nos reportarmos mais uma vez à explicitação do plano proposto por Strauss, constataremos que este movimento de descida começa pelo exame de um segundo bloco de opiniões: aquelas referentes "aos seres corporais que vem a ser e perecem e, em particular, atinentes ao homem" (Strauss); após aquelas que concerniam "a Deus e aos anjos". Contudo, a delimitação deste segundo grupo de opiniões engloba toda a parte final do livro (III, 8-54), começando, além disso, por aquelas relativas à providência (III, 8-24). Dever-se-á induzir daí que, na visão de Strauss, Maimônides continua tratando das opiniões quando parece falar dos preceitos?

[227] *Guia*, III, 54 (sobre a hierarquia das perfeições), comparado a I, 33 (seria perigoso começar pela metafísica).

[228] Strauss evoca aqui (p. 273) uma última vez os *Iessod ha-Torá*, cap. IV, 13. Indicando implicitamente, a algumas páginas de distância, uma contradição entre o *Mischné Torá*, que contesta a declaração dos Sábios, e o *Guia*, cujo movimento todo tende a confirmá-la, Strauss oferece uma espécie de ilustração, por excelência, de sua hermenêutica. Em primeiro lugar, esta contradição deve atrair a atenção do leitor, pois o convida a tentar saber qual das duas proposições é a verdadeira. No caso, tratando-se do *Guia*, que se dá por objeto a explicação do *maasé merkavá*, a segunda é a boa: o que acarreta definitivamente que esta obra, abordando a "grande coisa", é mais importante para Maimônides do que aquela que só se dedica à "pequena". Resta que apenas por extrapolação será possível estimar que Strauss, assim, perfila Maimônides ao lado de Aristóteles e dos filósofos: o Rambam poderia, uma vez mais, contentar-se com o fato de querer conduzir à ciência verdadeira da Lei, sem necessariamente confundi-la com o ensinamento dos filósofos.

do palácio: aqueles que estudam a *fiqh* ou a ciência da Lei, na acepção ordinária, nada mais fazem senão andar em redor da entrada; somente a especulação sobre as "raízes" com vista à demonstração das verdades ensinadas pela Lei conduz ao príncipe[229]. Ela confirma, enfim, a partição proposta: "A *Mischné Torá* está endereçada, em primeiro lugar, ao comum dos homens, ao passo que o *Guia* está dirigido ao pequeno número de pessoas que são capazes de compreender por si mesmas"[230]. Mas cumpre observar de pronto que, em nenhuma de suas proposições de interpretação, Leo Strauss vai além da formulação de regras hermenêuticas ou de considerações relativas à arquitetônica própria à obra do Rambam. Formulada de uma maneira que permanece implícita, a única hipótese que defluiria da ideia segundo a qual Maimônides imita a postura dos profetas e segue um trajeto idêntico ao deles se prenderia ao fato de que ele se atribuiria um papel político, além de seu cometimento especulativo. Como a *Mischné Torá*, o *Guia* visaria, por seus desenvolvimentos mais longos e mais legíveis, reforçar o conhecimento e o respeito dos preceitos por parte da maioria: segundo uma exigência conforme às necessidades da cidade. Em sua dimensão esotérica, ele se daria, em compensação, por objeto esclarecer a minoria dos homens que estudaram filosofia e estão de novo perplexos no tocante aos ensinamentos da Lei[231]. Nesse sentido, Leo Strauss não parece querer deliberadamente comunicar senão uma conclusão definitiva, que concerne à única distinção

---

229 Ver *Guia*, III, 51. Acerca desta metáfora, cf. supra, p. 848-849 e p. 849 n. 143.
230 Le Caractère littéraire du *Guide pour les perplexes*, op. cit., p. 276, em que essa frase é a última. Notemos que ela parece tornar-se quase insignificante, na medida em que é redundante em relação às palavras do começo do texto, o que recebe confirmação, se necessário, de que Strauss não deseja oferecer explicitamente uma tese definitiva sobre o sentido do *Guia*. Esta observação se confirma se olharmos de imediato o fim do segundo texto (Comment commencer à étudier le *Guide des perplexes*, op. cit., p. 363). Uma vez mais, não só Strauss repete suas palavras do início, mas as últimas linhas reproduzem a citação da passagem metafórica da Introduction do *Guide*: "Uma chave que permite entrar nos lugares em que as portas estão fechadas a chave. Quando essas portas tiverem sido abertas e quando se tiver entrado nesses lugares, as almas encontrarão aí o repouso, os olhos se deleitarão". Poder-se-á deduzir daí que se nem tudo é para ser refeito, muito resta a fazer: permanecendo a perplexidade do começo em grande parte.
231 Esta interpretação estaria novamente de acordo com os resultados outrora obtidos pelo exame da doutrina dos medievais pelo estalão da filosofia política de Platão. No caso, ela coincide com a descoberta de uma distinção capital entre dois tipos de crenças: os *pia dogmata*, necessários ao equilíbrio da Cidade; e os *vera dogmata*, que se arriscam a ameaçá-la e devem ser ensinados com prudência, graças a uma comunicação restrita.

entre o tema da *Mischné Torá* e o do *Guia*: um se atém às ações ou à explicitação dos preceitos, na perspectiva da ciência da Lei, tal como ela é concebida de maneira usual; o outro se aplica à compreensão das "raízes", de conformidade desta vez com o verdadeiro sentido da ciência da Lei. Nada apareceria, portanto, que se assemelharia a uma tomada de posição sobre a questão controversa por excelência: a do pensamento último de Maimônides em face do conflito entre Lei e razão, religião e filosofia.

Surge assim o paradoxo das discussões contemporâneas em torno das análises de Maimônides propostas por Leo Strauss. Esquematicamente, estas opõem partidários e adversários, segundo duas lógicas: a que se restringe a uma avaliação das regras hermenêuticas propostas; aquela que atribui a Strauss uma tese substancial, para refutá-la ou amplificá-la[232]. Na falta de um exame preciso dessa controvérsia, poder-se-ia dizer que pareceria prudente limitar o exame crítico das proposições de Strauss à primeira dessas dimensões: para abordar a segunda apenas através de argumentos hipotético-dedutivos, tendo em vista determinar quais poderiam ser suas intenções últimas na interpretação de Maimônides e da filosofia judaica medieval. Desse último ponto de vista, parece certo que Leo Strauss subverte intencionalmente a interpretação irenista de um Maimônides a construir uma integração harmoniosa das verdades próprias à filosofia e

---

[232] No seio de uma abundante literatura, encontrar-se-á uma ilustração recente da primeira dessas lógicas em Marvin Fox, *Interpreting Maimônides: Studies in Methodology, Metaphysics and Moral Philosophy*, Chicago/London: University of Chicago Press, 1990, Parte I. Uma *démarche* similar, aplicada a uma questão precisa, também se apresenta em Warren Zev Harvey, A Third Approach to Maimônides Cosmogony-Prophetology Puzzle, *Harvard Theological Review*, 74, 3, 1981, p. 287-301. Uma forma típica da segunda lógica apresenta-se em David Hartman: *Maimonides: Torah and Philosophic Quest*, prefácio de S. Pines, Philadelphia: The Jewish Publication Society of America, 1976. Para defender a tese de uma "integração", segundo a qual Maimônides produz uma conciliação harmoniosa entre o modo de vida filosófico e o modo de vida baseado no respeito à Tradição, Hartman toma emprestado de Strauss, para a refutar, uma tese global, construída a partir de seus primeiros trabalhos: Maimônides consigna como papel à Lei estabelecer uma ordem política no âmbito da qual o filósofo poderá realizar sua busca pessoal de perfeição teórica; nesse sentido, é fundamentalmente um filósofo, contestando nesta qualidade as verdades que defende, no entanto, como codificador; Strauss vê na ausência total de conexão entre a *Mischné Torá* e o *Guia* a prova do fato de que Maimônides é um aristotélico que dissimula sua oposição à ortodoxia. Encontrar-se-á, enfim, uma defesa mais nuançada da ideia de uma "integração" do discurso da filosofia no da Tradição ao longo da obra de Isadore Twersky, *Introduction to the Code of Maimonides (Mischné Torá)*, "Epilogue".

à ortodoxia. Ao mesmo tempo, não é menos claro que ele levanta implicitamente uma suspeita em relação a cada uma das teses que volvem definitivamente a obra para um ou outro desses horizontes. Tudo leva, pois, a pensar que deseja deixar seu leitor perplexo para com o ensinamento ao qual ele o convida a retornar: como que para reproduzir a situação na qual esse mesmo ensinamento fora elaborado em seu tempo. Pode-se, todavia, imaginar que Strauss se propõe ainda a suscitar uma perplexidade de segundo grau: aquela que atuaria de tal modo que suas interpretações conduzam aquele a quem elas se endereçam não somente ao lugar onde deveria decidir-se a seguir sua autoridade ou arriscar-se sozinho a uma compreensão do *Guia*, mas, sobretudo, ao momento em que lhe caberia entrar pessoalmente no que é o verdadeiro tema do livro. Em perfeita similitude com o projeto de Maimônides, tal como ele o compreende, o de Leo Strauss consistiria, portanto, menos em resolver o conflito dos intérpretes para proporcionar uma solução definitiva às questões controvertidas do que em tirar do esquecimento em que o encerraram os Modernos o problema fundamental que os Medievais enfrentavam com plena consciência: o da tensão entre Lei e razão, filosofia e Revelação.

Jerusalém e Atenas: Uma Vida Entre Dois Códigos

Leo Strauss deposita sua apreciação definitiva do empreendimento dos filósofos judeus medievais no comentário a uma sentença de Gershom Scholem, atitude tanto mais significativa quanto ele considerava este último um de seus raros interlocutores autênticos. Scholem proclama o malogro da filosofia, que se deveria ao fato de ela não ter conseguido interpretar a realidade do judaísmo histórico ou a experiência religiosa do judeu piedoso, assim como a mística sabe fazê-lo. Asseverando, sem ironia, que é preciso ser reconhecido em relação a Scholem por sua condenação de "nossa filosofia medieval", Strauss lhe opõe, contudo, que tais não eram suas intenções, porém, sobretudo, as de enfrentar uma situação que pode ser descrita do seguinte modo: "Todo edifício da tradição judaica estava virtual ou até realmente sob o fogo alimentado pelos adeptos da filosofia grega"²³³. Dito de outro modo, a exemplaridade definitiva da Idade Média judaica se deve ao fato de ela ter sido a testemunha da primeira discussão entre as duas raízes do mundo ocidental: a religião da *Bíblia* e a filosofia dos gregos. Nesse sentido, a verdade desta época não se identifica com um enfrentamento entre o monoteísmo ético e o paganismo, isto é, entre duas religiões, mas corresponde à primeira manifestação do conflito entre a religião como tal e a ciência: "o modo de vida fundado na fé e na obediência e um modo de vida fundado na livre perspicácia, na exclusiva sabedoria humana"²³⁴. Como seria de se esperar, é em Iehudá Halevi, o mais hostil à filosofia dos pensadores judeus desse tempo, que encontramos a consciência mais aguda ou a mais claramente expressa desse antagonismo: "Sócrates dizia ao povo: 'Esta ciência divina que é a vossa, eu não a recuso, mas eu declaro que não a detenho; minha ciência, para mim não é senão uma ciência humana'"²³⁵.

Se nos lembrarmos da reiterada declaração de Leo Strauss segundo a qual toda autêntica questão de história da filosofia é uma questão filosófica, compreende-se doravante que é esta que determina ao mesmo tempo seu interesse pelo pensamento judeu medieval e a orientação de suas investigações. Formulada no texto programático sobre o estudo dos medievais, eis o problema histórico que interessa a Strauss prioritariamente: "O desenvolvimento da filosofia moderna conduziu a um ponto em que a capacidade da filosofia ter sentido tornou-se problemática"²³⁶. A partir dos

※

233 *Pour commencer à étudier la philosophie médiévale*, op. cit., p. 290. Strauss cita aqui um longo desenvolvimento da introdução das *Grands courants de la mystique juive*, p. 34-36, em que Scholem defende, de algum modo, a superioridade prática da mística em face das especulações da filosofia. Sobre esta discussão e o ponto de vista de Scholem, cf. supra, cap. v, p. 456-460.
234 Idem, ibidem. Strauss enfoca uma vez mais a tese de Julius Guttmann, segundo a qual o judaísmo se define por sua "concepção moral da personalidade divina": em uma tipologia que o opõe ao panteísmo, ele serve de grade para todo o seu livro e de soclo para trazer à luz uma forma de traição da herança bíblica entre os filósofos medievais (ver Julius Guttmann, *Histoire des philosophies juives*, p. 19 e s.).
235 Iehudá Halevi, *Le Kuzari, Apologie de la religion méprisée*, iv, 13, trad. Ch. Touati, Paris: Verdier, [s.d.], p. 165. A passagem parafraseia a *Apologia de Sócrates*, 20d-e, é o que Halevi faz uma segunda vez em v, 14. Ver Leo Strauss, La Loi de la raison dans le *Kuzari*, op. cit., em *La Persécution et l'art d'écrire*, p. 145-203, em que Strauss desenvolve, de algum modo, a explicação completa dessa ideia. Strauss citou muitas vezes a seguir essas palavras de Iehudá Halevi, no contexto das reflexões sobre Jerusalém e Atenas.
236 *Pour commencer à étudier la philosophie médiévale*, op. cit., p. 292.

anos de 1950 e mais precisamente desde *Direito Natural e História*, Strauss consagrará a parte mais visível de seu trabalho à genealogia dessa figura. Todavia, é difícil imaginar que essa preocupação e mesmo a focalização de seus últimos livros sobre os comentários dos autores gregos signifiquem um abandono das perspectivas abertas pelos grandes estudos devotados a Maimônides, com *Philosophie und Gesetz* por detrás deles. Nessa época, ele resume o seu objetivo por meio de uma proposição que pode mostrar como se articulam o convite dos anos de 1930 para repetir o conflito entre Antigos e Modernos no caminho de uma redescoberta das Luzes medievais, a análise dos componentes de uma crise da modernidade filosófica e o cuidado com uma compreensão do antagonismo entre as duas fontes da civilização ocidental: "A boa vida não consiste mais, como era o caso na antiga concepção, na conformidade a um modelo anterior à vontade humana, mas, em primeiro lugar, na geração do próprio modelo"[237]. Que se encontre em Jerusalém e em Atenas duas concepções similares do fundamento da moralidade que se separam, todavia, na questão de seu complemento, antes que a filosofia moderna fugisse desses problemas, eis instalados os três conceitos em torno dos quais se organizam as pesquisas de Leo Strauss: a Lei, a natureza e a história.

Esquematicamente, o espaço que se estende entre as perspectivas da vida segundo a Lei e da vida segundo a natureza é aquele onde se desdobra no seio do universo dos Antigos e até nos medievais a questão decisiva do conflito entre razão e Revelação, religião e filosofia. No entanto, é a partir do lugar, não obstante comum entre essas duas posições, que se deve compreender uma crise da consciência moderna que constituiu a preocupação central do século XIX, antes de manifestar suas consequências

---

[237] *Progrès ou retour?*, op. cit., p. 323. Esta tese é objeto central do *Droit naturel et histoire* (1953), trad. M. Nathan e E. de Danpierre, Paris: Plon, 1954, obra que reúne uma série de conferências pronunciadas na universidade de Chicago em 1949. Encontrar-se-ão exposições mais concisas desta descrição do movimento da filosofia moderna e de seu desaguamento no historicismo. Ver, em especial, The Three Waves of Modernity, em Leo Strauss, *An Introduction to Political Philosophy*, Detroit: Wayne State University Press, 1989, p. 81-98, e *Qu'est-ce que la philosophie politique?*, op. cit., p. 15-58. Lembremos que esta última conferência foi proferida em Jerusalém em dez. 1954-jan. 1955 e que Strauss sublinha em sua introdução a dificuldade particular de um discurso sobre a filosofia política na "Cidade da Retidão, a cidade fiel" (*Is* 1, 26): prova, se ela o é, de que Jerusalém não era a seus olhos senão uma metáfora.

práticas durante o século seguinte. No curso do tempo em que os Modernos procuravam afirmar a humanidade do homem como uma aquisição da liberdade em combate contra a dependência natural, eles construíram para si, sem que soubessem, uma coerção não menos poderosa do que a da natureza ou a da Lei: a da história. Descoberta tardiamente, esta seria tanto mais inquietante quanto o movimento interno da filosofia teria destruído todo padrão que permitisse conceber sua crítica. Com a declaração de Leo Strauss segundo a qual é preciso voltar "à civilização ocidental em sua integridade pré-moderna", poder-se-ia sentir a tentação de instalá-lo ao lado de Heidegger e Hannah Arendt: no campo dos partidários de uma filosofia do "retorno" aos Antigos. Tudo leva, entretanto, a considerar que a diferença entre esses pensadores é mais profunda, e de uma outra natureza, do que sugerem as respectivas distâncias de um movimento para trás: rumo aos medievais, à idade de ouro do pensamento grego ou aos pré-socráticos. Mesmo se Leo Strauss pode, repetidas vezes, apoiar-se em uma análise heideggeriana do devir historicista da modernidade, assim como ele haure amiúde em Nietzsche a descrição de uma ilusão das Luzes, seu horizonte é menos o de uma redescoberta do ser esquecido na história da metafísica do que o de uma exploração sem preparo do conflito radical entre as duas raízes do mundo ocidental. Desse ponto de vista e, como quer que seja no tocante à animosidade de origens misteriosas em face de Hannah Arendt, se há uma ancoragem filosófica para o desacordo deles, esta se prende ao fato de que Strauss a censura, sem dúvida, por ocultar esse conflito: na falta de interesse por um de seus componentes; por ignorância da fonte bíblica; em termos mais velados, por insensibilidade ao sentido que deveria ter o "retorno" na perspectiva da *teschuvá*.

Com respeito ao conflito fundamental entre a Lei e uma filosofia que será sucessivamente a da natureza e depois a da história, a atualidade dos medievais em uma modernidade filosófica em crise pode ainda ser formulada por meio de um paradoxo. Enquanto a filosofia moderna, tendo entrado na era do historicismo e do relativismo, se tornou incapaz de produzir sentido, o caráter próprio do pensamento medieval era o de enfrentar com toda lucidez, para tentar resolvê-la, a questão que foi mesmo a origem da filosofia: "por que a filosofia?" Nesse sentido, embora os grandes livros de Iehudá Halevi e até de Maimônides não sejam, a bem dizer, livros propriamente de filosofia, seus autores são, de algum modo, mais filósofos do que seus sucessores modernos: quer dizer, mais engajados do que eles na experiência filosófica autêntica, cujas condições de possibilidade discutem ou até refutam o valor. Desse ponto de vista, a diferença das estratégias de Maimônides e Halevi é significativa, aclarando a preferência de Strauss pelo primeiro. Ao passo que se conhece a dificuldade que preside a compreensão do objeto e da intenção do *Guia*, o projeto do *Kuzari* é claro: defender o judaísmo contra a filosofia. No entanto, e mesmo se Strauss dedica apenas um texto a essa obra, ele toma o cuidado de lê-la como fez no caso de Maimônides: aplicando-se a descobrir seu caráter literário; depois examinando o que representa, apesar de tudo, sua questão filosófica, a do estatuto da "lei natural" e do antagonismo que opõe as leis reveladas aos "*nomoi* racionais"[238]. Na primeira dessas perspectivas, do mesmo modo que era indispensável perceber a forma de comunicação que Maimônides punha em cena sob a ficção de uma troca epistolar com seu discípulo, é necessário apreender a maneira como Halevi apresenta seus argumentos em situações de conversação: para compreender como ele constrói a forma ideal de uma defesa do judaísmo graças ao relato da conversão progressiva de um rei pagão ao sabor de diálogos com um filósofo, um letrado cristão, um letrado muçulmano e, enfim, um letrado judeu. Nesse plano, se Halevi procede de modo que não haja nenhuma discussão direta entre o judeu e o filósofo, é para mostrar ao leitor atento que o conflito essencial é entre eles. Segundo uma estratégia de escritura similar, se ele não diz palavra de eventuais divergências com o cristão e o muçulmano, é para sublinhar o fato de que seu verdadeiro adversário é a filosofia e que se trata de uma parte comum aos representantes das três religiões. A isso se acrescenta, enfim, que, avançando muito longe pelo caminho dos filósofos, para escrutar meticulosamente a forma da lei natural que eles defendem, é que o rabino ilustra melhor o perigo desta filosofia: sua lei, privada de um fundamento revelado, em nada se distingue da moralidade necessária à preservação de uma quadrilha de ladrões; *a contrario*, somente a Revelação e uma lei sancionada pelo Deus todo-poderoso podem transformar o homem natural em

---

238 Ver La Loi de la Raison dans le *Kuzari*, op. cit., respectivamente p. 147-158 e p. 158-184.

"guardião de sua cidade"; melhor ainda e na linguagem bíblica, em "guardião de seu irmão"[239].

Halevi atacando frontalmente a filosofia, enquanto Maimônides a discute, por seu lado, de maneira oblíqua e adaptando-se à situação intelectual do leitor perplexo, compreende-se doravante os motivos profundos do apego de Leo Strauss a este último. Tal como ele o concebe, o *Guia* não é uma obra que visaria resolver o conflito entre Lei e razão com as certezas de Iehudá Halevi quanto à verdade de um dos pontos de vista, mas a exposição do próprio conflito, sob sua forma mais radical. Nesse nexo, se os pensadores medievais são paradoxalmente mais filósofos do que os filósofos modernos, Maimônides o é mais ainda que Halevi, na medida em que enfrenta até o extremo a questão que este último tende finalmente a suprimir: a da razão de ser ou da legitimidade da filosofia. A maneira como Strauss constrói e depois explora a tensão entre Jerusalém e Atenas parece, portanto, singularmente maimonidiana e conforme, de qualquer maneira, à sua compreensão do horizonte do projeto de Maimônides. Nessa empresa, não é uma ultrapassagem do conflito que é procurada, porém uma repetição sem preparo deste último: com base no modelo que *Philosophie und Gesetz* elaborava, repetindo o conflito entre Antigos e Modernos. Que a exploração deste permanente caráter conflitivo entre Atenas e Jerusalém a acompanhar a civilização ocidental em toda a sua história vem cruzar-se com a análise de um antagonismo entre Antigos e Modernos, que orientou a trajetória histórica da filosofia desde as Luzes, eis o que mostra a poderosa coerência das preocupações de Leo Strauss e a maneira como elas se baseiam nas questões formuladas desde os anos de 1930 em uma relação crítica com seus grandes predecessores, como Hermann Cohen, Franz Rosenzweig ou Julius Guttmann[240].

---

239 Idem, p. 183, que comenta *Kuzari*, II, 48 (em que Halevi afirma – na perspectiva de Platão, *República*, 351c – que mesmo um bando de ladrões tem necessidade de "leis racionais" para garantir seu funcionamento interior) e IV, 19 (em que Halevi censura de alguma forma os filósofos por diluírem o alcance político e social de suas leis, fixando como horizonte último da experiência humana uma contemplação que os impele ao ascetismo e depois ao desapego em relação às coisas deste mundo).

240 Encontraremos assim um novo indício da diferença profunda entre as críticas ao historicismo conduzidas respectivamente por Strauss, Heidegger e Arendt. No primeiro, qualquer que seja a importância assumida a partir dos anos de 1950 pela reflexão genealógica referida às fontes do fenômeno na história da filosofia, ela cruza sempre o eixo horizontal de

Esta última hipótese seria confortada pela forma como Leo Strauss enceta uma de suas análises do conflito entre Jerusalém e Atenas por uma leitura de Hermann Cohen, tal como ele o fez com tanta frequência acerca das questões essenciais. Aquele que ele designa doravante como "o mais conspícuo representante dos judeus alemães e de seus porta-vozes" havia identificado em Platão e nos profetas as duas fontes da cultura moderna. Depois ele delimitara suas respectivas contribuições à história desta: a fim de advogar sua complementaridade em uma perspectiva segundo a qual a verdade procederia de uma síntese de seus pontos de vista[241]. De acordo com o esquema de Cohen, o aporte essencial de Platão está em que ele mostrou como a verdade é, em primeiro lugar, a da ciência, antes de ser completada ou coroada pela verdade de uma ética vinda para oferecer uma ideia, ela também, racional do bem. A superioridade do filósofo sobre os profetas ligar-se-ia, portanto, ao fato de que estes últimos parecem não se preocupar com o conhecimento senão em um sentido metafórico, privando assim sua concepção sobre os fins do homem de um fundamento na razão. Resta que Cohen não pode se satisfazer com Platão, sorvendo desta vez nos profetas o remédio para os defeitos de sua filosofia. Estes são, a seus olhos, de duas ordens. Em primeiro lugar, a ideia segundo a qual os sofrimentos humanos cessarão apenas no dia em que os reis forem filósofos ou os filósofos, reis, introduz "certa sombra na luz"[242]. Com ela, descobre-se que para Platão só uma pequena minoria de homens dispõe do conhecimento mais elevado que permite a realização do bem, de mais a mais no seio de uma hierarquia que remete a uma natureza imutável. A isso se adiciona o fato de que a filosofia platônica é necessariamente levada a afirmar que a guerra é

---

um questionamento do antagonismo entre Jerusalém e Atenas: lugar onde se desdobra em realidade a questão do *status* próprio da filosofia.
241 Jérusalem et Athènes: Réflexions préliminaires (1967), *Études de philosophie politique platonicienne*, p. 237-238. Strauss comenta aqui um texto de Hermann Cohen intitulado L'Idéal social de Platon et des prophètes, que retoma uma conferência pronunciada duas vezes, em outubro de 1916, em Viena, e em junho de 1918, em Berlim. Tais datas, que correspondem ao fim da vida de Cohen, e ainda essa repetição, levam Strauss a dizer que se pode esperar encontrar aí "sua opinião última sobre Jerusalém e Atenas" (ver H. Cohen, Das soziale Ideal bei Platon und den Propheten, *Jüdische Schriften*, I, Berlin: C. A. Schwetschke, 1924, p. 306-330; em Hermann Cohen, *L'Éthique du judaïsme*, p. 237-259).
242 H. Cohen, L'Idéal social de Platon et des prophètes, op. cit., p. 247. Sobre esta análise ver supra, cap. I, p. 113-115.

consubstancial à experiência humana, que existe nesta medida uma estrutura fundamental da boa sociedade e que ela está destinada a permanecer eternamente inalterada. É, portanto, sobre esse ponto que se perfila a superioridade dos profetas: por estarem desprovidos da ideia de natureza, podem supor a possibilidade, interdita em Platão, de uma mudança radical da conduta dos homens; desenhando com Isaías o horizonte de um mundo "que nenhum olho viu", prometem a "uma humanidade unida" um futuro de paz que a filosofia grega não pode projetar[243].

Vê-se facilmente a lógica do propósito de Hermann Cohen, assim como o ângulo sob o qual Leo Strauss vai prolongá-lo, deslocando-o, de conformidade com uma *démarche* desde há muito firmada. Em larga medida, quando Cohen propõe unir os pontos de vista de Platão e dos profetas em uma síntese, ele prossegue sua interpretação de Maimônides: confirmando o fato de ele ver-se como o homólogo deste último, nas condições da filosofia moderna. Na sua escolha, a de confrontar o profetismo ao platonismo, Cohen permanece fiel à ideia segundo a qual Maimônides está mais próximo de Platão do que de Aristóteles, pois procura harmonizar em seu próprio estilo os discursos da filosofia e da Tradição. Advogando a causa de uma complementaridade das abordagens, introduz sua interpretação do projeto maimonidiano em seu próprio sistema: Kant compreendia Platão melhor do que este se compreendia a si mesmo, representando assim o ponto de vista, por excelência, da filosofia moderna; em seguimento a Kant, cabe a Cohen mostrar como o horizonte messiânico dos profetas se superpõe à perspectiva da paz perpétua. É esta última dimensão que Leo Strauss percebe como a principal fragilidade do raciocínio de Cohen. Este compreendeu Platão à luz do conflito que o opunha a Aristóteles, conflito por sua vez pensado através do antagonismo entre Kant e Hegel em relação ao qual Cohen é um parceiro. Ele concebe, pois, uma espécie de reprodução entre os Modernos do conflito dos Antigos, tendo como fundo um progresso da filosofia. Em face dessa reconstrução da história da filosofia que transporta de época em época a estrutura de um mesmo antagonismo, Strauss propõe retornar diretamente ao embate entre Antigos e Modernos: para sublinhar o que

---

243 Idem, p. 257, que cita *Isaías* 64, 3. Reconhecemos aqui o tema messiânico no qual *A Religião da Razão* culmina. Ver supra, cap. I, p. 107-120.

reaproxima Aristóteles de Platão, e depois Kant de Hegel; a fim de marcar mais profundamente do que Cohen o faz o antagonismo entre os filósofos e os profetas. Em outros termos, Cohen percebeu perfeitamente a existência desse antagonismo; mas procurou atenuá-lo em função de sua concepção da história da filosofia e de sua própria posição no seio da modernidade. Strauss sugere apresentar em sua defesa o fato de ele pertencer a um mundo anterior à Primeira Guerra Mundial: aquele que não conhecia em matéria de perseguições recentes algo além do caso Dreyfus ou os pogroms da Rússia. Mas as desilusões ulteriores quanto às promessas da cultura moderna obrigam a perguntar-se se os dois componentes desta não estão mais bem enraizados em suas fontes e são mais permanentes em seu conflito do que a síntese com que sonhava Cohen[244].

Se doravante se torna claro que Leo Strauss decide reconstruir um problema lá onde Hermann Cohen pensava perceber sua solução, resta saber como entrar dessa maneira no conflito que opõe Jerusalém e Atenas. Antes de qualquer outra coisa, deve ser entendido que a boa via de acesso a essa questão não poderia passar pela identificação de duas "culturas" e daquilo que pretendia ser um exame "objetivo" de sua oposição no contexto de uma diversidade espiritual da humanidade: nenhuma possibilidade é aqui oferecida no sentido de comportar-se como "cientista" isento que observa o conflito do exterior e substitui o relativismo dos valores pela busca da verdade. De conformidade com o que deve ser retido do ensinamento de Cohen, é do interior que se deve examinar as coisas: a partir de suas raízes; de um ponto de vista deliberadamente engajado "além da compreensão que uma e outra têm de si"[245]. Abordando o problema por seu ápice, se descobre que a *Bíblia* e os gregos concordam em chamar de "sabedoria" a forma mais elevada daquilo que eles querem transmitir. Mas a dificuldade surge se a gente compreende que as concepções bíblica e helênica da sabedoria diferem desde seus inícios: uma procede do "medo do Senhor",

---

244 Notaremos que se trata aí de uma das raras ocasiões em que Strauss contextualiza explicitamente uma análise filosófica. Cumpre, sem dúvida, ver nisso o indício do fato de que o ensinamento de Cohen persistia em não separar-se de sua experiência pessoal, tal como ele a restitui na autobiografia intelectual. Dito de outro modo, sobre numerosas questões decisivas Strauss não hesita em atender o convite de Cohen para considerar as coisas do ponto de vista dos interesses do judaísmo.
245 Jérusalem et Athènes: Réflexions préliminaires, op. cit., p. 212.

enquanto a outra julga a si mesma como "espanto". Ainda uma vez, não poderia ser problema para Strauss furtar-se ao fato de que o conflito entre essas duas concepções intima cada um a escolher. A isto acresce que do ponto de vista do judaísmo existe uma armadilha, em relação à qual mais vale ao "buscador de sabedoria" tomar imediatamente consciência, por não ter feito sua escolha antes mesmo de encará-la: "Dizendo que desejamos primeiro entender e em seguida agir, nós já decidimos em favor de Atenas contra Jerusalém"[246]. Parafraseando, assim, a fórmula do *Êxodo*, pela qual o povo promete a Moisés obedecer antes de raciocinar, Strauss instala a perspectiva a partir da qual ele questiona o conflito e quer enfrentar um dilema próprio ao judeu moderno. Aquele que considera que ele não pode ser "ortodoxo", ou quer se instalar sem reservas na postura do filósofo, deve necessariamente esposar a *démarche* grega: a que consiste em compreender antes de agir. Mas ele aceita então sem exame o corolário moderno desta prioridade: compreender é reconhecer com a crítica filológico-histórica herdada de Spinoza que a Escritura não é um discurso verídico; isso significa admitir com Maquiavel que os relatos bíblicos não são, no máximo, senão "memórias de histórias antigas".

É em face dessa estrutura aporética que Leo Strauss se propõe a cercar, mais francamente do que Hermann Cohen fazia, os domínios de convergência e, ao mesmo tempo, as raízes do conflito entre Jerusalém e Atenas. Facilmente discernível, o lugar de encontro situa-se na importância outorgada ao fenômeno da moralidade, a um sentido da justiça como obediência à lei que um só confronto basta para recordar: "a lei efetua a bênção daqueles que lhe obedecem"; a Lei é "a árvore da vida para aqueles que se lhe atêm"[247].

---

246 Idem, p. 213. Leo Strauss faz aqui alusão à promessa do *Ex* 24, 7 pela qual o povo declara a Moisés, após a leitura do livro da Aliança: "Tudo aquilo que o Eterno disse, nós o faremos e nós escutaremos". Agir antes de ouvir e de procurar inclusive compreender, tal é também o objeto de uma interpretação talmúdica que aproxima a aliança de sua transgressão (o velocino de ouro): *Schabat* 88a. Encontrar-se-á em Emmanuel Lévinas um comentário dessa última passagem, levado a uma perspectiva paralela à de Strauss: questionar a oposição entre a *Bíblia* e a filosofia grega (ver La Tentation de la tentation, *Quatre lectures talmudiques*, Paris: Minuit, 1968, p. 67-109).

247 Ver Progrès ou retour?, op. cit., p. 326. Strauss compara aqui Platão, *Leis*, 718b, com *Provérbios* 3, 18. Pode-se observar que, ao escrever "blessedness" na primeira fórmula, ao passo que o texto grego diz "júbilo", ele escolhe uma tradução que aproxima de modo deliberado o vocabulário de Platão ao da *Bíblia*.

No entanto, se a Escritura e a moral dos gregos encontram seu terreno de entendimento nessa preeminência da lei divina e na acentuação das virtudes da humildade, elas começam a opor-se a respeito do complemento da moralidade. A título de ilustração, quando se procura em Aristóteles a apresentação mais perfeita da ética dos filósofos, descobre-se que ela acrescenta ao foco de uma justiça que a aproxima da dos profetas a magnanimidade que lhes é estranha. Nada se assemelha na *Bíblia* à "nobre altivez" posta em destaque pela *Ética a Nicômaco*: aqui, não somente existe pouco acerca de "gentis-homens e nobres damas", mas Deus prefere um David pecador e pronto a arrepender-se a um Saul que poderia entrar na primeira dessas categorias poupando seu irmão pela desobediência a uma ordem divina que ele julga injusta. A fonte dessa diferença reside no fato de que o universo bíblico conhece apenas uma forma de prolongamento para a moralidade: o cumprimento dos deveres para com o pobre, ele próprio concebido como piedoso e justo; foi o que Strauss reteve do ensinamento de Cohen. Ampliada até a representação dos fins derradeiros do homem, essa oposição torna-se a de um ideal de contemplação que se inscreve em um horizonte "trans-social" ou inclusive "associal" e de uma exigência de arrependimento e depois de fé na clemência divina que permanece sempre na ordem de uma comunidade. A isto se adiciona, enfim, que se a perfeição pessoal do homem grego reclama paradoxalmente a existência da cidade política como condição de possibilidade da vida filosófica, o Deus bíblico se manifesta no deserto mais do que no seio da civilização, escolhendo o pastor Abel e não o lavrador Caim.

Mais uma vez, é na fórmula de Iehudá Halevi que se encontraria a melhor expressão do antagonismo dos pontos de vista da *Bíblia* e da filosofia concernente ao complemento da moralidade: "A sabedoria dos gregos tem as mais belas flores, mas não frutos"[248]. Contudo, é através da análise de uma passagem particularmente enigmática da Escritura que Strauss busca apreender seu princípio. Atendo-se por duas vezes ao episódio do sacrifício de Isaac, Leo Strauss tenta descobrir a raiz mais profunda do desacordo:

---

248 Leo Strauss cita aqui (p. 330) o *Diwan* de Iehudá Halevi, antes de evocar o episódio do sacrifício de Isaac (*Gênesis* 22), sobre o qual ele retorna mais longamente em Jérusalem et Athènes, op. cit., p. 229-231.

examinando de algum modo a figura bíblica mais radicalmente inapreensível do ponto de vista grego. O poder do exemplo se deve ao fato de Abraão obedecer sem hesitar a uma ordem duplamente incompreensível: contradizendo ao mesmo tempo o primeiro mandamento que proíbe derramar o sangue de um inocente e a promessa mais precisa de uma santificação da descendência de Isaac. Que o ápice da fidelidade possa coincidir com a realização de um ato perfeitamente inconcebível nos limites do intelecto humano, eis o que é efetivamente inimaginável segundo a lógica dos gregos. Duas explicações devem ser fornecidas. Em primeiro lugar, é preciso perceber como, do ponto de vista de Jerusalém, o dever de agir precede definitivamente o de compreender, com base em uma incompletude das capacidades de intelecção do homem: em função do caráter insondável de Sua justiça, Deus exige um amor incondicionado e sem reserva; nessa perspectiva, o arrebatamento último de Isaac ao sacrifício não deve ser percebido como a recompensa de Abraão que não a espera, mas como uma "maravilha" que ilustra melhor do que qualquer outra a origem da nação santa. Ao que acresce que sob o ângulo de uma história da Aliança, o pacto com Abraão parece incomparavelmente mais profundo do que o anteriormente estabelecido, quando do Dilúvio, com Noé: este último não se ilustrava salvo por sua justiça, enquanto Abraão manifesta de imediato sua obediência e sua confiança na promessa divina; somente sua eleição pode tornar-se a de Israel, lá onde o fato de ser posto à prova confirma uma fidelidade única[249].

No transcurso de sua interpretação da problemática dos "filhos de Noé" à luz do direito natural, Hermann Cohen podia desenhar uma forma de relação relativamente harmoniosa entre Jerusalém e Atenas: a primeira oferece a visão de uma humanidade anterior a toda separação, enquanto a

---

[249] Desenvolvendo aqui (p. 227-229) uma comparação entre a aliança com Abraão e aquela pela qual Deus havia prometido proteger os filhos de Noé, Leo Strauss segue um caminho muitas vezes trilhado por Hermann Cohen, que pretendia sublinhar a anterioridade de um compromisso para com a humanidade inteira em relação ao pacto com Israel. Voltada contra Spinoza, sua demonstração visava estabelecer uma prefiguração do direito natural moderno na *Bíblia*, enquanto a de Strauss queria insistir sobre o fato de que a Aliança e a eleição de Israel se baseiam exclusivamente na promessa de uma obediência sem questão que os filósofos gregos não poderiam imaginar. Quanto ao lugar central que Hermann Cohen atribui à aliança noáquida e sua própria comparação com a de Abraão, ver supra, cap. 1, p. 72-83

segunda erige uma ideia do direito que a filosofia moderna poderá converter em universalismo ético. Preferindo, quanto a ele, examinar um conflito cuja raiz ele procura, Leo Strauss propõe voltar de novo para "os belos dias da discussão teológica": esse momento medieval do pensamento judaico em que as coisas se expunham sob a forma mais radical[250]. Aqui, são as questões da Criação, da onipotência divina e da natureza que são decisivas. Em primeiro lugar, é mister compreender que sob o antagonismo entre uma filosofia que ensina a eternidade do mundo e a *Bíblia*, que afirma sua criação *ex nihilo*, se aloja a questão da potência divina. Para além da diferença evidente entre os princípios da pluralidade e da unicidade, o essencial está no fato de que os deuses gregos não podem ser concebidos como onipotentes. Desde uma época anterior aos inícios da filosofia na acepção técnica do termo, o testemunho mais precioso a este respeito é o de Homero. Com ele, descobre-se que se os deuses são todo-poderosos, graças ao seu conhecimento da natureza das coisas, estas se beneficiam, não obstante, de uma independência que remete a uma necessidade superior a toda dominação. Dito de outro modo, a principal característica do mundo grego reside na ideia de uma natureza que precede e sobreleva qualquer outra realidade, ainda que seja a das divindades. Ora, não existe noção que possa proporcionar em hebraico o equivalente de uma natureza[251]. Se o vocabulário da Escritura e o léxico de seus comentadores conhecem uma maneira de designar o que dura ou se reproduz regularmente, eles o fazem por meio das palavras "costume" ou "via", que não se amoldam a um universo indiferenciado de coisas, mas isolam um objeto da lei divina[252]. Em consequência, lá onde os gregos

---

250 Ver Progrès ou retour?, op. cit., p. 331 e s.
251 Leo Strauss indica (idem, p. 333) como equivalente muito distante e derivado do grego "natureza" o termo *teva*. Inexistente como substantivo no vocabulário da *Bíblia* (Gesenius), assinalado no *Talmud* e nos *midraschim* (Jastrow), esse vocábulo só aparece na filosofia medieval (ver as entradas que lhe são reservadas por Israel Efros e Louis Ginsberg, em Israel Efros, *Philosophical Terms in the Moreh Nebukim*, p. 55-56 e p. 134-135). Constata-se em Efros que o hebraico medieval conserva as noções de comportamento e de hábito, ao lado das de natureza na acepção dos gregos. Mais preciso ainda, Ginsberg salienta o fato de que o termo significa em certo momento o estado natural de uma coisa mais do que a ideia abstrata de natureza, antes de deslizar para esta última por meio das traduções em hebraico de Maimônides. Encontrar-se-á a análise lexical mais aprofundada no *Thesaurus philosophicus linguae hebraicae* de Jakob Klatzkin.
252 Strauss pensa desta vez no termo *mischpat*, que designa, a partir dos sentidos de julgamento ou de ordenação, o que é costumeiro, habitual ou regular.

concebem a orientação no cosmo a partir de uma investigação com o fito de descobrir as coisas primeiras segundo uma lógica da demonstração, a *Bíblia* apresenta imediatamente uma causa única cujo reconhecimento limita de pronto a possibilidade de um livre questionamento.

Poder-se-ia adicionar que o núcleo último dessa diferença é tanto mais difícil de reconstituir quanto as traduções da *Bíblia* tenderam desde o início para uma orientação grega, estranha ao seu espírito. O exemplo mais característico desse fenômeno é bem conhecido: ele concerne à revelação do Nome em *Êxodo* 3, 14. A esse propósito, Strauss convida não só a respeitar o duplo futuro, "Eu serei o que Eu serei", mas também a compreender sua radicalidade e o fato de que ela é perfeitamente estranha ao imaginário dos gregos[253]. Nessa fórmula, não há nada que se assemelhe à noção de uma essência a designar um ser que é, foi e será. Muito ao contrário, de conformidade com a afirmação segundo a qual a "face" de Deus não pode ser vista, a expressão proclama o caráter absolutamente livre e imprevisível desse último: sobre um horizonte em que a confiança não pode declinar senão a partir da Aliança e do acolhimento da promessa que se lhe vincula. Da compreensão desse motivo decorre a de todas as outras expressões do conflito entre Jerusalém e Atenas. É a partir dele que se deve remontar ao relato das origens: para aprender ao longo dos dois episódios da Criação como o homem está destinado à obediência mais do que à vida teórica, ao conhecimento ou à contemplação. Viria em seguida o fato de que a aventura de Caim, assim como a declinação de sua genealogia atestam uma depreciação da Cidade e das artes, atribuídas ao ramo indesejável da humanidade; confirmando o primeiro livro de *Samuel* o caráter nefasto da instituição de uma realeza humana, no entanto exigida. Se for possível, enfim, que o conhecimento, as artes ou a *polis* provenientes de uma rebelião humana se tornem sagrados por uma aprovação divina, resta

---

253 Sobre a tradução do Nome, tal como aparece em *Ex* 3, 14 por meio da fórmula *Ehie ascher Ehie*. Ver supra, cap. v, p. 601-607. Aqui, Strauss não somente retoma a tradução de Rosenzweig e de Buber que respeita o duplo futuro, mas sublinha a sua aposta: evitar um presente que faria de Deus uma essência. Encontrar-se-á confirmação dessa escolha em um outro comentário a esse versículo, em que Strauss designa como "metafísica do *Êxodo*" a tradução no tempo presente, que tende a descrever uma essência, acrescentando que o sentido do futuro é reforçado em *Ex* 33, 19: pela fórmula "Eu farei graça a quem eu fizer graça e Eu serei misericordioso com quem Eu serei misericordioso" (ver Jérusalem et Athènes, op. cit., p. 231).

que seu valor ou mesmo sua necessidade estão indexados exclusivamente à sua orientação para o serviço de Deus.

Desse ponto de vista, é a comparação entre os relatos grego e bíblico dos começos que parece a mais rica de ensinamentos[254]. Se nos voltarmos por um instante para Hesíodo, a fim de discernir a origem dos primeiros dentre eles, descobre-se que a *Teogonia* canta a geração dos deuses a partir da terra e do céu e não a criação destes por um poder divino: é de Gaia (a terra) que nasceram Uranos (o céu) e Cronos, que se torna o rei dos deuses antes de ser destronado por seu filho Zeus. Quanto ao aparecimento dos homens, Hesíodo não o trata ao longo de seu relato do partejamento dos deuses, mas em *Os Trabalhos e os Dias*, a obra que consigna o seu ensinamento sobre a vida reta. Ora, nada aparece nesse contexto que sugerisse uma imputação da queda humana a uma falta ou que se assemelhasse a uma promessa divina a permitir a espera. Evidentemente, a oposição entre Jerusalém e Atenas jamais foi construída tendo em vista esse relato, mas em torno dos de Aristóteles e Platão. No entanto, se o Deus do primeiro pode assemelhar-se ao da *Bíblia* como "pensamento puro que se pensa a si mesmo e somente a si mesmo", subsiste o fato de que ele não é o criador do mundo concebido como eterno, de que ele não confere ao homem uma posição superior às outras partes do universo, de que ele não governa proclamando leis ou ministrando justiça[255]. No que concerne ao filósofo amiúde

---

254 Ver o desenvolvimento desta comparação em Jérusalem et Athènes, op. cit., p. 232 e s.
255 Em Aristóteles, Strauss visa especialmente a: *Metafísica*, 1072b 14-30 ("A inteligência se pensa a si mesma apreendendo o inteligível, porque ela se torna ela própria inteligível entrando em contato com seu objeto e pensando-o, de modo que há identidade entre a inteligência e o inteligível [...] Por isso, a atualidade mais do que a potência é o elemento divino que a inteligência parece encerrar, e o ato de contemplação é a beatitude perfeita e soberana") e 1074b 15-1075a 11 ("A inteligência suprema se pensa, pois, a si mesma, visto que ela é aquilo que há de mais excelente, e seu Pensamento é pensamento de pensamento [...] O pensamento divino e seu objeto serão idênticos, e o pensamento será uno com o objeto do pensamento"); *De Anima*, 429a 19-20 ("Pensando todas as coisas, o intelecto deve ser sem mistura, como diz Anaxágoras, a fim de comandar, isto é, de conhecer; pois, manifestando sua própria forma ao lado da forma estranha, ele põe obstáculo a esta última e se opõe à sua realização"); *Ética a Nicômaco*, 1141a 33 ("existem outros seres de uma natureza muito mais divina que a do homem, por exemplo [...] os corpos dos quais o mundo é constituído") e 1178b 1-12 ("nós concebemos os deuses como gozando da suprema felicidade e da soberana ventura. Mas que tipo de ações devemos nós lhes atribuir? São as ações justas? Mas não lhes estaremos dando um aspecto ridículo ao fazê-los contratar compromisso, restituir depósitos e outras operações análogas?").

julgado como o mais próximo da *Bíblia*, se Platão afirma que o céu e a terra foram criados por um deus invisível, é especificando de pronto que não se trata aí senão de um "conto verossímil"; imaginado no contexto de uma discussão sobre as condições da educação, esta ficção age de maneira que no programa desta a doutrina das ideias substituirá a teologia[256]. Dito de outro modo, quando o ponto de vista de Atenas atinge o seu ápice em Platão, o antagonismo com o de Jerusalém aparece em sua forma mais pura: aquele que opõe a razão e a Revelação. Assim, encontra-se confirmada a tese que organizava a estada de Strauss entre os Medievais a partir de *Philosophie und Gesetz*: o momento clássico da defrontação entre Jerusalém e Atenas situa-se entre o século XII e o XIII; quando os filósofos judeus e muçulmanos a convertiam em seu objeto de predileção, discutindo explicitamente com Aristóteles e implicitamente com Platão.

Leo Strauss analisa repetidas vezes o relato bíblico dos começos, dedicando-lhe notadamente um longo comentário tanto mais singular quanto se desdobra sem preparo nem referência nas numerosas interpretações herdadas da Tradição[257]. Arriscando-se a uma exegese do início do

---

[256] Enquanto multiplica as referências a Aristóteles, Strauss fornece somente uma no que concerne a Platão: *Leis*, 905a 4-b 2 ("jamais serás negligenciado por esta justiça, ainda que fosses pequeno a ponto de poder enfiar-se nas profundezas da terra"); que ele aproxima do Sl 139, 7 ("Para onde me retirarei a fim de esquivar-me de teu espírito?"). Mas se essas referências sugerem um ponto de tangência entre Platão e a Bíblia, Strauss não indica de onde provém a divergência sobre a qual insiste. Seria possível aventar a hipótese de que ele pensa no início do capítulo x das *Leis* (demonstração do fato de que é preciso crer que os deuses existem e refutação dos argumentos contrários), porém cruzando-a com a *República*, 378 *in fine*-379 (onde a existência dos deuses parece ser uma ficção necessária à educação da juventude, ao passo que aparecerá mais adiante que a educação do filósofo substitui, quando a ela, a teologia pela doutrina das ideias). Essa comparação é sugerida no comentário de *Argument et action des Lois de Platon*, p. 200.
[257] Leo Strauss, Sur l'interprétation de la Genèse (1957), trad. N. Ruwet, *L'Homme*, XXI (1), janeiro-março de 1982, p. 21-36. Se Leo Strauss não se apoia aqui em nenhum comentário tradicional, ele se dá o trabalho de um desenvolvimento liminar que justifica, de algum modo, uma leitura no estilo da Tradição: aquela que refuta os preconceitos modernos contra semelhante empreendimento ao mobilizar a maior parte dos argumentos elaborados para este fim desde seus primeiros trabalhos. Em primeiro lugar, é preciso, de algum modo, decidir a questão transcendental que consiste em saber se a *Bíblia* deve ser considerada como uma obra de Deus ou um produto do espírito humano: a primeira hipótese supõe a Revelação e requer a aceitação dos milagres; a segunda recusa-os, por apreender um texto literário, dentre outros, que deve ser lido e criticado como se procede com os de Platão ou Shakespeare. Levando tudo em conta, esta alternativa redunda na seguinte: os Modernos postulam que Deus como ser todo-poderoso não existe; Strauss afirma que eles "estão errados", e carecem

Gênesis, Strauss sabe perfeitamente, sem dizê-lo, que aborda o primeiro dos "segredos da *Torá*", que o próprio Maimônides jamais abordou diretamente. É, todavia, na perspectiva maimonidiana, tal como ele a compreende, que conduz sua leitura: para procurar a raiz da oposição entre as orientações da Escritura e as da filosofia. Separando duas partes do texto bíblico, ele quer valer-se da primeira para pôr em discussão o tema inicial da filosofia, o conhecimento do céu; antes de sublinhar na segunda uma espécie de recusa da intenção filosófica fundamental, a determinação das condições do bem e do mal. Por batalhar ao mesmo tempo contra a crítica moderna da Escritura e as interpretações conciliadoras de sua relação com a filosofia, Strauss começa de novo a apresentar uma proximidade entre o relato bíblico e a tese dos filósofos. Àqueles que refutam o caráter mítico ou pré-lógico do pensamento bíblico, ele opõe o fato de que a relação do mundo dado constante no início do *Gênesis* quase não difere das explicações filosóficas. Na medida em que toda cosmogonia parece supor uma cosmologia, a *Bíblia* descreve efetivamente o mundo tal como os homens sempre o conheceram e o conhecerão conforme distinções acessíveis a todos e a cada um. Mas o essencial reside no fato de que se o relato utiliza-se de uma cosmologia para articular os componentes do universo visível, ele não a converte em seu tema predominante, anulando inclusive seus efeitos na perspectiva da Criação propriamente dita.

Nesse plano, o indício decisivo é fornecido pelo que é julgado "bom" por Deus: o conjunto das coisas, à exceção do céu e do homem. Que o

---

de argumentos sérios em apoio a esse postulado. O primeiro de seus argumentos, aquele que infere da experiência para demonstrar o caráter improvável do conteúdo da fé bíblica, é imediatamente bombardeado pelo fato de a própria *Bíblia* não apenas admitir esta improbabilidade, como lhe vincular o essencial acerca do mérito da fé. Quanto ao argumento segundo o qual existiria uma contradição entre o princípio da onisciência divina e a liberdade humana, provém de uma confusão que impede *a priori* colocar simplesmente o problema que está em causa: "O Deus compreensível, o Deus do qual nós podemos falar sem contradições, é o Deus de Aristóteles, e não o Deus de Abraão, de Isaac e de Jacó". Resta, enfim, o argumento mais sofisticado dos Modernos para refutar a crença na onipotência de Deus: o que consiste em negar o mistério do mundo por meio de um sistema da filosofia que pretende articular um saber acabado do Todo. Ora, não só nada prova que tal sistema seja mais provável que as verdades da *Bíblia*, mas estas retomam a vantagem quando é a partir do próprio mundo fenomenal que se impõe uma constatação repelida pela filosofia moderna: "Existe uma situação fundamental do homem enquanto homem que não é afetada por nenhuma mudança, por nenhuma mudança dita histórica em particular".

céu seja assim depreciado, eis o que distingue o relato da Criação de uma verdadeira cosmologia, isto é, finalmente da filosofia. Para os pensadores gregos, o céu forma um cosmo que abrange o Todo, de modo que ele representa um tema mais importante do que a vida sobre a terra. A relação bíblica é exatamente inversa: os corpos celestes não têm vida e sua destinação é apenas a de buscar a luz, tendo por consequência que eles não podem ser venerados como deuses. Em outros termos, a *Bíblia* se aparta radicalmente da filosofia pelo fato de que a cosmologia é uma implicação não temática da história da Criação, o que acarreta uma separação de saberes: nós podemos conhecer a estrutura do mundo e sua articulação; mas o conhecimento propriamente dito de seu caráter criado nos escapa[258]. É no *Deuteronômio* (4, 5-19) que se deve procurar a razão desta depreciação do céu. Aqui, a série é tão perfeitamente construída que conduz da recordação daquilo que nenhuma imagem vira no momento da Revelação ao interdito de moldar ídolos, e depois ao de se prosternar diante de corpos celestes. A isto acresce que a própria Eleição decorre do fato de que os homens não podem impedir-se de adorar o céu; ao passo que Israel sabe como sair da cosmologia graças à sua fidelidade à palavra ouvida no monte Horeb, sem buscar outro argumento em apoio da criação do mundo por Deus.

Leo Strauss pode então estribar-se na articulação em aparência problemática entre o primeiro capítulo do *Gênesis* e os dois seguintes para reforçar essa leitura. No caso, trata-se de compreender ao mesmo tempo em que a cosmologia é insatisfatória e por que depois do céu o homem não é julgado bom. De maneira significativa, o segundo relato começa pelo homem, enquanto o primeiro terminava por ele: como se a depreciação do céu ao longo de uma cosmologia encastoada na relação da criação do mundo devesse completar-se por uma recusa do esforço humano,

---

[258] Poder-se-ia reconhecer aqui a tipologia das "ciências" que organiza o pensamento de Maimônides. O conhecimento do mundo dado provém da ciência no sentido dos filósofos, inaugurado por Aristóteles, tematizado nos autores muçulmanos, classificado através de uma hierarquia de saberes, instalado, enfim, em um programa de educação adaptado aos graus do intelecto. Ao contrário, o relato da Criação pertence aos "segredos da *Torá*", requer uma ciência especial que não é mais uma física, porém uma metafísica e entra no quadro da ciência da Lei no sentido verdadeiro e impõe, enfim, um ensinamento restrito àqueles que franquearam previamente os graus de conhecimento das coisas. A isto acresce que, implicitamente ao menos, Maimônides afirma que não existe argumento filosófico último em favor da criação do mundo e que ela é somente mais provável do que sua eternidade (*Guia*, I, 71; II, 16).

visando conhecer o universo visível. De uma a outra das passagens, os acentos são distribuídos diferentemente em se tratando do homem: criado à imagem de Deus na primeira, ele o é a partir do pó da terra, para a segunda; de sorte que permanece o mistério quanto ao vir a ser da vida humana. Mas a lição essencial desse novo relato reside em que o homem parece doravante como a mais ambígua das criaturas: seu estado presente resulta de sua falta; da transgressão de um interdito que ele teria podido facilmente respeitar. Vê-se assim o lugar para o qual Leo Strauss quer ir: o homem transgrediu sabendo disso; ele escolheu o princípio de desobediência; este se denomina a ciência do bem e do mal. Dito de outro modo, o que é condenado corresponde efetivamente à tentação de um conhecimento humano autônomo: em uma perspectiva que a teologia ulterior irá tematizar através da ideia segundo a qual não há verdadeira ciência do bem e do mal, salvo pela Revelação. Cumpre, portanto, definitivamente, compreender que em perfeita coerência um com o outro, os dois relatos do *Gênesis* apresentam a mesma alternativa a uma única tentação, que pode ser designada como a da filosofia. Após haver contestado a primeira tese desta pondo em questão a vontade de compreensão da natureza das coisas, a Escritura recusa sua intenção última como conhecimento do bem e do mal. Por tal movimento, ela leva à beira de uma escolha entre dois horizontes à qual não se pode escapar: "a vida em obediência à Revelação, a vida na obediência, e a vida na liberdade humana, representada pelos filósofos gregos"[259].

A constatação desta alternativa, a afirmativa segundo a qual ela nunca foi superada e a rejeição das sínteses que "sacrificam sempre o que é decisivo naquilo que afirma um ou outro dos dois elementos" assinalam o ponto de encontro entre a maior parte das perspectivas abertas desde os primeiros trabalhos de Leo Strauss. Se fosse preciso convencer-se da atualidade do conflito, bastaria lembrar-se da crítica de Spinoza e do

---

[259] Idem, p. 34-35. Podemos mais uma vez sublinhar o modo como Emmanuel Lévinas mostra, ele também, que "a prioridade do saber é a tentação da tentação", isto é, aquilo que se assemelha à "vida do Ocidental tornando-se filosofia": perspectiva também aí escrutada a partir da promessa do *Ex* 24, 7 ("nós faremos e nós ouviremos") (ver La Tentation de la tentation, op. cit., p. 76-77). Leo Strauss parece, contudo, mais afirmativo do que Emmanuel Lévinas quanto ao antagonismo irredutível entre filosofia e Revelação.

fato de que as Luzes radicais jamais conseguiram refutar a ortodoxia por meios autenticamente filosóficos. Juntando a esse fenômeno a demonstração da ilusão das Luzes moderadas nas suas tentativas de compromisso ou de sínteses, a gente percebe *a posteriori* as razões da estada prolongada entre os medievais de uma paciente exploração do problema em sua expressão mais elevada, da energia consagrada à descoberta do segredo de Maimônides. Compreendendo, enfim, o lugar central conferido à questão do antagonismo entre Jerusalém e Atenas, pode-se começar a descobrir o que se oculta sob as aparentes bifurcações dos interesses de Leo Strauss: sem jamais perder de vista o horizonte de uma compreensão desse motivo, cumpria-lhe mostrar as origens e os efeitos de seu esquecimento pela filosofia moderna; antes de reencontrar entre os Antigos uma de suas raízes. Por conseguinte, mesmo se Strauss parece praticar diferentes maneiras de se distanciar do coração do conflito, tudo leva a pensar que o conjunto de sua indagação filosófica daí procede e aí retorna, gravitando em torno desta certeza: "A vida mesma da civilização ocidental é a vida entre dois códigos, uma tensão fundamental"[260].

Quando Não Faz Nem Dia Nem Noite: Retrato de Leo Strauss Como Perplexo

Quais eram o estado de espírito e o horizonte intelectuais de Leo Strauss quando o último período de sua vida e de seu trabalho parecia exclusivamente dedicado a um desses códigos: a redescoberta da fonte ateniense e a crítica de seu esquecimento no processo da filosofia moderna? Se a gente se volta para um dos intérpretes autorizados de sua obra, descobre-se uma hipótese sedutora. Para Allan Bloom, não só esse momento é o de uma autêntica contribuição de Strauss ao pensamento contemporâneo, mas o projeto que aí se desdobra toma sentido no horizonte da história universal: "um terceiro humanismo ou uma terceira renascença após os da Itália e da Alemanha, mas que desta vez não seria inspirada nem pela beleza visível das estátuas, das pinturas ou das construções dos gregos, nem pela

---

[260] Progrès ou retour?, op. cit., p. 352.

grandeza de sua poesia, porém pela verdade de sua filosofia"[261]. Tal proposição oferece a vantagem de inscrever o imponente edifício formado pelos livros consagrados aos gregos em uma perspectiva coerente com a descrição do conflito entre Jerusalém e Atenas. Mas observando-a a partir desse último ponto de vista, ela postula que Leo Strauss tinha ao mesmo tempo a preocupação de propor uma solução para esse conflito e a convicção de poder encontrar o modelo histórico em uma época que fora caracterizada pelo retorno à antiguidade grega. Pode-se opor-lhe que Strauss visava, sem dúvida, mais a exploração do conflito do que a pesquisa das condições de sua extinção, de modo que seu arrazoado por uma redescoberta do sentido autêntico da filosofia se orientava menos para a restauração de uma das concepções da vida boa propostas pela civilização ocidental do que para a exposição, sob sua forma mais radical, do antagonismo que a atravessa a esse respeito.

É, por certo, preferível admitir mais francamente que o núcleo permanente da obra de Leo Strauss reside na compreensão da tensão fundamental entre Jerusalém e Atenas, para ouvir até o fim a declaração que lhe diz respeito e tentar deduzir daí uma hipótese sobre a posição finalmente adotada. Em cada uma das ocasiões nas quais ele descreve a forma de um conflito que se reduz ao da razão e da Revelação, Strauss sublinha seu caráter irredutível e a impossibilidade de lhe escapar em que permanece o homem ocidental, supondo, todavia, que ele se esforce em subtrair-se às ilusões do historicismo moderno. Naquelas das formulações desse conflito que se desdobra através da oposição entre as perspectivas do progresso e do retorno, ele dá, no entanto, um passo

---

[261] Allan Bloom, Un Vrai philosophe, Leo Strauss, op. cit., p. 103. Reencontramos esse tipo de abordagem de Strauss, decididamente voltada para Atenas, na maioria de seus intérpretes autorizados, ou seja, seus alunos. A título de ilustração, no seu epílogo à *Histoire de la philosophie politique*, dirigida por Leo Strauss e Joseph Cropsey, Nathan Tarcov e Thomas Pangle extremam-se em mostrar o horizonte de seus trabalhos de história da filosofia, sua inscrição numa trajetória que conduz ao elogio da vida filosófica, a certeza que Strauss tinha da superioridade dos autores medievais sobre os modernos, atinente ao fato essencial de que o conhecimento é, em primeiro lugar, "conhecimento da ignorância" (ver Leo Strauss e Joseph Cropsey, *Histoire de la philosophie politique*, trad. O. Seyden, Paris: PUF, 1994, p. 1006-1043, e Leo Strauss, *Qu'est-ce que la philosophie politique?*, p. 43). Mas esta sequência essencial da obra de Strauss não se vincula àquela que a precede e nem forma com ela um todo. Talvez mais ligado a Chicago, este olhar tende a esquecer Berlim: privilegiando assim Atenas em detrimento de Jerusalém.

suplementar, indicando o que poderia ser uma maneira de orientar-se no seio de um mundo assim dilacerado. À primeira vista, o reconhecimento de raízes irremediavelmente conflituosas da civilização ocidental tem algo de "desconcertante", na medida em que parece proibir todo repouso do espírito e despedaçar as certezas quanto às fontes da vida boa. Strauss, porém, adiciona desde logo que essa constatação pode, apesar de tudo, oferecer um aspecto "tranquilizador" ou "reconfortante": com a condição de que da compreensão do conflito decorra o cuidado de considerá-lo "em ação"; para aceitar vivê-lo ou, ao menos, assumir as formas de vida que dele procedem. Nesse nexo, é realmente a sua própria postura que Leo Strauss desvela no espelho dos medievais, quando induz, do fato de que ninguém pode ser concomitantemente teólogo e filósofo, a seguinte proposição: "Cada um dentre nós pode ser e deveria ser, quer um quer outro, filósofo aberto ao desafio da teologia ou teólogo aberto ao desafio da filosofia"[262].

Tal propósito só pode sugerir, ainda uma vez, a maneira como Leo Strauss concebia o seu próprio projeto a partir da sua compreensão do de Maimônides. Tratando-se da relação com a filosofia problematizada nessa alternativa, os olhares se cruzam: o de Maimônides abria-se ao desafio da

---

[262] Progrès ou retour?, op. cit, p. 352. Na medida em que a consciência do antagonismo entre Atenas e Jerusalém que preside a esta alternativa constitui, aos olhos de Strauss, a condição de possibilidade da atividade especulativa, a questão do reconhecimento pela filosofia de seu próprio limite organiza a relação que ele mantém com os diferentes momentos de sua história e o privilégio concedido aos medievais que daí se deduz. O momento medieval é o único durante o qual a filosofia se aplicou a pensar seu limite, por uma razão precisa: ela tinha então na Lei revelada o único adversário no conflito sobre a verdade suficientemente poderoso para obrigá-la à autorreflexão. Antes dele, os gregos não conheciam essa dúvida, experimentaram como obstáculo à atividade filosófica tão somente uma restrição social e política suscetível de ser baldada graças às astúcias do discurso. Com os Modernos, a filosofia se exerceria no sentido de recuperar os meios de uma perfeita autonomia: tentando fundar-se a si mesma despertando-se de seu "sono dogmático" quando ela entraria em cena sob a uma nova forma através da resolução das antinomias kantianas; inscrevendo mais tarde sua insuficiência no movimento de uma história da razão cujo acabamento Hegel proclamaria. Após aquele que se afirmaria como o último filósofo, é uma crise radical de confiança para com a suficiência autoproclamada da razão que se imporia. Porém, do ponto de vista da definição clássica da filosofia como busca da verdade sobre o Todo, a única que Strauss admite, as expressões desta crise em Nietzsche e em Heidegger só poderiam reforçá-la. Em outras palavras, Strauss não deseja retornar a nenhuma das duas idades de ouro, grega ou moderna, de uma confiança ilimitada na razão, mas ao momento da dúvida aclarada sobre os limites da filosofia.

razão a partir do ponto de vista da Revelação; o de Strauss segue o caminho inverso, em condições tanto mais precárias quanto nada resta, no seio da modernidade, da consciência esclarecida do conflito, de que os medievais se beneficiavam. Pode-se imaginar que a crítica do historicismo, assim como a estada entre os gregos, seja o equivalente, para Strauss, da maneira como Maimônides tematizava as dificuldades da atividade filosófica na sequência de Alexandre de Afrodisias. Que tenha bastado uma página do *Guia* para fazê-lo outrora, enquanto hoje são necessários longos rodeios, eis o que confirma o efeito devastador das Luzes modernas e de sua crítica da religião, e depois, *a contrario*, a lucidez das Luzes medievais em face dos princípios da experiência ocidental. Mas a comparação pode, entretanto, ser conduzida ao seu termo. Acrescentando o hábito e a educação aos três motivos clássicos da divisão das opiniões em filosofia, Maimônides clarificava a situação de seu tempo, sublinhando o impacto decisivo do fato da Revelação sobre a atividade especulativa[263]. Para Leo Strauss, o problema é de algum modo inverso: são conjuntamente o enterro da religião e a destruição da razão no devir historicista do racionalismo moderno que ocultam a raiz de um conflito em que a vida ocidental se abeberava como em sua fonte e forjava sua riqueza. Resta que nesses contextos opostos, mas analisados conforme uma perspectiva similar, o propósito de Leo Strauss parece idêntico ao que ele atribui a Maimônides: conduzir aquele a quem ele se dirige para o lugar em que deverá escolher por si próprio entre a aceitação da autoridade e a especulação; mesmo que deva reconstruir as condições de possibilidade da segunda mostrando, ao mesmo tempo, que a primeira não tem mais por nome Tradição, porém história.

---

263 Ver *Guide*, I, 31, p. 107-108, e supra, p. 845-846. É preciso, com respeito a esse item, acentuar a sutileza do raciocínio de Maimônides. Seu propósito neste capítulo é o de mostrar que a inteligência humana conhece "inegavelmente um limite onde ela se detém" e ele a tematiza em torno da "confusão" que reina à volta de certos temas: nenhum em se tratando de coisas matemáticas, limitada por aquelas que provêm da física, máxima no domínio da metafísica. Mas no mesmo momento em que, segundo Strauss, ele traça aqui o limite que o fato da Revelação impõe à filosofia, Maimônides se protege de algum modo dos partidários da última, ao afirmar: "Não é preciso crer que isso que nós dissemos aqui seja insuficiência da inteligência humana; ao sustentar que ela tem um limite em que deve deter-se, o que se disse foi dito do ponto de vista da religião; é, ao contrário, uma coisa que os filósofos disseram e que eles compreenderam perfeitamente, sem consideração de seita nem de opinião". Tematizando, por seu turno, em sua época, a mesma questão do limite da filosofia, Strauss escolheu referir-se aos filósofos medievais, como para atenuar, aos olhos de seus contemporâneos, a oposição resolvida entre filosofia e teologia.

Caso se queira afinar essa hipótese, deve-se precisar a simetria das respectivas posições de Maimônides e Leo Strauss. Aos olhos do primeiro, o principal obstáculo com que se deparava a filosofia era o hábito de aceitar sem exame a autoridade de uma tradição. No tocante ao segundo, ocorreu exatamente o inverso: "Nós perdemos todas as tradições que serviam simplesmente de autoridade nas quais possamos nos fiar, perdemos o *nomos* que nos dava com autoridade uma direção a seguir, e isso porque nossos mestres e os mestres de nossos mestres acreditaram na possibilidade de uma sociedade pura e simplesmente racional"[264]. Em outros termos, em face do núcleo permanente do antagonismo entre Jerusalém e Atenas, são até certo ponto duas situações em espelho que se impõem. Em um mundo dominado pela Tradição, o *Guia* não podia fazer melhor do que sugerir o conflito: revelando ao seu leitor atento as questões controvertidas, e depois a forma contraditória das soluções próprias à filosofia e à religião. No seio de um universo que pretende ter-se libertado de toda transcendência, é abertamente que Strauss deve, de sua parte, lembrar aos filósofos aprendizes o problema da Revelação. Mas sua tarefa é, em certo sentido, mais difícil do que a de seu predecessor: na medida em que os dois pontos de vista conjuntamente é que foram enfraquecidos na história da modernidade; por uma dialética interna às Luzes através da qual o combate contra a religião alimentava a autodestruição da própria razão. Poder-se-ia dizer que Leo Strauss é, de algum modo, obrigado a juntar um motivo especificamente moderno às dificuldades da atividade filosófica: o triunfo de uma consciência histórica que mina as condições de possibilidade de uma busca da verdade.

É em face desse problema que é preciso compreender o estatuto da crítica do historicismo, assim como a maneira pela qual Leo Strauss pode ao mesmo tempo nutrir-se de Heidegger e empenhar-se profundamente em apagar suas marcas. Em se tratando de Heidegger, Strauss toma sempre o cuidado de assinalar o fenômeno de uma situação quase aporética. De um lado, existe uma razão não despida de nobreza para sentir-se tentado a negligenciá-lo: o fato de que ele "se tornou nazista em 1933"; sem que se possa por um instante considerar que essa atitude procede de um erro

---

[264] Leo Strauss, Qu'est-ce que l'éducation libérale?, op. cit., p. 20.

de julgamento próprio a um homem "a viver sobre os cimos afastados das terras baixas da política"[265]. A isto se acrescenta que não só qualquer pessoa que soubesse ler podia perceber o parentesco de seu pensamento com o dos nazistas, mas que ele nunca corrigiu suas palavras de 1935 concernentes à "grandeza e dignidade do movimento nacional-socialista"[266]. No entanto, nem o encorajamento dado ao extremismo pelo elogio da "resolução" nem sequer o evidente "desprezo pela razão" em Heidegger podem ocultar o impacto de sua *démarche*. Como numerosos de seus contemporâneos, Strauss tenta aqui conciliar seu julgamento com suas lembranças: a impressão experimentada ao ouvi-lo pela primeira vez em 1922; a certeza de assistir a um acontecimento que "não se produzira no mundo desde Hegel"; a convicção, enfim, de que em Davos, em 1929, Heidegger triunfara sobre Cassirer[267]. Daí esta dificuldade que devia ser a da filosofia para o século: nenhuma posição racional e liberal parece resistir aos assaltos de Heidegger; mas Heidegger "é o único grande pensador de nossa época"; seria necessário, portanto, "realizar um imenso esforço para descobrir as bases sólidas de um liberalismo racional"[268].

---

265 Leo Strauss, Une Introduction à l'existentialisme de Heidegger, *La Renaissance du rationalisme politique classique*, p. 81. Em sua apresentação desse volume (p. 34), Thomas Pangle assinala que esse texto provém de uma conferência pronunciada na Universidade de Chicago nos anos de 1950.
266 Idem, ibidem. Strauss muitas vezes destacou esta declaração de Heidegger, ver supra, nota 23. Em outro texto consagrado a esse problema, resume a continuidade das posições de Heidegger da seguinte maneira: "Ele acolheu com aprovação a revolução de Hitler em 1933, e ele, que não havia jamais louvado nenhum outro empreendimento político contemporâneo, fez ainda um elogio ao nacional-socialismo muito tempo depois que Hitler foi reduzido ao silêncio e depois que *Heil Hitler* foi transformado em *Heil Unheil*" (ver La Philosophie comme science rigoureuse et la philosophie politique [1971], em *Études de philosophie politique platonicienne*, p. 42-43). Observemos que Strauss se entrega aqui ironicamente ao jogo de palavras ao modo de Heidegger, podendo a expressão traduzir-se por "Salve o Desastre".
267 Idem, p. 78. A título de ilustração, encontraremos sentimentos similares em Emmanuel Lévinas, para não falar de Hans Jonas ou de Hannah Arendt. A diferença entre os primeiros e a última, contudo, deve-se à maneira de dosar os ingredientes, como quando Lévinas diz lamentar "ter preferido Heidegger a Davos" (ver infra, cap. IX, p. 1052-1055).
268 Idem, p. 79. Strauss acrescenta ainda três motivos à dificuldade de tomar posição diante de Heidegger. Ironicamente, o fato, para começar, de que a questão decisiva, que consiste em saber se este tinha razão ou estava errado, é obscurecida pela diferença entre o filósofo e o universitário: pela maneira como as prudências do segundo o impediam de escapar "para o azul do céu ou para as alturas que nos são inacessíveis, como fazem os grandes pensadores". Depois, a constatação dos limites de um "engajamento político apaixonado" contra os movimentos extremistas em vista das fragilidades internas da democracia. Enfim, este fenômeno

À vista de tal constatação, é o movimento interno do pensamento de Heidegger que devia, em essência, preocupar Leo Strauss. Se volvermos por um instante ao mal-estar dos anos de 1920 em que se trama o efeito produzido por esse pensamento, é o fenômeno do relativismo que é decisivo. O que caracterizava essa época, senão a descoberta de uma espécie de "abandono da razão científica", ligado ao fato de que o crescimento desproporcionado dos poderes do homem por meio da ciência é acompanhado de um perecimento de mesma amplitude das capacidades dessa ciência em fornecer indicações sobre o bom uso desses poderes? Dito de outra forma, que o progresso do saber acompanha o estouro dos pontos de vista sobre a verdade e torna indecidível a questão dos valores, eis o que forma o húmus nutridor de um existencialismo cuja possibilidade Nietzsche havia assegurado. Descrevendo essa postura filosófica como "a reação de homens sérios ao seu próprio relativismo", Strauss sublinha sua lógica: reconhecer que existe um abismo na raiz de todo conhecimento; para deduzir daí que não há, em última análise, sentido senão o afirmado pela liberdade do homem; de sorte que este último "cria o horizonte, a pressuposição absoluta, o ideal, o projeto no seio do qual a compreensão e a vida são possíveis"[269]. Que, por seu turno, essa figura deva entender-se através da ideia segundo a qual "ser autêntico significa ser autêntico no mundo, aceitar as coisas no mundo, do mesmo modo que seu próprio ser, como sendo simplesmente factuais, expor-se resolutamente desprezando as falsas certezas" e a gente começa a compreender a fascinação exercida pelo existencialismo. Orientado por Heidegger para uma analítica da *Existenz*, ele parece querer aclarar as estruturas da experiência humana na perspectiva de uma ontologia fundamental. Admitindo a verdade do relativismo para radicalizar a compreensão, ele seduz pela intransigência de uma lucidez de feições de bom grado abissais: o homem é um ser finito que não pode possuir um conhecimento absoluto; o conhecimento de sua finitude é, ele mesmo, finito.

---

muitas vezes sublinhado por Strauss que pretende, a despeito de uma nobreza de Israel "literalmente além de todo louvor", que a criação de um Estado não pode ser concebida como "uma solução do problema judeu", enquanto a ideia de uma "tradição judaico-cristã", que poderia ser oposta a Heidegger, embotaria ao máximo as "pontas" para não dissimular diferenças mais significativas do que o acordo.

[269] Idem, p. 87.

Mas se o "grande êxito" de Heidegger residia na sua tentativa de uma compreensão da existência a partir dela mesma, sua maneira de expor a "experiência da *Existenz*" devia conduzi-lo a dificuldades, incitando-o a romper com seu próprio existencialismo. Em primeiro lugar, enquanto seu projeto exigia da filosofia que ela se liberasse de toda herança dos pensamentos anteriores para estar à altura de sua nova tarefa, a analítica da existência abeberava-se, de maneira evidente, em categorias cristãs: a consciência, a culpabilidade, o ser-para-a-morte, ou a angústia. A isto acrescia mesmo que o horizonte de um conhecimento finito da finitude parecia solicitar a ideia de um infinito, no entanto radicalmente condenado por Heidegger. Diante desse impasse, ele optaria, pois, entregar-se a uma nova "compreensão". Tratar-se-ia de reencontrar a proximidade imediata de um "ser" esquecido pela filosofia. Viria a ser questão de descobrir um processo interno à metafísica ocidental, desde suas origens, que a tornava incapaz de enfrentar a verdadeira situação do homem, doravante caracterizada pela inexistência de "toda esperança de suporte ou apoio". Tal seria, portanto, o segundo movimento do pensamento de Heidegger: desvelar a ilusão da metafísica em sua busca do verdadeiro e do bem; opor-lhe a exigência da "decisão", que decorre da descoberta do homem como "ser jogado". Sem temer o paradoxo, poder-se-ia sugerir por um instante que a afirmação segundo a qual tudo nasce do nada faz da problemática heideggeriana do ser uma espécie de síntese das ideias de Platão e do Deus bíblico: visto que este ser é tão impessoal quanto as primeiras e que ele se subtrai como o segundo. Mas se continua sendo possível dizer que Nietzsche ainda era herdeiro da *Bíblia*, essa comparação é enganadora em se tratando de Heidegger: que não deixa nenhum lugar ao Deus criador.

É assim que se percebe a relação profundamente ambivalente de Heidegger com o historicismo, ao mesmo tempo descrito como finalização da metafísica e colocado enquanto objeto da "resolução". Mais uma vez, a atração suscitada pelo pensamento de Heidegger procede de sua maneira de responder ao desafio do positivismo, a saber, a incapacidade da ciência moderna de autojustificar-se. Afirmando que o conhecimento científico representa apenas uma visão do mundo dentre outras, ele sublinha um devir relativista do ideal da verdade que arruína a pretensão. Mas sabe-se que ele generaliza de pronto esta na análise, para deduzir daí uma proposição que assumiria a forma de um mal infinito: "Todos os princípios de inteligibilidade são históricos e todos os princípios de ação são históricos, isto é, não têm outro fundamento, salvo uma decisão humana, ela própria desprovida de fundamento, ou ainda o decreto do destino"[270]. Dito de outro modo, enquanto aprofunda sua crítica da filosofia como esquecimento do abismo fundamental, esse pensamento radicaliza sua premissa, segundo a qual quer a vida quer a compreensão humanas são integralmente históricas. Desse ponto de vista, não só Heidegger propõe finalmente uma filosofia da história, mas esta tem a mesma estrutura que as de Nietzsche ou de Marx: porque sua época é a do maior perigo, a "descoberta final" abre uma perspectiva escatológica; a possibilidade de ultrapassar todos os tipos humanos anteriores. No caso, e desta vez mais para o lado de Nietzsche, a descoberta de Heidegger está em que "toda grande época da humanidade amadureceu a partir da *Bodenständigkeit* (enraizamento no solo)", mas que a civilização ocidental se instalou desde sua origem grega em um pensamento esquecido desta figura, pensamento que ameaça doravante os derradeiros vestígios da grandeza humana.

Leo Strauss pode definitivamente motivar sua rejeição a tal projeto oferecendo uma descrição impressionante de seu horizonte: "O pensamento de Heidegger pertence ao momento infinitamente perigoso em que o homem corre mais do que nunca o risco de perder sua humanidade e, por consequência, estando o perigo e a salvação ligados, no qual a filosofia pode ter por tarefa contribuir para a redescoberta e para o retorno da *Bodenständigkeit*, ou melhor, preparar um gênero inteiramente novo de *Bodenständigkeit*, uma *Bodenständigkeit* para além da mais extrema *Bodenständigkeit*, um estar em-casa do ser (*être-chez-soi*) que ultrapassa sua mais extrema ausência de estar em-casa (*chez-soi*)"[271]. Compreende-se doravante a natureza e a importância da distância que separa Leo Strauss de Heidegger. Em primeiro lugar, se para Leo Strauss trata-se de empreender uma crítica ao historicismo, esta não irá tirar seu motivo no desvelamento de uma ilusão própria à metafísica, mas no desnudamento de uma inflexão interna à história da filosofia. Por conseguinte, será em troca um elogio da filosofia em

---

270 La Philosophie comme science rigoureuse et la philosophie politique, op. cit., p. 42.
271 Idem, p. 47-48.

sua forma original que será desenvolvido como antídoto ao historicismo, contra a alteração moderna do discurso sobre a verdade e sua destruição pelas ciências sociais. Mais precisamente ainda, porque ela é "indispensável para proteger o *sanctum* interior da filosofia", é a filosofia política que será o objeto privilegiado das atenções de Strauss[272]. Resta que, mesmo nessa perspectiva, a reflexão sobre as condições de possibilidade da atividade filosófica no contexto da modernidade está ainda subordinada àquela que a reinscreve no horizonte do conflito entre Jerusalém e Atenas, ou do antagonismo que opõe os dois códigos da civilização ocidental. Desse ponto de vista, poder-se-ia dizer que é precisamente em face da metafísica que Heidegger e Strauss permanecem profundamente estranhos um ao outro. No primeiro, ela se confunde com o discurso da filosofia e é de sua crítica que decorre o arrazoado em favor do enraizamento. Para o segundo, ela permanece, ao contrário, a única instância a partir da qual é possível questionar uma paixão de ser no mundo que altera nos Modernos a liberdade e a vida especulativa, mas que designava já, talvez, um limite do pensamento grego que Strauss se recusa a ocultar.

Que o conflito entre os Antigos e os Modernos deva refletir-se na perspectiva da relação com a experiência do mundo, eis o que se atesta a respeito da discussão mais intensa do problema: aquela que se desdobra ao longo da troca de correspondência com Alexandre Kojève ao fim dos anos de 1940. Tudo concorre, no contexto dessa defrontação no cimo, para tomar a questão em suas formas extremas: o horizonte do debate é o de compreender a experiência política mais importante do século; Strauss o delimita a partir do *Hierão* de Xenofonte, que apresenta o ponto de vista dos Antigos; ele encontra em Kojève as objeções, por excelência, do historicismo moderno. É significativo que as últimas palavras de Strauss sejam consagradas à elaboração de uma tipologia das concepções filosóficas do ser-no-mundo. Ao abrigo das hipóteses clássicas, a filosofia exige um desprendimento radical em relação aos interesses humanos: "O homem não deve sentir-se absolutamente em sua casa na terra, ele deve ser cidadão do

---

[272] Ver Leo Strauss, Le Problème de Socrate (1958), *La Renaissance du rationalisme classique*, p. 199. Ele nota, aliás, que o pensamento de Heidegger é, quanto a ele, consubstancialmente estranho à filosofia política (ver La Philosophie comme science rigoureuse et la philosophie politique, op. cit., p. 42).

todo"²⁷³. A oposição é perfeita com a visão dos Modernos, cuja expressão última e mais sistemática Kojève oferece. Nesse quadro consolidado pelo pensamento derradeiro de Hegel, é doravante a dedicação sem reserva aos interesses humanos que determina o conhecimento filosófico: "O homem deve sentir-se absolutamente em sua casa na terra; ele deve ser absolutamente um cidadão da terra, senão um cidadão de uma parte da terra habitável". Afora a crítica apenas velada a Heidegger sob o desnudamento da "falta de coragem para enfrentar as consequências da tirania" daqueles que "não faziam nada mais senão falar do Ser", é uma chave da análise straussiana da modernidade filosófica que é preciso perceber na descrição de semelhante oposição sobre a questão do mundo, para discernir o motivo central dessa dimensão da obra, já que não é dado desenvolver o seu conteúdo.

As diferentes apresentações que Leo Strauss faz das sucessivas vagas da modernidade confirmam sua acentuação desse fenômeno de uma concessão crescente do pensamento à experiência do mundo. A todo senhor todo honor – é naquele que inaugura a filosofia política moderna que se percebe com mais clareza o gesto que melhor a caracterizará, reproduzindo-se à borda de cada uma de suas épocas. O ensinamento de Maquiavel oferece, com efeito, pela primeira vez, esse espetáculo destinado a se renovar: "Um pensador sem medo parece ter revelado profundezas diante das quais os clássicos, com sua nobre simplicidade, recuaram com horror"²⁷⁴. Estes últimos julgavam que a moral é uma coisa substancial, ele lhes opunha a terrível questão dos inícios: visto que a virtude não pode ser praticada senão em uma sociedade, os homens devem ser educados na virtude; mas eles só podem sê-lo por outros homens; a educação do primeiro educador ou do fundador da sociedade continua sendo um enigma. Pleiteando a exemplaridade das histórias antigas, argumentando que a maioria das cidades do

---

273 Leo Strauss, *De la tyrannie*, p. 249. Trata-se aqui da última página da Mise au point redigida por Strauss em 1950, para suspender a troca de correspondência com Alexandre Kojève. O escrito teve por origem o comentário ao *Hierão ou O Tratado sobre a Tirania* de Xenofonte, publicado em 1948 por Strauss, e depois se nutriu do texto de Kojève intitulado *Tyrannie et Sagesse*. O conjunto, que inclui o próprio tratado de Xenofonte, encontra-se daí por diante reunida na obra citada, com a correspondência entre os dois protagonistas que o esclarece.
274 Qu'est-ce que la philosophie politique?, op. cit., p. 47. Estes esboços de ideias sobre Maquiavel, das *Judah Leon Magnes Lectures* pronunciadas em Jerusalém durante o inverno de 1953-1954 (ver supra, p. 829 n. 111), oferecem o soclo do livro que Strauss lhe dedicará em 1958 (ver Leo Strauss, *Pensées sur Machiavel*, trad. Michel-Pierre Edmond e Thomas Stern, Paris: Payot, 1982).

passado tinha sua origem em um assassinato, juntando ao modelo romano as lições florentinas, Maquiavel aloja no berço das sociedades civis o único princípio suscetível, a seus olhos, de converter a maldade e o egoísmo em virtude: "o brilho cambiante e a fascinação da glória". Revoltados com esse diabolismo, seus sucessores se empenhariam em descobrir meios de adoçar a origem e o motor das coisas da política. Aos heróis fratricidas e incestuosos que presidem em Maquiavel a instauração do corpo social, Hobbes substituirá "pobres diabos nus e trêmulos de medo", de modo que se recobra, ao menos em um direito natural, uma ideia da justiça[275]. Rousseau protestaria ainda contra a "sabedoria da serpente" dos filósofos modernos e a degradação do homem que acarreta o fato de não considerá-lo senão por meio de suas necessidades ou de suas paixões. Mas se ele tenta reconduzir o princípio da moralidade a uma lei, esta última confirma a sua incapacidade de reencontrar um conteúdo substancial. Não podendo ser senão aquela que o indivíduo se dá a si mesmo para integrá-lo em uma vontade geral, ela acabará por se confundir com a verdade da História: como o confessara Hegel, antes que Nietzsche o desvele.

São, portanto, o princípio desse movimento, sua verdadeira função e sua consequência que é preciso tentar compreender. A ilusão inicial se deve ao fato de que sob a aparente temeridade de Maquiavel não se esconde nenhuma "observação verdadeira relativa à natureza do homem ou dos negócios humanos que não tenha sido perfeitamente familiar aos clássicos"[276]. Em outros termos, seu objetivo real, e o dos Modernos na sua esteira, reside menos na própria audácia especulativa do que em uma vontade de abaixar os critérios da ação social e da moralidade: a fim de aproximá-los das condições efetivas da vida em sociedade e de aumentar a liberdade, dominando o acaso. Desse ponto de vista, a modernidade começa com uma figura que ela reproduzirá incansavelmente: "Uma estranha limitação do horizonte se apresenta como um estranho alargamento

---

275 Idem, p. 52. Encontrar-se-á uma apresentação mais desenvolvida das "três ondas da modernidade", tais como se desdobram a partir de Maquiavel, e depois, sucessivamente, de Rousseau e de Nietzsche, no texto epônimo: The Three Waves of Modernity, op. cit., p. 81-98. Resta que, se bem entendido, *Droit naturel et histoire* é o que oferece a versão mais extensa desta análise, com todas suas articulações: a origem do direito natural; suas definições clássica e moderna; sua confrontação com a problemática da história e sua crise.
276 Qu'est-ce que la philosophie politique?, op. cit., p. 47.

do horizonte"[277]. Na origem, isto é, no próprio Maquiavel, a mola de tal operação procede de uma cólera "antiteológica". Sem dúvida motivada pelo espetáculo da piedosa crueldade da Inquisição, esta se desenvolve através da ideia segundo a qual a acentuação da desumanidade do homem decorre do fato de que ele visou demasiado alto: tendo por corolário que a reivindicação da liberdade se inscreve desde antes de Spinoza nos passos de uma crítica da religião. A verdade dessa redução inaugural do horizonte humano não pode, todavia, aclarar-se melhor do que sob o olhar daquele que recebeu sua herança, antes de radicalizar tardiamente o princípio: Nietzsche, que leva o pensamento moderno à sua mais alta consciência de si mesmo, condenando explicitamente a noção de eternidade; com o que salda todas as contas do combate dos Modernos com os ideais por demais elevados. Resta a consequência dessa história que culmina no historicismo e dessa confrontação com o mundo que reduz o pensamento à simples descrição deste: "O esquecimento da eternidade ou, em outros termos, o afastamento do desejo mais profundo do homem e, com ele, o afastamento das questões primordiais, é o preço que o homem moderno teve de pagar, desde o começo, para tentar chegar à soberania absoluta, para tornar-se o senhor e o possessor da natureza, para dominar o acaso"[278].

Tomada em sua raiz em Maquiavel antes de ser percebida do ponto de vista de seu desembocar em Nietzsche, a paixão dos Modernos aparece, pois, sob dois aspectos intimamente ligados: a rejeição das coisas do céu e uma preocupação de abaixar o estalão normativo da experiência humana. O fato de que ela se exerça dessa maneira contra os dois códigos fundadores da civilização ocidental incita, sem surpresa, a voltar à origem daquele que fixava as normas da vida prática. A isto acresce que ninguém se espantará mais que Leo Strauss conduza suas investigações concernentes aos princípios

---

[277] Idem, ibidem. Encontraremos no livro sobre Maquiavel uma descrição mais precisa desta intenção fundadora: "O princípio da descoberta reside no fato de que é preciso tomar por ponto de referência não como os homens devem viver, mas como eles vivem efetivamente ou, melhor ainda, levar em consideração aquilo que no homem é mau, aquilo que redunda em olhar para o lado das raízes da sociedade, raízes pré-políticas ou subpolíticas [...] Que não se vá procurar de modo algum no céu um fim que seria por natureza comum aos homens, semelhante ao modelo inscrito no céu, mas que a pessoa se oriente para as raízes dissimuladas na terra, pois é aí que se revelará a verdadeira natureza do homem ou da sociedade" (*Pensées sur Machiavel*, p. 313).
[278] Qu'est-ce que la philosophie politique?, op. cit., p. 58.

da filosofia grega "à sombra da derrocada contemporânea do racionalismo", sem receio de alinhar esse programa sob um título tomado de empréstimo a Nietzsche: "O problema de Sócrates"[279]. Assim encenados, os livros gregos de Leo Strauss se inscrevem em uma trajetória perfeitamente coerente com seu projeto: eles oferecem o complemento voltado para Atenas das investigações outrora destinadas a descobrir a marca de Jerusalém. Nessa perspectiva, eles se apresentam de novo como uma indagação na história da filosofia orientada por uma questão filosófica. Examinar os discursos respectivos de Aristófanes, Xenofonte e Platão a respeito de Sócrates, a fim de compreender a forma do racionalismo político, tal seria sua intenção[280]. Quanto a seu método, ele consiste em ouvir sucessivamente a voz de um adversário do fundador da filosofia, depois a de seus dois mediadores: para desenhar seu verdadeiro semblante e recuperar sua mensagem perdida.

A analogia entre esses dois últimos livros e os textos consagrados aos autores medievais pode igualmente ser percebida no que tange à sua forma. Literariamente, as análises se assemelham: uma paciente exegese do conjunto das comédias de Aristófanes, estruturada em torno de *As Nuvens*, que proporciona a chave; um comentário das palavras de Xenofonte sobre Sócrates ou ainda de seu *Econômico* como arquétipo do discurso socrático; uma leitura passo a passo das *Leis* de Platão, ela própria guiada pela fórmula de Avicena, outrora descoberta como via de acesso ao platonismo dos medievais segundo a qual "a questão da profecia e da lei divina é tratada em [...] as *Leis*"[281]. Tais considerações incitariam, pois, a confirmar a primeira intuição relativa ao sentido desse momento grego na arquitetônica do pensamento de Strauss. Reconstruindo a forma original da racionalidade filosófica a partir

---

279 Ver Le Problème de Socrate, op. cit., p. 238. O título destas cinco conferências do fim dos anos de 1950 provém, com efeito, de Nietzsche, que o utiliza notadamente para designar a segunda seção do *Crepúsculo dos Ídolos*.

280 As conferências reunidas em O Problema de Sócrates anunciam os últimos livros de Leo Strauss e esboçam seu conteúdo. Além de *Argument et action des Lois de Platon*, ver: *Socrate et Aristophane* (1966), trad. Olivier Seyden, Paris: Éditions de l'Éclat, 1993; *Le Discours socratique de Xénophon* (1970) e *Le Socrate de Xénophon* (1972), trad. O. Seyden, Paris: Éditions de l'Éclat, 1992 (em um único volume e com um texto de 1939, intitulado L'Esprit de Sparte et le goût de Xénophon).

281 Avicena, *Sur les divisions des sciences rationnelles*, em exergo a *Argument et action des Lois de Platon*. Lembramos, por certo, que Leo Strauss relata ter começado a compreender Maimônides ao reencontrar esta proposição (ver supra, p. 838 n. 123).

do discurso sobre a cidade ideal elaborado em Atenas, os livros desse período visariam a restituir-lhe a expressão não problemática, quer dizer, anterior à confrontação com a doutrina da Revelação proveniente de Jerusalém. Ao mesmo tempo, mas desta vez no eixo do conflito entre Antigos e Modernos, eles ofereceriam o soclo de um elogio da filosofia política arrancada do estatuto de curiosidade de antiquário para ser devolvida à sua faculdade de esclarecimento das condições da experiência cívica. Assim instalados no duplo sistema de coordenadas que estrutura a *démarche* de Leo Strauss, eles poderiam ser lidos de duas maneiras. Do ponto de vista de Atenas, por certo, na medida em que convidam a tomar a sério uma filosofia clássica doravante submetida a fogos cruzados de dois grandes discursos contemporâneos: o do historicismo, que a supõe ultrapassada pela ciência moderna; depois a de uma crítica desse mesmo historicismo, que a considera como a origem do fenômeno. Mais discretamente, talvez, esses textos podem ler-se do ponto de vista de Jerusalém: em uma perspectiva em que a reflexão concernente às virtudes da filosofia é indissociável de um questionamento dos limites da filosofia; de conformidade com a convicção outrora atribuída a Maimônides segundo a qual ser autenticamente judeu e perfeitamente filósofo são duas coisas, em última análise, incompatíveis.

    Encontrar-se-ia um primeiro indício em apoio a essa hipótese no fato de que Leo Strauss organiza explicitamente uma parte de suas investigações gregas em torno da exposição do conflito sobre o estatuto da filosofia no próprio seio da discussão dos Antigos. No caso, trata-se da maneira como a oposição entre Aristófanes e Xenofonte a propósito de Sócrates versa sobre uma questão que Platão retomará por sua conta como problema filosófico: as das relações entre filosofia e poesia. Se nos voltarmos para Aristófanes, constatar-se-á que a crítica se constrói à volta desse motivo: a impossibilidade, para Sócrates, de atuar verdadeiramente sobre a Cidade, sua impotência política e, finalmente, sua incapacidade de proteger-se constituem as consequências inelutáveis de uma sabedoria voltada unicamente para as coisas do alto e que ignora os comportamentos do homem; ela oferece a ilustração, por excelência, da inferioridade da filosofia com respeito à poesia. *A contrario*, Xenofonte e Platão são conduzidos a situar sua defesa nesse mesmo terreno: mostrar que a sabedoria de Sócrates é superior à dos poetas; procurando provar que ele era o único ateniense autenticamente político, um mestre sem rival na arte de orientar as almas, o representante, por excelência, da virtude prática[282]. Tudo se passa, no entanto, como se a apologia de Sócrates não proporcionasse inteiramente a última palavra no conflito entre a poesia e a filosofia. É sobre esse ponto que o testemunho de Platão é essencial. Ele sabe que a grande alternativa para a filosofia política é a poesia e lhe concede um lugar no quadro da problemática da "nobre mentira", necessária para convencer a multidão dos não filósofos[283]. Mas se ele reconhece assim que a filosofia necessita do suplemento da poesia para preencher uma função que ela própria não pode assumir, ele tenta desde logo mostrar que essa tarefa é acessória, porquanto tal delegação não altera o primado da vida filosófica.

Descobrindo a maneira como Platão procura esvaziar a querela da poesia e da filosofia por uma espécie de compromisso, Leo Strauss reencontra uma figura familiar das discussões medievais: a de um limite da razão. Se não se pudesse compreender o pensamento dos medievais senão no contexto de um conflito entre a Lei e a filosofia, deve-se doravante admitir que o pensamento dos gregos desdobrava-se através de uma concorrência entre o discurso filosófico e o poético. Cumpriria então, como faria Heidegger, radicalizar seu antagonismo: para recobrar na poesia uma linguagem do ser olvidada pela filosofia? Tal não é o propósito de Strauss, que sugere que tal fenômeno pode ser de novo observado a partir de dois pontos de vista. No eixo do conflito entre Antigos e Modernos, trata-se de meditar sobre o fato de que todos os clássicos têm em comum não admitir uma perfeita autossuficiência da filosofia. Sob esse ângulo, a divergência de suas demonstrações importa menos do que o reconhecimento do caráter problemático da atividade filosófica: em face da aventura paradoxal que conduz a modernidade da afirmação de uma radical independência da

---

282 Ver a conclusão de *Socrate et Aristophane*, p. 395-400. Encontraremos uma outra apresentação desse conflito a propósito de Sócrates em Le Problème de Socrate (op. cit., p. 239): a crítica de Aristófanes se baseia na afirmação segundo a qual Sócrates não é político porque lhe falta o conhecimento de si próprio e ele não compreende o contexto político no qual existe a filosofia; a defesa de Xenofonte e Platão repousa sobre a demonstração de uma compreensão socrática do caráter não racional da política, da "importância decisiva do *thymos* do ardor, como liame entre os filósofos e a multidão". (N. da E.: *thymos*, alma, sopro vital, vontade, ânimo, desejo, ímpeto. Cf. *Dicionário Grego-Português*, São Paulo: Ateliê, 2007, v. 2, p. 223).
283 Le Problème de Socrate, op. cit., p. 241 e s.

razão à autodestruição do racionalismo. Ao inverso e olhando-se as coisas pela perspectiva do antagonismo que opõe Jerusalém a Atenas, é dessa vez a diferença dos argumentos que se torna essencial, como bem sabem os protagonistas da alta época dessa confrontação. Ao espelho do racionalismo medieval compreende-se que o limite imposto pela aceitação da autoridade da Revelação é muito mais decisivo do que aquele que decorria do compromisso com a poesia: visto que ele procede de uma instância pré-filosófica, mas que adianta verdades inacessíveis à razão.

Tendo em conta o entrecruzamento permanente desses dois pontos de vista, é que podemos questionar uma última vez as orientações do interesse de Leo Strauss pelos gregos. Este procede, com certeza, da preocupação de exumar a problemática da filosofia política para lhe dar sua verdadeira função: a busca de uma verdade concernente aos negócios da Cidade suscetível de aclarar a experiência cívica. Resta que Strauss retém uma segunda lição de Atenas e que esta relativiza o alcance deste primeiro cometimento. Tudo incita a pensar que ele adere a esta perspectiva descrita a partir de Aristóteles: vem um momento em que a filosofia política encontra seu próprio limite como disciplina prática; este surge quando lhe cumpre interrogar-se sobre a natureza das coisas políticas; esta interrogação mesma "Desempenha o papel de uma brecha para a passagem de outras questões, cuja finalidade não é mais a de guiar a ação, porém muito simplesmente compreender as coisas tais como são"[284]. Nesse sentido, longe de ser um fim em si, a defesa da filosofia política em um universo intelectual que a rejeita estaria subordinada ao projeto mais amplo de um elogio da vida filosófica. Cabe, todavia, perguntar-se se o intuito último de Strauss não se refletiu sobre o horizonte, embora alargado, do conflito entre razão e Revelação, apresentado como a raiz da experiência ocidental: perspectiva que tornaria de novo problemático o estatuto da filosofia. Nessa hipótese, a pedra angular do projeto straussiano seria sempre aquela que os

---

[284] Leo Strauss, Sur la philosophie politique classique (1945), em *Qu'est-ce que la philosophie politique?*, p. 94. Strauss remete especialmente a Aristóteles, *Política*, 1279b, 11-15: "Aquele que, em cada ordem de pesquisa, adota uma atitude filosófica e não se limita a considerar o lado prático das coisas tem por caráter distintivo nada negligenciar nem omitir, mas, ao contrário, pôr em evidência a verdade em cada caso". A quem sabe espichar a orelha, esta referência começa a sussurrar que poderia ocorrer que o elogio da filosofia política não seja a última palavra de Strauss.

trabalhos preliminares às investigações medievais apresentavam: quando mostravam o malogro das Luzes modernas na sua tentativa de evicção da tensão entre obediência e especulação; convidavam a recuperar sua forma autêntica no momento da mais alta intensidade do antagonismo entre filosofia e teologia; buscavam uma via de acesso à sua compreensão no universo esquecido das Luzes pré-modernas.

Tudo leva a pensar que para essa maneira de fazer sem verdadeiramente dizer, Leo Strauss escolheu para si um mestre: Platão; mais precisamente, o Platão de Alfarabi. Como não reler o que ele escrevia a seu propósito, detectando aí o discreto esboço de um autorretrato? Outrora, Platão meditara sobre a desventura de Sócrates, e foi levado a substituir a postura revolucionária do filósofo perseguido pela turba até o sacrifício de sua vida pela atitude conservadora que consistia na troca gradual das opiniões convencionais pela verdade. Esclarecido pelo ensinamento de Platão sobre os meios de sobreviver ao "grande perigo" em que a filosofia incorre, Alfarabi retém daí um convite à dissimulação e transformado em prática de escritura: ele tomou o hábito de só expor suas opiniões sobre as questões controvertidas através de seus comentários acerca dos autores do passado ou dos livros "históricos". Dir-se-á a respeito de Leo Strauss que ele atravessou sem empecilhos as formas autênticas da perseguição em seu século, para sofrer apenas aquela que julgou provir da mediocridade intelectual. Artista do comentário, ele propunha também grandes relatos de uma história da filosofia política à qual devolvia seus direitos, arrancando-a das mãos de filisteus sem cultura. É preciso, todavia, ir mais longe, atrever-se a aplicar-lhe o que dizia Alfarabi. Quiseram encerrá-lo no papel de defensor suspicaz do grande passado de uma sabedoria política esquecida, que gostava de poses provocadoras, que seduzia a juventude de seus anfiteatros de aula com palavras enigmáticas. Ponderemos estas palavras sobre Alfarabi: "É somente porque o discurso público exige uma mistura de sério e de jogo que o verdadeiro platônico pode apresentar o ensinamento sério, sob uma aparência histórica e, portanto, não séria"[285]. Do Platão de Alfarabi, ele afirmava que este substituiu o filósofo-rei de Sócrates pela "realeza secreta do filósofo, que leva uma vida privada na qualidade de membro

---

285 Le Platon de Fârâbî, op. cit., p. 79.

de uma cidade imperfeita". De sua existência privada nada se sabe, como convém, sem dúvida, aos pensadores. Mas é difícil imaginar que ela não deva nada às tensões que ele descrevia incessantemente e que se reduzem àquela aprendida entre os medievais para ser meditada com Maimônides: aquela que opõe a Lei à filosofia. Que ele fosse filósofo sob os trajes do historiador das ideias, ninguém deveria duvidar. Mas sobre sua última maneira de sê-lo com respeito aos limites que tinha a seus olhos tal exercício, o mistério remanesce. A razão pode ser encontrada, sem dúvida, uma vez ainda, no retrato de Alfarabi: "O que fez dele um filósofo, segundo sua própria opinião sobre a filosofia, não foram suas convicções, mas o espírito em que foram adquiridas, conservadas e dadas a entender mais do que gritadas aos quatro ventos"[286].

Que o interesse de Leo Strauss pela filosofia grega possa ser exposto segundo graus de problematicidade crescente, que os faça culminar na descrição do conflito entre Jerusalém e Atenas, que ele guarde, enfim, secreto, seu pensamento final a esse respeito, eis o que poderia aclarar uma outra questão: a que concerne aos diferentes públicos aos quais ele se dirige. O primeiro dentre eles é, com certeza, o que lhe oferece o seu ofício de professor e ao qual destina suas palavras sobre a educação liberal: trata-se de pessoas jovens que podem ser atraídas pela filosofia, mas que sofrem a influência das ciências sociais e do desdém destas para com a filosofia[287]. Àqueles sobre os quais se exerce assim a atração de um fruto que se tornou de algum modo proibido, ele propõe a forma paradoxal de um encorajamento disfarçado. Parece evidente que a lucidez em relação ao contexto contemporâneo obriga à modéstia: nós não podemos mais ser filósofos, mas somente amar a filosofia, isto é, desejar ouvir a conversação dos grandes espíritos entre eles, "lendo grandes livros". No entanto, a humildade que convém aparentemente a essa atividade dissimula a necessidade de uma extrema audácia: os maiores filósofos monologam e sua conversação não pode existir sem a nossa intervenção; nós devemos, portanto, realizar o que eles próprios foram incapazes de fazer; "transformar seu isolamento em comunidade". Imaginando a maneira inteiramente platônica de ensinar

---

286 Idem, p. 92.
287 Ver Qu'est-ce que l'éducation libérale?, op. cit., p. 13-21.

que Leo Strauss devia ter, graças a uma mescla de "sério" e "jogo", é mister descobrir o sentido dessa dialética que convida a baldar a armadilha do historicismo. À primeira vista, ela parece conceder ao espírito do tempo que, no universo moderno da ciência, a filosofia se tornou uma disciplina puramente histórica: consagrada ao conhecimento de coisas pertencentes definitivamente ao passado e sem efeito sobre o mundo da ação. A isto se acrescenta que a condição ligada à perspectiva de uma autêntica história da filosofia poderia condenar o projeto mesmo da educação liberal: dando-se por objetivo chegar ao que os melhores espíritos não conseguiram atingir, ela parece confortar a tese que combate, ou seja, a asserção do caráter relativo dos pontos de vista sobre a verdade. É, no entanto, o absurdo de tal constatação que sugere que a situação seja invertida por uma reformulação dessas definições do projeto que permanece, todavia, o mais modesto: "A educação liberal é liberação da vulgaridade. Os gregos tinham uma palavra maravilhosa para 'vulgaridade'; eles a chamavam *apeirokalia*, falta de experiência das belas coisas. A educação liberal nos dá a experiência das belas coisas"[288].

Convidando alunos curiosos a se exercitarem nas delícias de um conhecimento dos discursos sobre a sabedoria, tal proposição já contribui para resgatar o horizonte de uma educação liberal contrariada pela vitória do historicismo: ainda que seja apenas contrapondo a Hegel que a filosofia é necessariamente "edificante" e que ela pode, assumindo essa tarefa, sobreviver a seu crepúsculo anunciado. Resta que ela é ainda passível de alargar-se, mesmo que tenha de reduzir as dimensões do público ao qual se destina. Quando passa da busca de uma definição da educação liberal a uma reflexão sobre as formas de responsabilidade que se lhe vinculam, Leo Strauss toma o cuidado de reproduzir, para quem sabe entendê-lo, um discurso emprestado da filosofia clássica[289]. Especificando que desta vez está se dirigindo a adultos, lembra que o objetivo de uma boa educação é preparar para o exercício das responsabilidades cívicas e políticas. Ora, se desse ponto de vista uma distinção clara entre os fins convenientes e outros

---

[288] Idem, p. 21.
[289] Ver Leo Strauss, Éducation libérale et responsabilité (1962), *Le Libéralisme antique et moderne*, p. 23-45. Strauss dirige-se aqui ao público da Fundação para a Educação de Adultos e toma o cuidado de tematizar o que significa educar educadores.

que não o são é pressuposto pela política, esta não é capaz de operar por si mesma. Em outros termos, e na medida mesma em que ela se propõe a cultivar as virtudes cívicas, a educação liberal solicita um discurso que ultrapassa a política: o da filosofia doravante entendida no sentido estrito; "a busca da verdade sobre as questões mais importantes, ou a busca da verdade englobante, ou a busca da verdade do Todo, ou a busca da ciência do Todo"[290]. Que à luz desse propósito socrático a educação liberal se revele finalmente como uma "preparação para a filosofia", eis o que não podia, sem dúvida, ser exposto diretamente a pessoas jovens, nem mesmo ser dito sem algumas precauções. Mas seja como for, com respeito a essas cautelas e tendo em conta que semelhante discurso deva evitar as "luzes da ribalta", permanece o fato de que, bem compreendido, o elogio do amor às belas coisas que transita pelo da sabedoria política é suscetível de transformar-se em convite à vida filosófica.

Não se pode, enfim, esquecer que Leo Strauss é familiar a um terceiro auditório, ao qual reserva explicitamente certas palavras suas e cuja atenção ele atrai de maneira mais implícita no ensejo de considerações de ordem geral. A título de ilustração, é significativo que o conjunto de textos reunidos em *Le Libéralisme antique et moderne* seja colocado sob o signo de questões atinentes à situação dos judeus no mundo moderno[291]. Além do mais, Strauss havia de aceitar até o fim de sua vida exprimir-se em recintos especificamente judaicos ou expor em outros locais um ponto de vista que seria o do judaísmo[292]. Cumpre perguntar-se qual era, a seus olhos, a

---

290 Idem, p. 29.
291 Ver o final do prefácio redigido para esse volume (idem, p. 12): "Em que sentido e até que ponto é o judaísmo uma das raízes do liberalismo? São os judeus constrangidos por sua herança ou por seus interesses privados a serem liberais? Está o liberalismo necessariamente bem disposto em relação aos judeus e ao judaísmo? Pode o Estado liberal pretender ter resolvido o problema judaico? Pode, qualquer Estado, pretender tê-lo resolvido?" Cabe lembrar que este volume contém notadamente o preâmbulo para a tradução americana do livro sobre Spinoza: autobiografia intelectual integralmente construída em torno de uma interrogação sobre a "questão judaica" e os limites de sua "solução" política.
292 Ver especialmente Why We Remain Jews, op. cit., p. 311-356, e Perspectives sur la bonne société, *Le Libéralisme antique et moderne*, p. 373-390. O primeiro desses textos provém de uma conferência proferida na Hillel House de Chicago em 1962. O segundo é o resumo redigido por Strauss a partir de um colóquio que reuniu judeus (especialmente Nahum Glatzer) e protestantes (entre os quais Paul Ricoeur), sob a égide da Divinity School of the University of Chicago e da Anti-Defamation League of B'nai B'rith, em 1963.

natureza desse último público e quais formas assume o discurso que ele lhe dirige. Evidentemente, quando é colocado em tais situações, Strauss pratica mais do que nunca uma arte da comunicação exotérica, adaptada às circunstâncias: ao expor o desenvolvimento de um diálogo judeu-cristão, afirma instalar-se na posição de um "espectador imparcial e benevolente", mas um ouvinte atento não pode crer seriamente que ele fala "na qualidade de especialista nas ciências sociais"; ao explicar "por que nós continuaremos sendo judeus", ele resume sua visão do judaísmo moderno, propondo ao mesmo tempo a quem queira entendê-lo uma perspectiva que reencontra a questão do conflito entre Jerusalém e Atenas. Tal constatação deveria permitir ver com mais precisão os contornos e os mecanismos do dispositivo pelo qual Strauss parece ajustar seus discursos a seus públicos, visar às vezes a leitores e ouvintes diferentes sob um mesmo propósito, alargar amiúde o horizonte de sua reflexão, restringindo o número daqueles que podem compreendê-la. É assim que poderia se desenhar a feição do destinatário ideal de sua obra.

Quando se expressa, em fevereiro de 1962, em Chicago, diante do público da Hillel House, Leo Strauss apresenta uma consideração que ele não tem nenhuma razão para negligenciar como sendo uma palavra de circunstância: "Desde o início e sempre, o tema maior de minhas reflexões foi aquele que denominam de a 'questão judaica'"[293]. Ainda que ela evoque algumas das perspectivas desenvolvidas na mesma época na autobiografia intelectual, essa conferência confirma a veracidade de tal declaração. Sobre o plano mais visível das coisas, ela desdobra uma crítica da assimilação e uma análise dos dilemas do sionismo, amplificadas, aliás, em torno da refutação de uma proposição de Heine: "O judaísmo não é uma religião, porém um infortúnio". Que ele possa ser assim aos olhos dos judeus modernos, eis o que os promotores da assimilação interiorizaram. Na lembrança da expulsão da Espanha, eles depositaram todas as suas esperanças na sociedade liberal. Mas isto sem compreender que ela não lhes oferecia, à guisa de meio de escape às "discriminações", senão reles maneiras de se tornarem invisíveis: por casamentos mistos, por mudanças de nome ou ausência de descendência. Quanto ao sionismo, se, de sua parte, ele afirmava claramente o dever

---

[293] Why We Remain Jews, op. cit., p. 312.

dos judeus de permanecerem como tais, ele lhes propunha, apesar de tudo, assimilar-se ao mundo moderno, tornando-se uma nação como as outras: sob o risco de ver sua solução política entrar em uma dialética que obriga finalmente a reconhecer que a única saída constitui "o retorno à fé judaica, a fé de nossos antepassados"[294]. Em face desses dilemas, restará uma última solução ao judeu incréu: a de aderir à visão comum do mundo e da busca de uma explicação de sua situação pelas ciências sociais. Espontaneamente positivista, ele não descobrirá, todavia, na sociologia ou na psicologia outra coisa senão uma análise insignificante do "problema judeu" como questão de "minoria religiosa" ou "minoria étnica". Ele se verá então, também, constrangido a admitir que esta forma de assimilação intelectual a uma ciência incapaz de compreender o fenômeno que ela diagnostica o impede de apreender a dimensão última das coisas, isto é, sua parte essencialmente misteriosa.

Que um propósito mais profundo se dissimule sob este discurso exotérico acerca da "questão judaica", isto fica a sussurrar na orelha de um ouvinte atento por uma utilização ao mesmo tempo sutil e provocadora da citação. Sem qualquer precaução aparente, Leo Strauss mobiliza sucessivamente dois textos que, à primeira vista, são em tudo opostos: uma passagem do *Galut*, de Yitzhak Baer, e o parágrafo 205 da *Aurora*. O que pode querer significar essa aproximação entre a ilustração da honra do martírio emprestada a uma meditação sobre o exílio e a descrição ao mesmo tempo irônica e ditirâmbica que Nietzsche infunde ao orgulho da perseverança à beira de converter o infortúnio em vitória? À primeira vista, é a referência nietzschiana que é decisiva e Strauss parece lhe atribuir três funções. Explicitamente, trata-se de haurir em um autor sulfuroso a expressão idealizada da assimilação, para melhor apresentar a trivialidade de suas formas efetivas: Nietzsche vê os judeus tornarem-se os melhores europeus, enquanto eles próprios se contentam com uma medíocre glorificação dos mais célebres entre eles[295]. Ao que se acrescenta que, por sua radicalidade,

---

[294] Idem, p. 320. Strauss resume aqui a dialética do sionismo descrita no Avant-propos à la traduction anglaise de *La Critique de la religion de Spinoza*, op. cit., p. 265 e s. (ver supra, p. 773-779).

[295] Na passagem citada por Strauss, Nietzsche faz o elogio dos judeus que renunciaram à sua vingança e estão doravante prestes a poder conquistar a Europa sem violência, graças a uma perfeita assimilação de seus valores: ver o § 205, da *Aurora*, Du peuple d'Israël, em *Oeuvres philosophiques complètes, Aurore: Pensées sur les préjugés moraux, Fragments posthumes (1879-1881)*, Giorgio Colli e Mazzimo Montinari, trad. J. Hervier, Paris: Gallimard, 1970,

tal análise da assimilação sublinha uma dimensão essencial do fenômeno: o fato de ele se inscrever em um horizonte que, na realidade, não é o dos judeus, mas efetivamente o da Europa ou do Ocidente. Resta que, por fim, a irrupção um tanto intempestiva desse fragmento vem implicitamente confundir as pistas, a fim de manter a perplexidade do público. Desse ponto de vista, se por um instante estivéssemos tentados a não enxergar, por defeito do diagnóstico de Nietzsche, que o levou a omitir a dimensão coletiva da renovação judaica, Strauss adiciona uma anedota que propõe um paradoxo: poderia suceder que "cidadãos alemães de confissão judaica" saindo de uma sinagoga no início do século tivessem permanecido mais judeus do que os jovens sionistas da geração seguinte com sua consciência nacional.

Esse modo de provocar a perplexidade convida a escrutar mais adiante o sentido verdadeiro desse discurso. Nas suas últimas formulações, ele é deliberadamente alusivo e enigmático: o judaísmo não é nem um infortúnio nem uma glória, mas uma "ilusão heroica". Eis, sem dúvida, a sua chave e depois a de toda a reflexão de Leo Strauss sobre a experiência judaica. De novo, esta só é proporcionada àquele que sabe entendê-la, mais precisamente àquele que tiver de memória a prece do *Aleinu*, invocada sem ser lida: "Cabe a nós louvar o senhor de todas as coisas, de exaltar o criador do Princípio, pois Ele não nos fez como os povos do mundo e não nos formou como as famílias da terra [...]"[296]. Por lapidar que seja, é o comentário desta prece invocada

---

p. 158-160. O contraste é chocante com a passagem de *Galut*, que Strauss também leu, em torno desse fato: "Os martiriólogos pintaram de maneira chocante e assustadora o ritual do sacrifício mútuo e voluntário (e não o sacrifício de um inimigo como é imputado aos judeus!), e isto se magnifica nas composições que tomam por modelo o sacrifício de Isaac" (ver Yitzhak Baer, *Galut: L'Imaginaire de l'exil dans le judaïsme*, trad. M. de Launay, prefácio de Yosef Hayim Yerushalmi, Paris: Calmann-Lévy, 2000, p. 81).

296 Ver idem, p. 327. A *mise-en-scène* desta referência é aqui decisiva. Essa passagem é seguramente o clímax da conferência e Strauss o indica ao afirmar que solicita um testemunho "que ultrapasse tudo aquilo que um homem hoje poderia escrever", mas, como bom entendedor, ele se recusa a ler ainda que seja apenas seu começo e suas principais formas: "É porque esperamos em Ti, Senhor, nosso Deus, para ver logo a majestade de Teu poder [...] Diante de Ti, Senhor, nosso Deus, eles hão de se ajoelhar e tombar por terra, eles hão de render homenagem à glória de Teu Nome, eles hão de acolher todo o jugo de Teu reino e Tu reinarás logo sobre eles, para sempre. Pois a realeza é Tua para a eternidade. Tu reinarás com glória como está escrito na Tua Lei 'o Senhor reinará para sempre'. E é dito 'o Senhor será Rei sobre toda a terra, e nesse dia o Senhor será Um e Seu nome Um'". Acrescentemos que Strauss sabe melhor do que ninguém como essas passagens serviram de pretexto à perseguição dos judeus e porque os reformadores dos séculos XVIII e XIX acreditaram que seria bom suprimi-las no ritual.

silenciosamente que importa, pela razão mesma de seu caráter radical: "O povo judeu e seu destino são as testemunhas vivas da ausência da Redenção". O fato de a eleição ter de ser entendida como uma carga que consiste em recordar que a Redenção ainda está por vir, vem completar a significação que lhe foi dada quando se constatou que a criação do Estado de Israel não devia ser compreendida como o fim da *Galut*: ela transforma a questão judaica no "símbolo mais manifesto do problema humano como problema social ou político"[297]. Resta que há uma nuança de talhe entre essas duas definições da experiência judaica como testemunho em favor da Redenção ou símbolo do homem. Considerando tudo, a segunda seria aceitável por quem quer que se preocupe com o problema da filosofia política: pois ela pretende simplesmente dizer que "seres humanos não criarão jamais uma sociedade livre de toda contradição". A primeira, em compensação, não solicita aquilo que se parece simplesmente a uma lucidez filosófica, mas o reconhecimento por causa de seu limite: no momento preciso em que ela é confrontada com a "verdade segundo a qual há um mistério último"[298].

A possibilidade de que tal declaração possa ser a última palavra de Leo Strauss tanto sobre a questão judaica quanto no que concerne ao problema do homem encontrará uma confirmação brilhante pela maneira como ele conclui o diálogo acerca da "boa sociedade". No contexto dessa troca inter-religiosa colocada sob o signo de um motivo proveniente de Atenas, não apenas Strauss resolveu terminar falando do ponto de vista de Jerusalém, como oferece a seu respeito a formulação mais enigmática que existe, tomando de empréstimo a Gershom Scholem a elucidação das razões de se compreender a *Torá* escrita à luz da *Torá* oral: a verdade mais profunda não pode ser escrita ou mesmo proferida; "aquilo que Israel ouviu no Sinai da boca de Deus mesmo 'não era senão este *Alef* pelo qual começa o Primeiro Mandamento no texto hebraico da *Bíblia*'"[299]. Esta última proposição atesta a seriedade da declaração de Leo Strauss relativa ao fato

───

[297] Avant-propos à la traduction anglaise de *La Critique de la religion de Spinoza*, op. cit., p. 268.
[298] Why We Remain Jews, op. cit., p. 328.
[299] Perspectives sur la bonne société, op. cit., p. 390, que cita Gershom Scholem, *La Kabbale et sa symbolique*, trad. J. Boesse, Paris: Payot, 1966, p. 40. Este ponto de encontro entre Strauss e Scholem é tanto mais significativo quanto o primeiro sabe perfeitamente que ele cita um comentário de proposições procedentes da mística judaica, enquanto o segundo acaba de efetuar, de maneira inteiramente excepcional, referência a Maimônides: no caso, às declarações do *Guia*,

de que a experiência judaica se desvela como uma "ilusão heroica". Testemunhar para a humanidade o caráter sempre por vir da Redenção, proclamar perante o mundo que a verdade última das coisas permanece um mistério, viver a eleição como a recusa de uma assimilação à história na lembrança do martírio: "nenhum sonho mais nobre jamais foi sonhado"[300]. No entanto, quem saberia ainda sonhar um sonho assim, segundo uma expressão bíblica que Strauss tivesse talvez na memória no momento em que ele usa semelhante assonância?[301]. Com certeza, aquele a cujo espírito vem o sentido de uma antiga prece no próprio momento em que ela é invocada. Mas para a maioria daqueles que a olvidaram, uma outra *démarche* é requerida. Ela consiste em suscitar neles crescente perplexidade diante de certezas das mais bem ancoradas: desestabilizar o conforto preguiçoso da assimilação pela grandeza do ideal sionista; depois questioná-lo salientando a ambiguidade de sua relação com a religião; denunciar, por fim, a falsa lucidez intelectual de uma "probidade intelectual" que ordena aos Modernos não ver na Revelação senão um símbolo[302]. Compreendendo assim a

---

11, 33, segundo as quais as palavras do Sinai fazem parte dos "segredos da *Torá*", uma vez que somente Moisés as recebeu, ao passo que o povo não ouvia senão o som inarticulado da voz.

300 Why We Remain Jews, op. cit., p. 328.

301 Sonhar sonhos, devanear devaneios, lembra uma fórmula do profeta *Joel* 3, 1, em que o texto provoca a assonância, ao repetir a raiz do verbo pela escolha do substantivo: "Depois disso espalharei meu espírito sobre toda a carne, e vossos filhos e vossas filhas profetizarão, e vossos velhos terão sonhos e vossos jovens terão visões". Estranhamente, Gershom Scholem parafraseia esta fórmula, sem citá-la, em um de seus textos mais dilacerados a respeito da experiência judia contemporânea através da aventura de sua geração sionista confrontada com o extermínio. Nesse texto, que não será publicado a não ser muito mais tarde, Scholem escreve: "Como poderia realizar-se, a partir do presente reconstruído, a substituição do passado como força viva? Não nos deixamos levar nas asas do sonho quando nossos anciões sonharam sonhos e quando nós, os jovens, vimos com nossos olhos a realização de nossos sonhos?" (Gershom Scholem, Préface pour un discours qui ne fut pas prononcé (verão de 1944), trad. B. Dupuy, *Pardès*, n. 5, 1987, p. 105 – tradução modificada: o texto alemão diz: "Unsere Alten Traüme traumten"). Sobre a história desse texto, do qual existe uma versão edulcorada que ignora esta fórmula, ver supra, cap. IV, p. 425-433. Que Leo Strauss cruze com esta alegoria utilizada por Scholem em um texto que ele por certo não podia conhecer, eis o que testemunha uma conivência silenciosa, nutrida de preocupações similares e de uma mesma cultura.

302 Ver a esse propósito Un Épilogue (1962), *Le Libéralisme antique et moderne*, p. 316. Aqui, Strauss concede aos adeptos da "nova ciência política" que afirmam rejeitar a religião por "honestidade intelectual" que, sendo "tudo o mais igual, um ateu sincero é um homem melhor do que um pretenso teísta que se representa Deus como um puro símbolo". Mas ele acrescenta de pronto: "A honestidade intelectual não é a verdade. A honestidade intelectual, um gênero de abnegação, substituiu o amor da verdade porque a gente se pôs a crer que a verdade é uma coisa desencorajadora e porque não se pode amar o que repugna".

forma como Leo Strauss aguça seu propósito restringindo seu público, pode-se tentar desenhar o retrato daquele que ele concebe, sem dúvida, como sendo o destinatário típico de sua obra. Sua primeira localização se deduz do encolhimento progressivo do discurso sobre a educação liberal. Ele pertence, por certo, à categoria das pessoas jovens atraídas pela filosofia, mas que sofrem o domínio de uma cultura historicista. Desse ponto de vista, representa uma espécie de perplexidade própria à época contemporânea, de sorte que a maneira de lhe falar deve adaptar-se à sua situação: sensível à beleza das coisas do espírito cujo caráter ilusório seu tempo se encarniça em afirmar, é preciso ensinar-lhe a modestamente amar a filosofia; isto, para transmitir-lhe a audácia necessária a quem deseja romper o interdito que pesa doravante sobre o simples ideal da verdade. Mas seu rosto só poderia verdadeiramente aparecer no recinto de um público mais específico: o dos jovens judeus preocupados com o que se costuma chamar sua "identidade". Para este últimos, uma outra preparação se tornou necessária. Ela passa pela ideia que a autobiografia de Strauss propõe sobre o modo reflexivo ou a tematização da oposição de vidas segundo o progresso e o retorno sob uma forma mais analítica: o único problema judeu que pode ser resolvido pelos homens é o de todo aquele que haja rompido os liames com a comunidade judaica para tornar-se membro de uma sociedade puramente liberal e vem a ficar "naturalmente perplexo quando não encontra nenhuma sociedade desse gênero"[303]. Provocar essa perplexidade, se ela fizer falta, deixar entrever o fato de que a solução para tal problema é a volta à "comunidade fundada na fé judaica e no modo de vida judeu", ensinar o sentido da *teschuvá*: eis os gestos que modelam o leitor ideal.

  Compreendemos que para reencontrar seu Iossef, Leo Strauss deve de algum modo procurar aquilo que fora dado a Maimônides: um interlocutor interessado pela questão do conflito entre razão e Revelação; caso se prefira o problema dos limites da filosofia. Nas condições da modernidade, a espécie tornou-se rara. Se for possível alimentar a esperança de cruzar com ouvintes ou leitores disponíveis para o ensinamento filosófico que rompa com o positivismo circundante, cumpriria confiar em que eles

---

303 Avant-propos à la traduction anglaise de *La Critique de la religion de Spinoza*, op. cit., p. 269; ver também Progrès ou retour?, op. cit., p. 306 e s.

adiram, não obstante, ao pressuposto da filosofia moderna concernente à extinção desse conflito pelo desaparecimento de um dos antagonistas. O destinatário do *Guia* era um homem perfeito na sua religião e seus costumes, mas que fora levado à perplexidade pela sabedoria dos filósofos: inquieto por ter de sacrificar a Lei para esposar a razão ou dever moderar seu desejo de explicação das coisas devido à fidelidade à sua crença. Não se pode fazer surgir seu equivalente moderno a não ser despertando simultânea ou sucessivamente duas perplexidades: aquela que visa com certeza ao relativismo característico da época, a fim de suscitar um preconceito favorável à pesquisa da verdade; mas igualmente aquela que deve ser exercida contra uma moral de substituição designada como "probidade intelectual" e que é pensada como sendo coragem de enfrentar a derrelição de um mundo sem Deus. Sabemos doravante que Leo Strauss vai muito longe nessas duas direções. Se a curiosidade pela filosofia se cultiva de maneira privilegiada no domínio da política, o exame de sua discussão clássica tal qual se desenrolava em Atenas tem por verdadeira finalidade aquela que ela tinha então: o elogio da vida filosófica como tal. Quanto às investigações sobre a situação dos judeus no mundo moderno, elas deveriam, levando tudo em conta, conduzir ao reconhecimento do fato de que não há alternativa para um retorno dirigido às fontes da Tradição. Que ele se exerça diretamente por uma reabertura sem preparo do conflito entre a ortodoxia e as Luzes, de modo mais mediato através de uma estada prolongada entre os medievais ou ainda pelos vieses de considerações dispersas sobre as aporias da existência moderna, o radicalismo de semelhante discurso se inscreve sobre um único horizonte: tentar convencer aqueles a quem se dirige da atualidade de um antagonismo que foi, no princípio da civilização ocidental, e continua sendo, a sua autêntica condição de possibilidade[304].

304 Encontrar-se-ia uma prova brilhante do fato de que desde *Philosophie und Gesetz* o projeto de Leo Strauss foi sempre o de mostrar a permanência do conflito entre a filosofia e a Lei em um precioso documento: o plano de um livro imaginado em 1946 sobre esse tema, *Philosophy and the Law*. Retomando esse título, Strauss se propõe ao mesmo tempo reunir vários desses textos e redigir certo número de capítulos que serão finalmente realizados de maneira dispersa. Entram na primeira categoria: O Caráter Literário do *Guia para os Perplexos* de 1941; o texto de 1945 sobre o Platão de Alfarabi; Lei e Razão no *Kuzari* (1943) e A Perseguição e a Arte de Escrever (1941). A esses artigos, Strauss prevê juntar estudos sobre algumas das questões que o ocuparam durante os vinte anos seguintes e cuja profunda coerência se pode assim ver: "A Filosofia Judaica Moderna e seus Limites", que será o

Persuadido de que a experiência humana se tornaria perfeitamente trivial se viesse acontecer que o conflito alojado na fonte de uma "vida entre dois códigos" fosse esquecido, Leo Strauss não era, portanto, nem verdadeiramente o porta-voz de Atenas nem inteiramente o representante de Jerusalém. Tudo leva a pensar que identificava sua própria situação àquela que ele atribui ao leitor moderno suscetível de reencontrar Maimônides: um judeu que não pode ser totalmente ortodoxo, mas que pretende menos ainda aceitar a solução do ateísmo; um filósofo que se recusa a renunciar à perspectiva de um judaísmo esclarecido e se vê assim constrangido a perguntar "se as Luzes são necessariamente Luzes *modernas*"[305]. Esse retrato de Leo Strauss como perplexo pode surpreender. Cumpre, todavia, lembrar-se do fato de que tal é finalmente o rosto que ele desejaria dar a Maimônides mesmo: nem filósofo a contestar secretamente o ponto de vista da Revelação, nem representante de uma ortodoxia hostil à sabedoria; mas homem empenhado na exploração de uma tensão irredutível. Maimônides conduzindo o destinatário do *Guia* ao lugar onde deverá escolher por si mesmo entre a vida especulativa e a aceitação da autoridade, Leo Strauss procurando convencer seu leitor de que não há outra posição séria senão a de um filósofo aberto ao desafio da teologia ou a de um teólogo aberto ao desafio da filosofia: mais ainda do que uma afinidade eletiva, é uma aliança que se construiu durante uma estada medieval que nada tinha de inatual. Quanto ao selo que a protege, ele se encontra nas declarações de Leo Strauss relativas à similitude entre o dilema moral que Maimônides enfrentava ao redigir o *Guia* e aquele que o intérprete moderno de um livro desse tipo ainda precisa enfrentar.

❦

objeto do prefácio para a tradução do livro sobre Spinoza em 1965; "A Ciência Política de Maimônides", "Jerusalém e Atenas", "Como Estudar a Filosofia Medieval", "As Duas Faces de Sócrates": problemas que serão tratados como tais e amiúde sob esses títulos; uma leitura de Lessing que será reencontrada nos textos sobre a escritura esotérica. Só uma questão não será abordada diretamente: "A Ética de Maimônides" (ver Leo Strauss, Plan of a Book Tentatively Entitled *Philosophy and Law: Historical Essays*, em *Jewish Philosophy and the Crisis of Modernity*, p. 467-470). Se se acrescentar que Strauss toma o cuidado de precisar que essas questões de história da filosofia são relativas sempre a problemas fundamentalmente ligados à "vida moderna e às experiências modernas", confirma-se que elas estão muito longe de constituir um simples contraponto aos estudos dedicados à crítica da modernidade filosófica: o que desenha seu verdadeiro horizonte, indicando ao mesmo tempo a questão filosófica "séria" que se esconde sob textos históricos e, nesse sentido, não "sérios".

305 Introdução da *Philosophie und Gesetz*, em *Maïmonide*, p. 32.

"Quando não faz nem dia nem noite": a metáfora talmúdica que poderia designar definitivamente a hora de Leo Strauss. Por ser questão de luz, ela convém ao horizonte de seu projeto: o de um judaísmo esclarecido que não pode renunciar a Atenas mais do que esquecer Jerusalém. Mais precisamente ainda, a penumbra que ela evoca sugere a permanência de um conflito que obriga a permanecer em uma espécie de meia luz. Que se possa tratar daquele que se mantém entre as certezas triunfantes das Luzes modernas e a obscuridade que elas atribuem aos Antigos, eis o que viria ainda uma vez justificar a importância concedida ao racionalismo medieval. Mas esse claro-escuro corresponde também ao cuidado de respeitar o ensinamento de Maimônides no tocante à doutrina secreta da *Torá* e as precauções que impõe sua interpretação. O fato de Leo Strauss confirmar ao mesmo tempo o interdito de uma explicação pública e sua necessidade deve ser tomado com a máxima seriedade. Aplicado ao próprio *Guia*, ele explica a recusa de propor uma leitura que gostaria de decidir definitivamente a discussão de tal livro. Estendido ao objeto deste, ele convida a conceber que Leo Strauss reproduz a atitude que descreve em Maimônides: "restar a meio caminho entre a impossível obediência e a transgressão flagrante"; "tornar-se mestre da arte de revelar não revelando e de não revelar revelando"[306]. Dito de outro modo, quando Strauss afirma que "a questão da interpretação adequada do *Guia* é de maneira primordial uma questão moral", ele não só recusa as astúcias da probidade intelectual moderna para com a Revelação, mas quer mostrar que a atualidade desse "livro selado com sete selos" não pode ser dissociada de seu assunto principal. Resta, é claro, que a diferença das épocas induz duas situações espelhadas. Em um mundo caracterizado pela crença no fato da Revelação, Maimônides devia converter o interdito ligado a um segredo em um dever de transgredir com cautela pela consideração de um fenômeno que já havia justificado a redação do *Talmud*: a necessidade de salvar a Lei do esquecimento. No seio de um universo dominado pela consciência histórica, parece tratar-se apenas modestamente de transformar uma liberdade, mais ou menos frívola a respeito de uma curiosidade, em responsabilidade para com uma obra restituída à sua grandeza. No entanto, poder-se-ia

---

[306] Le Caractère littéraire du *Guide pour les perplexes*, op. cit., p. 226.

pensar que esse projeto fosse para Leo Strauss somente a preparação de um empreendimento mais ambicioso e que se aproximaria mais do de Maimônides: o salvamento de uma Lei que se tornou tanto mais precária quanto se lhe juntaram ao "longo do tempo" a rejeição de seu princípio e a negação de suas finalidades.

Tal seria, portanto, o testamento de Leo Strauss: um elogio da filosofia em que se deve, no entanto, discernir o reconhecimento de um limite da filosofia ligado ao mistério último das coisas; um pleito em favor da redescoberta do sentido autêntico da Lei que supõe que se prefira a fidelidade à probidade; um chamado ao retorno que se nutre de uma crítica radical à assimilação, desenhando ao mesmo tempo o seu horizonte para além da terra reencontrada. Desse último ponto de vista e por sua maneira de insistir no fato de que a criação do Estado de Israel não pode ser confundida com o fim da *Galut* ou com uma forma de redenção secular, Strauss esboça uma posição original no seio da modernidade judaica: uma experiência que se assemelharia a algo como um "retorno" sem "subida" [a Jerusalém]; uma *teschuvá* sem *aliá*; um "amor a Israel" à parte do país. Que a "cidade fiel" possa "deslocalizar-se" de seu território, ao passo que a existência na Diáspora deixe lugar para a possibilidade de uma vida construída com base no modelo do retorno: isto confirma – se necessário fosse – que o essencial não é político, porém metafísico. Tal constatação aclara, enfim, a relação de Leo Strauss com seus contemporâneos. A desconfiança para com Hannah Arendt alimenta-se da maneira como esta reduz a aventura humana ao amor do mundo, ignora a transcendência e confina a moralidade nos limites demasiado estreitos da virtude cívica. A decepção com respeito a Franz Rosenzweig tem sua origem em uma historicização da *Torá* que altera a verdadeira figura da Lei e entrava o esforço em favor de uma reinterpretação de sua herança. Quanto à ironia que se exerce contra um Martin Buber, ela procede do sentimento de que ele não propõe outra coisa senão uma boa vontade carente de seriedade em face do desafio das críticas mais radicais da Tradição.

Leo Strauss reconheceu, finalmente, apenas dois verdadeiros interlocutores. Hermann Cohen: o mestre sacrificado no altar dos primeiros trabalhos intrépidos que pretendiam promover uma *démarche* mais radical do que a sua; mas também o pai reencontrado ao qual Strauss oferece uma vibrante homenagem em um texto que é quase o derradeiro de sua lavra. Para essa ocasião, é uma fórmula ritual que ele solicita: "Foi uma bênção para nós que Hermann Cohen tenha vivido e escrito". "Com esta, não só apaga os traços de antigas querelas igualmente ligadas à questão sionista, mas proclama sua dívida em relação a um "conselheiro fiel"; um dos únicos dentre os Modernos que ousaram enfrentar filosoficamente o conflito entre a filosofia e a religião graças àquilo que faltaria em muitos de seus alunos: "a coragem de dizer que a Revelação e a Lei são idênticas"[307]. Quanto à amizade com Gershom Scholem, pode-se imaginar que ela encontra seu soclo na raiz mesma de um desacordo claramente exposto: aquele que concerne às capacidades respectivas da mística e da filosofia em cultivar o respeito aos mandamentos. Que Strauss e Scholem reproduzam entre si uma tensão que atravessa quase toda a história do judaísmo, isto explica ao mesmo tempo o que os une e o sentido de um elogio paradoxal do segundo pelo primeiro. Se Strauss pode declarar seu reconhecimento para com aquele que recusa a filosofia medieval reconstruindo a crítica tradicional dos cabalistas, é que ele sabe que Scholem pertence, por sua vez, ao pequeno número dos contemporâneos que são suscetíveis de dar vida à oposição entre Jerusalém e Atenas[308].

Entre aquele que se descrevia como "historiador dotado de um senso filosófico" ou "filósofo que tinha conhecimentos históricos" e o "filósofo aberto ao desafio da teologia" existia seguramente bem mais do que uma simples cumplicidade intelectual tanto mais preciosa quanto rara[309]. Arroteando os territórios abandonados da mística, Gershom Scholem explorou incansavelmente a dolorosa relação do judaísmo com a história. Estimando o preço que este tivera de pagar pela ideia do messianismo, ele se dizia convencido de que "se a humanidade devesse perder o sentimento de que o mundo é um enigma, seria o fim de nós"[310]. Leo Strauss afirmava, de sua parte, que não há nenhum estudo sério de história da filosofia que não seja levado por uma questão filosófica. Quanto à sua, ela permaneceu a de seus

---

[307] Essai d'introduction à *La Religion de la raison tirée des sources du judaïsme*, op. cit., p. 349
[308] Ver Pour commencer à étudier la philosophie médiévale, op. cit., p. 289.
[309] Ver L'Identité juive, encontro com Gershom Scholem realizado em 1978 por Jean Bollack e Pierre Bourdieu, *Actes de la recherche en sciences sociales*, n. 35, nov. 1980, p. 6.
[310] Entretien avec Gershom Scholem, op. cit., p. 72.

primeiros livros: de que ilusão de liberdade procede a preocupação feroz afixada pela razão moderna para se deslastrar de seu conflito com a Revelação? Mostrar que ela consiste no fato de que o homem crê adquirir uma soberania que se revela finalmente como submissão ao mundo e encerramento na história, eis o que organiza seu projeto mais visível: a crítica de um pensamento cuja secularização procede menos de uma audácia do que de uma renúncia. Mas o intuito secreto de Leo Strauss é, sem dúvida, fazer compreender que tal perspectiva é tanto mais perigosa para o judaísmo quanto ela o priva do único fundamento suscetível de garantir sua perenidade para além da lembrança de um passado glorioso e do encantamento de uma renascença política. Se há, portanto, um lugar ao qual Leo Strauss quer voltar, é o da confrontação clássica entre a Lei e a filosofia. Persuadido de que, ao se querer ultrapassar esse antagonismo, são dois os instantes que se perdem juntos, ele se empenha em reencontrar um e outro em suas formas autênticas: para restabelecer uma tensão que está no princípio da experiência especulativa. Passando a seu leitor uma inquietude há muito recalcada, ele lhe ensina antes de tudo a arte de questionar. Ensinando aos judeus modernos que não há, a bem dizer, solução humana para a "questão judaica", ele lhes transmite a chave de uma herança ameaçada de desaparecer. Tivesse ele legado a quem queira ouvi-lo apenas uma maneira de ficar perplexo com a "realeza secreta" de um filósofo aberto ao desafio da Lei, ele continuaria sendo mestre em luzes e guardião da vida do espírito.

TRAD. J. GUINSBURG

VIII. Hans Jonas (1903-1994):
A Experiência do Pensamento
e a Responsabilidade para com o Mundo

Sob o impacto de contribuições maiores à história do fenômeno religioso e depois à filosofia contemporânea, poder-se-ia esquecer o caráter excepcional da existência tumultuosa e discreta de Hans Jonas. Jovem sionista oriundo de um meio ortodoxo do judaísmo alemão, formado no pensamento e na ciência por Husserl, Heidegger e Bultmann, deixou seu torrão natal desde as primeiras horas do nazismo, como Ernst Bloch ou Walter Benjamin. Mas, ainda que se dirija naturalmente para a Palestina, ele o faz com o juramento de voltar como soldado de um exército de libertação contra Hitler e para se alistar na brigada judaica do exército inglês. Assim, é como combatente que passa os anos da guerra, com o risco de ver sacrificada uma reputação de saber adquirida muito cedo, graças a seus trabalhos sobre a gnose e de iniciar tardiamente, como deslocado, a carreira universitária que lhe fora prometida. Jerusalém, Ottawa e depois Nova York marcam doravante as etapas de um percurso que se recusa a retornar à Alemanha antes que o tempo tenha passado e somente para breves estadas. Quanto ao próprio itinerário intelectual, este parece oferecer realmente desvios, à primeira vista, uma vez que ele parte de pesquisas eruditas sobre o mundo quase olvidado da Antiguidade tardia, desenvolve-se através de especulações audaciosas concernentes ao processo da vida e adquire, enfim, uma visibilidade inesperada quando da publicação de *O Princípio Responsabilidade*.

A travessia do século por Hans Jonas poderia, entretanto, ser colocada sob dois signos que delimitariam muito bem sua maneira de viver entre seus contemporâneos e as formas de um pensamento fortemente implicado na época. O primeiro dentre eles é o de uma fidelidade aos mestres assim como aos amigos, dos quais Rudolf Bultmann e Hannah Arendt serão os melhores exemplos. Com estas afeições, Jonas compensou, sem dúvida, o sentimento de verdadeiramente não ter mais pátria: para satisfazer a necessidade de dar de novo ao mundo uma forma de estabilidade após um acúmulo de acontecimentos que podia arruinar definitivamente toda confiança. Pois tal seria o segundo signo desta longa existência: uma decepção em face de outros homens, que devia pôr em questão a própria filosofia e que teria desta vez por símbolo Martin Heidegger. Que o maior pensador de seu tempo se tenha comprometido com o nazismo, isto acarretava mais do que uma recusa de revê-lo: uma inquietude quanto às virtudes da reflexão que reorganizaria a obra de Jonas. Poder-se-ia, após 1945, retomar o curso sereno de uma pesquisa inaugurada vinte anos antes, como se nem a experiência atravessada, nem a irrupção de novos fenômenos históricos devessem alterar o movimento do pensamento? Hans Jonas julgaria isso impossível. Não obstante os conselhos de Bultmann ou de Jaspers e o espanto de seus próximos, ele tomará deliberadamente outro caminho: o das investigações que conduzem ao livro que o tornou tardiamente célebre.

O fio que liga os diferentes momentos dessa obra é, sem dúvida, o de uma autêntica preocupação com a responsabilidade para com as tarefas do pensamento. Junto a seus mestres em filosofia, Hans Jonas havia aprendido muito sobre o ser e o mundo, o corpo e o espírito, a angústia e a morte. Mas, após a experiência da guerra numa frente de luta e onde se vivia sem livros e com questões reduzidas ao elementar, até mesmo a mortalidade heideggeriana parecia ter-se tornado abstrata demais. Era ela, portanto, que cumpria abordar diretamente: por meio do fenômeno da vida e mesmo com o risco de se distanciar das margens familiares da erudição para aventurar-se em hipóteses em que o mundo real reencontraria o seu lugar. Desse ponto de vista, a aventura de Hans Jonas se assemelharia à de Franz Rosenzweig: um enviará à sua mãe, a partir das trincheiras dos Bálcãs, os primeiros esboços de *A Estrela da Redenção*; o outro introduzirá, nas cartas do tempo de guerra destinadas à sua mulher, os esboços de uma filosofia do vivente cuja urgência era experimentada no cotidiano. Outros objetos se juntariam a seguir na lista das preocupações: a constatação de uma capacidade de destruição infinita posta nas mãos do homem ou ainda a inquietação no tocante às possibilidades de preservar uma ideia de Deus após Auschwitz. Todos estariam, no entanto, vinculados a uma mesma intuição e ao cuidado daí decorrente: os filósofos idealistas tinham, é certo, vivido "por demais ao abrigo dos choques do mundo"; é tempo de retomar a realidade a sério, para aqueles que são "filhos duramente perseguidos pelo agora"[1].

Poder-se-ia adiantar que é por meio de suas expressões mais metafísicas que a obra de Hans Jonas indica melhor suas intenções. Deixando, de algum modo, a seus amigos Hannah Arendt ou Leo Strauss a preocupação de descobrir as fontes de uma derivação totalitária da modernidade, e saudando o empreendimento de Emmanuel Lévinas em favor de uma reconstrução fenomenológica dos fundamentos da ética, embora estimando, ao mesmo tempo, que ela não pode dispensar um momento ontológico, Jonas quer romper o interdito que parece pesar sobre a metafísica do século XX. Testemunha-o a conferência fundadora, de 1961, sobre a imortalidade, texto que volve a questões primeiras destinadas a se desdobrar na obra ulterior: o mistério dos mistérios que continua a designar o fato mesmo da existência; a verdade finalmente limitada do fenômeno da

---

[1] Hans Jonas, L'Immortalité et l'esprit moderne (1961), *Entre le néant et l'éternité*, trad. S. Courtine-Denamy, Paris: Belin, 1996, p. 110-111. Esse texto, proveniente da Conferência Ingersoll da New School for Social Research em que Jonas ensinava desde 1955, foi publicado pela primeira vez em inglês na *Harvard Theological Review*, v. 55 (1962). Ele representa uma espécie de matriz da obra nas três vertentes sistemáticas que ela assume após 1945: uma ontologia reconstruída por meio de uma filosofia da vida, a ética contida em *O Princípio Responsabilidade* e o esboço de uma teologia inerente às últimas conferências sobre o conceito de Deus. Sua importância aos olhos de Hans Jonas é ainda atestada pelo fato de que ele mesmo o traduziu em alemão, para publicá-lo em várias obras nessa língua. O texto tornou-se finalmente o 12º e último capítulo do livro consagrado à filosofia da vida: *Das Prinzip Lebe: Ansätze zu einer philosophischen Biologie*, Frankfurt-am-Main/Leipzig: Suhrkamp/Insel, 1997, p. 375-397 (trad. bras.: *O Princípio Vida: Fundamentos para uma Biologia Filosófica*, 2. ed., trad. Carlos Almeida Pereira, Petrópolis: Vozes, 2006).

temporalidade; o laço enigmático entre a liberdade e uma responsabilidade que se estende para fora da mundanidade. Nesse sentido, uma das dificuldades que essa obra oferece prende-se a um desvio entre a amplitude de suas preocupações e a sobriedade de sua expressão, disposição que obriga a recompor as cercanias de seus grandes maciços antes de percorrer os domínios onde eles se elaboram e se prolongam. Satisfeitas essas condições, deveria parecer que, no foco de tais investigações e das conjecturas que as conduzem, é algo como o desejo de oferecer uma tumba às vítimas da desumanidade contemporânea que guia Hans Jonas: como para lhes restituir a pequena parte de imortalidade permitida aos mortais, da qual elas foram privadas ao serem radicalmente impedidas de agir no domínio dos negócios humano.

Exílio, Fidelidade e Decepção: Os Caminhos de uma Existência

Quando recebia seus visitantes durante os derradeiros anos de sua vida em sua última casa em New Rochelle, perto de Nova York, Hans Jonas evocava os sentimentos incertos em que a ideia de pátria o deixava. Se se tratasse do lugar onde se encontram os amigos e onde crescem os filhos, essa pequena cidade da nova terra de acolhida representava uma pátria, com a "universidade em exílio" que era a New School for Social Research, onde pudera enfim ensinar em serenidade durante quase vinte anos. Mas quando era preciso designar mais precisamente o local onde a pessoa se sente "em casa", as coisas se tornavam mais incertas[2]. Havia, é verdade, o universo da infância: em Mönchengladbach, na Renânia inferior, já com a estranheza, no entanto, de ser judeu nesse mundo prussiano que era um

---

2   Ver Hans Jonas, *Erkenntnis und Verantwortung: Gespräch mit Hugo Hermann*, Göttingen: Lamuv, 1991, p. 21 e s. Conhecimento e responsabilidade: esta longa entrevista proveio da série "Testemunhas do Século", realizada para a televisão alemã ZDF a partir de 1978 e oferece uma fonte inesgotável de informações sobre a biografia de Hans Jonas, bem como sobre a gênese e as formas de seu pensamento. Ela estará por demais presente nas páginas subsequentes para ser sistematicamente citada. Outras conversações biográficas e intelectuais com Jonas foram reunidas em Hans Jonas, *Dem bösen Ende näher: Gespräche über das Verhältnis des Menschen zur Natur*, Frankfurt-am-Main: Suhrkamp, 1993.

centro da Alemanha católica. No todo, somente a breve experiência da vida na Palestina lhe havia oferecido a impressão de possuir uma pátria: entre a chegada como exilado em 1935 e a partida para a guerra em 1939 e, depois, alguns anos após esta. No entanto, salvo por ter de esperar que desaparecessem aqueles que ocupavam os raros postos disponíveis na Universidade Hebraica, seria necessário decidir-se a uma nova emigração, para o Canadá e os Estados Unidos. Tendo, sem dúvida, menos que sua amiga Hannah Arendt o desejo de saldar sua dívida de refugiado, Hans Jonas reconhecia não haver jamais encontrado as formas de uma identificação com um país. O símbolo disso estava, aliás, como para a maioria de seus próximos, no uso das línguas. O hebraico e depois o inglês vieram a ser assim os idiomas de utilização cotidiana e universitária. Mas, em casa, persistiam dois universos linguísticos: a geração dos pais continuava a comunicar-se em alemão, enquanto se falava inglês com os filhos[3].

Hans Jonas nasceu, portanto, em Mönchengladbach, em 1903, numa cidade industrial em que os católicos, os protestantes e os judeus tinham cada um deles suas organizações confessionais e culturais. Oriundo de uma família ortodoxa cujos valores ele conservava, seu pai dirigia uma tecelagem nessa "Manchester renana" e se empenhava para que em sua casa respeitassem os preceitos da Tradição. Quanto à sua esposa, ela era filha de um rabino liberal em uma família que concedia grande importância ao estudo e, de conformidade com a Lei, ela precisou cuidar do lar paterno após o desaparecimento de sua própria mãe. Entre uma mãe musicista e um pai que gostava de recitar a poesia alemã, Hans Jonas teve durante um tempo uma vocação de pintor, que persistirá até a realização dos retratos de Hannah Arendt, Martin Heidegger ou Karl Jaspers. Sobreveio, todavia, um acontecimento que já se havia produzido na geração precedente: tendo o seu irmão falecido por causa de uma longa moléstia articular, ele se tornou o filho mais velho da família e o herdeiro putativo da empresa familial. No entanto, preocupado em não reproduzir o que ele mesmo

---

3   Os textos de Hans Jonas, depois de 1945, foram redigidos indiferentemente em inglês ou em alemão e, com mais frequência, traduzidos de uma língua para outra pelo próprio autor. Somado ao fato de que a maioria das obras de Jonas é composta a partir de artigos ou de contribuições para colóquios, cujo título muda amiúde com a tradução e ao sabor dos remanejamentos sucessivos, esse fenômeno torna às vezes difícil a recomposição da obra segundo a sua gênese.

sofrera ao ser impedido de seguir nos estudos em circunstâncias similares, seu pai lhe ofereceu a possibilidade de voltar-se àquilo para o qual ele se sentia atraído. Havia então o amor à pintura e à literatura, que descobrira graças à biblioteca da família. Mas é a "teoria" que devia prevalecer: à leitura de Kant e de Schopenhauer, depois das *Drei Reden über das Judentum* (Três Discursos sobre o Judaísmo) de Martin Buber, decididamente a origem de numerosas vocações intelectuais e políticas nessa geração[4].

A leitura dos relatos que Hans Jonas faz de sua infância e de sua adolescência permite uma comparação com as vividas por Gershom Scholem alguns anos antes. Em razão talvez da diferença entre o centro de assimilação que Berlim representava e a realidade de uma cidade provincial, a pressão em favor de uma dissolução no ambiente alemão parece ter sido menos forte, ao passo que os conflitos se focalizavam essencialmente nos meios de preservar uma identidade judaica. Ao mesmo tempo em que proporcionava aos seus filhos uma educação tradicional, o pai de Hans Jonas pertencia ao Zentralverein deutscher Staatsbürger jüdischen Glaubens, organização que tendia a reduzir o judaísmo à sua dimensão confessional. Ele não compreendeu, pois, porque seu filho se declara sionista aos dezesseis anos. Interrogando-o a esse respeito, recebeu como resposta que foi precisamente pela leitura dos jornais judeus encontrados em casa que lhe permitia forjar os motivos de tal engajamento. Mas quando conta esse episódio, Jonas acrescenta que a revolta contra o pai não impedia que subsistisse certa forma de identificação, longe da experiência de um Kafka ou da ruptura definitiva de Scholem com seu próprio meio familial[5]. Aí também foi a guerra que provocara e depois reforçara essas divergências, pois nela se evidenciou que grande parte da comunidade judaica permanecia marcada pelo patriotismo alemão. Contando ter partilhado desse sentimento durante certo tempo, Jonas especifica que foi sob a influência de um tio materno que ele se desfizera disso: para se aproximar das ideias de uma democracia operária e, sobretudo, de um sionismo empenhado na criação, na Palestina, de uma nova comunidade judaica.

---

4 Sobre a história desse livro de Martin Buber e sua importância, ver supra, p. 583 n. 24.
5 Ver *Erkenntnis und Verantwortung*, p. 33-34, e supra, cap. IV, p. 394-396, sobre as relações de Gershom Scholem com seu próprio pai.

Começam então, em 1921, os anos de formação universitária: em Friburgo, Berlim e Marburgo. Nessa época, as questões políticas ainda são secundárias para Hans Jonas. Quanto ao sionismo, este aparece principalmente como meio de satisfazer um desejo de estudar o hebraico e as questões judaicas, o que o leva a evocar o gracejo dos antissionistas quando se lhes perguntava o que é precisamente um sionista: "um judeu que procura outro judeu, para persuadi-lo a dar dinheiro a um terceiro judeu, a fim de que ele possa ir instalar-se na Palestina". De um ponto de vista geográfico, social e intelectual, o dilema era profundo no tocante à escolha dos engajamentos e dos lugares. O sionismo era um ideal de vida e de estudo, mas impedia qualquer carreira. O único sítio em que se podia trabalhar a filosofia judaica era Berlim, mas todo jovem filósofo sentia-se atraído a Friburgo por Edmund Husserl. Hans Jonas dirigir-se-á, pois, para junto de Husserl, vindo a sofrer, como tantos outros, o fascínio do jovem *Privatdozent* que fazia passar sobre seu seminário um novo sopro: Martin Heidegger, que comentava então o *De Anima* de Aristóteles. Mas Jonas permaneceria ali apenas um ano, antes de ir para Berlim a fim de estudar a *Bíblia*, o *Talmud*, o pensamento judeu e a teologia medieval com os mestres da Hochschule für die Wissenschaft des Judentums. Não obstante, o chamado da "teoria" tornar-se-ia de novo insistente. Era possível voltar a Friburgo, mas Heidegger não estava mais lá: seria, portanto, Marburgo, com seus encontros decisivos tanto para a vida intelectual quanto do ponto de vista das amizades[6].

Além de Heidegger, a universidade de Marburgo abriga Rudolf Bultmann, que dedica seu seminário à aplicação ao Novo Testamento de seu método de "desmitologização" da Escritura[7]. Humanamente, tudo opunha os dois homens: Heidegger é um "rústico", que ama, entretanto, a poesia e pratica a filosofia com uma espécie de temperamento de poeta; Bultmann é uma criatura prosaica e profundamente marcada pelo senso

---

6   Encontra-se em Leo Strauss um testemunho semelhante sobre a geografia intelectual da Alemanha do meio dos anos de 1920, mas também os dilemas dos jovens judeus que se pretendiam ao mesmo tempo sionistas e filósofos (ver supra, cap. VII, p. 782-784).
7   Ver a homenagem de Hans Jonas a Rudolph Bultmann por ocasião da cerimônia organizada em Marburgo após sua morte em 1976: Le Combat pour la possibilité de la foi, em *Entre le néant et l'éternité*, p. 145-174 (p. 150 e s. sobre a noção de "desmitologização").

de racionalidade. Intelectualmente, a relação de ambos é marcada por uma dissimetria: Bultmann toma emprestado de Heidegger as categorias da "existência autêntica", na tentativa de cercar a significação do mito; Heidegger, quanto a ele, "não tirou proveito de Bultmann", ainda que tenha sido na origem teólogo e que reste alguma coisa disso no seu estilo de pensamento radical[8]. Entre eles, Hans Jonas encontra, contudo, suas referências para os inícios de uma brilhante carreira universitária. Bultmann orientará sua tese sobre "Agostinho e o Problema da Liberdade Paulina" e, depois, é graças à sua recomendação que Heidegger aceitará supervisionar os primeiros trabalhos sobre a gnose. Quanto ao livro que provirá desses últimos, seriam necessários ainda a coragem e a generosidade de Bultmann no começo dos "tempos sombrios" para que pudesse aparecer em 1934: com um prefácio dele e enquanto o seu autor já havia partido. Entrementes, Bultmann terá sido o único professor a quem Jonas vai visitar antes de emigrar. Ele será o primeiro, com Jaspers, a quem voltará a procurar doze anos mais tarde.

Marburgo é também o início de uma amizade por toda a vida e que nem as separações nem os desacordos conseguirão turvar: com Hannah Arendt. Hans Jonas relatou repetidas vezes as condições daquilo que remanesceu em sua memória como uma "aparição": a entrada de Hannah Arendt, com idade de dezoito anos, no seminário de Heidegger durante o primeiro semestre de 1924[9]. Uma beleza indefinível e uma paixão infinita pelo pensamento, uma maneira de conjugar a determinação absoluta de ser ela própria e uma imensa vulnerabilidade, assim era Hannah Arendt a seus olhos. Ela também parecia então uma pessoa largamente apolítica, "isolada do mundo circundante", como eram numerosos judeus dessa época. Mas ela aspirava com todas suas forças à "vida do espírito". Durante seus anos de estudantes, Hans Jonas protegeria Hannah Arendt de curiosidades malsãs concernentes à sua ligação com Heidegger, enquanto ela, de sua parte, cuidaria da timidez doentia que seu amigo manifestava quando devia falar em público. A seguir e no decorrer de meio século, poucas cartas de Hannah Arendt deixarão de pedir, aos amigos comuns ou aos próximos,

---

8 Ver *Erkenntnis und Verantwortung*, p. 52-55.
9 Cabe reportar-se especialmente a *Erkenntnis und Verantwortung*, p. 44-47, e ao elogio fúnebre a Hannah Arendt, pronunciado em Nova York, em 8 de dezembro de 1975, em *Entre le néant et l'éternité*, p. 79-81.

notícias de Hans Jonas, durante os anos inquietos após a guerra e depois no curso das viagens de uma vida que se tornara mais serena. Estranhamente, no entanto, falavam pouco do respectivo trabalho, até o dia em que Hannah Arendt, lendo um capítulo preparatório de O Princípio Responsabilidade, diria a Jonas: "É evidente, Hans, que este é o livro que o bom Deus teve contigo no espírito"[10]. No cotidiano, é, sobretudo, de uma ternura protetora e divertida que Jonas se lembra. Assim, de um de seus últimos encontros, que o deixa intrigado pelos sorrisos de conivência que ela troca com a sua esposa: "Diga-me, Hannah, você acha que sou estúpido? – Mas de maneira nenhuma, Hans, eu penso apenas que você é um homem"[11].

Hannah Arendt e Hans Jonas tiveram, no entanto, pouco tempo para aproveitar da vida contemplativa que reinava em Marburgo. Jonas relata ter tido, desde os anos de 1920, a intuição dos perigos crescentes, antes de julgar, no dia mesmo da decisão do boicote, o 1º de abril de 1933, "que um judeu que dispusesse de um sentimento de dignidade não podia nem devia mais tempo viver nesse país e sob esse regime". Hannah Arendt falaria mais tarde da "maneira de Jonas" para designar esta lucidez precoce em relação à atitude dos não judeus perante o nazismo[12]. Hans Jonas deixa, portanto, a Alemanha em setembro, não sem ter feito a seus pais o juramento de voltar somente como soldado de um exército de ocupação. Mais tarde, os amigos de sua mãe dirão a ela: "Ele fez muito bem, ele é um autêntico profeta"; fato este que ele comenta a posteriori, especificando que o verdadeiro profeta era Herzl, graças a quem pudera não tergiversar e saber imediatamente para onde partir. Após uma curta estada em Londres, o tempo necessário para obter um certificado de imigração para a Palestina sob mandato britânico, embarcou para Jerusalém. "Fascinado e maravilhado" com o país que descobre, Jonas se diverte, no entanto, por constatar que reencontra aqui "um pedaço de Mitteleuropa (Europa Central)"[13]. Em

---

10 Hans Jonas, Wir dürfen das Leben nicht belasten, indem wir uns einfach gehenlassen, em Dem bösen Ende näher, p. 57.
11 Hans Jonas, Agir, connaître, penser (1976), Entre le néant et l'éternité, p. 84.
12 Erkenntnis und Verantwortung, p. 55. Ver a carta de Hannah Arendt para Karl Jaspers, de 18 de novembro de 1945, em Correspondance, 1926-1969, H. Arendt e K. Jaspers, trad. E. Kaukholz-Messmer, Paris: Payot, 1995, p. 61.
13 Idem, p. 60. Esse sentimento coincide perfeitamente com os de Gershom Scholem no momento de seu estabelecimento em Jerusalém, em 1923. Ver supra, cap. IV, p. 381-388.

Jerusalém, sonha-se com a fundação; mas quando se discute ao infinito sobre o sionismo e a Tradição, sobre o marxismo e as ciências da natureza, sobre arte e literatura, é em alemão... Outras urgências se impõem, entretanto, bem depressa; é preciso defender-se contra uma circunvizinhança hostil e Hans Jonas se engaja ativamente na Haganá, aprende a manejar armas, antes de pedir a integração na Brigada Judaica do exército inglês já em 1939.

  Durante os anos trágicos, Hans Jonas é, pois, soldado: artilheiro que participará das campanhas da Itália e depois da Alemanha, até o dia em que poderia cumprir seu juramento. Mas, no entretempo, os seus terão desaparecido na tormenta. Quando seu pai morreu em 1938, Hans convencera a mãe a vender os bens da família, que depois ele lhe arrumaria um certificado de imigração para a Palestina. Mas essa viagem seria finalmente impedida por seu irmão caçula ter sido levado para Dachau. Durante algum tempo, graças ao correio que a Cruz Vermelha fazia transitar pela Holanda, Jonas terá notícias do que ocorria com sua mãe, até ela ser deportada para o gueto de Lodz. Mas somente no dia em que voltou a Mönchengladbach com o exército inglês é que ficaria sabendo, pela boca de uma companheira de sua mãe, do destino que ela tivera: transportada para Auschwitz, em 1942, lá desaparecera. Quando o interrogavam sobre os seus sentimentos da época, Hans Jonas evocava a insondável tristeza que o deixara então a descoberta da sorte reservada aos judeus. Nas diversas frentes de batalha em que estivera sucessivamente, tomara conhecimento dos "sinistros rumores" que corriam sobre os campos de concentração; mas ninguém podia imaginar que, na realidade, eram locais de extermínio. Em relação a seus antigos compatriotas, era cólera que se impunha e ela não visava apenas aos nazistas: "Que o povo alemão tenha mais ou menos sustentado Hitler e participado de todas essas coisas era uma evidência"[14]. Diante de tal constatação, o espetáculo das cidades destruídas parecia uma punição justificada e finalmente insuficiente, levando-se em conta "a absoluta monstruosidade que aqui teve lugar". Podia-se saber que nem todos os alemães haviam colaborado com o regime e, no entanto, julgar que haveria doravante "um abismo entre judeus e alemães que não mais poderia ser superado".

---

14 Wir dürfen das Leben nicht belasten, indem wir uns einfach gehenlassen, op. cit., p. 54.

Como reencontrar as vias de uma pertinência ao mundo em tais circunstâncias? Os próximos haviam sido exterminados e os amigos dispersados, não restavam senão os antigos mestres. No tocante a um deles, a questão já estava clara: não só a atitude de Heidegger para com o regime e o seu comportamento a respeito de Husserl impediam todo retorno para junto dele, mas representavam acima de tudo "uma degringolada da própria filosofia" que não deixaria de ter consequências nos futuros trabalhos de Hans Jonas[15].

Somente restavam, pois, Jaspers, rapidamente reencontrado em Heidelberg e, sobretudo, Bultmann. Hans Jonas encareceu muitas vezes que o seu reencontro com Rudolf Bultmann foi um dos momentos mais importantes de sua existência, o *pendant* de algum modo do reencontro com Hannah Arendt[16]. Quando ele toca a campainha à porta, um dia, sem haver-se anunciado por falta de telefone, a Sra. Bultmann hesita por um instante em reconhecê-lo em seu *battledress** do exército britânico; depois o acolhe com calor e diz simplesmente ao seu marido: "Rudolf, você tem visita". Com o rosto emaciado, perdido como sempre em seu traje demasiado grande, Bultmann levanta-se então de sua escrivaninha e se apressa a ir ao encontro de seu visitante, que traz um pacote debaixo do braço: "Senhor Jonas..." Tão logo as primeiras palavras são trocadas e a emoção imediata é superada, ele aponta o dedo para o que acredita ser um livro e pergunta: "Posso esperar que se trata do segundo volume sobre a 'Gnose'?" Constatando assim a constância do pensamento e a permanência do interesse pelas coisas do espírito no momento mesmo em que acaba de ser informado do indizível no seio de sua própria casa, Hans Jonas faz essa descoberta decisiva a seus olhos: "Era possível retomar e prosseguir aquilo pelo qual havia necessidade de crer no homem". Quando rememorou essa cena por ocasião da homenagem póstuma prestada a Rudolf Bultmann, acrescentou: "Ela se tornou para mim a ponte sobre o abismo, ligando o após ao antes que a

---

15 Ver *Erkenntnis und Verantwortung*, p. 68, e Philosophie: Rétrospective et prospective à la fin du siècle (1992), trad. J. Greisch, *Le Messager européen*, n. 7, Paris: Gallimard, 1993, p. 340-341.
16 Ver notadamente *Erkenntnis und Verantwortung*, p. 69-71, e Le Combat pour la possibilité de la foi, op. cit., p. 148-149.
* Em inglês no original, uniforme de campanha, de batalha (N. da E.).

tristeza, a cólera e a amargura ameaçavam apagar, e ajudou-me, talvez mais do que qualquer outra coisa, por sua mescla única de fidelidade e de sobriedade, a reordenar minha vida"[17].

Reordenar os fios de uma existência nessas condições oferecia evidentemente, em 1945, novas dificuldades. Tratando-se da própria filosofia, a queda de um Heidegger que "se pusera na linha dos batalhões pardos" assumia a feição de um "acontecimento histórico"[18]. Felizmente, havia também alguns contraexemplos, como o de Julius Ebbinghaus, kantiano rígido e pensador de menos brilho do que Heidegger, mas que havia, de sua parte, "vencido gloriosamente a prova" e lhe diria simplesmente: "O senhor sabe, sem Kant, eu não teria conseguido isso". Daí essa questão que se tornaria obsedante, a respeito do lugar onde a filosofia estivera entre as melhores mãos: "junto ao gênio criador cuja profundidade de pensamento não o colocava ao abrigo da traição na hora da decisão, ou junto àquele a quem faltava originalidade, mas cuja retidão o conservava puro?"[19] Para Hans Jonas, entretanto, uma coisa estava firmada: "Durante a guerra, longe dos livros, na vida dos acampamentos e longe de toda possibilidade de pesquisa, do estudo das fontes e da prática acadêmica habitual, eu aventurara em um problema ontológico fundamental da filosofia"[20]. Em outros termos, assim como Rosenzweig trouxera das trincheiras a experiência de um sujeito que vê a sua própria morte e se recompõe em si, sobrevivendo como entidade sempre capaz de pensar, Jonas compreende ter vivido durante cinco anos com as questões que cada um carrega dentro de si mesmo: aquelas que concernem à "natureza da vida como totalidade biológica, orgânica, psíquica e espiritual". Esboçado nas cartas enviadas a Lore, que vivia em Jerusalém, o estudo deste objeto seria durante muito tempo diferido: pelos conselhos de Jaspers e Bultmann, que incitavam Jonas a terminar seu trabalho relativo à gnose; depois, devido à conjuntura histórica que impunha novos envolvimentos, na busca da possibilidade de uma vida enfim estável.

De retorno a Jerusalém em dezembro de 1945, Hans Jonas vive o entusiasmo que acompanha a criação do Estado de Israel, esperando para

---

17 Idem, p. 149.
18 *Philosophie: Rétrospective et prospective à la fin du siècle*, op. cit., p. 341.
19 Idem, ibidem.
20 *Erkenntnis und Verantwortung*, p. 71.

o mundo um período de calma e de reconstrução. No entanto, apenas reconhecido, o país se vê sob ameaça, e depois em guerra: nessa altura, o filósofo volta a ser artilheiro e conhece de novo os imperativos da vida militar, participando da defesa da velha cidade. Em 1949, nasce um filho, depois chega um convite para ir ao Canadá. Após terem consultado um atlas e aspirando ao sossego, os Jonas embarcam, abandonando de novo atrás de si a metade de uma preciosa biblioteca. Montreal e Ottawa serão os refúgios de uma vida feliz e produtiva, antes que seja oferecido a Jonas o posto de docente de filosofia na New School for Social Research, cadeira que ocupara até a sua aposentadoria como professor emérito em 1976. Nisso que ele denomina a "universidade no exílio", reencontra esta "liberdade de pensar e especular", à qual aspira há anos, mesmo se a vida intelectual americana não é isenta de uma forma de diletantismo que lhe parece impelir ao paroxismo as tendências ao sincretismo características das sociedades modernas. Consagrando muito de seu tempo ao ensino, estabelece algumas das estacas dos trabalhos que decidira empreender e que serão realizados somente após a sua aposentadoria. Assim, já em 1958, Hannah Arendt designa Jonas, para Heinrich Blücher, como "o novo filósofo da natureza"[21]. Essa nova vocação será confirmada com o aparecimento, em 1966, na editora Harper & Row, da primeira versão da filosofia da vida: *The Phenomenon of Life*[22]. Além da conferência de 1962 sobre a imortalidade e de numerosos artigos, virá ainda um texto que marca a ruptura com o pensamento hegeliano e se tornará um signo tardiamente oferecido a Heidegger para o seu octagésimo aniversário: "Mudança e Permanência: Sobre a Possibilidade de Compreender a História"[23]. Seguir-se-ão os trabalhos

---

21   Carta de Heinrich Blücher para Hannah Arendt, de 29 de junho de 1958, em *Correspondance, 1936-1968*, H. Arendt e H. Blücher, trad. A.-S. Astrup, Paris: Calmann-Lévy, 1999, p. 441.
22   Hans Jonas, *The Phenomenon of Life: Toward a Philosophical Biology*, New York: Harper & Row, 1966. Em sua segunda versão, traduzido em alemão pelo próprio Jonas com algumas modificações de conteúdo e de estrutura, o livro se intitula *Organismus und Freiheit: Ansätze zu einer philosophischen Biologie* (Göttingen: Vandenhoeck & Ruprecht, 1973). Estabelecida pelo autor, a edição que se impõe é doravante: *Das Prinzip Leben: Ansätze zu einer philosophischen Biologie*, precedida de um prefácio que reconstitui seu itinerário.
23   Hans Jonas, Wandel und Bestand: Vom Grunde des Verstehbarkeit des Geschichtlichen, *Philosophische Untersuchungen und metaphysische Vermutungen*, Frankfurt-am-Main/Leipzig: Suhrkamp/Insel, 1994, p. 50-80. Esse texto foi a conferência de abertura do v Congresso Internacional para a Ciência Alternativa, em Bonn, em setembro de 1969. Após algumas hesitações, Jonas aceitará finalmente juntá-lo à coletânea realizada no ano seguinte para Heidegger.

que preparam e acompanham *O Princípio Esperança*, redigido durante a nova existência iniciada após a aposentadoria universitária e que é publicado em 1979. Restarão a Hans Jonas, a partir daí, cerca de quinze anos de vida serena, dedicada à exploração das cercanias de sua nova ética, depois às meditações audaciosas sobre seus fundamentos ontológicos e seus prolongamentos teológicos.

Os Espelhos da Gnose

Quais podiam ser, no meio dos anos de 1920, as razões que atrairiam um jovem sionista para aquilo que ele chamaria mais tarde de "o jardim da gnose"? À primeira vista, elas parecem proceder de uma espécie de acidente ligado às eventualidades da vida universitária. Sozinho no começo, depois nos círculos berlinenses da Wissenschaft des Judentums, Hans Jonas adquirira um bom domínio do Antigo Testamento, da literatura talmúdica, assim como do pensamento e da teologia judaicos. Mas, com Bultmann, era o Novo Testamento que se estudava, naquilo que Jonas se recordava como uma atmosfera própria à "liberdade protestante" em que se tratava de compreender e não de estar de acordo[24]. Enquanto Bultmann se apaixonava principalmente pelo Evangelho de Paulo, foi o de João que Jonas escolheu para apresentar perante seu seminário uma longa exposição sobre "o Deus cognoscente" no Quarto Evangelho. Encorajado a prosseguir na exploração do ambiente intelectual do Novo Testamento, ele é então recomendado a Heidegger para a dissertação e o que segue é conhecido: o primeiro volume de *A Gnose e o*

No começo dos anos de 1960, ele se recusara a receber as saudações deste último e confessara o fato a Bultmann; este o confortara então, contando-lhe que Heidegger não tinha respondido a seu pedido de retratação pública. Após 35 anos, Jonas julgava doravante que havia "prescrição" para a "culpável falta". Ele enviaria, pois, esse texto acompanhado de uma carta, afirmando nada apagar do passado, depois pediria um encontro sem esquecer de fazer com que fosse precedido de uma fórmula deliberadamente ambígua: "não olvidando que nós somos mortais". Os dois homens se reencontrariam uma última vez: para se lembrar e filosofar; mas sem se aproximar do ponto doloroso... Ver uma conversação entre Hans Jonas e Ioan Petru Culianu citada por Dominique Janicaud, em apresentação de Hans Jonas, *Heidegger et la théologie* (1964), *Esprit*, jul.-ago. 1988, p. 164-165.

24 Ver *Le Combat pour la possibilité de la foi*, op. cit., p. 146-147; *Erkenntnis und Verantwortung*, p. 85 e s., e *De la Gnose au Principe responsabilité* (1990), entrevista com Hans Jonas realizada por Jean Greisch e Erny Gillen, *Esprit*, maio de 1991, p. 7.

Espírito da Antiguidade Tardia é editado em 1934, graças ao prefácio de Bultmann e às suas pressões sobre o seu próprio editor; quanto ao segundo volume, ele só aparecerá vinte anos mais tarde, em um momento em que Jonas já se terá orientado para outras questões[25]. De um ponto de vista intelectual, cabe, todavia, perguntar-se se essa escolha singular não decorre de uma forma de insatisfação em face da fenomenologia, sentimento evocado por Jonas por meio de uma anedota, que diz ele ser de segunda mão, a respeito de Husserl a quem se indagou o que pensava de Deus e que ele teria simplesmente respondido: "Se o encontrarmos como um dado da consciência, será preciso de fato descrevê-lo"[26]. Para além de suas feições incongruentes, essa sentença dissimula, sem dúvida, duas considerações importantes: Hans Jonas já procurava na ciência uma experiência vivida; o ensinamento de Bultmann orientava efetivamente nesse caminho, por sua maneira de conceber a interpretação como um encontro "entre uma subjetividade passada e uma subjetividade que se desdobra ela mesma historicamente"[27].

A primeira descoberta de Hans Jonas consiste em que se podia reconhecer algo das categorias da analítica do *Dasein*, tais como Heidegger as havia colocado, na expressão que os próprios gnósticos davam à sua visão do mundo e à sua experiência, mesmo que mais tarde o movimento hermenêutico funcione em sentido oposto, para vir de novo a aclarar o presente. De fato, como não ficar fascinado com a luz que é lançada sobre poderosas afinidades entre domínios que pareciam perfeitamente estranhos um ao outro: o desenhado por noções que começavam a provocar um terremoto no seio da filosofia mais moderna; os fragmentos de um

---

25 Ver Hans Jonas, *Gnosis und spätantiker Geist*, I, *Die mythologische Gnosis: Mit einer Einleitung zur Geschichte und Methodologie des Forschung*, Göttingen: Vandenhoeck & Ruprecht, 1934, 1954, 1964; II, 1, *Von der Mythologie zur mystichen Philosophie*, Göttingen: Vandenhoeck & Ruprecht, 1954, 1966. A terceira e última parte dessa obra continua inédita.
26 Philosophie: Rétrospective et prospective à la fin du siècle, op. cit., p. 333. É, na realidade, Leo Strauss que relata esta anedota, como uma autêntica resposta de Husserl a uma questão por ele colocada acerca da teologia. Ver Leo Strauss, A Giving of Accounts (1970), em K. H. Green (ed.), *Jewish Philosophy and Crisis of Modernity: Essays and Lectures in Modern Jewish Thought*, Albany: State University of New York Press, 1997, p. 461. Notemos que nesse testemunho Leo Strauss evoca igualmente a figura de Julius Ebbinghaus, que Jonas converte em uma espécie de contraexemplo de Heidegger.
27 Hans Jonas, La Science comme vécu personnel (1986), trad. R. Brisard, em *Études phénoménologiques*, n. 8, 1988, p. 12. Esse texto deve também ser lido como um ensaio de autobiografia intelectual.

pensamento esquecido que retornava dos tempos remotos da Antiguidade tardia e do período em que se dera o nascimento de um cristianismo que fixaria a orientação do mundo ocidental. Tão logo surge a descrição de Deus e do homem "caídos" no mundo e eis que se evoca a ideia de *Verfallen*: como se os gnósticos experimentassem aquilo que Heidegger tematizará sob a *Geworfenheit* (dejeção/derrelição)[28]. Inversamente, tudo se passa como se a análise da existência "autêntica" reencontrasse de algum modo a questão gnóstica da Vida, que pergunta por que foi ela "jogada na aflição dos mundos" e depois implora para ser "salva". Nos dois casos, "ter sido jogada" não é simplesmente uma descrição do passado, mas um atributo que qualifica a situação existencial tal como o passado a determinou[29]. De maneira mais precisa, Hans Jonas poderia sublinhar no "Canto da Pérola", que representa um ápice do imaginário gnóstico, uma figura praticamente exata do ser-no-mundo do homem como *Seinsvergessenheit*[30].

Quando procura resumir o essencial de seus trabalhos sobre a gnose, Hans Jonas toma o cuidado de precisar que enfrenta, como todo mundo nessas matérias, "o risco criador do entendimento histórico": a necessidade muitas vezes de reduzir o espectro sobre o qual se desdobra o fenômeno para conseguir apreendê-lo, mas com o perigo de simplificar os traços daquilo que se apresenta sob a forma de um "núcleo rodeado por um halo mais vago"[31]. Em face de tal paradoxo, a interpretação deve procurar sua primeira chave na simples lembrança do significado da palavra gnose: "conhecimento"; mas sob uma forma secreta, revelada, salvadora e que não

---

28 Ver *Erkenntnis und Verantwortung*, p. 96. Aos problemas doravante clássicos da tradução dos conceitos heideggerianos acrescenta-se o fato de que a obra e os textos de Hans Jonas sobre a gnose hoje disponíveis foram redigidos em inglês. Jonas havia, com efeito, elaborado uma obra sintética, que não é nem uma vulgarização nem um resumo dos dois volumes precedentemente evocados e que conheceu várias edições, a última das quais está traduzida em francês: *La Religion gnostique: Le Message du Dieu étranger et les débuts du christianisme*, trad. L. Evrard, Paris: Flammarion, 1978. Precisemos que o autor resolveu adicionar à segunda versão do livro dois textos essenciais, que formam daí por diante o epílogo e o apêndice da obra: Gnosticisme, existentialisme et nihilisme moderne e Le Syndrome gnostique: Typologie d'une imagination et d'une sensibilité. Sobre as questões de tradução, ver a nota de Louis Evrard, p. 465-467.
29 *La Religion gnostique*, p. 92.
30 *Erkenntnis und Verantwortung*, p. 91.
31 Le Syndrome gnostique: Typologie d'une pensée, d'une imagination et d'une sensibilité, op. cit., p. 444. Esse texto provém de uma conferência no Colóquio de Messina, abr. 1966, sobre as origens da gnose.

se dissocia jamais do processo metafísico que ela descreve. Do ponto de vista de seu conteúdo, são assim sucessivamente reconhecidos na gnose os temas de uma teologia, de uma cosmogonia, de uma antropologia e de uma escatologia[32]. Pela primeira, é uma espécie de "gênese transcendental" que se oferece: por meio de um relato espiritual da Criação como história dos mundos superiores, a começar pelo da própria divindade. Mas esse motivo engendra de pronto a representação cosmogônica de uma hierarquia vertical do conjunto dos mundos: que separa as alturas das profundezas, depois distancia o mundo terreno do mundo divino. Preparado pelos dois primeiros, o terceiro desses temas é o que concerne diretamente à natureza, o lugar do homem nessa história e o sistema que daí resulta: a condição de um ser compósito e submerso quando ele se mantém aqui embaixo. Resta, enfim, o último plano de uma doutrina escatológica da salvação: aquele em que se abre a perspectiva de uma inversão da queda pela qual toda coisa retorna para Deus.

Com respeito às formas familiares do pensamento, o sistema gnóstico apresenta, portanto, dois aspectos em aparência inversos. Quando descreve um eixo temporal orientado pelo impulso para frente de uma vida do espírito que torna cada episódio gerador do seguinte, ele oferece "uma metafísica do puro movimento, do puro acontecimento, a concepção do ser universal mais resolutamente 'histórica' que existiu antes de Hegel". Mas, na medida em que a história da Criação como história do eu divino é fundamentalmente um movimento que se dirige para baixo, trata-se de um axioma ontológico inverso ao de Hegel que se elabora por meio do processo de uma "evolução descendente"[33]. Daí a característica central do emanatismo gnóstico: atado aos sentimentos da catástrofe ou da crise, ele é radicalmente patomorfo e, portanto, irredutivelmente mitológico, porquanto lhe é preciso imaginar os agentes e os símbolos que exprimem uma descida do ser. Em consequência, a visão gnóstica do mundo será radicalmente dualista, segundo polaridades

---

32 Idem, p. 445. No corpo da obra encontram-se numerosos desenvolvimentos mais substanciais: p. 65-69 sobre esses quatro temas; depois, de maneira recorrente, nas passagens dedicadas às diferentes correntes da gnose (*Evangelho* de Marcião, *Poimandres* de Hermes Trimegisto, doutrinas de Valentim e de Mani...).

33 Idem, p. 446-447. Jonas escreve aqui *devolution*, a fim de restituir o movimento pelo qual a divindade vai se desdobrando (*unfolding*), mas para baixo (*downward*).

que não evocam termos complementares destinados a encontrar sua síntese, mas permanecem sob formas radicalmente antitéticas. Assim, toda teoria gnóstica decorre de uma dualidade do homem e do mundo que reflete, ela própria, no plano da experiência, a dualidade primordial entre Deus e o mundo. Mais precisamente, é uma configuração a três termos que se instala: "O Homem e Deus são da mesma essência e se opõem em conjunto ao mundo; mas, nos fatos, eles estão separados pelo mundo, que é, conforme a maneira gnóstica de encarar as coisas, agente de divisão e de alienação"[34].

Se retomarmos separadamente a apresentação de cada um desses elementos, parece antes de tudo que a teologia gnóstica conhece um Deus ontologicamente acósmico, radicalmente "outro" e basicamente "estranho" a este mundo aqui. "Vida estranha" para os mandeus, "profundeza" ou "abismo" para os valentinianos, ele é às vezes mesmo designado como "não sendo"[35]. Vivendo a uma distância incomensurável da estada terrena do homem, ele é assim naturalmente desconhecido, inefável e incognoscível, e situa-se nas antípodas de qualquer Criador soberano e juiz das religiões monoteístas. Em face dele, o mundo encontra-se, pois, profundamente desvalorizado, a ponto de seu aspecto labiríntico expor-se amiúde por meio da visão de uma pluralidade infinita: "Nos mundos, a alma perde seu caminho, ela erra, e em toda parte onde procura uma passagem para se evadir, ela nada faz senão passar de um mundo a outro que não é menos mundo"[36]. Nesse mundo menosprezado, que Marcião denomina "pequeno reduto do criador", o homem vive o sentimento de ter sido esquecido em terra estrangeira, sofrendo assim as provações da derrelição, do medo e da nostalgia. Enquanto faz assim da própria Vida uma protagonista de seu drama mitológico, a gnose a descreve, por sua vez, como desamparo e desolação próprios ao estado de abandono que se prende a um fenômeno vindo do além e jogado em um universo indisposto a lhe dar acolhimento[37]. No seio de uma visão do mundo desta ordem, que não conhece nem a responsabi-

---

34 Idem, p. 449. É preciso sublinhar esse ponto pelo qual os trabalhos ulteriores de Jonas sobre outros assuntos se orientarão contra esta forma de dualismo e o sentimento de que ela sobrevive de maneira misteriosa e insistente em larga parte da filosofia ocidental.
35 Idem, p. 450.
36 *La Religion gnostique*, op. cit., p. 76.
37 Idem, p. 95.

lidade do homem para com sua condição, nem a necessidade de uma intervenção divina, não resta, pois, senão um só poder salvador, a saber, o próprio conhecimento com seus objetos: "que nós éramos o que viemos a ser; onde nós estávamos, onde fomos atirados; em direção do que nós nos apressamos, do que nós somos resgatados; o que é o nascimento, o que é o renascimento"[38].

De maneira sem dúvida significativa, Hans Jonas amiúde destacou o mais doce e imediatamente evocador dos relatos gnósticos: o "Canto da Pérola"[39]. Proveniente de um apócrifo de composição gnóstica intitulado *Atos do Apóstolo Tome*, apresenta as características específicas de uma exposição mais poética do que sistemática e que reveste a doutrina do véu de uma fábula, versando mais sobre a parte escatológica do drama divino do que sobre seus inícios. Aqui, o narrador conta que, quando criança em casa de seu pai, fora enviado para fora do Oriente onde vivia, com a promessa de ser o herdeiro do reino se conseguisse descer até o Egito para trazer a Pérola única. Chegando a esse país, instala-se junto da serpente a fim de esperar que esta cochilasse para lhe arrebatar a Pérola. Mas, reconhecido pelos egípcios que envenenam sua bebida, ele acaba por dormir, esquecendo de sua missão e da Pérola. É então que os reis do Oriente decidem intervir, endereçando-lhe uma carta: "Lembra-te que tu és um filho de rei, veja que tu serviste em escravidão". Desperto por essa carta, desfaz-se das vestimentas que lhe haviam sido impostas e reencontra a veste da glória que ele havia esquecido, antes de retornar à casa de seu pai para comparecer com ele perante o Rei dos Reis. Comentando esse relato, Hans Jonas decifra antes de tudo os símbolos: a casa do pai no Oriente corresponde à morada celeste, ao passo que a serpente encarna o princípio maléfico do soberano do mundo; quanto à terra do Egito, representa o reino da morte e a ordem demoníaca, como ela o faz bem depois da história bíblica de Israel. As figuras das vestimentas impuras, da carta e, enfim, da Pérola mesma permitem acercar-se da significação do mito. O seu segredo reside no fato de a chave se encontrar lá onde o intérprete fica mais embaraçado, por serem

---

38 Le Syndrome gnostique: Typologie d'une pensée, d'une imagination et d'une sensibilité, op. cit., p. 455.
39 Ver *La Religion gnostique*, cap. v, em que Hans Jonas começa por restituir o relato (p. 153-156) e depois o comenta (p. 157-173).

intercambiáveis o sujeito e o objeto da missão, o salvador e a alma, o príncipe e a Pérola: o filho do Rei não é somente a alma humana, mas igualmente o Salvador; é próprio da escatologia gnóstica conceber uma substância original perdida no mundo por ocasião da batalha primitiva e imaginar que sua recuperação se confunde com uma "reintegração do eu divino"[40].

Na impossibilidade de ir, aqui, mais longe na restituição das análises que Hans Jonas oferece das diferentes formas da gnose e de seus relatos, pode-se reter que é especialmente no da Pérola que ele revela uma analogia poderosa com as categorias de Heidegger, depois um dualismo de corpo e alma que transita do platonismo tardio ao cristianismo medieval, para se reencontrar finalmente na visão moderna do mundo e em uma filosofia como a de Hegel[41]. Mas de volta a este último ponto, cumpre ainda sublinhar duas lições proporcionadas por essa exploração do universo gnóstico. A primeira delas é interna à história da interpretação do fenômeno e diz respeito à significação da gnose no momento histórico da Antiguidade em sua fase final, depois entre os universos do Oriente e do Ocidente. Aos olhos de Jonas, o quadro pertinente para a análise de sua aparição é o de uma renascença do Oriente após sua submersão sob a predominância grega, ela mesma consecutiva às conquistas de Alexandre: o que fará do sincretismo religioso seu verdadeiro centro[42]. Evidentemente, no momento dos inícios do cristianismo, o Oriente antigo está morto, vítima de sua apatia política e da tradução de seu pensamento para a língua helenística. No entanto, ele se entregava já de há muito à incubação, em segredo, da mescla de ideias e de imagens oriundas de tradições diversas que o sincretismo designa: fenômeno marcado por uma multiplicidade de intuições que esperava ainda esta "unidade oculta" que a gnose seria capaz de representar. Desse ponto de vista, está firmado para Jonas que esta "decadência verdadeiramente única na história das religiões, venenosa como é de seu gosto, visivelmente saborosa", essa forma de transgressão

---

40 Idem, p. 173.
41 Ver *Erkenntnis und Verantwortung*, p. 97.
42 Cf. *La Religion gnostique*, p. 19-47, páginas que oferecem uma síntese magistral sobre a Antiguidade tardia e que encontram seu *pendant* na terceira parte do livro, consagrada a uma comparação entre o pensamento gnóstico e o espírito clássico, em torno especialmente das representações do Cosmos.

dos valores que promove os reprovados do relato bíblico desvalorizando seus favoritos, esta expressão, enfim, de uma forma de "antissemitismo metafísico", não pode ter saído do mundo judeu[43]. Combatendo o judaísmo por ser ele, à época, a única força religiosa contra a qual vale a pena se debater, não se compreende então a "síndrome gnóstica" senão pelos pontos de contato naturais que ela tem com o cristianismo em sua infância e, sobretudo, pelo fato de que ambos constituem em conjunto uma "resposta a uma mesma interrogação humana".

Resta que é a descoberta dessa capacidade da gnose para fornecer uma interpretação da situação do homem que devia impressionar de maneira mais duradoura Hans Jonas, ao termo da experiência singular de uma virada brusca das chaves hermenêuticas, pela qual "aquilo que constituía o objeto de interpretação irradiava a própria posição do sujeito interpretante"[44]. Entre os gnósticos, o fato se acentuava porque se esperava a descrição de uma "existência oprimida, angustiada por seu próprio enigma e ansiosa por responder a isso" que se manifestara; mas por intermédio de uma rede de símbolos e de mitos que ofereciam a uma ipseidade que se sentia como estranha ao mundo o meio de superar a sua crise desprendendo-se dele. Impunha-se, portanto, a tentação de correr o risco de uma leitura "gnóstica" do existencialismo e, por seu intermédio, do espírito moderno, depois de ter desenvolvido uma interpretação ela mesma "existencialista" da gnose. Quando empreende *a posteriori* essa reconstrução a título de experiência intelectual, Hans Jonas sublinha tudo o que separa esses dois objetos: um movimento do pensar "de nosso tempo", feito de finura conceitual e de modernidade; um fenômeno rude e carregado de mito, que nunca teve seu lugar no colégio dos filósofos e cujos ensinamentos estão "enterrados nos tomos dos refutadores ou nas areias dos países de antiguidade"[45]. No entanto,

---

43 Le Syndrome gnostique: Typologie d'une pensée, d'une imagination et d'une sensibilité, op. cit., p. 460-461. Segundo Hans Jonas, a presença de temáticas oriundas de correntes marginais do judaísmo no *corpus* gnóstico foi rediscutida. Ver, por exemplo, Gedaliahu Guy Stroumsa, *Savoir et salut*, Paris: Cerf, 1992, notadamente caps. II-VI. Do ponto de vista inverso, o de uma transformação gnóstica de figuras da mística judaica, ver Gershom Scholem, *Jewish Gnosticism, Merkabah Mysticism and Talmudic Tradition*, New York: The Jewish Theological Seminary of America, 1965, e supra, cap. IV, p. 460-467.
44 La Science comme vécu personnel, op. cit., p. 20.
45 Gnosticisme, existentialisme et nihilisme, op. cit., p. 417. Acrescentado ao livro como epílogo, esse texto havia sido publicado pela primeira vez em 1952, em *Social Research*. Como

o que descrevem os gnósticos senão uma situação familiar ao contemporâneo da "morte de Deus" e da análise da "existência autêntica"? O sentimento de pavor em primeiro lugar que impõe a impressão de estar jogado em um mundo estranho, sob um céu sem piedade e "que não inspira mais a adoração nem a confiança"[46]. Depois, sobretudo a experiência de um tempo privado do presente da estabilidade: a crise de um agora sem repouso, esmagado entre o passado e o futuro. Ao que se acrescenta, enfim, a consequência dessa perda de eficiência do mundo suprassensível que Heidegger subentendia no dito de Nietzsche, "Deus está morto": "Nenhum *nomos* emana mais dele, nenhuma lei que reja a natureza, nenhuma lei que regule o corpo da conduta humana, incorporando-o à ordem natural"[47].

Em outros termos, não são mais somente afinidades conceituais entre as categorias de Heidegger e as modalidades do "conhecimento" na gnose que se impõem, mas igualmente uma maneira idêntica de radicalizar a crise do presente vivido: de modo que finalmente "as funções hermenêuticas se invertem e se fazem recíprocas"[48]. *Geworfenheit* do homem no mundo como experiência primordial da existência, redução do presente ao puro momento (*Augenblick*) sem duração; que jorra quando o porvir projetado reage sobre o passado, desvalorização enfim da natureza e do objeto reduzidos a uma coisidade muda: o existencialismo não se contenta em introduzir na casa esse niilismo que Nietzsche chamava de "o mais inquietante convidado que está à porta"; ele vive com ele. Ora, "viver em semelhante companhia é viver em crise" e os inícios dessa crise em que se ouvem os ecos da gnose remontam ao século XVII[49]. A Pascal, por certo, que formulava a solidão do homem no universo físico tal como a cosmologia moderna começava a descrevê-la: "abismo na infinidade imensa dos

---

no caso daquele sobre a imortalidade, sua importância aos olhos de Jonas é ainda reforçada pelo fato de que ele foi adicionado em seguida à versão definitiva da filosofia da vida: ver *Das Prinzip Leben*, cap. XI. A última fórmula citada provém do prefácio de 1957 de *La Religion gnostique*, p. 8.

46 Idem, 428.
47 Idem, p. 432. Hans Jonas glosa aqui o comentário que Heidegger faz da frase de Nietzsche "Deus está morto", em *Chemins qui ne mènent nulle part*, trad. W. Brokmeier, Paris: Gallimard, 1962, p. 178. Encontrar-se-á uma interpretação desse texto desvolvida para outros fins em Martin Buber (ver supra, cap. V, p. 673-674).
48 Idem, p. 419.
49 Idem, ibidem.

espaços que eu ignoro e que me ignoram, eu me apavoro"[50]. Mas, em Pascal, ao menos restava algo de um Deus escondido, que dava ainda uma razão ao aqui e agora. Tornando-se o termo do processo encetado pela transformação das maneiras de ver a natureza ao albor da modernidade, o pensamento da morte de Deus e o existencialismo acabam cercando a própria forma do niilismo sob seus dois aspectos. Por meio daquele que designa o fundo do fenômeno, é afirmada uma ruptura absoluta entre o homem e a realidade total que reinventa o dualismo gnóstico em sua expressão mais radical. Através daquele que é sua consequência, é de um perfeito relativismo moral associado à afirmativa de uma "liberdade autêntica do eu" que se trata: visto que doravante "nenhuma essência determinativa é admitida para definir de antemão a existência que é para si mesma seu próprio projeto"[51].

Comum à gnose e ao niilismo moderno captado na forma sofisticada do existencialismo, esse último motivo permite compreender como e por que Hans Jonas deslocou seu interesse da erudição acadêmica que se empenhava em reconstruir o mundo gnóstico para uma investigação que concerne à natureza do vivente. Desses dois universos que, súbito, se aclaravam mutuamente, era preciso reter mais do que a imagem de uma simples situação de derrelição e de temor ligada ao sentimento de não ter onde cair morto: uma indiferença à natureza e a seus fins; uma rejeição de toda teleologia suscetível de fixar uma sanção às metas que o homem se propõe; uma maneira de deixar "os valores sem sustento ontológico"[52]. Nesse sentido, do mesmo modo que a escolha da gnose como tema de estudo na época do encontro com Heidegger não decorria absolutamente de uma curiosidade de antiquário, seu abandono, no momento em que a história conferia ao niilismo uma atualidade inimaginável, antes parece organizado por uma urgência: a de dar novamente um solo à experiência humana do mundo, assim como aos princípios que a guiam. No âmago dessa reorientação intelectual que tomaria o curso lógico de uma preparação ontológica da ética a ser construída, havia, portanto, a preocupação de superar a figura

---

50 Pascal, *Pensées*, 88/205.
51 Gnosticisme, existentialisme et nihilisme, op. cit., p. 433.
52 Idem, p. 421.

obsedante de um dualismo que ligava a Antiguidade tardia ao universo contemporâneo. Hans Jonas o afirma claramente: o voltar-se para a filosofia do organismo "era também uma revolta contra o dualismo"[53]. Desenha-se assim o quadro do novo projeto. A situação herdada tinha a feição de uma antinomia: o niilismo parecia condenar o homem a ficar com "o olhar assestado sobre o eu isolado"; a reação ao niilismo convidava a conceber um naturalismo monista, mas este último corria o risco de abolir ao mesmo tempo a humanidade do homem e a realidade do mundo. A tarefa da filosofia seria, pois, avaliar as chances de uma terceira via: um caminho estreito "que permitiria evitar a ruptura dualista e guardar o bastante da intuição dualista para manter a humanidade do homem"[54].

Do Organismo à Liberdade: O Fardo e a Graça de Ser Mortal

É ao termo de duas viagens de natureza muito diferente que Hans Jonas foi levado a reconstruir uma ontologia ao procurar explicar os mecanismos do vivente. A primeira delas é doravante conhecida, visto que liga o jardim da gnose ao niilismo moderno: "Dia a dia, aquilo que era absolutamente estranho na aparência assumia um ar de algo já visto […], em seguida, após longa estada em terra longínqua, ao retornar à minha casa, quer dizer, ao lugar da filosofia contemporânea, descobri que as coisas aprendidas lá me ajudavam a compreender melhor as bordas das quais eu partira"[55]. Além da descoberta do fato de que reinava nesses últimos territórios um dualismo do homem e do mundo que se tornara familiar graças ao desvio para o passado, impunha-se a constatação de uma incapacidade da filosofia em apreender os componentes primeiros da experiência no que se assemelhava ainda às formas extremas de uma crise da compreensão de si. A título de ilustração, a fenomenologia de Husserl assegurava uma extraordinária "educação da intuição"; mas, embora ela falasse sem cessar da "corporeidade

---

53 *Erkenntnis und Verantwortung*, p. 99.
54 Gnosticisme, existentialisme et nihilisme, op. cit., p. 442.
55 Idem, p. 418.

do corpo próprio", não tinha nada a dizer no tocante ao seguinte enunciado elementar: "tenho fome"[56]. De outro modo, se Heidegger subvertia a conceitualidade e a gramática da filosofia, era sem lhes dar um domínio maior sobre esse tipo de enunciado: "Foi uma mortalidade bem abstrata sobre a qual se tratava de meditar e que devia convidar ao sério da existência". Em outros termos, a descrição do *Dasein* como "preocupação" operava-se sem um verdadeiro questionamento do fundamento essencialmente físico da necessidade deste último: "A corporeidade em virtude da qual, uma vez que nós mesmos não somos senão uma parte da natureza, nós nos encontramos ligados ao nosso meio-ambiente natural quanto ao modo da falta e da necessidade, e isso fundamentalmente pelo metabolismo, que é a condição de todo o restante"[57].

Quando Hans Jonas dizia ter sido acompanhado durante os anos passados em combate pelas questões que cada um traz em si, ele designava aquelas que se prendem à vida e à morte ou ainda à fome e à angústia: realidades de repente sentidas no cotidiano sob sua forma mais trivial. A esta experiência pessoal se acrescentaria a descoberta daquilo que acontecera aos seus e depois uma meditação sobre a possibilidade de uma destruição de toda vida, atualizada pela bomba atômica. Nesse último terreno, ele poderia caminhar por um momento em companhia de Karl Jaspers e Günther Anders, primeiro marido de Hannah Arendt que permaneceu seu amigo e que faria dessa perspectiva seu principal objeto[58]. Isso que doravante se convencionou chamar de Segunda Guerra Mundial impunha à filosofia uma divisão de águas: "Do céu dos pensamentos permanentes, a contemplação perturbada desceu ao solo das forças em luta e interveio no curso das coisas. Findara-se a distância em relação aos eventos

---

[56] Philosophie: Rétrospective et prospective à la fin du siècle, op. cit., p. 334. Citando amiúde este exemplo, Jonas acrescenta repetidas vezes que seus camaradas marxistas tinham, ao menos na época, um pouco de dianteira nesse ponto. Ver também De la Gnose au *Principe responsabilité*, op. cit., p. 8.

[57] La Science comme vécu personnel, op. cit., p. 21-22.

[58] *Erkenntnis und Verantwortung*, p. 107-109. Ver as principais obras de Günther Anders: *Die Atomare Drohung. Radikale Uberlegungen*, Munchen: C. H. Beck, 1981; *Die Antiquierheit des Menschen*, I, *Über die Seele im Zeitalter der zweiten industriellen Revolution*, Munchen: C. H. Beck, 1985; *Die Antiquierheit des Menschen*, II, *Über die Zertörung das Lebens, Zeitalter der drittenn industriellen Revolution*, Munchen: C. H. Beck, 1986.

cotidianos"⁵⁹. Aos olhos de Hans Jonas, é, pois, dos acontecimentos contemporâneos que vinha a necessidade de repor em discussão a questão ontológica fundamental: por que haveria algo em vez de nada? Para enfrentá-la, a investigação filosófica deveria superar a cisão do ser entre o elemento físico e a consciência. Seu ponto de partida seria uma descrição da maneira como todo organismo possui um horizonte interno, fenômeno que oferece ele mesmo o conceito mediador de um "ser-aí orgânico, no qual a interioridade e a exterioridade se interpenetram"⁶⁰.

Como se trata de recompor a trajetória do pensamento de Hans Jonas antes de ele retomar mais tarde a coerência sistemática, não se pode esconder as dificuldades quando ela penetra no domínio próprio ao fenômeno do vivente. A primeira delas se deve ao estilo de radicalidade que deflui da intenção de conceder a esse fenômeno um valor ontológico: no seio daquilo que quer deliberadamente ser uma metafísica da vida. Ao que se acrescenta que, além da decisão de transgredir a rejeição contemporânea da metafísica, a filosofia da biologia, proposta por Jonas se aparta da própria biologia, tal como a concebem as ciências modernas da natureza, quer dizer, sob uma forma que permanece muito próxima da física ou da química⁶¹. A biologia oferece, decerto, objetos que têm a vantagem de serem observáveis, como o fenômeno primordial do metabolismo. Mas esses objetos devem ser retomados em uma perspectiva especulativa que ela ignora: aquela que se prenderia à diferença ontológica entre a matéria e o vivente; aquela que iria a ponto de perceber uma subjetividade presente em todo organismo. Resta, enfim, uma dificuldade específica para a reconstrução genealógica da obra de Hans Jonas: a filosofia da vida aparecerá logo como um momento ontológico preparatório para a ética própria a *O Princípio Responsabilidade*; mas ela conhece por ora sua necessidade interna, inscrita em uma relação reflexiva com a experiência do século.

Diante de tais obstáculos, mais vale partir de novo daquilo que está firmado: a descoberta do fato de que o niilismo moderno reproduz de algum modo o sentimento de uma perda do mundo outrora expresso pelos

---

59 Philosophie: Rétrospective et prospective à la fin du siècle, op. cit., p. 341.
60 De la Gnose au *Principe responsabilité*, op. cit., p. 9.
61 Ver *Erkenntnis und Verantwortung*, p. 105-106, em que Jonas especifica a diferença entre a filosofia da biologia e a própria biologia.

gnósticos, com a condenação da existência terrena daí decorrente. A resposta de Hans Jonas a tal conivência consiste em tentar vencer o niilismo atacando-o em seu ponto sensível: trata-se de explorar o fenômeno mediano da vida a fim de superar a grande bifurcação dualista entre a retirada idealista do mundo em uma consciência de si acósmica e uma determinação puramente materialista da natureza. Mais precisamente descrita, sua estratégia é a seguinte: pensar o fenômeno universal da organização a partir das informações que a biologia fornece; porém mostrar que se pode discernir aí o ponto de partida de um processo de desenvolvimento que encontra sua desembocadura final na liberdade humana[62]. Por apresentar um contraste elementar entre a perseverança da forma e a mutabilidade da matéria, é o fenômeno do metabolismo que permite descrever o indivíduo enquanto entidade ontológica. Com ele, a identidade *à soi* (para consigo) de todo organismo aparece como um ato de sua própria existência. Torna-se, portanto, permitido falar de uma identidade interna da perseverança *à soi-même* (para consigo mesmo), que se manifesta em uma continuidade metabólica: "um *soi* se anuncia em face de um mundo"; é a tarefa de uma biologia filosófica a de seguir através dos diferentes níveis da evolução orgânica o desdobramento daquilo que se assemelha a uma liberdade germinal. Na fase da animalidade, a existência se expõe ao domínio de uma necessidade que solicita o medo, de modo que já surge uma polaridade entre o *soi* e o mundo. No homem, que se caracteriza pela faculdade simbólica de representação, a vida se fará sentir definitivamente como uma liberdade incessantemente ameaçada pelo perigo da destruição. Daí vem a ideia central da filosofia do vivente proposta por Hans Jonas: no seio do fenômeno global da auto-organização, existe uma espécie de testemunho que a vida presta a si mesma; esta forma de autoatestação é o germe de uma autotranscendência, que supera de pronto a antinomia entre a hipóstase da consciência no idealismo e a desvalorização da matéria pelo materialismo.

---

62 Esta dialética da organicidade e da liberdade é particularmente salientada no título dado por Jonas à primeira versão alemã de sua filosofia da vida: *Organismus und Freiheit*. Uma reconstrução do esquema diretor dessa filosofia encontra-se em Paul Ricoeur: Éthique et philosophie de la biologie chez Hans Jonas, *Lectures 2: La Contrée des philosophes*, Paris: Seuil, 1992, p. 304-319.

Encontrar-se-á a expressão mais rematada da filosofia do vivente que Hans Jonas propõe em um texto tanto mais luminoso quanto tardio: "O Fardo e a Graça de Ser Mortal"[63]. Aqui, ele começa por sublinhar que a mortalidade é bem mais do que o fato de ser destrutível: este último valeria para toda estrutura material; a primeira é inerente à constituição dos organismos isolados, que conhecem uma relação íntima entre a vida e a possibilidade da morte. A investigação ontológica começa, pois, no momento em que é preciso questionar a maneira de ser característica do organismo como única forma física em que existe a vida: ao buscar "desvelar as raízes da mortalidade na própria vida"[64]. Ora, a dificuldade do empreendimento provém do fato de que a filosofia moderna desde a Renascença tende a considerar como cognoscível apenas o que não é vivente, de modo que ela se torna autenticamente um pensamento da morte, do qual o existencialismo contemporâneo oferece a expressão extrema. Enquanto as primeiras formas de uma consciência de si da humanidade haviam sido colocadas no horizonte de uma interrogação relativa ao enigma insondável da morte que o mito ou a religião traziam, os tempos modernos inverteram a perspectiva: "O que é natural e inteligível é a morte, o que é problemático é a vida"[65]. Dito de outro modo, até no idealismo da consciência que caracteriza uma larga corrente da filosofia moderna, o pensamento está sob a dominação da morte e é incapaz de apreender o vivente independentemente da matéria inerte cognoscível.

A genealogia dessa redução do vivente à matéria pode operar-se graças a dois olhares que se cruzam na história das representações modernas da natureza. O primeiro remonta à origem, para mostrar como a nova concepção da ciência na Renascença substitui as antigas oposições

---

63 Hans Jonas, Le Fardeau et la grâce d'être mortel" (1991), trad. M.-G. Pinsart e G. Hottois, em Gilbert Hottois (ed.), *Aux fondaments d'une éthique contemporaine, H. Jonas et H. T. Engelhardt*, Paris: Vrin, 1993, p. 39-52. Redigido em inglês, esse texto é retomado e traduzido pelo autor nos *Philosophische Untersuchungen und metaphysische Vermutungen*, p. 81-100. Particularmente sintético, ele permite seguir os desenvolvimentos mais amplos propostos em *Das Prinzip Leben*. Será indicado na passagem o título, a data e a origem das diferentes partes que compõem esta obra.
64 Idem, p. 40.
65 *Das Prinzip Leben*, p. 28. Nesse primeiro capítulo, intitulado *Das Problem des Lebens und des Leibes in der Lehre vom Sein* (O Problema da Vida e do Corpo na Teoria do Ser), Hans Jonas introduz a apresentação da questão do dualismo por um jogo de espelho entre "o pan-vitalismo e o problema da morte" e "o pan-mecanicismo e o problema da vida". O original desse capítulo, em inglês, data de 1965.

da forma e da matéria, da alma ativa e do corpo passivo ou, ainda, do inteligível e do sensível, por uma nova série de polaridades: "sujeito-objeto, espírito-natureza, consciência-espacialidade, interioridade-mundo exterior"[66]. O momento decisivo reside, todavia, em Descartes, cuja teoria da ciência Hans Jonas discute repetidas vezes a fim de marcar a sua ambivalência. De um lado e de conformidade com o dualismo, a doutrina cartesiana preserva a transcendência do ser humano como substância pensante no seio da natureza. Mas, de outro, ela prepara, no entanto, o terreno para o materialismo próprio à ciência moderna: ligando a substância corpórea em geral ao determinismo das causas naturais, o que indica de maneira particularmente clara a teoria dos "animais-máquinas"[67]. É então um longo exame dos aspectos filosóficos do darwinismo que permite completar a descrição de uma expulsão de toda finalidade para fora da natureza pela ciência moderna. Pois tal é realmente, no essencial, o fundo da questão: "a negação das causas finais como *a priori* da ciência moderna"[68]. Para a doutrina clássica proveniente do aristotelismo, "o verdadeiro problema dizia respeito às causas finais como *modi operandi* no seio da natureza e para a natureza ela mesma"[69]. É com isso que rompe deliberadamente a ciência moderna, ao proibir-se de explicar os fenômenos naturais por causas finais.

⁂

[66] Idem, p. 140, no capítulo v da obra que é verdadeiramente seu núcleo: *Ist Got ein Mathematiker? Vom Sinn des Stoffwechsels* (Deus é um Matemático? Sobre o Sentido do Metabolismo). Esse capítulo é um dos mais antigos do livro, visto que provém de um artigo redigido em inglês em 1951 para a revista *Measure*.

[67] A discussão acerca de Descartes está presente na obra toda, mas ela culmina de maneira significativa nos últimos parágrafos do capítulo terceiro, sobre o darwinismo. Eles são respectivamente intitulados Les Automates animaux de Descartes (idem, p. 98-99), L'Éclatement de l'ontologie cartésienne dans l'evolutionnisme (idem, p. 99-101) e La Signification du cartésianisme pour la théorie de la vie (idem, p. 102-108). Aspects philosophiques du darwinisme: o capítulo III proveio de um artigo publicado em 1951 sob o título de Materialism and the Theory of Organism. A maneira como Hans Jonas mobiliza uma espécie de história universal do ponto de vista das representações científicas do mundo poderia ser comparada com a reconstrução das origens da modernidade proposta por Hans Blumenberg (ver Hans Blumenberg, *La Légitimité des temps modernes*, trad. M. Sagnol, J.-L. Schlegel e D. Trierweiler, Paris: Gallimard, 1999, especialmente cap. v).

[68] Intitulado segundo uma seção do segundo capítulo, em uma parte dedicada ao exame dos laços entre o antropomorfismo e a teleologia (idem, p. 66). O conjunto do capítulo II, Perception, causalité et teleologie, representa o estrato mais antigo do livro e data de 1950.

[69] Idem, p. 66.

Estando indicadas essas articulações históricas, são doravante o estatuto e as consequências de tal princípio antiteleológico que interessam Hans Jonas. O essencial de seu propósito na discussão da doutrina darwiniana consiste em mostrar que o evolucionismo conduz ao niilismo em sua forma nietzschiana. Radicalizando o triunfo do nominalismo sobre o realismo e depois recusando toda ideia de espécies naturais que seriam dotadas de uma essência imutável, este abre a porta à representação do puro devir de uma vontade de poder, legando, além do mais, ao sujeito humano, a ilusão de sua liberdade absoluta no contexto de uma solidão radical no seio do mundo[70]. É paradoxalmente o estatuto teórico da rejeição das causas finais que oferece a perspectiva mais fecunda, tanto mais quanto a luz lançada sobre a sua fraqueza interna deve permitir destacar de pronto o horizonte de sua ultrapassagem. Para Jonas, cumpre, sem dúvida, dar direito a essa tese por ter ele pretendido afastar as representações antropomórficas da natureza[71]. Nem por isso deixa de subsistir o fato de que, para a ciência moderna, a regra que proíbe a explicação dos fenômenos naturais por uma causa final não procede de uma indução a partir da experiência, mas permanece sob a forma de um *a priori*. Nesse sentido, privada de alcance ontológico na medida em que se contenta em afirmar que uma explicação finalista seria não científica mais do que demonstrar que não existem causas finais, ela apresenta uma fragilidade da qual a filosofia do vivente poderia tirar vantagem: supondo que se arrisca a uma investigação francamente ontológica.

---

70 Ver o parágrafo intitulado Der Mensch ohne Wesen, do terceiro capítulo, em que Jonas joga com os dois sentidos do termo *Wesen* (natureza; essência) para mostrar que o homem separado da natureza está privado de ser: o que libera a perspectiva nietzschiana compensadora da vontade de potência (cap. III, Aspects philosophiques du darwinisme, idem, p. 87).

71 Sobre o liame entre a rejeição das causas finais e a eliminação do antropomorfismo nas representações da natureza, cabe reportar-se às sutis análises do darwinismo que Ernst Cassirer oferece. Lembrando que Kant julgava ter expulsado para tão longe quanto possível o conceito de fim, porquanto se pode imaginar um "Newton da palha de grama", Cassirer sublinha o fato de que a discussão a respeito de Darwin versa precisamente sobre a realização desta tarefa tida como irrealizável (ver Ernst Cassirer, *Oeuvres*, v. XVIII, *Le Problème de la connaissance dans la philosophie et la science des temps modernes-4: De la mort de Hegel aux temps présents*, trad. J. Carro *et alii*, prefácio Massimo Ferrari, Paris: Cerf, 1995, livro II, cap. IV, notadamente, p. 206 e s.). Como se verá, a leitura de Cassirer pode reservar algumas surpresas sobre a maneira como Jonas retoma, sob uma forma especulativa, certo número de elementos dos filósofos do vivente elaborados na Alemanha do fim do século XIX.

Tal será efetivamente a orientação de Hans Jonas, claramente colocada desde a primeira página da obra: "O organismo, mesmo em suas figurações (*Gebilden*) mais inferiores, prefigura (*vorbildet*) o espírito, e o espírito, até em suas formas mais elevadas, permanece uma parte do orgânico"[72]. Caso se questione a maneira de ser dos organismos sem o *a priori* antifinalista da ciência moderna, constata-se que eles existem unicamente em função daquilo que fazem: em outros termos, que são "entidades cujo ser é fruto de seu próprio agir"[73]. Mas o essencial é que o inverso parece igualmente verdadeiro, dado o fato de que, se a atividade cessa, o ser é imediatamente destruído. A isso acresce que o agir indispensável à vida não depende exclusivamente dos próprios organismos, na medida em que ele é também condicionado pela disponibilidade de um entorno que pode ser concedido ou recusado. Uma vez que o risco da interrupção acompanha assim a existência dos organismos desde o começo, cumpre definitivamente dizer que um laço fundamental entre a vida e a morte se manifesta: uma presença ontológica da mortalidade na constituição mesma do vivente. Antes de chegar à descrição do fenômeno do metabolismo que atesta essa realidade e a deixa já se tematizar em termos de liberdade, pode-se sublinhar o fato de que Hans Jonas parece ter superado o antifinalismo da visão moderna do mundo desde o momento em que realiza esta análise do modo de ser próprio ao conjunto dos organismos vivos. O homem não possui o privilégio de ter fins, uma vez que eles existem na natureza com as formas elementares da liberdade. Isso pode inclusive ser dito nos termos familiares da filosofia contemporânea: "Para o homem, mas também já para os animais, isto vem no ser deles de alguma coisa e, em primeiro lugar, deste ser mesmo (para falar como Heidegger)"[74].

Compreende-se doravante como a ontologia construída por Hans Jonas encontra seu embasamento na descrição do fenômeno do metabolismo e, sobretudo, porque este último se aloja no coração do longo capítulo

---

72 Idem, p. 15, na introdução: Sur la thématique d'une philosophie de la vie.
73 Le Fardeau et la grâce d'être mortel, op. cit., p. 40.
74 Hans Jonas, *Wertfreie Wissenschaft und Verantwortung: Selbstzensur der Forschung?* (Neutralidade da Ciência e Responsabilidade: Autocensura da Pesquisa?), 1983, em *Technik, Medizin und Ethik: Praxis des Prinzip Verantwortung*, Frankfurt-am-Main: Suhrkamp/Insel, 1987, p. 84 (trad. port.: *Ética, Medicina e Técnica*, Lisboa: Vega Editora, 1994).

que pergunta: "Será que Deus é um matemático?" Aos olhos de Jonas, o paradigma da natureza elaborado por Descartes e Francis Bacon no século XVII arruinou a visão clássica de um cosmos finito e ordenado segundo uma cadeia do ser para substituí-lo por uma concepção do mundo como realização silenciosa de configurações requeridas por um Deus matemático. Sabe-se, além do mais, que, com Laplace, a ciência moderna poderá mais tarde afirmar triunfalmente que é capaz de dispensar a hipótese mesma de um Deus[75]. Ora, o que leva a meditar o filósofo da biologia contemporânea não é nada mais senão a existência de um fenômeno comum a todos os seres e que pode definir a própria vida: o do metabolismo, que todo ser vivo possui, ao passo que nenhuma entidade não viva dele se beneficia. Com efeito, como persiste uma coisa física comum, tal como um próton, uma molécula, uma pedra ou um planeta? Simplesmente "permanecendo aí", de tal maneira que pode muito bem mudar de lugar e, no entanto, permanecer semelhante a si própria, não sendo seus movimentos nem o fruto de seu próprio agir, nem resultado de uma troca com o seu ambiente. Em outros termos, com a diferença essencial do risco que preside a existência do vivente, a identidade da coisa se mantém através do tempo: "Sua conservação é um simples permanecer, não uma reafirmação do ser de instante em instante"[76].

À vista dessa constatação, a realidade do vivente tal como ela se impõe a seu observador é, portanto, imediatamente paradoxal: mesmo se o biólogo descobrir que o organismo se transforma no tempo, ele não pode, no entanto, negar a conservação de sua identidade. Exposta de maneira mais precisa, a forma desse paradoxo é a seguinte: evidentemente, o corpo vivo é composto de matéria e depende de maneira permanente da incorporação de fragmentos desta; todavia, sua realidade não coincide nunca com essa matéria no instante considerado, como seria o caso para uma totalidade material. A razão disso reside uma vez mais na caracterização do vivente pelo fenômeno do metabolismo, do qual Hans Jonas dá uma definição que se apoia

---

75 Ver o segundo parágrafo, *Antiker und moderner Sinn einer Mathematik der Natur* (Sentido Antigo e Moderno de uma Matemática da Natureza) do cap. v, Dieu est-il mathématicien? Sur le sens du métabolisme, op. cit., p. 132-136.
76 Le Fardeau et la grâce d'être mortel, op. cit., p. 41. Ver também o sétimo parágrafo, Form und Stoff (Forma e Matéria) do mesmo capítulo 5 de *Das Prinzip Leben*, p. 151-156.

no termo alemão *Stoffwechsel*: "existir pela intermediação de uma troca de matéria com o ambiente, pela incorporação passageira desta, utilizando-a e reexpulsando-a enfim"[77]. No plano amplo de uma descrição do mundo, é bem esse fenômeno que especifica a natureza do vivente e depois sua raridade no vasto universo da matéria. Mas, para o filósofo preocupado em descobrir um fim do ser, é de novo por suas inesperadas consequências sobre a identificação das formas da vida que ele entrega toda a sua riqueza: "Nós nos defrontamos com o fato ontológico de uma identidade totalmente diferente da identidade física inerte e, no entanto, enraizada em transações entre elementos cuja identidade é física". Meditar sobre esse fato singularmente espantoso significa então explorar os liames que a necessidade e a liberdade, a dependência para com o ambiente e a possibilidade de se libertar dela mantêm, com o risco permanente da destruição.

Se for verdade que o vivente é diferente de sua matéria e não corresponde jamais à soma desta, mesmo porque está engajado em uma transação permanente com seu meio, é efetivamente a necessidade que distingue a propriedade fundamental do ser orgânico. Enquanto o átomo parece perfeitamente autossuficiente e poderia existir mesmo se o restante do universo fosse aniquilado, o organismo é essencialmente definido pela dialética que liga o seu poder de utilizar o mundo com "a necessidade de ter de utilizá-lo sob pena de cessar de ser"[78]. A dependência é, portanto, o preço que paga o ser orgânico por deixar a persistência simplesmente inerte das coisas pelo processo da autoconstituição e, depois, por meio de uma aventura em que a afirmação de si defronta-se incessantemente com a negação que se mantém à espreita sob a forma de condições ambientais, elas mesmas sempre suscetíveis de se recusarem. Mas, em compensação, é realmente uma ocorrência elementar da liberdade que se manifesta como característica de toda entidade vivente: sob os traços de "uma independência em relação à matéria da qual, não obstante, ela é inteiramente constituída". Que existe uma verdadeira "soberania da forma", com respeito à sua própria matéria e, contudo, um reino absoluto da necessidade, eis o que se revela por meio do

---

[77] Idem, ibidem. Literalmente "troca de matéria", o termo *Stoffwechsel* designa perfeitamente o fenômeno descrito por Hans Jonas: daí por que ele o prefere sempre a *Metabolismus*, de emprego, no entanto, frequente em alemão.

[78] Idem, p. 42.

fenômeno do metabolismo, o que impele Hans Jonas a falar de uma "antinomia da liberdade na raiz da vida e em suas formas elementares"[79]. Isso também se pode dizer cruzando mais uma vez as categorias heideggerianas para sublinhar o fato de que a existência se afirma sempre já como "cuidado"; todavia, com este saber decisivo de que, doravante, está assente o fundamento físico desse cuidado, de conformidade com a preocupação inicial de Jonas. Mas isso encontra ainda uma expressão mais metafísica que liberará mais tarde sua significação definitiva: "O medo da morte de que esta existência em risco está carregada é um comentário sem fim sobre a audácia da aventura original que a substância encetou, tornando-se organismo"[80].

Tal é, portanto, o soclo empírico a partir do qual Hans Jonas pode, doravante, arriscar uma conjectura deliberadamente especulativa e que se resume numa proposição voluntariamente elíptica: "A vida diz 'sim' a ela mesma"[81]. Com efeito, se consta que a vida é somente emprestada ao organismo, porque ela corre a todo instante o risco de ser arrebatada a menos que este parta de novo para conquistá-la, a filosofia pode autorizar-se a dizer que o aguilhão de uma negação iminente faz da mortalidade a porta estreita pela qual o valor penetra no universo indiferente: sendo ela precisamente a destinatária de um "sim". Por ficar assim demonstrado que a morte e seu afastamento, graças a atos de autopreservação, constituem condições para a autoafirmação do ser, pode-se asseverar que eles aparecem como o "fardo" de que a vida é encarregada desde seus inícios. Restaria determinar qual é a "recompensa" de tal processo, o que redunda em perguntar: "qual é o valor pago como preço pela mortalidade"[82]? É a resposta a essa questão que permite a Jonas apresentar a segunda característica dos organismos vivos em geral, antes de em breve diferenciá-los. Além do fenômeno do metabolismo, a dimensão fundamental que eles ganham em relação à matéria é aquela que se prende à existência de uma "interioridade subjetiva", ligada à capacidade de "sentir"[83]. Poder-se-ia imaginar que tal capacidade surgisse

---

79 Das Prinzip Leben, p. 159.
80 Le Fardeau et la grâce d'être mortel, op. cit., p. 43.
81 Idem, ibidem. Na mesma perspectiva, Das Prinzip Leben (p. 159) fala da "transcendência da vida".
82 Idem, p. 44.
83 Idem, ibidem. Um capítulo inteiro de Das Prinzip Leben, proveniente de uma conferência de 1951, é consagrado a esta questão: cap. 6, Bewegung und Gefühl: Über die Tierseele (Movimento e Sentimento. Sobre a Alma Animal). De maneira singular, Hans Jonas parece

sob uma forma infinitesimal, desde as primeiras células capazes de se preservarem e de se multiplicarem. Pode-se também estimar que ela só apareça mais tarde, com os nascimentos geminados da percepção e da motilidade no animal. Entretanto, como quer que seja no tocante a seu momento de formação, tal faculdade de sentir, que encontrará no cérebro seu órgão específico, é mais uma vez o que desenha uma distinção ontológica entre o vivente e a matéria. Ela representa nisso "o valor-mãe de todos os valores". Interioridade germinal de início invisível, ela se expande então segundo uma cadeia de seres na vida subjetiva: para tornar-se cada vez mais consciente, até o momento em que ela se realiza como comunicação no homem.

A fim de não sobrecarregar a exposição desse momento francamente ontológico do pensamento de Hans Jonas, convém deter-se no fato de que ele encontra seu verdadeiro núcleo nesta tese de uma autoafirmação da subjetividade. A prova disso reside em que ele dedica à sua demonstração uma pequena obra instalada em posição mediana entre a filosofia da vida e a ética, mas que teria, pesando bem, o seu lugar de um ponto de vista sistemático, no coração de *O Princípio Responsabilidade*[84]. Em *Macht*

---

retomar por um desvio especulativo certo número de elementos da tese da "autonomia do organismo", tal como Ernst Cassirer a exuma das discussões da filosofia alemã sobre o vitalismo no fim do século XIX. O título mesmo das obras citadas por Cassirer atestaria esta proximidade: W. Roux, *Das Wesen des Lebens. Kultur des Gegenwart* (O Ser da Vida. Cultura do Presente); H. Driesch, *Die Seele als elementarer Naturfaktor* (A Alma como Fator Natural Elementar), 1903, e *Philosophie des Organischen* (Filosofia do Orgânico). Encontrar-se-á uma indicação mais precisa nesse texto de Roux, citado por Cassirer: "Somente o ser vivente possui um si-mesmo [*soi*, *self*] dele e, com isso, o que se chama uma interioridade. Essas autorrealizações têm por efeito, tomadas todas em conjunto, a autoconservação do ser vivente" (ver Ernst Cassirer, *Oeuvres*, v. XVIII, *Le Problème de la connaissance dans la philosophie et la science des temps modernes-4: De la mort de Hegel aux temps présents*, p. 239-250, citação p. 243). Precisemos, todavia, que o projeto de Driesch, reconstituído por Cassirer, era diferente do de Jonas, que consiste em fundar diretamente a biologia como ciência fundamental autônoma. Uma observação similar poderia ser feita a propósito do filósofo contemporâneo que mais se aproxima de Jonas sobre esse ponto, Whithead (ver Alfred North Whithead, *Procès et réalité: Essai de cosmologie* (1929/1957), trad. D. Charles *et alii*, Paris: Gallimard, 1995). Se Hans Jonas especifica as formas e os limites de sua proximidade com Whithead (*Das Prinzip Leben*, p. 176-178), ele parece ignorar a primeira literatura evocada.

84 Ver Hans Jonas, *Macht oder Ohnmacht der Subjektitvität?Das Leib-Seele-Problem im Vorfeld des Prinzips Verantwortung* (Potência ou Impotência da Subjetividade? O Problema do Corpo e da Alma em Prolongamento do Princípio Responsabilidade), Frankfurt-am-Main: Insel, 1981, Suhrkamp, 1987. Uma primeira versão do texto havia sido publicada em inglês já em 1976. No prefácio de *O Princípio Responsabilidade*, Jonas indica precisamente o lugar na obra onde deveriam situar-se esses desenvolvimentos, de um ponto de vista sistemático, ainda que tenha

oder Ohnmacht der Subjektivität, a demonstração de um poder causal da subjetividade presente em todos os seres vivos opera-se essencialmente de maneira negativa, isto é, mostrando o caráter absurdo, tanto do ponto de vista ontológico como lógico e epistemológico, da tese adversa: a das diferentes variantes do materialismo, que contestam a atividade autônoma da subjetividade e a degradam em "epifenômeno". Ao longo dessas páginas, Hans Jonas explora sucessivamente os dois enigmas ontológicos da criação da alma a partir de nada e da ineficácia de uma causalidade física, depois o enigma metafísico que obseda o pensamento moderno, sob a hipótese de uma ilusão sobre si própria ao homem, e enfim o enigma lógico que se manifesta por si mesmo. Por meio de tais pesquisas, ele visa estabelecer, ao menos no modo hipotético, a compatibilidade com as leis da natureza de uma interação entre o psíquico e o físico[85]. Em outras palavras, ele tende a restabelecer uma vez mais em seu "direito de primogenitura" a experiência fundamental do sentir e o poder causal dos fins subjetivos a ele ligados: isso, contra a violência dogmática desfraldada pela teoria moderna a fim de negar sua presença ou a intenção mais moderada de Descartes, ao reservar a subjetividade ao único ser racional que é o homem[86].

É significativo que no momento em que se impõe a necessidade de distinguir a "diferença" do homem naquilo que se deveria chamar novamente "o mundo da vida", Hans Jonas escolhesse a função simbólica que

---

preferido publicá-los separadamente.Ver Hans Jonas, *Le Principe responsabilité: Une Éthique pour la civilisation technologique*, trad. J. Greisch, Paris: Cerf, 1990, p. 15 (trad. bras.: *O Princípio Responsabilidade: Ensaio de uma Ética para a Civilização Tecnológica*, trad. Marijane Lisboa e Luiz Barros Montez, Rio de Janeiro: Contraponto/PUC-Rio, 2006). A indicação de tal possibilidade revela-se particularmente preciosa no momento de se achar o lugar desta ontologia no fundamento da ética.

[85] Ver a refutação da tese do epifenomenismo na segunda parte de *Macht oder Ohnmacht der Subjektitvität*, p. 43-63.

[86] Uma remissão possível, no caso, é para o resumo da demonstração de *Macht oder Ohnmacht der Subjektitvität* que Jonas dá em *Le Principe responsabilité*, p. 93-97. Notemos, todavia, que ele voltou atrás, mais tarde, a respeito da demonstração desta autonomia da subjetividade: em um texto intitulado *Materie, Geist und Schöpfung. Kosmologischer Befund und kosmogonische Vermutung* (Matéria, Espírito e Criação. Observação Cosmológica e Conjectura Cosmogônica). Publicado em forma de opúsculo em 1988 pela Suhrkamp, esse texto figura doravante nas *Philosophische Untersuchungen und metaphysische Vermutungen*, cap. x. Importa, especialmente a leitura dos parágrafos 3 e 5, respectivamente intitulados *Das Rätsel der Subjektivität* (O Enigma da Subjetividade) e *Die transzendierende Freiheit des Geistes* (A Liberdade Transcendente do Espírito).

provém da capacidade de fabricar imagens[87]. Entre as pistas possíveis com o fito de descrever essa diferença, o antropólogo exploraria, sem dúvida, aquelas que se vinculam aos instrumentos, aos lares ou às tumbas. Quanto aos filósofos, sabe-se que eles privilegiam a dimensão da linguagem, desenvolvendo ao mesmo tempo intermináveis controvérsias sobre seus laços com a razão ou o pensamento. É para superar essas incertezas que Jonas prefere descer para as regiões elementares da diferenciação: lá onde a mais simples das representações se caracteriza por uma absoluta inutilidade biológica, marcando assim o ponto onde o homem se desprende da causalidade para entrar no reino da liberdade. No fenômeno do metabolismo, a forma aderia ainda à matéria. Com a capacidade de produzir representações do mundo que determina a dimensão propriamente humana da subjetividade, elas se separam uma da outra: no momento preciso em que o homem se torna capaz de dar um nome às coisas. Designando assim uma disposição que coloca o homem no cimo da criação e anuncia o imperativo de sua responsabilidade futura para com ela, Hans Jonas retoma a lição de um *midrasch* no Gênesis 2, 19: quando Deus cria os animais, mas deixa ao homem o cuidado de nomeá-los, cumpre entender que Adão realiza algo que não está inclusive no poder dos anjos[88]. Poder-se-ia dizer que a aptidão de fabricar imagens, assim solicitada ao *Homo pictor*, não é

---

[87] Ver *Das Prinzip Leben*, cap. IX, *Homo pictor: Von der Freiheit des Bildens* (*Homo pictor*: Sobre a Liberdade das Imagens). O original desse capítulo foi publicado em inglês em *Social Research*, 29, 1962, sob o título de *Homo pictor and the Differentia of Man*. Não é indiferente que esse texto tenha sido originalmente redigido para o sexagésimo aniversário de um "velho amigo": Leo Strauss. Há uma tradução francesa: *Homo pictor et la différence de l'homme*, em *Entre le néant et l'éternité*, p. 175-197. Acrescentemos que, no livro, esse capítulo é de algum modo preparado por aquele que o precede, o cap. 8, Der Adel des Sehens; Eine Untersuchung zur Phänomenologie der Sinne (A Nobreza da Vista: Uma Investigação sobre a Fenomenologia dos Sentidos), oriundo de um artigo publicado em inglês e datado de 1953-1954.

[88] *Homo pictor et la différence de l'homme*, op. cit., p. 195. Ver *Bereschit Rabá*, XVII, 4 (e não 5, como indica o texto alemão e a tradução). A referência ao Gênesis 2, 19 e à faculdade de nomear concedida ao homem é a piscadela que justifica a dedicatória a Leo Strauss, que se arriscou ele próprio a um comentário sobre os primeiros capítulos do Gênesis (ver Leo Strauss, Sur l'interprétation de la Genèse [1975], trad. N. Ruwet, *L'Homme*, XXI (1), jan.-mar. 1982, p. 21-36, e supra, cap. VII, p. 909-915). Além dessa discreta homenagem, imagina-se como Strauss pode se reencontrar nesta reflexão: se ela lhe é estranha por suas modalidades, ela vai ao encontro de suas preocupações quando procura definir os condicionamentos e os limites da liberdade humana. Há em Walter Benjamin um comentário sobre essa passagem bíblica voltada para a teoria da linguagem (ver supra, cap. III, p. 222-225).

menos exigente do que aquela que o século XVIII esperava do *Homo sapiens*, quando solicitava dele a capacidade de produzir as figuras mais elaboradas que exprimissem relações geométricas. No entanto, e afora o fato de que apresenta a vantagem de ser mais acolhedor para com as formas primeiras da humanidade, "o critério da *tentativa* (mesmo se malograda) *de semelhança sensível*" é bem aquele que marca a manifestação originária da diferença do homem[89]. Que esta se aloja em uma liberdade que se confunde ela mesma com a promessa ilimitada de uma extração da maneira a partir da forma, poderia de pronto revelar-se como um fato decisivo, tanto no plano ético quanto na ordem de uma reflexão metafísica atinente às significações dessa liberdade.

Se resumirmos o conjunto desse percurso antes que aflore como o embasamento ontológico de uma ética reconstruída em torno do princípio responsabilidade, duas proposições essenciais devem ser isoladas. Articulando ela própria as duas descobertas que decorrem de uma descrição da realidade do vivente, a primeira dentre elas continua sendo de ordem fenomenológica: "No *organismo* real 'o mais simples' – isto é, o organismo dotado de um metabolismo e, como tal, simultaneamente independente e dependente do ponto de vista de suas necessidades – os horizontes da ipseidade, do mundo e do tempo, comandados pela alternativa severa do ser e do não ser já se esboçam sob uma forma pré-espiritual"[90]. Desse ponto de vista, a lição primordial das investigações ontológicas de Hans Jonas é que se pode superar a ruinosa oposição da alma e do corpo: a dimensão de interioridade pertence à própria vida; o fenômeno da auto-organização em seu conjunto atesta uma presença implícita da liberdade desde os começos desta última. Quanto à segunda proposição, ela concerne desta vez ao preço que se atribui à subjetividade reinstalada em sua posição de característica da vida. Para Jonas, assim como já sobrevinha com a dialética da dependência e da liberdade trazida à luz a partir do fenômeno do metabolismo, o proveito é de dois gumes: o dom da subjetividade aguça a polaridade "sim-não" própria à vida, em um movimento em que cada lado se alimenta à custa do outro. Com o sentir, é o sofrimento que se abre a um

---

89 Idem, p. 197.
90 *Le Principe responsabilité*, p. 109.

só tempo com o prazer, podendo então um e outro se enfraquecer conforme suas múltiplas dimensões: "A cobiça tem seu par na angústia, o desejo no medo; o alvo é ou não atingido e a capacidade de fruir de um é a mesma que a de sofrer do outro"[91].

Considerando que uma ordem dos fins é assim restabelecida na natureza, cabe ainda perguntar em que ela se distingue da simples sobrevivência dos elementos que a compõem. Nesse plano que completa sua ontologia, Hans Jonas começa por afirmar que toda criatura viva se esforça por preservar sua dimensão subjetiva para além do que requer a manutenção de seu metabolismo. Nesse estádio da humanidade, parece, todavia, que a consciência possa recusar-se a aquiescer com a perpetuação: se a soma dos sofrimentos no mundo parece exceder a dos prazeres, o que se pode admitir sem excesso de pessimismo. Ante a tentação de recusar, por isso, o valor da consciência, imaginando que teria sido talvez preferível que ela não existisse à vista do que a memória dos séculos sugere quanto ao excesso das misérias sobre as venturas, Hans Jonas propõe uma decisão simples: a de ouvir a voz das vítimas, isto é, dos seres menos corrompidos pelo gosto dos prazeres. Ao termo de tal experiência, uma conclusão deveria impor-se: "A própria memória da humanidade sofredora nos ensina que o apego da interioridade a si mesma se opõe irresistivelmente ao desconto das penas e dos prazeres, depois rejeita nossa apreciação a seu respeito segundo esta norma"[92]. Antecipando o caráter radicalmente antiutilitarista da ética de Hans Jonas, esta última proposição pode unir-se à segunda consideração que virá reger esta ética, como um outro resultado das investigações em torno do testemunho que a vida presta a si própria: o perigo, cuja visão organiza a reflexão ética, exige ser, ele mesmo, enunciado em termos ontológicos; aqueles que fazem da vida um processo sempre improvável e revogável, uma aventura sem a qual a possibilidade do não ser é como a sombra que plana de maneira incessante sobre a atestação do ser.

---

91 Le Fardeau et la grâce d'être mortel, op. cit., p. 45.
92 Idem, p. 47.

Da Liberdade à Responsabilidade: Vulnerabilidade da Natureza e Angústia Para o Homem

Antes de indicar a articulação propriamente sistemática entre os momentos ontológico e ético do pensamento de Hans Jonas, pode ser benéfico sublinhar uma vez mais a maneira como a urgência do segundo entre eles já se desenhava ao termo da experiência de uma inversão das chaves hermenêuticas encontradas no estudo do fenômeno gnóstico. Sabe-se que Jonas havia explorado este universo com o equipamento intelectual fornecido pela análise heideggeriana da existência, antes de descobrir que sua perfeita adaptação à compreensão do niilismo antigo acabava por aclarar pelo interior a conivência entre este último e a perspectiva contemporânea da crise de valores. No ponto de sobreposição dos niilismos antigos e modernos, dois fenômenos se impunham: o sentimento de uma facticidade do presente; uma desvalorização radical da natureza. Em se tratando da dimensão temporal das coisas, a parte da experiência do gnóstico que encontra seu eco nas categorias da existência autêntica em Heidegger concerne à visão de uma vida "jogada" no mundo e projetada para o porvir, sem nenhum presente em que se demorar. Mas o essencial está ligado ao fato de que esta "crise do *agora* escatológico" nutre a ideia segundo a qual o único presente autêntico é o da decisão, ato que impele o indivíduo para frente pela afirmação de sua vontade[93]. Resta apreender o enigma desta "evanescência do presente", compreendendo a situação metafísica que ela recobre. É aqui que intervém a segunda componente: o menosprezo pela natureza. Atado na gnose à certeza de uma hostilidade do mundo, este se expõe

---

93 Ver Gnosticisme, existentialisme et nihilisme, op. cit., p. 436-438. Jonas sublinha o fato de que as categorias fundamentais de Heidegger, que este último prefere chamar de "existenciais", encontram uma significação profundamente temporal, porém paradoxal. Lá onde em Kant as categorias se articulam com estruturas da realidade e com as formas cognitivas do mundo dado, os existenciais de Heidegger se prendem a estruturas da "realização", correspondente a um movimento ativo do tempo interior. Por conseguinte, enquanto se espera que eles possam distribuir-se segundo os três horizontes do tempo, descobre-se que um quadro dos existenciais que seria construído com base no modelo do quadro das categorias kantianas deixa vazia a coluna do presente, de sorte que eles se repartem apenas segundo duas dimensões: modos existenciais do passado, como a facticidade, o ser devindo (*devenu*), o ter sido jogado ou a culpabilidade; depois modos existenciais do porvir, tais como o ser à frente, a antecipação da morte, a preocupação ou a resolução.

para o existencialismo através de uma perfeita disponibilidade das coisas e de sua indiferença à problemática da autenticidade[94]. Ora, não só esta maneira de relegar a natureza à condição de coisidade muda conforta seu abandono sem reserva ao domínio da ciência, mas ela priva igualmente os valores do sustentáculo ontológico de que eles têm necessidade.

Os denegridores da gnose haviam compreendido perfeitamente em seu tempo as apostas práticas em que implicava esta perda de nobreza simultânea do presente e da natureza. É lícito, portanto, colocar a questão do grau de pertinência das lições do fim do mundo antigo para a compreensão da época contemporânea. A título de ilustração, Plotino parece ter percebido a dialética interna que conduz os gnósticos do sentimento de uma estranheza ao mundo e de uma solidão total em seu seio para a descoberta de um eu (*moi*) "incomensurável com tudo que está na natureza" e até mesmo de uma fraternidade escatológica com "os mais vis"[95]. Melhor ainda, enquanto Plotino critica a gnose de um ponto de vista grego, quer dizer, sublinhando principalmente sua indiferença moral e a ausência em seu seio de uma doutrina da virtude, os Padres da Igreja descrevem com mais precisão uma verdadeira "doutrina de imoralismo com fundamento religioso"[96]. Para Ireneu, notadamente, os gnósticos transformam a visão céptica tradicional de uma indiferença com respeito ao bem e ao mal em um argumento metafísico que alimenta uma oposição aos valores e depois uma prática radicalmente antinomista. Nesse sentido, seu arrazoado em favor da libertinagem não é somente um desafio lançado à lei, porém uma autêntica "prescrição positiva de imoralidade": ao termo de uma inversão teológica pela qual o pecado se torna uma via de salvação[97]. Que se esteja aqui no coração de uma descoberta essencial para a compreensão do fenômeno religioso em geral, mas, em particular, da contribuição de suas mais estranhas manifestações com suas faces, elas próprias misteriosas, da história ocidental, eis algo que não escapou a Gershom Scholem, que hauriu nos trabalhos de Jonas sobre a gnose a base de sua

---

94 Idem, p. 439. Jonas especifica que ele fala aqui com certeza de *Sein und Zeit* e não do último Heidegger "que não é certamente existencialista".
95 *La Religion gnostique*, p. 345. Jonas comenta aqui uma passagem das *Enéadas*, II, 9, 18, de Plotino.
96 Idem, p. 353.
97 Idem, p. 357. Jonas apoia-se aqui em *Contra as Heresias*, I, 31, 2.

interpretação do sabataísmo através da problemática de uma redenção pelo pecado[98]. Resta, todavia, determinar a amplitude do impacto de tal perspectiva sobre a modernidade: a fim de examinar suas consequências sob o ângulo da preocupação em dar de novo aos valores um fundamento no ser.

No que concerne a esta última questão, Hans Jonas parece jamais ter decidido inteiramente entre dois esquemas de interpretação. Baseado em uma acentuação do paralelismo entre as situações do fim do mundo antigo e a época aberta pelo niilismo nietzschiano, o primeiro dentre eles se limita à referenciação das recorrências de uma crise de valores no seio de contextos comparáveis. Nessa perspectiva, a estrutura histórica trazida à luz é impressionante: o sentimento gnóstico de uma perda de sentido do cosmos encontra seu eco na frase de Nietzsche segundo a qual "Deus está morto"; o niilismo antigo punha fim à herança moral de mil anos de civilização, assim como seu respondente moderno liquida, por sua vez, dois milênios de uma metafísica ocidental que oferece o plano de fundo da ideia de lei moral[99]. Entre eles, nenhum contemporâneo de Marlowe ou de Goethe teria imaginado que seus Faustos pudessem abeberar-se em fontes junto de Simão, o Mágico; mas este, no entanto, é sem dúvida o caso[100]. O essencial, entretanto, concerne ao espelho que assim estende a experiência gnóstica, tal como a combatia Plotino ou Irineu nas épocas ulteriores, mostrando que os tempos de crise espiritual e de ausência de valor abrem para uma verdadeira "vertigem da liberdade" que conduz ele mesmo ao desafio revolucionário[101]. A descoberta do fato de que a anulação das normas antigas leva a uma situação anárquica em que o homem parece recobrar o sentimento de sua existência tão somente pela afirmação de uma pura vontade de poder e de um "dinamismo de perder o fôlego" seria assim coisa corrente no século xx. Jonas pode, a partir daí, precisar que numerosos espíritos de sua geração sucumbiram a isso, na Alemanha dos anos de 1930[102].

---

98 Ver Gershom Scholem, La Rédemption par le péché, *Le Messianisme juif: Essais sur la spiritualité du judaïsme*, trad. B. Dupuy, Paris: Calmann-Lévy, 1974, p. 139-217. Scholem cita longamente *Gnosis und Spätantiker Geist*, p. 206-207. Sobre esse texto e sua importância na obra de Scholem, ver supra, cap. iv, p. 522-532.
99 Ver Gnosticisme, existentialisme et nihilisme, op. cit., p. 431.
100 Ver *La Religion gnostique*, p. 151.
101 Idem, p. 357.
102 Gnosticisme, existentialisme et nihilisme, op. cit., p. 438.

Entretanto, distingue-se em Hans Jonas um esquema de interpretação mais radical da influência da gnose, que se aloja desta vez em um motivo de aspecto francamente ligado ao destino. Desse ponto de vista, a contestação gnóstica da civilização antiga deixa de ser um dos momentos niilistas da história ocidental, para adquirir um alcance inaugural na modernidade. O embasamento de tal leitura é fornecido por uma espécie de experiência intelectual proposta por Jonas e que consiste em comparar o conteúdo da mensagem gnóstica àquele que mobiliza suas críticas em nome da fidelidade aos valores clássicos. Plotino tem, evidentemente, razão em sua polêmica contra a gnose, quando sublinha os laços entre a desvalorização do cosmos e o elogio aos homens mais vis, tendo como consequência esses dois fenômenos: a dissolução do conceito de *aretê* e a supressão de toda estabilidade dos valores. No entanto, a atitude dos gnósticos que alinham sua posição pela dos homens imorais, porém dotados de vontade, "nos causa o efeito de ser mais 'moderna' que a posição grega", em especial a de um Plotino quando pleiteia a conformidade do sábio com o *nomos* de uma natureza dotada de fins[103]. Desse ponto de vista, equivale a concluir por um paradoxo: é naquilo que ele critica que "Plotino nos faz ver uma das raízes de nosso mundo". No caso, e porque se acha em terreno comum com o cristianismo por sua maneira de recusar as ordens do mundo objetivo, a gnose se mostra pelo que ela é: não o operador estritamente negativo de um declínio do mundo antigo, mas o iniciador de uma nova humanidade, da qual nós seríamos os longínquos herdeiros[104].

Qualquer que seja a escolha última entre esses dois esquemas, é a partir da constatação de que o niilismo moderno é finalmente mais radical

---

103 *La Religion gnostique*, p. 346.
104 Idem, ibidem. Sublinhemos o fato de que Jonas não vai adiante nesta perspectiva, que ele se contenta em esboçar, antes que *O Princípio Responsabilidade* retome muito mais abaixo o dossiê do niilismo moderno. Entre seus contemporâneos, é em Eric Voegelin que se encontraria a realização de um esquema deste tipo. Ver Eric Voegelin, *Les Religions politiques*, trad. J. Schmutz, Paris: Cerf, 1994. Publicado em 1938, este opúsculo desenha, na urgência do *Anschluss*, uma interpretação gnóstica das origens da modernidade, que se consolidará nas obras ulteriores de Voegelin como *The New Science of Politics: An Introduction* (1952), Chicago/London: University of Chicago Press, 1987. A este respeito, cabe mencionar uma apaixonante troca de cartas entre Leo Strauss e Eric Voegelin, *Faith and Political Philosophy: The Correspondance Between Leo Strauss and Eric Voegelin, 1934-1964*, trad. e ed. P. Emberley e B. Cooper, Philadelphia: Pennsylvania State University Press, 1993.

que seu parente antigo que Hans Jonas vai reconstruir o seu canteiro de obras para uma ética do futuro. Dois indícios bastam para que tal perspectiva se desenhe: eles se apresentam, respectivamente, no plano da relação com a natureza e na caracterização de uma forma inédita de consciência. Em primeiro lugar, parece que lá onde os gnósticos viam ainda na natureza um adversário que merecia ser combatido, a ciência moderna, quanto a ela, lhe nega até essa qualidade, para se contentar em considerá-la como indefinidamente apropriável. É esta concepção que torna finalmente o niilismo moderno mais desesperado, se é possível, do que era o da Antiguidade: o insondável abismo em que o homem é lançado não mais oferece a menor orientação, ainda que fosse negativa. Daí esta apresentação de um sentimento trazido pelo existencialismo contemporâneo, ao passo que era radicalmente desconhecido da história humana anterior: "O homem está só na inquietação, em sua finitude que não dá em outra coisa senão na morte, totalmente só com sua contingência e o nada objetivo de suas criações subjetivas de sentidos"[105]. Tendo aprendido na escola de Heidegger a linguagem que se propunha a descrever tal derrelição antes de descobrir, à prova da realidade do mundo, que ela permanecia inautêntica em face das experiências da fome, da guerra e da destruição, Hans Jonas perfila a radicalidade de seu questionamento ético por uma ampliação do conceito de niilismo aos planos de fundo de uma situação contemporânea definida pela rejeição dos fins e pela afirmação sem limite da vontade humana.

Entre uma filosofia da biologia e uma ética, a articulação sistemática da obra de Hans Jonas assume, pois, a seguinte forma: a crise niilista deixa os valores sem esteio ontológico; uma doutrina dos deveres não pode fazer economia de uma teoria do ser. Quando afirma a convicção segundo a qual a ética deve ser preparada por uma ontologia, Jonas desenha o que distingue o seu projeto de outros empreendimentos de reconstrução comparáveis, mas que estimam não ter de superar o declínio das perspectivas teleológicas[106]. Interrogado sobre o projeto de Emmanuel Lévinas que representaria esta segunda orientação, ele o saudou como vizinho e comple-

---

[105] Gnosticisme, existentialisme et nihilisme, op. cit., p. 441.
[106] Ver sobre esse ponto a correspondência com Rudolf Bultmann a propósito da conferência sobre a eternidade, na qual Jonas afirma claramente essa convicção: carta de Hans Jonas a Rudolf Bultmann (sem data), em *Entre le néant et l'éternité*, p. 142. *A contrario*, sobre a

mentar ao seu, estimando ao mesmo tempo que este não ia, talvez, tão longe no combate à maneira como a consciência científica moderna impõe uma "autolimitação do programa do saber", considerando que todo enunciado relativo ao ser é necessariamente neutro[107]. Desse ponto de vista, Jonas admite perfeitamente a importância das tentativas de abordagem fenomenológica da consciência moral. Mas ele sublinha a longura do caminho que separa ainda duas dimensões do empreendimento reconstrutor: uma descrição das significações éticas carregadas pelos atores sociais, diligência que permanece na ordem do conhecimento; uma tematização das condições da implicação, que requer, de sua parte, uma fundação do imperativo, em uma perspectiva que reencontra a do kantismo. Se for acrescentado, enfim, que a modalidade fundacional proposta por Jürgen Habermas e Karl-Otto Apel lhe parece demasiada presa a um círculo da "boa intenção" entre parceiros de discussão para assumir semelhante tarefa, percebe-se o lugar exato em que se ata seu interesse filosófico por um fundamento ontológico da dimensão imperativa[108].

A respeito dessas considerações, é preciso sublinhar a amplitude que Hans Jonas faz questão de dar ao projeto de sua ética. Tal como ele é exposto no prefácio de O Princípio Responsabilidade, este último não visa apenas ao destino do homem num contexto em que sua sobrevivência pode ser posta em causa, mas igualmente a questão de sua imagem: mesmo porque é fundamentalmente a integridade de sua essência que parece ameaçada pelas formas contemporâneas da técnica. Com efeito, duas componentes da época pesam sobre o cometimento. A primeira concerne à inversão da promessa de uma substituição da natureza destinada à realização da felicidade humana em uma espécie de maldição, quando é a própria

---

maneira como o niilismo deixa os valores sem sustento ontológico, ver Gnosticisme, existentialisme et nihilisme, op. cit., p. 421.
107 Ver De la Gnose au Principe responsabilité, op. cit., p. 19-21.
108 No projeto contemporâneo de uma resposta ao niilismo, Hans Jonas ocuparia, portanto, praticamente sozinho, a posição que requer um fundamento ontológico: perspectiva que retém de algum modo a lição de Heidegger, mas para volvê-la contra sua indiferença à problemática ética. Em face dele se reencontrariam quase o conjunto dos cometimentos que estimam poder se limitar a uma reconstrução dos fundamentos da moralidade a partir das condições da experiência. Sobre a maneira como tal ponto de vista se ordena desta vez com a herança de Husserl, depois sobre as bifurcações geradas pela importância concedida aos recursos da linguagem e da comunicação, ver infra, cap. IX, p. 1073-1077.

natureza do homem que se torna objeto de manipulação. Desse ponto de vista, as sabedorias tradicionais permanecem necessariamente mudas diante dos novos poderes da ciência, enquanto os territórios da tecnologia do vivente representam "uma terra virgem da teoria ética"[109]. Mas o efeito de confusão do pensamento diante desses poderes inéditos é reforçado por um segundo elemento, que provém desta vez do abandono voluntário de uma perspectiva dos fins na ordem da reflexão moral. É, portanto, ao revés da "resignação positivista-analítica" da filosofia do século XX que Jonas inscreve deliberadamente o projeto de estender a fundação de uma ética do respeito para além do domínio intersubjetivo da relação entre contemporâneos. Porque a destruição niilista dos valores vai muito mais longe do que uma dúvida sobre as condições de seu reconhecimento, cumpre conduzir a preocupação de reconstruí-los até as regiões metafísicas, lá onde se poderia ainda colocar esta questão de feição ontológica: por que devem existir homens no mundo e como vale para o porvir o imperativo de preservar sua integridade?

A fim de apreender a profundeza do desafio lançado à teoria moral pela ciência moderna, importa compreender o significado da inversão que se operou nas concepções do homem e do mundo ao redor do século XVII. Para fazê-lo, Hans Jonas propõe voltar aos contornos da sabedoria antiga: aqueles que notadamente o canto do coro na *Antígone* de Sófocles expunha. Através daquilo que parece a um elogio da maravilha que é o homem no seio do universo, percebe-se a presença de uma reserva que tende à ansiedade em face de sua engenhosidade: a de um ser que pratica incursões nos elementos, mesmo se continua perfeitamente modesto diante deles. Nesse modelo, é admitido que o homem possa invadir parcialmente os domínios naturais para construir aí uma morada para o seu ser autêntico: graças ao artefato da cidade. No entanto, se ele toma assim liberdades para com outros habitantes da natureza, deixa ao menos intacta a forma

---

109 *Le Principe responsabilité*, p. 13. Assinalemos que essa edição comporta uma bibliografia exaustiva dos escritos de Hans Jonas, revista por ele. Completada até 1990, não leva evidentemente em conta edições recentes de suas obras, que são amiúde recolhas de artigos e de traduções do inglês para o alemão. Essas edições foram e serão sistematicamente indicadas. Para as páginas seguintes, as referências ao livro *O Princípio Responsabilidade* são registradas diretamente no corpo do texto entre parênteses.

englobante de seus reinos: "Ele não lhes faz realmente mal quando recorta seu pequeno reino no grande reino deles" (p. 19). De maneira mais precisa, a vida se desenrola entre o que permanece e o que muda: a obra da cidade procura dar uma permanência aos negócios humanos, necessariamente instáveis; mas ela não altera a invulnerabilidade do conjunto, ao passo que a ventura ou a desgraça humanas remanescem confinadas nesta cidadela sem fundamentalmente tocar na ordem das coisas. Nesse sentido, o domínio da *tékhne* que concerne ao comércio com o mundo extra-humano parece neutro de um ponto de vista ético: ele é compreendido "como um tributo limitado pago à necessidade e não como o progresso autojustificador para a meta principal da humanidade" (p. 21-22).

Ao termo desta evocação que não deixa de lembrar a maneira como Hannah Arendt descrevia o mundo grego, Hans Jonas chega ao que, a seus olhos, parece essencial: a delimitação dos signos distintivos da ética clássica, em relação com as formas do saber e da ação. Com respeito a um ideal do conhecimento que se prendia à natureza das coisas e às formas universais da experiência, o alcance eficaz da ação continuava pequeno: "o braço curto do poder humano não exigia o braço longo do saber preditivo" (p. 23). Reencontrar-se-ia assim até no Kant dos *Fundamentos da Metafísica dos Costumes* a ideia segundo a qual não há necessidade nem das luzes da ciência, nem sequer das da filosofia para determinar o que se deve fazer a fim de ser bom e virtuoso. Em outras palavras, durante uma longuíssima época da história humana a conduta justa dispunha de critérios imediatos, enquanto a responsabilidade permanecia ligada a uma lógica da imputação: a moralidade se exercia a respeito de atos que podiam ser diretamente atribuídos a seu autor, em um círculo aproximado do agir. Tratando-se de seu conteúdo, "a ética tinha de lidar com o aqui e agora, em ocasiões tais como elas se apresentam entre os homens, em situações repetitivas e típicas da vida privada e pública" (p. 22). Quanto à sua significação, ela fazia parte do comércio direto entre contemporâneos: no tempo compartilhado dos viventes atuais e em um horizonte de porvir limitado à sua duração de vida previsível. Ética do "próximo" na acepção literal do termo, ela podia assim permanecer estritamente antropocêntrica: na medida em que o agir humano não ameaçasse a ordem natural das coisas, a começar por aquela que garante a permanência da própria natureza humana.

É precisamente esse equilíbrio que a técnica moderna vem romper, introduzindo ordens de ação totalmente novas e que abrem para uma dimensão inédita da responsabilidade. Doravante, o alcance do agir orientado pela ciência ultrapassa as clausuras da proximidade e da simultaneidade. Dois fatores outrora ausentes devem, pois, entrar na equação moral: o caráter irreversível dos efeitos da práxis técnica, segundo séries causais de extensão espacial e de comprimento temporal que permanecem amiúde desconhecidas; o aspecto cumulativo das formas de mutação tecnológica do mundo que desbordam permanentemente as condições de cada um dos atos que para isso contribuem. Em tal quadro, é permitido, sem dúvida, conceber que, para todas as ordens aproximadas da interação humana, persiste a intimidade imediata das antigas prescrições inerentes às éticas do "próximo". Mas tal perspectiva, que pretenderia ser tranquilizadora, não pode impedir essa terrível constatação, nem mascarar sua consequência: a esfera da intersubjetividade é "desaprumada pelo domínio crescente do agir coletivo, no qual o ator, o ato e o efeito não são mais os mesmos que na esfera da proximidade"; a enormidade desse fenômeno impõe à ética "uma nova dimensão da responsabilidade, jamais imaginada antes" (p. 24). Em face desse transbordamento de um poder humano que torna a natureza vulnerável e ameaça destruí-la, é, portanto, ela que deve diretamente beneficiar-se de uma forma de solicitude. Mas se a constituição da natureza em objeto de responsabilidade é seguramente uma novidade do ponto de vista da teoria moral, é preciso ainda perguntar-se sob qual motivo ela se opera e para quais obrigações. É ela simplesmente a manifestação de uma preocupação de prudência, aquela que recomenda não "matar a galinha dos ovos de ouro" ou não "serrar o galho sobre o qual se está sentado" (p. 25)? Respondendo pela negativa a essa pergunta, Hans Jonas reencontra no domínio ético o estilo radical de seu questionamento ontológico, antes de basear nos elementos firmados deste último a formulação do novo imperativo que ele propõe.

Ao contrário de uma concepção utilitarista que não velaria pela conservação da natureza a não ser em consideração da necessidade de preservar os recursos requeridos para a satisfação das necessidades humanas, é no plano de um respeito que seria diretamente devido ao mundo natural que Hans Jonas coloca seu questionamento. Se parece, com efeito, que a nova situação se caracteriza por uma separação entre a esfera da ação e a do conhecimento causal de seus efeitos, duas exigências parecem impor-se antes de qualquer investigação sobre o conteúdo mesmo de uma ética reconstruída. A primeira dentre elas concerne à articulação da obrigação de saber o que fazemos com o reconhecimento da ignorância das consequências longínquas: para ensinar um controle de si tanto mais necessário quanto nosso poder é grande, a ética deve incluir uma reflexão sobre as condições globais da vida humana, empreendimento que ela podia outrora deixar fora de seu domínio. Em consequência, tudo leva a pensar que a limitação antropocêntrica das éticas do passado deve ser posta em causa: não para abandonar a definição do bem humano, mas a fim de estender a determinação para além da esfera do homem, com o fito de integrar uma solicitação ampliada no próprio conceito do bem-estar. Ora, à exceção das religiões, nada preparou o homem para esse papel de "encarregado de negócios" da natureza, ao passo que a ciência moderna suprime até a ideia disso, quando ela reduz esta última à indiferença do acaso e da necessidade. É, pois, em face dessa maneira de despojar a natureza de toda dignidade dos fins que se deve correr o risco de propor um objeto especulativo preparado pelo desvio ontológico: "um apelo mudo para que se preserve a integridade da vida parece emanar da plenitude do mundo da vida, lá onde ela é ameaçada" (p. 27).

Com respeito ao novo papel que o saber deveria desempenhar na moral, a tarefa preliminar em qualquer reconstrução consiste em definir o impacto da tecnologia moderna sobre a natureza e o próprio homem. Diante da ideia da tecnologia como "vocação" da humanidade, uma primeira constatação se impõe: as fronteiras estão, doravante, baralhadas entre o artificial e o natural, o domínio recortado pelo homem para construir sua morada na natureza e a ordem total desta última. Em outros termos, assim como a partir do século XVII o método analítico e experimental substituíra a atitude contemplativa por um procedimento agressivo para com seus objetos, o *Homo faber* vem suplantar o *Homo sapiens*: a tal ponto que finalmente não é mais a cidade humana que se assemelha a um enclave no seio da natureza, mas a própria natureza, que é tratada como um domínio sem fins e indefinidamente disponível aos caprichos do homem. Ao que se acrescenta que a técnica assume hoje em dia ares francamente demiúrgicos, quando parece querer realizar o sonho último do *Homo faber*:

o de tomar em mãos sua própria evolução para transformar sua espécie de conformidade com um projeto definido de antemão. Coloca-se, portanto, a questão do devir dos "fazedores de 'imagens'" que são os homens em face de semelhante "poder destinal" (p. 42). Isso equivale a dizer que a resposta excede de novo as competências tradicionais da ética. A título de ilustração dos paradoxos desse devir-objeto da técnica ligada ao próprio homem, poder-se-ia perguntar o que a perspectiva prática de poder contrapor-se ao processo de envelhecimento carrega consigo. À primeira vista, o fato de que a morte não mais aparece como uma necessidade vinculada à natureza do vivente, porém como um defeito orgânico potencialmente evitável, parece atender a "uma eterna nostalgia da humanidade" (p. 39). Deve-se por isso aquiescer com a eventual atualização de tal sonho, sem ver o que vai nisso do sentido inteiro de nossa finitude e depois do equilíbrio geral entre a morte e a procriação? A convicção de Hans Jonas é que não é nada disso, porque nós temos fundamentalmente necessidade "de um limite imutável de nossa expectativa de vida para nos incitar a contar nossos dias e a agir de modo que eles contem" (p. 40).

No momento em que a ação humana parece capaz de engendrar uma nova natureza, afigura-se que o mundo vem com isso confundir-se com as obras do homem. Daí essas novas questões: o que resta do mundo tal como era classicamente entendido? Merece ainda existir para sempre? É ele verdadeiramente suscetível de oferecer uma habitação ao homem? Outrora, a presença do homem no mundo não colocava problema, de modo que a teoria moral podia concentrar-se sobre as melhores formas de arranjo desta presença. As coisas se apresentam hoje na ordem inversa: a tecnologia atualiza a perspectiva segundo a qual poderia não haver mais aí um dia "candidatos para a existência de um mundo moral no seio do mundo físico" (p. 29); a presença do homem deveria, portanto, tornar-se ela mesma um objeto de obrigação, até de premissa de toda reflexão ética. É precisamente aqui que a gente se assusta com a penúria do niilismo: no lugar onde o maior dos poderes coincide com o maior vazio; lá onde uma capacidade inédita de manipulação se acopla com a mais ínfima capacidade de conhecer aquilo a que ela pode estar destinada. Não se pode, todavia, dissimular o fato de que, antes mesmo do triunfo do niilismo, foi a *Aufklärung* científica como tal que gerou essa situação, através de suas duas componentes essenciais: aquela que proporcionou ao homem forças inéditas que ameaçariam um dia o equilíbrio natural; aquela que dissolvia ao mesmo tempo os referenciais normativos suscetíveis de enquadrar tal poder, por causa de uma vontade de negar todo valor à natureza. Em tal situação, será preciso, portanto, inverter as prioridades da sabedoria a fim de procurar um equivalente de suas formas antigas: "Somente o temor de atentar contra algo de sagrado está ao abrigo dos cálculos do medo e do consolo tirado do caráter incerto das consequências longínquas" (p. 45). O desvio ontológico convidava a reencontrar os contornos de uma forma de sagrado com o fito de fornecer um fundamento para a responsabilidade surgida diante da vulnerabilidade da natureza e da angústia concernente ao destino do próprio homem. É, doravante, no movimento ascendente para um novo imperativo visando assumir seu encargo que cumpre engajar-se.

As Sabedorias do Medo e o Novo Imperativo

Se a situação de vazio ético gerada pelos novos poderes do homem foi até agora descrita a partir do conflito entre os fins da natureza e a autonomia da técnica, resta caracterizá-la do ponto de vista da forma e do conteúdo da teoria moral. Como se pode esperar no caso, é aqui a doutrina kantiana que serve de referência a Hans Jonas e ele se propõe a examiná-la sob dois ângulos: o da delimitação de seus limites internos; depois o de uma determinação do que se pode, entretanto, reter disso. Do primeiro desses pontos de vista, Jonas observa que a consideração inicial da moral em Kant não é, a bem dizer, propriamente moral, porém, lógica, o que mostra a formulação de seu imperativo: "age de tal modo que possas igualmente querer que tua máxima se torne uma lei universal". O que é assim requerido concerne, com efeito, principalmente ao acordo da razão com ela mesma, sem que se julgue necessário questionar a presença de uma comunidade de atores humanos racionais. Ora, a dificuldade se prende precisamente ao fato de que a ideia segundo a qual a humanidade pode um dia cessar de existir não contém nenhuma autocontradição, do mesmo modo que "*logicamente* o sacrifício do porvir em proveito do presente não é mais contestável do que o sacrifício do presente em favor do futuro" (p. 30).

Teremos nós, no entanto, o direito de escolher o não ser das gerações futuras em proveito do ser da geração atual? A resposta a tal questão requer mais do que um critério lógico, que de resto só é validado na presente partilha entre aquele que o invoca e aqueles aos quais ele se aplica. De outra maneira, a reflexão ética contemporânea permanece por demais prisioneira do casulo das boas intenções para enfrentar a irrupção de tais questões em um contexto tecnológico radicalmente novo. Ela sofre, enfim, de um defeito de argumentação que sugere que "algo de mais duro" seja tentado: um "tractatus technologico-ethicus" (p. 15); projeto que mobilizará as aquisições da pesquisa anterior sobre os poderes da subjetividade, retomando ao mesmo tempo em Kant o ideal da fundação de um imperativo.

Seguindo a ordem de exposição escolhida pelo próprio Hans Jonas, é possível apresentar esse novo imperativo antes de examinar o processo de sua fundação, não sem ter lembrado, todavia, que ele visa adaptar-se às duas perspectivas precedentemente delimitadas: o temor de atentar contra qualquer coisa de sagrado; "o aprestamento pessoal à disponibilidade de se *deixar* afetar pela salvação ou pela desgraça das gerações vindouras" (p. 51). Esse imperativo é enunciado quatro vezes, sob modalidades alternativamente positivas e negativas: "age de maneira que os efeitos de tua ação sejam compatíveis com a permanência de uma vida autenticamente humana sobre a terra"; "aja de modo que os efeitos de tua ação não sejam destrutivos para a possibilidade futura de tal vida"; "não comprometas as condições para a sobrevivência ilimitada da humanidade sobre a terra"; "inclui em tua escolha atual a integridade futura do homem como objeto secundário de tua vontade" (p. 30-31). Sob sua feição kantiana, ele quer superar a dificuldade que se ligava ao formalismo estritamente lógico do imperativo categórico. Para fazê-lo, assume necessariamente uma forma dual: reconhecer a cada um, mas a título pessoal, o direito de arriscar sua própria vida, como Aquiles, que preferiu uma vida breve feita de façanhas gloriosas a uma longa vida medíocre em segurança; proibir, em compensação, que coloquemos coletivamente em perigo o porvir da humanidade em nome do que nos parece ser nosso bem atual. Nessa etapa da demonstração, o imperativo afirma a existência de uma obrigação para com aquilo que não existe ainda senão a título de axioma sem justificação. Ele ainda espera, portanto, a demonstração de sua legitimidade.

É possível imaginar quais devam ser os meios necessários para tal justificação. Se retomarmos a distinção kantiana entre os imperativos categóricos e os hipotéticos, vê-se que não são estes últimos que constituem no momento o problema: quando eles supõem que os homens existirão no porvir, entendem que deverão valer em relação a eles certo número de obrigações e que é preciso observá-las por antecipação. A verdadeira dificuldade provém, pois, do único autêntico imperativo categórico: aquele que precede o conjunto dos outros ordenando simplesmente: "que haja homens" (p. 70). Diferentemente do que pensava Kant, o princípio desse imperativo não pode ser o acordo da razão com ela mesma no momento em que ela se dá leis para agir, mas a ideia de atores possíveis enquanto tal. Nessa perspectiva, o primeiro princípio de uma "ética do futuro" requer isso de que Kant julgava possível fazer economia: uma ideia ontológica, isto é, uma "ideia do ser". Em face do que se assemelhava a uma ética concebida como doutrina do fazer bem construída, Jonas afirma que a justificação do imperativo só pode situar-se em um plano metafísico. Ele sabe, todavia, que sob tal constrangimento ela se choca com um dos "dogmas mais empedernidos de nossa época": aquele que quer que não haja precisamente caminho do ser para o dever, do "é" para o "se deve". À primeira vista, esse obstáculo fragiliza o projeto, na medida em que parece firmado para a modernidade tardia que não existe verdade metafísica. Para contornar a dificuldade, Jonas afirma que a última palavra, quanto à possibilidade da metafísica, não foi proferida durante todo o tempo em que não se pode mostrar como o modelo do conhecimento dos objetos físicos esgota o conceito do saber. Na falta de semelhante demonstração, nenhuma ética pode seriamente passar sem uma metafísica implícita: inclusive o utilitarismo e o caso extremo do materialismo. Tal constatação poderia então reverter em uma vantagem para a ética do futuro o fato de confessar claramente sua ancoragem metafísica de preferência a mantê-la oculta, mesmo se for ainda preciso prover o esforço de uma delimitação de seu conteúdo.

O problema aqui é o de ter de responder de uma nova maneira a esta antiga questão: "o homem deve ser?" (p. 73). Verifica-se imediatamente como ela faz eco à interrogação de Leibniz acerca das razões pelas quais existe alguma coisa de preferência a nada. Mas também se pode imaginar muito bem aquilo em que o contexto teológico no qual ela era construída desconcerta os Modernos. Em face dela, Hans Jonas elabora, portanto, uma estratégia: reter, da teoria clássica, a radicalidade de seu questionamento; procurar, em seguida, uma resposta que possa dispensar seus socorros a fim de parecer admissível para um espírito não religioso. É sobre esse ponto que se mede verdadeiramente a fecundidade da investigação ontológica que fora conduzida com *Das Prinzip Leben* e *Macht oder Ohnmacht der Subjektivität*. Graças a ela, mostrou-se que existe, de fato, um ser que implica seu próprio dever-ser, tendo por consequência a obrigação para o homem de conservá-lo por causa de seu caráter perecível. Quanto a este ser, ele não é outro senão o vivente: a vida que se torna testemunho e diz "sim" a si mesma, sem que sua autoconservação tenha sido ordenada. A forma dessa descoberta é ainda mais precisa. Se for possível dizer que antes do homem a afirmação que a vida pronuncia sobre si mesma era ainda cega, com ele o dever-ser toma diretamente a forma de uma obrigação: porque o homem pode querer se destruir e se conserva em virtude de uma escolha. Dito de outro modo, em todo fim o ser atesta um combate contra o não ser, ao passo que, por meio da consciência, os fins para os quais a vida se orienta revestem definitivamente a significação dos valores. Nessa perspectiva, Jonas pode, portanto, falar de uma "responsabilidade ontológica em relação à ideia do homem" (p. 69). Ele sublinha assim o que esta última ideia deve uma vez mais ao liame indefectível entre o ser e o dever-ser mais do que a um balanço histórico das atividades humanas. A fim de afastar definitivamente o espectro do niilismo, resta mostrar como deveriam se desenvolver a obrigação da conservação do ser e a responsabilidade a seu respeito, para que o espetáculo do mundo não se assemelhe a um *idiot's tale**(p. 77).

Embora pareça doravante firmado que o objeto fundamental da ética do futuro é o "perecível enquanto perecível" (p. 126), cumpre determinar sob qual forma se apresentam as obrigações para com ele e para qual conteúdo. Em se tratando da primeira dessas questões, sabe-se que Kant pede

---

*   Provável referência aos célebres versos de William Shakespeare,*Macbeth*, ato 5, cena 5, versos 27-31: "Life's but a walking shadow, a poor player / That struts and frets his hour upon the stage / And then is heard no more: it is a tale / Told by an idiot, full of sound and fury / Signifying nothing" (Tradução livre: "A vida é apenas uma sombra errante, um pobre ator / que se pavoneia e se aflige em seu tempo em cena / e depois não é mais ouvido: é uma história / contada por um idiota, cheia de som e fúria, / significando nada") (N. da E.).

à razão moral para que seja pura, a fim de evitar toda afecção "patológica" de seus motivos pelo sentimento. No entanto, enquanto ele insiste na objetividade de uma lei moral universal ancorada somente na autonomia da razão, ele admite, apesar de tudo, que um afeto se acrescenta à lei pela qual ela se impõe à nossa vontade: com esta condição precisa de que ele não suscite em nós um objeto que tornaria a moral heterônoma, mas a própria ideia da obrigação. Em outros termos, Kant recorre ao sentimento do respeito na única medida em que ele visa à sublimidade do imperativo categórico e por isso mesmo que a exclusiva razão continue sendo a sua fonte e depois o objeto último. Tudo se passa, no entanto, como se Kant houvesse pressentido a censura que seria feita ao formalismo de um imperativo ligado ao exclusivo critério da possibilidade de universalizar, sem contradição, a máxima da vontade. Quando ele o completa pelo princípio de comportamento "material" que prescreve o respeito à dignidade das pessoas na medida em que elas são seus próprios fins, ele resgata de algum modo seu formalismo, preenchendo o vazio que poderia daí decorrer. Pode-se dizer que nesse instante sua intuição moral é "maior que aquilo que lhe ditava a lógica do sistema" (p. 129). Resta que, para Hans Jonas, essa intuição não pode permanecer assim, mas deve ser transformada em verdadeiro ponto nodal da nova ética: não é a lei como tal que é a causa e o objeto do respeito, porém "o *ser* reconhecido em sua plenitude" (p. 130). Todavia, esse respeito em si nem sempre basta, pois nada assegura ainda que a anuência do sentimento à dignidade percebida do objeto se torne efetivamente operante. Importa, pois, ir até o fim do raciocínio: para dizer que "só o *sentimento de responsabilidade* que vem aí se juntar ligando *tal* sujeito a tal objeto nos fará agir em seu favor".

Aos olhos de Hans Jonas, o arquétipo humano de semelhante coincidência entre a obrigação objetiva de responsabilidade e seu sentimento subjetivo é fornecido pela solicitude para com a progênie. No plano ontológico e no antropológico das coisas, é de Hannah Arendt que ele empresta a descrição do evento do nascimento como atestado em favor da persistência do ser e depois garantia da continuação de um mundo humano. Segundo os termos de Hannah Arendt, constitui um verdadeiro "milagre" a salvar o mundo e o domínio dos negócios humanos da ruína natural que se produz com o fenômeno da natalidade: ao ponto de que se poderia mostrar como é efetivamente nele que "se enraíza ontologicamente a faculdade de agir"[110]. Se for verdade que com toda criança posta no mundo "a humanidade recomeça em face da mortalidade" (p. 185), é igualmente um indício acerca das condições de sua sobrevivência que é fornecido, pelo viés das formas específicas da ação com respeito ao recém-nascido. A obrigação para com os filhos apresenta, com efeito, duas características complementares: ser "não recíproco"; representar "a única classe que nos fornece a *natureza* de um comportamento perfeitamente desinteressado" (p. 65). Deve-se, todavia, concluir daí que os deveres para com os filhos são similares àqueles que regem nossas relações com as gerações ulteriores? À primeira vista não é nada disso: a responsabilidade para com o filho que engendramos funda-se imediatamente no fato de sermos nós o autor de sua existência; a obrigação de tornar-se esse autor é infinitamente mais difícil de justificar. No entanto, se não se pode "fundar um *direito* de nascer daqueles que ainda não nasceram", nem por isso é menos certo que outros seres humanos virão depois de nós sem tê-lo pedido. Diante deles, o paradigma da responsabilidade parental reencontra uma eficiência: sua existência lhes dará "o direito de nos acusar, nós, seus predecessores, como autores de suas desventuras, se por nosso agir despreocupado e que poderia ter sido evitado, nós deterioramos o mundo ou a constituição humana" (p. 67).

Aparece assim uma característica essencial da ética do futuro: sua ausência de reciprocidade. Sob o modelo da relação com os filhos, cumpre admitir que a responsabilidade em relação às gerações vindouras não pode ser

---

110 Hannah Arendt, *Condition de l'homme moderne*, trad. G. Fradier, prefácio de Paul Ricoeur, Paris: Calmann-Lévy, 1983, p. 278. É sempre esse texto de Hannah Arendt que Hans Jonas evoca em termos explícitos, tanto para mostrar que "a mortalidade é o inverso da fonte permanente da natalidade" (p. 40), quanto para sublinhar a importância no tocante à reflexão ética da perspectiva de "novos começos", com sua consequência: a aceitação do imprevisível (p. 289). Ver também Le Fardeau et la grâce d'être mortel, op. cit., p. 49. Nesse último texto, é a esse respeito que se percebe como Jonas pode falar da morte como de uma "graça": "Manifestamente, exatamente como a mortalidade encontra sua compensação na natalidade, a natalidade adquire todo o seu alcance graças à mortalidade". Cabe perguntar se Jonas não tem em mente nessas páginas a fórmula de um *midrasch* segundo o qual quando Deus contempla sua última criatura e diz que isto não é simplesmente "bom", porém "muito bom", é para afirmar que "muito bom" é a morte mesma (ver *Bereschit Rabá*, IX, 5, sobre Gênesis 1, 31, e supra, cap. II, p. 225-226). A mais longo termo, esta reintrodução da morte como componente constitutiva do vivente lhe dá, sem dúvida, um valor suplementar: o de ancorar esta "heurística" do medo, da qual Jonas quer fazer o princípio de uma reconstrução da ética.

concebida por meio da ideia tradicional segundo a qual "minha obrigação é a imagem às avessas do direito de outrem, que por seu turno é visto à imagem de meu direito próprio" (p. 64). A razão última dessa dissimetria se deve ao fato de que a incerteza que pesa sobre as consequências de longo alcance de meu ato se junta à ausência de representação do beneficiário da obrigação e, portanto, à impossibilidade de fazer valer seus direitos por antecipação. O problema que se coloca aqui é o da necessidade de adquirir um verdadeiro saber dos princípios: é claro que o axioma de base concerne ao fato de que deve existir um porvir possível, mas nós ignoramos a forma do perigo que pesa sobre ele. Quanto à sua solução, ela requer um ponto de vista heurístico adaptado à seguinte perspectiva: a ética a construir para uma responsabilidade a longa distância deve ser capaz de integrar aquilo que nenhuma transgressão atual já revelou de maneira real. Sob esse constrangimento, o único princípio pertinente para o conhecimento parece dever tomar uma forma paradoxal: "é somente a *previsão* de uma *deformação* do homem que nos proporciona o conceito do homem que se trata de premunir; temos necessidade da *ameaça* contra a imagem do homem [...] para nos assegurar uma imagem verdadeira do homem graças ao pavor que emana desta ameaça" (p. 49).

No coração disso que Hans Jonas chama de uma "heurística do medo", é uma convicção bem depressa defendida de maneira polêmica que se impõe: o conhecimento do mal nos é infinitamente mais fácil do que o do bem, tendo por consequência que a filosofia moral deve consultar nossos temores antes de encarar nossos desejos. Nesse momento da demonstração, um papel pode ser brevemente consignado a Hobbes, isto é, a preocupação de conceder ao medo o estatuto de *primum movens* em matéria de bem comum. Resta que os motivos convocados por *O Princípio Responsabilidade* de pronto se desmarcam daqueles que o *Leviatã* propunha: um "temor desinteressado" (p. 301) em lugar do medo egoísta; a inquietude e não a pusilanimidade; a angústia de preferência a uma simples ansiedade. Sabe-se que desvelando alguma coisa de "sagrado", o respeito é suscetível de nos proteger contra a tentação de violar o presente em benefício do futuro. É preciso, doravante, reconquistar esse respeito mesmo a partir do que se assemelha a um "frêmito" suscitado pelo pavor: como se a preservação de "a imagem e a semelhança" do homem só pudesse ser concebida "recuando de horror diante do que ele poderia tornar-se e cuja possibilidade nos mira fixamente a partir do porvir que o pensamento prevê" (p. 302). De uma parte, a responsabilidade para com o futuro tomará, portanto, a forma de uma "ética da sobrevivência" (p. 191). O horizonte dos Modernos se determinava em função das ideias de progresso ou de realização, de modo que eles estavam obsedados pela imagem de uma humanidade perfeita. Jonas lhes opõe um imperativo de prudência. Guiado pelo projeto mais modesto de assegurar o resgate das condições de possibilidade da existência humana, este não pode solicitar senão dois tipos de lógica: a que consiste em preservar e depois conservar o que é; a que visa a impedir que se sacrifique o dado ao devir, o respeito do que é transmitido à esperança de ultrapassá-lo.

Desvela-se assim tardiamente o horizonte polêmico da obra tal como ele já estava contido em seu título: *O Princípio Responsabilidade* diretamente voltado contra *O Princípio Esperança*. Com efeito, é em Ernst Bloch que Jonas apreende o arquétipo das utopias modernas e depois descobre as duas componentes maiores de seu ideal: um conteúdo positivo da experiência humana que poderia ser desde já "prefigurado"; o peso de um passado que limita a faculdade de antecipação já que "a história até o presente *ainda não* fez aparecer o homem verdadeiro" (p. 260). Em se tratando do primeiro desses aspectos, é sobre a parte do empreendimento de Bloch, que permanece mais próxima de Marx, que Jonas faz incidir a discussão. Ela consiste em trazer à luz uma espécie de absurdidade antropológica no coração de uma das teses centrais da utopia marxista: o advento de um "reino da liberdade" que começaria com o fim do trabalho como alienação do homem no reino da necessidade. Poder-se-ia, sem dúvida, estar satisfeito com Bloch por ter tentado arrancar essa ideia do quadro de uma dialética friamente materialista. Mas resta, para Jonas, que não é senão ao custo de uma ingenuidade simpática que o converte em um "glorioso *enfant terrible do utopismo*", professando aquilo que permanece precisamente um sonho infantil: o de uma "idade de ouro como *paraíso do lazer*" (p. 264). Ernst Bloch imaginou poder dar um conteúdo a essa visão do lazer como realização final: "o *violon d'Ingres** como mister"[III].

---

* Expressão que ironiza o exercício de uma atividade secundária, sobretudo artística, um passatempo, independentemente de um ofício principal (N. da E.).

III Jonas pensa aqui no fim da quarta parte de *O Princípio Esperança* (ver Ernst Bloch, *Le Principe espérance*, II, *Les Épures d'un monde meilleur*, trad. F. Wuilmart, Paris: Gallimard, 1982, p. 573 e s.).

Jonas lhe opõe que ele desconhece ou maltrata assim três componentes essenciais da experiência humana. A ideia de transformar o *violon d'Ingres* em ofício parece uma contradição lógica, que acarreta, além do mais, a supressão do elemento decisivo do lazer representado pela espontaneidade. Sabe-se, por experiência, que toda profissão acaba por engendrar modalidades de controle, de modo que bem depressa surgirá uma forma particularmente absurda de liberdade no seio da esfera lúdica. Vem, enfim, o que aparece como a ilusão última desta singular proposição: pensar que a autêntica dignidade humana só é adquirida com a alforria em relação a toda necessidade, enquanto toda a história do homem parece testemunhar o contrário.

Em coerência com seu projeto, Hans Jonas dirige, todavia, a flecha mais acerada de sua crítica de *O Princípio Esperança* sobre "a ontologia precisa do 'não ainda', mais do que sobre a visão de uma realização terminada já entrevista em sonho" (p. 260). Em outros termos, em vez de discutir durante um tempo demasiado longo os conteúdos prefigurados do sonho humano, tais como Ernst Bloch os elabora, ele se dedica a seu embasamento ontológico: como se fosse finalmente entre metafísicos que a discussão se tornasse séria. No caso, a tese do "lazer pseudoativo", que seria próprio ao paraíso utópico, desconhece radicalmente o que é a essência mesma da liberdade: o fato de que precisamente ela não se afirma e não encontra uma realidade senão "no fato de se defrontar com a necessidade" (p. 278). Por conseguinte, assim como o fenômeno do vivente não conhece sua significação salvo em relação com o fato da mortalidade, a liberdade se privaria definitivamente de seu objeto rompendo com o reino da necessidade. À ideia segundo a qual a história passada seria virgem de toda realização verdadeiramente humana, à ontologia do "não-ainda-ser" e depois ao primado da esperança, Jonas quer opor esta consideração prudente: o "homem autêntico" existe desde sempre, mas com uma ambivalência que é inseparável de seu ser; a supressão desse paradoxo acarretaria de pronto a negação do "caráter insondável de sua liberdade" (p. 293). A respeito dos fundamentos de uma ética do futuro, tal como Jonas a concebe, duas ideias se destacam finalmente dessa crítica. A convicção, antes de tudo, de que os horizontes da esperança devem doravante reduzir-se à simples preservação do enigma da liberdade: ao fato de que no porvir cada satisfação possa continuar a engendrar sua insatisfação, cada paciência sua impaciência. A certeza, em seguida, de que após séculos de euforia prometéica, o princípio responsabilidade requer uma heurística do medo para oferecer ao homem uma modalidade do conhecimento "que não somente lhe desvela e lhe expõe o objeto inédito como tal, mas que ensina mesmo ao interesse ético que é interpelado por este objeto a se reconhecer a si próprio" (301).

  Construído como uma preocupação em favor do futuro que se alforria das guinadas da esperança, *O Princípio Responsabilidade* pode doravante delimitar seu lugar na história da filosofia. Do ponto de vista de sua motivação última, a ética que esse livro quer promover visa superar os efeitos da secularização, entendida como um processo de imanentização radical da ideia do bem. Para a teoria moral tradicional, esta ideia permanecia o objeto de uma aproximação infinita, orientada para o alto e privada de desaguadouro no terreno imediato. Pouco a pouco, o pensamento moderno a engoliu no "automovimento da história" (p. 176), até dissolvê-la completamente aí, como em Hegel ou em Marx. Sobre esse ponto, é mais uma vez a posição de Kant que é a mais significativa aos olhos de Jonas. Com ele, permanece inegavelmente um eixo de aproximação da verdade moral: graças à ideia do Soberano Bem. Mas este logo oscila da vertical para a horizontal, de modo que o alvo visado "situa-se na série temporal que se estende indefinidamente para o porvir na dianteira do sujeito (a) ser aproximado progressivamente pela atividade acumulada" (p. 175). Pode-se dar razão a Kant por não consentir aparentemente senão a contragosto na secularização, na medida em que não se resolve totalmente a que a história seja o veículo adequado do ideal. No entanto, é somente ao preço de uma espécie de ardil que ele consegue restabelecer no último momento uma causa transcendente, um motivo suscetível de enganar a causalidade fenomenal ou física a fim de que a vontade moral no mundo não seja vã. Sabe-se que essa tarefa se realiza nele por meio da esperança da fé. Mas dado o fato de que ela não pode ser colocada de outro modo senão como postulado da razão prática, seu objeto aparece em última análise como "um vestígio da ordem vertical do ser".

  Nesse contexto filosófico, a via que Hans Jonas quer traçar permanece estreita. Procurando ancorar sua ética em uma teoria do ser, ele persegue um objetivo preciso: evitar a parte de artifício à qual parece coagida a doutrina kantiana do Soberano Bem, mas sem apelar para o auxílio da religião. Desse ponto de vista, a ideia de uma forma de sagrado descoberta no fenômeno do vivente deveria bastar para restabelecer uma ordem dos fins e parece que ela economiza a referência a um conceito da transcendência. Pode-se dizer, contudo, que a metafísica explícita que acompanhava essa investigação ontológica não faz mais do que cumprir uma função que "já era desde sempre a sua e somente sua" (p. 75)? Esta concessão implícita à reserva dos Modernos em face da metafísica poderia ceder diante de outras urgências intelectuais, que estenderão os contornos da reflexão ética até as fronteiras da teologia.

Potência e Limite do Eterno: O Conceito de Deus Após Auschwitz

Durante os últimos anos de sua vida, Hans Jonas empenhou-se em expor as consequências práticas de O Princípio Responsabilidade. Principalmente ligadas às novas tecnologias do vivente e às suas perspectivas no domínio da medicina, suas reflexões a esse respeito concernem às diferentes situações suscetíveis de requerer novas modalidades da responsabilidade, na medida em que elas põem em causa a lógica da imputação e abrem a perspectiva de uma alteração da identidade natural do homem ou ainda modificam equilíbrios antropológicos fundamentais: experimentações genéticas, hipótese da clonagem, tentação do alongamento ilimitado da vida graças a procedimentos puramente técnicos[112]. É, no entanto, na trajetória que leva da conferência

---

[112] Ver o conjunto de textos recolhidos em *Technik, Medizin und Ethik: Praxis des Prinzip Verantwortung*. Um dos textos desta obra está disponível em francês: *Le Droit de mourir*, trad. Philippe Ivernel, Paris: Payot/Rivages, 1996 (seu original em inglês data de 1978). Neste breve estudo, Jonas aborda uma situação típica da medicina contemporânea: aquela que a considera capaz de manter "em marcha" um organismo humano, sem, todavia, conseguir abrir a perspectiva de uma melhoria do estado do paciente e, *a fortiori*, de sua cura. Diante dela, ele propõe um argumento em favor do "direito de morrer" que quer decorrer diretamente do "direito de viver". Além da diferença entre a vida no sentido estritamente biológico e o conceito de sua dignidade, que mobiliza a ideia segundo a qual o processo da vida contém o fenômeno da mortalidade que lhe dá, em última instância, o seu valor. Nesta perspectiva, são, pois, as alienações conjuntas do paciente e do médico à técnica de uma "arte complacente" que têm que ser rompidas, em torno da seguinte questão: "Será que reter simplesmente o doente diante do limiar da morte para diferir o prazo faz parte das metas e dos deveres autênticos da medicina?" (p. 70). Encontra-se em anexo nessa obra uma tradução da introdução à *Technik, Medizin und Ethik*, em que Jonas apresenta a intenção e os objetos dos ensaios que compõem a "parte aplicada" de *O Princípio Responsabilidade*.

sobre a imortalidade do início dos anos de 1960 às últimas meditações sobre o conceito de Deus que se descobre o foco último e o princípio de coerência sistemática do pensamento de Jonas. Com elas, depois, através de alguns outros textos voluntariamente deixados à margem dos livros sobre a gnose, o fenômeno do vivente e a ética da responsabilidade constituem, efetivamente, os contornos de uma metafísica que se desenham. Reconstruí-la deveria permitir a mensuração do esforço fornecido para superar o que era denunciado como a resignação ao niilismo dos saberes contemporâneos. Caberá então perguntar-se qual é o grau de imbricação entre uma filosofia que se arrisca a desenvolver especulações que a modernidade parecia ter condenado e uma reflexão sobre a experiência do mal absoluto, deliberadamente instalada em um horizonte teológico.

É fácil considerar a conferência sobre *A Imortalidade e o Espírito Moderno* como um núcleo germinal do pensamento de Hans Jonas. A esse título, ela encontra seu lugar ao lado do texto que ligava o fenômeno da gnose às doutrinas do niilismo e do existencialismo, depois daquele que se aplicava a descrever "O Fardo e a Graça de Ser Mortal". Com ela, é lançada uma iluminação precisa sobre as concepções do tempo e da experiência humana subjacentes ao *Das Prinzip Leben* (*O Princípio Vida*) e a *O Princípio Responsabilidade*, isto é, aos maciços respectivamente ontológico e ético da obra. Mas ela acoita igualmente a fonte do opúsculo sobre o conceito de Deus e alguns textos confinantes que se aventuram na especulação teológica. Na junção desses dois conjuntos, Jonas propõe a construção de um mito da criação que deveria ter três funções: dar forma a uma intuição da imortalidade que sobrevive a seu sepultamento anunciado na consciência moderna; simbolizar os conteúdos da teoria a ser instalada pela filosofia do vivente; esboçar, enfim, a figura paradoxal de um Deus presente em Auschwitz, mas impotente em face do acontecimento porque renunciou à senhoria da história para confiar o mundo à guarda do homem. Concebido com base no modelo platônico, mas aparentado com o relato da contração do divino e da dispersão de suas centelhas na mística judaica, esse mito revela, sem dúvida, a intenção mais secreta e mais insistente de Hans Jonas após 1945: restituir às vítimas anônimas de uma barbárie sem precedentes a parte de imortalidade que lhes foi confiscada pelos carrascos; edificar-lhes uma tumba; recitar o *Kadisch* à sua memória violentada.

Através da conferência sobre a imortalidade, dedicada a Hannah Arendt em sua edição original, Hans Jonas desenvolve uma estratégia doravante familiar: descrever as manifestações de uma hostilidade da filosofia moderna a um objeto clássico do pensamento; distinguir os limites da crítica deste, sublinhando o pouco peso daquilo que lhe é substituído; mostrar, enfim, a possibilidade de reconstruí-lo segundo um grau de compatibilidade mínima com os esquemas da modernidade. Em sua filosofia do vivente, ele havia escavado as razões da rejeição contemporânea da ontologia, defendido a necessidade de lhe propor uma ontologia e finalmente desenhado sua forma a partir da experiência da biologia. No que toca à questão da imortalidade, ele começa por lembrar o argumento que justifica a desconfiança dos Modernos: sua ideia deve ser rejeitada porque o objeto que se lhe vincula é transcendental, quer dizer, não demonstrável como convém àquilo que se pode conhecer. Em face dessa tese, ele se propõe mostrar que o espírito moderno conserva uma intuição da imortalidade, a despeito de suas prevenções a esse respeito. Diferentemente de Hannah Arendt, ele se recusa, todavia, a apreender esta intuição sob a forma metafórica de uma eternidade conferida pelas obras ou pela ação política. Por imediatamente assimilável que possa parecer, essa abordagem da imortalidade é, a seus olhos, demasiado paradoxal: embora seja, sem dúvida, a mais antiga, é também aquela que altera com mais força a experiência desse século, podendo proporcionar o sentimento de que o bom renome e a infâmia acabam quase *ex-aequo*, ou ainda que "os Hitler's e os Stalin's poderiam chegar à imortalidade graças à destruição de suas vítimas anônimas"[113]. Por mais que a época atualize a impressão de uma história armada por velhacos e a partir do momento em que se impõe a certeza segundo a qual a própria civilização humana é perecível, é o terreno de uma imortalidade substancial do indivíduo que parece mais favorável à reflexão. Os gregos pensavam a imortalidade através de uma perpetuidade do honor público no corpo político. Jonas se propõe ser de algum modo mais audacioso: é a ideia de uma sobrevivência do indivíduo que deve ser considerada.

Quais são os obstáculos que se opõem à ideia de uma imortalidade do indivíduo no além, a ponto de torná-la aparentemente incompatível com

---

[113] L'Immortalité et l'esprit moderne, op. cit., p. 109.

o espírito moderno? O primeiro se prende simplesmente ao peso da realidade e ao fato de que a experiência contemporânea arruinou o idealismo filosófico: uma visão do mundo que dirigia sua suspeita contra as aparências, para descobrir por trás de suas formas enganadoras a pertença do homem a uma ordem moral "inteligível" situada além da ordem sensível. Eis, para Jonas, o essencial sobre esse ponto: "Quando olhamos com horror as fotografias de Buchenwald, os corpos destroçados e os rostos distorcidos, a mutilação da humanidade reduzida à carne, nós recusamos a ideia consoladora de que se trataria aí apenas de uma aparência cuja verdade estaria alhures: nós nos confrontamos com a terrível verdade de que a aparência *é* a realidade, e que não há nada mais real do que isso que aí aparece"[114]. Resta que nesse terreno da filosofia contemporânea, mais ainda do que a experiência do mundo, é a do tempo que é decisiva. Pela descoberta da historicidade fundamental de sua existência, o homem se convenceu do fato de que a finitude é a determinação constitutiva de uma vida "autêntica". Com essa convicção, ele aprendeu definitivamente a reivindicar sua natureza perecível mais do que lutar contra ela. Recusando todo anseio de superar a angústia da finitude, ele prefere doravante enfrentar o nada, como se só esse combate lhe proporcionasse a força de viver. "Rebento extremo do espírito moderno ou da doença do espírito", o existencialismo encontra assim a fonte de seu sucesso no fato que resume o sentimento contemporâneo de não haver mais outra posição no tempo do que entre os dois nadas, o do antes e o do após[115]. Precipitando o homem na onda da mortalidade, ele o priva deliberadamente de toda "segurança de uma corda secreta de salvamento".

 Uma vez que se chegou a esse ponto da descrição de uma dissolução do conceito de eternidade na experiência e na filosofia contemporâneas, é preciso descobrir sem demora um ponto de reversão. Aos olhos de Jonas, este é fornecido por um sentimento que parece persistir no espírito moderno apesar de suas denegações: o de uma faculdade de autoultrapassagem. Inerente ao homem, essa intuição sugere que a temporalidade poderia não ser toda a verdade. Três questões de intensidade crescente

---

114 Idem, p. 111.
115 Idem, p. 111-112. A fórmula citada opera um jogo sobre dois termos dificilmente traduzíveis: *der modernen Stimmung oder verstimmung*.

poderiam começar a inverter a perspectiva. Em qual momento sentimos nós "as asas da ausência de temporalidade roçar nosso coração e imortalizar o agora"? Como consegue o absoluto penetrar a relatividade de nossas existências quotidianas? "Em quais situações e sob quais formas encontramos o eterno?"[116] Todavia, é em uma experiência comum que Jonas prefere haurir a resposta a essas questões: a que mostra que o instante da decisão caro à filosofia contemporânea é precisamente aquele em que temos a impressão de agir "sob os olhos da eternidade". Através desse fenômeno, é o sentimento de estar plenamente implicado na ação que se impõe, com esta consequência: nós vivemos o sentimento de que aquilo que fazemos deixará um traço em uma ordem transcendente que é necessariamente afetada para o bem ou para o mal. Qualquer que possa ser o símbolo que se associa a esse sentimento e o que quer que pense dele o espírito desconfiado, ele corresponde ao fato de que existe realmente alguma coisa que se assemelharia à nossa "imagem eterna". Mais ainda, ele acarreta o fato de que, por nossas ações, nós "somos responsáveis pela totalidade espiritual das imagens que reúne a soma sem cessar crescente daquilo que foi vivido"[117]. Assim, importa finalmente pouco que isso nos afete como uma certeza ou sob a forma de um risco infinito, porquanto "é aqui que a eternidade e o nada [*néant*] se juntam para ser apenas um só: o fato de que o 'agora' justifica seu estatuto absoluto expondo-se ao critério de ser o derradeiro instante de tempo concedido"[118].

Hans Jonas pode, portanto, opor à crítica moderna da ideia de imortalidade que subsiste uma intuição da ordem dos fins e o sentimento

---

116 Idem, p. 112. A versão alemã do texto (*Das Prinzip Leben*, p. 382) escreve "In welchen Situationen und welcher Form begegnen wir *dem Ewigen*" (eu sublinho). Não se pode deixar de pensar que Jonas joga aqui com o fato de que em alemão, como em francês, aliás, usa-se o mesmo substantivo para designar a permanência do tempo e um nome de Deus. Sobre a história desta convivência, suas apostas teológicas e suas consequências filosóficas, ver Franz Rosenzweig, Der Ewige: Mendelssohn und der Gottesname (1929), trad. Jean Christophe Colinet, *Le Nouveau commerce*, 94/95, 1995, p. 103-121, e supra, cap. v, p. 601-607.
117 Idem, p. 113.
118 Idem, p. 114. Esta ideia se reencontra em outros pensadores contemporâneos voltados para a experiência do tempo. Em Franz Rosenzweig, que propõe esta definição do "tempo da eternidade"; que o fato de "que cada instante possa ser o derradeiro o torna eterno" (Franz Rosenzweig, *L'Étoile de la Rédemption*, trad. Alexandre Derczansky e Jean-Louis Schlegel, Paris: Seuil, 1982, p. 267). Em Emmanuel Lévinas, que comenta esta fórmula (ver "Franz Rosenzweig: Une Pensée juive moderne", *Hors sujet*, Paris: Fata Morgana, 1987, p. 84).

de uma duração infinita apreendida a partir de uma "luz que está além do tempo". Que signo contém tal sentimento e quais são as metáforas que o exprimem? No plano das formas imediatas da consciência, esse sentimento residual de eternidade surgiu através de um paradoxo, visto que ele se prende àquilo que dura menos longamente no tempo: o instante que nos mergulha no Aqui e Agora, dando ocasião ao que Hannah Arendt chama de um "novo começo". Pode-se, todavia, procurar um conceito mais sólido de imortalidade, seguindo as informações proporcionadas por nossas experiências da ação, da liberdade e da responsabilidade? Dito de outro modo, a "imortalidade das ações" captada sob uma modalidade experimental oferece um fio diretor suficientemente sólido para conduzir rumo a um conceito que estaria de acordo com o espírito moderno? Na falta de uma resposta sem rodeios a essa questão, Hans Jonas começa por examinar dois símbolos suscetíveis de exprimir uma ideia da imortalidade. Proveniente da tradição judaica, o primeiro deles é o do Livro da Vida: lá onde se escrevem nossos "nomes" em função de nossos méritos, de modo que nossas ações "se inscrevem *elas mesmas* em uma memória eterna do tempo"[119]. Portador da ideia segundo a qual uma memória unificada das coisas se conserva por este modo de contagem espiritual, o referido símbolo suscita esta questão rica de potencialidades: "Nossa própria mortalidade é uma aventura na qual o princípio imortal se engaja consigo mesmo?" Poder-se-ia então acrescentar-lhe um outro símbolo, proveniente desta vez da literatura gnóstica: o da Imagem, como duplo celeste do eu terreno que a alma reencontrará após a morte; com a ideia complementar segundo a qual a vida em geral

---

[119] Idem, p. 117. Hans Jonas faz aqui alusão à figura tradicional do Livro da Vida (*Sefer ha-Haim*): "registro" situado no céu e que contém o conjunto das atuações do homem durante um ano. Seu fundamento escritural encontra-se no salmo 69, 29, em que é expressa a esperança de que os malvados se vejam "apagados do livro dos viventes e não sejam inscritos com os justos". Ver também *Êxodo* 32, 33, que formula esta promessa: "aquele que pecou contra mim, eu apagarei de meu livro". A tradição rabínica reforçou o papel desta imagem na edificação da ética judaica. Ver notadamente essas sentenças de Iehudá ha-Nassi e R. Akiva nos *Pirkei Avot*: "saiba que há acima de ti, um olho que vê, uma orelha que escuta e todos os teus atos estão inscritos em um livro" (II, 1); "o registro está aberto, a mão escreve" (III, 16), o que Raschi comenta dizendo que "no alto, escreve-se o livro mencionando cada falta que o homem comete embaixo". Uma outra passagem do *Talmud* nota enfim (*Rosch ha-Schaná*, 16b) que no Ano Novo três livros são abertos, que serão selados por ocasião do Iom Kipur: para os maus, os justos e depois para as pessoas "intermediárias". No seu ordenamento dessas festas, o ritual insiste, enfim, na prece que diz: "inscreve-nos no Livro da Vida".

e a do homem em particular trabalha para restaurar a totalidade original de uma deidade sofredora[120].

Oriundo da corrente mais heterodoxa dos imaginários religiosos, esse último símbolo já evoca a perspectiva de um Deus em exílio no universo confiado ao homem, temática que será logo desenvolvida a partir de um terceiro *corpus*: o da mística judaica. A questão é, doravante, a de saber qual metafísica de conjunto poderia convir a tais fragmentos hipotéticos. Autorizando-se nesse plano da "liberdade da ignorância que é nosso quinhão nesse domínio", Hans Jonas segue mais uma vez a *démarche* de Platão: ele se propõe construir uma imagem verossímil, um mito no caso suscetível de aclarar o sentimento da eternidade pela ideia de uma deidade cuja sorte está nas mãos do homem. O soclo desse mito é o seguinte: por razões desconhecidas, "o fundamento do ser, ou o divino, decidiu confiar-se ao acaso, sob o risco e a multiplicidade do devir"; como se ele não retivesse deliberadamente nada dele próprio, "lançando-se na aventura do espaço e do tempo"[121]. Nessa perspectiva, Deus renuncia, pois, a seu ser próprio. No entanto, se ele parece assim despojar-se de sua divindade, é para de pronto recobrá-la: "recebê-la, mais tarde, do Odisseu do tempo, apesentado por uma experiência temporal imprevisível ligada ao acaso da colheita". Em outros termos, enquanto sua causa depende doravante de mãos "lentamente industriosas", uma "memória paciente se desenvolve em uma espera com a qual o Eterno acompanha as obras do tempo – surgimento

---

[120] Encontrar-se-á uma apresentação mais desenvolvida desse mito aqui constituído em símbolo em *La Religion gnostique*, p. 164-166. Hans Jonas o expõe interpretando esta fórmula das liturgias mandianas para os mortos: "Eu vou ao encontro de minha imagem e meu semblante vem ao meu encontro; ela me acaricia e ele me abraça como se eu regressasse do cativeiro". Aplicada à figura do salvador, o qual parece dotado de um gêmeo que permaneceu no mundo do alto enquanto ela cumpre sua missão terrena, ela remete à doutrina de um eu (*moi*) humano transcendente, que confere a cada qual uma personalidade metafísica distinta da alma empírica e verdadeiro objeto da salvação. Jonas acrescenta, enfim, que esta ideia de um princípio transcendente contido na alma humana se acha também em Paulo: em quem ela se torna "espírito" (*pneuma*), o "espírito em nós", o "homem interior" e depois o "homem novo" na perspectiva escatológica.

[121] L'Immortalité et l'esprit moderne, op. cit., p. 121. Singularmente, enquanto sublinha a proximidade desta visão com a imanência incondicional sobre a qual o espírito moderno insiste, Hans Jonas parece não haver ainda percebido sua analogia com a maneira como a Cabala resolve o problema da criação *ex nihilo*: graças ao conceito de uma contração do divino em si mesmo (*tzimtzum*) que libera o vazio a partir do qual pode surgir o mundo. *O Conceito de Deus após Auschwitz* restabelecerá, todavia, esta referência, retomando o mito aqui elaborado.

frágil da transcendência a partir da opacidade da imanência". É somente então que pode manifestar-se a vida, com seu marulho de sentimentos, de percepções, de esforços ou de ações que se infla em cima da matéria, de modo que a eternidade ganha aí força.

Começam a aparecer os pontos de tangência entre o mito experimental que se elabora aqui e aquilo que havia sido antes descrito por meio de uma filosofia do vivente. Se parece que uma nova língua do mundo surgiu com os primeiros movimentos da vida e, depois, que estes últimos formam os signos elementares de uma redenção, confirma-se, sobretudo, que "a mortalidade é o preço que precisou pagar a nova possibilidade do Ser para existir", visto que o vivente não pode rivalizar com a capacidade de durar dos corpos inertes. Nesse sentido, a vida continua a aparecer como uma aventura essencialmente perigosa e que não se obtém senão a título de empréstimo. A "carreira das ipseidades" permanece marcada pelo selo da finitude, mesmo se Deus não pode nada perder nas formas ainda inocentes das primeiras manifestações da evolução, quando se aguça notadamente a paixão de viver com os nascimentos da percepção e do movimento no reino animal. Segundo os termos de Jonas, chega, no entanto, um momento em que cessa a inocência: aquele em que "um critério inteiramente novo de sucesso ou malogro intervém na aposta divina"[122]. Com o aparecimento do homem, surgem, com efeito, o conhecimento e a liberdade, esses dons de duplo corte que abrem para uma responsabilidade que supõe, ela mesma, a distinção do Bem e do Mal. Doravante, a imagem de Deus que se havia esboçado de maneira hesitante no universo e depois permanecera indiferenciada através das espirais da vida pré-humana passa, sob a guarda incerta do homem, a depender definitivamente daquilo que este último fará do mundo. A transcendência desperta, enfim, verdadeiramente a si mesma. Mas ela acompanha as ações humanas com um alento contido, como se fosse ela que esperasse e fizesse signo.

---

122 Idem, p. 123. É preciso insistir tanto mais nesta ideia de uma "aposta" [parada, *mise*] divina quanto Bultmann não a percebera um pouco mais acima no texto, quando Jonas evocou o Livro da Vida. Com efeito, ele havia compreendido o termo *stake* no sentido de etapa, quando se devia entender, como Jonas lhe indica, que nossos nomes são uma "aposta" no jogo divino (segundo a expressão *to be at stake*). Ver a troca de correspondência entre Rudolf Bultmann e Hans Jonas a propósito desse texto, idem, p. 132 e p. 137.

Começamos a perceber o que aproxima e separa as empreitadas de fundação da ética em Hans Jonas e Emmanuel Lévinas. A intenção é a mesma: oferecer à responsabilidade um soclo fenomenológico, em face de uma situação filosófica contemporânea apreendida a partir de suas duas fontes complementares. Lévinas visa essencialmente à ideia hegeliana de uma moralidade varrida por verdades da história que se imporiam na guerra. Jonas, de sua parte, se opõe ao niilismo nietzschiano e à sua afirmativa da relatividade radical dos valores. Nesse quadro, a estratégia de Lévinas consiste em propor de algum modo a via mais curta possível capaz de conduzir da experiência à ideia: a visão do semblante de outrem como expressão de seu despojamento leva imediatamente nela uma injunção à responsabilidade; é por irradiação a partir desse fenômeno que chegam à ideia o infinito, a eternidade e o conceito de Deus[123]. A *démarche* de Jonas é muito mais longa, na medida em que requer um momento ontológico que Lévinas julga supérfluo e até perigoso. Ela consiste em proceder de modo que duas perspectivas se juntem, depois de se terem respectivamente ancorado em um fenômeno empírico e um sentimento vivido: a descrição do processo da vida traz à luz uma realidade fundamentalmente precária, marcada pelo selo da mortalidade e cuja fragilidade suscita imediatamente o respeito; a intuição da imortalidade solicita a representação de uma eternidade do mundo, a ideia que é confiada à responsabilidade do homem surgido por último na corrente da evolução e depois a que pretende que a transcendência depende de uma ação humana livre para gerar a destruição ou a reparação. O projeto de Jonas repousa, portanto, sobre a preocupação de dar ao mesmo tempo à responsabilidade um fundamento empírico em um fenômeno que inclui o homem e sua confirmação por um sentimento que o diferencia. O de Lévinas procura evitar toda referência ao enraizamento em uma natureza, para mobilizar apenas a especificidade do homem. Ambos formados na escola da fenomenologia e renitentes ao existencialismo, eles se reencontram, enfim, pela vontade de salvar um conceito de Deus, mesmo se um vai pelo método transcendental, enquanto o outro recorre a um mito da criação.

Notar-se-á, todavia, que entre a ontologia construída graças à filosofia do vivente e o mito experimental que ele propõe, por outro lado, Hans Jonas

---

[123] A respeito desta problemática, ver infra, cap. IX, p. 1073-1078 e p. 1098-1106.

desloca ligeiramente a característica do homem. Na primeira, era a aptidão de fazer imagens e nomear que fixava a diferença, ao passo que se reencontra aqui a capacidade mais clássica de discernir o bem e o mal: tudo se passa como se ela deslizasse de uma anotação de *Gênesis* 2, 19 para um comentário do *Gênesis* 3, 5. A razão disso é, sem dúvida, a de que Jonas está doravante impaciente para tirar as conclusões éticas que já decorrem daquilo que ele chama de "balbucios" em torno do mito atinente à imortalidade. Para o leitor de *O Princípio Responsabilidade*, estas são esperadas, o que confirmaria mais uma vez o fato de que a conferência é a matriz do livro. A principal das questões em causa decorre daquilo que aparece como "a importância transcendente de nossas ações". Ela se entende como o fato de que "nossa responsabilidade não deve ser compreendida em termos exclusivamente mundanos"[124]. Enquanto oferece um embasamento ontológico à preocupação em favor de uma ética de longo alcance para o futuro, esta proposição procede diretamente das considerações precedentes: aquelas que sublinhavam o rasto que nossas ações deixam, e a maneira como elas se inscrevem, para o melhor e para o pior, em uma dimensão em que "a eficácia decorre das normas transcausais da essência interna". Nesse sentido, a forma imediata da responsabilidade humana concerne à causalidade tal como ela se exerce no mundo: ela depende de nossa capacidade de previdência, mas também da chance ou do acaso, segundo uma duração limitada. Resta que se adiciona a ela uma responsabilidade de uma outra natureza: ligada às repercussões do agir em um reino eterno, em uma ordem em que desta vez a causalidade não se extingue jamais.

Que nossa responsabilidade se estende além das ordens mundanas devido ao fato mesmo da inscrição de nossas ações em uma memória eterna do tempo, eis o que separa desta vez Hans Jonas de sua amiga Hannah Arendt. Nesta última, se o engajamento do homem com o mundo designa o objeto, por excelência, do pensamento ao sair dos "tempos sombrios", é no horizonte da restauração de uma confiança perdida diante das formas comuns da experiência e depois com o fito de reconstruir uma estabilidade dos negócios humanos[125]. Para Hans Jonas, essa perspectiva

---
[124] L'Immortalité et l'esprit moderne, op. cit., p. 125.
[125] Ver Pierre Bouretz, Hannah Arendt entre passions et raison, em Hannah Arendt, *Les Origines du totalitarisme* e *Eichmann à Jérusalem*, Paris: Gallimard, 2002, p. 24 e s.

parece não somente estar longe de esgotar a tarefa da filosofia, como ela a mantém ainda demasiado prisioneira dos decretos positivistas que pesam sobre ela[126]. É, pois, transgredindo mais uma vez o interdito contemporâneo que pesa sobre a metafísica que Jonas precisa o motivo suscetível de fundar uma ética que deve se prolongar muito além do tempo imediato da ação e da relação entre contemporâneos: "O homem não foi criado tanto *à* imagem de Deus quanto *para* a imagem de Deus; nossas vidas se tornam linhas no semblante divino"[127]. Sintoma suplementar de uma coerência sistemática mais poderosa talvez que o próprio Jonas o diz, tal proposição repousa sempre sobre o enunciado ontológico, segundo o qual não é de modo algum necessário que um mundo seja, enquanto o fato mesmo da existência constitui o mistério dos mistérios. Vê-se como ela oferece uma articulação sólida com especulações teológicas: quando ela se inclina sob a ideia de um Deus que se entregou ao devir do mundo e espera doravante que o homem lhe dê alguma coisa. Quanto ao símbolo que ilustra essa ideia, ele não é outro senão o segredo dos 36 justos ocultos que jamais hão de faltar ao mundo: sendo o justo aquele que age ele próprio "fazendo com que de certo modo no curso de sua vida não ocorra, ou não muito amiúde, e jamais por sua ação, que Deus 'tenha de se arrepender' por haver criado o mundo"[128].

Se for possível divisar assim o lugar especulativo em que as últimas investigações teológicas de Hans Jonas se atam à sua ética e à ontologia que a fundamenta, este se prende igualmente a uma consideração que

❦

---

126 "Agir, connaître, penser": ao fim dessa longa homenagem a Hannah Arendt, Hans Jonas deixa mui discretamente aflorar uma reserva quanto à maneira como esta liga de modo demasiado estreito o pensamento e o agir no mundo. Saudando sua descrição do processo pelo qual o pensamento opera uma "retirada" para fora do mundo das aparências e um recolhimento em si mesmo, ele adiciona que, não obstante, o movimento inverso existe também: algo sobre o qual Arendt quase não refletiu. Desta ação do pensamento fora do espaço público que cruza a meditação sobre a eternidade, ele diz então que nada o exprime melhor do que a palavra do *Eclesiastes* (11, 1): "Joga teu pão sobre a água, pois após vários dias tu o reencontrarás" (ver Hans Jonas, Agir, connaître, penser (1976), *Entre le néant et l'éternité*, p. 103).
127 L'immortalité et l'esprit moderne, op. cit., p. 125.
128 Idem, p. 126. Jonas cita aqui o *Gênesis* 6, 6-7, em que Deus lamenta ter criado o homem e se propõe a suprimi-los, antes que Noé se afigurasse justo a seus olhos. Depois ele evoca a figura dos 36 justos, apoiando-a sobre duas referências talmúdicas: *Sanedrin*, 97b, e *Suká*, 45b (ver o artigo de Gershom Scholem que restitui a história dessa figura: La Tradition des trente-six justes cachés, *Le Messianisme juif*, p. 359-365).

importa tanto mais sublinhar quanto ela foi objeto de um mal-entendido com Rudolf Bultmann. Nesse sítio, Jonas chegou ao termo de sua "viagem tateante" rumo a uma ideia da imortalidade. Ele acaba de indicar sua esperança de uma superioridade do bem sobre o mal, ligada à santidade de ações ocultas suscetíveis de "reaprumar o equilíbrio de uma geração e de assegurar a serenidade do reino invisível". Ele pergunta então: "O que acontece com aqueles que jamais puderam se inscrever no Livro da Vida [...] porque suas vidas foram cortadas antes que tivessem tido ocasião de fazê-lo ou porque sua humanidade foi destruída por humilhações tão cruéis e tão profundas que nenhuma humanidade podia lhes sobreviver?"[129] Confirmando que está pensando nas crianças gaseadas de Auschwitz e nos fantasmas sem rosto dos campos de concentração, ele afirma não poder decidir-se a pensar que seus sofrimentos e seus nomes sejam esquecidos entre os homens, mais depressa do que o de seus algozes, que puderam agir e deixar um traço sinistro na eternidade. Eis a proposição que suscita o mal-entendido:

> Lá em cima choravam sobre a devastação e a profanação da imagem do homem: ao grito emanando dos sofrimentos ignóbeis, respondiam gemidos e a cólera ante o mal terrível cometido ao encontro da realidade e da possibilidade de cada vida tão inutilmente assim sacrificada – cada uma delas a constituir uma tentativa abortada de Deus[130].

Quanto ao seu objeto, ele é o seguinte: Bultmann imagina captar aqui uma maneira de consignar um sentido ao acontecimento, como se Jonas quisesse *a posteriori* oferecer uma espécie de consolo aos supliciados assegurando-lhes que seu sofrimento encontra um lugar no destino da divindade[131]. Negando que se possa achar aí uma perspectiva consoladora, acrescentando que não se pode em nenhum caso gratificar o crime

---

129 Idem, p. 126.
130 Idem, p. 127.
131 Ver a carta de Rudof Bultmann para Hans Jonas, em *Entre le néant et l'éternité*, p. 136. Bultmann pensa talvez em certo número de interpretações providencialistas da Schoá surgidas na teologia judaica em meados dos anos de 1950 (ver a esse respeito Richard L. Rubenstein, Alliance et divinité: L'Holocauste et la problématique de la foi, e Léon Ashkénazi, Et il arriva à la fin des temps, *Pardes*, n. 9-10, 1989, p. 94-119 e p. 120-147).

e o sofrimento daqueles que o padeceram com uma autêntica "significação", Jonas acrescenta, todavia, que essa expressão expõe o que ele gostaria de crer[132].

Dissipar o mal-entendido que é suscetível de provocar a ideia segundo a qual as vítimas da *Schoá* não estariam talvez inteiramente mortas "por nada", tentar formular a esperança quase indizível de uma repercussão de seu martírio na ordem da transcendência: tal é o objeto do opúsculo O *Conceito de Deus após Auschwitz*. O espaço especulativo no qual ele se desdobra é deliberadamente restrito: não é mais exatamente aquele que desenhava os horizontes de uma imortalidade pensada como reunião de uma memória paciente do Eterno nas obras do tempo: ele tende a tornar-se o de uma interrogação concernente à possibilidade mesma de manter um conceito de Deus em vista das condições da experiência contemporânea. Ele se constrói entre uma pergunta e uma certeza. Em primeiro lugar, trata-se de responder à antiga indagação de Jó: perguntando o que Auschwitz acresce ao que se sabia desde sempre a respeito das maldades que o homem é capaz de perpetrar contra o homem e depois o que este acontecimento traz de inédito à memória coletiva dos judeus a respeito de uma história milenar de sofrimentos. Quanto à certeza que Jonas adianta doravante, ela visa, sem dúvida, dissipar todo mal-entendido, afirmando o caráter *a priori* impraticável da perspectiva pela qual a teologia respondia a Jó: uma teodiceia exacerbada no judaísmo pelo enigma da eleição; uma explicação do mal que pretende atribuir uma significação às violências sofridas e è morte injustificada. Na aventura do povo da Aliança, numerosas foram as ocasiões em que inocentes e justos padeceram o martírio com o *Schemá Israel* nos lábios, enquanto se via por meio do sacrifício dos "santos" uma maneira de ativar a luz da Promessa pela santificação do Nome (*Kidusch ha-Schem*). Diante dessas lembranças, importa

---

[132] Carta de Hans Jonas a Rudolf Bultmann, idem, p. 143. Reconhecendo ter-se, talvez, mal expresso, Jonas especifica seu pensamento: "Eu falava da participação na eternidade, da 'imortalidade', à qual chegaram aqueles que foram assassinados (como minha mãe), devido ao fato de que a injustiça que sofreram, na medida em que ela subverte a transcendência, lança uma sombra sobre a existência inteira e implica um esforço particular de reconstrução de nossa parte, nós, os sobreviventes, devido ao fato de que esse dever superior nos incumbe e que, tendo isto em conta, nós somos mais responsáveis para com a divindade e a posteridade do que as gerações que não foram postas à prova a este ponto".

precisar que o evento de Auschwitz não conheceu nada de semelhante, ele que viu as próprias crianças serem devoradas: "Aqui não encontraram lugar nem a fidelidade nem a infidelidade, nem a fé nem a descrença, nem a falta nem seu castigo, nem a provação nem o testemunho, nem a esperança da Redenção, nem sequer a força ou a fraqueza, o heroísmo ou a covardia, o desafio ou a submissão"[133].

O que fazer da imagem de vítimas que não foram, portanto, assassinadas nem pelo amor à sua fé nem por causa dela, ao passo que não lhes foi deixado nenhum vislumbre de nobreza humana no instante em que uma desumanização sistemática precedia sua agonia? Em face de tal questão, Hans Jonas se autoriza aquilo que um decreto do positivismo lógico contemporâneo condena: um "pedaço de teologia francamente especulativa"; uma reflexão que reivindica o direito de "deixar a violência de uma experiência única e monstruosa intervir nas interrogações sobre o que há com Deus"[134]. Uma última vez, é em nome de Kant que Jonas reivindica o valor de tal investigação. Enquanto Kant concedia à razão prática o que recusava à razão teórica, Jonas quer arrancar o conceito de Deus ao menosprezo dos filósofos, para lhe dar de novo o estatuto de um objeto eminente do

---

[133] Hans Jonas, *Le Concept de Dieu après Auschwitz: Une Voie juive*, trad. P. Ivernel, acompanhado de um ensaio de Catherine Chalier, Paris: Payot/Rivages, 1994, p. 11. Proveniente de uma conferência proferida por ocasião do recebimento do prêmio Leopold Lucas na Universidade de Tübingen em 1984, esse texto foi publicado em volume pela Suhrkamp em 1987, antes de ter, daí por diante, seu lugar na última parte das *Philosophische Untersuchungen und metaphysische Vermutungen*, p. 190-208. Ele se entretece na trama de um texto com o mesmo título publicado em inglês, desde 1968, pela Union of American Hebrew Congregations.

[134] Idem, p. 8 e p. 10. É preciso uma vez mais sublinhar o caminho extremamente estreito pelo qual Hans Jonas enveredou. Para dissipar a ambiguidade que Bultmann assinalava, ele especificou não querer abrir nenhuma perspectiva teleológica e afirma aqui que a ideia clássica de teodiceia é perfeitamente inoperante. No entanto, lá onde Emmanuel Lévinas decide deter-se à beira dessa constatação, para não correr o risco de uma interpretação intempestiva disso que parece inexplicável, Jonas se recusa a abrir mão disso: como se o respeito devido às vítimas autorizasse o murmúrio de uma hipótese mais do que impor o silêncio. Poder-se-ia assim sugerir que seu propósito se inscreve entre dois pontos de vista: o mutismo voluntário de Lévinas ou ainda a certeza que Gershom Scholem tinha de que seria preciso o tempo de várias gerações antes que fosse possível esboçar uma interpretação; a feroz preocupação de Hannah Arendt no sentido de querer nomear o mal, como se isto fosse necessário para a estabilidade do mundo e a retomada dos negócios humanos. Sobre essas três atitudes diante da Schoá, ver respectivamente infra, cap. IX, p. 1115-1118; supra, cap. IV, p. 566-567, e Pierre Bouretz, Introduction à *Eichmann à Jérusalem*, em Hannah Arendt, *Les Origines du totalitarisme/Eichmann à Jérusalem*, p. 998 e s.

pensamento. Nessa perspectiva, não é a busca de uma "prova de Deus" que importa, porém um trabalho sobre seu conceito que tem em vista estimar a solidariedade desse último com o conjunto dos conceitos. Esse quadro herdado do criticismo permite construir melhor um problema mais terrível do que ele o era na época de Kant. Como pensar um Deus impotente em face de Auschwitz? Por recorrer de bom grado à imagem de um "Senhor da História", a teologia judaica não estará mais desarmada diante de tal situação, do que uma teologia cristã familiar com a visão de um mundo suspeito de impureza após o pecado original? Dito de outro modo e nos termos de uma questão que resumiria todas: "Qual Deus pode deixar que isto seja feito?"

A conferência sobre a imortalidade carregava em germe a resposta a essa questão, que concerne ao mesmo tempo ao que Auschwitz traz de inédito no seio da experiência judaica e à possibilidade de pensar de novo o conceito de Deus: é preciso dispensar o "Senhor da História". Através de suas conjecturas, já se desenhava a imagem de um Deus sofredor desde o instante da criação do mundo e mais ainda após a do homem: um Deus que permanece eternamente "em devir"; um Deus "preocupado" e profundamente afetado por aquilo que o homem faz de um mundo onde ele está diretamente em perigo; um Deus que incorre a cada instante em um risco próprio. Retrabalhada no terreno teológico, essa perspectiva deve aclarar as duas faces do enigma de Auschwitz: o silêncio de Deus durante esses anos de fúria; mas também os milagres que vieram de seres simplesmente humanos, de justos desconhecidos entre as nações, aqueles que aceitaram seu próprio sacrifício para salvar Israel ou abrandar a sorte que lhe estava reservada. Eis a tese de Hans Jonas: se Deus não interveio nessa tormenta, não foi por falta de querer, mas de poder fazê-lo; se ele permaneceu silencioso, é que não lhe competia mais manifestar-se. Preparada pela reflexão sobre a imortalidade das ações humanas, essa tese pode doravante apresentar seu objeto sob sua forma mais precisa: "A ideia de um Deus que por algum tempo – o tempo que dura o processo continuado do mundo – se despojou de todo poder de imisção no curso físico das coisas desse mundo; um Deus que responde, pois, ao choque dos acontecimentos mundanos contra seu próprio ser, não "com uma mão firme e com um braço estendido" – como recitamos todos os anos, nós judeus, para comemorar a saída do Egito – mas perseguindo sua meta irrealizada com um mutismo penetrante"[135].

Hans Jonas sabe evidentemente que tal especulação toma liberdades com a doutrina tradicional do judaísmo. Ele se empenha, portanto, em justificar alusivamente o princípio desse ponto de vista, antes de indicar mais precisamente a sua fonte. Escolhendo como patamar mais baixo da Tradição os treze artigos de Maimônides, ele procura mostrar que se pode desenhar em seu seio uma linha de divisão, que seria de algum modo o resgate que é preciso pagar à preocupação de reconstruir o conceito de Deus após os acontecimentos contemporâneos. Nessa perspectiva, todos os enunciados que exprimem a ideia da "mão firme" deveriam ser abandonados: os que expõem a soberania de Deus sobre a criação; os que mostram sua maneira de recompensar os bons e punir os maus; aqueles, enfim, que concernem à promessa do Messias. Inversamente, poderiam ser preservadas todas as proposições estranhas às noções de poder, de teodiceia ou de consecução: as que dizem respeito ao princípio da Revelação através do "apelo às almas", da inspiração dos profetas e da Torá ou ainda a noção de eleição[136]. A fim de antecipar de antemão qualquer novo mal-entendido, Jonas afirma que tal liberdade para com a Tradição não altera em nada seu fundamento:

༄ ༄

135 Idem, p. 34-35. Hans Jonas voltou amiúde à questão do fundamento dessa ideia, surgida na conferência sobre a imortalidade. Do ponto de vista da investigação ontológica atinente ao fenômeno do vivente, para começar: nos parágrafos 14 e 15 de *Materie, Geist und Schöpfung*, respectivamente intitulados A Fraqueza de toda Metafísica do Sucesso: o Desconhecimento dos Riscos de Deus na Criação e Conjectura Cosmogônica Alternativa: a Renúncia de Deus à Potência em Favor da Autonomia Cósmica e suas Chances (ver *Philosophische Untersuchungen und metaphysische Vermutungen*, p. 243-247). Mas também em um quadro mais diretamente teológico, por ocasião da homenagem prestada a Rudolf Bultmann após sua morte: Le Combat pour la possibilité de la foi, op. cit., p. 145-174. Pronunciado como alocução quando da homenagem a Bultmann organizada pela Universidade de Marburgo, em novembro de 1976, esse texto havia sido traduzido por Jonas para o inglês sob o título Is faith still possible?, para a *Harvard Theological Review*, 75, 1, jan. 1982.
136 Idem, p. 35. Compreende-se que Jonas se proponha aqui a traçar uma fronteira que passaria pelo interior dos trezes artigos formulados por Maimônides no fim de sua introdução ao comentário da *Mischná Sanedrin*, x (*Helek*). Para o essencial, ela separaria os princípios 1 (poder soberano de Deus), 11 (doutrina das recompensas) e 12 (vinda do Messias), que exprimem a ideia da "mão forte" dos artigos 6 (existência de almas humana dotadas de inteligência em ato), 7 (inspiração dos profetas) e 8 (origem da *Torá*) (ver Maimônides, Introduction au chapitre Helèq, *Épîtres*, trad. J. de Hulster, Paris: Gallimard, 1993, p. 182-195). Jonas especifica o sentido da noção de chamado às almas como explicação do sentido da Revelação em Le Combat pour la possibilité de la foi, op. cit., p. 169-174.

o conceito do Deus único. A precisão é tanto mais importante quanto se poderia imaginá-lo por um instante a retirar ideias do ateliê da gnose, para importar notadamente a possante doutrina do dualismo maniqueísta como explicação do mal. Jonas indica as noções que ocorrem ao espírito, mas que ele recusa, rejeitando toda tentação dessa ordem: a concepção ontológica ou teológica de um duplo deus; a tese platônica de um meio passivo que justificaria uma encarnação imperfeita do ideal no mundo. Tomadas essas precauções, ele pode definitivamente indicar o horizonte de sua reflexão: o princípio de uma correlação entre a liberdade humana e a renúncia divina ao poder.

Aparece assim tardiamente o verdadeiro fundamento dessa meditação. Ele repousa sobre uma concepção heterodoxa da soberania divina, tomada de empréstimo à mística judaica: "Somente a criação a partir do nada nos dá a *unidade* do princípio divino e, ao mesmo tempo, sua *autolimitação*, a qual abre o *espaço* para a existência e autonomia do mundo"[137]. Em grande parte, Hans Jonas reproduz aqui a maneira como a Cabala de Lúria expunha a doutrina da criação *ex nihilo*: graças ao conceito cosmogônico de uma contração de Deus em si mesmo (*tzimtzum*) que libera o vazio inicial a partir do qual pode surgir o universo. Ele afirma, no entanto, que sua construção quer ir mais longe ainda que a dos cabalistas, sugerindo que, após haver-se abandonado inteiramente ao mundo em devir, Deus não tem mais nada a oferecer, de tal sorte que "cabe agora ao homem dá-lo"[138]. Em apoio a essa proposição, ele mobiliza repetidas vezes um mesmo testemunho, o de Etty Hillesum, desaparecida em Auschwitz em novembro de 1943 e que deixa os fragmentos de um diário em que se dirige a Deus: "Vós não podeis nos ajudar, mas nós, nós devemos Vos ajudar, defender Vosso lugar de morada em nós até o fim"[139]. Ao termo dessa exploração, a resposta de Jonas ao enigma do "Deus que és tu" aparece

---

137 Idem, p. 37. Como o próprio Hans Jonas aí convida, cumpre reportar-se aos trabalhos de Gershom Scholem para entender qual o lugar que esta ideia ocupa na Cabala, compreender suas origens e perceber sua história. Ver supra, cap. IV, p. 497-500.
138 Idem, p. 38.
139 Etty Hillesum, *Une Vie bouleversée: Journal 1941-1943*, acompanhado de *Lettres de Westerbork*, trad. P. Noble, Paris: Seuil, 1995, p. 175-176 (tradução modificada). Ainda que este testemunho seja citado em nota em *Le Concept de Dieu après Auschwitz* (p. 43-44), Hans Jonas dedica-lhe um desenvolvimento mais amplo em Materie, Geist und Schöpfung, op. cit., p. 247-249.

definitivamente em contradição com a do Livro de Jó: visto que ela opõe continuamente a ideia de uma renúncia divina ao poder aos esforços fornecidos por esse texto e seus comentários para reafirmar a plenitude do Criador a despeito da evidência do infortúnio. Alargando a antologia que fundamentava sua ética até as fronteiras da teologia, Jonas consigna uma tarefa terrível à liberdade do homem: a de arcar com uma responsabilidade para com o mundo que inclui tomar o encargo pelo destino da transcendência. Em troca, é com uma força igual que a teologia é também questionada por essa forma paradoxal da autonomia humana. Aos olhos de Jonas, esse duplo desafio é, sem dúvida, uma maneira de aprofundar a diferença entre duas épocas da filosofia: a do terremoto de Lisboa e a de Auschwitz; aquela que se prendia ao mistério de uma cega causalidade natural e aquela que enfrenta o enigma do êxito de um mal absoluto.

Experiência e Responsabilidade: Duas Figuras da Aliança?

Em face da extrema amplitude da obra de Hans Jonas, do caráter audacioso da maior parte de suas proposições e à forma provocadora de algumas delas, as críticas são suscetíveis de perfilar-se a partir de múltiplos pontos de vista. No plano daquilo que tende a assemelhar-se a um sistema, a maioria delas orientou-se para a parelha formada pela ética da responsabilidade e a ontologia que a fundamenta: a fim de discutir a necessidade de tal ligação ou o preço por demais elevado disso que condiciona sua aplicação. Nessa perspectiva, Karl-Otto Apel e Paul Ricoeur especialmente têm em comum o cuidado de saudar a radicalidade do empreendimento de Jonas e o desejo de questionar seu modo de realização[140]. Inquieto com o risco de ver a igualdade dos direitos sacrificada ao imperativo que concerne exclusivamente à existência futura da humanidade, Apel prefere as vias da reflexão transcendental às da ontologia do vivente, em um projeto

---

140 Tendo desenvolvido em outros lugares esses argumentos, eu me permito remeter a Pierre Bouretz o artigo *Hans Jonas: Dictionnaire des oeuvres politiques*, François Châtelet; Olivier Duhamel; Evelyne Pisier (dir.), Paris: PUF, 1995 (3. ed.), p. 547-569.

que, apesar de tudo, visa um resultado similar ao de Jonas: ultrapassar o aspecto deôntico da ética formal em Kant, para levar em conta a dimensão da historicidade em que se inscrevem os efeitos potencialmente irreversíveis de nossas ações[141]. Quanto a Paul Ricoeur, ele duplica sua admiração pela determinação intelectual de Jonas com uma perplexidade diante de um segredo desse pensamento que lhe parece residir na correspondência tácita entre três axiomas no seio de um vasto círculo hermenêutico: "A vida diz sim à vida"; a ideia de humanidade exige ser realizada; o ser vale mais que o não ser"[142]. Retendo essas homenagens na profundeza metafísica do pensamento de Hans Jonas ao mesmo tempo que as hesitações em face de alguns de seus desvios, cabe perguntar se ele não apresenta, em última análise, o paradoxo de uma espécie de contenção no tocante às suas hipóteses especulativas mais fecundas.

O terreno sobre o qual se manifestaria melhor esse fenômeno é o de uma reflexão relativa ao estatuto da religião que toma a forma de uma discussão à distância de Hans Jonas com o interlocutor privilegiado que é sempre Martin Heidegger. Por ocasião de uma conferência que devia suscitar a ira de numerosos heideggerianos, Jonas procurou dissipar o fascínio que o "pensamento do ser" exerce sobre a teologia evangélica, desmascarando o caráter enganador de suas consonâncias com a palavra bíblica[143]. Segundo um procedimento doravante familiar, ele começa a fingir que concorda com uma proposição apresentada por teólogos protestantes: a existência de uma afinidade entre o pensamento cristão e a linguagem de Heidegger, que reivindica, no entanto, uma feição estritamente profana. Desse ponto de vista, ele parece mesmo admitir que um Heidegger que afirma que o "pensar" (*Denken*) é um "agradecer" (*Danken*) oferece uma

---

141 Ver Karl-Otto Apel, *Éthique de la discussion*, trad. M. Hunyadi, Paris: Cerf, 1994, e *La Crise écologique en tant que problème pour l'éthique du discours*, trad. M.-G. Pinsart, em Gilbert Hottois; Marie-Geneviève Pinsart (dir.), *Nature et responsabilité*, Paris: Vrin, 1993, p. 93-130.
142 Paul Ricoeur, Éthique et philosophie de la biologie chez Hans Jonas, op. cit., p. 318.
143 Ver Hans Jonas, Heidegger et la théologie, trad. L. Evrard, *Esprit*, jul.-ago. de 1988, p. 172-193. Esta conferência foi proferida em abril de 1964, na abertura de uma discussão de teólogos protestantes em torno de Heidegger. Publicada em alemão, depois em inglês em *The Phenomenon of Life*, ela suscitou numerosas respostas, dentre as quais a de William J. Richardson, S. J., cujo título divertia muito Hans Jonas: "Heidegger and God – and Professor Jonas". A tradução francesa da conferência de Jonas é precedida de uma introdução de Dominique Janicaud, que contesta a interpretação proposta sobre o pensamento do "segundo" Heidegger.

reabilitação daquilo que a filosofia sempre negligenciou: o "chamado" em face da forma, a "missão" em face da presença, o sentimento de ser "agarrado" em face do da contemplação, o "acontecimento" em face do objeto ou ainda a "resposta" em face do conceito. No quadro de tal oposição entre as categorias do pensamento do ser e as da metafísica ocidental, pareceria não somente que permanece uma forte dose de cristianismo laicizado no pensamento de Heidegger, mas o "autodesvelamento" do ser ou seu "desabrigamento" (*Entbergung*) assemelhar-se-iam ainda a uma forma da Revelação: com base em um reinvestimento das capacidades de ouvir e entender, contra o ver e o olhar que se haviam imposto com a filosofia desde os gregos[144]. Quanto ao caráter "destinal" do "pensar" como resposta ao "desabrigamento" do ser, ele poderia, pois, enunciar-se em termos teológicos, assim como afirmam algumas correntes evangélicas contemporâneas na Alemanha e nos Estados Unidos.

É precisamente a partir desta última questão que Hans Jonas inverte o movimento de sua análise, para empreender uma crítica conjunta do pensamento de Heidegger e de seus usos teológicos. Tratando-se destes últimos, após ter observado que o cristianismo herdou do Antigo Testamento a rejeição de toda ideia de destino, ele sublinha o fato de que, a despeito dos subentendidos de Heidegger, a problemática da Revelação não é a busca de uma "resposta *falada* do homem"[145]. Quando se pergunta, "Adão, onde estás?" (*Gn*, 3, 9) ou "Caim, onde está teu irmão?" (*Gn*, 4, 9), as indagações se dirigem a um homem autor de ações e não de palavras. De maneira similar, nas ocasiões em que a memória é solicitada, é para ter em vista uma vontade humana empedernida, mais do que um pensamento esquecido do

---

[144] Esta última oposição entre uma filosofia ocidental que privilegia o olhar e a maneira como Heidegger procede ao elogio da escuta é o verdadeiro ponto de partida da conferência. Jonas começa, com efeito, por mostrar que o problema de uma objetivação da palavra divina se propôs desde o primeiro encontro entre a *Bíblia* e o Logos, enquanto a resposta que lhe dava Filo de Alexandria já fixava a preferência pela vista dentre os sentidos suscetíveis de acompanhar o pensamento. Fora do contexto desta discussão da teologia de Heidegger, Jonas desenvolve repetidas vezes a ideia de uma superioridade do olho sobre o ouvido, com mais frequência, aliás, para precisar sua concepção pessoal da fenomenologia através de uma crítica implícita da abstração metafísica (ver especialmente *Das Prinzip Leben*, cap. VIII). Hannah Arendt retoma, por sua conta, esta ideia em suas análises das condições da experiência filosófica, ver *La Vie de l'esprit*, v. 1, *La Pensée*, trad. L. Lotringer, Paris: PUF, 1981/1992, p. 129-132.

[145] Idem, p. 182.

ser. Querendo-se ou não, a ilustração dessa diferença essencial é fornecida a Jonas pelas circunstâncias nas quais Heidegger via mais explicitamente um "chamado" sem querer jamais oferecer outra resposta do que a de uma pura "resolução". Foi assim com o Führer e com "o chamado ao destino alemão" que ele lançava: "um desabrigar de alguma coisa, de fato um chamado ao ser, com certeza 'destinal', em todos os sentidos da palavra"[146]. Daí esta primeira brecha na ilusão em que se mantém toda teologia fascinada pela linguagem heideggeriana: seja este o caso de Hegel, Comte, Marx, Spencer ou Heidegger, cada sistema do destino histórico é deliberadamente um sistema "desse mundo". Mais precisamente ainda, o ser cujo destino Heidegger sopesa representa a quinta-essência do mundo ou do *saeculum*: de modo que compete à teologia "preservar a transcendência radical de seu Deus, cuja voz não vem do ser, mas faz irrupção, vinda de fora, no reino do ser"[147].

Aparece assim aquilo que Emmanuel Lévinas traz à luz em termos praticamente idênticos: o imanentismo essencial de Heidegger. Escrutando o traço de uma teologia natural, tal como a esboça a *Carta sobre o Humanismo**, Hans Jonas mostra que se a questão nesse texto é efetivamente a de um retorno dos deuses, é sob a forma de um "paganismo que deifica o mundo"[148].

---

[146] Idem, p. 183. Jonas cita em nota essa passagem de um "chamado aos estudantes" de Friburgo publicado por Heidegger na revista deles em 3 de novembro de 1933: "Que nem doutrinas nem 'ideias' sejam as regras de vosso ser. O *Führer* ele próprio e só ele é a realidade alemã presente e futura, e sua lei. Empenhai-vos em sabê-lo sempre mais profundamente: doravante, toda coisa exige decisão, e toda ação responsabilidade. *Heil Hitler*". Esse texto em sua íntegra encontra-se em Martin Heidegger, *Écrits politiques. 1933-1966*, trad. F. Fédier, Paris: Gallimard, 1995, p. 117-118 (cito a tradução de L. Evrard no texto de Jonas). Permanecendo cético no tocante à maneira como François Fédier tenta explicar (p. 298, nota 24) que Heidegger se empenha aqui em favor de Hitler e não das ideias do nazismo, pode-se lembrar uma fórmula severa pela qual Jonas consigna esta posição: "Para a vergonha da filosofia, a resposta de Heidegger está registrada nos anais, e eu espero que não a tenham esquecido de modo algum".

[147] Idem, ibidem.

* Trad. bras.: M. Heidegger, *Carta sobre o Humanismo*, São Paulo: Centauro, 2005 (N. da E.).

[148] Idem, p. 184. Importa reportar-se sobre este ponto à crítica que Emmanuel Lévinas dirige a "uma prestigiosa corrente do pensamento moderno, oriunda da Alemanha e que inunda os recônditos pagãos de nossa alma ocidental". Tratando-se, portanto, de Heidegger e dos heideggerianos, Lévinas escreve: "Seria de desejar que o homem reencontre o *mundo* [...] Reencontrar o mundo é reencontrar uma infância enevoada misteriosamente no Lugar [...] Eis aí, portanto, a eterna sedução do paganismo, para além do infantilismo da idolatria, de há muito superada. *O sagrado filtrando-se através do mundo* – o judaísmo só pode ser uma negação disso [...] O mistério das coisas é a fonte de toda crueldade em relação aos homens". Emmanuel Lévinas, "Heidegger, Gagarine et nous" (1961), *Difficile liberté*, 3. ed., Paris: Albin Michel, 1976, p. 324-325. Sobre o sentido e o alcance desta crítica, ver infra, cap. IX, p. 1105-1108.

Vê-se, pois, onde reside a fonte da ilusão dos "amigos da religião" que imaginam poder provar que Heidegger não é ateu: lá onde esse último proclama que "é somente à luz da essência da deidade (*Gottheit*) que se pode pensar e dizer aquilo que a palavra 'Deus' deve nomear"[149]. O amigo da metafísica crê poder reconhecer em tais fórmulas um antigo discurso filosófico transposto para fora de sua linguagem. Mas ele esquece que, de qualquer maneira, não é nem em Platão nem em Aristóteles que o teólogo está em melhor condição de haurir sua inspiração. Em outros termos, ele deveria compreender que, quando Heidegger faz do homem o "pastor do ser", não são as criaturas criadas que são visadas, com os respectivos rostos e na perspectiva da responsabilidade, mas um instante terrivelmente anônimo: que se impõe por seu chamado a quem ninguém pode dizer "não", como foi o caso em relação a Hitler. Notando a feição quase blasfematória para ouvidos judeus ou cristãos deste emprego do Nome, Hans Jonas protesta: "Que é duro ouvir esta saudação ao homem, pastor do ser, quando ontem ainda ele faltou, e de que forma sinistra, a seus deveres de guardião de seu irmão"[150]. É, portanto, inútil e vão mobilizar a queda do ser enquistado na relação sujeito-objeto ou ainda a crítica da técnica para revitalizar a teologia: a dualidade constitui um privilégio e um fardo do homem que tem sua origem na *Bíblia* tanto quanto em Platão, ao passo que a ruptura que fixa a situação desse homem no tocante à totalidade das coisas decorre da própria ideia de Criação; no referente à técnica, ela deve tanto à tradição judaico-cristã como ao "bode expiatório da metafísica"[151].

Tendo assim desmascarado a fingida humildade com a qual Heidegger parece confiar à iniciativa do ser "a incomensurável *hybris* de toda história do pensamento", Hans Jonas pode abandonar a crítica do discurso carismático e das seduções que ela exerce sobre a teologia contemporânea, para voltar à sua própria concepção do discurso religioso. Nesse caminho,

---

149 Martin Heidegger, *Lettre sur l'humanisme*, trad. Roger Munier, Paris: Aubier, 1957, p. 130-131.
150 Heidegger et la théologie, op. cit., p. 192.
151 Idem, p. 193. É preciso aproveitar a ocasião que esta fórmula oferece para salientar o fato de que se Jonas desenvolve evidentemente uma crítica da técnica em *O Princípio Responsabilidade*, este não toma emprestado do esquema heideggeriano e não desemboca em uma rejeição unilateral. Como em Emmanuel Lévinas, trata-se antes de traçar no seio da esfera técnica uma diferenciação entre duas lógicas: aquela que não decorre de um agir orientado para os fins autênticos do homem; e aquela que se separa disso tornando-se verdadeiramente uma fonte de ameaça.

é mais uma vez Rudolf Bultmann que toma a feição de parceiro. Na época de sua tese sobre Agostinho, foi com ele que Jonas aprendera como oferecer à religião uma conceitualidade adequada: preservando sua transparência graças a uma objetivação dominada de sua linguagem. Tratando-se aqui do princípio da "desmitologização" que rege a hermenêutica de Bultmann, ele especifica seu acordo com a orientação de um projeto que consiste em traduzir as noções míticas em conceitos da filosofia existencial: "reconduzir o *logos* mais para a proximidade da substância da qual ele tirava sua origem, isto é, da dinâmica da existência humana e de sua experiência de si mesma"[152]. Aparece, todavia, uma divergência, tanto mais sensível quanto ela surge no contexto da discussão heideggeriana: ela concerne aos limites da retradução legítima do discurso próprio à religião. A inquietude de Jonas nesse plano não mais deveria espantar quem quer que esteja familiarizado com suas investigações ontológicas: pois que ela visa o fato de que um esquema conceitual mal apropriado pode "embotar o sentimento do paradoxo e inserir familiaridade lá onde ela não poderia ser tolerada". A questão é, pois, a de saber em qual momento a linguagem conceitual deve dar a mão ao discurso simbólico: na falta disso a desmitologização cairia no imanentismo ou no antropomorfismo, reduzindo a apreensão de Deus à autocompreensão do próprio homem.

Enquanto expõe uma sutil reserva a respeito da hermenêutica tal como a concebia Rudolf Bultmann, a resposta fornecida por Hans Jonas a esse problema aclara, sem dúvida, pelo interior, sua própria *démarche*. Tratando-se de saber quais símbolos do mito ou conceitos do pensamento estão em melhores condições de proteger o "paradoxo final" da religião, Jonas

---

[152] Idem, ibidem. Hans Jonas desdobra mais a análise do conceito de desmitologização no texto consagrado a Bultmann: Le Combat pour la possibilité de la foi, op. cit., p. 150 e s. Aqui, ele mostra mais precisamente que a preocupação de Bultmann de fazer convergir a teoria da interpretação e a ciência moderna no conceito de desmitologização se desdobra sobre dois horizontes: salvar a possibilidade da fé no contexto de uma modernidade hostil à concepção mitológica do mundo; distinguir seu verdadeiro conteúdo liberando o texto para sua leitura verdadeira, graças à compreensão existencial. A partir da ideia segundo a qual o mito fala de fato de uma realidade, mas de maneira inadequada, trata-se, pois, de traduzir seus conteúdos para a boa linguagem: a dos conceitos da existência, em afinidade com a *démarche* de *Sein und Zeit*. Esta última perspectiva teórica é efetivamente aquela que Jonas perseguia em seus primeiros trabalhos sobre a gnose, antes de descobrir que a descrição gnóstica da derrelição humana coincidia por demais com o niilismo contemporâneo para não solicitar uma crítica do existencialismo.

separa-se da tese da desmitologização por meio da seguinte proposição: "Lá onde o mistério está em sua casa de pleno direito, 'nós vemos em um espelho, obscuramente'"[153]. Dito de outro modo e contrariamente a Bultmann, que se apega à transparência do conceito, ele sublinha o fato de que este permanece tão opaco quanto qualquer outra linguagem e parece preferir manter "a *opacidade manifesta* do mito, transparente para o inefável". Quanto à sua maneira de realizar tal desejo, ela continua sendo prudente, explorando de algum modo uma via mediana entre a crítica racionalista do mito e seu elogio indiferenciado. Ela se empenha em distinguir entre as diferentes dimensões do mito e suas significações: literalmente, ele permite apenas uma objetivação grosseira; alegoricamente, oferece uma forma mais refinada disso; simbolicamente, enfim, torna-se verdadeiramente "o espelho no qual vemos obscuramente". Tem-se doravante o direito de perguntar em que medida isso que se expõe aqui, na ordem de uma discussão geral sobre os graus de intelectualização legítima do discurso religioso, proporciona uma indicação relativa ao uso do mito próprio a Jonas, o lugar que ele ocupa nas meditações metafísicas e depois suas repercussões do ponto de vista do equilíbrio de conjunto do sistema proposto. No caso, tratar-se-ia de saber se a limitação voluntária dessas investigações metafísicas à elaboração de um mito da criação não acarreta uma paradoxal restrição de sua potência especulativa, fechando aí finalmente uma parte dos horizontes abertos pela ética da responsabilidade.

Cumpre, sem dúvida, precisar a forma dessa questão, que se apoia no estilo de interrogação metafísica defendido pelo próprio Hans Jonas. Sua intenção é a seguinte: explorar o que separa o mito da criação proposto por Jonas do conceito clássico de Criação; comparar, do ponto de vista da fundação ética, o projeto de uma ontologia do vivente elaborada em uma perspectiva de sobrevivência com problemáticas que permanecem voltadas para o horizonte da Redenção. Remanescendo por um instante no espaço do mito experimental construído por Jonas, não se pode deixar de notar o caráter incompleto de sua referência às categorias da mística judaica. Como mostram Gershom Scholem, para descrevê-la, ou até Franz Rosenzweig, para se inspirar nela, a Cabala luriana não imagina a contração

---

[153] Idem, p. 195.

do divino quando da Criação e depois o exílio de Deus no mundo senão para trazer à luz um processo mais amplo: o de uma reparação (*tikun*) pela qual a ação humana trabalha para a chegada do Messias, que restabelecerá cada coisa em seu lugar[154]. É precisamente essa dimensão do messianismo que permanece deliberadamente oculta por Jonas. No contexto polêmico de seu cometimento, é fácil compreender os motivos dessa desaparição, eles correspondem à inscrição de seu projeto em uma luta contra as formas demasiado incandescentes, a seus olhos, do princípio esperança; eles se ligam à sua discussão da obra de Ernst Bloch, percebida como uma espécie de precipitado das reciclagens modernas da escatologia religiosa. Pode-se, todavia, pensar que no plano estritamente interno à simbólica mobilizada por Jonas, essa atrofia é o sintoma de uma dificuldade que recai sobre a ética da responsabilidade. A potência sugestiva do mito que afirma uma renúncia do poder divino em proveito da liberdade humana não é suscetível de erodir-se, por falta de conceber as condições de reparação do mundo? O que pensar de uma ética que parece limitar-se à conservação do vivente, não aceitando considerar as modalidades de seu desabrochamento?

Poder-se-ia tentar prolongar ainda esta investigação no universo simbólico do mito aventado por Hans Jonas, imaginando em especial o que apareceria "obscuramente" da natureza e do homem através de uma restauração em seu seio da perspectiva do *tikun*. Uma outra experiência intelectual pode, entretanto, ser encarada, a qual consistiria em retraduzir o modelo esboçado para a linguagem conceitual da teologia judaica aclarada por uma de suas reinterpretações contemporâneas. Por meio de tal operação, deveria ser possível estimar seu grau de validade do ponto de vista de uma fundação do sistema da ética e depois medir a parte inacabada que se liga talvez a esta última. É a empreitada mais radical voltada para a demonstração de uma tradutibilidade das categorias da Tradição no discurso da filosofia moderna que fornece o quadro mais sólido para tal experiência: o de *A Religião da Razão Extraída das Fontes do Judaísmo*, de Hermann Cohen. Em primeiro lugar, faz-se mister procurar determinar ao que poderia corresponder a figura de um universo vivente dotado de fins, ameaçado de destruição e finalmente objeto de uma forma de aliança. A

---

[154] Acerca desta perspectiva, ver supra, cap. IV, p. 500-506.

gente pensa de pronto no episódio do *Gênesis* em que Deus renuncia a seu primeiro movimento de cólera diante do comportamento humano ("o fim de toda carne me veio ao espírito, pois a terra está cheia de vossa violência", 6, 13) para finalmente salvar Noé e sua descendência efetuando um pacto com ele: "Eu estabelecerei minha aliança contigo, e tu entrarás na arca, tu, teus filhos, tua mulher e as mulheres de teus filhos contigo" (6, 18). Eis, portanto, uma autêntica aliança, na qual o que está em jogo é efetivamente a preservação do vivente: através dos dois representantes de cada espécie que será conservada e depois, sobretudo, sob a cobertura do respeito aos "sete mandamentos dos filhos de Noé" que o *Talmud* formalizará[155].

Se a gente procurar ir mais a fundo na diferença entre essa construção conceitual e o mito elaborado por Hans Jonas, parece que entre o homem e Deus o ônus da prova é inverso. No modelo bíblico, é Deus mesmo que se compromete a preservar a descendência de Noé como símbolo da humanidade pela promessa de que nenhum dilúvio virá mais ameaçar o que é vivente. Mais precisamente, e desta vez nos termos de Hermann Cohen: "Deus entra em uma correlação permanente e conceitual com a natureza e com o gênero humano que vive em seu seio, com o homem enquanto outrem"[156]. É, sem dúvida, esta última indicação que é a mais preciosa. Com ela, Cohen especifica que se trata apenas de uma primeira aliança, construída em torno de uma correlação inicial entre o homem e Deus. Noé designa uma figura intermediária do homem: posterior à da Criação que Adão encarnava; mas anterior à da eleição, que aparecerá com Abraão e depois Moisés. O pacto "noáquico" concerne, pois, ao conjunto da humanidade: para resolver a antinomia entre o israelita e o estrangeiro, antes que aquele que se realiza através da Revelação tenha em conta o conflito que pode opor Israel aos outros povos. Dito de outro modo, a aliança liminar com Noé assegura efetivamente o reconhecimento de um caráter sagrado do vivente e contém a promessa de sua conservação à qual Jonas

---

155 Assim, como Hermann Cohen lembra, esta noção das sete leis que devem reger a vida em sociedade não aparece na *Bíblia*, porém no *Talmud* (*Sanedrin*, 56a). Essas leis comportam os interditos da blasfêmia, da idolatria, das uniões ilícitas, do assassinato, do roubo com violência e da extração de um pedaço de carne ou mesmo de sangue de um animal vivo (ver Hermann Cohen, *Religion de la raison tirée des sources du judaïsme*, trad. M. B. de Launay e A. Lagny, Paris: PUF, 1994, p. 175, e supra, cap. I, p. 72-83).
156 Idem, 168.

está ligado. Mas ela desemboca imediatamente em outra aliança, que especifica as suas finalidades: depois que o arco-íris ofereceu o símbolo da "aliança entre Deus e a terra, entre Deus e toda alma vivente em toda carne" (Cohen) como "aliança eterna" para "as gerações para sempre" (Gn 9, 17 e 12), Abraão sucede a Noé na ordem histórica do monoteísmo com sua própria bênção, que é ainda destinada a "todas as nações da terra" (Gn 18, 18). Fundador de uma nação, Abraão é assim portador de uma promessa que se endereça sempre ao conjunto da humanidade: a da acolhida do estrangeiro convertido em "filho de Noé" no *Talmud* e que pode ter parte do mundo vindouro como "homem piedoso entre as nações da terra"; noção em que Cohen reconhece, na esteira de John Selden e Hugo Grotius, a fonte do direito natural moderno[157].

O mito proposto por Hans Jonas para fundamentar o caráter sagrado do vivente parece corresponder a uma aliança única entre o homem e Deus: porquanto, depois dela, este último se retira do curso do mundo. A interpretação que Hermann Cohen dá de seu equivalente no relato do *Gênesis* volta-se imediatamente para o horizonte do messianismo: uma perspectiva de sua parte ancorada na aliança firmada com Moisés e depois tematizada pelos profetas. De maneira significativa, é no contexto da relação com o mito e de sua ultrapassagem pelo monoteísmo que Cohen situa a questão do messianismo e a interpretação de seu alcance. A seus olhos, o terreno sobre o qual se desenvolve o mito é o de uma interrogação atinente ao sentido último e ao valor de uma existência humana a defrontar-se com a espessura enigmática do mundo, em um âmbito dominado pela morte. Desse ponto de vista, o mito prepara efetivamente a perspectiva de um alargamento da vida humana e lhe cabe o mérito de haver imaginado uma ultrapassagem das fronteiras do presente sensível. Mas ele permanece fundamentalmente na ordem de uma nostalgia da inocência perdida e

---

[157] Idem, p. 177-178. Emmanuel Lévinas refez precisamente o percurso que conduz da noção de "noáquida" à do "justo entre as nações da terra", para sublinhar, por sua vez, uma fonte do direito natural moderno (ver Emmanuel Lévinas, La Laïcité et la pensée d'Israël [1960], *Les Imprévus de l'histoire*, Paris: Fata Morgana, 1994, p. 186-188, e infra, cap. IX, p. 1108-1110). Quanto à noção dos homens piedosos entre as nações da terra que têm parte no mundo futuro, ela procede também de uma construção tardia, cujo núcleo está em Maimônides (ver *Tosefta Sanedrin*, 234, e *Mischné Torá*, Livro I, Mada, v, *Teschuvá*, III, 5 e *Le Livre de la connaissance*, trad. Valentin Nikiprowetzky e André Zaoui, Paris: PUF, 1990, p. 373).

de uma idade de ouro: ele conserva assim para o mundo moral a forma de uma esfinge, diante da qual "o conhecimento do bem e do mal é acompanhado pela dúvida sobre seu caráter de absoluto"[158]. Ora, a revolução do monoteísmo consiste precisamente, para Cohen, em inverter as coisas: "O porvir messiânico é a primeira expressão consciente da oposição dos valores morais à sensualidade empírica"[159]. A maneira como Cohen encontra aqui o embasamento da ética kantiana se aclara facilmente: não só a moralidade não deve fundar-se senão fora da sensualidade empírica, mas ela não pode verdadeiramente realizar-se "a não ser que se veja a luz do ideal elevar-se diante de toda realidade", o que supõe doravante o conceito de uma história. Veem-se, uma vez ainda, quais podem ser as razões de um nivelamento da perspectiva do messianismo de parte de Hans Jonas. A primeira delas decorre de uma desconfiança de princípio no tocante às reinterpretações utópicas do ideal messiânico, perspectiva da qual a obra de Ernst Bloch oferece o arquétipo. Pode-se, contudo, imaginar que há outra, que se enxertaria facilmente na consequência que Cohen tira da ultrapassagem da realidade na ideia do Messias: o fato de que por esta projeção no plano do infinito o conceito de Deus se eleva ao "Senhor de toda a terra", ao mesmo tempo que o do homem se estende à humanidade. Será necessário, portanto, questionar o preço desse eclipse do messianismo em Jonas, mesmo que tenha de conservar na memória o fato de que é para enfrentar as condições de uma experiência contemporânea desconhecida por Cohen que ele despede o "Senhor da história".

Pode-se precisar uma última vez a forma de um argumento que redunda, em última análise, em estimar o valor do mito como instrumento de conhecimento. Do ponto de vista de sua utilização na perspectiva de uma justificação do caráter sagrado concedido ao vivente, a oposição entre os métodos de Hermann Cohen e Hans Jonas aparece doravante claramente. Assim como Ernst Cassirer o mostra, todo o esforço de Cohen

---

158 Idem, p. 351.
159 Idem, p. 352. Notemos que Scholem sublinhou e comentou a radicalidade desta tese de Hermann Cohen (ver G. Scholem, Considérations sur la théologie juive [1971], *Fidélité et utopie: Essais sur le judaïsme contemporain*, trad. M. Delmotte e B. Dupuy, Paris: Calmann--Lévy, 1978, p. 255). Cabe assim perguntar qual dessas duas teses é mais radical: aquela que funda a moralidade em uma ultrapassagem do estar-aí; ou aquela que opõe às abstrações do idealismo o retorno a uma determinação do valor pela natureza.

na esteira de sua interpretação do idealismo crítico de Kant consiste em separar as coisas, e de um modo mais geral tudo o que pertence à ordem do "dado", do processo de fundação de um sistema[160]. Nessa "lógica da origem", a legalidade que o pensamento exige não deve, de maneira alguma, lhe ser fornecida pelo ser. Graças a ela, Cohen pode mostrar como o sistema da ética se articula perfeitamente com a maneira pela qual a religião da razão extraída das fontes do judaísmo se arranca do mito e de seu formigueiro de coisas dadas para atingir a autonomia de um conhecimento. Em certo sentido, Leo Strauss não diz outra coisa quando propõe, por sua vez, uma interpretação do *Gênesis*. Esta sublinha sua oposição a toda cosmologia e depois sua depreciação do céu em proveito da terra e dos homens, mesmo se Strauss tira daí uma consequência que Cohen não vê: a existência de uma tensão entre a vida na obediência à Revelação e a vida segundo a liberdade humana[161]. A maneira como Hans Jonas propõe descobrir as fontes conjuntas da liberdade e da responsabilidade, na ideia de uma retirada de Deus para fora de um mundo abandonado ao homem, poderia ter em vista limitar tal conflito: posto que a realização de uma espécie de autonomia humana negativa deveria corresponder ao respeito a um projeto divino, ele próprio restrito. Resta, entretanto, estimar o custo do recurso ao mito na construção de tal modelo. Pode-se conceder um caráter sagrado ao vivente para assegurar a responsabilidade do embasamento ontológico e, no entanto, impedir que esta sacralização não se feche no que Franz Rosenzweig descreve como a verdadeira essência do mito: "uma vida que não conhece nada acima nem abaixo dela; que não conhece coisas dominadas, nem deuses dominantes, uma vida puramente em si, quer os portadores desta vida sejam deuses, homens ou coisas"[162]? De um ângulo similar e sempre tomado de empréstimo de *A Estrela da Redenção*, como conceber que o mito da criação elaborado por Jonas a fim de fundar sua ética possa arrancar-se à lei de tal vida, entendida como "acordo entre o arbitrário e o destino, acordo

---

160 Ver Ernst Cassirer, La Philosophie de la religion de Hermann Cohen et sa relation au judaïsme (1931), trad. Christian Berner, em Ernst Cassirer, Hermann Cohen, Paul Natorp, *L'École de Marbourg*, trad. Christian Berner *et alii*, Paris: Cerf, 1998, p. 67-75, e supra, cap. I, p. 60-62.
161 Ver Leo Strauss, Sur l'interprétation de la Genèse (1957), op. cit., p. 31-35, e supra, cap. VII, p. 909-914.
162 Franz Rosenzweig, *L'Étoile de la Rédemption*, p. 47.

interno, que não ressoa além de si mesmo e que volta sem cessar a si mesmo"? Em outros termos, enfim, o vivente ao qual Hans Jonas consigna o estatuto último do respeito não corresponde ao que Emmanuel Lévinas chamou de um "sagrado filtrando-se através do mundo"?

Estruturada por uma proximidade de intenções e uma diversidade estratégica, a relação entre as empreitadas especulativas de Hans Jonas e Emmanuel Lévinas desenha, sem dúvida, dois ramos de uma grande alternativa do pensamento contemporâneo quando é submetido à exigência de uma reconstrução das ordens da ação. Em conjunto, afirmam a convicção de que diante de Auschwitz nenhuma perspectiva de uma teodiceia é doravante permitida, enquanto a consciência moderna da história deve se desembriagar dos sistemas que secularizavam essa ideia. Sobre o fundo comum do abandono de toda visão de uma intervenção de Deus na história ou de uma racionalidade secreta desta última, suas *démarches* se opõem, todavia, de modo que elas podem se esclarecer mutuamente. Para Emmanuel Lévinas, o centro de gravidade da filosofia primeira deve deslocar-se do universo histórico para o homem. No contexto de uma renúncia à maneira como os filósofos sempre ligaram mais ou menos o advento do ser à problemática do conflito e da guerra, é uma ética sem preparação ontológica que se impõe: a fim de resolver a questão da responsabilidade a partir de uma fenomenologia da presença de outrem. Em Hans Jonas, em compensação, é precisamente porque a filosofia desde há muito se esqueceu de fundar o conhecimento e a ação em uma teoria do ser que urge reconstruir o imperativo moral, ao passo que a atualização de uma possível destruição do mundo impõe buscar um embasamento para a ética em uma ontologia do vivente. O centro de gravidade do sistema deve, desta vez, oscilar para o mundo. Parece assim que os riscos respectivamente assumidos por esses dois pensadores são inversos. No que concerne a Emmanuel Lévinas, seria o de uma articulação relativamente fraca entre uma ética instalada no solo da fenomenologia do rosto e um conceito de Deus que parece vir por extrapolação a partir das ideias do infinito ou da eternidade. Em Hans Jonas, a responsabilidade para com o vivente depende, sem dúvida, demasiado profundamente de um mito da criação nutrido de cosmogonia, isto é, prisioneiro do dado. Enquanto um e outro fazem, de algum modo, economia de um pensamento da história, a obra de Hans Jonas desembocaria, enfim, em um paradoxo que lhe é próprio:

para superar o relativismo dos valores, ela se empenha em remontar até as primeiras manifestações do ser e depois descobre o princípio suscetível de fundamentar a ética na ideia segundo a qual a vida diz "sim" a si mesma; mas ela parece assim despedir cedo demais um problema do mal demasiado unilateralmente identificado com a supressão desse princípio.

Tal seria, portanto, o preço do estilo da radicalidade praticada por Hans Jonas: estender a esse ponto as contradições dadas ao pensamento que elas forçam a abandonar aquilo que se mantém entre o ser e o não ser, a distância suscetível de separar a sobrevivência do vivente do cumprimento de seus fins, o fato de que a tematização de uma responsabilidade para com as condições de possibilidade de uma existência futura deveria ser prolongada por uma reflexão concernente a suas formas desejáveis. Na ordem das conjecturas metafísicas propostas por Jonas, isto quer dizer que ele oculta a maneira como a doutrina da contração, à qual ele recorre para fundar sua ética, desemboca nas da emanação e de uma reparação: pontos de vista que desenham, apesar de tudo, o horizonte de uma história. Em uma conceitualidade mais clássica, poder-se-ia ajuntar que ele omite o fato de que a doutrina da Criação não encontra, também ela, sua significação, salvo quando atraída pelas da Revelação e da Redenção: perspectivas que não só caracterizam definitivamente o lugar do homem, mas especificam ao mesmo tempo as modalidades de um mundo autenticamente humano. Quando Jonas aloja o motivo central de sua hipótese especulativa em favor de uma teologia após Auschwitz na ideia segundo a qual Deus não tem mais nada a dar e espera tudo do homem, ele fornece uma sólida ancoragem metafísica à sua ética da responsabilidade. Mas limitando a hipótese à preservação do vivente, ele mostra também o seu limite: a ocultação de toda dimensão de uma ultrapassagem das condições imediatas da experiência, quer ela se chame promessa, esperança ou até história. Ora, os desafios últimos lançados a tal especulação são, sem dúvida, de duas ordens: saber como renunciar à ideia da teodiceia pela qual o pensamento ocidental com muita frequência procurou uma conciliação com a experiência do mal, sem, todavia, desmembrar a trilogia originária do monoteísmo; imaginar uma maneira de rejeitar as falsas promessas de um porvir radioso, preservando, ao mesmo tempo, um horizonte ampliado do futuro associado ao ideal messiânico.

Podem essas duas perspectivas esboçar-se a partir de uma crítica interna da obra de Hans Jonas? À responsabilidade para com as gerações futuras, esta oferece princípios poderosos: a preocupação ontológica com uma preservação do vivente; uma sabedoria do temor; o fundamento metafísico de uma ética da sobrevivência. Alimentada pela visão do grande mal, vinculada ao elogio do mundo e guiada pela prudência, ela permanece, todavia, silenciosa diante daquilo que Kant denominava o objeto inteiro da razão pura prática. Ao indicar aquilo que é preciso evitar, a heurística do medo ensina perfeitamente à ética como praticar a depuração de seus motivos. Mas ela esquece aquilo que Kant esperava ainda da vontade moral: que acrescente "ao objeto de sua visada, para que ele seja inteiro, o que ela exclui de seu princípio, para que ele seja puro"[163]. O que posso eu saber? O que devo fazer? O que me é permitido esperar?: dever-se-ia poder mostrar que a última das três questões da antropologia kantiana propõe uma conexão entre a moralidade e a felicidade que evita o historicismo constituído em objeto principal das desconfianças de Jonas. Visando à união das coisas que permanecem distintas na ordem de uma síntese transcendental, essa perspectiva exprime um anseio de alargamento que designa como "abertura" um equivalente filosófico da esperança religiosa, mais do que uma extensão para o infinito do saber e do conhecer, movimento que seria a fonte de um sacrifício do presente ao futuro, aos olhos de Jonas. Em outras palavras, ela permitiria coordenar dois pontos de vista: o imperativo da preservação do vivente, pensado como condição de possibilidade da responsabilidade; a necessidade de associar esta última a conteúdos desejáveis da experiência humana, a fim de que ela seja digna de si mesma.

De um ponto de vista estritamente filosófico, cabe perguntar se a heurística do medo e o imaginário da sobrevivência que dela procede não descrevem mais as condições transcendentais de uma ética do futuro do que sua forma substancial. Para além do conflito que opõe os princípios da esperança e da responsabilidade no espírito de Jonas, forçoso é dar um lugar às ordens do desejo que Ernst Bloch media: aquelas que ele instalou

---

[163] Paul Ricoeur, La Liberté selon l'espérance, *Le Conflit des interprétations: Essais d'herméneutique*, Paris: Seuil, 1969, p. 407.

na esteira de Kant na categoria do "não ainda"[164]. Acolher as dimensões optativas da consciência não parece necessariamente sinônimo de abandono do presente por um porvir sonhado. Isso pode redundar na conjugação, nas diferentes ordens do tempo, de uma mesma preocupação: aquela que visa a um mundo não só capaz de existir, mas ainda suscetível de ser autenticamente humano. Assim como o sugeria Hermann Cohen, a dimensão esperança é então requerida como aquilo que permite aos valores morais destacar-se da sensualidade empírica. Ela supõe assim uma separação do ideal e do real que deve conter um conceito de história singularmente ausente do pensamento de Jonas. Como quer que seja no tocante a uma necessária desconfiança em relação ao historicismo e à sua certeza de uma ação conformativa do curso das coisas com um estado de perfeição do mundo, é, apesar de tudo, através de uma temporalidade histórica que se deve pensar a questão da responsabilidade, se ela quiser ir mais longe do que a rejeição do pior. Na falta de tal perspectiva, a ética minimal da salvaguarda proposta por Hans Jonas corre o risco de ter por objeto apenas um sagrado indiferenciado, um ser que se filtra no mundo sob o fenômeno da vida ou ainda uma natureza sem outro fim do que o de conservar-se. Levada por um cuidado feroz em favor das gerações futuras, ela lhes oferece a continuidade de um mundo frágil e ameaçado. Não é, todavia, certo que ela as ajude a arranjar o lugar do homem no seio do vivente.

  Testemunha do pavor suscitado pela atualização do mal absoluto em um século destruidor de promessas, Hans Jonas se desviou das paisagens sonhadas pela alma humana para propor aos seus contemporâneos trocar a esperança do bem pelo temor do pior: em uma perspectiva que faz oscilar o horizonte demasiado longínquo do dever-ser sobre a linha de proximidade de uma defesa do ser. Profeta de catástrofes antecipadas a partir daquelas que teve de conhecer, ele substituiu o mundo no centro de um sistema que prefere a estabilidade das coisas às flutuações do desejo, a sabedoria do medo às imprudências do ideal, as certezas do presente à indeterminação do futuro. Aquiescer à vida para tecer um sudário para

---

164 Sobre a maneira como Bloch construiu esta categoria, como a articula com aquela do "como se" que rege a ideia reguladora kantiana e depois as mobiliza em favor de uma filosofia da esperança, ver supra, cap. VI, p. 716-718.

aqueles que não tiveram ou recusar estar em paz com o mundo em nome das vítimas da exterminação, escrutar as sombras da ameaça, de preferência a antecipar as luzes de uma realização, salvar o que permanece ou reparar o que foi destruído: poderia acontecer que essas componentes de um diálogo à distância entre Hans Jonas e Ernst Bloch, em que outras poderiam entrar, desenhem uma antinomia da consciência contemporânea. Entre o elogio do mundo e a preocupação com o homem, a gratidão para com o que é o projeto de sua ampliação, o apego aos fenômenos e a orientação para o suprassensível, esse conflito poderia ser lido como aquele que opõe a urgência de proteger uma criação continuada à paciência de reter o horizonte messiânico. Hans Jonas aplicou com determinação o que ele empresta de sua amiga Hannah Arendt: "uma busca tateante da essência"[165]. Confiando ao pensamento o enigma do mundo, recusando o entusiasmo por uma inquietude ontológica, impondo ao agir humano um imperativo de precaução, tal *démarche* ensina os princípios de um respeito daquilo que é dado. Ela deixa a outros o cuidado de conhecer o que poderia ainda ser prometido.

TRAD. J. GUINSBURG

---

[165] Hannah Arendt: 1906-1975, elogio pronunciado por ocasião do serviço fúnebre de Hannah Arendt na Riverside Memorial Chapel de Nova York, segunda-feira, 8 de dezembro de 1975, em *Entre le néant et l'éternité*, p. 79.

ix. Com Emmanuel Lévinas (1905-1995): A História Julgada

Por sua maneira de atravessar o século saindo de uma aldeia dos confins orientais do Ocidente aos cumes da universidade francesa e ao reconhecimento internacional, a existência de Emmanuel Lévinas encarna algo que aparenta um milagre europeu. Milagre de sobrevivente, em primeiro lugar, se lembrarmos que parte de sua família que permaneceu na Lituânia devia perecer vítima da barbárie nazista. Mas milagre também de uma trajetória improvável e, no entanto, característica de uma Europa capaz da mais extrema violência e, não obstante, permitindo a alguns de seus filhos a possibilidade de preservar e ampliar uma cultura comum para além dos conflitos e das fronteiras. Nascido em um universo situado a algumas centenas de quilômetros de Königsberg e Jena, mas que preservava as principais correntes da filosofia moderna, Emmanuel Lévinas representará, às vésperas da Segunda Guerra Mundial, a apoteose de um "novo pensamento" inaugurado por Franz Rosenzweig no coração das trevas da Primeira: sem, entretanto, desposar a impertinência de seu antecessor mais velho frente à confraria dos filósofos ocidentais e em se mantendo sobretudo à distância da ira destruidora de um Heidegger, igualmente proveniente dessa revolução. Moldado em um judaísmo que parecia subsistir ao ritmo de uma vida secular cultivando as formas de seu antigo saber sem a tentação de adaptar-se ao mundo contemporâneo, ele desenvolverá pacientemente uma relação inédita com a Tradição: que estabelece fidelidade ao texto e audácia de interpretação; que lança um movimento onde a Escritura, o *Talmud* e a filosofia se interpelam mutuamente, misturando suas questões. Dito de outra forma, se Emmanuel Lévinas ocupa doravante um lugar singular nas histórias da filosofia e do judaísmo, é aquele que desenha uma convergência suscetível de superar a cisão trágica da "simbiose" outrora sonhada na Alemanha: entre a *Bíblia* e os gregos; nesse lugar que ele denominava, ainda e muito simplesmente, a Europa.

  De onde provém que com Emmanuel Lévinas tem-se tão frequentemente o sentimento de reencontrar o pensamento em seu estado nascente? Com certeza não, como em Heidegger, pelo fato de um convite para se pôr à escuta de um dizer "pré-original" que falaria por meio da linguagem dos poetas ou de alguns fragmentos esquecidos de uma filosofia anterior à metafísica ocidental. Muito menos devido a um jogo de linguagem que se prenderia a liberar potencialidades oprimidas pela expropriação do conceito, mesmo se o mínimo encanto da escritura do filósofo não fosse o ter maravilhado o francês, que não era nenhuma de suas línguas maternas. Uma indicação mais segura com respeito a essa singularidade estaria, sem dúvida, contida na formulação de um reconhecimento de dívida para com Husserl: recordando que o ato de filosofar consiste em se assegurar da origem absoluta, este último terá ensinado aos seus sucessores como reduzir aquilo que todo pensamento comporta de ingenuidade primeira, mostrando por que é preciso que "o filósofo apague o traço de seus próprios passos e, sem cessar, os traços do apagamento dos traços"[1]. Mas ali onde esse gesto dá por vezes a impressão, no próprio Husserl, de não poder evitar o ar de uma "estagnação metodológica interminável", ele reencontra em Emmanuel Lévinas uma amplidão renovada: arriscando-se sobre o terreno de questões que têm por denominação o si (*soi*) e o outrem, Deus e o mundo, o infinito e a responsabilidade ou, ainda, a justiça e a história.

---

[1] Emmanuel Lévinas, *Autrement qu'être ou au-delà de l'essence*, Haia: Martinus Nijhoff, 1974, Paris: Livre de poche, 1990, p. 38-39.

Nessa perspectiva, Emmanuel Lévinas indicou amiúde de bom grado, mas à margem dos principais rumos de sua obra, as situações pré-filosóficas que orientaram seu pensamento. Elas ligam-se primeiramente às experiências provenientes do tempo perdido, depois reencontrado, da infância, como se a fenomenologia ensinasse também uma maneira de reter a textura íntima do cotidiano a fim de torná-la disponível para investigações filosóficas: "Isso começa provavelmente pelos traumatismos ou tentativas às quais não se sabe nem mesmo dar uma forma verbal, uma separação, uma cena de violência, uma brusca consciência da monotonia do tempo"[2]. A título de ilustração mais precisa, o autor de *Totalité et infini* (*Totalidade e Infinito*), e depois de *Autrement qu'être* (*Mais do que Ser*) pode situar da seguinte maneira a origem da categoria do "há" (*il y a*), central para essas duas obras: "Minha reflexão sobre este assunto parte das lembranças da infância. Dorme-se sozinho, os adultos continuam a vida; a criança ressente o silêncio de seu quarto de dormir como "ruidoso" [...], como se o vazio estivesse cheio, como se o silêncio fosse um ruído"[3]. Todavia, se a insônia e a vigília, a preguiça ou a fatiga estavam destinadas a representar nele experiências filosóficas, Lévinas acrescentou imediatamente, como para conjurar toda misticidade do vivido, que esses choques iniciais não se tornassem questões ou problemas oferecidos ao pensamento senão pela mediação dos livros, mesmo se eles não fossem necessariamente filosóficos. Sabe-se, aliás, o apego que ele conservará sempre com a literatura de sua primeira pátria, de Púschkin e Gógol a Dostoiévski ou Tolstói, até Vassili Grossman, frequentemente convocado como testemunha de um século de cinzas e, apesar disso, de traços de bondade disseminados em seu âmago.

A consonância na qual chegaram a se instalar as linguagens da tradição judaica e da filosofia em Emmanuel Lévinas ligam-se, no entanto, ao fenômeno mais preciso de forma a sempre colocar a leitura da *Bíblia* na ordem das primeiras experiências da vida filosófica. Familiarizado desde a mais tenra idade com as letras quadradas da *Torá*, ele adquirira este sentido tradicional do estudo que alimenta uma relação ontológica do homem com o livro negando

---

[2] Emmanuel Lévinas, *Éthique et infini*, diálogos com Philippe Nemo, Paris: Fayard, 1982, Livre de poche, 1986, p. 11 (trad. port.: *Ética e Infinito*, Lisboa: Edições 70, 2007).
[3] Idem, p. 37-38.

a tal objeto toda qualidade de utensílio, sinônimo de utilidade, para fazê-lo propriamente falar de "uma modalidade de nosso ser". O respeito pelo Livro dos livros e o apego à continuidade ininterrupta de seus comentários por gerações de rabinos e sábios deviam conservar o sentimento de que ele não representa uma simples manifestação literária do sagrado, mas a expressão de um discurso universal sobre as coisas principais que devem ser ditas para que a vida humana tenha um sentido. De onde a certeza de que não existe barreira entre as duas bibliotecas que preenchem a filosofia e a teologia bíblica: visto que se a última palavra deve sempre voltar à filosofia para se formular em sua linguagem, ela não é talvez a ordem onde o sensato começa. Desse ponto de vista, deparamo-nos com uma espécie de paradoxo de Emmanuel Lévinas que é preciso explorar: formado em um meio muito mais ligado ao passado do judaísmo do que inúmeros de seus contemporâneos, instala-se mais facilmente que a maioria dentre eles em uma posição que denomina "pós-crítica", onde os acontecimentos da História sagrada atestam menos uma factualidade documentária sujeita a avaliação historiográfica do que uma relação sempre atual "com o destino da dispersão judaica no mundo"[4].

Construir o Universo Pelo Trabalho e Pelo Estudo

> A *Bíblia* hebraica desde a mais tenra idade na Lituânia, Púschkin e Tolstói, a revolução russa de 1917, vivida aos onze anos na Ucrânia. Depois, 1923, a universidade de Estrasburgo onde lecionavam então Charles Blondel, Halbwachs, Pradines, Carteron e, mais tarde, Guéroult. Amizade de Maurice Blanchot e, através dos mestres que eram adolescentes quando do caso Dreyfus, visão deslumbrante, para um recém-vindo, de um povo que iguala a humanidade e de uma nação à qual pode-se ligar pelo espírito e pelo coração tão fortemente quanto pelas raízes. Estada de 1928 e 1929 em Friburgo e aprendizado da fenomenologia iniciado um ano antes com Jean Hering[5].

---

4 Idem, p. 15.
5 Emmanuel Lévinas, Signature, *Difficile liberté*, Paris: Albin Michel, 1976 (3. ed.), Livre de poche, 1988, p. 405.

Dando sequência a essa breve "assinatura", Emmanuel Lévinas cita ainda os nomes de seus mestres e amigos em filosofia, depois os que o iniciaram nos estudos talmúdicos: Léon Brunschvicg, Gabriel Marcel e Jean Wahl; Henri Nerson e M. Chouchani, personagem singular que surgiu um dia de nenhum lugar e desapareceu de modo também misterioso, depois de ter passado seu precioso ensinamento. Vem ainda a lista dos lugares que demarcam um percurso institucional discreto: direção da Escola Normal Israelita Oriental; conferência talmúdica, desde 1957, no Colóquio dos Intelectuais Judeus de Língua Francesa; magistério em Poitiers, em Nanterre, depois na Sorbonne. Esse esboço de biografia pode assim se concluir por uma fórmula tão sóbria como o inventário que a formou: "Ela está dominada pelo pressentimento e a lembrança do horror nazista"[6].

Limitados à lembrança de alguns nomes, lugares e acontecimentos, esses delineamentos de um autorretrato de Emmanuel Lévinas confirmariam facilmente a ideia segundo a qual de uma vida consagrada ao pensamento nada mais há a dizer senão o encadeamento dos próprios pensamentos: entre os obstáculos contrários que consiste em vê-los produzidos por sua época ou a imaginá-los surgidos do céu etéreo dos conceitos. "O homem deve construir o universo: constrói-se o universo pelo trabalho e pelo estudo. Todo o resto é distração. A distração é o mal"[7]. Ao lançar essa proposição discretamente provocante por ocasião de uma conferência talmúdica intitulada "Judaísmo e Revolução" em Paris, em 1969, Lévinas exprimia, sem dúvida, algo de uma austeridade toda pascalina que lhe cai perfeitamente bem, com sua recusa de todo sentimentalismo e seu desejo de sobriedade frente aos elementos do contexto biográfico. Nesta página ironicamente antissartriana, onde descreve ainda a artificialidade sem passado e sem futuro, sem responsabilidade nem seriedade do café, ele acrescenta ainda: "Sabeis que todos os sofrimentos proveem da incapacidade em que estamos de permanecer sozinhos em nosso quarto". Poderíamos decidir ficar aí, na evocação de uma existência aparentemente livre de toda aspereza significativa. Mas isso seria esquecer que ela testemunha dois ou

---

6   Idem, p. 406.
7   Emmanuel Lévinas, Judaïsme et révolution, *Du sacré au saint: Cinq nouvelles lectures talmudiques*, Paris: Minuit, 1977, p. 41 (trad. bras.: *Do Sagrado ao Santo: Cinco Novas Interpretações Talmúdicas*, Rio de Janeiro: Civilização Brasileira, 2001, p. 13-57).

três fenômenos excepcionais desse tempo que merecem ser relatados, para esclarecer o interior e a situar nos mundos aos quais ela pertence.

Nascido em 1906, na Lituânia, Emmanuel Lévinas viveu, segundo suas próprias lembranças, uma infância muito curta, sobre um território localizado nas fronteiras do mundo ocidental e que devia ser apagado pela guerra e depois pela revolução, antes que seus habitantes fossem exterminados pelo nazismo. Voltam-lhe assim à mente algumas imagens da cidade de Kovno, onde seu pai possuía uma livraria: a parte antiga, essencialmente habitada por judeus sem, no entanto, ser um gueto e os quarteirões modernos de uma sede da divisão administrativa do governo; um grande número de sinagogas e de locais de estudo, num universo em que a vida judaica estava centrada no estudo e era vivida como estudo[8]. Além do anúncio da morte de Tolstói e das festas do terceiro centenário dos Romanov, pouco eventos perduravam, antes de uma primeira migração pelas diferentes províncias da Rússia a partir do desencadeamento da guerra: até Cracóvia, na Ucrânia, onde a família se instalou em 1916. No momento em que o primeiro conflito mundial e depois a revolução e seus desenvolvimentos vieram, definitivamente, desestabilizar essas regiões dos confins da Europa, o futuro das crianças judias se desenhava ainda na língua e na cultura russas, mesmo se fosse preciso vencer um *numerus clausus* para ter acesso ao liceu, acontecimento celebrado como uma verdadeira promoção. Mas Emmanuel Lévinas aprendeu também o hebraico desde a idade de seis anos e se lembra de que nas peregrinações de seu primeiro exílio a preocupação imediata de seu pai era de lhe fornecer em cada etapa um professor das letras quadradas, como se se tratasse das condições elementares do conforto, fosse ele o mais precário.

É difícil recompor o mundo perdido desse Lévinas denominado por ele mesmo de "judaísmo lituano": entre Púschkin e a *Torá*; no seio de uma Rússia que não aceita os judeus senão em suas províncias limítrofes. Com respeito a uma espécie de topografia proustiana, havia o lado dos avós da velha cidade e sua religião "exaltando a vida cotidiana, mas em suas

---

[8] O que segue apoia-se essencialmente nas entrevistas de Emmanuel Lévinas com François Poirié, *Emmanuel Lévinas: Essai et Entretiens*, Paris: Babel, 1996, p. 61 e s (trad. bras.: *Emmanuel Lévinas: Ensaio e Entrevistas*, São Paulo: Perspectiva, 2007). Poderemos ainda nos reportar a Marie-Anne Lescourret, *Emmanuel Lévinas*, Paris: Flammarion, 1994, cap. 1.

formas invariáveis". Do lado dos pais, propriamente ditos, é o testemunho de uma vida "burguesa" que se impõe, para uma infância que parece, com o recuo, "feliz e harmoniosa", vivida entre os livros. A isto se acrescenta que do ponto de vista, desta vez, de uma geografia do antissemitismo, a Lituânia era relativamente pacífica, poupada dos *pogroms* que ocorriam "alhures" no seio da imensa Rússia. De maneira mais precisa, tratava-se ainda de um universo marcado de forma durável nos moldes do Gaon de Vilna, célebre mestre do século XVIII e último talmudista de gênio, que mantinha esta dialética estreita do comentário em torno do comentário cujo eco encontraremos em Emmanuel Lévinas. No coração do conflito entre *mitnagdim* e *hassidim*, ele encarnava a resistência ao misticismo sentimental destes últimos, preservando "esta fidelidade à *Torá* como cultura e uma consciência nacional em função desta cultura" que oferecem, aos olhos de Lévinas, a marca distintiva dos judeus do Leste no seio de uma vida de estilo ocidental[9]. Resta, enfim, que neste país de uma Europa do extremo-oriente, cada um conhecia o nome de Dreyfus, enquanto os velhos judeus de longas barbas que jamais haviam visto uma letra latina em toda sua existência falavam de Zola como de um santo.

A figura mais representativa deste universo é a do Rabi Haim de Volojin, a quem Emmanuel Lévinas por várias vezes prestou homenagem[10]. Nascido em 1759, e rabino do pequeno burgo lituano de Volojin desde a idade de 25 anos, fundou, em 1802, uma *ieschivá* exemplar que devia servir de modelo para as academias talmúdicas da Europa oriental. Instituição nacional e não mais dependente das autoridades locais, preocupada em reabilitar o sentido mais elevado do estudo contra as tentações inversas do êxtase místico e de uma enorme porosidade à cultura da Europa moderna, ela via grupos de estudantes se revezarem dia e noite a fim de tornar efetivamente ativa uma presença da *Torá* necessária à manutenção do mundo. Longe de procurar a comunhão com Deus (*devekut*) cara aos

---

9   Ver Emmanuel Lévinas, "À l'image de Dieu" d'après Rabbi Haïm Voloziner (1978), *L'Au-delà du verset*, Paris: Minuit 1982, p. 182-184.
10 Além do texto que acaba de ser citado, ver o prefácio de Emmanuel Lévinas sobre a obra mestra de Rabi Haim de Volojin, *A Alma da Vida*: Rabbi Haïm de Volozine, *L'Âme de la vie, Nefesh Hahayyim*, apresentação, tradução e comentários de Benjamin Gross, Paris: Verdier, 1986, e Judaïsme et kénose, em *À l'heure des nations*, Paris: Minuit, 1988, p. 133-151.

hassidim, ela visava o cumprimento rigoroso da Lei ensinada a partir dos fundamentos talmúdicos, reservando como se deve o acesso à Cabala aos alunos dotados de uma sólida erudição e premunidos contra todo desvio excessivamente esotérico. Contudo, contrariamente a seu mestre, o Gaon de Vilna, Rabi Haim recusava excomungar os *hassidim*, preferindo elaborar este sistema do judaísmo em que se fundiam o racionalismo rabínico e os símbolos ou conceitos místicos, que oferece em sua *Alma da vida*, publicada postumamente em 1842. Fino conhecedor da literatura cabalística desde as primeiras formas da *Mercavá* ou do *Bahir* até a Cabala de Lúria e Vital, passando pelo *Zohar*, ele oferecia também a expressão mais clássica da exegese midráschica, incansavelmente transmitida pelas "glosas dos comentadores e dos comentadores dessas glosas através dos séculos"[11].

Tudo leva a considerar, com o próprio Emmanuel Lévinas, que a obra do Rabi Haim de Volojin e a lembrança de seu ensinamento que persistia nas famílias penetram muito no ambiente intelectual e religioso singular, próprio à sua infância, no momento mesmo que eles preservavam as massas judaicas da assimilação, sempre evitando ainda o cisma do movimento hassídico. O extraordinário com *L'Âme de la vie* (A Alma da Vida) é que no exato instante em que, de Mendelssohn a Salomon Maimon*, se esboçam as vias de um encontro entre a filosofia moderna e a tradição judaica, ela prossegue imperturbavelmente em uma meditação em que não se encontra nenhum eco de Descartes ou Spinoza, Leibniz ou Kant. No entanto, enquanto a obra impele aos seus cumes a racionalidade secular da interpretação talmúdica, ela não se parece em nada aos gêneros clássicos da literatura judaica, estranha que é às codificações, ignorando quase Maimônides e a filosofia medieval, desenvolvendo na realidade uma das raras tentativas de apresentação erudita de um sistema do judaísmo ou do judaísmo como sistema. Fundamentada sobre o modelo de um comentário midráschico que solicita a letra do texto para procurar, sob o sentido óbvio, um significado oculto ou alusivo, ela requer, como o indica Lévinas, um relativo hábito dessa hermenêutica, ao mesmo tempo perfeitamente

---

11 Emmanuel Lévinas, prefácio ao Rabi Haim de Volojin, *L'Âme de la vie*, p. VII.
*   Salomon ben Joschua, dito Salomon Maimon (1753-1800), filósofo judeu polonês que Kant definiu como o mais agudo de seus críticos (N. da E.).

fiel à Tradição em sua visada da "palavra de Deus" e "ultramoderna" por seus métodos e sua lógica[12]. Não é evidente que se possa dispensar uma tal hermenêutica para entender, por sua vez, as leituras e lições talmúdicas do próprio Emmanuel Lévinas.

Vamos nos reter por hora, e à título de ilustração, nos traços do judaísmo lituano no pensamento de Emmanuel Lévinas ou da antecipação sobre o conteúdo de sua obra, em algumas dimensões essenciais que ele isolou nos quatro "pórticos" da *L'Âme de la vie*. A mais importante dentre elas se apoia nessa dupla tese que liga a interpretação midráschica do "ser à imagem de Deus" do *Gênesis* 1, 26 às especulações mais audaciosas da Cabala luriânica sobre a criação *ex nihilo*: o "ser dos seres" ou o "ser dos mundos", como o designa Rabi Haim, não pode subsistir a não ser que Deus se associe a ele, criando-o e recriando-o sem cessar; mas essa possibilidade divina de o preservar depende do comportamento pessoal de cada um, de maneira que é da fidelidade ou da infidelidade do homem à *Torá* que depende a permanência do mundo. Homens que respondam pelo próximo bem antes de perseverar em seu próprio ser, uma "ética mais antiga que o mundo e que o ser dos seres": reconhece-se aqui o eco prefigurado de uma das temáticas maiores da filosofia de Emmanuel Lévinas[13]. Que se acrescente a esta figura aquela de uma prece que não pode, por nenhum preço, ser um "pedido *por si*", mas representa uma necessidade do Muito-Alto "para fazer existir, para santificar e para realçar os mundos" e se compreende como Lévinas entende *L'Âme de la vie* falar para além de sua época[14]. Ao perigo de uma reaproximação entre suas sutis análises dos sofrimentos infligidos pelas guerras de Amalec e da meditação que denominaria a "paixão de Auschwitz". A ponto de sugerir que se possa, melhor que toda tentativa historiográfica ou sociológica, reconciliar a "intriga inverossímil" do monoteísmo, intriga interrompida por este acontecimento e separada dos caminhos antigos que a religavam ao Absoluto[15].

Mas no desejo de desenhar em perspectiva o judaísmo lituano de todos os primeiros anos de formação de Emmanuel Lévinas, já falamos

---

12 Ver "À l'image de Dieu" d'après Rabbi Haïm Voloziner, op. cit., p. 186.
13 Ver o prefácio ao Rabi Haim de Volojin, *L'Âme de la vie*, op. cit., p. IX.
14 Judaïsme et kénose, op. cit., p. 149.
15 Ver o prefácio de *L'Âme de la vie*, p. VIII.

talvez em demasia de um aspecto das coisas, de maneira que é preciso voltar ao caminho que conduz à Europa ocidental e sua filosofia. Como se decide, em 1923, a partir para a França e se instalar em Estrasburgo? Sobre as condições da partida, Lévinas fornece uma indicação lacunar, mas suficiente: longe de ser indiferente à revolução leninista e ao mundo que ela prometia, ele a havia rapidamente vivido como "uma era messiânica que se entreabrira e que se fechara"[16]. Quanto à França, talvez as lembranças de Zola fossem suficientes para indicar uma terra de acolhimento. Falta então Estrasburgo: cidade mais próxima, cidade de fronteiras também e que oferecia um algo pequenino da Alemanha, porém sem a inquietude que já suscitava suas desordens. Da estada de Emmanuel Lévinas em Estrasburgo, sabemos que ele retém, antes de tudo, o conhecimento de Maurice Blanchot, mas também a presença de alguns mestres em filosofia que lhe ensinam os autores clássicos e Bergson: Blondel, Halbwachs, Carteron e, sobretudo, Maurice Pradines, que um dia falara tão bem de Dreyfus tratando do triunfo da ética sobre a política...

Porém, a cena desta segunda época se desloca de novo: para a Alemanha, desta vez, e Friburgo, onde Edmund Husserl leciona ainda. "Encontrar um homem é manter-se em vigília para um enigma", escreve Emmanuel Lévinas a propósito de Husserl, precisando logo que isso, ao ocorrer, provinha de uma perfeita incapacidade de sair de sua obra, como se a filosofia falasse, ao se referir sem cessar aos elementos somente dele conhecidos, de uma fenomenologia da *"rétention"*, do sensível ou do eu, figuras depositadas em alguns manuscritos inéditos organizados em caixas. Dos dois semestres passados em Friburgo, em 1928-1929, Lévinas não quer consignar senão alguns elementos pessoais. A honra que lhe deram primeiramente em apresentar um trabalho quando da última sessão do último seminário da carreira universitária de Husserl. O fato de, em seguida, ter-se beneficiado da bondade de sua esposa, que pretextou uma próxima viagem a Paris para retribuir cursos de aperfeiçoamento linguístico dados pelo jovem estudante, doravante francês. A lembrança, enfim, da maneira pela qual o fundador da fenomenologia teve um dia que mitigar a ferida de seu aluno, ao ouvir Mme. Husserl evocar os comerciantes "judeus, porém sérios":

---

16 Entretiens avec François Poirié, op. cit., p. 69.

"Não ligue para isso, senhor Lévinas, eu mesmo venho de uma família de comerciantes e..." Quanto ao resto, Lévinas sublinha o ar grave de Husserl, seu caráter afável e o calor de seu acolhimento, sem esquecer, no entanto, de tornar dialética a descoberta de sua obra: "feita com rigor e, no entanto, aberta, audaciosa e renovando-se, sem cessar, como uma revolução permanente, esposando as formas que gostaríamos, à época, menos clássicas, menos didáticas e uma linguagem que preferiríamos mais dramática e até menos monótona"[17].

A razão dessa nuança fornecida ao retrato de Husserl se deve certamente ao brilho mais imediato de outra figura: a de Martin Heidegger. A leitura de *Sein und Zeit*, publicado em 1927, associa-se de imediato para Lévinas a uma espécie de revolução[18]. Exercício soberano da fenomenologia revelando os "estados d'alma" que pareciam cegos como a angústia, a obra assegura uma descrição magistral do ser do homem e das modalidades de sua existência, para permanecer com o tempo como "um grande acontecimento de nosso século"[19]. Lá onde Husserl e os discípulos de Hermann Cohen em Marburg pesquisavam ainda a origem do ponto de vista das operações da ciência física ou matemática, Heidegger inventava "um novo patético do pensamento", radicalizando a interrogação filosófica em favor de uma nova ontologia. Desde então, se Lévinas tivera o sentimento de assistir ao lado de Husserl a um "julgamento último do pensamento", ele sabia também que o velho mestre havia concluído a "pesquisa de sua pesquisa" e que a metodologia dos "horizontes abertos" não encerrava mais surpresas, ao contrário das fórmulas geniais de Heidegger que ouvia o ser no aparecimento de sua forma verbal[20]. Que houve ali as formas de um confronto entre dois mundos e duas épocas do pensamento, eis o que aparecerá logo em Davos: quando do encontro entre Heidegger e Cassirer ao qual o jovem Emmanuel

---

[17] O conjunto destas lembranças provêm de Emmanuel Lévinas, La Ruine de la représentation (1959), *En découvrant l'existence avec Husserl et Heidegger*, Paris: Vrin, 1994, p. 125-126 (trad. port.: *Descobrindo a Existência com Husserl e Heidegger*, Lisboa: Instituto Piaget, 1998).
[18] Encontraremos em Leo Strauss uma lembrança comparável dos deslumbramentos respectivos que exerciam Husserl e Heidegger, mas também da maneira pela qual esse último acabou por impor-se aos jovens filósofos do fim dos anos de 1920: ver supra, cap.VII, p. 782-784 e 918-920 e também, supra, cap. VII, p. 952-954, um testemunho similar da parte de Hans Jonas.
[19] E. Lévinas, *Éthique et infini*, p. 33.
[20] Ver Entretiens avec François Poirié, op. cit., p. 80-83.

Lévinas teve ocasião de assistir com entusiasmo, mas com o perigo de um arrependimento ulterior por não ter entendido o que se projetava talvez por parte do futuro reitor da Universidade de Friburgo.

Momento decisivo da história da filosofia contemporânea, o encontro de Davos teve lugar de 17 de março a 6 de abril de 1929, renovando uma experiência inaugurada no ano precedente em torno de uma aula de Albert Einstein sobre os "conceitos fundamentais da física e suas recentes transformações". Desta vez, as duas personalidades centrais são Ernst Cassirer, que começa por tratar dos "problemas fundamentais da antropologia filosófica" e Heidegger, que aborda "a tarefa do fundamento da metafísica" a partir da *Crítica da Razão Pura*. Cassirer mobiliza sua própria doutrina das formas simbólicas para se elevar da ação às criações do espírito: demonstrando, segundo o comportamento crítico, que o mundo formal e conhecido constitui-se a partir da linguagem e na transformação das representações do espaço. Heidegger reivindica, por seu lado, uma "problemática imediata do questionar": que recusa a interpretação tradicional do criticismo como teoria do conhecimento científico a fim de "conquistar o horizonte no interior do qual poderá se desdobrar a questão do ser, de sua estrutura e de sua verdade"[21]. A controvérsia alargava dessa forma um conflito já iniciado nos confrontos cruzados de obras de cada um dos dois pensadores: Cassirer queria ampliar a crítica kantiana da razão a uma filosofia da cultura, aplicando às práticas concretas do homem a intervenção transcendental; Heidegger lhe reprovava um fanatismo frente aos fundamentos ontológicos do método de Kant, pretendendo, por sua vez, elucidar o modo de ser do ser permanecido ininterrogado ou o que ele denominava ainda a estrutura do *Dasein*[22].

---

21 Martin Heidegger, em Ernst Cassirer e Martin Heidegger, *Débat sur le kantisme et la philosophie* (Davos, mar. 1929) e outros textos de 1929-1931, apresentado por Pierre Aubenque, trad. P. Aubenque, J.-M. Fataud e P. Quilet, Paris: Beauchesne, 1972, p. 50. Essa obra preciosa que restitui a controvérsia e seus entornos não está ao alcance do público francês, que só pode consultá-la em biblioteca, devido a obscuras questões de cessão de direitos dos herdeiros de Heidegger e seus editores. Sobre sua atormentada história, ver Pierre Aubenque, Le Débat de 1929 entre Cassirer et Heidegger, em Jean Seidengart (dir.), *Ernst Cassirer de Marbourg à New York: L'Itinéraire philosophique*, Paris: Cerf, 1990, p. 83, nota 7.
22 Ver na mesma obra as considerações de Cassirer sobre *Kant et le problème de la métaphysique de Heidegger* e o confronto por este último do segundo volume da *Philosophie des formes symboliques*, consagrado ao pensamento mítico, idem, p. 53-84 e 85-100.

Segundo o *Bulletin* de sua faculdade de letras, Estrasburgo havia enviado a Davos um "estudante de filosofia de origem estrangeira, licenciado e, em breve, doutor da Universidade"[23]. No local, Lévinas conheceu os outros representantes franceses, como Léon Brunschvicg, Jean Cavaillès e Maurice de Gandillac. Além do conflito filosófico, tudo opunha Cassirer e Heidegger: o respeitável professor de origem judaica que parecia a ponto de se enganar por um fidalgote alemão; o turbulento pensador que se exibia em traje de esquiador, sustentando com Nietzsche que todo filósofo deve ser um bom alpinista. Poderíamos imaginar, sob as maneiras provocantes de Heidegger, sua futura adesão ao partido nazista? Toni Cassirer afirma que por trás de uma aversão a Hermann Cohen e o neokantismo, seu antissemitismo não era desconhecido[24]. Outras testemunhas são mais reservadas[25]. Foi aqui, consequentemente, que os dois universos pareceram claramente se opor. Cassirer, fatigado, representava o "fim de um certo humanismo", uma tradição venerável, porém empurrada pelo arrebatamento de seu conferencista mais jovem. Quanto a Heidegger, dava aos seus ouvintes o sentimento de assistir à criação de um mundo novo, devendo, em seguida, revelar que não deixava de ter seus elos com a destruição trágica de tudo aquilo que representava seu interlocutor. Emmanuel Lévinas dirá mais tarde ter amiúde repensado neste estranho encontro durante os anos terríveis, admitindo um profundo remorso de "ter preferido Heidegger em Davos"[26]. Podemos acrescentar à historieta que suas lembranças eram, a esse respeito, tanto mais dolorosas por ter encarnado Cassirer em uma revista dos estudantes diante dos

---

23 Citado em Marie-Anne Lescourret, *Emmanuel Lévinas*, p. 76.
24 Toni Cassirer, *Mein Leben mit Ernst Cassirer*, "tapuscrit", [s. d.], p. 182.
25 Ver em especial Maurice de Gandillac, Entretiens avec Martin Heidegger, *Les Temps modernes*, jan. 1946, p. 713-716. Notemos que se dispõe igualmente de um resumo descontraído e certificado do encontro pelo próprio Heidegger, em uma carta dirigida a Elisabeth Blochmann, de 12 de abril de 1929, *Correspondance avec Kant Jaspers*, trad. Cl.-N. Grimbert, seguida de *Correspondance avec Elisabeth Blochmann*, trad. P. David, Paris: Gallimard, 1996. De improviso, Heidegger escreve: "No fundo, filosoficamente falando, nada daí aprendi". Acrescentando que o caráter muito amável de Cassirer durante as discussões tendiam a fazê-lo a si mesmo o ponto de mira, ele precisa que a escolha de falar de Kant lhe permitiu "desviar a trajetória que [o] visava". Sua conclusão é, enfim, edificante: "Felizmente, são os mais jovens que provaram ter a maior perspicácia na matéria, eles que sabem muito bem que lhes é preciso começar por reaprender a apreciar e a reverenciar".
26 Entretiens avec François Poirié, op. cit., p. 84.

alte Herren (velhos senhores): ridicularizando, com os cabelos empoados de talco, o pacifismo do velho mestre, frente a um Bollnow que fazia o papel de Heidegger.

Que Lévinas tenha sempre conservado um remorso de Davos, é o que aparecerá, sem dúvida, através de seus julgamentos filosóficos sobre a obra de Heidegger. Mas não disfarçará jamais a impressão durável que lhe fez então aquele que revelou a verbalidade do ser, nada menos que o fato inesquecível do que ele denomina uma verdadeira "reeducação de nosso ouvido"[27]. Como viver com uma tal ambivalência e enfrentar esta dualidade de Heidegger que estava no centro das atenções depois de tantas crônicas? De maneira simbólica, Emmanuel Lévinas fixou o centro de gravidade de sua relação com Heidegger no incidente do comentário de um relato talmúdico que conta a culpa de um dos principais sábios do *Talmud* para com seu mestre. Na página 87b do tratado *Iomá*, que expõe as condições da remissão das culpas no dia de Iom Kipur, tem-se dificuldade em compreender porque Rav Hanina recusou-se, durante treze anos, a aceitar o pedido de perdão do Rav*, que não quis retomar o comentário de um texto diante dele, quando é ensinado que se "perdoam todos os pecados a quem quer que deixe passar seu direito". É preciso entender que, a despeito de seu pedido de reconciliação, Rav havia sonhado em tomar o lugar de seu mestre e que o perdão supõe duas coisas: "a boa vontade do ofendido, a plena consciência do ofensor". Conclusão do apólogo sobre a dificuldade de perdoar aquele que estava plenamente consciente e já prometido a um grande destino: "Se Hanina não podia perdoar Rav, justo e humano, porque era também o genial Rav, ainda menos podemos perdoar Heidegger"[28].

Mas a época não será em breve a de assistir à eclosão de um dos gênios filosóficos do século. Em Paris, Emmanuel Lévinas defendeu sua tese sobre *La Théorie de l'intuition dans la phénoménologie de Husserl* (A Teoria da Intuição na Fenomenologia de Husserl), em abril de 1930, e renunciou

---

27 *Éthique et infini, op. cit.*, p. 28.
* Aba Arikha ben Aivu (ca. 160-247), conhecido simplesmente como Rav, fundador da academia de Sura e um dos principais *amoraim* (sábios) do *Talmud* da Babilônia (N. da E.).
28 Emmanuel Lévinas, Envers autrui (1963), *Quatre lectures talmudiques*, Paris: Minuit, 1968, p. 56 (trad. bras.: *Quatro Leituras Talmúdicas*, trad. Fábio Landa, Eva Landa, São Paulo: Perspectiva, 2003).

EMMANUEL LÉVINAS (1905-1995)

ao mestrado para se consagrar aos trabalhos escolares da Escola Normal da Aliança Israelita Universal e à Escola Normal Israelita Oriental. Em 1931, beneficiou-se da nacionalidade francesa, depois no ano seguinte concluiu suas obrigações militares. Todavia, continua a "trabalhar em filosofia", procurando seu caminho entre Bergson e Husserl, enviando à *Revue philosophique* um artigo sobre Heidegger que Jean Wahl julgará "complicado mas muito interessante"[29]. Admitido nos saraus de Gabriel Marcel, conheceu Jean Wahl, da Sociedade Francesa de Filosofia, depois encontrará as novas figuras da emigração russa e alemã, tais como Alexandre Koyré, Eric Weil e Alexandre Kojève, frequentando também as reuniões de domingo cedo de Léon Brunschvicg, a quem prestou muito tempo depois uma emocionante homenagem[30]. A guerra o surpreende, entretanto, bem depressa, como a todos: mobilizado como sub-oficial intérprete, enviado ao quartel-general da 10ª Armada em Rennes, foi feito prisioneiro em junho de 1940.

Poupado, por ser oficial judeu naturalizado, da sorte que espera os imigrados do Reich, Emmanuel Lévinas é transportado para a Alemanha e detido em um campo onde trabalha como lenhador, tocado pela humanidade fraternal de um abade Pierre, desaparecido depois dos anais, aproveitando o tempo livre para inúmeras leituras e discussões, ignorando o que se passava em Bergen-Belsen bem próximo. Eis o relato admirável de seu encontro com um alegre cãozinho que vivia nos arredores do campo e que ele descreve como "o último kantiano da Alemanha nazista", vingança, sem dúvida, de Cassirer sobre Davos:

> Nós éramos setenta em um comando florestal para prisioneiros de guerra israelitas, na Alemanha nazista. O campo tinha – coincidência singular – o número 1492, o mesmo da expulsão dos judeus da Espanha sob Fernando V, o Católico. O uniforme francês nos protegia ainda contra a violência hitlerista. Mas os outros homens que nos encontravam ou que nos davam trabalho [...] esfolavam

---

[29] Trata-se de "Martin Heidegger et l'ontologie", publicado no número datado de maio-junho 1932 da *Revue philosophique* e reproduzido corrigido em *En découvrant l'existence avec Husserl et Heidegger*, op. cit., p. 52-76. Sobre o julgamento de Jean Wahl, ver sua carta a Gabriel Marcel e Marie-Anne Lescourret, *Emmanuel Lévinas*, p. 107.

[30] Ver L'Agenda de Léon Brunschvicg (1949), *Difficile liberté*, op. cit., p. 63-71.

nossa pele humana [...] Força e miséria de perseguidos, um pobre murmúrio interior nos relembrava de nossa essência racional [...] E eis que, no meio de um longo cativeiro [...] um cão errante entra em nossa vida [...] Nós o chamaremos de Bobby, um nome exótico, como convém a um cão querido. Ele aparecia nos ajuntamentos matinais e nos esperava na volta, saltitando e latindo alegremente. Para ele – era indiscutível – nós éramos homens. O cão que reconheceu Ulisses sob o disfarce quando voltou da Odisseia seria parente do nosso? Mas não! Mas não! Ali, era Ítaca e a pátria. Aqui, não era nenhum lugar"[31].

O retorno a Paris obscurece a frágil luz proveniente dos olhos do gentil cão kantiano. Liberado pelo exército americano e depois desmobilizado, Emmanuel Lévinas reencontra sua esposa Raíssa e sua filha Simone, salvas graças a Maurice Blanchot e ao refúgio de uma comunidade de irmãs de São Vicente de Paulo. Mas se inteira pouco a pouco de que o resto de sua família pereceu na Lituânia, massacrada pelos nazistas e seus colaboradores locais. Sempre discreto, a referência a esses acontecimentos se inscreverá em alguns locais seminais da obra, como para indicar a presença indelével daquilo que não pode ser compreendido nem perdoado. No decorrer de uma discussão sobre "judaísmo 'e' cristianismo", que fixa duas evidências contraditórias e as formas de uma dívida: "Todos aqueles que participaram da Schoá haviam recebido em sua infância o batismo católico ou protestante, eles aí não encontraram o proibido [...]; em todo lugar onde se encontrava a sotaina negra havia refúgio"[32]. Na dedicatória de *Autrement qu'être*, obra maior do pensar no outro: "Em memória dos seres mais próximos entre os seis milhões de assassinados pelos nacional-socialistas, ao lado dos milhões e dos milhões de humanos de todas as confissões e de todas as nações, vítimas do mesmo ódio do outro homem, do mesmo antissemitismo"[33]. No coração, enfim, de um propósito que associa a "inevitável retomada da civilização e da assimilação" pela lembrança das vítimas e da Resistência, para delinear, melhor que toda outra consideração, os desenvolvimentos futuros desse pensamento: "É preciso, através de

---

31   Nom d'un chien ou le droit naturel (1975), *Difficile liberté*, p. 215-216.
32   Judaïsme 'et' christianisme (1987), *À l'heure des nations*, p. 190-191.
33   *Autrement qu'être*, p. 5.

tais lembranças, abrir para os textos judaicos um novo acesso e restituir na vida interior um novo privilégio, a obrigação de abrigar toda a humanidade do homem na cabana, aberta a todos os ventos, da consciência"[34].

Velho Como o Mundo

Vivendo nos amanhãs da guerra com o que ele nomeia um "tumor da memória" e o "injustificado privilégio de ter sobrevivido aos seis milhões de mortos", Emmanuel Lévinas sem dúvida já fixara as duas orientações de sua obra, que são a preocupação de iluminar os textos judaicos de uma maneira nova e a vontade de reinterpretar as condições de vida interior, na perspectiva de um acolhimento para a humanidade do homem. Diretor da Escola Normal Israelita Oriental, ele mora em um apartamento oferecido pelo cargo, em uma residência que vive no ritmo das classes e dos rituais do Schabat ou das festas. A família cresceu de um filho, nascido em 1949 e chamado Michaël (Mikhael), "que é como Deus", segundo uma assinatura discretamente registrada em uma lição talmúdica ulterior[35]. Ensinando o hebraico ao menino desde a idade em que ele mesmo aprendeu, Lévinas inaugura seu modo tão particular de esclarecer os textos da Tradição por ocasião dos "cursos de Raschi" que ele professa aos sábados de manhã na Escola e que prefiguram as leituras talmúdicas que logo oferecerá regularmente aos Colóquios dos intelectuais judeus de língua francesa. É evidente que é o *Talmud* que forma bem cedo o centro de gravidade do judaísmo de Emmanuel Lévinas, enquanto em Hermann Cohen ou Leo Strauss esse centro se encontra nos escritos veterotestamentários com suas interpretações medievais e que ele deve ser buscado, para Gershom Scholem ou Martin Buber, nas tradições místicas da Cabala ou do hassidismo. Eis o que é o significado íntimo do judaísmo aos olhos de Emmanuel Lévinas: "o *Antigo Testamento*, mas através do *Talmud*"[36]. Quanto à sua missão universal

---

34 Emmanuel Lévinas, Honneur sans drapeau, *Les Nouveaux Cahiers*, n.6, 1966, retomado sob o título Sans nom, em *Noms propres*, Paris: Fata Morgana, 1976, Livre de poche, 1987, p. 144-145.
35 Terre promise ou terre permise, *Quatre lectures talmudiques*, p. 123.
36 La Révélation dans la tradition juive (1977), *L'Au-delà du verset*, p. 166.

frente aos povos da terra ou na economia do ser, ela se designa em uma fórmula ainda enigmática: "É preciso que exista no mundo alguém tão velho quanto o mundo"[37].

Para um judaísmo de sobreviventes "vindos depois da última devastação" e presentes "por uma distração da Gestapo", segundo um dito de Vladimir Jankélévitch, parece que a Tradição não poderia ser retomada e transmitida senão de um ponto de vista deliberadamente "pós-crítico", que Lévinas reconhecia também em Martin Buber[38]. Nessa perspectiva, não poderíamos negar a evidência de que a crítica histórica e filológica inaugurada por Spinoza e depois a ciência do judaísmo, desenvolvida na Alemanha e na França, tenham profundamente perturbado a crença dos homens em uma força da qual eles "aguardam a cooperação em suas guerras e seus amores e da qual esperam a beatitude como se espera um salário"[39]. É mesmo cômodo admitir que a inquietação ou a exegese crítica das Escrituras lança talvez o espírito religioso no entendimento de que ele é "a 'morte' de um Deus que se mantém nos 'mundos das formas imutáveis'". Mas será que aí se encontra a autêntica relação do judaísmo com seu Deus? Tudo isso, na verdade, seria suficiente para alterar "um texto esticado sobre uma tradição como as cordas sobre a madeira de um violão"[40]? A Escritura não oferece, na verdade, senão um modo de ser que se pareceria à matéria cotidiana dos exercícios do gramático? Não poderíamos imaginar, ao contrário, que a Tradição ultrapassa de longe as apostas próprias ao estabelecimento da pureza das fontes para significar o "'lugar' onde ressoam os harmônicos do *dito*, onde toda uma vida anima as letras do texto com suas aspirações"?

Tais questões obrigam a voltar para o estatuto da própria Escritura, antes de examinar a maneira pela qual a palavra e a pena de Emmanuel Lévinas fazem-na viver através do comentário incansavelmente relançado das interpretações talmúdicas. Ninguém duvida que para o autor de *Au-delà*

---

37 La pensée juive aujourd'hui (1961), *Difficile liberté*, p. 232.
38 Ver Les Cordes et le bois: Sur la lecture juive de la Bible (1972), *Hors sujet*, Paris: Fata Morgana, 1987, p. 196. O propósito de Jankélévitch é citado em La Pensée juive aujourd'hui, op. cit., p. 228.
39 Les Cordes et le bois, op. cit., p. 191.
40 Idem, p. 192.

du verset (Além do Versículo), o livro bíblico escapa à crítica corrosiva dos exegetas e dos filósofos, inclusive por outros meios que não os do "impudor das profissões de fé que ecoam indiscretamente em todos os locais públicos"[41]. Se sua recepção supõe uma confiança, esta concerne menos a seu estilo de legislação dogmática do que a uma relação entre o texto e os fatos por meio da qual as luzes se intercambiam, graças à circulação permanente que se instaura entre a verdade depositada e a novidade incessante do real. O atesta, em especial, uma longa discussão talmúdica na qual Ester reclama aos doutores um lugar no calendário religioso para as gerações futuras[42]. Será preciso incluir o livro de *Ester* na *Torá* como ela o exige? Devemos, ao contrário, temer, com uma parte dos Sábios, que sua história trágica desperte entre as nações os sentimentos violentos contra o povo judeu? Sabemos o que sucedeu dessa controvérsia, mas o essencial, na opinião de Lévinas, está na forma dos argumentos que ela mobiliza. À primeira vista, aqueles dos Sábios que são os mais desconfiados parecem imaginar antecipadamente "a indignação futura das 'almas virtuosas' que se aborrecem, em nossos dias, de nossas comemorações da Schoá". Mas sua prudência corresponde também à consciência de um outro perigo, interno desta vez à experiência judaica: o de erigir muito rapidamente os eventos da história nacional em Santas Escrituras. Quanto à decisão de finalmente admitir o caráter bíblico da aventura de Ester e Mardoqueu, ela não pode doravante se justificar senão pela consideração do fato que representa uma etapa necessária da luta pela verdade e pela paz, fenômeno ao qual se dedica a festa de Purim.

A significação definitiva dessa discussão "por um lugar na *Bíblia*", em que a luta com Amalec foi consignada "três vezes, mas não quatro", reside, pois, na sua maneira de indicar um relacionamento entre o texto e o universo dos fatos que toma já ao revés as exigências da crítica: "As Escrituras não são um livro de histórias, elas são o *modelo* do pensável se

---

41   Textes messianiques (1960-1961), *Difficile liberté*, p. 102.
42   Ver Pour une place dans la Bible (1981), *À l'heure des nations*, p. 19-41, em que Emmanuel Lévinas comenta a *Meg[u]ilá*, 7a. Nesta, Ester exige que uma festa seja consagrada à sua aventura: "Retenha-me na memória das gerações futuras". A discussão se desenvolve em torno da lista de livros que "tornam as mãos impuras", segundo a fórmula clássica que designa seu caráter sagrado. Ela se conclui pela decisão que satisfaz à exigência de Ester: "Estes dias de *Purim* não desaparecerão dentre os judeus. Sua lembrança não se apagará dentre seus descendentes".

abrindo sobre a profundidade do *Midrasch*. As Escrituras conferem um sentido aos acontecimentos, elas não o pedem"[43]. A consequência é que, em retorno, o texto não termina jamais de abrir novas possibilidades, segundo a forma de atualização das quais as partes narrativas do *Talmud* testemunham sem cessar. Daí esse princípio que ordena a leitura: "não há um versículo, não há uma palavra do Antigo Testamento [...] que não se entreabra sobre todo um mundo, a princípio insuspeitado, e que envolva o legível". Sobre esse assunto, Emmanuel Lévinas se comprazia amiúde em recordar que "Rabi Akiva interpretava até os ornamentos das letras do texto sagrado"[44]. De maneira similar, outras passagens talmúdicas pareceriam quase responder por antecipação às objeções de Spinoza contra os milagres sobre os quais se baseiam a crítica moderna da Escritura. Assim são as últimas páginas do Tratado *Makot*, em que ainda se discute a leitura litúrgica do rolo de *Ester*. Enquanto nos interrogamos sobre a diferença entre as justiças humana e divina, são evocadas três decisões de tribunais terrenos às quais o Tribunal celeste consentiu, entre elas a que consagra a leitura litúrgica do rolo de Ester: eis o que atestaria a capacidade do *Midrasch* de "forçar o segredo da transcendência". Ao Rav Iossef que pede então uma prova do milagre ("quem se elevou lá no alto, voltou e contou?") ele respondeu: "São os versículos o que se interpreta. Interpretemos, pois, os versículos"[45].

Interpretar os versículos antes de questionar as provas de supostos fatos e que serão um dia contestados, liberar um excesso de sentidos encerrados nas estruturas sintáxicas, nos grupos de palavras ou vocábulos, conceber, enfim, que o enunciado exceda sempre o querer-dizer de onde ele procede, é suficiente sublinhar a maneira pela qual os *Pirkei Avot* podiam comparar a *Torá* à "sarça ardente": o que Rabi Haim de Volojin, por seu lado, entendia como o fato de que o ardor da chama dependerá da profundeza do sopro daquele que interpreta. Desse ponto de vista, pode-se ademais acrescentar que o espírito do comentário não se distingue quase do ritual: pois esse último insere também as práticas na própria textura do

---

43 Idem, p. 27.
44 La Révélation dans la tradition juive, op. cit., p. 161-162.
45 Ver De la lecture juive des Écritures (1979), *L'Au-delà du verset*, p. 134.

passado graças à interpretação, comprovando-se assim ao mesmo tempo "comemoração da História Santa e continuação dos acontecimentos comemorados". Como se imagina, o exemplo paradigmático desse fenômeno é o da noite do Seder, quando a narrativa e o comentário da saída do Egito se misturam na realização dos atos que a evocam: a consumação do pão ázimo e das ervas amargas. Para Lévinas, a narrativa perde aqui seu caráter arqueológico, ao mesmo tempo que os gestos rituais abandonam suas aparências de ordálios, até esse momento essencial: "Uma vez o rito explicado, aparece no Ritual da Festa o texto onde a Celebração se torna atualização, retomada por sua própria conta, do passado que se acaba de evocar, 'Em cada Geração, cada um deve se considerar como se ele próprio saísse do Egito... Não foram apenas nossos ancestrais que o *Santo-Bendito-Seja-Ele* fez sair do Egito, mas nós mesmos, Ele nos libertou com eles'"[46].

Pertencer a um livro como se pertence a uma história, ver na *Bíblia* um volume habitado por um povo: tais são para Emmanuel Lévinas os dois horizontes pelos quais a Escritura supera a prova de sua crítica, para tornar-se uma fonte inesgotável de sentido. Desse ponto de vista, é a própria significação da Aliança que se encontra desdobrada em uma multidão de perspectivas, como o demonstraria um engenhoso cálculo dos Sábios concernente às obrigações ligadas à *Torá*. Quatro imperativos se ligam tradicionalmente a ela: estudar (*lilmod*), ensinar (*lelamed*), guardar (*lischmor*) e realizar (*laassot*). Mas é preciso acrescentar que essas quatro alianças, que estão de alguma maneira já consignadas na Aliança, compreendem ainda quatro modos de adesão, à medida que a própria *Torá* foi ensinada três vezes. É o mesmo que dizer que ao termo de uma estranha aritmética da qual o *Talmud* tem o segredo, a interiorização da Lei não foi jamais obtida, de maneira que para aprofundar seu espírito toda contribuição é preciosa: "A filosofia não é proibida, a intervenção da razão não é demais!"[47] Mas se a obrigação de ensinar a Lei para a sua realização encontra-se nesse ponto ligada ao gesto da interpretação, é provável que se exponha igualmente uma sabedoria de uma outra natureza, de alguma forma mais moderna: "O humano comporta o perigo de uma petrificação do saber adquirido, suscetível

---

46 Les Cordes et le bois, op. cit., p. 194.
47 Le Pacte (sobre *Sotá*, 37 a- 37b), *L'Au-delà du verset*, p..97.

de se depositar como um conteúdo inerte na consciência e de passar, assim congelado, de uma geração à outra"⁴⁸. Disso vem, enfim, a necessidade do *Talmud*: depósito de uma Lei oral que sabe mais do que a Lei escrita e vai mais longe que o sentido óbvio, para ampliar ainda suas implicações.

Já compreendemos desde então que a resposta de Emmanuel Lévinas ao efeito de desencantamento induzido pela crítica moderna consiste em tomar seu movimento às avessas: situando-se na plenitude dos documentos ou das crenças para procurar "restabelecer as estruturas ou modalidades de um *spiritual* que para isso se presta, para isso consente ou mesmo se oferece"⁴⁹. Nessa perspectiva, é o desafio de uma verdadeira "reviravolta ontológica" que é defrontada: quando ele coloca que "o fato de que Israel, suas Escrituras e as interpretações delas [...] constituem uma *figura* em que se mostra um modo primordial do humano e em que, antes de toda teologia e fora de toda mitologia, Deus nos vem à ideia"⁵⁰. Sem ter necessidade de negar as luzes da historiografia ou mesmo de recusar seu método, uma tal atitude visa prioritariamente desprender as visões universais que se alojam no particularismo aparente da história nacional de Israel e ela encontra quase naturalmente, para fazer isso, seu lugar de eleição no universo do *Talmud*. Com razão ela contesta por vezes os "fanáticos do método histórico", se acontece de professarem "que *é proibido ao pensamento genial antecipar-se sobre o sentido de toda experiência* e que não apenas existem palavras *impronunciáveis* antes que um certo tempo tenha transcorrido, mas que existem também pensamentos impensáveis antes que seu tempo se cumpra"⁵¹. Para o restante, ela prossegue seu caminho sem arrogância, certa apenas da convicção, confirmada a cada passo, de que as discussões dos Sábios são capazes de converter opiniões ou opções em estruturas intelectuais e categorias de pensamento que se situam no absoluto da reflexão.

Essa atitude está, pois, bem aí na originalidade primeira do judaísmo, na opinião de Emmanuel Lévinas: na permanência de uma tradição ininterrupta graças à transmissão e ao comentário dos textos talmúdicos,

---

48 Idem, p. 99.
49 De l'éthique à l'exégèse (1982), À *l'heure des nations*, p. 127.
50 Idem, p. 127-128.
51 Textes messianiques, op.cit., p. 101-102.

no coração de um processo potencialmente infinito de interpretações cujos estratos se sobrepõem sem cessar. Na essência, com efeito, o *Talmud* não é um simples "prolongamento da *Bíblia*", porém se pretende uma "segunda camada de significação", um olhar crítico plenamente consciente que retoma os enunciados da Escritura "em um espírito racional"[52]. Longe, pois, de se parecer à "bricolagem" que usaria o pensamento selvagem, sua dialética estreita, amiúde alusiva, por vezes irônica, conserva, até na sua mutação nos tratados, a abertura de uma palavra viva ainda à espera de ser discutida. Assim podemos admitir que os ditos dos Sábios não são apenas suscetíveis de ser reformulados em uma linguagem filosófica a fim de responder às expectativas da razão moderna, mas que eles procedem de uma reflexão "bastante radical para satisfazer também às exigências da filosofia"[53]. Nesse sentido, o *Talmud* importaria menos pelo testemunho mais ou menos precário de um momento passado da vida judaica do que como solo de uma sabedoria estranha a toda retórica, reconhecível aqui e agora a partir das circunstâncias cotidianas da experiência humana. Através de seus resumos e seus ressaltos, para além de seus anacronismos e suas aparências de disparates, ele ofereceria "uma palavra admiravelmente feita para uma permanente interrogação, por uma interrogação que faz comunicar entre si as diversas épocas do tempo"[54].

Frente a um universo talmúdico amiúde evocado por meio de metáforas marítimas, Emmanuel Lévinas elaborou um método que visa respeitar estas duas realidades: o *Talmud* não pretende concluir a *Bíblia*, no sentido que o *Novo Testamento* pretendia para o *Antigo*; por isso, e porque ele é incansavelmente nutrido por símbolos da Escritura, ele os enriquece, por sua vez, com seus comentários pelo jogo de uma dialética ligada ao contexto da vida tomando naturalmente "um ritmo oceânico"[55]. De onde essas duas primeiras regras de prudência: "navegar próximo às costas" num domínio em que se é sempre precedido pelo mais sábio ou mais inspirado que sua pessoa entre intérpretes que se tenham sucedido na sequência das gerações; nunca esquecer, para evitar o pedantismo ou a queda no anedótico,

---

52 *Quatre lectures talmudiques*, p. 18.
53 Textes messianiques, op. cit., p. 101.
54 Pour une place dans la Bible, op. cit., p. 22.
55 *Quatre lectures talmudiques*, p. 21.

de que citar o *Talmud* "é como se citássemos o Oceano"[56]. Redobrando suas precauções por aquela que consiste em comentar com mais frequência as porções agádicas do *Talmud*, não se aventurando senão muito raramente na *Halakhá*, Lévinas precisou ainda que suas leituras não tinham por objetivo "traduzir com clareza uma pretensa linguagem cifrada" ou oferecer chaves "para decifrar os grimórios", mas recompor a progressão e a unidade de um pensamento que se desliga de toda teosofia para significar a partir de situações éticas reconhecíveis para todo ser humano[57].

Eis, pois, as orientações mais visíveis de uma arte de interpretação que desconfia de toda certeza muito rapidamente adquirida: "'Esfregar' o texto para chegar à vida que ele dissimula", como Rava mergulhado em seu estudo esfregava o pé tão forte que o sangue espirrava; arrancar às palavras os segredos que o tempo e as convenções recobrem com seus sedimentos a fim de expô-los ao ar livre; fazer sair, enfim, um pouco de água das passagens de aspectos em geral desérticas, procurando "associar uma 'paisagem' bíblica a uma outra para resgatar dessa dupla germinação o perfume secreto da primeira"[58]. Mais precisamente, o método talmúdico de Emmanuel Lévinas apoia-se em uma "regra de universalização ou de interiorização" que coloca que as diferentes épocas da história podem se comunicar entre si, pois mostra que aquilo que foi pensado em torno do Mediterrâneo durante aqueles séculos que envolvem os inícios da era cristã desenha os contornos de uma ideia universal da humanidade, de cuja permanência Israel é o símbolo[59]. Rebelde a tudo aquilo que os textos estudados poderiam parecer oferecer de informações sobre a 'vida' de Deus no além, desconfiada em

---

56 Avez-vous relu Baruch? (1966), *Difficile Liberté*, p. 167, nota. Sublinhemos o fato de que Lévinas fornece aqui uma indicação preciosa para esse tipo de exercício intelectual: "Separadas da discussão talmúdica, as noções evocadas são exangues. Uma citação do *Talmud* não se poderia fazer segundo o método e com a pretensão que valem para o resto da literatura (mesmo bíblica)". Dito de outra forma, é sempre conveniente ao leitor curioso voltar à página de onde provêm uma frase ou uma passagem, para restituir o quadro argumentativo no qual ela se inscreve, seu modo de raciocínio ou ainda as nuanças que pode acompanhá-la.
57 Ver La Tentation de la tentation (1964, sobre o *Schabat*, 88a – 88b), *Quatre lectures talmudiques*, p. 70-71.
58 Ver, respectivamente, nas *Quatre lectures talmudiques*, La tentation de la tentation, p. 101-102, e Terre promise ou terre permise, p. 120. Não seria muito encorajar o leitor dos textos talmúdicos de Emmanuel Lévinas a pesquisar as indicações de método nas primeiras páginas de cada comentário e as introduções das obras que os reúnem.
59 Ver *Quatre lectures talmudiques*, p. 15-16.

relação às tentações de uma teosofia, ela se recorda, antes de tudo, do princípio de Maimônides que quer que "tudo o que se diz de Deus no judaísmo *signifique* para a *práxis* humana"[60]. Assegurando enfim que Deus, qualquer que seja sua significação última, aparece sempre na consciência humana sob vestes morais permeáveis à inteligência, como o ideal, o razoável, o universal ou o eterno, ela procura restituir ao teológico seu horizonte ético universal, lá onde se reconhece a razão.

Dois procedimentos principais organizam, enfim, este comportamento que se mantém igualmente distanciado da apologética e da crítica histórica. O primeiro se liga ao fenômeno característico das ideias que jamais se separam das situações que as fazem surgir, sem, entretanto, se fechar em seu localismo. Abraçando as "modalidades paradigmáticas" da reflexão talmúdica, ele consiste em seguir as noções que permanecem sempre em comunicação com os exemplos, para escrutar a maneira pela qual um "mundo engastado ou perdido nos signos se ilumina pelo pensamento que lhe vem de fora ou de outra extremidade do cânone, revelando as possibilidades esperadas pela exegese, imobilizadas, de alguma forma, sem as letras"[61]. Ao que se acrescenta, em segundo lugar, que no *Talmud* as ideias não se fixam pelos modos de conceitualização, vindo a extinguir as faíscas que "dançam sob o olhar fixo no Real"[62]. Isso quer dizer que o mais frequente, e mesmo quando os Doutores parecem se entregar a infinitas batalhas a golpes de versículos, a referência à Escritura não vale para advertência da autoridade. É isso que indicará definitivamente uma discussão célebre que viu a assembleia dos Sábios contestar a voz do céu ouvida em apoio ao Rabi Eliezer, ao mesmo tempo que Deus acabava de murmurar: "Meus filhos me venceram! Meus filhos me venceram!"[63] Mas isso significa igualmente que

---

60 Envers autrui, op. cit., p. 33. Lévinas tem, sem dúvida, em mente o capítulo III, 54 e último do *Guia dos Perplexos*.
61 De la lecture juive des Écritures, op. cit., p. 48.
62 Envers autrui, op. cit., p. 48.
63 Ver *Baba Metzia*, 59b, em que Rabi Eliezer obteve sucessivamente o apoio miraculoso de uma árvore que se desenraiza, de um riacho que remonta seu curso e de uma parede que se inclina depois de a palavra do-alto lhe haver ela mesma dado razão: é pela simples lembrança do fato de que "a *Torá* não está mais no céu" (*Dt* 30, 12). Como a maioria dos comentadores e historiadores modernos, Emmanuel Lévinas sublinha o poder de "desencantamento" dessa passagem: ver Désacralisation et désensorcellement (sobre *Sanedrin*, 67a-68a), em *Du sacré au saint*, p. 110-111. Encontraremos em Gershom Scholem uma análise da mesma passagem,

foi concedido ao comentador uma possibilidade que Lévinas utiliza em abundância quando quer pleitear a atualidade de um pensamento multissecular: o de operar "a transferência de uma ideia em uma outra atmosfera", na certeza de que esta será ainda e sempre sua atmosfera original[64].

Evidentemente, esse método que assume o fato de que "ler a *Guemará* representa uma decifração permanente, e ademais uma decifração sem código", não oferece a quem o pratica "nem a segurança da piedade judaica nem as 'certezas' da 'ciência do judaísmo'"[65]. Mais ainda, jogando naturalmente com o texto, com extrapolações e mesmo com as contradições, ele solicita do leitor "liberdade, invenção e audácia", na medida de seus próprios arrojos[66]. Mas não será, no fundo, o que ele espera de um judaísmo que ele vê antes de tudo "desenfeitiçar" o mundo, cavando para a humanidade inteira a diferença radical que separa o sagrado do santo? Pois está bem ali, finalmente, para Emmanuel Lévinas o espírito vivo do judaísmo: no coração do combate jamais concluído contra o sagrado que se protege do "prestígio dos prestígios"; na recusa tenaz de tudo aquilo que pretende mostrar "'o outro lado', o verso ou o avesso do Real, o Nada condensado em Mistério, bolhas do Nada nas coisas – 'semblante de nada' dos objetos cotidianos"[67]. Desse sagrado que ressurge hoje no pensamento poético de Heidegger, de uma bruxaria que é de alguma maneira sua parenta um pouco decaída, lucrando das boas relações de seu irmão no melhor dos mundos, a humanidade moderna jamais terminou de se separar, a despeito de suas certezas. É para isso que ela tem sempre necessidade de uma Revelação que os mantenha em horror, preferindo à sua penumbra "a essência sem mistura que se pode denominar Espírito" ou que designa a santidade.

Compreende-se doravante aonde quer chegar o imperativo de abrir novos acessos aos textos judaicos, de "traduzir modernamente" a sabedoria do *Talmud* e de confrontá-lo às preocupações de nosso tempo. Tarefa de

---

que mostra, ela também, uma autoridade da Tradição que pode conduzir a reconhecer que o comentário prevalece sobre o autor do Livro (ver Gershom Scholem, Révélation et tradition comme catégories religieuses dans le judaïsme [1962], em *Le Messianisme juif: Essais sur la spiritualité du judaïsme*, trad. B. Dupuy, Paris: Calmann-Lévy, 1974, p. 409-410).

64 Envers autrui, op. cit., p. 48.
65 *Du sacré au saint*, respectivamente, p. 75 e p. 8.
66 Ver *Quatre lectures talmudiques*, p. 14.
67 Désacralisation et désensorcellement, op. cit., p. 89.

respeito e de fidelidade à memória daqueles que desapareceram em fumaça, é também prova de responsabilidade frente a um sionismo que restitui a Israel a consciência de si mesmo, sempre sabendo que não pode permanecer como uma simples restauração política. Após a Schoá e o ano de 1948, ele oferece a única solução à antinomia que dilacera ao mesmo tempo os judeus integrados nas nações e aqueles que se sentem dispersos: uma cultura judaica fechada ao diálogo e à polêmica com o Ocidente "consagra os judeus ao gueto e ao extermínio físico"; mas inversamente, "a entrada na Cidade os faz desaparecer na civilização de seus hospedeiros"[68]. Tornar em todo lugar possível a figura de um "Judeu ocidental, judeu e grego", tal é, pois, para Emmanuel Lévinas o horizonte de uma caminhada que ele pensa, paradoxalmente a respeito de suas próprias escolhas, melhor se realizar mesmo em Jerusalém do que em uma Diáspora exangue depois do hitlerismo. Que ele tenha sido, desse ponto de vista, profeta nesta última e não em um "novo país" importa talvez menos que o próprio projeto, que poderia em um sentido se comparar, para sua época, àquele que animava Maimônides na sua: enriquecer a tensão que religa e opõe a *Bíblia* e os gregos, testemunhando uma sabedoria mais antiga que a razão e a técnica pela qual a humanidade ocidental habita comumente o mundo.

Dir-se-á, sem dúvida, que entre Jerusalém e Atenas ou Delfos as contendas de precedência estão longe de se liquidar facilmente, de maneira que convém se defender das antíteses muito simples: nós somos a justiça, vós sois a caridade; nós amamos Deus, vós amais o mundo[69]. Será preciso, entretanto, abandonar-se a despeito de encontrar em Ésquilo, como no contrapé do tempo, o eco de uma discussão talmúdica que vê no *Sanedrin* a imagem de um ponto central do universo[70]? Depois de tudo, se as *Eumênides* são cinco séculos pelo menos mais antigas do que a *Mischná*, são três

---

68 *Quatre lectures talmudiques*, p. 24.
69 Ver Vieux comme le monde? (sobre *Sanedrin*, 36b-37 a), *Quatre lectures talmudiques* p. 167.
70 Lévinas censura aqui a maneira pela qual está afirmado na passagem concernente que "o *Sanedrin* se assenta no umbigo do universo" do nivelamento que opõe a justiça de Zeus da das eumênides. Justiça admitindo a eventualidade do perdão contra justiça da vingança, poder-se-ia presumir que os gregos disseram tudo e que o mundo não tem de alguma forma mais necessidade do judaísmo: pois que Zeus já é "o deus dos suplicantes e dos perseguidos". O que nos fornece que seja mais preciso ou mais poderoso em Ésquilo? A simples ideia talvez de que o *Sanedrin* se encontre precisamente no coração do mundo "porque o universo não subsiste senão pela justiça que se faz no *Sanedrin*" (idem, p. 168).

outros séculos que fazem sua juventude frente aos profetas da *Bíblia*. É o mesmo que dizer que o essencial não está no jogo das anterioridades, porém no espírito da confrontação entre um saber que pode dar à civilização ocidental o sentimento de ter já pensado em tudo e uma sabedoria que parece também tão velha quanto o próprio mundo. Retornando então a esta última, ao apresentar ao mundo ao mesmo tempo que o milagre da permanência de Israel uma "maravilhosa temporalidade de escatologia", que parece disponível para um encontro com o discurso da filosofia: "detrás da cronologia dos fatos, dos eventos e de seu encadeamento, lógico ou fortuito, na história universal das nações [...], se completa e se relata, conforme sua própria lógica, uma intenção da eternidade"[71]. Retenhamos, antes de aí penetrar, que o pensamento de Emmanuel Lévinas não se determina por tarefas mais urgentes que a de atestar em favor de uma tal "maravilha".

Uma Ideia do Infinito Para Além da Totalidade

Que a eternidade se pareça a uma liberdade adquirida contra a aparente lógica dos acontecimentos e que o judaísmo deva a uma tal consciência sua sobrevida através da história, eis o que compreendera Franz Rosenzweig, que não era contemporâneo, no entanto, senão do traumatismo inaugural desse século terrível. Até um ponto extremamente avançado e para o essencial de sua estrutura, *Totalidade e Infinito* se inscreve na esteira de uma tal descoberta, a das primeiras páginas escritas como em uma reimpressão de *A Estrela da Redenção*, com tudo aquilo que tece a obra de referências por demais numerosas para serem assinaladas[72]. Cedo virá o tempo de indicar os aspectos dos quais Lévinas se separa de Rosenzweig, a fim de radicalizar mais o gesto e para afrontar uma conjuntura que ele mesmo não podia imaginar. Para o momento, o essencial se liga ao fato de que Rosenzweig

---

71 *À l'heure des nations*, p. 12.
72 Ver a este respeito a declaração liminar de Emmanuel Lévinas, em *Totalité et infini: Essai sur l'extériorité*, Hague: Martine Nijhoff, 1961, 1984 (4. ed.), p. XVI. Lévinas consagrou ainda dois importantes artigos ao pensamento de Franz Rosenzweig, que ele introduziu na França: "Franz Rosenzweig: Une Pensée juive moderne", *Hors sujet*, p. 72-96, e La Philosophie de Franz Rosenzweig, *À l'heure des nations*, p. 175-185, que retoma o prefácio escrito para o livro de Stéphane Mosès, *Système et Révélation*, Paris: Seuil, 1982.

definitivamente dissipou a consciência ocidental de sua fascinação em relação à guerra, opondo a esta pretendida fulgurância primeira do ser as certezas de uma escatologia da paz messiânica, que precisamente contesta, na totalidade, a sua pretensão em preencher a verdadeira medida do ser. É sobre essa pista que se aventura *Totalidade e Infinito*, a despeito da desconfiança dos filósofos em relação à escatologia profética; mas permanecendo guiado pela forma com que a fenomenologia de Husserl descreve horizontes insuspeitados do concreto e coloca "a ideia do excesso do pensamento objetivante por uma experiência esquecida na qual ela vive"[73].

Para "a honrosa confraria dos filósofos da Jônia à Jena" que evocava Franz Rosenzweig, não era nada duvidoso que a guerra fosse experiência pura que dilacera as roupagens da ilusão, o acontecimento ontológico, por excelência, o fenômeno que impõe uma colocação em movimento dos seres e decreta sua mobilização "por uma ordem objetiva à qual não se pode livrar" (p. IX). Com ela, a moral sofre uma provação real que parece torná-la irrisória: quando os imperativos se anulam no provisório e quando as instituições se despojam de suas obrigações eternas. Mais ainda, ela parece dar definitivamente razão a uma política que interrompe a continuidade das pessoas, incitando-as a trair seus compromissos e mesmo sua substância de seres responsáveis uns perante os outros. Como superar a evidência da guerra? Como recusar o sentimento de que ela impõe uma forma permanente da condição humana? Seguramente, a resposta a tal questão não pode provir de um simples jogo de antíteses. Resultante da guerra, uma paz dos impérios repousará sempre sobre ela, essa proposição foi apresentada contra o próprio Kant. Porque ele não pode se desligar da ideia de uma hostilidade natural colocada na origem da história humana, o horizonte cosmopolita kantiano da paz perpétua é ainda uma excrescência da vida dos Estados, ao passo que para Lévinas é preciso demonstrar que, ao contrário, é a guerra que guarda, apesar dela, "o traço testemunhal de um acolhimento pacífico do rosto"[74].

Assim como o expusera Rosenzweig, a consciência moral não pode encontrar seus direitos ante a política a não ser que a certeza da paz chegue

---

73 *Totalité et infini*, op. cit., p. XVII. Para as páginas seguintes, as referências a esta obra serão diretamente indicadas no corpo do texto, entre parênteses.
74 Jacques Derrida, Le Mot d'accueil, *Adieu à Emmanuel Lévinas*, Paris: Galilée, 1977, p. 156.

a desviar a evidência da guerra. Mas uma tal certeza não se obtém, por sua vez, senão ao preço de uma renúncia radical daquilo que cremos saber: contanto que "o rosto do ser que se mostra na guerra se fixe no conceito de totalidade que domina a filosofia ocidental" (p. x). Nesse sentido, a ruptura com a evidência da guerra e a contestação do primado da ontologia serão as duas orientações principais e misturadas de *Totalidade e Infinito*. Dito de outra forma, a divulgação dos signos de uma escatologia da paz messiânica não poderá jamais se dissociar de um questionamento do que é esperado da filosofia. Metaforicamente falando, a história do que Lévinas nomeia "a filosofia que nos é transmitida" tem sempre seguido o caminho de Ulisses voltando a Ítaca, ao descrever a trajetória de sua reabsorção no Mesmo, segundo um processo que conduz finalmente ao acontecimento de uma totalidade descrita em Hegel como Saber absoluto. A esta figura magistral que liga a Odisseia do Espírito e o itinerário do mundo, Lévinas quer opor a de uma obra pensada "radicalmente", isto é, como "movimento do Mesmo em direção ao Outro que não retorna jamais ao Mesmo". Quanto à sua épura, ela não se desenha nas aventuras de Ulisses, mas na de Abraão: Abraão "abandonando para sempre sua pátria por uma terra ainda desconhecida e proibindo seu criado até de trazer consigo seu filho a este ponto de partida"[75].

    Pode-se, para o esclarecimento dos fatos, arriscar a opor termo a termo o sistema das categorias da filosofia ocidental tomada em sua realização hegeliana e a rede conceitual pela qual se construiu *Totalidade e Infinito*. Nascida na terra de Ulisses e permanecida ligada à forma de suas peregrinações, a primeira sempre viu no "mal do retorno" a essência de um desejo que ela concebe como nostalgia: segundo o curso de um pensamento que parte de "nossa casa", que nós habitamos para ir alhures e retornar, enfim, para o lugar onde um ser "indigente e incompleto" reencontraria sua "grandeza passada" (p.3). Em um tal movimento, a prioridade é dada ao papel da negatividade, pela qual o homem descontente recusa a condição em que está instalado, trabalha para transformar o mundo e luta, enfim, para dominar os outros: no coração de uma estrutura em que "o negador e o negado se

---

75   Emmanuel Lévinas, La Trace de l'autre (1963), *En découvrant l'existence avec Husserl et Heidegger*, op. cit., p. 191.

colocam juntos, formam um sistema, isto é, uma totalidade" (p.11). É nesse ponto que se produz o que Emmanuel Lévinas designa como "uma grande traição" (p.14). Ela consiste, para as coisas, nesta capitulação que assegura sua conceitualização, quando a ciência ignora sua individualidade para se agarrar apenas à generalidade. Apega-se, no que concerne aos homens, ao fenômeno do terror, que verga a liberdade de um sob a dominação de outro até o momento em que o Estado os une sob sua igualdade formal. Mas tal é o preço da teoria que se quer luz, em que os seres tornam-se inteligíveis, ontologia. A isto se deve ainda acrescentar que a filosofia ocidental tem precisamente sido, na maioria de suas manifestações, uma ontologia: "uma redução do Outro no Mesmo, pela intervenção de um termo médio e neutro que assegura a inteligência do ser" (p. 13).

Que proceda por tematização ou conceitualização, a filosofia visa, pois, menos a paz com o Outro do que sua supressão ou sua posse. Nesse sentido, "a ontologia como filosofia primeira é uma filosofia do poder" (p.16) e a universalidade que ela promete para o que deveria ser a não violência da totalidade permanece, apesar disso tudo, na obediência do anônimo, no perigo de uma nova desumanidade. Aqui, a liberdade parece criticar o real, assegurando-se contra a morte e sua própria traição, porque o Estado lhe oferece a incrustação de uma existência institucional. Mas no momento em que ela se confia à instituição, a vontade já está morta e nada significa a não ser por sua herança: "como se tudo o que nela era existência na primeira pessoa, existência subjetiva, não fosse senão a sequela de sua animalidade" (p. 219). Da mesma forma que Rosenzweig a compreendeu a partir de uma experiência de sobrevivência na guerra, é, entretanto, sempre lícito ao homem ressurgir como singularidade irredutível, exterior à totalidade e que protesta enquanto Eu: "sujeito privado totalmente geral, Eu nome e prenome, Eu poeira e cinza"[76]. Nos termos de Emmanuel Lévinas, desta vez trata-se menos do que nunca no século XX de duvidar do medo e da fome "que podem ter razão no que concerne a toda a resistência humana e a toda a liberdade" (p.5) ou ainda de necessidades que expliquem

---

[76] Franz Rosenzweig, Noyau originaire de *L'Étoile de la Rédemption* (1917), trad. J.-L. Schlegel, *Cahiers de la nuit surveillée*, n. 1, 1982, p. 101. Sobre essa temática no próprio Rosenzweig, ver supra, cap. II, p. 201-206.

a sociedade e a história. O horizonte do saber não é, entretanto, a consciência dessa miséria humana, com "o império que as coisas e os malvados exercem sobre o homem", mas a preocupação de ter "tempo para prevenir o instante de desumanidade". Assegurar um "adiamento perpétuo da hora da traição": eis o que será precisamente designado pelo "desejo do absolutamente outro"; um desejo que se declina segundo a dimensão da metafísica.

Com a diferença do pão que comemos, do país que habitamos ou da paisagem que contemplamos, que são objetos de desejo tomados pelas categorias da carência ou da satisfação, existe uma alteridade não suscetível de ser reabsorvida pela posse e que se liga a "toda outra coisa" ou ao "absolutamente outro". Face a ela, a análise comum do desejo a partir da necessidade e da restauração de uma completude perdida é tornada vã: "O desejo metafísico não aspira ao retorno, pois ele deseja um país em que nem nascemos" (p. 3). Pelo estabelecimento dessa distinção, Emmanuel Lévinas designa um território bastante inexplorado pela filosofia ocidental e que se tornou o da *Totalidade e Infinito*: o domínio de um desejo estranho à satisfação, que "*compreende* o afastamento, a alteridade e a exterioridade do Outro" (p. 4), antes de o desfraldar sobre a dimensão de uma altura que é a do Invisível. O desafio é, pois, o de pensar uma alteridade que não seja formal, que não se concebe como simples para com a identidade e que permanece "anterior a toda iniciativa, a todo imperialismo do Mesmo" (p. 9). A manifestação eletiva de uma tal alteridade reside, por seu lado, no discurso: fenômeno pelo qual o eu não renuncia ao egoísmo de sua existência, mas reconhece ao outro um direito sobre ele, aceitando se justificar. Esta é, com efeito, a essência mesma do discurso em vez de assegurar uma "apologia em que o eu por vezes se afirma e se inclina diante do transcendente": ao ponto de, sem temer as palavras, poder-se denominar "religião" a este vínculo que se estabelece entre o Mesmo e o Outro "sem constituir uma totalidade" (p.10).

É necessário, evidentemente, precisar que todo discurso não coloca diretamente uma relação com a exterioridade do Outro. A retórica aborda em especial o Outrem de viés e corrompe sua liberdade: quando ela pretende solicitar sua aquiescência a ponto de aparecer como "violência por excelência, quer dizer, injustiça" (p. 42). Inversamente, a ultrapassagem da retórica e o advento da justiça coincidem na medida em que a obra da linguagem "consiste em entrar em relação com uma nudez liberta de toda forma, mas tendo um sentido por si mesma" (p. 47). Ali onde a ciência e a arte procedem na revelação da coisa, visando atribuir-lhe um lugar no todo pela restituição de sua função ou de sua beleza, a metafísica inaugura-se em um desejo que ignora a possessão e respeita a transcendência dos Outros: no interior de um discurso que "engloba em seu sentido concreto sua miséria, sua desorientação e seu direito de estrangeiro" (p. 49). Depois, em lugar de procurar absorver a exterioridade de Outrem assim como faz a teoria, ela a reserva tal como vive seu desejo. Pode-se então denominar ética esta colocação em causa da espontaneidade do sujeito pela presença imediata de Outrem e propor esta comparação: "como a crítica precede o dogmatismo, a metafísica precede a ontologia" (p. 13).

Apresentar "a subjetividade como acolhendo Outrem, como hospitalidade" (p. xv), é, pois, começar a superar a evidência ontológica da guerra: ao relatar como o Infinito se produz na relação do Mesmo com o Outro através do discurso. O que é, com efeito, esta transcendência em relação à totalidade tão original quanto seja, mas que não pode ser reabsorvida, senão a expressão do Infinito? Graças à sua aptidão pela palavra, os seres têm uma identidade anterior à conclusão da história, tendo como consequência que o fenômeno da escatologia profética manifesta-se neles antes que a guerra faça valer seus direitos. No entanto, este "'além' da totalidade e da experiência objetiva" que exprime a escatologia da paz não se descreve apenas de maneira negativa: "ele se reflete no *interior* da totalidade da história, no *interior* da experiência" (p. xi). Como ideia, primeiramente, na medida em que ele designa a responsabilidade de seres arrancados à jurisdição da história e que sabem que "não é o último julgamento que importa, mas o julgamento de todos os instantes no tempo em que se julga os viventes". Mas sobretudo como realidade: por essa razão é que o Infinito se apresenta igualmente no fenômeno do encontro com o rosto de outrem; fenômeno primeiro de uma análise em condições de mostrar que "a moral não é um ramo da filosofia, mas a filosofia principal" (p.281).

Emmanuel Lévinas várias vezes resumiu o movimento de uma fenomenologia que permanece profundamente fiel ao ensinamento de Husserl, ligando-se às experiências mais comuns da vida cotidiana, mas que insiste na imbricação entre o ato que constitui uma palavra e o encontro de um rosto, fenômeno que sublinha imediatamente a dimensão de transcendência aberta na direção de Outrem. De saída, há esta simples constatação: "falar é, ao mesmo tempo que conhecer outrem, se fazer conhecer dele. Outrem não é apenas conhecido, ele é *saudado*"[77]. Manifestado no vocativo em vez de no nominativo, segundo as categorias gramaticais, outrem não é, pois, objeto de uma expropriação, como o seriam as coisas, mas ele surge em uma relação em que a ação renuncia à violência. Falar com alguém é imediatamente esperar sua resposta, instituindo-se já uma relação moral de igualdade que reconhece a justiça: visto que o agente renuncia a toda dominação e a toda soberania para se expor à ação de outrem. Isso pode-se, pois, dizer nos termos de uma provocação contra a dialética de Hegel: "mesmo quando se fala a um escravo, fala-se a um igual". A razão profunda desse fenômeno se deve ao fato de que antes mesmo de ser conhecido, o outro se apresenta no sentido próprio do termo como interlocutor: em um face a face em que se olha o olhar. Ou, "olhar um olhar, é olhar aquilo que não se abandona, não se solta, mas que você *encara* [*vise*]: é olhar uma *cara* [*visage*]". Quanto à própria face, ela oferece a manifestação simultânea da vulnerabilidade e da inviolabilidade: a visão conjunta da tentação da morte e da impossibilidade da morte. Nesse sentido e definitivamente: "encarar [*voir*] uma cara [*visage*] é já ouvir 'Tu não matarás nada', e ao escutar 'Tu não matarás nada' entenda 'Justiça social'"[78].

Vemos assim a maneira pela qual o pensamento de Emmanuel Lévinas pode se inscrever no movimento da filosofia contemporânea. Antes de qualquer outra coisa, ele encontra seu lugar lá onde se trata de fundar uma alternativa à perspectiva hegeliana da afirmação do sujeito através da luta pelo reconhecimento: a vontade de replicar à dialética do senhor e do escravo é suficientemente explícita. Desse ponto de vista, o Husserl das *Meditações Cartesianas* oferece os recursos de uma descrição da constituição do eu no meio da "coexistência" com o *alter ego*: fenômeno que tem por efeito que "eu posso identificar a Natureza constituída pelo eu com a Natureza constituída pelo outro"[79]. Porém, tal atualização de uma "inteligibi-

---

[77] Éthique et esprit (1952), *Difficile liberté*, p. 20.
[78] Idem, p. 21.
[79] Edmund Husserl, *Méditations cartésiennes: Introduction à la phénoménologie*, trad. G. Peiffer e E. Lévinas, Paris: Vrin, 1969, p. 107 (trad. bras.: *Meditações Cartesianas: Introdução à*

lidade transcendental" que quer descrever "a totalidade do mundo concreto que nos resta quando fazemos abstrações de todos os predicados do 'espírito objetivo'" quer também reerguer o outro desafio da filosofia de Hegel: aquele que se alimenta de uma crítica da moralidade abstrata do tipo kantiano para afirmar a relatividade da ordem ética, sobre o fundo de uma verdade da história precisamente descoberta na experiência da guerra. Que existe, entretanto, uma falha do sistema de Kant, ao lado da pressuposição última da moralidade como "fato da razão", eis a segunda preocupação de uma filosofia contemporânea ansiosa por arrancar a intersubjetividade do conflito das liberdades. Nesse plano, é ainda Husserl quem dá o tom, desta vez por meio das últimas explorações de uma *Crise das Ciências Europeias* estruturada por essa hipótese: "O que determina a falência de uma cultura fundamentada sobre a razão não reside na essência do próprio racionalismo, mas apenas em sua alienação, no fato de que ele está enterrado no naturalismo e no objetivismo"[80]. Percebe-se então a razão de uma profunda fidelidade de Emmanuel Lévinas a Husserl, a despeito da fascinação exercida por Heidegger. Com a evidência de que o mestre traído e seu discípulo partilhavam a ideia de uma certa fraqueza da posição intelectual das Luzes e um diagnóstico do qual Jürgen Habermas dá os contornos: "Os fundamentos do século XVIII não se enraízam com suficiente profundidade"[81]. Por isso, lá onde Heidegger proclama o advento de um pensamento "radical" querendo opor a esses fundamentos "a coragem que

---

Fenomenologia, São Paulo: Madras, 2001). Em seguimento ao quinto número das *Méditations cartésiennes* do qual Emmanuel Lévinas foi o primeiro tradutor, Husserl mostra que uma tal "identificação sintética", tematizada a partir do enigma que representa a presença de outrem, pode se desdobrar sobre o horizonte de uma "constituição transcendental do mundo objetivo" (p. 111): graças à descrição de formas ampliadas da intersubjetividade que acabam por estabelecer a "constituição da humanidade". Trata-se sucessivamente dos que passam por atos indo "do eu ao tu", para constituir uma comunidade social. Vêm, em seguida, os que se ligam ao fato de que todo homem vive na mesma "natureza" que todos os outros, de maneira que se desenha o "mundo da cultura". Aparecem, enfim, os que fazem com que a compreensão de cada um de sua própria cultura induza a descoberta do horizonte do passado e das camadas sempre mais vastas do presente, em direção àquilo que não é senão a formação de uma consciência histórica que não deve mais nada ao absoluto hegeliano da História.

80 Edmund Husserl, *La Crise des sciences européennes et la phénoménologie transcendantale*, trad. G. Granel, Paris: Gallimard, 1976, p. 382 (trad. modificada).
81 Jürgen Habermas, L'Idéalisme allemand et ses penseurs juifs, *Profils philosophiques et politiques*, trad. F. Dastur, J.-R. Ladmiral e M. de Launay, Paris: Gallimard, 1974, p. 71.

se aventura ao inabitual e ao incalculável", Husserl, por sua vez, os remete a um depósito para melhor certificar-se, abandonando um programa que não terá tempo de realizar até o fim: "que um fundamento fenomenológico rigoroso pudesse ser dado às ciências morais"[82]. Há, enfim, uma última bifurcação que permite desta vez desenhar um caminho do qual se servirão de diferentes maneiras Emmanuel Lévinas, Paul Ricoeur e mesmo Jürgen Habermas. Com ela, a filosofia renuncia depois de Husserl a uma perspectiva transcendental que já organizava a reconstrução do sistema kantiano em Cohen: quando ele tratava de promover uma "lógica da origem" ou uma descrição das primeiras operações da consciência. Dar à intersubjetividade ética um fundamento estável, que ao mesmo tempo a proteja da crítica de Hegel e a enraíze mais profundamente do que ela estava em Kant: é o meio da experiência da linguagem que se torna privilegiado, pelo viés de um cenário de seus recursos, de uma formalização dos procedimentos da comunicação ou ainda de uma descrição do relacionamento imediato da palavra com a preocupação de uma responsabilidade para com outrem.

  Doravante, será possível dar uma descrição mais precisa desta acolhida do rosto por meio da qual "a paz se produz como atitude perante a palavra" (p. xi) e que ilustra dessa maneira "o lugar original do sensato"[83]. De um ponto de vista estritamente fenomenológico, a epifania da face é a experiência de uma resistência a toda posse, por mais que, no que diz respeito à sua autenticidade, ela consista em que ele "me fala e por isso me convida a uma relação sem medida comum com um poder exercido, seja ele prazer ou conhecimento" (p. 172). Resta que essa resistência difere evidentemente da do rochedo, no qual a mão se fere, ou ainda daquela que se deve ao distanciamento de uma estrela no espaço. O que especialmente paralisa meus poderes não é a neutralidade de uma imagem, mas uma solicitação absoluta, que vem do fundo dos olhos sem defesa, da parte de um ser que aparece em sua nudez, "em sua miséria e em sua fome" (p. 174). Por outros termos, a significação imediatamente ética da resistência que me opõe a cara (*visage*) de outrem está ligada ao "temor de ocupar no *Da* de meu *Dasein* o lugar de qualquer um": como se fosse preciso sempre pensar

---

82 Idem, p. 68.
83 Philosophie et transcendance (1989), *Altérité et transcendance*, Paris: Fata Morgana, 1995, p. 44.

com Pascal que "meu lugar ao sol" já é "o começo e a imagem da usurpação de toda a terra"[84]. Ao que se acrescenta logo, e desta vez claramente contra a ontologia do *Dasein* de Heidegger, que este temor por outro homem não retorna na direção da angústia de minha própria morte, mas "me intima, me obriga, me reclama, como se a morte invisível a qual se contrapõe a cara de outrem – pura alteridade, separada, de alguma forma, de todo conjunto – fosse 'assunto meu'"[85]. A fim de precisar a amplidão da ruptura com o ambiente ontológico da filosofia ocidental, é preciso, entretanto, sublinhar a maneira pela qual, pensando bem, a apresentação da face não é 'verdadeira': não, em todo caso, no sentido de uma verdade que tende ainda a se referir ao não verdadeiro, "seu eterno contemporâneo", de maneira que ela encontre inelutavelmente "o sorriso e o silêncio do cético" (p. 175). Fora de uma tal lógica, o que expõe esta 'epifania' liga-se em uma função de linguagem anterior a todo desvelamento do ser, num laço entre expressão e responsabilidade que se impõe como imperativo: "deixar os homens sem alimento é uma falta que nenhuma circunstância atenua; a ela não se aplica a distinção do voluntário e do involuntário"[86]. Isso certamente não quer dizer que a face seja perfeitamente estranha a toda noção de verdade. É preciso apenas entender que ele tem repugnância às definições que são dadas pela filosofia: aquela que a concebeu por meio de um processo pelo qual o Mesmo e o Outro entram em "um conhecimento que os enlaçará" (p. 53); mas também aquela que procura descrever na ontologia contemporânea como "desvelamento de um neutro impessoal" (p. 22). Desde então, se Emmanuel Lévinas pode afirmar que as análises de *Totalidade e Infinito* são dirigidas pela estrutura formal que representa "a ideia do Infinito em nós" (p. 52), é demonstrando como se operam ao mesmo tempo a desformalização e a concretização da noção de aparência vazia que se liga a essa ideia. Antes de encontrar mais tarde a última significação da ideia do infinito, sublinhemos, pois, o fato de que ela se produz como um desejo desinteressado que se denomina ainda "bondade": por isso que, frente a uma face, "minha orientação em relação a Outrem não pode perder a avidez do

---

84 Idem, ibidem.
85 Idem, p. 45.
86 Emmanuel Lévinas relembra aqui (p. 175) *Sanedrin*, 104a, o que constitui a única referência explícita de *Totalité et infini* ao *Talmud*.

olhar a não ser se munindo de generosidade, incapaz de abordar o outro com as mãos vazias" (p.21).

Desenha-se, assim, mais claramente a estratégia filosófica de Emmanuel Lévinas, que retoma de Rosenzweig o essencial de sua crítica da ideia da Totalidade como horizonte do pensamento para remontar em direção a uma reconsideração do privilégio concedido à inquietude ontológica. Na época de Rosenzweig, a urgência era replicar diretamente a um sistema de Hegel que representava a apoteose da filosofia ocidental, e tratava-se de fazer valer os direitos de uma subjetividade que protesta contra sua absorção no Estado e seu julgamento pela história. Para Lévinas, a atualidade torna-se a de uma discussão daquilo que se apresenta como a alternativa única ao fracasso da metafísica: a vontade de um retorno para uma ontologia radical que se desdobra na obra de Heidegger. Esquematicamente, na opinião de Lévinas, a razão profunda da impossibilidade da ontologia enquanto compreensão e "enlaçamento" do ser tem menos a ver com o fato de que toda definição do ser supõe desde já um conhecimento deste, do que com esta consideração mais poderosa ainda: "a compreensão do ser em geral não pode *dominar* a relação com Outrem" (p. 18). Nesse sentido, o projeto de *Totalidade e Infinito* consiste em mostrar que é, ao contrário, a relação com outrem que comanda a compreensão do ser. Ele se ancora na descrição do discurso enquanto relação não alérgica à alteridade, passa por sua análise como modalidade do desejo e conduz para o lugar em que se pode, enfim, mostrar uma espécie de transformação de um poder, por essência, mortífero: em face de outrem e "contra todo bom senso", este se torna "impossibilidade de assassínio, consideração de Outrem ou justiça".

Com frequência em filigrana e por vezes de maneira explícita, é, pois, contra Heidegger e o impacto de sua irrupção na paisagem filosófica que se escreve a crítica da influência exercida pela ontologia sobre o pensamento contemporâneo. A despeito de sua denúncia de uma filosofia do sujeito esquecido do ser e em direção à técnica desde o momento socrático de seu nascimento, a atitude de Heidegger mantém fundamentalmente, na visão de Lévinas, o caráter egoísta da ontologia. O ponto crítico está precisamente em que, mesmo em sua maneira de procurar antes de Sócrates um pensamento que se manifesta enquanto obediente ao ser, o pensamento de Heidegger permanece prisioneiro dos rostos que enfeitiçavam Ulisses: "reunindo a presença sobre a terra e sob o firmamento do céu, a espera dos deuses e a companhia dos mortais, na presença junto às coisas, que equivale a construir e cultivar, Heidegger, como toda a história ocidental, concebe a relação com outrem como que jogando com o destino dos povos sedentários, possuídores e construtores da terra" (p. 17). Desse ponto de vista, a denúncia heideggeriana da soberania dos poderes técnicos do homem torna-se, paradoxalmente, exaltação dos "poderes pré-técnicos da posse". Mesmo se a análise não parte mais da coisa-objeto, ela carrega, mais que nunca, a marca das grandes paisagens e das formas enraizadas: para uma ontologia que se torna deliberadamente elogio da natureza como "fecundidade impessoal, mãe generosa sem cara, matriz dos seres particulares, matéria inesgotável das coisas". É o mesmo que dizer que ela esquece, por sua vez, que a tirania não é apenas o fato de uma extensão da técnica por homens transformados em coisas, mas procede igualmente, e por vezes mesmo mais, de uma influência do anônimo. Tal é, inelutavelmente, o caso quando se remonta lá onde Heidegger quer conduzir: "aos 'estados d'alma' pagãos, ao enraizamento no solo, à adoração que os homens subjugados podem devotar a seus senhores".

Com a evidência e na lembrança do choque provocado pela leitura de *Sein und Zeit* (Ser e Tempo*), é necessário dizer que as análises de Heidegger conservam, não obstante, seu poder de desestabilização da filosofia ocidental: nem que fosse apenas pela maneira de educar o ouvido a ultrapassar o encerramento da Totalidade a fim de "ouvir o ser em sua ressonância verbal, sonoridade extraordinária e inesquecível"[87]. De um outro ponto de vista, elas frustram também o formalismo, sem dúvida muito irenista, do encontro, tal como o descreve Martin Buber: "a *Fürsorge***, enquanto resposta a um desenlace essencial, chega à alteridade do Outro"; mesmo se não é evidente em Heidegger que é preciso tomar "lições de amor do homem ou de justiça social"[88]. Porém, frente a Heidegger de novo, o problema é saber se é suficiente opor Hölderlin a Platão a fim de se comprometer "para além da essência". Voltamos ainda a avaliar em que medida a perspectiva

---

* Trad. bras.: Martin Heidegger, *Ser e Tempo*, Petrópolis: Vozes, 2006 (N. da E.).
87 *Noms propres*, p. 7.
** Providência, segurança, seguridade (N. da E.).
88 La Pensée de Martin Buber et le judaïsme contemporain (1968), *Hors sujet*, p. 32. Sobre a leitura crítica de Buber por Lévinas, ver supra, cap., p. 656-661.

do "desnudamento" não está imediatamente em condições de fazer voltar o Outro no Mesmo, tornando logo a experiência da transcendência suspeita de um irremediável artifício. Ou, tudo leva a pensar que uma tal problemática suscita uma questão desta ordem:

> Em toda composição do discurso mágico de Heidegger e no impressionismo de seu jogo de luzes e sombras e no mistério da claridade que vem por trás da cortina, em todo esse andamento do discurso sobre a ponta dos pés ou sem barulho, em que a prudência extrema de não assustar a caça dissimula talvez a impossibilidade de arrastá-la, em que cada contato não é senão tangente – consegue a poesia reduzir a retórica?[89]

Sendo o primeiro a perceber que a obra de Heidegger, recebida pela maioria de seus contemporâneos como estabelecendo uma antropologia existencialista ou patética, era na realidade roída pelo problema ontológico, Emmanuel Lévinas compreendeu bem cedo que ela ficava na órbita da filosofia ocidental, qualquer que seja a veemência de seus protestos de ruptura[90]. Dito de forma diferente, a retomada do assunto dos pressupostos filosóficos que impedem de conceber uma subjetividade não alérgica à alteridade engloba os pensamentos de Hegel e de Heidegger, para culminar na crítica de uma problemática de enraizamento que lhes é comum. Para Hegel, a odisseia da consciência dramática na história foi inaugurada por sua extração à natureza e pela ruptura da bela totalidade que impunha ao homem a submissão de Abraão ao seu Deus desconhecido:

> Abraão erra com seu povo sobre um solo sem fronteiras, sem que ele faça sua a mínima parcela, cultivando-a ou embelezando-a, sem tomar este solo em

---

89 *Autrement qu'être*, p. 280. Em *Totalité et infini* (p.275), Lévinas fala ainda dessa última filosofia de Heidegger como de um "materialismo vergonhoso": quando ela coloca a revelação do ser "na habitação humana entre Céu e Terra, na espera dos deuses e em companhia dos homens e institui a paisagem ou a 'natureza morta' em origem do humano". De uma outra maneira, o capítulo que ele consagra a Paul Celan em *Noms propres* opõe minuciosamente a escuta poética de Heidegger e a escritura de Celan, radicalmente voltada, quanto a ela, para a utopia do outro e recusando ficar obcecada pela presença do ser (ver "Paul Celan", em *Noms propres*, p. 49-56).
90 Ver o artigo de 1940 intitulado *L'Ontologie dans le temporel*, publicado em espanhol na revista argentina *Sur* e retomado em *En découvrant l'existence avec Husserl et Heidegger*, p. 77-89.

afeição nem fazê-lo uma parte de *seu* mundo [...] Ele era um estrangeiro sobre a terra, da mesma forma em relação ao solo e quanto aos homens entre os quais estava [...] e resistiu ao seu destino que poderia lhe ter proposto uma vida sedentária em comum com os outros"[91].

Depois das de Hermann Cohen e Franz Rosenzweig, toda obra de Lévinas protesta contra uma tal interpretação do judaísmo como separação. No sistema hegeliano, esta tese procedia da fascinação pela terra, colocada enquanto mediação de uma dialética do reconhecimento que se desenrola a si mesmo através da luta por sua posse. Emmanuel Lévinas propõe, pura e sobriamente, invertê-la: "A relação ética é anterior à oposição das liberdades, à guerra que, de acordo com Hegel, inaugura a história"[92].

O paradoxo de Heidegger é que, ao repudiar o horizonte hegeliano de uma totalização da experiência como sinônimo de satisfação, ele torna o enraizamento das cartas de nobreza tanto mais imponentes, pois representam doravante uma necessidade decisiva face à derrelição e à angústia humanas, sem mesmo que permaneça a perspectiva de uma realização da particularidade no universal. Com ele, o ser no mundo torna-se a forma intransponível da existência humana, a ponto de que o Ser mesmo do real se manifesta por detrás das experiências privilegiadas que se confiam à guarda do homem: "sentir a unidade que instauram a ponte reatando as margens do rio e a arquitetura das construções, a presença da árvore, o claro-escuro das florestas, o mistério das coisas, de uma bilha, dos sapatos cambaios de um camponês, o ruído de uma garrafa de vinho colocada sobre uma toalha branca"[93]. Mas o que desencadeia essa implantação nas paisagens e este apego ao "Lugar" pelos quais o homem, guarda do Ser, estenderia sua existência e sua liberdade? Por certo, a eterna repetição da "cisão mesma da humanidade em autóctones e estrangeiros"[94]. De onde esta nova questão: será o homem apenas uma árvore e a humanidade neste

---

91 George Wilhelm Friedrich Hegel, *L'Esprit du christianisme et son destin*, trad. F. Fischbach, Paris: Presses Pocket, 1992, p. 52.
92 Une Religion d'adultes (1953), *Difficile liberté*, p. 34. Encontraremos uma vigorosa crítica da maneira pela qual Hegel interpreta o judaísmo, depois da ortodoxia hegeliana francesa sobre o ponto em Hegel et les juifs (1971), idem, p. 328-333.
93 "Heidegger, Gagarine et nous" (1961), *Difficile liberté*, p. 324.
94 Idem, p. 325.

ponto parecida a uma floresta, sendo-lhe definitivamente proibido "entrever horizontes mais vastos do que aqueles da cidadezinha natal?"[95]

Sem negar que Heidegger "resume um aspecto importante do Ocidente" quando afirma que o homem descobre a existência "pelas casas, templos e pontes", Lévinas lhe objeta a maneira pela qual o judaísmo ensina, no seu caso, como "o mundo torna-se inteligível diante de um rosto humano"[96]. Da mesma forma como Rosenzweig descobriu no sistema de Hegel uma formalização da parúsia cristã para lhe opor a experiência judaica de um tempo vivido fora da história, ele desenha uma proximidade entre o ouvido do mistério do mundo em Heidegger e a maneira pela qual "a catolicidade do cristianismo integra os pequenos e tocantes deuses familiares no culto dos santos", antes de confrontá-los com o desencantamento da natureza que impõe o judaísmo[97]. Se cabe, sem dúvida, ao cristianismo ter conquistado a humanidade, mantendo a piedade enraizada nas "paisagens e lembranças familiares, tribais, nacionais", retorna ao judaísmo reconhecer o homem na nudez de seu rosto. Frente a ele, Heidegger pode bem lamentar que a humanidade tenha perdido o mundo e que não conheça mais senão uma matéria transformada em objetos, porém o essencial reside alhures, lá onde parece finalmente que "a técnica é menos perigosa que os gênios do *Lugar*"[98].

Doravante, é ao mesmo tempo contra Hegel e Heidegger que se inscreve a lição desta análise: "a liberdade com respeito às formas sedentárias da existência é, talvez, a maneira humana de estar no mundo"[99]. Mesmo surgida enquanto obediência ao Ser, a liberdade heideggeriana representa sempre a afirmação de um egoísmo anterior à responsabilidade ética e ela se encontra desmembrada por uma experiência que "compreende o mundo a partir de outrem, antes que do conjunto do ser em função da terra". Quanto à leitura hegeliana da negatividade do judaísmo como desenraizamento, ela se vê, por sua vez, desarticulada pela convocação do sentido literal da *Bíblia*, em que o solo não é objeto de apropriação, mas pertence a Deus. Desse

---

95 Une Religion d'adultes, op. cit., p. 41.
96 Idem, p. 40.
97 "Heidegger, Gagarine et nous", op. cit., p. 327.
98 Idem, p. 325.
99 Une Religion d'adultes, op. cit., p. 40.

ponto de vista, é porque ele é "exilado nesta terra" que o homem judeu é livre em relação às coisas e que se pode dar preferência ao outro homem, como quando ele se recorda, no decorrer de sua história, de um início "no deserto em que ele habita em tendas, em que adora Deus em um templo que se transporta". No seio do ritual, a festa das "cabanas" daria uma expressão litúrgica a esta memória de uma liberdade sem raízes, na medida em que ela opera uma desformalização do tempo pela qual a convocação do passado mais longínquo se junta ao anúncio da época messiânica em um símbolo universal de paz oferecido a todas as nações. Tudo se passa então como se se encontrasse aqui o que descreve mais lentamente *Totalidade e Infinito*: a maneira pela qual precisamente a ideia de um Infinito que transborda a Totalidade se reflete no interior da experiência, num momento em que a presença do escatológico arranca os homens à jurisdição da história para suscitar sua plena responsabilidade.

Roma e Jerusalém: Política e Depois

Alcançado este ponto, o risco existe de cingir a obra de Emmanuel Lévinas em um impasse duplo: o de uma interpretação irenista do problema da responsabilidade, em que tudo seria obtido por uma espécie de êxtase diante da face do outro; depois a de uma discussão interminável concernente ao grau de independência de sua filosofia frente às meditações sobre o sentido da experiência judaica. Para o que se levanta dessa segunda questão, é preciso dizer que o autor de *Totalidade e Infinito* e *Autrement qu'être* seja talvez astucioso em provocar uma certa perplexidade em seu leitor pelas declarações contraditórias: "a filosofia deriva para mim da religião"; "uma verdade filosófica não pode se basear na autoridade do versículo, é preciso que o versículo seja fenomenologicamente justificado"[100]. Entretanto, compreendemos que as análises mais polêmicas de uma obra que marca sua fidelidade ao "intelectualismo da razão" e ao "método transcendental" não encontram toda sua significação senão relacionadas a algumas

---

100 São citados respectivamente: Les Dommages causés par le feu (sobre *Baba Kama*, 60a-60b), *Du sacré au saint*, p. 156 e Entretiens avec François Poirié, op. cit., p. 131.

formas de uma concepção do judaísmo que nega seu particularismo revelando uma imagem do homem disponível para a humanidade inteira[101]. A isto se acrescenta que uma das lições centrais do livro que descreve a irrupção do imperativo primeiro de toda ética na epifania da face, que é a interdição de assassinato, representa que "a experiência absoluta não é o desvelamento, mas a revelação"[102]. Veremos logo essa proposição se desdobrar no sentido que vem imediatamente ao espírito e que é aquela que explorou já Rosenzweig: uma altura aberta para o infinito da responsabilidade para com o outro e que conduz à ideia de Deus. Mas existe uma outra, pela qual Emmanuel Lévinas corrige a trajetória de *A Estrela da Redenção* ao reinvestir em um domínio condenado por ela: o de uma política em que se prova igualmente a relação com o outro homem encontrado na indigência. Que existe um elo secreto entre o religioso e o político, eis uma das dimensões mais difíceis de discernir de um pensamento que não se esgota na suavidade do face a face, mas convida a tomar o encargo das lateralidades que formam o espaço social, por mais que, sem dúvida, não se contemple o rosto de Deus, e que é em uma ordem vivida de experiência inter-humana que se realiza a fidelidade à Sua justiça.

Se existe para Emmanuel Lévinas uma urgência da política, anterior à sua colocação de uma ética que a precede e nada lhe deve, ela pode se atualizar pelo viés de uma espécie de silogismo interno à história da filosofia moderna[103]. Com Franz Rosenzweig e diante das guerras do século XX, era preciso estabelecer o solo de uma resistência do sujeito humano face à História, o modo para que ele não seja refém eterno do conflito dos impérios e das necessidades do Estado; se preferirmos, a possibilidade de se arrancar à verdade muito gritante do sistema hegeliano. Mas enquanto consente que a escatologia da paz messiânica consegue se refletir na experiência pela perspectiva de uma responsabilidade nascida diante do rosto do outro e que oferece um ponto de apoio para ultrapassar a evidência da guerra, uma inquietude se manifesta, entretanto, quanto à maneira pela

---

101 *Totalité et infini*, respectivamente p. XVII e p. XIII.
102 Idem, p 37.
103 Retomo aqui um certo número de elementos de uma conferência pronunciada por ocasião do XXXVI Colóquio dos Intelectuais Judeus de Língua Francesa consagrado a Emmanuel Lévinas. Para desenvolvimentos mais amplos, ver sua versão escrita nas atas do colóquio: Pierre Bouretz, Politique et après: Une Éthique d'adultes, *Difficile justice*, textos reunidos por Jean Halpérin e Nelly Hansson, Paris: Albin Michel, 1998, p. 134-147.

qual Rosenzweig desformalizava a totalidade hegeliana. O Eu "poeira e cinza" de *A Estrela da Redenção*, esse sujeito que protesta em nome da angústia que o toma diante da atualização de sua negação, antes de se reconstituir perante a facticidade, não é ainda prisioneiro da ontologia? Discretamente indicada, a resposta de Lévinas a uma tal questão conduz à beira de uma redescoberta paradoxal das necessidades do Estado: "contra esse protesto à primeira pessoa – o universo da realidade hegeliana terá talvez razão"[104]. Sobra, pois, estimarmos o peso exato de um "talvez" que dá provisoriamente vantagem a Hegel contra Rosenzweig na conclusão desse silogismo, pois que indica como será necessário reconhecer um elo ineluctável entre ética e política, antes de, entretanto, os separar pelo ângulo de uma dessimetria.

Retomando o raciocínio no ponto onde parou, podemos dizer que Lévinas percebeu algo de uma afinidade liminar entre Rosenzweig e Heidegger: menos para sublinhar, com Karl Löwith, o que *Ser e Tempo* devia, sem o dizer, à *A Estrela da Redenção* do que para marcar, como o faz também Leo Strauss, uma componente daquilo que se afirmava como "pensamento novo"[105]. Nessa circunstância, tudo se passa como se, além de um certo limiar, o sujeito que surgisse pela pura projeção de sua identidade irredutível não produziria mais nada, muito preocupado que estaria, sem dúvida, com sua existência e o sentimento de já possuir o Absoluto. Opondo de alguma forma o Infinito ao Absoluto, Lévinas afirma que se o primeiro se manifesta, efetivamente, na passividade do acolhimento feito à face de outrem com sua vulnerabilidade e sua injunção à responsabilidade, ele não se manifesta, em compensação, senão através de uma relação entre pessoas que se enuncia no "serviço" e "hospitalidade". Com respeito às posições filosóficas precedentemente indicadas, *Totalidade e Infinito* instala, pois, seu projeto da seguinte maneira: "Este livro se apresenta como uma defesa da subjetividade, mas ele não a prenderá no nível de seu protesto puramente egoísta contra a totalidade [Rosenzweig], nem em sua angústia diante da morte [Heidegger], mas como fundamentada na ideia

---

[104] *Totalité et infini*, p. 277.
[105] Ver o artigo de Karl Löwith, M. Heidegger et F. Rosenzweig: Un Mot après *Être et temps*, trad. G. Petitdemange, *Le Cahier du Collège international de philosophie*, n. 8, 1989, e Leo Strauss, Avant-propos à la traduction anglaise de *La Critique de la religion de Spinoza*, *Le Testament de Spinoza*, trad. G. Almaleh, A. Baraquin e M. Depadt-Ejchenbaum, Paris: Cerf, p. 273-274.

do infinito"[106]. Num instante tornado dialético, seu movimento seria então de começar por sustentar, com Rosenzweig, que o eu é bem o pivô de uma desformalização da totalidade; antes de demonstrar, entretanto, que sua recusa do sistema pelo único motivo que o fere é ainda passível dos ataques da ética concreta (*Sittlichkeit*) hegeliana contra a moralidade pura (*Moralität*) de Kant: é para marcar, enfim, os limites de uma política não obstante necessária. Conduzido com e contra Rosenzweig, ele consistirá, pois, em radicalizar o gesto deste último em sua ruptura com Hegel: com a finalidade de afastar melhor do que ele o horizonte da totalidade.

O trajeto que conduz para o reconhecimento de uma necessidade da política é aquele que desenha a irrupção do terceiro no face a face. De um estrito ponto de vista fenomenológico, a presença desse último já se manifestou no evento da aparição do outrem. Com efeito, a apresentação do rosto não desvela um mundo interior que seria o duplo de minha própria interioridade e que acrescentaria assim "uma nova região para compreender ou para tomar": ela instala um "entre nós" que olha já todo o mundo e "se coloca em pleno dia da ordem pública"[107]. Mesmo que eu pudesse me ver tentado a me separar dessa luz procurando a cumplicidade de uma relação privada ou a clandestinidade do amor, a epifania da face abre a humanidade: ela me apresenta o desnudamento do pobre e do estrangeiro, depois sua miséria e seu exílio que clamam por meus poderes, instaurando finalmente uma igualdade pela qual o terceiro está "presente ao encontro". Nesse sentido: "ser *nós* não é se 'empurrar' ou se acotovelar em redor de uma tarefa comum", mas penetrar em uma linguagem que significa justiça, "diante de toda humanidade que nos olha"[108]. É sobre esse ponto decisivo que Lévinas se separa de novo de Martin Buber, da mesma maneira que ele reorienta a perspectiva de Rosenzweig: preferindo partir da ideia do Infinito do que admitir a reciprocidade original que o puro evento do encontro e o formalismo da relação Eu-Tu induzem, como se este último não permitisse outra via senão a da amizade[109].

✿

106 *Totalité et infini*, p. xiv.
107 Idem, p. 187.
108 Idem, p. 188.
109 Idem, p. 40. Martin Buber respondeu a esta objeção por uma carta a Emmanuel Lévinas reproduzida em *Noms propres*, p. 45.

A censura de Emmanuel Lévinas aos seus predecessores é a de terem simplificado a questão da responsabilidade, até mesmo a da metafísica no sentido que ele dá a este termo. O que significa, na verdade, "saber" ou "ter consciência"? Nada além, sem dúvida, do que estes dois fenômenos: "ter tempo para evitar e prevenir o instante de desumanidade"; assegurar este "adiamento perpétuo da hora da traição" que faz a ínfima diferença do homem e que supõe "o desinteresse da bondade, o desejo do absolutamente Outro ou a nobreza, a dimensão da metafísica"[110]. Ora, a ideia muito simples, segundo a qual a proximidade não me ordenaria que outrem dissipasse a inquietação induzida pela entrada em cena do terceiro e, assim, acabasse por dissimular o fundo do problema da responsabilidade. Eis, pois, esse problema que perturba definitivamente a organização tranquila do reencontro: "o terceiro é outro que o próximo, mas também um outro próximo, mas também um próximo do Outro e não simplesmente seu semelhante"[111]. Daí esta implacável série de questões: "Quem são, pois, o outro e o terceiro, o um-para-o-outro? Qual passa adiante do outro?" Ou então, em termos mais insistentes ainda: "Será que eu sei o que o meu próximo é em relação ao terceiro? Será que eu sei se o terceiro é conivente com ele ou sua vítima? Quem é meu próximo?"[112] Frente a essas interrogações e à penosa indeterminação que preside o estatuto do terceiro, obrigatório será moderar o privilégio inicial de outrem. Se nós estivéssemos sozinhos, tudo correria sem problema e eu lhe deveria tudo aquilo que se denomina a visão de seu rosto (*visage*). Mas existe também a multiplicidade dos homens, representada pela presença do terceiro nos flancos de outrem: é preciso, por conseguinte, "pesar, pensar, julgar, comparando o incomparável".

Interrompendo o face a face do acolhimento de outrem, o aparecimento do terceiro corrige, pois, a assimetria da proximidade e é pelo aparecimento do terceiro homem que começa a justiça. Porque o rosto põe em relação com o terceiro, a relação metafísica do Eu com Outrem se transforma, depois "flui-se na forma do Nós, aspira a um Estado, às instituições e às leis que são a fonte da universalidade"[113]. Nesse sentido, a justiça só

---

110 *Totalité et infini*, p. 5.
111 *Autrement qu'être*, p. 245.
112 *Éthique et infini*, p. 84.
113 *Totalité et infini*, p. 276.

se manifesta em uma sociedade e a política, as técnicas ou o trabalho são necessários, mesmo se eles ameaçam a todo instante "encontrar seu centro de gravitação neles mesmos, pesar por sua própria conta"[114]. Da justiça, é preciso doravante esperar que ela consiga permanecer sob controle da responsabilidade de um pelo outro: ultrapassando sua estrita função de submissão do particular sob a regra geral ou ainda seu aspecto de mecanismo de equilíbrio social, colocando em harmonia forças antagônicas por um princípio de legalidade. De maneira similar, não será sem importância saber se o Estado igualitário, onde o homem se realiza, procede da guerra de todos contra todos ou "da responsabilidade irredutível de um por todos". Em todo caso, fica claro que a justiça e o Estado se impõem juntos: seja para instaurar essa reciprocidade de direitos que ignora o face a face, depois uma espécie de comparação dos incomparáveis que pede a vida em comum; mesmo se ainda for necessário aceitar ali o preço dessa última "sutil ambiguidade do individual e do único, do pessoal e do absoluto, da máscara e do rosto"[115].

Se bem que destinado a ser em breve seriamente corrigido, o crédito concedido à experiência política, do ponto de vista da justiça, acabaria quase por engendrar a suspeita de uma concessão aceita para tornar os homens "cidadãos dos Estados modernos". Emmanuel Lévinas, depois de tudo, poderia ser impelido por considerações tão nobres quanto o reconhecimento de uma democracia liberal à qual ele concede o imenso mérito de um "incessante remorso da justiça", a preocupação de justificar a experiência política de Israel, à qual Rosenzweig opunha uma espécie de recusa metafísica ou ainda uma vontade, partilhada com Hannah Arendt, de assumir a visão contemporânea das multidões de eternos refugiados, excluídos de todo direito porque privados de terra e da proteção de um Estado. Se fosse preciso uma prova de que o reconhecimento das duras necessidades da política se enraíza no mais profundo de seu pensamento e não nessas circunstâncias, ela viria a ser encontrada na maneira pela qual ele reiterava, por outro lado, os testemunhos de uma gratidão para com o

---

[114] *Autrement qu'être*, p. 248.
[115] L'Autre, Utopie et Justice (1988), *Entre nous: Essais sur le penser à l'autre*, Paris: Grasset, 1991, p. 259.

poder provenientes da sabedoria rabínica, insistindo especialmente sobre todos aqueles que admitem o poder de uma Roma, não obstante vivida na consciência judaica como símbolo da opressão dos impérios.

O mais conhecido desses testemunhos é o dos *Pirkei Avot*, através deste singular convite: "Reze pela paz do Império, pois sem o temor que ele inspira, os homens se entredevorariam todos vivos"[116]. Imaginaríamos facilmente Emmanuel Lévinas retendo dessa proposição, que poderia ter chegado aos ouvidos de Hobbes, Maquiavel ou Spinoza, a interpretação de Rabi Haim de Volojin: aquela segundo a qual o Império "é a realeza celeste"[117]. Mas ali ainda, as coisas seriam talvez muito simples e ele convoca outras marcas de fidelidade, mais flagrantes ainda, ao Estado de César. Assim, daquela que parece marcar um tipo de hipérbole do realismo, quando um *midrasch* afirma que o que é "eminentemente bom", sob o olhar do Deus do Gênesis (1, 31) contemplando sua criação, não é outra coisa senão Roma[118]. Como é possível que Roma, a criminosa e a incendiária do Templo, a Roma que encarna a paganização da história e a violência política, pudesse reivindicar um lugar na ordem messiânica? Guardemos a resposta, que vai direto ao que já expuseram *a fortiori*, no que concerne ao Estado liberal, *Totalidade e Infinito* ou *Autrement qu'être*: "mas ao menos, de todas as criaturas, ela exige obediência a uma lei e age em justiça"[119]. De onde esta última ilustração da preferência dada à tomada sobre o real frente às "satisfações apreciadas em sonho", a do tratado *Schabat*, em que se diz

---

[116] *Pirkei Avot*, III, 2. A fórmula é frequentemente citada por Emmanuel Lévinas: ver em especial Qui joue le dernier? (sobre *Iomá*, 10a) e L'État de César et l'État de David (1971), em *L'Au-delà du verset*, respectivamente, p. 85 e 215.

[117] Ver o comentário de Rabi Haim de Volojin sobre *Pirkei Avot*, III, 2, em Maimônides *et alii*, *Commentaires du Traité des Pères*, trad. E. Smilévitch, Paris: Verdier, 1990, p. 126.

[118] *Bereschit Rabá*, IX, 13. Ainda aí, Lévinas cita várias vezes este texto singular: Les Nations et la présence d'Israel (1986, sobre *Pessakhim*, 118b), *À l'heure des nations*, p. 115; Qui joue le dernier?, op. cit., p. 85-86; L'État de César et l'État de David, op. cit., p. 215. Nessa passagem do *Midrasch* sobre o *Gênesis*, R. Simeon ben Lakisch interpreta o último versículo do primeiro capítulo de duas maneiras. "E eis que era muito bom" visa: "o reino dos céus"; Parece que ele joga duas vezes sobre a mesma palavra: *meod* (muito) pode ser lido *adam* (homem), invertendo a ordem das consoantes; mas também Edom (sinônimo de Roma e símbolo da opressão), acrescentando uma modificação da vocalização. Notemos que um pouco mais acima (IX, 5), o mesmo tratado comenta a mesma afirmação de *Gn* 1, 31, afirmando que o que é bom é a morte (ver supra, cap. II, p. 225-226)

[119] Les Nations et la présence d'Israel, op. cit., p. 115.

que "se todos os mares fossem tinta, todos os juncos plumas, os céus pergaminhos e se todos os homens escrevessem, eles não conseguiriam dizer a glória do poder"[120].

Esses elogios de uma política paradoxalmente tomada a partir de suas formas mais contestáveis seriam finalmente confirmados por uma reflexão precisa sobre o lugar que ela ocupa até mesmo na perspectiva messiânica. É preciso aqui lembrarmos não apenas o fato de que a casa de David foi construída em meio a violência e conflitos que se desfiam ao longo da sequência, conduzindo do primeiro Samuel ao segundo, depois de uma à outra das duas épocas dos Reis, mas também de que o próprio Messias toma o rosto de um príncipe. Emmanuel Lévinas retém, pois, essa figura do "rei-Messias" do qual Maimônides dizia que ele "reenviará o reino de David a seu antigo estado e a seu poderio primeiro, reconstruirá o Templo e reunirá a dispersão de Israel"[121]. Chegando nesse ponto, seria preciso certamente satisfazer a diferença radical que separa ainda, tanto para Maimônides quanto para Lévinas, a era messiânica do mundo que chega "como nenhum olho viu"[122]. Mas, pelo menos, parece que a Tradição está longe de conceder à autoridade um reconhecimento residual ou por falta, assumindo de alguma forma o fato de ela ser uma dimensão constitutiva da experiência humana que participa da escatológica. Enquanto retoma essa ideia, Emmanuel Lévinas procura efetivamente demonstrar até que ponto a ética e a política se apoiam uma sobre a outra quando se trata de impor o respeito de um direito que sozinho pode estabelecer a medida pela qual o face a face se abre ao terceiro. Nuança, entretanto, essencial, o caminho assim aberto não é aquele que conduzia da natureza à sociedade nas teorias do contrato, mas parece antes aquele que iria do simples "depois de vós", pelo qual Lévinas resume o espírito de sua nova filosofia primeira, ao *Entre-nous* (Entre-Nós), que dá o título de sua última obra e enuncia o horizonte completo da intersubjetividade.

---

120 *Schabat*, 11a, citado em L'État de César et l'État de David, op. cit., p. 215-216. Notemos que essa litania de hipóteses é, por outro lado, sempre recitada pela glória do Criador.
121 Maimônides, *Mischné Torá*, Livro XIV, *Sofetim (Juízes)*, v, *Melakhim (Reis)*, XI, 1, ver L'État de César et l'État de David, op cit., p. 214.
122 *Sanedrin*, 99a. Ver Textes messianiques, op. cit., p. 89-139. Permito-me retornar a um comentário desse texto: Pierre Bouretz, Pour ce qui est du monde qui vient..., *Rue Descartes*, n. 19, fev. 1998, p. 107-130.

Descrevendo obstinadamente estas figuras nas quais a ética exige a política como quem dá vida a uma responsabilidade nascida diante da indigência de outrem, Emmanuel Lévinas deixa entender, entretanto, que o Estado não vem simplesmente impor seu universal concreto na abstração formal da moralidade. Qualquer que seja a necessidade pela justiça de uma inscrição institucional, o infinito da responsabilidade não se absorve no direito constituído, pela mesma razão que quereria que a ética, ancorada na epifania do rosto, permanecesse anterior ao conflito das liberdades que inaugura a história. É preciso, doravante, olhar a outra face da justiça: aquela pela qual Emmanuel Lévinas equilibra um reconhecimento da política que pode ir até o elogio pela atualização de uma torrente de ética que conduz desta vez "além do Estado". Desse ponto de vista, é preciso considerar a forma de um pensamento no qual o equilíbrio não toma jamais um aspecto demonstrativo, como em Aristóteles, ou ainda dialético, à moda de Hegel, mas encontra sempre uma expressão de ruptura: de maneira que é uma perspectiva nova que vem cruzar a antiga, para interromper o curso e reinterrogar radicalmente o sentido. Depois que ele demonstrou como a relação metafísica entre o eu (*soi*), o outro e o terceiro aspira a um Estado, às instituições e às leis, é, pois, uma farpa que se crava naquilo que acabaria por parecer a um sistema, a fim de desorientar esta ligação inicial: "A política abandonada em si mesma carrega nela uma tirania, deforma o eu e o Outro que a suscitaram, pois ela os julga segundo as regras universais e, por isso mesmo, como por contumácia"[123].

A primeira ilustração da maneira pela qual a necessária justiça institucional encontra-se sobrecarregada por aquela que procede da proximidade e da responsabilidade diante de outrem parecerá ainda serena. Encontramo-la no meandro de um comentário do final do tratado *Makot*, a propósito dos laços entre a vontade do céu e o poder dos homens. Emmanuel Lévinas se empenha em uma impressionante passagem do tratado *Sanedrin*, em que um juiz pronunciou seu julgamento, absolveu o inocente e

---

[123] *Totalité et infini*, p. 276. Dito de forma mais precisa, a justificação da democracia reside no seu esforço em contrariar esta lógica: oferecendo "um Estado aberto para o melhor, sempre sobre o que-vive, sempre a renovar, sempre a retornar às pessoas livres que lhe delegam, sem dele se separar, sua liberdade submetida à razão": Au-delà de l'État dans l'État (1988), em *Nouvelles lectures talmudiques*, Paris: Minuit, 1996, p. 64.

condenou o culpado, antes de haver descoberto que era um pobre homem que devia pagar, e de reembolsá-lo de seu próprio dinheiro pessoal. "É isto, justiça e caridade", diz o *Talmud*: é necessário compreender que pertence ao juiz terrestre enquanto homem querer ser responsável por seu irmão, contrariamente à "visão caimesca do mundo"[124]. Aparece, entretanto, igualmente decisivo o fato de que o perdão, que representa a volta ao humano, não intervém senão depois da sanção. Nesse sentido, é exatamente diante do tribunal, que pondera e que pesa, que o amor do próximo torna-se possível, graças à interrupção do curso da vingança, do ódio ou do desprezo. Mas a indulgência torna-se, a seu turno, necessária e é importante também que o juiz a assuma com seus próprios recursos, a fim de que estes não sejam pagos pelo inocente sem seu conhecimento. Eis, pois, uma "justiça para além da justiça", ela atualiza uma fraternidade humana ancorada no espetáculo da miséria, fraternidade que existia antes da instituição judiciária e que contribui com um excedente de sentido para sua decisão.

Contudo, isso não é senão uma modalidade liminar do que deve descentrar a necessidade tenaz do político, tal como ela havia se imposto a partir da ética. Muito foi dito pela glória de Roma para que ela não seja contestada com tanto vigor quanto aquele colocado em seu louvor. Ei-la, pois, de novo, Roma, a conquistadora, Roma que prefigura um "extremo Ocidente", repleto de riquezas, de legalidade e de saber. Ei-la, questionada de uma outra maneira, no âmago desse mesmo comentário de uma longa passagem do tratado *Pessakhim* em que lhe reconhecera o mérito de impor uma lei e agir com justiça. Acaba de ser relembrado que no momento em que as nações parecem querer participar da era messiânica, Israel deve aceitar o presente do Egito ao Messias por uma razão que cada um conhece: "eles acolheram nossos filhos". Raciocinando *a fortiori* na imaginação dos Sábios, se diz então que, se o povo judeu aceita o presente do estrangeiro egípcio, ele o fará tanto mais de bom grado no que diz respeito àquele dos romanos, que são seus irmãos. Mas desta vez, é o próprio Deus quem convida o anjo Gabriel a revoltar-se contra esta lógica: "Zanga-te contra o animal

---

124 La Volonté du ciel et le pouvoir des hommes (1974), sobre *Makot*, 23a-24b, *Nouvelles lectures talmudiques*, p. 20. As observações de Emmanuel Lévinas se apoiam em *Sanedrin*, 6b. A mesma aula foi publicada sob o título Sur la justice, no *Cahier de l'Herne* consagrado a Emmanuel Lévinas, Paris: 1991, p. 120-133.

selvagem dos juncos" (salmo 68, 31)[125]. Qual é ela, esta Roma assim julgada do mais alto, condenada pelo Mais-Alto? Não mais, é evidente, aquela que foi louvada antes porque oferecia a vantagem de opor sua *dura lex* ao arbitrário. A imagem vertiginosa pela qual ela é doravante descrita poderia se originar de Borges: "Há trezentos e sessenta e cinco ruas na grande cidade de Roma; em cada uma há trezentos e sessenta e cinco torres; em cada torre trezentos e sessenta e cinco andares, e em cada andar do que alimentar o mundo inteiro".

Tal é, pois, a outra Roma, com sua incomparável riqueza e seu legalismo universal, mas incapaz de amor, de piedade e de perdão: "recheada de coisas tornadas inúteis e como retornadas à sua matéria primeira, as coisas separadas do homem, as coisas tornadas em si"[126]. "Para quem tudo isso?", pergunta então o filho do Rabi a seu pai. "Para ti e teus companheiros e para todo teu meio social, como está dito: 'o produto de seu tráfico e seu lucro mal adquirido acabarão por ser consagrados ao Eterno, eles não serão amontoados, não serão acumulados, pois este será para aqueles que estão assentes em presença do Eterno'" (*Is* 23, 18). Na opinião de Emmanuel Lévinas, são "os raios da luz messiânica" que brilham nessas palavras do profeta Isaías. Eles não deixam na noite a abstrata arquitetura dos nomes, dos conceitos ou das leis: eles "rompem o mau encantamento do 'ter' pelo qual o ser se obstina em ser". É preciso, doravante, saber que não é de Roma que se pode esperar a mínima contribuição à paz messiânica. Como já recordamos suficientemente para o melhor, Roma é, na história do Ocidente, o modelo da racionalidade do poder, de uma política necessária mais inelutavelmente aspirada em direção à tirania. Se ocorre que rompantes de paz surjam em raros instantes da história humana, é sempre "por uma via que conduz mais alto e vinha de mais longe que dos caminhos políticos": fórmula pela qual Lévinas saudou a viagem do presidente Sadat a Jerusalém em 19 de novembro de 1977[127].

De onde provém ela e para onde vai, esta luz fulgurante que atravessa por instantes as horas da história? Não procede apenas do Estado de

---

125 Les Nations et la présence d'Israel, op. cit., p. 116. Emmanuel Lévinas comenta aí *Pessakhim*, 118b, reconhecendo que sua leitura da passagem talmúdica é tanto mais prudente quanto o versículo do salmo 68 é difícil de traduzir e mais ainda de interpretar.
126 Idem, p. 123.
127 Ver Politique après! (1979), *Au-delà du verset*, p. 221-228.

César, mas para a maioria dos doutores do *Talmud* e em Maimônides, ainda é a supressão da opressão política que caracteriza a época messiânica: a ponto de ser a única diferença que a separa da nossa[128]. Desse ponto de vista, Roma encarna, pois, o Estado pagão: uma forma da política abandonada à sua lógica espontânea de hegemonia, à sua natureza de instituição "incapaz de ser sem adorar" que separa a humanidade de sua libertação. Mas outros vão mais longe ainda do que a ideia de revitalização da era messiânica, que conserva uma componente política pela consideração do "mundo futuro". Assim, por exemplo, Rav Hilel, menos célebre que seu homônimo e que aparece somente uma vez no *Talmud*, por manter este discurso de aparência escandalosa: "Não há mais para Israel era messiânica, Israel a conheceu na época do rei Ezequias" (*Sanedrin*, 99a). "Que Deus perdoe aquele que o disse por tê-lo dito", afirma o *Talmud*. Resta que o propósito foi consignado duas vezes e Lévinas, por sua vez, comentou-o em duas retomadas. De um lado, compreende-se facilmente as razões da recusa dessa proposição audaciosa: trata-se de condenar o indivíduo que recusaria ser salvo por um outro que não ele mesmo, ainda que fosse o Messias, e isso se aplica sem contestação ao homem moderno que pretende de bom grado só escutar sua consciência. Não obstante, a fórmula não soçobra definitivamente no esquecimento e Lévinas propõe a seguinte interpretação: "Se para Israel o Messias já veio, é que Israel espera a libertação que virá do próprio Deus. Ei-la, a esperança mais alta, separada para sempre das estruturas políticas!"[129] Poderíamos acrescentar que, entendida dessa maneira, ela cessa de ser incongruente, recordando sob uma forma certamente provocante um equilíbrio próprio à doutrina clássica do messianismo: o homem trabalha em favor do Messias por sua ação, sua fidelidade e seu arrependimento; mas não lhe é dado saber se o Messias vem, nem saber quando e onde.

Nessa conceituação filosófica de *Totalidade e Infinito* e na de *Autrement qu'être*, a autêntica figura da paz não saberia mais provir do Estado

---

[128] Ver de novo em Maimônides: *Mischné Torá, Melakhim*, XII, 2. É preciso, entretanto, sublinhar o fato de que o fim da opressão dos impérios passa precisamente pela restauração do reino de Israel, da parte descendente de David.

[129] L'État de César et l'État de David, op. cit., p. 218. Encontraremos um outro comentário da proposição de Rav Hilel em Textes messianiques, op.cit., p. 119-123. Ela já fora apresentada e refutada em *Sanedrin*, 98b.

de César ou de seus derivados modernos, pois ela se identificaria então aos combates que cessam por falta de combatentes, isto é, aos cemitérios ou aos impérios universais futuros. Pedra lançada no jardim de Hegel, essa ideia arranha ao passar o horizonte cosmopolítico kantiano: que pensa ainda a partir de um alargamento do reconhecimento recíproco dos povos no seio de suas nações, mesmo se Lévinas evoca, em um piscar de olhos, a alusão de Kant a um estalajadeiro holandês que inscreveu *Zum Ewigen Frieden** (Para a Paz Perpétua) sobre a insígnia decorada com um cemitério[130]. Impelido ao extremo de sua lógica, com efeito, o idealismo "conduz toda ética à política", considerando uma vez ainda que eu e Outrem não representam o papel de uma origem, mas funcionam como elementos de um cálculo, ao redor da ideia segundo a qual a sociedade representa "uma pluralidade que exprime a multiplicidade das articulações de um sistema"[131]. No seio de um tal sistema, o elemento decisivo não é, pois, o desejo de um pelo outro, mas o desejo do universal, o que quer dizer que a linguagem equivale a uma constituição de instituições razoáveis nas quais a razão impessoal própria às pessoas adquire afetividade e objetividade. O essencial, pois, se perde desde a origem de uma tal lógica: se cada ser aceitou se desfazer de sua particularidade a fim de concluir sua essência, tornando-se discurso universalmente coerente, é bem o Estado universal que realiza a linguagem, num momento "em que a multiplicidade se reabsorve e em que o discurso termina, por falta de interlocutores"[132].

É, pois, retornando de novo para Rosenzweig que será preciso afirmar "a irredutibilidade do pessoal à universalidade do Estado"[133]. Lá, onde

---

* Inscrição que seria aproveitada por Kant em seu livro: *A Paz Perpétua, um Projeto para Hoje*, trad. e org. J. Guinsburg, São Paulo: Perspectiva, 2004 (N. da E.).
130 Ver *Totalité et infini*, p. 283, com sua alusão à primeira frase do *Projet de paix perpétuelle*, de Kant. Sobre este jogo sutil de Emmanuel Lévinas com e contra Kant a este propósito, nos reportaremos uma outra vez a Jacques Derrida, Le Mot d'accueil, op. cit., p. 169-176.
131 *Totalité et infini*, p. 192.
132 Do ponto de vista da economia interna de *Totalité et infini*, Lévinas opõe aqui o discurso de um universal no qual o idealismo filosófico supõe ser a aspiração última dos indivíduos na linguagem, que ele próprio descreve tanto como meio inicial de uma intersubjetividade quanto sendo ela já portadora de relações étnicas. Na longa série de mediações que reatam o indivíduo ao universal em Hegel ao justificar a necessidade do Estado, ele substitui a via extremamente breve de uma relação interpessoal, imediatamente aberta para a palavra e que preserva sua autonomia frente à experiência política.
133 Idem, p. 277.

o sistema hegeliano expunha que o particular torna-se infinito ao negar sua finitude e graças à entrada na soberania de um Estado, pode-se reimplantar a perspectiva aberta por *A Estrela da Redenção*: "Esta conclusão não chega a sufocar o protesto do indivíduo privado, a apologia do ser separado – seja ele tratado de empírico e de animal – do indivíduo, que prova como tirania o Estado desejado por sua razão, mas no destino impessoal do qual ele não reconhece mais sua razão"[134]. De um ponto de vista mais amplo, a ideia de "separação" que conduz *Totalidade e Infinito* repousa sobre o fenômeno da interioridade: é por isso que o ser recusa-se ao conceito e resiste à totalização; através de uma temporalidade que, por sua vez, não se absorve no tempo universal. Nessa ordem de coisas, a obra quer construir uma alternativa ao sistema da filosofia ocidental tal como culminou em Hegel: "O real não deve somente ser determinado em sua objetividade histórica, mas também a partir do *segredo* que interrompe a continuidade do tempo histórico, a partir das intenções interiores"[135]. Comentando mais tarde esta proposição que julga ainda muito formal, Lévinas determinará que ela aprofunda a diferença entre duas concepções da sociedade: a que a percebe como limitação de uma situação natural na qual "o homem é um lobo para o homem": a que, ao contrário, quer ver nela uma restrição de princípio inverso segundo o qual "o homem está *para* o homem", como se fosse preciso, uma vez ainda, conter o infinito da própria relação ética a fim de acolher a pluralidade humana[136]. Eis, pois, como a política deve poder definitivamente ser controlada e criticada a partir da ética: se o "segredo" que é para cada um sua própria existência pode fornecer um ponto de resistência, o que não é compreendido como um fechamento que o isolaria de seus semelhantes, mas permanece uma individuação absoluta, ligada a uma contínua responsabilidade por outrem.

Resumindo um percurso que volta a Rosenzweig, depois de tê-lo deixado para radicalizar seu gesto de ruptura, Emmanuel Lévinas pode definitivamente dar a *Totalidade e Infinito* o horizonte escatológico que começava a se desenhar desde as primeiras páginas: "A paz deve ser minha

---

134 Idem, p. 171.
135 Idem, p. 29.
136 *Éthique et infini*, p. 74-75.

paz, em uma relação que parte de um eu e vai em direção ao Outro, no desejo e na bondade em que o eu ao mesmo tempo se mantém e existe sem egoísmo"[137]. Nesse meio tempo, foi demonstrado que se a universalidade da realidade hegeliana podia ter logrado um instante de razão contra o protesto à primeira pessoa da subjetividade, a insubstituível unicidade do eu se mantém contra o Estado. Quanto a essa própria unicidade, ela se conclui de modo factual e no tempo por um fenômeno preciso: o da "fecundidade"[138]. É preciso, entretanto, determinar que ao elaborar uma fenomenologia da "moradia" como lugar, por excelência, da fecundidade, Emmanuel Lévinas toma uma vez mais às avessas a de Heidegger. Aí, ou neste último, a moradia enraíza o ser separado em um terreno "para deixá-lo em comunicação com os elementos", ela rompe aqui com a existência natural, instaurando um recuo em relação ao anonimato da terra, da floresta ou do rio[139]. Desse ponto de vista, e contrariamente ao que coloca "a doutrina que interpreta o *mundo* como horizonte a partir do qual as coisas se apresentam", ela não entra no aparato de uma existência preocupada com seu ser e que persiste pelo enraizamento, mas representa a condição mesma da hospitalidade, já que nenhuma relação humana saberia representar-se fora da economia e que nenhum rosto "poderia ser abordado com as mãos vazias e a casa fechada"[140].

Poderíamos então dizer que o que Emmanuel Lévinas denomina o evento da "moradia" é o que precisamente equilibra as razões que foram fornecidas no advento da política. Em certa medida, esta última tende efetivamente ao reconhecimento recíproco e à igualdade, que querem assegurar a felicidade das pessoas. Mas sabe-se com Rosenzweig o caráter ilusório da imortalidade prometida na universalidade do Estado. Face a este último, ao contrário, é o desejo que abriga a moradia, ao evitar o sacrifício da alteridade do qual ele se nutre. Domínio que torna possível a aquisição e o trabalho, esta suspende a "traição" que ameaça o prazer, pois que ela consegue adiar o prazo final no qual a vida corre o risco a todo instante de soçobrar em virtude de sua característica dominante: "A inversão sempre possível do

---

137 *Totalité et infini*, p. 283.
138 Idem, p. 277.
139 Idem, p. 129.
140 Idem, respectivamente, p. 137 e 147.

corpo-senhor em corpo-escravo, da saúde em doença"[141]. Nessa perspectiva, ela oferece a um sujeito fatalmente envelhecido a ideia de uma vida eterna, mas define antes uma modalidade da consciência enquanto "desencarnação": "Como se o presente *daquilo que é* não fosse ainda concluído, e constituísse apenas *o futuro* de um ser recolhido"[142]. Daí seu vínculo preciso com o fenômeno da fecundidade, no qual se ancora definitivamente a resistência à dominação do Estado: a fecundidade coloca em relação "o futuro absoluto e o tempo infinito"; não para "dissolver [o eu] no anonimato do há [*il y a*], mas para ir mais longe do que a luz, para ir *alhures*"[143]. Uma nova articulação se desenhou, então, entre uma política que pretende a felicidade e uma ordem do desejo que designa, quanto a ela, um "excedente possível na sociedade de iguais"[144]. Se acrescentarmos que este desejo se manifesta como "gloriosa humildade" ou "responsabilidade radical", que são as condições da própria igualdade, pode-se imaginar que a distância que afasta a felicidade do desejo não é outra senão aquela que separa política e religião.

Um Deus Não Contaminado Pelo Ser?

A descrição do rosto demonstrou que a liberdade de outrem não saberia se estruturar com a minha nem entrar em sistema com ela. Daí decorre, em seguida, que a ética da responsabilidade não pode ser contida na ordem das instituições, que procedem do antagonismo das liberdades e carregam esse traço até na aspiração à igualdade formal. Esses dois temas são, na realidade, provenientes do mesmo fenômeno, tomado em suas

---

141 Idem, p. 138.
142 Idem, p. 140.
143 Idem, p. 246.
144 Idem, p. 35. Poderíamos precisar ademais a forma desse antieudemonismo radical próprio ao pensamento de Emmanuel Lévinas. De maneira evidente, ele se inscreve no quadro da antinomia que opõe os pontos de vista de Kant e Hegel: a afirmação de uma necessária separação entre o fundamento da moralidade e a aspiração à felicidade; o protesto contra uma tal abstração, depois a reimplantação da felicidade entendida como satisfação do princípio de uma ética concreta que se realiza por e no Estado. Face a tal estrutura, Lévinas propõe uma dupla perspectiva: visar efetivamente um envasamento fenomenológico da responsabilidade, como o exige Hegel, mas descobri-lo no desejo desinteressado para com o outro em vez de na felicidade para si, retornando desta vez para o desejo kantiano.

diferentes dimensões: a responsabilidade pelo outro vem antes da minha liberdade; ela não se prende a um tempo feito de presenças, mesmo dissipadas no passado: "ela não me deixa constituir em *eu penso*, substancial como uma pedra, ou como um coração de pedra, em si e por si"[145]. Dito de outra forma, surgida de uma onipresença imemorial, a responsabilidade depende de um "anterior-a-toda-lembrança [antérieur-à-tout-souvenir]" e de um "ulterior-a-toda-realização [ultérieur-à-tout-accomplissement]": situação que a coloca aquém – ou além – da essência[146]. Porque corresponde de alguma forma ao que Emmanuel Lévinas denomina um "não original" e um "an-árquico" por excelência, ela transborda o legal e o contrato que são a fonte do direito. Dependendo, enfim, de uma diferença entre o eu e o outro que nenhuma unidade da percepção transcendental poderia recuperar, ela representa precisamente "a não indiferença dessa diferença, a proximidade do outro"[147]. Eis, sem dúvida, o limite da tese mais radical de Emmanuel Lévinas, que foi por vezes julgada como uma desformalização excessiva do sistema da filosofia ocidental, impondo a exigência exorbitante de uma responsabilidade pensada em termos de obsessão, de insônia e de substituição[148].

Em *Totalidade e Infinito*, o rosto foi interpretado como autossignificante, por excelência, que tem um sentido imediato e dele dispõe antes mesmo que se lhe atribua um caráter. Falando com propriedade, ele não se mostra, pois que lhe falta o horizonte da multiplicidade em que sua identidade poderia ser proclamada e tematizada. Mas disso ele não tem nenhuma necessidade: ele apresenta um singular que não se refere à universalidade; ele queima, de algum modo, as etapas da consciência, das quais não respeita nem a medida nem o ritmo. Ligado a uma presença sempre anacrônica, a proximidade do próximo é obsidiante: ela se aproxima pela "má consciência", aquela que já está atrasada para o encontro. Na descoberta

---

145 Emmanuel Lévinas, *De Dieu qui vient à l'idée*, Paris: Vrin, 1922 (2. ed.), p. 117 (trad. bras.: *De Deus Que Vem à Ideia*, Petrópolis: Vozes, 2002).
146 *Autrement qu'être*, p. 24.
147 *De Dieu qui vient à l'idée*, p. 117.
148 Comentando as páginas de *Autrement qu'être* aqui em discussão, Paul Ricoeur segue meticulosamente o que denomina a "hipótese extrema, escandalosa" de Emmanuel Lévinas, sublinhando as figuras do excesso ou da hipérbole: ver Paul Ricoeur, "Emmanuel Lévinas, penseur du témoignage", em *Lectures 3, Aux frontières de la philosophie*, Paris: Seuil, 1994, p. 83-105.

da alteridade se urde assim uma intriga com a singularidade que se liberta da mediação do ideal. Através do rosto, o conhecimento ou a manifestação do ser se devoram diretamente em uma relação ética. Essa forma da consciência obcecada pela responsabilidade não é uma exasperação patológica, mas sim "uma retidão de relação mais tensa que intencional"[149]. Ela própria modalidade da obsessão, a urgência da atribuição faz, por seu lado, explodir a igualdade e a serenidade da consciência, no momento em que ela procura intencionalmente sua adequação ao objeto. Quanto à recusa do próximo de entrar em um tema e depois seu modo de preceder o conhecimento ou o engajamento, eles não significam nem cegueira ou indiferença, mas o fundamento mesmo de toda ética: "O próximo me nomeia, a obsessão é uma responsabilidade sem escolha, uma comunicação sem frases ou palavras".

É essencial que a responsabilidade ligada à categoria da obsessão não decorra de uma liberdade por meio de uma tomada de consciência. Se tal fosse o caso, nós estaríamos em presença de um eu simplesmente afetado pela falta cometida em conhecimento de causa e reencontraríamos o esplêndido isolamento do sujeito pensante que toma atitudes intencionais com respeito aos outros. Ora, o significado da irrupção de outrem a partir da nudez de seu rosto não está aí. Ela reside na impossibilidade de furtar-se à imposição originária da vista de seu desamparo. Aos antípodas de uma liberdade sem responsabilidade que se apresenta como um jogo, a linguagem e o contato induzem "a obsessão do Eu 'sitiado' pelos outros" em direção de uma "responsabilidade por aquilo que não cometi – pela dor e culpa dos outros"[150]. É nessa perspectiva de uma ipseidade, de alguma forma acusada, daquilo que ela jamais fez, perseguida e rejeitada em si, encurralada em si, que Emmanuel Lévinas nos vem falar de um sujeito colocado em "condição de refém". Como melhor exprimir a "passividade da obsessão em que a consciência não obscurece mais a atribuição não assumida que vem do próximo"[151]? Como descrever de outra maneira, senão por esta figura extrema, a condição em que me encontro frente a uma existência abandonada

---

149 Langage et proximité, *En découvrant l'existence avec Husserl et Heidegger*, p. 229.
150 Idem, p. 233.
151 *Autrement qu'être*, p. 146.

por todos e a si mesma em sua finitude: *"traço dela mesma imposto a mim"* e que me atribui, em meu último refúgio, uma força incomparável?[152] Como, enfim, não admitir que tal é a consequência de que estou incumbido pela estranheza de outrem, quando ele está reduzido a recorrer a mim em um estado sempre mais ou menos parecido àquele de apátrida?

Antes de continuar a descrever esta posição, importa compreender o lugar que ela ocupa na visão de Emmanuel Lévinas da estratégia de ruptura com a ontologia própria à filosofia ocidental. Prendendo-se ao ser, ao sendo (*étant*) ou ao ser do sendo (*être de l'étant*), esta última se desdobra na forma de uma intriga da verdade e do conhecimento, de uma aventura da experiência entre o claro e o obscuro, como se o saber se compreendesse enquanto reflete da exterioridade em um foro interior. É o fenômeno da insônia que vem contestar essa metáfora óptica, a saber: na medida em que seu categorial (*catégorial*) "não se reduza nem pela afirmação tautológica do Mesmo, nem pela negação dialética, nem pelo êxtase da intencionalidade tematizante"[153]. Na insônia, não faço a experiência de uma atividade determinadora que se exerceria sobre o Outro, como dado, a fim de lhe assegurar "a gravidade de ser", mas de uma vigília sem intencionalidade, desinteressada no sentido primeiro do termo; com ela, o Outro desafoga tudo aquilo que o enclausurava "em substância do Mesmo, em identidade, em repouso, em presença, em sono". Desse modo, a insônia vem revelar que o retorno a outrem é um despertar à sua proximidade, que opera uma verdadeira "desnucleação do sujeito transcendental", para um eu que jamais foi colocado no nominativo, mas no acusativo: sob a acusação de outrem, mesmo sem erro. "Passividade mais passiva que toda passividade", o eu é então efetivamente refém de outrem: "ele obedece a um mandamento antes de tê-lo compreendido, fiel a um engajamento que jamais assumiu, a um passado que jamais foi presente"[154].

Por essa figura extrema do refém, Emmanuel Lévinas procura ainda e sempre sair da concepção do sujeito que se coloca a si mesmo, concebendo outrem como objeto ou atributo de sua própria substancialidade.

---

152 Idem, p. 145.
153 *De Dieu qui vient à l'idée,,* p. 98.
154 Idem, p. 113.

A ideia de "substituição" prende-se diretamente a ela e sublinha a fundamental dessimetria do relacionamento interpessoal: "*eu (je)* substituo-me por outrem, mas ninguém pode substituir-se por eu enquanto sou eu", pois se tal fosse o caso, começaria imediatamente a imoralidade[155]. É necessário também compreender que essa ideia quer ser, ao mesmo tempo que uma investigação crítica dos pressupostos do humanismo, o pivô de uma resistência ao anti-humanismo moderno: doutrina que afirma que a morte reduz ao absurdo toda pretensão de fundamento da moralidade. Se é verdade que o eu se substitui para todos em razão de sua não intermutabilidade, pois que se torna seu refém ao se preocupar deles sem esperar reciprocidade, é certo que a responsabilidade procede de um "dizer" anterior ao ser e ao sendo, escapando por aí mesmo à finitude. Em outras palavras, o traço deste dizer "pré-histórico" e "an-árquico", que procede diretamente da proximidade de um ao outro e permanece anterior aos sistemas linguísticos ou aos reflexos semânticos, permite pensar "a possibilidade de uma extração na essência" ou ainda conceber um "além da liberdade"[156]. Assim abertas, essas perspectivas podem se apresentar de forma kantiana: "encontrar um sentido para o humano sem medi-lo pela ontologia, sem saber e sem se perguntar 'que *será* de'..., para além da mortalidade e da imortalidade, a revolução copernicana talvez seja isso"[157].

Sujeito refém, como condição atribuída por outrem, de um encontro ao qual está sempre atrasado, Emmanuel Lévinas cita com frequência, a esse propósito, uma fórmula de Dostoiévski: "Cada um de nós é culpado diante de todos por todos e eu mais do que os outros". Mas é preciso compreender que, ao exprimir a subjetividade como "perseguição e martírio", tal proposição é não apenas a condição da não indiferença a outrem, mas igualmente a da obediência à glória do Infinito, tal como a coloca em cena *Isaías* (6, 8): "Eis-me, envia-me"[158]. Nesse sentido, a impossível subtração que fez o eu sofrer uma verdadeira "deposição" é igualmente sinal de eleição, tendo-se

---

155 Idem, p. 135. Nos reportaremos às páginas que envolvem essa citação, em uma discussão onde Lévinas esclarece essa conceituação respondendo às questões ou objeções.
156 *Autrement qu'être*, p. 20-21.
157 Emmanuel Lévinas, *Humanisme de l'autre homme*, Paris: Fata Morgana, 1972, Livre de poche 1987, p. 90.
158 Ver em especial *Autrement qu'être*, p. 228.

por efeito que a vulnerabilidade se desdobra ainda em "inspiração". Despojado da dimensão impertinente de um fechamento sobre o si (*soi*) de seu ser pelo traumatismo de uma acusação que não permite nenhuma evasão, o eu torna-se assim testemunho. Mas "não há testemunho – estrutura única, exceção à regra do ser, irredutível à representação – senão o Infinito"[159]. As páginas consagradas à glória do Infinito e ao testemunho oferecem, sem dúvida, o coroamento de toda meditação do *Autrement qu'être*. Nelas, a ruptura está consumada com os filósofos da consciência que salientam ainda o "comboio que carrega o ser enquanto ser" através da manifestação ou da reflexão. A isto se acrescenta que o discurso ético retoma a palavra no momento em que se aventura em oscilar no inefável: se a glória do Infinito escapa a todo tema, é que não existe finalmente outra forma autêntica de testemunho senão aquela da exterioridade e da consignação da responsabilidade. O conjunto dessas análises começa, pois, a ilustrar aquilo que parecia ainda enigmático em *Totalidade e Infinito* sob a ideia de um significado metafísico de Outrem: "A dimensão de *altura* em que se coloca Outrem é, como a curva primeira do ser que sustenta o privilégio de Outrem, o desnivelamento da transcendência"[160].

A questão que se coloca doravante consiste em saber qual é a trama que se estabelece ao redor dessa ideia de Infinito, no que Lévinas não hesita em denominar "a monstruosidade do Infinito *colocada* em mim"[161]. Traumatismo de uma responsabilidade que impede toda escapatória, dívida contraída antes de toda liberdade, toda consciência e mesmo todo presente, o Infinito resplandece como um "traço" no rosto do próximo. Mas a "resplandecência" desse traço é, por sua vez, fulminada por um equívoco distinto daquele que se liga ao modo de aparição do fenômeno: ela depende do que Lévinas nomeia *illéité**. O que é colocado aqui à frente e amplificado não é outra coisa senão o que estava anteriormente descrito como o enigma do falar ou ainda aquilo que, no dirigir-se a Outrem pela palavra, ultrapassa a ordem dos significados comuns aos interlocutores. Traço do "Dito" que transborda o "Dizer" da linguagem em sua função de comunicação,

≈≈≈

---

159 Idem, p. 229.
160 *Totalité et infini*, p. 59.
161 *De Dieu qui vient à l'idée*, p. 110.
*   Ver nota desta edição, cap. v, p. 660.

este enigma designa aquilo para o qual a subjetividade é citada a comparecer diante do rosto de Outrem, chamada a uma responsabilidade incessível por uma transcendência que perturba a ordem do ser. Porque escapa a uma alternativa do ser geralmente tematizada entre encobrimento e descobrimento, ela é estranha ao "esconde-esconde do conhecimento". A razão, por mobilizar apenas o absoluto, é muito brilhante para a fraca visão do sujeito: acerca disso, ela sustenta, de preferência, que o sujeito "é já muito velho para o jogo do conhecimento, porque ele não se presta à contemporaneidade que faz a força do tempo atado no presente, porque ele impõe toda uma outra versão do tempo"[162]. O ser designa uma comunidade da totalidade do destino, sem dissidência possível. No traço da *illéité*, ao contrário, o sincronismo se desafina e a totalidade se transcende em um outro tempo: para uma "imemorial antiguidade" ligada à ideia de Infinito.

A fenomenologia da sociabilidade elaborada a partir do rosto do outro homem pode se completar por uma meditação sobre o que aparece doravante como o tempo da transcendência. A primeira mostrava que antes mesmo de toda mímica, a retidão do rosto permitia ler "uma exposição sem defesa ao isolamento misterioso da morte", enquanto uma voz anterior a toda palavra e surgida do fundo dessa fraqueza impunha não ficar indiferente a essa morte. Do âmago de minha natural perseverança em ser e da identidade original do eu (*moi*) despertava-se, pois, em face do rosto de Outrem uma responsabilidade por ele à qual eu me sentia "devotado *antes de todo voto*", antes mesmo de estar presente em mim-mesmo ou de retornar a mim. Que significa esse "antes", corolário da dívida contraída "diante" de Outrem? Diferente de um *a priori*, que se ligará ainda ao privilégio do presente para a consciência e à preeminência de um "eu penso" mais forte que o tempo, ele designa a "significância ética de um passado que me concerne, que "me olha", que é "minha questão", afora toda reminiscência, toda retenção, toda referência a um passado rememorado"[163]. Mas no mesmo movimento em que o rosto exprime a mortalidade e significa um mandamento, ele faz surgir um excedente de sentido que desfaz sua forma plástica e não se permite, por sua vez, fechar-se em uma presença. Pela urgência

---

162 Énigme et phénomène, *En découvrant l'existence avec Husserl et Heidegger*, p. 52.
163 Philosophie et transcendance, op. cit., p. 52.

de um imperativo que se impõe "prioritariamente", através de uma submissão da obediência que precede o entendimento da ordem e permanece irreversível, é a diacronia mesma do futuro que se afirma desta vez. Do mesmo modo que a inspiração não se invertia em saber, o "des-interesse" da responsabilidade por outrem e seu passado permanece irredutível ao presente e assinala para o futuro da profecia: "Eis a temporalidade na qual se desata na ética a trama do ser e da ontologia"[164].

Pode-se mensurar o caminho percorrido depois das primeiras páginas de *Totalidade e Infinito*: aquelas em que se anunciava uma escatologia da paz messiânica suscetível de se superpor à ontologia da guerra. Na descrição do sujeito refém, o Eu (*Moi*) aparece como "o ponto que carrega a gravidade do mundo, o que no ser desfaz a obra de ser, imperturbável e sem isenção"[165]. Tal era a última lição de um consentimento anterior à liberdade ou de uma culpabilidade além da falta por um sujeito chegado tarde em um mundo que não é proveniente de seus projetos e que não pode tratar como seu projeto: "*suportar o universo – peso esmagador, mas desconforto divino*"[166]. Mais precisamente, o acontecimento da proximidade se associava a uma primeira palavra, que não designa ainda os seres, não fixa nenhum tema e não ouve nada identificar: uma palavra que "diz o fato mesmo de dizer", sob o signo de uma cumplicidade "por nada", de uma fraternidade. Evidentemente, o "pensamento coerente" poderá denunciar a extravagância deste "dizer original", objetar contra sua transcendência que quebra o Logos, as condições de enunciação deste último ou ainda sua história dissimulada em uma sujeição ao mundo que ele pretende ultrapassar. No entanto, por tais objeções ele concede àquilo que combate e reconhece um enigma que lhe escapa: "Esta primeira palavra não é, na verdade, senão uma palavra. Mas é Deus"[167]. De maneira similar, a orientação para o futuro da profecia que se desprende a partir da responsabilidade e da inspiração ao profetismo, própria a toda linguagem, fez aparecer um "Dito" único em seu gênero, que não corresponde a nada senão ao "perturbador acontecimento semântico da palavra Deus"[168]. Várias

---

164 Idem, p. 56.
165 Langage et proximité, op. cit., p. 233.
166 *Autrement qu'être*, p. 194.
167 Langage et proximité, op. cit., p. 236.
168 *Autrement qu'être*, p. 236.

coisas podem ser, enfim, afirmadas a propósito desta última: ela não esposa as categorias gramaticais, pois não é nem nome próprio nem nome comum; também não se curva às regras lógicas do sentido, por mais que ele não diga respeito ao terceiro excluído do ser e do nada; mesmo a teologia pode traí-lo, ao querer introduzi-lo no sistema da língua pela tematização.

Elucida-se assim a proposição polêmica que fecha a nota preliminar de *Autrement qu'être* para introduzir seu principal argumento: "*compreender um Deus não contaminado pelo ser* é uma possibilidade humana, não menos importante e não menos precária que a de *extrair o ser do esquecimento* em que ele seria precipitado na metafísica e na ontoteologia"[169]. Visivelmente voltada contra o projeto de Heidegger, essa proposição visa igualmente, de maneira mais discreta, uma teologia racional que sustenta uma forma de convivência com a filosofia ocidental quando esta se esforça em pensar Deus ao reconduzi-lo na esteira do ser. Do primeiro desses pontos de vista, é uma inelutável regressão que designa Emanuel Lévinas no que denomina "uma prestigiosa corrente do pensamento moderno, proveniente da Alemanha e que inunda os recantos pagãos de nossa alma ocidental"[170]. Em Heidegger e seus discípulos, se desejaria que o homem reencontrasse o mundo, para se colocar à escuta do ser do qual ele é o guardião. Mas não se vê que aí está "a eterna sedução do paganismo", para além das formas infantis da idolatria que depois de muito tempo foram por ele ultrapassadas: na visão do "*sagrado filtrando através do mundo*"[171]? Da mesma maneira, nós não podemos compreender que querer, a qualquer preço, "habitar" o mundo seja tentar retornar para uma "infância enroscada misteriosamente no Lugar", em vez de assumir uma autêntica liberdade humana, que seria independência em comparação às formas sedentárias da existência? Como não admitir, enfim, que por muito querer se enraizar no universo onde jaz

---

[169] Idem, p. 10.
[170] Heidegger, Gagarine et nous, op. cit., p. 324.
[171] Idem, p. 325. Lévinas revela uma posição comparável em Simone Weil. Para ela como para Heidegger, é um elogio do paganismo que se manifesta através de um remorso do desenraizamento. Ou, é preciso definitivamente sublinhar: "O paganismo é o espírito local, o nacionalismo no que ele possui de cruel e impiedoso, quer dizer, de imediato, de ingênuo e de inconsciente. Uma humanidade enraizada que possui Deus interiormente com os sumos que lhe sobem de sua terra é uma humanidade floresta, uma humanidade pré-humana. Não é preciso deixar-se enganar pela paz dos bosques": Simone Weil contre la Bible, *Difficile liberté*, p. 195.

o ser, é a humanidade que desamparamos, enquanto "o mistério das coisas é a fonte de toda crueldade em relação aos homens"?

Por sua maneira de descrever a evolução das religiões a partir do entusiasmo e do sagrado, o pensamento moderno e a teologia racional com ele não se separam talvez não completamente de um agravamento da dimensão numinosa do divino. Por eles, é sempre mais ou menos por meio de um "abandono" que se pensa a possessão do homem por Deus: de maneira que este último conserva alguma coisa de uma potência sagrada, de um *numem* triunfante das antigas divindades, mas que participa ainda de sua vida clandestina e misteriosa[172]. Nesse sentido, as religiões positivas permanecem, sem dúvida, na ignorância, prisioneiras do mito, e a teologia racional parece, no que lhe diz respeito, fechada na ontologia quando concebe Deus pelas modalidades superlativas do ser[173]. *A contrario*, somente a força da ideia do Infinito ou o mistério da relação metafísica podem fazer elevar-se "a aurora de uma humanidade sem mito"[174]. Visto que a forma de transcendência que se liga a esta ideia provém da visão do pobre ou do estrangeiro, ela proíbe que a relação metafísica com Deus se conclua "na ignorância dos homens e das coisas". Dito de outra forma, esta mesma ideia impõe que os conceitos teológicos se preencham de uma significação ética, na falta do que eles serão apenas molduras vazias e formais. Não é então indiferente que no momento de mostrar como o Infinito se produz no homem, Emmanuel Lévinas parece evocar as mesmas categorias místicas da "contração" que serviram a Franz Rosenzweig para estabelecer a maneira pela qual o homem resgata a criação: "Um infinito que não se fecha circularmente sobre ele mesmo, mas que se retira da extensão ontológica para deixar lugar a um ser separado, existe divinamente. Ele inaugura acima da totalidade uma sociedade. As relações que se estabelecem entre o ser separado e o Infinito resgatam aquilo que aí havia de diminuição na contração criadora do Infinito"[175].

---

172 Ver Une Religion d'adultes, op. cit., p. 28-29.
173 Ver *De Dieu qui vient à l'idée*, p. 95.
174 *Totalité et infini*, p. 50.
175 Idem, p. 77. Mesmo discreta, a alusão às categorias místicas de contração, de retirada divina e de reparação do mundo é excepcional em Lévinas, passando à evidência pela mediação de Rosenzweig. Sobre sua intervenção nesse último, ver supra, capítulo II, p. 265-267. Para o que concerne ao seu significado mais preciso e sua história, tais como os descreve Gershom Scholem, ver supra, capítulo IV, p. 497-506.

Desenha-se assim uma comunidade de interpretação da significação do judaísmo entre Emmanuel Lévinas, que a construiu a partir do *Talmud*, Franz Rosenzweig, que mobilizou as perspectivas da mística, e Hermann Cohen, que remontou às fontes veterotestamentárias. Essas aproximações se cruzam, com efeito, sobre dois pontos essenciais e religados: a atualização de uma espécie de pureza do monoteísmo, percebido através de uma luta contra o mito; o privilégio concedido à relação ética inter-humana na definição da relação entre o homem e Deus. Podia-se, com evidência, ouvir o eco do capítulo da *Religião da Razão* consagrado ao culto dos ídolos na descrição que dá *A Estrela da Redenção* da lei que regia o mundo do mito: "um acordo entre o arbitrário e o destino... que não ressoa além dele mesmo e retorna sem cessar em si-mesmo"[176]. Encontramos em Lévinas a ideia segundo a qual é próprio do judaísmo haver "desenfeitiçado a Natureza", exigindo a destruição dos ídolos em vez de sua sublimação[177]. Aos antípodas do convite heideggeriano para escutar "o sagrado que se infiltra através do mundo", essas incitações liminares a destruir os bosquezinhos sagrados e a dilacerar as imagens dependem de um combate contra o numinoso em proveito de uma afirmação rigorosa da independência humana, condição da responsabilidade. Tornar Deus acessível em toda sua transcendência sem negar a liberdade do homem, tal era a significação da alteridade do rosto que se abre sobre o além. Ela reúne a maneira pela qual Emmanuel Lévinas vê o *Talmud* operar uma radical dessacralização do sagrado sob uma forma de aparência ingênua: "Jamais Deus desceu sobre o Sinai, jamais Moisés subiu ao céu. Mas Deus curvou o céu como uma cobertura, recobrindo o Sinai e assim foi encontrado sobre a terra sem jamais ter deixado o céu"[178].

Uma segunda questão aproxima, desta vez mais diretamente, Emmanuel Lévinas de Hermann Cohen. Uma das chaves da *Religião da Razão*

---

[176] Franz Rosenzweig, *L'Étoile de la Rédemption*, trad. A. Derczansky e J.-L. Schlegel, Paris: Seuil, 1982, p. 47. Comparar com Hermann Cohen, *Religion de la raison tirée des sources du judaïsme*, trad. M. B. de Launay e A. Lagny, Paris: PUF, 1994, cap. II. Sobre a análise do mito nestes dois autores, ver supra, cap. I. p. 88-93, e cap. II, p. 213-220.
[177] Ver "Heidegger, Gagarine et nous", op. cit., p. 325.
[178] *Une Religion d'adultes*, op. cit., p. 34. Por falta de indicação, parece que Lévinas resume aqui *Suká*, 5a. Ver também *Désacralisation et désensorcellement*, op. cit., p. 82-121. Nesse último texto, Lévinas comenta *Sanedrin*, 67a-68a, a partir de uma *mischná* que começa por essas palavras: "O 'sedutor' é aquele que diz 'Vamos e nos entreguemos ao culto das estrelas'".

está na maneira pela qual Cohen descreve uma "correlação" entre o homem e Deus que se realiza na ocasião da relação inter-humana. Exprimindo a mesma ideia, Lévinas afirma que "o reino do céu é ético", acrescentando que o espírito do judaísmo pode se resumir da seguinte maneira: "A relação com o divino trespassa a relação com os homens e coincide com a justiça social"[179]. Nessa perspectiva, os dois filósofos seguem um caminho similar: onde se reencontram sucessivamente as noções de estrangeiro, de noáquida e de "justo entre as nações da terra". Provenientes do *Talmud*, estas últimas noções asseguram em Cohen a descoberta do homem como outrem, enquanto elas instalam para Lévinas uma preponderância da moral sobre o sacerdotal[180]. Por essa construção, a noção de estrangeiro determina uma antinomia entre os israelitas e os outros povos: graças à afirmação de um conceito universal do homem, anterior àquele do compatriota. Que a aliança ocorrida com os filhos de Noé precede aquela que proclama a eleição de Israel, significa que a responsabilidade sobrepuja o particularismo, de maneira que é através do engajamento para com outrem que se manifesta a fidelidade aos mandamentos. A isto se acrescenta que se permanece ainda uma antinomia política entre Israel e os não autóctones, esta se remove, por sua vez, pela noção talmúdica dos "homens pios entre as nações da terra", noção que estende desta vez o acesso ao mundo futuro para aqueles que respeitam os sete mandamentos dos filhos de Noé, sem que mesmo lhes seja ordenado abraçar os princípios religiosos do judaísmo. Na opinião de Lévinas, apenas um tal raciocínio permite compreender estas injunções, à primeira vista exorbitantes, do *Deuteronômio* (23, 8): "Tu não desprezarás o edomita, pois ele é teu irmão; tu não desprezarás o egípcio, pois fostes um hóspede em seu país". Em troca, ele esclarece a maneira pela qual elas podem tornar-se o fundamento de uma responsabilidade para com outrem, entendida sob sua forma mais radical[181].

☙❦❧

179 Ver H. Cohen, *Religion de la raison*, p. 165, e supra, cap. I, p. 61-72. São respectivamente citados: *Autrement qu'être*, p. 281, e Une Religion d'adultes, op. cit., p. 36.
180 Ver o capítulo VIII da *Religion de la raison* precisamente intitulado La Découverte de l'homme comme autrui, e, em Emmanuel Lévinas, La Laïcité et la pensée d'Israel (1960), *Les Imprévus de l'histoire*, Paris: Fata Morgana, 1944, NB, p.186-188. Sobre as noções talmúdicas do estrangeiro, do noáquida e do justo entre as nações da terra, ver supra, p. 71-85.
181 Esta aproximação com Hermann Cohen permite compreender a importância que Lévinas outorga à perspectiva de outrem capturada em seu "despojamento", isto é, como "pobre" ou "estrangeiro". Os dois filósofos se abeberam amiúde na mesma fonte: a do *Deuteronômio*, que reitera a expressão de obrigações fundadoras para com estas duas categorias. Citando

A proximidade entre Hermann Cohen, Franz Rosenzweig e Emmanuel Lévinas se revela, enfim, através da interpretação deles de uma mesma passagem do tratado *Iomá* (85a–85b), consagrada à lógica do perdão no ritual do Iom Kipur. Enquanto atravessam essas páginas, cada um por sua vez, Cohen, Rosenzweig e Lévinas sublinham a singularidade de uma figura pela qual as faltas cometidas para com Deus são apagadas incondicionalmente, enquanto o perdão das ofensas feitas ao outro homem supõe que ele tenha sido acalmado anteriormente[182]. Prova, segundo Cohen, daquilo que no dia das expiações o monoteísmo chega à maturidade trocando toda ideia de reconciliação mística por um acréscimo sempre esperado de responsabilidade moral, esse arranjo significa, para Rosenzweig, que no âmago do ciclo das festas o ano torna-se o substituto imediato da eternidade, ao passo que Israel se coloca, por sua vez, como substituto imediato da humanidade. Quanto a Lévinas, ele insiste na enormidade do que ensina este texto: "Minhas faltas para com Deus se perdoam sem que eu dependa de Sua boa vontade! Deus é, em um sentido, o *outro* por excelência, o outro enquanto outro, o absolutamente outro – e, entretanto, meu arranjo com esse Deus-lá não depende senão de mim. O instrumento do perdão está em minhas mãos. Ao contrário, meu irmão, o homem, infinitamente menos outro do que absolutamente outro, é, em um certo sentido, mais outro do que Deus".

Para Emmanuel Lévinas, este "drama do perdão", que interpõe o terceiro entre o homem e Deus, é o sinal de que o judaísmo coloca a moralidade social acima das práticas rituais ou ainda do símbolo de uma religião

---

ele também Dt 23, 8, Cohen mobiliza igualmente os versículos que declinam outros arquétipos da fragilidade; "Tu não perverterás o direito do estrangeiro e do órfão; nem tomarás em penhor a roupa da viúva, e lembrar-te-ás de que fostes escravo no Egito" (*Dt* 24, 17-18); "maldito seja aquele que perverter o direito do estrangeiro, do órfão e da viúva" (*Dt* 27, 19). Ao mesmo tempo que eles permitem a Cohen construir o conceito de outrem como *Mitmensch*, separando-o da noção de *Nebenmensch*, que designa apenas um simples vizinho, essas referências alimentam em Lévinas uma crítica da redução filosófica da alteridade e da identidade, pois elas asseguram a radicalização do sentido do primeiro conceito (ver supra, cap. I, p. 71-76, e Pierre Bouretz, Par la porte des larmes, *Comment vivre ensemble?*, atas do XXXVIIᵉ Colloque des intellectuels juifs de langue française, textos reunidos por Jean Halpérin e Nelly Hansson, Paris: Albin Michel, 2001, p. 29-63.

182 Ver H. Cohen, *Religion de la raison*, p. 313, e supra, cap. I, p. 96-104; Franz Rosenzweig, *L'Étoile de la Rédemption*, p. 383-386, e supra, cap. II, p. 241-244; E. Lévinas, Envers autrui, op. cit., p. 35-40.

na qual o teólogo recebe uma significação universal em que se reconhece a razão. Na medida em que ele rege o processo da *teschuvá*, entendida como uma "conversão" que supõe ao mesmo tempo o arrependimento e um retorno para uma via reta de conduta, esse modelo parece, pois, sugerir que a sociedade humana está sempre atrasada em sua própria justiça. Tal é ainda a lição de uma outra instituição imaginada pelo *Talmud*: a das cidades-refúgio[183]. Com elas, a questão é a dos limites da justiça humana, já que sua função é proteger um assassino involuntário que não pode, como tal, ser perseguido por um tribunal e da vingança possível de um próximo de sua vítima, denominado "redentor do sangue derramado". O *Talmud* descreve meticulosamente a organização dessas cidades, que devem ser um refúgio para aquele que cometeu o mal sem intenção, mesmo incorrendo para ele também a sanção de uma imprudência. Objeto do que Lévinas denomina um verdadeiro "urbanismo humanitário", elas asseguram um exílio que não é uma prisão, por uma via que deve ser autêntica, o que atestaria a consideração extrema segundo a qual um mestre seria obrigado a acompanhar seu discípulo se este fosse enviado para uma dessas cidades. Mas o essencial de seu significado está, sem dúvida, naquilo que lembra essa preocupação de proteção de um inocente que é também objetivamente culpado: toda sociedade – e mais ainda as nossas, livres e civilizadas, trespassadas de desigualdades e de injustiças invisíveis por serem inumeráveis – conhece esses vingadores de sangue que vagueiam sob a forma de cóleras ou de revoltas contra os desequilíbrios sociais. Aqui ainda o simbolismo é límpido, ele deseja que se esteja prestes a realizar uma Jerusalém terrestre, impelindo aos extremos a vigilância em favor da justiça para que a Jerusalém celeste se cumule da presença divina[184].

Se reunirmos os ensinamentos dessas interpretações do ritual do perdão e da instituição das cidades-refúgio, descobrimos a estreita convergência entre o significado que dá Emmanuel Lévinas ao monoteísmo

---

183 Ver Les Villes-refuges, sobre *Makot*, 10 a, que comenta *Números* 35, em *L'Au-delà du verset*, p. 51-70. Notaremos que Hermann Cohen faz também alusão a essa instituição, sublinhando que foi criada em benefício dos filhos de Israel, mas também do estrangeiro, seja ele hóspede ou residente (ver *Religion de la raison*, p. 181).
184 Nos reportaremos sobre essa questão a Stéphane Mosès, L'Idée de la justice dans la philosophie d'Emmanuel Lévinas, *Archivio di filosofia*, LXI-1993, n. 1-3, p. 447-461.

judaico e sua concepção da primazia da relação ética sobre o questionamento ontológico. Esta aparece de maneira hiperbólica no comentário de uma estranha aritmética talmúdica já encontrada: dada três vezes, a *Torá* comporta quatro obrigações gerais, conhecendo elas próprias quatro modos de adesão[185]. Segundo um dos rabinos da discussão do tratado *Sotá*, isso quer dizer que estes não são 48 pactos que foram concluídos, mas 48 pactos compreendendo cada um 603.550 alianças, em razão do número de israelitas que se encontravam no sopé do Sinai. Para outro, trata-se antes de considerar que existe para cada judeu 603.550 pactos de alianças multiplicadas por 48... Qual é a diferença, pergunta então o *Talmud*? Rav Mescharschea responde: "É a diferença entre a responsabilidade da responsabilidade". Comentando essa singular autossimilaridade, Lévinas determina a lógica de seu raciocínio. Pela primeira afirmação, é a "não indiferença" em relação a outrem que é descrita: concluída ao redor da Lei, a Aliança não coincide com a abstração impessoal de um ato jurídico, mas deve se entender como elo vivo entre humanos que respondem uns pelos outros, de maneira que cada um se acha responsável por cada um. No entanto, isso não é suficiente, e é preciso ainda que cada um seja responsável pela responsabilidade de todos os outros para não se limitar a um amor a outrem que pareceria sempre ao amor de si. Eis, pois, para Lévinas, o ideal de uma autêntica humanidade do humano: "Ao infinito, por trás da responsabilidade reconhecida a todos por todos, surge o fato de que eu ainda sou responsável por esta responsabilidade, na sociedade da *Torá*!"[186]

  A perspectiva de um infinito da "responsabilidade da responsabilidade" esclarece em retorno aquilo que pode ainda se dizer do Deus que vem à ideia, ao redor do sentido que é preciso dar ao temor que ele inspira. Meditando sobre a estranha fórmula de Rav Hanina segundo a qual "Tudo está nas mãos do Céu, salvo o temor do Céu" (*Berakhot*, 33b), Lévinas a aproxima de uma declaração também muito espantosa do mesmo tratado (54a): o homem deve "bendizer Deus pelo mal, como ele o bendiz pelo bem"[187]. Tomadas juntas, essas duas proposições visam seguramente afastar

---

185 Ver Le Pacte, sobre *Sotá*, 37a-37b, op. cit., p. 87-106.
186 Idem, p. 106.
187 Ver Du langage religieux et de la crainte de Dieu (1980), *L'Au delà du verset*, p. 107-122.

a tentação de trair o monoteísmo, invocando o Nome de Deus para o bem que vem d'Ele, sempre pensando que as forças do mal são independentes da Sua vontade. Da mesma maneira, elas significam que o temor não pode ser inspirado nem pelo "reconhecimento do ventre" e pela espera de favores nem pelo medo de uma autoridade-total, concebida a partir das forças do mundo. Mas é preciso ir mais longe na explicitação do fato de que o temor do Céu não lhe pertence: para admitir que ele não entra naquilo que o *Talmud* denomina "tesouraria" do Eterno a não ser que o homem o faça entrar. Tal seria, pois, a essência de um monoteísmo autêntico que significa uma "religião de adultos": é preciso admitir uma exterioridade total da vontade divina e uma heteronomia absoluta de suas detenções; mas longe de constranger o homem como uma força, tais dispositivos solicitam sua responsabilidade em relação a outrem na qualidade de primeira testemunha da obediência e da fidelidade. Desse ponto de vista, o horizonte último do monoteísmo residiria na afirmação de uma rigorosa independência da humanidade ou ainda na ideia de um "temor livre", que pode, por sua vez, requerer que o homem tenha atingido a idade da dúvida, da solidão e da revolta. Para Lévinas, essa hipótese de aparência incongruente é finalmente característica do espírito ocidental e da filosofia que lhe está intimamente ligada: "a posição de uma humanidade que aceita o risco do ateísmo, que é preciso correr mas superar, para o resgate de sua maioridade"[188]. Quanto à significação última do temor de Deus como temor por outro homem, pode-se resumi-la por esta proposição: "Quando vós sois meus testemunhos, eu sou Deus; quando vós não sois meus testemunhos, eu não sou Deus"[189]. Restaria

---

[188] *Une Religion d'adultes*, op. cit., p. 31.
[189] *Sifrei* sobre *Deuteronômio* 33, 5 (*Piska*, 346), citado em *Du langage religieux et de la crainte de Dieu*, op. cit., p. 119. Notemos que poderíamos aproximar essa proposição a uma alternativa proposta por um outro *midrasch*, alternativa que coincidiria facilmente com uma bifurcação maior na história do monoteísmo: "é Deus que tem necessidade do homem"; "é o homem que tem necessidade de Deus" (*Bereschit Rabá*, xxx, 10). Uma última passagem do *Sifrei* sobre o *Deuteronômio* ofereceria, enfim, esclarecimento a respeito do "temor" (*crainte*) de Deus suscetível de fortalecer a reflexão de Emmanuel Lévinas. Comentando aqui (*Piska*, 161) *Dt* 17, 19 ("a fim de que ele aprenda a temer o Eterno seu Deus"), o *Midrasch* escreve: "assim nós aprendemos que o temor conduz à Escritura, a Escritura ao *Targum*, o *Targum* à *Mischná*, a *Mischná* ao *Talmud*, o *Talmud* à ação, a ação ao respeito". Esta cadeia de dedução que conduz do temor a Deus à responsabilidade, passando pelo estudo, ilustra perfeitamente a lógica defendida por Lévinas, assim como o faria bem da mesma forma como a promovida por Hermann Cohen (ver supra, cap. I, p. 136-139).

saber como ele pode ainda se ouvir em um século de violências inauditas que parecem ter atualizado os antigos boatos sobre a morte de Deus ou, pelo menos, seu silêncio.

Israel na Hora das Nações

Impelidos às suas extremas consequências, as reflexões sobre a responsabilidade da responsabilidade e o temor do Céu que não pertence ao céu conduzem Emmanuel Lévinas ao ponto em que deve superar a ingenuidade da fé ou as expectativas imediatas de salvação para admitir uma forma de ausência de Deus na história. Através delas, parece que "a verdadeira correlação entre o homem e Deus depende de uma relação de homem para homem, na qual o homem assume a plena responsabilidade, como se não houvesse um Deus com quem contar"[190]. Evidentemente, esta proposição define um estado de espírito em que se pode reconhecer a laicidade reivindicada pelas sociedades modernas, quando ela requer uma separação entre as instituições e as preocupações metafísicas. Ao mesmo tempo, ela não parece, apesar disso, invalidar a resposta que deu Rabi Akiva a um romano que lhe perguntou "Por que vosso Deus, que é o Deus dos pobres, não alimenta os pobres?"; "Porque nós não fomos destinados a *Geena*"[191]. A questão que se coloca, entretanto, é saber se ela permanece à altura dos desafios do século da Schoá e da morte das crianças assassinadas pelo único crime de terem nascido. Frente às figuras do aniquilamento pelo aniquilamento não estará ela submersa por um silêncio de Deus tornado ensurdecedor? Pode ela, enfim, dissipar a incômoda impressão de que esta época de cinza teria atualizado a profecia da morte de Deus proveniente daquela que a precedeu?

---

[190] E. Lévinas, La Laïcité et la pensée d'Israel, op. cit., p. 183. Notaremos que o início dessa proposição é de novo quase perfeitamente idêntica àquela que orienta em Cohen a *Religion de la raison*: "a correlação entre Deus e o homem não pode se realizar sem que primeiro ela entre em jogo na ocasião da correlação entre o homem e o homem que ela inclui" (Hermann Cohen, *Religion de la raison*, p. 165. Quanto ao aspecto hipotético kantiano do final do propósito, é tanto mais notável quanto estende a consequência dessa ideia invertendo o sentido da hipótese de Kant quanto a Deus.

[191] *Baba Batra*, 10a. Lévinas acrescenta que é preciso aqui compreender que é ao homem que pertence salvar o homem: "a maneira divina de reparar a miséria consiste em não fazer intervir Deus".

Como se fosse preciso desconfiar da falta de oportunidade sempre recusando o deslize, é por pequenos toques que Emmanuel Lévinas se apresenta no campo dessas questões, construindo suas próprias hipóteses. Na esteira da ideia de um Deus que não é amado pelas manifestações de seu poder no mundo, sabe-se em especial que as preces não devem se imiscuir nos pedidos, nem se justificar pela necessidade e nem mesmo solicitar uma atenuação dos sofrimentos humanos. Mas depois da "paixão de Auschwitz", podemos nós continuar a dizer, como o fazia o tratado *Schabat*, que não há "sofrimento sem culpa"?[192] Para tomar providências em face de uma tal questão, Lévinas propõe ir até o ponto de se questionar se não é preciso admitir como "um ensinamento de Auschwitz" a proposição seguinte: a orientação definitiva da fé para com a ideia de uma ausência de retribuição, algo como uma "religião sem promessa"[193]. Esboçando essa hipótese, ele acrescenta, no entanto, que ela é daquelas que não se podem pregar e que se defendem por si. Proclamada muito alto e muito forte, ela teria o perigo de provocar uma ofensa: "contradizer o desespero daqueles que caminham para a morte". Apesar disso, ela pode ser necessária a quem procurasse "suportar Auschwitz sem renegar Deus". Poderíamos acrescentar que ela é, sem dúvida, exigida a fim de poder compreender esta interpretação talmúdica do sacrifício de Isaac que já proibia todo significado projetivo do sofrimento: "O Santo, bendito seja Ele, disse a Abraão.'Eu te submeti a muitas provas e tu resististe a todas; então resista para Mim nesta, para que não se diga que as precedentes foram insignificantes'"[194].

Se for preciso se resignar a admitir que existisse uma lição de Auschwitz, ela deveria ser procurada na contracorrente das explicações filosóficas habitualmente dadas do papel da violência na história: aprofundando a ideia de um sofrimento radicalmente inútil[195]. Conhecemos todos os argumentos relativos ao fenômeno do sofrimento imaginados pelo pensamento ocidental e pela teologia. No plano da consciência, ele seria uma modalidade de alerta contra a fadiga do corpo ou do espírito, até mesmo um meio de apuração espiritual que pareceria indicado para esta espécie de estoicismo

---

192 Ver Judaïsme et kénose, op. cit., p. 148. A fórmula citada encontra-se em *Schabat*, 55a.
193 Entretiens avec François Poirié, op. cit., p. 159-160.
194 *Sanedrin*, 89b.
195 Ver La Souffrance inutile (1982), *Entre nous*, p. 107-119.

do *Eclesiastes* (1, 18): "Aumentar sua sabedoria é aumentar seu sofrimento". No seio do espaço social e político, ele entra em uma forma de teleologia necessária à vida comunitária: uma economia que instaura, para além dos sofrimentos e das sanções distribuídas pela instituição judiciária, uma pedagogia do poder oposta à natureza provocadora dos homens. Ao que se soma que, sabendo que um tal sofrimento representa uma figura do mal, a humanidade ocidental a instalou no horizonte mais vasto ainda de uma teodiceia: para apaziguar seu escândalo, subordinando-o a uma finalidade metafísica. Primeiramente concebido em referência ao todo-poderoso divino, este reino dos fins transcendentais foi, em seguida, subordinado às concepções da natureza e da história às quais era necessário demonstrar que elas conduzem para o bem por meio de seus ardis. Mas a noção de teodiceia sobreviveu à secularização do mundo, oferecendo, ainda sob os passos do progresso, o meio de justificar as experiências humanas, dando às suas aparências absurdas ou arbitrárias a significação de uma ordem[196].

Porque deram à palavra de Nietzsche sobre a morte de Deus uma expressão quase empírica, os campos de extermínio arruinaram, sem dúvida, essa ideia para sempre. Em Auschwitz, a desproporção entre o sofrimento e todo castigo ou toda promessa adquiriu uma clareza que penetra nos olhos: "É, talvez, o fato mais revolucionário de nossa consciência do século XX – mas também um acontecimento da História sagrada –, a destruição de todo equilíbrio entre as teodiceias, explícita e implícita, do pensamento ocidental e as formas que o sofrimento e seu mal extraíram no desenrolar mesmo deste século"[197]. Aqui, a unicidade da situação das vítimas daquilo que Emil Fackenheim denomina "o aniquilamento pelo aniquilamento, o massacre pelo massacre, o mal pelo mal" recebe um significado universal e testemunha, para todos, os mortos de outros lugares

---

[196] Poderíamos pensar aqui na proposição de Hegel que abre sua filosofia da história: "O mal no universo devia ser compreendido e o espírito que pensa reconciliado com esse mal. De fato, nada impele mais a um tal conhecimento conciliador do que a história universal": Hegel, *Leçons sur la philosophie de l'histoire*, trad. J. Gibelin, Paris: Vrin, 1987, p. 26. A resistência a este tipo de proposição é uma temática pelo menos comum em Emmanuel Lévinas, Ernst Bloch e Hans Jonas: ver supra, cap. VI, p. 713-716, e nota 66, a respeito da crítica da história hegeliana em Bloch; supra, cap.VIII, p. 1018-1025, no que concerne à crítica da ideia da teodiceia proposta por Jonas.

[197] Idem, p. 114.

de tortura deste século[198]. A razão disso é que uma tal experiência atesta um sofrimento radicalmente "por nada": fenômeno que torna possíveis e odiosos todo propósito ou toda explicação que pretenderiam descobrir uma falta qualquer daqueles que foram mortos ou sofreram. Essa "morte de mártires", essa "destruição cujo ato final se conclui hoje na contestação póstuma deste fato mesmo do martírio pelos pretensos 'revisores da história'" é, definitivamente, uma dor inútil e injustificável, o que apaga toda perspectiva de uma teodiceia consoladora[199]. Interditando doravante qualquer forma que seja de abandono a desordens disfarçadas em necessidade de uma história que se pretende racional, ela reforça um pouco mais o escândalo de um sofrimento no outro homem. Incitando a fidelidade separada de toda promessa própria a uma religião sem teodiceia, ela solicitaria, enfim, a antiga defesa de Kant em favor de Jó: o reconhecimento do fato de que ele conseguiu fundar a fé na vida bem conduzida em vez de nos favores solicitados por seus amigos[200].

Eis, pois, uma época que parece atualizar a possibilidade de uma desordem total das questões humanas e que entreabre, talvez, a perspectiva de uma loucura que estaria em vigília no âmago da razão. Frente a ela, Emmanuel Lévinas julga inconveniente toda resposta que se pretenderia definitiva a estas duas questões colocadas pela ambiguidade de Auschwitz: "a última razão da violência guerreira desaparece no abismo do extermínio do além da guerra?"; "a loucura do extermínio conserva um grão de razão?"[201] Todavia, se ele recusa, assim, até o âmago de uma teodiceia negativa que se ofereceria ainda como explicação do injustificável, ele conserva uma reser-

---

198 Emil Fackenheim, *Penser après Auschwitz*, trad. M. Delmotte e B. Dupuy, prefácio de Bernard Dupuy, Paris: Cerf, 1986, p. 123. Emmanuel Lévinas apoia-se aqui sobre esse texto, que havia sido publicado em 1980 pelas edições Verdier sob o título *La Présence de Dieu dans l'histoire*.
199 La Souffrance inutile, op. cit., p. 116.
200 Emmanuel Lévinas cita (p.118) esta passagem do ensaio *Sur l'insuccès de toutes tentatives philosophiques en matière de théodicée*, no qual Kant escreve: "Nesse estado de espírito, Jó terá provado que não fundamentava sua moralidade sobre a fé, mas a fé sobre a moralidade; nesse caso a fé, tão frágil quanto pudesse ser, é no entanto única, de uma pura e autêntica espécie, da espécie que fundamenta não uma religião de favores solicitados, mas de uma vida bem conduzida". Esta descoberta, em um livro de Jó amiúde citado como apoio das doutrinas da providência, de uma crítica da ideia de teodiceia, poderia reaproximar-se da leitura que nos propõe Ernst Bloch, em uma perspectiva utópica que recusa desta vez suas interpretações teológicas mais correntes (ver supra, cap. VI, p. 748-754).
201 Les Dommages causés par le feu, op. cit., p. 165.

va tanto mais profunda em relação ao que poderia se parecer às teodiceias positivas surgidas em seguida ao acontecimento, recusando, em particular, a interpretação providencialista do nascimento do Estado de Israel. Para nada dizer das teses que estabelecem uma forma de causalidade metafísica entre os sofrimentos suportados e a realização da promessa do retorno, é a um permanente trabalho de relembrança da separação das ordens e de crítica interna da aventura política que ele se entrega. A partir desse ponto de vista, ele propõe conjugar uma fidelidade intangível à história do jovem Estado com uma desconfiança tanto mais forte para com toda tentação nacionalista ou teocrática, determinando que uma tal atitude não deveria mais se dissociar de uma atenção aos efeitos perversos da assimilação na Diáspora. Além da sua ancoragem na atualização dos limites da política, estas duas proposições poderiam, como muitas vezes ocorre, basear-se na mesma fonte: a de uma sabedoria talmúdica, que, no caso presente, ensina a não ver uma gloriosa conclusão nas figuras que oferece a história: "Não 'aconteceu'! Paciência!"[202]

Antes mesmo de se exercer no cotidiano em um acompanhamento crítico do sucesso da empreitada sionista, uma tal prudência toma por objeto as atitudes ou ideologias da Diáspora, cuja experiência do judaísmo francês oferece uma espécie de modelo. O que trouxe a sociedade pós-revolucionária aos judeus da Emancipação senão o sentimento de que "o dia das realizações chegara" e com ele o triunfo dos valores éticos e sociais do Antigo Testamento, mas "sem o jugo da Lei", sem abstrações metafísicas, na lealdade ao espírito cívico"?[203] Convidando a modificar o antigo "fervor" contra um amor à pátria, solicitando uma conversão das formas tradicionais da piedade em um liberalismo republicano matizado de radicalismo social, essa experiência se propunha como símbolo da entrada no mundo moderno para todo o universo da Dispersão. Mas porque havia tratado de igual modo os outros por sua violência extrema, o nacional-socialismo veio confrontar o judaísmo francês com aquilo que aparecia, *a posteriore*, como uma forma de

---

202 Le Sens de l'histoire, em *Difficile liberté*, p. 319. Lévinas faz aqui alusão às passagens do *Talmud* que pleiteiam a paciência frente à chegada do Messias e fazem imposição de não "apressar o fim". Sobre esses textos e a maneira como Maimônides os codifica, ver supra, cap. I, p. 109-110, cap. IV, p. 451-453; cap. VII, p. 849-851 e 850 n. 145.
203 Séparation des biens (1970), em *Cahier de l'Herne*, p. 464.

ilusão. Desse ponto de vista, enquanto um apólogo talmúdico afirma que todos os judeus passados, presentes e futuros se encontravam no sopé do monte Sinai, necessário será dizer que todos estavam de uma certa maneira "presentes em Auschwitz". Quer eles tenham sido poupados de uma tal prova, quer tenham miraculosamente regressado, todos permanecem incluídos pelo mesmo horror de seu presente e estão ligados a um "passado prodigioso": que sua "história e-norme"* não significava um particularismo a mais, porém "uma responsabilidade assumida por todos"; uma responsabilidade que isola e põe à parte, "a única em seu gênero", como "um excedente do Espírito necessário ao espírito".

Essa crítica sem complacência do modelo republicano da Emancipação poderia ser julgada tanto mais severamente quanto não devia desembocar, no caso de seu autor, em uma partida para Israel. Por sua forma e suas consequências, ela se parece, no entanto, à que opunha Leo Strauss à experiência de um judaísmo alemão mais tardiamente assimilado e em condições mais precárias. Enquanto Lévinas evoca uma espécie de falsa consciência dos judeus franceses, que pensavam conservar um resto de identidade ao mesmo tempo que sonhando com as doçuras mundanas, Strauss denuncia o filistinismo de seus contemporâneos, bem rápidos em sacrificar sua herança pelo desejo de reconhecimento social e pelas indiferenças da liberdade moderna. Enquanto Gershom Scholem havia rapidamente deduzido das críticas similares a necessidade de abandonar a Europa, tornada impossível de se viver, nem um nem o outro renunciariam finalmente a permanecer nos países que deviam, apesar de tudo, preservar a seus olhos o aspecto de refúgios ou de terras de acolhimento. De maneiras um pouco diversas Strauss e Lévinas parecem, pois, propor o que se assemelha a uma dissociação entre as formas teológico-filosóficas do "retorno" e sua tradução empírica por uma instalação em Israel, que poderia parecer natural. O fundamento de uma tal atitude deveria ser, sem dúvida, procurado em uma reserva comum frente à experiência política: em um, nutrida por uma crítica do liberalismo como solução do problema do homem, no outro acompanhada de uma reflexão sobre o aspecto dialético da Tradição na questão do poder. Mas, sobre uma

---

* O significado etimológico do termo latino *enorme* é "irregular, fora da regra, do padrão", e der. do lat. *norma, ae,* 'esquadro, regra, norma, modelo, padrão', cf. Dicionário Houaiss (N. da E.).

frente paralela, à diferença de Franz Rosenzweig e Martin Buber, todos os dois recusam que ele seja concedido à modernidade na condição de uma fidelidade residual à Lei, uma adaptação dos mandamentos às capacidades de receptividade da época ou a atenuação de seu rigor pela ideia de um "encontro" entre o homem e Deus. Entre essa hostilidade à historicidade da *Torá* e uma desconfiança em relação a toda confusão entre o retorno à terra e o horizonte último da existência judaica moderna, tentam ultrapassar a antinomia que opõe o sionismo à experiência da vida na Diáspora. Que a *teschuvá*, colocada como saída das ilusões da assimilação, pudesse se desligar do ideal nacional, eis sem dúvida uma proposição que explora com novos esforços uma antiga contradição: "Nós queremos ser como os outros povos" (1*Sm* 8, 20); "Ele não se confundirá com as nações" (*Nm* 23, 9)[204].

Na visão de Emmanuel Lévinas, a primeira lição da tragédia contemporânea é interna à história da Emancipação. Ela consiste em pensar que o fato de estar interessado pela criação e pela existência ameaçada do Estado de Israel, por suas vitórias sem paz ou pela insegurança de seus habitantes, não chega a mudar a fidelidade, mas supõe "reconhecer a aliança selada em Auschwitz no sangue e nas lágrimas com todas as gerações e toda a dispersão de Israel"[205]. A isto se acrescenta que essa descoberta deveria ainda se voltar contra uma forma mais recente da secularização dos ideais do judaísmo: a fé revolucionária vivida como messianismo histórico. Não será, com efeito, uma forma de ódio de si mesmo a que transparece nas polêmicas antissionistas de uma certa ideologia progressista, quando nos iludimos sobre "a Paixão do judaísmo no século XX", empenhando-nos em descobrir no sofrimento dos proletários atuais as raízes da sociedade harmoniosa de amanhã? Para Emmanuel Lévinas, a antiga tradição do judaísmo não tem contas a prestar a estas sabedorias definitivamente muito breves: não é mais conferindo aos povos árabes uma inocência histórica que eles reivindicam, ao multiplicar as convocações ao terror, que se desenharão os caminhos da paz e da fraternidade, visto que os relacionamentos humanos não podem eternamente se reduzir a cálculos de perdas e interesses.

---

204 Para alimentar essa comparação entre Emmanuel Lévinas e Leo Strauss ver supra cap. VII, p. 773-780, 784-787 e 943-945.
205 *Séparation des biens*, op. cit., p. 465.

Quanto a essa intransigência, caso se exerça no encontro de duas atitudes inversas do judaísmo contemporâneo, encontrará seu lugar de predileção em uma fidelidade crítica ao sionismo e ao Estado de Israel.

Sabe-se que Emmanuel Lévinas recusa conceder um lugar definitivo à experiência política na ordem messiânica e ver-se-á que ele considera que esta última não se concebe a não ser separando radicalmente a razão da história. É a este título que ele se pergunta se o judaísmo é ainda capaz de messianismo depois da Emancipação, sublinhando de passagem a impossibilidade de reivindicar a visão profética da verdade, como sempre participando efetivamente nos valores do mundo ambiente[206]. Desde então, se ele não partilha da desconfiança quase metafísica de Hermann Cohen ou Franz Rosenzweig para com o sionismo, reinveste algumas de suas considerações em sua maneira de olhar o Estado de Israel. Desse ponto de vista, sem aderir às conclusões de Rosenzweig sobre o "caráter nacional judaico", subscreverá, sem dúvida, duas de suas proposições sobre esse tema, em relação aos princípios de seu próprio pensamento. Para a primeira, trata-se de admitir que para a descendência de Abraão "o relacionamento do povo com país é o de um estrangeiro que possui a terra sem que jamais esta o possua em troca" e que o solo torna-se "sua gleba"[207]. Quanto à segunda, ela propõe uma outra exigência: "É apenas mantendo contato com a Diáspora que os sionistas se verão forçados a não perder de vista sua meta, que é a de se tornar os sem-pátria do tempo e de permanecer nômades, mesmo no país"[208]. Tal seria, pois, a inquietude de Emmanuel Lévinas frente a Israel, chegada a idade da maturidade política: o temor de ver o povo juiz ceder à tentação das nações, às seduções do enraizamento, à sacralização da terra.

A consideração que organiza seu relacionamento com a aventura do Israel contemporâneo consiste, pois, em recusar a interpretação providencialista do nascimento e do destino do Estado em nome mesmo da

---

206 Ver Textes messianiques, op.cit., p. 137-138.
207 Franz Rosenzweig, À propos du caractère national juif: Un Fragment, trad. D. Bourel e M.B. de Launay, *Cahier de la nuit surveillée*, n. 1, p. 183.
208 Franz Rosenzweig, carta a Gertrud Oppenheim de 1º de maio de 1917, *Der Mensch und sein Werk, Gesammelte Schriften*, 1, *1900-1918*, Haia: Martinus Nijhoff, 1979, p. 398 (ver a esse propósito, Stéphane Mosès, Politique et religion chez Franz Rosenzweig, *Politique et religion*, atas do XXᵉ Colloque des intellectuels juifs de langue française, Paris: Gallimard, 1981, p. 283-311, e supra, cap. II, p. 252-256.

fidelidade ao messianismo dos profetas. Mobilizar o ideal do messianismo para perseguir no seio do judaísmo a tendência dos povos modernos a proteger seus nacionalismos de ouropéis messiânicos é ainda separar a razão da história: para conservar o direito de julgar a segunda à medida dos valores universais de justiça provenientes da primeira. Quando se trata, em seguida, de repensar a unicidade paradigmática da história de Israel, um tal projeto volta a preservar a inspiração do monoteísmo: um monoteísmo que "não é apenas um horror aos ídolos, mas um faro para a falsa profecia"; uma singular paciência em "recusar as pretensões messiânicas prematuras"[209]. Ela deveria ser evocada contra o sionismo nas horas em que ele parece pactuar com a época e se lançar de corpo e alma às necessidades da história; esta lição continua a sobressair: "Acelerar o fim é um perigo maior, do qual o *Talmud* entrevê a pérfida tentação"[210]. Pois tal é, sem dúvida, para Lévinas a verdadeira crise que atravessa o judaísmo depois de 150 anos, sob as formas opostas da assimilação nas nações e do desejo de tornar-se parecido aos outros povos: "Ele se crê nos tempos messiânicos". Nada deveria então ser muito para dissipar o mal entendido. Nem a perseverança do *Talmud* ou dos filósofos em separar a experiência histórica da era messiânica, depois ainda do "mundo que vem". Nem uma vigilância extrema para com a contaminação da sociedade judaica pelos ídolos da política.

Alguns anos somente depois da criação do Estado de Israel, Emmanuel Lévinas instalou a matriz de uma relação com este em que se encontra a forma de sua interpretação do estatuto que deve ser concedido à política. Como para Martin Buber e alguns outros, a autenticidade dessa experiência, em essência perigosa, encontra-se, a seu ver, no que se parece a pequenos grãos disseminados no deserto: esses *kibutzim* perdidos nas fronteiras onde se instalaram, "indiferentes às perturbações do mundo, mas cultuando os valores humanos, homens que proferem essa indiferença por sua vida cotidiana de trabalho e de perigo"[211]. Frente a esta utopia de justiça social que representa a verdade do sionismo, seria fácil ironizar sobre o abandono de uma ampla parte da sociedade israelense às pequenas

---

209 Judaïsme et temps présent (1960), *Difficile liberté*, p. 299.
210 Le Sens de l'histoire, op. cit., p. 318.
211 Textes messianiques, op. cit., p. 139.

alegrias e misérias terrestres: "Ser parecido a todos os povos da terra com administração e cinemas, cafés e imprensa – que resultado! Como estão contentes, enfim – apenas instalados em sua terra – em ter, como todas as 'nações modernas', seu pequeno problema de relacionamento entre o Estado e a Igreja para resolver"[212]. Mas atrás dessa fingida desenvoltura, Lévinas não esquece jamais a parte de Hegel e da filosofia moderna que resistiu às críticas de Rosenzweig: o fato de que o fenômeno histórico do declínio das religiões constituídas em igrejas não se deve à maldade dos homens, mas ao advento dos Estados; e depois que essa realização humana dos povos requer, malgrado tudo, uma liberdade que não se pode manifestar senão no seio de um espaço político.

Encontra-se aqui, da mesma maneira, a pequena dialética de um elogio da política que recusava, entretanto, entrar forçosamente na grande dialética hegeliana de uma totalidade se realizando pela história. Sob um aspecto desse fenômeno, seria vão contestar a maneira pela qual é no Estado que o cidadão pode, enfim, exercer sua vontade, modificando sua condição de dependência para com o universo das coisas em uma liberdade com relação a elas. Mais ainda, é preciso ir até a admissão de que a coincidência moderna da política e do espiritual, que parece enviar a ordem religiosa para um simples clericalismo, marca a maturidade do homem, por essa razão a vida espiritual tornada existência pública "purifica-se de todo claro-escuro sentimental, particular, privado, do qual se alimentam ainda as religiões"[213]. Contudo, se o Estado promove efetivamente uma espiritualidade sem sagrado, poderá esta conter toda a ideia da justiça? Será preciso, sobretudo, dizer que a restauração do Estado de Israel é suficiente para uma vida política? Ao aceitá-lo, Lévinas considera que esqueceríamos a particularidade do passado de Israel e o fato de que não é tanto seu gênio político ou artístico que estabelece sua "maioridade", mas seu gênio religioso. Na aparência, o paradoxo é insolúvel: "o povo judeu realiza um Estado cujo prestígio se deve, entretanto, a esta religião que a vida política moderna suplanta"[214]. Mas ao sublinhá-lo, Lévinas sugere a temível questão que

---

212 État d'Israel et religion d'Israel (1951), *Difficile liberté*, p. 302.
213 Idem, p. 303.
214 Idem, p. 304.

consiste em saber no que o judaísmo se tornaria esquecendo definitivamente o lugar do monoteísmo em sua definição para se fundir muito bem no mundo da secularização. Outro tanto, para lhe propor realizar um último desejo: o de reimplantar um tal gênio religioso na experiência cotidiana, de mobilizar sua maneira específica de lutar contra a embriaguez dos entusiasmos individuais; até poder libertar mesmo Deus do sagrado, por uma "obra difícil e sábia de justiça". Nesse sentido, a importância do Estado de Israel residiria finalmente menos na "realização de uma antiga promessa", ou até no início de uma era de segurança material sempre improvável, do que na ocasião oferecida de realizar "a lei social do judaísmo".

Ser o único povo que se define por uma doutrina de justiça sendo igualmente o único a não poder aplicá-la, tais foram o sofrimento e o sentido da Diáspora. Ser ávido de sua terra e de seu Estado não por uma independência sem conteúdo, mas a fim de começar a "obra de sua vida", tal deveria se tornar, na visão de Lévinas, o significado do sionismo. Sob esse ângulo, o acontecimento político parece já ultrapassado e a "hora da obra-prima" poderia chegar, se apenas acontecesse que a religião pudesse reencontrar-se na justiça como única razão de Estado. Então, seria possível dizer que o nascimento de um tal Estado é um evento de grandeza religiosa, mas em um novo sentido: em uma perspectiva que exclui toda guerra de religião e encarrega-se de um "ideal que brilha além da paisagem que habitamos"[215]. Compreende-se melhor assim o que distingue Lévinas por trás da aparência puramente política do sionismo: o fato de que ele oferece a imagem invertida de uma certa universalidade adquirida pelo Estado e como sua reparação[216]. Mas é preciso logo acrescentar que "esta farpa na carne não representa um direito à piedade" ou uma crença perpétua sobre os sofrimentos suportados. Prometido pela história há dois mil anos de inocência política, o povo judeu se encontra doravante coagido à "invenção política", com o perigo de, a todo instante, perder sua vocação universal se chegar a ceder às tentações imperialistas ou aos desejos de poder, em um ambiente sem dúvida hostil. Faltando apoio no mundo, privado de toda

---

215 Séparation des biens, op. cit., p. 465.
216 Ver Politique après!, op. cit., p. 225-226. Lembremo-nos que este texto extrai lições do acontecimento extraordinário que representou para Lévinas a visita do presidente Sadat a Jerusalém em 1977.

"posição de recuo preparada antecipadamente", vulnerável em meio a seus vizinhos e suas terras a perder de vista, não lhe resta senão um último reduto: o ideal de fazer infatigavelmente "um Estado em que se deverá encarnar a moral profética e a ideia de sua paz"[217].

Difícil liberdade, exigente sionismo: tal seria a fórmula que resumiria, sem dúvida, da melhor forma a posição de Emmanuel Lévinas frente a um Israel que se atualiza entre as nações e se expõe ao perigo da política. À luz de todas as análises do significado prioritariamente ético do judaísmo, se a eleição é o único particularismo que subsiste, é sob a forma de um "excesso de dever", conforme a esta fórmula de *Amós* (3, 2): "De todas as famílias da terra, somente a vós outros escolhi, portanto eu vos punirei por todas as vossas iniquidades". Por ela, aquilo com que o povo judeu contribui para o mundo não deveria elevar-se a orgulho nacional, graças ao qual os gregos se opuseram aos bárbaros, mas a uma transfiguração do egoísmo individual ou coletivo em "vocação da consciência moral", naquilo que se parece a um "universalismo de irradiação"[218]. Em termos próximos aos de Rosenzweig, Lévinas pode adiantar que Israel opõe a eternidade de sua paz à maneira pela qual a ideia de uma fatalidade da guerra impediria, depois, o mundo antigo de libertar a moral da política. Poder-se-á objetar que estão longe desse ideal as realidades do Estado de Israel, enquanto o cotidiano da política impõe, como em todos os lugares, suas cruéis exigências. Não obstante, além dos direitos que lhe permitem valorizar a utopia sobre o pensamento, é preciso guardar no espírito o fato de que tudo o que se enuncia nele a propósito do judaísmo deve-se entender como o temível privilégio de uma responsabilidade para com a humanidade inteira. Que uma tal exigência seja exorbitante, isso nos vem novamente ao espírito. Ela poderia, entretanto, ser menor em uma perspectiva inédita e que seria até oferecida ao judaísmo por uma forma original de uma modernidade fiel à Tradição: a de uma laicidade inscrita na própria religião e que não teria

---

217 Idem, p. 228. Valeria a pena discutir o que se parece a um duplo padrão no julgamento de Israel e das outras nações, como o podemos fazer com relação às posições muito mais radicais e polêmicas de Hannah Arendt (ver a este respeito Pierre Bouretz, Introduction à *Eichmann à Jérusalem*, Hannah Arendt, *Les Origines du totalitarisme/Eichmann à Jérusalem*, Paris: Gallimard, 2002, p. 1004 e s.).
218 La Laïcité et la pensée d'Israel, op. cit., p. 184. Ver também Le Nom de Dieu d'après quelques textes talmudiques, *L'Au-delà du verset*, p. 152.

assim nenhuma necessidade de uma relação vindicativa com ela. Esse esboço de um modelo solicitaria ainda duas condições. Uma concerne mais uma vez à definição mesma do judaísmo: sua descrição como uma vontade de conjurar a idolatria do sagrado, uma recusa de conciliar ao rito um significado sacramental, uma certeza, enfim, que a relação com Deus não se concebe em nenhum momento fora da relação inter-humana. Quanto à outra, ela visa, por sua vez, o espírito de uma laicidade que não pode se abstrair da vocação metafísica do homem: por falta de não ser mais do que "a busca de uma vida tranquila e preguiçosa, uma indiferença em relação à verdade e aos outros, um imenso ceticismo"[219]. Essa via poderia parecer muito estreita para nivelar conflitos seculares nas fronteiras dos dogmas e do espírito, da religião e da razão. Mas a isso Lévinas responderia citando *Jeremias* (22, 16), para quem o conhecimento de Deus consiste em "julgar a causa do necessitado e do aflito", acrescentando que a orelha judaica ouve o passo do Messias no progresso da realização social. Inútil dizer que ainda nesse sentido "o Estado de Israel é uma categoria"[220].

Sabe-se que se o particularismo judeu conserva um sentido aos olhos de Emmanuel Lévinas, é em relação à universalidade. Mais precisamente, sua verdadeira razão de ser está em uma capacidade de mostrar que os homens podem se abordar sem conflitos e no reconhecimento mútuo de uma dignidade pela qual eles são iguais: "*É preciso que alguém se sinta responsável por essa igualdade ao ponto de a ela renunciar, ao ponto de exigir de si 'infinitamente mais' e 'sempre mais'*"[221]. Lembramo-nos que sobre

---

219 Idem, p. 181.
220 Les Dommages causés par le feu, op. cit., p. 170. Nessa reflexão sobre a laicidade que entremeia sem cessar para fazê-los reunir a ideia de Israel como experiência multissecular e a existência contemporânea do Estado de Israel, encontraremos talvez uma manifestação da procura de uma síntese entre o que pode ser retido do modelo republicano e o que deveria realizar o sionismo. De um lado, a separação das ordens teólogica e política exaltada como condição do Estado moderno forneceria ao dos judeus um meio de se proteger das guinadas messiânicas intempestivas: lembrando que a política não pode estar subordinada ao poder dos sacerdotes, uma vez que ela não rege, ademais, a perspectiva dos fins últimos do homem. Inversamente, entretanto, da mesma forma que o judaísmo se aventuraria em perder sua identidade, desligando seu ideal ético de uma ideia da relação entre o homem e Deus, a noção da laicidade, tal como a propõe o modelo republicano por meio de um combate contra a religião, é questionada em seu fundamento e mostra seu defeito: o perigo de ocultar a dimensão metafísica da experiência humana sob a polêmica com as crenças.
221 La Laïcité et la pensée d'Israel, op. cit., p. 183.

este tema Lévinas seguia uma trajetória já percorrida por Hermann Cohen: a que conduz da noção de estrangeiro à dos "justos entre as nações da terra", passando pela figura da humanidade noética. Dando a essas noções um significado para a realidade contemporânea de Israel, Lévinas a adiciona ainda com uma outra categoria talmúdica: a dos "caminhos da paz", perspectiva que desenha desta vez o horizonte de uma política pensada "para além da política". Eis, pois, a forma definitiva da exigência carregada por Israel no momento em que ele enfrenta como um perigo a perspectiva de se tornar parecido às outras nações. Ela consiste em saber entender este imperativo colocado pelo tratado *Guitin*: "É preciso alimentar os pobres dos idólatras, visitar seus doentes – tudo isso por causa dos caminhos da paz"[222]. Quanto às nações da terra, elas têm em troca mais do que nunca necessidade "desta temeridade e desta perseverança longa como a eternidade" que só podem ser carregadas no mundo por "alguém tão velho como o mundo"[223]. Por seu modo de atravessar a história sem desposar suas contendas, através da experiência dolorosa da sobrevida e da permanência, o judaísmo lhes fornece um hábito de julgar a história. Essa aptidão em contestar os veredictos do tribunal do mundo deveria, por sua vez, adquirir um alcance universal.

Na Duração Mesma do Tempo

Se para Emmanuel Lévinas a experiência de um sofrimento radicalmente "inútil", do qual a Schoá porta o símbolo, torna doravante inaceitável toda perspectiva de uma teodiceia, é precisamente em nome do "Deus que vem à mente": um Deus "não contaminado pelo ser", que não deve nada ao seu poder e não é solicitado nem por sua graça nem por seus favores. Restaria

---

222 *Guitin*, 61a. Quando Maimônides citou esta passagem, ele aproximou a noção de "caminhos da paz" de declarações respectivamente emprestadas aos *Salmos* e aos Profetas: "O Eterno é bom para todos e sua misericórdia se estende a todas as suas obras" (Sl 145, 9); "Todos os seus caminhos são deliciosos e todas as suas veredas, a paz" (Pr 3, 17). Ver *Mischné Torá, Melakhim*, x, 12. Quando, por sua vez, mobiliza tais referências, Lévinas quer de alguma maneira superar a perplexidade que suscitava uma ideia kantiana da paz perpétua que parecia estar associada à paz dos impérios obtida pela guerra: a ordem pacífica aqui visada não resultaria senão da realização dos deveres éticos para com o pobre e o estrangeiro enunciados no *Deuteronômio*.
223 Ver La Pensée juive aujourd'hui, op. cit., p. 233.

demonstrar que esse motivo se transporta no plano da consciência histórica: para impedir também claramente as formas de uma reconciliação com o ritmo do mundo tal como ele caminha, com suas guerras e suas violências, suas destruições do homem pelo homem e seus massacres de promessas de justiça que se apresentam como as figuras necessárias de uma conclusão. Que foi este século, com efeito, senão o do desumano infligido como uma "distração imprudente"[224]? Na hora do balanço, não é igualmente o de um "tempo equivocado" entre as sombras perigosas projetadas por um futuro que parece feito de técnicas triunfantes e o passado que se recusa ao esquecimento? Campos de concentração e massacres não são o suficiente para abandonar para sempre a noção de uma coincidência entre a razão e a história?

Guerras mundiais e outras ainda, nacional-socialismo e stalinismo, campos e câmaras de gás; mas também arsenais nucleares, terrorismo e desemprego: "é muito para uma só geração, não fora ela senão testemunha"[225]. E mais ainda: tirar lições de uma época na qual a experiência histórica pesou como nunca sobre a consciência humana. Mas admitindo que tenha de fazê-lo, que seja para desiludir essa consciência das formas pelas quais ela queria atribuir um sentido à história. Nessa perspectiva, Emmanuel Lévinas começa por sublinhar o que parece adquirido: "Durante os 25 séculos em que nossa civilização se historiou, o Rochedo inexpugnável de Deus, o *fundamentum inconcussum do Cogito*, o Céu estrelado do mundo resistiram, alternadamente, à fluência do tempo e asseguraram uma presença do presente"[226]. Quanto ao século XX, este deu um significado apocalíptico àquilo que deixaram antigamente de acreditar os que anunciavam a morte de Deus ou descreviam mais recentemente a contingência do humano e a usura do humanismo. Alguns quiseram então educar o ouvido a escutar o ser em sua ressonância verbal: mas a *Gelassenheit* de Heidegger, geralmente traduzida por "serenidade", foi, sem dúvida, melhor expressa pelo seu sentido etimológico de "decepção": ter-se-ia então compreendido que ela não é a condição *sine qua non* do "des-inter-esse", isto é, de uma disponibilidade para com outrem, estrangeiro à sua possessão e à sua autoridade. Outros

---
224 De l'éthique à l'exégèse, op. cit., p. 130.
225 *Noms propres*, p. 7.
226 Idem, p. 8.

chegaram um pouco mais tarde para afirmar a dissociação do discurso, sua redução ao simples jogo de significantes sem significados e de signos privados de significação. Denúncia de formas opressivas da lógica, obsessão do inexplicável e do inefável: as proposições não deviam mais reunir as coisas, enquanto se desfazia o pacto da representação. A própria exegese acabaria por padecer, substituída por uma "genealogia" que não oferece senão "cadáveres de palavras inchadas de etimologias e privadas de logos carregados pela ressaca de textos". Queremos nós, entretanto, permanecer neste elogio do "não dito" que atesta uma desafeição do sentido? Não podemos mesmo pensar que aí teria uma parte muito bela concedida através da linguagem aos apocalipses desse tempo? Como finalmente nos arrancarmos das pretensões judiciárias da história sem satisfazer ao niilismo?

Muitas coisas já foram ditas por Franz Rosenzweig ou Ernst Bloch quanto ao fato de que a resposta a esta última questão depende daquilo que se quer reter das lições de Hegel. Sua maneira de descrever a história como uma marcha da razão sobre o mundo oferece com evidência uma grande síntese da consciência ocidental do tempo, com o que ela deve ao cristianismo quando toma a aparência de uma teodiceia secular. Através dela, a totalização só se completa na história e por ela: a partir da convicção segundo a qual a ordem cronológica do tempo desenha a trama do ser. O tempo da história universal permanece então como o fundo ontológico em que as existências particulares se perdem, na medida em que elas correm paralelamente a ele como em relação a um absoluto. A referência a esta temporalidade histórica comum atribui, pois, o sentido de um destino ao nascer e ao morrer, impondo-se a um espírito que pensa em se reconciliar com a experiência do mal. Lembramo-nos, entretanto, dos protestos de Rosenzweig e de Bloch contra essa determinação unilateral do real: o ser que pensa crê se oferecer a um olhar que o concebe como pertencente a um todo, mas ele apenas se integra aí uma vez morto; Hegel conclui uma paz prematura com o mundo e apesar disso as flores calcadas da experiência humana erguem a cabeça[227].

---

227 Ver supra, cap. II, p. 201-203, e cap. VI, p. 712-716. Enquanto a referência a Rosenzweig é com frequência confirmada, Emmanuel Lévinas sublinhou igualmente uma proximidade menos esperada com Bloch (ver em especial Sur la mort dans la pensée d'Ernst Bloch [1976], De Dieu qui vient à l'idée, p. 62-76, e La mort et le temps [1975-1976], Dieu, la mort et le temps, Paris: Livre de poche, 1995, p. 107-121).

Em Emmanuel Lévinas, é desde os primeiros parágrafos de *Totalidade e Infinito* que começa a se operar a desformalização do sistema hegeliano da história, graças ao fenômeno preciso de uma "interioridade" que deve ser apoderada em seu lugar privilegiado: a memória. Aos olhos do historiador, a interioridade é apenas o "nada" de um pensamento puro. Ela poderia, entretanto, abrir a perspectiva de uma ordem diferente do tempo histórico, uma ordem "em que tudo está *pendente*, em que permanece sempre possível aquilo que, historicamente, não é mais possível"[228]. Enquanto havia demonstrado que a fecundidade escapava no instante pontual da morte, a memória, por sua vez, retoma, volta e suspende o "já concluído" do nascimento. Ela permite, assim, ao indivíduo fundar-se "depois", retroativamente assumindo aquilo que no passado pesava como uma fatalidade por não ter sido recebido e adquirido uma forma.

É preciso aferir todas as consequências da maneira pela qual a memória é a essência mesma da interioridade e realiza o que parecia impossível: assumir a passividade do passado e o dominar como uma espécie de inversão do tempo histórico. A primeira dentre elas se formula nos termos que fazem eco às teses sobre a história de Walter Benjamin e encontram a radicalidade de sua denúncia de uma empatia dos historiadores com o ponto de vista dos vencedores. Para Emmanuel Lévinas, a história dos historiadores parece-se, quaisquer que sejam suas intenções, a um relato de sobreviventes que interpretam as obras dos mortos, isto é, em última instância os utilizam ou os pilham. Com certeza, é verdadeiro que a relação histórica não é igual a uma coisa em que uma vontade aborde uma outra. Mas o recuo que torna a historiografia possível não será, entretanto, medido pelo tempo necessário para que a vontade perca completamente sua obra? Esta distância, por sua vez, será ela outra coisa além de violência ou opressão? A despeito de sua brutalidade, a resposta se impõe por si mesma: a historiografia relata a maneira pela qual os sobreviventes se apropriam das obras de vontades mortas; ela repousa sobre a usurpação concluída pelos vencedores, isto é, pelos sobreviventes; ela relata a servidão, esquecendo a existência que luta contra a escravatura[229]. Fica assim

---

228 *Totalité et infini*, p. 26.
229 Idem, p. 204. Uma tal declaração está próxima das de Walter Benjamin sobre este assunto, ver supra, cap. III, p. 362-364.

sublinhada uma conivência implícita do historiador com a brutalidade do empreendimento especulativo do sistema hegeliano, quando forçava a alteridade a penetrar neste e profanava, a partir deste fato, a interioridade. Trazendo à luz essa estrutura, Lévinas quer acabar a desformalização da ideia de um sentido da história, conservando ainda em reserva para devolver as formas de interioridade e os recursos da memória.

Em Walter Benjamin, a crítica da ideia de uma racionalidade do real parecia oscilar entre uma fascinação pela perspectiva de uma destruição precedendo à realização e à esperança de uma irrupção intempestiva do instante liberador. Mais próximo de Franz Rosenzweig, Emmanuel Lévinas a reconduziu, ao contrário, para o horizonte de um messianismo desbastado de sua ponta apocalíptica e que reúne os dois preceitos devendo tradicionalmente reger a espera do Messias: "Crer e ter por verdadeiro que ele virá e não pensar que ele demora; mas não fixar um tempo para sua vinda nem especular sobre os versículos a fim de apressar seus dias"[230]. É, então, no espírito das páginas mais incandescentes de *L'Étoile de la Rédemption* que Emmanuel Lévinas pôde definitivamente instalar a experiência de Israel face ao "modelo do Ocidente": o historicismo que domina a modernidade não podia promover senão "falsos modernismos"; o judaísmo conseguiu conservar intacta sua interioridade nos tormentos da história, a despeito das violências sofridas, da dispersão e do exílio. Com seu "senso histórico", o Ocidente pretendia reter a essência de um devir levando o real

---

230 Maimônides, *Commentaire de la Michná, Sanedrin*, cap. x, Introdução. Em doze dos treze Princípios da Nossa Religião, Maimônides verte uma referência em apoio a cada uma das proposições. A injunção feita a Habacuc logo antes de consignar por escrito, a fim de não renunciar sua visão "por um tempo determinado": "Se ela tarda, aguarde-a" (*Hab* 2, 3). Em seguida, a este propósito, de *Sanedrin*, 97b: "Que seja arrebatado o espírito daqueles que especulam sobre o fim dos tempos". Os dois componentes dessa doutrina estão codificados na *Mischné Torá* (*Melakhim*, XII, 2), depois explicitados de um ponto de vista histórico por Maimônides em *Epístola ao Iêmen*, § 3. A diferença aqui assinalada entre duas reinterpretações contemporâneas da temática messiânica reproduz um conflito clássico do judaísmo, amiúde descrito por Scholem: Benjamin cruza as visões escatológicas do fim próprias ao messianismo apocalíptico, frequentemente alimentado de especulações da Cabala; Lévinas reencontra a desconfiança dos rabinos e dos filósofos com respeito a essas doutrinas, na esteira dos princípios codificados por Maimônides: ver em especial Gershom Scholem, Pour comprendre le messianisme juif e La Crise de la tradition dans le messianisme juif, *Le Messianisme juif*, p. 23-65 e 103-138. Encontraremos supra, p. 448-453, uma análise dessa oposição, depois dos considerandos e das consequências históricas que Scholem lhe associa.

para um resultado, mas ele o via sem cessar adiado. A eternidade de Israel decorre, ao contrário, de sua ligação a um "sempre" que atesta sua permanência no tempo: "um tempo conservado por instantes de santidade, por seu modo de ter um sentido ou de estar 'bem perto do alvo' e do qual nenhum foi perdido, nem está a se perder, mas estão todos a se aprofundar, isto é, a sublimar"[231]. Reconhece-se aqui esta independência judaica a respeito das peripécias, que outros tomam por história, outrora descrita por Rosenzweig: uma forma de vida eterna que se desdobra silenciosamente no estudo e preserva sua temporalidade estrangeira nos ritmos do mundo pelo ciclo das festas; um arrancar da prisão do presente que não procede de um passado que o impele, mas de um futuro que o atrai para si[232].

Enquanto ela se construiu em Emmanuel Lévinas a partir de uma meditação sobre a fome dos homens mais do que a propósito de uma espiritualidade etérea, esta eternidade de Israel não se concebe na qualidade de privilégio, mas como uma possibilidade humana universal e conversível em capacidade de julgar a história. É preciso, entretanto, determinar que ela não se dá imediatamente por tal e requer ainda que seja aguçada a consciência do tempo, até encontrar uma capacidade particular de discernimento que faz com que a história do mundo se rompa sobre a interioridade da vida judaica que ela não pode absorver: "Tudo na história não é verdadeira história; tudo aí não conta como história; todos os instantes contam, mas tudo não é instante"[233]. Como assegurar, entretanto, uma discriminação entre as horas da história em que se permite distinguir as formas autênticas? Dito de outra forma, como conseguir aquilo com o que Walter Benjamin, talvez, esbarrou: reter a *frágil força messiânica* que carrega consigo cada geração; capturar o caminho pelo qual o instante obtém sua "citação à ordem do dia"[234]?

A resposta a essas questões poderia se desprender de uma das lições talmúdicas mais amargas de Emmanuel Lévinas: o comentário de uma passagem do tratado *Berakhot* que parece conduzir o imperativo de memória

---

231 Modèle de l'Occident, sobre *Menahot*, 99b-100a, em *L'Au-delà du verset*, p. 33.
232 Ver supra, cap.II, p. 238-244.
233 Modèle de l'Occident, op.cit., p. 37.
234 Walter Benjamin, Sur le concept d'histoire, em *Oeuvres III*, op. cit., p. 429. Sobre esta temática em Benjamin, ver supra, cap. III, p. 367-370.

alojado na fonte da consciência judaica para "além da lembrança"[235]. Nessas páginas, é com certeza questão de uma proximidade com Deus vivida na rememoração, de uma atualização incansável dos acontecimentos passados da história santa no presente da prece, de uma liturgia narrativa que permite ao tempo ritual relembrar como a doação da Lei se associa com o evento libertador da saída do Egito. Face a esses dados constitutivos da vida judaica, a *Mischná* apresenta duas proposições que se ocupam em interpretar o alcance de um versículo transposto na liturgia cotidiana: "A fim de que tu te lembres da saída do Egito todos os dias de tua vida" (*Dt* 16, 3). A evocação do elo entre o fim do Êxodo e a revelação da Lei é tradicionalmente própria à prece da manhã. Propõe-se incluir igualmente na da noite: "lembremos a saída do Egito também à noite"[236]. Essa ampliação da noção do "dia" até a noite não é, entretanto, a única invenção. Ainda se soma o fato de que a imposição à lembrança "todos os dias de sua vida" não designa somente a duração deste mundo-aqui, mas igualmente a "época messiânica". Compreende-se, todavia, qual poderia ser o sentido dessas proposições. Uma sinaliza em direção à extensão da lembrança durante a totalidade da vida humana, pela introdução na liturgia da noite da parte final do *Schemá Israel*, que contém a evocação da saída do Egito e prescreve o uso das franjas (*tzitzit*) nos quatro lados do vestuário. Quanto à outra, se bem que de aparência mais audaciosa, parece que devemos entendê-la da seguinte maneira: vivida como passado original que fundamenta a experiência judaica, a saída do Egito é, entretanto, mais do que a lembrança que domina o tempo das pessoas e sua duração finita: ela se torna o evento que acentua o tempo de uma história inteira da humanidade, até a época de seu desfecho escatológico. Resta a se perguntar se tal é verdadeiramente a ideia dos Sábios.

☙ ❧

235 Au-delà du souvenir (1985), sobre *Berakhot*, 12b-13a, em *À l'heure des nations*, p. 89-105.
236 Segundo a injunção da lembrança da saída do Egito formulada em *Dt* 16, 3, a terceira parte do *Schemá Israel* lembra: "Do Egito tu nos libertastes, e da casa dos escravos tu nos resgatastes". Na origem recitada ao amanhecer, esta parte do Schemá não o era ao anoitecer. Sobre a história e o sentido dessa inovação litúrgica, de cujo tratado o *Talmud* consagrado às bênçãos conserva o vestígio, ver a obra clássica (1913) de Ismar Elbogen: *Jewish Liturgy: A Comprehensive History*, trad. R. P. Scheindlin, Philadelphia: The Jewish Publication Society/The Jewish Teological Seminary of America, 1993, p. 86. Notemos que essa discussão é julgada suficientemente importante para figurar na *Hagadá* de Pessakh, ritual da noite estruturado em redor da lembrança da saída do Egito.

A *Guemará*, que discute essas proposições, produziu uma perplexidade crescente, multiplicando questões que vêm desestabilizar o que parecia uma simples colocação da economia da lembrança destinada a cadenciar o tempo vivido pela liturgia. Não lemos em *Isaías* (43, 18): "Não relembreis mais os acontecimentos passados, não mediteis sobre os tempos antigos"? Não estará somada a esse curioso convite uma promessa mais surpreendente ainda: "Eis, eu farei coisas novas"? Quanto aos comentários dos Sábios relativos ao sentido dessas duas fórmulas, parece quase incompreensível: as novas coisas, "é a guerra de Gog e Magog"; para Israel, "os últimos sofrimentos fazem esquecer os primeiros". Devemos efetivamente entender que a experiência da guerra total é a antecipação à reconciliação da humanidade? Será preciso, na verdade, pensar que a litania dos sofrimentos de Israel induz a cada prova o esquecimento da precedente? Como interpretar estes propósitos tão desconcertantes que acabariam por obscurecer tudo o que se crê saber da consciência judaica do tempo, do elo entre a rememoração e a obediência ou ainda das formas da espera messiânica?

É Ben Zoma quem vem estender a lembrança da saída do Egito tanto às noites como aos dias, e depois a toda duração dos tempos. É ele também quem perguntou se a evocação da saída do Egito devia ainda ser obrigatória na época messiânica. Quanto à sua resposta, que toma a forma de uma nova questão, ela parece querer substituir a libertação da escravidão dos impérios na saída do Egito como acontecimento determinante: "Não está escrito (*Jr* 23, 7-8) que 'na verdade, diz o Eterno, dias virão em que não diremos mais: que viva o Eterno, que fez subir os descendentes da casa de Israel da terra do Egito, mas: da terra do Norte e de todas as terras para onde eu os havia desterrado'?" Para Emmanuel Lévinas, o raciocínio de Ben Zoma pode ser compreendido apenas da seguinte maneira: ele entrevê um tempo do judaísmo, isto é, um tempo humano, que se estende além dos limites da lembrança; ele desenha para o judaísmo, isto é, para a humanidade, um futuro cujo significado ultrapassa a dialética da escravatura e da libertação da escravatura; ele imagina, enfim, uma história mais ampla ainda do que a que se reúne em lembranças, uma história que ultrapassa os limites da memória, uma história de tal forma inédita que jamais aconteceu a nenhuma nação. Essa reorganização da hierarquia dos objetos da lembrança poderia ser bem melhor aceita se os Sábios tomassem a precaução de acrescentar que ela não significa que a saída do Egito "perde seu lugar". Mas não podemos omitir o fato de que é solicitada uma proposição que vai mais longe do que a de Jeremias: a de Isaías, que convida a não mais recordar os acontecimentos passados, a cessar de meditar sobre os tempos antigos[237]. Quer isso dizer que a memória se desliga de uma parte de seu direito e que o imperativo do *zakhor* cessa de indicar o sentido da história? O que pode significar a estranha promessa de novidades radicais, tão logo confirmada: "eis, eu farei novas coisas; eis, elas já eclodem" (*Is* 43, 19)?

Quando Rav Iossef propõe sua resposta, o cúmulo da estranheza é atingido e imaginamos a inquietude que ela é suscetível de alimentar: "É a guerra de Gog e Magog"[238]. Quanto à parábola suposta de esclarecer, ela aumenta desafiadoramente a opacidade do propósito: "Ao que isso se parece? Um homem seguia seu caminho e encontrou um lobo – ele se salvou. Então só contava histórias de lobos. Ele encontrou um leão e se salvou – ei-lo que conta a história do leão. Ele encontra uma serpente e se salva – ei-lo que esquece as duas e só conta a história da serpente. Assim Israel. As últimas infelicidades fazem esquecer as primeiras". Como compreender essa escalada aos extremos? Emmanuel Lévinas começa por tentar decifrar o símbolo da guerra de Gog e Magog, a perspectiva de uma violência absoluta, a ideia de uma transposição de toda lembrança. Sabemos que os profetas falaram somente para a era messiânica e que para o que é do mundo vindouro, "nenhum olho não o viu"[239]. A sabedoria do Sábio pretende, pois, transcender o "vaticínio" do profeta, afirmando conhecer o que existe além da história. Mas como acolher a perspectiva de provas desumanas que deveriam preparar o parto? Como aceitar a ideia de um superlativo da desgraça encarnada pela guerra total e que será requerida como preliminar à realização? Uma última vez, a explicitação da parábola do lobo, do leão e da serpente que deve descrever a forma sob a qual se esquece a história de Israel não parece nada esclarecedora. Emmanuel Lévinas cita, com efeito, uma outra parábola, pela

---

237 É preciso notar a diferença entre este aparente convite ao abrandamento da memória e o que se diz, por outro lado, da lembrança dos símbolos da violência e da opressão: "Lembra-te daquilo que te fez Amalec" (*Dt* 25, 17); "apagarás a memória de Amalec de debaixo do céu"(*Dt* 25, 19).
238 A guerra de Gog, rei de Magog, contra Israel ocupa os capítulos 38 e 39 do livro de *Ezequiel*. Sobre o modo profético e em termos apocalípticos, ela evoca a perspectiva de uma destruição total do povo judeu que seria finalmente impedida apenas por intervenção divina.
239 Ver supra, p. 1089-1090 e 1090 n. 122.

qual Resch-Laquisch decifra, ao multiplicar as metáforas, uma passagem de *Amós* (5, 19), em que se trata de um homem que foge do leão e se encontra diante de um urso, depois entra em sua casa para ser finalmente picado por uma serpente: "Quando um homem viaja para fora, encontra um inspetor do cadastro, não é como se ele encontrasse um leão? Ei-lo que retorna à cidade e se choca com o coletor de impostos. Não é como se encontrasse um urso? Ele entra em casa e encontra seus filhos morrendo de fome. Não é como se fosse picado por uma serpente?"[240]

De apólogos que decifram apólogos, Emmanuel Lévinas convida a perceber a infinita capacidade do *Talmud* em evocar situações humanas universais, antecipando acontecimentos em si inimagináveis. Inspetores do cadastro e coletores de impostos: poderiam ser os funcionários de Estado que, incansavelmente, contestam o direito dos cidadãos; como se a dispersão de Israel em terras estrangeiras abalasse sempre, sob o passo dos leões ou dos lobos, a frágil ordem jurídica que as tornavam habitáveis. Mas o essencial está alhures: "Eis que a morte das crianças famintas nos arremessa para a cova das serpentes, para os lugares que não são mais lugares, para os lugares que não podemos, com certeza, esquecer, mas que, entretanto, não chegam a se ordenar em lembranças"[241]. Ao passo que reconhecemos esse recinto na experiência do século, Emmanuel Lévinas propõe prolongar a interpretação do apólogo. Se é preciso, na verdade, imaginar a guerra de Gog e Magog sob o anúncio de "novas coisas", é talvez porque proclamamos muito cedo o fim das provações de Israel, enquanto a humanidade está longe de haver terminado de constituir suas lembranças[242]. Quanto à propo-

---

240 *Sanedrin*, 98b.
241 Au-delà du souvenir, p. cit., p. 98.
242 Poderíamos acrescentar que a referência à guerra de Gog e Magog se compreende hoje em dia melhor. Independentemente de seus aspectos apocalípticos, é através de duas temáticas que este episódio penetra na literatura messiânica: a ideia segundo a qual os sofrimentos anteriores de Israel não dependem do fato de Deus tê-lo abandonado, mas por seus hábitos; o anúncio de que estes acontecimentos catastróficos preludiavam o reconhecimento por todas as nações do Deus de Israel. Dito de outra forma, que uma tal guerra entendida como acontecimento provocado do exterior pudesse preceder a era messiânica é, em certo sentido, menos chocante do que o que dizem a este respeito outras passagens do *Talmud*: o filho de David virá "quando uma geração for inteiramente meritória, ou inteiramente culpável"; o rosto desta geração será "como uma cabeça de cachorro" (*Sanedrin*, 98a e 97a). Historicamente, são de preferência estas últimas fórmulas que alimentaram um messianismo antinomista do tipo niilista e de inspiração gnóstica: aqueles que concebem que os mandamentos

sição quase inaudível segundo a qual poderia ser que não se cumprisse a picada das serpentes, a morte das crianças e o massacre dos inocentes para que fosse pensável uma humanidade reconciliada, ela afirma, sem dúvida de maneira hiperbólica, que os traços da lembrança não devem mascarar o modo de constituição dos tempos futuros: as novidades e o milagre que provavelmente a paz universal exige. Dito de outra forma, não é definitivamente a ideia nietzschiana de uma utilidade do esquecimento para a vida que esta singular discussão evoca, mas a dificuldade de ordenar as lembranças entre dois imperativos: o da memória que rege a presença dos acontecimentos fundadores do passado; mas também o de uma confiança na libertação messiânica que pode sozinha organizar a espera do futuro[243].

Eis, pois, uma lição singular, em que se ladeiam a irredutível presença da lembrança que sobrevive aos esquecimentos e a projeção de um além da rememoração. Na visão de Lévinas, é precisamente porque elas delineiam o horizonte de um futuro imprevisível, através da visão de uma noite absoluta simbolizada pela guerra de Gog e Magog, que estas páginas

---

podem se observar pela transgressão ou ainda que o aumento da depravação acelere o fim por uma "santidade do pecado" (ver sobre esse ponto: Gershom Scholem, *La Rédemption par le péché*, *Le Messianisme juif*, p. 139-217, e supra, cap. IV, p. 524-532). Maimônides, no entanto, não se enganou neste ponto, ao ignorar estas últimas fórmulas e evocar prudentemente aquela que trata da guerra de Gog e Magog. Em primeiro lugar, antes de extrair a alusão a esta guerra do tratado *Berakhot*, como o faz Lévinas, ele a empresta de uma das páginas que contém também expressões escandalosas (*Sanedrin*, 97b), como para orientar a atenção do leitor curioso para ela antes que para as outras. Depois ele tenta atenuar o caráter estranho: "Pelas próprias palavras dos profetas, parece que a guerra de Gog e Magog chegará no começo dos dias do Messias [...] Mas ninguém sabe, antes que elas cheguem, como se produzirão coisas parecidas, pois elas não são claramente estabelecidas pelos profetas". *In fine*, Maimônides recomenda não dar muita atenção a esse tipo de texto, pois "consagrar-se a ele não conduz nem ao temor nem ao amor de Deus", relembrando ainda os dois princípios que ele codificou a respeito da vinda do Messias: "Ninguém deve calcular o fim"; "cada um deverá aguardá-lo e aceitar este princípio da fé" (*Mischné Torá*, Melakhim XII, 2).

243 Sublinharemos o fato de que jamais Emmanuel Lévinas evocara uma passagem do *Talmud* que pudesse sugerir uma espécie de excesso do dever de omissão: afirmando que "carregar muito o luto" não é mais possível do que não "carregar luto nenhum" (*Baba Batra*, 60b). Comentando essa passagem quando do mesmo colóquio em que Lévinas pronunciou a conferência da qual é tema, Ieruschalmi propôs lê-la na perspectiva de uma "história da esperança judaica": como uma maneira de conter o que poderia ser uma saturação da consciência coletiva do povo judeu para "a era da destruição e da morte": ver Yosef Hayim Yerushalmi, Un Champ à Anathoth: Vers une histoire de l'espoir juif, em *Mémoire et histoire*, atas do XXVe Colloque desintellectuels juifs de la langue française, Paris: Denoël, 1986, p. 91-107. Reencontramos uma problemática similar no mesmo autor, nas últimas páginas de *Zakhor, Histoire juive et mémoire juive*, trad. E. Vigne, Paris: Gallimard, 1991.

estiradas ao extremo conseguem evocar o que nenhum olho viu. Nesse sentido, elas esclarecem as condições nas quais a consciência pode, efetivamente, aprender a discriminar entre os instantes da história a fim de conseguir julgá-la. Que seja preciso passar pela hipótese incomensurável de uma guerra total para encontrar a perspectiva de uma duração sem desgaste que seria um desabafo, vem mostrar a dificuldade em capturar a temporalidade mais profunda: aquela que se expõe como uma diacronia do tempo. Mas tal é, sem dúvida, a lição dessa lição: lá onde o Ocidente professa a relatividade histórica dos valores ao final de uma incessante genealogia da moral, o judaísmo contesta esta maneira de tomar muito a sério os acontecimentos e os efeitos da História; para lhe opor uma temporalidade secreta da santidade que se oferece como "o 'mais' trabalhando já no seio do 'menos'"[244]. Enquanto o primeiro crê que a Razão caminha sobre o mundo independentemente dos homens, com o risco de se encontrar desarmada frente às loucuras da História, o segundo adianta que a aventura do espírito se desenrola sobre a terra e entre os homens: entre aqueles que podem "comandar as forças hostis da História e realizar um reino messiânico anunciado pelos profetas"[245].

Assim como *Totalidade e Infinito* se preocupava em mostrar como a escatologia da paz messiânica se reflete no interior da experiência através da injunção à responsabilidade provinda do rosto de outrem, Emmanuel Lévinas reúne alguns traços de instantes que arrancam o homem à jurisdição da história. Vindos do mais negro da noite própria deste século, são em primeiro lugar os testemunhos de uma humanidade invencível persistindo no coração da guerra total que se eleva sob a pluma de Vassili Grossman. Aqui, nos encontramos no mais profundo do apocalipse: ao encontro da desumanidade de um sistema que arruinou os próprios fundamentos da civilização europeia e da desolação engendrada por aquele que pretendia assegurar a era das realizações. Atestado de um mundo que não é mais um lugar e de um universo radicalmente inabitável, a instituição dos campos apresenta o símbolo de um abismo de desumanização, para seres degradados, abandonados à humilhação, ao sofrimento, à morte. Caracterizada por uma amarga

---

244 Modèle de l'Occident, op. cit., p. 36-37.
245 La Révélation dans la tradition juive, op. cit., p. 172.

sobriedade, a escritura de Vassili Grossman não deixa entreouvir o eco de nenhum versículo. No entanto, *Vie et destin* (Vida e Destino) parece urdir a intriga de um sentido que ensurdece de insensatez (*sourd de l'insensé*): como se o *ahavat Israel* (amor de Israel) se elevasse ainda dos ínfimos acessos de misericórdia que sobrevivem ao horror e passam da "unicidade humana à unicidade humana"[246]. O amor de Israel está, com certeza, ausente naqueles que pensam ter encontrado algo melhor que a lembrança da saída do Egito e que querem ultrapassar a ilusão da "velha lengalenga sobre a bondade das velhinhas" ou de uma possibilidade de extinguir o incêndio mundial "com um enema" (*poire à lavement*). Mas existe Ikonnikov, o fraco de espírito que profere audaciosas verdades, opondo uma bondade humana arrancada da vida cotidiana ao terrível "bem" anunciado pelo regime:

> É a bondade de uma anciã que, na beira da estrada, oferece um pedaço de pão a um forçado que passa, é a bondade de um soldado que estende seu cantil a um inimigo ferido, a bondade da juventude que tem piedade da velhice, a bondade do camponês que esconde em seu celeiro um velho judeu [...] Essa bondade privada de um indivíduo é uma bondade sem testemunha, uma pequena bondade sem ideologia"[247].

Ao lado dos testemunhos literários, estes são também, na visão de Emmanuel Lévinas, os raros acontecimentos que merecem ser incluídos

---

[246] *Au-delà du souvenir*, op. cit., p. 102-103. Sobre a maneira pela qual Lévinas opõe de alguma forma o efeito da verdade da narração literária à violência da historiografia, ver Pierre Bouretz, *Penser au XXᵉ siècle: La Place de l'énigme totalitaire*, *Esprit*, jan.-fev. 1996, p. 122-139, e nesse mesmo número (p. 240-244) o relatório do *Livro Negro* concebido e realizado por Vassili Grossman e Ilya Ehrenbourg (*Le Livre noir*, textos e testemunhos reunidos por Ilya Ehrenbourg e Vassily Grossman, trad. sob a direção de M. Parfenov, Paris: Solin/Actes Sud, 1995). Acrescentamos, enfim, que Lévinas lê *Vie et destin* como poderíamos fazê-lo com um outro monumento literário, explorando conjuntamente os dois totalitarismos: a trilogia romanesca de Manès Sperber (ver Manès Sperber, *Et le buisson devint cendres* [E o Arbusto Torna-se Cinzas], trad. M. Sperber, revisto por B. Gidon e O. Mannoni, Paris: Odile Jacob, 1990; Pierre Bouretz, "Manès Sperber, philosophe de l'histoire", em Olivier Mannoni et al., *Manès Sperber: Un Parcours dans le siècle*, Paris: Nadir, 1998, p. 41-58).

[247] Vassili Grossman, *Vie et destin*, trad. A. Berelowitch e A. Coldefy-Faucard, Paris: Presses Pocket, 1984, p. 383. A propósito de Ikonnikov, o simples de espírito que é talvez o espírito inspirado, poderíamos acrescentar ao comentário de Emmanuel Lévinas essa proposição de *Baba Batra*, 12b: "Depois da destruição do Templo, a inspiração divina retirou-se dos Profetas e foi dada aos loucos e às crianças..."

no número de autênticos "instantes da história": os que quebram a lógica de uma violência tida como parteira da reconciliação. Tal é o caso paradigmático da visita do presidente Sadat a Jerusalém em novembro de 1977[248]. De novo, do mesmo modo que a íntima bondade de uma velhinha no assombro da guerra total não é suficiente para garantir o estabelecimento de um mundo humano, o gesto de um homem que suspende por um momento as precauções políticas não pode imediatamente assegurar as vias da paz. Quanto ao clarão de luz que não parece aqui nada dever às lógicas do poder e do cálculo, não pode apagar os traços do passado nos combates do Israel contemporâneo. Mas Lévinas coloca duas questões que se revezam. Ao transcender por um instante toda prudência, não teria Sadat compreendido o que se esconde de promessas proféticas por trás da invocação sionista aos direitos históricos? Não podemos esperar que, em troca, o Estado de Israel deponha aquelas entre suas armas que devem muito, sem o dizer, às ideologias ocidentais do poderio e da *Realpolitik*? Recusar a razão dos Estados para começar a descolar a conivência de seus conflitos com a ideia de uma inelutável verdade da história, tal era, sem dúvida, o significado desse ato: que ele se religue para Israel no que Lévinas não hesita em denominar uma "política monoteísta"[249]. Objetar-se-á que sob uma tal bandeira um Estado moderno pode estar tentado a adornar de ouropéis religiosos uma idolatria da terra e das conquistas. Mas Lévinas persiste: é provavelmente por esta invenção de uma "política para além do político", que seria a única em conformidade com a herança do profetismo, que Israel estaria doravante constrangido, para não se tornar uma nação como as outras. Daí essa questão sugerida pelo "acontecimento Sadat", a respeito do que se poderia promover uma outra ponderação do tempo: "Quem mensurou o trabalho secreto do efêmero nos anos da História"[250].

Doravante aparece claramente o ponto para o qual convergiam a descrição da anterioridade da relação ética sobre o conflito das liberdades, a atualização de seu reflexo na permanência de Israel vivido fora da cronologia do mundo e a atitude mais geral em discriminar entre os instantes do

---

248 Ver Politique après!, op.cit., p. 221-228.
249 L'État de César et l'État de David, op. cit., p. 219-220.
250 Politique après!, op. cit., p. 227.

tempo humano. Com elas, é todo o sistema da história, tal como a concebeu Hegel ao resumir o imaginário ocidental, que se encontra invertido. *Der Weltgeschichte als dem Weltgerichte**: desejava-se conceber a cadeia de violências que preencheram o tempo como os veredictos de uma história erigida no tribunal do mundo; eis que se adianta uma consciência que reivindica o direito de julgar de maneira incondicional. Imaginava-se que a vida dos homens se confundisse com seu estar-no-mundo, prisioneiro da verdade das guerras, eis que o povo judeu é testemunha de uma eternidade feita de independência frente às determinações da vida sedentária e da lembrança única de que a fatalidade faz suportar os crimes. Acreditava-se, afinal, na humanidade infatigavelmente devolvida ao sentido último que lhe resgataria um pretendido fim da história: Franz Rosenzweig e Emmanuel Lévinas ensinam como o homem está a todo momento maduro para o julgamento, no infinito de sua responsabilidade para com outrem. Que dizer então desta liberdade difícil e desta longa paciência, senão que elas recordam como o homem pode o que deve, suscetível que é de conjurar as forças de um destino elevado à categoria de história: de maneira que, deste ponto de vista, "a espera do Messias é a duração mesma do tempo"[251]?

Uma última questão desenhará, sem dúvida, a linha do horizonte da reflexão de Emmanuel Lévinas: que ela se ligue como coisa particular à figura do Messias ou se enrole ao redor da palavra, quase tão precária, de utopia, será esta espera ainda formulável nas línguas usadas pela fadiga da história? A respeito da problemática de uma consciência preocupada em preservar a possibilidade de julgar uma época de cinzas, essa interrogação poderia ser trazida por uma voz que vem do mais profundo do abismo: a que evoca "o homem que habita a casa" e "brinca com as serpentes"; que fala da morte como de um "mestre vindo da Alemanha"; mas que também arriscou-se ao diálogo com o pensador do esquecimento do ser, para finalmente deplorar a ausência de um pesar e permanecer órfão da "esperança da palavra a proferir"[252]. De Paul Celan, Emmanuel Lévinas queria reter o

---

* Lit.: A História Universal Como Tribunal do Mundo (N. da E.).
251 La Révélation dans la tradition juive, op. cit., p. 172.
252 São citados respectivamente, Paul Celan, *Todesfuge* (Fuga da Morte), *Pavot et mémoire*, ed. bilíngue, trad. V. Briet, Paris: Christian Bourgois, 1987, p. 84-89, e palavras escritas por Celan sobre o livro dos visitantes da cabana de Heidegger em Todtnauberg (em Rüdiger Safranski,

incomensurável esforço para capturar o brilho de uma utopia do humano para além da deiscência do mundo: um mundo que não oferece uma estadia, mas somente "pedras contra as quais bate o bastão do errante, repercutindo em linguagem mineral"[253].

Através da experiência da expulsão da mundaneidade do mundo ou ainda da insônia no leito do ser em que se impõe a impossibilidade de se enovelar para se omitir, Celan diz em um "Salmo": "Um nada, / eis o que fomos, somos e / permaneceremos, florindo: /a rosa de Nada, a / rosa de Ninguém"[254]. Depois, evocando o Tübingen de Hölderlin e seu enigma como "puro jorro" que flutua no pensamento contemporâneo, ele acrescentou: "Se viesse, / se viesse um homem, / se viesse um homem hoje, com / a barba luminosa / dos patriarcas, ele poderia, / se ele falasse desse / tempo, ele / poderia / somente gaguejar, e gaguejar / todos os dias, regaguejar to- /dos os dias, dias"[255]. Mas lendo o *Entretien dans la montagne*, Emmanuel Lévinas quer também entender em Paul Celan o que vem diretamente replicar no discurso de um Heidegger percorrendo a passos largos os caminhos das florestas que não levam a parte alguma. Eis, pois, a resposta ao encantamento da terra e aos elogios do enraizamento, na indiferença à natureza de dois judeus percorrendo entre o lírio e o rapôncio: "Pois o judeu, tu bem o sabes, que possui ele que lhe pertença verdadeiramente, que não seja emprestado, de empréstimo, jamais restituído..."[256] Ela permite a contestação definitiva daqueles que pensam reencontrar a estabilidade do mundo na contemplação

---

Heidegger et son temps, trad. I. Kalinowski, Paris: Grasset, 1996, p. 442). Ver também o poema intitulado *Todtnauberg*, em *Contrainte de Lumière*, ed. bilíngue, trad. B.Badiou e J.-Cl. Rambach, Paris: Belin, 1989, p. 53. Encontraremos uma tradução alternativa dos dois poemas, em *Anthologie de la poesie allemande*, ed. bilíngue e trad. J. P. Lefebvre, Paris: Gallimard, 1993, p. 1174-1179 e 1202-1205. Sobre o encontro entre Celan e Heidegger, ver a obra de Rüdiger Safranski (p. 440-443), as notas de Jean-Pierre Lefebvre na antologia citada (p. 1712) e sobretudo uma carta de Celan à sua esposa Gisèle, em que ele fala da esperança (não realizada) de que "Heidegger escreverá"(carta de 2 de agosto de 1967, em Paul Celan/Gisèle Celan-Lestrange, *Correspondance*, editada, traduzida e comentada por Bertrand Badiou com o concurso de Éric Celan, Paris: Seuil, 2001, I, *Lettres*, p. 550).

253 Emmanuel Lévinas, "Paul Celan", *Noms propres*, p. 54.
254 Paul Celan, Psaume, *Anthologie de la poésie allemande*, p. 1189.
255 Paul Celan, Tübingen, janeiro, idem, p. 1191.
256 Paul Celan, Entretien dans la montagne, *Strette*, trad. J. E. Jackson e A. du Bouchet, Paris: Mercure de France, 1971, p. 172. Esse texto nessa tradução é objeto de uma edição isolada: Paul Celan, *Entretien dans la montagne*, Paris: Fata Morgana, 1996, especificamente p. 10.

das plantas ou das paisagens: "Pobres de vocês, não estão de pé, não estão em flor e julho não é mais julho..."

Se Emmanuel Lévinas encontra em Paul Celan, que dizia não ver a diferença entre um aperto de mão e um poema, a forma de voltar para uma terra natal que não devia nada ao enraizamento ou à sedução dos deuses pagãos, pode-se pensar que é ainda sob esse frágil vislumbre que ele coloca três verdades, a seu ver transmissíveis e necessárias às gerações futuras, mesmo se elas procedem da experiência concentracionária e da "clandestinidade judaica que lhe conferia a ubiquidade"[257]. A primeira dentre elas se baseia em que "para viver de forma humana, os homens necessitam de infinitamente menos coisas que as magníficas civilizações em que eles vivem". Esquecida quando os templos estão erguidos e quando flutuam as bandeiras, essa lição foi lembrada no momento em que a história parecia se interromper: é uma velha experiência judaica que não precisa nem de impérios nem de ouropéis nem de catedrais nem de monumentos para simplesmente existir. Mas tão logo se mostra a verdade inversa, a qual se reúne, ela também, a uma esperança muito antiga: "Nas horas decisivas em que a caducidade de tantos valores se revela, toda dignidade humana consiste em crer no seu retorno". Responsabilidade da responsabilidade de novo, mesmo na hora dos combates para pôr fim à guerra, não é preciso estabelecer um pacto com ela: não se deve "viver perigosamente senão para afastar os perigos e para retornar à sombra de sua vinha e de sua figueira"[258]. Restaria uma última certeza. Quando se retorna à civilização e se quer transmitir às gerações vindouras a força necessária para ser forte no isolamento, um dever se impõe ainda: o de se expor na situação perigosa em que toda moral pode se refugiar em um "foro íntimo"; lá onde nenhuma ordem objetiva pode reduzir ao silêncio os murmúrios de uma voz subjetiva; como às portas de uma "moral sem instituições" e por isso suscetível de julgar a história.

Emmanuel Lévinas resume, enfim, de uma maneira à primeira vista estranha, a forma da declaração e a significação dessa moralidade sem preparação que testemunha o judaísmo para a humanidade: "Querer ser

---

[257] Sans nom, op. cit., p. 143.
[258] Idem, p. 144.

judeu em nossos dias, é, antes de crer em Moisés e nos profetas, reivindicar esse direito de julgar a história, isto é, reivindicar a posição de uma consciência que se coloca incondicionalmente, ser membro do povo eterno"[259]. Sabe-se, entretanto, que uma tal proposição se inscreve no horizonte do que ele denomina uma "religião de adultos": uma experiência da transcendência que atravessou a prova do ateísmo, ele mesmo vivido como preço para o acesso do homem à maioridade. Transparece assim definitivamente isto para o que tendiam as análises de *Totalidade e Infinito* e depois *Autrement qu'être*, quando elas opunham a escatologia da paz messiânica à racionalidade suposta da história e sua ontologia guerreira. Afirmando que todas as causas são já "maduras para ser entendidas", elas colocavam que os seres têm uma identidade "anterior à conclusão da história, antes que os tempos tenham terminado, enquanto ele é ainda tempo"[260]. Quanto à descrição da estreita imbricação entre a epifania do rosto e o fenômeno da linguagem, ela mostrava como os homens estão engajados em uma responsabilidade ilimitada bem antes de serem tomados pela objetividade da história e de emprestar seus lábios à palavra anônima. Resta à humanidade moderna o temível privilégio de ter de se elevar até essa liberdade frente ao fato para revirar o terrível aforismo de Hegel segundo o qual a história do mundo é o tribunal do mundo.

Nessa perspectiva, seria preciso concluir como o faz Adorno em uma de suas obras: "A única filosofia da qual podemos ainda assumir a responsabilidade face à desesperança seria a tentativa de considerar todas as coisas tais como elas se apresentariam do ponto de vista da Redenção?"[261] Ligada à visão de um mundo "deslocado", estrangeiro, desconjuntado, essa proposição convida a perceber, por meio de suas fissuras, qual seria, seguindo-se os passos do Messias, o seu dia. Desse ponto de vista, ela poderia igualmente vir da obra de Walter Benjamin. Ao convocar a luz messiânica, será ela suscetível de reunir os pensamentos contemporâneos que tentam alternadamente imaginar o futuro? Seria preciso, com relação a esse tema, lembrarmo-nos

---

[259] Franz Rosenzweig: Une Pensée juive moderne, op. cit., p. 93-94.
[260] *Totalité et infini*, p. XI.
[261] Theodor W. Adorno, observação "para concluir" de *Minima moralia: Réflexions sur la vie mutilée*, trad. E. Kaufholz e J.-R. Ladmiral, posfácio de Miguel Abensour, Paris: Payot, 1991, p. 230.

uma última vez de uma antinomia do messianismo que Gershom Scholem descreveu, entre duas orientações sem dúvida resultantes do mais longínquo da história judaica e carregadas por seus traços literários mais antigos. Procedendo igualmente do desespero diante da duração dos tempos e de um desejo feroz de acelerá-los, uma dentre elas havia tomado aspectos com frequência apocalípticos, provocando no seio da vida judaica explosões imprevistas de revolta que se transformaram em sonho de construir desde então o Reino; antes de suscitar mais tarde a ideia de uma brutal interrupção da continuidade do mundo por uma força exterior à história. Frente a ela, diante da irrupção recorrente de "falsos messias" e do frêmito de destruição que eles faziam atravessar na sociedade judaica, há uma versão de alguma forma mais sábia do messianismo que se construiu entre os rabinos e os filósofos, ao redor da convocação de alguns preceitos que devem presidir à espera do Messias: não duvidar que ele virá; mas não especular sobre seu tempo para apressar seus dias.

Sem perfeitamente se adequar a essa oposição, os pensamentos contemporâneos que se esforçavam por revelar um significado histórico e um horizonte filosófico da experiência judaica poderiam aí encontrar um lugar. Na visão do próprio Gershom Scholem, ela tomou a forma de uma dialética não resolvida entre a força histórica do messianismo e suas potencialidades destrutivas, o vento de ar fresco que ela fez, em várias retomadas, soprar sobre um mundo que ameaçava se entorpecer em seu quadro imutável e o perigo de tudo arrastar em sua passagem, os clarões de esperança que deixava brilhar na noite do exílio e a sombra de um aniquilamento que nada ficaria devendo à violência dos inimigos de Israel. Impelidos por uma preocupação de não ver extinguir o "fogo sagrado" do messianismo, Walter Benjamin ou Ernst Bloch quiseram lhe oferecer expressões modernas, convertendo alternadamente a escatologia revolucionária em espera de uma interrupção intempestiva do curso da história ou em antecipação do Soberano Bem. Outros, ao contrário, reformularam a antiga desconfiança face às impaciências, solicitando a Tradição para arrancar a figura do Messias do esquecimento dos Modernos, sem, no entanto, mobilizá-la para outros fins que não os do homem e do céu. Para Hermann Cohen, um tal projeto se compreendia como atualização paradoxal da ideia kantiana da paz perpétua, para a redescoberta da herança dos profetas e da atualização de uma correlação entre o homem e Deus que se realiza no interior do mundo ético. Em Emmanuel Lévinas, essa mesma perspectiva se propunha ser de alguma maneira menos idealizada, procurando confirmar-se pela descrição de fenômenos emprestados do cotidiano da responsabilidade para com outrem e que se reflete no espelho de uma antiga sabedoria. Sob a pluma de Leo Strauss, a questão do messianismo parecia quase desaparecer por trás da crítica das ilusões, muito rápida em substituí-la pela noção trivial de progresso. Mas ela carregava, sem dúvida, em segredo tanto a leitura de Maimônides, que lhe havia dado sua forma, quanto o arrazoado em favor de um "retorno" que não pode omitir a ordem dos fins. Deslocando o centro de gravidade da doutrina do Messias das codificações heterodoxas da mística, Franz Rosenzweig e Martin Buber tentam decapá-la, restituindo sua linguagem, para ligá-la em seguida a uma experiência vivida da eternidade ou o que tende a se tornar uma espécie de autossantificação. Restam, enfim, aqueles para quem a ideia do futuro poderia se formular apenas tirando as ilusões das formas do messianismo e de suas traduções especulativas. Opondo a precaução à utopia, temendo a esperança, Hans Jonas desejava ancorar a fidelidade no respeito à natureza e a responsabilidade para com o vivente, enquanto paralelamente Hannah Arendt via na cidade o lugar onde pode-se construir um refúgio contra a desolação do mundo e um abrigo para o pensamento.

Entre a insatisfação em relação à história e o elogio do mundo, o espaço que separa esses pensadores é imenso, a despeito de seus diálogos mais ou menos distantes. Alguns assumiram massacrar a metafísica que se efetuou de Nietzsche a Heidegger até praticamente apagar o horizonte do messianismo. Pensando constatar a "morte de Deus", dando ao desamparo do homem uma expressão hiperbólica, contestando toda experiência do mundo suprassensível, eles preferiram conceber o futuro apenas à sombra dos "tempos sombrios", conjugando a responsabilidade para com os que viriam depois deles com uma crítica de luzes muito frágeis dos que os haviam precedido. Outros, que são os mais numerosos, permaneceram, na realidade, com os metafísicos, com o risco de ser à maneira de Kafka, por uma espécie de esperança desesperada. Serão estes melhores do que os precedentes, as "testemunhas do futuro"? Em se tratando das coisas e do mundo, mas também da maneira pela qual o homem as frequenta ou o habita, nada o indica: pode-se imaginar não poder transmitir às gerações vindouras senão uma herança sem testamento nem outro horizonte de espera a se preservar senão este. Retorna, entretanto, com insistência a ideia segundo a qual os fins humanos não podem se fechar por completo no que é e permanece. Que ela se denomine satisfação, reparação ou Redenção, a perspectiva de um além da experiência imediata fez valer seus direitos sob múltiplas formas, por vozes que não eram sempre consonantes, por meio de pensamentos cujos contornos ficavam por vezes incertos. A maioria dessas formas carregava a ideia do retorno para a Tradição que se dizia ultrapassada, inadaptada ou muito austera. Algumas dentre elas podiam muito simplesmente apenas querer segui-la: explorando seus territórios, meditando sobre seu ensinamento ou aproximando-a ainda do da filosofia. Outras, enfim, oscilaram muito tempo entre uma fidelidade incerta de seus conteúdos, um fervor procurando seu objeto ou um resto de confiança que espera seu termo.

    O entusiasmo é uma modalidade do espírito que é a quase todos estranho. Poderia ser, em termos kantianos, o sinal da maioridade; mas também o traço da época ou ainda o indício específico de uma reflexão que se cala em meio ao peso do presente, ao respeito pelo passado e à preocupação com o futuro. O fato de que uma meditação sobre as temporalidades da experiência tenha tão amiúde orientado a investigação dos domínios da política, da teologia e, em primeiro lugar, da história é, sem dúvida, a expressão de uma forma de gravidade: o mundo contemporâneo deixava pouco espaço à indiferença, à fuga antecipada ou a uma nostalgia sem consciência das tragédias anteriores. Confrontado, enfim, com a prova de uma destruição programada e depois com uma incerteza quanto ao seu devir, abordado do ponto de vista de seu encontro com a Europa e de sua inscrição na história universal, questionado sob o ângulo dos efeitos da Emancipação ou da esperança do sionismo, o judaísmo foi ao mesmo tempo julgado como um espelho da experiência humana, testemunho em favor de uma ideia da transcendência, esforço de uma vida entre os códigos da razão e da Lei. Que essa antiga questão, que se acreditava destinada ao abandono, pudesse ter uma atualidade e mesmo um futuro, não é a menor entre as descobertas dessa aventura intelectual. Ela sugere que na ordem das ideias como a da história, a memória não é exclusiva da imaginação, do desejo de compreender e do projeto de pensar. Ela exige também o que seria um judaísmo que se teria esquecido, para se adaptar muito bem às condições de secularização do mundo, do ordinário dos dias e do desencantamento. Ela orienta, enfim, a reflexão para o que poderia ser uma filosofia preocupada em reencontrá-la, em confrontá-la de novo, em ainda transmiti-la.

TRAD. FANY KON

Glossário de Termos Hebraicos

AGADÁ   história, lenda. O conjunto do folclore, parábolas e lendas contidas no *Talmud*.

ALEINU   a oração que encerra os serviços diários, mas que tem por conotação o esforço ou a luta do povo judeu em decorrência da "eleição" divina, dadas as preocupações justamente trazidas por esta escolha, ou seja, sua responsabilidade face aos demais povos.

ALIÁ   subida, empregado na *Bíblia* em ref. às peregrinações a Jerusalém por ocasião das Grandes Festas; na atualidade refere-se às vagas de retorno ao país (no plano individual) e de repovoamento (no plano coletivo) de Israel. Nesta última acepção há, historicamente, três principais, entre a segunda metade do século XIX e a primeira do XX.

BAR-MITZVA   filho do mandamento. Cerimônia que marca a maioridade religiosa dos meninos judeus e sua efetiva participação na congregação religiosa, com todos os deveres. É realizada aos treze anos. No judaísmo liberal as meninas também têm o seu "bat-mitzva", aos doze anos.

BERAKHOT   tratado do *Talmud* versando sobre as bênçãos.

CABALA (Kabalah)   entrega, e daí ensinamento secreto, tradição. Denominação dada ao conjunto das doutrinas místicas judaicas, com influências platônicas, gnósticas e orientais. Sua origem remonta ao século XIII, na Espanha.

CASCHER   ver *Kascher*.

DEVEKUT	união, êxtase; comunhão mística com Deus.
ELOHUT	consultar Schekhiná.
ERETZ ou ERETZ ISRAEL	a Terra de Israel.
GALUT	Diáspora; exílio, dispersão do povo judeu após a destruição do Segundo Templo na época romana.
GAON (pl. gaonim)	sábio, doutor da lei. Título dos patriarcas das academias de Sura e Pumbedita, na Babilônia.
GUEMARÁ	comentário, interpretação. Nome dado também à segunda parte do *Talmud*, em que se comenta a *Mischná*.
GUEULÁ	salvação ou redenção final dos seres humanos.
HAGADÁ	a história, a narrativa da saída dos judeus do Egito, repetida a cada Pessakh (Páscoa).
HALAKHÁ	parte do *Talmud*, a codificação da Lei religiosa.
HANUKÁ	dedicação. Também conhecida como "festa das luzes", comemora a vitória de Judas Macabeu sobre o rei selêucida Antíodo Epífanes, que profanara o Templo.
HASKALÁ	o Iluminismo judaico da Europa dos séculos XVIII e XIX.
HASSID (pl. hassidim)	adepto do hassidismo; pio, beato.
HASSIDISMO	movimento religioso de grande repercussão na Europa Oriental, fundado por Israel Baal Schem Tov, no século XVIII.
HAZAN	cantor litúrgico.
HEREN	excomunhão.
HOSCHANÁ RABÁ	o sétimo dia de Sucot.
HUKIM	regras, regulamentos, comandamentos obrigatórios cujo propósito ou sentido não são compreensíveis pela inteligência humana; contrapõem-se aos *mischpatim*.
IESCHIVÁ (pl. ieschivot)	sessão. Escola tradicional judaica dedicada ao estudo da literatura sacra, talmúdica e rabínica.
IOMÁ	tratado do *Talmud* concernente ao Iom Kipur.
IOM KIPUR	Dia da confissão dos pecados, do jejum e da purificação. Nos escritos talmúdicos, representa o dia em que se começa o processo de volta e de regeneração da alma, iniciado com o Ano Novo. Originalmente, o dia de se enviar o bode expiatório ao deserto.
IRGUN	Organização, em hebraico HaIrgun haTzvai haLeumi beEretz Israel (Organização Militar Nacional na Terra de Israel), grupo armado sionista que atuou na Palestina sob mandato britânico no período de 1931 a 1948. Era uma ramificação da Haganá (heb., "a defesa"), maior e mais antiga organi-

GLOSSÁRIO DE TERMOS HEBRAICOS　　　　　　　　　　　　　　　　　　　　1151

	zação paramilitar judaica, por isso e por razões de segurança era às vezes chamada de Haganá Beit (segunda letra do alfabeto hebraico), entre outras designações. Atualmente em Israel é também referida como Etzel, acrônimo formado com as suas iniciais. Em 1948, foi absorvida nas Forças de Defesa de Israel.
ISCHUV (ou ICHUV)	termo que designa a comunidade judaica instalada na Palestina antes da fundação do Estado de Israel.
IYYUN (ou IUN)	lit. estudo ou pesquisa, exame, exploração profunda, é também o título de um periódico de filosofia (Iyyun The Jerusalem Philosophical Quarterly) criado em 1945 por Martin Buber, S. H. Bergman e Julius Guttmann, na Universidade Hebraica de Jerusalém.
KADISCH	prece para os mortos, hino santo, inicialmente dedicado a Deus e, mais tarde, também em memória dos antepassados.
KASCHER (ou Koscher, em ídiche)	lit. apropriado, adequado. Diz-se de alimentos que seguem as leis dieté ticas judaicas (a Kaschrut) estabelecidas pela Halakhá.
KETUBÁ (pl. Ketubot)	escritos, documentos. Denominação dada aos contratos de casamento e nome também de um tratado talmúdico.
KIDUSCH	a prece da Santificação da primeira refeição do Schabat, na sexta-feira à noite.
KNESSET	lit. congregação, assembleia, em geral religiosa e, no Estado de Israel, o Parlamento.
KOL NIDREI	lit. todos os votos (promessas), declaração coletiva entoada no Iom Kipur que anula votos e promessas feitos a Deus e não cumpridos.
MAKOT	tratado do *Talmud* a respeito das punições, dos castigos.
MEG[U]ILÁ (pl. meg[u]ilot)	lit. rolo(s). Tratado(s) da *Bíblia*, do *Talmud*, mas no uso corrente designa o livro de *Ester*.
MIDRASCH (pl. midraschim)	interpretação, exegese. Livros de contos, súmulas e sentenças das épocas talmúdicas e pós-talmúdicas que interpretam as Escrituras.
MISCHNÁ	lição, repetição. Coletânea de leis e de preceitos orais, inicialmente ordenada e codificada pelo Rabi Iehudá ha-Nasi.
MISCHPATIM	comandamentos de utilidade prática evidente; contrapõem-se aos *hukim*.
MITNAGDIM	termo cabalístico para o opositor, o portador do mal; alguns *hassidim* criam que o próprio mal emanou do Eterno, ou que a vivência do mal é uma forma de apressar a redenção.
MITZVÁ (pl. mitzvot)	preceito, mandamento, dever moral.
NEILÁ	a prece final do Iom Kipur, recitada quando o sol começa a se pôr.

PESSAKH
(pl. Pessakhim)   Páscoa, comemoração da saída de Israel do Egito, durante a qual come-se o pão ázimo.

PIRKEI AVOT   capítulos ou lições dos pais, daí *Ética dos Pais*, um dos tratados do *Talmud*.

RABAN   título dado aos patriarcas, aos "cabeças" do Sanedrim ou Sinédrio.

RAV   mestre. O líder da comunidade religiosa. Ensina a lei e supervisiona seu cumprimento.

RESCH GALUT   Exilarca babilônico, o "cabeça" na Diáspora.

ROSCH HÁ-SCHANÁ   o Ano Novo judaico.

SANEDRIM   Sinédrio, o conselho dos anciãos e corte legislativa e judicial entre os antigos judeus, subdividido em Sinédrio Maior (corte legislativa suprema, ligada ao Templo, constituída por 71 juízes) e Sinédrio Menor (este aqui instituído em cada cidade, contando com 23 juízes). Foi dissolvido em meados do século IV d. C. O aramaico *Sanedrin*, designa um tratado talmúdico.

SCHABAT   o sábado.

SCHEGAGA   pecado cometido não intencionalmente.

SCHEKHINÁ   a luz ou a centelha divina apreendida pela matéria no mundo. Logo, a presença de Deus em meio à matéria criada. Distingue-se do Elohut, o caráter essencialmente divino e espiritual do Eterno, incompreensível para o homem.

SCHEMÁ ISRAEL   "Ouça Israel", primeiras palavras da oração que constitui a declaração de fé do judaísmo, baseada no primeiro e segundo mandamentos do Decálogo.

SCHOÁ (Schoah)   holocausto ou genocídio praticado contra os judeus na Segunda Guerra Mundial.

SEFIRÁ (pl. sefirot)   esferas. Uma das dez emanações ou manifestações de atributos latentes na Ein Sof, no Sem-Fim cabalístico.

TALMUD   ensinamento ou coleção canônica dos ensinamentos orais, compilada durante os primeiros séculos após o surgimento do cristianismo, complementando o ensinamento escrito da *Torá*. A primeira e mais antiga parte do *Talmud* é a *Mischná*; a segunda, a G[u]emará.

TESCHUVÁ   arrependimento, penitência, retorno e aceitação da Lei.

TIKUN   reparação ou restauração. No plano cabalístico, trata-se de reparar as centelhas e a ordem divina do mundo, sob o império da justiça, da compaixão e da paz.

TORÁ (Torah)   Lei; instrução, ensino. Refere-se ora ao conjunto das primeiras cinco Escrituras (Pentateuco), ora à *Bíblia* judaica por inteiro e mesmo a todo o corpo religioso e jurídico, neste caso incluído o *Talmud*.

TZADIK
(pl. tzadikim)   devoto, justo, santo. Na *Bíblia*, o homem perfeito em retidão; entre os hassídicos, mestre ou rabi, por viver fielmente segundo a Lei.

TZEDAKÁ	caridade.
ZAKHOR	lembrança ou reminiscência, título do *midrasch* que recomenda não esquecer o dia do Schabat.

Índice de Noções

Absoluto: 197, 203-204, 208, 273, 674, 716-722, 1049, 1085-1086 (*ver também* Infinito; Transcendência)
Acomodação: 54, 227, 90n, 117n, 873n (*ver também* Torá/fala a língua dos homens; Antropomorfismo)
Agadá: 247, 300, 309, 356, 458-459, 590-592, 600, 863, 1063-1066
Ahavat Israel: (*ver* Israel)
Akademie für die Wissenschaft des Judentums: (*ver* Wissenschaft des Judentums)
Alegoria: 20, 298-299, 320-327, 356-357, 457-458, 482 (*ver também* Símbolo)
Aliá:
   Primeira (1882-1903): 388
   Segunda (1904-1914): 383, 411
   Terceira (1919-1923): 385
Aliança: 72-75, 92, 261, 1061, 1109, 1112
Alma: 92, 226-229, 948-985
   Migração das almas: (*ver* Cabala/noções)
Amor: 225-229
Antigo Testamento: 55, 62, 74, 237, 596-598, 682
Antigos e Modernos: 14-15, 17-18, 817-826, 858-859, 876, 900-903, 916n, 923-933 (*ver também* Modernidade)

Anjo(s): 375n, 376, 456, 834-835
Angústia: 948, 971, 985, 997, 1003-1004, 1076-1077, 1081, 1085-1086
Antinomismo: 451, 503n, 524-532, 535-536, 544-545, 987 (*ver também* Lei/transgressão da; Pecado/redenção pelo)
Antissemitismo: 40, 43-45, 49-50, 128n, 165-166, 236-237, 274-275, 404, 528, 587-588, 773-774, 966-967, 1053-1054, 1059-1060
Antiguidade: 17, 37n, 109, 112, 189, 214-220, 340-344, 961-962, 966, 969-970, 986-990, 992-993
Antropomorfismo: 54, 54n-55n, 58-59, 64, 132-134, 142, 455-456, 475, 495-497, 731n, 845n, 864, 865n, 885n (*ver também* Acomodação; Cabala/noções, *Schiur Komá*; Torá/fala a língua dos homens)
Apostasia: 128-129, 520-524, 527-528, (*ver também* Sabataísmo/biografia de Sabatai Tzvi)
Aristotelismo: 473-474, 481, 497, 832-842, 905, 930, 975 (*ver também* Filosofia judaica medieval; Platonismo)
Arte: 217-219, 341-359, 362, 723-732, 1073
   Autonomia da: 345-349
   de massa: 344-348

Obras de: 330-332, 341-349, 351-359, 722-723, 738-739
Assimilação: 15, 26, 30, 42-46, 129-130, 144-145, 153, 175-176, 249-256, 391-404, 421-423, 594, 772-782, 935-940, 952-953, 1118-1120, 1148(ver também Germanidade [Germanismo]; Judaísmo/alemão/francês;
Simbiose judeu-alemã)
Ateísmo: 19, 143, 147, 752-753, 763, 807-808, 816-817, 942, 1028, 1113-1114
Aufklärung: (ver Luzes)
Aura: 342-350, 355-356, 729-730
Avodá: 643

Barbárie: 364
Barroco: 323-326
Bíblia: 69, 69-90, 112, 124, 142, 177, 183-184, 316, 389, 397, 553-554, 599-615, 617, 626-632, 675, 751-752, 778, 787-788, 796, 820, 896, 903-912, 938-939, 1042-1044, 1059-1061, 1067-1068
(ver também Escrituras; Tradução)

Cabala: 16, 20, 22, 24, 206-207, 213, 222n, 223n, 226n, 265, 266n, 277, 304, 305n, 311, 321, 324n, 335-337, 375-377, 381, 386, 389, 396, 400n, 406-407, 415n, 416, 420-421, 424-427, 430n, 431n, 432-444, 446-448, 456-460, 466-505, 507-508, 509-510, 512-518, 519-520, 521, 524, 526, 528-530, 535, 537, 541-546, 549-551, 557, 566n, 567-571, 587, 639, 643, 646-647, 649n, 753, 773n, 871n, 1013n, 1023, 1030-1031, 1048-1049, 1057, 1113n (ver também Mística)
História da: 466-496
provençal: 474-481
espanhola: 479-484, 492-493
de Safed: 493-506
Atitude da *Wissenschaft des Judentums* vis-à-vis à: 424-426, 442-444
e messianismo: 466-470, 503-507, 512-515, 525-526
Filosofia da história da: 447-449, 501-506
impacto sobre a história judaica: 447-448, 459-460, 465-473, 477-479, 490-492, 505-510, 550-552, 567-568, 646-647
na sociedade judaica: 477-478, 481-483, 489-490, 494-497, 525-526, 646-647
Dialética da: 443-445, 496-497, 515-516, 531-532, 545-553
de Lúria: 174-175, 265-267, 484, 493-506, 514-515, 519-520, 524-525, 528-530, 550-551, 1023-1024, 1030-1031
Literatura:
Sefer Ietzirá: 436-437, 461-462, 467, 475

Bahir: 473-475, 495
Zohar: 416, 473, 484-490, 511
II, 87b: 437n
III, 36a: 437n
III, 83b: 437n
III, 176a: 437n
Noções:
Adam Kadmon (homem primordial): 500-502
Quebra dos vasos (*schevirá ha-keilim*): 22, 207, 213, 223n, 500-501, 525-526
Ein Sof: 438, 475, 489, 498-499
Centelhas: 265-266, 471, 496, 500-505, 525-526
Hekhalot: 461-462, 465, 466
Cabala: 444n
Mercavá: 460-467, 470, 511
Migração das almas (*guilgul*): 311, 495, 503
Klipot: 390, 501-505, 514-516, 519, 526-530
Schekhiná: 223n, 265-266, 502-503, 513-514, 530, 643-644, 753
Sefirot: 436, 476, 478-479, 483, 488-489, 493, 496, 498-502, 514
Schiur Komá: 431n, 462-463, 481
Sitra akhara: 430, 501
tikun (reparação): 22, 213, 266, 375-377, 421, 431, 471, 495-497, 501-505, 511-516, 519-521, 526-530, 549-550, 556, 756, 1031
Tzimtzim (contração): 180, 497-500, 753, 1023-1024, 1030-1031
Caridade: 86, 1092
Caso Dreyfus: 40, 903, 1044, 1047, 1050
Cidades-refúgio: 83, 98, 1111
Ciência: 13-14, 88, 804, 815, 920, 972, 974-978, 990, 999-1000, 1071
Civilização Ocidental: 914-916, 940-943 (ver também Filosofia ocidental)
Comunicação oral: 476-478, 479-480, 495-496, 869-874 (ver também Torá/segredos da)
Comunhão (com Deus): (ver Devekut)
Comunidade: 631-635
Conhecimento: 66-68, 137-140, 214-216, 320-322, 338-339, 802-804, 994-996, 998-1000, 1003-1005
Dialética do: 26-28, 426-433, 442-444, 565-567
Árvore do: 65-67, 206-207, 317-318, 324n
de Deus: 52-53, 61-62, 65-67, 117-118, 183n, 206n, 210n, 256n, 843-846, 849-851, 861-863, 865-866
Tentação do: 113-114, 912-914

ÍNDICE DE NOÇÕES

Conversão: 152-160, 537(*ver também* Cristianismo)
Correlação: 29-30, 61-72, 83-84, 89-90, 100-101, 121-124, 132-133, 137-139, 140-143, 656-657, 676-677, 1031-1032, 1108-1110, 1113-1115, 1146
Cosmologia: 436-437, 911-913
Cosmopolitismo: 108, 109 (*ver também* Paz/perpétua)
Crenças verdadeiras/necessárias: 996-999, 1004-1006 (*ver também* Filosofia judaica medieval)
Criação: 21-23, 65n, 72-73, 221-226, 239-241, 433-434, 438-441, 846-848, 906-914, 1028-1029 (*ver também* Monoteísmo)
  Ex nihilo: 136n, 134n, 221-224, 316-317, 335-336, 497-500, 811-812, 1048-1049 (*ver também* Gênese/relato do; relato da Criação, *maassé bereschit*)
Cristianismo: 19, 54-58, 60n, 74n, 77n, 82n, 103n, 109, 120-121, 136, 189, 197-199, 232-238, 275, 524n, 597, 966-967, 989, 1026, 1082 (ver Judaísmo; Igreja)
  Confissão: 102-104
  Conversão ao: 47, 152-162, 166-167, 275, 536-538
  Novo Testamento: 46n-47n, 55-58, 74, 136
  Paulinismo: 46n-47n, 55, 81n, 121, 146n, 164, 237, 524n, 597, 679-684, 796-797, 1013n
  Confissão: 104
  Encarnação: 198, 235
  Parúsia: 235
Culpabilidade (criminal): 88-90, 1110-1112
Culpabilidade: 84-85, 89-90

Darwinismo: 975-977
Demut: 455-456
Destino: 89-94, 97-99, 101-102, 190-193, 1026-1028
Devekut: 445, 471-472, 478-479, 489-490, 492-493, 649-650, 1047-1048
Diálogo: 132-133, 650-655 (*ver também* Tu)
Diáspora: 249-258, 267-268, 272-274, 508-510, 553-554, 560-562, 594-595, 1117-1122 (*ver também* Dispersão; Exílio)
Deus: 14-15, 21-22, 101n, 309-312, 315-320, 498-500, 640-645, 748-750, 783-784, 813-815, 1012-1024, 1026-1029, 1036-1037, 1064-1067(ver também Correlação)
  Conceito de: 62-74, 211-220, 656-661, 670-673, 961-966, 977-978, 1020-1025, 1105-1115
  Nome de: 58-60, 116n, 121-122, 133-135, 335-338, 420-422, 431-442, 478-479, 489-490, 510-511, 562-563, 566-567, 601-607, 655-656, 732-733, 738-739, 753-755, 1018-1020, 1112-1113 (*ver também* Tradução)
  como ideia: 58-62, 70n, 87-88, 145-146, 452-456, 656-657, 675-677
  Reino de: 46n-47n, 121-122, 133-135, 145-146, 169-170, 228-230, 231-237, 245-246, 252-253, 259-261, 281-283, 400-401, 421n, 474-475, 645-646, 685-686, 1108-1110, 1144-1145
  Atributos: 65-69, 101-102, 142n, 1021-1022
  de ação: 66-69
  Unidade: 58-60, 65n, 66-67, 478-480, 1023-1024
  Verdade: 137-138
  Justiça: 139-140
  Misericórdia: 94-96, 141-142
  Imutabilidade: 498-499
  Santidade/Sacralidade: 67-71
  Poder de: 1020-1024, 1033-1035 (*ver também* Teodiceia)
  dos filósofos: 59n, 669-676, 686-688
  vivo: 59n, 453-457, 459-460, 675-677
  oculto/escondido: 488-490, 968-969
  Temor de: 136-139, 233-234, 681-682, 1112-1115
  Morte de: 17-20, 669-688, 967-969, 988-989, 1146-1147 (*ver também* Niilismo)
Dispersão: 112-113, 133-136, 145-146 (*ver também* Diáspora; Exílio)
Dissimilação: 145-146, 159-160, 164-165, 181-183, 249-255
Dogmas verdadeiros e dogmas piedosos: 52-53
Direito: 140n, 244-245(*ver também* Hegelianismo)
Direito natural: 56n, 76-77, 81-82(*ver também* Noáquida)

Escrituras: 77-78, 304-307, 334-335, 441-442, 798n, 1058-1067
  Crítica histórica: 50-54, 226-228, 590-592, 630-632, 782-804, 818-819, 879-881, 904-905, 1058-1060, 1064-1066 (*ver também* Bíblia; Exegese alegórica, Tradução)
Eleição: 71-73, 105-107, 118-121, 143-145, 165-170, 773-774, 938-939, 1108-1110, 1125-1126
Emanação: 498-500, 529-531, 833-835
Emancipação: 125-130
Emet: (*ver* Verdade)
Emuná: 138n, 633-635, 679-682, 685-686 (*ver também* Fidelidade)
Encarnação: 197-198, 234-235
Encontro (*Begegnung*): 60, 578, 629-630, 634, 653-659 Enraizamento: 237-239, 254-256, 863n, 922-924, 1026-1029, 1078-1083, 1096-1098, 1106-1108, 1140-1143(*ver também* Mundo/elogio do)

Epicurismo: 795-796, 815-817, 982n
Escatologia: (ver Messianismo; Redenção)
Escravismo/Escravo: 75-76, 82-84, 87-88, 139-140, 284n-285n, 471-472, 504-506, 699n, 773-774, 1060-1061, 1073-1074, 1109n-1110n, 1132-1135
Esoterismo/Esotérico: 474-478, 480-481, 482-483, 494-496, 545-546, 805-807, 830n, 831-832, 856-858, 859n, 865-866, 872-876, 879-885 (ver também Filosofia judaica medieval/arte de escrever)
Esperança: 18-19, 20, 23-24, 294-295, 298-299, 705-712, 716-721, 741-765, 1004-1008, 1037-1040, 1146-1147 (ver também Utopia)
Estética: 212-213, 348-361, 722-732
Estado: 52-53, 56-57, 76-77, 89-90, 126n, 127-130, 242-246, 651-654, 710-711, 800-801, 1070-1071, 1084-1098 (ver também Hegelianismo; Israel)
Estado dos Hebreus: 52-56, 76-80, 783-786
Estado dos Judeus: 55-56, 401-402, 774-777
Estoicismo: 56, 84-85, 88
Estrangeiro: 62-63, 71-75, 77n, 83n, 139-141, 1075, 1081-1082, 1106-1107, 1108-1110
Eternidade: 108n, 209-210, 229-231, 234-236, 241-244, 359-361, 1009-1011, 1067-1069
Ética: 60-62, 83-89, 212-213, 717-719, 1036-1040, 1095-1098 (ver também Outrem; Responsabilidade)
Relação ética: 62-63, 71-72, 87-88, 1080-1082, 1108-1115
Sujeito ético: 716-719
e religião: 83-84, 90-91, 108-109, 136-139
grega: 991-993
Eu: 202-205, 1071, 1085-1086, 1095-1097 (ver também Si, Sujeito, Tu)
Eudemonismo: 109-110, 117-118, 119-120, 128-130, 142-143, 176-177, 453-455, 1033-1035, 1098n
Exegese alegórica: 801-802, 844-847, 852-853
Exílio: 14-15, 16-17, 25-26, 133-136, 142-145, 237-239, 242-246, 253-256, 265-267, 446-451, 467-469, 490-493, 500-501, 503-509, 529-533, 546-550, 552-554, 587-592, 635-638, 773-779, 935-939 (ver também Diáspora; Dispersão)
Existência/Existencialismo: 819-822, 920-922, 952-955, 966-972, 985-988, 989, 1010-1011, 1015-1016, 1028-1030
Êxodo: 240-241, 752-754
Experiência: 212-214
Expulsão da Espanha: 23-25, 387-388, 452-453, 466-467, 469-470, 476-478, 483-484, 490-493, 507-508, 547-552, 935-936, 1055-1056

Falta/Culpa: 89-96, 100-104, 191-192

Fé: 53-54, 62, 138n
Fenomenologia: 70n, 728-729, 783-784, 960-961, 970-971, 1015, 1026n, 1036-1037, 1043, 1050-1051, 1054-1055, 1073-1076
Festas: (ver Ritual)
Fidelidade: 24, 138-139, 631-633, 897n, 906, 1019-1020 (ver também Emuná)
Filosofia: 14-15, 17, 18, 25-28, 174-175
  História da: 818, 859-861, 872-877, 896, 902-903, 931-933, 945-946
  ocidental: 193, 205, 214-215, 217-222, 708, 1068-1072, 1077-1083, 1101-1108, 1138 (ver também Totalidade)
  e mística: 96n-97n, 133, 146-147, 206-207, 213, 446, 453-460, 462-463, 472-473, 476, 480-484, 487-488, 550-551, 633-635, 895-896, 945
  moderna: 895-904, 910n-911n, 914-927, 974-978, 994-995, 1008-1010 (ver também Kantismo; Hegelianismo; Luzes; Fenomenologia)
  política: 922-926, 928-934
  e teologia: 333, 916, 925-926, 942
Filosofia árabe medieval: 824n, 832-834, 837-839, 842-846, 854-859, 931-933
Filosofia grega: 895-914, 926-932, 992-993 (ver também Aristotelismo; Platonismo)
Filosofia judaica medieval: 459, 470-471, 798-799, 822-895, 907-908, 929-930 (ver também Luzes medievais)
  Teoria do conhecimento/Classificação das ciências: 834-837, 845n-846n, 848-849, 867, 879, 912n
  Antropologia: 835-836, 848-849
  Estatuto da filosofia/Figura do filósofo: 835-838, 854-861, 865-868, 886-887, 891-894
  Filosofia política: 837-841, 854-859
  Filosofia e Lei: 838-854, 864-865 (ver também Lei e razão)
  Ciência da Lei: 860, 862-865, 885-895
  Estatuto da Torá: 845-849, 879-880
  Crenças verdadeiras/crenças necessárias: 53, 849-853, 860-861, 893n, 929
  Doutrina do messianismo: 109-110, 111n-112n, 451-453, 850-851, 1144-1145
  Doutrina da profecia: 830-841, 891
  Doutrina da providência: 861-862
  Pública: 858-861, 877-886, 893-894
  Arte de escrever/Procedimentos de escritura: 852-853, 857-860, 868n, 872-855, 892n, 931 (ver também Esoterismo; Torá/segredos da)
  Controvérsias: 481-484, 884

ÍNDICE DE NOÇÕES

Finitude: 716-717, 719, 990, 1010-1014
Frankismo: 311, 534-544
Futuro: (*ver* Tempo/ categorias de)

Guemará: 398, 421, 560, 1064-1066
G[u]emilut Hassadim: 86n
Gerações: 237, 368-369, 430-431, 492, 563, 637, 997-999, 1002-1003, 1061, 1146
   Pais: 287, 289n, 294-296, 394-395, 408, 413-415, 422-423, 575, 951-952
Gênese/Relato do: 64-67, 224-226, 315-319, 909-914
Germanidade [germanismo]: 30, 38, 42-49, 127, 176, 249-252, 269-272, 320-321 (ver também Judaísmo alemão; Simbiose judeu-alemã)
Gueto: 15, 23, 135, 448, 468, 508-509, 523-525, 530-533, 538, 543-544, 569
Gnose: 164, 524n, 683, 960-970, 986-990, 1013n, 1023
   judaica: 460-466, 473-474, 483, 490, 499-500, 528, 532, 967n
Guerra:
   Noção de: 202, 244, 346, 1068-1073, 1084-1085
   Primeira Guerra Mundial: 144-145, 150, 173-174, 185, 340-341, 353-354, 404-414, 418, 576, 650-651, 903
   os judeus alemães na: 30, 42, 47-48, 404-414
   os sionistas na: 48, 404-414
   Segunda Guerra Mundial: 947-948, 958-959, 971-972, 1046, 1055
   de Gog e Magog: 23, 404, 449, 1134-1138

Haganá: 956
Halakhá: 292, 300, 303-306, 430, 458-459, 539, 543-545, 863, 1064
Halutzim: 384-385, 418, 666-669
Haskalá: 427-428, 443, 447, 525, 532, 538-540, 566
Hassidismo: 467-472, 582, 631-650, 746-747, 535n
Hebraico: 129n, 170, 225n, 256, 436n, 441, 560-563
   Língua das Escrituras: (*ver* Tradução)
   Língua da prece: 135-136
   e alemão: 135-136, 606-608, 615-617
   Estudo do: 279-280, 396-402
   Secularização do: 170, 256, 411-412, 560-565
Hegelianismo: 150, 154-155, 174-175, 184-202, 708-715, 1095-1097
   Teoria do Estado: 188-189, 192-200, 711, 1085-1086
   Teoria do direito: 193-195, 199-200
   Teoria da história: 17-19, 189-190, 195-200, 362-364, 539, 713-715, 1070-1074, 1078, 1080-1083, 1116n, 1129-1131, 1138-1144
   Dialética: 244, 548, 710-711, 1070
Hekhalot: (*ver* Cabala/noções)

História: 13-14, 19-20, 24, 188-191, 326-327, 329-330, 338-340, 360-379, 421, 425-426, 1039-1040, 1073-1075, 1084-1085, 1129-1145 (*ver também* Hegelianismo)
Historicidade/Consciência histórica: 14-15, 26, 390-391, 963-964, 1010-1011
História judaica: (*ver* Judaísmo/dialética da história judaica; Messianismo/preço do; Cabala/impacto sobre a história judaica)
Historiografia/Ciência histórica: 24-27, 363-366, 432, 547-549, 566-571, 638-640, 647-648, 1062, 1130
Historicismo: 25, 33-37, 364-368, 428-432, 815-816, 897-899, 900n, 915-925, 940-941
Meta-história: 16-17, 26, 239, 257-258, 264, 465-473, 492-493, 496-497, 503-505, 564-565, 648
Final/Juízo/Julgamento: 18-20, 115-116, 126n-127n, 251-252, 364-365, 1115-1118, 1126-1127, 1137-1141
Anjo da: 364, 371-378
Hochschule für die Wissenschaft des Judentums: (*ver Wissenschaft des Judentums*)
Homem:
   Conceito de: 62-72, 82-84, 102-104, 108, 213-220, 315-317, 338-341, 913-914 (*ver também* Correlação)
   Natureza/Experiência da: 962-966, 973-985, 990-1004, 1014-1018, 1095-1098 (*ver também* Mortalidade)
Hukim: 123, 844n
Humanidade/Humanismo: 72-84, 105-120, 736, 998-1004, 1038-1040, 1082-1083, 1086, 1106-1113, 1126-1127
Inumanidade/Desumanidade: 1071-1072, 1087, 1128
Humildade: 644

Idealismo: 59-62, 973
   Alemão: 19-20, 43, 205-211, 270 (*ver também* Kantismo)
Ietzer: 72, 91, 103n, 104n-105n
Ídolo/Idolatria/Idolatra: 75, 106, 141n, 352-353, 1108, 1122 (*ver também* Paganismo)
Igreja: 51-53, 120-122, 157-162, 235n, 246-247, 322-324, 560-562
   e Estado: 197-198, 233-238, 790-791
Imagens/Interdição das: 323-324, 351-359, 455-456, 725-732
Imaginação: 835-837
Indivíduo: 199-200, 204-205 (*ver também* Eu/Sujeito)
Infinito: 19, 231, 272-273, 709-710, 716-717, 921-922, 1073-1078, 1085-1086, 1102-1107 (*ver também* Absoluto; Transcendência)

Inquisição: 17, 45, 58, 491
Intelecto/Intelecto Agente: 91n-92n, 439-440, 834-841, 847, 861n-862n, 887, 890n, 906, 909n
Interssubjetividade: (ver Sujeito)
Iom Kipur: (ver Ritual)
Ischuv: 383-390, 404, 418, 555, 663-667, 955
Israel
    Estado de: 24, 554, 576, 586, 636n, 661-670, 778-779, 1088, 1120-1127 (ver também Estado; Sionismo)
    Resto de: 118-120, 257-260, 265-266, 423n, 431n (ver também Sofrimento de Israel)
    Eretz Israel: 471
    Ahavat Israel: 667, 944, 1139

Judaísmo:
    Identidade do: 123-126, 144, 256-258, 261-263, 268, 379, 559-560, 563-568, 587-592, 632-639, 731, 772-774, 817, 934-940, 943-946, 1019-1021, 1062-1063, 1066-1067, 1079-1084, 1108-1109, 1123-1127, 1131-1148
    Consciência judaica: 14-15, 24-26, 390-391, 422-423, 934-940, 945-946, 1142-1143, 1147
    Isolamento do: 124-126, 130-131, 135, 157, 169, 238n
    História judaica/Dialética do: 390, 523-524, 532-534, 539, 543-554, 558, 564-571, 646 (ver também Cabala/impacto sobre a história judaica; Messianismo/prêmio do)
    Atitude *vis-à-vis* à história: 24-25, 27-28, 238-249, 252-256, 1143-1144 (ver também História/meta-história)
    Judaísmo alemão: 14-16, 44-45, 128-129, 144n, 153-154, 166-167, 248-253, 391-414, 417-418, 421-424, 779-782, 788-789, 951-952, 1119 (ver também Germanidade; Simbiose judeu-alemã)
    Relação com o Ritual: 15-16, 286-302, 399-400, 421-423
    Berlim: 285-287, 390-414 (ver também Índice de Nomes)
    Judaísmo oriental: 14-15, 46, 169-170, 176-177, 250, 386, 388-389, 408-412, 581-582, 1045-1050
    Judaísmo espanhol medieval: 16-17, 45, 387-388 (ver também Expulsão da Espanha; Cabala/espanhola)
    Judaísmo francês: 15, 1055-1057, 1118-1120
    e cristianismo: 120n, 154-155, 156-171, 213-214, 234-238, 247-248, 266-267, 275, 679-684 (ver também Cristianismo)
    ortodoxo: 14, 259-263, 394-399, 599-600, 786-788, 821, 941-942 (ver também Ortodoxia)

liberal: 258-263, 394, 403, 453-454, 599-600, 785-786
reformista/reformado: 46-47, 124-125, 135-136, 386, 538-539, 544-545
rabínico: 449-450, 458-460, 549-551, 590-591, 633-635, 646-648, 1048-1049
Juízo/Julgamento final/último: 101-102, 242, 251, 291-293, 362n, 379, 1073, 329
Jung Judá: (ver Sionismo/organizações)
Justos (piedosos) entre as nações: 76-83, 119, 141, 1109, 1126-1127 (ver também Noáquida)
Justiça: 1067n, 1087-1093, 1111(ver também Deus/atributos)

Kadisch: (ver Ritual)
Kantismo: 40, 62-63, 71, 81, 137-138, 142-143, 190, 203, 333, 715-722, 759-760, 820, 902-903, 993, 997-1001, 1006-1007, 1020-1021, 1025, 1034-1035, 1038, 1052-1053, 1069, 1117n (ver também Idealismo; Lógica da origem)
Razão prática (imperativos): 718-722, 991, 997-999, 1000-1003 (ver também Regra de Ouro)
Kavaná: 513, 643-644
Kol Nidrei: (ver Ritual)

Laicidade: 1125-1126
Linguagem: 221-226, 313-319, 330-338, 366-369, 401, 432-442, 651-654, 983-984, 1072-1078, 1103-1104 (ver também Mística da linguagem)
Línguas:
    Alemã: 288-289, 595-599, 606-607, 615-618, 332n
    Ídiche: 279-282, 574-575, 615
    Grega: 593-595
    Árabe: 869n
Língua sagrada: 238-239
Lernen: 279, 397-398, 416
Liberalismo: 52, 778-782, 790n, 808-809
Liberdade: 194, 973-985, 1004-1007, 1022-1024, 1098-1106
Literatura: 351-354, 358-359, 724-725
Lógica/lógica da origem: 60-62, 70n, 71, 87, 108n-109n, 126n-127n, 212-213, 1035, 1076
Lei: 14, 16-17, 27, 121-125, 227-228, 258-267, 291-293, 311-313, 740-741, 785-786, 868-870
    Estatuto da: 130-131, 142-145, 260-265, 584, 587-592, 681-688, 1111-1112, 1119-1120
    Interiorização da: 64, 131-133, 220n-221n, 263-264, 629-633, 677-678, 811-815
    Transgressão da: 24, 495-496, 508-509, 511-513, 516, 522-532, 535-538 (ver também Antinomismo, Pecado/redenção pelo)

ÍNDICE DE NOÇÕES

Heteronomia da: 63-64
Dialética da: 309-313, 546
Lei escrita/Lei oral: 54-55, 66n-67n, 112-113, 870, 889, 1061-1062 (ver também Torá oral)
Nova Lei: 516
Parábola da (Kafka): 299-304, 684-685
e razão: 17, 32-33, 61-62, 137-138, 141-143, 145-147, 630, 781-782, 798-802, 823-826, 826-854, 863-865, 895-902, 940-946, 1061-1063, 1067, 1083-1084, 1146-1148 (ver também Filosofia judaica medieval/filosofia e lei)
Jerusalém e Atenas: 17-18, 113-114, 772, 860, 895-917, 929-930, 941-946, 1067-1068,
Luzes: 17-18, 20, 30, 188-189, 311, 457, 788-789, 794-826, 1075-1076
Aufklärung: 41-42, 124-125, 220, 543-545, 736
Luzes "moderadas"/Luzes "radicais": 41-42, 810-813, 913-914
Luzes "medievais": 25, 788-789, 808-810, 814-819, 931-833, 895-900, 916-918, 929-930, 940-943

Maassé Bereschit: (ver Relato da Criação)
Maassé Mercavá: (ver Relato da Carruagem)
Magia: 106n, 141, 434-437
Mandamentos (obediência): 52-53, 67-69, 90-91, 113-114, 117-118, 121-122, 130-132, 141-143, 228-229, 258-259, 456-460, 504-505, 786-787, 904-906, 912-914 (ver também mitzvot)
Mãos puras/impuras: 464-465, 593
Mal: 65-66, 84-85, 88, 91-96, 102-104, 324-325, 459-460, 489-493, 527-529, 713-715, 748-756, 761, 1003-1004, 1014, 1037-1040, 1112-1113, 1116-1117
Marxismo: 23, 697-399, 702-706, 971n, 1004-1005
Dialética: 702-706, 1004-1005
Materialismo: 19, 21, 24, 327-329, 341-349, 364, 371-375, 379, 973-975, 982, 999
Medo: 997-999, 1003-1006, 1038-1040 (ver também Temor)
Melancolia: 324-325, 357
Memória: 349-350, 358, 368-369, 566, 642, 985, 1011-1012, 1026-1027, 1059-1060, 1148
Rememoração: 24, 139, 241n-242n, 243, 247, 329-330, 337-338, 366-369, 764, 1060-1061, 1130-1137
Mérito dos pais: 118
Mercavá: (ver Relato da Carruagem/maassé mercavá; Cabala/noções)
Messianismo: 21-24, 107-120, 140-141, 243-244, 715-722, 744-748, 751-752, 850, 1033-1034, 1037-1040, 1120-1122, 1131-1141, 1144-1148 (ver também Cabala; Filosofia judaica medieval; Redenção)
apocalíptico: 21, 23, 110n, 247, 271, 370-371, 450-453, 466, 470-472, 493-494, 505-509, 551-554, 648-649, 656, 687-688, 744-745, 1136n-1137n, 1144-1145
Relação com a Lei: 449-451
Utopia messiânica: 450-452, 512-516
Antinomia/Dialética do: 23-24, 448-453, 484-485, 491, 506-508, 515-519, 524-525, 527-530, 546-554, 1144-1146
Impacto sobre a história judaica/Preço do: 449, 533, 544-553, 557-558
Era messiânica: 109-113, 119 (ver também Redenção/ processos de)
Política messiânica: 243-244
Força messiânica: 369
Cálculo messiânico: 486, 492, 494
Messias: 22-23, 109-110, 110n-112n, 117n, 165, 281-282, 301-302, 338-342, 359-362, 370-377, 452-453, 470, 503, 525-527, 636-637, 745, 747, 758, 850, 1034, 1090-1094, 1131, 1141, 1144-1146
Metafísica: 18, 20-21, 215, 804-805, 921-923, 972, 988, 999, 1006-1007, 1017, 1027-1028, 1146
Mischpatim: 123, 844n, 907n
Milagre: 54, 219-220, 785-786, 797-798, 811, 836n, 847
Mitmensch: 71-75, 84, 86
Mitzvot: 260, 458-459, 584
Modernos: (ver Antigos e Modernos)
Modernidade: 543-546, 987-997, 999-1000, 1004-1010, 1145-1148 (ver também Filosofia moderna)
Mundo: 27-28, 204, 212-220, 653, 948-950, 961-966, 986-987, 996-997
Elogio do: 190-193, 208-210, 234-237, 248, 650, 656-658, 708-715, 728-730, 761-762, 923-924, 944, 963-966, 1017, 1027-1028, 1036-1040, 1099n, 1146 (ver também Enraizamento)
Recusa do: 236-239, 248, 761-762, 972-973
Ciclo do: 496-505
Desencantamento do: 14-15, 17, 36, 192, 803, 1148
Mundo vindouro/futuro: 23, 115-117, 449, 462, 775, 779, 850n, 1090-1091, 1094, 1135
Monoteísmo: 22, 57-59, 62, 63n, 65, 69-70, 75, 76, 82n, 85, 93-94, 97, 100, 103-104, 109, 134, 141-143, 176, 456, 605, 763, 1033-1034, 1113, 1122-1124
Tríptico do: 22, 214-215, 221-223, 231-232, 239-242, 488, 598, 655-656, 1037 (ver também Criação; Redenção; Revelação)

Moral:
　Consciência: 1069-1070
　Moral natural: 77-82
　Moralidade: 23, 63, 717-719
　(*ver também* Ética; Kantismo)
Morte: 85, 101, 115-116, 180-181, 205-207, 225-226, 325-327, 354-355, 365, 703-704, 722-723, 744, 759-760, 815-816, 948-949, 990, 996, 1002, 1007n
　Mortalidade: 206, 971-974, 980, 1076-1077, 1102, 1130
　Imortalidade: 82n-83n, 85, 115-118, 811-812, 949-950, 1007-1014, 1019n, 1095n
Música (músico): 21, 338-339, 341-342, 350-351, 441, 695, 722-741
Mística: 14, 20, 64n-65n, 69, 96, 100, 264-266, 311, 424-425, 444-447 (*ver também* Cabala; Filosofia e mística)
　Figura do místico: 445, 470-472, 494-495, 506-507, 643
　Talmid hakham: 446, 471
　Tzadik: 446, 471, 582, 640-642, 575n
Hassid: 446, 470-471, 640-644
　da língua: 335-336, 433-441, 475-476, 480-481
　da prece: 478-479
Mito: 59n, 62, 65, 85, 88-92, 98, 109, 115-116, 141-142, 213-220, 295, 453-454, 458-460, 497, 590, 632-633, 965-966, 1004, 1013-1014, 1029-1031, 1033-1035, 1107-1108

Narração: 353-356
Nacionalismo: (*ver* Germanidade; Simbiose judeu-alemã; Sionismo e nacionalismo)
Natureza: 73, 103, 318-319, 338-341, 368-369, 755-757, 907-908, 959, 974-978, 986-987, 991-997, 1002 (*ver também* Vida/Vivente)
Nada: 222-223, 498-499 (*ver também* Criação ex nihilo)
Neben-mensch: (*ver Mitmensch*)
Niilismo: 18-19, 34-36, 143, 311, 365, 390, 508-509, 524-525, 529-532, 538-540, 568, 674, 707-708, 753, 968-973, 976, 986-992, 996-997, 1000, 1008, 1015, 1129, 1146-1148 (*ver também* Deus/morte de)
Noáquida (filhos/descendentes de Noé): 56n, 70-71, 73-83, 141, 793, 906-907, 1032-1033, 1109 (*ver também* Justos entre as nações)
　Mandamentos noáquidas: 76-77, 82n, 1032n
Novo pensamento: 175, 200, 205, 270, 785, 1041, 1085
Novo testamento: 46n-47n, 54n-55n, 57, 74, 136

Obediência: (*ver* Mandamentos)

Ontologia: 210-211, 657-658, 703, 743-744, 920, 949-950, 958, 969-985, 990-992, 1000-1001, 1005-1010, 1015-1018, 1024-1025, 1035-1036, 1051-1054, 1069-1072, 1076-1083, 1101-1107
Ortodoxia: 67, 783-789, 796-817(*ver também* Judaísmo ortodoxo)
Outrem/Outro/Alteridade: 71-77, 84-88, 653-660, 1070-1079, 1083-1088, 1094-1106 (*ver também* Ética; Homem/conceito; Responsabilidade).
　Face do: 1073-1078, 1084-1085, 1098-1106

Paganismo: 180, 198-199, 215-220, 234-237, 657n, 1027-1028, 1035, 1066, 1079, 1106-1108 (ver também Mito; Imagem; Panteísmo)
Paulinismo: 46n-47n, 55-56, 81n, 120-122, 142n, 146n, 164-165, 236-237, 524n, 595-598, 678-684, 796-797, 1013n
Paz: 19, 23, 123n, 138n, 139-141, 1068-1073, 1093-1097, 1138-1140
　perpétua: 81, 145-146, 1069-1070, 1094-1095, 1127n, 1137, 1145
　Caminhos da: 140-141, 1127
Panim: 455
Panteísmo: 36, 51, 57-60, 67, 69, 103, 127, 498 (*ver também* Paganismo)
Perdão: 89-104, 242-243, 1110
Paraíso (*Pardes*): 65, 182n, 311, 317-318, 340, 365, 390-391, 437n, 684-685
Parúsia: 234-236 (*ver também* Cristianismo)
Passado: (*ver* Tempo/categorias do)
Pobre/Pobreza: 63, 84-87, 117n, 122n, 140n, 1086, 1107, 1114, 1127
Pecado: 89-96, 104-105 (*ver também* Ritual/Iom Kipur)
　Pecado original: 90-91
　por inadvertência/não intencional: 97-100
　Redenção pelo: 523-532, 987-989
Pintor/Pintura: 725-732
Pessakh: (*ver* Ritual)
Povo judeu: (*ver* Israel; Judaísmo)
Piedade: 85-86
Platonismo: 113, 838-842, 848-855, 861, 891n, 902, 908, 927-932
　Neoplatonismo: 473-474
Política: 243-244, 1069-1071, 1083-1098, 1121-1127
Prece: 116n, 131-136, 233-234, 478-479, 643, 1049, 1115 (*ver também* Ritual)
　Reforma da: 135n, 136, 181n (*ver também* Judaísmo/liberal/reformado)
　Língua da: 135-136, 429
Preocupação (cuidado, calêndula): 971, 990
Presente: (*ver* Tempo/categorias do)
Pressentimento: 726-727, 732

ÍNDICE DE NOÇÕES

Progresso: 362-369
Profetas/Profecia/Profetismo: 27, 33, 62, 81n, 90-93, 113, 440, 510-517, 591, 674-675, 834-835, 901-903 (ver também Filosofia judaica medieval)
Providência: 104n-105n, 233, 861-862 (ver também Filosofia judaica medieval)

Razão: 13, 17, 19, 22, 66-68, 78 (ver também Lei e Razão)
Artifício (estratagema) da: 362
Destruição da: 807-808, 917-920
Relato da Criação (maassé bereschit): 460-466, 497n, 845n, 865, 887-895, 912n
Relato da Carruagem (maassé mercavá): 264-265, 460-467, 470, 477, 511, 865, 887-895, 845n
Redenção: 22, 26, 98, 101-108, 144-145, 228-231, 241-246, 265-267, 292-293, 352-356, 369-376, 448-451, 466, 468, 492-494, 509, 553, 643-644, 648, 748, 760, 773, 938-939, 1020, 1144-1148 (ver também Messianismo; Monoteísmo; Pecado/redenção pelo)
Processo/marcha da: 486, 491, 493, 505-506, 513-516, 518-523 (ver também Cabala/noções/tikun)
Regra de ouro: 68n (ver também Kantismo)
Religião:
Fenômeno/História: 677-688, 961-967, 987-989, 1025-1029
Crítica moderna da: 795-796, 815-816, 821-822, 926-927
Religião da razão: 57-58, 63-64, 85, 89-90
Religião natural: 56-57
de adultos: 141-143, 1113
e filosofia: (ver Lei e razão)
Renascença: 220, 323, 974
Reparação (do mundo): 21, 223n, 266, 369-370, 375-379 (ver também Cabala/noções)/tikun)
Responsabilidade: 63, 144-145, 654-660, 756-757, 762-763, 943-1007, 1014-1016, 1024-1025, 1036-1040, 1082-1088, 1098-1105, 1111-1113, 1146 (ver também Outrem; Ética)
Ressurreição: 115-116, 435-436, 452, 883
Retorno: 14, 38, 41, 133n, 152-153, 156-162, 270, 772-774, 779-781, 787, 812-814, 898-, 936, 940-946, 1146-1148 (ver também Teschuvá; Tradição)
Revelação: 22, 54, 64-66, 72, 174-176, 180-181, 200-203, 225-229, 240-241, 265-266, 292-293, 302-306, 322, 334-337, 421, 433, 442, 444, 499, 597-598, 655-657, 738, 785, 793-808, 811-814, 822-825, 916-918, 1026 (ver também Monoteísmo)

Interiorização da: 64n
Revolução: 23-24, 117n, 328, 402, 409n, 697n, 736, 988
Revolução Francesa: 188-190, 196, 199, 537, 540, 543-544
Ritual: 27, 103n, 1060 (ver também prece)
Ciclo das festas: 101, 239-243, 1132
Schabat: 87, 135, 239-241, 395, 423
Rosch-ha-Schaná: 101-102, 242
Pessakh/Seder: 153, 241, 247, 395, 400, 1061, 1133n
Iom Kipur: 97-104, 123n, 131-132, 140, 242-243, 395, 399-400, 1012n, 1110
Sucot: 241, 1083
Purim: 1059
Schemá: 139, 259n, 287, 395, 397, 614n, 1019, 1133
Aleinu: 133n, 937
Kidusch: 395
Kadisch: 116, 133n, 177, 252n, 1008
Kol Nidrei: 177n, 184n
Romantismo: 319-320, 427
Ruptura dos vasos: (ver Cabala/noções)

Sabataísmo: 24, 410, 507-545, 557, 648, 987-988
Biografia de Sabatai Tzvi: 510-521
Apostasia de Sabatai Tzvi: 520-521
Movimento sabataísta: 516-532, 534-536
Sagrado: 142, 647, 1066
Sacrifícios: 90, 94, 96, 98-101, 111, 123, 134n
Santidade/Santificação/Autossantificação: 69-70, 94-96, 133 (ver também Deus/atributos)
Sábios: (ver Talmud)
Salvação: 104-105
Salvamento: 377
Schabat: (ver Ritual)
Schekhiná: (ver Cabala/noções)
Schemá: (ver Ritual)
Schiur Komá: (ver Cabala/noções)
Schoá (Shoah): 13-14, 22-23, 31, 107, 143-144, 258, 270-272, 373, 378, 429-430, 492n, 567, 576, 585, 663, 665-670, 751-752, 756, 761-765, 950, 955-957, 1008-1011, 1036-1040, 1044, 1049-1050, 1018-1024, 1056, 1059, 1067, 1114-1117, 1127, 1136-1137
Séculos:
XIX: 15, 152, 154, 155, 187-188, 199-200, 284-286, 700-701
XX: 13-14, 152, 155, 187, 284-286, 353, 650, 669, 988, 1071, 1084, 1116, 1128, 1144-1148
Secularização: 14-15, 27, 273-274, 559, 563-571, 946, 1006, 1120, 1124, 1148 (ver também Morte de Deus)

Sefirot: (*ver* Cabala/noções)
Sensações/Sensualidade (sensualismo): 60-62, 110, 115-116
Servidor sofredor: 169n, 246
Si: 217-220 (*ver também* Eu; Sujeito)
Sionismo: 15-16, 24-26, 125-131, 170-171, 175, 181-182, 249-256, 401-413, 553-560, 580-581, 583, 660-670, 774-779, 936-939, 952-953, 1120-1127, 1147 (*ver também* Aliá; Ischuv)
  e antissionismo: 30-31, 42n-43n, 107, 111, 128-131, 249-257, 553-554, 581
  e nacionalismo: 121, 126, 130-131, 554, 559, 563-565, 636-637, 661-665, 1121-1122
  e antissemitismo: 128-129, 665-666
  e ciência do judaísmo: 387-389, 426-432
  e Tradição: 402-404, 563-565, 774-777
  e messianismo: 129-130, 181, 252, 556-559, 565, 662-663, 778-779, 1121-1122
  político: 129-130, 580-581, 660-666, 774-779, 785
  religiosos: 559, 565, 776-777, 782-783
  cultural: 580-581, 363, 776
  Dialética do: 25-26, 403, 554-560, 774-779, 935-939
  Organizações sionistas (e antissionistas):
    Agudat Israel: 402, 776n, 777n
    Brit Schalom: 555-556, 663
    Blau-Weiss: 402, 406
    Lar popular judaico (Berlim): 407
    Ha-Poel ha-Mizrakhi: 383, 663
    Ha-Poel ha-Tzair: 385, 409n, 661n, 663
    Ha-Schomer ha-Tzair: 384
    Hibat Tzion: 388
    Histadrut: 385
    Hitahdut: 661
    Ihud: 665-666
    Irgun: 586, 664-665
    Jung Juda: 33n, 399, 408, 409n, 412-414
    Mizrakhi: 663, 776n
    Partido revisionista: 664, 777-778
    Poalei Tzion: 408-410
    Tzeire Tzion: 661n
  Imprensa sionista:
    Beaiot ha-Zman (*Béayot Hazman*): 665n, 666n
    Blau-Weiss Blätter: 406n
    Blau-Weisse Brille: 406
    Der Jude: 406, 407n, 573, 583
    Die Welt: 393, 580
    Herut: 665n
    Jüdische Rundschau: 393, 405, 408-409
  Congressos sionistas:
    Primeiro (Basileia, 29-31 ago. 1897): 388
    Terceiro (Basileia, 15-18 ago. 1899): 580
    Quinto (Basileia, 26-30 dez. 1901): 388, 580
    Sétimo (Basileia, 27 jul.- 2 ago. 1905): 388
    Décimo Primeiro (Viena, 2-9 set. 1913): 388
    Décimo Segundo (Karlsbad [Karlovy Vary], 1-14 set. 1921): 580n, 661-663
    Décimo Quarto (Viena, 18-31 ago. 1925): 581
    Décimo Sétimo (Basileia, 30 jun.-15 jul. 1931): 555
Sitra Akhara: (*ver* Cabala/noções)
Socialismo ético: 117-119
Solicitude (interesse, atenção): 659
Sofrimento: 84-88, 104-108, 985, 1018-1020, 1115-1116
  de Israel: 105-106, 119-120, 143-144, 168-170, 265-266, 506, 1134-1136
Soberano Bem: 708, 716-719, 721-722, 743, 757-759, 1006-1007, 1145
Simbiose judeu-alemã: 30, 38, 42-49, 126-127, 145-146, 176, 248-251, 273, 413-414, 579n, 627-628, 780-781, 937 (*ver também* Germanidade; Judaísmo alemão)
Símbolo: 326-327, 434, 441, 448, 458, 473-474, 480-482, 489-490, 497-498, 522, 548-549, 967, 1029-1030 (*ver também* Alegoria)
  Função simbólica: 973, 982-983
Sinagoga: 134, 158-161, 167, 170-171
Sonho: 701
Sujeito/Subjetividade/Intersubjetividade: 63, 89-96, 715-722, 981-983, 992, 994, 998, 1071-1078, 1084-1085, 1095n, 1098-1105 (*ver também* Indivíduo/Eu)
Suprassensível: 18, 20, 115, 673-675, 707-708, 716-718, 725-728, 743, 761, 968, 1146

Talmud: 68n, 403-404, 536, 1057-1067(*ver também* Adadá, Halakhá)
  Sábios: 22, 101-102, 105, 110-111, 116n, 134n, 312, 446, 452-453, 459, 461-466, 476-477, 505, 508, 527, 593-594, 631, 646n, 757, 764-765, 775, 824n, 845n, 849-850, 868n, 871, 887, 892, 1059, 1061-1063, 1065, 1092, 1133-1135,
  Dialética Talmúdica: 420, 1063-1065
Técnica: 991-997, 1028, 1078-1079, 1082
Temor: 997-998, 1003-1006 (*ver também* Medo)
Templo: 23, 99n, 112n, 134-135, 158
Tempo: 208-211, 214-215, 230-232, 366-370, 733-736, 1010-1011, 1131-1135, 1146-1148
  Categorias do:
    Passado: 14, 26-27, 75, 368-369, 378-379
    Presente: 75, 196-197, 367-369, 968, 986-987, 993, 1011-1012

ÍNDICE DE NOÇÕES

Futuro: 14, 22, 24, 27-28, 75, 114-115, 229-230, 365-370, 997-1007, 1038-1040, 1137-1138, 1144-1148
Tempo sagrado: 239-246
Temuná: 455-456
Terra Santa: 237-238
Teschuvá: 41, 49, 93, 98, 102n, 159-162, 404, 495, 634-635, 645, 772-773, 779-781, 787-788, 813-814, 898, 1111, 1120 (ver também Retorno)
Teodiceia: 23, 144, 155, 209, 495, 714-715, 749-752, 763, 1019-1024, 1116-1118, 1127-1129
Teologia: 33, 220-221, 291-297, 303-306, 327, 356-357, 361-362, 375-376, 783-788, 916-917, 945, 999-1000, 1020-1029, 1106-1107, 1147
Teologia-política: 282n, 782-792, 808
Teofania: 64
Teosofia: 487-490
Tikun: (ver Cabala/noções)
Tohu (olam ha-tohu): 430, 496, 500
Torá: 22, 73-74, 76, 82-83, 86n, 138n, 140n, 176, 183-184, 233n, 234-235, 258n-259n, 422, 429, 435-442, 530, 568-569, 589, 681, 737-738, 800-801, 1111-1112
  Estudo da: 67-68, 80n, 110n, 122, 134-135, 139, 261, 369, 642, 771-772, 1046-1050, 1061-1065
  Leitura/Recitação da: 132n, 610-611
  Letras: 435-442, 476, 489 (ver também Mística da linguagem)
  Nível de significação: 437
  Outorga da: 261, 312 (ver também Sinai)
  Oral: 476-477, 591-593, 600, 938-939 (ver também Lei oral)
  fala a língua dos homens: 54, 226-228, 873n
  não está no céu: 66n-67n, 312
  como símbolo: 403, 939-940
  Historicização da: 264, 630-633, 786
  Torah de atzilut/Torah de briá: 530
  Segredos da: 435, 457-458, 460-466, 488, 865-873, 879-881, 887-895 (ver também Relato da Criação/Relato da Carruagem)
  Interdição de divulgar: 460-461, 477, 845-846, 868-874 (ver também Filosofia judaica medieval/arte de escrever)
Totalidade: 19, 197, 201, 213-214, 650-653, 1068-1073, 1077-1085 (ver também Filosofia ocidental)
Totalitarismo: 346, 924-925
Tradição: 14-16, 18, 21, 22, 25-27, 68, 259-262, 290n, 307-313, 369-370, 378-379, 397-399, 420-422, 431, 442, 443-446, 456-457, 476-477, 482-483, 563-571, 586-592, 72-773, 781-782, 810-815, 821, 1022-1023, 1042, 1045-1049, 1057-1066, 1145-1148 (ver também Retorno)

Dialética da: 309-313, 433-434, 550-551
Tradução: 183n-184n, 330-335, 401n, 561n
  das Escrituras: 183-185, 401n, 584, 593-633
  do Nome: 601-606 (ver também Índice de Referências, *Ex.* 3,14)
Tragédia/Trágico: 89-90, 101, 104-105, 213-218, 320-326, 356
Transcendência: 14, 655, 733, 926-927, 1009-1011, 1027-1028, 1147 (ver também Infinito; Suprassensível)
Trauerspiel: 320-326
Tzedaká: 86, 620n
Tzelem: 455
Tzimtzum: (ver Cabala/noções)
Tu: 203, 225-227, 650-654 (ver também Diálogo; Eu)

Universidade Hebraica de Jerusalém: 35-36, 381, 389, 580, 951
Utopia: 20, 23-26, 702-705, 742-765, 1004-1007, 1034, 1146 (ver também Esperança; Messianismo)

Vivido(a)/Experiência vivida: 213, 260-265, 407-408, 420, 645
Verdade: 138-140 (ver também Deus/atributos)
Vida/vivente (vivo): 72-73, 77, 204-205, 213-218, 234-235, 266-268, 958-959, 964-965, 968-980n, 985, 995-996, 1000-1001, 1031-1037, 1146
  Organismo: 973-980
  Metabolismo: 971, 977-980
  Necessidade: 971-972, 979, 994-995
  Árvore da vida: 206-207, 506, 876, 904
  Livro da vida: 1012, 1018
Violência: 200, 244-245, 651, 1115-1118

Wissenschaft des Judentums: 25-26, 32-35, 418, 426-432, 541, 598, 638, 819n
  Academia de estudos judaicos (São Petersburgo): 409
  Akademie für die Wissenschaft des Judentums: 35-36, 136n, 178, 274n, 386-387, 414, 768, 794, 819n
  Freies Jüdisches Lehrhaus (Frankfurt): 41n, 136n, 178-182, 251, 268, 583, 778n
  Hochschule für die Wissenschaft des Judentums: 32, 38n-39n, 40-41, 161, 381, 387, 413, 953
  Jüdisch-Theologische Seminar (Breslau [Wroclaw]): 38n-39n, 829
  Jüdische Freischule: (Wolfenbüttel) 153
  Rambam-Lehrhaus (Berlim): 776n-777n

Índice de Referências

BÍBLIA
Antigo Testamento
Gênesis
    1: 222, 1035
    1, 1: 157, 440, 601
    1, 2: 625
    1, 13: 226
    1, 26: 455, 1049
    1, 26-27: 65
    1, 27: 317
    1, 31: 225n, 324n, 617n, 1002n, 1089
    2, 4: 601n, 602
    2, 7: 65, 92n, 316
    2, 19: 316, 983, 1016
    3, 4: 617n
    3, 5: 65, 66n, 1016
    3, 9: 646-647, 1026
    4, 9: 614n, 1026
    5, 1: 74, 228n
    6, 5: 91
    6, 6-7: 1017n
    6, 9: 619n
    6, 13: 72, 1032
    6, 18: 10, 32
    8, 21: 72, 91

    9, 1-6: 793n
    9, 11: 72
    9, 14: 624
    9, 17: 1033
    11: 619
    15, 16: 620
    17, 1: 619n
    18, 18: 1033
    18, 23: 73
    18, 27: 202, 760
    22: 905n
    22, 1: 226n
    33, 14: 537, 845n
    37, 8: 624
    43, 16: 624
    50, 23: 424
Êxodo
    3, 14: 60, 400, 440, 602-607, 753, 908
    3, 15: 461n
    5, 23: 755
    12, 49: 76, 793n
    13-17: 774
    19: 632n-633n
    19, 3: 612n
    19, 6: 166

    20, 5: 90
    20, 20: 463
    22, 20: 83
    23, 2: 312
    23, 19: 122n
    24, 7: 114n, 633, 904n, 913n
    24, 10: 462, 845n
    29, 4 e 8: 622
    32, 12: 619
    32, 16: 233n
    32, 33: 1012n
    33, 11: 64, 455, 731n
    33, 15: 755
    33, 19: 95, 908n
    33, 34: 69n
    34, 6: 138n
    34, 6-7: 68, 102n
    34, 7: 102n
    34, 28: 849n
    40, 12 e 14: 622
Levítico
    4, 2: 98n
    4, 22: 98n
    4, 27: 98n
    11, 44: 94, 104n
    16, 30: 104n

19, 3: 69
19, 9-10: 122n
19, 17: 105n
19, 18: 74n, 228n
19, 34: 74n
24, 22: 83
Números
8 e s.: 622
8, 16: 622
11, 25: 835
12, 8: 455, 462
15, 15: 83
15, 22-29: 98n
15, 26: 100
15, 27-30: 99n
16: 610n
16-17: 621-623
18, 1-7: 622
18, 3: 622
18, 6: 622
20, 8-9: 621n
20, 13: 755
23, 9: 106, 162n, 662, 1120
23, 23: 106n
24, 25: 106
35, 15: 74n, 83n
35, 19: 751n
Deuteronômio: 889
4: 123N
4, 6: 807n
4, 12: 455, 731n
4, 14: 731
4, 15: 64
4, 15-19: 912
4, 42: 74n
5, 3: 261n
5, 4: 64
6, 4: 883
6, 5: 227
7, 18: 618n
8, 5: 352n
10, 12: 233n
11, 13: 259n
13, 1: 611
13, 7: 74n
14, 28-29: 86
15, 4: 84
15, 11: 84, 117n
16, 3: 1133
16, 16: 122n
17, 19: 1113n
23, 8: 75, 1109, 1110n
23, 25-26: 86

24, 17-18: 83, 1110n
24, 19-22: 87
25, 17: 1135n
25, 19: 1135n
27, 19: 84, 1110n
30, 12: 67n, 312, 1065n
30, 14: 64, 261n
30, 20: 261n
31, 10-12: 610n
31, 18: 311
33, 5: 1113n
34, 12: 440
Josué
1, 8: 772
23, 7: 463
24, 14: 138n, 139
Juízes
20, 1-2: 621n
1Samuel: 908, 1090
8, 5: 253n
8, 20: 662, 775, 1120
15: 669n
25, 29: 415n
2Samuel
7, 28: 138n
14, 11: 751n
19, 29: 86n
1Reis: 1090
6, 7: 429n
8, 41-43: 75
19, 12: 645n
Isaías: 448, 451
1, 11-14: 90n
1, 21: 667
1, 26: 897n
4, 3: 118
5, 7: 86n
5, 16: 86n
6, 8: 1102
10, 20-23: 118
10, 21-22: 258n, 431n
10, 22: 86n
11, 6: 110n
11, 9: 453
23, 18: 1093
28, 17: 86n
38, 19: 138n
40, 11: 95
40, 25: 166
43, 12: 226n
43, 18: 1134
43, 19: 1135
46, 10: 754

46, 12: 86n
49, 21: 428n
52-53: 480n
53: 169n
53, 5: 526
53, 6: 528
53, 9: 527
54, 13: 262n
56, 7: 75, 134, 258n
59, 16-17: 86n
63, 10: 69n
63, 11: 69n
64, 3: 116n, 757, 902n
65, 17: 115, 636, 755, 764
Jeremias
7, 22-23: 90n
9, 22-23: 114
10, 10: 138, 166
17, 13: 104n
22, 16: 1126
23, 7-8: 1134
31, 10: 95
31, 29: 92
Ezequiel: 448, 460n, 463-465, 857n
1: 264, 865
1, 26: 462
10: 865
11, 17: 111
18, 22: 92
18, 30: 93
18, 31: 93
33, 19: 103n
34, 22: 95
36, 25: 104n
38-39: 1135n
47, 21-22: 83n
Oseias: 451
14, 2: 103n
Joel
3, 1: 429n, 939n
Amós: 448, 451
3, 2: 119, 1125
5, 19: 1136
9, 7: 662
9, 11-15: 111
Miqueias
4, 3-4: 112
4, 13: 113
5, 7: 581
7, 6: 451
Habacuc
2,3: 1131n

ÍNDICE DE REFERÊNCIAS

Zacarias
  2, 15: 121
  8, 16: 140
  13, 9: 515
Salmos: 95, 96, 132, 227n,
  230
  23, 1: 95
  25, 10: 138n
  35, 19: 105n
  44, 23: 162n
  51: 69n
  61, 5: 686
  68: 1093n
  68, 31: 1093
  69, 29: 1012n
  73, 23: 181n
  73, 28: 96
  86, 15: 138n
  88, 12-13: 749
  91, 4: 138n
  95, 7: 230n, 638
  101, 7: 465n
  115: 222, 230
  115, 18: 231
  116: 403
  117, 2: 138n
  119, 126: 177n, 869
  119, 151: 138
  121, 7: 411
  126, 6: 357
  130: 400
  137, 5: 139
  139, 7: 910n
  145, 9: 140n, 1127n
  147, 5: 462n
Provérbios
  3, 17: 1127n
  3, 18: 904n
  3, 19: 259n
  6, 23: 138
  8, 21: 887n
  23, 10-11: 751n
Jó: 104, 105, 143, 144, 225n,
  748-755, 1019, 1024
  2, 11: 74n
  3, 17: 225n
  17, 13-16: 752
  19, 25-27: 749, 751
  31, 35: 749
  38, 4: 749
  38, 26: 750
  40, 4: 750

Cântico dos Cânticos: 132n, 172,
  222, 225, 226, 227n, 463-
  465, 485
  5, 10-16: 464
  8, 6: 225, 760
Rute: 485
Lamentações: 403, 485
  3, 23: 375n
Eclesiastes
  1, 4: 218
  1, 18: 1116
  3, 11: 501n
  11, 1: 1017n
Ester: 287n, 464n, 527, 595,
  1059-1060
Daniel
  12, 2: 883
  12, 13: 883
Esdras
  7, 6: 612n
Neemias
  8, 8: 612n

NOVO TESTAMENTO
Mateus
  22, 37: 74n
Lucas
  10, 25-27: 74n
Romanos
  1, 11: 57n
  7, 6: 682
  11, 25: 237

TALMUD DA BABILÔNIA
Avodá Zara
  3a: 258n
Baba Batra
  9b: 140n
  10a: 1114n
  12b: 1139n
  21a: 139n
  60b: 670n, 764n, 1137n
  134a: 887n
Baba Metsia
  30b: 140n
  59b: 312n, 1065n
Berakhot
  1a: 397-398
  7b: 404n
  8a: 430n
  9b: 603n, 754n
  12b-13a: 1133n
  13a: 146n, 259n

  31b: 873n
  33b: 137n, 233n, 1112
  34b: 110n, 117n
  54a: 642n, 869n, 1112
  60a: 642n
  61a: 92n
  61b: 261n
  63a: 869n
  64a: 262n
Schabat
  11a: 1090n
  31a: 67n, 68n, 340n
  32b: 105n
  55a: 138, 1115n
  68b-69a: 99n
  69a-70b: 98n
  88a: 904n
  88a-88b: 1064n
  89b: 168n
  118b: 23
  119b: 92n, 105n
Eruvim
  13a: 436n
Guitin
  10b: 397n
  59b: 140n
  60b: 264n, 868n
  61a: 140n, 141n, 1127n
Gaguigá
  10b: 444n
  11b: 264n, 461, 476n, 845n
  11b-12b: 868n
  13a: 477n
  14a: 375n
  14b: 182n, 437n, 465n, 502n,
    733n, 887n
Ketubot
  111a: 416
Kiduschim
  71a: 461n
Makot
  10a: 83n, 751n, 1111n
  23a: 1092n
Meg[u]ilá: 398
  7a: 464n, 1059n
  8b, 9a-9b: 594n
  16b: 134n, 772
  17b: 515
  27a: 134
  31a: 37n
Menahot
  99b: 772
  99b-100a: 1132n

100a: 134n
Nasir
 23b: 682n
Nedarim
 32a: 106n
Nidá
 30a-30b: 642, 658
Pea
 I, 1: 134n
 1a: 122n
Pessakhim
 118b: 1089n, 1093n
Pirkei Avot
 I, 1: 280n, 590n
 I, 14: 664, 775n
 I, 18: 139n, 140n
 II, 1: 1012n
 II, 8: 114n
 II, 14: 816n
 III, 2: 1089n
 III, 16: 1012n
 IV, 2: 118n
 IV, 17: 635n, 646n
 VI, 2: 233n, 260n
 VI, 5: 114n
Rosch ha-Schaná
 16b: 1012n
 17b-18a: 102n
Sanedrin
 6b: 1092n
 21b: 612n
 36b-37a: 1067n
 56a: 76n, 1032n
 56a-56b: 793n
 67a-68b: 1108
 89b: 1115n
 91b: 79n, 110n, 452
 97a: 22, 23, 111n, 451n, 452n, 745n, 1136n
 97b: 22, 111n, 452, 850n, 1017n, 1131n, 1137n
 98a: 23, 230n, 258n, 637n, 1136n
 99a: 23, 116n, 635n, 757, 816n, 850n, 1090n
 99a-100b: 634n
 104a: 1077n
 105a: 79n, 82n
Schavuot
 39a: 659n
Suká
 5a: 1108n
 20a: 612n

42a: 139n
45b: 1017n
49b: 86n
Sotá
 14a: 86n
 21a: 138n
 37a-37b: 1061n, 1112n
 49b: 451n, 594n
Iadaim
 73a: 465n
Iomá
 10a: 1089n
 85b: 100, 104n, 243n, 1054
 85a-85b: 1110
 86a: 102n
 86b: 103n
Tossefta Sanedrin
 XIII, 2: 79n, 80n, 82n

TALMUD DE JERUSALÉM
Nedarim § 9 : 74N, 228N

MIDRASCHIM
Avot de Rabi Natan
 A, IV: 99n
Bereschit Rabá
 I, 4: 258n
 IX, 2: 501n
 IX, 5: 225n, 324n, 1002n
 IX, 13: 1089n
 XVII, 4: 983n
 XXIV, 4: 74n, 228n
 XXX, 10: 1113n
 XXXIX, 1: 687n
 LXXVIII, 1: 375n, 376n
Schemot Rabá
 III, 6: 603n, 754n-755n
Midrasch Tehilim
 Salmo, 3, 2: 436n
 Salmo, 45, 3: 451n, 745n
Midrasch Threni
 I, 2, § 23: 764n
Midrasch Schir-ha-Schirim
 (Agadat hazita)
 I, 1, § 11: 465n
Pesikta Rabati
 29/30B, 4: 764n
Pesikta de Rab Kahana
 Piska 12, 6: 226n
Sifrei sobre o Deuteronômio
 Piska 45: 92n
 Piska 161: 1113n
 Piska 346: 226n, 1113n

Taná de Eliahu
 88: 70

MAIMÔNIDES
Guia dos Perplexos: 416, 473, 486, 827-895, 900
 Introdução: 864, 877, 881, 461n, 477n, 835n, 845n, 863n, 865n, 867n, 869n, 870n, 872n, 876n, 877n, 880n, 881n, 878n, 886n, 889n
 I, 1 e s.: 455
 I, 1-70: 864n
 I, 2: 66n
 I, 8-1, 26: 880n
 I, 14: 880n
 I, 15: 891n
 I, 17: 880n
 I, 21: 868n
 I, 27: 58n
 I, 28:845n
 I, 31: 845n
 I, 31-32: 846n
 I, 33: 461n, 892n
 I, 33-34: 845n, 868n
 I, 34: 844n
 I, 35: 461n, 865, 867n
 I, 37: 55n, 455n, 731n
 I, 50: 844n, 846n
 I, 54: 69n, 118n, 830n
 I, 63: 604n
 I, 71: 846n, 863n, 868n, 870, 871n, 912n, 477n, 865n
 II, 2: 865, 867n, 878, 461n
 II, 11: 870
 II, 13: 222n, 854n
 II, 13-15: 497n
 II, 16: 497n, 912n
 II, 16-17: 846n
 II, 17: 863n
 II, 17-18: 497n
 II, 19: 497n
 II, 22-25: 846n
 II, 25: 498n
 II, 26: 866n
 II, 29: 865n
 II, 30: 498n
 II, 32: 833n
 II, 32-39: 439n
 II, 33: 938n-939n
 II, 35: 865n
 II, 36: 440n, 833n, 834n, 870
 II, 40: 837n

ÍNDICE DE REFERÊNCIAS

III, Introdução: 475n, 868n, 871n, 877n
III, 1-7: 889n, 892n
III, 3: 857n
III, 6: 870
III, 6-7: 264n
III, 7: 845n
III, 8-24: 889n, 892n
III, 8-54: 8982n
III, 10-12: 460n
III, 11: 580n
III, 16: 866n
III, 17: 460n, 857n, 861n, 866n
III, 17-1: 888n
III, 21: 866n
III, 22: 92n
III, 22-23: 104n
III, 23: 460n, 857n, 861n-862n
III, 24: 889n
III, 25 e s.: 892n
III, 26: 123n, 870
III, 27: 889n
III, 28: 123n, 844n, 852n
III, 31: 123n
III, 32: 90n
III, 35: 123n
III, 51: 460n, 844n, 849n, 863n, 893n
III, 54: 67, 863n, 887n, 890n, 892n, 1065n
Mischné Torá: 416, 458, 475, 862, 863, 886-895
Introdução: 870n
I, I (*Iessod ha-Torá*): 844n
  I, 13: 873n
  IV, 13:887n, 892n
  VII: 439n
  VII, 3: 329n
  VIII, 1: 512n
I, III (*Talmud Torá*)
  III, 3: 134n
I, IV (*Akum*)
  x, 6: 80n
I, v (*Teschuvá*): 635n
  II: 93n

III, 5: 79n, 1033n
III, 7: 816n
V: 137n
VIII: 116n
X, 6: 844n
XIV, II (*Edut*)
XI, 10: 79n
XIV, V (*Melakhim*)
VIII, 11: 78n
X, 12: 140n, 1127n
XI, 1: 1090n
XII: 453n, 850n
XII, 1-2: 110n, 370n
XII, 2: 850n, 1094n, 1131n
XII, 4-5: 110n
Comentário sobre a Mischná
Sanedrin, x (*Heleq*): 111n, 112n, 116n, 129n, 452n, 463n, 755n, 850n, 1022n, 1131n
Pirkei Avot: 471n
Tratado sobre a Ressurreição: 117n, 883, 886n
Tratado dos Oito Capítulos: 140n
Tratado de Lógica: 848n, 866
Sefer ha-Mitzvot: 869n
Epístola ao Iêmen: 871n, 1131n

IEHUDÁ HALEVI
Kuzari: 473, 899
  II, 48: 900n
  III, 30-31: 612n
  IV, 3: 463n
  IV, 13: 896n
  IV, 19: 900n
  IV, 23: 896n
  V, 14: 896n
Diwan: 905n

SAADIA GAON
Livro das Crenças e das Opiniões, VIII, 3: 451n

IOSSEF ALBO
Sefer ha-Ikarim (Livro dos Dogmas), I, 2: 498n

ARISTÓTELES
Ética a Nicômaco: 839n, 842, 905
  X, 7: 830n, 833n
  1141a: 909n
  1178b: 909n
Física: 839n, 842
Metafísica: 839n, 842
  1072b: 909n
  1074B: 909n
Política: 839n
Da Alma (De Anima), 429a: 909n

PLATÃO
Timeu: 839n, 842, 854
A República: 839n, 842
  351c: 900n
  378-379: 910n
  494a: 858n
  519c-520a: 891n
Leis: 838n, 839n, 842, 927
  X: 910n
  718b: 904n
  905a-b: 910n
Fédon: 858n
Apologia de Sócrates, 20d-e: 896n

HESÍODO
Teogonia: 909
Os Trabalhos e os Dias: 909

ARISTÓFANES
As Nuvens: 927

XENOFONTE
Hierão: 923
Econômico: 927
Memorabilia ou Ditos e Feitos Memoráveis de Sócrates, I, IV, 13: 768n

AVERRÓIS (IBN RUSCHD)
Tratado Decisivo (Kitab Fasl al-Maqal), § 71: 843n

Índice de Nomes[1]

Aarão: 621, 622, 738-742
Abade Pierre: 1055
Abaye: 887n
Abel: 905
Abensour, Miguel: 1144n
Abraão ben Eliezer ha-Levi: 494
Abraão: 59n, 72-73, 203, 226, 238, 253-254, 299, 619n, 671-672, 676, 688, 906, 911n, 1032-1033, 1070, 1080, 1115, 1121
Abravanel, Isaac ben Iehudá: 453, 494, 851-853
Abuláfia, Abraão bem Samuel: 336, 438-441, 467, 480, 482, 484, 488
Abuláfia, José: 483n
Abuláfia, Meir Halevi: 884n
Adão: 72, 203, 225, 226, 228n, 265, 318, 322, 330, 335n, 337, 495, 502, 503, 644-645, 752, 983, 1026, 1032
Adler, Cyrus: 826n
Adorno, Gretel: 283, 315n, 357n, 361n
Adorno, Theodor Wiesengrund: 20, 278n-285n, 307, 321, 329, 333n, 342, 343n, 346-349, 350n, 353n, 357n-358n, 360n, 365n, 367n, 371n, 372-373, 374n, 378, 689-690, 692-694, 701, 705-707, 734n, 735-739, 741, 1144
Adriano: 683
África: 491, 493, 517
Agag: 669
Agnon, Schmuel Iossef: 179, 305n, 392n, 407n, 411, 412, 417, 557, 748
Agostinho: 198, 323, 954, 1029
Albo, Iossef: 498
Aleikhem, Scholem: 392, 408n, 557
Alemanha: 26, 34, 42, 44, 48, 134, 135n, 167n, 176, 178, 181n, 185-190, 251, 263n-264n, 284, 320n, 336n, 365n, 383, 384, 387, 388, 397, 398, 405, 409, 411, 412, 415, 417, 418, 422, 423, 427, 467, 496, 516, 537, 540, 576, 584, 585, 595, 597, 676n, 679, 690, 693, 694, 769, 771, 777, 780-783, 786, 806-808, 827, 828, 914, 947, 951, 953, 955, 956, 988, 1026, 1042, 1050, 1055, 1058, 1106, 1141
Alepo: 516
Alexandre de Afrodisias: 844, 888n, 917
Alexandre, o Grande: 966
Alexandria: 382

---

[1] Este índice foi estabelecido por Fabrice Paradis Béland.

Al-Gazali: 429n
Alfarabi: 830-833, 836n, 837, 838, 839n, 848, 849, 851, 856-858, 931-932
Altmann, Alexandre (Shimon Tsevi): 156n, 439n, 776n-777n, 871n
Amalec: 669, 1049, 1059
América: 63, 284n, 365n, 690, 693, 694
Amós: 111, 448, 451
Anaxágoras: 909n
Andaluzia: 472
Apel, Karl-Otto: 991, 1024, 1025n
Aragão: 480, 491, 884n
Arendt, Hannah: 18, 22n, 48n, 278n, 283-284, 287-291, 306n, 310, 322n, 329n, 354, 361n, 366n, 371, 372, 375, 378, 401n-402n, 553-554, 567n, 576, 665n-666n, 667-668, 690, 694, 722, 730, 761-762, 768-770, 774, 781, 898, 900n, 919n, 944, 948-951, 954-955, 957, 959, 971, 993, 1001, 1002n, 1009, 1012, 1016, 1017n, 1020n, 1026n, 1040, 1088, 1125n
Aristófanes: 927, 928, 929n
Aristóteles: 17, 162, 222, 475, 497, 598n, 605, 652, 798, 817, 826, 830-834, 840-842, 846n, 853n, 854n, 862n, 866, 891n, 892n, 902, 903, 905, 909-911, 912n, 930, 953, 1028, 1091
Aron, Raymond: 343
Ascher ben David: 480
Ascher: 182n, 437n
Ashkénazi, Léon: 1018n
Atenas: 17, 113, 447n, 772, 849, 860, 895, 896n, 897, 900, 901, 903-910, 914-918, 923, 927-932, 935, 938-943, 945, 1067
Aubenque, Pierre: 1052n
Auschwitz: 22, 378, 670, 688, 751, 761, 949, 956, 1007, 1008, 1018-1024, 1036, 1037, 1049, 1115-1120
Áustria: 690
Averróis: 824n, 833, 843-847, 429n
Avicena: 830, 831, 833, 838, 927

Baader, Franz von: 208
Baal Schem Tov: 384, 385, 571, 639, 614-643, 646n, 745, 866n, 1065
Babel: 315, 317, 318, 332, 351, 619
Babilônia: 612n, 642
Bach, Johann Sebastian: 607, 735
Bacon, Francis: 978
Baden-Baden: 156
Badt-Strauss, Bertha: 32n
Baeck, Leo: 39n, 235n, 419, 427
Baer, Yitzhak Fritz: 16, 17n, 35n, 246n, 386-387, 389, 467, 480n, 482n, 491, 492n, 819n, 829, 884n, 936, 937n

Balaão: 79n, 106
Balac: 106
Bálcãs: 149, 173, 176, 949
Balfour, Arthur James (Lord): 381, 389
Bali: 106
Balzac: 279
Bamberger, Ludwig: 45n
Banet, Mordekhai ben Abraham: 386
Bar Kokhba: 23, 449, 683
Barcelona: 480-481
Baron, Salo Wittmayer: 436n, 855n, 869n
Barth, Karl: 592n, 596, 597n, 598, 783
Basileia: 388, 555
Bataille, George: 365n
Baudelaire, Charles: 280, 314n, 330, 331n, 349n-350n, 357-358, 360n, 361n, 363n, 365, 367n, 373
Bauer: 407, 408n, 573, 574n
Baumker, Clemens: 415n
Bayle, Pierre: 811
Bayreuth: 690
Beethoven, Ludwig van: 201, 724n, 726, 738
Belaval, Yvon: 877n
Belgrado: 178
Belmore, Herbert: 314
Ben Assai: 73-74, 182n, 228n, 437n
Ben Gurion, David: 57n, 410, 586, 661, 665, 666
Ben Zoma: 182n, 437n, 1134
Benjamin, Dora: 418
Benjamin, Stefan: 376n
Benjamin, Walter: 16, 19-21, 23, 26, 32, 35, 224n, 271n, 277-379, 391-394, 401-402, 408, 418-421, 422n, 424, 426, 432-434, 457, 507n, 544, 555, 556n, 560, 561n, 562, 566, 568, 575-576, 615n, 684-686, 689-691, 693-703, 705-706, 711, 713, 723, 728, 732, 744-747, 758, 762, 765, 769-770, 828, 947, 983n, 1130-1132, 1144, 1145
Benn, Gottfried: 698
Bensussan, Gérard: 199n, 208n
Berditchevski, Micha Josep: 588
Berg, Alban: 735n
Bergen-Belse: 1055
Bergman, Schmuel Hugo: 311n, 383-389, 574n, 663, 829n, 418, 555
Bérgson, Henri: 42, 403n, 1050, 1055
Berlim: 16, 32, 35, 36n, 37n, 38-41, 44, 47n, 135n, 136n, 159, 167n, 177, 183, 260, 278, 286, 320, 381, 385-387, 390-424, 432, 553, 554, 556, 560, 563, 573, 576, 579, 585, 617, 661, 689, 697, 768, 777n, 788n, 828, 915n, 952, 953
Berna: 188, 189, 387, 415, 695
Bernadotte, Folke: 667

ÍNDICE DE NOMES

Bernays, Jacob: 38
Bertinoli, Obadia de: 398
Biale, David: 454n, 547n
Biálik, Haim Nakhman: 303, 389, 392n, 407n, 424, 428, 485n, 557
Bildad: 749
Bin Gorion, Emmanuel: 624n, 588n
Blanchot, Maurice: 1044, 1050, 1056
Bleinchrode, Isaak: 394, 397-398, 400n, 416
Bloch, Elsa: 689
Bloch, Ernst: 19, 20, 296n, 301n, 302n, 305, 350, 356n, 378, 670, 689-765, 947, 1004-1005, 1031, 1034, 1038, 1039n, 1040, 1116n, 1117n, 1129, 1146
Bloch, Karola: 690, 697
Bloch, Philip: 386
Blochmann, Élisabeth: 1053
Blondel, Charles: 1044, 1050
Bloom, Allan: 768, 808, 914, 915n
Blüher, Hans: 586n
Blum, Edgar: 400n
Blumemberg, Hans: 975n
Blumenfeld, Kurt: 48, 575n
Boehme, Jacob: 208
Bollack, Jean: 395n
Borchardt, Rudolf: 419
Borges, Jorge Luis: 1093
Bouglé, Célestin: 343n
Bourdieu, Pierre: 395n
Bourel, Dominique: 32n, 589n
Bouretz, Pierre: 18n, 22n, 36n, 117n, 146n, 370n, 548n, 567n, 593n, 733n, 734n, 757n, 1016n, 1020n, 1024n, 1084n, 1090n, 1110n, 1125n, 1139n
Brague, Remi: 826n
Brandeburgo: 286
Brandeis, Louis Dembitz: 540
Brauch, Bruno: 415
Brauer, Erich: 416n
Brecht, Bertolt: 22n, 281, 284, 292, 296, 305, 306n, 307, 308n, 347n, 372, 373, 374n, 689-690, 699-701
Breslau: 38, 39, 829
Breuer, Isaac: 776n
Brill, Hans Klaus: 343
Brno: 542
Brod, Max: 235n, 288, 289n, 292-294, 297, 300n, 307, 308, 423, 573n, 574, 575n, 685, 686
Bronsen, David: 46n
Bruckner, Anton: 738
Brinschivicg, Léon: 1045, 1053, 1055
Buber, Adélia: 578
Buber, Carl: 578

Buber, Martin: 20, 22, 30, 32, 35, 42-43, 59-60, 70n, 87, 96n-97n, 128n, 132, 133n, 135n, 149, 151n, 152, 176, 179, 182-184, 201, 227n, 229n, 238n, 255, 259-262, 263n 267, 268, 271, 272n, 295n, 314, 316n, 331n, 333n, 381, 386, 388, 391, 396, 402n, 404-408, 410, 413, 417, 420, 545, 647, 648, 549, 550, 555, 561, 573-688, 707n, 754n, 776, 786n, 813, 908n, 944, 952, 968n, 1057, 1058, 1079, 1086, 1120, 1122, 1147
Buber, Paula: 577
Buber, Salomão: 578
Buchenwald: 401n-402n, 1010
Bucovina: 582
Budapeste: 690, 692
Bulgária: 249
Bultmann, Rudolf: 683, 794n, 947, 948, 953-954, 957-961, 990n, 1014n, 1018, 1019n, 1020n, 1022n, 1029-1030
Burchhardt, Escha: 417
Burgos: 477
Burla, Iehudá: 557

Cáftor: 662
Cahen, Samuel: 91n, 604n, 620n
Caim: 614n, 905, 908, 1026
Cairo: 769n
Califórnia: 769
Calvino, João: 601, 754
Cambridge: 769
Canaã: 749, 755
Canadá: 951, 959
Capri: 320, 697
Cardoso, Abraão: 507n, 517, 524, 527, 530n
Cardoso, Isaac: 517n
Casper, Bernhard: 151n
Cassirer, Ernst: 18, 29, 31n, 32, 33n, 37n, 39, 61, 175, 269, 413, 768, 783, 919, 976n, 981n, 1034, 1035n, 1051-1055
Cassirer, Toni: 31, 1053
Castela: 488, 491
Catalunha: 479
Cavaillés, Jean: 1053
Celan, Paul: 1080n, 1141-1143
Celan-Lestrange, Gisèle: 1141-1142n
Cervantes, Miguel de: 173
César: 1089, 1093-1095
Cesareia: 441
Cézanne, Paul: 728-730
Chabot, François: 543
Chagall, Marc: 699
Chalier, Catherine: 1020n
Chaplin, Charles: 345
Chestov, Léon: 283

Chicago: 690, 769, 915n, 935
China: 295
Chouchani, Monsieur: 1045
Cohen, Hermann: 15, 17, 18, 20, 22, 23, 25, 29-147, 153, 161-163, 166-168, 170n, 172, 175-179, 181n, 182, 203, 204n, 221n, 224n, 226, 227n, 228n, 233n, 236-237, 238n, 242, 243n, 246, 249, 251, 252n, 253, 254n, 256n, 258n, 259n, 261n, 263n-264n, 269n, 272, 274n, 295, 316n, 324n, 338, 391, 397, 400, 413-415, 420, 425, 435, 453-454, 455n, 457n, 459, 497, 581, 583, 584, 589, 590, 591n, 602n, 613, 632, 634, 636, 651, 652, 656, 662, 672, 676, 677, 709, 768-769, 781, 783-784, 786n, 788-794, 799n, 801n, 806, 807-826, 828, 830, 831, 837, 840, 841, 856, 860n, 900-906, 944, 945, 1031-1035, 1039, 1051, 1053, 1057, 1076, 1081, 1108, 1110, 1111n, 1113n, 1114n, 1121, 1127, 1145
Cohen, Martha: 31, 41n
Cohen, Nehemias: 520
Cohn, Alfred: 697, 698n, 701
Cohn, Jula: 351n
Colombo, Cristóvão: 62-63, 203n
Colônia: 777n
Comte, Auguste: 1027
Confúcio: 295
Constantino I, o Grande: 158
Constantinopla: 513, 519
Corbin, Henri: 456n
Cordovero, Moisés: 467, 495, 496, 506
Coré: 618n, 621-624
Cornelius, Hans: 321
Costa, Uriel da: 795
Courtine, Jean-François: 208n
Cracóvia: 411, 641
Culianu, Ioan Petru: 960n

Dachau: 956
Damel: 199, 451n, 883n
Dante Alighieri: 168n, 198
Danton, Georges Jacques: 543
Darwin, Charles: 976n
David: 22, 111, 112n, 119, 177, 515, 526, 905, 1090, 1094n, 1136n
Davos: 18. 269n. 919. 1051-1055
Delfos: 1067
Derrida, Jacques: 272, 1069n, 1095n
Descartes, René: 709, 804, 975, 978, 982, 1048
Diesendruck, Zvi: 875n
Dilthey, Wilhelm: 188
Dinamarca: 293n
Dinur, Benzion: 387, 389, 468

Dobruska, Moisés (aliás Franz Thomas von Schönfeld, aliás Junius Frey): 542-547
Dostoiévski, Fiódor Mikhailovitch: 292, 353n
Dubnov, Simon: 43-46, 409, 582-583, 588n, 638, 650
Dreyfus, Alfred: 40, 903, 1044, 1047m 1050
Driesch, Hans: 980n-981n
Dufour, Éric: 39n
Dühring, Eugen: 44n
Dunasch ben Labrat: 436n
Dunmé: 447n, 540, 543
Duns Scot, John: 696
Duran, Simão ben Tzemá: 463
Dürer, Albrecht: 325

Ebbinghaus, Julius: 958, 961n
Efros, Israel: 884n, 886n, 907n
Eger, Akiva (o jovem) ben Mosche: 398
Egito: 15, 74n, 83, 106n, 139, 241, 242n, 247, 471, 496, 505, 511, 513, 517n, 619, 662, 749, 752, 753, 755, 965, 1022, 1061, 1092, 1110n, 1133-1135, 1139
Ehrenberg, Eva: 250n
Ehrenberg, Franz: 153
Ehrenberg, Hans: 37n, 152n, 153-156, 159, 163n, 173, 187, 256n, 257n
Ehrenberg, Rudolph: 38n, 153, 156-160, 161n, 171, 174, 175n, 178, 180n, 200, 211n, 269n
Ehrenberg, Samuel Meir: 153, 154n
Ehrenberg, Victor: 178
Ehrenbourg, Ilya: 1139n
Ehrentreu, Heinrich: 415
Eichman, Adolf: 667
Einstein, Albert: 385, 388, 1052
Eisler, Hans: 690
Eisler, Rudolf: 718n
El-Arich: 382
Elbogen, Ismar: 135n, 1133n
Eleazar de Worms: 470
Elias: 177, 230n, 312, 637n, 803
Elifaz: 749
Epicuro: 795, 815
Esaú: 537-538
Eschelbacher, Josef: 398
Esmirna: 508, 510, 513, 516, 519, 522, 533
Espanha: 16, 24, 45, 48, 283, 284, 387, 438, 453, 467, 472, 477, 479-486, 490-495, 508, 532, 551, 566, 647n, 935, 1055
Ésquilo: 1067
Estados Unidos: 37n, 284, 541, 690, 694, 769-771, 777n, 787n, 951, 1026
Ester: 287n, 464n, 527, 595, 1059-1060
Estrasburgo: 413, 543, 1044, 1050, 1053

ÍNDICE DE NOMES

Europa: 15, 25, 26, 44, 46, 169, 190, 250, 284, 286n, 336n, 388-391, 411, 429, 516, 541, 542, 544, 557, 566, 574, 576, 586, 628, 630, 666, 668, 690, 694, 742, 936n, 937, 1041, 1042, 1046-1050, 1119, 1147
Evrard, Louis: 962n
Ezer, Ehud ben: 553n
Ezequias: 1094
Ezequiel: 83n, 92-93, 95, 104n, 111, 264, 431n, 448, 460, 462-465, 683, 857n, 865, 870, 1135n
Ezra de Gerona: 480

Fackenheim, Emil: 1116, 117n
Faisal: 663
Faraó: 754-755, 774
Fédier, François: 1027n
Feiwel, Berthold: 388, 580, 583
Fernando II de Aragão, dito "o Católico" (Fernando V de Castela): 491, 1055
Filisteus: 772
Fílo de Alexandria: 787n, 822, 824n, 839n, 1026n
Fichte, Johann Gottlieb: 44, 47, 81, 201
Flore, Joaquim de: 702
Fouquier-Tinville, Antoine Quentin: 543
Fox, Marvin: 894n
França: 44, 47-48, 284, 472, 1052, 1058, 1068n
Frank, Jacob: 534-538, 542, 648
Frankel, Zacharias: 38, 540
Frankfurt: 41n, 136n, 167n, 178-183, 188, 190, 250, 278n, 320, 321, 346, 560, 574n, 583, 584, 692, 693, 778n
Frege, Gottlob: 415
Freud, Josef: 417
Freud, Lilly: 417
Freud, Sigmund: 108n, 287
Freud, Tom: 417
Friburgo: 155, 179, 768, 783, 953, 1027n, 1044, 1050-1052
Friedman, Maurice: 577n-578n, 661n, 679n
Fuchs, Eduard: 361n
Funkenstein, Amos: 90n
Furet, François: 693n

Galícia: 384, 578
Galileia: 493
Galípoli: 520
Gaon de Vilna (Eliahu ben Schlomo Zalman): 646n, 1047-1048
Gabriel: 1092
Gadamer, Hans-Georg: 769, 794, 828
Gandhi, Mohandas Karamchand: 585, 664n
Gandillac, Maurice de: 1053
Gaza: 382, 511-512

Gebhardt, Carl: 79n
Geiger, Abraão: 38n
George, Stefan: 288, 351, 691, 403n, 419
Gesenius, William: 69n, 74n, 86n, 91n, 132n, 138n, 602n, 617n, 907n
Gerona: 437, 467, 472, 479-481, 483, 488
Gersônides: 809n, 826-827, 830, 843, 846-847
Gibbon, Edward: 189, 220
Gikatila, Joseph: 437, 438n, 487-488
Ginsberg, Louis: 886n, 888n, 907n
Glatzer, Nahum N.: 151n, 159, 183n, 259n, 263n, 274n, 584-585, 934n
Goethe, Johann Wolfgang von: 20, 154, 178, 201, 202, 206, 227, 235n, 255, 288, 317n, 326, 350-351, 372, 399, 606-607, 626n, 628, 651, 780, 988
Goetschel, Roland: 603n
Gogarten, Friedrich: 598n, 652, 653n
Gógol, Nikolai Vassiliévitch: 1043
Goitein, Schlomo: 382, 389
Goldner, Martin: 605n
Gordon, A. D.: 668n
Granada: 473, 491
Grande Magid. *Ver Maguid* de Mezeritsch
Grätz, Heinrich: 25, 35n, 38, 44, 646n, 386, 396, 416, 425, 457, 482, 486, 487, 549
Grécia: 447n, 510, 634n
Grimm, Jacob: 607n
Grossman, Vassili: 1043, 1138, 1139
Grotius, Hugo: 1033
Guéroult, Martial: 1044
Gutwirth, Jacques: 639n
Guttmann, Julius: 32-35, 39n, 43n, 178n, 245n, 274, 381, 382, 386, 768n, 808n-809n, 818-829, 831, 843, 866, 881, 890n, 896n, 900

Ha-Am, Ahad (Ascher Ginzberg): 176, 385, 555-556, 580, 636, 668n, 776n, 779n
Hababuc: 1131n
Habermas, Jürgen: 19-20, 49, 208-210, 269-270, 375, 691, 694, 698, 991, 1075-1076
Hahn, Edith: 172, 179
Haifa: 382
Haim de Volojhin: 1047, 1048, 1060, 1089
Halbwachs, Maurice: 1044, 1050
Halevi, Iehudá: 16, 145n, 151n, 182, 184n, 245, 246n, 407n, 462, 473, 561n, 612n, 615, 821n, 825, 856n, 896, 899, 900, 905
Halkin, Abraham: 117n, 436n, 869n, 883n, 886n
Halle, Toni: 417, 419
Hallo, Rudolf: 180, 187n, 251, 253n, 262, 263n, 270, 271n, 274n, 627n
Hamann, Johann Georg: 316, 433

Hamburgo: 386, 509, 768
Händel, Georg Friedrich: 726
Hartman, David: 894n
Harvey, Warren Zev: 894n
Hass, Willy: 297
Haym, Rudolf: 188
Hayon, Nehémia: 507n
Hayoun, Maurice-Ruben: 32n
Hegel, Georg Wilhelm Friedrich: 17-20, 38, 88, 126n-127n, 150, 154-155, 173-175, 184-210, 214, 216, 217, 221, 231, 235, 238, 244, 344n, 362-365, 539, 548, 567, 651, 675-676, 683, 690, 703-715, 718-720, 725, 735, 743, 785, 813, 902-903, 9169n, 919, 924-925, 933, 963, 966, 1006, 1027, 1070, 1074-1076, 1078, 1080-1082, 1085-1086, 1091, 1095-1096, 1098n, 1116n, 1123, 1129, 1141, 1144
Heidegger, Martin: 17-19, 191, 269-270, 287, 290, 322n, 327n, 340, 372, 628, 657, 659, 673-677, 696, 703, 704, 707n, 760, 761, 768, 780, 781n, 783, 794n, 808n, 898, 900n, 916n, 918-924, 929, 971, 977, 986, 987n, 990, 991n, 1025-1029, 1041-1042, 1051-1055, 1066, 1075, 1077-1082, 1085, 1097, 1106, 1128, 1141n, 1142, 1147
Heidelberg: 185, 417, 689, 691, 957
Heine, Heinrich: 16, 935
Heinle, Friedrich: 419n
Heller, Harry: 36n, 405n, 413n, 414
Heráclito: 768
Herder, Johann Gottfried: 51, 154, 227
Hering, Jean: 1044
Hermes Trimegisto: 963n
Herschel, Abraham: 585
Herzl, Theodor: 16, 385, 388, 393, 395, 402, 404n, 556, 580, 586, 636, 661, 668n, 775, 778, 779n, 785, 955
Heschel, Tzoref: 535
Hesíodo: 909
Hess, Moses: 668n
Heym, Georg: 699
Heymann, Harry: 36n, 400n, 405n, 412, 413n
Hilel: 68n, 775, 776, 1094n
Hillesum, Etty: 1023
Hirsch, Samson Raphael: 38n, 91n, 261, 396, 400n, 420, 596, 600-601, 776n
Hittler, Adolf: 31, 403, 667-669, 684, 699, 919n, 947, 956, 1007, 1027n, 1028
Hobbes, Thomas: 652, 769, 771, 775n, 782, 795-796, 808n, 811, 827-8228, 830, 925, 1003, 1089
Holanda: 516-517, 784, 956
Homero: 907

Horkheimer, Max: 284n, 288, 321, 329, 330n, 342, 343, 346n, 357n-358n, 360n, 361n, 363n, 374n, 379, 693-694, 701
Horovitz, Jakob: 41n, 161n
Hungria: 776n
Husserl, Edmund: 18, 70n, 415n, 696, 733, 768, 783, 808n, 947, 953, 957, 961, 970, 991n, 1042, 1050-1051, 1055, 1069, 1073-1076
Hyamson, Moses: 862n

Ibn Daud (Abraão ben David ha-Levi): 122
Ibn Ezra, Abraão: 91, 593
Ibn Pakuda, Bahya: 473
Ibn Tibon, Judá: 473, 482
Ibn Tibon, Samuel: 473, 481, 831n, 834n, 869n, 875n, 881n,
Ibn Verga, Salomão: 387
Idel, Moshe: 438n-439n, 440n, 463n, 548n, 639n, 646n, 648n-649n, 871n
Iêmen: 517
Iehudá ha-Nassi: 870n, 1012n
Iehudá, o Hassid: 470
Ieruschalmi, Iossef Haim (Yerushalmi, Yosef Hayim): 17, 25n, 26n, 247, 248n, 517n, 764, 1137n
Interlaken: 695
Iossef ibn Iehudá: 864, 877-879, 940, 849n, 865n, 868n, 870n
Iossef, Martin: 398
Iossef, Rafael: 513, 519, 529
Irineu: 987-988
Isaac: 672, 676, 688, 905-906, 911n, 937n
Isaac, o Cego: 336, 437n, 438, 467, 473, 475-481
Isaac, N. Nahman ben: 461n
Isabel I, dita "a Católica": 491
Isaías: 69n, 110n, 115, 118, 246, 258, 428b, 431b, 448, 451, 636, 667, 755, 762, 764, 851, 870, 885n, 902, 1093, 1102, 1135
Israel:
Ítaca: 1056, 1070
Itália: 438, 470, 491, 493, 516, 914, 956

Jacó: 106, 177, 258n, 376n, 537-538, 581, 672, 676, 688, 911n
Jacob, Benno: 39n, 184, 253n, 549
Jacob ben Scheschet: 481
Jacobi, Friedrich Heinrich: 51, 316n, 433n, 768, 783
Jacobson, Yoram: 639n, 648n, 649n
Jafa (Iafo): 382, 410
Jahr, Meta: 416n
Janicaud, Dominique: 960n, 1025n
Jankélevitch, Vladimir: 1058

ÍNDICE DE NOMES

Jaspers, Karl: 417, 689, 769-770, 781, 948, 951, 954, 955n, 957, 958, 971
Jastrow, Marcus: 907n
Jellinek, Georg: 154
Jena (Iena): 188, 190, 195, 205, 413-416, 651, 708, 1041, 1069
Jeremias: 92-93, 95, 104n, 764n, 1126, 1135
Jerusalém: 16, 17, 25, 36, 37n, 113, 139, 140n, 144n, 153n, 181n, 257, 274n, 279, 280, 292n, 293n, 305, 336n, 342, 365n, 372, 381-391, 399, 407n, 409, 412, 417, 418, 424, 426, 430, 432, 460n-461n, 468, 494-496, 511, 513, 516, 553-557, 560, 562, 563, 580, 585, 586, 626, 663, 665n, 683, 694, 772, 828-829, 849, 860, 895-897, 900-901, 903, 904, 906, 908, 909, 910, 914, 915, 916n, 918, 923, 924n, 927, 928, 930, 932, 935, 938, 942-945, 947, 955, 956, 958, 1067, 1083, 1093, 1111, 1124n, 1140
Jesus de Nazaré: 54-57, 58n, 74n, 82n, 120-121, 164, 166-167, 191, 198, 201, 235, 598, 681-683
Jó: 104-105, 143-144, 291, 519, 670, 685, 748-755, 758, 761-763, 868n, 1019, 1024, 1117
João Evangelista: 235n, 410
Joel: 429n, 939n
Jonas, Hans: 18, 20, 22, 24, 378, 429n, 431, 465n, 670, 707, 756, 761-763, 768, 829n, 919, 947-1040, 1051n, 1116n, 1147
Jonas, Lore: 958
Jônia: 195, 205, 651, 708, 1069José: 424, 526
José II: 542
Jost, Isaak Markus: 154
Josué: 138n, 772
Judá: 167
Juda ben Barzilai: 476n
Jung, Carl Gustav: 454n
Jünger, Ernst: 19

Kafka, Franz: 15-16, 277, 279, 281n, 284, 287-289, 291-314, 321n, 337, 339, 347, 353, 356, 357, 362, 378, 383, 386, 391, 407, 408n, 422, 423, 426, 433, 441, 442, 544, 556n, 568-570, 573-575, 577, 583, 680, 684-689, 701, 747, 952, 1147
Kandínski, Vassili: 699
Kant, Emmanuel: 17, 19, 20, 23, 29, 30, 39, 42, 44, 46, 48, 51, 59n, 60-63, 70, 81, 82, 87, 109, 113, 124, 131, 137n, 144, 145, 146n, 188, 202, 203n, 211, 218, 319, 333, 351, 363, 579, 598, 613, 676, 677, 703, 707-710, 712-714, 715-724, 758-760, 820, 841, 902, 903, 952, 958, 976n, 986n, 993, 997-1001, 1006, 1020, 1021, 1025, 1035, 1038, 1039, 1048, 1052, 1053n, 1069, 1075, 1076, 1086, 1095, 1098n, 1114n, 1117

Katovice: 388
Karadi, Eva: 692n
Karlsbad (Karlovy Vary): 662
Karo (Caro), Iossef: 398, 464n, 494, 495
Kaspi (Caspi), Iossef ibn: 874n
Kautsky, Karl: 401
Kautzsch, Emil Friedrich: 599n, 608, 616
Keller, Aharon: 33n
Kellermann, Benzion: 41n
Kierkegaard, Soren: 206, 298, 397, 685
Kirchheimer, Otto: 343n
Klatzkin, Jakob: 33n-34n, 176, 256n, 907n
Klausner, Joseph: 555
Klee, Paul: 308, 364, 699
Klein, Jacob: 769, 771
Klemperer, Otto: 690
Klibansky, Raymond: 325n
Klopstock, Robert: 299n
Klossowski, Pierre: 342n, 343, 344n
Koch, Richard: 182, 624n
Kohn, Hans: 555, 574, 577n, 663
Kojéve, Alexandre: 769, 775n, 828n, 923, 924, 1055
Kokoschka, Oskar: 699
Königsberg: 1041
Kovno: 1046
Koyré, Alexandre: 769, 1055
Kracauer, Siegfried: 179, 624, 626n, 690, 692
Kraemer, Joel L.: 769n
Kraft, Werner: 36n, 146, 413n, 415, 418-419
Kraus, Karl: 280-281, 291, 341n, 350, 355n, 419
Kraus, Paul: 769
Krochmal, Nakhman: 396
Kruger, Gerhard: 769, 794-795, 797n, 802, 828
Kurzweil, Baruch: 547n

Lagarde, Paul de: 596-597
Laks, Emil: 175
Landauer, Gustav: 402n, 544n, 583, 652
Lange, Friedrich Albert: 39, 48, 117n
Langer, Jiri: 575
Languedoc: 479
Lao-Tsé: 296
Laplace, Pierre Simon, Marquês de: 671, 978
Laqueur, Walter: 668n, 776n
Lasson, Adolf: 413
Launay, mard de: 39n, 42n, 60n, 98n
Lazarsfeld, Paul F.: 343n
Lefebvre, Jean-Pierre: 1142n
Lehmann, Sigfried: 407, 408n
Leibniz, Gottfried Wilhelm: 714, 858-859, 999, 1048
Leibovitz, Ieschaiahu: 553n
Leipzig: 156-157, 163, 171n, 579, 690, 692

Lemaître de Sacy: 91n
Lerner, Ralph: 831n-832n, 863n
Lescourret, Marie-Anne: 1046n, 1053n
Leskov, Nicolau: 356, 368n
Lessing, Gotthold Ephraim: 51, 220, 784, 803, 813-814, 858-859, 942n
Lévinas, Emmanuel: 18-20, 23-25, 57n-58n, 60n, 65n, 68n, 83n, 101, 108n, 114, 117n, 126n-127n, 134n, 137n, 141-146, 152-153, 182n, 204, 206, 214-215, 229n, 233n, 235n, 238n, 242, 243n, 247n, 255n, 257n, 262n, 270, 272-274, 359, 365, 464n-465n, 577, 587, 593-595, 628, 629, 632, 637n-638n, 642n, 650-660, 669-670, 688, 691, 703-707, 709, 713, 716, 722-723, 730, 733, 744, 745, 751n, 756-757, 759n, 760, 763, 904n, 913n, 919n, 949, 990, 1011n, 1015, 1020n, 1027, 1028n, 1033n, 1036, 1041-1148
Lévinas, Michaël: 1057
Lévinas, Raíssa: 1056
Lévinas, Simone: 1056
Libera, Alain de: 843n
Lichtheim, Georg: 829n
Liebknecht, Karl: 406
Linke, Paul: 415
Lisboa: 1024
Lituânia: 387, 417, 1041, 1044-1047, 1056
Lodz: 956
Londres: 828, 830, 955
Los Angeles: 690
Löw, Immanuel: 381-382
Löwenthal, Léo: 692-693
Löwith, Karl: 43, 59, 60n, 269n-270n, 413, 769, 794n, 816, 828n, 829, 1085
Lublin: 517
Lucas: 74n
Lucrécio: 795
Lukács, Georg: 689, 691-693, 698-699
Luís XIV: 726
Lunel: 472, 479
Lúria, Isaac: 265, 467, 484, 495-505, 511, 513-515, 525, 529, 646n-647n, 753, 773n
Lúria: 469, 471, 501, 504, 508, 509, 519, 524, 528, 1023
Lutero, Martinho: 44, 183-184, 255, 316n, 420n, 561, 584, 596, 597n, 606-608, 615, 616, 624-625, 628, 636n, 726, 763n
Luxemburgo, Rosa de: 406, 689
Luzzato, Samuel David: 790n-791n
Lvov (Lembert): 520, 536, 578

Macedônia: 167n
Magnes, Judah Leon: 336n, 381, 388-390, 580n, 585, 665, 666

Maguid de Mezeritsch: 571, 647
Maharal de Praga: 258n-259n
Mahdi, Muhsin: 831n-832n, 863n
Mahler, Gustav: 724n, 742
Maimon, Salomon: 1048
Maimônides, Moisés: 17, 23, 32n, 41, 54n-55n, 56, 58n, 59, 60m 62, 64, 66n, 68, 69n, 76-83, 90, 92n, 93n, 97n, 104-105, 109-110, 114n, 116-117, 118n, 122-124, 130, 131, 134n, 137, 140, 142, 143, 146, 147, 162, 222, 233n, 264n, 266n, 270, 370n, 371, 425, 435, 436, 470, 471, 473, 475, 476n, 477, 480-483, 487, 495, 497-498, 511-512, 517n, 550, 593, 604, 605, 633, 635, 676, 731n, 755n, 767, 772, 777n, 779, 781, 782, 793, 798-802, 809, 816n, 817, 824-827, 829-834, 836-895, 897, 899, 900, 902, 907n, 911, 912, 914, 916-918, 927n, 928, 932, 938n, 940, 942-944, 1022, 1033n, 1048, 1065, 1067, 1090, 1094, 1118n, 1127n, 1131n, 1136n-1137n, 1146
Makir: 424
Malakh, Haim: 535
Manchester: 777n
Mani: 963n
Mann, Heinrich: 690
Mann, Thomas: 690
Mântua: 493
Maquiavel, Nicolau: 783, 785, 787, 829n, 904, 924-926, 1089
Marburgo: 29, 32, 37n, 39-40, 43n, 70n, 77, 672, 768, 783, 794n, 953-955, 1022n, 1051
Marcel, Gabriel: 651, 1045, 1055
Marcião: 164, 597, 683-684, 963n, 964,
Marcuse, Herbert: 693
Mardoqueu: 1059
Margulies, Heinrich: 405-406, 412
Maria Tereza: 542
Marlé, Arnold: 417
Marlowe, Christopher: 988
Marrocos: 493
Marselha: 283-284
Marx, Karl: 19, 340, 539n, 702-708, 922, 1004, 1006, 1027
Maryland: 769
Mateus: 74n
Mauthner, Fritz: 544
Mayer, leo Ari: 384
Mehring, Franz: 327n
Meinecke, Friedrich: 150, 155-157, 179, 186-188, 409
Meineke, Stefan: 151n, 179n
Meir de Narbona: 478-479
Meir de Rotemburgo: 403n
Meir von Przemysl: 384

ÍNDICE DE NOMES   1181

Mendel de Kotzk: 687
Mendelssohn, Moisés: 30, 41-42, 51, 79n, 81n, 123,
    124, 135n, 154n, 181n, 183, 596, 601-605, 629,
    754, 777n, 811, 814, 818-819, 827, 1048
Mendes-Flor, Paul: 40n, 42n-43n, 581n
Merleau-Ponty, Maurice: 728-730
Meschonnic, Henri: 604n
Messe Leon, David ben Iehudá: 493
Messina: 962n
Mestre Schotten de Mainz: 745-746
Mickiewicz, Adam: 537
Minsk: 177
Miqueias: 112
Moisés: 20, 49, 52-56, 64, 69n, 76-78, 80, 124, 177,
    240, 246, 279, 397, 440n, 455-456, 486, 602-
    603, 612n, 619-624, 632, 731n, 732, 738-741,
    753-755, 762, 789-793, 798, 800, 803, 835,
    849n, 850, 866n, 870n, 880, 885n, 889, 904,
    938n-939n, 1032, 1033, 1144
Moisés de Burgos: 146, 457
Moisés de Leon: 437, 465n, 485-488
Moisés de Narbona: 463
Montenegro: 249
Montreal: 959
Molitor, Franz Joseph: 335n, 426, 542, 696n
Mommsen, Theodor: 40n, 44, 396
Mönchengladbach: 950-951, 956
Monnier, Adrienne: 284
Montesquieu, Charles de Secondat: 187-189
Morávia: 542
Moreau, Pierre-François: 79n
Morgenstern, Soma: 278n, 301n, 374
Moscou: 343, 372, 486, 487, 693, 698
Moses, Stéphane: 129n, 150n, 156n, 180, 199n,
    214n, 235n, 255n, 256n, 337n, 365n, 368n,
    443n, 548n, 562n, 602n, 604n, 1111n, 1121n
Mosse, George L.: 15n, 46n
Mozart, Wolfgang Amadeus: 726
Munique: 293, 365, 415, 415n, 417, 418, 689
Munk, Salomon: 47n, 834n, 848n
Münster, Arno: 691n
Muri: 333n

Nakhman de Bratzlav: 384
Nakhmânides: 436-437, 467, 477, 479-480, 482,
    484
Nanterre: 1045
Napoleão I: 188-190, 195, 537, 671
Narbona: 472, 479
Natan de Gaza: 507n, 511-524, 527-531, 534, 537
Natorp: 37n, 39, 61n, 676, 673
Nazir, Jacob (ben Saul de Lunel): 472-473
Neemias: 611

Negt, Oskar: 694n
Neher, André: 156n, 748n, 761n
Nerson, Henri: 1045
Netanyahu, Benzion: 494n, 853n
Nevers: 283, 374
New Rochelle: 950
Newton, Isaac: 976n
Niethammer, Friedrich Immanuel: 190n, 195n,
    196n
Nietzsche, Friedrich: 17-19, 143, 154, 363, 365,
    397, 579, 588, 589, 598, 673-676, 707, 708, 726-
    727, 780, 815, 816n, 898, 916n, 920-921, 925-
    927, 936-937, 968, 988, 1053, 1116, 1147
Noé: 56n, 71-73, 76-81, 619n, 793n, 906, 1017n,
    1032-1033, 1109
Nordau, Max: 396, 580, 644
Nova York: 343, 388-389, 468, 540, 541, 543, 667,
    690, 769, 947, 950
Novalis, Frie: 787

Odessa: 177, 555
Oldenburg, Henry: 517n
Ollendorf, Käthe: 417
Onkelos: 59, 603
Oppenheim, Gertrud: 43n, 129n, 159, 175-176,
    178, 185, 249, 252n, 255n, 257n, 269n, 1112n
Orígenes: 368n, 441, 463, 464, 569
Oseas: 451
Ottawa: 947. 959

Palestina: 36, 48n, 129n, 249, 253n, 256-257, 268,
    279, 281n, 291n, 292n, 360n, 381-382, 384,
    386, 391, 404, 406n, 408n, 410-411, 417-418,
    469-470, 485, 491, 493-494, 517, 555, 580-581,
    585, 636, 662n, 664-668, 770, 829, 947, 951-
    953, 955, 956
Paeschke, Hans: 283n, 693n
Pangle, Thomas: 773n, 915n, 919n
Panofsky, Erwin: 325
Paris: 284-287, 342-343, 363n, 365n, 366n, 367,
    403n, 542-543, 690, 697, 769, 827, 828, 830,
    1045, 1050, 1054, 1056
Parmênides: 204, 217
Pascal, Blaise: 59n, 298, 325, 672, 968-969, 1077
Paulo: 58n-59n, 121, 164, 235n, 524n, 589, 596,
    680, 682-684, 796-797, 960, 1013n
Pedro, o Apóstolo: 235n
Peretz, Itzak Leib: 409n, 557
Pérsia: 515n, 517
Petitdemange, Guy: 198n
Petrogrado: 387
Peyrére, Isaac de la: 795-796
Philonenko, Aléxis: 71n

Picasso, Pablo Ruiz: 345
Píndaro: 332n
Pines, Shlomo: 826n, 831n, 834n, 838n, 839n, 849n, 855, 862n, 876
Pinsk: 517
Pinsker, Leon: 664, 775, 785
Platão: 33, 113, 114, 116, 142, 162, 322, 337, 599n, 613, 651, 826, 830-831, 837-842, 849-852, 854, 856-858, 861, 891n, 893n, 900n, 901-903, 904n, 909-910, 921, 927-929, 931, 1013, 1028, 1079
Plotino: 987-989
Podhoretz, Norman: 454n
Podólia: 534
Poirié, François: 1046n
Poitiers: 1045
Poliakov, Léon: 50n
Pollock, Friedrich: 363n
Port-Bou: 284, 289
Port Said: 382
Portugal: 58, 491, 792
Polônia: 250n, 388, 467, 496, 509, 517, 534-537
Praga: 16, 260, 311, 384, 386, 391, 396n, 530, 538, 540-541, 544, 573-574, 583, 587, 637, 641, 661, 686, 690
Provença: 467, 472-474, 478-483
Prússia: 127, 188, 392
Púschkin: 296, 1043-1044, 1046
Pradines, Maurice: 1044, 1050
Proust, Marcel: 280, 288, 349, 357-359, 366-367

Quênia: 580
Quir: 662

Rabad de Posquières: 473-475, 479
Rabi Aba Arikha (dito "Aba o Grande"): 1054
Rabi Akiva ben Iossef: 73, 103, 182n, 228n, 261, 303, 398-399, 437n, 462n, 465, 733, 887n, 1012n, 1060, 1114
Rabi Ber de Radoschitz: 641
Rabi de Belz: 575
Rabi Aisik: 575
Rabi de Miehelstadt: 745-746
Rabi Eleazar: 102n
Rabi Eliezer: 80n, 312
Rabi Ioschua: 312
Rabi Isaac: 646n
Rabi Ieoschua: 80n
Rabi Iohanan ben zaka: 99n
Rabi Israel de Rischin: 571
Rabi Jacob ben Abina: 603
Rabi Jeremias: 312
Rabi Josué ben Levi: 230n, 637n
Rabi Mosché von Przeworsk: 384

Rabi Natan: 312
Rabi Schneur Zalman: 644
Rabino Kook: 389, 668n
Radt: 697n
Rang, Bernard: 297
Rang, Florens Christian: 320, 322, 331n
Ranke, Leopold von: 366, 592, 598n, 859
Rapoport, Haim b. Simkhá ha-Kohen: 536
Raschi, Salomon Ben Isaac (rabi Chlomo Yitshaki): 68, 79n, 102n, 106n, 169n, 278, 397-398, 428, 579, 601, 603n, 626n, 627, 754n, 1012n, 1057
Rav: 1054
Rav Hanina: 1054, 1112
Rav Hilel: 1094
Rav Iossef: 1060, 1135
Rav Mescharschea: 1112
Rava (Rabah Bar Nakhmani Amora): 887n, 1064
Ravitzky, Aviezer: 874n-875n, 881n-882n
Reinharz, Jehuda: 40n, 42n-43n, 46n, 48n, 581n
Rembrandt: 58, 792
Renan, Ernest: 47n, 463n
Renânia: 950
Resch-Laquisch (Siméon Ben Laqich): 1135-1136
Richardson, William J.: 1025n
Rickert, Heinrich: 29, 175, 279, 415, 689, 696
Ricoeur, Paul: 213, 214n, 221n, 234n, 707, 717, 934n, 973n, 1024-1025, 1038n, 1076, 1099n
Rilke, Rainer Maria: 288
Ritter, Johann Wilhelm: 351
Rivelaygue, Jacques: 62n
Rivière, Jacques: 288
Rolland, Romain: 284
Roma: 230n, 637, 1083, 1089-1094
Romanov: 1046
Reimarus: 811
Rosenheim, Jakob: 184, 598n
Rosenkranz, Karl: 188
Rosenstock, Eugen: 151n, 156-174, 192, 198, 200, 207n, 232, 237, 248, 250, 252n, 275
Rosenstock-Huessy Magrit: 151n, 171-173, 179n
Rosenzweig, Adelia: 154n, 159, 175n, 176n, 177n, 250n, 253n
Rosenzweig, Edith: 151n, 183n, 271n, 561n
Rosenzweig, Franz: 16, 19-20, 22, 25, 31, 32, 34-38, 40, 41, 43, 47, 48n, 49, 50, 58, 62, 101, 107, 108n, 119, 120n, 126n-127n, 129, 131n, 132n-133n, 136n, 141, 144, 145, 146n, 149-275, 295, 316n, 359, 370, 376n, 391, 413, 414, 454n, 560-562, 576, 578, 579, 582-584, 592, 593, 595, 596, 598-610, 611n, 612-617, 620n, 624-631, 645n, 651-652, 654, 656, 657, 662, 707, 708, 713, 754n, 768n, 769, 778n, 783, 785-787, 788n,

792n, 804n, 807, 808n, 813, 814, 818n, 819n,
820n, 821, 824n, 807, 808n, 813n 814n 818n,
819n, 820n, 821, 824n, 900, 908n, 944, 949,
958, 1011n, 1030, 1035, 1041, 1068, 1069, 1071,
1078, 1081, 1082, 1084-1086, 1088, 1095-1097,
1107, 1108, 1110, 1120, 1121, 1123, 1125, 1129,
1131, 1132, 1141, 1144n, 1147
Rosenzweig, Georg: 153-154, 175n, 176n, 177n
Rosenzweig, Leo: 41n
Rosenzweig, Rachel: 151n
Rosenzweig, Rafael: 180, 183n
Rosenzweig, Nathan: 274n, 829
Roth, Joseph: 374n
Rothschild, Alphonse de: 47n
Rothschild, Gustav de: 47n
Rousseau, Jean-Jacques: 187, 199-200, 925
Roux, Johann Wilhelm: 981n
Rovigo, Abraão: 527
Rubashov, Zalman (Shneur Zalamn Shazar): 408-412, 418, 428
Rubenstein, Richard L.: 1018n
Rufer, Josef: 739n
Ruppin, Arthur: 663
Rússia: 48, 517, 903, 1046, 1047
Rutênia: 579
Rychner, Max: 280n, 321, 327

Saadia Gaon: 126, 425, 451n, 453, 462, 603-604
Sabine, Georges H.: 877n
Sadagora: 582
Sadat, Anouar el-: 1093, 1124n, 1140
Safed: 385, 467, 484, 491, 493-496, 498-499, 501, 504-506, 509, 514-516, 520, 523, 530, 532-533, 551, 696n
Safranski, Rüdiger: 1141n-1142n
Salomão: 75, 112n, 134, 429, 850, 870
Salônica: 493
Samuel: 138n, 415n, 559, 669, 751, 775, 908, 1090
San Francisco: 388
São Petersburgo: 409
Sartre, Jean-Paul: 674
Satã: 430
Saul: 905
Saxl, Fritz: 325
Schamai: 68n, 340n
Schapira, Hermann: 388
Scheler, Max: 333n, 692, 777n
Schelling, Friedrich Wilhelm Joseph von: 20, 38, 174, 193, 201, 206-210, 231, 690, 702, 706, 707, 718
Schem Tov, Iossef ben: 79n
Scheschet de Barcelona: 884
Schiller, Friedrich von: 201, 284, 362n

Schleiermacher, Friedrich Ernst Daniel: 154, 599n, 819
Schmitt, Carl: 19, 653n, 827
Schneider, Lambert: 584, 595n, 626
Schocken, Zalman: 34n, 311n, 390n, 411, 425, 426n, 568n
Schoen, Ernst: 320n, 696
Schoenberg, Arnold: 347, 350n, 699, 726, 732-743, 745n
Scholem, Arthur: 36n, 288n, 333n, 395,
Scholem, Betty: 392n, 394
Scholem, Escha: 382, 383, 418n, 376n
Scholem, Fania: 365n, 383, 399
Scholem, Gershom (Gerhardt): 15, 16, 19-22, 24-27, 30, 32, 33n, 34, 35n, 36-38, 42-43, 64n-65n, 92n, 97n, 110n, 128n, 129, 130, 135n, 144, 146, 147, 150, 151, 153, 180n, 183n-184n, 205-207, 213, 222n, 223n, 246, 247, 251, 255n, 256n, 265n, 266n, 271-273, 274n, 277-284, 285n, 286n, 287n, 288-294, 296-298, 301n, 302-314, 315n317n, 319-321, 322n, 323, 324n, 325, 327-330, 331n-333n, 335-336, 338n, 339, 340n, 341n, 342, 343n, 346, 350n, 351n, 353, 355n, 357n, 358n, 360n, 361, 365n, 366, 367n, 369, 370, 37n, 372-379, 381-571, 575-577, 579, 583-588, 590, 604n, 615n-616n, 626-628, 632, 635, 638-639, 644, 646n, 647-650, 655, 656, 659, 660, 663, 664, 665n, 667, 668, 680, 684-688, 694-698, 703, 731, 732n, 737, 745-747, 761, 763n, 765, 769, 770, 773n, 774-776, 779, 780n, 808n, 819n, 826n, 828-829, 871n, 873n, 895, 896n, 938, 939n, 945, 952, 955n, 967n, 987-988, 1017n, 1020n, 1023n, 1030, 1034n, 1057, 1065n-1066n, 1107n, 1119. 1131n, 1136n-1137n, 1145, 1146
Scholem, Werner: 406, 408
Schopenhauer, Arthur: 206, 726, 952
Scopus, monte: 388-389, 665, 829
Selden, John: 1033
Seligman, César: 179, 180n
Septimus, Bernard: 884n
Serge, Victor: 693
Sérvia: 249
Shakespeare, William: 289n, 290, 910n
Silver, Daniel Jeremy: 884n
Simão, o Mágico: 988
Simeon ben Lakisch: 1089n
Simmel, Georg: 175, 413, 579-580, 689, 691
Simon, Ernst: 151n, 179, 182, 274n, 561, 583, 663, 665n
Sinai: 64, 65n, 168, 226, 241, 242n, 257, 261, 312, 347, 382, 450, 454, 619n, 811, 938, 939n, 1108, 1112, 1119

Sion: 112n, 404, 471, 531, 555n, 558, 637
Síria: 493
Smilansky, Mosché: 666
Sócrates: 136, 768, 849, 857, 896, 927-931, 942n, 1078
Sofar: 749
Sófocles: 334, 992
Sombart, Werner: 178n
Sommer, Helena: 154n, 249n, 250n, 251, 254n
Sonnenfeld, Hugo: 253n
Spencer, Oswald: 1027
Sperber, Manès: 1139n
Spinoza, Baruch: 18-19, 33n, 49-59, 60n, 67-68, 75, 77-82, 84, 85, 121, 143, 162, 221n, 228n, 263n-264n, 397, 517, 629, 631, 676, 711, 750, 769-774, 778-779, 781, 782-811, 814, 826-827, 830-831, 851, 858, 904, 906n, 913-914, 926, 934n, 941n-942n, 1048, 1058, 1060, 1089
Stahmer, Harold M.: 151n, 172n
Stálin: 1009
Steiner, George: 211n, 553, 630n
Steinschneider, Gustav: 418, 427n, 480n
Steinschneider, Kitty-Marx: 353n
Steinschneider, Moritz: 25, 418, 425, 427
Stirner, Max: 403n
Strack, H. L.: 578n
Stravínski, Igor: 372n, 736-737
Strauss, Bruno: 32n, 41n
Strauss, Edward: 182
Strauss, Leo: 17, 18, 20, 22, 24, 25, 31-34, 35n, 41n, 42, 43n, 50n 56n, 64n-66n, 70n, 79n, 93n, 97, 105n, 114, 118n, 121, 123n, 130-132, 133n, 137, 144n, 146n, 147, 178n, 179, 182, 220n-221n, 224n, 227n, 228n, 232n, 247n, 251, 253n, 263, 264n, 266n, 270-271, 274n, 316n, 370n, 386, 415n, 439n, 455n, 459, 461, 550, 577, 592n, 629, 630, 664n, 675-676, 688, 690, 705, 767-946, 949, 953n, 961n, 983n, 989n, 1035, 1051n, 1057, 1085, 1119, 1120n, 1147
Strauss, Max: 411
Strauss, Miriam: 770n
Stroumsa, Gedaliahu Guy: 967n
Stuttgart: 188
Susman, Margarete: 185, 282n, 748n
Suíça: 689, 690, 692n, 693
Svendborg: 292

Taeubler, Eugen: 178n, 387
Tales: 214
Tarcov, Nathan: 915n
Taupes, Jacob: 597n
Tchecoslováquia: 690
Tel Aviv: 383, 403

Thieme, Karl: 331n
Tiedemann, Rolf: 367n
Tillich, Paul: 690
Tishby, Isaiah: 437n
Todtnauberg: 1141n-1142n
Tomás de Aquino: 860
Toledo: 481
Tolstói, Leon: 759, 1043, 1044, 1046
Touati, Charles: 847n
Trakl, Georg: 699
Treitschke, Heinrich von: 40, 44, 121
Trípoli: 517
Troeltsch, Ernst: 413
Tsur, Muki: 271n, 395n
Tübingen: 20, 188, 690, 693-694, 702, 1142
Turquia: 447, 491, 493, 515-516, 540
Twersky, Isadore: 79n, 475n, 869n, 873n, 874n, 894n
Tzvi, Sabatai: 410, 447n, 507-535, 537, 539-540, 543, 547, 648, 770n

Ucrânia: 384, 409, 410, 467, 534, 1044, 1046
Ulisses: 295
Uman: 384
Urbach, Efraim E.: 80n, 436n, 451n, 546-547, 547n, 637n
Usküb (futura Skopje): 176
Usques, Samuel: 17, 23

Vadja, Georges: 480n, 481n
Valentin: 963n
Varsóvia: 537-538
"Vidente" de Lublin: 641
Viena: 260, 396n, 542, 578, 579, 734n, 735n
Vilna: 517
Vital, Haim: 467, 495-496, 501, 505n, 506, 514, 1048
Voegelin, Eric: 702n, 989n
Voltaire: 189, 220, 811

Wagner, Richard: 350n
Wagner, Wieland: 690
Wahl, Jean: 1045, 1055
Walzer, Michael: 576n, 669
Warburg, Felix Moritz: 381, 389
Weber, Max: 18n, 34, 36, 174, 178n, 689, 691-692
Webern, Anton: 372n, 373
Wehle, Gottlieb: 541
Weil, Eric: 1055
Weil, Gotthold: 427n
Weil, Simone: 1106n
Weill, Kurt: 690
Weimar, República: 780
Weizmann, Chaim: 383, 388-389, 555, 580, 583, 663

ÍNDICE DE NOMES

Wellhausen, Julius: 591n
Weltsch, Felix: 574
Weltsch, Robert: 574, 581, 663, 665n
Werblowsky, R. J. Zvi: 447n, 547
Werfel, Franz: 699
Whithead, Alfred North: 981n
Wiggershaus, Rolf: 692n, 693n
Wild, John: 856n
Witt, Johan de: 52
Wittgenstein, Ludwig: 20
Wolfenbüttel: 153
Wolff, Kurt: 300n
Wolfson, Elliot R.: 438n, 440n, 441n
Wolfson, Harry Austryn: 787n, 795n, 839n, 848n, 863n

Wyneken, Gustav: 399

Xenofonte: 768n, 923, 924n, 927-928, 929n

Yaari, Yehudah: 384

Zac, Sylvain: 71n
Zehlendorf: 406, 582
Zeitlin, Hillel: 472n
Zola, Émile: 40n, 1047, 1050
Zuckermann, Joel: 38
Zunz, Leopold: 47n, 154, 178n, 331n, 396, 425, 428, 596, 599, 601
Zurique: 579, 693
Zweig, Stefan: 399, 583

Lista de Obras Citadas Disponíveis em Português

I. KANT:
    A Paz Perpétua. Org. e trad. J. Guinsburg; posfácio Roberto Romano. São Paulo: Perspectiva, 2004.

G. SCHOLEM:
    As Grandes Correntes da Mística Judaica. Trad. J. Guinsburg, Dora Ruhman, Fany Kon, Jeanete Meiches e Renato Mezan. São Paulo: Perspectiva, 1995.
    De Berlim a Jerusalém: Recordações da Juventude. Trad. Neusa Messias de Soliz. São Paulo: Perspectiva, 1991.
    Walter Benjamin: A História de uma Amizade. Trad. Geraldo Gerson de Souza, Natan Norbert Zins e J. Guinsburg. São Paulo: Perspectiva, 1989.
    O Nome de Deus, a Teoria da Linguagem e Outros Estudos de Cabala e Mística: Judaica II. Trad. Ruth J. Sólon e J. Guinsburg; seleção de textos Haroldo de Campos e J. Guinsburg. São Paulo: Perspectiva, 1999.
    A Cabala e seu Simbolismo. Trad. Hans Borger e J. Guinsburg. 2 ed. São Paulo: Perspectiva, 2006.
    Sabatai Tzvi: O Messias Místico. Trad. Attílio Cancian, Ari Solon, J. Guinsburg e Margarida Goldsztajn. São Paulo: Perspectiva, 1995-1996. v. 3.

M. IDEL
    Cabala: Novas Perspectivas. Trad. Margarida Goldsztajn. São Paulo: Perspectiva, 2000.

D. BIALE:
    Cabala e Contra-História: Gershom Scholem. Trad. J. Guinsburg. São Paulo: Perspectiva, 2004.

F. ROSENZWEIG:
    Hegel e o Estado. Trad. Ricardo Timm de Souza. São Paulo: Perspectiva, 2008.

H. ARENDT:
: *Origens do Totalitarismo*. Trad. Roberto Raposo. São Paulo: Companhia das Letras, 1989.
: *Eichmann em Jerusalém*. Trad. José Rubens Siqueira. São Paulo: Companhia das Letras, 1999.

W. BENJAMIN:
: *Obras Escolhidas I: Magia e Técnica, Arte e Política*. Trad. Sergio Paulo Rouanet. São Paulo: Brasiliense, 1994.
: *Obras Escolhidas II: Rua de Mão Única*. Trad. Rubens R. Torres Filho e José Carlos M. Barbosa. São Paulo: Brasiliense, 1995.
: *Rua de Sentido Único e Infância em Berlim Por Volta de 1900*. Trad. Claudia Fischer e Isabel de Almeida e Souza; introdução de Susan Sontag. Lisboa: Relógio d'Água, 1992.

K. MARX:
: *O 18 Brumário e Cartas a Kugelmann*, 7. ed. revista. São Paulo: Paz e Terra, 2002.

M. BUBER:
: *As Histórias do Rabi Nakhman*. Trad. Fany Kon e J. Guinsburg. São Paulo: Perspectiva, 2000.
: *A Lenda do Baal Schem*. Trad. Fany Kon e J. Guinsburg. São Paulo: Perspectiva, 2003.
: *O Socialismo Utópico*. Trad. Pola Civelli. 2 ed. São Paulo: Perspectiva, 2007.

H. COHEN (textos incluídos em):
: *O Judeu e a Modernidade*. Org. J. Guinsburg. São Paulo: Perspectiva, 1970.

K. BARTH:
: *Carta aos Romanos*. São Paulo: Novo Século Editora Cristã, 2003.

H. MESCHONNIC:
: *Poética do Traduzir*. Trad. Jerusa Pires Ferreira e Suely Fenerich. São Paulo: Perspectiva, 2010.

E. HUSSERL:
: *Lições para uma Fenomenologia da Consciência Interna do Tempo*. Trad. Pedro M. S. Alves. Lisboa: Casa da Moeda/Imprensa Nacional, 1994.
: *Meditações Cartesianas: Introdução à Fenomenologia*. São Paulo: Madras, 2001.

T. ADORNO:
: *Filosofia da Nova Música*. Trad. Magda França, 3. ed. São Paulo: Perspectiva, 2009.

E. BLOCH:
: *O Princípio Esperança*. Trad. Nélio Schneider e Werner Fuchs. Rio de Janeiro: Contraponto/UERJ, 2005-2006, 3v.

XENOFONTE:
: *Ditos e Feitos Memoráveis de Sócrates*. Trad. Edson Bini. São Paulo: Edipro, 2006.

J. GUTTMANN:
: *A Filosofia do Judaísmo: A História da Filosofia Judaica Desde os Tempos Bíblicos até Franz Rosenzweig*. Trad. J. Guinsburg. São Paulo: Perspectiva, 2003.

B. SPINOZA:
: *Tratado Teológico-Político*. Trad. Diogo Pires Aurélio. São Paulo: Martins Fontes, 2008.

T. HOBBES:
: *Leviatã*. Trad. João Paulo Monteiro e Maria Beatriz Nizza da Silva. São Paulo: Martins Fontes, 2008.

H. JONAS:
: *O Princípio Vida: Fundamentos para uma Biologia Filosófica*. Trad. Carlos Almeida Pereira. 2. ed. Petrópolis: Vozes, 2006.
: *Ética, Medicina e Técnica*. Lisboa: Vega, 1994.

O Princípio Responsabilidade: Ensaio de uma Ética para a Civilização Tecnológica. Trad. Marijane Lisboa e Luiz Barros Montez. Rio de Janeiro: Contraponto/PUC-Rio, 2006.

M. HEIDEGGER:
Carta sobre o Humanismo. São Paulo: Centauro, 2005.

E. LÉVINAS:
Ética e Infinito. Lisboa: Edições 70, 2007.
Do Sagrado ao Santo: Cinco Novas Interpretações Talmúdicas. Rio de Janeiro: Civilização Brasileira, 2001.
Descobrindo a Existência com Husserl e Heidegger. Lisboa: Instituto Piaget, 1998.
Quatro Leituras Talmúdicas. Trad. Fábio Landa, Eva Landa. São Paulo: Perspectiva, 2003.
De Deus Que Vem à Ideia. Petrópolis: Vozes, 2002.

Este livro foi impresso em São Paulo,
nas oficinas da Cromosete Gráfica e Editora Ltda., em agosto de 2011,
para a Editora Pespectiva S.A.